I0094834

TRAVAUX

DE LA

COMMISSION DES ENFANTS TROUVÉS.

II.

MINISTÈRE DE L'INTÉRIEUR.

TRAVAUX

DE LA

COMMISSION DES ENFANTS TROUVÉS

INSTITUÉE LE 22 AOÛT 1849

PAR ARRÊTÉ DU MINISTRE DE L'INTÉRIEUR.

TOME II.

DOCUMENTS SUR LES ENFANTS TROUVÉS.

PARIS.

IMPRIMERIE NATIONALE.

M DCCC L.

NOTE EXPLICATIVE

DES DOCUMENTS SUR LES ENFANTS TROUVÉS.

J'ai réuni et je livre à l'impression les documents authentiques et officiels qui existent, en France, sur les Enfants trouvés. En cela, j'ai cherché à réaliser une idée que je voudrais voir adopter en général pour les services publics. En toutes choses, pour bien juger de ce qui peut être, il faut bien connaître ce qui a été et ce qui est.

J'ai divisé les documents sur les Enfants trouvés en cinq parties, d'après leur nature :

1° Documents historiques;
2° Documents législatifs et judiciaires;
3° Documents administratifs;
4° Renseignements statistiques;
5° Enfin, pièces justificatives à l'appui des procès-verbaux de la Commission des Enfants trouvés.

Tel est le plan que j'ai adopté, auquel, par annexes, comme *Documents étrangers*, j'ai joint : 1° le rapport qui a été présenté sur les Enfants trouvés, le 9 mars 1847, par la Commission royale formée en Belgique pour l'amélioration du sort des classes ouvrières et indigentes du pays; 2° la loi belge du 30 juillet 1834, d'après laquelle les frais d'entretien des Enfants trouvés, *nés de père et mère inconnus*, sont supportés, pour une moitié, par les communes sur le territoire desquels ils auront été exposés, sans préjudice du concours des établissements de bienfaisance, et, pour l'autre moitié, par la province à laquelle ces communes appartiennent (1).

PREMIÈRE PARTIE.

DOCUMENTS HISTORIQUES.

Les premiers hospices qui, en France, ont reçu des Enfants exposés ont été fondés, vers la fin du XIIe siècle, par la confrérie de l'Ordre du Saint-Esprit : c'est ce qu'enseigne la tradition historique. J'ai pensé, dès lors, que le premier

(1) Je n'ai pas cherché à présenter des documents étrangers, sur les Enfants trouvés, autres que ceux de la Belgique, parce que, en général, la vérité échappe à cet égard en l'absence d'éléments certains pour la saisir. En Angleterre, et dans une grande partie de l'Allemagne, les Enfants trouvés sont confondus sous le nom d'*Orphelins*, avec les autres Enfants secourus par la charité publique ; en Italie, le plus ordinairement, on ne désigne les Enfants trouvés que sous le nom d'*Enfants illégitimes*.

document à présenter devait être naturellement les Bulles par lesquelles, dès la première année de son pontificat, en 1198, le pape Innocent III donna son approbation à l'hôpital de Montpellier, ainsi qu'à tous les hôpitaux établis par la confrérie de l'Ordre du Saint-Esprit; d'autant mieux que cet Ordre a reçu en quelque sorte son institution de ces bulles.

Dans une note fort succincte, j'ai d'abord reproduit le texte des lois romaines sur les Enfants trouvés, de celles-là seulement qui furent suivies dans notre pays et, en général, dans l'Occident. J'ai reproduit ensuite le texte des conciles aux ve et vi[e] siècles, ainsi que le capitulaire de Charlemagne de 744, qui n'est lui-même qu'une reproduction littérale du concile tenu à Arles en 452. C'est tout ce que les anciens nous ont laissé en matière de législation sur les Enfants trouvés, du moins en ce qui concerne notre pays. Au milieu du travail de notre société au moyen âge, pour approprier à ses besoins ce qu'elle pouvait emprunter aux institutions de l'Orient, les conciles et les capitulaires de Charlemagne avaient encore toute leur puissance d'autorité en France, lorsqu'y furent établis les premiers hospices qui reçurent les Enfants exposés.

On a beaucoup écrit et beaucoup disserté sur l'histoire des Enfants trouvés. En fait d'histoire, il n'y en a pas de plus vraie et de plus saisissante que celle qui ressort des lois et se résume en elles.

DEUXIÈME PARTIE.

LÉGISLATION ET JURISPRUDENCE FRANÇAISES.

Cette deuxième partie embrasse la législation et la jurisprudence françaises, à partir du xive siècle jusqu'en 1850. J'ai réuni ces deux sortes de documents, parce que la jurisprudence est un véritable lien de la loi, qu'elle fixe en l'interprétant et l'expliquant. Dans ce long espace de temps, je crois n'avoir omis aucun acte législatif intervenu sur les Enfants trouvés; en tous cas, je suis sûr de n'en avoir omis aucun qu'il soit essentiel de connaître.

Parmi les documents que je fournis dans cette partie, quelques-uns sont inédits, tels que les rapports de M. Montalivet qui ont précédé l'émission du décret du 19 janvier 1811, si propres à éclairer sur son but et son esprit. Il en est de même du décret du 30 août 1811 sur les Pupilles de la Garde, que je fais suivre d'une notice recueillie au ministère de la guerre. Cette notice ne laisse pas que d'offrir un véritable intérêt historique.

Les difficultés ont été grandes pour réunir ces nombreux documents épars dans les ministères, dans les bibliothèques de Paris, au Conseil d'État, aux Archives nationales, etc. Je ne parle ici de ces difficultés que pour saisir cette occasion de remercier toutes les personnes auxquelles je me suis adressé, et qui ont mis un si gracieux empressement à me seconder dans mes recherches.

J'ai divisé la matière de cette deuxième partie en deux grandes époques: chacune d'elles se caractérise par un ordre de législation tout à fait nouveau et parfaitement distinct.

La première époque embrasse depuis le commencement du XIVe siècle jusqu'en 1790. Elle comprend les lettres-patentes et ordonnances de nos Rois relatives : 1° à l'hôpital du Saint-Esprit de Paris; 2° à l'OEuvre de saint Vincent de Paul; 3° enfin à l'hôpital des Enfants-Trouvés de la capitale, fondé en 1670.

La seconde époque embrasse depuis 1790 jusqu'à 1850. Je l'ai subdivisée en deux périodes : de 1790 à 1811, et de 1811 à 1850, comme l'indiquaient naturellement les deux phases diverses de la dernière législation sur les Enfants trouvés.

J'ai inséré, dans cette deuxième partie, les rapports présentés devant nos Chambres législatives, ayant trait aux Enfants trouvés. Ces rapports, en effet, sont des préambules de lois.

Je donne, en ce qui concerne ces Enfants, l'extrait du fameux *Plan de travail* que présenta M. de La Rochefoucauld-Liancourt à l'Assemblée constituante, en 1790. Je donne également un extrait semblable du rapport général de M. Thiers, en 1850, à l'Assemblée législative, au nom de la Commission de l'assistance et de la prévoyance publiques. Le rapprochement de ces deux précieux documents, présentés au pays à soixante ans de distance, mérite de fixer l'attention.

Dans la première époque, j'ai rassemblé les arrêts les plus importants du Conseil d'État et du Parlement de Paris sur la matière : on y trouvera notamment le fameux arrêt du Parlement de Paris, du 13 août 1452, qui mit, pour la première fois, les Enfants trouvés à la charge des seigneurs hauts-justiciers: je l'ai extrait des Archives nationales.

Je termine la seconde partie par la jurisprudence judiciaire et la jurisprudence administrative de 1790 à 1850. Pour être aussi complet que possible à cet égard, j'ai relevé, dans les divers recueils de jurisprudence, tous les arrêts rendus en matière d'Enfants trouvés, et intervenus, soit devant la Cour de cassation, soit devant les Cours d'appel, soit enfin au Conseil d'État. Lorsqu'on veut faire une loi nouvelle, il ne suffit pas seulement de connaître la loi que l'on veut remplacer ou les lois qui l'ont précédée; il faut aussi se bien pénétrer des difficultés qui ont surgi de ces lois. Souvent même c'est dans ces difficultés que le législateur peut puiser avec le plus de fruit la connaissance des besoins et des droits qu'il a mission et devoir d'étudier.

TROISIÈME PARTIE.

ADMINISTRATION.

Tout ce qui embrasse l'administration concernant les Enfants trouvés forme la troisième partie.

J'ai également divisé cette partie en deux grandes époques : de 1700 à 1790, et de 1790 à 1850.

Dans la première époque, je donne d'abord les principaux règlements intervenus pour l'hôpital de Paris, et ensuite ceux intervenus pour l'hôpital général et l'hôpital de la Charité de Lyon. Ces règlements offrent souvent de beaux modèles qu'il était essentiel de faire connaître.

La seconde époque comprend toutes les circulaires et toutes les instructions ministérielles, sans exception, qui touchent au service des Enfants trouvés. La multiplicité de ces circulaires ou instructions, échappées au travail rapide des bureaux et ne réglant le plus souvent qu'un point isolé du service, accuse énergiquement l'impérieuse nécessité d'une loi générale.

La seconde époque présente, en ce qui concerne les Enfants trouvés, l'extrait du compte rendu de Rolland, en 1792, à la Convention nationale; l'extrait du rapport de Lainé à Louis XVIII, en 1818; l'extrait du rapport de M. Gasparin, en 1837, à Louis-Philippe. Ce dernier document surtout a nettement indiqué les diverses questions que le pouvoir législatif est appelé à résoudre.

QUATRIÈME PARTIE.

STATISTIQUE.

La statistique est l'un des premiers et plus indispensables besoins de l'administration. Sans elle, on ne marche que d'une manière brisée, au milieu du hasard et du chaos des faits. C'est une vérité dont tous les administrateurs ne cherchent pas toujours suffisamment à se pénétrer.

Il semble, au premier aperçu, que rien n'est plus facile que de constater des faits, et cependant, dans la réalité, c'est chose très-difficile. La statistique n'admet point de transaction, elle veut toujours la vérité, la vérité absolue; et voilà pourquoi il y a si peu de bonnes statistiques et tant de mauvais statisticiens. La statistique, comme en général toutes les sciences, a des adeptes, ou profanes, ou imprudents, qui font souvent douter d'elle. Ceux qui lui nuisent surtout sont d'abord ces aligneurs de chiffres qui mêlent tout sans réflexion et sans combinaison; ce sont ensuite ceux qui, ayant un système arrêté, font plier les chiffres aux exigences de ce système. Ceux-là sont les faussaires de la science.

La statistique bien établie est l'une des plus hautes preuves de la civilisation d'un pays. Plus elle est imparfaite, plus on se rapproche de la vie sauvage, dans laquelle il n'y a que des faits sans harmonie. La constatation des faits devient surtout facile à mesure que l'harmonie existe davantage.

Dans l'ordre social, un fait, dix faits, cent faits ne sont que des accidents qui ne peuvent jeter aucune lumière; mais une série de faits se reproduisant toujours les mêmes, au milieu de circonstances semblables, attestent et prouvent nécessairement une loi; ce sont ces séries qui mettent sur la trace de cette loi. Aussi la statistique, non moins science de raisonnement que de faits exprimés par des termes numériques, pousse nécessairement à remonter aux causes des phénomènes qu'elle résume et coordonne, et, de leurs causes, à la recherche des moyens d'amélioration qu'il convient d'introduire.

J'ai apporté un grand soin à la statistique des Enfants trouvés, mais je n'ai pu la faire dresser qu'avec les éléments existants.

La statistique des Enfants trouvés s'est successivement améliorée. Elle ne fut d'abord établie que pour constater le nombre des Enfants existants entrés ou sortis par décès, par retrait ou par l'arrivée à cette période d'âge où la charité publique cesse de subvenir à leur dépense. A partir de 1824, en exécution de l'instruction générale du 8 février 1823, la statistique présenté, de plus, la dépense des Enfants, et le détail des ressources servant à leur entretien.

Une circulaire du 15 septembre 1847 a exigé des préfets de nouvelles constatations, c'est-à-dire la distinction, sur les états, du nombre, 1° des Enfants trouvés; 2° des Enfants abandonnés; 3° des orphelins pauvres; 4° enfin des Enfants temporairement secourus.

Ces nouvelles constatations sont une bonne chose introduite par la circulaire du 15 septembre 1847. Mais il y a quelques observations essentielles à faire au sujet des prescriptions ordonnées par cette circulaire, soit relativement au modèle qu'elle a fourni, soit relativement à la constatation des dépenses.

Il y a un vice dans l'état dressé en vertu de la circulaire du 15 septembre 1847, en ce qu'il ne présente pas, au moyen de colonnes spéciales, le total des Enfants de chaque catégorie restant au dernier jour de l'année précédente ou admis dans le cours de l'année. J'ai fait ce travail particulier pour l'année 1848, et voici ce que j'ai constaté : le nombre des Enfants de toutes catégories à la charge de la charité publique s'élève, pour 1848, à 127,041, dont 98,872 appartiennent aux années antérieures, et 28,169 ont été admis dans le cours de l'année, soit à l'hospice, soit aux secours temporaires. Les 127,041 Enfants se répartissent de la manière suivante : Enfants trouvés, 83,060; — Enfants abandonnés, 24,039; — Orphelins pauvres, 9,999; — Enfants temporairement secourus, 9,943. Je dois faire remarquer que parmi les Enfants abandonnés sont compris les Enfants nés dans les hospices, que leurs mères ont délaissés à leur sortie de ces établissements. En ce qui concerne spécialement le département de la Seine, le nombre des Enfants de toutes catégories à la charge de la charité publique, en 1848, a été de 17,834, savoir : Enfants trouvés, 2,440; — Enfants abandonnés, 8,225; — Orphelins pauvres, 578; — et enfin Enfants de familles indigentes, 6,591. Il me paraîtrait utile de détailler, à l'avenir, toutes ces constatations.

La circulaire de 1847 a supprimé l'envoi des comptes particuliers du service des Enfants trouvés, qui, en exécution de l'instruction du 8 février 1823, devaient être adressés au Ministre de l'intérieur, indépendamment du compte des dépenses départementales. En cela, on a privé l'Administration centrale de documents importants que, dans l'état actuel des choses, les comptes départementaux ne peuvent qu'incomplétement suppléer. Il faudrait alors que ces derniers comptes fussent disposés de manière à pouvoir présenter tous les renseignements nécessaires.

Une des choses les plus essentielles assurément, en ce qui touche la statistique de l'homme, consiste à recueillir tous les éléments relatifs à la mortalité; cela est surtout nécessaire à l'égard des Enfants trouvés, pour lesquels les chances de mortalité sont si nombreuses. Cependant, cette partie importante de leur statistique est tout à fait incomplète, en ce que les calculs portent sans distinction sur la totalité des Enfants à partir de leur entrée à l'hospice jusqu'à l'âge de douze ans. Il conviendrait, pour pouvoir faire d'utiles rapprochements, d'établir la mortalité par âges, soit pour les Enfants trouvés et abandonnés, soit pour les Enfants temporairement secourus.

Les sept premiers tableaux de la statistique que j'ai fait dresser contiennent les détails les plus complets qui existent jusqu'à ce jour sur les Enfants trouvés envisagés sous le rapport de leur nombre, de leurs dépenses, des ressources affectées à leur entretien, et enfin de la mortalité.

L'ensemble de ces tableaux montre que le nombre des Enfants trouvés s'est considérablement augmenté en France, jusqu'en 1834.

Ainsi, en 1810, le nombre de ces Enfants était de. 55,769;
Il était, au 1er janvier 1815, de................ 82,748;
au 1er janvier 1820, de................. 101,158;
au 1er janvier 1830, de................. 118,485;
au 1er janvier 1833, de................. 130,945.

Les expositions et abandons d'Enfants ont été, pendant les années :
1815, de 28,429;
1820, de 32,197;
1830, de 33,423;
1833, de 33,374.

A partir de 1834, sous l'influence des mesures prises par l'Administration, l'on commença à voir diminuer successivement le nombre des Enfants, qui n'a été que de 98,872 Enfants existants au 1er janvier de l'année 1848. Le chiffre des admissions, soit à l'hospice, soit aux secours temporaires, ne s'est élevé, pendant cette même année 1848, qu'à 28,169.

L'augmentation graduelle, qui s'est manifestée, à partir du commencement du XIXe siècle, dans le nombre des Enfants trouvés, ne tient pas seulement au nombre des abandons croissant chaque année, mais aussi à une diminution dans la mortalité des Enfants; c'est ce que justifient les détails contenus dans les cinq premiers tableaux, et la récapitulation présentée dans le sixième tableau.

Le VIIIe tableau contient un élément nouveau de statistique depuis longtemps réclamé par les hommes de la science, et que l'Administration n'avait jamais cherché à se procurer : c'est le nombre des Enfants trouvés qui existent dans les bagnes (1), dans les maisons centrales et dans les maisons ou colonies d'éducation correctionnelle. Peu après la formation de la Commission des Enfants trouvés, je fis demander ce relevé, ainsi que celui du nombre des Enfants naturels et du nombre des Enfants légitimes, afin d'établir leur proportion respective parmi les condamnés. C'est le résultat de ces documents que je présente dans le huitième tableau, d'après lequel, sur 27.568 individus des deux sexes détenus dans les bagnes, dans les maisons centrales, dans les maisons et dans les colonies d'éducation correctionnelle, on compte 25,056 Enfants légitimes, 1695 Enfants naturels et 817 Enfants trouvés.

De ce tableau il résulte que, dans les bagnes, maisons centrales, etc. on compte :

1° 1 Enfant légitime sur 1,10 détenus, c'est-à-dire 909 sur mille détenus;

2° 1 Enfant naturel sur 16,26 détenus, c'est-à-dire 61 Enfants naturels sur mille détenus;

3° 1 Enfant trouvé sur 33,74 détenus, c'est-à-dire 29 sur mille.

J'ai fait opérer la distinction entre les condamnés du sexe masculin et ceux du sexe féminin : sur 27,508 détenus, il y en a 3,843 du sexe féminin, c'est-à-dire 370 sur mille.

Sur 1,000 détenus du sexe féminin, 902 sont nés Enfants légitimes; 80 Enfants naturels, et 18 sont Enfants trouvés.

Il suit de là que la proportion des Enfants naturels détenus est plus forte parmi les femmes que parmi les hommes.

Le IXe tableau a pour objet d'établir la proportion des accusés avec le nombre des Enfants légitimes et le nombre des Enfants naturels, ainsi que la proportion des Enfants naturels avec les naissances.

Suivant ce tableau, on ne compterait que vingt-deux Enfants naturels sur mille accusés de crimes traduits devant les assises.

Le rapprochement de ce tableau avec celui qui précède montre qu'évidemment la constatation de l'état civil des accusés, par les magistrats qui sont chargés de ce soin, est nécessairement incomplète; car il n'est pas possible d'admettre que la différence qui existe entre 22 et 61 puisse être comblée par le nombre des Enfants naturels qui sont dans les maisons centrales, sans avoir passé par les assises, joint au nombre de ceux qui, passant par les assises, restent dans les maisons de simple détention, par suite d'une condamnation au-dessous d'un an, surtout si l'on remarque que le chiffre de 22 comprend même ceux qui ont été acquittés.

(1) J'ai cru devoir donner le conseil au ministère de la marine de faire figurer, à l'avenir, dans la statistique annuelle des bagnes, la distinction du nombre des forçats. Enfants légitimes, Enfants naturels, Enfants trouvés.

D'après le relevé des bagnes, des maisons centrales, des maisons et des colonies d'éducation correctionnelle, on voit que le nombre des Enfants naturels, dans leur rapport avec les Enfants légitimes, s'y trouve dans la proportion de soixante et un par mille, et celui des Enfants trouvés dans la proportion de vingt-neuf par mille.

Le nombre des Enfants naturels est de soixante et douze par mille dans leur rapport avec la totalité des naissances. Si l'on prend cette base comme terme de comparaison du nombre des Enfants naturels dans la population générale, il en résulterait que les Enfants naturels ne figurent pas dans leur proportion avec la population parmi les condamnés; mais ils excèdent bien cette proportion si, à leur nombre, on ajoute celui des Enfants trouvés, qui sont en général des Enfants naturels; car alors, réunis ensemble, on en compterait quatre-vingt-dix par mille, c'est-à-dire dix-huit de plus que les soixante et douze par mille qui forment le rapport des Enfants naturels avec la totalité des naissances.

Le nombre des Enfants trouvés, qui est de 33 par mille, dans leur rapport avec la totalité des naissances, n'est que de 29 par mille dans leur rapport avec la population des condamnés.

Le Xe tableau est relatif au tirage des Enfants trouvés de Paris dans le neuvième arrondissement. Il fait connaître le nombre et les causes de réforme de ces Enfants. Il suffit de mentionner ce tableau pour comprendre bien vite tout l'intérêt qu'il présente, au point de vue hygiénique, comme au point de vue des justes réclamations élevées, avant la loi du 31 décembre dernier, par les autres Enfants inscrits au neuvième arrondissement, et sur lesquels retombaient si lourdement les nombreuses causes de réformes que présentaient les Enfants trouvés avec lesquels ils étaient en concours pour former le contingent annuel de cet arrondissement dans le recrutement de l'armée.

Le XIe tableau fait connaître le nombre des hospices dépositaires, le nombre des Tours, le nombre des hospices et des Tours supprimés avec la date des suppressions.

Les états 1 et 2 de ce tableau présentent le nombre des hospices dépositaires et des Tours supprimés de 1825 à 1847 inclusivement, ainsi que le nombre de ceux existants au 1er janvier 1848. L'état 3 fait connaître, au 1er janvier 1850, le nombre des hospices dépositaires, s'élevant à cent cinquante-deux; sur lesquels quatre-vingts hospices n'ont pas de Tour; vingt-trois ont un Tour surveillé; et quarante-neuf sont pourvus d'un Tour dont l'usage est complétement libre.

Le XIIe tableau contient la statistique des accusations d'infanticides de 1825 à 1848 exclusivement, envisagée sous les rapports, 1° du nombre des infanticides (1); 2° de la population spécifique des départements et de la proportion des infanticides avec les naissances des Enfants naturels; 3° du nombre des accusés d'infanticides commis dans les communes rurales et dans les communes urbaines; 4° du nombre des accusés d'infanticides, répartis par professions; 5° du nombre des infanticides dans les départements où les Tours maintenus n'ont jamais été l'objet d'aucune surveillance; 6° et enfin du nombre des infanticides dans les départements qui n'ont jamais eu de Tours.

Jusqu'à présent, l'on a généralement présenté la proportion des infanticides avec la population; j'ai pris un autre élément de rapport. Comme c'est en quelque sorte exclusivement envers les Enfants naturels que se commet le crime d'infanticide, j'ai établi la proportion de ce crime avec le nombre des naissances de ces Enfants.

Voici les résultats qui ressortent du XIIe tableau :

1° Le nombre des infanticides a considérablement augmenté, en France, de 1827 à 1847: dans la proportion de 42 pour 100; tandis que, pendant cette même période, la population ne s'est accrue que dans une proportion de 11 pour 100 environ, et que les autres crimes contre les personnes n'ont augmenté que dans une proportion de 2 pour 100 environ;

2° Il n'existe aucun rapport entre le crime d'infanticide et la population *spécifique* des départements, c'est-à-dire entre ce crime et le nombre des habitants par lieues ou par hectares carrés;

3° Il se commet un plus grand nombre d'infanticides dans les populations rurales que dans les populations urbaines;

4° Sur cent accusées de crime d'infanticide, trente-deux sont domestiques;

5° Dans les départements où les Tours ont été maintenus libres de toute surveillance, il y a moins d'infanticides que dans les départements dans lesquels il n'y a jamais eu de Tours.

Dans les huit départements dans lesquels il n'y a jamais eu de Tours, la proportion des infanticides aux naissances des Enfants naturels a été de 1 infanticide sur 728 naissances naturelles, dans la première période, de 1825 à 1836; — et de 1 infanticide sur 632 naissances dans la seconde période de 1836 à 1848.

Dans les 17 départements où les Tours maintenus n'ont eté l'objet d'aucune surveillance, la première période, de 1825 à 1836, ne présente que 1 infanticide sur 1,040 naissances d'Enfants naturels; — et la seconde période, de 1836 à 1848, que 1 infanticide sur 734 naissances.

La croissance proportionnelle des infanticides est bien plus considérable dans les départements où les Tours sont maintenus sans surveillance que dans ceux où il n'y a jamais eu de Tours.

(1) Une statistique criminelle, qui réunirait, depuis 1825, dans un tableau spécial pour chaque nature de crime, les résultats éparpillés dans le volume que publie chaque année le ministère de la justice, présenterait des rapprochements fort utiles pour suivre la marche des crimes dans les divers départements, et en étudier les causes.

En effet, si la progression des infanticides avait été aussi forte dans les départements où il n'y a jamais eu de Tours, que dans ceux où les Tours ont été maintenus sans surveillance, les premiers auraient dû avoir, dans la seconde période, de 1836 à 1848, 1 infanticide sur 512 naissances, tandis qu'ils n'en ont eu que 1 sur 632 naissances; ou bien, réciproquement, les départements où les Tours ont été maintenus sans surveillance auraient dû avoir, toujours dans la seconde période, 1 infanticide seulement sur 902 naissances, tandis qu'ils en ont eu 1 sur 734 naissances.

En d'autres termes, l'accroissement proportionnel des infanticides, comparé aux naissances des Enfants naturels, a été de 301 pour 1,000 dans les départements à Tours non surveillés, et seulement de 132 pour 1,000, c'est-à-dire moins de moitié dans les départements qui n'ont pas de Tours.

J'ai voulu chercher à établir, dans les départements où les Tours ont été supprimés, un rapprochement entre la période antérieure à la suppression et la période postérieure, mais je n'ai pas tardé à m'apercevoir qu'il ne pouvait en sortir d'éléments parfaitements exacts, parce que le plus souvent la mesure de la suppression a été partielle et quelquefois même suivie, à divers intervalles, du rétablissement du Tour.

Le XIIIe et dernier tableau fait connaître le rapport qui existe entre le nombre total des naissances, en 1846 et 1847, et le nombre des naissances des Enfants naturels d'une part; d'autre part, entre le nombre total des naissances et le nombre des Enfants trouvés. Ce tableau établit, en outre, pour 1848, le rapport entre la population et le nombre total des Enfants qui sont à la charge de la charité publique recueillis ou temporairement secourus.

L'année 1847 présente 1 Enfant naturel sur 13,99 naissances et 1 Enfant trouvé admis sur 33,71 naissances.

L'année 1848 présente, parmi les existences et les admissions, 1 Enfant trouvé sur 279 habitants.

Le tableau XIII montre qu'il n'existe aucun rapport entre le nombre des Enfants naturels et le nombre des abandons, non plus qu'entre les infanticides et le nombre des Enfants naturels ou le nombre des abandons. Ces faits, pour se toucher en plusieurs points, ne procèdent pas de mêmes causes.

Tous les tableaux statistiques qui ont été dressés sous ma direction, par MM. Ernest Louet, Clément de Givry, de Quirielle et Sebert, attachés au ministère de l'intérieur, et revisés avec le plus grand soin par M. de Roulhac du Maupas, employé au même ministère, sont respectivement signés par eux. En cela, j'ai voulu qu'à chacun revînt la part du mérite et de la responsabilité de son travail.

Je termine ce que j'ai à dire sur cette quatrième partie de la statistique par une observation qui me semble pouvoir trouver ici utilement sa place. Il serait bien désirable que, dans les sphères de l'administration centrale, on s'entendît parfaitement sur les grandes bases de la statistique, en établissant un centre où aboutirait tout ce qui peut s'y rapporter. Au lieu de cela, il y a à cet égard sinon des rivalités, du moins de mystérieuses réserves non pas seulement de ministère à ministère, mais quelquefois même de bureau à bureau. C'est ainsi que la question des morts-nés est devenue, envers les préfets, l'objet de prescriptions en quelque sorte inconciliables entre elles. Ceci notamment demande à être réglé au plus tôt, afin de ne pas laisser les administrateurs dans une sorte d'embarras qui peut nuire à l'établissement et à la parfaite régularité de la statistique du mouvement annuel de la population. Il est digne d'une grande nation comme la France de veiller avec soin à tout ce qui tient à la constatation des faits sociaux. Il ne saurait y avoir de dépôt plus précieux pour l'histoire comme pour l'instruction d'un pays (1).

(1) Les instructions du ministère de l'intérieur font entrer les morts-nés dans la supputation des naissances, et conséquemment aussi des décès, en les envisageant simplement comme décédés avant la déclaration de naissance. Les instructions du ministère du commerce, au contraire, font des morts-nés une catégorie à part, qui ne figure ni parmi les naissances ni parmi les décès. C'est aussi cette dernière base que j'ai dû prendre. En m'occupant d'établir des rapports entre les naissances et les Enfants trouvés ou les infanticides, il est bien évident que je ne pouvais en aucune manière faire figurer les morts-nés dans les chiffres de mes proportions.

La science a elle-même aussi le défaut de n'avoir point posé de bases fixes sur les points les plus essentiels de la statistique. C'est ainsi que bien souvent on s'étend en longues dissertations sur la vie moyenne, par exemple, sans jamais se rencontrer, parce que l'on diffère complétement sur la manière de calculer la vie moyenne, que les uns supputent d'après les naissances, d'autres d'après les décès, d'autres enfin par la moyenne des naissances et des décès.

Il serait bon, suivant nous, que les membres du parquet qui sont chargés de vérifier annuellement les registres de l'état civil, constatassent, en faisant leur vérification, tout ce qui est relatif à l'état civil des citoyens, au point de vue statistique. Ceci ajouterait peu à leur travail, et serait une grande garantie de plus de son exactitude.

Je suis porté à croire que nous n'aurons, en France, des garanties complètes sur tout ce qui concerne les relevés du mouvement annuel de la population, qu'autant que ces relevés seront soumis à un système quelconque d'inspection et de contrôle.

A l'exemple de la Belgique, on ne saurait trop encourager la formation et les travaux de sociétés de statistique.

Je ne puis m'expliquer que nous n'ayons pas en France une statistique annuelle officielle du mouvement de la population, ou tout au moins que le mouvement de la population ne soit pas publié chaque année dans le bulletin administratif du ministère de l'intérieur, et même dans le *Moniteur*.

Nous avons une statistique annuelle des bagnes, une fort bonne statistique des crimes et des délits, pourquoi n'aurions-nous pas aussi, et même préférablement, une statistique de l'état civil, de l'état moral et de l'état physique de l'homme, dont les éléments sont recueillis, chaque année, notamment aux ministères de l'intérieur, du commerce, de l'instruction publique et de la guerre, et où ils restent enfouis dans les cartons. La statistique est du grand nombre de ces choses qui ne reçoivent surtout d'amélioration successive que par la publicité qui appelle l'examen et soumet à la responsabilité.

Que de services pourrait rendre, surtout dans les provinces, la presse avec ses journaux, ses revues ou ses annuaires, si elle se livrait avec dévouement à l'étude de toutes les questions de physiologie sociale, en s'appliquant à rapprocher l'état de la terre, du revenu et de l'impôt, des phénomènes de la population !

On peut dire avec certitude que le ministre qui, le premier, introduira une statistique annuelle des faits sociaux, laissera un nom qui sera souvent redit dans les labeurs de la science comme dans les travaux de l'administration. Que d'utiles leçons pourraient en sortir, aujourd'hui surtout que s'agitent si vives toutes les questions de travail et de misère, d'appauvrissement physique de l'homme ou d'accroissement de la vie humaine, de décadence ou de progrès social !

CINQUIÈME PARTIE.

PIÈCES JUSTIFICATIVES À L'APPUI DES PROCÈS-VERBAUX DE LA COMMISSION DES ENFANTS TROUVÉS.

Chacune des pièces comprises dans cette cinquième partie trouve naturellement son explication dans la partie des procès-verbaux à laquelle elle se réfère.

Les ordonnances, lettres du préfet de police et règlements relatifs au service des Enfants trouvés à Paris, font connaître, de la manière la plus complète, quelle est actuellement l'organisation de ce service dans la capitale.

Un extrait de documents spéciaux pour les Enfants trouvés de Paris termine cette partie et présente, entre autres, les renseignements qui suivent:

1° Sur 4,597 Enfants reçus à l'Hospice en 1848, il y a eu 638 abandons par le Tour, — et 597, sur 4,133 Enfants délaissés en 1849.

2° Dans les 4,597 abandons qui ont eu lieu en 1848, il y a 3,805 mères dont les professions sont connues, et entre lesquelles on compte 1,127 domestiques. — En 1849, sur 4,133 abandons et 3,325 mères dont les professions sont connues, il y a 897 domestiques.

3° De 1838 à 1849 inclusivement, il a été rendu par les Hospices de Paris 2,220 Enfants à leurs parents.

4° Le total général des dépenses d'un Enfant trouvé de l'Hospice de Paris, à douze ans révolus, placé dans le département du Nord, revient à 1,334 fr.

5° Le nombre des naissances des Enfants naturels, comparé au total des naissances, était à Paris, en 1816, de 39 sur 100; et le nombre des abandons, de 23 sur 100 naissances. — En 1848, le nombre des naissances des Enfants naturels, comparé au total des naissances, était seulement de 33 sur 100, et celui des abandons, de 12 sur 100 naissances.

Je ne veux pas clore cette note sans témoigner ma gratitude à raison de l'obligeant concours que j'ai rencontré de toutes parts au ministère de l'intérieur, pour faciliter mon travail.

Puissé-je avoir répondu convenablement à la confiance dont j'ai été honoré!

Paris, le 20 mars 1850.

VALENTIN-SMITH,
Conseiller à la cour d'appel de Lyon,
Secrétaire de la Commission.

DOCUMENTS

SUR LES ENFANTS TROUVÉS.

PREMIÈRE PARTIE.

DOCUMENTS HISTORIQUES.

BULLES DU PAPE INNOCENT III, DE 1198.

Institution des premiers hôpitaux, en France, qui ont reçu des Enfants trouvés, fondés par la confrerie du Saint Esprit.

TRAVAUX

DE LA

COMMISSION DES ENFANTS TROUVÉS.

DOCUMENTS

SUR LES ENFANTS TROUVÉS.

PREMIÈRE PARTIE.

BULLE DU PAPE INNOCENT III EN FAVEUR DE L'ORDRE DU SAINT-ESPRIT.

LETTRE D'INNOCENT *III, du x des kalendes de mai, de la première année de son pontificat (22 avril 1198), par laquelle il approuve la création d'un hôpital dans la ville de Montpellier* (1).

UNIVERSIS ARCHIEPISCOPIS et episcopis, et aliis ecclesiarum prælatis.

His præcipue prælati ecclesiarum favorem suum debent efficaciter exhibere qui spiritu Dei Anno 1198.
ducuntur, et vacant assidue operibus caritatis, ne si forsan eorum non fulciantur auxilio, vel

(1) «Vers la fin du XIIe siècle, époque où les donations s'étaient singulièrement ralenties, il parut un homme qui ranima la charité des fidèles en présentant un but digne de leur zèle et de leur piété : Guido, fils de Guillaume, comte de Montpellier, consacra son patrimoine à la fondation de l'Ordre du Saint-Esprit, destiné à desservir un hôpital qu'il fit bâtir dans la ville de Montpellier, résidence de sa famille. En 1180, le nouvel établissement était déjà en activité; il recevait des hommes malades et les enfants exposés. L'Ordre du Saint-Esprit reçut l'approbation du Saint Siége; Guido en fut nommé grand maître; le pape Innocent III, ayant vu de suite les avantages qu'il devait procurer à la Chrétienté, appela Guido à Rome et lui confia la direction de la maison de *Sancta Maria in Sassia,* à laquelle il venait de donner la même destination que celle de Montpellier. Cet exemple fut bientôt imité, etc.... »

(Extrait de la *Statistique du département des Bouches-du-Rhône, publiée, en 1826, par M.* de Villeneuve, *préfet du département,* tome III, page 398.)

HOSPITALARIORUM ORDO QUANDO INSTITUTUS MONSPELII

« Innocentii tertii promotio Cœlestino suffecti, quam « non hominibus tantum, sed et superis accepta fue« rit, columbæ ad dextrum ejus latus volitantis indicio « patuit. Hic e tanto fastigio ad pauperum sese inopiam « sublevandam demittens, horum in subsidium Romæ « domicilium S. Spiritus perpetuis ab se auctum vecti« galibus exstruxit; eumdem regularem Hospitalariorum « Ordinem nuper (ut apud Spondanum habetur) autore « Guidone Comite apud Montempessulanum in Gallia « erigi captum confirmavit et privilegiis auxit Primam « hanc ordinis S. Spiritus institutionem Augustinano« rum Codex ad annum refert 1144 his verbis

« *Anno 1144. Insignem congregationem Canonicorum « regularium sub regula S. Augustini excitavit hisce annis*

in religione tepescant, vel affectum eorum affectus debitus non sequatur. Sane sicut multorum veridica relatione didicimus, Hospitale S. Spiritus, quod apud Montem Pessulanum dilecti filii fratris Guidonis sollicitudo fundavit, inter cætera novæ plantationis Hospitalia et religione fulget et majoris hospitalitatem caritatis exercet; sicut hi qui eorum eleemosynas sunt experti, plenius didicere. Ibi enim reficiuntur famelici, pauperes vestiuntur, necessaria

« *in eadem Gallia Guido Monspessulanus titulo S. Spiritus* « *Hospitalariorum, quibus infirmos committit ut iisdem* « *tam temporalia, tam spiritualia subministrarent, in* « *quem finem voluit, ut a cæteris secernerentur huic pietati* « *destinati, ut cruce alba duplici ligno transversa in pectore* « *insignirentur, quo signo illis charitas et Christi et proximi* « *infigeretur. Huic Congregationi locum, et officium idem* « *dedit Romæ in Saxia ad S. Spiritum Innocentius tertius* « *ædificato Hospitali amplissimo, ubi nonnunquam mille* « *quingenti infirmi curentur; ubi orphani, et* EXPOSITI « *utriusque sexus parvuli educantur, ubi nobilibus, igno-* « *bilibus, infirmus, et sanis ad necessitatem providetur ex* « *mediis hospitalis, quæ opulentissima sunt ad invidiam* « *exempli, etc.* » (Extrait de l'ouvrage intitulé : *Series Præsulam Magalonensium et Monspeliensium*, par Gariel; Tolosæ, ex typographia Boude, 1650, pag. 178.)

En Occident, avant la fondation des hospices, dans lesquels furent reçus les Enfants exposés, ces Enfants étaient la propriété de ceux qui les élevaient. On les portait à l'église, on les mettait dans un vase en forme de coquille, et les serviteurs de l'église, qu'on nommait *matricularii*, veillaient à leur conservation. Si quelqu'un demandait l'enfant, l'évêque le lui remettait en payant au marguillier ce qu'il avait déboursé ou l'indemnité dont on convenait. Voici un acte de rémission qui nous a été conservé par Marculfe dans ses précieuses formules, où l'on est toujours sûr de trouver quelque lumière propre à éclairer tout ce qui touche à l'histoire si obscure de son époque.

CXXXVIII EPISTOLA COLLECTIONIS.

« Nos quoque in Dei nomine matricularii sancti illius, dum matutinis horis ad ostia ipsius ecclesiæ « observanda convenissemus, ibi infantulum sanguinolentum, periculo mortis imminente, pannis involutum invenimus, et ipsum per triduum (seu amplius), apud plures homines inquisivimus, qui suum « esse diceret, et non invenimus, cui nomen ipsum « imposuimus. Sed postea pietate interveniente, et Do« mini misericordia opitulante, ipsum infantulum ho« mini aliquo nomine ill. ad nutriendum dedimus, ut « si Deo præsule convaluerit, ipsum in suis servitus ac « solatiis juxta legis ordinem retineat. Pro quo pretium « accepimus, in quo nobis bene complacuit, solid. « tantos, secundum sententiam illam, ex corporis « Theodosiani libro quinto quæ dictat : *si quis infantem* « *a sanguine emerit aut nutrierit, si nutritum Dominus vel* « *pater ejus recipere voluerit, aut ejusdem meriti manci-* « *pium, aut pretium, quantum valuerit, consequatur.* Et « ut præsens epistola firmior sit, manu nostra propria « eam subter firmavimus, et bonis hominibus robo« randum decrevimus. Actum. » (CODEX LEGUM ANTIQUARUM..... *Quibus accedunt formulæ solennes priscæ publicorum privatorumque negotiorum.* — Edit. Francofurti, CIↃIↃCXIII, pag. 1281.)

Un exposé fort succinct sur la législation des Enfants trouvés dans les temps anciens me paraît nécessaire à présenter ici. Toutefois, je me bornerai à faire connaître chronologiquement les lois seules qui ont été suivies dans notre pays, et qui furent aussi généralement applicables à l'Occident, sans m'occuper de celles que Justinien établit dans l'Orient, et pour lesquelles l'on peut consulter Domat dans son ouvrage du DROIT PUBLIC, liv. I, *au titre* XVIII des HÔPITAUX.

L'on sait qu'avant l'établissement de la religion chrétienne, le père avait droit de vie et de mort sur son enfant à Rome, où l'infanticide était admis par les mœurs et par les lois.

Sous l'influence du christianisme, la protection à l'Enfant, ainsi que la consécration des droits de la femme marchèrent ensemble, en se développant avec la dignité humaine.

Le jurisconsulte Julius Paulus, qui faisait partie du conseil d'Alexandre Sévère et de Caracalla, fit entendre ces belles paroles vers le deuxième siècle de l'ère chrétienne. « J'appelle meurtrier non-seulement celui qui étouffe l'Enfant dans le sein qui l'a conçu, mais encore celui qui l'abandonne, celui qui lui refuse des aliments, celui qui l'expose dans un lieu public, comme pour appeler sur sa tête la pitié qu'il lui refuse lui-même. *Necare videtur non tantum is qui perforat, sed et is qui abjicit, et qui alimonia denegat, et is qui publicis locis misericordiæ causa exponit quam ipse non habet.* (Fl. lib. XXV, tit. III, lib. 4.)

L'année 315, trois ans après avoir autorisé le libre exercice du culte chrétien, l'empereur Constantin fait publier la loi suivante, qu'il adresse aux officiers publics de l'Italie :

« Si un père ou une mère vous apporte son Enfant, qu'une extrême indigence l'empêche d'élever, les devoirs de votre place sont de lui procurer et la nourriture et les vêtements sans nul retard, parce que les besoins d'un Enfant qui vient de naître ne peuvent être ajournés. Le trésor de l'empire et le mien indistinctement fourniront à ces dépenses. » (*Cod. Theod.*, tit I, lib. 5, tit. 6.)

L'an 322, Constantin rend, pour l'Afrique, une loi conçue dans le même esprit que celle qu'il avait publiée en 315 pour l'Italie. (*Ibid.*, lib. 5, tit. 7. *De expositis.*)

En 329, Constantin autorise l'esclavage des Enfants trouvés, *secundum statuta priorum principum.* — En 331, cet empereur invite les étrangers à prendre soin des Enfants exposés; et, pour les y déterminer, il

ministrantur infirmis, et magis indigentibus major consolatio exhibetur, ita ut magister et fratres ipsius domus non tam receptores dici debeant quam ministri indigentium, et illi soli egeant inter pauperes, qui pauperibus necessaria caritative ministrant. Cum igitur dictis fratribus de benignitate Sedis apost. duxerimus indulgendum ut in locis quæ ipsis a fidelibus offerentur, de consensu vestro eis sine præjudicio vicinarum ecclesiarum cæmeteria ad opus fratrum et familiæ suæ tantum et oratoria fabricent, universitatem vestram rogamus,

leur confère le droit d'en disposer même à titre d'esclaves, après qu'ils les auraient nourris et élevés. A cet effet, les évêques devaient leur donner des attestations qui les missent à l'abri de toute recherche, et leur servissent de titre contre les anciens maîtres. « *Expositi sunt pueri, aut puellæ,* sive servi sive liberi, pro « jecti de domo, quos pater vel dominus recens domo « abjecit, quique adeo quodammodo ad mortem expo- « siti sunt : nos igitur aliis voluntate misericordiæ amica « colligere licebat; sic ut si is qui collegit suis alimentis « ad robur expositum provexerit, patribus et dominis « nullus expositi repetendi aditus relinqueretur : quin « imo is qui collegit, eum sub eodem statu retinere pos- « set, quem apud se collectum vellet agitare : id est, « sive filium, sive servum : si modo coram testibus fecerit, « et episcopus loci de subscriptione sua firmaverit.

« Quicumque expositum recenti partu sciente patre « vel matre domino collegerit, ac suo labore educave- « rit, in illius a quo collectus est potestate consistat, « seu ingenuum, seu servum quem nutrivit esse vo- « luerit in filium vel libertum, aut in servitium per- « manere propria utatur potestate. » (*Cod. Theod.*, lib. 5, tit. 7. *De expositis*.)

Honorius voulut que la prise de possession fût faite devant l'Église, et qu'il en fût dressé un acte écrit. (*Code Theod.*, v, tit. 7, b. 1.)

Si, à l'insu du maître, l'Enfant de la fille esclave avait été exposé, le maître pouvait le revendiquer, en remboursant toutefois à la personne qui l'avait recueilli les frais qui avaient été faits pour son éducation. (*Code Just.*, liv. VIII, titre 52. *De infantibus expositis*, liv. 1.) Mais, si l'Enfant avait été exposé par le maître lui-même ou par le patron, la faculté de le revendiquer était interdite par le décret rendu en 374 par Valentinien, Valens et Gratien. « En exposant l'Enfant, dit ce décret, le maître ou le patron lui ont fait courir le danger de la mort; la miséricorde a inspiré la personne qui l'a recueilli avec affection : le maître ne peut réclamer comme sien l'Enfant qu'il a délaissé périssant » Ce rescrit impérial renferme la première défense positive de l'exposition que l'on rencontre dans les lois romaines. « Que chacun, y est-il dit, nourrisse ses Enfants. S'il les expose, qu'il encoure la peine portée contre son crime. » *Unusquisque sobolem suam nutriat, quod si exponendam putaverit, animadversioni quæ constituta est subjacebit.* (*Cod. Just.*, *ibid.*, l. II.)

En 391, Valentinien, Théodose et Arcadius, abolissant la disposition des lois anciennes qui conférait un droit de propriété à ceux qui avaient pris soin d'Enfants delaissés, rendirent à ces Enfants la liberté, sans les obliger à se racheter, si toutefois ils avaient rempli le plus petit nombre requis d'années de service.

Lorsque Arcadius et Honorius se furent partagé l'empire, ils renouvelèrent, en l'année 412, l'empêchement mis aux réclamations des maîtres et des patrons pour recouvrer les nouveau-nés qui avaient été exposés. « Étaient-ils en droit de prétendre, disent-ils, que ces enfants leur appartenaient, lorsqu'ils les avaient méprisés au point de les abandonner à la mort? » Il fut stipulé dans la nouvelle loi qu'à l'avenir on ne pourrait lever de terre les Enfants trouvés qu'en présence de témoins, et que l'évêque apposerait sa signature au procès-verbal qui en serait dressé. (*Cod. Theod.*, lib. V, tit. VII. *De expositis.*)

Ces lois furent maintenues par Théodose II, empereur d'Orient, sous lequel parut, en 458, le Code qui porte son nom.

Justinien, en renouvelant la disposition de la loi qui affranchit les Enfants délaissés de la servitude, développa cette disposition : « Celui, dit-il, qui les a élevés a dû agir par un mouvement de charité; il n'en est pas le possesseur. » (*Cod. Just.*, liv. VIII, tit. LII; liv. III et IV.)

Le Code Théodosien fut seul admis, pendant plusieurs siècles, dans les Gaules, où il se combina, d'une part, avec les codes des peuplades qui s'en emparèrent au ve siècle, et, d'autre part, avec les canons des conciles, devenus lois de l'État.

« La société nouvelle, disent MM. Terme et Montfalcon, qui naquit de la conquête de l'Europe par les Barbares, montra, quoique à demi barbare, beaucoup plus d'humanité pour les Enfants trouvés que ne l'avaient fait les nations les plus civilisées de l'antiquité. Le meurtre des Enfants était puni d'une amende par la loi des Francs, l'avortement défendu par celle des Allemands. Selon l'esprit des temps, une composition, ou somme d'argent à payer, fut imposée à ceux qui mettraient à mort un Enfant, et la quotité de la somme varia selon que l'Enfant était de condition libre ou esclave, nubile ou non nubile. Plus sévère encore que la loi salique, celle des Visigoths infligeait la peine de mort à l'auteur des tentatives pour faire avorter les femmes grosses; elle était beaucoup moins rigoureuse pour l'exposition des nouveau-nés, qu'elle ne qualifiait pas d'action criminelle. Cette loi ne s'occupa que de régler quelques détails de la condition des Enfants trouvés. Quiconque était convaincu d'avoir exposé un Enfant de condition libre devenait esclave à sa place; mais l'Enfant qu'avait nourri la compassion d'un étranger conservait sa qualité de personne libre, disposition du droit romain qui fut maintenue per Théodoric. » (*Histoire des Enfants trouvés*, page 79.)

Cette même loi des Visigoths fixait jusqu'à l'âge de dix ans les soins à donner à l'Enfant recueilli. *Solidum per annum pro nutritione infantis statuunt, usque ad de*

monemus, et exhortamur in Domino, ac per apost. vobis scripta mandamus, quatenus si qui fidelium in parochiis vestris domos aliquas vel possessionnes eis obtulerint devotionis obtentu, eos non impediatis quominus sine præjudicio vicinarum ecclesiarum et vestro in eis ecclesias erigant, et ad opus fratrum et familiæ suæ tantum cæmeteria construant, immo potius construendi utraque ipsis licentiam concedatis, cum constructa fuerint dedicationem ecclesiæ et cæmeteriis benedictionem sine difficultate qualibet collaturi, et in

cem annos, et post decimum annum nihil mercedis addere volunt, quia ipse qui nutritus est mercedem suam suo potest compensare servitio. (Lib. IV, II, tit. IV, c. I et cap. 3)

Les canons des conciles adoptèrent les dispositions du Code théodosien pour les Enfants exposés, en les déclarant esclaves de ceux qui les élèveraient. Tels furent les décrets du concile de Vaison, tenu en 442, renouvelés dix ans après par le concile d'Arles; et enfin par celui d'Agde, en 506; et par celui de Mâcon, en 581.

Voici le texte des conciles de Vaison, d'Arles, d'Agde, et enfin de Mâcon, touchant les Enfants trouvés :

CONCILIUM VASENSE.

Anno Christi 442. CONSTITUTIONES SANCTÆ SYNODI HABITÆ IN CIVITATE VASENSI APUD AUSPICIUM EPISCOPUM ECCLESIÆ, CATHOLICÆ SUB DIE IDUUM NOVEMBRIUM, DIOSCORO CONSULE.

. . . .

IX.

« *De expositis, quia conclamata ab omnibus querela processit, eos non misericordiæ jam, sed canibus exponi, quos colligere calumniarum metu, quamvis inflexa præcepta misericordiæ mens humana detrusit, id servandum visum est, ut secundum statuta fidelissimorum, piissimorum, augustissimorum principum, quisquis expositum colligit, Ecclesiam contestetur, contestationem colligat: nihilominus de altario dominico die minister annuntiet, sciat Ecclesia expositum esse collectum ut infra dies decem ab expositionis die expositum recipiat, si quis se comprobaverit agnovisse collectori pro ipsorum decem dierum misericordia, prout maluerit, aut ad præsens ab homine, aut in perpetuum cum deo gratia persolvenda.*

X.

« *Sane si quis post hanc diligentissimam sanctionem expositorum hoc ordine collectorum repetitor, vel calumniator exstiterit, ut homicida ecclesiastica districtione feriatur.* »

(*Conciliorum collectio Harduini.* — Edit Parisiis, 1715, tom. Ier, page 1790.)

CONCILIUM ARELATENSE II.

Circiter annum Christi 452. CELEBRATUM POST ARAUSICANUM ET VASENSE, QUORUM EX CANONIBUS CONCILII HUJUS CANONES PRO PARTE CONTEXTI SUNT.

. . . .

LI

« *Si expositus ante ecclesiam cujuscumque fuerit miseratione collectus, contestationis ponat epistolam, et si is qui collectus est, intra decem dies quæsitus agnitusque non fuerit, securus habeat qui collegit. Sane qui post prædictum tempus calumniator exstiterit, ut homicida, ecclesiastica districtione damnabitur, sicut Patrum sanxit auctoritas.* » (*Collectio conciliorum. . . . Harduini.* . . . t. II, pag. 1777.)

CONCILIUM AGATHENSE.

CANONES.

XXIV.

De expositis id observandum quod jam dudum synodus sancta constituit.

(*Concilium Philip. Labbe*, tome IV.—Editio Lutetiæ, 1621, page 1387.)

CONCILIUM MATISCONENSE.

Cap. VI, APUD BURCHARDUM. Anno 581

« *Decretum est unusquisque presbyter in sua plebe publice annuntiet ut si qua femina clanculo corrupta conceperit et pepererit, nequaquam, diabolo cohortante, filium aut filiam suam interficiat, sed quocumque prava let ingenio ante januas ecclesiæ partum deportari, ibique poni faciat, ut coram sacerdote in crastinum delatus ab aliquo fideli suscipiatur et nutriatur.* »

Je termine ce rapide exposé sur la législation concernant les Enfants trouvés dans les temps anciens par la citation du Capitulaire de Charlemagne en 744, conçu absolument dans les mêmes termes que le concile d'Arles.

DE EXPOSITIS INFANTIBUS AC COLLECTIONE EORUM (1). Anno 744.

« *CXLIV. Si expositus ante ecclesiam cujuscumque fuerit miseratione collectus, contestationis ponat epistolam. Et si is qui collectus est intra decem dies quæsitus agnitusque non fuerit, securus habeat qui collegit. Sane qui post prædictum tempus ejus calumniator extiterit, ut homicida ecclesiastica districtione damnabitur, sicut Patrum sanxit auctoritas.* » (*Cap. Reg. Franc. Baluz. et de Chiniac.* — Edit. Parisiis, 1780, pag. 947 Collecti ab Angesiso abbate et Benedicto Levita, ante annos octingintos. — *Concil. Vas.*, I, c. IX, X. — *Concil. Arelat.*, II, c. LI. — *Concil. Agath.*, c. XXIV. — *Isaac*, tit. II, cap. XVI. — *Burchard*, lib. III, c. CCI — *Ivo par.*, III, cap. CLII. — *Gratian. di.*, LXXXVII, c. IX. *Si expositus.*)

(1) *Vide S August epist.*, XXIII, fol. 25. — *Formulæ Sirmondic.*, c. XI. — *Cujas*, lib. XVI — *Observ.*, cap. XXXVI — *Regin*, lib. II, c. LXIX et seq.

oratoriis ipsis ad præsentationem eorum sine vestro et vicinarum ecclesiarum præjudicio sacerdotes idoneos instituere nullatenus differatis, qui correctionni vestræ subjaceant, et per vos amoveantur, si ratione suorum excessuum fuerint amovendi, Mandamus præterea vobis, ut cum ab eis fueritis requisiti, singuli vestrum de malefactoribus eorum in sua provincia constitutis eis exhiberi faciant justitiæ complementum; malefactores ipsos ad hoc per censuram ecclesiasticam, monitione præmissa, si necesse fuerit, compellentes.

Datum Romæ apud S. Petrum x kalend. maii, pont. nostri anno I.

(*Extrait des Lettres d'Innocent III.* — Baluze, édit. de Paris de 1682, tome Ier, page 52, lettre 95.)

Lettre d'Innocent III, du 23 avril 1198, par laquelle il confirme les priviléges de l'ordre du Saint-Esprit (1).

Guidoni fundatori Hospitalis Sancti Spiritus, ejusque fratribus tam præsentibus quam futuris regularum vitam professis in perpetuum.

Religiosam vitam eligentibus etc. *Usque ad verbum illud* annuimus, et præfatum Hospitale S. Spiritus apud Montem Pessulanum constructum, in quo divino estis obsequio manci- Anno 1293

(1) DES RELIGIEUX DE L'ORDRE DU SAINT-ESPRIT EMPLOYÉS AU SERVICE DES PAUVRES MALADES ET DES *ENFANTS TROUVÉS* DANS L'HOSPICE DU SAINT-ESPRIT, À ROME.

(Extrait de l'*Histoire des ordres monastiques*, par le père Hélyot, de l'Oratoire, t. II, p. 195 à 202.)

« .... Les chanoines réguliers de l'ordre du Saint-Esprit n'ont jamais reconnu d'autre fondateur que Guy de Montpellier. Il était fils de Guillaume, seigneur de Montpellier, et de Sibylle; et il bâtit dans cette ville, sur la fin du XIIe siècle, un célèbre hôpital, *pour y recevoir les pauvres malades.* Son insigne charité le rendit très-recommandable: il procura de grands biens à son nouvel établissement; il associa avec lui d'autres personnes pour en avoir soin et assister les pauvres de leurs biens. Son ordre s'étendit en peu de temps en plusieurs endroits, comme il paraît par la bulle du pape Innocent III, du 23 avril 1198, qui, en confirmant cet ordre, fait le dénombrement des maisons qu'il avait dejà, dont il y en avait deux à Rome, l'une au delà du Tibre, l'autre à l'entrée de la ville, sous le nom de Sainte-Agathe; une autre à Bergerac, une à Troyes, et d'autres en différents lieux.

« Comme ils étaient tous laïques, et qu'il n'y avait aucun ecclésiastique parmi eux, le même pontife avait, le jour précédent, écrit à tous les archevêques, évêques et prélats de l'Église, pour les prier que, s'il se trouvait quelques personnes pieuses de leur diocèse qui voulussent faire quelques donations à ces hospitaliers, ils ne les en empêchassent pas. Il exhortait aussi ces prélats d'accorder à ces hospitaliers la permission de bâtir des églises et des cimetières, de faire la dédicace de ces églises; de bénir les cimetières lorsqu'ils seraient bâtis, et de souffrir que le fondateur et les autres frères de cet ordre choisissent des prêtres séculiers pour leur administrer les sacrements, et aux pauvres de leur église Six ans après, l'an 1204, ce pape fit venir à Rome le fondateur pour lui donner le soin de l'hôpital de Sainte-Marie *in Sassia*, ou en Saxe, qui s'appelle présentement le Saint-Esprit.

« L'église fut fondée par Ina, roi des Saxons orientaux, l'an 715, sous le titre de Sainte-Marie *in Sassia*, ou en Saxe, et le même roi, étant venu à Rome, l'an 718, ajouta à cette église un hôpital *pour les pèlerins de sa nation*, qu'il donna à gouverner à quelques personnes séculières, ayant assigné sur son domaine un revenu annuel pour la subsistance des pauvres et l'entretien de l'hôpital.

« Offa, roi des Merciens, à son imitation, amplifia le même hôpital et en augmenta le revenu; mais il fut brûlé, en 817, par un incendie qui ne put être arrêté que par une image de la sainte Vierge que le pape Paschal I y porta en procession. Un pareil incendie acheva de le désoler, en 847, auquel le pape Léon IV remédia aussi le mieux qu'il put, ayant été aidé par les libéralités des successeurs des rois fondateurs.

« Mais les guerres des Guelfes et des Gibelins, dans les XIe et XIIe siècles, ruinèrent tellement le quartier de la ville où l'hôpital était situé, qu'ils en abolirent même jusqu'à la mémoire.

« Enfin, Innocent III étant monté sur la chaire de saint Pierre, fit bâtir de fond en comble cet hospice et ses dépendances, en 1198, *pour y recevoir les malades et les pauvres de Rome*, et en augmenta beaucoup le bâtiments, les possessions, les revenus et les priviléges, en l'année 1204, après que des pêcheurs eurent tiré du Tibre, dans leurs filets, une grande quantité d'Enfants

pati, sub beati Petri et nostra protectione suscipimus, et præsentis scripti privilegio communimus. In primis siquidem statuentes ut fratres inibi commorantes secundum rationabiles institutionnes tuas perpetuo Domino debeant famulari. Præterea quascumque possessiones, etc. *Usque ad verbum* vocabulis. Locum ipsum in quo præfatum Hospitale situm est, cum omnibus pertinentiis, domos, vineas, terras, hortos, et omnia quæ in territorio Montis Pessulani et in locis circum adjacentibus possidentis. Domum quam habetis in Massilia, cum omnibus suis pertinentiis. Domum quam habetis in villa quæ dicitur Amillau, cum omnibus pertinentiis suis. Domum quam habetis in loco qui dicitur Clap de Mala Verula, cum omnibus pertinentiis suis. Domum quam habetis in villa quæ dicitur Mesols, cum omnibus

nouvellement nés qu'on y avait jetés; car le pape en fut tellement touché, *qu'il destina principalement cet hôpital pour recevoir les Enfants exposés et abandonnés par leurs parents.* A la vérité, il n'en est point fait mention dans sa bulle, mais bien dans celles de plusieurs de ses successeurs, comme de Nicolas IV, de Sixte IV (1) et de quelques autres, et l'on voit encore dans cet hôpital une peinture à fresque qui représente des pêcheurs qui portent à Innocent III des Enfants qu'ils avaient trouvés, et une inscription au bas qui fait foi que ce pontife fut averti par un ange d'y remédier; c'est pourquoi l'on prétend qu'il fit en même temps bâtir cette église, qu'il dédia en l'honneur du Saint-Esprit, tant à cause qu'il lui avait inspiré une si bonne œuvre qu'à cause des religieux du Saint-Esprit de Montpellier, auxquels il donna le soin de cet hôpital; mais il y en a beaucoup qui regardent cette histoire comme une fable.

« Ce qui est vrai, c'est qu'il n'y avait pas longtemps que le comte Guy avait fondé son ordre, dont le principal soin des hospitaliers était d'exercer l'hospitalité envers les malades, comme nous avons dit ci-dessus. Ce saint pape, étant bien informé à Rome de leur charité, qui les rendait alors fort célèbres, en fit venir six à Rome, avec leur fondateur, pour leur donner la direction de cet hôpital, que les papes successeurs d'Innocent III ont enrichi dans la suite de plusieurs donations qu'ils lui ont faites, en quoi ils ont été imités par plusieurs personnes pieuses et charitables.

« L'an 1471, Sixte IV, voyant que les bâtiments de cet hôpital tombaient en ruine, le fit rebâtir avec la magnificence que l'on voit encore aujourd'hui. Il contient plusieurs corps de logis, avec une salle fort longue et élevée à proportion, capable de contenir 1,000 lits, et un grand corridor à côté de cette salle, qui en contient bien encore 200, lesquels sont en tout remplis en été. On est même souvent contraint d'en dresser d'autres dans les greniers de cet hôpital, qui sont au bas de Saint Onuphre, outre une grande salle de traverse où l'on met les blessés. Les prêtres et les nobles sont dans des chambres particulières, où il y a quatre lits dans chacune, et sont servis en vaisselle d'argent. Il y a encore d'autres chambres pour les frénétiques et pour ceux qui ont des maux contagieux.

« Dans un appartement qui est derrière l'hôpital, on y entretient un grand nombre de nourrices pour allaiter les Enfants exposés, outre plus de deux mille de la ville et des villages circonvoisins, à qui on les donne à nourrir. Tout proche est l'appartement des garçons, qu'on y met à l'âge de trois ou quatre ans, après qu'on les a retirés des nourrices Ils sont toujours au nombre de cinq cents, et ils y demeurent jusqu'à ce qu'ils soient en état de gagner leur vie à quelque métier ou autre exercice qu'on leur apprend.

« Les filles, qui sont en pareil nombre, sont elevées dans un autre appartement fermé jusqu'à ce qu'elles soient en état d'être mariées ou religieuses, et, quand elles sont pourvues, elles reçoivent de l'hôpital 50 écus romains de dot. Elles sont sous la direction des religieuses de cet ordre, dont le monastère est renfermé dans cet hôpital Il fut bâti, l'an 1600, par le pape Clément VIII, qui dédia l'église sous le nom de Sainte-Thérèse.

« Enfin, il y a le palais du précepteur ou commandeur en chef de cet ordre, qui est très-beau, entre lequel et cet hôpital il y a un grand cloître où logent les médecins, les chirurgiens, et les serviteurs de l'hôpital, qui sont toujours plus de cent, et à côté de l'appartement des religieux. C'est toujours un prélat distingué qui remplit cette charge de commandeur, qui est présentement à la nomination du pape.

« La dépense, tant pour les Enfants que pour les malades, monte par année, l'une portant l'autre, à près de 500 livres, et le revenu serait une fois plus considérable sans la fainéantise des Italiens, qui laissent la plupart des terres sans être cultivées, principalement dans les campagnes de Rome, où cet hôpital est seigneur de plusieurs bourgs et villages, comme la *Tolfa*, San-Severo, Polidoro, Castel Guido et plusieurs autres, sur le chemin de Civita-Vecchia, dont il y en a quelques-unes qui sont principautés.

« *Au dehors de cet hôpital, il y a un Tour, avec un petit matelas dedans, pour recevoir les Enfants exposés. On peut hardiment les mettre en plein jour, car il est défendu, sous de très-graves peines, et même de punition corporelle, de s'informer qui sont ceux qui les apportent, ni de les suivre*

« Voilà quel est ce fameux hôpital du Saint-Esprit de Rome dont le pape Innocent III donna la direction, comme nous avons dit, au comte Guy et à ses hospitaliers. »

(1) *Bulle de* SIXTE IV de l'année 1478. « ... *Attente igitur considerantes quod hospitale nostrum Sancti Spiritus in Saxia quod felic. rec. Innoc. papa III, prædecessor noster divinitus,* ut pie creditur, *inspiratus, ad laudem et gloriam omnipotentis Dei, pro animarum et corporum evitandis periculis, et expositorum infantium, ac pauperum miserabiliumque et infirmorum subsidio et subventione fundavit.... ædificari fecimus, ut tam pro infirmorum subsidio, etiam pro mulieribus et infantibus expositis hujusmodi sub clausura collocandis.* » (Bullarium romanum, t. Ier, p. 316)

pertinentiis suis. Domum quam habetis in burgo Sancti Juliani de Bridi, cum omnibus pertinentiis suis. Domum quam habetis in villa quæ dicitur Bragaac, cum omnibus pertinentiis suis. Domum quam habetis in argenteria de Chacers, cum omnibus pertinentiis suis. Domum quam habetis in civitate Trecen, cum omnibus pertinentiis suis, et domum quam habetis in urbe Roma juxta S. Mariam Transtyberim, cum domo quæ est in loco qui dicitur S. Agatha in introitu urbis Romæ cum omnibus pertinentiis suis. Statuentes ut omnes domos, quas in præsentiarum juste habetis, vel in posterum rationabiliter poteritis adipisci, prædicto Hospitali S. Spiritus Montis Pessulani, et procuratores earum tibi fili G. et successoribus tuis perpetuo subjacere debeant et humiliter obedire, et correctionem tuam et successorum tuorum recipere humiliter et servare. Liceat insuper vobis in domibus vestris, sine prejudicio vicinarum ecclesiarum, cum consensu diocesani episcopi construere cæmeteria ad opus fratrum vestrorum et familiæ tantum, et oratoria fabricare : in quibus ad præsentationem vestram instituantur per diocesanum episcopum capellani, et amoveantur per eum cum deliquerint, vel aliter etiam corrigantur. Liceat quoque vobis liberas et absolutas personas e seculo fugientes, etc. Prohibimus insuper ut nulli fratrum vestrorum, post factam in loco vestro professionem, fas sit absque procuratoris sui licentia, etc. Chrisma vero et oleum sanctum, etc., per diocesanum episcopum sine pravitate et exactione aliqua vobis præcipimus exhiberi. Obeunte vero te nunc ejusdem loci magistro, etc. Decernimus ergo, etc. Salva Sedis apostolicæ auctoritate, et diocesani Episcopi canonica justitia. Si qua igitur in futurum ecclesiastica, etc. Cunctis autem, etc.

Datum Romæ apud S. Petrum per manum Rainaldi Domini Papæ Notarii, Cancellarii vicem agentis, IX kalend. Maii, indictione prima, Incarnationis Dominicæ anno M. C. XCVIII. Pontificatus vero Domini Innocentii Papæ III anno I.

(*Extrait des lettres d'Innocent III.* — Baluze, tome Ier, page 53, lett. 97.)

DEUXIÈME PARTIE.

LÉGISLATION ET JURISPRUDENCE FRANÇAISES SUR LES ENFANTS TROUVÉS

PREMIÈRE ÉPOQUE, DU XIVe SIÈCLE A 1790.

LÉGISLATION ET JURISPRUDENCE.

DEUXIÈME ÉPOQUE, DE 1790 A 1850.

LÉGISLATION

JURISPRUDENCE

DEUXIÈME PARTIE.

LÉGISLATION ET JURISPRUDENCE.

PREMIÈRE ÉPOQUE, DU XIVe SIÈCLE A L'AN 1790.

LÉGISLATION ET JURISPRUDENCE.

TITRE PREMIER.

LETTRES PATENTES. — ÉDITS. — DÉCLARATIONS.

CHAPITRE PREMIER.

HÔPITAL DU SAINT-ESPRIT, À PARIS.

Lettres-patentes confirmatives d'une ordonnance de l'évêque de Paris, portant approbation d'une confrérie pour secourir les pauvres Enfants de la capitale (1).

Mars 1362.

Carolus primogenitus, et locum tenens Regis Francorum, Dux Normaniæ et Delphinus Viennensis, notum facimus universis præsentibus et futuris, nos vidisse quasdam litteras sigillo reverendi patris Episcopi Parisiensis dicti domini nostri consiliarii ac nostri sigillatas sanas et integras, ut prima facie apparebat, tenorem qui sequitur, continentes. Universis

(1) « Il se trouva que les années 1360, 1361 et 1362, « à cause des guerres qui étaient en France, le peuple « fût réduit en grande nécessité et misère; si que grand « nombre d'enfants orphelins de père et de mère de- « meurent à Paris, gissans en rue sans aucune retraite. « De quoi émues plusieurs bonnes personnes, retirè- « rent en divers endroits quantité d'iceux, l'Hôtel- « Dieu n'ayant moyen de les recevoir. En considérant « que les particuliers ne pourraient longuement porter « cette charge, plusieurs notables personnes, le 7 fé- « vrier 1362, allèrent vers révérend père en Dieu, « messire Jean de Meulant, évêque 88e de Paris, au- « quel firent entendre la nécessité et misère de ces « pauvres enfants qui périssaient de famine et de « froidure, plusieurs d'eux gastés de mal de galle et « teigne, dont ils mouroient misérablement, et les « pauvres filles violées de nuit Ce qui causait de grands « malheurs à la ville, s'il n'y était pourvu. Pour à quoi « obvier ledit sieur évêque leur donna permission d'ins- « tituer et ériger une confrairie du Saint-Esprit, aux « fins de bâtir un hôpital qu'ils nommèrent l'hôpital des « Pauvres du Saint-Esprit, et donna par ses lettres, à « chacun des confrères, quarante jours d'indulgence. » (Extrait des *Antiquités de Paris*, par Jacq. Du Breul)

Christi fidelibus præsentes litteras inspecturis, Joannes, Dei gratia, Parisiensis episcopus, SALUTEM in Filio Virginis gloriosæ. Quoniam, ut ait Apostolus, omnes stabimus ante tribunal Christi recepturi, prout in corpore gesserimus, sive bonum fuerit, sive malum, oportet diem illum missionis extremæ, dum in carne vivimus, nos in misericordiæ actibus prevenire, et ita copiose seminare in terris, quod fructum centesimum tandem recolligere valeamus in cœlis, in hocque firmæ spei anchoram jacentes quod, justa Apostolum, qui parce seminat, parce et metet, et qui seminat in benedictionibus, de benedictionibus et metet vitam æternam. Cum igitur, prout et nobis a fide dignis personis intimatum, per vicos et plateas urbis Parisiensis innumerabilium pauperum calamitas, ab anno quam maxime Christi sexagesimo, tantum invaluerit, quod utriusque sexus parvuli ac juvenes orphani et alii, puellæ, mulieres cujuslibet ætatis, hospitio carentes, in platea communi nec sub tecto morabantur: Ex hoc sunt consecuti, ut intelleximus, casus nedum mirabiles, immo etiam miserabiles, quos non sine gemitu pii cordis auribus attentis referimus: Nam passim juventulæ mulieres, aliæ raptæ per garciones et violatæ, exinde lupanaris maculantur infamia: præterea tempore hiemalis frigoris, plurimi reperti sunt puelli et puellæ, hi frigore extincti, hi adhuc palpitantes, à mortuis juxta se quærentes auxilium et non invenientes, simul moriebantur. Multi vero puelli, si mortis tam horrendæ evaserunt gladium, in petigine tantum seu scabie capitum putrescentes, ut abominabiles a cunctis hominibus repulsam patiuntur; quibus infortuniis seu calamitatibus tam lamentabilibus in dicta civitate ante de remedio non fuerat provisum; Nam et si Domus Dei recipiat infirmos, et in hospitalibus aliis viri sani vagabundi per noctem, attamen communiter et antea non fuerant mulieres, puellæ, pueri seu orphani recepti hospitio, seu de necessitatibus erepti prælibatis, cum tamen magis pium sit et necessarium mulieres quam viros, parvulos quam grandævos, quam alios, sub tecto pernoctare et eis subvenire. Has ergo tam graves penurias pauperum atque calamitates quam plurimæ personæ fideles et devotæ oculo pii cordis intuentes, inceperunt ab anno quo supra et deinceps, prædictis impendere pueris et orphanis remedium salutis corporalis pro posse; et primo in domibus suis recolligentes quotquot quisque poterat, in ipsis pietatis opera exercebant: tandem in una domo pro eis comparata, grandem multitudinem, quando quoque quingintos, quadringentos, trecentos recipere curarunt, et cum sumptibus suis eos pane reficere, igne calefacere et capita curare; matres cum decesserunt, sepelire, parvulos enutrire; et postquam sanati aut nutriti, alieni servitio, seu artificio mancipare; unde plusquam ducenti, prout intelleximus, jam sunt in uno anno prædicti assignati, qui per hoc tam mortis pœnæ quam etiam furti seu stupri culpæ evadunt pericula: verum quia actores tam bonorum operum non valent amplius pro eis continuandis expensas ministrare, ne tam pia opera, tamque meritoria atque necessaria penitus deficiant, prudentium virorum et discretorum tam religiosorum magistrorum in Theologia, quamque secularium utentes consilio, fuit deliberatum inter eos quod sine gravamine alicujus personæ per unam confratriam posset pro perpetuo prædictis pauperibus immo et quam pluribus aliis provideri, cujus confratriæ, ut ab his accepimus qui fieri procurant illam, modus vel usus hic erit. Primo propter salutem animarum quærendam quod nullus qui aliquo excommunicationis vinculo est obligatus, confrater admittatur: et quod si postquam fuerit admissus, accidat eum hac sententia innodari, nisi infra spatium decem dierum ad plus se absolvi procuret, a dicta confratria penitus expellatur per hujus confratriæ magistros et rectores. Solvet autem quilibet pro suo introitu duos solidos Parisienses, et sic anno quolibet, quo data pecunia tota in operibus pietatis prædictis collecta convertetur. Si autem contigerit, his expletis, habere aliquid residui, cuilibet debili de nova domo Dei Parisiensi exeunti, quantum facultas erit, panis cum potagio et duo denarii tribuentur, ut per hoc convalescat, et ne propter relapsum ipsius in langorem, eadem domus Dei iterum oneretur. Item ipsis expletis, ubi de pecunia aliquid supererit, personis verecundis, honestis pauperibus villæ manageriis illa distribuetur. Pro hujusmodi ergo confratria creanda per viros venerabiles et discretores tam religiosos, quam seculares, ut puta, fratrem Amandum de ordine Minorum, Jacobum de Avenciaco ordinis heremitarum, Guillemmum Bouguini ordinis Prædicatorum, in theologia magistros, Laurentium Gadet, Petrum Devillanolio, Petrum Marescalli Campsorem, Guillemmum Basin, Burgenses Parisienses, et alios quam plures, nobis tam humiliter, quam etiam devote exstitit supplicatum, quatenus ipsi possint auctoritate nostra et licentia prædictam confratriam fundare et creare duntaxat inter ipsos, seculares et cives. Nos qui cunctis pauperibus semper compatimur, præhabita matura deliberatione cum pluribus peritis, præfatæ supplicationi tam piæ tamque justæ et rationi consonæ dictorum supplicantium misericorditer et favorabiliter annuere volentes, prædictis supplicantibus concessimus, et tenore præsentium concedimus de gratia speciali, quod ipsi dictam confratriam fundare possint et valeant auctoritate nostra in urbe Parisiensi modo et forma, quibus est in aliis pluribus confratriis fieri consuetum, et sub modis omnibus seu conditionibus supradictis et aliis addendis, sicut nobis et ipsis supplicantibus melius videbitur ad pauperum omnium expedire juvamen, nostro et cujuslibet duntaxat prælati seu domini jure salvo; et ad hoc ut fideles fortius annuant ad tantas inopias pauperum sublevandas et istam *confratriam* sustinendam, nos de misericordia Dei atque Beatæ Virginis et Sanctorum omnium confidentes, omnibus et singulis confratribus, sororibus et benefactoribus prædictæ confratriæ, vere pœnitentibus et confessis, auctoritate nostra quadraginta dies de injunctis omnibus sibi pœnitentiis misericorditer in Domino relaxamus. In cujus rei testimonium, sigillum nostrum litteris præsentibus duximus apponendum. Datum Parisiis, in domo nostra episcopali decima septima die mensis Februarii, anno Domini millesimo trecentesimo sexagesimo secundo. *Quibus litteris per nos visis* et contentis in ipsis diligenter attentis ac dependentibus ex eisdem, nobis plenius expositis, nos opus hujusmodi pium et laudabile reputantes, et ipsum augmentare et fovere ex intimo cordis cupientes et volentes, dictam confratriam et omnia et singula supra scripta laudamus et ratificamus, ac de speciali gratia; certa scientia nostra, et auctoritate regia qua fungimur, in quantum et prout melius possumus, confirmamus, confratribus ipsius confratriæ præsentibus et futuris ex ampliori gratia tenore præsentium concedentes, ut ipsi magistros pro dicta confratria gubernanda ac operibus hospitalis faciendis, procuratoresque unum vel plures pro causis et negotiis eorumdem prosequendis et defendendis, eligere et ordinare necnon plures ipsorum confratrum ad audiendum compotes et rationem de omnibus receptis et missis dictorum confratriæ et hospitalis, et universaliter pro omnibus ad ipsos pertinentibus tractandis et ordinandis convocare, et simul convenire tot et tales, toties et quoties opus fuerit eis videbitur expedire, valeant pro utilitate evidenti ipsorum confratriæ et hospitalis : super quibus et singulis præmissis faciendis, dictis confratribus modernis et futuris plenariam concedimus potestatem, mandantes præposito Parisiensi, cæterisque justiciariis et officiariis modernis et futuris ac eorum loca tenentibus, servientibusque ac subditis dicti regni et nostris, ac quosvis alios rogantes quatenus confratres, servitores et universa et singula negotia dictorum confratriæ et hospitalis sustineant, foveant et amicabiliter tractent, et iisdem confratribus et servitoribus in omnibus suis agendis ratione dictorum confratriæ et hospitalis consilium, auxilium et favorem ministrent quoties opus fuerit et fuerint requisiti. Quod ut firmum et stabile permaneat perpetuo, sigillum nostrum præsentibus duximus apponendum, salvo in aliis jure dicti Domini nostri et nostro, et in omnibus quolibet alieno. Datum Parisiis, anno Domini millesimo trecentesimo sexagesimo secundo mense Martii. *Signé sur le repli :* Per Dominum ducem ex deliberatione consilii. *Signé,* Marneil. *Et au-dessous :* Collatio facta est cum originali. *Scellé sur lacs de soie verte et jaune, en cire verte.*

LETTRES PATENTES confirmatives de la fondation de la confrairie du Saint-Esprit et de sa destination à ne recevoir que les Enfants orphelins, procréés en légitime mariage.

Du 4 août 1445.

CHARLES, par la grace de Dieu, roi de France; SAVOIR faisons à tous présents et avenir; nous avons reçu l'humble supplication des quatre confraires, maître gouverneurs de l'Hôpital du Saint-Esprit en Greve, en notre ville de Paris, contenant comme de long-temps, c'est à savoir de quatre-vingt-dix à cent ans et ou environ; plusieurs bons bourgeois et habitans de notre bonne ville de Paris, mus de grande aumône, charité et compassion, voyant et considérant les indigences et pauvretés, avenues souventes fois à plusieurs indigentes et très-pauvres créatures, comme femmes, filles, et aussi à pauvres enfans orphelins de peres et de meres procréés en et de loyal mariage, et non ayant aucuns parens ou amis qui les pussent ou eussent de quoi gouverner ni alimenter, dont plusieurs grands et pitieux inconvénients s'en ensuivoient; aviserent maniere d'avoir et trouver maison ou habitation, et lieu propre et convenable en notredite ville de Paris, pour principalement loger et héberger de nuit pauvres femmes pélerines, et autres filles passant leur chemin: et aussi par maniere d'augmentation d'icelle fondation, pour y recevoir lesdits pauvres orphelins, tels que dit est. Pour ce que alors en icelle notre ville n'avoit lieu pour lesdites pauvres femmes, tant pélerines que autres filles, lesquelles choses iceux, bons bourgeois et habitans de notredite ville, ayant pitié et compassion de ce que dit est, garnis d'envie et de charité, firent tant et pourchasserent, que au lieu nommé de présent hôtel et hôpital du Saint-Esprit en Grêve, qui, ainsi par la grace de Dieu fut appellé, seroit et fût dès-lors fait et levé lieu ou hôpital et habitation pour y recevoir et loger de nuit lesdites pauvres femmes et filles, lesdits pauvres enfans orphelins de peres et de meres nés et procréés en et de loyal mariage, et non ayant aucuns parens ou amis qui les pussent ou eussent de quoi les nourrir, comme dit est dessus, et depuis le commencement de ce que dit est, et tant par le moyen de ce, comme d'une confrairie, qui dès-lors fut constituée et établie, tant par l'autorité de notre Saint Pere le Pape et l'évêque de Paris, qui pour lors étoient, comme autrement, furent établis quatre bourgeois de notredite ville de Paris, confraires d'icelle confrairie, pour le gouvernement d'iceux hôpital et confrairie, desquels on change de deux ans en deux ans les deux anciens, et y en met les deux nouveaux, lesquels maîtres et gouverneurs, n'ont et n'eurent aucuns gages ni profits pour ce faire; mais tant seulement le font en l'honneur de Dieu et de sainte charité, et pour ce que ledit hôtel ou hôpital a été grandement et notablement gouverné ès œuvres et bienfaits des susdites. Aucunes dévotes personnes y ont fait plusieurs biens et œuvres charitables et méritoires, et tellement que l'on y a fait et encore font, chacun jour incessamment les sept œuvres de miséricorde, avec plusieurs biens spirituels, comme dire messe, services, prieres et oraisons, où nous et notre lignée sommes accompagnés et participans, entre lesquelles œuvres et y étoient et sont reçus lesdits pauvres orphelins de peres et de meres, tant fils que filles nés et procréés en loyal mariage, et non ayans aucuns parens et amis qui bien leur pussent faire, ainsi que devant est dit; lesquels pauvres enfans orphelins et orphelines sont audit Hôpital couchés, levés, vêtus et chaussés, alimentés et gouvernés de toutes choses à eux nécessaires, introduits et appris à l'école, tant de l'art de musique que autrement, et après mis à aucun métier pour pouvoir et savoir gagner leur vie honnêtement au tems avenir, et encore quand lesdites filles orphelines sont en l'âge de marier, on les marie du mieux que l'on peut, selon leur état, aux dépens dudit Hôpital, où il y a toujours très-grande quantité tant d'enfans à nourrir, à l'école, et à métier, comme autrement, dont ledit Hôpital est moult chargé; et pour ce que ladite regle a été bien maintenue et gardée, et plusieurs bons valets et compagnons de métiers sont venus et ont envoyé et envoyent audit Hôpital pour demander les filles orphelines dudit lieu et à les avoir en mariage, pour ce qu'elles sont approuvées être nées et venues de loyal mariage par la règle toute notoire, qui, d'ancienneté, a été gardée de recevoir audit Hôpital enfans approuvés être nés en loyal mariage, et non autres, comme dit est, et a été tout notoire d'ancienneté; et quant aux orphelins mâles, quant ils sont en l'âge d'avoir tonsure, on les mene pardevant l'évêque de Paris qui la leur baille, et les tonsure pour ladite cause, comme enfans approuvés être nés en loyal mariage, et combien que la fondation dudit lieu du Saint-Esprit fût, et eût été faite et fondée anciennement par la délibération de plusieurs notables docteurs en théologie, religieux, bourgeois et autres vaillantes personnes de conseil, confraires de ladite confrairie; sur ce fait, tant par l'autorité des dessusdites notre Saint Pere le Pape et l'évêque de Paris, comme de nous et de nos prédécesseurs rois de France, et que lesdits maîtres et gouverneurs en ayent joui et usé par moult long-tems, et néanmoins puis certain tems ça il est avenu que l'on a voulu et veut contraindre iceux maîtres et gouverneurs dudit Hôpital du Saint-Esprit, à prendre et recevoir aucuns petits enfans étant en maillot et autrement, dont on a trouvé les aucuns parmi la ville de Paris, et les autres, on a apporté aux huis dudit lieu du Saint-Esprit, et s'efforcent aucunes, et même notre procureur en notre châtelet de Paris, de les faire prendre et recevoir par lesdits maîtres et gouverneurs audit lieu du Saint-Esprit, tout ainsi que si lesdits enfants étoient approuvés être de bon et loyal mariage, en fuyant à l'ordonnance de ladite fondation, dont on ne sert rien, ne encore qui pis est, si lesdits enfans sont baptisés ou non, ayant été tout notoire que lesdits enfans sont illégitimes et bâtards, lesquels les peres et meres d'iceux font jetter ainsi interpositement et nuitamment, et exposer à val les rues, et à l'occasion de ce notredit procureur audit châtelet, s'efforce d'entretenir et mettre en procès lesdits maîtres et gouverneurs, et les a, ou son prédécesseur, au pourchas ou instigation d'aucuns particuliers, par maniere de provision et sans préjudice de leurs droits, voulu contraindre et contraint de par notre cour de Parlement, à laquelle ils avoient de ladite contrainte appellé, à recevoir aucuns Enfants-Trouvés et non approuvés tels que dit est, et ja soit ce que de tout ancienneté c'en ait accoutumé pour lesdits enfans ainsi trouvés et inconnus, quêter en l'église de Paris, en certain lit étant à l'entrée de ladite église par certaines personnes, qui des aumônes et charités qu'ils en reçoivent, ils les ont accoutumé gouverner et nourrir, en criant publiquement aux passants, par-devant le lieu où iceux enfans sont, ces mots, *faites bien à ces pauvres Enfans-Trouvés,* qui est signe et démontrance évident, que ledit Hôpital n'a ou doit avoir aucune charge de tels Enfans-Trouvés et autres que dit est dessus, et n'est tenu aucunement recevoir, et laquelle chose si ainsi faite et tolérée étoit, seroit directement venu contre la volonté et intention des fondateurs dudit Hôpital, au grand grief et préjudice desdits pauvres orphelins et orphelines nés en loyal mariage, qui ils sont et doivent être reçus, pour ce que le lieu, ne les aumônes et revenus d'icelui ne pourroient pour la multitude qui y soit à ce suffire : mais seroit comme, dit est, une confusion qui en bref mettroit à ruine, pauvreté et toute adnihilation ledit lieu, et seroit totalement défrauder les fondateurs; et si seroit aussi en grand grief et préjudice d'aucunes bonnes dévotes créatures, qui, à leur dévotion, ont donné et aumôné du leur, à fonder messes, services, prieres et oraisons qui sont célébrés en la chapelle dudit Hôpital; et faudroit que lesdits services dont lesdits maîtres d'icelui Hôpital se sont obligés de iceux faire faire et continuer, et qui, pour ladite cause, ont obligé les revenus dudit Hôpital cessassent, et que les revenus ordonnés pour la fondation desdits services fussent employés à nourrir et gouverner lesdits enfans bâtards, illégitimes, dont pourroit avenir qu'il y en auroit si grande quantité, parce que moult de gens s'abandonneroient et feroient moins de difficulté de eux abandonner à pécher, quand ils verroient que tels enfans bâtards seroient nourris davantage, et qu'ils n'en auroient pas la charge premiere, ni sollicitude, que tels Hôpitaux ne le sauroient, ne pourroient porter ni soutenir, mêmement, que les rentes dudit

3.

Hôpital tant par le fait de la guerre, que autrement sont dues, diminuent tellement, sont et de si petite valeur à présent, que ce n'eussent été en partie les augmentations et fondations pour lesdits services divins, ont été faites audit Hôpital par aucunes bonnes créatures dévotes qui ont eu et acheté leur vie audit lieu des biens desquels et en partie des revenus de leurs susdites fondations, ledit Hôpital a été soutenu et lesdits pauvres petits orphelins légitimes étant et qui ont été audit Hôpital nourris, gouvernés et administrés le tems passé, eux convenu par pauvreté plusieurs fois clore ledit Hôpital et tout cesser; et par ce moyen se lesdits bâtards y étoient reçus, le bon renom, état et gouvernement dudit Hôpital seroit et demeureroit du tout admobile, et ledit Hôpital en voie de brief venu, en toute confusion, misere et perdition qui seroit chose moulte pitieuse, de petit exemple, dommageable et déshonorable à notredite ville de Paris, et sur ce n'était pourvu de remede convenable, comme lesdits maîtres et gouverneurs nous ont fait remontrer, en nous requérant humblement sur ce notre grace et provision; pour ce est-il que nous ces choses considérées, et en sur ce admis et délibérations de conseil, inclinant à la supplication d'iceux maîtres et gouverneurs, qui attendu dites fondation et les autres causes dessus touchées est bien juste, raisonnable et consonnante à raison, voulant aussi de notre pouvoir obvier auxdites charges et entreprises que on leur a voulu et veut bailler, ainsi que dit est, et éviter à toute renommée de blâme, qui audit Hôpital pourroit avenir à cause de ladite macule de bâtardie, et aussi à la division, qui, au tems avenir viendroit et sourdroit entre lesdits enfans légitimes et les illégitimes et autres plusieurs grands dangers et périls, qui, à cause des choses dessusdites et autres, plusieurs pourroient sourdre et avenir chacun jour; parquoi lesdits bienfaits, œuvres charitables et aumônes pourroient cesser par défaut de non tenir de garder ledit Hôpital et les pauvres orphelins et orphelines nés et procréés en loyal mariage, et tels que dit est dessus, en leurs droits et usages; et aussi pour éviter que les messes, services, prieres et oraison, et les revenus ordonnés et baillés pour ledit service faire, tant peu qu'il en est demeuré, ne cessent et ne soient tournés ni employés ailleurs que à iceux services faire. Avons voulu et ordonné, voulons et ordonnons et en tant que nécessité en seroit par maniere de statut, édit ou ordonnance, et de notre spéciale, pleine puissance et autorité royale; octroyé et octroyons audit Hôpital du Saint-Esprit, que iceux maîtres et gouverneurs, tant présens, comme ceux à venir, soient et seront maintenus, gardés et défendus de par nous au gouvernement dudit Hôpital et des droits, revenus et administrations d'icelui, pour en jouir et user à toujours, mais perpétuellement et sans ce qu'ils soient, ne puissent être contraints à y prendre ou recevoir aucuns enfans orphelins ou orphelines, s'ils ne sont procréés en et de loyal mariage, et non ayans parens ou amis qui les puissent nourrir et gouverner, comme dit est dessus, et tout ainsi et en la maniere qui a toujours été faite et continuée, et sans ce que aucune chose soit faite ou innovée au contraire. Si donnons en mandement par ces mêmes présentes, à nos amés et féaux conseillers les gens de notre Parlement, au prévôt de Paris et à tous nos autres justiciers ou à leurs lieutenants, présents et à venir et à chacun d'eux, si comme à celui appartiendra, que nos présentes volontés, statut, édit et ordonnance ils entretiennent et gardent, et fassent garder et entretenir de point en point et d'icelui fassent, souffrent et laissent ledit Hôpital et les maîtres et gouverneurs d'icelui présens et à venir, jouir et user à toujours pleinement et paisiblement, sans les contraindre ni souffrir être contraints, molestés et empêchés en aucune maniere au contraire, en imposant silence perpétuel à toujours à notredit procureur présent et à venir, et à tous autres qu'il appartiendra; nonobstant quelques procès pendans et meus entre notredit procureur audit châtelet, et lesdits maîtres et gouverneurs dudit Hôpital; lesquels se aucuns pour ces causes dessusdites, en y a, admettons et mettons du tout au néant, de notredite grace speciale par cesdites présentes : et afin que ce soit ferme et stable à toujours, nous avons fait mettre notre scel à icelles, sauf en autres choses, notre droit et l'autrui en toutes. Donné à l'Epine les-Châalons, le septième jour d'Août, l'an de grace quatorze cent quarante-cinq, et de notre regne le vingt-troisieme, par le roi en son conseil, *signé*, DELALOERE, avec paraphe; un grand sceau attaché par et avec lacs de soie rouge et verte.

ÉDIT DU ROI CHARLES IX, portant que les effets mobiliers des enfants de l'Hôpital du Saint-Esprit, *qui y décéderont, appartiendront à l'Hôpital.*

Du mois de juillet 1566.

CHARLES, par la grace de Dieu, roi de France : A tous présens et à venir, SALUT, savoir faisons. Nous avons reçu l'humble supplication des maîtres et gouverneurs de l'Hôpital du Saint-Esprit en notre ville de Paris; contenant ledit Hôpital avoir ci-devant été fondé pour recevoir tous les pauvres enfans orphelins de peres et de meres, nés en loyal mariage, étans de ladite ville et fauxbourgs de Paris, pour y être nourris, alimentés, et leur faire apprendre état et métier, pour gagner leur vie, même de marier les pauvres filles, et faire autres œuvres charitables; ce que les exposans auroient de leur part fait et continué jusqu'à présent, qu'ils se voient du tout dénués de moyen et pouvoir, à cause de l'excessif nombre desdits pauvres enfans qui y affluent de tous endroits indifféremment de ladite ville et fauxbourgs, et la grande charge qu'ils ont pour le peu de charité et amitié qu'ont envers eux aucuns de leurs parens, lesquels encore qu'ils soient riches et aisés, et qu'ils aient moyen de les nourrir et entretenir; néanmoins ils les prosternent, abandonnent, et contraignent lesdits maîtres et gouverneurs à les recevoir pour être nourris et substantés des biens des pauvres dudit Hôpital; et avenant que lesdits enfans décedent audit Hôpital, ou qu'ils s'en retirent, sont leursdits parens prompts et diligens à recueillir et percevoir si peu de bien, que lesdits enfans ont, et qui leur échéent pendant le tems qu'ils sont demeurans audit Hôpital, se rendans du tout ingrats du bien et faveur qu'ils ont auparavant reçu de ladite maison, jusqu'à refuser et dénier le remboursement des frais et grosses réparations nécessaires qui ont été faites des deniers dudit Hôpital, pour le soutenement de leurs maisons et héritages, conservation de leurs droits et frais de procès faits pour la licitation et défense de leur bien; de sorte que, si pour ce lesdits maîtres et gouverneurs en veulent avoir quelque chose, il leur convient avoir procès contr'eux et leursdits parens, y faire beaucoup de frais, ce qui tourne au grand préjudice et diminution du bien des autres pauvres d'icelui Hôpital; et davantage, y a le plus souvent aucuns desdits enfans ainsi reçus, mal nés et conditionnés, lesquels, après que lesdits maîtres et gouverneurs les ont mis en métier et service pour apprendre à l'avenir à gagner leur vie, se débauchent, quittent et abandonnent leurs maîtres et maîtresses ainsi à eux baillés, et se remettent ailleurs, où bon leur semble, retournans après à ladite maison tout nuds, pour être habillés pour la seconde fois, demeurans vagabonds, et débauchés, en danger même les filles d'être violées et perdues, ou bien s'accordent et se marient à leur gré et volonté, sans que lesdits maîtres et gouverneurs en aient connoissance, sinon quand ils viennent querir et demander leurs droits de mariage, de ce qui est accoutumé de leur donner; de quoi lesdits maîtres et gouverneurs en reçoivent grand regret et déplaisir, comme étant chose abusive, contre l'intention desdits fondateurs, dont n'en peut avenir que toute ruine, misere et calamité, qui seroit chose grandement dommageable et de mauvais exemple pour ladite ville de Paris. Nous requérans, A CES CAUSES, sur ce très-humblement leur pourvoir. Pour ce, est-il que nous, ces choses considérées, inclinans libéralement à la supplication et requête desdits maîtres et gouverneurs dudit Hôpital, desirans iceux maintenir, garder et défendre en tout ce que métier sera, et obvier aux inconvéniens susdits, avons, par l'avis et délibération des gens de notre Conseil, dit, statué et ordonné, disons, statuons et ordonnons, voulons et nous plaît, que, advenant le décès et trépas d'aucuns desdits enfans, pendant le tems qu'ils seront nourris et entretenus audit Hôpital, les biens, meubles et choses qui sont réputées mobiliaires, qu'ils auront et leur seront lors échus, soient et demeurent audit Hôpital, et qu'ils en puissent user, ainsi que des autres biens de ladite maison, sans que les parens et héritiers desdits enfans décédés y puissent ci-après prétendre, répéter, quereller ou demander aucune chose, se contentans de retirer les héritages et choses immobiliaires, appartenans et avenus auxdits enfans; réservé toutefois à nos Juges, selon l'exigence des cas et circonstances du fait, d'en adjuger partie ou portion audit Hôpital, pour l'indignité des parens qui se seroient si avant oubliés de l'amitié et devoir qu'ils doivent auxdits enfans, et les avoir exposés et délaissés en telle nécessité, que, sans l'aide dudit Hôpital, ils eussent été en danger de perdre leur avancement, vie et honneur; et pour le regard des autres enfans qui se retirent avec leursdits biens, pour lesquels auront été faites plusieurs grosses réparations, pour l'entretenement de leurs maisons et héritages et frais de procès, pour la conservation et soutenement de leurs droits et successions, voulons qu'au préalable, et avant que rentrer en la jouissance d'iceux lieux, ils soient tenus et contraints rembourser auxdits maîtres et gouverneurs les deniers qu'ils auront payés pour lesdites grosses réparations nécessaires; ensemble les frais des procès faits pour l'assurance et soutenement de leursdits droits, iceux liquidés; et, à faute de ce faire, ordonnons que lesdits lieux et héritages ainsi réparés, seront vendus par décret, au plus offrant et dernier enchérisseur, en la manière accoutumée; et que, sur le prix de la vente d'iceux, lesdits deniers seront préalablement pris et remboursés, sans que pour ce nos juges en puissent dispenser ni exempter aucuns; ce que leur avons très-expressément inhibé et défendu, inhibons et défendons par cesdites présentes : et outre, voulons et ordonnons que lesdits enfans, fils et filles, qui se seront, ainsi que dit est, mal gouvernés et débauchés du lieu et service où ils avoient été mis pour apprendre, ou qui se marieront à leur gré et vouloir, au déçu desdits maîtres et gouverneurs, soient privés et déboutés des libéralités, droits de mariages et autres bienfaits que lesdits maîtres et gouverneurs ont accoutumé leur donner, comme eux en étans du tout rendus indignes et incapables. Si donnons en mandement. par ces mêmes présentes, à nos amés et féaux conseillers les gens tenans notre cour de Parlement, prévôt de Paris, et à tous nos autres justiciers, officiers et sujets, ou à leurs lieutenans, présens ou à venir, et à chacun d'eux, si comme à lui appartiendra, que notre présente volonté, statut et ordonnance irrévocable, ils fassent lire, publier et enregistrer, garder et observer de point en point, selon leur forme et teneur, et de ce ils fassent, souffrent et laissent jouir ledit Hôpital et les maîtres et gouverneurs, d'icelui présens et à venir, pleinement et paisiblement, sans les contraindre ni souffrir être contraints, molestés ou empêchés en aucune manière; au contraire, ains si aucuns procès étoient, pour raison de ce, pendans et indécis pardevant eux, voulons être jugés, finis et terminés, ainsi que dit est, imposant à ces fins silence à notre procureur-général présent et à venir, et à tous autres qu'il appartiendra, nonobstant tous jugemens et arrêts à ce contraires, auxquels, pour cet effet, avons dérogé et dérogeons, et ne voulons aucunement préjudicier auxdits exposans, au cas susdit, de notre grace spéciale, pleine puissance et autorité royale, par ces présentes; et afin que ce soit chose ferme et stable à toujours, nous avons fait mettre notre scel à icelles, sauf en autres choses notre droit, et l'autrui en toutes. Donné à Paris, au mois de Juillet, l'an de grace mil cinq cent soixante-six, et de notre regne le sixieme: *ainsi signé sur le repli,* Par le roi en son Conseil, BOURDIN. *Visa contentes,* NICOLAS; *et scellées du grand scel en cire verte, sur lacs de soie rouge et verte,* lues, publiées et enregistrées, oui ce consentant et requérant le procureur-général du roi. A Paris, en Parlement, le sixieme jour de Septembre, l'an mil cinq cent soixante-six, *ainsi signé,* DU TILLET. Collationné, paraphé.

Déclaration du Roi, portant union de l'administration des biens de l'Hôpital du Saint-Esprit *à celle de* l'Hôpital-Général *de Paris.*

Du 23 mars 1680.

Registrée en Parlement le douze Avril 1680.

Louis, par la grace de Dieu, roi de France et de Navarre : A tous ceux qui ces présentes verront, salut. L'Hôpital du Saint-Esprit ayant été établi dans notre bonne ville de Paris, par la piété de plusieurs personnes qui ont donné, dans la suite des tems, des biens considérables pour y nourrir et faire instruire en la religion catholique, apostolique et romaine et en différens métiers des enfans orphelins de l'un et l'autre sexe originaires de cette ville; les administrateurs qui ont eu l'administration y en ont entretenu jusqu'à cette heure plus de deux cens, et leur bonne conduite en a fait considérablement augmenter les revenus; mais comme il se trouve un plus grand nombre d'enfans de cette qualité dans l'Hôpital-Général de nôtre bonne ville de Paris, dont ceux qui sont présentement dans ledit Hôpital du Saint-Esprit n'augmenteroient pas beaucoup la dépense, y ayant toutes les personnes nécessaires pour en avoir soin et les instruire aux différens métiers dont on les jugeroit capables, et qu'ainsi on en pourroit recevoir un beaucoup plus grand nombre que l'on ne l'a pu faire jusqu'à présent dans l'Hôpital du Saint-Esprit; considérant d'ailleurs qu'il est plus utile au public qu'il n'y ait pas tant de différentes maisons destinées pour les mêmes objets, et qu'il sera plus avantageux pour l'exécution des fondations et la conservation des biens donnés à cette maison, que son administration, qui n'a été faite jusqu'à cette heure que par trois personnes, soit jointe à celle de l'Hôpital-Général, dont notre très-cher et bien-amé cousin l'archevêque de Paris, et notre amé et féal conseiller en notre conseil d'état et premier président en notre cour de parlement ont la principale direction avec autres principaux magistrats et personnes de piété et capacité singuliere, y joignant encore les trois directeurs dudit Hôpital du Saint-Esprit, de la conduite et administration desquels nous demeurons entiérement satisfaits, et particuliérement de celle de notre amé et féal conseiller en notre cour de parlement de Paris le sieur Méliand. A ces causes, et après avoir fait mettre cette affaire en délibération en notre conseil, de l'avis d'icelui, et de notre certaine science, pleine puissance et autorité royale, nous avons joint et uni, joignons et unissons par ces présentes, signées de notre main, l'administration et gouvernement des biens de l'Hôpital du Saint-Esprit, à celle de l'Hôpital-Général de notre bonne ville de Paris; voulons qu'ils les puissent gouverner, et disposer du fonds, et des revenus d'iceux, et en la même maniere qu'il leur est permis de ceux dudit Hôpital-Général; à la charge qu'ils feront acquitter toutes les fondations des services, et autres qui pourroient avoir été faites, en la même maniere qu'elles l'ont été jusqu'à cette heure, et qu'il sera réglé, si besoin est, par notredit très cher et bien amé cousin l'archevêque de Paris, et d'entretenir toujours et faire instruire dans ledit Hôpital-Général, au moins quatre cens orphelins de pere et de mere de cette ville de Paris, lesquels porteront un bonnet rouge, pour marque qu'ils y sont nourris des revenus dudit Hôpital du Saint-Esprit. Voulons en outre que notre amé et féal le sieur Méliand, conseiller en notre cour de Parlement de Paris, m. Langlois, greffier en l'hôtel de notre ville de Paris, et Jacques Rillart, administrateurs dudit Hôpital du Saint-Esprit, soient incorporés dans la direction dudit Hôpital-Général, pour y remplir trois des places qui y sont présentement vacantes, et y aient rang et séance du jour qu'ils ont été reçus administrateurs dudit Hôpital du Saint-Esprit : Si donnons en mandement à nos amés et féaux conseillers les gens tenans notre cour de Parlement de Paris, que ces présentes ils aient à faire lire, publier et registrer, et le contenu en icelles garder et observer de point en point, selon leur forme et teneur, sans y contrevenir, ni permettre qu'il y soit contrevenu, en aucune sorte ni maniere que ce soit, nonobstant tous édits, déclarations, arrêts et réglemens à ce contraires, auxquels, et aux dérogatoires des dérogatoires y contenus, nous avons dérogé et dérogeons par ces présentes. Car tel est notre plaisir.

CHAPITRE II.

ŒUVRE DE SAINT VINCENT DE PAULE (1).

LETTRES PATENTES, *portant don au profit de l'*Hôpital des Enfans-Trouvés, *à titre de fief et aumône, d'une somme de quatre mille livres, à prendre sur la ferme et châtellenie de Gonesse.*

Du mois de Juillet 1642.

LOUIS, par la grace de Dieu, roi de France et de Navarre : A tous présens et à venir, SALUT. Ayant été informé par personnes de grande piété et dévotion, que le peu de soin qui a été apporté jusques à présent à la nourriture et entretenement des Enfans-Trouvés, exposés dans notre bonne ville et fauxbourgs de Paris, a été non-seulement cause que

(1) «La véritable situation des Enfants trouvés, à l'époque où parut saint Vincent de Paule, n'a pas été bien appréciée, lorsqu'on a supposé qu'ils étaient alors sans appui et sans asile. Il existait pour eux des droits à l'assistance, des droits légaux, des droits positifs, dont ne jouissaient pas les autres indigents. Ils étaient sous la protection d'une sorte de *charité légale*, pour nous servir de l'expression usitée en Angleterre, et qu'on a depuis peu naturalisée parmi nous. Cette observation, quelque temps méconnue, résulte de l'ensemble des faits et des documents de la législation; elle n'ôte rien, du reste, au mérite de l'institution fondée par saint Vincent de Paule, elle en change seulement le caractère. Cette institution a substitué, momentanément du moins, à l'égard d'une partie des Enfants trouvés, la charité spontanée à l'assistance légalement obligatoire, et, en cela, elle a été pour ces Enfants un immense bienfait.

«L'assistance légale, en effet, était restreinte dans les plus étroites limites; elle était l'acquittement d'une dette, l'effet de la contrainte, mais non un acte de bienveillance. Elle n'avait pour objet que de faire payer les frais de l'éducation des Enfants trouvés, sans veiller à cette éducation elle-même. Ceux auxquels cette obligation était imposée cherchaient souvent à s'y soustraire, et il leur était facile de le faire dans les grandes villes. A Paris, on plaidait pour éviter de subir cette charge; on y avait satisfait, du reste, quand on avait soldé la taxe à la maison de la *Couche*. Une veuve présidait à cette maison, sur la fin du règne de Louis XIII; mais l'hospitalité qui y était donnée ne fut qu'une source d'abus : «Les servantes, «fatiguées des soins qu'elles donnaient aux Enfants, «en firent un commerce scandaleux; elles les ven«daient à 20 sous la pièce, pour de prétendues opé«rations de magie; dès que ces désordres furent con«nus, on cessa de recourir à un hospice si dangereux, «les Enfants furent transportés près de Saint-Victor, «les dons de quelques personnes vertueuses ne suffi«saient pas à leur subsistance; le nombre de ces «Enfants étant devenu trop grand, on tira au sort ceux «qui seraient élevés, les autres étaient abandon«nés (1).» Des mendiants les achetaient pour exciter la pitié; des nourrices, pour gagner l'indemnité allouée, ne leur offraient qu'un lait corrompu. Alors parut saint Vincent de Paule; les Enfants délaissés eurent un vrai bienfaiteur, un père; il faut lire, dans l'histoire des hôpitaux de Paris, le touchant récit de cette création, suivre saint Vincent dans ses actives démarches, entendre sa voix lorsqu'il s'adresse au cœur des mères. Il rassemble les fonds; il institue les Sœurs de la Charité; il érige l'hospice des Enfants

(1) Tenon, *Memoire sur les Hôpitaux*, pag 90.

depuis plusieurs années il seroit presque impossible d'en trouver un bien petit nombre qui ait été garanti de la mort, à cause de l'extrême nécessité où ils étoient réduits. Mais encore l'on a su qu'il en a été vendu pour être supposés et servir à d'autres mauvais effets, ce qui auroit porté plusieurs dames officieres de la Charité de l'Hôtel-Dieu de ladite ville, de prendre soin desdits enfans, et y auroient travaillé avec tant de zele et de charitable affection, qu'il s'en éleve à présent un grand nombre; et voulant, autant qu'il nous est possible, en l'état présent de nos affaires, contribuer à l'établissement d'un si louable et pieux dessein, qui a pour objet la gloire de Notre Seigneur et la charité chrétienne. A CES CAUSES, nous avons donné, transporté, délaissé, et par ces présentes signées de notre main, donnons, transportons et délaissons à toujours auxdits pauvres Enfans-Trouvés de notredite ville de Paris, par forme de fief et aumônes, la somme de quatre mille livres, à prendre par chacun an sur la ferme et châtellenie de Gonesse, dépendante de la ferme générale du domaine de Paris, laquelle nous voulons être employée, à savoir, trois mille livres à la nourriture et entretenement desdits Enfans et mille livres pour la nourriture, logement et entretenement des filles servantes de la Charité, destinées pour être près lesdits Enfans-Trouvés, et pour assister les pauvres des paroisses; laquelle ferme de Gonesse nous avons particuliérement affectée et engagée, affectons et engageons par ces présentes, pour en jouir, à commencer du premier jour de janvier de la présente année, et être ladite somme payée de quartier en quartier par les fermiers de ladite ferme de la châtellenie de Gonesse, auxdites dames officieres de la Charité de l'Hôtel Dieu, sur leurs simples quittances, lesquelles les fermiers-généraux de notre domaine de Paris, ou receveurs d'icelui, seront tenus prendre pour deniers comptans, sur le prix de ladite ferme, qui ne pourra à l'avenir être adjugée qu'à condition expresse de ladite charge, sans que le paiement de ladite somme de quatre mille livres puisse être diminuée pour quelque cause et occasion que ce soit, attendu la qualité et nature de ladite partie. Si donnons en mandement à nos amés et féaux conseillers, les gens tenans notre Cour de Parlement, Chambre des Comptes, présidens, trésoriers de France en la généralité de Paris que ces présentes ils fassent enregistrer, garder et entretenir, chacun en droit soi, comme il appartiendra, cessant et faisant cesser tous empêchemens au contraire, nonobstant quelconques édits, réglemens, ordonnances, arrêts et lettres à ce contraires, auxquelles nous avons dérogé et dé-

Trouvés. La nièce du garde des sceaux de Marillac, mademoiselle Legras, et d'autres femmes de distinction secondent ses efforts avec un rare dévouement; le roi, la cour tout entière veulent s'associer à cette œuvre » (Extrait de la *Bienfaisance publique*, par Gérando, tome II, page 148.)

« Une assemblée générale des dames de l'Œuvre des Enfants eut lieu en 1640. Vincent de Paule peignit, avec l'éloquence du cœur, le sort déplorable des nouveaux-nés que leurs mères avaient abandonnés. Toutes les ressources de l'institution ne dépassaient pas 1,200 à 1,400 livres de rente. Vincent obtint 12,000 livres d'Anne d'Autriche; mais la dépense s'élevait à 40,000 livres; tous les secours étaient insuffisants, et la charité des saintes femmes reculait devant l'énormité des sacrifices que leur imposait l'éducation des Enfants abandonnés. L'heure critique de ces malheureux était venue, et une dernière assemblée générale des Dames de l'Œuvre fut convoquée expressément pour décider si l'on abandonnerait ou non l'institution des Enfants trouvés.

« Vincent de Paule présidait cette réunion « Or sus, « mesdames, dit il, la compassion et la charité vous « ont fait adopter ces petites créatures pour vos En- « fants, vous avez été leur mère selon la grâce, depuis « que leurs mères, selon la nature, les ont abandon- « nés, voyez maintenant si vous voulez aussi les aban « donner, cessez d'être leurs mères pour devenir à « présent leurs juges Leur vie et leur mort sont entre « vos mains; il est temps de prononcer leur arrêt, et « de savoir si vous ne voulez plus avoir de miséricorde « pour eux. Ils vivront si vous continuez d'en prendre « un soin charitable, et, au contraire, ils mourront et « périront infailliblement si vous les abandonnez. » Ces paroles éloquentes électrisent l'assemblée; des larmes coulent de tous les yeux, et de tous les cœurs des nobles dames part le cri qu'il faut sauver les Enfants à quelque prix que ce soit.

« Vincent de Paule mettait beaucoup de suite et de circonspection dans les démarches qu'il faisait en faveur des nouveau nes abandonnés . c était l'unique moyen de réussir .... Il parvint à éveiller la sollicitude du roi..... » (Extrait de l'*Histoire des Enfants trouvés*, par MM. Terme et Montfalcon, page 98.)

rogeons pour ce regard, car tel est notre plaisir; et afin que ce soit chose ferme et stable à toujours, nous avons fait mettre notre scel à ces présentes, sauf en autres choses notre droit et l'autrui en toutes. Donné à Fontainebleau, au mois de Juillet l'an de grace mil six cens quarante-deux, et de notre regne le trente-troisième. *Signé* Louis.

Lettres patentes, *portant don au profit de* l'Hôpital des Enfans-Trouvés, *d'une somme de huit mille livres, à prendre annuellement sur le revenu des cinq grosses fermes.*

Du mois de Juin 1644.

Louis, par la grace de Dieu, roi de France et de Navarre : A tous présens et à venir, Salut. Le feu roi notre honoré seigneur et pere, ayant été informé par personnes de grande piété et dévotion, de la misère extrême à laquelle ont été réduits par le passé les pauvres Enfans-Trouvés de notre bonne ville de Paris, qui a été telle et si grande, que faute d'avoir eu de quoi les nourrir et élever, la plus grande partie seroient morts de faim et nécessité; il auroit, par ses lettres patentes du mois de Juillet 1642, vérifiées où besoin a été, fait don et aumône auxdits pauvres Enfans-Trouvés de la somme de quatre mille livres par chacun an, à prendre sur la châtellenie de Gonesse, dépendante du domaine de Paris, ce qui a été cause, avec les aumônes des particuliers, que la plus grande partie desdits Enfans-Trouvés ont depuis été élevés, et qu'il y en a à présent plus de quatre cens, la nourriture et entretien desquels monte, par chacun an, à plus de vingt-huit mille livres; en sorte que comme lesdites quatre mille livres, et les aumônes desdits particuliers, ne peuvent, à beaucoup près, subvenir à une si grande dépense, cet ouvrage d'une signalée piété et charité seroit sur le point d'être abandonné, si de notre part nous ne contribuons à le faire subsister. A ces causes, imitant la piété et charité de notredit seigneur et pere, qui sont vertus vraiement royales, avons donné, transporté et délaissé, et par ces présentes signées de notre main, donnons, transportons et délaissons à toujours auxdits pauvres Enfans-Trouvés de notredite ville de Paris, par forme d'aumône, la somme de huit mille livres de rente par chacun an, à commencer à en jouir du premier janvier dernier passé, et ainsi continuer d'année en année, sans aucune diminution ni retranchement, pour quelque cause et occasion que ce soit ou puisse être, à prendre sur les cinq grosses fermes, pour être employée à la nourriture et éducation desdits Enfants-Trouvés, sans pouvoir être divertie ni employée ailleurs, lesquelles huit mille livres seront reçues par la trésoriere de la Charité desdits Enfants-Trouvés. Si donnons en mandement à nos amés et féaux conseillers les gens tenans notre Chambre des Comptes et Cour des Aides de Paris, que ces présentes ils aient à enregistrer, garder et entretenir, selon leur forme et teneur, chacun en droit soit, comme il appartiendra, cessant et faisant cesser tous empêchements contraires, nonobstant quelques édits, réglements, ordonnances et lettres à ce contraires, auxquelles nous avons dérogé et dérogeons pour ce regard, car tel est notre plaisir; et afin que ce soit chose ferme et stable à toujours, nous avons fait mettre notre scel à cesdites présentes, sauf en autres choses notre droit et l'autrui en toutes. Donné à Ruel, au mois de juin mil six cens quarante-quatre, et de notre regne le deuxieme. *Signé*, Louis.

CHAPITRE III.

HÔPITAL DES ENFANS-TROUVÉS, À PARIS (1).

TITRE Ier.

Édit du Roi, pour l'établissement de l'Hôpital des Enfans-Trouvés, *uni à* l'Hôpital-Général.

Du mois de Juin 1670.

Louis, par la grace de Dieu, roi de France et de Navarre : à tous présents et à venir, salut. Comme il n'y a point de devoir plus naturel ni plus conforme à la piété chrétienne, que d'avoir soin des pauvres enfans exposés, que leur foiblesse et leur infortune rendent également dignes de compassion, les rois nos prédécesseurs ont pourvu à l'établissement et à la fondation de certaines maisons et Hôpitaux, où ils pussent être reçus pour y être élevés avec piété : en quoi leurs bonnes intentions ont été suivies par notre Cour de Parlement de Paris, qui, conformément aux anciennes coutumes de notre royaume, auroit ordonné par son arrêt du *treizième Août 1552*, que les seigneurs hauts-justiciers dans l'étendue de notre bonne ville et fauxbourgs de Paris, contribueroient chacun de quelque somme aux frais nécessaires pour l'entretien, subsistance et éducation des enfans exposés dans l'étendue de leur haute justice : et depuis le feu roi notre très-honoré seigneur et pere, voyant combien il étoit important de conserver la vie de ces malheureux destitués du secours des personnes mêmes desquelles ils l'ont reçue, leur auroit donné la somme de trois mille livres, et mille livres aux sœurs de la charité qui les servent, à prendre chaque année, par forme de fief et aumône, sur le domaine de Gonesse. Et considérant combien leur conservation étoit avantageuse, puisque les uns pouvoient devenir soldats et servir dans nos troupes, les autres ouvriers ou habitans des colonies que nous établissons pour le bien du commerce de notre royaume; nous leur aurions encore donné par nos lettres patentes du *mois de Juin 1644*, huit mille livres à prendre par chacun an sur nos cinq grosses fermes. Mais, comme notre bonne ville de Paris s'est beaucoup accrue depuis ce tems, et que le nombre des enfans exposés s'est fort augmenté, la dépense que l'on a été obligé de faire depuis quelques années pour leur nourriture, s'est trouvée monter à plus de quarante mille livres par chacun an, sans qu'il y ait presque aucun autre fonds pour y subvenir que les aumônes de plusieurs dames pieuses, les charités desquelles excitées par le feu sieur Vincent, premier supérieur-général de la Mission, et instituteur des Filles de la Charité, ont contribué de notables sommes de leurs biens et de leurs soins et peines à la nourriture et éducation de ces enfans. Notre Cour de Parlement de Paris auroit estimé nécessaire de convertir l'entretenement et subsistance que les hauts justiciers sont obligés de donner aux enfans exposés dans l'étendue de leur haute-justice, en une somme de quinze mille livres annuellement, pour être mise ès-mains de personnes pieuses, qui charitablement en prennent soin, suivant son arrêt du *3 Mai 1667*. Ce que nous aurions confirmé par arrêt rendu en notre Conseil le *20 Novembre 1668*. Mais comme l'établissement de cette maison n'a point été spécialement autorisé par nos lettres-patentes, quoique nous l'ayons approuvé

(1) Voir au *Code de l'Hôpital-Général de Paris* : 1° l'Extrait des actes d'acquisition faite, les 14 février 1692 et 23 mars 1688, par l'administration de l'Hôpital-Général, pour former la maison de la *Couche*, située rue Neuve-Notre Dame, page 313, 2° l'Extrait de l'acte d'acquisition faite, le 26 septembre 1674, par l'administration de l'Hôpital Général, pour former la maison des *Enfants trouvés*, située rue et faubourg Saint-Antoine, page 313.

par les dons que nous y avons faits, étans bien-aise de maintenir et confirmer un si bon œuvre, et de l'établir le plus solidement qu'il nous sera possible. A CES CAUSES, et autres bonnes considérations à ce nous mouvans, et de notre grace spéciale, pleine puissance et autorité royale, nous avons, par ces présentes signées de notre main, dit, déclaré, statué et ordonné, disons, déclarons, statuons et ordonnons l'Hôpital des Enfans-Trouvés, l'un des Hôpitaux de notre bonne ville de Paris : voulons qu'en cette qualité il puisse agir, contracter, vendre, aliéner, acheter, acquérir, comparoir en jugement, et y procéder, recevoir toutes donations et legs universels et particuliers, et généralement faire tous autres actes dont les Hôpitaux de notredite ville et fauxbourgs de Paris sont capables : confirmons et renouvellons, en tant que besoin est ou seroit, les donations faites auxdits enfans par le feu roi notre très-honoré seigneur et pere, et par nous : ensemble toutes autres donations, legs ou autres actes quelconques passés à leur profit, que nous voulons être réputés valables et avoir leur effet, comme si ledit Hôpital avoit été établi en vertu de nos lettres-patentes. Ordonnons que des sommes de quatre mille livres, et huit mille livres données auxdits Enfans-Trouvés par le feu roi et par nous, il en sera dorénavant payé par chacun an, de quartier en quartier, à commencer du premier Janvier prochain, la somme de onze mille livres au receveur dudit Hôpital des Enfans-Trouvés, et mille livres à la superieure desdites Sœurs de la Charite, sur leurs simples quittances, le tout à prendre. savoir, quatre mille livres sur le domaine de Gonesse, comme il s'est fait ci-devant, et huit mille livres sur nos cinq grosses fermes. Voulons que les sommes portées par l'arrêt du parlement de Paris, du 3 Mai 1667 et de notre Conseil d'État, du 20 novembre 1668, soient aussi payées, de quartier en quartier, es-mains du receveur desdits Enfans-Trouvés, par les seigneurs hauts-justiciers de notredite ville de Paris, leurs receveurs et fermiers, ou autres qui feront la recette de leurs revenus, et qu'a ce faire ils soient contraints, ainsi qu'il est accoutumé: savoir, trois mille livres par chacun an pour toutes les justices de l'archevêché; deux mille livres pour celle du chapitre de l'église de Paris; trois mille livres pour celle de l'abbaye Saint-Germain-des-Prés; douze cens livres pour celle de l'abbaye Saint Victor: quinze cens livres pour celle de l'abbaye Sainte-Genevieve; quinze cens livres pour celle du grand-prieuré de France; deux mille cinq cens livres pour celle du prieuré Saint-Martin; six cens livres pour celle du prieuré de Saint-Denis-de-la-Chartre; cent livres pour celle de l'abbaye de Thiron; cinquante livres pour celle da l'abbaye de Montmartre; cent livres pour celle du chapitre de Saint-Marcel; cent cinquante livres pour celle du chapitre de Saint-Mederic; cent livres pour celle du chapitre de Saint-Benoît; cent livres pour celle de l'abbaye de Saint-Denis, sans que les sommes ci-dessus puissent être augmentées à l'avenir, pour quelque cause, et sous quelque prétexte que ce soit. Et à ce moyen lesdits seigneurs hautsjusticiers demeureront déchargés du paiement des sommes portées par l'arrêt dudit Parlement, du *13 Août 1552*. Ordonnons que la direction dudit Hôpital des Enfans-Trouvés sera faite par les directeurs de l'Hôpital-Général, auquel nous l'avons uni et unissons par ces présentes. Mais comme elle ne desire pas un si grand nombre de personnes, voulons que le premier président et notre procureur-général en notre Parlement de Paris en prennent soin avec quatre directeurs dudit Hôpital-Général qui seront nommés au Bureau d'icelui, ainsi que les commissaires des autres maisons dudit Hôpital Général, et y serviront pendant trois ans, s'il n'est trouvé à propos de les continuer, après ledit temps expiré, pour le bien des affaires desdits Enfans-Trouvés. Et feront pendant ce tems toutes les choses nécessaires pour ladite administration, à la réserve néanmoins des acquisitions d'immeubles ou aliénations de ceux qui appartiennent ou appartiendront ci après audit Hôpital des Enfans-Trouvés, lesquels ne pourront être arrêtés que dans le Bureau dudit Hôpital-Général. Voulons pareillement que lesdits premier président, procureur-général, et quatre directeurs, choisissent un receveur charitable du revenu desdits Enfans-Trouvés, qui en fera la recette, et en rendra compte, chaque année, trois mois après icelle expirée, au Bureau dudit Hôpital-Général, auxquels comptes les officiers des seigneurs hauts-justiciers de notredite ville de Paris pourront assister, si bon leur semble, auquel effet ils seront avertis du jour que lesdits comptes seront examinés et arrêtés. Et comme plusieurs dames de piété ont pris très-grand soin jusqu'à présent desdits Enfans-Trouvés, et contribué notablement à leur nourriture et éducation, nous les exhortons, autant qu'il nous est possible, de continuer leurs zèles et charitables soins envers lesdits Enfans, ainsi qu'elles ont fait par le passé, pour avoir part à ladite administration, suivant les articles de réglement ci-attachés sous le contre-scel de notre Chancellerie, que nous voulons être exécutés selon leur forme et teneur. Si donnons en mandement aux gens tenans notre Cour de Parlement, et Chambre des Comptes de Paris, que ces présentes ils aient à faire lire, publier, registrer et observer selon leur forme et teneur, nonobstant tous édits, déclarations, arrêts et autres choses à ce contraires, auxquelles nous avons dérogé et derogeons par ces présentes : car tel est notre plaisir. Et afin que ce soit chose ferme et stable à toujours, nous y avons fait mettre notre scel. Donné à Saint-Germain-en-Laye, au mois de juin, l'an de grace mil six cent soixante-dix, et de notre règne le vingt-huitieme. *Signé* Louis. *Et sur le repli,* par le roi : Colbert.

Lues, publiées et registrées, ouï et ce requérant le procureur-général du roi, pour être exécutées selon leur forme et teneur, suivant l'arrêt de ce jour. A Paris, en Parlement, le dix-huitième jour d'août mil six cent soixante-dix. Signé Robert.

Lettres-patentes *confirmatives du don fait par le roi à l'*hôpital des Enfants trouves, *d'une somme de vingt mille livres, à prendre annuellement sur les domaines de Sa Majesté.*

Du 12 Févier 1675.

Louis, par la grace de Dieu, roi de France et de Navarre, à nos amés et féaux conseillers, les gens tenans notre Cour de parlement à Paris, salut. Ayant par notre édit du mois de février 1674, réuni à la justice royale des Châtelets de Paris, toutes les hautes-justices de l'archevêché, chapitre Notre-Dame, et des abbayes, prieurés et chapitres de la ville, fauxbourgs et banlieue de Paris, nous nous serions chargés de l'indemnité qui pouvoit appartenir auxdits hauts-justiciers, à cause de ladite union, et particuliérement de les acquitter des sommes qu'ils étoient tenus payer pour aider à la subsistance et entretien des Enfants trouvés, montant par chacune année à la somme de quinze mille livres distribuée sur chacun desdits hauts-justiciers, par notre déclaration expédiée pour l'établissement de l'hôpital des Enfans-trouvés, registrée où besoin a été, lequel paiement lesdits hauts-justiciers auroient cessé de faire depuis le premier janvier de ladite année 1674; et ayant été d'ailleurs informé que le nombre desdits Enfans trouvés étoit notablement augmenté depuis ledit établissement, par les soins des dames de charité et des directeurs établi à icelui et que les revenus dudit hôpital n'étoient pas à beaucoup près suffisans pour en soutenir les dépenses; pourquoi par arrêt de notre conseil d'État; du premier décembre 1674, nous aurions ordonne qu'au lieu des sommes qui se payoient par lesdits hauts-justiciers, pour aider à la nourriture et entretien desdits Enfants trouvés, dont il demeureroient déchargés, il seroit employé par chacun an dans l'état des charges de notre domaine de Paris, au chapitre des fiefs et aumônes, la somme de vingt mille livres; à commencer du premier janvier de la présente année 1675, pour être payée au receveur desdits Enfans trouvés, de quartier en quartier, sur les simples quittances, sans aucun retranchement ni modération, pour quelque prétexte que ce fût; comme aussi que pour ladite année 1674, il seroit encore payé audit receveur dudit hôpital, pareille somme de vingt mille livres, par Me Claude Vialet, fermier-général de nos domaines de France, dont lui seroit tenu compte sur le revenu des greffes desdits Châtelets, et amendes jugées auxdits sieges pendant ladite année, en rapportant la quittance dudit receveur, et copie collationnée dudit arrêt. A CES CAUSES, désirant faire jouir ledit hôpital des Enfants-trouves, desdites sommes de vingt mille livres pour aider à la nourriture et entretien d'icelui, nous avons par ces présentes, signées de notre main, conformément à l'arrêt de notre conseil, du premier décembre dernier, ordonné qu'à commencer du premier janvier de la présente année, il sera laissé fonds par chacun an dans l'état des charges assignées sur notre domaine de Paris, au chapitre des fiefs et aumônes: de la somme de vingt mille livres, pour la nourriture et entretien des Enfants-trouvés dudit hôpital, qui sera payée de quartier en quartier, sur les simples quittances du receveur d'icelui, sans aucune difficulté, par le trésorier-général de nos domaines, ou commis à l'exercice de ladite charge; comme aussi pour l'année dernière 1674, il sera payé par ledit Vialet pareille somme de vingt mille livres sur la quittance dudit receveur, en rapportant laquelle, ladite somme lui sera passée et allouée dans ses états et comptes, aussi sans aucune difficulté. Si vous mandons, et très-expressément enjoignons, que cesdites présentes vous ayez à registrer, et du contenu en icelles, faire jouir et user ledit hôpital pleinement et paisiblement, nonobstant toutes choses à ce contraires, car tel est notre plaisir. Donné à Saint-Germain-en-Laye, le douzième jour de février, l'an de grace mil six cent soixante quinze, et de notre regne le trente-deuxieme. *Signé* LOUIS.

DÉCLARATION DU ROI, *portant union de l'administration des biens de* l'Hôpital des Enfans Rouges. *à celle de* l'Hôpital des Enfans-trouvés.

Du 20 mai 1680.

LOUIS, par la grace de Dieu, roi de France et de Navarre : A tous ceux qui ces présentes lettres verront, SALUT. L'Hôpital des Enfans-Rouges de notre bonne ville de Paris, ayant été fondé par le roi François I, dès l'année 1536, pour y élever les pauvres Enfans dont les peres et meres étrangers meurent dans l'Hôtel-Dieu de ladite ville; cette pieuse intention n'auroit pas été exécutée dans la suite, et l'on y a reçu seulement quelques Enfans, suivant que les administrateurs ont estimé à propos de les choisir; et comme il n'est pas raisonnable que l'Hôtel-Dieu, chargé d'une grande dépense pour les pauvres malades de ladite ville, soit encore obligé d'avoir soin des pauvres Enfans de cette qualité, ni que l'on les porte à l'Hôpital des Enfans-Trouvés, établi depuis peu d'années en ladite ville, et qui se trouve présentement chargé de plus de deux mille trois cens Enfans, entre lesquels il y en a un très-grand nombre de cette qualité, sans qu'ils jouissent des biens destinés à cet effet pour en soutenir partie de la dépense. A CES CAUSES, et après avoir fait mettre cette affaire en délibération en notre Conseil, de l'avis d'icelui, et de notre certaine science, pleine puissance et autorité royale, nous avons joint et uni, joignons et unissons par ces présentes, signées de notre main, l'administration des Enfans-Rouges, fondés en notre bonne ville de Paris, à celle de l'Hôpital des Enfans-Trouvés, pour être fait dorénavant par les directeurs de l'Hôpital-Général, commis pour avoir la direction des Enfans-Trouvés, à la charge d'en employer les biens à la nourriture des Enfans orphelins, dont les peres et meres étrangers meurent dans l'Hôtel-Dieu, et à celle des autres Enfans exposés ou abandonnés s'il y avoit de reste; leur permettons de disposer à cet effet des fonds et revenus desdits biens, et de les gouverner en la même maniere qu'ils ont promis de gouverner ceux dudit Hôpital-Général et celui des Enfans-Trouvés; à la charge de faire acquitter toutes les fondations de services et autres qui se trouveront faites dans ledit Hôpital des Enfans-Rouges, ainsi qu'il a été fait jusqu'à cette heure, et qu'il sera réglé, si besoin est, par notre très-cher et amé cousin l'archevêque de Paris; et seront les Enfans étans audit Hôpital des Enfans-Rouges, transférés à l'Hôpital-Général de Paris, pour y être instruits, nourris et élevés, ainsi que les autres pauvres d'icelui. Si donnons en mandement à nos amés et féaux conseillers, les gens tenans notre Cour de Parlement à Paris, que ces présentes ils aient à faire lire, publier et registrer, et le contenu en icelles garder et observer de point en point, selon leur forme et teneur, sans y contrevenir ni permettre qu'il y soit contrevenu en aucune sorte ni maniere que ce soit, nonobstant tous édits, déclarations, arrêts et règlemens à ce contraires, auxquels et aux dérogatoires des dérogatoires y contenus, nous avons dérogé et dérogeons par ces présentes. Car tel est notre plaisir. Donné à Saint Germain en-Laye, le vingt-troisieme jour de mars l'an de grace mil six cent quatre vingt.

Déclaration du Roi, portant attribution de différens Droits pendant trois années, en faveur de l'Hôpital Général et des Enfans-Trouvés.

Donnée à Compiegne le 26 Juillet 1771, registrée en Parlement le 13 Août 1771.

Louis, par la grace de Dieu, roi de France et de Navarre : à tous ceux qui ces présentes Lettres verront, salut. Les directeurs et administrateurs de l'Hôpital général de notre bonne ville de Paris Nous ont exposé, dès l'année 1756, qu'ils avoient la douleur de voir périr un grand nombre d'Enfans-Trouvés, faute de moyens suffisans pour subvenir à leurs besoins; que la diminution annuelle de près de deux cens mille livres sur le produit de leur Loterie, la suppression presque entiere des aumônes, et la nécessité d'employer aux besoins pressans les capitaux des rentes qui leur avoient été remboursées, avoient dès lors réduit leur revenu total à trois cens dix sept mille livres, tandis que la dépense annuelle excédait six cents mille livres, à raison de six mille Enfans existans. Ils nous exposerent encore que la cause principale de la perte des Enfans étoit le trop grand nombre rassemblé dans un même lieu; que, pour prévenir cet inconvénient il seroit utile de porter le mois de nourrice de la premiere année à sept livres, et de répandre les Enfans dans les campagnes, au sortir de sevrage, chez les laboureurs et fabricans qui voudroient s'en charger, moyennant une pension modique. Des vues aussi sages méritent notre approbation; mais l'incertitude, sur l'augmentation des dépenses qu'elles occasionneroient, nous firent suspendre les arrangemens nécessaires pour assurer à cet établissement des revenus proportionnés à son besoin; c'est pourquoi nous nous en tînmes à lui faire donner provisoirement un secours de vingt mille livres par mois, pris sur nos revenus ordinaires. Le zèle des administrateurs a pleinement secondé nos intentions; les Enfans-Trouvés ont été conservés, et on a éprouvé depuis plusieurs années qu'il n'en périt pas un sur cent de ceux qui se sont répandus dans les campagnes à quarante livres de pension, en sorte que leur nombre est à ce jour de dix mille quatre cens vingt-cinq; les avantages d'une progression aussi utile au bien général de notre royaume: et particuliérement aux campagnes dont elle multiplie les habitans et augmente l'aisance par les sommes qu'elle y répand, mérite toute notre protection, et que nous encouragions le zèle des administrateurs, en leur fournissant les moyens de la continuer. L'Hôpital-Général de notre bonne ville de Paris est encore un objet digne également de notre protection. Nous avons été informé que cet asile de la vieillesse indigente et nécessaire à la sûreté publique en ce qu'il est la prison de ceux qui en troublent l'ordre, est au moment de ne pouvoir plus subsister, soit par le nombre des prisonniers et des pauvres dont il a été chargé depuis quatre années, soit par la cherté des grains et des autres denrées, laquelle, depuis le même tems, a entraîné un surcroît de dépense de plus de deux millions, soit enfin par la diminution des octrois que Nous lui avons ci-devant accordés pour la subsistance; qu'indépendamment de ces circonstances générales, ledit Hôpital a été, par arrêt de notre Cour de parlement du 28 août 1767, nouvellement chargé de l'entretien total des Infirmeries des prisonniers des deux sexes qui y sont enfermés, ce qui est une augmentation considérable de dépense, en sorte que dans l'état actuel, ledit Hôpital ne peut subsister avec ses revenus; que cependant, pour arrêter les progrès des maladies contagieuses dans le centre de notre bonne ville de Paris, il seroit convenable d'envoyer auxdites Infirmeries les Galeriens et les malades de la Conciergerie, du Fort-l'Evêque, et des autres prisons intérieures de ladite ville, ce qui seroit encore une nouvelle charge. Et comme le secours nécessaire à ces différens objets est trop considérable pour que nous puissions le prendre sur nos revenus ordinaires, dont l'application est faite aux charges indispensables de notre Etat; que d'ailleurs le feu Roi notre très honoré seigneur et bisayeul, ainsi que Nous, depuis notre avénement à la couronne, avons toujours reconnu l'importance desdits Hôpitaux, et la nécessité d'assurer leur subsistance quotidienne, par la destination d'un fonds certain, établi sur une contribution publique, attendu que l'entretien des pauvres est une charge générale et universelle dont personne ne peut être exempt; nous avons estimé que l'expédient le plus sage seroit d'assigner le secours, dont lesdits Hôpitaux ont besoin, sur plusieurs objets différents de continuation, en sorte que la charge sur chaque partie soit insensible et proportionnée aux forces des contribuables, selon leur depense personnelle et domestique. A CES CAUSES et autres à ce nous mouvant, de l'avis de notre Conseil et de notre certaine science, pleine puissance et autorité royale, Nous avons dit, déclaré et ordonné, et par ces présentes signées de notre main, disons, déclarons et ordonnons, voulons et nous plaît ce qui suit:

ART. 1er. A commencer du jour de la publication des présentes, il sera perçu pendant l'espace de trois années consécutives, au profit de l'Hôpital général et des Enfans-Trouvés de notre bonne ville de Paris, le doublement du vingtieme accordé audit Hôpital général, par déclaration du 3 janvier 1711, et autres nos déclarations subséquentes, de tous droits anciens et nouveaux qui se levent tant dans notredite Ville et Fauxbourgs de Paris qu'aux entrées et sur les Ports et Quais, même dans les Halles, Places, Foires et Marchés de la même Ville, Fauxbourgs et Banlieue, soit à notre profit ou au profit des officiers par Nous créés et réservés, ou autres, et de toutes personnes généralement quelconques, aussi et de la même maniere que le vingtieme a été perçu et se perçoit actuellement au profit dudit Hôpital, sans aucune novation ni diminution, conformément aux Déclarations des 3 janvier et 15 décembre 1711, 25 décembre 1719, et autres qui ont prorogé successivement la perception desdits droits de vingtieme, à l'exception seulement des droits sur les vins, eaux-de-vie, liqueurs et autres boissons.

2. Il sera de même levé, à commencer du jour de la publication des présentes, pendant trois années consécutives, au profit dudit Hôpital général des Enfans-Trouvés, vingt sols par muid de vins et liqueurs entrant dans Paris, tant par terre que par eau, en sus de ce qui a été ci-devant accordé auxdits Hôpitaux, dans les quarante-cinq sols levés au profit des pauvres, dont ils continueront de jouir comme par le passé.

3. Il sera de même perçu, à compter dudit jour, au profit desdits deux Hôpitaux, six sols par voie de bois marchand et du crû, en sus des droits précédemment établis au profit de l'Hôpital général sur lesdits bois, et dont il continuera de jouir comme par le passé, à l'exception néanmoins des falourdes qui demeureront exemptes dudit droit de six sols établi par le présent article. Tous lesquels droits ci-dessus seront perçus par les Receveurs des entrées de Paris et autres, aux mêmes conditions et remises qui leur ont été accordées pour les droits dont ils font le recouvrement au profit dudit Hôpital général.

Et comme la situation de l'Hôpital général et celle des Enfans-Trouvés doivent varier suivant les circonstances, en sorte que dans les tems ils auront besoin d'un secours plus ou moins considérable, qu'il s'agit encore de pourvoir aux Infirmeries des gens de force et des prisons, de discuter les besoins de ces différents objets, et de régler ce qu'il conviendra y appliquer, Nous voulons et ordonnons que par le receveur charitable de l'Hôpital général, il soit fourni de semaine en semaine un bordereau de la recette du produit desdits droits, semblable à celui qu'il fournit des revenus de l'Hôpital, lequel bordereau sera remis aux administrateurs de l'Hôpital, chargés de l'inspection de la caisse, et servira à former un état de recette par chaque mois, lequel état sera représenté dans le grand Bureau de l'Administration, tenu dans la maison Archiépiscopale de Paris, pour y être par le Bureau assemblé, fait et arrêté chaque mois un état de répartition entre les Enfans-Trouvés et l'Hôpital général, en proportion de leurs besoins. SI DONNONS EN MANDEMENT à nos amés et féaux Conseillers les Gens tenans notre Cour de Parlement à Paris, que ces présentes ils ayent à faire lire, publier et enregistrer, et le contenu en icelles faire exécuter selon leur forme et teneur, nonobstant toutes choses à ce contraires, auxquelles nous avons dérogé et dérogeons par ces présentes, aux copies desquelles, collationnées par l'un de nos amés et féaux Conseillers Secrétaires, voulons que foi soit ajoutée comme à l'original : CAR tel est notre plaisir; en témoin de quoi nous avons fait mettre notre scel à cesdites présentes. DONNÉ à Compiégne le vingt-sixiéme jour du mois de juillet, l'an de grace mil sept cent soixante onze, et de notre regne le cinquante sixieme. *Signé* LOUIS. *Et plus bas :* Par le Roi, PHELYPEAUX. Vu au Conseil, TERRAY. Et scellées du grand sceau de cire jaune.

Registrée, oui, ce requérant le Procureur général du Roi, pour être exécutée selon sa forme et teneur, aux charges, clauses et conditions y portées, suivant l'arrêt de ce jour. A Paris, en Parlement, toutes les Chambres assemblées, le trois août mil sept cent soixante et onze.— Signé LE JAY.

LETTRES PATENTES portant suppression de l'Hôpital des Enfans-Rouges, *et union de ses biens et revenus à* l'Hôpital des Enfants-Trouvés *de Paris.*

Du mois de mai 1772.

LOUIS, par la grâce de Dieu, roi de France et de Navarre : A tous présens et à venir, SALUT. Nos chers et bien-aimés les directeurs et administrateurs de l'Hôpital-Général de notre bonne ville de Paris nous ont fait exposer que le nombre des Enfants abandonnés qui sont journellement présentés à l'hôpital des Enfans-Trouvés, dont l'administration est unie à celle dudit Hôpital-Général, s'est tellement accru depuis plusieurs années, que les revenus fixes et casuels dudit hôpital des Enfans-Trouvés sont absolument insuffisans pour en soutenir les charges; qu'entre les moyens auxquels on peut avoir recours pour y subvenir, il n'en est point de plus naturel et de plus juste, que de supprimer l'hôpital *dit* des Enfans-Rouges, et d'en unir les biens et revenus à celui des Enfans-Trouvés; qu'en effet, la maison des Enfans-Rouges ne fut fondée par François Ier, l'un de nos prédécesseurs, en 1536, que pour élever les pauvres Enfans, dont les peres et meres étrangers mouroient à l'Hôtel-Dieu, à quoi ce prince ajouta, par sa déclaration du 22 juin 1541, qu'on y recevroit aussi des Enfans orphelins et pauvres de la banlieue de Paris et des villages circonvoisins; que cela n'étoit nécessaire alors, que parce que l'Hôpital-Général et celui des Enfans-Trouvés n'existoient pas encore; mais ces deux grands établissemens ayant été fondés, l'un en 1656, l'autre en 1670, Louis XIV, notre illustre bisaieul, considérant qu'il étoit plus utile au public qu'il n'y eût pas tant de maisons différentes destinées pour les mêmes objets, ordonna, par ses lettres patentes du 23 mars 1680, que l'administration des Enfans-Rouges seroit unie à celle des Enfans-Trouvés; permit, en conséquence, aux directeurs et administrateurs de disposer des fonds et revenus de cette maison, ordonnant même que les Enfans qui y étoient, seroient transférés à l'Hôpital-Général, pour y être instruits, nourris et élevés, ainsi que les autres pauvres d'icelui; qu'on auroit dû dès lors consommer cette suppression et réunion, avec d'autant plus de raison, que les revenus de la maison des Enfans-Rouges ne suffisoient pas, à beaucoup près, pour le soutien d'un établissement séparé, ainsi que cela est vérifié par les registres de recette et de dépense, qui prouvent, suivant une année commune, depuis 1765 jusqu'à présent, que la dépense annuelle de l'hôpital des Enfans-Rouges monte à vingt-six mille six cens vingt neuf livres treize sols, et qu'il n'a que onze mille trois cens quatre-vingt livres quatre sols de revenus, tant fixes que casuels; en sorte qu'il ne subsiste qu'au moyen d'un supplément de quinze mille deux cens quarante-quatre livres dix-neuf sols, qui lui est fourni chaque année, tant par l'Hôpital-Général que par celui des Enfans-Trouvés; que dans ces circonstances, les exposans auroient pu croire être suffisamment autorisés, en leur qualité d'administrateurs, par les lettres patentes du 23 mars 1680, à procéder à une suppression et union trop longtemps différée; mais que leur attention respectueuse sur tout ce qui peut concerner un établissement qui est de notre fondation, les a portés à attendre qu'il nous plût leur marquer sur ce nos intentions : à l'effet de quoi il nous ont très humblement fait supplier de leur accorder nos lettres sur ce nécessaires. A CES CAUSES, de l'avis de notre conseil, qui a vu la délibération prise à ce sujet dans le bureau de l'Hôpital-Général, le 23 mars dernier, dont expédition est ci-attachée sous le contre-scel de notre chancellerie, et de notre grace spéciale, pleine puissance et autorité royale, nous avons éteint et supprimé, et par ces présentes, signées de notre main, éteignons et supprimons l'hôpital *dit* des Enfans-Rouges, situé dans notre bonne ville de Paris, et avons uni et unissons les biens et revenus d'icelui à ceux de l'hôpital des Enfans-Trouvés de ladite ville, pour être régis et administrés par les directeurs et administrateurs de l'Hôpital Général; en conséquence, ordonnons que les Enfans étans actuellement audit hôpital des Enfans-Rouges, seront transférés, et ceux de pareille qualité qui se présenteront à l'avenir, reçus à l'Hôpital-Général de Paris, pour y être instruits, nourris et élevés, ainsi que les autres pauvres d'icelui : autorisons lesdits directeurs et administrateurs a régir et gouverner les biens dudit hôpital des Enfans Rouges, avec les mêmes pouvoirs qui leur sont accordés pour régir et gouverner ceux de l'hôpital des Enfans-Trouvés, auxquels ils seront unis, et disposer de tout le mobilier, ainsi que des terreins et bâtimens dudit hôpital des Enfans-Rouges, à la charge toutefois de l'acquit des fondations, ainsi qu'il sera réglé par notre très-cher et bien-amé cousin le sieur archevêque de Paris; ordonnons au surplus que les lettres patentes du 27 mai 1541, enregistrées le 2 juin suivant, et l'arrêt du 6 mars 1733, portant permission de quêter pour lesdits Enfans-Rouges dans toutes les églises de notre bonne ville et fauxbourgs de Paris, sans aucune exception : faisons défenses à tous marguillers, sacristains, supérieures de maisons régulieres ou séculieres, prêtres, religieux mendians, ou autres que ce puisse être, de troubler et empêcher lesdites quêtes, à peine de trois cents livres d'amende, applicable audit hôpital des Enfans-Trouvés, pour chaque trouble et empêchement. Si donnons en mandement à nos amés et féaux conseillers les gens tenans notre cour de Parlement à Paris, que ces présentes ils aient à faire registrer, et du contenu en icelles jouir et user ledit hôpital des Enfans-Trouvés pleinement, paisiblement et perpétuellement, cessant et faisant cesser tous troubles et empêchemens, et nonobstant toutes choses à ce contraires : car tel est notre plaisir; et afin que ce soit chose ferme et stable à toujours, nous avons fait mettre notre scel à cesdites présentes. Donné à Versailles au mois de mai, l'an de grace mil sept cent soixante douze, et de notre regne le cinquante septieme. *Signé* LOUIS.

*LETTRES PATENTES portant union des biens de l'*Hôpital de Saint-Jacques *à celui des* Enfans-Trouvés, *et permission aux administrateurs de cette maison d'acquérir des terrein et bâtiment pour y recevoir les Enfans nouveaux nés, atteints de maladies communicables.*

Du mois de mai 1781.

LOUIS, par la grace de Dieu, roi de France et de Navarre : à tous présens et à venir, SALUT. Notre attention à maintenir les fondations qui ont été faites pour le soulagement des pauvres, et les diriger, autant qu'il est possible, vers le bien public, nous auroit porté à nous faire représenter en notre conseil les lettres patentes du 15 avril 1734, concernant l'hôpital et l'église Saint-Jacques de notre bonne ville de Paris. Par ces lettres patentes, le feu roi, notre illustre aieul, auroit révoqué l'union et incorporation qui avoit été faite par l'édit du mois d'avril 1722, des biens de cet hôpital a l'ordre de Notre Dame de Mont-Carmel et de Saint-Lazare-de-Jérusalem; il auroit ordonné que, suivant l'intention des fondatours, l'hospitalité seroit incessamment rétablie et entretenue audit hôpital Saint-Jacques, pour le soulagement et la subsistance des pauvres; il auroit défendu aux bénéficiers qui le desservoient, de prendre la qualité de chanoines, et de qualifier cette église de collégiale; et par provision, il auroit ordonné que les biens en seroient régis et administrés par deux substituts de notre procureur général, lesquels nommeroient conjointement une personne solvable pour recevoir tous les revenus dudit hôpital, et en acquitter les charges, et auxquelles ledit receveur seroit tenu de rendre compte; mais on auroit jugé, dans la suite que l'hospitalité ne pouvoit pas être rétablie dans cette maison, à cause de la vétusté des bâtimens, dont la reconstruction auroit consommé le fonds de la dotation; en sorte qu'il étoit nécessaire de faire de ces biens un autre emploi, qui fût également conforme à leur destination; et comme il n'est point à Paris d'établissement de charité qui ait plus de besoin et qui mérite plus d'être secouru que celui des Enfans-Trouvés, eu égard au grand nombre d'Enfans dont il est surchargé, l'intention du feu roi auroit été d'y unir et d'y incorporer ces biens. A ce juste motif, il s'en joint un nouveau, qui acheve de nous déterminer à réaliser cette disposition. Les administrateurs de l'Hôpital-Général, auquel celui des Enfans-Trouvés est uni, toujours attentifs à perfectionner cet asyle de l'enfance abandonnée, et à en écarter tous les dangers, nous ont fait représenter qu'un grand nombre des Enfans qu'on y amene étant infectés, en naissant, du germe de la corruption de leurs peres et meres, ne doivent ni être livrés à des nourrices auxquelles ils les communiquent, ni rester confondus avec les autres Enfans qui seroient exposés à cette contagion; et qu'ainsi il seroit nécessaire de former, à la proximité de Paris, un établissement où tous les Enfans qu'on soupçonneroit, soit par la visite et l'inspection, soit par les témoignages des accoucheurs et sages-femmes, être atteints de ce venin, seroient, incontinent après leur exposition, transportés pour y être nourris avec du lait, et toutes les précautions nécessaires pour leur conserver la vie, autant qu'il seroit possible et prévenir toute espece de contagion. Un dessein qui tend aussi directement au bien de l'humanité ne pouvant s'exécuter sans un secours extraordinaire, nous avons jugé ne pouvoir faire un usage plus légitime de notre autorité et de la protection que nous devons à ces Enfans, qui, sans être coupables, sont les plus infortunés de nos sujets, qu'en réalisant un don si conforme à l'intention des fondateurs, et qui mettra les administrateurs en état de remplir des vues si dignes de notre approbation, nous pourvoirons en même tems à ce que les fondations qui ont pu être faites dans l'église de cet hôpital y soient acquittées, ainsi qu'à la subsistance du trésorier, et de ceux des chapelains qui peuvent encore exister. A CES CAUSES, de l'avis de notre conseil, et de notre grace spéciale, pleine puissance et autorité royale, nous avons, par ces présentes, signées de notre main, uni et incorporé, unissons et incorporons à l'hôpital des Enfans-Trouvés, dont l'administration est unie à celle de l'Hôpital-Général de notre bonne ville de Paris, tous les biens et les droits utiles ci-devant appartenans à l'hôpital Saint Jacques, pour être régis et administrés par les directeurs et administrateurs de l'Hôpital-Général, à commencer du premier juillet prochain, et les revenus échus et à échoir en être par eux appliqués à perpétuité à la subsistance et entretien des Enfans abandonnés, de la même maniere que tous les autres biens et revenus dudit hôpital des Enfans-Trouvés, à l'effet de quoi, tous les baux, papiers et renseignemens concernant lesdits biens seront remis incessamment, par ceux qui en sont chargés, auxdits directeurs et administrateurs, qui leur en donneront décharge sur un inventaire qui en sera dressé; et les receveurs qui en ont touché et toucheront les revenus jusqu'audit jour premier juillet prochain, après avoir rendu leurs comptes, ainsi qu'il est ordonné par lettres patentes du 15 avril 1734, seront tenus de verser le reliquat desdits comptes, si aucun y a, dans la caisse dudit hôpital des Enfans-Trouvés, dont il leur sera pareillement donné par lesdits administrateurs, bonne et valable décharge. Voulons et entendons que les services, messes, obits et fondations faites dans l'église dudit hôpital Saint Jacques, continuent à y être acquittés par le trésorier; et ceux des chapelains qui peuvent encore exister, et que leurs honoraires leurs soient payés, comme par le passé, par lesdits administrateurs, sur les revenus des biens dudit hôpital. Autorisons lesdits directeurs et administrateurs à acquérir incessamment, pour et au nom de l'hôpital des Enfans-Trouvés, dans la proximité de notre bonne ville de Paris, un lieu qui, par ses bâtimens et emplacemens, puisse être rendu propre à recevoir tous les Enfans qui, à mesure qu'ils seront amenés audit hôpital, seront reconnus, soit par la visite et inspection, soit par les témoignages des accoucheurs et sages-femmes, pouvoir être atteints de maladies communicables, à l'effet d'y être nourris et élevés sans nourrices, et avec du lait, en employant toutes les précautions nécessaires pour leur conserver la vie, et prévenir toute contagion. Si donnons en mandement à nos amés et féaux conseillers les gens tenans notre cour de Parlement à Paris, que ces présentes ils aient à faire registrer, et du contenu en icelles faire jouir et user ledit hôpital des Enfans-Trouvés pleinement, paisiblement et perpétuellement, cessant et faisant cesser tous troubles et empêchement, et nonobstant toutes choses à ce contraires : car tel est notre plaisir; en témoin de quoi nous avons fait mettre notre scel à cesdites présentes. Donné à Marly au mois de mai, l'an de grace mil sept cent quatre-vingt-un, et de notre regne le septieme. *Signé* Louis.

TITRE II.

ARRÊTS DU CONSEIL D'ÉTAT.

Arrêt et réglement du Conseil d'état, en exécution de l'édit de juin 1670... pour les Enfants-trouvés.

Du 21 Juillet 1670.

Le roi étant en son Conseil d'Etat, voulant pourvoir à la direction et administration de l'Hôpital des Enfans-Trouvés de la ville de Paris, ordonné être établi par sa déclaration du présent mois, a ordonné et ordonne ce qui ensuit:

Art. 1er. Les administrateurs et receveurs feront les poursuites et diligences nécessaires pour la recette du bien qui appartiendra à l'Hôpital des Enfans-Trouvés; et pourront intenter pour cet effet telles actions qu'ils estimeront nécessaires;

2. Feront les marchés des bâtiments neufs, et auront soin de toutes les réparations qu'il conviendra faire aux anciens;

3. Feront la dépense de l'Hôpital, tant à l'égard des Enfans, que des personnes qui les servent;

4. Visiteront toutes les semaines le registre où l'on écrit le nom des Enfans-Trouvés, que l'on apporte dans l'hôpital; et, après l'avoir vérifié sur les procès-verbaux des commissaires du Châtelet et ordonnances des officiers qui en doivent connoître, en parapheront les feuilles, et feront mettre lesdits procès-verbaux dans le lieu qui sera destiné pour les garder;

5. Examineront tous les mois la recette et dépense dudit Hôpital, et en arrêteront les comptes;

6. Les dames qui seront choisies par celles de la Charité, pour avoir soin desdits Enfans pendant quatre ans, iront les visiter le plus souvent qu'il leur sera possible;

7. Prendront garde que les sœurs de la Charité qui y seront, les servent bien et leur administrent toutes les choses nécessaires;

8. Auront soin que les sœurs de la Charité aillent visiter les Enfans qui seront mis en nourrice hors dudit Hôpital, dans les tems qu'elles estimeront à propos, et se feront rendre compte de l'état auquel elles les auront trouvés, et des nécessités dont ils pourront avoir besoin, pour y pourvoir ainsi qu'elles le jugeront nécessaire;

9. Feront les marchés qu'elles jugeront à propos pour leur nourriture, tant à Paris qu'à la campagne;

10. Achèteront les toiles, étoffes, bonnets et autres choses nécessaires pour l'habillement desdits Enfans, de l'argent qui leur sera mis à cet effet entre les mains par le receveur, par ordre des administrateurs, dont elles lui donneront un récépissé, lequel il leur rendra, en lui remettant un bref état de l'emploi qu'elles en auront fait, pour être inséré dans son compte;

11. Pourront recevoir les charités qui seront faites audit Hôpital, par des personnes qui ne voudront être nommées, et les remettront entre les mains du receveur, qui s'en chargera dans son compte.

Fait au Conseil d'État du roi, Sa Majesté y étant, tenu à Saint-Germain-en Laye, le vingt-unième jour de juillet mil six cent soixante-dix. *Signé* COLBERT.

---

*ARRÊT DU CONSEIL D'ÉTAT DU ROI, portant don à l'*Hôpital des Enfans-Trouvés *de Paris, d'une somme de vingt mille livres, à prendre annuellement sur les domaines de Sa Majesté.*

Du 1er Décembre 1674.

Le roi ayant, par son édit du mois de février dernier 1674, réuni à la justice royale des Châtelets de Paris, toutes les hautes-justices de l'archevêché, du chapitre Notre-Dame, et des abbayes, prieurés et chapitres dans la ville, fauxbourgs et banlieue de Paris; et Sa Majesté s'étant chargée de l'indemnité qui pouvoit appartenir auxdits hauts-justiciers, à cause de ladite union, et particulièrement de les acquitter des sommes qu'ils étoient tenus de payer, pour aider à la subsistance et entretien des Enfans-Trouvés, montantes pour chaque année à la somme de quinze mille livres, distribuée sur chacun desdits hauts-justiciers, par la déclaration de Sa Majesté, expédiée pour l'établissement de l'hôpital destits Enfants-Trouvés, registrée au Parlement de Paris, et où besoin a été; lequel paiement lesdits hauts-justiciers ont cessé de faire depuis le premier janvier dernier; et Sa Majesté étant d'ailleurs informée que le nombre desdits Enfans-Trouvés est notablement augmenté depuis ledit établissement par les soins des dames de Charité et des directeurs établis à icelui, pourquoi il a besoin de secours, les revenus ordinaires de cet hôpital nouvellement établi, n'étant pas suffisants à beaucoup près pour en soutenir les dépenses. Ouï le rapport du sieur

Colbert, conseiller ordinaire, contrôleur-général des finances. Le roi étant en son conseil, a ordonné et ordonne qu'au lieu des sommes qui se paient par les hauts-justiciers de la ville, fauxbourgs et banlieue de Paris, pour aider à la nourriture et entretien des Enfans-Trouvés, dont ils demeureront déchargés, il sera employé dans l'état des charges du domaine de Paris au chapitre des fiefs et aumônes, la somme de vingt mille livres pour chacune année, pour être payée au receveur desdits Enfans-Trouvés, de quartier en quartier, sur ses simples quittances, sans aucun retranchement ni modération, sous quelque prétexte que ce soit, à commencer du premier janvier prochain 1675, et pour l'année présente qui finira au dernier du présent mois. Ordonne Sa Majesté qu'il sera payé pareille somme de vingt mille livres au dit receveur de l'Hôpital, par Me Claude Vialet, fermier-général des domaines de France, dont il lui sera tenu compte sur le revenu des greffes desdits Châtelets de Paris, et amendes jugées auxdits sieges, pendant l'année présente, et en rapportant copie collationnée du présent arrêt, et la quittance du receveur dudit hôpital, ladite somme sera passée dans ses états et comptes, où il appartiendra, et pour l'exécution du présent arrêt, seront toutes lettres nécessaires expédiées. Fait au conseil d'Etat du roi, Sa Majesté y étant, tenu à Saint-Germain-en Laye le premier jour de décembre mil six cent soixante-quatorze. *Signé* COLBERT.

---

*ARRÊT DU CONSEIL D'ÉTAT DU ROI, qui unit à l'*Hôpital-Général *les revenus de la confrairie de la Passion et de la Résurrection de Notre-Seigneur, pour être lesdits revenus employés à la nourriture et entretien des* Enfans-Trouvés.

Du 14 Avril 1676.

Le roi s'étant fait représenter les lettres-patentes de Charles VI, du mois de décembre 1402, portant permission aux confreres de la confrairie de la passion et résurrection de Notre-Seigneur, fondée en l'église de la Trinité, à Paris, de faire la représentation desdits mysteres en public; l'édit du mois de septembre 1543; l'acte de délibération desdits confrères de la passion, du 18 Juillet 1548: contrat d'acquisition fait en conséquence par lesdits confreres, au nom et au profit de la confrairie, de la place et masure de l'hôtel de Bourgogne; arrêt du parlement, du 7 de novembre 1548, portant défense aux confreres de la passion de représenter les mysteres sacrés, et qui leur permet seulement de représenter les histoires profanes, honnêtes et licites, avec défense à tous autres de jouer ni représenter en la ville, fauxbourgs et banlieue de Paris, si ce n'est sous le nom, et au profit de la confrairie; lettres-patentes de François I, de confirmation des privileges accordés à ladite confrairie, du mois de janvier de l'année 1518; autres lettres-patentes de Henri II, du mois de janvier 1554; de François II, du mois de mars 1559; lettres d'amortissement de Charles IX, du mois de janvier 1566; arrêt d'enregistrement d'icelles; autres lettres de confirmation des privileges de Henri IV, du mois d'avril 1597, et de Louis XIII, de décembre 1612; autres lettres d'amortissement, du mois d'avril 1640; arrêts d'enregistrement desdites lettres; autres lettres-patentes du 28 janvier 1641; arrêts du Conseil des 7 novembre 1627, 26 décembre 1629, 7 novembre 1642, 5 mars et 24 de mai 1675; état des biens et revenus, ensemble des charges et dettes de la confrairie, remis devant le sieur de la Reynie, par les confreres de la passion, qui sont à présent en charge, en exécution desdits arrêts; plusieurs comptes rendus par lesdits confreres, des revenus de la confrairie; édit du mois d'avril 1656, pour l'établissement de l'Hôpital-Général de Paris; procès-verbal dudit sieur de la Reynie, contenant son avis sur le fait de ladite confrairie, et de l'administration de ses biens, du 30 novembre 1675, et autres pieces mentionnées audit avis; et Sa Majesté voulant pourvoir à ce que lesdits biens et revenus de ladite confrairie de la passion et résurrection de Notre Seigneur, qui étoient ci-devant employés aux représentations desdits mystères, et qui sont sans aucune destination, ne soient dissipés en des dépenses inutiles et superflues, et voulant pourvoir, au contraire, à ce qu'ils soient bien et duement administrés, et que l'emploi desdits revenus soit fait selon l'esprit et suivant la disposition des ordonnances, au soulagement et à la nourriture des pauvres : SA MAJESTÉ étant en son Conseil, a ordonné et ordonne, que l'entiere administration des biens et revenus de ladite confrairie de la passion et résurrection de Notre-Seigneur, sera et demeurera à l'avenir unie à l'administration des autres biens de l'Hôpital-Genéral de Paris, pour être lesdits biens et revenus, employés (la charge du service divin déduite et satisfaite,) à la nourriture et entretien des pauvres de l'Hôpital des Enfans-Trouvés; et en conséquence, Sa Majesté a déchargé et décharge les soi disant maîtres, gouverneurs de ladite confrairie, de l'administration pour l'avenir, de ses biens et revenus; ordonne que dans quinzaine du jour de la signification de l'arrêt, ils seront tenus de remettre entre les mains des administrateurs de l'Hôpital-Général, tous les titres qu'ils ont, concernant la propriété desdits biens; ensemble tous les ornements et autres effets de ladite confrairie, et dont il sera fait inventaire; le tout à la charge par lesdits administrateurs de l'Hôpital-Général, de faire célébrer le service divin, et de payer aux créanciers légitimes de ledite confrairie, les rentes et dettes dont elle se trouvera chargée, et sans déroger aux privileges et hypotheques desdits créanciers; et pour connoître la qualité desdites dettes, quels sont les créanciers, ce qui leur a été payé, ou ce qui leur est dû, Sa Majesté ordonne, que les comptes de l'administration des biens et revenus de la confrairie, qui ont été rendus depuis les dix dernieres années; ensemble un état de ce qui en aura été reçu et employé par lesdits gouverneurs, pendant le cours de la présente année, jusqu'au jour de la signification de l'arrêt, seront représentés par-devant le sieur de la Reynie, que Sa Majesté a commis et député pour être lesdits comptes et états par lui revus, vérifiés et examinés, en présence desdits administrateurs, et des soi-disans maîtres et gouvernenrs de ladite confrairie, pour du tout en être par lui dressé procès-verbal; et en cas de contestation, après en avoir communiqué au sieur Pussort, être fait droit à son rapport au Conseil, ainsi que de raison; et cependant Sa Majesté en tant que de besoin, a fait très expresses défenses aux prétendus maîtres, gouverneurs et confreres de la passion et résurrection de Notre Seigneur, d'en prendre la qualité à l'avenir, ni de troubler les administrateurs dudit Hôpital-Général, en la possession, jouissance et entiere administration des biens de ladite confrairie : ordonne que le présent arrêt sera exécuté, nonobstant opposition ou appellations quelconques, dont s'il en intervient aucunes, Sa Majesté s'en est réservé la connaissance à sa personne, et icelle interdite à toutes ses Cours et juges; et seront aussi expédiées pour l'exécution de l'arrêt, toutes lettres à ce nécessaires. Fait au Conseil du roi, Sa Majesté y étant, tenu à Saint Germain-en-Laye le quatorzième jour d'avril mil six cent soixante-seize. *Signé* COLBERT.

ARRÊT DU CONSEIL D'ÉTAT DU ROI *qui liquide à la somme de 172,367 livres 7 sols 8 deniers l'indemnité revenant annuellement à* l'Hôpital des Enfans-Trouvés, *et à Sainte-Genevieve, pour la réunion de la loterie des Enfans-Trouvés à la loterie royale de France; de laquelle somme il en revient à* l'Hôpital des Enfans-Trouvés, *celle de 97,602 livres 5 sols 4 den. faisant avec celle de 42,632 liv. 12 sols 4 den. que Sa Majesté, par ledit arrêt, accorde pour secours audit* Hôpital des Enfans-Trouvés *la somme de 140,234 liv. 17 sols 8 den. et l'indemnité à Sainte-Genevieve, montant à 74,765 liv. 2 s. 4 den. le tout faisant 215,000 livres.*

Du 6 avril 1777.

Le Roi ayant ordonné, par l'article 5 de l'arrêt rendu en son conseil, le 30 juin 1776, portant établissement de la loterie royale de France, que la loterie des Enfans-Trouvés sera réunie à la régie de la derniere loterie royale, à compter du premier août 1776, et par l'article 6, qu'il sera payé annuellement par le receveur général de ladite loterie royale aux établissemens auxquels les loteries supprimées ou réunies avoient été accordées, la somme à laquelle se trouvera monter l'année commune formée sur les dix dernieres années. Vu les ordres en vertu desquels la derniere loterie des Enfans-Trouvés a été établie le premier mai 1717, l'arrêt du conseil du 26 août 1727, par lequel il a été ordonné que les lots non réclamés de ladite loterie, depuis son établissement, jusqu'au jour de son extinction, demeureront au profit de l'Hôpital des Enfans-Trouvés, et que les porteurs des billets desdits lots non réclamés en seront déchus, six mois après le tirage, dans lequel lesdits lots seront sortis, pour être le montant desdits lots non réclamés joint au bénéfice de la derniere loterie et employé aux besoins dudit Hôpital, l'arrêt du conseil du 9 décembre 1754, par lequel Sa Majesté auroit ordonné qu'à compter du premier mars 1755, les billets des trois loteries de Saint-Sulpice, des Communautés religieuses et des Enfans-Trouvés qui avoient été distribués sur le pied de vingt sols le billet, seroient augmentés d'un cinquieme et demeureroient fixés à vingt-quatre sols, pour être le produit de la moitié de ladite augmentation appliqué, sans déduction d'aucuns frais, au profit de l'abbaye Sainte-Genevieve, et être employé uniquement et sans aucun divertissement à la reconstruction de son église, et le surplus de ladite augmentation servir, sans aucune diminution ni retenue, sous quelque prétexte que ce soit, à former de nouveaux lots qui seroient distribués en la maniere ordinaire. Vu pareillement les comptes arrêtés par les administrateurs dudit Hôpital, tant du produit de ladite loterie, à la suite de chaque tirage, que des lots non réclamés, ensemble le résultat de la vérification desdits comptes, qui constate que le bénéfice de ladite loterie, provenant de la retenue de quinze pour cent, faite sur le montant des billets de ladite loterie, pendant lesdites dix années, ainsi que celui des lots non réclamés a monté, déduction faite de tous frais et des pertes de certains tirages, à la somme de 1723,673 l. 17 s. 8 d. ce qui établi l'année commune du produit de ladite loterie, pendant lesdites dix dernieres années, à la somme de 172,367 livres 3 sols 8 deniers, dont, pour ledit Hôpital, celle de 97,602 livres 5 sols 4 deniers, et pour Sainte-Genevieve, celle de 74,765 liv. 2 sols 4 d. Vu aussi les représentations des administrateurs dudit Hôpital des Enfans-Trouvés, contenant que l'insuffisance du fonds destiné à son entretien est augmentée considérablement, depuis que la concurrence et la multiplication des loteries nouvellement établies ont réduit le bénéfice de celle des Enfans-Trouvés à moins de 100,000 livres, tandis qu'on l'avoit vu monter à 300,000 livres, et que l'année commune montoit encore en 1754 à près de 240,000 liv.; qu'à la suite d'une diminution aussi considérable dans son revenu, cet Hôpital s'étant trouvé forcé, pour se soutenir, de consommer le douzieme de Sainte-Genevieve, la recette effective a été composée, durant les dix dernieres années, de l'entier produit de ladite loterie, et que si son indemnité étoit fixée strictement à la somme qui devoit lui revenir sur le produit desdites dix dernieres années, il se trouveroit privé tout à la fois d'une portion considérable de son revenu et de l'espérance des améliorations qu'il attendoit de quelques changemens avantageux à ladite loterie, que son indemnité, à quelque somme qu'elle soit fixée, ne sauroit l'être dans une juste proportion avec son objet, attendu que la suppression ordonnée par l'arrêt du 30 juin dernier, de trois des petites loteries, pour ne laisser subsister que celle des Enfans-Trouvés et de Piété, a nécessairement dû en augmenter de beaucoup le produit, que la maniere la plus simple et la plus juste, de pourvoir à son indemnité, seroit de lui rendre sa loterie, ou au moins d'obliger les administrateurs de la loterie royale à tenir compte à cet Hôpital de l'entier produit de la derniere loterie; et Sa Majesté s'étant fait représenter les états de recette et dépense de la derniere loterie, depuis sa réunion à la loterie royale, par lesquels Sa Majesté auroit vu que l'annuel d'icelle produit pouvoit être estimé à la somme de 200,000 livres. Ouï le rapport du sieur Taboureau, conseiller d'État et ordinaire au conseil royal, contrôleur général des finances; Sa Majesté étant en son conseil, a liquidé et liquide à la somme de 172,367 livres 7 sols 8 deniers, l'indemnité due à cause de la réunion de la derniere loterie à la loterie royale, et cependant Sa Majesté voulant venir au secours dudit Hôpital des Enfans-Trouvés, elle lui a accordé et accorde, en outre de la somme de 97,602 l. 5 s. 4 d. qui doit lui revenir dans la répartition de ladite indemnité, celle de 42,632 l. 12 s. 4 den. pour former ensemble celle de 140,234 liv. 17 sols 8 deniers, au profit dudit Hôpital; laquelle somme, jointe à celle 74,765 liv. 2 sols 4 den. revenant à Sainte Genevieve, l'indemnité totale de la derniere loterie sera et demeurera fixée à la somme de 215,000 liv. Ordonne Sa Majesté que les produits de la loterie royale, et ceux des loteries y réunies, seront et demeureront spécialement affectés et hypothéqués à l'acquittement de ladite somme de 215,000 livres; laquelle somme sera payée annuellement, à compter du premier août 1776, et de mois en mois, à raison d'un douzieme pour chacun, par le receveur général de ladite loterie royale, entre les mains du sequestre qui sera nommé par Sa Majesté et sera passée et allouée dans les comptes dudit receveur général, sur les simples quittances dudit sequestre. Veut et entend Sa Majesté que le montant des huit mois échus au premier du présent mois desdites indemnités et supplément soit acquitté en un seul et même paiement par ledit receveur général de la loterie royale, entre les mains dudit sequestre, pour être lesdites sommes distribuées et employées, conformément à ce qui est porté pour le présent arrêt et autres postérieurs, sur les ordres de Sa Majesté, et jusqu'à ce que par elle il en soit autrement ordonné. Fait au conseil d'État du roi, Sa Majesté y étant, tenu à Versailles, le sixieme jour d'Avril mil sept cent soixante dix-sept. *Signé* BERTIN.

---

*ARRÊT du conseil d'État du Roi, qui fait défenses à tous messagers et voituriers, sous peine de mille livres d'amende, de se charger d'aucun enfant abandonné et nouvellement né, à moins que ce ne soit pour le conduire en nourrice, ou à l'*Hôpital des Enfans-Trouvés *le plus voisin.*

Du 10 Janvier 1779.

Extrait des registres du Conseil d'État.

Dans le compte que l'on a commencé à rendre au roi, des maisons de charité, Sa Majesté a fixé ses premiers regards sur l'état de ces enfans abandonnés, qui n'ont d'autre appui que sa protection; et elle n'a pu apprendre sans douleur, que, dans un des objets les plus intéressans de l'administration publique, il s'étoit introduit un abus contraire à tous les principes de l'humanité, et qu'elle ne pouvoit trop promptement réprimer.

Sa Majesté est informée qu'il vient tous les ans à la maison des Enfans-Trouvés de Paris plus de deux mille enfans nés dans des provinces très-éloignées de la capitale : ces enfans, que les soins paternels pourroient à peine défendre contre les dangers d'un âge si tendre, sont remis sans précautions, et dans toutes les saisons, à des voituriers publics, distraits par d'autres intérêts, et obligés d'être long-tems en route; de maniere que ces malheureuses victimes de l'insensibilité de leurs parens, souffrent tellement d'un pareil transport, que près des neuf dixiemes périssent avant l'âge de trois mois.

Sa Majesté a regretté sensiblement de n'avoir pas été plus tôt instruite de ces tristes circonstances; et, pressée d'y remédier, elle veut qu'à compter du premier Octobre prochain, il soit défendu à tous voituriers, ou à toute autre personne, de transporter aucun enfant abandonné, ailleurs qu'à l'Hôpital le plus prochain ou à tel autre de la généralité, désigné particulièrement pour ce genre de secours; et si cette disposition, que les devoirs de l'humanité rendent indispensable, obligeoit quelque maison de charité de province à une augmentation de dépense qui surpassât ses revenus, Sa Majesté y pourvoira la première année, de son trésor royal, et se fera rendre compte, dans l'intervalle, des moyens qui pourroient y suppléer d'une manière constante et certaine.

Sa Majesté, après avoir ainsi remédié à un mal si pressant, n'a pu s'empêcher de jeter un coup-d'œil plus général sur cette partie essentielle de l'ordre public. Elle a remarqué avec peine que le nombre des enfans exposés augmentoit tous les jours, et que la plûpart provenoient aujourd'hui de nœuds légitimes, de maniere que les asyles institués, dans l'origine, pour prévenir les crimes auxquels la crainte de la honte pouvoit induire une mere égarée, devenoient par degrés des dépôts favorables à l'indifférence criminelle des parens; que par un tel abus cependant, la charge de l'État s'accroissoit, et de telle sorte que, dans les grandes villes, l'entretien de cette multitude d'enfans n'avoit plus de proportion, ni avec les fonds destinés à ces établissemens, ni avec la mesure de soins et d'attention dont une administration publique est susceptible; qu'enfin il résultoit encore d'un pareil désordre, qu'en même tems que les enfans perdoient cette protection paternelle, qui ne peut jamais être remplacée, les meres de ces enfans, renonçant, pour la plupart, aux moyens de nourrir que la nature leur a confiés, il devenoit de plus en plus difficile d'y suppléer, et de pourvoir à la premiere subsistance de cette quantité d'enfans livrés aux soins des Hôpitaux.

Les dangereuses conséquences d'un pareil abus n'ont pu échapper à l'attention de Sa Majesté. Elle examinera, dans sa sagesse, quelles seroient les précautions nécessaires pour mettre un frein à cette dépravation : et voulant néanmoins éviter, s'il est possible, d'avoir à déployer, à cet égard, la sévérité des loix, elle a jugé à propos de commencer par enjoindre aux curés, à leurs vicaires et à tous ceux qui ont droit d'exhortation sur les peuples, de redoubler de zele pour opposer à ce pernicieux déréglement, et les préceptes de la religion, et les secours de la charité, afin de parvenir, autant qu'il est en eux, à détourner de ces crimes cachés, auxquels les loix ne peuvent atteindre que par des recherches rigoureuses, mais qui deviendroient cependant indispensables, si les efforts des ministres de la religion, et tous les moyens de bonté que Sa Majesté emploie, n'arrêtoient point les progrès d'un si grand désordre. A quoi voulant pourvoir : ouï le rapport du sieur Moreau de Beaumont, conseiller d'État ordinaire, et au Conseil royal des finances. Le roi étant en son Conseil, a ordonné et ordonne ce qui suit :

Art. 1er. A commencer du premier octobre prochain, Sa Majesté fait très-expresses inhibitions et défenses à tous voituriers, messagers et autres personnes, de se charger d'enfans qui viennent de naître, ou autres abandonnés, si ce n'est pour être remis à des nourrices, ou pour être portés à l'Hôpital d'Enfans Trouvés le plus voisin, à peine de mille livres d'amende, au profit de tout autre Hôpital auquel ils porteroient ces enfans; ou, si ces voituriers sont saisis en route, au profit d'Hôpital d'Enfans-Trouvés le plus près du lieu de la saisie; auquel Hôpital, par conséquent, ces enfans devroient être portés. Ordonne Sa Majesté, aux officiers et cavaliers de maréchaussée, de tenir la main à l'exécution du présent arrêt.

2. Si les dispositions de l'article ci-dessus occasionnent une dépense extraordinaire à quelques Hôpitaux de province, et si cette dépense excede leurs revenus, Sa Majesté veut qu'en attendant qu'il y soit pourvu d'une maniere stable, et d'après le compte qui lui sera rendu à cet effet, le fonds nécessaire soit payé de son trésor royal, la premiere année, soit par assignation sur le domaine, soit autrement Enjoint Sa Majesté aux sieurs commissaires départis dans les provinces, de prendre les précautions convenables pour l'exécution des dispositions du présent arrêt, et en se conformant aux ordres particuliers qui leur seront donnés à cet effet de la part de Sa Majesté. Fait au Conseil d'État du roi, Sa Majesté y étant, tenu à Versailles, le dix Janvier mil sept cent soixante-dix-neuf. *Signé* Amelot.

TITRE III.

ARRÊTS DU PARLEMENT DE PARIS.

ARRÊT par lequel le ministère public exerce les actions des Enfants trouvés pour faire valoir leurs droits à l'assistance contre l'évêque, le chapelain métropolitain, et divers monastères de Paris.

Du 15 Septembre 1546.

Du samedy 11 décembre, entre le procureur général du roy, demandeur pour raison de la nourriture et éducation des Enfans trouvez et exposez en cette ville de Paris, d'une part; et les doyen, chanoines et chapitre de l'église N. D. de cette ditte ville, deffendeurs en ladite matière, d'autre; et encore entre le dict procureur général demandeur en ladicte matière et l'evesque de Paris, les religieux, abbé et couvent de S.-Denis en France, de S.-Magloire à Paris, de Sainte-Geneviève, de Saint-Victor-lez-Paris, de S.-Germain des Prez à Paris, de Tiron à Paris, les religieux, prieur et couvent de Sainct-Martin des Champs, le grand prieur de France commandeur du Temple de cette dicte ville, et autres appelez pour contribuer à la nourriture et entretenement desdicts Enfans, d'autre. Vu par la cour les demandes dudict demandeur respectivement baillées contre lesdicts défendeurs, les défenses desdicts doyen, chanoines et chapitre de l'église N. D. la copie des deffenses baillées pour les autres dessus dicts defendeurs, les repliques dudict demandeur, et tout ce que par luy et lesdicts doyen, chapitre, chanoines et chapitre de l'église N. D. a esté mis et produit pardevers certain commissaire de ladicte cour, les forclusions de produire et bailler contredicts par ledict demandeur obtenues contre les dessus dicts deffendeurs; ouy le rapport dudict commissaire, et tout considéré : *il sera dict,* avant que faire droict sur les dictes demandes, que lesdicts evesque de Paris, abbez et couvents de S. Denis, de S. Magloire, Ste-Geneviève, S. Victor, S. Germain, Tiron, Montmartre, S. Martin, grand prieur et commandeur du Temple et autres appelez pour ladicte contribution, informeront, tant par lettres que par tesmoins, dedans six mois prochainement, sur certain faict par eux proposé et articulé en leursdictes deffenses, c'est assavoir que lesdicts doyen, chanoines et chapitre de Paris ont fondation spécialle pour la nourriture et éducation desdicts Enfans trouvez et exposez, et que de tout temps et ancienneté ils en ont usé. Et seront lesdicts doyen, chanoines et chapitre et chacun d'eux purgez par serment s'ils ont aucune chose de ladicte fondation ou autrement veu et entendu d'icelle, et mettront pardevers l'exécuteur dudict arrest leurs papiers de recepte et despense du revenu de ladicte église faicts dez et depuis trente ans auparavant l'an 1490. Et ceux depuis l'an 1530 jusques à présent seront aussi mis par devers ladicte cour les papiers de recepte et despense de l'Hostel-Dieu de cette ville du tems dessusdict. Et aura ledict demandeur commission pour faire adjourner les maistres et gouverneurs du Sainct-Esprit, du Sépulcre et autres hopitaux et gens d'Eglise fondez en cette ville de Paris, pour prendre contr'eux telles demandes et conclusions qu'il verra estre à faire, et ce pour raison de la contribution de ladicte nourriture et éducation. Et seront lesdicts maistres et gouverneurs du Sainct-Esprit tenus monstrer et exhiber la fondation de leur dicte eglise et hostel, pour le tout ce que dessus faict et rapporté par devers ladicte cour, estre par elle ordonné ce qu'il appartiendra pour raison. Et enjoint lad. cour à tous les dessusdicts appelez et autres que ledict procureur général voudra faire appeller, de constituer et comparoir par un conseil tous, et par mesme procureur, sur les peines contenues ezdicts arrets donnés en ladite matière. Et pendant ce que dessus, enjoinct ladicte cour aux lieutenans civil et criminel, procureur et advocat du roy au Chastellet de Paris et aux commissaires et sergens dudict Chastellet, et aussi à tous ceux qui prétendent droict de haute justice en cette dicte ville de Paris, que quand il se trouvera quelque Enfant ou Enfans exposez en leur territoire, s'enquérir et informer, faire et parfaire le procès contre ceux et celles qui exposent ou font exposer leurs Enfants, et en certifier la cour ou le procureur général en icelle, et ce, sur peine d'amende arbitraire et de pouvoir avoir recours par lesd. chapitre Notre-Dame contre les negligens comme de raison. Et en tant que touche les Enfans exposez et trouvez en chastellenie de la prevosté de Paris, ressortissans pardevant ledit prevost de Paris, aussi et autres bailliages et villes qui sont joignans ladite prevosté de Paris. Enjoinct la cour aux officiers du roy esd. chatellenies et bailliages, leurs lieutenans et substituts du procureur du roy d'icelles, qu'où se trouveront aucun desdicts Enfans, les faire pourveoir de nourrices et alimens, et les envoyer ez hostels-Dieu estant esd. chastellenies et bailliages, s'il y a lieu, pour ce faire qui soit convenable. Et enjoinct aux maîtres desd. hopitaux de pourveoir de nourrices, aliments et nourriture auxdicts Enfans exposez, sur peine d'amende arbitraire et de punition corporelle quant aux laiz, selon l'exigence des cas; et quant aux gens d'Eglise, enjoinct de faire leur devoir. Et où ne se trouveroit lieu commode et sain auxd. hostels-Dieu, iceux maîtres pourvoiront ailleurs auxd. Enfans exposez, et à ce faire seront contraincts par lesd. juges desd. bailliages et chastellenies, nonobstant oppositions ou appellations quelconques, et sans préjudice d'icelles; auxquels juges ladicte cour enjoinct aussi s'enquérir et informer contre ceux et celles qui exposent ou font exposer lesd. Enfans ezdicts bailliages et chastellenies; et en faire punition telle qu'il appartiendra, selon l'exigence du cas.

(Extrait de l'*Histoire de la ville de Paris*, par FÉLIBIEN, tom. IV. *Preuves et Pièces justificatives*, page 727.)

ARRÊT du 13 août 1552, qui impose aux seigneurs hauts justiciers de contribuer, dans l'étendue de la ville et des faubourgs de Paris, à l'entretien, subsistance et éducation des Enfants exposés.

Du samedi 13 Août 1552 (*manc*)

Entre le procureur général du Roy, demandeur pour raison de la nourriture et éducation des Enfans trouvez et exposez en cette ville et faux-bourgs de Paris, d'une part; et les doyen, chanoines et chapitre de l'église Nostre Dame en ceste dite ville de Paris, deffendeurs en ladite matiere, d'autre. Et encores entre ledit procureur général demandeur en ladite matière, d'une part; et l'evesque de Paris, les religieux abbés et couvents de S. Germain des Prez et S. Victor lez-Paris : les religieux, abbé et couvent de S. Magloire à Paris : les religieux, abbé et couvent de S. Genevifve au mont de Paris : les religieux, abbé et couvent de Thiron : les religieuses, abbesse, et couvent de Montmartre-lez-Paris ; le grand prieur de France, commandeur du Temple de cettedite ville de Paris : les religieux, prieur et couvent de S. Martin-des-Champs à Paris : les religieux, prieur et couvent de S Denis de la Chartre : les religieux, prieur et couvent de S. Eloy en la cité de Paris : les religieux, prieur et couvent de Notre-Dame-des-Champs-lez-Paris : les religieux, prieur et couvent de S. Ladre lez-Paris : les doyen, chanoines et chapitre de S. Marcel-lez-Paris : les cheveciers et chanoines de S. Merry à Paris : les chanoines de S. Benoist-le-bien-tourné à Paris, appellez pour contribuer à la nourriture et entretenement desdits Enfans trouvez, d'autre. Veu par la cour les demandes dudit demandeur respectivement baillées contre esdits deffendeurs, les deffenses desdits doyen, chanoines et chapitre de ladite église

Nostre-Dame, la copie des deffenses baillées par autres dessusdits deffendeurs, les repliques dudit demandeur, et tout ce que par luy et lesdits doyens, chanoine et chapitre a esté mis et produit par devers ladite cour. Forclusion de produire et bailler contredits obtenues par ledit demandeur contre les autres dessusdits deffendeurs. L'arrest interlocutoire du 11e de décembre 1546. Les papiers de recepte et despense du revenu de ladite église Nostre Dame mis par devers ladite cour suivant ledit arrest. Acte du 3 juillet 1550, par lequel maistre Vulfran Fouquet, chanoine de ladite église, au nom et comme procureur desdits doyen, chanoines et chapitre, et de chacun d'eux, s'est purgé par serment qu'il n'y a et n'ont aucune fondation de l'office des Enfans trouvez en cette ville de Paris, dit les Enfans trouvez de ladite église, et qu'ils n'en ont veu ny sçeu aucune chose, et que par dol et fraude, ils n'ont delaissé à l'avoir et posseder. Autre acte du 3e may 1552, par lequel ledit procureur général du Roy a déclaré ne vouloir prendre conclusions contre les maistres et administrateurs de S. Esprit et Sépulchre, et administrateurs des hospitaux de cette ville de Paris; et accordé que le procez soit jugé en l'estat qu'il est, et sur les conclusions par luy prises au proces. Forclusions de fournir par lesdits maistres et administrateurs de l'Hostel Dieu de cette ville de fournir au contenu dudit arrest du 11e may 1546. Autres forclusions d'informer par lesdits évesque de Paris, religieux, abbé et couvent de S. Denis, S. Germain des-Prez, S. Victor, S. Geneviefve, et consors, du fait contenu audit arrest par eux articulé. Interrogatoires faits par ordonnance d'icelle cour à maistre Claude Goutard, commis à distribuer les deniers ordonnez pour la nourriture et entretenement desdits Enfans trouvez, et à Thomasse Hervé, garde desdits Enfans, et ayant la charge de les recevoir quand ils sont apportez : certains livres et registres exhibez par ledit Goutart par ordonnance de ladite cour, contenant les noms et surnoms desdits Enfans, le jour qu'ils ont esté apportez, aussi la distribution des deniers qui ont esté employez pour et à cause desdits Enfans, par ordonnance desdits doyen, chanoines et chapitre ou autrement : Ensemble tout ce qui a esté produit par le procureur général du Roy, et iceux chanoines et chapitre par devers ladite cour : tout considéré il sera dit, en faisant droict sur les conclusions prises par le procureur général du Roy à l'encontre desdits évesque de Paris, doyen, chanoines et chapitre d'icelle église et consorts. Que ladite cour a condamné et condamne lesdits deffendeurs à nourrir, entretenir et alimenter les pauvres Enfans trouvez et exposez en cette ville : et pour ce faire, a ordonné et ordonne que lesdits deffendeurs par prévision et sauf à la faire par cy après plus ample s'il y eschet : seront tenus respectivement payer et continuer par chacun an la somme de *neuf cens soixante livres parisis,* payables par chacun an à trois termes. Le premier terme commençant le premier jour de septembre prochainement venant. Le deuxième le premier jour de janvier. Et le troisième le premier jourde May après en suivant. C'est à sçavoir ledit evesque de Paris, la somme de six vingts livres parisis par chacun an. Lesdits doyen, chanoines et chapitre la somme de trois cens soixante livres parisis. L'abbé de S. Denis en France, vingt quatre livres parisis. L'abbé de S. Germain-des-Prez, six vingt livres parisis. L'abbé de S. Victor, quatre-vingt-quatre livres parisis. L'abbé de S. Magloire, vingt livres parisis. L'abbé de S. Geneviefve, trente-deux livres parisis. L'abbé de Tyron, quatre livres parisis. Les religieuses, abbesse et couvent de Montmartre, quatre livres parisis. Le grand prieur de France et commandeur du Temple de cette ville de Paris, quatre-vingt livres parisis. Le prieur de S. Martin-des-Champs, soixante livres parisis. Le prieur de Notre-Dame-des Champs huict livres parisis. Le prieur de S. Denis-de-la-Chartre, huict livres parisis. Les doyen, chanoines et chapitre de S. Marcel, huict livres parisis. Les chevecìers, chanoines et chapitre de S. Merry, seize livres parisis. Les chanoines de S. Benoist-le bien-tourné, douze livres parisis. Et a condamné et condamne iceux deffendeurs respectivement à payér icelles sommes au termes dessusdits, et à ce faire seront contraints par saisie de leurs temporels, et autres voyes deues et raisonnables Et à ladite cour, pour certaines grandes causes et considérations à cela mouvans, ordonné et ordonne que les deniers cydessus adjugez pour ladite nourriture et autres qui seront aumosnez ausdits Enfans seront mis ès mains des maistres et gouverneurs de l'hostel Dieu de la Trinité, ou leurs receveurs et commis, pour estre employez à la nourriture et entretenement desdits Enfans exposez. Lesquels partant seront tenuz de recevoir lesdits Enfans qui leur seront portez, et iceux faire nourrir, entretenir et alimenter. Lequel receveur et commis fera compte à part desdits deniers et despense, et iceluy rendra en la forme et manière par lesdits maistres et gouverneurs gardée à la reddition des comptes de l'administration des biens dudit hospital, et sera par eux commise une femme pour recevoir les Enfans qui seront exposez, soit en ladite église de Paris ou ailleurs. Laquelle femme fera résidence et recevra lesdits Enfans en la forme et maniere qui par cy devant a esté gardée en ladite église de Paris, et iceux par elle receus seront par lesdits administrateurs baillez à femme honneste et cogneuë, pour iceux nourrir et élever. Et néantmoins a ladite Cour ordonné et ordonne que le berceau et boiste estans en ladite église de Paris pour recevoir les Enfans exposez, et aumosnes à eux faites, demeureront en icelle église, et que la femme qui cy devant a eu la charge de recevoir les Enfans exposez en ladite église aura les salaires qui par cy devant luy ont esté ordonnez par lesdits doyen et chapitre, à la charge que s'il y a aucuns Enfans exposez mis en ladite église, elle sera tenue y ceux recevoir et faire porter audit hospital de la Trinité. Et outre a ladite Cour ordonné et ordonne que lesdits doyen et chapitre de Paris feront bailler par leurs commis les noms des Enfans qui sont à présent nourris par leurs ordonnances, ensemble les noms des mères qui les nourrissent, et demeurances d'icelles. Et ce fait, a ladite Cour enjoint ausdits maistres et gouverneurs de faire voir et visiter lesdits Enfans s'ils sont nourris, entretenus et alimentez comme il appartient. Et si le prix auquel a esté convenu avec lesdites mères est raisonnable et suffisant pour la nourriture desdits Enfans. et là où seroit trouvé ledit prix ne pouvoir suffire pour nourrir, entretenir et alimenter lesdits Enfans, lesdits maistres iceluy augmenteront en façon que lesdits Enfans puissent estre nourris et eslevez. Et néantmoins a ladite Cour ordonné et ordonne que lesdits doyen, chanoines et chapitre seront tenus de payer la despense et nourriture desdits Enfans jusques au premier jour de septembre prochainement venant, et dudit jour en avant en seront lesdit doyen et chapitre deschargez; et en demeurera la charge ausdits maistres et gouverneur de l'hospital de la Trinité. Et outre enjoint ladite Cour ausdits maistres et gouverneur dudit hospital de soy enquerir diligemment de la qualité des Enfans qui seront exposez, à ce qu'il n'y ait aucun abus. Et là où se trouveroit aucuns pères et mères avoir exposé lesdits Enfans, d'en advertir le substitut du procureur général du Roy au Chatelet. auquel ladite Cour enjoint en faire poursuite, à ce que punition exemplaire en soit faite, sans que pour raison de ce soit cependant différée la réception desdits Enfans audit hospital. Et quant à la demande faite par lesdits doyen, chanoines et chapitre de l'église de Paris à l'encontre dudit procureur général du Roy ensemble quant à l'instance pendante entre ledit procureur general du Roy et les maistres et administrateurs des hospitaux de cette dite ville, ladite Cour a mis et met lesdites parties hors de cour et de procez. Et a ladite Cour enjoint audit procureur général du Roy de faire exécuter ce présent arrest. Prononcé le treizième jour d'aoust l'an mil cinq cens cinquante deux.

(Extrait du *Registre du parlement de Paris*, coté 108 *bis* 2, f° 459 recto, série X, 1573.)

Delivré aux Archives nationales, sur la demande de M. Valentin Smith.

Collationné :

Signé CAUCHOIS-LEMAIRE.

Arrêt du parlement, qui fait défenses à tous messagers, rouliers, voituriers et conducteurs de coches, tant par eau que par terre, d'amener à Paris aucuns enfans qu'ils n'en aient les noms et surnoms sur leurs livres, avec les noms et surnoms de ceux qui les en auront chargés, et l'adresse de ceux entre les mains desquels ils les devront remettre dans Paris, à peine de punition corporelle.

Du 8 Février 1663.

Sur ce qui a été remontré par le procureur-général du roi, qu'encore qu'il soit de l'ordre, de la charité et de la justice, que chaque ville et province nourrisse ses pauvres, et que le refuge qui a été donné dans l'Hôpital-Général de cette ville de Paris, aux pauvres de diverses provinces qui y ont abordé, n'ait été que dans la nécessité pressante et pour un tems; et que tant par l'établissement dudit Hôpital-Général, que par les réglemens intervenus ensuite, il soit ordonné que les pauvres seront renvoyés dans leur pays : il a été averti par les directeurs dudit Hôpital, qu'on a, suivant une nouvelle fraude, pour la surcharge dudit Hôpital, et qui peut être, dans le public et dans le particulier, de très-périlleuse conséquence, savoir que les messagers, voituriers et les conducteurs de coches, tant par eau que par terre, amenent tous les jours en cette ville, presque de tous les endroits du royaume, des enfans de tous âges, de l'un et l'autre sexe, qu'ils exposent dans les places publiques et dans les églises, afin que les archers qui sont préposés pour prendre les pauvres, les trouvant mendians, les menent à l'Hôpital, où il y en a déjà un très-grand nombre, dont on ne sauroit apprendre ni le nom ni le surnom, pour ce qu'à peine peuvent-ils aller ni parler, et d'autant que l'Hôpital n'est pas seulement intéressé dans ce désordre, mais il peut arriver de notables inconvéniens par l'exposition, perte et larcin des enfans qui sont traduits de la sorte; il a requis qu'il plût à la Cour ordonner que très-expresses défenses soient faites à tous messagers, rouliers, voituriers et conducteurs de coches, d'amener aucuns enfans, sans en avoir fait écrire les noms, surnoms et demeure de ceux qui les auront chargés desdits enfans, et l'adresse de ceux entre les mains desquels ils les devront remettre, à peine de punition corporelle et de deux mille livres d'amende, au profit de l'Hôpital-Général, payable par corps; la matiere mise en déliberation. La Cour a fait très-expresses inhibitions et défense à tous messagers, rouliers, voituriers et conducteurs de coches, tant par eau que par terre, d'amener à Paris aucuns enfans qu'ils n'en aient fait écrire les noms et surnoms sur leurs livres, avec les noms, surnoms et demeure de ceux qui les auront chargés sur les lieux, et l'adresse de ceux entre les mains desquels ils les devront remettre dans Paris, à peine de punition corporelle, et de mille livres d'amende, au profit de l'Hôpital-Général, au paiement de laquelle ils seront contraints par corps; et sera le présent arrêt lu, publié et affiché par la ville et fauxbourg de Paris, et copies collationnées, envoyées aux bailliages et sénéchaussées, pour être lues, publiées; et enjoint aux substituts du procureur-général d'y tenir la main, et d'en certifier la Cour. Fait en Parlement, le huit février mil six cent soixante-trois. *Signé* du Tillet.

Arrêt du parlement concernant la nourriture des Enfants trouvés.

Du 3 Mai 1667.

Sur le rapport fait à la Cour par le conseiller commis, d'un arrêt d'icelle, intervenu le dernier jour de mars dernier, sur la remontrance faite par le procureur-général du roi, ledit jour, à ce qu'attendu que par arrêt d'icelle, du 13 août 1552, les seigneurs hauts-justiciers de cette ville de Paris auroient été condamnés, de leur consentement, à payer la somme de douze cens livres pour la nourriture et entretien des enfans exposés en cette ville, mais que depuis, le nombre desdits enfans s'étant accru jusques là qu'il y en avoit eu en diverses années cinq à six cens, qu'en la présente année il y en avoit plus de quatre cens cinquante, que ladite somme de douze cens livres avec celle de onze mille livres que le roi qui avoit la moindre étendue de haute-justice en cette ville, payoit tous les ans pour l'entretien et nourriture desdits enfans, n'étoit un secours suffisant, lesdits entretien et nourriture montans à trente ou quarante mille livres par an, et qu'ainsi il y avoit lieu de faire assigner en ladite Cour tous lesdits seigneurs hauts-justiciers, pour aviser et régler entr'eux, à proportion de leurs seigneuries, quelque somme plus considérable; ledit arrêt du troisieme mars dernier, par lequel il auroit été ordonné que lesdits seigneurs hauts-justiciers seroient assignés en ladite Cour, à la requête dudit procureur-général du Roi, et en viendroient, par leurs procureurs fiscaux ou autres personnes, au vendredi onze dudit mois de mars, pour eux ouis, et ledit procureur-général, être réglé ainsi qu'il appartiendroit; les assignations données à la requête en conséquence et aux fins dudit arrêt, les 8 et 9 dudit mois de mars, au sieur archevêque de Paris, aux doyen, chanoines et chapitre de l'Eglise de Paris, religieux de Saint-Germain-des-Prés, tant pour eux que pour le sieur abbé de ladite abbaye; religieux, abbé du couvent de Sainte-Genevieve; religieux, prieur et couvent de Saint-Victor; religieux de Saint-Lazare; religieux de Saint-Martin-des-Champs; religieux de Saint-Marcel, les sieurs commandeurs du Temple; les religieux de Saint-Jean-de-Latran; les chanoines et chapitre de Sainte-Opportune; les chanoines et chapitre de Saint-Benoît; le prieur de Saint-Denis-de-la-Chartre; le sieur de Verneuil, abbé de Tiron, et les dames abbesse et religieuses de Saint-Antoine-des-Champs. Après avoir oui, en présence des gens du Roi, les procureurs fiscaux de l'archevêque de Paris, du chapitre de Paris, des abbés de Saint-Germain-des-Prez, de Saint-Victor et du Temple, et le lieutenant de Sainte-Genevieve; et que les autres assignés ne sont comparus ni aucuns officiers pour eux. Ledit arrêt du 13 août 1552, par lequel le sieur archevêque de Paris, le chapitre de Paris, les religieux, abbé et couvent de Saint-Germain-des-Prés, les religieux et prieur de Saint-Victor, les religieux et abbé de Saint-Magloire, ceux de Sainte-Genevieve-du Mont, et de Tiron, les religieuses et abbesse du couvent de Montmartre, le sieur grand prieur de France, les religieux, prieur et couvent de Saint-Martin-des Champs, ceux de Saint-Denis-de-la-Chartre, du couvent de Saint-Éloy, de Notre-Dame-des-Champs et de Saint-Lazare, les doyen, chanoines et chapitre de Saint-Marcel, les chefcier et chanoines de Saint-Médéric, les chanoines de Saint-Benoît-le-bien-tourné, auroient été condamnés de payer et continuer par chacun an, en trois termes, la somme de neuf cens soixante livres *Parisis*, sauf à faire ci après plus grande somme s'il y écheoit, pour contribuer à la nourriture, éducation et entretenement desdits enfans exposés de cette ville et fauxbourgs de Paris. L'état de la dépense faite pour lesdits Enfans-Trouvés, ès années 1663, 1664, 1665 et 1666; savoir, pour l'année 1663, en laquelle il s'étoit trouvé quatre cens deux enfans, la somme de vingt mille quatre cens quarante-cinq livres neuf sols. Pour l'année 1664, en laquelle il s'étoit trouvé cinq cens enfans, la somme de vingt-cinq mille sept cens trente-six livres huit sols. Pour l'année 1665, en laquelle il s'étoit trouvé cinq cens quarante-sept enfans, la somme de trente-deux mille trois cens cinq livres cinq sols. Et pour l'année 1666, en laquelle il s'était trouvé, depuis le premier jour de janvier de ladite année, jusqu'au dernier novembre audit an, quatre cens vingt-quatre enfans, la somme de trente sept mille cinq cens trente-trois livres sept sols : ensuite duquel état de dépense et écrit, un état de la recette de chacunes desdites années, se montant seulement à douze mille neuf cens quatre-vingt-sept livres dix sols par chacun an; conclusions dudit procureur général du roi, oui le rapport de M. Pierre de Brilhac, conseiller en ladite Cour, la matiere mise en délibération. Ladite Cour ordonne que pour subvenir à la nourriture et entretien desdits pauvres Enfans-Trouvés, par forme de provision, et jusqu'à ce que par la Cour autrement en ait été ordonné, les sieurs hauts-justiciers de la ville et fauxbourgs de Paris paieront, savoir: l'archevêque de Paris, trois mille livres; le chapitre de l'église de Paris, deux mille livres; l'abbé et religieux de Saint-Germain-des-Prez, trois mille livres; les abbé et religieux de Saint-Victor, douze cens livres; les abbé et religieux de Sainte-Genevieve, quinze cens livres; le grand prieur de France, quinze cens livres; les prieurs et religieux de Saint-Martin-des-Champs, quinze cens livres; le prieur de Saint-Denis de la Chartre, six cens livres; l'abbé et religieux de Tiron, cent livres, l'abbesse de Montmartre, cinquante livres; le chapitre de Saint-Marcel, cent livres; le chapitre de Saint-Médéric, cent cinquante livres; le chapitre de Saint-Benoît, cent livres; l'abbé de Saint-Denis en France, deux cens livres; au paiement desquelles sommes, à commencer du premier janvier de la présente année, seront les fermiers et receveurs desdits hauts-justiciers contraints par les voies qu'ils sont obligés par leurs baux. La recette desquelles sommes et autres destinées audit entretien sera faite par M. Rousseau, bourgeois de Paris, que la Cour a commis pour cet effet, pendant deux ans, lequel et ceux qui seront ci-après nommés à faire ladite recette feront serment en ladite Cour, de bien et fidellement administrer ladite recette, et en rendront compte d'année en année pardevant le premier président, le doyen de ladite Cour et le plus ancien conseiller d'église, et le procureur-général en icelle, quoi faisant, ils en seront bien et valablement déchargés. Fait en Parlement, le trois mai mil six cent soixante-sept. *Signé* Robert.

Arrêt du parlement, portant que les seigneurs hauts justiciers seront tenus de satisfaire à la dépense et nourriture des enfants dont les pères et mères seront inconnus, et qui se trouveront exposés au dedans de leurs terres : moyennant quoi les Hôpitaux en demeureront déchargés.

Du 3 Septembre 1667.

Sur ce que le procureur général du roi a remontré à la Cour, qu'encore que la dépense pour la nourriture des enfans exposés, dont les peres et meres sont inconnus, soit à la charge des seigneurs hauts-justiciers, dans la haute-justice desquels ils sont trouvés; néanmoins beaucoup desdits hauts-justiciers tâchent à s'en décharger et à la rejeter sur les Hôpitaux des lieux établis au-dedans de leurs terres, et par ainsi font porter aux pauvres une dépense de laquelle ils ne sont tenus, ce qui apporte un préjudice notable, et diminue le revenu affecté à la nourriture desdits pauvres, empêche qu'ils ne puissent être secourus, et que l'on ne puisse recevoir auxdits Hôpitaux si grand nombre desdits pauvres qu'il seroit fait, cessant ladite dépense, à quoi il requéroit être pourvu: la matiere mise en délibération. La Cour a ordonné et ordonne que tous les seigneurs hauts-justiciers seront tenus de satisfaire à la dépense et nourriture des enfans dont les peres et meres seront inconnus, qui se trouveront exposés au-dedans de leurs terres, de laquelle les Hôpitaux des pauvres établis ausdites terres, où proche d'icelles, demeureront déchargés: et en cas que lesdits enfans, ainsi exposés, y soient portés et nourris, ordonne qu'à la diligence du substitut du procureur-général, ou des procureurs fiscaux desdits lieux, lesdits hauts-justiciers seront sommés de fournir à la dépense desdits enfans; autrement et à faute de ce, que par ceux qui auront soin de la dépense des pauvres desdits Hôpitaux, il sera fait un état séparé de la dépense desdits enfans, lequel sera arrêté par eux et les administrateurs desdits Hôpitaux, sur lequel sera, à la diligence desdits substitut ou procureurs fiscaux de chacun desdits lieux, de trois mois en trois mois, délivré exécutoire contre lesdits seigneurs hauts-justiciers, de la somme à laquelle se montera la dépense faite pendant lesdits trois mois, pour la nourriture desdits Enfans-trouvés, au paiement de laquelle lesdits hauts-justiciers, même leurs fermiers, seront, à la diligence desdits administrateurs, contraints par toutes voies dues et raisonnables, nonobstant toutes avances qu'ils pourroient prétendre avoir faites, et toutes saisies faites ou à faire et par préférence à toutes dettes, auxquels fermiers déduction sera faite de la somme qu'ils auront payée pour raison de ce, sur le prix de leur bail, si d'ailleurs ils n'en sont chargés. Et à cette fin sera le présent arrêt lu et publié ès bailliages et sénéchaussées du ressort, à la diligence des substituts du procureur-général, qui seront tenus d'en certifier la Cour au mois, et de tenir la main à l'exécution, à peine d'en répondre en leurs noms. FAIT en Parlement, le troisieme septembre mil six cent soixante-sept. *Signé* ROBERT.

ARRÊT DU PARLEMENT, *qui ordonne l'exécution de l'arrêt du 3 Mai 1667, portant que les seigneurs hauts justiciers de la ville et faubourgs de Paris seront cotisés pour la nourriture et entretien des* Enfants-trouvés, *et que les fermiers et receveurs desdits seigneurs seront tenus de payer incessamment les sommes fixées par ledit arrêt.*

Du 23 Juin 1668.

VU par la Cour la requête présentée par le procureur-général du roi; contenant que faute par les seigneurs hauts-justiciers de cette ville et fauxbourgs de Paris, de satisfaire au paiement des sommes esquelles chacun d'eux en particulier a été cotisé pour la nourriture et entretien des Enfans-Trouvés en cette ville et fauxbourgs, par arrêt du 3 mai 1667, le suppliant auroit été obligé de faire procéder par voie de saisie entre les mains des receveurs desdits seigneurs; mais comme, nonobstant lesdites saisies, lesdits fermiers et receveurs ne vouloient payer, à moins que l'on ne procédât par voies de contrainte, à l'encontre d'eux : A CES CAUSES requéroit ledit suppliant qu'il fût ordonné que, faute par les fermiers et receveurs de payer les sommes portées par l'arrêt du 3 mai, ils y seroient contraints par toutes voies dues et raisonnables, comme dépositaires de deniers publics, même par saisie et vente de leurs meubles : vu aussi ledit arrêt et autres pièces attachées à ladite requête signée dudit suppliant : ouï le rapport de Me Charles de Saveuse, conseiller; tout considéré. LA COUR a ordonné et ordonne que l'arrêt du 3 mai sera exécuté, et les fermiers et receveurs desdits seigneurs hauts-justiciers de la ville et fauxbourgs de Paris, tenus de payer incessamment lesdites sommes portées par ledit arrêt; à ce faire contraints par toutes voies dues et raisonnables, même par saisie et vente de leurs meubles. FAIT en Parlement le vingt-trois juin mil six cent soixante-huit. Collationné. *Signé* DU TILLET.

SECONDE ÉPOQUE, DE 1790 A 1850.

LÉGISLATION.

LOIS. — DÉCRETS. — ARRÊTÉS DU DIRECTOIRE ET DES CONSULS.

PREMIÈRE PÉRIODE, DE 1790 A 1811.

Décret portant suppression de diverses rentes, indemnités, secours, traitements, et de la Commission établie pour le soulagement des maisons religieuses.

Du 10 septembre 1790.

L'Assemblée nationale décrète ce qui suit :

Art. 1er. Les rentes et indemnités de terrains et droits réels, qui étaient ci-devant payées à divers évêchés, abbayes et communautés religieuses, seront supprimées.

2. Il sera sursis à statuer sur la rente de deux cent cinquante mille livres, qui se payait aux Quinze-Vingts, jusqu'à ce que le comité ecclésiastique ait rendu compte de la situation de cet hôpital.

3. Les rentes représentatives de dîmes, réelles ou prétendues, seront supprimées.

4. Les indemnités accordées à quelques curés de Paris et autres, pour réduction de rentes, seront supprimées.

5. Les indemnités, soit de franc-salé, soit de droits d'entrée, soit de droits de pareille nature, soit de droits de péage, accordées à quelques établissements publics, cesseront d'avoir lieu, savoir : les indemnités de franc-salé, à compter du jour de la suppression de la gabelle; celle des droits d'entrée, à compter du 1er janvier 1791; celle des droits de péage, à compter du jour de la publication du décret qui supprime les péages.

6. Il sera statué sur l'indemnité ou supplément qui pourrait être nécessaire à l'hôtel royal des Invalides, après le rapport qui sera fait incessamment sur cet établissement.

7. Les secours accordés à des paroisses particulières, hôpitaux, hospices, hôtels-dieu, hôpitaux d'Enfants trouvés, ne seront plus fournis par le trésor public, à compter du 1er janvier 1791 : il sera pourvu à leurs besoins par les municipalités et les départements respectifs.

8. Les traitements accordés à l'inspecteur général des hôpitaux, à quelques médecins attachés à des hôpitaux et maisons de charité particulières, cesseront d'avoir lieu à dater du 1er juillet de la présente année.

9. Il ne sera plus accordé sur le trésor public de fonds pour l'entretien, réparation, construction d'églises, presbytères, hôpitaux appartenant à des municipalités.

Et cependant l'Assemblée nationale se réserve le droit de statuer sur les églises et autres édifices sacrés commencés, après le rapport qui lui en sera fait par le comité ecclésiastique.

7.

10. La Commission établie pour le soulagement des maisons religieuses sera supprimée du jour de la publication du présent décret.

11. Il ne sera plus distribué de remèdes dans les provinces aux frais du trésor public, ni de drogues au Jardin du Roi, pour les pauvres des paroisses de Paris.

Sanctionné le 21 septembre 1790.

Loi qui décharge les ci-devant seigneurs hauts justiciers de l'obligation de nourrir les Enfants abandonnés, et qui règle la manière dont il sera pourvu à la subsistance de ces orphelins.

10 décembre 1790.

Louis, par la grâce de Dieu et la loi constitutionnelle de l'État, Roi des Français; à tous présents et à venir, salut.

L'Assemblée nationale a décrété, et nous voulons et ordonnons ce qui suit :

Décret de l'Assemblée nationale, du 29 novembre 1790.

L'Assemblée nationale, considérant que la suppression des droits de justice a opéré l'extinction des profits et des charges qui y étaient attachés, et qu'il est de son devoir et de son humanité de s'occuper sans délai, à la décharge des ci-devant seigneurs hauts justiciers, du sort des Enfants qui ont été exposés et abandonnés dans leur territoire, ouï le rapport de ses comités des domaines et de féodalité, décrète ce qui suit :

Art. 1er. Les ci-devant seigneurs hauts justiciers sont déchargés de l'obligation de nourrir et entretenir les Enfants exposés et abandonnés dans leur territoire; et il sera pourvu provisoirement à la nourriture et entretien desdits Enfans, de la même manière que pour les Enfants trouvés, dont l'État était chargé.

2. Ceux des ci-devant seigneurs hauts justiciers, qui sont actuellement chargés de quelque Enfant exposé ou abandonné, en instruiront par écrit l'Administration de l'hôpital ou autre hospice désigné particulièrement pour ce genre de secours, lequel se trouvera être plus voisin du lieu où l'Enfant est élevé; et, à compter du jour de cet avertissement, l'Enfant sera à la charge de l'hôpital ou de l'hospice, qui, s'il n'est pas chargé de ce genre de dépense par le titre de son établissement, pourra la recouvrer sur le Trésor public.

3. L'Assemblée nationale se réserve de statuer sur le nouveau régime qu'il convient d'adopter pour la conservation et l'éducation des Enfants trouvés, et elle charge son comité de mendicité de lui en présenter le plan.

Nous avons sanctionné, et par ces présentes, signées de notre main, sanctionnons le présent décret.

Mandons et ordonnons à tous les tribunaux, corps administratifs et municipalités, que les présentes ils fassent transcrire sur leurs registres, lire, publier et afficher dans leurs ressorts et départements respectifs, et exécuter comme loi du royaume. En foi de quoi nous avons signé et fait contresigner cesdites présentes, auxquelles nous avons fait apposer le sceau de l'État. A Paris, le dixième jour du mois de décembre, l'an de grâce mil sept cent quatre-vingt-dix, et de notre règne le dix-septième. *Signé* Louis. *Et plus bas*, M. L. F. Duport. Et scellées du sceau de l'État.

Loi relative au payement de la somme de 4,058,204 livres destinée pour les Enfants trouvés, les dépôts de mendicité et hôpitaux ayant besoin de secours.

3 avril 1791.

Louis, par la grâce de Dieu et par la loi constitutionnelle de l'État, roi des Français : à tous présents et à venir, salut.

L'Assemblée nationale a décrété, et nous voulons et ordonnons ce qui suit :

Décret de l'Assemblée nationale du 29 mars 1791.

L'Assemblée nationale décrète ce qui suit :

Art. 1er. La somme de 4,058,204 livres destinée à l'entretien des Enfants trouvés, des dépôts de mendicité et aux secours à donner à certains hôpitaux dont l'état a été fourni par le ministre, conformément aux dépenses des années précédentes, sera mise au rang des dépenses de l'État pour l'année 1791.

2. De cette somme totale, celle de 3,261,977 livres, destinée aux Enfants trouvés et aux dépôts de mendicité, sera, conformément à l'art. 1er du décret du 18 février dernier, payée par le Trésor public, tant par les revenus ordinaires de l'État que par les impositions générales et communes ; celle de 806,226 livres, destinée aux secours à certains hôpitaux, et portions d'indemnité en remplacement d'anciennes franchises supprimées en 1788, sera supportée par les départements, en vertu de l'art. 3 du même décret.

3. Le Trésor public continuera de rembourser, tous les trois mois, les dépenses faites par les hôpitaux pour les Enfants trouvés, mais seulement sur le certificat du directoire du district, visé par le directoire du département. Il en sera de même pour la dépense occasionnée par les dépôts de mendicité.

4. La somme de 806,226 livres à supporter par les départements, en vertu de l'art. 3 du décret du 18 février et de l'art. 2 du présent décret, sera fournie à fur et mesure, et à titre d'avance, par le Trésor public, à la charge du remplacement qui lui en sera fait sur le produit des impositions à supporter par les départements pour l'année 1791, ainsi qu'il en sera ultérieurement ordonné.

Mandons et ordonnons à tous les tribunaux, corps administratifs et municipalités, que les présentes ils fassent transcrire sur leurs registres, lire, publier et afficher dans leurs ressorts et départements respectifs, et exécuter comme loi du royaume. En foi de quoi nous avons signé et fait contresigner cesdites présentes, auxquelles nous avons fait apposer le sceau de l'État. A Paris, le troisième jour d'avril, l'an de grâce mil sept cent quatre-vingt onze, et de notre règne le dix-septième. *Signé* Louis. *Et plus bas,* M. L. F. Duport. Et scellées du sceau de l'État.

Plan de travail du Comité pour l'extinction de la mendicité, présenté à l'Assemblée nationale, en conformité de son décret, par M. Larochefoucault de Liancourt, *député de Clermont en Beauvoisis.* (Extrait.)

1790 — 1791.

....

Les Enfants qui ont droit à l'assistance de la société semblent devoir être l'objet de ses premières méditations.

De ce nombre sont les Enfants naturels, fruit du libertinage, les Enfants légitimes clandestinement exposés par la misère du peuple, enfin, les Enfants étrangers, introduits dans le royaume.

Malgré la bienfaisante prévoyance du gouvernement qui, depuis dix ans, a donné au sort de ces malheureux Enfants une attention plus sérieuse qu'ils n'avaient jamais pu en obtenir, le calcul de leur mortalité est effrayant.

Le premier soin du comité sera d'en interroger les causes, et de s'occuper des moyens de les affaiblir.

Il suivra ces êtres infortunés dans tous les instants de leur première vie. Nourriture, habitation, éducation, tous les moyens d'arracher à la misère ces malheureux qui y semblaient dévoués, de les rendre utiles à l'État, sous la tutelle de qui ils doivent être placés, seront recherchés par le comité : il examinera si, confiés aux soins des municipalités de campagne, ils ne pourraient pas être utilement affranchis de la chaîne qui les lie aujourd'hui à la lente servitude des hôpitaux où ils sont préparés à l'inertie, et à la mendicité.

Enfin, il examinera toutes les lois relatives à ce genre d'administration, en fera connaître les vices, y proposera des réformes; il présentera un aperçu probable du nombre infini de ces Enfants abandonnés par leurs mères; et si les connaissances particulières qu'il acquerra dans toutes cet intéressantes recherches peuvent lui fournir des vues nouvelles sur les moyens de le diminuer, il se hâtera de les communiquer au comité de constitution, et se flattera d'avoir ainsi coopéré à une des lois les plus importantes sous le double rapport de politique et de morale.

. . . .

TITRE II.

(Extrait du IVe rapport du Comité de mendicité)

Secours à donner aux Enfants.

L'assistance à donner aux Enfants auxquels les secours publics sont nécessaires est sans doute un des plus impérieux devoirs d'un État; c'est aussi celui dont il peut se promettre plus d'avantages. Leur conservation est un moyen assuré de richesses dans un empire qui peut offrir avec abondance du travail à tous les bras qui veulent s'occuper. Leurs talents, leurs vertus, sont un moyen de force et de prospérité nationale, enfin leur propre bonheur, qu'ils tiennent des secours qu'ils ont reçus, tourne encore à l'avantage public.

De ce nombre sont les Enfants nés de familles nombreuses et absolument pauvres; la bienfaisance publique doit y pourvoir au sein de leur famille, dont rien ne peut remplacer les soins; encore en ont-ils une; encore ne sont-ils qu'à demi malheureux, puisqu'ils ont l'appui de leurs parents, et que les secours publics leur sont assurés.

Mais la classe la plus nombreuse d'Enfants qui réclament l'assistance publique est la classe de ceux dont l'origine est ignorée, et qui ont été abandonnés par les auteurs de leurs jours. Le Gouvernement avait, depuis peu d'années, ordonné dans l'administration des secours qui leur étaient destinés quelque changement avantageux pour leur existence; la mortalité a dû diminuer par ce nouvel ordre de choses; mais cette mortalité est bien considérable encore. Presque tous les Enfants qui en échappent, placés dans les hôpitaux, ne peuvent jamais devenir des hommes; leurs facultés physiques et morales, contrariées ou étouffées sans cesse, ne se développent qu'imparfaitement; étrangers à toute idée de devoirs, les sentiments d'affection, de tendresse, par lesquels s'ouvrent les cœurs des Enfants, ne peuvent être connus d'eux. Élevés dans l'oisiveté, ils en contractent l'habitude et le goût, ils vivent dans la fainéantise, et l'État fait ainsi des dépenses énormes pour faire de ces Enfants des sujets inutiles, misérables, et par conséquent dangereux. Ceux qu'un peu plus de bonheur ou d'énergie naturelle fait sortir de cette ligne ordinaire, et jette dans la société avec quelques talents, ou qui, élevés à la campagne, apportent un peu plus d'habitude du travail, trouvent dans le préjugé qui flétrit leur naissance des obstacles qu'une force et une vertu peu communes pouvent seules surmonter. Sans aucun lien naturel, sans appui, sans conseils qui les préservent des écueils d'autant plus dangereux pour leur jeunesse qu'ils ont passé leur enfance dans une continuelle captivité, ils sont, par leur éducation même, destinés à être malheureux. Aussi, dans la multitude infinie d'Enfants de cette espèce, combien peu y en a-t-il dont l'existence ne soit pas à charge à la société et à eux-mêmes? Errants, vagabonds, mendiants, presque par nécessité, combien d'entre eux, après avoir peuplé les prisons, ne finissent pas honteusement et misérablement? Voilà les vices que la législation nouvelle doit soigneusement éviter, qu'elle doit s'efforcer même de rendre impossibles.

L'objet de l'assistance des Enfants abandonnés est, sans doute, pour une constitution sage, la conservation de leurs jours, de leur santé, mais elle doit plus particulièrement encore s'occuper d'en faire des sujets utiles à l'État, d'assurer leur bonheur, en leur préparant des vertus, en les rendant dignes de la confiance de leur concitoyens.

La législation, qui répand des secours sur cette classe d'Enfants, doit encore avoir pour objet de diminuer le nombre des mères qui, renonçant aux sentiments les plus doux, les plus puissants de la nature, abandonnent leurs Enfants, et privent ainsi à jamais du bonheur de connoître leurs parents les malheureux auxquels elles ont donné le jour.

Cette considération est de la plus grande importance; l'assistance publique qui favoriserait le désordre ne serait plus une bienfaisance, et il n'en est pas de plus malheureux pour la société que l'abandon des Enfants. Il est peut-être impossible de pourvoir complétement à l'existence de ces Enfants; de préparer même, à cette intention, des facilités pour celles à qui le malheur les rend nécessaires; et de ne pas présenter les mêmes facilités à celles qui, sans nécessité, pourraient en profiter. Il est peut-être impossible, en offrant ainsi des soins au véritable malheur, de ne pas prêter au vice quelque moyen de les usurper; car avant tout, ces Enfants doivent être secourus; ils ne sont que malheureux, et des précautions trop exagérées pour réduire ces secours auraient peut-être de plus grands inconvénients encore. Voilà la plus épineuse difficulté de la législation des Enfants abandonnés. Voilà celle qu'il faut combattre, sans cependant pouvoir se flatter d'en éviter absolument tous les dangers.

Le nombre des Enfants abandonnés est dans un État en raison de la misère et des mauvaises mœurs; c'est donc en attaquant ces deux causes que l'on peut espérer d'agir efficacement sur le désordre qui en est l'effet; elles le seront successivement par la constitution. La constitution, répandant les richesses sur un plus grand nombre d'individus, augmentera le nombre des familles propriétaires et diminuera l'indigence absolue : en dirigeant vers l'intérêt public les facultés de tous les citoyens; en unissant, pour ce motif commun, les intérêts particuliers, elle donnera aux sentiments naturels, aux vertus privées, une force qui, aujourd'hui, n'est pas même crue possible : en rendant à chacun tous ses droits, instruisant chacun de ses devoirs, et les réduisant à ce qu'ils ont de vrai, elle pénétrera chacun aussi de la nécessité de les remplir : en diminuant le nombre des célibataires, elle attaquera une des causes les plus communes de l'abandon des Enfants; et il est sans aucun doute qu'elle favorisera le mariage, en adoucissant ses liens, et en rappelant à ses douceurs une multitude d'êtres condamnés jusqu'ici par nos lois à les ignorer. Elle travaillera ainsi à la régénération des mœurs; elle seule peut opérer ce grand, cet important changement.

Mais la législation bienfaisante qui saura hâter cette nécessaire révolution n'en doit pas moins des secours complets aux infortunés dont le malheur les réclame. Nous avons cru qu'ayant pour objet unique de faire de ces Enfants des citoyens utiles et heureux, ses principales conditions étaient de pourvoir à leur existence physique et au développement de leur force, d'assurer leur existence civile, de remplacer, autant qu'il se pourrait, par la surveillance la plus suivie, par la tutelle la plus éclairée et la plus vigilante, tous les soins paternels qui leur étaient refusés par la nature; d'éclairer tellement tous les événements de leur enfance, qu'ils puissent être facilement réclamés par leurs parents, si ceux-ci étaient rappelés aux sentiments qu'ils avaient méconnus. Nous avons cru que ces lois, suivant ces Enfants dans les premiers temps de leur jeunesse, les faisant participer aux bienfaits de l'instruction publique que sans doute votre sagesse rendra complète, les fortifiant contre les vices, par la connaissance de leurs devoirs et l'amour du travail, les tirant ainsi avec nécessité de la classe des mendiants où le régime des hôpitaux les précipitait, laissant à l'activité, à l'intelligence de leur tuteur, les moyens d'améliorer leur sort, devaient encore économiser les secours de la bienfaisance publique; et qu'enfin, elles devaient faire servir, pour la régénération des mœurs, les mêmes circonstances d'infortune qui aujourd'hui les dégradent.

Telles sont les principales vues que nous avons cherché à remplir dans le projet de décret que nous vous soumettons pour l'assistance des Enfants abandonnés.

Mais nous avons pensé que vous pouviez faire et que vous ferez pour eux plus encore; qu'en faisant revivre en leur faveur la loi qui a le plus honoré l'antiquité (la loi de l'adoption) vous pourriez rendre à ces Enfants l'espoir de ne plus être étrangers à tous les sentiments naturels, et en faire pour eux le plus puissant motif d'émulation, comme la consolation la plus douce.

Nous laissons au comité de constitution l'honorable soin de vous proposer d'appliquer à la société entière cette loi, dont la société semble devoir tirer tant d'avantages, à laquelle l'antiquité a dû tant de grands hommes, qui doit, par la réciprocité des bienfaits et de la reconnaissance, développer tant de généreux sentiments, qui, introduisant un nouveau commerce de bienfaisance entre les hommes, unirait les familles par des liens d'autant plus sûrement respectés, qu'ils seraient l'effet du choix, qui répandrait tant de douceur sur l'inquiétude de la jeunesse sans appui, et tant de consolation sur l'amertume de la vieillesse sans famille, qui doit enfin imprimer aux mœurs une nécessaire tendance vers le bien. Nous osons penser que l'utilité de cette loi généralement appliquée sera facilement démontrée, et nous ambitionnons l'honneur de la défendre quand elle sera proposée. Nous nous bornons ici à fixer vos regards sur cette classe d'Enfants qui, comme perdus sur la terre, n'ont jamais connu les auteurs de leurs jours, qui, sans parents, sans appui, sans aucun être qu'ils intéressent, se trouvant seuls au milieu du monde entier, n'appartiennent qu'à l'espèce humaine; qui, sans droit aux sentiments de la tendresse, de la reconnaissance, ne semblent nés que pour l'humiliation, et pouvoir à peine espérer quelques regards de la pitié. C'est pour eux seuls que nous implorons en ce moment de votre bonté, de votre justice, une loi qui, détruisant la proscription qui semble les séparer du reste de la société, rendra à leur âme une énergie salutaire, en les excitant aux vertus et aux talents.

On nous opposera, sans doute, que cette loi, donnant aux pères et mères la facilité d'adopter un Enfant qui ne sera pas né en mariage légitime, favorisera le libertinage, ou du moins le célibat. Si nous ne pouvions pas détruire jusqu'à la plus légère probabilité de ces funestes conséquences, nous n'aurions pas la confiance de vous la proposer. Nous croyons, avec votre comité de constitution, que le projet de décret et les développements qui l'accompagnent. répondent à ces objections : nous croyons que cette loi, revêtue de toutes les précautions dont nous avons cherché à l'envelopper, sera, au contraire, favorable aux bonnes mœurs autant qu'utile à l'espèce humaine, au bonheur de ces malheureux Enfants. C'est à tous ces titres que nous vous la proposons. Nous invitons l'honorable membre de cette assemblée, qui, dans un discours couronné, il y a trois ans, à l'académie de Metz, a plaidé avec tant de philosophie et de force la cause que nous osons plaider devant vous, à faire valoir ici toutes les vues qu'il a si bien développées.

Ainsi, Messieurs, après avoir apporté à l'éducation physique et morale de ces malheureux Enfans tous les soins que la société doit à des êtres abandonnés; après les avoir soutenus par la protection publique, vous adoucirez, vous réparerez encore le malheur de leur naissance; vous les dirigerez plus fortement, plus impérieusement vers la vertu, par l'espoir du plus grand bonheur; vous permettrez enfin qu'ils trouvent dans leurs concitoyens des pères adoptifs; vous permettrez qu'adoptés par ces familles laborieuses, pour qui un Enfant de plus est un nouveau moyen de richesses, ils y apportent l'aisance, l'activité; que pour prix de l'existence qu'ils en auront reçue, ils leur donnent en retour leur affection, leurs sentimens, leurs soins et le fruit de leurs travaux.

Voilà, messieurs, le bonheur qu'en faisant revivre une des loix les plus sages, les plus humaines, vous pouvez procurer à jamais à une multitude d'êtres infortunés pour lesquels, sans cela, votre bienfaisance ne seroit qu'incomplete, et en leur assurant ce bonheur, vous travaillerez au bonheur public; car s'il est composé du bonheur des individus, il est plus réellement composé encore de leur utilité.

Toutes ces considérations ont déterminé le projet de décret sur l'adoption que nous proposerons à votre délibération, après y avoir soumis celui sur les secours à donner aux Enfans.

PROJET DE DÉCRET.

Art. 1er. Les Enfans abandonnés seront portés à la maison commune de la municipalité, ou au lieu indiqué par elle.

2. Les officiers municipaux pourvoiront sur-le-champ à leur nourriture.

3. Le procureur de la commune, qui sera toujours curateur né des Enfans abandonnés, fera inscrire sur un registre à cet effet le nom de baptême de l'Enfant, avec tous les renseignemens qui pourront le faire reconnoître et assurer son état civil; il fera mention du nom de la personne qui aura apporté l'Enfant, si elle est connue, et la fera signer, si elle y consent.

4. La municipalité rendra sur-le-champ compte au directoire du district du lieu où cet Enfant sera placé, lui enverra un double du procès-verbal, et en instruira le juge de paix du canton.

5. Si l'Enfant abandonné à domicile est reconnu par la clameur publique fils légitime abandonné par ses père et mère, il sera fait par le juge de paix du canton information pour connoître s'il a des parens connus dans le département; dans ce cas, cet officier public requerra verbalement ou par écrit la famille de l'Enfant de déclarer si elle peut et veut s'en charger gratuitement; dans le cas de refus, elle choisira parmi elle un tuteur pour l'Enfant, qui, agréé par le juge de paix, devra particulièrement veiller à ses intérêts, et l'Enfant demeurera à la charge publique.

6. Dans le cas où les Enfans reconnus légitimes n'auroient pas de parens connus, ils seront, ainsi que ceux dont l'origine est ignorée, sous la surveillance immédiate des commissaires du roi du district et des juges de paix du canton où ils seront placés.

7. Les chirurgiens des cantons seront chargés de visiter tous les Enfans qui seront à la charge publique, et de donner à leur santé les soins nécessaires.

8. Ils rendront compte tous les mois de la situation de ces Enfans à la municipalité dans le ressort de laquelle ils seront et à l'agence de secours du district.

9. Dans le cas de mort de l'un de ces Enfans, l'extrait mortuaire sera remis à la municipalité; celle-ci en instruira le directoire du district, la municipalité du lieu où l'Enfant

aura été exposé, et le juge de paix; le chirurgien de canton, dans son compte du mois, en informera l'agence de secours.

10. Quand ces Enfans seront sevrés, les directoires du district les donneront à des familles qui voudront s'en charger, et où il sera reconnu qu'ils pourront être mieux soignés. En conséquence, ces familles recevront par mois une somme déterminée, jusqu'à ce que ces Enfans aient atteint l'âge de quatorze ans pour les filles, et de quinze pour les garçons.

11. Ces pensions, qui, pour la première année, ne pourront pas excéder 90 livres, et les années suivantes 40 livres, seront tous les deux ans fixées par le département. Le taux commun des journées de travail dans le département servira de base à cette fixation, les journées les plus fortes étant évaluées à 20 sous.

12. Les familles qui prendront la charge de ces Enfans s'engageront à ne cesser leurs soins qu'en prévenant la municipalité du lieu trois mois d'avance.

13. Sur l'avis qui en sera donné par la municipalité au directoire du district et par le chirurgien à l'agence des secours, le directoire donnera ordre pour qu'une nouvelle famille soit chargée de l'Enfant.

14. Les commissaires du roi du district et juge de paix du canton devront, de leur côté, sur l'avis des municipalités et des chirurgiens, pourvoir à mettre ces Enfans en d'autres mains, s'ils jugent que ce changement puisse leur être avantageux.

15. Ils pourvoiront également, ainsi qu'il sera dit pour les pauvres infirmes, au sort des Enfans qui, par des infirmités habituelles, ne trouveroient pas des familles qui voulussent s'en charger.

16. Les mêmes officiers chargés de la surveillance des Enfans abandonnés devront, à ce titre, veiller à ce qu'ils profitent de l'instruction publique, à tous les moyens les plus propres d'assurer, par la suite, leur subsistance, et d'en faire des citoyens bons et utiles à l'État : ils les feront inscrire à l'âge requis sur le tableau civique.

17. A l'âge de dix-huit ans, sur la permission des commissaires du roi et du juge de paix du canton, ces Enfans seront libres de travailler à leur compte et de changer de maison de travail; mais ils resteront sous la tutelle des officiers publics jusqu'à l'âge prescrit par la loi.

18. Ceux-ci pourront placer dans les caisses nationales les deniers d'économie, de profit ou de succession de ces Enfans, et seront tenus de les faire valoir le plus avantageusement qu'il leur sera possible, d'après les formes indiquées dans le cas de tutelle.

19. Le compte de tutelle ne sera rendu que lorsque ces Enfans auront atteint l'âge de majorité, ou qu'ils se marieront.

20. Si l'adoption est décrétée, le compte de la tutelle sera rendu aux familles qui adopteront l'Enfant..

21. Les familles ou les individus qui se chargeront gratuitement d'Enfans abandonnés seront nominativement inscrits sur un registre particulier, qui sera rendu public, tous les ans, par la voie de l'impression.

22. Les registres des districts et des municipalités destinés aux Enfans abandonnés contiendront toutes les variations qu'ils auront éprouvées dans leur sort, jusqu'à l'époque de leur majorité,

23. L'Enfant légitime ou illégitime, réclamé par sa mère ou ses parens, avec preuves suffisantes, leur sera rendu gratuitement, s'ils sont à la charge publique. Dans le cas contraire, ils seront tenus de payer la somme de 30 livres par chaque année que l'Enfant sera resté à la charge du département.

24. Les Enfans abandonnés dans un département ne pourront être transportés dans un autre, et ceux abandonnés hors du royaume ne pourront, à aucun titre, y être introduits, sous les peines, pour les contrevenans, qui seront prononcées dans le Code pénal de police.

25. Les officiers publics chargés de la surveillance des Enfans abandonnés en devront, tous les six mois, rendre compte détaillé au directoire de leur district, et ceux-ci, tous les ans, aux administrations de département, à qui en appartient l'inspection et la surveillance première.

26. Quant aux Enfans en bas âge tombant à la charge publique, il sera pourvu à leur sort par les officiers publics, comme pour les Enfans abandonnés dont les parens seront reconnus.

27. Quant aux Enfans des pauvres dont l'entretien seroit prouvé ne pouvoir être supporté par leurs parens, il y sera pourvu au sein de leur famille, sous la surveillance publique, par de modiques pensions, ainsi qu'il sera dit à l'article des pauvres valides.

PROJET DE DÉCRET

POUR L'ADOPTION DES ENFANS ABANDONNÉS.

OBSERVATIONS.

ART. 1er. Les Enfans devant le plus communément être adoptés par des gens de campagne, pour qui un plus grand nombre d'Enfans est un moyen de prospérité, la liberté donnée aux pères et mères ayant des Enfans légitimes d'en adopter de nouveaux ne présente aucun inconvénient. La double considération d'encourager le mariage et d'honorer l'adoption motive suffisamment l'exclusion donnée aux célibataires de la faculté d'adoption.

3. Il est inutile d'expliquer que cette disposition de la loi a pour objet d'empêcher qu'un mari ou une femme qui auroient donné naissance à un Enfant l'un sans l'autre n'admissent au milieu de leurs Enfants légitimes cet Enfant d'un seul, et ne portassent ainsi le germe du trouble dans le sein de leur famille. Il semble que cette disposition pare à beaucoup d'inconvéniens.

On objectera que l'empire dur de beaucoup de maris sur leurs femmes, et l'influence non moins positive de beaucoup de femmes sur leurs maris, forceront le consentement de l'un ou de l'autre à cette adoption, que cet article de la loi veut éviter; nous répondrons que dans ce cas ce consentement sera beaucoup moins demandé et accordé qu'on ne le pense, et qu'ensuite la loi ne peut pas plus pourvoir à ce consentement forcé qu'à celui qui fait signer une femme pour son mari par complaisance ou par crainte. La condition nécessaire de l'acte passé devant le tribunal de paix pose un obstacle de plus à ce consentement de foiblesse.

PROJET DE DÉCRET.

ART. 1er. Tout citoyen marié ou non, ayant ou n'ayant pas d'Enfans, pourra adopter un ou plusieurs Enfans de parens inconnus. Néanmoins, ceux qui auront vécu dans le célibat ne pourront faire aucune adoption avant l'âge de cinquante ans.

2. Il ne sera pas permis aux personnes mariées ayant des Enfans, ou dans l'âge d'en avoir, d'adopter plus de deux Enfans.

3. Nul Enfant ne pourra être adopté que par le libre consentement du mari et de la femme adoptans; ce consentement sera donné en personne devant le procureur de la commune, comme curateur né des Enfans abandonnés, devant le juge de paix et ses prud'hommes, qui en donneront acte.

4. La disposition de cet article a encore l'intention d'opposer un obstacle à ceux qui, voulant profiter de la faveur de la loi, mais attachés cependant à leurs Enfans, se proposeroient, en les plaçant au rang des Enfans abandonnés, de les réclamer peu de temps après. La crainte d'être obligés de les laisser pendant sept ans à tous ces hasards, aux soins incertains de mains étrangères, engagera les pères assez attachés à leurs Enfans pour vouloir les adopter à prendre le seul moyen qui puisse leur donner le droit de veiller sur leur sort. ils légitimeront leur naissance par le mariage. Ainsi cet article, au lieu d'encourager le célibat, tend au contraire à l'anéantir. Quant aux parens qui, s'étant mariés postérieurement à la naissance de leur Enfant, le réclameroient avant qu'il eût atteint l'âge de sept ans, la disposition des loix actuelles légitime la naissance des Enfans quand les pères et mères se marient; elle reste entière.

4. Aucun Enfant né de parens inconnus ne pourra être adopté avant l'âge de sept ans et au-dessus.

5, 6 et 7. L'adoption étant la représentation, le remplacement de la paternité, veut dans les parens adoptans la différence d'âge nécessaire pour être parens véritables; quant aux moyens exigés de fortune, l'exposition seule de l'article en est un développement suffisant. L'adoption doit être un moyen d'assurer le bonheur des Enfans à qui la loi veut donner une famille: il faut donc empêcher qu'ils ne soient adoptés par des individus qui, plongés dans l'indigence, non-seulement ne leur donneroient qu'une existence pénible, mais leur ôteroient encore tout espoir pour l'avenir, en les privant de la fortune qu'auroit pu leur procurer une adoption plus avantageuse, en les mettant eux mêmes hors d'etat de développer leurs talens et leur industrie. Quelque précieuse que soit l'existence civile, elle seroit un présent funeste, si la misère devoit toujours l'accompagner.

Les articles 6 et 7 opposent une barrière insurmontable aux êtres assez dépravés pour chercher un moyen de corruption dans l'usage de la loi la plus humaine, la plus sage et la plus généreuse, et met ainsi un obstacle aux séparations fréquentes, et par conséquent aux désordres qui pourroient résulter de l'envie et de la facilité de donner une existence civile à un Enfant né d'un des deux époux sans le concours de l'autre; ils fortifient d'ailleurs la condition, nécessaire pour l'adoption, du consentement réciproque du mari et de la femme adoptans.

5 Pour être admis à adopter un Enfant, il faudra avoir au moins dix huit ans plus que lui, avoir des moyens connus et certifiés, tant par la municipalité du lieu que par le juge de paix du canton et le directoire du district, de subsister et de faire subsister l'Enfant adoptif.

6 Des hommes veufs ou garçons ne pourront adopter que des Enfans de leur sexe, il en sera de même des veuves ou des filles.

7. Les hommes séparés de leurs femmes, et les femmes séparées de leurs maris, seront privés de la faculté d'adopter

8. La même intention protectrice pour les Enfans a déterminé encore à exiger la plus grande notoriété au projet d'adoption avant qu'elle puisse être mise à exécution, et à appeler l'intervention des officiers publics dans ces actes si importans. Ils constateront la fortune, les mœurs et le caractère de la famille qui voudra adopter; par ce moyen, les Enfans ne seront confiés qu'à des familles susceptibles de leur donner une éducation honnête, qu'à celles qui présenteront la probabilité de les rendre heureux. Ces Enfans ne peuvent par eux-mêmes distinguer leur véritable interêt; ces officiers publics doivent y veiller pour eux · ils sont leurs protecteurs naturels; ils ont à cet égard la confiance de la nation, à qui ces Enfans appartiennent;

8. L'acte d'adoption ne pourra avoir lieu qu'après que le projet en aura été affiché pendant un mois dans le lieu d'audience du tribunal du district. La demande en sera faite en présence du commissaire du roi au tribunal du district dans le territoire duquel l'Enfant adoptif sera placé, le procureur de la commune et le juge de paix seront entendus, et, sur la réquisition qui en sera faite ensuite par le commissaire du roi, le tribunal de district prononcera.

Il sera fait mention de ce prononcé en marge du registre sur lequel la municipalité aura ins-

toutes ces précautions, informations préalables et consentement donné par le tribunal pour autoriser ce changement d'état de l'Enfant, le plus grand événement de sa vie, qui va la changer tout entière, sont donc de droit et de devoir.

La condition exigée de la notoriété donnée pendant un mois au dessein d'adopter un Enfant a pour objet d'en instruire tous ceux qui peuvent prendre intérêt à l'Enfant, de faire déclarer ses vrais parents, s'ils tiennent encore à lui, enfin de multiplier les précautions. L'inscription subséquente est une précaution de police bonne et salutaire.

crit le nom de l'Enfant à l'époque de son abandon L'acte et le jugement d'adoption seront inscrits dans un registre tenu à cet effet au greffe du tribunal du district, et signé par les père et mère adoptifs, par l'Enfant adoptif, s'il sait signer, par le commissaire du roi et le greffier. Si les père et mère adoptifs et l'Enfant ne savent pas signer, il en sera fait mention ; l'adoption faite demeurera affichée dans l'auditoire du district.

9. L'importance de cette action en rend la publicité et la solennité nécessaires. Cette publicité, qui soumet à l'opinion publique le consentement donné par les officiers publics, les oblige à y porter une attention plus circonspecte ; et, bien que ces Enfans soient remis par la loi à leurs parents adoptifs, il semble qu'elle doit toujours veiller sur leur existence tant qu'ils ne sont pas en âge de majorité, et surveiller leur destinée.

9. Ceux qui adopteront un Enfant prendront solennellement l'engagement de le nourrir, instruire et entretenir comme un Enfant légitime ; de lui inspirer les sentimens d'honneur, de probité, de patriotisme, de respect pour la constitution, d'instruire les officiers publics, tous les ans, de l'etat de cet Enfant, même de leur en faire la représentation. L'engagement ci-dessus énoncé sera formellement exprimé dans l'acte et le prononcé de l'adoption

10. La possibilité d'une foule d'événemens qui pourroient avoir changé le sort de l'Enfant, ou de celui de ses parens adoptifs, rend cette ratification nécessaire. On ne sauroit ôter à un Enfant l'usage de sa liberté et de ses droits, au point de ne pouvoir revenir sur un acte contracté sans qu'il y ait pris part, puisque sa jeunesse le mettoit hors d'état d'en sentir l'importance et d'en prévoir les effets. On pourroit dire qu'à quinze et à dix-huit ans il est trop jeune encore pour disposer de lui avec connoissance de cause ; mais retarder davantage cette époque, ce seroit rendre trop précaire l'existence des Enfans, leurs parens adoptifs pouvant être arrêtés dans leurs vues favorables par la crainte de cette séparation, et redouter de faire des sacrifices dont ils ne pourroient pas s'assurer de voir le fruit. D'ailleurs, l'expérience de quelques années fera encore juger aux contractans s'ils se conviennent réciproquement.

10. Quand l'Enfant aura atteint l'âge de quinze ans, si c'est une fille, et de dix-huit si c'est un garçon, la déclaration et l'engagement seront renouvelés de sa part et de celle de ses parens adoptifs ; si les uns et les autres s'y refusoient, trois mois après l'adoption demeureroit sans effet.

11. Laisser à l'Enfant la liberté entière de renoncer à son adoption, c'est exposer sa jeunesse, son inexpérience, son caprice ou son humeur du moment, à lui faire perdre peut-être le bonheur de sa vie. La nécessité du concours de la volonté de son curateur, du juge de paix et du commissaire du roi, en le préservant également de toutes vexations, assurera la société que cette faculté restera entière pour lui, si son véritable intérêt exige ce changement, mais lui est une sûreté contre lui-même. Cette sorte de publicité donnée aux causes du refus de l'Enfant sera un motif de plus aux père et mère adoptans d'en bien user avec eux.

11. L'Enfant ne pourra refuser de ratifier l'engagement d'adoption que par le consentement du procureur de la commune, du juge de paix du canton et du commissaire du roi du district

12, 13 et 14. Il étoit nécessaire de porter obstacle à la dureté, à l'avarice, à l'inconstance des pères et mères adoptifs, qui, au moment de ne plus jouir du travail des Enfans, voudroient dissoudre l'adoption, et qui, ayant par leur adoption empêché ces Enfans

12 Les pères et mères adoptans qui ne voudront pas renouveler leur engagement d'adoption pour des Enfans arrivés à l'age énoncé dans l'article précédent, quoique ceux-ci consentent

d'être adoptés par des parens moins changeans, les mettroient dans un grand état de malheur. Il faut aussi empêcher que l'Enfant, par une assurance complète de son sort, ne méconnaisse ses devoirs de toute espèce, et les principes de probité qu'il doit suivre. Il faut cependant que la liberté du renouvellement de l'adoption soit entière. Ces trois articles ont ces intentions.

à le ratifier, ne pourront être autorisés à rompre leur adoption que par jugement du tribunal du district, prononcé sur les conclusions du commissaire du roi, après avoir entendu le curateur de l'Enfant et le juge de paix du canton.

13. Si les motifs des pères et mères adoptans sont fondés sur des faits graves imputés à l'Enfant, et prouvés, l'adoption sera purement et simplement annulée, sans indemnité de la part des parens.

14. Si le tribunal ne reconnoît pas que l'Enfant soit coupable de faits de cette nature, en déclarant la dissolution de l'adoption, les juges prononceront contre les pères et mères adoptans une indemnité en faveur de l'Enfant rejeté, qui s'élèvera à la moitié de la part de l'Enfant adoptif, laquelle moitié lui sera payée sur-le champ.

15. La nécessité et la publicité de cet acte est la même que celle de l'adoption; et comme cet acte est une conséquence de la satisfaction mutuelle que les parens et les Enfans ont réciproquement les uns des autres, les parens doivent alors justifier de ce qu'ils ont fait pour le bien de ces Enfans et de ce qu'ils s'engagent à faire pour leur établissement.

15. La ratification de l'adoption, renouvelée par les parens adoptans et les Enfans adoptés, se fera avec la même solennité que l'adoption ellemême : les parens adoptans devront y faire publiquement connoître les moyens qu'ils ont pris pour assurer à l'Enfant, dans la suite de sa vie, le moyen de subsister. Cette déclaration, certifiée par le curateur de l'Enfant, par le juge de paix et le commissaire du roi, sera mentionnée dans l'acte de ratification.

16. L'hommage public rendu par un Enfant à des parens des bontés particulières desquels il aura à se louer est un bonheur pour l'Enfant, un honneur pour les parens, et cet hommage entraîne celui de la société. Mais comme il faut que le tribut de reconnoissance ne soit pas l'effet, ou d'une foiblesse, ou de l'enthousiasme du moment, il doit être consenti par ceux qui, chargés des intérêts de l'Enfant, ont dû connoître les titres de ses parents à sa gratitude.

16. L'Enfant qui aura particulièrement à se louer des soins et des bienfaits de ses parens adoptifs sera autorisé, avec le consentement de son curateur, du juge de paix et du commissaire du roi du district, à en témoigner publiquement sa reconnaissance; le nom des parens ainsi remerciés sera inscrit dans un tableau affiché dans tous les auditoires du département, et il en sera fait mention dans le procès-verbal de l'assemblée du département

17. Si avant l'époque de la ratification de l'adoption les père et mère adoptans venoient à mourir, l'Enfant adoptif jouiroit de sa part d'Enfant adoptif; le procureur de la commune et le commissaire du roi du district seroient tenus d'en rendre un compte public, et d'en remettre les fonds à la famille des parens décédés, si à l'âge ci-dessus énoncé l'Enfant réclamoit contre l'adoption; il lui seroit remis à lui-même à l'âge de majorité, s'il n'avoit fait aucune réclamation.

18. Cette clause a pour objet de prévenir les disputes d'intérêts que l'introduction des Enfans étrangers dans une famille pourroit y faire naître, s'ils pouvoient frustrer les Enfans légitimes de leurs droits, en

18. L'Enfant adoptif jouira, dans la famille qui l'aura adopté, de tous les droits légitimes, sans que cependant il puisse jamais, à quelque

leur en conservant cependant une proportion qui doit assurer leur bien-être. La nullité de leurs droits, pour les héritages collatéraux, a la même intention, et n'empêche pas d'ailleurs les donations volontaires. L'habileté des collatéraux des parens adoptans à hériter de ces Enfans adoptifs est une sorte de justice rendue à sa famille, frustrée par l'adoption du droit d'une demi-part dans la succession des adoptans; c'est une sorte d'hommage, de tribut, de reconnoissance, à la famille des adoptans.

titre que ce soit, et quelque soit le nombre d'Enfans, avoir dans la succession des pères et mères adoptans plus qu'une demi-part, ni prétendre à aucune succession collaterale dans leur famille

19. L'Enfant adoptif portera le nom de son père adoptif, ou de sa mère adoptive, s'il est adopté par une femme.

20. Il seroit contraire aux loix de la nature d'empêcher des parens de réclamer leurs Enfans Leurs droits ne sauroient être abrogés par ceux qu'ont acquis les parens adoptans. Cependant, comme en abandonnant leur Enfant ils se sont rendus coupables envers lui du tort le plus grave, qu'en oubliant leurs devoirs, ils l'ont en quelque sorte dispensé des siens, son consentement doit être nécessaire pour les autoriser à y rentrer; et comme il n'est pas dans l'âge de disposer de lui, les officiers publics, sur l'exposé de son curateur, prononceront pour ses intérêts. Arrivé à l'âge raisonnable, s'il refuse lui-même son consentement, alors il brise formellement les liens du sang, il renonce sans retour à sa famille; il faut donc aussi qu'il renonce à tous les avantages qu'il auroit pu en espérer.

20 Si après l'adoption consommée d'un Enfant il étoit réclamé par des père et mère qui se feroient reconnoître, l'Enfant leur sera remis, dans le cas où, sur l'avis du procureur de la commune, du juge de paix et du commissaire du roi, le tribunal du district jugeroit qu'il y a lieu de déférer à cette réclamation, dans le cas contraire, l'Enfant restera dans la famille adoptive jusqu'à l'âge de quinze ans, si c'est une fille, et de dix-huit, si c'est un garçon. Si les père et mère le réclament encore, alors il sera requis de prononcer lui même sur son sort, qui sera fixé par cette décision, dans le cas où il se refusera à la réclamation, il perdra toute espèce de droit à la succession de ses père et mère.

21. Si l'Enfant adoptif meurt sans Enfans, la succession entière sera dévolue à ses père et mère adoptifs, sauf les dispositions qu'il pourra avoir faites, conformément aux loix. S'il meurt après le décès de ses père et mère adoptifs, sa succession, sous les mêmes réserves, appartiendra aux plus proches parens de ses père et mère adoptifs.

Constitution française décrétée par l'Assemblée constituante. (Extrait.)

3 septembre 1791.

TITRE Ier.

Dispositions fondamentales garanties par la constitution.

. . . .

Il sera créé et organisé un établissement général de secours publics pour élever les Enfants abandonnés, soulager les pauvres infirmes et fournir du travail aux pauvres valides qui n'auraient pu s'en procurer.

Loi qui autorise la Trésorerie nationale à payer aux hôpitaux les trimestres d'avance pour l'entretien des Enfants trouvés dont ils sont chargés.

Donnée à Paris, le 11 septembre 1791.

Louis, par la grâce de Dieu et par la loi constitutionnelle de l'État, Roi des Français : à tous présents et à venir, salut. L'Assemblée nationale a décrété, et nous voulons et ordonnons ce qui suit :

Décret de l'Assemblée nationale, du 28 juin 1791.

L'Assemblée nationale, amendant le décret du 29 mars, décrète ce qui suit :

La Trésorerie nationale est autorisée à payer aux hôpitaux chargés d'Enfants trouvés, dont l'entretien a été décrété devoir être supporté, pour l'année 1791, par le Trésor public, les trimestres d'avance, à la condition de retenir sur les trois derniers mois de l'année les avances qui auraient pu être faites en excédant de dépenses, les comptes de ces dépenses, faits de clerc à maître par les hôpitaux, devant toujours être certifiés par les directoires de district et visés par les directoires de département.

Mandons et ordonnons à tous les tribunaux, corps administratifs et municipalités, que les présentes ils fassent transcrire sur leurs registres, lire, publier et afficher dans leurs ressorts et départements respectifs, et exécuter comme loi du royaume. En foi de quoi le sceau de l'État a été apposé à ces présentes. A Paris, le 11 septembre 1791.

En vertu des décrets des 21 et 25 juin dernier. Pour le Roi : *Signé* M. L. F. Du Port.

Loi relative aux Hôpitaux, Maisons et Établissements de secours des divers départements.

Donnée à Paris, le 22 janvier 1792.

Louis, par la grâce de Dieu et par la loi constitutionnelle de l'État, Roi des Français, à tous présents et à venir, salut. L'Assemblée nationale a décrété, et nous voulons et ordonnons ce qui suit :

Décret de l'Assemblée nationale, des 17 et 19 janvier 1792, l'an IVe de la liberté.

L'Assemblée nationale, après avoir entendu les rapports de son comité des secours publics, considérant que le soulagement de la pauvreté est le devoir le plus sacré d'une constitution qui repose sur les droits imprescriptibles des hommes et qui veut assurer sa durée sur la tranquillité et le bonheur de tous les individus; attentive à pourvoir aux besoins des départements qui ont éprouvé des événements désastreux et imprévus; voulant enfin venir au secours des hôpitaux et hospices de charité, dont les revenus ont été diminués par la suppression de plusieurs droits et priviléges, décrète qu'il y a urgence.

L'Assemblée nationale, après avoir décrété l'urgence, décrète ce qui suit :

Art. 1er. Conformément à la loi du 25 juillet dernier, la caisse de l'extraordinaire tiendra à la disposition du ministre de l'intérieur, et sous sa responsabilité, les sommes ci-après détaillées :

1° 100,000 livres pour servir de supplément, jusqu'au 1er avril prochain, aux dépenses ordinaires pour l'administration des Enfants trouvés, outre les sommes décrétées pour 1791, et qui seront provisoirement payées en 1792, conformément au décret du 31 décembre dernier;

2° 2,500,000 livres pour donner provisoirement, jusqu'au 1er juillet, des secours, ou faciliter des travaux utiles dans les départements qui, par des cas particuliers, peuvent en exiger. La répartition en sera arrêtée par l'Assemblée nationale, sur le résultat qui lui sera présenté par le ministre de l'intérieur des demandes et mémoires adressés par les directoires des départements, auxquels il joindra son avis et ses observations;

3° 1,500,000 livres pour fournir aux secours provisoires accordés par l'Assemblée constituante tant aux hôpitaux de Paris qu'aux autres hôpitaux du royaume, dans la même proportion et suivant les dispositions de la loi des 25 juillet, 12 septembre et autres antérieures.

2. Les rentes sur les biens nationaux dont jouissaient les hôpitaux, maisons de charité et fondations pour les pauvres, en vertu de titres authentiques et constatés, continueront à être payées à ces divers établissements aux époques ordinaires où ils les touchaient, dans les formes et d'après les conditions de la loi du 10 avril 1791, et ce provisoirement jusqu'au 1er janvier 1793.

3. Les secours qui seront donnés aux départements pour être employés en travaux utiles ne pourront leur être accordés que lorsqu'ils auront rempli toutes les conditions prescrites par la loi du 9 octobre dernier et autres antérieures.

Le ministre de l'intérieur rendra compte nominativement des directoires de département qui n'auront pas rempli ces formalités indispensables.

4. Sont et demeurent révoquées toutes dispositions arrêtées par les conseils ou directoires de département et de district qui ont pour objet de distribuer les fonds accordés pour ateliers de secours et de charité, au marc la livre, ou en moins imposé sur les contributions des municipalités, cette distribution devant être faite en raison des besoins des cantons et de l'utilité des travaux, d'après l'avis des conseils de district et de département.

Mandons et ordonnons à tous les corps administratifs et tribunaux que les présentes ils fassent consigner dans leurs registres, lire, publier et afficher dans leurs départements et ressorts respectifs, et exécuter comme loi du royaume. En foi de quoi nous avons signé ces présentes, auxquelles nous avons fait apposer le sceau de l'État. A Paris, le 22e jour du mois de janvier, l'an de grâce 1792 et de notre règne le 18e. *Signé* LOUIS. Et plus bas: M. L. F. DU PORT. Et scellées du sceau de l'État.

Loi.

DÉCRET de l'Assemblée nationale, relatif au remboursement à faire à certains hôpitaux pour la dépense des Enfants trouvés pendant les années 1791 et 1792

15 août 1792, l'an IVe de la liberté.

L'Assemblée nationale, après avoir entendu le rapport de son comité des secours publics, considérant que la nation, en mettant au nombre de ses dettes les plus sacrées l'obligation de secourir l'indigent, a contracté l'engagement de se libérer sans retard, déclare qu'il y a urgence.

L'Assemblée nationale, après avoir déclaré l'urgence, décrète :

Que le ministre de l'intérieur remboursera, sur les fonds qui ont été mis à sa disposition, aux hôpitaux de Clermont, Lyon, Nancy, Toulouse, Lille, Saint-Malo, Valenciennes, Dunkerque, Lunéville, Valence, et à tous autres qui prouveraient être dans l'impossibilité de fournir aux besoins des Enfants trouvés, le montant des dépenses faites par ces hôpitaux pendant les années 1791 et 1792 pour la nourriture et l'entretien des Enfants trouvés, à la charge par eux de déduire le montant de ce qu'ils ont reçu par abonnement, impositions ou avances faites par le Trésor public, et de rapporter les états de ces dépenses arrêtés par les municipalités, visés par les directoires de district et certifiés par ceux de département ;

Décrète qu'à l'avenir le ministre leur remboursera tous les trois mois, et par avance, conformément à la loi du 11 septembre 1791, le montant de ces dépenses, en remplissant par eux les mêmes formalités.

Au nom de la nation, etc. A Paris, le 15e jour du mois d'août 1792, l'an 4e de la liberté. *Signé* ROLAND ; *contre-signé* DANTON, et scellé du sceau de l'État.

DÉCRET sur le mode de constater l'état civil des citoyens. (Extrait.)

Du 20 septembre 1792. — 25 du même mois

L'Assemblée nationale, après avoir entendu le rapport de son comité de législation, les trois lectures du projet de décret sur le mode par lequel les naissances, mariages et décès seront constatés, et avoir décrété qu'elle est en état de délibérer définitivement, décrète ce qui suit :

. . . .

ART. 9. En cas d'exposition d'Enfant, le juge de paix ou l'officier de police qui en aura été instruit sera tenu de se rendre sur le lieu de l'exposition, de dresser procès-verbal de l'état de l'Enfant, de son âge apparent, des marques extérieures, vêtements et autres indices qui peuvent éclairer sur sa naissance ; il recevra aussi les déclarations de ceux qui auraient quelques connaissances relatives à l'exposition de l'Enfant.

10. Le juge de paix ou l'officier de police sera tenu de remettre dans les vingt-quatre heures, à l'officier public, une expédition de ce procès-verbal, qui sera transcrit sur le registre double des actes de naissance.

11. L'officier public donnera un nom à l'Enfant, et il sera pourvu à sa nourriture et à son entretien, suivant les lois qui seront portées à cet effet.

DÉCRET de la Convention nationale, qui met à la disposition du ministre de l'intérieur 1,500,000 livres pour l'entretien des Enfants trouvés.

9 janvier 1793.

La Convention nationale, après avoir entendu le rapport de ses comités des finances et des secours publics, sur la demande du ministre de l'intérieur, décrète ce qui suit :

Art. 1er. La trésorerie nationale tiendra à la disposition du ministre de l'intérieur jusqu'à concurrence de la somme de 1,500,000 livres, pour supplément au fonds de 1,960,000 livres accordé par la loi du 3 avril 1791, pour l'entretien des Enfants trouvés pendant ladite année 1791.

2. Les remboursements seront faits aux hôpitaux, conformément aux décrets des 29 mars, 28 juin 1791 et 15 août 1792.

Au nom de la République, le Conseil exécutif provisoire mande et ordonne à tous les corps administratifs et tribunaux que la présente loi ils fassent consigner dans leurs registres, lire, publier et afficher, et exécuter dans leurs départements et ressorts respectifs; en foi de quoi nous y avons apposé notre signature et le sceau de la République. À Paris, le onzième jour du mois de janvier mil sept cent quatre-vingt treize, l'an second de la République française. *Signé* Monge; *contre-signé* Garat, et scellé du sceau de la République.

Décret de la Convention nationale, qui met à la disposition du ministre de l'intérieur 1,200,000 livres pour la dépense des hôpitaux des Enfants trouvés.

15 février 1793.

La Convention nationale, sur le rapport de ses comités des secours et des finances réunis, décrète que le ministre de l'intérieur est autorisé à employer à la dépense des Enfants trouvés, pour l'année 1792, l'excédant des fonds qu'il a entre les mains de l'exercice 1791; et, attendu l'insuffisance de cette somme, la trésorerie nationale tiendra à sa disposition celle de 1,200,000 livres pour servir de complément à l'exercice de 1792.

Collationné à l'original, par nous président et secrétaires de la Convention nationale. A Paris, le 16 février 1793, l'an II de la République française. *Signé :* Bréard, *président;* Cambacérès, Thuriot, F. Lamarque et P. Choudieu, *secrétaires*

Au nom de la République, le Conseil exécutif provisoire mande et ordonne à tous les corps administratifs et tribunaux que la présente loi ils fassent consigner dans leurs registres, lire, publier et afficher, et exécuter dans leurs départements et ressorts respectifs; en foi de quoi nous y avons apposé notre signature et le sceau de la République. À Paris, le seizième jour du mois de février mil sept cent quatre-vingt-treize, l'an II de la République française. *Signé* Monge; *contre-signé* Garat, et scellé du sceau de la République.

Décret de la Convention concernant la nouvelle organisation des secours publics. (Extrait.)

19 mai 1793. — 24 du même mois.

. . . .

Art. 8. Les secours que la République destine à l'indigence seront divisés de la manière suivante : Travaux de secours pour les pauvres valides dans les temps morts au travail ou de calamité. — Secours à domicile pour les pauvres infirmes, leurs enfants, les vieillards et les malades. — Maisons de santé pour les malades qui n'ont point de domicile ou qui ne pourront y recevoir des secours. — Hospices pour les Enfants abandonnés, pour les infirmes non domiciliés. — Secours pour les accidents imprévus.

11. Il sera établi, partout où besoin sera, des officiers de santé pour les pauvres secourus à domicile, pour les Enfants abandonnés, et pour les Enfants inscrits sur les états des pauvres.

DÉCRET de la Convention nationale, qui met des fonds à la disposition du ministre de l'intérieur pour les Enfants trouvés et les dépôts de mendicité.

5 mai 1793.

La Convention nationale, après avoir entendu le rapport de son comité des finances décrète ce qui suit :

ART. 1er. La trésorerie nationale tiendra à la disposition du ministre de l'intérieur jusqu'à concurrence de la somme de 3,500,000 livres, pour fournir aux dépenses des Enfants trouvés, pendant l'année 1793.

2. Elle tiendra à la disposition du même ministre jusqu'à concurrence de la somme de 1,200,000 livres, pour servir à l'entretien des dépôts de mendicité pendant l'année 1793.

Visé par l'inspecteur. *Signé* JOSEPH BECKER.

Collationné a l'original, par nous président et secrétaires de la Convention nationale, à Paris, le 8 mai 1793, l'an II de la République française. *Signé* J. B. BOYER-FONFRÈDE, *président;* J. A PENIÈRES et G. DOULCET, *secrétaires.*

Au nom de la République, le Conseil exécutif provisoire mande et ordonne à tous les corps administratifs et tribunaux que la présente loi ils fassent consigner dans leurs registres, lire, publier et afficher, et exécuter dans leurs départements et ressorts respectifs; en foi de quoi nous y avons apposé notre signature et le sceau de la République. A Paris, le huitième jour du mois de mai mil sept cent quatre-vingt-treize, l'an second de la République française. *Signé* LEBRUN; *contre-signé* GOHIER, et scellé du sceau de la République.

LOI contenant organisation des secours pour les Enfants, les vieillards et les indigents.

Du 28 juin 1793.

TITRE Ier.

Des secours à accorder aux Enfants.

§ 1er.

Secours aux Enfants appartenant à des familles indigentes.

ART. 1er. Les pères et mères qui n'ont pour toute ressource que le produit de leurs travaux ont droit aux secours de la nation toutes les fois que le produit de ce travail n'est plus en proportion avec les besoins de leur famille.

2. Le rapprochement des contributions de chaque famille, et du nombre d'Enfants dont elle est composée, servira, sauf la modification énoncée au § 1er du titre III, à constater le degré d'aisance ou de détresse où elle se trouvera.

3. Celui qui, vivant du produit de son travail, a déjà deux Enfants à sa charge, pourra réclamer les secours de la nation pour le troisième Enfant qui lui naîtra.

4. Celui qui, déjà chargé de trois Enfants en bas âge, n'a également pour toute ressource que le produit de son travail, et qui n'est pas compris dans les rôles des contributions à une somme excédant cinq journées de travail, pourra réclamer ces mêmes secours pour le quatrième Enfant.

5. Il en sera de même pour celui qui, ne vivant que du produit de ce travail et payant une contribution au-dessus de la valeur de cinq journées de travail, mais qui n'excède pas celle de dix, a déjà à sa charge quatre Enfants ; il pourra réclamer des secours pour le cinquième Enfant qui naîtra.

6. Les secours commenceront, pour les uns et pour les autres, aussitôt que leurs épouses auront atteint le sixième mois de leur grossesse.

7. Les pères de famille qui auront ainsi obtenu des secours de la nation en recevront de semblables pour chaque Enfant qui leur naîtra au delà du troisième, du quatrième et du cinquième.

8. Chacun desdits Enfants en jouira tant qu'il n'aura pas atteint l'âge déterminé pour la cessation de ces secours, et que leur père aura à sa charge le nombre d'Enfants qui ne doivent pas être secourus par la nation.

9. Mais aussitôt que l'un de ces Enfants, qui était à la charge du père seul, aura atteint l'âge où il sera présumé trouver dans lui-même des ressources suffisantes pour se nourrir, ou qu'il cessera d'être de toute autre manière à la charge du père, les secours que le premier des autres Enfants avait obtenus cesseront d'avoir lieu.

10. Il en sera de même pour les autres Enfants qui auront successivement obtenu les secours de la nation, au fur et à mesure que le même cas arrivera pour leurs frères aînés ; en telle sorte que le père doit toujours avoir à sa charge le nombre d'Enfants désignés dans les articles 3, 4 et 5, et que la nation ne doit se charger que de ceux qui excèdent ce nombre.

11. Les Enfants qui ne vivaient que du produit du travail de leur père seront tous à la charge de la nation si leur père vient à mourir, ou devient infirme de manière à ne pouvoir plus travailler, jusqu'au moment où ils pourront eux-mêmes se livrer au travail ; mais, dans ce dernier cas, l'agence déterminera les secours, qui devront être gradués en proportion du degré d'infirmité du père.

12. En cas de mort du mari, la mère de famille qui ne pourrait fournir par le travail à ses besoins aura également droit aux secours de la nation.

13. Ces secours seront fournis à domicile.

14. Si ceux qui les obtiendront n'ont pas de domicile, et que leurs parents, leurs amis ou des étrangers ne veuillent pas les recueillir, en profitant des secours qui seront accordés à chacun d'eux, ils seront reçus dans les hospices qui seront ouverts aux uns et aux autres.

15. Les secours à domicile consisteront dans une pension alimentaire, non sujette aux retenues, incessible et insaisissable, dont le taux sera réglé, tous les deux ans, par les administrations qui seront établies dans les sections de la République, sur le prix de la journée de travail.

16. Ils ne pourront néanmoins s'élever dans aucune de ces sections, savoir : pour les Enfants, au-dessus de 80 livres, et pour les mères de famille, au-dessus de 120 livres.

17. Cette pension commencera, pour l'Enfant, du jour même de sa naissance, et finira

lorsqu'il aura atteint l'âge de douze ans; elle commencera, pour la mère de famille qui se trouvera comprise dans les rôles de secours en vertu des dispositions de l'article 12 ci-dessus, du jour de la mort de son mari, et durera tant que ses besoins subsisteront.

18. La pension accordée aux Enfants aura pendant sa durée deux périodes; elle sera entière jusqu'à l'âge de dix ans. A cette époque, elle diminuera d'un tiers, et sera ainsi continuée jusqu'à ce que l'Enfant ait accompli sa douzième année.

19. Néanmoins si quelques-uns de ces Enfants se trouvaient à ces deux différentes époques, à raison de quelques infirmités, dans le cas de ne pouvoir souffrir ces retranchements ou suppressions, la municipalité du lieu du domicile de l'Enfant continuera, après y avoir été autorisée par les administrations supérieures, sur le vu du certificat de l'officier de santé près l'agence de l'arrondissement, à le porter sur son rôle de secours pour les sommes qui auront été réglées par l'administration, sans que, dans aucun cas, ces sommes puissent excéder le maximun déterminé.

20. Celle accordée à la veuve sera toujours proportionnée à ses besoins, et déterminée par les corps administratifs, sur le vu du certificat de l'officier de santé; elle ne pourra néanmoins jamais excéder le maximum qui sera réglé.

21. Les Enfants secourus par la nation étant parvenus à l'âge de douze ans, et qui auront montré du goût ou de l'aptitude pour une profession mécanique, seront mis en apprentissage aux frais de la nation.

22. La nation fournira pendant deux ans aux frais de l'apprentissage, et à l'entretien desdits Enfants, si besoin est.

23. Cette nouvelle pension sera également, tous les deux ans, fixée par les corps administratifs; elle ne pourra excéder, dans aucun lieu, la somme de 100 livres pour chaque année.

24. Ceux desdits Enfants qui préféreront de se consacrer à l'agriculture auront également droit à ces seconds secours, qui, à leur égard, sont fixés, pour toutes les sections de la République, à 200 livres une fois payées.

25. Cette somme leur sera délivrée sur leur simple quittance, lors de leur établissement, par le receveur de la section de la République où ils seront domiciliés.

26. Ceux qui se présenteront pour réclamer, au nom de l'Enfant qui va naître, les secours qui lui sont dus, seront tenus de se soumettre à faire allaiter l'Enfant par sa mère.

27. La mère ne pourra se dispenser de remplir ce devoir qu'en rapportant un certificat de l'officier de santé établi près l'agence, par lequel il sera constaté qu'il y a impossibilité ou danger dans cet allaitement, soit pour la mère, soit pour l'Enfant.

28. Il sera accordé à la mère, pour frais de couches, une somme de 18 livres; il sera ajouté 12 autres livres pour une layette en faveur des mères qui allaiteront elles-mêmes leurs Enfants.

29. Les mères qui ne pourront remplir ce devoir, seront tenues de faire connaître au membre de l'agence, pris dans leur commune, le lieu où est placé leur Enfant, et d'indiquer le nom de la nourrice à qui elles l'ont confié.

30. Dans ce cas, et dans tous ceux où les Enfants secourus par la nation ne seront pas nourris dans la maison paternelle, la pension sera payée directement à ceux qui en seront chargés.

31 La nourrice qui sera chargée d'un Enfant jouissant d'une pension sera tenue, en cas de maladie, soit d'elle, soit de l'Enfant, d'en donner, dans le jour, avis au membre de l'agence dans l'arrondissement duquel elle se trouve, enfin que celui-ci en donne de suite connaissance à l'officier de santé.

32. En cas de mort de l'Enfant qui lui a été confié, elle sera également tenue d'en donner avis, dans les trois jours du décès, au même membre de l'agence, et de lui rapporter l'acte mortuaire, qui lui sera délivré *gratis* et sur papier libre.

33. Dans tous les cas où l'on réclamera la pension d'un Enfant secouru par la nation, elle ne sera payée que sur un certificat de vie délivré gratis et sur papier libre, par un officier municipal ou notable, ou tout autre officier public.

34. Si la personne chargée de l'entretien de l'Enfant était convaincue d'avoir continué, après la mort de l'Enfant, de percevoir la pension qui lui était accordée, elle sera dénoncée à la police correctionnelle, et poursuivie à la requête de l'agence en remboursement de ce qu'elle aura reçu illégitimement.

§ 2.

Secours à accorder aux Enfants abandonnés.

Art. 1er. La nation se charge de l'éducation physique et morale des Enfants connus sous le nom d'*Enfants abandonnés.*

2. Ces Enfants seront désormais désignés sous la dénomination d'*orphelins*; toutes autres qualifications sont absolument prohibées.

3. Il sera établi dans chaque district une maison où la fille enceinte pourra se retirer pour y faire ses couches; elle pourra y entrer à telle époque de sa grossesse qu'elle voudra.

4. Toute fille qui déclarera vouloir allaiter elle-même l'Enfant dont elle sera enceinte, et qui aura besoin des secours de la nation, aura droit de les réclamer.

5. Pour les obtenir, elle ne sera tenue à d'autres formalités qu'à celles prescrites pour les mères de famille, c'est-à-dire à faire connaître à la municipalité de son domicile ses intentions et ses besoins.

6. S'il y avait, dans quelques-unes des époques où ces Enfants seront à la charge de la nation, des dangers, soit pour leurs mœurs, soit pour leur santé, à les laisser auprès de leur mère, l'agence, après en avoir référé aux corps administratifs supérieurs, et d'après leur arrêté, les retirera et les placera, suivant leur âge, soit dans l'hospice, soit chez une autre nourrice.

7. Il sera fourni par la nation aux frais de gésine et à tous ses besoins pendant le temps de son séjour, qui durera jusqu'à ce qu'elle soit parfaitement rétablie de ses couches: le secret le plus inviolable sera gardé sur tout ce qui la concernera.

8. Il sera donné avis de la naissance de l'Enfant à l'agence de secours, qui le placera de suite chez une nourrice.

9. Il sera néanmoins permis à tous les citoyens, autres que ceux secourus par la nation, de se présenter à l'agence pour y prendre un ou plusieurs des Enfants à la charge de la nation.

10. L'agence, après avoir reconnu qu'il y a sûreté et avantage, soit pour les mœurs, soit pour l'éducation physique de l'Enfant, et avoir consulté la municipalité sur laquelle l'Enfant sera né ou aura été exposé, en fera la délivrance.

11. Si ces personnes exigent une pension, on leur accordera pour chaque Enfant celle qui est attachée à chaque âge.

12. Si elles y renoncent, leur déclaration sera portée sur le registre où seront transcrites leur demande et la délivrance qui leur a été faite. Le tout sera signé d'elles, si elles le savent, et dans le cas contraire, par deux membres de l'agence.

13. Les personnes qui se présenteront seront tenues de se soumettre aux conditions suivantes : 1° de ne pouvoir renvoyer ces Enfants sans en avoir prévenu le membre de l'agence de leur commune, au moins quinze jours d'avance; 2° de faire fréquenter assidûment par les Enfants les écoles nationales ; 3° de les mettre en apprentissage aux époques indiquées, si ces Enfants ne préfèrent s'adonner à l'agriculture.

14. Il sera toujours libre à l'agence de retirer ces Enfants aussitôt qu'elle aura reconnu qu'il y a du danger de les laisser plus longtemps au pouvoir de ces personnes.

15. Ces Enfants retirés seront mis en nourrice, s'ils sont trop jeunes pour être portés dans l'hospice; dans le cas contraire, ils seront placés dans ledit hospice.

16. Chaque municipalité sera tenue d'indiquer un lieu destiné à recevoir les Enfants qui naîtraient de mères non retirées dans l'hospice.

17. Quel que soit le lieu indiqué pour ces sortes de dépôts, chaque municipalité doit y faire tout ce qui est nécessaire pour la santé de l'Enfant, et la plus entière liberté pour ceux qui porteront lesdits Enfants.

18. Chaque municipalité pourvoiera aux premiers besoins de l'Enfant, et fera avertir le membre de l'agence pris dans sa commune, lequel, à son tour, fera appeler une des nourrices reçues.

19. Aucune femme ne pourra être reçue à exercer cet emploi qu'après avoir été admise par l'agence de secours, sur le certificat de l'officier de santé.

20. Il sera tenu par l'agence registre de cette admission; le certificat de l'officier de santé sera également transcrit sur ledit certificat.

21. Ces Enfants pourront rester chez leur nourrice pendant tout le temps qu'ils seront à la charge de la nation, en se conformant par les nourrices aux dispositions de l'article 13 ci-dessus; et, pendant tout ce temps, elles recevront la pension attachée à chaque âge.

22. Si, après le sevrage ou à toute autre des époques où ces Enfants seront à la charge de la nation, les nourrices ne veulent plus les garder et que personne ne se présente pour les prendre, ils seront portés dans l'hospice.

23. Cet hospice, qui ne formera qu'un seul et même établissement avec celui consacré aux vieillards, sera divisé en deux corps de logis, totalement séparés et subordonnés à un régime analogue à chaque espèce d'indigents que l'un et l'autre recevront.

24. Les pensions accordées à tous les Enfants auront la même durée et les mêmes périodes que celles accordées aux Enfants appartenant aux familles indigentes; en conséquence, les dispositions des articles 15, 16, 17, 18, 19, 20, 21, 22, 23 et 24, du § Ier, auront lieu à l'égard des uns et des autres.

25. Tous les Enfants qui seront secourus par la nation, soit chez leurs parents, soit dans l'hospice, soit chez des étrangers, seront inoculés par l'officier de santé, à l'âge et aux époques qu'il croira les plus propres à cette opération.

26. Dans chaque hospice, il sera formé, dans un lieu absolument séparé des bâtiments où seront les autres Enfants, un établissement propre à placer ceux d'entre eux qui seront soumis à l'inoculation.

TITRE II.

Secours accordés aux vieillards et indigents.

ART. Ier. Le vieillard indigent sera secouru aussitôt que l'âge ne lui permettra plus de trouver dans son travail des ressources suffisantes contre le besoin.

2. Les secours que la nation doit au vieillard devant être proportionnés à ses besoins, augmenteront en raison de la diminution présumée du produit du travail.

3. Ces secours seront de deux espèces: secours à domicile, secours dans les hospices; mais ils ne pourront être obtenus cumulativement par le même individu.

4. Tous ceux qui ont un domicile y recevront les secours que la nation leur accordera.

5. S'ils n'ont pas de domicile, ils pourront recevoir ces mêmes secours chez leurs parents ou amis, ou partout ailleurs dans l'étendue de leur département, ou autre division qui représenterait celle ci.

6. Ces secours à domicile consisteront également dans une pension alimentaire, exempte de toute retenue, incessible et insaisissable, dont le taux sera fixé tous les deux ans, sur le prix de la journée du travail, par les administrations supérieures.

7. Le maximum de ces secours ne pourra s'élever, dans aucune division de la République, au-dessus de 120 livres.

8. Cette pension aura trois périodes : le vieillard parvenu à sa soixantième année en recevra la moitié; les deux tiers lorsqu'il aura atteint sa soixante-cinquième année, et la totalité lorsqu'il sera arrivé à sa soixante-dixième année.

9. Le citoyen qui, sans avoir atteint l'une ou l'autre de ces périodes, sera néanmoins, par une déperdition prématurée de ses forces, dans le cas d'obtenir des secours de la nation, pourra les réclamer en rapportant un certificat de deux des officiers de santé et de l'agence de secours.

10. Il en sera de même pour celui qui, étant déjà secouru par la nation, croira avoir droit, à raison de ses besoins, à une plus forte pension que celle attachée à son âge; mais, dans aucun cas, elle ne pourra excéder le maximum déterminé.

11. Tout vieillard qui recevra la pension entière pourra, s'il le juge à propos, se retirer dans l'hospice qui sera établi dans l'arrondissement où il se trouve, pour y recevoir en nature les secours de la nation.

12. Il aura également la faculté d'en sortir, mais seulement après avoir exposé ses motifs aux administrations supérieures, et en avoir obtenu la permission : dans ce cas, il recevra de nouveau, à domicile, où partout ailleurs où il se retirera, la pension dont il jouissait auparavant.

13. Le vieillard qui se retirera dans l'hospice ne pourra être appliqué à aucun genre de travail dont le produit tourne au profit de la maison.

14. Néanmoins, il sera mis auprès de lui des moyens de s'occuper, s'il le juge à propos, de la manière la plus convenable à ses goûts et à ses facultés; le produit de ce travail volontaire appartiendra, dans son entier, au vieillard.

15. Le vieillard aura, dans tous les temps, la faculté de disposer du produit de ce travail, ainsi que de son mobilier.

16. Dans le cas où il n'en disposerait pas, tous ces objets appartiendront à ses héritiers légitimes : ce ne sera que dans le cas seulement où il ne s'en présenterait point qu'ils reviendront à la nation.

17. Tous les secours accordés par forme de pension seront payés par trimestre, et toujours d'avance, a ceux qui les auront obtenus.

TITRE III.

Moyens d'exécution.

§ Ier.

Formation des rôles de secours.

Art. 1er. Il sera formé annuellement, deux mois avant la session des corps administratifs, par le conseil général de la commune, deux rôles de secours : dans l'un, seront compris les Enfants; dans l'autre, les vieillards qu'il croira devoir être secourus par la nation.

2. Ceux qui se présenteront pour réclamer des secours remettront au conseil, savoir : les femmes, le certificat de grossesse qui leur sera délivré par l'officier de santé, l'extrait des contributions de leur mari et les extraits de naissance de tous leurs Enfants; et les vieil-

lards, les extraits de leur acte de naissance : ces différents actes leur seront délivrés gratis et sur papier libre.

3. Les rôles contiendront le nom de famille et de la personne indigente, les causes et les motifs qui l'ont fait porter dans telle ou telle autre classe de traitement. En cas de refus du secours, les motifs en seront également portés en marge du rôle, à côté du nom de la personne qui aura réclamé les secours, et qui ne sera porté que pour mémoire.

4. Ces rôles seront publiés et affichés pendant deux mois; chaque citoyen de l'arrondissement aura le droit de faire toutes les observations qu'il croira convenables.

5. Ces observations seront inscrites sur un registre, qui sera à cet effet ouvert au greffe de chaque municipalité, et elles seront signées du citoyen, s'il le sait, ou, à son défaut, par le secrétaire-greffier.

6. A l'échéance des deux mois, le conseil général de la commune examinera les observations qui auront été faites, et y fera droit en faisant mention, lors de la formation définitive de ses rôles, des motifs de sa décision.

7. Le conseil général de chaque commune est autorisé à rejeter les demandes de secours qui seraient formées par ceux qui croiraient y avoir droit en raison de leur contribution et du nombre de leurs Enfants, s'il est reconnu, après la discussion qui aura lieu en présence du réclamant ou après qu'il y aura été appelé, qu'ils jouissent, malgré la modicité de leurs impositions, d'une aisance qui les met au-dessus des besoins.

8. Les rôles ainsi clôturés seront envoyés, avec le registre des observations, aux administrations supérieures, qui les examineront dans la session du conseil, et les arrêteront définitivement.

9. Tous citoyens qui croiraient avoir à se plaindre des décisions du conseil général de la commune pourront adresser leurs réclamations aux administrations supérieures, qui y feront droit.

10. Ceux qui, dans l'intervalle d'une année à l'autre, croiront avoir droit aux secours de la nation se présenteront à la municipalité de leur domicile, et lui adresseront leurs réclamations avec les titres sur lesquels ils les appuient.

11. La municipalité donnera son avis et le fera parvenir aux corps administratifs, qui prononceront s'il y a lieu ou non à les comprendre dans un rôle supplémentaire.

12. S'ils sont admis et que les besoins continuent, ils seront portés sur le rôle général de la prochaine formation.

13. Tous les rôles seront renvoyés par les administrations, aussitôt qu'elles les auront arrêtés, à chaque agence de canton.

14. Chaque administration enverra annuellement et toujours d'avance, à chaque agence, les secours qui lui auront été assurés par l'effet de la répartition secondaire qui aura eté faite.

§ 2.

Des agences de secours

Art. 1er. Les agences de secours qui seront formées dans l'arrondissement de chaque assemblée primaire seront composées d'un citoyen et d'une citoyenne, pris dans chaque commune.

2. S'il existait dans l'arrondissement une ville ayant 6,000 individus, il y aurait deux agences, l'une pour la ville, l'autre pour la campagne.

3. Cette première agence sera composée de huit citoyens et de huit citoyennes, pris dans la ville.

4. Les membres de chaque agence seront nommés par les conseils généraux des com-

munes de l'arrondissement, aux époques et avec les formalités qui seront indiquées pour l'élection des municipalités.

5. Ils demeureront deux ans en place, et seront renouvelés par moitié tous les ans.

6. La première fois, la moitié sortira au bout d'un an par la voie du sort.

7. Les fonctions des agences seront de différentes espèces; elles consisteront :

1° A distribuer, chaque trimestre, aux personnes portées dans les rôles de chaque municipalité, les secours qui leur auront été assignés, à en surveiller l'emploi, à examiner si les pensions ne sont point détournées de leur destination, à visiter ces citoyens dans leurs maladies, à leur assurer les secours de l'officier de santé : toutes ces dernières fonctions seront particulièrement confiées aux citoyennes;

2° A déterminer, d'après les demandes des municipalités de l'arrondissement, les travaux qui devront être faits chaque année; à en indiquer la nature, l'étendue et le lieu où ils seront exécutés, et à surveiller ceux qui y seront employés.

8. Si quelque municipalité de l'arrondissement croyait avoir à se plaindre de la nature et du placement des travaux arrêtés par l'agence, ou si elle les croyait contraires aux intérêts de l'arrondissement, ou moins pressants que d'autres qu'elle indiquerait, elle adressera ses plaintes aux corps administratifs, qui, après avoir entendu l'agence et avoir consulté les autres municipalités de l'arrondissement, prononceront sur les réclamations.

9. Si, dans le cours de leurs visites, les membres des agences apprenaient que les secours sont détournés de leur véritable destination, elles en avertiront la municipalité où est domicilié l'individu secouru, et la mettront en état de prendre les précautions nécessaires pour remédier à l'abus.

10. Les municipalités de l'arrondissement auront la surveillance sur l'agence de secours; mais elles ne pourront qu'adresser leurs plaintes aux corps administratifs, qui, après avoir vérifié les faits et avoir entendu l'agence ou les membres inculpés, pourront prononcer la suspension ou même la destitution, suivant la gravité des faits.

11. Les agences de secours seront tenues d'adresser tous les ans les comptes de leur gestion aux corps administratifs, qui, après avoir examiné et avoir pris auprès des municipalités les renseignements nécessaires sur les faits qui pourront presenter des difficultés, les arrêteront et en feront connaître l'aperçu par la voie de l'impression.

12. Il sera envoyé par les corps administratifs deux expéditions desdits comptes, l'une à l'Assemblée nationale, et l'autre au conseil exécutif.

13. Il sera établi près de chaque agence un officier de santé chargé du soin de visiter à domicile et gratuitement tous les individus secourus par la nation, d'après la liste qui lui sera remise annuellement par l'agence.

14. L'officier de santé sera tenu de se transporter, sur le premier avis qui lui en sera donné par l'agence, chez le citoyen indigent qui aura besoin de ses secours.

15. Il sera en outre tenu de faire tous les mois une visite générale chez les citoyens portés aux rôles de secours, et de rendre compte par écrit à l'agence de l'état où ils se trouvent.

16. Il formera annuellement un journal de tout ce que, dans le cours de ses traitements, il aura remarqué d'extraordinaire, de ce qu'il croira utile à l'humanité et avantageux à la République; il en remettra un double à l'agence, et en enverra un autre à l'administration supérieure.

17. Il sera formé, dans le lieu le plus convenable de l'arrondissement, un dépôt de pharmacie où l'on ira prendre les remèdes sur l'ordonnance de l'officier de santé, à qui il est expressément défendu d'en fournir.

18. Le traitement de chaque officier de santé est fixé à 500 livres.

19. L'officier de santé sera nommé par l'agence, à la pluralité absolue des suffrages.

20. Il pourra être destitué par l'administration supérieure, sur les plaintes des municipa-

lités, après une vérification des faits, et après avoir entendu l'officier de santé et l'agence de secours.

21. Il sera également nommé de la même manière que dessus par chaque agence, une accoucheuse, qui accordera gratis ses secours aux femmes qui seront inscrites sur les rôles.

22. Il sera payé par chaque accouchement suivant la taxe fixée par l'agence.

23. Chaque agence rédigera un projet de règlement pour son régime intérieur, la tenue des ses assemblées et autres objets y relatifs; elle le soumettra à l'approbation des conseils administratifs.

24. L'officier de santé aura séance dans les assemblées de l'agence, mais seulement avec voix consultative.

---

*DÉCRET de la Convention nationale, portant que les Enfants trouvés porteront le nom d'*Enfants naturels de la patrie.

4 juillet 1793.

La Convention nationale décrète que les Enfants désignés ci-devant sous le nom d'Enfants trouvés porteront à l'avenir le nom d'*Enfants naturels de la patrie.*

Au nom de la République, etc. A Paris, le cinquième jour du mois de juillet 1793, l'an II de la République française. *Signé* DALBARADE; *contre signé* GOHIER, et scellé du sceau de la République.

DÉCRET de la Convention nationale, qui fixe le taux des indemnités à accorder aux familles ou individus qui sont demeurés chargés d'Enfants abandonnés.

19 août 1793.

La Convention nationale, après avoir entendu le rapport de son comité des secours publics, décrète ce qui suit:

Art. 1er. Les familles ou les individus qui sont demeurés chargés d'Enfants abandonnés ont droit à des indemnités de la part de la nation, et néanmoins, pour ce qui concerne les Enfants qui auraient été à la charge des ci-devant seigneurs hauts-justiciers, si le régime féodal n'avait pas été aboli, l'indemnité (si elle n'a déjà été payée) n'aura lieu en faveur de ceux qui en sont demeurés chargés qu'à compter du 10 décembre 1790.

2. Le taux commun de la journée de travail dans chaque département servira de base à ces indemnités, qui ne pourront néanmoins excéder 80 livres par année pour chaque Enfant au-dessous de l'âge de dix ans, et seront diminuées d'un tiers pour les années suivantes, jusqu'à l'âge de douze ans accomplis, époque à laquelle cessera toute indemnité.

3. Il sera ouvert dans chaque municipalité, pendant un mois à compter du jour de la publication du présent décret, un registre où iront se faire inscrire tous ceux qui prétendront auxdites indemnités.

4. Ils justifieront de leur droit par des certificats délivrés par les conseils généraux des communes. Ces certificats énonceront l'âge de chaque Enfant, le temps pendant lequel il

a été à la charge du réclamant, la manière dont il a été soigné, et son état habituel de santé ou d'infirmité.

5. A l'expiration du délai fixé pour la clôture du registre, les municipalités dresseront des états ou tableaux des personnes qui auront prouvé avoir droit auxdites indemnités. Ces états ou tableaux seront envoyés, avec les pièces justificatives, dans le délai de trois jours, aux directoires de district, lesquels les feront parvenir, avec leur avis, au directoire de département.

6. Les départements fixeront les indemnités d'après les règles ci-dessus établies, arrêteront lesdits états, et les adresseront incontinent au ministre de l'intérieur.

7. Le ministre, après avoir vérifié et signé ces états, les fera parvenir, sans retard, par la voie des corps administratifs, aux municipalités, avec les sommes qui sont dues à chaque réclamant.

8. Ces sommes seront prises sur les fonds mis à la disposition du ministre de l'intérieur pour fournir aux dépenses des Enfants trouvés.

9. Lesdits Enfants ne pourront être laissés au pouvoir des personnes qui les ont eus à leur charge jusqu'à présent, qu'autant qu'elles rempliront les conditions et auront les qualités prescrites par la loi du premier juillet dernier, articles 9, 10, 11, 12, et 13, § II du premier titre.

Visé par l'inspecteur. *Signé* S. E. MONNEL.

Collationné à l'original, par nous président et secrétaires de la Convention nationale. A Paris, le 20 août 1793, l'an II de la République française, une et indivisible. *Signé* HÉRAULT, *Président;* DARTIGOEYTE, THIRION et P. J. AUDOUIN, *Secrétaires.*

Au nom de la République, le Conseil exécutif provisoire mande et ordonne à tous les corps administratifs et tribunaux, que la présente loi ils fassent consigner dans leurs registres, lire, publier et afficher, et exécuter dans leurs départements et ressorts respectifs; en foi de quoi nous y avons apposé notre signature et le sceau de la République. A Paris, le vingtième jour du mois d'août mil sept cent quatre-vingt-treize, l'an second de la République française, une et indivisible. *Signé* DESTOURNELLES; *contre-signé* GOHIER, et scellée du sceau de la République.

DÉCRET de la Convention nationale, sur l'extinction de la mendicité. (Extrait.)

24 vendémiaire an II (15 octobre 1793).

....

TITRE V.

Du domicile de secours.

ART. 1er. Le domicile de secours est le lieu où l'homme nécessiteux a droit aux secours publics.

2. Le lieu de la naissance est le lieu naturel du domicile de secours.

3. Le lieu de la naissance, pour les enfants, est le domicile habituel de la mère au moment où ils sont nés.

4. Pour acquérir le domicile de secours, il faut un séjour d'un an dans une commune.

5. Le séjour ne comptera, pour l'avenir, que du jour de l'inscription au greffe de la municipalité.

6. La municipalité pourra refuser le domicile de secours, si le domicilié n'est pas pourvu d'un passe-port et certificats qui constatent qu'il n'est point homme sans aveu.

7. Jusqu'à l'âge de vingt et un ans, tout citoyen pourra réclamer, sans formalité, le droit de domicile de secours dans le lieu de sa naissance.

8. Après l'âge de vingt et un ans, il sera astreint à un séjour de six mois avant d'obtenir le droit de domicile, et à se conformer aux formes prescrites aux articles 4, 5 et 6.

9. Celui qui quittera son domicile pour en acquérir un second sera tenu aux mêmes formalités que pour le premier.

10. Il en sera de même pour celui qui, après avoir quitté un domicile, voudra y revenir.

11. Nul ne pourra exercer en même temps dans deux communes le droit de domicile de secours.

12. On sera censé conserver son dernier domicile tant que le délai exigé pour le nouveau ne sera pas échu, pourvu qu'on ait été exact à se faire inscrire au greffe de la nouvelle municipalité.

13. Ceux qui se marieront dans une commune, et qui l'habiteront pendant six mois, acquerront le droit de domicile de secours.

14. Ceux qui auront resté deux ans dans la même commune, en louant leurs services à un ou plusieurs particuliers, obtiendront le même droit.

15. Tout soldat qui aura combattu un temps quelconque pour la liberté, avec des certificats honorables, jouira de suite du droit de domicile de secours dans le lieu où il voudra se fixer.

16. Tout vieillard âgé de soixante et dix ans, sans avoir acquis de domicile, ou reconnu infirme avant cette époque, recevra les secours de stricte nécessité, dans l'hospice le plus voisin.

17. Celui qui, dans l'intervalle du délai prescrit pour acquérir le domicile de secours, se trouvera par quelque infirmité, suite de son travail, hors d'état de gagner sa vie, sera reçu à tout âge dans l'hospice le plus voisin.

18. Tout malade domicilié de droit ou non, qui sera sans ressources, sera secouru, ou à son domicile de fait, ou dans l'hospice le plus voisin.

Au nom de la République, etc. A Paris, le vingt-septième jour du premier mois de l'an II de la République française, une et indivisible. *Signé* DEFORGUES; *contre-signé* GOHIER, et scellé du sceau de la République.

DÉCRET de la Convention nationale.

15 brumaire an II (5 novembre 1793).

La Convention nationale passe à l'ordre du jour sur une pétition de la veuve Kolli, condamnée à mort pour avoir favorisé les correspondances des contre-révolutionnaires, qui demande grâce; mais elle fait présenter cette pétition par un Enfant en bas âge, et, sur la proposition d'un membre,

La Convention nationale décrète ce qui suit:

ART. 1er. Les Enfants en bas âge dont les pères et mères auront subi un jugement qui emporte la confiscation des biens sont déclarés appartenir à la République; en conséquence, il sera assigné un lieu où ils seront nourris et élevés aux dépens du trésor national.

2. Le Comité des secours est chargé de présenter à la Convention nationale, sous trois jours, un projet de décret, afin qu'il soit assigné un local et un mode convenable pour la nourriture, l'entretien et l'éducation de ces Enfants.

Décret de la Convention nationale, relatif à l'éducation des Enfants dont les père et mère auront subi un jugement emportant confiscation de biens.

19 brumaire an II (9 novembre 1793).

La Convention nationale, sur le rapport de son comité des secours publics, décrète :

Art. 1er. Les Enfants dont les père et mère auront subi un jugement emportant la confiscation de leurs biens seront reçus dans les hospices destinés aux Enfants abandonnés et élevés conformément à la loi du 1er juillet dernier.

2. Les personnes qui voudront élever chez elles de ces Enfants recevront l'indemnité accordée par la loi du 19 août dernier, en se conformant à ce qui est prescrit par cette loi.

Au nom de la République, le Conseil exécutif provisoire mande et ordonne à tous les corps administratifs et tribunaux que la présente loi ils fassent consigner dans leurs registres, lire, publier et afficher, et exécuter dans leurs départements et ressorts respectifs; en foi de quoi nous y avons apposé notre signature et le sceau de la République. A Paris, le 20e jour de brumaire, an II de la République française, une et indivisible. *Signé* Gohier, président du Conseil exécutif provisoire; *contre-signé* Gohier, et scellé du sceau de la République.

Décret de la Convention nationale, qui accorde un secours à la citoyenne Braconier.

17 pluviôse an II (5 février 1794).

(Extrait des *Procès-verbaux de la Convention nationale*, tom. XXXI, pag. 32.)

La Convention nationale, après avoir entendu le rapport de son comité des secours publics sur la pétition de la citoyenne Braconier, domiciliée à Libreville, département des Ardennes, qui, étant venue à Paris solliciter la liberté du citoyen Loison, dont elle devait être l'épouse, y est accouchée, le 5 de ce mois, d'un garçon, pour lequel ainsi que pour elle-même elle réclame des secours;

Considérant qu'il importe à la régénération des mœurs, à la propagation des vertus et à l'intérêt public d'encourager les mères à remplir elles-mêmes le devoir sacré d'allaiter et de soigner leurs Enfants; que tous les Enfants appartiennent indistinctement à la société, quelles que soient les circonstances de leur naissance; qu'il importe également d'anéantir les préjugés qui faisaient proscrire, ou abandonner, au moment même de leur existence, ceux qui n'étaient pas le fruit d'une union légitime; que c'est d'après ces principes que l'article 4 du § 2 du titre 1er de la loi du 28 juillet 1793 (vieux style) a formellement prononcé que « toute fille qui déclarerait vouloir allaiter elle-même l'Enfant dont elle serait « enceinte, et qui aurait besoin des secours de la nation, aurait droit de les réclamer; » et que la même loi a pourvu, soit par des établissements et des secours en nature, soit par des secours annuels, à tout ce que pouvait exiger, en pareil cas, l'intérêt de la mère et de l'Enfant,

Décrète que, sur la présentation du présent décret, la trésorerie nationale payera à la citoyenne Braconier la somme de 150 livres, à titre de secours provisoire, pour elle et son Enfant.

Le présent décret ne sera point imprimé; il sera seulement inséré au *Bulletin de correspondance.* »

Décret de la Convention nationale, qui règle les formalités à observer pour les réclamations d'indemnités de la part des citoyens chargés d'Enfants abandonnés.

4 germinal an II (24 mars 1794).

La Convention nationale, après avoir entendu le rapport de son comité des secours publics, décrète ce qui suit :

Art. 1er. Les citoyens qui sont demeurés chargés d'Enfants abandonnés, lesquels n'étaient pas à la charge des ci-devant seigneurs, recevront l'indemnité accordée par la loi du 19 août 1793 (vieux style), quelle que ce soit l'époque à laquelle ils ont eu ces Enfants à leur charge, en se conformant d'ailleurs aux formalités prescrites par les lois.

2. Les parents d'Enfants abandonnés qui s'en étaient chargés ne participeront point à ces indemnités, à moins qu'ils ne justifient de leur indigence; en conséquence, tout citoyen qui réclamera une pareille indemnité sera tenu de déclarer, devant le conseil général de la commune ou à sa section, qu'il n'est pas parent de l'Enfant; et, en cas de parenté, de faire constater également son indigence.

3. Celui qui sera convaincu de fausse déclaration sera condamné à une amende de dix fois la valeur de l'indemnité réclamée, laquelle sera versée dans la caisse du receveur du district.

Les agents des communes sont chargés des poursuites que pourrait nécessiter l'exécution du présent décret.

Visé par l'inspecteur. *Signé* Auger.

Collationné à l'original, par nous président et secrétaires de la Convention nationale. A Paris, le 15 germinal an II de la République, une et indivisible. *Signé* Tallien, *président;* Bezard et M. A. Baudot, *secrétaires.*

Au nom de la République, le Conseil exécutif provisoire mande et ordonne à tous les corps administratifs et tribunaux que la présente loi ils fassent consigner dans leurs registres, lire, publier et afficher, et exécuter dans leurs départements et ressorts respectifs; en foi de quoi nous y avons apposé notre signature et le sceau de la République. A Paris, le quinzième jour de germinal an II de la République française une et indivisible. *Signé* Destournelles; *contre-signé* Gohier, et scellée du sceau de la République.

DÉCRET de la Convention nationale, qui accorde 4,600,000 livres pour dépenses relatives aux orphelins des hospices abandonnés ou allaités par leur mère.

7 germinal an II (27 mars 1794).

La Convention nationale, après avoir entendu le rapport de ses comités des secours publics et des finances, décrète ce qui suit :

ART. 1er. La trésorerie nationale tiendra à la disposition du ministre de l'intérieur une somme de 4,600,000 livres, pour fournir tant aux dépenses des orphelins qui sont à la charge des hospices d'humanité de la République qu'aux indemnités accordées par la loi du 19 août 1793 (vieux style) aux citoyens qui sont demeurés chargés d'Enfants abandonnés.

2. Le ministre de l'intérieur prendra sur cette somme les secours décrétés par la loi du 28 juin 1793 (vieux style) en faveur des mères qui allaiteront leurs Enfants, et qui se trouvent dans le cas de cette loi, à la charge par elles de se conformer aux dispositions qui y sont prescrites.

3. La dépense relative à la maison des orphelins établie à Paris demeure distraite de celle de l'hospice général, et sera prise sur la somme mise à la disposition du ministre par l'article 1er, sans que néanmoins il puisse y avoir aucune augmentation de dépense dans le régime administratif.

Visé par l'inspecteur. *Signé* AUGER.

Collationné à l'original, par nous président et secrétaires de la Convention nationale. A Paris, le 9 germinal an II de la République française, une et indivisible. *Signé* TALLIEN, *président;* Ch. POTTIER et PEYSSARD, *secrétaires.*

Au nom de la République, le Conseil exécutif provisoire mande et ordonne à tous les corps administratifs et tribunaux que la présente loi ils fassent consigner dans leurs registres, lire, publier et afficher, et exécuter dans leurs départements et ressorts respectifs; en foi de quoi nous y avons apposé notre signature et le sceau de la République. A Paris, le neuvième jour de germinal an II de la République française, une et indivisible. *Signé* DALBARADE ; *contre-signé* GOHIER, et scellée du sceau de la République.

LOI qui ordonne de recevoir parmi les enfants de la patrie ceux des habitants de Saint-Domingue et des autres colonies françaises, âgés de moins de quinze ans, qui se trouvent en France, et dont les parents ont souffert des troubles qui ont agité ces colonies.

26 brumaire an III (16 novembre 1794).

La Convention nationale, après avoir entendu son comité des secours publics sur les secours provisoires accordés par le décret du 14 mai 1792 (vieux style) aux enfants des habitants de Saint-Domingue qui se trouvent en France pour leur éducation, et dont les parents ont souffert des derniers troubles qui ont agité cette colonie ou y ont péri, DÉCRÈTE :

ART. 1er. Les enfants des habitants de Saint-Domingue et de toutes les autres colonies françaises, âgés de moins de 15 ans, qui se trouvent en France pour leur éducation, et dont les parents ont souffert des derniers troubles qui ont agité ces colonies ou de l'invasion de l'ennemi, seront reçus parmi les enfants de la patrie.

2. Pour recevoir ce bienfait de la nation, les conditions seront les mêmes que celles exigees par le décret du 14 mai 1792.

3. La commission des secours publics liquidera, d'après les bases établies par ladite loi du 14 mai 1792, les arrérages dus jusqu'à ce jour aux instituteurs et institutrices qui ont été chargés de soigner et d'élever lesdits enfants des colons, au-dessous de l'âge de 15 ans.

4. Le présent décret sera imprimé au Bulletin de correspondance.

Visé par le représentant du peuple, inspecteur aux procès-verbaux. *Signé* Joseph Becker.

Collationné à l'original, par nous président et secrétaires de la Convention nationale. A Paris, le 27 brumaire, an troisième de la République française, une et indivisible. *Signé* Legendre, *président;* Duval (de l'Aube), Merlino, *secrétaires.*

Arrêté du Directoire exécutif, qui détermine un mode provisoire pour le payement du salaire des nourrices des Enfants abandonnés élevés aux frais de la République, etc.

5 messidor an IV (23 juin 1796).

Le Directoire exécutif, après avoir entendu le rapport du ministre de l'intérieur sur les enfants abandonnés; considérant que la rareté des nourrices a exposé un grand nombre de ces enfants à périr faute du premier aliment de la vie et des soins nécessaires à leur âge; que le découragement des nourrices a pour cause l'insuffisance de leurs salaires, réduits, par les variations successives du signe monétaire, à un taux trop disproportionné au prix des denrées; qu'il importe d'assurer la régularité de ce payement et de le proportionner au cours des denrées, conformément au vœu de la justice et aux vues de la bienfaisance nationale, arrête qu'il sera fait à cet égard un message au Corps législatif; et considérant que les besoins de ces êtres intéressants ne peuvent s'ajourner, que la nature et l'humanité sollicitent également pour eux, et ne permettent pas qu'on apporte des délais aux secours qu'ils attendent, arrête provisoirement les points et articles suivants;

Art. 1er. Le salaire des nourrices des enfants abandonnés élevés aux frais de la République, et les pensions de ces mêmes enfants, seront fixés en grains, et payés chaque trimestre en mandats.

2. Le cours du prix du grain sera déterminé d'après les mercuriales du chef-lieu de canton où seront situés les établissements consacrés à recevoir lesdits enfants.

3. La quantité de grains qui sera prise pour base de ces salaires sera fixée par les administrateurs de département, mais en sorte que le maximum de ces salaires n'excédera pas dix myriagrammes par trimestre.

4. Les remboursements des avances faites par les administrateurs des hospices seront effectués sur des états adressés au ministre de l'intérieur, conformément à la loi du 3 avril 1791 (vieux style), et aux formes qui seront indiquées.

5. Le prix des layettes et vêtements continuera d'être acquitté, comme par le passé, par le ministre de l'intérieur, sur des états qui lui seront adressés.

VI. Le ministre de l'intérieur est chargé des instructions relatives au présent arrêté, qui sera imprimé.

Pour expédition conforme, *Signé* Carnot, *président;* par le Directoire exécutif, *le secrétaire général,* Lagarde.

Loi relative à la réception des Enfants abandonnés dans les hospices.

27 brumaire an v (17 décembre 1796).

Le Conseil des Cinq-Cents, après avoir entendu, dans ses séances des 13 messidor, 2 thermidor et 11 fructidor, les trois lectures d'un projet de résolution présenté par la commission de l'organisation des secours,

Déclare qu'il n'y a pas lieu à l'ajournement, et prend la résolution suivante :

Art. 1er. Les Enfants abandonnés, nouvellement nés, seront reçus gratuitement dans tous les hospices civils de la République.

2. Le Trésor national fournira à la dépense de ceux qui seront portés dans des hospices qui n'ont pas de fonds affectés à cet objet.

3. Le Directoire est chargé de faire un règlement sur la manière dont les Enfants abandonnés seront élevés et instruits.

4. Les Enfants abandonnés seront, jusqu'à majorité ou émancipation, sous la tutelle du président de l'administration municipale dans l'arrondissement de laquelle sera l'hospice où ils auront été portés. Les membres de l'administration seront les conseils de la tutelle.

5. Celui qui portera un Enfant abandonné ailleurs qu'à l'hospice civil le plus voisin sera puni d'une détention de trois décades, par voie de police correctionnelle; celui qui l'en aura chargé sera puni de la même peine.

6. La présente résolution sera imprimée.

Signé Cambacérès, *président;* Dubois (des Voges), Fabre, T. Berlier, *secrétaires.*

Après avoir entendu les trois lectures dans les séances des 27 brumaire, 15 et 21 frimaire, le Conseil des Anciens approuve la résolution ci-dessus. Le 27 frimaire an v de la République française.

Signé Bréard, *président;* Girod (de l'Ain), Vigneron, *secrétaires.*

Arrêté du Directoire exécutif concernant la manière d'élever et d'instruire les Enfants abandonnés.

30 ventôse an v (20 mars 1797).

Le Directoire exécutif, considérant que, par la loi du 27 frimaire dernier, il est chargé de déterminer par un règlement la manière dont seront élevés et instruits les Enfants abandonnés; considérant également combien il importe de fixer promptement la marche des autorités constituées sur cette partie de l'administration générale de l'État, arrête ce qui suit :

Art. 1er. Les Enfants abandonnés, et désignés par la loi du 27 frimaire an v, ne seront point conservés dans les hospices où ils auront été déposés, excepté le cas de maladie ou accidents graves qui en empêchent le transport; ce premier asile ne devant être considéré que comme un dépôt, en attendant que ces Enfants puissent être placés, suivant leur âge, chez des nourrices, ou mis en pension chez des particuliers.

2. Les commissions administratives des hospices civils dans lesquels seront conduits

11.

des Enfants abandonnés sont spécialement chargées de les placer chez des nourrices ou autres habitants des campagnes, et de pourvoir, en attendant, à tous leurs besoins, sous la surveillance des autorités dont elles dépendent.

3. Les Enfants placés dans les campagnes ne pourront jamais être ramenés dans les hospices civils, à moins qu'ils ne soient estropiés ou attaqués de maladies particulières qui les excluent de la société, ou les rendent inhabiles à se livrer à des travaux qui exigent de la force et de l'adresse.

4. Les nourrices et autres habitants des communes pourront conserver jusqu'à l'âge de douze ans les Enfants qui leur auront été confiés, à la charge par eux de les nourrir et entretenir convenablement, aux prix et conditions qui seront déterminés d'après les dispositions de l'article 9 ci-après, et de les envoyer aux écoles primaires pour y participer aux instructions données aux autres Enfants de la commune ou du canton.

5. Si les nourrices ou autres personnes chargées d'Enfants abandonnés refusent de continuer à les élever jusqu'à l'âge de douze ans, les commissions des hospices civils qui leur ont confié ces Enfants seront tenues de les placer ailleurs, conformément aux dispositions précédentes.

6. Le commissaire du Directoire exécutif près l'administration municipale du canton dans l'arrondissement duquel résideront des nourrices, ou autres habitants chargés d'Enfants abandonnés, surveillera l'exécution des dispositions portées en l'article 4; à l'effet de quoi les commissions administratives des hospices civils lui remettront une liste des Enfants, où seront inscrits leurs noms et prénoms, celui des nourrices et autres habitants, et le lieu de leur domicile.

7. Les nourrices et autres habitants chargés d'Enfants abandonnés seront tenus de représenter, tous les trois mois, les Enfants qui leur auront été confiés, à l'agent de leur commune, qui certifiera que ces Enfants ont été traités avec humanité, et qu'ils sont instruits et élevés conformément aux dispositions du présent règlement. Ils seront, en outre, tenus de les représenter à la première réquisition du commissaire du Directoire exécutif près l'administration municipale du canton, ou des autorités auxquelles leur tutelle est déléguée par la loi, soit enfin de la Commission des hôpitaux civils qui les aura placés.

8. Les nourrices et autres personnes qui représenteront les certificats mentionnés dans l'article précédent recevront, outre le prix des mois de nourrices, et suivant l'usage, pendant les neuf premiers mois de la vie des Enfants une indemnité de 18 francs, payable par tiers, de trois mois en trois mois.

Ceux qui auront conservé des Enfants jusqu'à l'âge de douze ans, et qui les auront préservés jusqu'à cet âge d'accidents provenant de défaut de soins, recevront à cette époque une autre indemnité de 50 francs, à la charge par eux de rapporter un certificat ainsi qu'il est dit article 7.

9. Les localités admettant des différences dans la rétribution annuelle qu'il convient d'accorder aux nourrices ou autres citoyens chargés d'Enfants abandonnés, chaque administration centrale de département proposera à l'approbation du ministre de l'intérieur, et pour son arrondissement seulement, une fixation générale du prix des mois de nourrice pour le premier âge, du prix de la pension pour les seconde et troisième années, ainsi que pour les années subséquentes jusqu'à l'âge de sept ans, et finalement de celle depuis sept ans jusqu'à douze; les prix devront être gradués sur les services que les Enfants peuvent rendre dans les différents âges de leur vie : la fixation proposée sera provisoirement exécutée.

10. Les commissions des hospices civils pourvoiront, pour les Enfants confiés à des nourrices ou à d'autres habitants des campagnes, au payement des prix déterminés par la fixation approuvée pour les départements dans l'arrondissement desquels ces Enfants seront

placés, ainsi qu'aux indemnités déterminées par l'article 8, sur le produit des revenus appartenant aux établissements dans lesquels ces Enfants auront été primitivement conduits, spécialement affectés à la dépense des Enfants abandonnés.

11. Dans le cas où ces établissements ne se trouveraient pas suffisamment dotés, ou ne jouiraient d'aucuns des revenus affectés à ces dépenses, les fonds nécessaires seront avancés par la caisse générale des hospices civils, sur les ordonnances des commissions administratives, qui en seront remboursées par le ministre de l'intérieur, conformément à la loi du 27 frimaire an v, à la charge par elles de remplir les formalités prescrites par les lois et les instructions antérieures.

12. Le prix des layettes sera fixé, sur l'avis des commissions administratives des hospices civils, par les administrations municipales auxquelles elles sont subordonnées; ce prix sera acquitté suivant et conformément aux articles précédents.

13. Les Enfants âgés de douze ans révolus, qui ne seront pas conservés par les nourrices et autres habitants auxquels ils auront été d'abord confiés, seront placés chez des cultivateurs, artistes ou manufacturiers, où ils resteront jusqu'à leur majorité, sous la surveillance du commissaire du Directoire exécutif près l'administration municipale du canton, pour y apprendre un métier ou profession conforme à leur goût et à leurs facultés; à l'effet de quoi les commissions des hospices civils, sous la surveillance et approbation des autorités constituées auxquelles elles sont subordonnées, feront des transactions particulières avec ceux qui s'en chargeront. Pourront également, ces commissions, sous l'approbation des mêmes autorités, faire des engagements ou traités avec les capitaines des navires dans les ports de mer de la République, lorsque les Enfants manifesteront le désir de s'attacher au service maritime,

14. Les nourrices et autres habitants qui auront élevé jusqu'à douze ans les Enfants qui leur auront été confiés pourront les conserver préférablement à tous les autres, en se chargeant néanmoins de leur faire apprendre un métier ou de les appliquer aux travaux de l'agriculture, en se conformant aux dispositions des articles 6, 7 et 8 du présent règlement.

15. Les cultivateurs ou manufacturiers chez lesquels seront placés des Enfants ayant atteint l'âge de douze ans, ou ceux qui, les ayant élevés jusqu'à cet âge, les conserveraient aux conditions portées en l'article précédent, recevront une somme de 50 francs pour être employée à procurer à ces Enfants les vêtements qui leur seront nécessaires.

16. Les dépenses résultant des dispositions des articles 13, 14 et 15 seront acquittées suivant et conformément aux dispositions déterminées par les articles 10 et 11 du présent règlement.

17. Les Enfants qui, par leur inconduite ou la manifestation de quelques inclinations vicieuses, seraient reconduits dans les hospices, ne pourront être confondus avec ceux qui y auront été déposés comme orphelins appartenant à des familles indigentes; ils seront, au contraire, placés seuls dans un local particulier, et les commissions des hospices prendront les mesures convenables pour les ramener à leur devoir, en attendant qu'elles puissent les rendre à leurs maîtres ou les placer ailleurs.

18. Les commissions des hospices civils qui auront placé les Enfants abandonnés, déposés dans les établissements confiés à leur administration, en surveilleront l'éducation morale, conjointement avec les membres de l'administration municipale du canton où sont situés ces établissements, et auxquels est confiée la tutelle de ces Enfants par la loi du 27 frimaire.

19. Le présent règlement sera imprimé et envoyé aux administrations de département, qui veilleront à son exécution et en rendront compte au ministre de l'intérieur.

Pour expédition conforme : *signé* REUBELL, *président;* par le Directoire exécutif, *le secrétaire général*, LAGARDE.

Loi qui affecte des fonds aux dépenses des hospices civils et des Enfants de la patrie.

Du 26 fructidor an VI de la République une et indivisible (12 septembre 1798).

Le Conseil des Anciens, adoptant les motifs de la déclaration d'urgence qui précède la résolution ci-après, approuve l'acte d'urgence.

Suit la teneur de la déclaration d'urgence et de la résolution du 24 fructidor :

Le Conseil des Cinq-Cents, considérant que les besoins des hospices civils sont très-grands, et que le meilleur moyen de venir promptement à leurs secours est de procurer aux citoyens le moyen de faire eux-mêmes cet acte de bienfaisance, en acquittant la partie de la contribution mobilière dont ils sont redevables au trésor national,

Déclare qu'il y a urgence.

Après avoir déclaré l'urgence, le Conseil prend la résolution suivante :

ART. 1er. A compter de la première décade qui suivra la publication de la présente, la moitié des sommes qui seront recouvrées, en principal seulement, sur la contribution personnelle, mobilière et somptuaire des années V et VI, en valeurs réelles, sera successivement, et par chaque décade, mise à la disposition du ministre de l'intérieur, pour être uniquement et exclusivement employée à la dépense des hospices et des Enfants de la patrie, jusqu'à concurrence de la somme restant à acquitter sur les crédits ouverts au même ministre pour les années V et VI : en conséquence, le ministre des finances fera passer, chaque décade, au ministre de l'intérieur, l'état des sommes recouvrées sur la contribution mobilière pour lesdites années.

2. Il sera rendu compte, tous les mois, au Corps législatif, de l'exécution de la présente.

3. Les hospices civils continueront néanmoins d'être compris dans la distribution décadaire, pour assurer leur service courant.

4. La présente résolution sera imprimée.

Signé DAUNOU, *président;* L. BONAPARTE, GIROT, THIESSÉ, *secrétaires.*

Après une seconde lecture, le Conseil des Anciens approuve la résolution ci-dessus. Le 26 fructidor an VI de la République française.

Signé P. A. LALOY, *président;* GARAT, BEERENBROEK, DUFFAU, LASSÉE, *secrétaires.*

Loi qui détermine l'ordre de distribution des fonds alloués pour les Enfants de la patrie.

26 fructidor an VI (12 septembre 1798)

Le Conseil des Anciens, adoptant les motifs de la déclaration d'urgence qui précède la résolution ci-après, approuve l'acte d'urgence.

Suit la teneur de la déclaration d'urgence et de la résolution du 24 fructidor :

Le Conseil des Cinq-Cents, considérant qu'il est indispensable de prendre promptement une mesure qui assure aux enfants de la patrie les moyens d'existence,

Déclare qu'il y a urgence.

Le Conseil, après avoir déclaré l'urgence, prend la résolution suivante :

ART. 1er. A compter du 1er vendémiaire an VII, la somme accordée par le Corps législatif pour les Enfants de la patrie sera divisée et comprise par portions égales dans les distributions de fonds que le Directoire fait chaque décade, de manière qu'à la fin de l'année aucune partie de ce service ne se trouve arriérée.

2. La présente résolution sera imprimée.

Signé DAUNOU, *président;* L. BONAPARTE, GIROT, THIESSÉ, *secrétaires.*

Après une seconde lecture, le Conseil des Anciens APPROUVE la résolution ci-dessus. Le 26 fructidor an VI de la République française.

Signé P. A. L. LALOY, *président;* GARAT, DUFFAU, BEERENBROEK, LASSÉE, *secrétaires.*

Loi qui ordonne un prélèvement sur les contributions directes pour le service courant et arriéré des hospices civils et des Enfants de la patrie.

6 vendémiaire an VIII (26 septembre 1799).

Le Conseil des Anciens, adoptant les motifs de la déclaration d'urgence qui précède la résolution ci-après, approuve l'acte d'urgence.

Suit la teneur de la déclaration d'urgence et de la résolution du 14 fructidor an VII.

Le Conseil des Cinq-Cents, après avoir entendu le rapport d'une commission spéciale;

Considérant qu'il est juste et pressant de prendre les mesures nécessaires pour assurer de prompts secours aux hospices civils et aux Enfants de la patrie,

Déclare qu'il y a urgence.

Le Conseil après avoir déclaré l'urgence, prend la résolution suivante :

ART. 1er. Il sera prélevé sur le produit en valeurs réelles du principal seulement des contributions directes de tous exercices, jusques et y compris l'an VII, sept et demi pour cent, pour le service courant et arriéré des hospices civils et des Enfants de la patrie.

2. Ce prélèvement n'aura lieu que sur les rentrées qui s'effectueront à compter de la publication de la présente, et jusqu'à la concurrence de la somme restant à acquitter sur les crédits ouverts au ministre de l'intérieur pour le service susdit des années V, VI et VII. Les fonds en provenant resteront dans les caisses des receveurs des départements, et n'en sortiront que sur les ordonnances du ministre de l'intérieur, visées par la trésorerie nationale.

3. Les lois du 26 fructidor an VI, relatives aux hospices et aux Enfants de la patrie, sont rapportées.

4. La présente résolution sera imprimée.

Signé BOULAY (de la Meurthe), *président;* CURÉE, CHOLET, ARNOULD, LUDOT, *secrétaires.*

Après une seconde lecture, le Conseil des Anciens approuve la résolution ci-dessus. Le 6 vendémiaire an VIII de la République française.

Signé JOSEPH CORNUDET, *président;* BARON, DELECLOY, GAUDIN, LEJOURDAN, *secrétaires.*

Arrêté consulaire qui affecte au payement des mois de nourrice des Enfants abandonnés les portions d'amendes et de confiscations destinées au soulagement des pauvres et aux hôpitaux.

Du 25 floréal an VIII (15 avril 1800).

Les Consuls de la République, sur le rapport du ministre de l'intérieur, considérant qu'il importe de faire cesser promptement les doutes et difficultés qui se sont élevés sur l'emploi des amendes et confiscations affectées au soulagement des pauvres et aux hôpitaux par les lois qui déterminent les différents cas où elles peuvent être encourues;

Que l'uniformité de perception et d'emploi peut seule assurer la marche des autorités administratives, et donner, pour la connaissance des produits, des résultats plus certains sur cette partie des ressources des établissements d'humanité;

Que, parmi ces différents établissements, la sollicitude du Gouvernement doit se porter plus particulièrement sur ceux qui sont destinés à recueillir et à soigner les Enfants abandonnés;

Le Conseil d'État entendu.

Arrêtent ce qui suit :

Art. 1er. Les portions d'amendes et de confiscations attribuées par les lois rendues jusqu'à ce jour aux hôpitaux, aux maisons de secours et aux pauvres, seront versées dans la caisse du receveur des hospices du chef-lieu de chaque département.

2. Les fonds provenant de ces versements seront exclusivement employés au payement des mois de nourrice des Enfants abandonnés, sur la répartition que le préfet sera tenu d'en faire, d'après le bordereau de ces sommes que lui adressera le receveur, et d'après les états des Enfants qui lui seront remis par les commissions administratives des hospices des départements.

3. Tous les ans, les préfets rendront compte au ministre de l'intérieur du montant et de l'emploi des sommes dont il est parlé dans les articles ci-dessus.

4. Les ministres de l'intérieur et des finances sont chargés de l'exécution du présent arrêté, qui sera inséré au Bulletin des lois.

En l'absence du premier consul, *le second consul,* signé Cambacérès. Par le second consul *le secrétaire d'État,* Hugues B. Maret. *Le ministre de l'intérieur,* Lucien Bonaparte.

Arrêté consulaire qui détermine le mode de payement de traitements et autres dépenses administratives et judiciaires.

25 vendémiaire an X (17 octobre 1801).

Les Consuls de la République, le Conseil d'État entendu,

Arrêtent :

Art. 1er. Les traitements des préfets, secrétaires généraux, conseillers de préfecture et sous-préfets;

Ceux des professeurs des diverses écoles des départements,

Seront ordonnancés par le ministre de l'intérieur et acquittés par le trésor public.

2. Les traitements des juges et greffiers des tribunaux d'appel;

Des juges et greffiers des tribunaux criminels;

Des juges et greffiers des tribunaux de première instance,

Et des greffiers des tribunaux de commerce,

Seront ordonnancés par le ministre de la justice et acquittés également par le trésor public.

3. Les dépenses relatives aux Enfants abandonnés;

Aux prisons, dépôts de mendicité, telles que traitements de concierges, guichetiers, officiers de santé et autres employés, nourriture des détenus, ameublement, grosses réparations des prisons et prétoires, service des chaînes, et toutes autres dépenses se rapportant à celles ci-dessus énoncées;

Aux frais de justice de tout genre,

Seront payées, comme les autres dépenses variables, sur les mandats des préfets.

4. Le ministre des finances prendra sur le produit des 11 centimes additionnels imposés en conformité de l'article 6 de la loi du 21 ventôse an IX, en sus du principal des contributions directes, les sommes nécessaires pour le payement des dépenses énoncées dans l'article précédent.

Il ordonnancera, par ordonnance d'à-compte, au profit des préfets, par douzième chaque mois, conformément à l'état annexé.

5. Les fonds restant libres à la fin de chaque année, sur ceux destinés aux dépenses dont il est parlé à l'article 3 et aux dépenses variables en général, seront laissés aux préfets, pour être employés en améliorations des établissements confiés à leur service.

6. En cas d'insuffisance des sommes mises à la disposition des préfets, pour quelqu'un des articles de dépense portés au tableau joint au présent arrêté, ils pourront y suppléer avec les fonds excédant pour les autres articles.

7. Le compte des dépenses désignées dans l'article 3 sera soumis aux conseils généraux de département, qui feront connaître leurs vues, tant sur la suppression des abus qu'ils auraient remarqués dans le service que sur les améliorations qu'ils croiraient convenables, et arrêteront ledit compte.

8. Les ministres de la justice, de l'intérieur et des finances sont chargés, chacun en ce qui le concerne, de l'exécution du présent arrêté, qui sera inséré au Bulletin des lois.

Le Premier Consul, signé BONAPARTE : par le Premier Consul, *le Secrétaire d'État*, signé HUGUES B. MARET; *le Ministre de la justice*, signé ABRIAL.

DÉPENSES

DÉPENSES qui, en l'an IX, étaient ordonnancées par les Ministres de l'intérieur et de la justice, et qui, en l'an X, le seront par les préfets.

DÉPARTEMENTS.	FRAIS DE PROCÉDURES instruites d'office ou à la requête du ministère public, payables sur exécutoires	DÉPENSES DES PRISONS, consistant dans le traitement des concierges, guichetiers, officiers de santé, et autres employés dans les prisons et dépôts de mendicité, nourriture et entretien des détenus, ameublement et grosses réparations des prétoirs et prisons, service des chaînes, et toutes autres dépenses imprévues	DÉPENSES relatives AUX ENFANTS TROUVÉS et au secours à payer aux citoyens chargés des enfants abandonnés.	TOTAUX.
Ain	51,550f 00c	21,600f 00c	8,950f 00c	82,100f 00c
Aisne	40,300 00	32,300 00	24,500 00	97,100 00
Allier	43,200 00	35,400 00	37,750 00	116,350 00
Alpes (Basses-)	29,200 00	9,000 00	9,800 00	48,000 00
Alpes (Hautes-)	13,950 00	11,400 00	3,500 00	28,850 00
Alpes-Maritimes	14,950 00	13,650 00	2,100 00	30,700 00
Ardèche	88,600 00	17,000 00	2,850 00	108,450 00
Ardennes	48,150 00	16,100 00	6,700 00	70,950 00
Ariége	41,250 00	5,850 00	5,050 00	52,150 00
Aube	43,150 00	12,800 00	8,000 00	64,750 00
Aude	47,600 00	10,500 00	9,950 00	68,050 00
Aveyron	40,200 00	15,800 00	22,750 00	78,750 00
Bouches-du-Rhône	69,450 00	36,400 00	35,000 00	140,850 00
Calvados	148,400 00	60,100 00	62,750 00	271,250 00
Cantal	31,700 00	15,200 00	27,850 00	74,750 00
Charente	49,800 00	10,400 00	11,400 00	71,600 00
Charente-Inférieure	42,400 00	27,400 00	6,950 00	76,750 00
Cher	31,600 00	43,800 00	20,550 00	95,950 00
Corrèze	39,550 00	9,600 00	11,850 00	61,000 00
Côte d'Or	56,300 00	63,700 00	1,000 00	121,000 00
Côtes du Nord	47,000 00	24,600 00	3,750 00	75,350 00
Creuse	15,950 00	9,800 00	21,150 00	46,900 00
Dordogne	50,000 00	12,700 00	33,150 00	95,850 00
Doubs	71,700 00	57,700 00	11,600 00	141.000 00
Drôme	35,250 00	31,500 00	10,050 00	76,800 00
Dyle	91,800 00	114,200 00	84,250 00	290,250 00
Escaut	114,200 00	108,500 00	9,500 00	232,200 00
Eure	74,400 00	42,100 00	7,850 00	125,350 00
Eure-et-Loir	145,400 00	23,400 00	20,100 00	188,900 00
Finistère	29,200 00	33,800 00	11,600 00	74,000 00
Forêts	40,100 00	14,300 00	2,750 00	57,150 00
Gard	82,500 00	36,000 00	2,850 00	121,350 00
Garonne (Haute-)	100,600 00	40,900 00	41,200 00	182,700 00
Gers	53,100 00	28,600 00	15,200 00	96,900 00
Gironde	61,900 00	53,500 00	23,900 00	139,300 00
Golo	12,700 00	11,900 00	3,750 00	28,350 00
Hérault	60,100 00	43,700 00	10,100 00	113,900 00
Ille-et-Vilaine	52,000 00	86 500 00	11,800 00	150,300 00
Indre	25,000 00	9,200 00	14,500 00	48,700 00
Indre-et-Loire	59,650 00	22,700 00	7,000 00	89,350 00
Isère	54,600 00	33,200 00	21,650 00	109,450 00
Jemmapes	77,400 00	20,100 00	7,800 00	105,300 00
Jura	52,300 00	16,800 00	2,700 00	71,800 00
Landes	36,600 00	12,300 00	19,650 00	68,550 00
Léman	38,400 00	18,800 00	1,000 00	58,200 00
Liamone	12,000 00	7,300 00	2,500 00	21,800 00
Loir-et-Cher	42,750 00	20,200 00	3,650 00	66,600 00
Loire	20,800 00	16,800 00	11,400 00	49,000 00
Loire (Haute-)	35,300 00	13,500 00	15,700 00	64,500 00
Loire-Inférieure	23,800 00	30,600 00	1,000 00	55,400 00
Loiret	39,050 00	58,500 00	12,700 00	110,250 00
Lot	61,900 00	23,800 00	10,200 00	95,900 00

DÉPARTEMENTS.	FRAIS DE PROCÉDURES instruites d'office ou à la requête du ministère public, payables sur executoires.	DÉPENSES DES PRISONS, consistant dans le traitement des concierges, guichetiers, officiers de santé, et autres employés dans les prisons et dépôts de mendicité, nourriture et entretien des détenus, amenblement et grosses reparations des prétoirs et prisons, service des chaînes, et toutes autres dépenses imprevues.	DÉPENSES relatives AUX ENFANTS TROUVÉS et au secours à payer aux citoyens chargés des enfants abandonnés.	TOTAUX
Lot et-Garonne.	53,500f 00c	23,400f 00c	30,000f 00c	106,900f 00c
Lozere	32,300 00	16,500 00	1,650 00	50,450 00
Lys (La)	52,250 00	47,900 00	4,400 00	104,550 00
Maine-et-Loire.	24,700 00	21,700 00	32,500 00	78,900 00
Manche.	52,250 00	37,000 00	42,050 00	131,300 00
Marne.	72,500 00	35,000 00	16,950 00	124,450 00
Marne (Haute-).	44,700 00	12,000 00	13,500 00	70,200 00
Mayenne	34,800 00	25,300 00	7,200 00	67,300 00
Meurthe.	89,800 00	42,500 00	24,200 00	156,500 00
Meuse.	61,100 00	15,200 00	1,600 00	77,900 00
Meuse Inférieure.	50,300 00	17,200 00	1,000 00	68,500 00
Mont-Blanc.	45,250 00	30,600 00	3,750 00	79,600 00
Mont-Tonnerre.	77,050 00	25,000 00	1,000 00	103,050 00
Morbihan.	38,900 00	21,000 00	5,150 00	65,050 00
Moselle	59,750 00	33,000 00	20,600 00	113,350 00
Nethes (Deux-).	50,450 00	23,000 00	6,650 00	80,100 00
Nièvre.	50,800 00	18,300 00	5,750 00	74,850 00
Nord.	63,100 00	45,000 00	31,250 00	139,350 00
Oise.	55,600 00	27,000 00	7,900 00	90,500 00
Orne	40,400 00	52,200 00	29,350 00	121,950 00
Ourthe	87,100 00	25,500 00	1,200 00	113,800 00
Pas de-Calais.	54,900 00	19,300 00	10,150 00	84,350 00
Puy-de-Dôme.	82,750 00	32,200 00	26,400 00	141,350 00
Pyrénées (Basses-).	61,000 00	33,000 00	20,150 00	114,150 00
Pyrenees (Hautes-)	27,300 00	10,100 00	4,800 00	42,200 00
Pyrenées-Orientales.	23,300 00	13,000 00	7,350 00	43,650 00
Rhin (Bas-)	71,100 00	79,700 00	10,450 00	161,250 00
Rhin (Haut-)	79,000 00	94,800 00	4,950 00	178,750 00
Rhin-et-Moselle.	50,000 00	24,000 00	1,000 00	75,000 00
Rhône.	84,150 00	100,300 00	90,000 00	274,450 00
Roer.	86,150 00	26,300 00	1,000 00	113,450 00
Sambre-et Meuse.	47,250 00	17,600 00	3,350 00	68,200 00
Saône (Haute-).	80,100 00	19,800 00	1,000 00	100,900 00
Saône-et-Loire.	52,650 00	42,000 00	4,950 00	99,600 00
Sarre.	50,000 00	21,000 00	1,000 00	72,000 00
Sarthe.	48,800 00	33,300 00	8,700 00	90,800 00
Seine.	399,700 60	826,200 00	100,000 00	1,325,900 00
Seine Inférieure.	114,600 00	81,400 00	12,850 00	208,850 00
Seine et-Marne.	75,500 00	31,700 00	2,300 00	109,500 00
Seine et-Oise.	88,950 00	96,800 00	3,400 00	189,150 00
Sevres (Deux-).	37,250 00	14,100 00	8,600 00	59,950 00
Somme.	76,300 00	38,700 00	26,100 00	141,100 00
Tarn.	40,500 00	15,800 00	7,150 00	69,450 00
Var	36,300 00	39,000 00	13,050 00	89,250 00
Vaucluse.	31,850 00	15,400 00	9,050 00	56,300 00
Vendée.	34,800 00	12,000 00	5,200 00	52,000 00
Vienne.	39,500 00	37,000 00	10,650 00	87,150 00
Vienne (Haute).	55,650 00	18,700 00	22,100 00	96,450 00
Vosges	38,700 00	18,100 00	740 00	57,540 00
Yonne.	57,401 67	48,100 00	4,750 00	110,151 67
TOTAUX.	5,852,801 67	4,000,000 00	1,484,890 00	11,337,691 67

Certifié conforme. *le Secrétaire d'État*, signé HUGUES B. MARET.

Vu: *le Ministre de la justice*, signé ABRIAL.

Loi sur les contributions foncière, personnelle, somptuaire et mobilière de l'an XI. (Extrait.)

Du 13 floréal an X (3 mai 1802.).

Au nom du Peuple français, BONAPARTE, premier Consul, PROCLAME loi de la République le décret suivant, rendu par le Corps législatif le 13 floréal an X, conformément à la proposition faite par le Gouvernement le 6 dudit mois, communiquée au Tribunat le lendemain.

....

ART. 8. A compter de l'an XI, seront acquittées par le Trésor public les dépenses fixes pour les traitements des

Préfets, sous-préfets,

Secrétaires généraux et membres des conseils de préfecture,

Professeurs et bibliothécaires des écoles centrales,

Membres des tribunaux d'appel, criminels et de première instance,

Traitements des juges et greffiers de paix, et des greffiers de tribunaux de commerce:

Les taxations et remises des receveurs généraux et particuliers.

9. Seront à la charge des départements toutes les dépenses variables de traitements des employés et garçons de bureau, frais de papier et d'impression, loyers et réparations des préfectures, tribunaux, écoles publiques, ainsi que celles des prisons, dépôts de mendicité, et celles relatives aux Enfants trouvés.

....

Dépenses à payer par les départements sur le produit des centimes additionnels.

NOMS DES DÉPARTEMENTS.	DÉPENSES DES ENFANTS TROUVÉS et secours à payer à des citoyens qui sont chargés d'enfants abandonnés	NOMS DES DÉPARTEMENTS.	DÉPENSES DES ENFANTS TROUVÉS et secours à payer à des citoyens qui sont chargés d'enfants abandonnés
Ain	8,950f	Lot-et-Garonne	30,000f
Aisne	24,500	Lozère	1,650
Allier	37,750	Lys	4,400
Alpes (Basses-)	9,800	Maine-et-Loire	32,500
Alpes (Hautes-)	3,500	Manche	42,050
Alpes-Maritimes	2,100	Marne	16,950
Ardèche	2,850	Marne (Haute)	13,500
Ardennes	6,700	Mayenne	7,200
Ariège	5,050	Meurthe	24,200
Aube	8,800	Meuse	1,600
Aude	9,950	Meuse-Inférieure	1,000
Aveyron	22,750	Mont-Blanc	3,750
Bouches-du-Rhône	35,000	Mont-Tonnerre	1,000
Calvados	62,750	Morbihan	5.150
Cantal	27,850	Moselle	20,600
Charente	11,400	Nèthes (Deux-)	6,650
Charente-Inférieure	6,950	Nièvre	5,750
Cher	20,550	Nord	31,250
Corrèze	11,850	Oise	7,900
Côte-d'Or	1,000	Orne	29,350
Côtes-du-Nord	3,750	Ourthe	1,200
Creuse	21,150	Pas-de Calais	10,150
Dordogne	33,150	Puy de-Dôme	26,400
Doubs	11,600	Pyrénées (Basses-)	20,150
Drôme	10,050	Pyrénées (Hautes-)	4,800
Dyle	84,250	Pyrénées-Orientales	7,350
Escaut	9,500	Rhin (Bas-)	10,450
Eure	7,850	Rhin (Haut-)	4,950
Eure et-Loir	20,100	Rhin-et-Moselle	1,000
Finistère	11,600	Rhône	90,000
Forêts	2,750	Roër	1,000
Gard	2,850	Sambre-et-Meuse	3,350
Garonne (Haute)	41,200	Saône (Haute-)	1,000
Gers	15,200	Saône-et-Loire	4,950
Gironde	23,900	Sarre	1,000
Golo	3,750	Sarthe	8,700
Hérault	10,100	Seine	100,000
Ille-et-Vilaine	11,800	Seine-Inférieure	12,850
Indre	14,500	Seine-et-Marne	2,300
Indre et-Loire	7,000	Seine et-Oise	3,400
Isère	21,650	Sèvres (Deux-)	8,600
Jemmapes	7,800	Somme	26,100
Jura	2,700	Tarn	7,150
Landes	19,650	Var	13,050
Léman	1,000	Vaucluse	9,050
Liamone	2,500	Vendée	5,200
Loir-et-Cher	3,650	Vienne	10,650
Loire	11,400	Vienne (Haute-)	22,100
Loire (Haute-)	15,700	Vosges	740
Loire-Inférieure	1,000	Yonne	4,750
Loiret	12,700		
Lot	10,200	TOTAUX	1,484,890

CODE CIVIL. — CHAPITRE II. — DES ACTES DE L'ÉTAT CIVIL.

Décrété le 20 ventôse an XI (11 mars 1803), promulgué le 30 ventôse (21 mars).

ART. 55. Les déclarations de naissance seront faites, dans les trois jours de l'accouchement, à l'officier de l'état civil du lieu : l'Enfant lui sera présenté.

56. La naissance de l'Enfant sera déclarée par le père, ou, à défaut du père, par les docteurs en médecine ou en chirurgie, sages-femmes, officiers de santé ou autres personnes qui auront assisté à l'accouchement; et, lorsque la mère sera accouchée hors de son domicile, par la personne chez qui elle sera accouchée. — L'acte de naissance sera rédigé de suite en présence de deux témoins.

57. L'acte de naissance énoncera le jour, l'heure et le lieu de la naissance, le sexe de l'enfant, et les prénoms qui lui seront donnés; les prénoms, nom, profession et domicile des père et mère, et ceux des témoins.

58. Toute personne qui aura trouvé un Enfant nouveau-né sera tenue de le remettre à l'officier de l'état civil, ainsi que les vêtements et autres effets trouvés avec l'Enfant, et de déclarer toutes les circonstances du temps et du lieu où il aura été trouvé. — Il en sera dressé un procès-verbal détaillé, qui énoncera en outre l'âge apparent de l'Enfant, son sexe, les noms qui lui seront donnés, l'autorité civile à laquelle il sera remis : ce procès-verbal sera inscrit sur les registres.

DÉCRET IMPÉRIAL sur les sépultures. (Extrait.)

Au palais de Saint-Cloud, le 23 prairial an XII (12 juin 1804).

NAPOLÉON, par la grâce de Dieu et les constitutions de la République, Empereur des Français;

Sur le rapport du ministre de l'intérieur, le Conseil d'État entendu,

DÉCRÈTE :

. . . .

ART. 20. Les frais et rétributions à payer aux ministres des cultes et autres individus attachés aux églises et temples, tant pour leur assistance aux convois que pour les services requis par les familles, seront réglés par le Gouvernement, sur l'avis des évêques, des consistoires et des préfets, et sur la proposition du conseiller d'État chargé des affaires concernant les cultes. Il ne sera rien alloué pour leur assistance à l'inhumation des individus inscrits aux rôles des indigents.

Signé NAPOLÉON. Par l'Empereur : *le Secrétaire d'État, signé* HUGUES B MARET

LOI relative à la tutelle des Enfants admis dans les hospices.

15 pluviôse an XIII (4 février 1805).

NAPOLÉON, par la grâce de Dieu et les constitutions de la République, Empereur des Français, à tous présents et à venir, SALUT.

Le Corps législatif a rendu, le 15 pluviôse an XIII, le décret suivant, conformément à la proposition faite au nom de l'Empereur et après avoir entendu les orateurs du Conseil d'État et des sections du Tribunat du même jour :

Décret.

ART. 1er. Les Enfants admis dans les hospices, à quelque titre et sous quelque dénomination que ce soit, seront sous la tutelle des commissions administratives de ces maisons, lesquelles désigneront un de leurs membres pour exercer, le cas advenant, les fonctions de tuteur, et les autres formeront le conseil de tutelle.

2. Quand l'Enfant sortira de l'hospice pour être placé comme ouvrier, serviteur ou apprenti dans un lieu éloigné de l'hospice où il avait été placé d'abord, la commission de cet hospice pourra, par un simple acte administratif, visé du préfet ou du sous-préfet, déférer la tutelle à la commission administrative de l'hospice du lieu le plus voisin de la résidence actuelle de l'Enfant.

3. La tutelle des Enfants admis dans les hospices durera jusqu'à leur majorité ou émancipation par mariage ou autrement.

4. Les commissions administratives des hospices jouiront, relativement à l'émancipation des mineurs qui sont sous leur tutelle, des droits attribués aux pères et mères par le Code civil.

L'émancipation sera faite, sur l'avis des membres de la commission administrative, par celui d'entre eux qui aura été désigné tuteur, et qui seul sera tenu de comparaître à cet effet devant le juge de paix.

L'acte d'émancipation sera délivré sans autres frais que ceux d'enregistrement et de papier timbré.

5. Si les Enfants admis dans les hospices ont des biens, le receveur de l'hospice remplira, à cet égard, les mêmes fonctions que pour les biens des hospices.

Toutefois, les biens des administrateurs tuteurs ne pourront, à raison de leurs fonctions, être passibles d'aucune hypothèque. La garantie de la tutelle résidera dans le cautionnement du receveur chargé de la manutention des deniers et de la gestion des biens.

En cas d'émancipation, il remplira les fonctions de curateur.

6. Les capitaux qui appartiendront ou écherront aux Enfants admis dans les hospices seront placés dans les monts-de-piété; dans les communes où il n'y aura pas de monts-de-piété, ces capitaux seront placés à la caisse d'amortissement, pourvu que chaque somme ne soit pas au-dessous de 150 francs; auquel cas, il en sera disposé selon que réglera la commission administrative.

7. Les revenus des biens et capitaux appartenant aux Enfants admis dans les hospices seront perçus, jusqu'à leur sortie desdits hospices, à titre d'indemnité des frais de leur nourriture et entretien.

8. Si l'Enfant décède avant sa sortie de l'hospice, son émancipation ou sa majorité, et qu'aucun héritier ne se présente, ses biens appartiendront en propriété à l'hospice, lequel en pourra être envoyé en possession à la diligence du receveur et sur les conclusions du ministère public.

S'il se présente ensuite des héritiers, ils ne pourront répéter les fruits que du jour de la demande.

9. Les héritiers qui se présenteront pour recueillir la succession d'un Enfant décédé avant sa sortie de l'hospice, son émancipation ou sa majorité, seront tenus d'indemniser l'hospice des aliments fournis et dépenses faites pour l'Enfant décédé pendant le temps

qu'il sera resté à la charge de l'administration, sauf à faire entrer en compensation, jusqu'à due concurrence, les revenus perçus par l'hospice.

Collationné à l'original, par nous président et secrétaires du Corps législatif, à Paris, le 15 pluviôse an XIII. *Signé* FONTANES *président;* SIEYÈS, J. J FRANCIA, DANEL. *secrétaires.*

Mandons et ordonnons que les présentes, revêtues des sceaux de l'État, insérées au Bulletin des lois, soient adressées aux cours, aux tribunaux et aux autorités administratives, pour qu'ils les inscrivent dans leurs registres, les observent et les fassent observer; et le grand juge, ministre de la justice, est chargé d'en surveiller la publication.

Donné au palais des Tuileries, le 25 pluviôse an XIII, de notre règne le premier. *Signé* NAPOLÉON.

Vu par nous Archi-Chancelier de l'Empire, signé CAMBACÉRÈS. Par l'Empereur : *le Secrétaire d'Etat,* signé HUGUES B. MARET — *Le Grand Juge, Ministre de la justice,* signé REGNIER

Loi sur le mode de recouvrement du prix des mois de nourrice des Enfants de la ville et banlieue de Paris.

Du 25 mars 1806.

NAPOLÉON, par la grâce de Dieu et les constitutions de la République, Empereur des Français, à tous présents et à venir, SALUT.

Le Corps législatif a rendu, le 25 mars 1806, le décret suivant, conformément à la proposition faite au nom de l'Empereur, et après avoir entendu les orateurs du Conseil d'État et des sections du Tribunat le même jour.

Décret.

ART. 1er. Le recouvrement du prix des mois de nourrice des Enfants de la ville et banlieue de Paris sera fait, désormais, d'après un rôle qui sera rendu exécutoire par le préfet du département, lequel, en cas de retard de payement, pourra décerner contrainte comme pour les contributions, sans que la voie de contrainte par corps puisse jamais avoir lieu.

2. Il sera statué par le conseil de préfecture, présidé par le préfet du département, sur les oppositions aux rôles ou contraintes, et sur les contraventions aux lois et règlements touchant le bureau des nourrices.

Collationné à l'original, par nous président et secrétaires du Corps législatif Paris, le 25 mars 1806. *Signé* FONTANES, *président,* GAUTIER, BLANC, BONNOT, SORET (de Seine-et-Oise), *secrétaires*

Mandons et ordonnons que les présentes, revêtues des sceaux de l'État, insérées au Bulletin des lois, soient adressées aux cours, aux tribunaux et aux autorités administratives, pour qu'ils les inscrivent dans leurs registres, les observent et les fassent observer; et notre grand juge, ministre de la justice, est chargé d'en surveiller la publication. *Signé* NAPOLÉON.

Par l'Empereur. *Vu par nous Archi-Chancelier de l'Empire,* signé CAMBACÉRÈS. — *Le Grand-Juge, Ministre de la justice,* signé REGNIER.

Décret impérial concernant le service dans les églises et les convois funèbres. (Extrait.)

Au palais de Saint-Cloud, le 18 mai 1806

Napoléon, Empereur des Français, Roi d'Italie;
Sur le rapport de notre ministre de l'intérieur,
Notre Conseil d'État entendu,
Nous avons décrété et décrétons ce qui suit :

....

Art. 4. Dans toutes les églises, les curés, desservants et vicaires feront gratuitement le service exigé pour les morts indigents; l'indigence sera constatée par un certificat de la municipalité.

5. Si l'église est tendue pour recevoir un convoi funèbre et qu'on présente ensuite le corps d'un indigent, il est défendu de détendre jusqu'à ce que le service de ce mort soit fini.

....

9. Dans les communes où il n'existe pas d'entreprise et de marché pour les sépultures, le mode du transport des corps sera réglé par les préfets et les conseils municipaux. Le transport des indigents sera fait gratuitement.

....

11. Le transport des morts indigents sera fait décemment et gratuitement : tout autre transport sera assujetti à une taxe fixe. Les familles qui voudront quelque pompe traiteront avec l'entrepreneur, suivant un tarif qui sera dressé à cet effet.

Signé Napoléon. Par l'Empereur, *le Secrétaire d'État*, signé Hugues B. Maret

---

Décret impérial concernant l'administration du bureau des nourrices de la ville de Paris.

Au palais de Saint-Cloud, le 30 juin 1806.

Napoléon, Empereur des Français, Roi d'Italie;
Sur le rapport de notre ministre de l'intérieur;
Vu les déclarations des 29 janvier 1715, 1er mars 1727 et 24 juillet 1769;
Vu pareillement l'arrêté du Gouvernement du 29 germinal an IX;
Notre Conseil d'État entendu,
Nous avons décrété et décrétons ce qui suit :

Art. 1er. L'administration du bureau des nourrices de la ville de Paris continuera de faire partie des attributions de l'administration générale des secours et hôpitaux de ladite ville, sous l'autorité du préfet du département, pour la partie administrative, et, pour la police, sous celle du préfet de police.

2. Conformément à l'article 3 de la déclaration du 24 juillet 1769, la nomination du directeur de l'établissement, en cas de vacance de la place, sera proposée à l'approbation de notre ministre de l'intérieur, par le préfet du département, qui recevra son serment de bien et fidèlement remplir ses fonctions. Le directeur aura entrée et voix consultative dans les assemblées.

3. Les préposés nécessaires pour le recouvrement des mois de nourrice seront nommés

par le conseiller d'État préfet du département, sur la présentation du directeur. Un des membres de l'agence d'exécution des hôpitaux sera spécialement délégué par le préfet pour la surveillance journalière des opérations du bureau.

4. Conformément à l'article 7 de la déclaration susdatee, le directeur arrêtera, chaque mois, le rôle des recouvrements à faire : il sera vérifié par l'administrateur surveillant, et, à sa réquisition, rendu exécutoire, conformément à la loi du 25 mars dernier, à l'instar des rôles de contributions, par une ordonnance du préfet du département, laquelle sera, nonobstant appel ou opposition et sans y préjudicier, exécutée sans frais, à la diligence du directeur, par voie de contrainte, la prise de corps exceptée, après néanmoins qu'il aura été délivré deux avertissements d'y satisfaire, à huit jours de distance l'un de l'autre, par les préposés aux recouvrements. En tête du dernier avertissement seront transcrits l'extrait du rôle concernant chaque débiteur en retard, et l'ordonnance d'exécution.

5. Il sera statué, conformément à la même loi, tant sur les oppositions formées aux ordonnances d'exécution que sur les contestations ou contraventions qui pourraient s'élever dans l'exécution des lois et règlements non abrogés de l'établissement, par le conseil de préfecture, comme pour les contributions.

6. Tous les registres de l'établissement et de ses préposés seront cotés et parafés par le préfet du département, ils seront représentés aux deux préfets et aux administrateurs, à toute réquisition qui en sera faite au directeur : ils ne seront point assujettis au timbre.

7. Chaque mois le directeur, dans une des assemblées, mettra un bordereau de situation de l'établissement sous les yeux de l'administration, qui le vérifiera et le soumettra, pour être arrêté, au préfet président. Une copie de ce bordereau sera transmise à notre ministre de l'intérieur.

8. Un compte général sera rendu dans le cours des six premiers mois qui suivront l'année expirée. Ce compte sera entendu, clos et arrêté dans une assemblée générale, sur le rapport de l'administrateur surveillant, et soumis à l'approbation de notre ministre de l'intérieur.

9. Notre ministre de l'intérieur nous proposera les règlements nouveaux qui seront par lui jugés nécessaires au bien de l'établissement, et particulièrement, sur l'avis du préfet de police, ceux qui concernent la correspondance avec les maires des communes qu'habitent les nourrices, pour la surveillance et la police.

10. Notre ministre de l'intérieur est chargé de l'exécution de notre présent décret.

Signé NAPOLÉON. Par l'Empereur, *le Secrétaire d'État*, signé HUGUES B. MARET

DÉCRET IMPÉRIAL concernant le mode de rédaction de l'acte par lequel l'officier de l'état civil constate qu'il lui a été présenté un Enfant sans vie.

Au palais de Saint-Cloud, le 4 juillet 1806.

NAPOLÉON, Empereur des Français, Roi d'Italie;

Sur le rapport de notre grand juge, ministre de la justice ;

Vu les différents articles du Code civil relatifs au mode de constater les décès ;

Notre Conseil d'État entendu,

NOUS AVONS DÉCRÉTÉ et DÉCRETONS ce qui suit :

ART. 1er. Lorsque le cadavre d'un Enfant dont la naissance n'a pas été enregistrée sera présenté à l'officier de l'état civil, cet officier n'exprimera pas qu'un tel Enfant est décédé, mais seulement qu'il lui a été présenté sans vie. Il recevra de plus la déclaration des témoins, touchant les noms, prénoms, qualités et demeures des père et mère de l'Enfant, et la désignation des an, jour et heure auxquels l'Enfant est sorti du sein de sa mère.

2. Cet acte sera inscrit à sa date sur les registres de décès, sans qu'il en résulte aucun préjugé sur la question de savoir si l'Enfant a eu vie ou non.

3. Notre grand juge, ministre de la justice, et notre ministre de l'intérieur, sont chargés, chacun en ce qui le concerne, de l'exécution de notre présent décret.

Signé NAPOLÉON. Par l'Empereur, *le Secrétaire d'État*, signé HUGUES B MARET.

DÉCRET sur les amendes de police municipale, rurale et correctionnelle.

17 mai 1809.

ART. 1er. L'administration de l'enregistrement et des domaines cessera de faire verser par ses préposés, dans les caisses communales, le montant des amendes de police municipale, correctionnelle et rurale qui auront été recouvrées depuis le 1er janvier dernier

2. A compter de la même époque, les attributions des communes, dans ces amendes, seront des deux tiers du produit net.

3. L'autre tiers de ce produit sera attribué aux hospices du chef-lieu du département.

4. Les inspecteurs de l'enregistrement feront compter les receveurs de la totalité de ces amendes, et en feront verser le produit avec le décime par franc, savoir : pour les deux tiers du principal revenant aux communes et pour la totalité du décime, à la caisse du receveur général du département, et pour le tiers affecté à la nourriture des Enfants abandonnés, dans celle du receveur de l'hospice, ainsi qu'il est prescrit par l'arrêté du 15 mai 1800 (25 floréal an VIII).

5. Les deux tiers du principal desdites amendes, versés à la caisse du receveur général, formeront un fonds commun, qui sera réparti par le préfet sur ses mandats, proportionnellement aux besoins de chaque commune.

CODE PÉNAL. — TITRE II, CHAPITRE Ier, SECTION 6, § Ier.

Loi décrétée le 17 février 1810, promulguée le 27 du même mois

ART. 346. Toute personne qui, ayant assisté à un accouchement, n'aura pas fait la déclaration à elle prescrite par l'article 56 du Code civil et dans le délai fixé par l'article 55 du même Code, sera punie d'un emprisonnement de six jours à six mois, et d'une amende de seize francs à trois cents francs.

347. Toute personne qui, ayant trouvé un Enfant nouveau-né, ne l'aura pas remis à l'officier de l'état civil, ainsi qu'il est prescrit par l'article 58 du Code civil, sera punie des peines portées au précédent article.

La présente disposition n'est point applicable à celui qui aurait consenti à se charger de l'Enfant, et qui aurait fait sa déclaration à cet égard devant la municipalité du lieu où l'Enfant a été trouvé.

348. Ceux qui auront porté à un hospice un Enfant au-dessous de l'âge de sept ans accomplis, qui leur aurait été confié afin qu'ils en prissent soin ou pour toute autre cause, seront punis d'un emprisonnement de six semaines à six mois, et d'une amende de seize francs à cinquante francs.

Toutefois, aucune peine ne sera prononcée s'ils n'étaient pas tenus ou ne s'étaient pas obligés de pourvoir gratuitement à la nourriture et à l'entretien de l'Enfant, et si personne n'y avait pourvu.

349. Ceux qui auront exposé et délaissé en un lieu solitaire un Enfant au-dessous de l'âge de sept ans accomplis; ceux qui auront donné l'ordre de l'exposer ainsi, si cet ordre a été exécuté, seront, pour ce seul fait, condamnés à un emprisonnement de six mois à deux ans, et à une amende de seize francs à deux cents francs.

350. La peine portée au précédent article sera de deux ans à cinq ans, et l'amende de cinquante à quatre cents francs, contre les tuteurs ou tutrices, instituteurs ou institutrices de l'Enfant exposé et délaissé par eux ou par leur ordre.

351. Si, par suite de l'exposition et du délaissement prévus par les articles 349 et 350, l'Enfant est demeuré mutilé ou estropié, l'action sera considérée comme blessures volontaires à lui faites par la personne qui l'a exposé et délaissé; et, si la mort s'en est suivie, l'action sera considérée comme meurtre : au premier cas, les coupables subiront la peine applicable aux blessures volontaires; et, au second cas, celle du meurtre.

352. Ceux qui auront exposé et délaissé en un lieu non solitaire un Enfant au-dessous de l'âge de sept ans accomplis seront punis d'un emprisonnement de trois mois à un an et d'une amende de seize francs à cent francs.

353. Le délit prévu par le précédent article sera puni d'un emprisonnement de six mois à deux ans et d'une amende de vingt-cinq francs à deux cents francs, s'il a été commis par les tuteurs ou tutrices, instituteurs ou institutrices de l'Enfant.

Décret relatif à la fixation des dépenses départementales pour l'année 1810. (Extrait).

Au palais de Saint-Cloud, le 11 juin 1810.

Napoléon, Empereur des Français, roi d'Italie, protecteur de la confédération du Rhin, médiateur de la confédération Suisse;

Sur le rapport de notre ministre de l'intérieur,

Notre conseil d'État entendu,

Nous avons décrété et décrétons ce qui suit :

....

TITRE V.

Des Enfants trouvés.

13 Les fonds alloués en 1809 pour les Enfants trouvés sont alloués également pour 1810 et dans la même proportion.

14. En cas d'insuffisance desdits fonds, le préfet affectera à cette dépense le restant disponible sur le montant de la retenue faite sur les biens des communes pour la compagnie de réserve du département; et si après cette affectation il y a encore insuffisance, le préfet proposera à notre ministre de l'intérieur, pour être soumis à notre approbation, un prélèvement additionnel sur les revenues des communes.

15. Il nous sera présenté un projet de décret contenant des dispositions sur la manière de vérifier chaque mois le nombre des Enfants trouvés, et de les rendre utiles, par le travail, lorsqu'ils seront en âge.

....

27. Nos ministres de l'intérieur, des finances et du trésor public, sont chargés de l'exécution du présent décret, qui sera inséré au bulletin des lois.

Signé Napoléon. Par l'Empereur, *le Ministre Secrétaire d'État,* H B, duc de Bassano.

2e PÉRIODE, DE 1811 A 1850.

LOIS. — DÉCRETS. — ORDONNANCES.

J'ai cherché à recueillir avec le plus grand soin tout ce qui se rattachait au décret du 19 janvier 1811. Les registres du Conseil d'État se bornent simplement à le transcrire tel qu'on le trouve dans le *Bulletin des lois,* en mentionnant qu'il a été rendu sur le rapport de M. Regnault de Saint-Jean-d'Angély. Il n'y a donc rien à puiser dans ces registres. Mais il existe, aux archives du Conseil d'État, un dossier intitulé *Enfants trouvés,* classé sous le n° 41,563, qui renferme neuf pièces inédites : je les livre toutes à l'impression. Rien de plus propre que ces pièces à révéler la pensée qui a présidé au décret du 19 janvier 1811. On remarquera qu'avant de l'émettre, Napoléon eut grand soin de demander à la statistique toutes les lumières qu'elle pouvait lui fournir.

RAPPORT *du ministre de l'intérieur à Sa Majesté impériale et royale, protecteur de la Confédération du Rhin, médiateur de la Confédération suisse.*

Paris, le 29 août 1810.

SIRE, les relevés que Votre Majesté m'avait ordonné de mettre sous ses yeux, pour lui faire connaître tout ce qui est relatif aux Enfants trouvés, ont exigé un temps plus considérable que je ne l'avais prévu : ils sont faits, mais ils ne m'ont été remis que ce matin par mes bureaux; je les ai dans mon portefeuille, ainsi qu'un volumineux projet de règlement qu'il me paraît indispensable de refondre. Je prie Votre Majesté de permettre que je reprenne ce travail, que je rapporterai à un prochain conseil, après l'avoir examiné, en avoir combiné les résultats, et y avoir puisé les éléments de propositions mieux combinées et susceptibles de former législation générale.

Le nombre des Enfants trouvés est de 80,000, leur dépense est de 7,600,000 fr. : c'est un peu moins de 100 francs par individu, ou à peu près 8 francs par mois. L'État fournit 4,100,000 francs; il reste à la charge des hôpitaux, des communes, ou en déficit, 3,500,000 francs.

Je pense qu'un meilleur système réduira le nombre des Enfants à 60,000, et la dépense à 5,800,000 francs; de sorte que si Votre Majesté continue un subside départemental de 4,000,000, il ne restera à la charge des communes et des hospices que 1,800,000 francs, qui peuvent être facilement supportés par ces caisses.

Les Enfants de sept à douze ans, époque où l'on cesse de les entretenir, sont à peu près le quart de la masse : ainsi, aujourd'hui, on peut compter sur 20,000; et, dans l'avenir, sur 15,000.

Cette masse de sept à douze ans se divise à peu près par cinquième pour chaque année; de sorte qu'aujourd'hui Votre Majesté trouverait à peu près 4,000 Enfants de douze ans, et si elle voulait, comme je le proposerai, disposer des mâles pour la marine, ce serait une ressource de 2,000 individus; cette ressource ne sera, à l'avenir, que de 1,500 jeunes garçons par an.

Si Votre Majesté jugeait à propos de remonter au-dessus de douze ans, elle aurait pour la première levée autant de fois 2,000 qu'elle prendrait d'années; mais, à l'avenir, ce ne serait toujours que 1,500 chaque année.

J'ai recueilli des notes sur les Enfants trouvés et les orphelins de la Hollande : le nombre des Enfants trouvés est peu considérable : on peut dire presque nul, partout ailleurs qu'à Amsterdam; mais il y a beaucoup de maisons d'orphelins dotées pour recevoir les Enfants pauvres des pères et mères connus.

Le nombre des Enfants trouvés n'excède pas 1,000 mâles. On n'a pu me dire avec quelque approximation celui des orphelins; mais il est au moins double : ce serait donc 3,000 mâles, ou 150 par année après la septième.

Le taux moyen de la dépense excède de beaucoup celui de France; il est au moins de 130 florins ou 270 francs; mais il est à remarquer qu'il ne s'agit point, comme chez nous, d'Enfants qui sont au-dessous de douze ans; on les garde, en Hollande, jusqu'à 20 ans : on leur apprend un métier, et ce n'est qu'à cet âge, à ce qu'il paraît, que le Roi, par une disposition récente, les a pris pour les incorporer dans l'armée. Cette ressource, même la première fois, a été peu considérable; comme recrutement annuel, elle le sera bien moins encore.

LL. EE. les ministres de la guerre et de la marine obtiendront, sur ce point, des données positives, que la section de l'intérieur de la commission n'a pu me procurer.

Je suis, etc. *Signé* Montalivet.

Rapport du ministre de l'intérieur à S. M. l'Empereur et Roi.

Paris, le 12 septembre 1810 (1)

Sire, dans un premier rapport du mois d'août, sur les Enfants trouvés, j'ai annoncé un projet de décret que je soumets aujourd'hui à Votre Majesté.

J'ai pensé que tout ce qui n'était que réglementaire devait être renvoyé à l'époque où il s'agira d'adapter les principes à chaque localité.

J'ai considéré les Enfants trouvés comme une charge des hospices, toutes les fois qu'ils résideront dans un établissement. C'est d'ailleurs un moyen de diminuer beaucoup les abus. La faiblesse des administrateurs les engage trop souvent à fermer les yeux sur les dépenses qui ne sont pas à leur charge.

L'État fixe sa dépense à 4 millions; c'est un peu plus de moitié de la dépense générale. Il ne payera que les mois de nourrice jusqu'à onze ans. Cette somme sera insuffisante, sans doute, mais de fort peu, au moyen de la disposition qui exige des certificats des maires des communes où sont les enfants, et des visites par les commissaires des hospices.

(1) Ce rapport a été demandé au ministre de l'intérieur le jour même où celui ci a été renvoyé au conseil. Il serait nécessaire de le connaître [41563]

Dans la même vue, et pour assurer le plus grand ordre, je pense qu'il faut, au plus, un hospice d'Enfants trouvés par arrondissement.

Je propose de fixer à onze ans au lieu de douze l'époque où les Enfants seront à la charge publique.

Les tableaux mis sous les yeux de Votre Majesté élèvent le nombre des Enfants trouvés à 80,000 (1). Ce nombre diminuera nécessairement : la réduction de celui des hospices, la mise à leur charge de ce qui les habite, l'ordre proposé pour constater l'existence des Enfants, l'âge de onze ans substitué à celui de douze, comme terme de leur éducation, tout en donne la certitude. Je suppose donc avec quelque fondement que le nombre des Enfants abandonnés sera réduit de 60 à 70,000.

La dépense actuelle est de 7,600,000 francs. Les mêmes raisons la réduiront probablement à 6 millions de francs, dont 2 millions à la charge des hospices et des villes, et 4 millions à la charge du fonds départemental des dépenses variables.

Votre Majesté aura remarqué que le taux moyen de la dépense des Enfants trouvés est de moins de 100 francs. Ce résultat n'est point désavantageux : en Hollande, il était de 260 francs; il est vrai qu'on est chargé des enfants jusqu'à vingt et un ans.

Je suis avec le plus profond respect, Sire, de Votre Majesté Impériale et Royale, le sujet le plus fidèle et le plus dévoué. *Signé* Montalivet.

Copie d'une lettre sans signature.

A S Exc. le Ministre de l'intérieur.

Paris, le 30 septembre 1810.

Monsieur le Comte, un rapport de Votre Excellence, du 12 septembre, renvoyé au conseil le 27, annonce 1° un rapport antérieur du 29 août; 2° des états qui ne sont pas joints.

Votre Excellence voudrait-elle m'envoyer copie de son premier rapport du 29 août, et des états qui sont nécessaires pour la délibération du conseil.

Qu'elle agrée l'assurance de ma haute considération.

Lettre adressée par M. Berlier à S. Exc. le comte Regnault de Saint-Jean-d'Angély, ministre d'État.

Paris, le 2 octobre 1810.

Mon cher et honoré président, je n'ai reçu qu'hier soir la lettre que vous m'avez écrite de Fontainebleau le 29 du mois dernier.

Les articles 348 et suivants du nouveau Code pénal me paraissent propres à résoudre vos doutes : les peines dues à l'exposition publique y sont graduées selon que l'exposition a été faite en un lieu solitaire ou non solitaire; ceux qui délaissent un Enfant nouveau-né à la porte d'un hospice me semblent être évidemment dans le cas de l'article 352.

(1) Ces tableaux ont aussi été demandés Ils étaient nécessaires à la discussion, et on avait retiré les dossiers du travail jusqu'à ce qu'ils fussent arrivés.

Si, après la lecture de ces articles, il vous reste quelque embarras, nous causerons de cet objet à première entrevue.

J'offre mes hommages à Son Excellence, et mes amitiés à mon collègue. *Signé* BERLIER.

MINISTÈRE DE L'INTÉRIEUR.

RAPPORT présenté à Sa Majesté l'Empereur et Roi, sur le nombre et la dépense des Enfants trouvés, suivi des états A et B.

(3e Division. — Bureau des secours, des hôpitaux et des dépôts de mendicité. (N° 58,320)

Paris, le..... (1)

SIRE, Votre Majesté a demandé que je lui fisse connaître le nombre et la dépense des Enfants trouvés dans le cours du dernier exercice. J'ai l'honneur de lui en mettre le tableau sous les yeux : je la prie seulement de remarquer que, tous les états de trimestre ne m'étant pas parvenus, j'ai été obligé de suppléer à ceux qui me manquaient en remontant aux exercices antérieurs, et en prenant sur les résultats du dépouillement de six années une moyenne proportionnelle, ce qui me donne une espérance assez fondée d'avoir approché beaucoup du nombre exact, autant du moins qu'on peut se promettre de l'atteindre dans un sujet qui, de sa nature, est variable et incertain.

Votre Majesté voit, en jetant les yeux sur le total des Enfants, que le nombre s'en élève à 70,558. Ce nombre est grand, sans doute, mais si l'on réfléchit qu'en 1784 il s'élevait déjà à 40,000, on ne sera pas surpris qu'il se soit accru d'environ 30,000 dans un intervalle de temps semé d'orages, et après des guerres suivies de conquêtes qui ont si considérablement augmenté l'étendue de l'empire (2).

La colonne des dépenses donne un total de 6,717,060 fr. Cette somme, répartie entre le nombre des Enfants, donne pour terme moyen de la dépense de chacun d'eux une somme de 95 fr. par an, 8 fr. par mois, et 26 c. par jour.

Quant à la manière de régler cette dépense, l'âge des Enfants et les localités admettant des différences dans les rétributions que l'on accorde aux nourrices et aux personnes qui se chargent d'Enfants trouvés, ces rétributions ont été fixées isolément jusqu'à ce jour pour chaque département, et, à cet effet, on a divisé les Enfants en trois classes.

Dans la première sont compris les Enfants qui ne sont pas âgés de plus d'une année, et pour lesquels les rétributions sont assez généralement calculées à raison de 10 fr. par mois.

Les Enfants qui entrent dans leur seconde année, jusqu'à sept ans révolus, sont compris dans la seconde classe, et l'on peut évaluer le terme moyen des pensions que l'on paye pour chacun d'eux à 8 fr. par mois.

Les Enfants qui entrent dans leur huitième année et qui n'ont pas atteint douze ans révolus sont compris dans la troisième classe, et l'on peut évaluer la dépense moyenne de chacun d'eux à 6 fr. par mois.

J'ajouterai que ces rétributions sont graduées sur les services que les Enfants peuvent

(1) Le rapport ne mentionne pas la date; mais elle résulte suffisamment de son contexte. (Note de M. Valentin-Smith.)

(2) M. *Necker* (dans son Traité de l'administration des finances, année 1784) porte à 40,000 le nombre des Enfants trouvés, d'après les états fournis alors au contrôle général.

Le ministre Rolland (dans son Compte rendu pour l'année 1792) comprend la dépense des Enfants trouvés pendant cet exercice pour 3 millions de francs. Cette somme, répartie à raison de 75 fr. par Enfant, prix que l'on payait alors, représente également un nombre de 40,000 Enfants.

rendre dans les différents âges de leur vie; qu'à douze ans révolus, ces Enfants ne sont plus à la charge des caisses publiques, et qu'on cesse de pourvoir à leur entretien. Les administrations auxquelles la tutelle en est déférée par les lois doivent les placer chez des cultivateurs, ou les répartir dans les fabriques et les manufactures; c'est ce qui se fait assez généralement, et je crois qu'à l'égard des filles il n'y a rien à changer à ce qui se pratique aujourd'hui; mais à l'égard des garçons, Votre Majesté a pensé qu'il serait meilleur pour eux, et plus utile pour le gouvernement, qui fait les frais de leur éducation, de les destiner à l'état militaire. Cette grande pensée sera, sans doute, suivie des résultats les plus heureux; il suffirait pour cela de former deux ou trois établissements spéciaux, où l'on réunirait les Enfants les mieux constitués et qui auraient atteint leur dixième année : Votre Majesté m'a demandé de lui présenter un projet de règlement sur cet objet, et d'y faire entrer quelques dispositions sur les formes à suivre pour la réception des Enfants et pour leur éducation. Je m'occupe, Sire, de ce règlement, et j'aurai l'honneur de vous le soumettre de manière à ce que Votre Majesté puisse, ainsi qu'elle en a témoigné le désir, réaliser pour l'an 1811, toutes les opérations praticables qu'elle a conçues sur cette partie d'administration.

Votre Majesté remarquera peut-être que pour certains départements le nombre des Enfants, comparé à celui des Enfants de quelques autres départements, n'est pas dans la proportion de leur population respective. Ce n'est pas toujours la population d'un département qui fournit seule à la masse des Enfants trouvés qui s'y trouvent : indépendamment des habitudes, il est assez généralement reconnu que les départements où il existe des grandes villes, et où l'on peut avec plus de secret et de facilité déposer les Enfants, ceux dans lesquels il existe des salles de femmes en couche et des établissements spéciaux, se trouvent surchargés d'Enfants trouvés qu'on y transporte des départements voisins. Il existe, sans doute, encore d'autres causes; mais je pense que la correspondance que j'ouvre, à cet égard, avec les autorités locales me mettra dans le cas de les connaître d'une manière positive, et de faire tout ce qui sera nécessaire pour rétablir, autant qu'il sera possible, une égalité de charges entre les départements.

Quant à la différence qui existe dans les dépenses, elle résulte des difficultés que l'on a dans quelques lieux pour se procurer des nourrices; du séjour forcément prolongé des Enfants dans les hospices, où l'entretien des nourrices sédentaires est beaucoup plus dispendieux; de la nécessité où l'on est, dans quelques départements, d'employer des *meneurs* pour amener des nourrices; des frais de transport des Enfants dans des lieux plus ou moins rapprochés des établissements qui les ont reçus; et enfin de la cherté plus ou moins grande des subsistances. Je ne doute cependant pas qu'en certains lieux la différence dans les dépenses n'ait aussi pour cause une exagération dans le prix des mois de nourrice: je provoque de nouveau sur ce point l'attention des préfets, et j'espère en obtenir des renseignements suffisants pour juger s'il y a des abus à réformer, et quelles sont les réductions qu'on pourrait opérer dans les dépenses.

Ces dépenses font un objet de	6,717,060f
Il y est pourvu, dans les départements désignés en l'état joint au présent rapport, tant sur les octrois de quelques villes que sur les ressources des hôpitaux et les revenus spéciaux des Enfants trouvés, jusqu'à concurrence de..	1,056,596
Il reste conséquemment à fournir un supplément de	5,660,464
En admettant que Votre Majesté allouera comme en 1809	4,112,099
Il restera toujours un excédant de dépense qu'il importe de couvrir par quelques moyens, afin d'éviter une nouvelle dette qui, se renouvelant chaque année, ne pourrait que devenir très-considérable : cet excédant est de..	1,548,365

En ce qui concerne la répartition des fonds que Votre Majesté juge convenable d'allouer pour ce service, elle se fait assez généralement par les préfets entre les différents hospices qui servent de premier asile aux Enfants, dans la proportion des Enfants dont ils sont chargés. On admet cependant des exceptions à cette règle commune lorsque le nombre des Enfants trouvés reçus dans quelques-uns des hospices est assez considérable pour l'exiger, en donnant moins aux établissements qui, n'ayant que très-peu d'Enfants, peuvent plus facilement pourvoir à leur entretien sur leur dotation particulière et supporter des retranchements.

Je ne terminerai point ce rapport sans représenter à Votre Majesté qu'en général, et depuis quelques années, il s'est opéré de grandes améliorations dans le régime des hôpitaux, et que ces améliorations, réunies à la pratique de la vaccine, contribuent sensiblement à diminuer la mortalité des Enfants.

Je suis avec un profond respect, Sire, de Votre Majesté impériale et royale, le très-obéissant, très-dévoué et très fidèle serviteur et sujet, MONTALIVET.

ÉTAT A. *Nombre des Enfants trouvés, en 1810, dans les divers départements de l'Empire.*

DÉPARTEMENTS.	POPULATION de chaque DÉPARTEMENT.	NOMBRE D'ENFANTS trouvés ou abandonnés.	DÉPENSE ANNUELLE, y compris layettes et vêtures.	MONTANT de CE QUE COÛTE annuellement chaque enfant.	FONDS ALLOUÉS EN 1809 dans les budgets de département, pour la dépense.	OBSERVATIONS.
			fr.	fr.	fr.	
	304,468	250	22,500	92	14,000	
ne	442,989	697	55,474	80	45,000	
er	260,266	1,267	79,182	63	60,000	
es (Basses-)	146,994	627	64,640	103	16,000	
es (Hautes-)	124,763	138	13,040	94	12,000	
es-Maritimes	131,266	245	25,000	104	14,647	
nnins	203,934	91	7,900	87	5,000	
eche	290,833	414	26,001	63	20,000	
ennes	275,792	392	32,724	83	20,000	
ge	222,936	163	15,000	92	7,000	
o	536,450	1,194	117,000	98	100,000	
e	238,819	363	36,000	99	34,000	
e	240,993	420	39,800	95	22,000	
yron	344,929	880	80,600	91	76,000	
ches du-Rhône	293,235	1,748	210,428	120	90,000	
vados	505,420	1,939	138,076	71	130,000	
tal	251,436	744	74,918	101	50,000	
rente	326,885	601	42,400	70	20,000	
rente-Inferieure	393,011	597	47,658	80	46,000	
r	228,158	452	37,800	84	34,000	
reze	254,271	380	24,300	64	15,000	
-d'Or	356,436	387	27,000	70	〃	
s du-Nord	519,620	245	23,435	95	6,000	
use	226,224	762	50,000	66	44,000	
e	234,822	260	25,000	96	24,000	
dogne	424,113	641	51,883	81	42,000	
bs	225,149	699	67,000	98	13,000	
me	253,372	442	33,600	76	33,000	
	431,969	2,860	215,000	72	150,000	
nt	636,438	276	26,000	94	20,000	
e	421,481	275	28,000	102	25,000	
e et-Loir	265,996	280	25,000	89	22,000	
stere	452,895	550	51,000	93	50,000	
its	246,333	50	4,500	90	3,000	
l	322,144	357	39,003	109	20,752	
onne (Haute)	430,317	1,330	136,092	102	64,000	
es	400,056	1,600	150,000	94	40,000	
	204,326	884	94,222	107	36,000	
nde	514,462	1,270	190,000	150	24,000	
	112,348	187	19,000	101	16,000	
ult	301,099	125	11,000	89	〃	
l'Elbe	〃	〃	〃	〃	〃	
et-Vilaine	508,344	1,083	87,399	81	14,000	
re	272,730	340	29,000	85	27,000	
re et-Loire	275,792	368	36,800	100	26,000	
s	471,660	730	57,900	80	46,000	
mapes	472,366	884	79,560	90	2,000	
	292,883	97	9,000	92	6,000	
des	240,146	578	43,000	74	30,000	
nan	210,478	49	3,750	76	1,000	
noue	62,354	65	5,400	83	5,000	
-et Cher	213,482	237	22,800	96	20,000	
e	315,858	549	49,460	90	19,000	
e (Haute-)	268,202	687	53,000	78	15,000	
re Inferieure	407,827	57	4,900	86	3,500	
ret	285,395	686	76,137	111	63,000	
	387,803	138	11,640	〃	8,000	
-et-Garonne	352,832	922	86,048	85	50,000	
ere	143,247	147	15,124	93	11,000	
(La)	491,143	66	6,143	103	4,500	
ne et Loire	404,489	711	73,886	93	40,000	
nche	581,429	1,316	105,000	104	100,000	
rengo	319,166	379	36,000	80	30,000	
ne	311,017	827	74,560	90	63,000	
ne (Haute)	237,785	339	24,892	73	20,000	
A REPORTER	20,613,376	38,337	3,448,575	〃	2,067,399	

DÉPARTEMENTS	POPULATION de chaque DÉPARTEMENT.	NOMBRE D'ENFANTS trouvés ou abandonnés	DÉPENSE ANNUELLE, y compris layettes et vêtures.	MONTANT de CE QUE COÛTE annuellement chaque enfant	FONDS ALLOUÉS EN 1809 dans les budgets de département, pour la dépense.	OBSERVATIONS
			fr.	fr.	fr.	
REPORT	20,013,376	38,337	3,448,575	»	2,067,399	
Mayenne	332,253	704	65,740	93	60,000	
Méditerranée	268,368	501	47,000	94	40,000	
Meurthe	365,810	918	79,826	87	60,000	
Meuse	284,703	288	27,450	95	23,000	
Meuse-Inférieure	267,249	25	1,740	70	1,000	
Mont-Blanc	300,239	340	25,000	73	7,000	
Montenotte	289,823	500	47,500	95	»	
Mont-Tonnerre	366,150	96	9,055	94	4,000	
Morbihan	403,423	428	43,700	102	30,000	
Moselle	385,949	578	48,000	83	42,000	
Nethes (Deux-)	284,584	486	30,458	63	10,000	
Nièvre	232,265	196	18,000	92	6,000	
Nord	839,833	1,796	167,760	93	100,000	
Oise	383,507	326	36,700	112	26,000	
Ombrone	151,250	340	32,000	94	32,000	
Orne	425,920	783	69,488	89	65,000	
Ourthe	352,264	156	14,000	85	12,000	
Pas de Calais	570,338	457	32,000	70	20,000	
Pô	399,237	1,232	85,568	70	65,000	
Puy-de-Dôme	542,834	1,173	83,000	71	53,000	
Pyrénées (Basses-)	383,502	992	67,000	68	36,000	
Pyrenées (Hautes-)	198,763	203	19,410	96	10,000	
Pyrenées Orientales	126,626	363	26,700	74	18,000	
Rhin (Bas-)	500,926	417	40,000	96	18,000	
Rhin (Haut-)	414,265	239	23,560	99	20,000	
Rhin-et Moselle	249,010	53	4,800	90	4,000	
Rhône	327,629	3,306	297,540	90	75,000	
Roer	538,650	780	71,000	91	3,000	
Sambre-et-Meuse	155,812	415	33,000	80	24,000	
Saône (Haute-)	286,565	165	16,834	102	1,000	
Saône-et Loire	432,120	180	17,000	95	14,000	
Sarre	251,718	16	1,800	112	1,000	
Sarthe	380,947	628	53,340	85	50,000	
Seine	614,632	4,923	769,730	156	500,000	
Seine-et-Marne	290,206	125	11,600	93	10,500	
Seine et-Oise	410,490	160	16,000	100	15,000	
Seine Inférieure	598,643	1,755	238,824	136	150,000	
Sésia	202,882	89	8,000	90	8,000	
Sèvres (Deux)	233,483	200	20,000	100	18,000	
Somme	451,740	805	83,108	103	80,000	
Stura	431,438	797	69,000	87	50,000	
Tarn	295,885	367	39,332	107	11,200	
Tarn-et-Garonne	228,330	166	15,000	90	10,000	
Taro	368,084	757	71,468	94	26,000	
Var	283,296	975	90,000	92	66,000	
Vaucluse	205,832	503	45,000	90	30,000	
Vendée	270,271	214	19,000	89	19,000	
Vienne	253,048	496	48,608	98	39,000	
Vienne (Haute-)	240,284	315	33,000	105	32,000	
Vosges	313,194	42	3,600	71	3,000	
Yonne	318,554	452	51,246	113	48,000	
TOTAUX	38,316,200	70,558	6,717,060	»	4,113,099	

Le rapport entre le nombre des Enfants trouvés et la population des départements est de 1/543e.

Taux moyen de la dépense pour chaque Enfant.... { par année 95f 00c; par mois. 8 00; par jour.. 0 26

RÉCAPITULATION.

Le nombre des Enfants trouvés ou abandonnés s'élève à 70,558 Enfants.

La dépense annuelle, à 6,717,060f

Les fonds alloués en 1809 s'élèvent à 4,112,099

D'où il résulte un excédant de dépenses de........................ 2 604,961

Cet excédent est couvert, tant sur les revenus, les dons et aumônes affectés spécialement aux Enfants trouvés, que sur les fonds particuliers des hospices qui les tiennent, et sur les octrois de quelques villes, jusqu'à concurrence de 1,056,596 francs, ce qui ne laisse qu'un déficit de 1,548,365 francs.

3e DIVISION.

BUREAU DES SECOURS, DES HÔPITAUX ET DE LA MENDICITÉ.

MINISTÈRE DE L'INTÉRIEUR.

ÉTAT B. *Ressources appliquées au service des Enfants trouvés, indépendamment du supplément alloué sur les centimes additionnels de chaque département.*

DÉPARTEMENTS.	RESSOURCES spécialement affectées au service des enfants trouvés.	DÉPARTEMENTS.	RESSOURCES spécialement affectées au service des enfants trouvés.
Ain	600f	REPORT	419,133f
Alpes (Hautes-)	1,000	Mont-Tonnerre	1,760
Alpes-Maritimes	329	Morbihan	12,000
Aube	500	Moselle	900
Aude	14,608	Nièvre	6,000
Bouches-du-Rhône	120,428	Nord	3,000
Charente	1,000	Ourthe	200
Corrèze	500	Puy-de-Dôme	30,000
Côtes-du-Nord	14,000	Pyrénées (Basses-)	21,800
Dordogne	500	Pyrénées-Orientales	1,000
Doubs	54,000	Rhône	222,540
Dyle	1,000	Roër	67,650
Escaut	4,000	Saône-et-Loire	3,000
Gard	10,404	Sarre	600
Garonne (Haute-)	12,000	Sarthe	267
Gironde	166,000	Seine	240,000
Isère	600	Seine-Inférieure	1,800
Landes	300	Seine-et-Marne	1,500
Loir-et-Cher	400	Seine-et-Oise	1,000
Loire	3,300	Sèvres (Deux-)	636
Lys	864	Tarn	18,200
Manche	1,000	Var	2,200
Mont-Blanc	11,800	Yonne	1,500
A REPORTER	419,133	TOTAL	1,056,686

TABLEAU du nombre et de la dépense des Enfants trouvés, en 1810, dans les 86 départements qui composent la France actuelle.

(Cet état est la reproduction de l'etat A, qui précède, dans un ordre en rapport avec la division territoriale actuelle de la France. L'état qui suit est la reproduction de 31 départements qui faisaient partie de la France sous l'Empire, et qui en ont été distraits en 1814.)

DEPARTEMENTS.	POPULATION de chaque DÉPARTEMENT.	NOMBRE D'ENFANTS trouvés ou abandonnés.	DÉPENSE ANNUELLE, y compris layettes et vêtures	MONTANT de CE QUE COÛTE annuellement chaque enfant.	FONDS ALLOUÉS EN 1809 dans les budgets de département pour les enfants.	OBSERVATIONS
			fr.	fr.	fr.	
Ain	304,468	250	22,500	92	14,000	
Aisne	442,989	697	55,474	80	45,000	
Allier	260,266	1,267	79,182	63	60,000	
Alpes (Basses-)	146,994	627	64,640	103	16,000	
Alpes (Hautes-)	124,763	138	13,040	94	12,000	
Ardeche	290,833	414	26,001	63	20,000	
Ardennes	275,792	392	32,724	83	20,000	
Ariege	222,936	163	15,000	92	7,000	
Aube	238,819	363	36,000	99	34,000	
Aude	240,993	420	39,800	95	22,000	
Aveyron	344,929	880	80,600	91	76,000	
Bouches-du-Rhône	293,235	1,748	210,428	120	90,000	
Calvados	505,420	1,939	138,076	71	130,000	
Cantal	251,436	744	74,918	101	50,000	
Charente	326,885	601	42,400	70	20,000	
Charente-Inférieure	393,011	597	47,658	80	46,000	
Cher	228,158	452	37,800	84	34,000	
Correze	254,271	380	24,300	64	15,000	
Côte d'Or	356,436	387	27,000	70	"	
Côtes-du-Nord	519,620	245	23,435	95	6,000	
Creuse	226,224	762	50,000	66	44,000	
Dordogne	424,113	641	51,883	81	42,000	
Doubs	225,149	699	67,000	93	13,000	
Drôme	253,372	442	33,600	76	33,000	
Eure	421,481	275	28,000	102	25,000	
Eure et-Loir	265,996	280	25,000	89	22,000	
Finistere	452,895	550	51,000	93	50,000	
Gard	322,144	357	39,003	109	20,752	
Garonne (Haute)	430,317	1,330	136,092	102	64,000	
Gers	294,326	884	94,222	107	36,000	
Gironde	514,462	1,270	190,000	150	24,000	
Herault	301,099	125	11,000	89	"	
Ille-et-Vilaine	508,344	1,083	87,399	81	14,000	
Indre	272,730	340	29,000	85	27,000	
Indre-et-Loire	275,792	368	36,800	100	26,000	
Isere	471,660	730	57,900	80	46,000	
Jura	292,883	97	9,000	92	6,000	
Landes	240,146	578	43,000	74	30,000	
Loire-et Cher	213,482	237	22,800	96	20,000	
Loire	315,858	549	49,460	90	19,000	
Loire (Haute-)	268,202	687	53,000	78	15,000	
À REPORTER	....	25,869	2,348,812	....	1,368,252	

DÉPARTEMENTS,	POPULATION de chaque DÉPARTEMENT	NOMBRE D'ENFANTS trouvés ou abandonnés.	DÉPENSE ANNUELLE, y compris layettes et vêtures	MONTANT de CE QUE COÛTE annuellement chaque enfant	FONDS ALLOUÉS EN 1809 dans les budgets de département pour les enfants.	OBSERVATIONS
			fr.		fr.	
REPORT....	....	25,869	2,348,812	....	1,368,252	
Loire Inférieure	407,827	57	4,900	86	3,500	
Loiret	285,395	686	76,137	111	63,000	
Lot	387,803	138	11,640	85	8,000	
Lot et-Garonne	352,832	922	86,048	93	50,000	
Lozère	143,247	147	15,124	103	11,000	
Oise	383,507	326	36,700	112	26,000	
Maine-et-Loire	404,489	711	73,886	104	40,000	
Manche	581,429	1,316	105,000	80	100,000	
Marne	311,017	827	74,560	90	63,000	
Marne (Haute)	237,785	339	24,892	73	20,000	
Mayenne	332,253	704	65,740	93	60,000	
Meurthe	365,810	918	79,826	87	60,000	
Meuse	284,703	288	27,450	95	23,000	
Morbihan	403,423	428	43,700	102	30,000	
Moselle	385,949	578	48,000	83	42,000	
Nièvre	232,265	196	18,000	92	6,000	
Nord	839,833	1,796	167,760	93	100,000	
Orne	425,920	783	69,488	89	65,000	
Pas-de-Calais	570,333	457	32,000	70	20,000	
Puy-de Dôme	542,834	1,173	83,000	71	53,000	
Pyrénées (Basses-)	383,502	992	67,000	68	36,000	
Pyrénées (Hautes-)	198,763	203	19,410	96	10,000	
Pyrénées Orientales	726,626	363	26,700	74	18,000	
Rhin (Bas)	500,926	417	40,000	96	16,000	
Rhin (Haut)	414,265	239	23,560	99	20,000	
Rhône	327,629	3,306	297,540	90	75,000	
Saône (Haute-)	286,565	165	16,834	102	1,000	
Saône-et Loire	432,120	180	17,000	95	14,000	
Sarthe	380,947	628	53,340	85	50,000	
Seine	614,632	4,923	769,730	156	500,000	
Seine-et-Marne	290,206	125	11,600	93	10,500	
Seine-et-Oise	410,490	160	16,000	100	15,000	
Seine-Inférieure	598,643	1,755	238,824	136	150,000	
Sèvres (Deux-)	233,483	200	20,000	100	18,000	
Somme	451,740	805	83,108	103	80,000	
Tarn	295,885	367	39,332	107	11,200	
Tarn-et Garonne	228,330	166	15,000	90	10,000	
Var	283,296	975	90,000	92	66,000	
Vaucluse	205,832	503	45,000	90	30,000	
Vendée	270,271	214	19,000	89	19,000	
Vienne	253,048	496	48,608	98	39,000	
Vienne (Haute-)	240,284	315	33,000	105	32,000	
Vosges	313,194	42	3,600	71	3,000	
Yonne	318,554	452	51,246	113	48,000	
Corse	"	"	"	"	"	
TOTAUX	....	55,769	5,445,418	....	3,410,952	

ÉTAT du nombre des Enfants trouvés, en 1810, dans les trente et un départements qui ont cessé de faire partie de la France en 1814.

DÉPARTEMENTS.	POPULATION de chaque DÉPARTEMENT.	NOMBRE D'ENFANTS trouvés ou abandonnés.	DÉPENSE ANNUELLE, y compris layettes et vêtures.	MONTANT de CE QUE COÛTE annuellement chaque enfant.	FONDS ALLOUÉS EN 1809 dans les budgets de département.	OBSERVATIONS.
Alpes-Maritimes	131,266	245	25,000f	104f	14,647f	
Apennins	203,934	91	7,900	87	5,000	
Arno	536,450	1,194	117,000	98	100 000	
Doire	234,822	260	25,000	96	24,080	
Dyle	431,969	2,860	215,000	72	150,000	
Escaut	636,438	276	26,000	94	20,000	
Forêts	246,333	50	4,500	90	3,000	
Gênes	400,056	1,600	150,000	94	40,000	
Golo	112,348	187	19,000	101	16,000	
Jemmapes	472,366	884	79,560	90	2,000	
Leman	210,478	49	3,750	76	1,000	
Liamone	62,354	65	5,400	83	5,000	
Lys (La)	491,143	66	6,143	93	4,500	
Marengo	319,166	379	36,000	99	30,000	
Mont-Blanc	300,239	340	25,000	73	7,000	
Méditerranée	268,368	501	47,000	94	40,000	
Meuse-Inferieure	267,249	25	1,740	70	1,000	
Mont-Tonnerre	366,150	96	9,055	94	4,000	
Montenotte	289,823	500	47,500	95	"	
Nethes (Deux-)	284,584	486	30,458	73	10,000	
Ombrone	151,250	340	32,000	90	32,000	
Ourthe	352,264	156	14,000	85	12,000	
Pô	399,237	1,232	85,568	70	65,000	
Rhin et-Moselle	249,010	53	4,800	90	4,060	
Roer	538,650	415	71,000	91	3,000	
Sambre-et-Meuse	155,812	811	33,000	80	24,000	
Sarre	251,718	16	1,800	112	1,000	
Sésia	202,882	89	8,000	90	8,000	
Stura	431,438	797	69,000	87	30,000	
Taro	368,084	757	71,468	94	26,000	
Ile d'Elbe	"	"	"	"	"	
TOTAUX	9,365,881	14,789	1,271,642	"	702,147	

RÉCAPITULATION GÉNÉRALE.

Dans les départements composant la France actuelle, le nombre des Enfants trouvés s'élève à	55,769	
La dépense annuelle s'élève à	....	5,445,418f
Dans les trente et un départements supprimés en 1814, le nombre des Enfants trouvés s'élève à	14,789	
La dépense annuelle s'élève à	....	1,271,642
TOTAL GÉNÉRAL des Enfants trouvés	70,558	
DÉPENSE ANNUELLE	....	6,717,060

Lettre du 14 janvier 1811, datée de Paris et signée Forestier, faisant partie du dossier n° 41,563, ainsi que la précédente de M. Berlier.

Monseigneur, je m'empresse de répondre à la lettre que Votre Excellence m'a fait l'honneur de m'écrire.

Les seuls renseignements que je serais en mesure de lui donner se bornent à un état des Enfants trouvés des deux sexes qui existaient en 1804 ou 1805 dans les hospices des départements qui composaient alors la France. Cet état présenterait, aujourd'hui que l'empire s'est considérablement augmenté, des renseignements par trop infidèles pour servir de base au travail dont vous vous occupez.

Je crois donc que Votre Excellence devrait demander au ministère de l'intérieur des renseignements exacts et détaillés sur la population actuelle des hospices, et qu'elle n'aurait rien à désirer en s'adressant, pour cet objet, à M. Barbier Neuville, chef de l'une des divisions de ce ministère.

Au surplus, Monsieur le Comte, si vous jugez que, de manière ou d'autre, je puisse concourir au travail en question, je suis parfaitement à vos ordres à telle heure que vous voudrez bien m'indiquer : seulement je répète à Votre Excellence qu'elle ne peut ni ne doit se contenter des renseignements que j'avais recueillis dans d'autres temps.

Je suis, avec autant de respect que d'attachement, Monseigneur, de Votre Excellence, etc.

Signé Forestier.

Projet de décret.

Napoléon, Empereur des Français, Roi d'Italie, Protecteur de la Confédération du Rhin, Médiateur de la Confédération suisse,

Sur le rapport de notre ministre de l'intérieur,

Notre Conseil d'État entendu,

Nous avons décrété et décrétons ce qui suit :

TITRE Ier.

Art. 1er. Les Enfants dont l'éducation est confiée à la charité publique sont :

1° Les Enfants trouvés;

2° Les Enfants abandonnés;

3° Les orphelins.

TITRE II.

Des Enfants trouvés.

2. Les Enfants trouvés sont ceux qui, nés de pères et mères inconnus, ont été trouvés exposés dans un lieu quelconque, ou portés dans les hospices destinés à les recevoir.

3. Les individus qui seraient convaincus d'avoir exposé des Enfants, ceux qui feraient habitude de les transporter dans les hospices, seront punis conformément aux lois (1).

(1) *Voyez* l'article 348 du Code des délits et des peines, et suivants.

4. Dans chaque hospice destiné à recevoir des Enfants trouvés, il y aura un Tour où ils devront être déposés.

5. Il y aura au plus, dans chaque arrondissement, un hospice où les Enfants trouvés pourront être reçus.

Des registres constateront, jour par jour, leur arrivée, leur sexe, leur âge apparent, et décriront les marques naturelles et les langes qui peuvent servir à les faire reconnaître.

TITRE III.

De l'éducation des Enfants trouvés.

6. Les Enfants trouvés seront mis en nourrice aussitôt que faire se pourra. Jusque-là, ils seront nourris au biberon, ou même au moyen de nourrices résidant dans l'établissement.

7. Les Enfants mis en nourrice recevront une layette; ils resteront en nourrice ou en sevrage jusqu'à l'âge de six ans.

8. À six ans, tous les Enfants seront, autant que faire se pourra, mis en pension chez des cultivateurs ou des artisans. Le prix de la pension décroîtra chaque année; il cessera entièrement à l'âge de onze ans.

9. Les Enfants qui ne pourront pas être mis en pension, les estropiés, les infirmes, seront élevés dans l'hospice; ils seront occupés, dans des ateliers, à des travaux qui ne soient pas au-dessus de leur âge.

TITRE IV

Des dépenses des Enfants trouvés.

10. Les hospices désignés pour recevoir les Enfants trouvés sont chargés de la fourniture des layettes, et de toutes les dépenses intérieures relatives à la nourriture et à l'éducation des Enfants.

11. Nous accordons une somme annuelle de quatre millions pour contribuer au payement des mois de nourrice et des pensions des Enfants trouvés et des Enfants abandonnés

S'il arrivait, après la répartition de cette somme, qu'il y eût insuffisance, le déficit resterait à la charge des hospices respectifs.

12. Les mois de nourrice et les pensions ne pourront être payés que sur des certificats des maires des communes où seront les Enfants. Les maires attesteront, chaque mois, les avoir vus.

13. Les commissions administratives des hospices feront visiter, au moins deux fois l'année, chaque Enfant, soit par un commissaire spécial, soit par les médecins ou chirurgiens vaccinateurs ou des épidémies.

TITRE V.

Des Enfants abandonnés ou orphelins pauvres.

14. Les Enfants abandonnés sont ceux qui, nés de pères ou de mères connus, et d'abord élevés par eux ou par d'autres personnes à leur décharge, en sont délaissés sans qu'on sache ce que les pères et mères sont devenus, ou sans qu'on puisse recourir à eux. Les orphelins sont ceux qui, n'ayant ni père ni mère, n'ont aucun moyen d'existence. Tout

ce qui a été prescrit pour les Enfants trouvés est commun aux Enfants abandonnés et orphelins pauvres.

TITRE VI.

De la tutelle et de la seconde éducation des Enfants trouvés et des Enfants abandonnés.

15. Les Enfants trouvés et les Enfants abandonnés sont sous la tutelle des commissions administratives des hospices, conformément aux règlements existants. Un membre de chaque commission est spécialement chargé de cette tutelle.

16. Lesdits Enfants, élevés à la charge de l'État, sont entièrement à sa disposition.

17. Les Enfants ayant accompli l'âge de onze ans, desquels l'État n'aura pas autrement disposé, seront, autant que faire se pourra, mis en apprentissage, les garçons chez des laboureurs ou des artisans, les filles chez des ménagères, des couturières ou autres ouvrières, ou dans des fabriques et manufactures.

18. Les contrats d'apprentissage ne stipuleront aucune somme en faveur ni du maître ni de l'apprenti; mais ils garantiront au maître les services gratuits de l'apprenti jusqu'à vingt-cinq ans, et à l'apprenti la nourriture, l'entretien et le logement.

19. L'appel à l'armée comme conscrit fera cesser les obligations de l'apprenti.

20. Ceux des Enfants qui ne pourraient être mis en apprentissage, les estropiés et les infirmes qu'on ne trouverait point à placer hors de l'hospice, y resteront à la charge de chaque hospice.

Des ateliers seront établis pour les occuper.

TITRE VII.

De la reconnaissance et de la réclamation des Enfants trouvés et des Enfants abandonnés.

21. Il n'est rien changé aux règles relatives à la reconnaissance et à la réclamation des Enfants trouvés et des Enfants abandonnés; mais, avant d'exercer aucun droit, les parents devront, s'ils en ont les moyens, rembourser toutes les dépenses faites par l'administration publique ou par les hospices; et, dans aucun cas, un Enfant dont l'État aurait disposé ne pourra être soustrait aux obligations qui lui ont été imposées.

TITRE VIII.

Dispositions générales.

22. Notre ministre de l'intérieur nous proposera, avant le 1er janvier 1812, des règlements d'administration publique qui seront discutés en notre conseil d'État. Ces règlements détermineront, pour chaque département, le nombre des hospices où seront reçus les Enfants trouvés, et tout ce qui est relatif à leur administration quant à ce, notamment un mode de revue des enfants existants et de payement des mois de nourrice ou pensions.

23. Notre ministre de l'intérieur est chargé de l'exécution du présent décret, qui sera inséré au Bulletin des lois.

Décret concernant les Enfants trouvés ou abandonnés et les orphelins pauvres.

19 janvier 1811.

Napoléon, Empereur des Français, Roi d'Italie, Protecteur de la Confédération du Rhin, Médiateur de la Confédération suisse,

Sur le rapport de notre ministre de l'intérieur,

Notre Conseil d'État entendu,

Nous avons décrété et décrétons ce qui suit :

TITRE Ier.

Art. 1er. Les Enfants dont l'éducation est confiée à la charité publique sont :

1° Les Enfants trouvés;

2° Les Enfants abandonnés;

3° Les orphelins pauvres.

TITRE II.

Des Enfants trouvés.

2. Les Enfants trouvés sont ceux qui, nés de pères et mères inconnus, ont été trouvés exposés dans un lieu quelconque, ou portés dans les hospices destinés à les recevoir.

3. Dans chaque hospice destiné à recevoir des Enfants trouvés, il y aura un Tour où ils devront être déposés.

4. Il y aura au plus, dans chaque arrondissement, un hospice où les Enfants trouvés pourront être reçus.

Des registres constateront jour par jour leur arrivée, leur sexe, leur âge apparent, et décriront les marques naturelles et les langes qui peuvent servir à les faire reconnaître.

TITRE III.

Des Enfants abandonnés et orphelins pauvres.

5. Les Enfants abandonnés sont ceux qui, nés de pères ou de mères connus, et d'abord élevés par eux ou par d'autres personnes à leur décharge, en sont délaissés sans qu'on sache ce que les pères et mères sont devenus, ou sans qu'on puisse recourir à eux.

6. Les orphelins sont ceux qui, n'ayant ni père ni mère, n'ont aucun moyen d'existence.

TITRE IV.

De l'éducation des Enfants trouvés, abandonnés et orphelins pauvres.

7. Les Enfants trouvés nouveau-nés seront mis en nourrice aussitôt que faire se pourra. Jusque-là, ils seront nourris au biberon, ou même au moyen de nourrices résidant dans l'établissement. S'ils sont sevrés ou susceptibles de l'être, ils seront également mis en nourrice ou sevrage.

8. Ces Enfants recevront une layette; ils resteront en nourrice ou sevrage jusqu'à l'âge de six ans.

9. A six ans, tous les Enfants seront, autant que faire se pourra, mis en pension chez des cultivateurs ou des artisans. Le prix de la pension décroîtra chaque année jusqu'à l'âge de douze ans, époque à laquelle les Enfants mâles en état de servir seront mis à la disposition du ministre de la marine.

10. Les Enfants qui ne pourront être mis en pension, les estropiés, les infirmes, seront élevés dans l'hospice; ils seront occupés, dans des ateliers, à des travaux qui ne soient pas au-dessus de leur âge.

TITRE V.

Des dépenses des Enfants trouvés, abandonnés et orphelins.

11. Les hospices désignés pour recevoir les Enfants trouvés sont chargés de la fourniture des layettes, et de toutes les dépenses intérieures relatives à la nourriture et à l'éducation des Enfants.

12. Nous accordons une somme annuelle de quatre millions pour contribuer au payement des mois de nourrice et des pensions des Enfants trouvés et des Enfants abandonnés.

S'il arrivait, après la répartition de cette somme, qu'il y eût insuffisance, il y sera pourvu par les hospices au moyen de leurs revenus ou d'allocations sur les fonds des communes.

13. Les mois de nourrice et les pensions ne pourront être payés que sur des certificats des maires des communes où seront les Enfants. Les maires attesteront, chaque mois, les avoir vus.

14. Les commissions administratives des hospices feront visiter, au moins deux fois l'année, chaque Enfant, soit par un commissaire spécial, soit par les médecins ou chirurgiens vaccinateurs ou des épidémies.

TITRE VI.

De la tutelle et de la seconde éducation des Enfants trouvés et des Enfants abandonnés.

15. Les Enfants trouvés et les Enfants abandonnés sont sous la tutelle des commissions administratives des hospices, conformément aux règlements existants. Un membre de cette commission est spécialement chargé de cette tutelle.

16. Lesdits Enfants, élevés à la charge de l'État, sont entièrement à sa disposition; et quand le ministre de la marine en dispose, la tutelle des commissions administratives cesse.

17. Les Enfants ayant accompli l'âge de douze ans, desquels l'État n'aura pas autrement disposé, seront, autant que faire se pourra, mis en apprentissage : les garçons, chez des laboureurs ou des artisans; les filles, chez des ménagères, des couturières ou autres ouvrières, ou dans des fabriques et manufactures.

18. Les contrats d'apprentissage ne stipuleront aucune somme en faveur ni du maître, ni de l'apprenti; mais ils garantiront au maître les services gratuits de l'apprenti jusqu'à un âge qui ne pourra excéder vingt-cinq ans, et à l'apprenti la nourriture, l'entretien et le logement.

19. L'appel à l'armée, comme conscrit, fera cesser les obligations de l'apprenti.

20. Ceux des Enfants qui ne pourraient être mis en apprentissage, les estropiés, les infirmes qu'on ne trouverait point à placer hors de l'hospice, y resteront à la charge de chaque hospice.

Des ateliers seront établis pour les occuper.

TITRE VII.

De la reconnaissance et de la réclamation des Enfants trouvés et des Enfants abandonnés.

21. Il n'est rien changé aux règles relatives à la reconnaissance et à la réclamation des Enfants trouvés et des Enfants abandonnés; mais, avant d'exercer aucun droit, les parents devront, s'ils en ont les moyens, rembourser toutes les dépenses faites par l'administration publique ou par les hospices; et, dans aucun cas, un Enfant dont l'État aurait disposé ne pourra être soustrait aux obligations qui lui ont été imposées.

TITRE VIII.

Dispositions générales.

20. Notre ministre de l'intérieur nous proposera, avant le 1er janvier 1812, des règlements d'administration publique qui seront discutés en notre conseil d'État. Ces règlements détermineront, pour chaque département, le nombre des hospices où seront reçus les Enfants trouvés, et tout ce qui est relatif à leur administration quant à ce, notamment un mode de revue des Enfants existants, et de payement des mois de nourrice ou pension.

21. Les individus qui seraient convaincus d'avoir exposé des Enfants, ceux qui feraient habitude de les transporter dans les hospices, seront punis conformément aux lois.

. . . .

24. Notre ministre de la marine nous présentera incessamment un projet de décret tendant : 1° à organiser son action sur les Enfants dont il est parlé aux articles précédents; 2° pour régler la manière d'employer sans délai ceux qui, au 1er janvier dernier, ont atteint l'âge de douze ans.

25. Notre ministre de l'intérieur est chargé de l'exécution du présent décret, qui sera inséré au Bulletin des lois.

(Extrait des minutes de la Secrétairerie d'État (1).

Décret sur les Pupilles de la Garde. (Inédit.)

Au palais de Compiègne, le 30 août 1811.

Napoléon, Empereur des Français, Roi d'Italie, Protecteur de la Confédération du Rhin, Médiateur de la Confédération suisse,

Nous avons décrété et décrétons ce qui suit :

Art. 1er. Le régiment des Pupilles de la Garde sera porté à huit bataillons et à un batail-

(1) Voici une notice extraite des archives du ministère de la guerre, avec l'agrément du ministre. L'intérêt historique qu'elle présente dans l'exécution du décret sur les pupilles de la garde me porte à la livrer à l'impression.

Le régiment des pupilles a pris son origine du régiment des vélites hollandais, lors de la réunion du royaume de Hollande à la France. Ce régiment a été réuni à la garde, et à partir de cette époque, a reçu le nom de *pupilles de la garde*

Ce corps, qui, au moment de sa formation, n'était composé que de deux bataillons, a été ensuite porté au complet de neuf bataillons à dater du 1er septembre 1811.

Le recrutement des nouveaux bataillons s'est fait, savoir :

1° Dans les hospices de l'Empire et parmi les Enfants trouvés et abandonnés, dont une partie étaient Allemands et les autres Hollandais, Belges, Italiens;

2° Par le moyen des enrôlements volontaires,

lon de dépôt, ce qui fera neuf bataillons; chaque bataillon de quatre compagnies, et chaque compagnie de 200 hommes, officiers, sous-officiers, tambours compris; ce qui portera ce régiment à 6,400 hommes. Le bataillon de dépôt sera de huit compagnies.

Art. 2. L'état-major sera composé d'un colonel et d'un major.

Il y aura un conseil d'administration séparé.

Ce régiment sera, pour ses masses, dans les attributions du ministère de l'administration de la guerre, à dater du 1er janvier 1812.

3° A l'école d'instruction de Fontainebleau, où ont été pris la plus grande partie des sous officiers et caporaux.

Cette organisation a existé jusqu'au mois de mars 1813, époque à laquelle le régiment a été réduit à quatre bataillons.

Les 1er et 7e bataillons ont formé le 7e régiment de tirailleurs.

Les cadres des 4e, 5e, 8e et 9e bataillons ont été dissous. On en a formé le 4e bataillon, en incorporant le reste dans les tirailleurs et voltigeurs de l'ex-garde.

En mars 1813, l'excédant du complet du régiment, réduit à 4 bataillons, servit à former le noyau du 9e régiment de tirailleurs de l'ex-garde.

En 1813, le recrutement fut très-faible et ne produisit que 266 recrues.

En 1814, le corps reçut recrues, dont provenant des hommes les plus faibles de la conscription de 1815, et qui ont été envoyés de Courbevoie et de l'École militaire, le reste provenant des différents hospices de France.

Le 3e bataillon du régiment des pupilles et une compagnie du 4e ont fait partie de l'armée hollandaise depuis septembre 1813. Une partie de ces troupes était disséminée dans différentes places fortes, telles que Venloo, Utrecht, Deventer, Harlem, etc., etc., ce qui dura jusqu'à l'arrivée du roi de France.

Les 5e et 6e compagnies du 4e bataillon, qui formaient le dépôt, sont restées à Versailles jusqu'à la nuit du 30 au 31 mars 1814, et une partie de ce dépôt a battu en retraite sur Orléans et sur Tours. Le dépôt est ensuite rentré à Versailles dans les premiers jours de mai de ladite année, ayant perdu beaucoup de ses recrues, qui, pour la plupart, avaient déserté au moment de la retraite.

Le 1er bataillon était en garnison à Brest depuis 1813. Il partit en avril pour se rendre à Saint-Malo, où il fut désarmé, parce qu'étant presque entièrement composé de Hollandais, il avait pris la cocarde orange. Il reçut ensuite l'ordre de rentrer en Hollande en passant par le dépôt, et le 15 juin 1814 il rentra en Hollande.

Le 2e bataillon était, depuis 1813, en garnison à Boulogne et à Gravelines. Ce bataillon, avant et après le retour du roi, s'étant exactement conformé aux ordres qui lui furent donnés et ayant montré une grande obéissance et une grande tranquillité, fut autorisé à garder ses armes, et rentra armé en Hollande le 29 juin 1814.

Dans les premiers jours de juin, les 3e et 4e bataillons, qui, conformément aux ordres du roi, avaient évacué les différentes places fortes où ils étaient en garnison, se réunirent au dépôt à Versailles, et peu de temps après on fit partir en détachements les étrangers qui avaient demandé à rentrer dans leurs foyers, tels qu'Allemands, Italiens, Hollandais, Belges, etc., etc., etc.

Lors du séjour du dépôt à Versailles, différents régiments qui s'organisaient à Paris ayant été autorisés à se recruter dans le régiment des pupilles, le régiment du Roi (infanterie légère) reçut 267 sous officiers et soldats; le régiment de la Reine (infanterie de ligne) reçut 13 soldats; le régiment de la Reine (infanterie légère) reçut 139 sous-officiers et soldats.

Le dépôt, ainsi que le reste du régiment, reçut ordre de partir de Versailles le 1er juillet, pour se rendre dans diverses places du Nord, pour y être incorporés dans le 8e de ligne (Condé), qui reçut 207 sous-officiers et soldats, et dans le 25e de ligne, qui en reçut 120 le 31 juillet 1814.

NOTES CONCERNANT LES PUPILLES.

Le corps des pupilles de la garde tire son origine des vélites royaux de la Hollande, qui en formèrent le noyau. Ces vélites étaient des Enfants d'officiers et de sous-officiers morts au service. Tous les régiments concouraient, dans une proportion déterminée, à leur habillement et à leur équipement. Ils étaient instruits et commandés par des officiers pris dans la garde royale, et étaient administrés par le conseil d'administration de cette garde.

Le recrutement se fit.

1° Au moyen de 6,000 orphelins que le ministre de l'intérieur fit tirer des différents hospices de l'empire, et ayant plus de quinze ans; la plupart, néanmoins, étaient Hollandais, Belges, Allemands et Italiens;

2° D'enrôlements volontaires de jeunes Français de seize à vingt ans, ayant au moins la taille de 1 mètre 540 millim. (4 pieds 9 pouces);

3° De sous officiers et caporaux pris au bataillon d'instruction de Fontainebleau.

Le corps d'officiers fut pris, presque en totalité, parmi les officiers et sous-officiers de la vieille garde, qui entrèrent dans ce régiment avec avancement.

Ordre (de Napoléon) du mois de décembre 1811.

Monsieur le duc de Feltre, — donnez ordre que, le 1er janvier prochain, les pupilles soient toisés; prenez note de ceux qui seraient bien portants et ayant 5 pieds; vous me ferez connaître ceux qui auront cette taille, et même 4 pieds 10 pouces, avec leur âge et leur département; recommandez qu'on fasse faire le moins de service possible à ces jeunes gens, qui ne sont pas

ART. 3. Le colonel, le major, le conseil d'administration et le bataillon de dépôt resteront à Versailles.

Le régiment sera caserné, savoir :

Le 1er bataillon, à Rouen;

Le 2e bataillon, au Havre;

Le 3e bataillon, à Fécamp et à Saint-Valery-en-Caux;

Le 4e bataillon, à Dieppe;

Le 5e bataillon, à Boulogne;

Le 6e bataillon, à Dunkerque;

Le 7e bataillon, à Caen;

Le 8e bataillon, à Granville.

ART. 4. Le ministre de l'intérieur sera chargé de diriger sur le dépôt de Versailles les Enfants âgés de plus de quinze ans qui sont à la charge des hôpitaux dans les différentes parties de l'Empire, jusqu'à concurrence du recrutement.

Ces Enfants seront habillés et équipés au dépôt de Versailles, et de là dirigés sur les bataillons où ils seront incorporés.

ART. 5. Nos ministres de la guerre, de l'administration de la guerre et de l'intérieur sont chargés de l'exécution du présent décret.

Signé NAPOLÉON. Par l'Empereur : *le Ministre Secrétaire d'État,* signé Cte DARU.

ORDONNANCE DU ROI *relative à la comptabilité des communes.*

Au château des Tuileries, le 28 janvier 1815.

LOUIS, par la grâce de Dieu, Roi de France et de Navarre, à tous ceux qui ces présentes verront, salut.

Vu l'ordonnance du 31 mai 1814, par laquelle nous avons supprimé les compagnies de réserve, à la dépense desquelles il était pourvu par un vingtième prélevé sur les revenus des communes;

Vu la loi du 23 septembre suivant, qui règle les dépenses et les recettes de l'État pour l'exercice 1815;

Considérant que, suivant les états joints à cette loi, il n'a été fait de fonds que pour satisfaire à une moitié du traitement des préfets, laquelle était à la charge du trésor royal, et que, par conséquent, l'autre moitié de ce même traitement doit être payée en 1815, comme dans les années précédentes, par les communes des départements respectifs;

Considérant qu'aucune disposition expresse ni implicite de ladite loi n'ordonne que les communes continuent à verser à notre trésor le dixième du produit des droits de pesage,

---

capables de supporter les fatigues et qu'il faut ménager.

15 décembre 1811.

Monsieur le duc de Feltre, — vous me faites la demande de 416 sous-officiers pour les bataillons de pupilles.

Je pense qu'il faut en prendre parmi les anciens pupilles eux-mêmes; ni la garde ni la ligne ne peuvent suffire à une telle consommation.

Dans les anciens pupilles, il y a beaucoup de jeunes gens ayant plus de seize ans, sachant lire et écrire, et déjà instruits; on peut les prendre pour conduire les autres.

5 mars 1812.

On propose à l'empereur de nommer des maîtres de lecture et d'écriture pour le régiment des pupilles de la garde.

Réponse : Cette institution ne doit pas être un sujet de dépense; on choisira pour cet effet des sergents du corps.

jaugeage et mesurage, non plus que le dixième du revenu foncier, destiné à former un fonds commun pour le culte;

Considérant que la demande, formée par diverses villes, d'être déchargées de plusieurs dépenses, notamment de celles qui concernent les bâtiments ou l'occupation des lits militaires, le dépôt de mendicité et les Enfants trouvés, ne saurait être admise, parce que ces dépenses sont ou des charges résultant de la propriété, ou le remplacement d'obligations imposées de tout temps aux habitants, ou une sorte de dotation des établissements charitables et de répression;

Considérant, d'autre part, qu'il importe à l'ordre général de la comptabilité communale : 1° que les budgets des principales villes soient réglés par nous, afin que les préfets puissent faire l'application aux autres communes de nos décisions en cette matière; 2° que les attributions conférées à notre cour des comptes soient maintenues et même étendues pour assurer les recettes légales et l'emploi régulier des fonds communaux;

A ces causes, sur le rapport de notre ministre secrétaire d'État au département de l'intérieur,

Nous avons ordonné et ordonnons ce qui suit :

Art. 1er. La session ordinaire des conseils municipaux aura lieu, comme par le passé, du 1er au 15 mai de chaque année.

2. Pour la formation ou révision du projet de budget de l'année courante, chaque conseil se réunira incessamment à l'époque qui sera fixée par le préfet.

3. Le dixième des droits de pesage, mesurage et jaugeage, le dixième des revenus fonciers formant un fonds commun de subvention pour le culte, et le vingtième du revenu des communes destiné à l'entretien des compagnies de réserve, cesseront d'être perçus à compter du 1er janvier 1815.

4. La somme nécessaire pour payer, en 1815, la moitié du traitement des préfets sera répartie sur les communes de chaque département, proportionnellement à leurs revenus ordinaires présumés, et acquittée par douzième, d'après la fixation provisoire qu'aura faite le préfet dans le budget communal, sauf règlement définitif à la fin de ladite année, d'après les recettes effectives.

5. La répartition ne pourra excéder le vingtième des revenus; et, en cas d'insuffisance, il y sera pourvu sur les fonds du budget de l'intérieur.

6. A compter du 1er janvier 1816, il ne sera fourni par les communes aucune somme pour contribuer au traitement des préfets. Il sera fait des dispositions pour que ce traitement soit payé en entier sur les fonds compris au budget du ministère de l'intérieur.

7. Les dépenses annuelles pour bâtiments et occupation des lits militaires, dépôts de mendicité et Enfants trouvés, alloués ou à allouer dans les budgets, continueront d'être à la charge des communes. Elles seront payées régulièrement par douzième, comme toutes les autres dépenses communales ordinaires, et en proportion exacte des fonds successivement disponibles.

8. Les budgets des années 1815 et suivantes des villes et communes ayant au moins dix mille francs de revenus ordinaires seront réglés par nous, sur le rapport de notre ministre secrétaire d'État de l'intérieur; ceux des communes d'un revenu inférieur continueront à être réglés par les préfets.

9. Notre cour des comptes continuera de réviser les comptes des receveurs des communes dont nous nous sommes réservé de régler les budgets, et ce, lors même que, leurs revenus ordinaires étant devenus inférieurs à dix mille francs, nous aurions, après trois ans consécutifs, cessé d'en faire le règlement.

10. Les comptes des percepteurs qui touchent les revenus des communes dont nous ne réglons pas les budgets, et qui, ne devant pas être soumis à la cour des comptes, n'auraient

pas été jusqu'à ce jour définitivement arrêtés, seront réglés par arrêtés du préfet séant au conseil de préfecture.

11. Les communes et les comptables pourront se pourvoir contre ces arrêtés par-devant la cour des comptes. Dans ce cas, les comptabilités, objet de la contestation, lui seront renvoyées, et elle les réglera et révisera définitivement, sauf décision préalable de nos ministres sur les questions qui seraient de leur compétence.

12 Les comptes d'administration prescrits par l'article 4 de l'arrêté du 29 germinal an XII continueront d'être envoyés à notre ministre secrétaire d'État de l'intérieur, pour toutes les communes dont le revenu est de dix mille francs et au-dessus, après examen du conseil municipal et avec l'avis des sous-préfets et préfets.

13. Mandons à notre cour des comptes de se conformer, en ce qui la concerne, aux dispositions de la présente ordonnance. Nos ministres secrétaires d'État de l'intérieur et des finances sont chargés de son exécution.

Donné au château des Tuileries, le 28 janvier, l'an de grâce 1815.

Signé Louis. *Le Ministre Secrétaire d'État de l'intérieur,* signé l'abbé de Montesquiou

---

Loi de finances (extrait).

25 mars 1817.

. . . .

Art. 52. Sur les centimes additionnels à la contribution foncière et à la contribution personnelle et mobilière, il sera prélevé 14 centimes pour les dépenses départementales fixes, communes et variables.

Art. 53. Ces 14 centimes seront distribués de la manière suivante :

1° Six centimes seront versés au trésor royal.

2° Six centimes seront versés dans les caisses des receveurs généraux des départements, pour être tenus à la disposition des préfets, et être employés, sur leurs mandats, aux dépenses variables ci-après, savoir :

. . . .

Enfants trouvés et abandonnés, sans préjudice du concours des communes.

Art. 54. Indépendamment des contributions autorisées par les articles ci-dessus, les conseils généraux des départements pourront, sauf l'approbation du ministre secrétaire d'État de l'intérieur, établir des impositions facultatives pour les dépenses variables, ou autres d'utilité départementale, dont le montant ne devra pas excéder 5 centimes du principal des contributions foncière, personnelle et mobilière de 1817.

Loi de finances (extrait).

15 mai 1818.

. . . .

Art. 67. Sur les centimes additionnels à la contribution foncière et à la contribution personnelle et mobilière, il sera prélevé 17 centimes, pour les dépenses départementales, fixes, communes et variables.

Art. 68. Ces centimes seront distribués de la manière suivante :

2° Six centimes seront versés dans les caisses des receveurs généraux des départements pour être tenus à la disposition des préfets, et être employés, sur leurs mandats, aux dépenses variables ci-après, savoir :

Enfants trouvés et abandonnés, sans préjudice du concours des communes, à la charge de rendre compte de leurs contributions pour ces objets. »

Ordonnance du Roi sur l'emploi des amendes. (Recueil officiel du ministère de l'intérieur, n° 15.)

19 février 1820.

Louis, etc.

Notre ministre de l'intérieur nous ayant exposé que les amendes prononcées par jugements, antérieurs au 1er janvier 1820, des tribunaux de police correctionnelle et de simple police rurale et municipale, ont été perçues par les receveurs des domaines, et versées dans la caisse des receveurs généraux, sans distinction des communes où les délits et contraventions ont eu lieu; que, dans cet état de choses, l'article 466 du Code pénal ne peut recevoir son exécution pour les amendes antérieures au 1er janvier 1820, et qu'en conséquence il y a lieu d'en faire l'application, conformément aux règles établies par le décret du 17 mai 1809;

Nous avons ordonné et ordonnons ce qui suit :

Art. 1er. Les amendes prononcées par jugements définitifs, antérieurs au 1er janvier dernier, des tribunaux correctionnels et de simple police rurale et municipale, continueront d'être perçues par les receveurs des domaines, à la charge par eux d'en faire, avec celles dont ils ont opéré le recouvrement, le versement dans les caisses de service, pour être ensuite employées, avec les intérêts qui en proviendront, savoir : un tiers aux dépenses des Enfants trouvés, et les deux autres tiers aux dépenses communales indiquées dans les états de répartition qui en seront soumis par les préfets à l'approbation de notre ministre de l'intérieur.

Nos ministres de l'intérieur et des finances se concerteront pour assurer à l'avenir l'exécution de l'article 466 du Code pénal, et en soumettre les moyens à notre approbation.

2. Nos ministres aux départements de l'intérieur et des finances sont chargés de l'exécution de la présente ordonnance.

Loi de finances (extrait).

23 juillet 1820.

....

« Art. 33. Sur les centimes additionnels à la contribution foncière et à la contribution personnelle et mobilière, il sera prélevé 17 centimes et demi, pour les dépenses départementales, fixes, communes et variables.

« Ces centimes seront divisés de la manière suivante :

« 2° Six centimes et quart seront versés dans les caisses des receveurs généraux de départements, pour être tenus à la disposition des préfets, et être employés, sur leurs mandats, aux dépenses variables ci-après, savoir:

« Enfants trouvés et Enfants abandonnés, sans préjudice du concours des communes, soit au moyen d'un prélèvement proportionné à leur revenu, soit au moyen d'une répartition qui sera proposée par le conseil général, sur l'avis du préfet, et approuvée par le ministre de l'intérieur.

ORDONNANCE concernant le recouvrement des amendes de police correctionnelle.

30 décembre 1823.

LOUIS, etc.

Vu notre ordonnance du 19 février 1820, l'article 466 du Code pénal, et le décret du 17 mai 1809;

Sur le rapport de nos ministres secrétaires d'État aux départements de l'intérieur et des finances;

NOUS AVONS ORDONNÉ et ORDONNONS ce qui suit:

ART. 1er. Conformément à l'article 19 de la loi du 19 décembre 1790, les receveurs de l'enregistrement continueront de faire la recette des amendes prononcées tant par voie de police rurale et municipale que par voie de police correctionnelle, à la charge par eux d'en tenir une comptabilité distincte et séparée, d'en rendre compte annuellement aux préfets, et de leur transmettre, au mois de janvier de chaque année : 1° un état sommaire et divisé par communes des sommes dont ils auront opéré le recouvrement dans le cours de l'année précédente, sur les amendes prononcées par voie de simple police ; 2° un état dressé dans la même forme et présentant les recouvrements opérés sur les amendes de police correctionnelle.

2. Les greffiers des tribunaux seront tenus d'envoyer aux préfets, au commencement de chaque semestre, le relevé des jugements portant condamnation d'amendes, et rendus dans le cours du semestre précédent, pour servir à contrôler les états de recouvrement produits par les receveurs.

3. Pourront, en outre, les préfets faire vérifier, quand ils le jugeront convenable, soit par les inspecteurs généraux ou particuliers des finances, soit par les inspecteurs de l'administration de l'enregistrement et des domaines, les états de recouvrement qui leur auront été remis par les receveurs. Ces comptables seront tenus de donner aux inspecteurs désignés pour cette opération communication de leurs registres et de toutes les pièces et documents qu'elle rendra nécessaires.

4. Les amendes de police rurale et municipale qui seront recouvrées à compter du 1er janvier 1824 appartiendront exclusivement aux communes dans lesquelles les contraventions auront été commises, le tout ainsi qu'il est prescrit par l'article 466 du Code pénal. Le produit en sera versé dans leurs caisses, distraction faite préalablement des remises et taxations des receveurs, sur les mandats qui en seront délivrés au nom des receveurs municipaux par les préfets, immédiatement après la remise et la vérification des états de recouvrement.

5. Les amendes de police correctionnelle qui seront recouvrées à compter dudit jour 1er janvier 1824 seront versées par les receveurs des domaines, distraction faite de leurs remises ou taxations, et sur les mandats des préfets délivrés également au vu des états de recouvrement, au nom des receveurs des finances, à la caisse de ces derniers comptables, qui en feront recette distincte au profit des communes, comme des produits communaux centralisés à la recette générale de chaque département, pour être employés sous la direction des préfets.

6. Le produit des amendes, versé à la caisse des receveurs des finances, formera un

fonds commun qui sera tenu à la disposition des préfets, et qui sera applicable : 1° au remboursement des frais de poursuite tombés en non-valeurs, soit en matière de police correctionnelle, soit en matière de simple police; 2° au payement des droits qui seront dus aux greffiers des tribunaux pour les relevés des jugements mentionnés en l'article 2; 3° au service des Enfants trouvés et abandonnés, jusqu'à concurrence du tiers du produit excédant lesdits frais; 4° et pour les deux autres tiers, aux dépenses des communes qui éprouveront le plus de besoins, d'après la répartition qui en sera faite par les préfets, et par eux soumise, dans le cours du premier semestre de chaque année, à l'approbation de notre ministre secrétaire d'État de l'intérieur.

ORDONNANCE qui charge les percepteurs de divers recouvrements et payements pour les établissements de bienfaisance (1).

28 juin 1833.

LOUIS-PHILIPPE, etc.

Sur le rapport de notre ministre secrétaire d'État du commerce et des travaux publics;

Vu les observations de notre ministre secrétaire d'État des finances;

Notre Conseil d'État entendu,

Nous avons ordonné et ordonnons ce qui suit :

ART. 1er. Le recouvrement des rentes en argent dues aux hospices et autres établissements de bienfaisance, par des particuliers domiciliés hors de l'arrondissement où sont situés ces établissements, sera confié aux percepteurs des contributions directes des communes des débiteurs.

Les mêmes comptables pourront également, dans les mêmes circonstances, être chargés du recouvrement de toute autre créance appartenant à des établissements de bienfaisance.

2. Pour l'exécution de l'article qui précède, les receveurs des établissements créanciers devront envoyer les titres constitutifs des rentes et créances aux receveurs généraux des départements dans le ressort desquels le recouvrement doit avoir lieu, afin que ces comptables puissent, en les transmettant aux percepteurs placés sous leurs ordres, donner les instructions nécessaires, et exercer la surveillance qui leur est prescrite par l'ordonnance royale du 19 novembre 1826.

3. Les percepteurs seront responsables des non-valeurs qui résulteraient de leur négligence; ils répondront également des prescriptions et des péremptions encourues par suite du défaut de renouvellement des titres et des inscriptions hypothécaires.

Toutefois, ils n'encourront aucune responsabilité pour la péremption des titres, qu'autant que les receveurs des hospices intéressés les auront requis, par l'intermédiaire du receveur général des finances, de faire les actes conservatoires pour empêcher la péremption des titres dont ils sont détenteurs, six mois au moins avant l'expiration des délais.

4. Il sera alloué aux percepteurs, pour les recouvrements, des remises proportionnelles qui seront réglées par les préfets sur la proposision des commissions administratives, et sur l'avis du receveur des finances, d'après le taux qui sera arrêté entre nos ministres secrétaires d'État aux départements des finances, et du commerce, et des travaux publics.

Les percepteurs sont autorisés à retenir ces remises sur le montant des recouvrements faits pour le compte des établissements de bienfaisance.

(1) Voir la circulaire du 25 juillet 1828, en ce qui concerne le payement des mois de nourrice et pensions des Enfants trouvés.

5. Les poursuites à exercer contre les débiteurs le seront à la requête de l'administration intéressée, et à la diligence du percepteur, qui devra se conformer aux règles de procédure déterminées par la nature du titre à exécuter.

S'il y a lieu à l'expropriation du débiteur, ou s'il s'élève des difficultés qui donnent ouverture à des actions judiciaires, le percepteur, après avoir fait les actes conservatoires, préviendra l'administration intéressée, laquelle avisera à la suite qu'il convient de donner à l'affaire d'après les lois et règlements.

6. Indépendamment des recouvrements ci-dessus indiqués, les percepteurs seront chargés du payement des mois de nourrice et pensions des Enfants trouvés, dans les communes autres que celle où est situé l'hospice dépositaire, conformément au mode qui sera déterminé par nos ministres secrétaires d'État aux départements des finances, et du commerce et des travaux publics.

7. La correspondance, entre les percepteurs et les commissions administratives et leurs receveurs, aura toujours lieu par l'intermédiaire des receveurs des finances.

8. Les dispositions contraires à la présente ordonnance sont et demeurent rapportées,

9. Nos ministres des finances, et du commerce, et des travaux publics, sont chargés, chacun en ce qui le concerne, de l'exécution de la présente ordonnance, qui sera insérée au Bulletin des lois.

Loi sur l'administration municipale. (Extrait).

18 juillet 1837.

....

Art. 30. Les dépenses des communes sont obligatoires ou facultatives. Sont obligatoires les dépenses suivantes :

....

N° 15. Le contingent assigné à la commune, conformément aux lois, dans la dépense des Enfants trouvés et abandonnés.

Loi sur les attributions départementales.

10 mai 1838.

Art. 12. La première section (du budget départemental) comprend les dépenses ordinaires suivantes :

....

« 11° Les dépenses des Enfants trouvés et abandonnés, ainsi que celles des aliénés, pour la part afférente au département, conformément aux lois. »

Ordonnance du Roi, *qui détermine de nouvelles bases pour la fixation des traitements des receveurs des communes et des établissements de bienfaisance.*

Paris, le 17 avril 1839.

Louis-Philippe, Roi des Français, à tous présents et à venir, salut.

Sur le rapport de notre ministre secrétaire d'État au département de l'intérieur;

Vu les décrets des 30 frimaire an XIII et 24 août 1812;

Vu l'article 30 de la loi du 18 juillet 1837 sur l'administration municipale, mettant au nombre des dépenses obligatoires pour les communes le traitement du receveur municipal;

Vu l'article 39 de la même loi, portant que, si un conseil municipal n'allouait pas les fonds exigés pour une dépense obligatoire, ou n'allouait qu'une somme insuffisante, l'allocation nécessaire serait inscrite au budget par ordonnance du Roi pour les communes dont le revenu est de 100,000 francs et au-dessus, et par arrêté du préfet, en conseil de préfecture, pour celles dont le revenu est inférieur;

Notre conseil d'État entendu,

NOUS AVONS ORDONNÉ et ORDONNONS ce qui suit:

ART. Ier. A l'avenir, les traitements des receveurs des communes et des établissements de bienfaisance consisteront en remises proportionnelles, tant sur les recettes que sur les payements effectués par ces comptables pour le compte desdites communes et établissements.

2. Les remises sur les recettes et les dépenses, soit ordinaires, soit extraordinaires, seront calculées ainsi qu'il suit, savoir :

Sur les premiers 30,000 francs, à raison de....................	1f 50c p. o/o sur les recettes. 1 50 p. o/o sur les depenses.
Sur les 70,000 francs suivants, à raison de....................	0 75 p. o/o sur les recettes. 0 75 p. o/o sur les dépenses.
Sur les 100,000 francs suivants jusqu'à 1,000,000, à raison de ..	0 33 p. o/o sur les recettes. 0 33 p. o/o sur les dépenses.
Sur toutes sommes excédant 1,000,000, à raison de	0 12 p. o/o sur les recettes. 0 12 p. o/o sur les dépenses

3. Les conseils municipaux et les commissions administratives seront toujours appelés à délibérer, conformément au décret du 30 frimaire an XIII, sur la fixation des remises de leurs receveurs, sans toutefois que les proportions du tarif ci-dessus puissent être élevees ou réduites de plus d'un dixième, et sauf décision de l'autorité compétente.

4. Dans les communes où les fonctions de receveur municipal seront réunies à celles de percepteur des contributions directes, la recette du produit des centimes additionnels ordinaires et extraordinaires, et des attributions sur patentes, ne donnera lieu à aucune remise autre que celle qui est allouée au comptable en sa qualité de percepteur, en exécution de l'article 5 de la loi du 20 juillet 1837.

5. Dans toutes les communes et établissements, les comptables ne recevront non plus aucune remise sur les recettes et les payements qui ne constitueraient que des conversions de valeurs.

6. Seront considérés comme conversions de valeurs, lorsque le service de la commune et celui d'un établissement de bienfaisance seront réunis entre les mains du même comptable, savoir :

A l'égard de la commune, le payement des subventions allouées à l'établissement sur les fonds municipaux;

A l'égard de l'établissement, la recette desdites subventions.

7. Toutes recettes et dépenses faites par un receveur, même dans un intérêt local, mais qui ne concerneraient pas le service direct de la commune, comme, par exemple, le recouvrement et le payement des secours ou indemnités accordés par le Gouvernement en cas de sinistres, ou pour le logement des troupes chez l'habitant, et d'autres articles qui pourraient être déterminés par les instructions, ne donneront droit à aucune allocation, à moins d'un vote spécial du conseil municipal, approuvé par l'autorité administrative compétente.

8. La présente ordonnance n'est pas applicable à la ville et aux établissements de bienfaisance de Paris.

9. Nos ministres secrétaires d'État aux départements de l'intérieur et des finances sont chargés, chacun en ce qui le concerne, de l'exécution de la présente ordonnance.

Donné au palais des Tuileries, le 17 avril 1839.

Signé Louis-Philippe. Par le Roi : *le Pair de France, Ministre Secrétaire d'État au département de l'intérieur*, signé Gasparin.

Ordonnance qui apporte des modifications à l'ordonnance du 17 avril précédent.

23 mai 1839.

Louis-Philippe, etc.

Sur le rapport de notre ministre secrétaire d'État de l'intérieur ;

Vu notre ordonnance en date du 17 avril 1839 ;

Considérant qu'une erreur s'est glissée dans les calculs qui ont servi de base à la fixation du tarif des remises des receveurs des communes et des établissements de bienfaisance, porté à l'article 2 de notre ordonnance ci-dessus visée,

Nous avons ordonné et ordonnons ce qui suit :

Art. 1er. L'article 2 de notre ordonnance du 17 avril 1839 est et demeure modifié ainsi qu'il suit :

Les remises sur les recettes et les dépenses, soit ordinaires, soit extraordinaires, seront calculés ainsi qu'il suit, savoir :

Sur les premiers 5,000 francs, à raison de	2f 00c p. 0/0 sur les recettes. 2 00 p. 0/0 sur les dépenses.
Sur les 25,000 francs suivants, à raison de	1 50 p. 0/0 sur les recettes. 1 50 p. 0/0 sur les dépenses.
Sur les 70,000 francs suivants, à raison de	0 75 p. 0/0 sur les recettes. 0 75 p. 0/0 sur les dépenses.
Sur les 100,000 francs suivants, jusqu'à 1,000,000, à raison de	0 33 p. 0/0 sur les recettes. 0 33 p. 0/0 sur les dépenses.
Sur les sommes excédant 1,000,000, à raison de	0 12 p. 0/0 sur les recettes. 0 12 p 0/0 sur les dépenses.

2. Toutes les autres dispositions de notre ordonnance du 17 avril 1839 continueront à être exécutées.

3. Nos ministres secrétaires d'État aux départements de l'intérieur et des finances sont chargés, chacun en ce qui le concerne, de l'exécution de la présente ordonnance.

Ordonnance du Roi qui fixe la clôture de l'exercice au 31 mai de la deuxième année, pour la liquidation et l'ordonnancement des dépenses départementales, et au 30 juin pour les payements.

Au palais de Neuilly, le 4 juin 1843.

Louis-Philippe, roi des Français, à tous présents et à venir, salut.

Vu la loi du 10 mai 1838, articles 21 et 24;

Vu notre ordonnance du 31 mai 1838;

Sur le rapport de notre ministre secrétaire d'État au département de l'intérieur,

NOUS AVONS ORDONNÉ et ORDONNONS ce qui suit :

ART. 1er. A partir de l'exercice 1843, l'époque de la clôture de l'exercice est fixée, pour la liquidation et l'ordonnancement des dépenses départementales, au 31 mai de la deuxième année de l'exercice, et pour les payements, au 30 juin.

2. Nos ministres secrétaires d'État aux départements de l'intérieur et des finances sont chargés, chacun en ce qui le concerne, de l'exécution de la présente ordonnance, qui sera insérée au Bulletin des lois.

Signé LOUIS-PHILIPPE. Par le Roi. *le Ministre Secrétaire d'État au département de l'intérieur*, signé T. DUCHÂTEL.

CONSTITUTION de la République française. (Extrait).

4 novembre 1848.

....

ART. 13. La Constitution garantit aux citoyens la liberté du travail et de l'industrie.

La société favorise et encourage le développement du travail par l'enseignement primaire gratuit, l'éducation professionnelle, l'égalité de rapports entre le patron et l'ouvrier, les institutions de prévoyance et de crédit, les institutions agricoles, les associations volontaires, et l'établissement par l'État, les départements et les communes, de travaux publics propres à employer les bras inoccupés; elle fournit l'assistance aux Enfants abandonnés, aux infirmes et aux vieillards sans ressources, et que leurs familles ne peuvent secourir.

Loi sur l'organisation de l'assistance publique à Paris.

Du 10 Janvier 1849.

L'Assemblée nationale a adopté et le Président de l'Assemblée promulgue la loi dont la teneur suit :

De l'organisation de l'assistance publique à Paris.

ART. 1er. L'administration générale de l'assistance publique à Paris comprend le service des secours à domicile et le service des hôpitaux et hospices civils.

Cette administration est placée sous l'autorité du préfet de la Seine et du ministre de l'intérieur; elle est confiée à un directeur responsable, sous la surveillance d'un conseil dont les attributions sont ci-après déterminées.

2. Le directeur est nommé par le ministre de l'intérieur sur la proposition du préfet de la Seine.

3. Le directeur exerce son autorité sur les services intérieurs et extérieurs.

Il prépare les budgets, ordonnance toutes les dépenses, et présente le compte de son administration.

Il représente les établissements hospitaliers et de secours à domicile en justice, soit en demandant, soit en défendant.

Il a la tutelle des Enfants trouvés, abandonnés et orphelins, et a aussi celle des aliénés.

4. Les comptes et budgets sont examinés, réglés et approuvés conformément aux dispositions de la loi du 18 juillet 1837 sur les attributions municipales.

5. Le conseil de surveillance est appelé à donner son avis sur les objets ci-après énoncés :

1° Les budgets, les comptes, et en général toutes les recettes et dépenses des établissements hospitaliers et de secours à domicile;

2° Les acquisitions, échanges, ventes de propriétés, et tout ce qui intéresse leur conservation et leur amélioration;

3° Les conditions de baux à ferme ou à loyer, de biens affermés ou loués par ces établissements ou pour leur compte;

4° Les projet de travaux neufs, de grosses réparations ou de démolitions;

5° Les cahiers des charges des adjudications et exécution des conditions qui y sont insérées;

6° L'acceptation ou la répudiation des dons et legs faits aux établissements hospitaliers et de secours à domicile;

7° Les placements de fonds et les emprunts;

8° Les actions judiciaires et les transactions;

9° La comptabilité tant en deniers qu'en matières;

10° Les règlements de service intérieur des établissements et du service de santé, et l'observation desdits règlements;

11° Toutes les questions de discipline concernant les médecins, chirurgiens et pharmaciens;

12° Toutes les communications qui lui seraient faites par l'autorité supérieure et par le directeur.

Les membres du conseil de surveillance visiteront les établissements hospitaliers et de secours à domicile aussi souvent que le conseil le jugera nécessaire.

6. Les médecins, chirurgiens et pharmaciens des hôpitaux et hospices sont nommés au concours. Leur nomination est soumise à l'approbation du ministre de l'intérieur. Ils ne peuvent être révoqués que par le même ministre, sur l'avis du conseil de surveillance et sur la proposition du préfet de la Seine.

7. Les médecins et chirurgiens attachés au service des secours à domicile sont également nommés au concours ou par l'élection de leurs confrères: ils sont institués par le ministre de l'intérieur. Ils peuvent êtres révoqués par le même ministre, sur l'avis du conseil de surveillance.

8. Un règlement d'administration publique déterminera la composition du conseil de surveillance de l'administration générale et l'organisation de l'assistance à domicile.

9. Les dispositions des lois antérieures sont abrogées en ce qu'elles auraient de contraire à la présente loi.

Délibéré en séance publique, à Paris, le 10 Janvier 1849.

Le Président et les Secrétaires de l'Assemblée nationale, Signé ARMAND MARRAST, PEUPIN, HEECKEREN, LOUIS LAUSSEDAT, ÉMILE PÉAN, F. DEGEORGE, JULES RICHARD

Le Président de l'Assemblée nationale, Signé ARMAND MARRAST.

Loi relative à un appel de 80,000 hommes sur la classe de 1849.

30 décembre 1849.

L'Asssemblée nationale législative a adopté la loi dont la teneur suit :

ART. 1er. Il sera fait, en 1850, un appel de 80,000 hommes sur la classe de 1849, pour le recrutement des troupes de terre et de mer.

2. La répartition de ces 80,000 hommes, entre les départements, sera faite par un décret du Président de la République, proportionnellement au nombre des jeunes gens inscrits sur les listes de tirage de la classe appelée.

Si, par suite de circonstances extraordinaires, le nombre des jeunes gens inscrits sur les listes de tirage de quelques cantons, ou départements, ne peut pas être connu dans le délai qui aura été déterminé par un décret du Président de la République, ce nombre sera remplacé, pour les cantons ou départements en retard, par la moyenne des jeunes gens inscrits sur les listes de tirage des dix classes précédentes.

Le tableau général de la répartition sera inséré au *Bulletin des lois* et communiqué à l'Assemblée nationale.

3. La sous-répartition du contingent assigné à chaque département aura lieu, entre les cantons, proportionnellement au nombre des jeunes gens inscrits sur les listes de tirage de chaque canton.

Elle sera faite par le préfet, en conseil de préfecture, et rendue publique, par voie d'affiches, avant l'ouverture des opérations des conseils de révision.

Dans le cas où les listes de tirage de quelques cantons ne seraient pas parvenues en temps utile au préfet, il sera procédé pour la sous-répartition, à l'égard des cantons en retard, de la manière indiquée au deuxième paragraphe de l'article 2 ci-dessus.

4. A partir de la promulgation de la présente loi, les jeunes gens, Enfants trouvés ou autres, placés sous la tutelle des commissions administratives des hospices, seront inscrits sur les tableaux de recensement de la commune où ils résident au moment de leur inscription.

Il est dérogé, en ce point, à l'article 6 de la loi du 21 mars 1832 (1).

Délibéré en séance publique, à Paris, les 27 novembre, 5 et 26 décembre 1849.

Le Président et les Secrétaires DUPIN, ARNAUD (de l'Ariége), CHAPOT, LACAZE, PEUPIN, HEECKEREN, BÉRARD.

La présente loi sera promulguée et scellée du sceau de l'État.

Le Président de la République, LOUIS-NAPOLÉON BONAPARTE. — *Le Garde des sceaux, Ministre de la justice*, E. ROUHER.

(1) *Troisième délibération sur le projet de loi relatif à un appel de 80,000 hommes.*

« *M. le Président*. L'ordre du jour appelle la troisième délibération sur le projet de loi relatif à un appel de 80,000 hommes sur la classe de 1849.

« Il n'y a qu'un amendement présenté par M. Berger, il est accepté par le Gouvernement et par la commission.

« Voici l'article :

« A partir de la promulgation de la présente loi, les jeunes gens, Enfants trouvés ou autres, placés sous la tutelle des commissions administratives des hospices, seront inscrits sur les tableaux de recensement de la commune où ils résident au moment de leur inscription.

« Il est dérogé en ce point à l'article 6 de la loi du 21 mars 1832.

« L'article est mis aux voix et adopté.

« *M. le Président*. L'amendement qui vient d'être adopté formera l'article 4 de la loi.

« Je mets aux voix l'ensemble de la loi.

« L'ensemble de la loi est mis aux voix et adopté. »

(Extrait du *Moniteur Universel*, du jeudi 27 décembre 1849.)

La question décidée par la loi du 30 décembre 1849, en ce qui concerne les Enfants trouvés, était assez sérieuse pour mériter plus d'examen qu'elle n'en a reçu.

RAPPORT GÉNÉRAL présenté par M. Thiers à l'Assemblée législative, au nom de la commission de l'assistance et de la prévoyance publiques. (Extrait.)

26 janvier 1850.

MESSIEURS,

. . . .

Il y a les malheurs de l'enfance, de l'adolescence, de l'âge mûr, de la vieillesse. Nous avons commencé par nous demander quelles sont les infirmités de l'enfance et de l'adolescence, leurs besoins, les moyens d'y pourvoir, anciennement ou récemment imaginés, et ceux qu'une philanthropie sincère, résolue à aller jusqu'à la dernière limite du possible, sans toutefois la dépasser, pouvait employer. Nous avons recherché pour l'âge mûr affligé de moins d'infirmités, mais non moins travaillé de besoins, quels pouvaient être les moyens ou de soulager ces maladies imprévues, ou de mettre à sa disposition les instruments du travail, et de le tirer de la misère par l'emploi utile de ses forces, en distinguant toujours les moyens anciens ou nouveaux, et prononçant toujours entre les bons et les mauvais. Enfin, de l'âge mûr passant à la vieillesse, et, après quelques années à peine de validité, retrouvant encore l'homme infirme, nous avons recherché comment on pouvait s'y prendre pour soulager sa dernière débilité, et surtout pour lui assurer, par des réserves faites à propos, les moyens de sustenter sa vieillesse avec les produits de son âge mûr. Ce cercle parcouru, nous nous sommes même occupés de sa mort et du soin d'assurer les derniers devoirs au pauvre aussi bien qu'au riche, dans ce jour de la véritable et infaillible égalité.

C'est en parcourant avec nous ce triste et laborieux cercle de la vie humaine, que vous pourrez vous faire une idée de cet immense sujet, être justes envers l'ancienne société, et mesurer avec exactitude ce que la nouvelle doit oser, espérer et tenter.

Nous diviserons donc ce travail en trois parties :

1° L'enfance et l'adolescence;

2° L'âge mûr;

3° La vieillesse.

Enfance et adolescence.

Si l'on arrête ses yeux sur l'enfance et qu'on examine ses nombreux besoins, il sera facile de découvrir ce que la bienfaisance privée ou publique peut faire pour elle. La mère qui porte l'Enfant dans son sein n'a souvent pas de quoi se nourrir, se vêtir, pendant que, livrée aux douleurs de l'enfantement, elle est dans l'impossibilité de travailler pour gagner sa vie. Quelquefois, pour cacher la faute qui l'a rendue mère, elle abandonne à la charité publique l'Enfant qu'elle a mis au jour, et il faut que cette charité le recueille pour qu'il ne périsse pas. Si elle a voulu rester mère de cet Enfant, dû à des relations légitimes, elle ne peut ni l'allaiter, ni le soigner, ni le surveiller, toujours condamnée à travailler de ses mains pour sustenter sa vie. L'Enfant, ainsi délaissé, exposé à tous les périls, aux sociétés les plus dangereuses, ne reçoit ni les soins physiques, ni les soins moraux qui lui seraient nécessaires. D'autres fois, des parents avides, trop pressés de tirer de ses faibles bras quelque bénéfice, l'astreignent à des travaux qui abrutissent son intelligence, et empêchent le développement de son jeune corps. Bientôt arrivé à l'âge d'apprenti, il ne sait pas défendre ses intérêts quand il traite avec le maître qui le prend à son service, et doit lui donner l'instruction pour prix de son travail. Si, enfin, entraîné par l'inexpérience de son âge, sans être né pour le mal, il y tombe passagèrement, les prisons de l'État, loin d'être pour lui un lieu de régénération morale, deviennent un lieu de corruption, d'où il ne sort que pour être un scélérat consommé, et l'échafaud ou les galères sont le terme d'une carrière mal commencée, qui aboutit au crime, tandis qu'avec des soins elle aurait pu aboutir à la vertu. Finalement cet Enfant, privé quelquefois d'un sens, pourrait vivre encore tolérablement, se suffire à lui-même, si on lui apprenait à suppléer aux organes qui lui manquent en développant davantage ceux qui lui restent.

Ainsi, recueillir l'Enfant abandonné dont la mère se dérobe, et lui tenir lieu de famille; aider celle qui ne cache pas sa qualité de mère, l'aider pendant qu'elle est en couche, l'aider encore après que son Enfant est né, l'allaiter pour elle quand elle ne le peut pas, le surveiller pendant le temps qu'elle est obligée de donner au travail; empêcher qu'on abuse des forces naissantes de cet Enfant, l'instruire, le conseiller lorsque, trop jeune pour se défendre, il traite avec le maître qui consent à employer sa jeunesse; veiller sur ses premiers égarements pour faire de la peine infligée une occasion d'épuration, et non de dépravation irrévocable; enfin, corriger non-seulement ses imperfections morales, mais aussi ses imperfections civiles : tels sont les soins que doit à l'enfance et à l'adolescence une société charitable et prévoyante.

La vieille société, si calomniée, n'a négligé aucun de ces soins. Les asiles pour les Enfants trouvés, que leur mère abandonne ou par misère, ou par une honte coupable, sont anciens. La religion et l'humanité avaient depuis longtemps songé à remplir ce devoir envers l'Enfant abandonné, et, s'il y a eu récemment des variations dans la manière de le comprendre et de le remplir, si l'on a songé à la suppression des Tours, cela tient plutôt au désir de mieux faire qu'à celui de ne pas faire du tout. Depuis longtemps il existait des sociétés de maternité pour secourir la femme en couche. La reine Marie-Antoinette les avait présidées; l'empereur Napoléon avait mis sa mère à leur tête. Il en existe une fort connue dans la capitale, au secours de laquelle viennent les particuliers et l'État lui-même, et que dirigeait naguère une princesse dont une révolution a renversé le trône, mais n'a pu effacer le souvenir dans le cœur des malheureux qu'elle soulageait. Depuis longtemps la bienfaisance publique et privée s'était mêlée des nourrices, soit pour en procurer aux Enfants abandonnés, soit pour en procurer aux Enfants que leurs mères ne peuvent allaiter. Dans ces dernières années, une invention des plus ingénieuses et des plus touchantes, sous le titre de *crèches* et de *salles d'asile,* a institué des lieux pour y recueillir l'enfance depuis l'âge le plus tendre jusqu'à l'âge de l'école, et suppléer ainsi aux soins de la mère, obligée d'aller travailler loin de son Enfant pour gagner la vie de cet Enfant et la sienne. C'était la seule institution peut-être que l'humanité et la religion des temps antérieurs n'eussent pas encore songé à créer. Jusque-là, l'Enfant vivant dans les rues des villages et des villes, quelquefois suspendu dans ses langes au milieu de la ferme abandonnée, était exposé à la corruption, au vagabondage, souvent même aux animaux malfaisants.

L'humanité de notre temps, à peine avertie de cette lacune existante dans nos institutions de bienfaisance, s'est emparée de cette idée, et les crèches, les salles d'asile se sont multipliées dans toute la France, avec une promptitude qui prouve que le cœur de cette société n'est ni barbare, ni même froid, et qu'il suffit que le bien soit certain et possible pour qu'elle s'y livre avec ardeur.

La vigilance de l'autorité s'est déjà étendue sur l'Enfant exposé à une exploitation trop précoce, et des lois souvent remaniées, ayant encore besoin de l'être, ont été rendues pour déterminer le régime des Enfants dans les manufactures. Des sociétés charitables, mais malheureusement en très petit nombre, s'occupent, sur certains points du territoire, de patroner le jeune apprenti, et de diriger ses premiers pas dans la carrière du travail. L'humanité de tous les hommes éclairés a réclamé depuis quelques années pour assurer aux jeunes détenus un meilleur régime dans les prisons de l'État, et des établissements modèles, capables de contenir la moitié des jeunes condamnés que produit la France, se sont déjà élevés par le zèle spontané de quelques bienfaiteurs de l'humanité. L'Enfant du peuple, souvent tombé en faute par un hasard malheureux bien plus que par une organisation vicieuse, en sort régénéré et redressé dans sa marche, comme un jeune arbre dont on a relevé le tronc. Il reste à étendre ces établissements à toute la population des condamnés de cet âge. Enfin, des établissements célèbres, où la philosophie, la physiologie, la médecine, se sont réunies pour enseigner aux sourds-muets à suppléer à la parole par les signes, à l'ouïe par la vue, pour enseigner aux aveugles à la vue par l'ouïe et le toucher, ont attiré depuis longtemps l'attention de l'Europe savante, et rien ne serait à désirer si ces établissements, au lieu d'être des modèles justement admirables, étaient devenus des établissements usuels répandus dans toute la France.

Il n'est donc, pour l'enfance au moins, aucun genre de secours qui n'ait été imaginé déjà par la charité ingénieuse et créatrice des générations qui nous ont précédés, et même de la génération à laquelle nous appartenons. Enfants trouvés, société de charité maternelle, bureaux de nourrices, crèches, salles d'asile, fixation des heures de travail pour les Enfants, sociétés de patronage, colonies pénitentiaires et agricoles, hospices des sourds-muets et des jeunes aveugles, tous ces genres de prévoyance anciens ou récents, embrassent dans leur ensemble l'enfance tout entière. Nous sommes donc fondés à dire que, pour cet âge, le zèle des particuliers et de l'État n'avait rien laissé à inventer, sinon à faire; nous sommes surtout fondés à dire qu'en matière de bienfaisance il faut admettre le concours de toutes les forces, celles des particuliers, de la religion, de l'État. C'est la religion qui a créé l'institution des Enfants trouvés; c'est la philosophie qui a créé l'institution des sours-muets et des jeunes aveugles, et elle l'a fait avec le secours de l'État: c'est la bienfaisance privée, inspirée par la religion et l'humanité, qui a inventé depuis longtemps les sociétés de maternité; c'est cette bienfaisance privée qui a inventé tout récemment la plus ingénieuse, la plus touchante, la plus efficace de toutes les manières de secourir l'enfance, les crèches et les salles d'asile, et qui l'instituait à l'époque même où cette société, si active dans le bien, était le plus décriée; c'est l'État enfin qui, par la main des législateurs, a songé à réprimer l'usage abusif des forces de l'Enfant; c'est l'Etat, combiné avec la charité privée, qui est venu au secours des jeunes détenus, pour les tirer des mauvaises voies et les ramener dans les bonnes. Ainsi, par ce zèle commun, empressé, universel, de tout ce qui veut et peut le bien, chacun agissant par ses impulsions, avec ses goûts, selon ses moyens, le bien parvient à s'accomplir.

C'est ainsi entendue que l'humanité sera féconde. Mais si nous cherchons dans ce qui existe des raisons d'être justes envers la société, et des enseignements sur la vraie manière d'opérer le bien, prétendons-nous affirmer que si tout a été imaginé, entrevu, commencé, tout ait été achevé? Assurément non. On voudra nous le faire dire, mais nous ne le disons pas. Tout a été inventé et commencé, rien n'a été fini, et nous le prédisons à tous les siècles, aucun n'aura l'honneur de finir. La veille même du jour où notre univers cessera d'être, il restera encore du bien à faire, que le zèle le plus ardent n'aura pu accomplir. Nous nous bornons donc à prétendre que tout a été imaginé, mais nous ajoutons à l'instant même que, dans tout ce qui a été entrepris, il reste à perfectionner, à réformer d'après l'expérience, à étendre d'après les besoins. Aussi votre commission, après s'être divisée, comme nous l'avons annoncé, en trois sous-commissions, de l'enfance, de l'âge mûr, de la vieillesse, a-t-elle déféré à la première l'examen de tous les établissements relatifs à l'enfance et à l'adolescence.

Cette sous-commission est chargée d'examiner, d'abord, si la suppression des Tours, adoptée dans la crainte d'encourager les mères coupables à l'abandon de leurs Enfants, ne les encourage pas, au contraire, à se rendre plus criminelles encore, c'est-à-dire à commettre l'infanticide. Les départements se sont déjà prononcés en grand nombre sur ce sujet, et le moment approche où la question, envisagée sous les aspects les plus divers, éclairée par des expériences de tout genre, pourra être définitivement résolue par le législateur. C'est à la sous-commission chargée des établissements relatifs à l'enfance qu'est remis le soin de préparer à ce sujet des propositions convenables.

La même sous commission examine si on ne pourrait pas multiplier, étendre les sociétés de maternité; s'il n'y a pas moyen de mieux régler les bureaux de nourrices, de mieux garantir contre la cupidité des femmes de la campagne les Enfants abandonnés que l'État leur confie; s'il n'est pas possible de mieux ordonner, d'étendre encore davantage, de rendre plus salutaires aux Enfants, sans les rendre plus dispendieuses, les salles d'asile. Elle a déjà préparé trois projets, qui vous seront incessamment présentés : le premier, relatif au travail des Enfants dans les manufactures; le second, à l'apprentissage; le troisième, aux jeunes détenus. Le résultat de ce dernier devra être d'envoyer tous les jeunes détenus dans des colonies pénitentiaires agricoles, analogues à l'établissement du Mettray.

Enfin, les établissements des sourds-muets, des jeunes aveugles, si admirables comme exemples de ce qu'on peut faire pour suppléer avec certains dons de la nature à ceux qu'elle a refusés à l'homme, ces établissements peuvent-ils s'étendre, se multiplier, de manière à ne pas rester à l'état de simples modèles, intéressant la science, la philosophie, soulageant les infirmités de quelques grandes villes, pour devenir des établissements usuels, et y recevoir les sourds-muets et les aveugles de la France entière? telle est la dernière question soumise à cette sous-commission, qui n'est pas la moins chargée des trois sous-commissions, entre lesquelles se partage l'œuvre si vaste de pourvoir aux misères sociales.

C'est là l'ensemble des propositions relatives à l'enfance et à l'adolescence. On peut rêver une autre manière de faire le bien, la rêver de bonne foi, faute d'esprit pratique ou de lumière suffisante; on peut aussi, sans y croire, la proposer comme un moyen de tromper et d'irriter les masses, et alors promettre qu'il n'y aura ni un Enfant sans mère, ni une mère sans aisance, ni un Enfant fatigué par le travail, ni un Enfant en peine de tracer sa voie dans la carrière de l'industrie, et proposer de réaliser toutes ces promesses avec les finances publiques, sauf à s'arrêter bientôt, non devant l'injustice du fardeau des impôts, mais devant un obstacle plus positif, plus invincible, celui de l'impossibilité radicale de pourvoir aux dépenses créées. Mais, si on ne sort pas des vrais principes sociaux, on ne pourra imaginer d'autres manières de venir au secours de l'enfance que celles que nous avons indiquées. Qu'on tire de celles là tout ce qu'elles peuvent donner, et on aura déjà produit immensément de bien et réparé immensément de mal. Épuisons au moins le possible avant de songer à l'impossible.

. . . .

Conclusions. Nous venons d'embrasser la vie entière de l'homme, et de parcourir le cercle de ses misères depuis sa naissance jusqu'à sa mort, triste cercle où la puissance du soulagement est malheureusement bien inférieure, de quelque manière qu'on s'y prenne, à l'étendue de la souffrance. Nous avons essayé d'énumérer les questions que soulève cette matière, si vaste et si variée, et de tracer partout, autant que nous l'avons pu, la limite entre le vrai et le faux, le possible et l'impossible. Résumons les faits et les principes.

Pour le premier âge, il faut, avons-nous dit, recueillir et allaiter l'Enfant que la mère délaisse par honte ou insensibilité, aider la mère qui a le courage de ne pas abandonner son Enfant, veiller dans les crèches ou salles d'asile sur celui qu'elle est obligée de négliger pour aller gagner sa vie, empêcher qu'on abuse des forces de l'Enfant trop jeune, tâcher, s'il tombe en faute, que la correction ne soit pas l'occasion d'une corruption plus grande, le patroner enfin quand il entre dans la carrière du travail. Tous ces soins, nous en reconnaissons la nécessité, le devoir, l'urgence. Mais la société, avons-nous dit aussi, avant d'être sollicitée par une révolution, n'avait manqué à aucun de ces soins. Les Tours, les bureaux de nourrices, les sociétés de maternité, datent de temps fort anciens. L'ingénieuse et touchante invention des crèches et des salles d'asile, la vigilance de la loi étendue sur les Enfants travaillant dans les manufactures, ou tombés trop jeunes sous les coups de la justice, datent des dernières années de la monarchie. Le cœur de cette société n'était donc pas demeuré froid et insensible devant les misères de l'Enfance. Mais rien n'est jamais achevé en ce monde, et tout ce qui avait été imaginé en ce genre reste à compléter ou à perfectionner. Dans une bonne intention, on avait voulu supprimer les Tours : il faudra probablement les rétablir. Il y a quelques améliorations à apporter aux salles d'asile : on vous les proposera. Il faut faire exécuter la loi qui défend d'abuser des forces des Enfants dans les manufactures; il faut réformer en entier le système de l'emprisonnement pour les jeunes détenus; il faut enfin s'occuper de l'apprentissage : trois lois sont nécessaires sur ce sujet; elles sont déjà prêtes et déposées, ou près de l'être.

. . . .

JURISPRUDENCE.

JUSTICE. — ADMINISTRATION.

TITRE PREMIER.

JUSTICE.

ARRÊTS DE LA COUR DE CASSATION. — ARRÊTS DES COURS D'APPEL.

COUR DE CASSATION.

28 germinal an v (17 avril 1797).

Abandon. — Exposition de part.

L'article 32 de la première section du titre II de la deuxième partie de la loi du 25 septembre 1791, qui punit de 15 ans de fers la destruction volontaire de l'état civil des citoyens, ne s'applique point au cas d'exposition de part, c'est-à-dire de l'abandonnement, fait dans un lieu public ou privé, d'un Enfant incapable de pourvoir par lui-même à sa propre subsistance, encore qu'il puisse en résulter la perte de son état civil.

(Guyot. — C. le Ministère public.)

Par arrêt du 15 nivôse an v, la Cour de justice criminelle du département de la Meurthe avait condamné Remy Guyot à quinze années de fers, pour avoir exposé un Enfant, et elle avait fondé cette première condamnation sur l'article 32 de la première section du titre II de la seconde partie du Code pénal, du 25 septembre 1791, qui punit de cette peine la destruction volontaire de l'état civil d'une personne.

Pourvoi en cassation de la part de Guyot, pour fausse application de l'article de la loi précitée.

Arrêt. — Attendu que l'article 32 de la première section du titre II de la seconde partie du Code pénal ne s'applique qu'à celui qui a volontairement détruit la preuve de l'état civil d'une personne, ce qui ne peut s'entendre que de la destruction matérielle d'un corps constatant cet état; que cet article ne peut s'entendre de l'exposition d'un Enfant, la perte de son état civil dût-elle en être la suite; que ce délit n'est point compris au Code pénal, et n'était prévu par aucune loi avant celle du 25 frimaire an v, laquelle, par l'article 5, punit d'une détention de trois décades celui qui portera un Enfant abandonné ailleurs qu'à l'hospice civil le plus voisin, loi postérieure au délit dont Guyot est prévenu, et qui, par conséquent, est inapplicable dans cette cause.

Du 28 germinal an v. — Section criminelle, *Rapp.*, M. Seignette.

(Extrait du *Recueil des lois et arrêts*, par Sirey, tom. VII, pag. 761.)

COUR DE CASSATION.

15 floréal an XI (5 mai 1803)

Le maire de la ville de Nice dénonce au magistrat de sûreté Angélique Ville, sage-femme. prévenue d'avoir voulu exposer ou faire exposer un Enfant nouveau né. — L'affaire s'instruit par devant le tribunal correctionnel, où il intervient jugement qui, faisant application à l'espèce de la loi du 27 frimaire an v, condamne la prévenue en trois décades d'emprisonnement. — Appel. Le tribunal criminel du département des Alpes-Maritimes annule le jugement et ordonne le renvoi de l'affaire par-devant le jury d'accusation, attendu que la prévention rentre dans les dispositions de l'art. 52, 1re section, titre II, 2e partie, du Code pénal.

Pourvoi en cassation de la part d'Angélique Ville, fondé sur ce que le tribunal criminel des Alpes-Maritimes a fait une fausse application de l'article cité, qui ne peut s'appliquer qu'à la destruction matérielle des preuves de l'état civil, et non à la simple exposition d'un enfant.

ARRÊT. — Attendu que l'article 32 de la première section, du titre II, seconde partie, du Code pénal, n'est relatif qu'à celui qui a volontairement détruit la preuve de l'état civil d'une personne, c'est-à-dire qui a détruit matériellement un acte constatant cet état, et qu'en fait Angélique Ville n'est pas prévenue d'avoir matériellement détruit les titres constatant l'état civil de l'Enfant qu'elle a voulu faire exposer : casse et annule, etc.

Du 15 floréal an XI. — Section criminelle. — *Rapp.*, M. Carnot. — M. Jourde, avocat général.

(Extrait du *Recueil des lois et arrêts*, par Sirey, tome VII, page 761.)

COUR DE CASSATION.

27 janvier 1809.

Enfant. — Abandon. — Exposition.

Exposer un Enfant, c'est l'abandonner, dans le sens de l'article 5 de la loi du 27 frimaire an v.

(M. le Procureur général de l'Escaut — C. Coppenolle.)

Il s'agissait de l'exposition d'un Enfant, faite pendant la nuit, dans une des rues de la ville de Gand.

Des recherches ayant fait découvrir la mère de cet Enfant, elle prétendit qu'avant son départ elle l'avait confiée aux soins du sieur Coppenolle, chirurgien accoucheur, qui s'était chargé de le remettre en nourrice, et auquel elle avait donné une somme de 60 livres, pour subvenir aux premiers frais.

Le sieur Coppenole fut, en conséquence, poursuivi comme prévenu d'être auteur de l'exposition, et, en outre, d'escroquerie.

Sous ce dernier rapport, aucune circonstance de nature à caractériser l'escroquerie n'ayant été reconnue, l'acquittement prononcé en faveur de Coppenolle ne présente rien de contraire à la loi.

Mais, relativement au fait d'exposition, il a été reconnu et déclaré constant que le prévenu l'avait ordonné, ou y avait coopéré; et cependant il a été pareillement acquitté, sur le motif que le simple fait d'exposition n'est prévu par aucune loi; et que celle du 27 frimaire an v n'est pas applicable à ceux qui exposent, puisqu'elle ne parle que de ceux qui portent un enfant abandonné ailleurs qu'aux hospices.

Fausse interprétation de cette loi, en ce que le fait d'abandon se trouve essentiellement lié à celui de l'exposition; et arrêt de cassation ainsi qu'il suit :

Arrêt. — Vu l'article 5 de la loi du 27 frimaire an v;

Attendu qu'un Enfant est abandonné par le fait même de son exposition; et qu'ainsi celui qui le porte, ou qui se charge de le porter ailleurs qu'à l'hospice, est passible de la peine déterminée par la loi ci-dessus citée;

Attendu que, dans l'espèce, il a été reconnu et déclaré constant, en fait, que le sieur Coppenolle avait ordonné l'exposition effectuée de l'Enfant dont il s'agit, dans une des rues de la ville de Gand, ou y avait coopéré;

Que, dès lors, la disposition de l'article de la loi du 27 frimaire an v était applicable, et que la cour de justice criminelle, dont l'arrêt est attaqué, l'a violé formellement en acquittant le prévenu, sur le motif que le simple fait d'exposition d'un Enfant n'était prévu ni puni par aucune loi :

Par ces motifs, la Cour casse et annule l'arrêt rendu par la cour de justice criminelle du département de l'Escaut, le 16 novembre dernier, etc.

Du 27 janvier 1809. — Cour de cassation. — Section criminelle. — *Rapp.*, M. Rataud. — *Concl.*, M. Lecoutour, s. p.-g.

(Extrait du *Recueil des lois et arrêts*, par Sirey, tome X, page 312.)

COUR DE CASSATION.

30 octobre 1812.

Enfant abandonné. — Exposition. — Hospices.

L'exposition ou abandon d'un Enfant à la porte d'un hospice n'est autorisée par la loi qu'autant qu'il s'agit d'un Enfant trouvé. (*C. pén., 352.*)

(Le Procureur-général de Nancy)

Il s'agissait d'un Enfant qui, par l'ordre de ses père et mère qui étaient connus, avait été porté, exposé et délaissé à la porte de l'hospice de Nancy.

La Cour impériale avait jugé que les auteurs de l'exposition n'avaient fait qu'user d'une faculté donnée par la loi; qu'ils n'avaient en conséquence commis aucun délit, et qu'ainsi aucune peine ne pouvait être prononcée contre eux.

Mais l'article 352 du Code pénal, en parlant des Enfants qui auraient été exposés dans un lieu non solitaire, ne fait point de distinction.

Le décret impérial du 19 janvier 1811 a d'ailleurs déterminé quels Enfants pourraient être reçus dans les hospices. Celui dont il s'agit n'étant point dans la classe de ceux qui doivent y être admis, il n'avait donc pas été permis de l'y porter.

En conséquence, arrêt de cassation ainsi qu'il suit.

Arrêt. — Vu l'art. 352 du Code pénal;

Vu aussi l'art. 410 du Code d'instruction criminelle;

Attendu que la disposition de l'art. 352 du Code pénal est générale; qu'elle n'établit et par conséquent n'admet aucune distinction, relativement aux lieux non solitaires dans lesquels un Enfant aurait été exposé et délaissé; qu'ainsi le délit d'exposition qui y est prévu et puni, peut s'opérer par le délaissement d'un Enfant à la porte d'un hospice, comme à la porte de toute autre maison particulière;

Que, si le décret impérial du 19 janvier 1811 a autorisé à porter, dans certains cas, des Enfants aux hospices, il a en même temps réglé quels Enfants pourraient y être reçus; que la faveur de la loi ne s'étend qu'à ceux qui auraient été trouvés ou abandonnés, et aux orphelins; que ce même décret a, par l'article 2, déterminé ce qu'on doit entendre par Enfant trouvé, et, par l'art. 5, quels sont les Enfants qui doivent être réputés abandonnés, que, dans l'espèce, l'Enfant dont il s'agit, et qui a été trouvé exposé dans le tour de l'hospice de Nancy n'était ni orphelin, ni Enfant trouvé, ni Enfant abandonné; qu'il n'était donc point dans la classe de ceux qui pouvaient être reçus dans l'hospice; et que, par une conséquence nécessaire, il n'avait point été permis de l'y porter;

Que ce qui achèverait de lever tout doute sur l'étendue de l'application que doit recevoir l'art. 352 du Code pénal, serait la disposition de l'art. 23 dudit décret impérial du 19 janvier, qui veut que ceux qui seraient convaincus d'avoir exposé des Enfants, et ceux qui feraient habitude de les transporter dans les hospices, soient punis conformément aux lois; disposition qui aurait été bien inutile et pleinement sans objet, s'il était permis de porter indistinctement tous Enfants aux hospices, et si les mêmes lois auxquelles on renvoie pour la pénalité, ne pouvaient, dans aucun cas, recevoir d'application, lorsque c'est à la porte d'hospices que les Enfants ont été exposés et délaissés; que, dans l'espèce où il s'agissait d'un Enfant dont le père et la mère étaient connus, les auteurs et complices de l'exposition de cet Enfant étaient donc passibles de la peine portée par l'art. 352 du Code pénal; et que la Cour impériale de Nancy, en déclarant que l'exposition ayant eu lieu à la porte d'un hospice, aucune loi pénale n'était applicable à ce fait, a commis une erreur qui, aux termes de l'art. 410 du Code d'instruction criminelle, donne ouverture à la cassation de cet arrêt:

Par ces motifs, la Cour casse et annule l'arrêt rendu par ladite Cour impériale le 14 août dernier.

Du 30 octobre 1812. — Cour de cassation. — Section criminelle. — *Rapp.*, M. Rataud. — *Concl.*, M. Pons, avocat-général.

(Extrait du *Recueil des lois et arrêts*, par Sirey, tome XIII, page 191.)

COUR DE CASSATION.

27 janvier 1820.

Abandon. — Délaissement. — Enfant.

Celui qui expose un Enfant à la porte d'une maison est coupable de délaissement, dans le sens de l'article 352, Code pénal, s'il se retire, et abandonne l'Enfant, avant d'être assuré qu'il a été recueilli par les gens de la maison. — Vainement l'auteur de l'exposition prouverait qu'il a sonné ou frappé à la porte de la maison pour avertir, et qu'avant de se retirer il a entendu qu'on venait ouvrir. (*Cod. pén. art 352*)

(Béraud et Ricard.)

Le sieur Béraud et la dame Ricard sont poursuivis, comme coupables d'avoir exposé un Enfant nouveau-né, durant la nuit, devant la porte d'un cabaret du village de Meysargues.

Il a été constaté, en fait, que le sieur Béraud et la dame Ricard, avant d'abandonner l'Enfant, avaient frappé à la porte et ne s'étaient retirés que lorsqu'ils avaient entendu qu'on venait ouvrir, mais avant d'avoir vu les personnes de la maison recueillir l'Enfant.

Ordonnance de la Chambre du conseil du tribunal d'Aix qui déclare n'y avoir lieu à poursuivre.

18 décembre 1819, arrêt de la Chambre d'accusation de la Cour royale d'Aix qui confirme

Pourvoi en cassation de la part du ministère public, pour violation de l'article 352, Code pénal, en ce que, malgré les précautions prises par les prévenus, par cela seul qu'il avaient abandonné l'Enfant, avant de l'avoir vu entre les mains d'autres personnes, il y avait délaissement et abandon en un lieu non solitaire, punissable aux termes dudit article 352.

Arrêt. — La Cour, — Vu l'article 352, Code pénal, ainsi conçu : « Ceux qui auront « exposé et délaissé en un lieu non solitaire un Enfant au-dessous de l'âge de sept ans « accomplis, seront punis d'un emprisonnement de trois mois à un an, et d'une amende de « seize francs à cent francs. »

Attendu que si, pour qu'il y ait lieu à l'application de la disposition de cet article, il faut que l'Enfant exposé ait été délaissé, il y a délaissement toutes les fois que l'Enfant exposé a été laissé seul, et que, par ce fait d'abandon, il y a eu cessation, quoique momentanée, ou interruption des soins et de la surveillance qui lui sont dus; que, dans l'espèce, où il s'agissait d'un Enfant nouveau-né exposé à la porte d'une maison, il a été seulement reconnu que les inculpes, ayant remarqué, par la lumière qu'on y voyait, que les habitants n'étaient pas encore couchés, avaient frappé à cette porte et s'étaient retirés aussitôt qu'ils avaient entendu qu'on l'ouvrait; qu'il n'est point reconnu que l'Enfant ait été recueilli, au moment même de l'ouverture de la porte, et que ce ne soit qu'après avoir vu que l'Enfant avait passé entre les mains de quelques autres personnes qui s'étaient chargées de veiller à sa sûreté, que ceux qui l'avaient exposé se sont retirés; qu'en cet état des faits, il n'y a donc pas eu, en faveur de l'Enfant exposé, la continuité de soins et de surveillance, sans laquelle s'opère nécessairement le délaissement prévu par ledit art. 352 du Code pénal; que cependant la Cour royale d'Aix, chambre d'accusation, a confirmé l'ordonnance par laquelle la chambre du conseil du tribunal de première instance de la même ville avait déclaré qu'il n'y avait lieu à suivre, sur le motif que, dans l'espèce, il n'y a point eu délaissement de l'Enfant, et, par conséquent, point de délit ni de contravention; en quoi ladite cour a refusé de donner au fait de l'exposition, tel qu'il a été reconnu, son véritable caractère, méconnu le vœu de l'article 352 du Code pénal et violé les règles de compétence établies par la loi. — Casse, etc.

Du 27 janvier 1820. — Cour de cassation. — Section criminelle. — Cass. — *Prés.*, M. Barris. — *Rapp.*, M. Rataud. — *Concl.*, M. Fréteau de Pény, avocat général.

(Extrait du *Recueil des lois et arrêts*, par Sirey, tome XX, page 146.)

COUR DE CASSATION.

21 juillet 1831

1° *État civil. — Suppression d'état. — Action criminelle. — Action civile.*

2° *Suppression d'état. — Enfant. — Exposition.*

1° Le ministère public ne peut poursuivre d'office le crime de suppression d'état avant le jugement de la question d'état par les tribunaux civils; en ce cas, l'action du ministère public reste suspendue, alors même qu'il n'y aurait pas eu d'action civile introduite. (*Cod civ.*, 326 et 327, *Cod. pén.*, 345)

2° Le fait, de la part d'une mère mariée, d'avoir exposé ou fait exposer son Enfant nouveau-né à la porte d'un hospice, sans l'avoir présenté à l'etat civil, et sans aucune indication qui permît plus tard à l'enfant de réclamer son état, constitue-t-il le crime de *suppression d'Enfant* ou *d'état de l'Enfant*, dans le sens de l'art. 345, Cod. pén., ou simplement le délit *d'exposition d'Enfant*, dans le sens de l'art. 352, même code? — *Arg dans le sens de la suppression d'état.*

(Femme Bernard.)

« *A Messieurs les Président et Conseillers de la Cour de cassation.*

Le procureur général près la Cour royale de Lyon a l'honneur d'exposer qu'il doit recourir à l'autorité de la cour suprême pour rétablir le cours de la justice, interrompu par suite d'un conflit négatif de juridiction qui vient de se manifester entre la chambre des mises en accusation et la chambre des appels correctionnels de la cour.

« Voici dans quelles circonstances : — Joséphine Françoise Béraud a épousé Claude Bernard. — Dans les premiers jours de 1829, la femme Bernard est accouchée d'un Enfant qui n'a pas été présenté à l'état civil, et qui, par ordre de sa mère, a été exposé *au tour* de l'hospice de la Charité de Lyon, sans aucune indication qui lui permît jamais de réclamer son état.

« Au mois de décembre 1830, elle mit au monde un second Enfant qui a eu le même sort.

« Dénoncés à M. le procureur du Roi de Lyon, ces faits ont été l'objet d'une instruction judiciaire, qui les a pleinement établis.

« La femme Bernard, pour se justifier, a prétendu que ces deux Enfants étaient le fruit de l'adultère : pour excuser l'exposition du premier, elle a allégué l'impossibilité où elle aurait été de le nourrir et de l'élever; quant au second, elle a prétendu qu'éloigné d'elle par ses désordres, son mari n'avait consenti à s'en rapprocher qu'à la condition que l'enfant né d'un autre que lui serait éloigné de la maison conjugale, et même exclu de la famille.

« L'information achevée, la chambre du conseil du tribunal de Lyon, sur les conclusions conformes du procureur du Roi, a déclaré la femme Bernard suffisamment prévenue du crime de suppression d'Enfant, puni par l'art. 345, Cod. pén., et décerné contre elle une ordonnance de prise de corps, le 5 février 1831.

« Devant la chambre d'accusation, une question préjudicielle a été soulevée par le ministère public, celle de savoir si *l'état* des enfants n'ayant pas été réglé par les tribunaux civils, il pouvait y avoir lieu à l'action criminelle en suppression de cet état.

« Le parquet de la Cour, assemblé pour délibérer sur cette question, a pensé, conformément à l'opinion de M. *Merlin*, que l'art. 327, Cod. civ., ne pouvait arrêter l'exercice de l'action criminelle qu'autant qu'il y avait contestation liée au civil, circonstance qui, dans l'espèce, n'existe pas, et ne peut même exister. Au fond, les faits lui parurent avoir été sainement appréciés par les premiers juges, et il fut décidé que la chambre d'accusation serait requise de prononcer le renvoi immédiat aux assises.

« C'est ce qui eut lieu par conclusions du 17 février.

« Mais, par arrêt du 18 février 1831, et après une longue délibération, la Cour : « — Considérant que les faits établis par la procédure ne constituent pas le crime d'enlè- « vement, de recélé, ni de *suppression d'enfants*, de substitution d'un enfant à un autre, ni « de supposition d'un Enfant à une femme qui ne serait pas accouchée, crimes prévus par « l'art. 345, Cod. pén.; — Attendu qu'il n'en résulte que *la prévention d'exposition ou de* « *délaissement, en un lieu non solitaire, de deux Enfants au-dessous de l'âge de sept ans, crime* « *prévu par l'art. 352 du même code;* — Renvoie la femme Bernard en état de mandat de « dépôt devant le tribunal correctionnel de Lyon. »

« En conséquence de cet arrêt, la femme Bernard a été traduite devant le tribunal correctionnel. — Là, le ministère public a soutenu que les faits résultant du débat constituaient, non le *délit* prévu par l'art. 352, mais le *crime* prévu par l'art. 345; il a requis, en conséquence, que le tribunal se déclarât incompétent. — Le tribunal, au contraire, s'est déclaré compétent, par jugement du 7 mars 1831; a reconnu l'existence du *délit d'exposition, mais avec des circonstances atténuantes*, et a condamné en conséquence la prévenue à un mois d'emprisonnement, par application des art. 352 et 463, Cod. pén.

« Le procureur du Roi a interjeté appel de cette décision. — La cause portée à l'audience de la chambre des appels correctionnels, le ministère public a requis qu'il plût à la Cour : 1° déclarer incompétente la juridiction correctionnelle; 2° subsidiairement, dire qu'il ne pouvait y avoir lieu à modifier, dans la cause, l'art. 352 par l'art. 463, et, dans le cas où le délit d'exposition serait reconnu constant, appliquer ledit art. 352, sans modération.

« La Cour, par arrêt du 28 avril : — Considérant (en substance) que les faits imputés à

« la femme Bernard constituent un crime de suppression d'enfants et non un simple délit « d'exposition; — Considérant que l'arrêt de la chambre d'accusation ne saurait interdire au « tribunal auquel elle renvoie d'apprécier librement sa propre compétence....., — Déclare « la juridiction correctionnelle incompétente, sauf au ministère public à se pourvoir comme « il avisera. »

« Ainsi, d'un côté, arrêt de la chambre d'accusation qui renvoie la cause devant les juges correctionnels, comme s'agissant d'un délit; de l'autre, arrêt de la chambre des appels correctionnels, qui ne se dessaisit, parce qu'il s'agit non d'un délit, mais d'un crime. — Ces deux arrêts sont également définitifs et souverains; ils constituent un véritable conflit négatif; il résulte de leur combinaison une interruption dans le cours de la justice, qu'un règlement de juges peut seul faire cesser.

« Le procureur général conclut, en conséquence, à ce qu'il plaise à la Cour de cassation, statuant sur le règlement de juges, déterminer le véritable caractère des faits imputés à la femme Bernard, et saisir, en conséquence, de l'affaire, telle chambre d'accusation ou tel tribunal correctionnel qu'il plaira à la Cour suprême de désigner.

« Fait au parquet de la Cour royale de Lyon, le 6 mai 1831. *Le premier avocat général faisant fonctions de procureur général,* « Signé G^e VINCENT DE SAINT-BONNET. »

Avis motivé du Procureur général de Lyon.

« Aux termes de la circulaire de M. le procureur général en la Cour de cassation, du 17 mars 1831, le procureur général soussigné doit joindre à sa requête son avis motivé sur l'affaire qui en est l'objet; il va le faire aussi brièvement que possible.

« On conçoit très-bien que le fait *d'exposition d'un Enfant* puisse ne pas constituer nécessairement, et dans tous les cas, le crime de *suppression de son état;* mais on doit admettre aussi que ce fait d'exposition peut souvent être considéré comme un des éléments constitutifs du crime, si, d'ailleurs, à cet élément matériel vient se joindre la preuve que l'intention du délinquant était non-seulement de se débarrasser de l'Enfant en l'abandonnant à la charité publique, mais encore de l'exclure de la famille où sa naissance l'avait placé.

« Or, c'est cette dernière hypothèse qui est celle de la cause. — Les Enfants nés de *Joséphine Béraud,* pendant la durée de son mariage, avaient pour père le mari (art. 312, Cod. civ.); ils avaient droit à l'état d'enfants légitimes de ce mariage et à tous les avantages qui en pouvaient résulter.

« Sans doute le mari, s'il s'était trouvé dans l'un des cas d'exception prévus par les art. 312 et suivants du Code civil, aurait eu contre les Enfants nés de sa femme une action en désaveu; mais, tant que cette action n'était ni jugée, ni même intentée, et la présomption légale de l'art. 312 restant dans toute sa force, nul n'avait le droit d'y porter la moindre atteinte.

« Maintenant, qu'aurait fait la femme Bernard en admettant son système de défense? Elle aurait exposé ses Enfants et les aurait jetés à la charité publique, parce que, dit-elle, ils étaient *adultérins,* et que leur présence dans la famille aurait pu empêcher son mari de se rapprocher d'elle, c'est-à-dire, en d'autres termes, qu'elle aurait, elle, de sa propre autorité, et sans forme légale, introduit contre ses propres Enfants une action en désaveu; elle aurait jugé que ce désaveu était recevable et fondé, et exécuté ensuite elle-même cette étrange décision.

« Ainsi, ni la présomption légale de l'art. 312, ni les formes si sagement rigoureuses des articles suivants, ni toutes les précautions instituées par la loi, pour mettre à l'abri de toute atteinte *l'état des enfants* nés en mariage, n'ont pu être d'aucune utilité aux Enfants Bernard, dépouillés par leur propre mère, et sans nulle forme légale, des honneurs et des avantages de la légitimité, privés du nom de celui qu'une loi éminemment sociale nommait leur père, flétris du sceau de la bâtardise, abandonnés sans nom et sans avenir!

« De pareils faits ne peuvent, dans l'opinion de l'exposant, constituer qu'une *véritable suppression* d'enfants, dans le sens de l'art. 345, et non un simple délit d'exposition, prévu par l'art. 352; il ne peut donc que persister dans les conclusions prises en son nom par ses divers substituts devant la chambre d'accusation, le tribunal correctionnel et la chambre des appels correctionnels.

« Deux objections ont été faites à ce système : l'une, *en fait*, par le tribunal de Lyon, dans son jugement du 7 mars; l'autre, *en droit*, par la chambre d'accusation, dans son arrêt du 18 février.

« D'après le tribunal, l'intention de supprimer l'état ne serait point établie au procès: elle serait au contraire exclue par ce fait, qu'en exposant ses enfants, la femme Bernard les avait accompagnés de lettres contenant des indications propres à faire reconnaître leur identité. — On répond, 1° que l'intention de supprimer l'état d'enfants légitimes ressort, et de l'absence de toute déclaration à l'état civil, et surtout des aveux de l'accusée dans son interrogatoire, ainsi que de son système de défense dans le mémoire signé d'elle, qui est joint au procès; 2° que les lettres dont on excipe en sa faveur, ou plutôt la lettre (car il n'y en a qu'une dans le dossier) ne contient *aucune indication* de nature à mettre l'enfant qu'elle concerne sur la trace de son véritable état. La femme Bernard a même poussé la précaution sur ce point jusqu'à la faire écrire *par une main étrangère.* Ce point a été établi devant la Cour.

« *En droit*, la chambre d'accusation a prétendu que les seuls crimes prévus par l'art. 345 étaient ceux d'enlèvement, de recélé, *de suppression d'enfant*, de substitution d'un enfant à un autre, ou de supposition d'enfant à une femme qui n'en serait pas accouchée. Or, a-t-elle ajouté, la femme Bernard ne se trouve dans aucun de ces cas. — De cette doctrine, il résulterait qu'une mère pourrait impunément exclure de sa famille, et priver de leur état, des enfants nés de son légitime mariage..... Cette conséquence seule prouve combien elle est insoutenable en thèse générale. — Mais est-elle plus admissible en droit pénal? — Il est constant que la chambre d'accusation s'est méprise sur le mot *suppression d'enfant*, dans le sens que lui donne l'art. 345; — Elle a supposé que ce mot devait s'entendre de la suppression *de la personne*, tandis qu'il ne pouvait s'agir que de la suppression de *l'état.* — La suppression de la personne serait *un véritable infanticide*, prévu par les art. 300 et 302, et puni d'une manière bien autrement grave! — Le sens du mot *suppression d'enfant*, dans l'art. 345, est nettement déterminé, et par la rubrique sous laquelle il se trouve placé, et par la nature des autres crimes qui sont englobés dans la même disposition, et par le sens que lui a toujours donné la jurisprudence, et, enfin, par le discours de l'orateur du Gouvernement, lorsqu'il présenta au corps législatif le projet du troisième livre du Code pénal. — Il ne saurait y avoir de difficulté sérieuse sur ce point, et notre Code pénal ne contient pas heureusement l'affligeante lacune qu'on a cru y apercevoir.

« Si l'opinion qui vient d'être admise, et qui est celle de la chambre correctionnelle, venait à être adoptée par la Cour suprême, les faits imputés à la femme Bernard constitueraient un crime de *suppression d'état.* Alors s'élèverait la grande question de savoir si, l'*état* n'ayant pas été réglé au civil, il peut être donné suite à l'action criminelle en suppression de cet état.

« L'exposant n'ignore point quelle est à cet égard la jurisprudence de la Cour de cassation; il la respecte; mais il croit devoir déclarer qu'en adoptant l'opinion de M. Merlin, il considère cette jurisprudence comme compromettant gravement les droits de la vindicte publique, et pouvant assurer, dans des cas trop nombreux, la plus déplorable impunité à de grands crimes. Cette jurisprudence, et les graves motifs par lesquels M. Merlin n'a cessé de la combattre, sont dignes d'attirer l'attention de l'illustre magistrat qui occupe aujourd'hui son siége à la tête du ministère public.

« L'exposant se bornera à faire observer, relativement à l'espèce : 1° Qu'il n'y a pas d'action civile intentée; — 2° Qu'elle ne pourrait l'être actuellement que par la femme Bernard ou son mari, intéressés à l'étouffer; — 3° Que, lorsque les enfants dont il s'agit seront majeurs, toutes les preuves auront dépéri par le laps de temps écoulé, et la vindicte publique sera désarmée par la prescription.

« Fait au parquet de la Cour royale de Lyon, le 6 mai 1831.

Le premier avocat général, faisant fonctions de procureur général, Signé G° VINCENT DE SAINT-BONNET. »

ARRÊT (après délib. en ch. du cons.). — LA COUR, — Vu la requête du procureur général près la Cour royale de Lyon, tendante à ce qu'il soit réglé de juges dans le procès criminel de Joséphine-Françoise Béraud, épouse de Claude Bernard;

Vu l'ordonnance de la chambre du conseil du tribunal de première instance de Lyon, du 5 février 1831, par laquelle une ordonnance de prise de corps est décernée contre ladite Béraud, femme Bernard, comme suffisamment prévenue d'avoir fait déposer secrètement à l'hospice de la Charité de Lyon, sans les avoir fait enregistrer à l'état civil, deux enfants dont elle serait accouchée, à qui la loi accordait la possession d'état d'enfants légitimes, crime de suppression d'enfants, prévu par l'art. 345, Cod. pén.;

Vu l'arrêt de la chambre des mises en accusation de la Cour royale de Lyon, du 18 du même mois, par lequel l'ordonnance de prise de corps est annulée, et la femme Bernard renvoyée en police correctionnelle, en état de mandat de dépôt, par le motif qu'il ne résulte des faits établis par la procédure que la prévention d'exposition ou de délaissement, en un lieu non solitaire, de deux enfants au-dessous de sept ans accomplis, délit prévu par l'art. 352, Cod. pén.;

Vu le jugement correctionnel du tribunal de première instance de Lyon, du 7 mars suivant, par lequel ce tribunal s'est déclaré compétent, et a condamné la prévenue en un mois d'emprisonnement, par application des art. 352 et 463, Cod. pén., comme convaincue d'avoir, le 3 mars 1829 et le 3 janvier 1830, fait porter deux enfants nés d'elle à l'hospice de la Charité de Lyon, faits constituant le délit prévu par l'art. 352, Code pén.;

Vu l'arrêt de la chambre des appels de police correctionnelle de la Cour royale de Lyon, du 28 avril dernier, qui, sur l'appel interjeté par le procureur du Roi, annule, comme incompétemment rendu, le jugement correctionnel ci-dessus visé, et déclare les tribunaux correctionnels incompétents pour connaître des faits imputés à la femme Bernard, par le motif que les faits du procès constituent, dans leur ensemble, un crime de suppression d'état d'enfant, caractérisé par l'art. 345, Cod. pén., passible de peines afflictives et infamantes;

Attendu que l'arrêt de la chambre des mises en accusation, et l'arrêt de la chambre des appels de police correctionnelle de la Cour royale de Lyon ont acquis l'un et l'autre l'autorité de la chose jugée; qu'il résulte de leur contrariété une suspension du cours de la justice qu'il importe de faire cesser par un règlement de juges;

Vu les art. 352 et suiv., Cod. d'instr. crim.; — Vu pareillement les art. 326 et 327, Cod. civ.;

Attendu que le fait reproché à la femme Bernard pourrait constituer le crime de suppression d'état, prévu par l'art. 345, Cod. pén.; mais attendu que, d'après les dispositions formelles des art. 326 et 327, Cod. civ., l'action publique en matière de suppression d'état ne peut être exercée que quand il a été statué définitivement par les tribunaux civils, seuls compétents à cet effet, sur la question d'état de l'enfant;

Que ces articles étant conçus dans des termes généraux et absolus s'appliquent nécessairement à la partie publique, et d'une manière d'autant plus spéciale, qu'elle a seule le droit d'exercer et de poursuivre l'action criminelle;

Et, attendu que, dans l'espèce, il n'a point été intenté d'action, ni statué au civil sur la question d'état; que, dès lors, il n'y a à réprimer, en cas de conviction, que le délit prévu par l'article 352, Cod. pén., l'exposition et le délaissement, en un lieu non solitaire, de deux enfants au-dessous de sept ans; — Sans s'arrêter ni avoir égard à l'arrêt de la chambre des appels de police correctionnelle de la Cour royale de Lyon, du 28 avril 1831. qui sera considéré comme nul et non avenu, renvoie les pièces du procès et Joséphine-Françoise Béraud, femme de Claude Bernard, en état de mandat de dépôt, devant la chambre des appels de police correctionnelle de la Cour royale de Grenoble, pour être statué sur l'appel interjeté par le procureur du Roi près le tribunal de première instance de Lyon, du jugement correctionnel de ce tribunal, rendu, le 7 mars dernier, contre ladite Joséphine Françoise Béraud, femme Bernard, etc.

Du 21 juillet 1831. — Ch. crim. — *Rapp.*, M. Brière. — *Concl.*, M. Voysin de Gartempe, avocat général.

(Extrait du *Recueil des lois et arrêts*, par Sirey, tome XXXII, colonne 107.)

COUR D'APPEL DE COLMAR.

10 novembre 1831.

Vagabondage. — Mineur. — Enfant trouvé.

Un enfant mineur, ayant père ou mère ou tuteur, ne peut se trouver légalement en vagabondage. (*V. 1re espèce.*)

Il en est de même des Enfants trouvés, mineurs, lesquels sont réputés avoir leur domicile dans l'hospice, ou chez le maître auquel ils sont confiés. (*V. 2e espèce.*) (*Cod. pén., 274*)

1re espèce. — (Fenninger et Martel.)

La Cour, — Attendu qu'aux termes des lois civiles, le mineur a son domicile chez ses père et mère; — Que l'obligation de le nourrir, entretenir et élever, leur est imposée; — D'où il suit qu'un enfant mineur, ayant père ou mère ou tuteur, ne peut se trouver légalement en état de vagabondage, sauf la répression autorisée par les art. 375 et suivants, Cod. civ.; — Attendu, en fait, que, d'après les renseignements existants dans la procédure, Fenninger a son père et sa mère à Thann; que Martel a sa mère à Lauterbourg; — Par ces motifs, statuant sur l'appel interjeté par les prévenus, les renvoie de la prévention, et ordonne qu'ils seront sur-le-champ remis en liberté, etc.

Du 10 novembre 1831. — Cour roy. de Colmar. — Ch. corr. — *Prés.*, M. Jacquot-Donnat. — *Concl.*, M. Paillart, avocat général.

2e espèce. — (Gruner.)

La Cour, — Vu la loi du 15 pluviôse an XIII, et le décret du 19 janvier 1811 : — Attendu, d'une part, que les Enfants trouvés sont sous la tutelle des hospices, et ont, par conséquent, dans le sens des lois civiles, leur domicile dans l'établissement ou chez le maître auquel ils sont confiés; — Attendu, d'autre part, que l'État est chargé de pourvoir à leur existence, et qu'ils sont à sa disposition; d'où il suit que, sous aucun rapport, l'Enfant trouvé, en état de minorité, ne peut se trouver légalement dans les conditions qui caractérisent le vagabondage; — Par ces motifs, prononçant sur l'appel interjeté par le prévenu, le renvoie de la prévention et le décharge de la correction prononcée contre lui, sauf les mesures à prendre par l'administration, etc.

Du 11 novembre 1831. — Cour roy. de Colmar. — Ch. corr. — *Prés*, M. Jacquot-Donnat. — *Concl.*, M. Paillart, avocat général.

(Extrait du *Recueil des lois et arrêts*, par Sirey, tome XXXII, colonnes 345-346.)

COUR D'APPEL DE BORDEAUX.

28 novembre 1833.

Enfant trouvé. — Tutelle. — Partie civile.

La personne à laquelle un Enfant trouvé a été confié, par la commission administrative de l'hospice qui l'a recueilli, n'acquiert pas par là, et sans délégation expresse, la qualité de tuteur de cet Enfant. — En conséquence, cette personne est non recevable à se constituer partie civile dans l'intérêt de l'Enfant. *(L. 15 pluv. an 13; Déc. du 19 janv. 1811, art. 15.)*

(Laville. — C. Hervé.)

La Cour, — Considérant, sur la fin de non-recevoir proposée dans l'intérêt de Laville, que le silence gardé par ce prévenu devant le tribunal de Blaye sur la qualité d'Hervé n'a pas couvert le moyen, parce qu'il est péremptoire de sa nature, et peut, conséquemment, être produit pour la première fois en cause d'appel; — Considérant que le mineur Antoine, sur la personne duquel Laville est accusé d'avoir porté des coups, est un Enfant confié par l'hospice aux soins du sieur Hervé; — Considérant qu'Hervé n'a pu se porter partie civile dans la cause que comme tuteur du jeune Antoine, et que cette qualité lui est déniée par Laville; que la question est de savoir si cette dénégation est fondée; — Considérant qu'aux termes des lois et décrets sur cette matière, la tutelle des Enfants admis dans les hospices est déférée aux commissions administratives, qui peuvent investir un de leurs membres des fonctions de tuteur; qu'on ne trouve nulle part que le tiers auquel on confie un Enfant de l'hospice se trouve substitué, par l'effet d'une délégation tacite, à la commission administrative, et qu'Hervé, ne produisant aucune délégation écrite émanant des administrateurs, ne peut, avec raison du moins, se prétendre investi des droits et des obligations d'un tuteur; — Considérant qu'Hervé se trompe en soutenant que lui refuser la qualité qu'il revendique, c'est enlever tout appui, toute protection et tout secours au mineur Antoine, contre lequel on pourra se permettre impunément les plus graves excès; que la fausseté de ce point de vue est palpable, puisque rien ne s'opposait à ce qu'Hervé prévînt, de ce qui venait d'arriver, la commission administrative de l'hospice, qui aurait pris, si elle l'avait trouvé convenable, l'initiative des poursuites; qu'en un mot, pour agir au nom du mineur Antoine, il fallait avoir qualité pour le représenter en justice, et qu'une pareille qualite manque à Hervé; d'où suit que la fin de non-recevoir soulevée par Laville doit être accueillie: — Déclare Hervé non recevable à se porter partie civile, et le met hors d'instance, etc.

Du 28 novembre 1833. — Cour roy. de Bordeaux. — Ch. corr. — *Prés.*, M. Desgranges. — *Concl.*, M. de la Seiglière, av. gén. — *Pl.*, MM. Guimard et Roustaing.

(Extrait du *Recueil des lois et arrêts*, par Sirey, tome XXIII, col. 348.)

COUR DE CASSATION.

7 juin 1834.

Abandon d'enfant. — Exposition.

L'exposition d'un Enfant n'est punissable d'après l'article 352, Cod. pén., qu'autant que cette exposition a été accompagnée de *délaissement;* — Ainsi, il n'y a pas délit punissable dans le fait, par une mère, d'avoir déposé son Enfant dans le tour d'un hospice, si elle ne s'est retirée qu'après s'être assurée que l'Enfant avait été recueilli par un préposé de l'hospice.

Arrêt (après délib.). (Femme Touchard). — La Cour, — Attendu que, selon les termes de l'art. 352, Cod. pén., il faut que l'exposition d'un Enfant ait été accompagnée du délaissement de cet Enfant pour donner lieu à l'application de la peine instituée par cet article; — Attendu que l'arrêt attaqué établit, en fait, que la femme Touchard, après avoir déposé son Enfant dans le Tour de l'hospice de Poitiers, ne s'est retirée qu'au moment où elle eut entendu la religieuse préposée à ce service prendre l'Enfant dans le Tour; — Attendu que l'art. 348 du même code ne s'applique qu'à ceux qui ont été chargés par un autre du soin d'un Enfant, ce qui n'avait pas lieu dans l'espèce; — Rejette, etc.

Du 7 juin 1834. — Ch. crim. — *Prés.*, M. de Bastard. — *Rapp.*, M. Isambert. — *Concl. conf.*, M. Parant, av. gén.

(Extrait du *Recueil des lois et arrêts*, par Sirey, tome XXXV, col. 80.)

COUR DE CASSATION.

30 avril 1835.

Abandon d'enfant. — Exposition.

L'exposition d'un Enfant n'est punissable, d'après l'art. 352. Cod pén., qu'autant que cette exposition a été accompagnée de *délaissement.* — Ainsi, il n'y a pas délit punissable dans le fait d'avoir déposé un Enfant dans le Tour d'un hospice, si la personne qui a fait ce dépôt ne s'est retirée qu'après s'être assurée que l'Enfant avait été recueilli par un préposé de l'hospice.

(Minist. publ. — C. la fille Jossier.)

Déjà deux arrêts précédents de la Cour de cassation, des 27 janvier 1820 et 7 juin 1834,

(V. tom. 20. I. 146, et *sup.* I. 80) avaient ainsi jugé la question, et le tribunal d'Auxerre, par un jugement du 11 avril 1835. rendu sur appel, s'était conformé à cette jurisprudence.

M. le procureur du Roi près le tribunal d'Auxerre s'est pourvu en cassation contre cette décision, et a vivement attaqué le système qui lui sert de base. — L'extrême sévérité, a-t-il dit, contre les filles mères qui exposent ou font exposer leurs Enfants aux hospices, peut augmenter le nombre des infanticides; mais, d'un autre côté, proclamer que l'exposition de ces Enfants dans le Tour des hospices est un fait licite, ou du moins non punissable, c'est favoriser le libertinage; c'est même compromettre l'état des Enfants légitimes, en donnant aux pères ou mères, qui les trouveraient trop à charge, le moyen de s'en débarrasser impunément. Ces graves inconvénients ont été à coup sûr appréciés par le législateur. Après les lois des 28 juin 1793 et 27 frimaire an v, qui, dans un système exagéré de philanthropie, avaient ouvert les hospices aux filles enceintes et mis leurs Enfants à la charge de la nation, on est revenu à des idées plus saines. Le Code pénal de 1810 a voulu prévenir et réprimer l'abandon trop facile des Enfants nouveau-nés. Par son art. 352, il punit ceux qui *exposent et délaissent* un Enfant en un lieu non solitaire, ce qui doit nécessairement comprendre l'exposition à la porte ou dans le Tour d'un hospice. — En effet, le décret du 19 janvier 1811, concernant les Enfants trouvés ou abandonnés et les orphelins pauvres, n'admet dans les hospices, sous la dénomination d'Enfants *trouvés* ou *abandonnés,* que ceux qui y sont apportés ouvertement par une personne étrangère, qui ne connaît pas ou ne peut retrouver les parents de l'Enfant. Or, ce n'est point de ces Enfants dont il s'agit ici. — Il s'agit uniquement des Enfants directement exposés à la porte ou dans le Tour des hospices : ceux-là sont toujours nés, sinon de père et mère connus, au moins d'une mère connue de la personne qui fait le dépôt ou exposition, en supposant que ce ne soit pas la mère elle-même qui exécute l'action. Ce ne sont donc pas des Enfants *trouvés,* dans le sens de la première partie de l'article 2 du décret du 19 janvier 1811, puisque la mère au moins est connue. Ce ne sont pas non plus des Enfants *abandonnés,* dans le sens de l'article 5, puisqu'on ne pourrait pas dire qu'on ignore ce que les père et mère sont devenus. Ce ne sont pas, d'ailleurs, des *orphelins,* si la mère n'est pas morte en couche. Ces Enfants ne seraient donc pas reçus dans les hospices, si on les y apportait ouvertement. — C'est là le point important auquel il faut s'arrêter pour la qualification du fait. Les Enfants dont il s'agit ne seraient pas reçus dans les hospices, s'ils y étaient ouvertement apportés. On dirait au porteur : la mère n'est pas morte, elle n'a point disparu, vous la connaissez, remportez l'Enfant. — Cependant, il y a un Tour dans lequel on peut, mystérieusement, déposer les Enfants qui seraient ainsi ouvertement refusés. — C'est en cela que consiste le système, fort sage, de la législation sur ce point. — On n'a pas voulu favoriser le dépôt dans les hospices de tous les Enfants repoussés par leurs mères, mais on n'a pas voulu non plus qu'il n'y eût pas de milieu pour ces mères entre garder ces Enfants et les tuer. On a craint ce dernier parti. Et l'on a créé des Tours où la loi défend, punit même l'exposition des Enfants, et où l'humanité les accueille.

C'est dans ce système qu'a été rendu un premier arrêt de la Cour de cassation du 30 octobre 1812, qui a jugé que l'exposition ou abandon d'un Enfant à la porte d'un hospice, n'est autorisé par la loi qu'autant qu'il s'agit d'un Enfant *trouvé.* Le système contraire a été admis par les arrêts des 27 janvier 1820 et 7 juin 1834, qui font consister le délit ou la circonstance du *délaissement* dans le fait, après l'exposition de l'Enfant, de s'être retiré avant qu'il n'ait été recueilli, ou de l'avoir perdu de vue pendant un certain temps. Or, tel ne semble pas le sens restreint que le législateur a attaché au mot *délaissement,* à l'action de *délaisser.* Grammaticalement, *délaisser* veut dire *abandonner,* se défaire à tout jamais. La circonstance que l'Enfant a été ou non, pendant son exposition, momentanément perdu de vue, est ici tout à fait indifférente; ce n'est qu'un accessoire du délaissement, mais non le délaissement lui-même. Moralement, le mot *délaissé* ne présente pas plus de doute si l'on se rappelle toutes les conséquences de l'action d'une mère qui renonce à son Enfant nouveau-né, qui l'abandonne, qui le *délaisse* à un hospice, qui le prive ainsi de son état civil, de l'appui de toute sa famille naturelle ou légitime. Il n'est pas possible que le législateur ait voulu laisser impunie une action si coupable, et qu'il ne se soit attaché à punir qu'un fait accessoire sans gravité, celui d'avoir un moment perdu de vue l'Enfant pendant son exposition. C'est donc méconnaître la moralité de la loi elle-même que de se refuser à en faire l'application, comme dans l'espèce, à l'exposition et au délaissement nocturne d'un Enfant dans le Tour d'un hospice.

Malgré ces considérations, qui nous semblent avoir épuisé la question, la Cour n'en a pas moins persisté dans sa jurisprudence antérieure.

ARRÊT. — LA COUR, — Attendu que, d'après les termes de l'article 352, Cod. pén., il faut que l'exposition d'un Enfant ait été accompagnée du délaissement de cet Enfant pour donner lieu à l'application de la peine instituée par cet article; — Attendu que le jugement attaqué établit, en fait, que le dépôt de l'Enfant fait dans le Tour de l'hospice n'a point été accompagné de délaissement, puisque la personne chargée de ce dépôt ne s'est retirée qu'après avoir vu le préposé de l'hospice recueillir cet Enfant; — Attendu que n'y ayant pas délit dans le fait de ce dépôt, la fille Jossier ne pouvait être punie comme complice; — Rejette, etc.

Du 30 avril 1835. — Ch. crim. — *Prés.*, M. le cons. Choppin. — *Rapp.*, M. Isambert — *Concl.*, M. Tarbé, av. gén.

(Extrait du *Recueil des lois et arrêts*, tome XXXV, col. 667.)

COUR D'APPEL DE COLMAR.

(5 avril 1838)

La tutelle qui appartient aux administrateurs des Enfants-Trouvés cesse de plein droit lorsque les parents se présentent ou sont connus. (L. 15 pluv. an XIII; C. civ., 383.)

Cette règle est applicable en matière de paternité naturelle comme lorsqu'il s'agit de paternité légitime.

Le père naturel a, comme le père légitime, les droits résultant de la puissance paternelle sur l'Enfant qu'il a reconnu (1).

En conséquence, celui qui a reconnu un Enfant déposé à l'hospice des Enfants-Trouvés, a qualité, en vertu des droits qui dérivent pour lui de la puissance paternelle, pour intenter, au nom de cet Enfant, l'action en recherche de maternité, et il peut intenter cette action même avant d'avoir réclamé et de s'être fait remettre l'Enfant. (C. civ., 334, 341.)

(Demoiselle F... C. H...)

Le 6 juin, un Enfant du sexe masculin est présenté au pasteur de la commune de Durmersheim (pays de Bade), comme né le 2 juin, à cinq heures du matin, à Carlsruhe. Cet Enfant est baptisé sous le nom d'Adolphe, fils naturel de demoiselle Wilhelmine Fischer, fille légitime de Georges Fischer et d'Ernestine Kilian, de Savière, en Bavière rhé-

(1) On est généralement d'accord pour attribuer au père naturel l'exercice de la puissance paternelle, sauf quelques distinctions relatives, soit à l'usufruit légal, soit au partage d'autorité nécessaire quand il est en concours avec la mère; mais ces distinctions étaient sans influence sur la décision actuelle, jugé aussi qu'il en est le tuteur légal. (V. Grenoble, 21 juillet 1836, t. II; 1837, p. 503, et la note.)

nane. Enfin, en 1835, il est déposé à l'hospice de Strasbourg sous le nom d'Adolphe Fischer.

En 1838, un sieur H... se présente devant le greffier de la justice de paix du canton du sud de Strasbourg, et y déclare « que l'Enfant placé le 6 mai 1835, à l'hospice des Enfants-Trouvés de Strasbourg, sous le nom d'Adolphe Fischer, est son Enfant naturel, comme né de lui et de Victorine F..., fille de François de N...; que les noms donnés à cet Enfant et à sa mère dans l'extrait du registre sacristaire délivré par le curé de Durmersheim étaient des noms supposés et faux; qu'il entendait par sa déclaration rectifier ces noms et reconnaître ledit Adolphe Fischer pour son Enfant naturel. »

Puis le sieur H... assigne la demoiselle Victorine F... en déclaration ou reconnaissance de maternité, concluant aussi à la rectification des noms de l'Enfant.

La demoiselle F... soutient que le sieur H... est sans qualité pour intenter une pareille demande. Envain s'est-il reconnu père de l'Enfant déposé à l'hospice. Dès que cet Enfant n'a pas été réclamé par lui, le prétendu père n'a pu exercer à son égard les droits d'une tutelle qui continue de subsister au profit de l'administration des hospices. La demoiselle F... demande en outre que la désignation de sa personne comme mère d'Adolphe Fischer soit rayée de l'acte de reconnaissance, dressé par le sieur H... en 1838.

Du 20 juin 1838, jugement du tribunal de Saverne qui statue en ces termes:

« Attendu que le demandeur au principal, défendeur en incident, se présente dans la cause comme agissant au nom de l'Enfant mineur, dont il s'est reconnu le père; que cette reconnaissance résulte d'un acte reçu au greffe de la justice de paix du canton sud de la ville de Strasbourg, le 21 mai dernier; que la partie de Klein (la défenderesse) oppose a celle de Schaller (le défendeur), le défaut de qualité, et le prétend inhabile à poursuivre, au nom de son Enfant, la recherche de la maternité, tant et si longtemps qu'il n'aura pas été investi de la tutelle, laquelle, jusqu'à présent, et aux termes de la loi du 15 pluviôse an XIII, reste attribuée aux administrateurs des hospices de Strasbourg, où l'Enfant avait été déposé;

« Attendu que la reconnaissance a été faite en conformité de l'art. 304 du C. civ.; qu'elle est valable, et qu'elle a pour conséquence de conférer au père naturel tous les droits dérivant de la puissance paternelle; que les auteurs sont d'accord sur l'étendue et les effets de la puissance paternelle, sans distinction entre le père légitime et un père naturel; que l'assimilation de l'un et de l'autre est entière, sauf la dissidence concernant l'application de l'art. 384;

« Attendu qu'il faut dire que la partie de Schaller, tenant tous ses droits et tous ses devoirs de la puissance paternelle, avait évidemment qualité à intenter l'action qui devait donner un état à son Enfant, indépendamment de celui que déjà il venait de lui assurer, que ce n'est pas comme tuteur légal qu'il agit, mais bien en vertu de la puissance paternelle qui lui compète, et que la partie de Klein ne lui dénie pas jusqu'à présent; que si les administrateurs des hospices sont les tuteurs d'office des Enfants trouvés et abandonnés, cette tutelle doit cesser lorsque les parents se présentent et sont connus; que la reconnaissance d'un Enfant naturel conférant au père tous les droits de la puissance paternelle, il ne peut plus y avoir nécessité de conférer la tutelle aux administrateurs des hospices, et qu'il faut laisser au père seul l'exercice entier des droits qu'il tient de la nature et des lois; qu'ainsi c'est le cas de rejeter l'exception proposée, et d'ordonner que les parties plaideront au fond; qu'il n'y a pas lieu d'examiner, quant à présent, le mérite des conclusions de la partie de Klein relatives à la désignation de la mère faite dans l'acte de reconnaissance, et qu'il convient d'en réserver la décision avec le jugement de la cause principale,

« Par ces motifs, le tribunal....., sans s'arrêter à l'exception proposée par la partie de Klein, qui est rejetée, a ordonné que les parties plaideront au fond à la première audience. »

Appel de la demoiselle F... Après avoir posé en principe que la reconnaissance d'un Enfant naturel est un acte qui ne saurait profiter au père qui reconnaît contre le vœu de l'Enfant, et qui est contestable, soit de la part de l'Enfant, soit de la part de tous les tiers intéressés (C. civ., 337, 338, 339), on soutenait qu'il était impossible de concevoir qu'un pareil acte pût faire cesser *de plano* la tutelle des hospices.

La loi du 15 pluv. an XIII, disait-on, place l'Enfant déposé à l'hospice sous la tutelle d'un conseil de famille, composé des membres de la commission administrative et d'un tuteur choisi par cette commission dans son sein. Cette tutelle suit cet Enfant, même hors de l'établissement, et dans les lieux où il est placé pour son instruction ou son éducation ; elle ne cesse qu'à la majorité de l'Enfant, et c'est à celui qui est investi de cette tutelle qu'appartient l'administration de la personne et des biens de l'Enfant. C'est à lui que compète l'exercice de toutes les actions qui intéressent l'Enfant. S'il est vrai que le décret du 19 janvier 1811 dispose qu'il n'est rien changé aux règles relatives à la réclamation et à la reconnaissance des Enfants trouvés et des Enfants abandonnés, on ne trouve aucune disposition qui dessaisisse les hospices de toute autorité sur les Enfants qui s'y trouvent placés, par le seul effet d'une déclaration de paternité faite unilatéralement et sans la participation du tuteur de l'Enfant, de son père adoptif, du seul juge de son intérêt. Cette tutelle légale ne peut cesser qu'en vertu d'un acte régulier qui serve de décharge à l'administrateur qui en est investi, et non pas d'une simple reconnaissance de paternité naturelle faite isolément et en l'absence du contradicteur légal de cette déclaration.

En vain le jugement dont est appel dit-il que le défaut de constatation de la qualité de père, invoquée par H..., lui laissait tous les pouvoirs de la puissance paternelle. En effet, d'une part, cette paternité, à la supposer non contestée, ne pouvait faire cesser la tutelle légale des hospices qu'autant qu'elle aurait été préalablement invoquée contre les hospices par la réclamation de l'Enfant. Il est inexact d'ailleurs de considérer le père naturel comme investi de tous les pouvoirs qui dérivent de la puissance paternelle; et, dans tous les cas, en fût-il même ainsi, il n'aurait évidemment pas qualité pour rechercher la maternité au nom de celui qu'il réclame pour son fils, et pour demander la rectification de son acte de naissance : car l'action en recherche de la maternité (ainsi qu'il résulte des procès-verbaux du conseil d'État) est une action uniquement réservée à l'Enfant, un droit personnalissime, que nul, pas même son tuteur, son père naturel, ne peut exercer en son nom.

Du 5 avril 1838, arrêt C. roy. Colmar, aud. solenn. MM. Rossei, pr. présid.; Chassan, avoc. gen. (*concl. conf.*); Migard et Chauffour, avoc.

« La Cour, adoptant les motifs....., etc.

(Extrait du *Journal du Palais,* tome Ier de 1839, page 606.)

COUR DE CASSATION.

19 juillet 1838.

Exposition d'enfant. — Abandon.

L'exposition d'un Enfant au-dessous de sept ans, dans un lieu non solitaire, n'est punissable de la peine portée par l'art. 352, Cod. pén., qu'autant qu'il y a en même temps délaissement, c'est-à-dire abandon de l'Enfant.

(Darmagnac.)

Cela avait été ainsi jugé par un jugement du tribunal correctionnel de Nevers, dont voici les motifs : — « Considérant qu'il est établi, en fait, qu'Anne Darmagnac avait pendant deux ans et jusqu'à une époque voisine de son accouchement, et alors que sa grossesse était patente et avouée, habité la commune de Châteauneuf, dans le voisinage de la forge de Chaume, où elle est revenue après son accouchement, et qu'elle était connue de tous les ouvriers de cette forge; — Considérant que, dans de telles circonstances, le dépôt de son Enfant, fait dans cette forge au moment où les ouvriers s'y trouvaient et sans qu'elle cherchât à fuir leurs regards, ne peut être considéré comme un délaissement dans le sens de l'art. 152, Cod. pén., qui suppose un abandon fait dans l'intention d'échapper à l'accomplissement de tous devoirs et obligations envers l'Enfant, et que cette intention ne peut être présumée de la part de la fille Darmagnac, qui n'avait pris aucune précaution pour que son Enfant ne lui fût pas immédiatement rendu ; — Adoptant au surplus les motifs des premiers juges ; — Renvoie de la plainte la fille Darmagnac. »

Pourvoi en cassation de la part du ministère public.

ARRÊT. — LA COUR, — Vu les art. 349 et 362, Cod. pén.; — Attendu que l'art. 352 précité n'est pas un article spécial fait pour la mère qui abandonne et délaisse son Enfant, mais un article général qui s'applique à tous les individus, quelle que soit leur qualité, qui auront commis le fait qui y est prevu; — Attendu que pour qu'il y ait lieu à l'application dudit article, il est nécessaire qu'il y ait eu, non-seulement exposition de l'Enfant, mais encore délaissement; — Attendu que ces expressions ne peuvent être considérées comme synonymes l'une de l'autre, mais au contraire comme représentant des idées différentes, — Attendu que le fait du *délaissement,* ajouté comme aggravation au fait de l'exposition, emporte l'idée de l'abandon, c'est-à-dire de la cessation de toute surveillance sur l'Enfant exposé, et par conséquent de l'impossibilité de le secourir dans les dangers qui peuvent être la suite de l'exposition; — Attendu que, dans l'impuissance de punir tous les faits répréhensibles dont l'Enfant peut être l'objet, le législateur a dû s'attacher à ceux qui présentaient pour l'Enfant le plus de danger, et qu'en effet, si l'exposition sans délaissement est répréhensible aux yeux de la morale, l'exposition avec délaissement présente pour l'Enfant une situation essentiellement périlleuse; — Attendu que le danger de l'Enfant, par suite de l'exposition dans un lieu solitaire, explique la différence de la pénalité entre l'art. 349, qui dispose pour l'exposition avec délaissement dans un lieu non solitaire et motive pareillement comment ce dernier article ne contient pas de pénalité pour l'exposition en un lieu non solitaire sans délaissement;

Attendu que le jugement attaqué adopte les motifs du jugement rendu par le premier tribunal, qui avait constaté, en fait, que l'Enfant a été déposé dans la forge du Chaume, en présence de cinq ouvriers et sous leurs yeux; qu'ainsi il y a eu pour l'Enfant continuité de surveillance et certitude de conservation; — Attendu que les faits ainsi posés excluent l'idée du délaissement et manquent ainsi des caractères de criminalité précisés par ledit art. 352; d'où il suit qu'en refusant d'appliquer ledit article, le jugement attaqué n'a pas violé ses dispositions; — Rejette, etc.

Du 19 juillet 1838. — C. crim. — *Prés.,* M. le cons. Choppin. — *Rapp.,* M. Mérilhou. — *Concl.,* M. Hello, av. gén.

(Extrait du *Recueil des lois et arrêts,* par Sirey, tome XXXVIII, col. 750.)

COUR DE CASSATION.

22 novembre 1838.

ABANDON D'ENFANT. — MAISON HABITÉE.

Le fait d'avoir déposé un Enfant au-dessous de sept ans dans une pièce d'une maison, même habitée, constitue le délit puni par l'art. 352, Cod. pén., s'il ne se trouvait alors personne dans la pièce où l'Enfant a été laissé.

ARRÊT. — (Marie Blanc et autres.) — LA COUR, — Attendu que le veritable caractère du délit prévu par l'art. 352. Cod. pén., c'est qu'à l'exposition se trouve joint le délaissement, ou, en d'autres termes, qu'il y ait cessation ou interruption des soins et de la surveillance dont l'Enfant a besoin; que ce caractère ne disparaît pas nécessairement par cela seul que l'Enfant a été laissé dans une maison habitée; — Que, dans l'espèce, il est constaté par le jugement du tribunal correctionnel de Barbezienx, confirmé par le jugement attaqué, que le délaissement a eu lieu au moment où aucune personne ne se trouvait dans la pièce où l'Enfant a été posé, ce qui a dû nécessairement causer une interruption des soins à donner à cet Enfant; que, dans cet état des faits, le tribunal d'Angoulême, en condamnant les prévenues en vertu de l'art. 352, Cod. pén , en a fait une juste application, — Rejette, etc.

Du 22 nov. 1838. — Ch. crim. — *Prés.*, M. Vincens Saint-Laurent. — *Concl. conf.*, M. Hello, av. gén.

(Extrait du *Recueil des lois et arrêts*, par Sirey, tome XXXIX, col.543.)

COUR D'APPEL DE BORDEAUX.

11 mars 1840

ENFANTS TROUVÉS. — REVENUS. — HOSPICE.

L'Enfant trouvé recueilli par un hospice, n'est pas réputé sorti de cet hospice par son placement en apprentissage, mais seulement par son émancipation, sa majorité ou la réclamation de ses parents.

En conséquence, les revenus des biens personnels à cet Enfant sont, nonobstant le placement de l'Enfant en apprentissage, acquis à l'hospice, jusqu'au jour de son émancipation, par exemple, comme une indemnité de frais faits pour sa nourriture et son entretien, et sans qu'il y ait aucun compte à établir entre l'Enfant et l'hospice. (L. 15 pluv. an 13, art 7.)

(Hospice de Bordeaux, — C Beau.)

Le jeune Beau, Enfant trouvé, recueilli par l'hospice de Bordeaux, fut mis en apprentissage, après avoir passé sept ans dans cet établissement. Un legs mobilier s'élevant à 3,120 francs, lui fut laissé par une personne que la bonne conduite de cet Enfant chez son maître avait intéressé. Cette somme fut recueillie par la commission des hospices et placée au Mont-de-Piété, qui en servit la rente à l'hospice.

Beau fut émancipé le 16 décembre 1834. Parvenu à sa majorité, il réclama le payement du capital placé, et les arrérages depuis le jour de sa sortie de l'hospice pour entrer en apprentissage, sauf à compter avec l'hospice les dépenses antérieurement faites pour son entretien. Il soutint que, dès qu'un Enfant trouvé est placé en apprentissage, il doit être considéré comme sorti de l'hospice auquel il ne peut plus être à charge, puisque, d'après l'article 18 du décret du 19 janvier 1811, il ne peut plus être fait de transaction entre l'hospice et le maître. Quant au compte des intérêts de la somme de 3,120 francs, il prétendait qu'il devait être dans les mêmes conditions que le compte rendu par un pupille à son tuteur, et qu'un tuteur et un hospice, étant placés sous la même condition, ne doivent pas bénéficier sur un pupille.

L'hospice de Bordeaux, représenté par la commission administrative, répondait que l'article 7 de la loi du 15 pluviôse an XIII, en déclarant que les revenus appartenant aux Enfants admis dans les hospices seraient perçus jusqu'à leur sortie desdits hospices, avait entendu parler d'une sortie définitive et non temporaire, d'une séparation complète, qui ne pouvait s'opérer que par la majorité, l'émancipation ou la réclamation de l'Enfant par ses parents. Quant aux comptes des revenus, l'hospice écartait les règles de la tutelle ordinaire, en faisant remarquer qu'il avait droit à la retenue des revenus, excédassent-ils les dépenses, de même qu'il n'avait aucune action pour répéter ce dont les dépenses faites par l'Enfant pouvait excéder les revenus, et que ce n'était pas un remboursement que la loi assurait a l'hospice, mais une indemnité pour les sacrifices qu'il fait non-seulement pour l'enfant qui a des revenus, mais encore pour ceux qui n'en ont pas, indemnité dont il subissait les chances défavorables ou non.

Par jugement du 27 août 1838, le tribunal de Bordeaux condamna les hospices à rendre à Léon Beau le capital et les intérêts depuis sa sortie de l'hospice pour entrer en apprentissage.

Appel par l'hospice, qui offre de restituer les revenus depuis le jour de l'émancipation de l'enfant.

Du 11 mars 1840, arrêt. — C. roy. de Bordeaux. — 1re ch. — MM. Roullet, 1er prés.; Dégranges-Touzin, 1er av. gén.; Delprat et Giraudeau, av.

« LA COUR, — Attendu que l'enfant abandonné qui est mis en apprentissage est absent de l'hospice, mais qu'il n'en est pas sorti dans la rigueur du mot, et qu'il reste, jusqu'à sa majorité ou à son émancipation, sous la garde directe ou indirecte de l'administration, que dès lors, conformément à l'article 7 de la loi du 15 pluviôse an XIII, les revenus des biens et capitaux appartenant à cet Enfant doivent être perçus, jusqu'à sa sortie définitive ou jusqu'à son émancipation ou majorité, comme une indemnité de ses frais de nourriture et d'entretien;

« Attendu qu'il ne s'agit pas, dans ce compte, de régler de clerc à maître, mais d'une indemnité qui profite à tous les Enfants abandonnés dans le même hospice, et qu'il a dû paraître convenable au législateur qu'elle fût acquise à l'hospice pendant tout le temps que durait la tutelle;

« Attendu que, si à l'époque où le capital légué à Léon Beau a été remis à l'administration, celui-ci se trouvait en apprentissage, il est toujours certain qu'antérieurement et pendant sept années il avait été par elle-même nourri et entretenu;

« Attendu que si les intérêts ne sont pas dus à Léon Beau depuis le 10 juin 1826, il est en droit de les réclamer depuis le 16 juin 1834, époque de son émancipation, et que l'administration, ayant conclu devant les premiers juges à ce qu'il fût déclaré non recevable et mal fondé, doit supporter tous les frais qui ont été faits devant le tribunal civil;

« Faisant droit à l'appel interjeté, par l'administration des hospices civils de Bordeaux, du jugement du tribunal civil de Bordeaux du 27 août 1838; émendant, — Condamne l'administration des hospices, suivant ses offres, à payer à Léon Beau les intérets de la somme de 3,120 francs depuis le 16 décembre 1834 jusqu'au jour où le payement dudit capital a été effectué; moyennant ce, relaxe l'administration des plus amples conclusions contre elle prises, la condamne en tous les dépens faits en première instance, compense ceux qui ont été faits devant la cour, sauf les levée, expédition et signification de l'arrêt, qui restent à sa charge (1). »

(Extrait du *Journal du Palais*, tome II de 1846, page 506.)

(1) Tout récemment, la dame de M.. a légué une somme de 20,000 francs à la nommée Terentia, de l'hospice de.....

Le préfet du département dans lequel s'est ouvert la succession a consulté le ministère de l'intérieur sur deux points

1° Aux termes de l'article 6 de la loi du 15 pluviôse an XIII, les capitaux appartenant à la jeune Terentia doivent-ils être placés dans un mont-de-piété, ou, à defaut de mont-de-piété, à la caisse d'amortissement;

2° La Commission hospitalière de Fontainebleau a-t-elle agi régulièrement en liquidant la dépense à laquelle l'Enfant dont il s'agit a donné lieu depuis son admission, et en décidant 1° que la somme résultant de cette liquidation sera prélevée sur la portion de revenus qui excédera la dépense annuelle de la jeune Terentia, 2° que, lorsque la dette contractée par cette Enfant sera éteinte, cette même portion de revenus sera employée à accroître le capital qui lui appartient

La reponse du ministère de l'intérieur sur ces deux questions a été celle-ci

L'article 6 de la loi du 15 pluviôse an XIII est a peu près tombé en désuétude; par conséquent, il convient de laisser en rentes sur l'État les capitaux de la jeune Terentia, qui ont été placés de cette manière, comme aussi de faire ultérieurement le même emploi de la partie du legs, pour le payement de laquelle les héritiers de M.... ont obtenu un délai.

L'article 7 de la loi précitée attribue aux hospices la totalité des revenus des Enfants pour tout le temps qu'ils restent dans ces établissements Cette attribution de revenus a lieu à forfait, et dans le but d'indemniser les établissements hospitaliers de la dépense passée comme de la dépense courante des Enfants, mais, le droit à la totalité des revenus étant reconnu au profit des hospices, rien n'empêche les commissions administratives, lorsque l'établissement qu'elles dirigent est rentré dans ses dépenses passées, de renoncer, sous l'approbation de l'autorité préfectorale, à la partie de revenus qui excède les besoins actuels de l'Enfant.

COUR DE CASSATION.

4 mai 1843.

Abandon d'Enfant. — Tuteur. — Père et mère.

L'aggravation de peine prononcée par l'article 353, Code pénal, au cas d'exposition d'un Enfant au-dessous de sept ans, dans un lieu non solitaire, quand le délit a été commis par les *tuteurs* ou *tutrices* de l'Enfant, n'est applicable aux pères et mères qu'autant que ces derniers se trouvent légalement investis de la tutelle de l'Enfant qu'ils ont exposé ou délaissé, il faut donc que cette circonstance soit constatée par le jugement de condamnation.

Arrêt. — (Rabion.) — La Cour, — Statuant sur le pourvoi formé par le procureur du Roi près le tribunal de Saintes, agissant au nom du procureur général du Roi près la Cour royale de Poitiers, contre un jugement dudit tribunal, jugeant en appel de police correctionnelle, en date du 23 mars 1843, confirmatif d'un jugement du tribunal de police correctionnelle de Jonzac, du 21 déc. 1842, qui a condamné Marguerite Rabion, âgée de vingt-sept ans, à quatre mois d'emprisonnement et 16 francs d'amende, comme coupable d'avoir, pendant la nuit du 24 au 25 nov. 1842, exposé et délaissé son enfant, âgé d'un mois environ, dans l'écurie du nommé Moreau de Louzac, par application de l'art. 352, Cod. pén.; — Sur l'unique moyen tiré de la violation prétendue de l'art. 353, Cod. pén., en ce que le jugement attaqué a refusé d'appliquer à la fille Rabion, déclarée coupable d'exposition et délaissement, dans un lieu non solitaire, *de son Enfant* au-dessous de l'âge de sept ans accomplis, l'aggravation de peine prononcée par ledit article contre les tuteurs ou tutrices, instituteurs ou institutrices qui se rendent coupables du délit dont il s'agit, aggravation qui, suivant le demandeur, doit être appliquée, d'après l'esprit de la loi, par voie d'analogie, à la mère naturelle qui se rend coupable du délit prévu par l'art. 352, Cod. pén. : — Attendu qu'il est de principe constant en matière criminelle, que les dispositions des lois pénales ne doivent pas être étendues par voie d'assimilation ou d'analogie à des classes de personnes qui n'y sont pas textuellement désignées; — Que l'art. 353, Cod. pén., est conçu dans des termes limitatifs non démonstratifs; qu'il n'a pas désigné les père et mère dans les catégories des personnes à l'égard desquelles il a édicté une aggravation de peines contre le délit d'exposition et délaissement d'Enfant; que les mots *tuteurs* ou *tutrices* ne pouvaient s'appliquer aux *pères* et *mères*, qu'autant que ces derniers se trouveraient légalement investis de la tutelle de l'Enfant qu'ils auraient exposé et délaissé; — Attendu qu'il ne résulte pas, en fait, du jugement attaqué, que la fille Rabion, mère naturelle de l'Enfant par elle exposé et délaissé, fût, en même temps, tutrice dudit Enfant que, par conséquent, ce jugement, en appliquant à cette fille les peines prononcées par l'art. 352, Cod. pén., et non celles édictées par l'art. 353 dudit Code, a fait une légale application de la loi, — Rejette, etc.

Du 4 mai 1843. — Ch. crim. — *Prés.*, M. le cons. de Ricard. — *Rapp.*, M. Dehaussy. — *Concl.*, M. Delapalme, av. gén.

(Extrait du *Recueil des lois et arrêts*, par Sirey, tome XLIII, col. 638.)

COUR DE CASSATION.

16 décembre 1843.

Exposition ou Abandon d'Enfant. — *Hospices.*

Déposer un Enfant dans le Tour d'un hospice où il était certain qu'il recevrait immédiatement les soins nécessaires, ce n'est pas commettre le délit d'exposition d'Enfant dans un lieu non solitaire. (*Cod. pén., 352* (1).)

L'art. 348, Cod. pén., qui punit le fait de port d'un Enfant à l'hospice, a pour unique objet de réprimer l'abus de confiance commis par celui aux soins duquel l'Enfant a été confié cet article ne s'applique donc pas au père qui porte son propre Enfant à l'hospice (2).

(Burlot.)

Le 9 avril 1843, une petite fille, âgée de moins de sept ans, fut déposée dans le tour de l'hospice de Brest, avec un billet attaché à ses vêtements qui indiquait le lieu de sa naissance et les noms de ses père et mère. — Le dépôt avait été effectué par le père même de l'Enfant, le sieur Burlot, qui, sur son refus de reprendre sa fille, a été cité devant le tribunal correctionnel de Brest, comme prévenu du délit d'exposition d'Enfant en un lieu non solitaire, délit puni par l'art. 352, Cod. pén.

16 juin 1843, jugement qui relaxe le prévenu, sur le motif que le fait incrimé ne présente pas les caractères d'une exposition d'Enfant dans le sens de la loi pénale.

Appel par le ministère public, qui soutient que le fait dont il s'agit constitue non-seulement le délit d'exposition d'Enfant, mais encore celui de délit de port d'Enfant à l'hospice, délit prévu par l'art. 348, Cod. pén.

15 sept. 1843, jugement du tribunal de Quimper, qui confirme en ces termes le jugement attaqué. — « Considérant que les art. 352 et 353, Code pénal, ne prévoient que le cas où l'exposition d'un Enfant âgé de moins de sept ans, dans un lieu non solitaire, serait accompagnée d'un délaissement, ce qui n'a pas eu lieu dans l'espèce, puisque le prévenu Burlot, en déposant sa fille dans le Tour de l'hospice de Brest, l'a munie d'un billet portant les noms de l'Enfant, ceux de ses père et mère et le lieu de sa naissance; — Considérant, sur l'application demandée de l'art. 348, Cod. pén., aux faits imputés à Burlot, que cet article n'a pour but que de punir un abus de confiance commis par des étrangers et la suppression d'etat qui pourrait en être la conséquence; que l'on ne saurait en étendre l'application au dépôt d'un Enfant fait dans un hospice par le père ou la mère; que cette extension est repoussée par la discussion de cet article au conseil d'État.....

Pourvoi en cassation par le ministère public, pour violation des art. 348 et 352, Cod. pén.

(1) La jurisprudence a décidé que, pour que le dépôt d'un Enfant dans le tour d'un hospice n'ait point le caractère du délit d'exposition d'Enfant réprimé par la loi, il faut que celui qui a fait ce dépôt ne se soit retiré qu'après que l'Enfant a été recueilli (Voir *notre Table décenn.*, v° *Abandon d'Enfant*, n° 2). Dans l'espèce, la certitude que l'Enfant recevrait immédiatement les soins nécessaires, a paru rendre inutile l'existence de cette circonstance.

(2) M. Locré nous apprend que, lors de la discussion de l'art. 348 au conseil d'État, séance du 12 novembre 1808, un membre avait proposé de punir quiconque mettrait *ses Enfants à l'hospice*, mais cette proposition fut rejetée par le motif qu'il pourrait se faire que la misère contraignît des parents à recourir à cette extrémité (Voir *Législ. civ., commerc et crim.*, tom. XXX, pag. 388). En présence du rejet ainsi motivé d'une telle proposition, la décision de la Cour de cassation ne pouvait être différente de ce qu'elle a été. Le texte de la loi ne parle d'ailleurs que de ceux auxquels l'Enfant *aurait été confié* ce qui est exclusif du père et de la mère de l'Enfant

ARRÊT. — LA COUR, — Attendu que l'art. 352, Cod. pén, ne punit l'exposition d'un Enfant âgé de moins de sept ans accomplis, dans un lieu non solitaire, que lorsqu'elle est accompagnée de délaissement, c'est-à-dire lorsqu'il y a eu interruption des soins dus à l'Enfant; — Attendu que si le jugement attaqué s'est mal à propos fondé, pour écarter l'application de cet article, sur ce que le prévenu, en exposant son Enfant, l'a muni d'un billet portant les indications propres à établir sa filiation, circonstance qui ne pouvait avoir d'influence que s'il se fût agi d'une prévention de suppression d'état, ce même jugement constate une autre circonstance d'après laquelle le délaissement n'a pas existé dans le sens prévu par la loi, à savoir : que l'Enfant avait été déposé dans le Tour de l'hospice de Brest, où il était certain qu'il recevrait immédiatement les soins nécessaires; — Qu'ainsi le jugement attaqué ne contient aucune violation dudit art. 352 :

Attendu qu'il ne s'agissait pas non plus du délit prévu par l'art. 348, Cod. pén., puisque cet article a pour objet unique l'abus de confiance commis par celui qui porte à l'hospice l'Enfant qui lui aurait été confié pour qu'il en prît soin, — Rejette, etc.

Du 16 déc. 1843. — Ch. crim. — *Prés.*, M. le cons. de Crouseilhes. — *Rapp.*, M. Vincens-Saint-Laurent. — *Concl.*, M. Quénault, av. gén.

(Extrait du *Recueil des lois et arrêts*, par Sirey, tome XLIV, col. 327.)

COUR D'APPEL D'ANGERS.

26 juin 1844.

ENFANT TROUVÉ. — TUTELLE OFFICIEUSE. — HOSPICES.

La tutelle des hospices sur l'Enfant qui y a été admis cesse par la tutelle officieuse dont cet enfant a été l'objet (1). Code civil, 365, loi du 15 pluviôse an XIII, art. 1 et 3.

Cette première tutelle ne tenant pas à l'ordre public ni aux rapports essentiels de famille, et concernant uniquement l'intérêt de l'enfant, elle ne revit pas par la mort du tuteur officieux, arrivée avant la majorité ou l'émancipation de cet enfant, alors surtout que celui-ci a des revenus plus que suffisants pour pourvoir à ses besoins.

En pareil cas, il y a lieu de lui nommer un tuteur et un subrogé tuteur en la forme ordinaire

(Richard et Biolai. — C. Hospice d'Angers.)

Le 23 mars 1831, naissance de Jacob Victor, issu de père et mère inconnus. Il est placé à l'hospice d'Angers et se trouve ainsi sous la tutelle de la Commission administrative de cet hospice. (Loi du 15 pluviôse an XIII.)

Le 8 septembre 1838, le sieur Dehas, aux frais duquel Jacob Victor était élevé depuis plusieurs années, s'en rend le tuteur officieux par acte intervenu entre lui et la Commission administrative, puis il le fait retirer de l'hospice.

Le 11 juillet 1842, Dehas meurt léguant à son pupille, par un testament, la jouissance actuelle de tous ses biens, et, s'il parvient à sa majorité, l'entière propriété de ces mêmes biens. Le testateur veut que, jusqu'à cette époque, les biens soient administrés par un tuteur qui sera nommé à cet effet et qui veillera à l'éducation du légataire. Les revenus

(1) Elle cesse également lorsque les parents se présentent ou sont connus. Colmar, 5 avril 1838. (*Journal du Palais*, tome 5, page 606.)

devront profiter exclusivement à celui-ci. Un conseil de famille, composé d'amis du testateur décédé, nomme, le 13 septembre suivant, un tuteur et un subrogé tuteur au mineur Jacob Victor.

Alors s'est élevée la question de savoir si la tutelle de la Commission d'hospice ne devait pas revivre et exclure la tutelle dative. Les administrateurs de l'hospice défèrent cette question à l'autorité judiciaire.

Le 23 janvier 1844, jugement du tribunal d'Angers qui décide l'affirmative en ces termes :

« Considérant que l'état des citoyens est fixé d'après des principes dont les conséquences se développent avec toutes les phases de leur vie, et dont on ne pourrait intervertir le cours sans apporter une grande perturbation dans l'ordre social et dans les positions individuelles;

« Qu'ainsi, les lois ont admis la famille légitime comme base de la société, et l'ont érigée en institution hors de laquelle les situations sont à l'état de faits qu'elles combattent pour les prévenir, ou qu'elles soulagent, s'ils se réalisent, mais sans leur ôter la défaveur que l'intérêt public y a attachée;

« Considérant que les circonstances de la naissance du mineur Jacob-Victor le placent dans la catégorie des enfants abandonnés; que ni l'un ni l'autre de ses parents ne l'a accueilli par une reconnaissance ou par une possession d'état quelconque; de sorte qu'il s'est trouvé fatalement classé, quant à ses droits et à ses devoirs, dans la loi du 15 pluviôse an XIII;

« Considérant qu'il ne pourrait sortir de ce classement légal que par l'effet d'une reconnaissance, d'une légitimation, ou d'une tutelle officieuse suivie d'adoption;

« Qu'aucune de ces interversions ne s'est opérée à son profit, puisque la tutelle officieuse que Dehas avait contractée envers lui, a cessé prématurément par la mort de ce tuteur;

« Considérant que le testament de celui-ci n'a produit qu'un changement dans les biens du mineur Jacob-Victor, sans en apporter dans son état civil; qu'il n'a retrouvé ni une famille avec ses prérogatives, ni une filiation naturelle qui lui garantissait certains droits;

« Que, la delégation de pouvoirs qu'avait consentie l'Administration des hospices ayant cessé avant d'avoir produit tout son effet, le mineur est rentré sous le régime de la loi du 15 pluviôse an XIII, sans qu'on puisse lui assigner un autre état;

« Considérant que l'économie de cette loi établit des droits et des devoirs respectifs, à l'instar de ceux de la famille, entre l'État, qui se charge de l'éducation de l'enfant abandonné, et celui-ci;

« Que la chaîne de ces droits et devoirs commence à la tutelle administrative, pourvoyant à tous les besoins du pupille, dans la mesure de son dénûment ou de sa fortune, se continue par l'émancipation et se dissout par l'enrôlement volontaire, la majorité ou le décès, où il s'ouvre des droits héréditaires au profit de l'Administration, qui a accompli les devoirs de la paternité absente ou muette;

« Considérant qu'en disant dans son testament : « Je veux que les biens et revenus de « ma succession soient administrés, jusqu'à l'âge de majorité de Jacob-Victor, par un tuteur « qui lui sera nommé et qui sera chargé de veiller à son éducation, » Dehas ne peut être considéré que comme ayant émis un vœu et non une condition du legs, ou même une exclusion de l'Administration des hospices;

« Considérant qu'il en résulte seulement la manifestation de la ferme volonté du testateur que le mineur Jacob-Victor profite de tous les revenus qui lui sont légués définitivement, en attendant sa majorité;

« Qu'une pareille clause, permise, même à l'égard de la puissance paternelle, par l'article 387 du Code civil, doit produire son effet envers l'Administration des hospices, qui réglera, dans sa haute justice, la dépense annuelle du mineur, eu égard à sa fortune actuelle et future, et formera, s'il est possible, un fonds de réserve pour parer aux chances de l'avenir;

« Considérant que les intérêts du pupille seront parfaitement garantis par un tuteur élu parmi les administrateurs, aussi éclairés que bienfaisants, et qui seront empressés de le faire jouir, s'il en est digne, des bienfaits d'une prompte émancipation;

« Considérant que les inconvénients signalés par les défendeurs, et qui ont agi sur l'Administration des hospices, ne sont que les conséquences nécessaires et irremédiables du classement du mineur Jacob-Victor à son entrée dans la vie; et que la dation d'un tuteur ne saurait les faire disparaître dans tous les cas d'état civil qui se présenteront et qui nécessiteront pour lui le concours de l'Administration suppléant la famille;

« Le tribunal déclare nulle la délibération du conseil de tutelle du mineur Jacob-Victor, reuçe par le juge de paix du canton de Thouarcé, le 13 septembre 1842, ainsi que la nomination du tuteur et du subrogé tuteur qui y est faite;

« Dit que ce mineur restera sous la tutelle de l'Administration des hospices d'Angers. »

Appel par les sieurs Richard et Biolai, tuteur et subrogé tuteur du mineur.

Ils concluaient à ce que la commission administrative fût déclarée non recevable dans sa demande en nullité de leur nomination, et, subsidiairement, à ce que, vu les intentions formellement exprimées dans le testament, d'après lesquelles le legs fait à Jacob-Victor devait demeurer affecté à son éducation et tourner exclusivement à son profit, il fût jugé que les revenus recevraient cette destination, et que leur excédant serait placé à la caisse des consignations pour le compte et au bénéfice du même pupille.

Au fond, ils présentaient, à l'appui de leur appel, les observations suivantes :

La loi du 15 pluviose an XIII, sur la tutelle des Enfants admis dans les hospices, n'a été créée qu'en faveur de ces enfants eux mêmes, et pour venir à leur secours; ce serait donc un contre-sens que d'en faire tourner la lettre contre celui que le législateur a voulu si éminemment protéger : *Contra rationem juris est ea quæ in favorem quorumdam introducta sunt, contra eos retorqueri.*

D'un autre côté, la tutelle officieuse produit, par le seul effet du consentement des père et mère de l'Enfant, ou de ceux qui les représentent, un titre égal (Cod. civ., 361); c'est un véritable contrat irrévocable, emportant l'obligation de nourrir, élever, mettre en état de vivre.

Or, s'il est vrai, et cela semble incontestable, que la loi de pluviôse n'ait en vue que les *Enfants abandonnés,* ne devient-il pas évident qu'elle n'est plus applicable à un Enfant sorti des hospices pour être l'objet d'une tutelle officieuse, et qui, pourvu par la personne qui l'a recueilli, d'une fortune indépendante, a cessé d'être un *Enfant abandonné.* — En droit, l'effet doit cesser avec sa cause. La loi ne statue que de ce que *quod plerumque fit,* et, sauf les exceptions souveraines, l'Enfant d'abord abandonné, mais revenu à meilleure fortune, n'a plus besoin de la protection que sollicitait son indigence.

Dès les premiers jours de son existence, Jacob-Victor a reçu les secours de M. Delas; plus tard, il est devenu son pupille, et définitivement son légataire universel. Par ces actes géminés le bienfaiteur s'est efforcé de signaler sa volonté que Jacob-Victor ne retombât dans sa condition native d'orphelin réduit à vivre du subside de l'hôpital : devant une exception aussi énergiquement accusée, disparaît la règle de la loi de pluviôse. — En résumé, l'acte de tutelle officieuse a mis fin à celle des hospices et dessaisi leur administration; cet acte est légal, par conséquent obligatoire, et il n'y a pas lieu de revenir à la première tutelle légale.

Pour les intimés on répondait : la tutelle de l'Administration dérive d'une sorte de paternité fictive; elle a à peu près les mêmes effets que la tutelle légitime des parents; elle doit avoir aussi la même durée. La tutelle officieuse a pu l'exonérer mais non l'anéantir. Bien que devenu riche, le mineur n'a pas de famille; l'Administration de l'hospice lui en tient lieu ; c'est là qu'il doit trouver la meilleure protection contre les éventualités, par exemple, si le tuteur et le subrogé tuteur venaient à faillir et à manquer.

Du 20 juin 1844. — Arrêt. — Cour royale d'Angers. — MM. Desmazières, premier président; Duboys, premier avocat général (concl. contr.).

« La Cour, — Attendu que, par l'établissement de la tutelle officieuse à laquelle l'Administration des hospices d'Angers avait consenti, le mineur Jacob-Victor avait cessé d'appartenir à l'hospice, et la tutelle de l'Administration sur sa personne et sur ses biens avait pris fin; que la mort du tuteur officieux a eu lieu avant la révolution de cinq ans depuis l'établissement de la tutelle; que, par conséquent, ce tuteur n'a pu réaliser le projet manifesté par toute sa conduite d'adopter son pupille, mais que, par son testament olographe non contesté, il l'a institué son légataire universel; il l'a mis en possession d'une fortune très-suffisante, dont il a voulu que les revenus lui profitassent du moment de son décès; — Que, dans cet état, il n'y a aucun intérêt pour le mineur de rentrer sous le patronage de l'Administration des hospices; que la tutelle de ces administrations à l'égard des Enfants qui leur sont confiés ne tient point à l'ordre public, ni aux rapports essentiels de famille, comme la tutelle naturelle des père et mère ou des ascendants; elle est simplement un acte de bienfaisance qui ne concerne que les Enfants placés dans la position que détermine la loi du 15 pluviôse an XIII; que l'Administration des hospices a toujours reconnu dans la cause que c'était l'intérêt du mineur qu'il fallait principalement envisager; qu'elle ne réclame point la tutelle comme un droit qui lui est profitable, mais qu'elle désire avec raison qu'il y soit statué par justice, afin de n'encourir aucune responsabilité;

« Attendu qu'à la mort de son bienfaiteur, le mineur ayant des intérêts auxquels il fallait pourvoir et se trouvant dans le cas prévu par l'article 405 du Code civil, il a dû être pourvu d'un tuteur et d'un subrogé tuteur, abstraction même faite du vœu exprimé par le testateur, et que la délibération du conseil de famille est parfaitement conforme à la loi :

« Par ces motifs, met au néant le jugement dont est appel; statuant à nouveau, déclare régulière et valable la délibération du conseil de famille du mineur Jacob-Victor; réserve, à l'Administration des hospices d'Angers, le droit de répéter contre le mineur les dépenses qu'elle peut avoir faites pour lui. »

(Extrait du *Journal du Palais*, tome II de 1844, page 288.)

COUR D'APPEL DE LIMOGES.

(22 août 1845.)

Appel correctionnel. — Jugement par défaut. — Délai de l'opposition. — Enfant. — Abandon. — Tour. — Mère.

Le Code de procédure civile n'est pas applicable en matière criminelle et correctionnelle; et dès lors, en pareille matière, le prévenu peut interjeter appel d'un jugement rendu par défaut pendant les délais de l'opposition.

La femme qui, à sa sortie de l'hospice où elle est accouchée, a reçu des administrateurs une somme moyennant laquelle elle s'est chargée de son Enfant, s'engageant à le soigner et à le garder, commet le délit prévu par l'article 348 du Code pénal, lorsqu'elle le dépose dans un Tour

(Ministère public — C. Martinet.)

Du 28 août 1845, arrêt de la Cour royale de Limoges, chambre correctionnelle — MM. Lezaud, président; Peyramont, avocat général; Debort, avocat.

« La Cour, sur la fin de non-recevoir : Attendu que la prévenue a pu renoncer aux délais de l'opposition ; que le Code de procédure n'est pas applicable en matière criminelle o correctionnelle, et que par conséquent l'appel est recevable, étant interjeté dans le dél fixé par la loi ;

« Au fond : attendu que l'arrêté pris par M. le préfet, pour fixer les conditions de l'ac mission des filles mères à l'hospice, a régularisé un service important ; que cet arrêté e parfaitement dans les attributions de l'Administration, puisque, pouvant refuser l'admi sion, elle avait le droit d'en régler les conditions ;

« Attendu que la prévenue, après avoir accepté les conditions exprimées dans la déclar tion par elle souscrite, après s'être chargée de son Enfant, n'a pu le déposer furtivemen et clandestinement au Tour sans violer ses obligations civiles et ses devoirs naturels ;

« Attendu que, par cette conduite, elle s'est rendue coupable du délit prévu et puni par l'article 348 du Code pénal ; que le 2e paragraphe de cet article comprend virtuellemen et même nécessairement la mère de l'Enfant, car il n'excepte que ceux qui n'étaient pa tenus ou ne s'étaient pas obligés de pourvoir gratuitement à la nourriture et à l'entretien d l'Enfant ; — que la mère était tenue naturellement de cette obligation sacrée, mais qu'en core elle s'y était obligée civilement par sa déclaration librement acceptée ; — qu'ainsi, à ce double titre, elle serait passible de la peine prononcée par la loi ;

« Mais attendu qu'il existe des circonstances atténuantes :

« Sans s'arrêter à la fin de non-recevoir, met l'appel et ce dont est appel au néant ; et, vu l'article 348 du Code pénal, condamne Antoinette Martinet à 5 francs d'amende. »

(*Journal du Palais*, t. Ier de 1846, p. 146.)

COUR D'APPEL DE BORDEAUX.

(18 février 1846.)

Enfant naturel. — Maternité. — Possession d'état. — Identité. — Commencement de preuve par écrit. — Preuve testimoniale.

A défaut de reconnaissance formelle par la mère, l'Enfant naturel peut invoquer la possession d'état, sans être soumis à rapporter un commencement de preuve par écrit.

En l'absence de reconnaissance et de possession d'état, la filiation maternelle de l'Enfant naturel peut, à l'égard de la mère, être prouvée par témoins ; mais l'Enfant qui réclame sa mère est obligé de prouver qu'il est identiquement le même que celui dont elle est accouchée, et il n'est reçu à faire cette preuve par témoins que lorsqu'il a déjà un commencement de preuve par écrit

Bien que l'acte de naissance d'un Enfant naturel, portant qu'il est né d'une femme désignée par ses noms, mais qui n'a point assisté à cet acte, tende à prouver le fait de l'accouchement, il ne peut cependant servir de commencement de preuve par ecrit de l'identité de l'Enfant.

On ne peut attribuer le caractère de commencement de preuve par écrit à une marque et à des écrits attachés aux vêtements de l'Enfant lors de son exposition à l'hospice des Enfants-Trouvés, alors que cette marque et ces écrits ne sont pas l'œuvre de la mère.

(Mathieu. — C. Jordonal.)

Après le décès de Pauline Jordonal, arrivé le 22 mars 1844, et au moment où son père et ses deux sœurs allaient, en qualité d'héritiers, procéder au partage des biens composant sa succession, le sieur Mathieu, administrateur de l'hospice des Enfants-Trouvés, agissant comme tuteur d'une Enfant de cet hospice, inscrite sur les registres de cet établissement sous les noms de Bibienne Pompeyre, mais en réalité, selon lui, fille d'Apolline Jordonal, demanda à intervenir au partage de ses biens pour que la succession fût divisée en deux parts : l'une pour le sieur Jordonal, et ses deux filles, héritières légitimes de Pauline Jordonal, et l'autre pour Bibienne Pompeyre, sa fille naturelle.

Le sieur Mathieu offrait, à l'appui de sa demande, de faire preuve, tant par titres que par témoins, de divers faits établissant la filiation naturelle de sa pupille, savoir : 1° que Pauline Jordonal, à diverses reprises et à plusieurs personnes, a fait la confidence qu'elle était accouchée d'une fille qui avait été déposée à l'hospice des Enfants-Trouvés, et montrait à cet égard une vive sollicitude; 2° Qu'en effet Pauline (Apolline) Jordonal est accouchée dans la nuit du 11 octobre 1827, chez la dame Sursol, aubergiste à la Bastide, avec l'assistance de la dame Coursole, sage-femme, et qu'elle mit au monde un Enfant du sexe féminin; 3° Que cette Enfant fut baptisée sous les noms de Marie, avec cette indication qu'elle était fille naturelle, sur la demande et invitation de M. Fatin, adjoint à Cenon-la-Bastide, par M. le vicaire de Saint-Pierre, et ce, le 12 octobre 1827; 4° Que cette même Enfant, née de ladite Jordonal, fut exposée le même jour, à six heures et demie du soir, à l'hospice des Enfants-Trouvés, qui la recueillit et l'inscrivit, sous le n° 665, sous le nom de Bibienne Pompeyre; 5° Qu'enfin l'Enfant inscrite sous ce nom et sous ce numéro est l'Enfant même qui fut déposée, dans la soirée du 12 octobre 1827, par l'entremise de la dame Coursole, et à laquelle se trouvaient attachés la marque et les deux écrits dont le double est représenté; 6° Qu'indépendamment des billets constatant qu'elle avait été baptisée sous le nom de Marie par M. le vicaire de Saint-Pierre, le 12 octobre 1827, cette Enfant portait à ses langes une marque à laquelle était joint un écrit sur lequel se trouvaient gravés ces mots : « Le 11 octobre 1827, est née Marie Jordonal, fille naturelle de Pauline Jordonal; » 7° Que le double de cette marque et de cet écrit fut conservé par la sage femme chargée du soin de déposer l'Enfant à l'hospice; 8° Qu'en 1830, la dame Jordonal fit chercher, par l'intermédiaire de la dame Denise Dubroca, cette marque et cet écrit demeurés en dépôt chez la sage-femme, laquelle les remit à la dame Dubroca, qui, à son tour, les restitua à la dame Pauline Jordonal; 9° Que cette marque et cet écrit, parfaitement semblables au double laissé avec l'Enfant au moment de son exposition, ont été conservés avec soin par la dame Jordonal, qui, la veille de sa mort, les déposa entre les mains de la demoiselle Estelle, modiste, avec prière de les garder dans l'intérêt de son Enfant; 10° Que la demoiselle Estelle a remis le dépôt aux mains de M. Jagou, lequel l'a rétabli aux mains de l'Administration des hospices en la personne de M. Mathieu.

Le tribunal civil de Bordeaux, saisi de la contestation, rendit, le 21 août 1845, un jugement qui déclara non recevable et mal fondée la demande du sieur Mathieu. Voici les motifs de ce jugement :

« Attendu que l'acte du 12 octobre 1827 ne contient pas une déclaration émanant de la femme Apolline Jordonal, et une reconnaissance qui puisse lui être opposée;

« Attendu que si, à défaut de reconnaissance formelle, l'Enfant naturel peut invoquer la possession d'état sans être soumis à rapporter un commencement de preuve par écrit, Bibienne Pompeyre ne peut établir la possession d'état de fille naturelle d'Apolline Jordonal; qu'elle n'a jamais reçu les soins de cette femme qui ne l'a jamais traitée comme étant sa fille, et ne lui a jamais donné publiquement son nom; qu'elle fut, au contraire, abandonnée dès le jour de sa naissance et déposée à l'hospice des Enfants-Trouvés, où elle n'a jamais été seulement visitée par la femme qu'elle dit être sa mère; que l'écrit attaché à ses langes au moment de son exposition énonçant qu'elle se nommait Marie, et qu'elle était fille d'Apolline Jordonal, ne peut servir à établir une possession d'état;

« Attendu que l'état de Bibienne Pompeyre n'a point été reconnu par les héritiers d'Apolline Jordonal; que la déclaration contenue dans l'acte du 6 juillet 1844 ne peut avoir cet effet; qu'une opposition avait été formée au nom de cette mineure, et qu'elle était appelée en la qualité qu'elle s'était donnée à assister à un inventaire, sans qu'il fût donné aucune approbation à cette qualité, qui a été repoussée par les protestations contenues audit inventaire;

Attendu qu'à défaut de reconnaissance et de possession d'état, la filiation maternelle de l'Enfant naturel peut être prouvée par témoins; mais que, suivant l'article 341 du Code civil, l'Enfant qui réclame sa mère est obligé de prouver qu'il est identiquement le même que l'Enfant dont elle est accouchée, et qu'il n'est reçu à faire cette preuve par témoins que lorsqu'il y a déjà un commencement de preuve par écrit;

Attendu que l'acte de naissance du 12 octobre 1837, qui est un indice de l'accouchement d'Apolline Jordonal, ne peut, dans aucun cas, servir de commencement de preuve par écrit pour établir que l'Enfant qui désigne cette femme comme étant sa mère est identiquement le même que celui dont elle serait accouchée; que l'acte de naissance peut servir à établir l'accouchement; qu'il est impuissant pour établir l'identité de l'Enfant qui prétend être le fruit de cet accouchement;

Attendu que l'on ne peut accorder le caractère de commencement de preuve par écrit, ni au procès-verbal d'exposition, ni à la marque et aux billets qui ont accompagné cette exposition; qu'il importe peu qu'il soit mentionné par ces billets que l'Enfant exposé était nommée Marie, et qu'elle était fille de Pauline Jordonal, lorsqu'il est reconnu que ces billets n'ont pas été écrits par Apolline Jordonal; que la marque attachée aux vêtements de l'Enfant ne fait pas même présumer le concours de la femme que Bibienne Pompeyre réclame pour sa mère, cette marque pouvant avoir été placée sans la participation de cette femme, et même contre sa volonté expresse; que le procès-verbal qui a été dressé des circonstances qui ont accompagné l'exposition est frappé de la même nullité;

Attendu que l'on ne saurait donner le caractère de commencement de preuve par écrit à la marque et aux billets dont on excipe, en les considérant comme des papiers domestiques; qu'il ne suffit pas d'alléguer qu'ils sont restés en la possession d'Apolline Jordonal et conservés par elle dans le but de réclamer l'Enfant qu'ils servaient à désigner; qu'il faudrait que cette possession fût constatée autrement que par la preuve testimoniale, soit par l'inventaire fait après le décès, soit par tout autre moyen qui établirait matériellement que ces objets étaient considérés par Apolline Jordonal comme des papiers domestiques;

Attendu dès lors que, quelles que soient les présomptions qui s'élèvent en faveur de Bibienne Pompeyre, elles doivent être repoussées, n'étant pas appuyées sur les conditions impérieusement commandées par la loi.

Appel.

Du 19 février 1846, arrêt de la Cour royale de Bordeaux, chambres réunies: MM. Roullet, premier président; Foureau, avocat général; Delprat et de Corbonnier-Morzas, avocats.

La Cour, — attendu que Bibienne Pompeyre n'a point un acte de naissance qui constate qu'elle soit fille d'Apolline Jordonal;

Attendu qu'elle ne peut invoquer un commencement de preuve par écrit; — adoptant au surplus les motifs exprimés par les premiers juges, — met au néant l'appel interjeté par Mathieu au nom qu'il agit.

(*Journal du Palais*, t. II de 1846, p. 544.)

COUR DE CASSATION. (Chambre civile.)

Audience du 28 janvier 1850.

Les sommes allouées par les hospices, à titre de salaires, aux nourrices chargées du soin des Enfants trouvés, sont-elles insaisissables?

Le procureur général près la Cour de cassation expose que, agissant en vertu de l'article 88 de la loi du 27 ventôse an VIII, il requiert, dans l'intérêt de la loi, l'annulation d'un jugement rendu, le 8 avril 1846 par le tribunal de première instance séant à Baugé (Maine-et-Loire), dans les circonstances suivantes :

Le sieur Desbois, épicier, était, en vertu d'un jugement du juge de paix de Longué, créancier du sieur Rousseau, d'une somme de 50 francs, pour fournitures de son état.

A l'effet d'obtenir payement de cette dette, il forma saisie-arrêt entre les mains du percepteur de Moulhierne, sur une somme de 78 francs, due à la femme Rousseau par les hospices d'Angers et de Saumur, à titre de mois de nourrice d'Enfants trouvés. Le tribunal civil de Beaugé a validé cette saisie-arrêt par ce motif :

« Attendu qu'aucun texte de la loi ne déclare insaisissables les sommes allouées par les « hospices, à titre de salaires, aux nourrices chargées du soin des Enfants trouvés... etc. »

Ce jugement nous semble contenir une fausse appréciation du caractère des prestations faites par les hospices aux nourrices d'enfants trouvés, et par suite une violation de l'article 581 du Code de procédure civile.

Ces prestations ne sont pas de simples *salaires*, mais bien de véritables pensions *alimentaires* déclarées insaisissables par ce même article 581 du Code de procédure civile.

En effet, ce sont, en général, de pauvres journaliers, des gens de la campagne, qui se chargent de la nourriture et de l'entretien des Enfants de l'hôpital; ces Enfants, ils les regardent comme les leurs propres; ils remplissent, à leur égard, tous les devoirs de parents, et les admettent pour ainsi dire dans leur famille. Le secours en argent, d'ailleurs bien modique, destiné à les mettre à même de faire face aux dépenses que nécessitent les premières années de l'Enfant, diminue ou même cesse tout à fait de leur être alloué, dès que son âge lui permet de rendre quelques légers services. Cette prestation, qui n'a plus lieu aussitôt que l'Enfant est en état de gagner sa vie, ou du moins d'indemniser par son travail ceux qui fournissent à ses besoins, peut-elle être considérée autrement que comme une pension alimentaire faite à l'Enfant par l'intermédiaire d'une nourrice, parce qu'il est incapable de la recevoir lui-même.

Évidemment, la somme attribuée par un hospice à une nourrice d'Enfant trouvé, ne l'est qu'à la condition de subvenir aux besoins de cet Enfant. Dans la première et souvent dans la deuxième année, cette prestation est la récompense de l'allaitement qu'elle fournit et sans lequel l'Enfant ne saurait vivre; plus tard, même en admettant que la nourrice reçoive directement et pour elle la somme donnée par l'hospice, elle ne la reçoit toujours qu'à la charge de l'appliquer aux besoins de son pupille, et cette obligation imposée à la nourrice donne incontestablement à l'allocation qu'elle touche un caractère alimentaire qui doit la mettre à l'abri de la saisie des créanciers.

Cette décision, qui découle des principes, est, en outre, en harmonie avec la doctrine à peu près unanime des auteurs et avec la jurisprudence. La question, il est vrai, ne s'est pas présentée précisément telle qu'elle s'offre aujourd'hui; mais les auteurs et la jurisprudence se sont prononcés sur des espèces d'une analogie frappante avec celle qui nous occupe. C'est ainsi que Proud'hon (*De l'usufruit*, n° 219), Rolland de Villargues (*Rép. not.*, v° USUFRUIT LÉGAL, n° 64), Roger (*De la saisie-arrêt*, n° 206), Magnied (t. I, n° 243), décident unanimement que les intérêts dus au mineur, et dont le père a l'usufruit légal, ne sont saisissables par les créanciers du père que jusqu'à concurrence de ce qui n'est pas nécessaire à l'éducation du mineur. Cette decision a été confirmée par deux arrêts de la cour de Paris, des 18 mars 1023 et 23 janvier 1825 (Sir., 25, 2, 323 et 35, 2, 246), arrêts qui n'ont pas été frappés de pourvoi : c'est qu'en effet on ne pouvait espérer faire réformer des jugements qui, en se conformant à la doctrine des auteurs, interdisent aux créanciers la saisie de sommes auxquelles leur destination donne véritablement un caractère alimentaire, et qui ne se trouvent entre les mains de leur débiteur que parce que celui qu'elles doivent faire est incapable de les recevoir lui-même.

Or, si le père d'un Enfant mineur n'a l'usufruit légal des biens de cet enfant qu'à la charge de subvenir à tous ses besoins (385, C. c.), la nourrice aussi ne reçoit la prestation de l'hôpital qu'à la charge d'entretenir l'Enfant trouvé.

Les mois de nourrice doivent donc, entre les mains de la nourrice, comme l'usufruit légal entre les mains du père du mineur, être insaisissables, du moins pour tout ce qui est nécessaire aux besoins de l'Enfant.

Que si la somme allouée par un hôpital à une nourrice était reconnue excéder ce qui est nécessaire aux besoins de l'Enfant confié à ses soins, on pourrait alors considérer cet excédant comme un véritable salaire destiné à payer la nourrice de ses peines, et rien ne s'opposerait à ce que ce salaire pût être saisi par ses créanciers. Mais, évidemment, cette appréciation de circonstances, cette distinction ne peuvent être faites par un créancier; c'est aux tribunaux seuls qu'il appartient de décider, à cet égard, ce qui est ou n'est pas saisissable. Et comme il importe que le service extérieur des hospices concernant les Enfants trouvés ne soit pas interrompu ; que, par conséquent, les deniers nécessaires à ce service ne sauraient être ni détournés de leur destination, ni arrêtés, le créancier qui voudrait saisir le mois d'une nourrice devrait d'abord s'adresser aux tribunaux pour faire décider si le montant de ces mêmes mois excède les besoins de l'entretien de l'Enfant, et quel est le *quantum* de cet excédant.

Il existe cependant un cas où les pensions alimentaires elles-mêmes peuvent être saisies, c'est celui ou la créance du saisissant a pour cause une fourniture d'aliments (593, C proc.).

Le tribunal de Baugé semble avoir voulu se référer surabondamment à cette exception, lorsque, après avoir posé en principe que les mois de nourrice étaient saisissables, il ajoute que, « en fût-il autrement, il serait nécessaire alors de se reporter aux dispositions de l'article 593 (Code proc. civ.), qui contient une exception à cet égard, etc ... »

Si le tribunal de Beaugé avait formellement constaté qu'en fait, la créance du saisissant avait pour cause une fourniture d'aliments ayant tourné au profit des Enfants trouvés, son jugement serait à l'abri de la censure de la Cour; mais voici en quel termes il s'exprime à ce sujet :

« Attendu qu'il est PLUS QUE PROBABLE, dans la cause, que la somme réclamée par Desbois est la représentation de fournitures faites dans l'intérêt et pour la nourriture des Enfants confiés aux époux Rousseau... »

Cette expression PLUS QUE PROBABLE ne peut être suffisante pour donner la certitude de la nature de l'emploi des marchandises fournies par le créancier, et qui sont la cause de sa dette, surtout si l'on réfléchit que la saisie est faite : 1° pour une somme dépensée chez un épicier, qui, s'il vend des choses alimentaires, est aussi marchand de beaucoup d'autres objets; 2° pour les frais d'un procès devant le juge de paix, à l'effet de reconnaître la dette, frais avancés par le créancier. Or, sans une certitude complète, on ne saurait appliquer l'exception prévue par l'article 593 du Code de procédure civile.

Cependant, dit M. le garde des sceaux, dans sa lettre, la question soulevée par le jugement dont il s'agit n'est pas sans difficulté. L'humanité semble réclamer qu'elle soit résolue, comme nous le faisons ici, dans le sens de l'affirmative; mais, ajoute t-il, on ne peut nier que les raisons invoquées pour la négative, dans la lettre adressée par le procureur général d'Angers au ministre de la justice, ne soient d'une certaine force. C'est pour cela que ce ministre n'a pas hésité à nous donner l'ordre de soumettre la question à la Cour, parce que, étant de nature à se présenter souvent, comme le remarque le ministre de l'intérieur dans sa lettre jointe aux pièces, il importe à l'administration qu'elle soit jugée en principe par la Cour suprême.

Dans ces circonstances et par ces considérations,

Vu la lettre de M. le ministre de la justice, en date du 6 novembre dernier, l'article 88 de la loi du 27 ventôse an VIII, les articles 581 et 593 du Code de procédure civile, et enfin toutes les pièces du procès,

Nous requérons, pour le Gouvernement, qu'il plaise à la Cour casser et annuler, dans l'intérêt de la loi, le jugement dénoncé, et ordonner qu'à la diligence du procureur général l'arrêt à intervenir sera imprimé, et transcrit sur les registres du tribunal civil de première instance de Beaugé.

Fait au parquet, le 2 janvier 1850.

Le Procureur général, Dupin.

Après le rapport de M. le conseiller Renouard, M. le procureur général prend la parole à l'appui de son réquisitoire.

Le principe de solution, dit-il, est, dans l'article 581 du Code de procédure civile, qui déclare insaisissables les sommes dues pour aliments. Or, jamais cet article n'a pu recevoir une application plus évidente et plus directe que dans l'espèce présente, où il s'agit de la saisie des sommes payées par un hospice à une nourrice pour allaiter un Enfant trouvé. La cause est toute entière dans ce mot : *nourrice;* la somme est donnée pour nourrir l'Enfant. Cet argent ainsi donné est l'argent des pauvres, l'argent fourni par l'État, par les hospices ou par la bienfaisance publique pour élever ces Enfants abandonnés que l'État recueille, et envers lesquels il contracte l'obligation de les nourrir. Permettre de saisir des fonds qui ont cette pieuse destination, ce serait paralyser l'institution la plus bienfaisante et la plus digne d'être protégée par la justice, comme elle l'est par le texte de la loi.

ARRÊT.

Vu l'article 681 du Code de procédure civile;

Attendu qu'aux termes de l'article 58 du Code de procédure civile, les sommes et pensions pour aliments sont insaisissables;

Attendu que les sommes allouées par les hospices, aux nourrices chargées du soin des Enfants trouvés, doivent être considérées comme destinées à l'assistance, moins des nourrices que des Enfants; qu'elles sont données en vue de subvenir à la nourriture et à l'alimentation de ceux-ci, et non pour procurer un salaire à celles-là; que ces sommes ont donc essentiellement un caractère alimentaire, et qu'à ce titre elles sont insaisissables entre les mains des nourrices, sans l'intermédiaire desquelles les Enfants n'en profiteraient pas;

D'où il suit que le jugement attaqué, en déclarant la saisie-arrêt bonne et valable, a expressément violé les lois précitées,

Casse, dans l'intérêt de la loi.

TITRE II.

ADMINISTRATION.

CONSEIL D'ÉTAT.

21 juillet 1839.

Enfants trouvés. — Hospices. — Désignation des Hospices. — Dépositaires.

L'autorité administrative peut-elle envoyer des Enfants trouvés dans un hospice, sans qu'une ordonnance royale ait déclaré cet hospice dépositaire? Suffit-il, pour cette déclaration, d'un arrêté préfectoral? — *Rés. aff.* (1).

(14,137. — *Hospice des Sables-d'Olonne contre le ministre de l'intérieur*)

L'administration de l'hospice des Sables-d'Olonne prétendait que le préfet et le ministre n'avaient pu ordonner l'admission de deux Enfants trouvés à cet hospice en l'absence d'une *ordonnance royale* qui l'eût déclaré dépositaire. Elle fondait cette prétention sur l'article 22 du décret du 19 janvier 1811.

Louis-Philippe, etc.

Vu la requête à nous présentée par l'hospice communal de la ville des Sables-d'Olonne (Vendée), tendante à ce qu'il nous plaise annuler une décision de notre ministre de l'intérieur, du 18 avril 1838, approbative de l'arrêté pris par le préfet de la Vendée le 17 avril 1837; ledit arrêté prononçant l'admission à l'hospice des Sables-d'Olonne des Enfants Étoubleau; — Vu le décret du 19 janvier 1811;

En ce qui touche les conclusions à fin d'annulation de la décision attaquée : — Considérant que la décision attaquée se borne à ordonner l'admission des Enfants Étoubleau dans l'hospice des Sables-d'Olonne, en exécution du décret du 19 janvier 1811 et d'un arrêté du préfet, du 4 octobre 1812, lequel a déclaré ledit hospice dépositaire; que, dès lors, c'est un acte administratif qui ne peut nous être déféré par la voie contentieuse;

En ce qui touche les conclusions subsidiaires tendantes à ordonner que la dépense occasionnée par lesdits Enfants sera à la charge du département et de la commune : — Considérant que la décision attaquée n'ayant rien statué à cet égard, il n'y a pas lieu, dès lors, de prononcer sur le mérite desdites conclusions;

Art. 1er. La requête de la commission administrative de l'hospice des Sables-d'Olonne est rejetée.

M. Germain, maître des requêtes, *rapp.* — M. Marchand, maître des requêtes, *f. f. du m. p.* (Extrait des *Arrêts du conseil,* par Lebon, tome IX, page 397.)

(1) L'arrêt décide seulement que l'acte administratif ne peut être attaqué par la voie contentieuse : mais, comme il y a recours par la voie contentieuse toutes les fois qu'il y a excès de pouvoir, le conseil d'État a décidé implicitement qu'il n'y avait pas excès de pouvoir.

Rapport à M. le Ministre secrétaire d'État au département de l'intérieur, sur la question de savoir si l'on ne doit pas assimiler les orphelins pauvres aux Enfants trouvés et abandonnés pour les secourir, en vertu du décret du 19 janvier 1811.

Paris, le 18 avril 1842.

Monsieur le Ministre, le décret impérial du 19 janvier 1811 (article 1er) a confié à la charité publique trois classes d'Enfants :

1° Les Enfants trouvés, c'est-à-dire ceux qui, nés de pères et mères inconnus, ont été trouvés exposés dans un lieu quelconque, ou portés dans les hospices destinés à les recevoir (décret, art. 2);

2° Les Enfants abandonnés, c'est à-dire ceux qui, nés de pères ou de mères connus, et d'abord élevés par eux ou par d'autres personnes à leur décharge, en sont délaissés, sans qu'on sache ce que les pères et mères sont devenus, ou sans qu'on puisse recourir à eux;

3° Les orphelins, c'est-à-dire ceux qui, n'ayant ni père ni mère, n'ont aucun moyen d'existence.

Aucune distinction n'est faite, par l'Administration, entre les Enfants trouvés et les Enfants abandonnés, quant à leur placement, à leur éducation, aux soins dont ils sont l'objet, et au payement de leurs dépenses. Ces Enfants sont recueillis par des hospices spécialement organisés pour ce service, envoyés aussitôt en nourrice dans les campagnes, et, plus tard, placés en apprentissage, les garçons chez des laboureurs ou artisans, les filles chez des ouvrières. Des inspecteurs veillent à ce qu'ils soient toujours traités convenablement. Enfin, il est pourvu à leurs dépenses (les seules dépenses dites intérieures excepté, et elles sont, proportionnellement, sans importance) sur les fonds de la première section des budgets départementaux. Des ressources égales aux besoins sont donc toujours assurées.

Mais il n'en est pas de même des Enfants orphelins. Les départements ne sont appelés à prendre aucune part dans les frais de leur entretien; ces frais sont laissés en entier à la charge des hospices.

Cet état de choses présente de graves inconvénients. En effet, d'une part, dans les communes où existent des hospices, ces établissements charitables manquent généralement de ressources, et par suite ne peuvent remplir à cet égard leurs obligations légales. D'autre part, l'immense majorité des communes ne possède pas d'hospices; et les hospices voisins se refusent à recevoir des Enfants étrangers à leur circonscription. Vainement demanderait-on des secours aux caisses municipales, déjà embarrassées de subvenir à leurs charges ordinaires. Les malheureux Enfants orphelins restent donc le plus souvent sans soins, sans asile, abandonnés aux hasards de la charité privée, et en proie à tous les besoins, à moins que pour les empêcher de mourir de misère et de faim, les préfets ne vous proposent et que vous ne consentiez, monsieur le Ministre, par des décisions individuelles en quelque sorte extra-légales et prises sous votre responsabilité, à leur ouvrir les portes des hospices spéciaux, en ordonnant leur assimilation aux Enfants trouvés et abandonnés, et en autorisant le payement de leurs dépenses sur les fonds départementaux.

En présence de faits aussi déplorables, on est amené à se demander si la différence qui vient d'être exposée, établie entre les Enfants trouvés ou abandonnés et les Enfants orphelins, se justifie par des motifs véritables et sérieux. Ces motifs sont difficiles à découvrir.

Les Enfants orphelins n'ont pas moins besoin, que les Enfants trouvés et abandonnés, des secours de la société; ils n'y ont pas moins de titres. On comprend que pour les enfants de familles pauvres on laisse le soin de les secourir aux hospices et aux autres établissements de bienfaisance chargés de distribuer des secours à domicile. Il importe de ne pas séparer ces Enfants de leurs familles, et la société peut dire à leurs pères et mères que c'est à eux surtout de pourvoir, par leur travail, à l'existence de leurs Enfants. On comprend que, pour les Enfants trouvés et abandonnés, on doive craindre, par la facilité des admissions, d'en augmenter les abus, de briser les liens de famille, de propager l'oubli des devoirs de la nature. Mais pour les orphelins, on ne saurait leur reprocher aucun vice de leur origine, aucune faute de la part de leurs parents; on ne saurait redouter non plus des admissions abusives; car le décès des père et mère est un fait toujours aisé à constater d'une manière légale, et qui ne peut être ni douteux ni simulé.

Si l'on recherche en droit comment la distinction dont je viens de parler a été introduite, on n'arrive pas à des résultats plus satisfaisants.

Une instruction du directeur général de la comptabilité des communes et des hospices, du 15 juillet 1811, et une autre instruction du conseiller d'État chargé de l'administration générale des hospices et des établissements de bienfaisance, du 8 février 1823 (Recueil des circulaires du ministère de l'intérieur, tome II, page 265, et tome V, page 133), disent, il est vrai, que les Enfants orphelins doivent être exclusivement à la charge des hospices et des bureaux de bienfaisance; mais ces circulaires ne s'appuient à cet égard sur aucun texte législatif.

«Les retributions, porte l'instruction du 15 juillet 1811, à payer aux personnes chargées d'Enfants abandonnés, assimilés par les lois et règlements aux Enfants trouvés, doivent être acquittées sur les mêmes fonds; mais il importe de ne comprendre au rang des Enfants abandonnés que les Enfants délaissés dont les père et mère sont émigrés, disparus, détenus ou condamnés pour faits criminels ou de police correctionnelle. L'indigence ou la mort naturelle des pères et mères des Enfants ne sont pas des circonstances qui puissent faire admettre ces derniers au rang des Enfants que les lois assimilent aux Enfants trouvés, et pour leurs dépenses, et pour les moyens d'y pourvoir.

«C'est aux hospices à pourvoir, sur leurs revenus ordinaires, à la dépense de ces derniers Enfants; ils doivent être classés parmi les orphelins pauvres. Les préfets auront donc soin de rayer des états qui leur seront présentés les Enfants qui ne seraient dans aucun des cas que l'on vient d'énumérer. Cette règle leur a été recommandée par les instructions du 27 mars 1810; on croit devoir les rappeler à leur attention.....

«Dans les départements où l'on n'était point dans l'usage d'élever dans l'intérieur des hospices les orphelins et les Enfants des familles indigentes, mais bien de les placer et de les laisser à la campagne, on a pu quelquefois confondre ces Enfants avec les Enfants abandonnés. Cette confusion doit cesser entièrement; on doit former des états distincts pour les orphelins pauvres; leur éducation et leurs dépenses doivent se régler comme celles des Enfants trouvés, avec cette différence que cette dépense est entièrement à la charge des hospices, même pour les mois de nourrice et pension.»

L'instruction du 8 février 1823 s'exprime à peu près dans les mêmes termes; on y lit: «Les Enfants nés, dans les hospices, de femmes admises à y faire leurs couches, sont assimilés aux Enfants trouvés, si la mère est reconnue dans l'impossibilité de s'en charger.

«On ne doit comprendre au rang des Enfants abandonnés, assimilés pour leur régime et le mode de payement de leur dépense aux Enfants trouvés, que les Enfants délaissés dont les pères et mères sont disparus, détenus, ou condamnés pour faits criminels ou de police correctionnelle. L'indigence ou la mort naturelle des pères et mères ne sont pas des circonstances qui puissent faire admettre leurs Enfants au rang des Enfants abandonnés; ils ne peuvent être classés que parmi les orphelins pauvres et les Enfants de familles indigentes à la charge exclusive des hospices, ou secourus à domicile.»

Mais, monsieur le Ministre, les distinctions des circulaires ci-dessus, loin d'être justifiées par les dispositions du décret du 19 janvier 1811, sont en contradiction formelle avec l'ensemble de ces dispositions. Il importe de remarquer que ce décret a entendu, quels que fussent les règlements antérieurs, poser, relativement aux Enfants trouvés, abandonnés et orphelins, des règles nouvelles; qu'il a créé sur cette matière une nouvelle législation.

Ce décret est intitulé : *Décret concernant* les Enfants trouvés ou abandonnés et *les orphelins pauvres.*

Par son article 1er, il déclare, comme je l'ai déjà dit, confier à la charité publique l'éducation : 1° des Enfants trouvés; 2° des Enfants abandonnés; 3° *des orphelins pauvres.*

Par son article 6 il définit quels sont les Enfants que l'on doit comprendre sous la dénomination d'*orphelins pauvres.*

Le titre IV de ce décret est intitulé : *De l'éducation des Enfants trouvés, abandonnés et orphelins pauvres;* le titre V : *Des dépenses des Enfants trouvés, abandonnés et orphelins.*

Ce décret détermine avec précision au moyen de quelles ressources il sera pourvu à la dépense des Enfants trouvés : les hospices devront subvenir à la fourniture des layettes et aux dépenses intérieures; l'État payera une somme de quatre millions pour les dépenses extérieures : si cette somme n'était pas suffisante, le surplus serait fourni sur les revenus des hospices, ou sur les fonds des communes. Assurément, si le décret avait entendu que les dépenses des *orphelins* pauvres fussent acquittées autrement que celles des Enfants trouvés, qu'elles fussent entièrement acquittées par les hospices, il était indispensable qu'il s'en expliquât; et il n'aurait pas manqué de le faire.

Lors même donc qu'il eût existé, antérieurement au décret du 19 janvier 1811, des dispositions de lois ou des règles administratives qui eussent, ainsi que le prétend la circulaire du 15 juillet 1811, établi une distinction, quant au payement de leurs dépenses, entre les Enfants trouvés et abandonnés, et les Enfants orphelins, ces dispositions et ces règles ne devaient plus être invoquées sous l'empire du décret. Ce décret a introduit, en effet, je le répète, une législation tout à fait nouvelle. Ce qui le prouve, c'est que lorsqu'il a entendu conserver les règles antérieurement suivies, il a senti la nécessité de le déclarer expressément. C'est ainsi qu'on lit dans l'art. 21 : « Il n'est rien changé aux règles relatives à la reconnaissance et à la réclamation des Enfants trouvés et des Enfants abandonnés. »

Le principal argument sur lequel on se fonde pour soutenir que les dépenses extérieures des Enfants orphelins ne doivent pas être payées sur les fonds départementaux, se tire du texte de l'article 12 du décret, et de ce que, dans cet article, il est dit qu'une somme annuelle de quatre millions est accordée pour contribuer au payement des mois de nourrice et des pensions des Enfants trouvés et des Enfants abandonnés, sans qu'il y soit parlé des orphelins.

Mais on peut répondre que l'article 11 charge les hospices dépositaires de la fourniture des layettes et de toutes les dépenses intérieures, relatives à la nourriture et à l'éducation, non point seulement des Enfants trouvés et abandonnés, mais *des Enfants,* en général. Cet article 11 doit être nécessairement combiné avec l'article 12 qui le suit. Si l'intention du législateur eût été de ne faire payer sur les fonds de l'État que les dépenses extérieures des seuls Enfants trouvés et abandonnés, s'il eût entendu exprimer cette intention dans l'article 12 dont il s'agit, il n'eût nécessairement, dans l'article 11, mis à la charge des hospices que les dépenses intérieures de ces mêmes Enfants, seuls aussi; et il n'eût pas, par une disposition générale, contradictoire, restreint également, à l'égard des orphelins, les obligations de ces établissements de bienfaisance aux seules dépenses intérieures.

Il importe, d'ailleurs, de remarquer la rubrique du titre V du décret. Ce titre est intitulé : *Des dépenses des Enfants trouvés, abandonnés et orphelins.* Il a donc pour objet de régler les ressources affectées au payement des dépenses de ces trois classes d'Enfants. S'il eût dû être pourvu d'une manière différente au payement des dépenses des Enfants orphelins, ce titre eût dû dès lors renfermer sur ces objets des dispositions spéciales; à défaut, les dispositions générales qu'il renferme doivent donc être appliquées aux trois classes d'Enfants, d'une manière uniforme et sans distinction.

Lorsque d'ailleurs l'intitulé du titre annonce formellement qu'il est applicable aux Enfants trouvés, abandonnés et orphelins; lorsque, dans ce titre, composé de quatre articles, trois articles, les articles 11, 13 et 14, sont incontestablement applicables à tous ces Enfants, on semble bien mal fondé à soutenir, par ce motif seul que le mot *orphelin* ne se trouve pas répété dans l'article 12, que cet article n'est pas également applicable à ces infortunés.

Que l'on se reporte aux articles 7, 8, 9 et 10 du décret: ces articles ne parlent que des Enfants trouvés; les Enfants abandonnés ni les orphelins pauvres n'y sont pas une seule fois nommés; ces articles ne seraient donc, d'après le même mode d'interprétation, relatifs qu'aux seuls Enfants trouvés. Et, cependant, on en fait et on en a toujours fait également application, et avec une parfaite raison, aux Enfants trouvés, abandonnés et orphelins.

On se détermine, à cet égard, d'après l'intitulé du titre IV, qui porte : *De l'éducation des Enfants trouvés, abandonnés et des orphelins pauvres.* Mais il y a exactement la même raison de décider, relativement à l'application des dépositions du titre V, intitulé de la même manière.

Les considérations que je viens d'exposer, les conséquences qui résultent du rapprochement entre eux des divers articles du décret du 19 janvier 1811, sur lesquels je viens, monsieur le Ministre, d'appeler votre attention, m'auraient paru justifier suffisamment l'interprétation que je crois devoir être donnée à ce décret, et que j'ai l'honneur de vous proposer d'adopter.

Mais, monsieur le Ministre, des circonstances nouvelles, ou du moins jusqu'à présent ignorées, sont venues confirmer cette interprétation. Les recherches opérées par M. le chef du bureau chargé du service des Enfants trouvés, dans les archives du conseil d'État, et l'examen attentif des documents qui y sont conservés, et qui retracent les discussions auxquelles donna lieu, au sein du conseil, le décret de 1811, fournissent la démonstration la plus complète que cette interprétation est la seule conforme à l'esprit du législateur.

Lorsque le projet de décret fut préparé, en 1810, il paraît que l'opinion des bureaux du ministère de l'intérieur était que l'État ne devait être appelé à participer qu'aux dépenses des seuls Enfants trouvés et abandonnés, tandis que, au contraire, les dépenses des orphelins pauvres devaient être exclusivement supportées par les hospices dans lesquels ces Enfants seraient recueillis; c'est ce qu'exprimait formellemement le projet de décret. Permettez-moi, monsieur le Ministre, de vous faire connaître quel était le cadre de ce projet.

Le projet de décret, par son titre Ier, confiait à la charité publique trois classes d'Enfants : 1° les Enfants trouvés; 2° les Enfants abandonnés; 3° les orphelins.

Le titre II définissait quels étaient les Enfants qu'on devait entendre par Enfants trouvés; il statuait sur l'établissement des Tours destinés à les recevoir, le nombre des hospices dépositaires et la constatation des circonstances relatives à l'exposition de ces Enfants.

Le titre III traitait de l'éducation des Enfants trouvés.

Le titre IV déterminait les ressources sur lesquelles les dépenses des mêmes Enfants trouvés devaient être acquittées. Les hospices étaient chargés des dépenses intérieures; l'État accordait, pour les dépenses extérieures, une somme de 4 millions, regardée alors comme suffisante.

Le titre V, composé d'un seul article (article 14 du projet), définissait quels Enfants on devait entendre par Enfants abandonnés; il ajoutait simplement à cette définition ces mots : « Tout ce qui a été prescrit pour les Enfants trouvés est commun aux Enfants abandonnés. »

Le titre VI était relatif à la tutelle et à la seconde éducation des Enfants trouvés et des Enfants abandonnés.

Le titre VII traitait de la reconnaissance et de la réclamation des mêmes Enfants trouvés et abandonnés.

Enfin, le titre VIII, intitulé *des Orphelins,* était exclusivement réservé à ces derniers Enfants; il en traitait exclusivement. On y lisait :

« Article 22 (du projet). Les orphelins sont les Enfants de pères et de mères connus, mais pauvres, pour lesquels la charité publique ou particulière a formé des établissements spéciaux. Ces Enfants sont élevés au moyen de la dotation de chacun de ces établissements, sans aucun secours pécuniaire de l'État.

« 23. Il nous sera rendu compte des règlements de chacune de ces maisons; jusque-là, ils continueront d'être exécutés d'après leur teneur actuelle. »

La disposition qui vient d'être rappelée de l'article 14 (du projet), titre V (tout ce qui a été prescrit pour les Enfants trouvés est commun aux Enfants abandonnés), assimilait complétement les Enfants abandonnés aux Enfants trouvés, et, par conséquent, aussi, en ce qui concernait le payement de leurs dépenses. La disposition finale de l'article 22 ci-dessus mettait, au contraire, d'une manière absolue et formelle, toutes les dépenses des Enfants orphelins à la charge des hospices; elle excluait formellement ces Enfants de toute participation aux fonds alloués par l'État. Cette disposition exprimait l'opinion des bureaux du ministère, déjà formulée dans la circulaire du 27 mars 1810 précitée.

Mais cette opinion ne fut pas adoptée par la section de l'intérieur du conseil d'État. A la suite de l'examen du projet de décret auquel cette commission se livra, elle apporta à ce projet diverses modifications. Elle pensa que les Enfants orphelins ne devaient pas être rangés, pour leur dépense, dans une classe à part; que ces dépenses ne devaient pas être laissées à la charge exclusive des hospices; qu'elles devaient être assimilées aux dépenses des Enfants abandonnés, assimilées elles-mêmes à celles des Enfants trouvés.

En conséquence, la section retrancha du projet le titre VIII, *des Orphelins,* composé des articles 22 et 23, dont j'ai, monsieur le Ministre, placé ci dessus le texte sous vos yeux.

Elle reporta la définition des Enfants orphelins à l'article 14, à la suite de la définition donnée par cet article des Enfants abandonnés; et, au lieu de laisser subsister la disposition qui mettait les dépenses des orphelins à la charge exclusive des hospices, sans aucun secours pécuniaire de l'État; elle la remplaça par une disposition contraire, en ajoutant, après ces mots du même article 14 : *tout ce qui a été prescrit pour les Enfants trouvés est commun aux Enfants abandonnés,* ces autres mots : ET ORPHELINS PAUVRES.

L'article 14 fut dès lors ainsi conçu :

« Les Enfants abandonnés sont ceux qui, nés de pères ou de mères connus, et d'abord élevés par eux ou par d'autres personnes à leur décharge, en sont délaissés sans qu'on sache ce que les pères et mères sont devenus, ou sans qu'on puisse recourir à eux.

« Les orphelins sont ceux qui, n'ayant ni pères ni mères, n'ont aucun moyen d'existence.

« Tout ce qui a été prescrit pour les Enfants trouvés est commun aux Enfants abandonnés et orphelins pauvres. »

Par suite de ces changements, le titre V (du projet), composé du seul article 14, et intitulé : *des Enfants abandonnés,* devenait commun à ces Enfants et aux orphelins pauvres. Ces derniers mots furent ajoutés à sa rubrique, et ce titre fut intitulé : *des Enfants abandonnés et orphelins pauvres.*

Les diverses modifications, les différents changements dont je viens, monsieur le Ministre, d'avoir l'honneur de vous entretenir, sont constatés, et par le projet primitif de décret, sur lequel ils ont été opérés de la main du rapporteur, et par le projet imprimé par ordre de la section de l'intérieur, pour être distribué aux membres du conseil d'État, avant la discussion de ce projet, dans la réunion générale du conseil.

Dans cette réunion, le conseil d'État adopta, quant au fond, toutes les opinions de la section et toutes les modifications effectuées par elle. Il n'apporta au projet modifié, présenté par cette section, que quelques changements, sans importance essentielle dans la rédaction et dans la distribution des articles. Il me paraît encore utile, monsieur le Ministre, d'exposer quels furent quelques-uns de ces changements.

La définition des Enfants abandonnés et des orphelins pauvres se trouvait placée, dans le projet de la section, à l'article 14, après toutes les dispositions relatives aux Enfants trouvés. Le conseil d'État jugea convenable de placer, d'après un ordre d'idées plus méthodique, ces deux définitions immédiatement après la définition des Enfants trouvés et les deux articles relatifs à la création des Tours. La définition des Enfants trouvés devint l'article 5, et celle des orphelins pauvres l'article 6 du décret.

Je vous ai prié, monsieur le Ministre, de vouloir bien remarquer qu'à la suite de ces deux définitions, qui formaient antérieurement l'article 14 du projet, se trouvait cette phrase importante : « Tout ce qui a été prescrit pour les Enfants trouvés est commun aux « Enfants abandonnés et aux orphelins pauvres. »

Après la transposition de cet article 14, dont les dispositions devenaient, ainsi que je viens de l'expliquer, les articles 5 et 6 du décret, cette phrase ne pouvait être conservée On ne pouvait dire, dès l'article 6 de ce décret : *tout ce qui a été prescrit*, etc., puisqu'il n'avait encore été rien prescrit. Le conseil d'État supprima donc cette phrase; mais il n'en adopta pas moins l'avis de la section, d'assimiler complétement les Enfants trouvés et les Enfants abandonnés ou orphelins pauvres; de rendre toutes les mesures prescrites relativement aux Enfants trouvés communes aux Enfants abandonnés et aux orphelins.

Pour exprimer ce sentiment, pour établir cette assimilation complète et absolue, le conseil d'État changea les intitulés des titres III et IV du projet, devenus les titres IV et V du décret. Ces titres, dans le projet, étaient intitulés : *De l'éducation des Enfants trouvés; Des dépenses des Enfants trouvés.* Les dispositions ne s'en appliquaient qu'aux Enfants trouvés seuls, sauf l'extension que l'article 14 de ce projet leur donnait aux Enfants abandonnés; elles restaient toujours inapplicables aux orphelins pauvres, d'après les articles 22 et 23, et l'avis du ministère, que les dépenses de ces orphelins fussent exclusivement supportées par les hospices. Le conseil d'État voulant, contrairement au projet ministériel, conformément à l'avis de la section, que ces mêmes dispositions fussent communes aux trois catégories d'Enfants et s'appliquassent sans distinction aux uns comme aux autres, changea, dis-je, les intitulés de ces deux titres, et après les mots, *Enfants trouvés,* y ajouta ces mots *abandonnés et orphelins.* Ces changements, cette addition, se voient encore écrits de la main du rapporteur, sur le projet de décret imprimé, préparé par la section et distribué aux membres du conseil d'État, pour la discussion générale. Les rubriques de ces titres furent donc dès lors : *De l'éducation des Enfants trouvés, abandonnés et orphelins pauvres; Des dépenses des Enfants trouvés, abandonnés et orphelins.* Si, au moment où l'on fit ces changements, et en même temps, on n'ajouta pas à l'article 12 (du décret), après ces mots : *Des Enfants trouvés et des Enfants abandonnés,* ces autres mots : *et des orphelins pauvres,* ce fut donc uniquement par une omission évidente.

Mais trois points n'en demeurent pas moins bien constants : 1° la proposition faite par le ministère de mettre toutes les dépenses des orphelins pauvres à la charge exclusive des hospices; 2° le rejet de cette proposition par la section de l'intérieur du conseil d'État, et la volonté d'assimiler complétement ces Enfants aux Enfants trouvés : rejet énergiquement exprimé par la suppression des articles 22 et 23 du projet ministériel; volonté exprimée par ces mots ajoutés à l'article 14 : *tout ce qui a été prescrit pour les Enfants trouvés est commun aux Enfants abandonnés et orphelins pauvres;* 3° l'adoption par le conseil d'État de l'avis de la section et la volonté d'assimiler complétement aux Enfants trouvés les Enfants abandonnés et les orphelins pauvres; de rendre communes aux uns et aux autres toutes les dispositions des titres IV et V du décret : volonté exprimée par le changement de l'intitulé de ces titres.

Assurément, si le conseil d'État eût été d'un avis contraire à celui de la section de l'intérieur, s'il eût voulu revenir à la proposition du ministère, et mettre les dépenses extérieures des Enfants orphelins à la charge exclusive des hospices, il s'en serait expliqué formellement; il eût rétabli l'article du projet ministériel supprimé par la section.

Il me semble, monsieur le Ministre, aussi impossible qu'inutile de pousser plus loin cette démonstration.

Le projet de décret ayant été signé et promulgué tel que le conseil d'État l'avait arrêté, il ne peut donc y avoir de doute sur l'intention du législateur d'assimiler complétement entre eux les Enfants trouvés, abandonnés et orphelins, de ne laisser à la charge des hospices que les dépenses intérieures des uns comme des autres.

Je crois, monsieur le Ministre, qu'il serait toutefois possible d'arriver encore, s'il en était besoin, à la même preuve par une autre voie; d'établir que la dépense annuelle, évaluée alors par le ministre (Rapports à l'Empereur, des 29 août et 12 septembre 1810) à huit millions environ, était calculée sur le nombre existant tant d'Enfants trouvés et abandonnés que d'orphelins. Ainsi, dans le rapport du 29 août, le ministre calculait le nombre d'hommes que la Hollande pourrait recruter parmi les Enfants trouvés, abandonnés et orphelins; il y comprenait expressément les orphelins, il y parlait de leur dépense. Dans les chiffres des Enfants et des dépenses relatifs à la France, il devait donc comprendre aussi les orphelins. Mais je croirais superflu d'insister plus longtemps.

Une objection pourra être faite. On demandera peut-être comment, si le sens du décret est bien celui que je viens d'indiquer, ce décret n'a pas été, sous l'Empire, et immédiatement après sa promulgation, exécuté dans ce même sens.

Cette circonstance, monsieur le Ministre, me paraît facile à expliquer. Les bureaux du ministère de l'intérieur, pénétrés de la jurisprudence qu'ils avaient jusqu'alors suivie, et qu'ils avaient même inscrite dans le projet de décret, ne prirent pas garde que le conseil d'État l'avait repoussée; et ils continuèrent d'appliquer cette même jurisprudence.

Le sens du décret du 19 janvier 1811 ainsi fixé, il me reste à examiner s'il n'a pas été depuis dérogé sur ce point à ce décret.

Il n'y a été apporté aucune dérogation semblable.

D'après le décret du 19 janvier 1811, l'État accordait chaque année une somme de quatre millions, que le ministre de l'intérieur répartissait entre les départements, proportionnellement à leurs charges et à leurs besoins.

En 1817, au lieu de faire entrer cette somme de quatre millions dans les coffres du trésor, pour l'en faire sortir immédiatement, on jugea plus convenable de comprendre la dépense des Enfants trouvés, en même temps que plusieurs autres, au nombre des dépenses départementales.

C'est ce qui fut fait d'abord par la loi du 25 mars 1817 (*Bülletin des lois*, n° 1879, 1817, 1er septembre, page 231) : cette loi statua par ses articles 52, 53 et 54, dans les termes suivants.

« 52. Sur les centimes additionnels à la contribution foncière et à la contribution personnelle et mobilière, il sera prélevé 14 centimes pour les dépenses départementales fixes, communes et variables.

« 53. Ces 14 centimes seront distribués de la manière suivante :

« 1° Six centimes seront versés au trésor royal;

« 2° Six centimes seront versés dans les caisses des receveurs généraux des départements, pour être tenus à la disposition des préfets, et être employés, sur leurs mandats, aux dépenses variables ci-après, savoir :

« Enfants trouvés et abandonnés, sans préjudice du concours des communes.

« 54. Indépendamment des contributions autorisées par les articles ci-dessus, les conseils généraux des départements pourront, sauf l'approbation du ministre secrétaire d'État de l'intérieur, établir des impositions facultatives pour les dépenses variables, ou autres d'utilité départementale, dont le montant ne devra pas excéder 5 centimes du principal des contributions foncière, personnelle et mobilière de 1817. »

Les mêmes dispositions furent reproduites, à peu près dans les mêmes termes, par les articles 67 et 68 de la loi du 15 mai 1818 (*Bulletin des lois* n° 4101, 1818, 1er semestre, page 336); ces articles sont ainsi conçus :

« 67. Sur les centimes additionnels à la contribution foncière et à la contribution personnelle et mobilière, il sera prélevé 17 centimes, pour les dépenses départementales, fixes, communes et variables.

« 68. Ces centimes seront distribués de la manière suivante :

« 2° Six centimes seront versés dans les caisses des receveurs généraux des départements pour être tenus à la disposition des préfets, et être employés, sur leurs mandats, aux dépenses variables ci-après, savoir;

« Enfants trouvés et abandonnés, sans préjudice du concours des communes à la charge de rendre compte de leurs contributions pour ces objets. »

Enfin, la loi du 23 juillet 1820 (*Bulletin des lois*, n° 9043, 1820, 2me semestre, page 64) porta :

« 33. Sur les centimes additionnels à la contribution foncière et à la contribution personnelle et mobilière, il sera prélevé 17 centimes et demi, pour les dépenses départementales, fixes, communes et variables.

« Ces centimes seront divisés de la manière suivante :

« 2° Six centimes et quart seront versés dans les caisses des receveurs généraux de départements pour être tenus à la disposition des préfets, et être employés, sur leurs mandats, aux dépenses variables ci-après, savoir :

« Enfants trouvés et Enfants abandonnés, sans préjudice du concours des communes, soit au moyen d'un prélèvement proportionné à leur revenu, soit au moyen d'une répartition qui sera proposée par le conseil général, sur l'avis du préfet, et approuvée par le ministre de l'intérieur.

Depuis la même disposition s'est successivement reproduite dans les lois annuelles de finances, jusqu'en 1838.

Ces diverses lois ne parlent, il est vrai, que des Enfants trouvés et des Enfants abandonnés; elles ne parlent pas des orphelins pauvres. Mais serait-on fondé à en conclure qu'elles ont entendu changer la législation existante antérieurement, qu'elles ont voulu déroger au décret de 1811, qu'elles ont eu pour objet d'établir un droit nouveau, une règle nouvelle? Évidemment non. Ces lois n'avaient qu'un objet : c'était de porter à la charge des départements la partie de la dépense du service payée jusqu'alors par l'État au moyen des quatre millions allouées par le décret de 1811; et dès que, d'après le décret, les mois de nourrice et les pensions des Enfants orphelins devaient, ainsi que je l'ai démontré, être acquittés, comme ceux des Enfants trouvés et abandonnés, sur les quatre millions accordés par l'État, les mois de nourrice et les pensions de tous ces Enfants, sans distinction, devaient être compris, par suite de ces mêmes lois, au nombre des dépenses départementales. Soutenir que ces lois ont dû changer les principes du décret de 1811, et rejeter sur les hospices une dépense qui, jusque-là, ne devait pas être à la charge de ces établissements, ce serait en fausser le sens; ce serait évidemment leur faire produire un effet qui n'a nullement été dans l'intention du législateur.

Il faut en dire autant de la loi du 10 mai 1838 (*Bulletin*, IXe série, n° 7378), sur les attributions des conseils généraux, qui porte dans son article 12 :

« La première section (du budget départemental) comprend les dépenses ordinaires suivantes :

« 11° Les dépenses des Enfants trouvés et abandonnés, ainsi que celles des aliénés, pour la part afférente au département, conformément aux lois.

Ici, l'intention du législateur, de ne pas déroger aux lois sur la matière, est même manifestement exprimée par ces derniers mots : *conformément aux lois.*

Du reste, si l'on voulait donner aux diverses lois que je viens n'énumérer une autre portée; si on les considérait comme dérogeant au décret de 1811; si on les regardait comme ayant eu pour objet de régler les dépenses, de statuer sur leur imputation, et non pas seulement d'assurer les ressources nécessaires pour y faire face, il s'ensuivrait une conséquence beaucoup plus grave et un dégrèvement beaucoup plus considérable pour les hospices.

Ces lois parlent des dépenses des Enfants trouvés et abandonnés en général; elles déclarent ces dépenses départementales; elles ne reproduisent pas la distinction établie par le décret entre les dépenses extérieures et les dépenses intérieures. Il faudrait donc nécessairement admettre que ces deux natures de dépenses doivent aujourd'hui être supportées l'une et l'autre, et sans distinction, par les départements.

Décider, au contraire, que les départements payeront les seules dépenses extérieures, mais qu'ils payeront ces dépenses également pour les Enfants trouvés, abandonnés et orphelins, c'est rentrer dans la légalité, c'est revenir au véritable sens du décret du 19 janvier 1811; c'est enfin, monsieur le Ministre, prendre une mesure aussi vivement réclamée par la raison que par l'humanité.

Cette mesure n'occasionnera aux départements qu'une faible augmentation de dépense. Dans certains départements, elle ne fera que confirmer ce qui se fait déjà; dans d'autres, si le même principe général n'est pas reconnu, la plupart du moins des orphelins auxquels les secours de la charité publique sont indispensables sont assimilés aux Enfants trouvés, en vertu de décisions individuelles et spéciales des préfets, auxquelles l'approbation ministérielle n'est guère jamais refusée.

Le plus grand nombre des hospices dépositaires d'Enfants reçoivent, d'ailleurs, à raison de l'insuffisance de leurs ressources, des secours facultatifs des départements. Pour ceux de ces établissements de bienfaisance qui seront dégrévés des dépenses extérieures d'un certain nombre d'orphelins, ces secours pourront être réduits, s'il y a lieu, d'une somme équivalente; mais l'entretien des orphelins sera assuré, et les prescriptions des lois seront exécutées.

En effet, monsieur le Ministre, et je terminerai par cette considération, tant que les lois existent il est du devoir du Gouvernement de tenir la main à leur exécution : or, je crois avoir démontré que les dispositions du décret du 19 juin 1811 sont formelles, et qu'elles sont toujours en vigueur.

J'ai toutefois l'honneur de proposer à Votre Excellence, d'après l'importance de la question, de renvoyer le présent rapport au conseil d'État, et de prendre l'avis de ce conseil sur les conclusions ci-dessus.

Je suis avec respect, monsieur le Ministre, votre très-humble et très-obéissant serviteur.

Le Sous-Secrétaire d'État,
Signé A. Passy.

AVIS DU CONSEIL D'ÉTAT.

Extrait du registre des délibérations.

Séance du 20 juillet 1842.

Le conseil d'État qui, sur le renvoi ordonné par M. le ministre de l'intérieur, a pris connaissance d'un rapport sur la question de savoir si les dépenses extérieures des orphelins pauvres doivent être à la charge des départements, comme celles des Enfants trouvés et abandonnés;

Vu la loi du 10 mai 1838, sur l'administration départementale;

Les lois des 28 juin 1793 et 27 frimaire an V;

L'arrêté du Directoire du 30 ventôse an V;

Le projet de décret renvoyé, en 1810, à l'examen du comité de l'intérieur du conseil d'État;

Les modifications apportées à ce décret par le comité de l'intérieur et le conseil d'État;

Le décret du 19 janvier 1811;

Considérant que l'article 12 de la loi du 10 mai 1838 porte que, parmi les dépenses ordinaires des départements, on doit comprendre la dépense des Enfants trouvés et abandonnés, conformément aux lois;

Que, dès lors, pour apprécier cette disposition et le mode suivant lequel elle doit être appliquée, il est nécessaire de se reporter aux diverses lois qui ont statué sur la matière;

Considérant que les lois des 28 juin 1793 et 27 frimaire an V, et l'arrêté du Directoire du 30 ventôse an V, n'ont pas fait de distinction entre les Enfants trouvés, les Enfants abandonnés et les orphelins, et que ces actes les ont indifféremment dénommés Orphelins, ou Enfants abandonnés;

Qu'ainsi on ne pourrait y trouver la solution de la question dont l'examen est renvoyé au conseil d'État;

Que, d'ailleurs, ces dispositions ayant été, sur presque tous les points, implicitement abrogées par le décret du 19 janvier 1811, il n'y aurait pas d'intérêt à les discuter;

Considérant que le décret du 19 janvier 1811, *concernant les Enfants trouvés ou abandonnés et les orphelins pauvres,* les a, dans toutes ses dispositions, assimilés les uns aux autres;

Que l'article 1er de ce décret confie indistinctement *à la charité publique l'éducation des Enfants trouvés, des Enfants abandonnés et des Orphelins pauvres;*

Que le titre IV, qui traite de l'*éducation des Enfants trouvés, abandonnés et orphelins pauvres,* dispose, article 9, qu'à six ans *tous les Enfants* seront placés chez des cultivateurs ou des artisans, et qu'à douze ans les Enfants mâles, en état de servir, seront mis à la disposition du ministre de la marine;

Que le titre V, relatif aux dépenses, porte pour rubrique. *Des dépenses des Enfants trouvés, abandonnés et orphelins;* que, s'il est vrai que les articles compris dans ce titre ne font pas mention des Orphelins, et si l'article 12 n'accorde une somme de 4 millions que pour contribuer au payement des mois de nourrice et des pensions des Enfants trouvés et abandonnés, on est amené à penser qu'il y a là une simple prétérition à laquelle on ne pourrait donner de portée sans se mettre en contradiction avec le système entier du décret;

Considérant en effet, d'une part, qu'en appréciant la situation des orphelins pauvres on ne voit aucun motif qui ait pu les faire éloigner des secours publics que l'on destinait aux Enfants trouvés et aux Enfants abandonnés;

Qu'au contraire, ils semblent avoir plus de titres à la charité publique, puisque leur position n'est pas, comme celle de ces autres Enfants, le résultat presque constant de l'immoralité et de l'inconduite;

Considérant, d'autre part, que l'article 11 charge les hospices des dépenses intérieures relatives à la nourriture et à l'éducation des Enfants quels qu'ils soient, et que, dans le cas où les dépenses extérieures eussent dû être distinctes, le législateur aurait déterminé comment la distinction devait être établie, et qu'il ne l'a pas fait;

Que, puisque les garçons orphelins pauvres étaient mis comme les autres, par l'article 9, à la disposition du ministre de la marine, il en résultait si naturellement que l'État s'imposait également des charges pour des Enfants qui devaient également aussi le servir un jour, que la stipulation a pu ne pas en être expressément écrite;

Considérant qu'un examen attentif des modifications apportées par le comité de l'intérieur et le conseil d'État au projet primitif qui leur avait été renvoyé démontre que la pensée définitive des rédacteurs du projet a été d'assimiler complétement les orphelins pauvres aux Enfants trouvés ou abandonnés;

Qu'en effet le décret, tel qu'il a été promulgué, diffère essentiellement du projet qui avait été proposé, et que ces différences consistent surtout dans l'assimilation, sur plusieurs points, des orphelins aux deux autres catégories d'Enfants, assimilation qui était formellement repoussée par le projet;

Qu'ainsi l'examen du projet du décret, des modifications qui y furent apportées par le comité de l'intérieur et par le conseil d'État, et du décret lui-même, établit que l'intention du législateur a été de ne pas faire, pour les dépenses, plus de distinction entre les orphelins et les autres Enfants qu'il n'en avait fait pour leur éducation;

Considérant, enfin, que la dépense qui serait le résultat de l'application aux orphelins du décret du 19 janvier 1811 serait de très-peu d'importance, et n'affecterait que d'une manière insensible les ressources créées pour faire face aux dépenses comprises dans la première section de dépenses des départements,

Est d'avis qu'application doit être faite aux orphelins pauvres des dispositions contenues dans les titres I, II, III, IV et V du décret du 19 janvier 1811, et qu'ainsi il y a lieu, par M. le ministre de l'intérieur, de continuer à autoriser les préfets à assimiler les orphelins pauvres aux Enfants trouvés et abandonnés.

Le présent avis a été délibéré et adopté par le conseil d'État dans sa séance du 20 juillet 1842.

Signé à la minute,

Le Maître des Requêtes, Rapporteur,

A. Pérignon.

Le Pair de France, Vice-Président du conseil d'État,

Bon Girod (de l'Ain).

Pour expédition conforme :

Le Maître des Requêtes, Secrétaire général du conseil d'État,

Prosper Hochet.

CONSEIL D'ÉTAT.

22 juillet 1848.

Enfants trouvés. — Traitement des inspecteurs. — Concours des communes.

Les communes doivent-elles concourir au payement du traitement des inspecteurs départementaux du service des Enfants trouvés et abandonnés, comme aux autres dépenses de ce service, jusqu'à concurrence du contingent assigné à chacune d'elles conformément aux lois de la matière? — *Rés. aff.*

(19,057. — *Ville de Bordeaux.*)

Au nom du peuple français, — Le Président du conseil, chargé du pouvoir exécutif, etc.;

Considérant que les frais des inspections établies, en vertu du décret du 19 janvier 1811, dans l'intérêt du service des Enfants trouvés et abandonnés font essentiellement partie de la dépense de ce service; qu'aux termes du § 15 de l'art. 30 de la loi du 18 juillet 1837, ladite dépense est obligatoire pour les communes, jusqu'à concurrence du contingent assigné à chacune d'elles, conformément aux lois de la matière;

Considérant que, d'après le contingent qui lui était assigné dans la dépense des Enfants trouvés ou abandonnés du département de la Gironde pendant l'exercice 1843, la ville de Bordeaux était tenue de contribuer au traitement de l'inspecteur pour une somme de 418 fr. 35 cent.; que, dès lors, c'est avec raison que ladite somme a été comprise dans le crédit de 723 fr. 53 cent. ouvert d'office au budget de la ville de Bordeaux par l'ordonnance du 13 février 1845;

ART. 1er. La requête de la ville de Bordeaux est rejetée.

. . . .

M. Janvier, conseiller d'État, *rapp.* — M. Cornudet, *min. pub.* — Me Bourguignat, *avocat.* (Extrait)

(Extrait des *Arrêts du conseil*, par Lebon, tom. Ier, pag. 440.)

TROISIÈME PARTIE.

ADMINISTRATION.

PREMIÈRE ÉPOQUE, DE 1700 A 1790.

RÈGLEMENTS DES HÔPITAUX DE PARIS ET DE LYON TOUCHANT LES ENFANTS TROUVÉS.

TITRE Ier.

HÔPITAL GÉNÉRAL DE PARIS.

Principaux règlements faits par le bureau de l'hôpital général de Paris, concernant l'administration des Enfants trouvés.

TITRE II.

HÔPITAL GÉNÉRAL DE NOTRE-DAME-DE-PITIÉ ET GRAND HÔTEL-DIEU DE LYON.

Extrait des *Statuts et règlements généraux de l'hôpital général de Notre-Dame-de-Pitié du Pont du Rhône et grand Hôtel-Dieu de la ville de Lyon*, concernant les Enfants trouvés.

TITRE III.

HÔPITAL GÉNÉRAL DE LA CHARITÉ DE LYON.

Extrait des *statuts et règlements de l'hôpital général de la Charité et aumône générale de Lyon*, concernant les Enfants trouvés.

DEUXIÈME EPOQUE, DE 1790 A 1850.

COMPTES RENDUS. — RAPPORTS. — CIRCULAIRES. — INSTRUCTIONS ET ARRÊTÉS MINISTÉRIELS.

TROISIÈME PARTIE.

ADMINISTRATION.

PREMIÈRE ÉPOQUE, DE 1700 A 1790.

RÈGLEMENTS DES HÔPITAUX DE PARIS ET DE LYON, TOUCHANT LES ENFANTS TROUVÉS.

TITRE PREMIER.

HOPITAL-GÉNÉRAL DE PARIS.

PRINCIPAUX RÈGLEMENTS FAITS PAR LE BUREAU DE L'HÔPITAL-GÉNÉRAL DE PARIS; CONCERNANT L'ADMINISTRATION DES ENFANTS TROUVÉS.

Extrait des registres des délibérations du bureau de l'Hôpital-Général de Paris, et de celui des Enfans-Trouvés, qui y est uni; visite des Enfants trouvés mis en nourrice à la campagne.

Du 21 Juillet 1703.

A la séance tenue au palais archiépiscopal.

L'attention continuelle que l'on a pour la conservation des Enfans trouvés ayant fait juger nécessaire et important de continuer les visites qui se font, de tems en tems, des Enfans trouvés mis en nourrice à la campagne, tant pour s'assurer de l'état desdits Enfans que pour être informé du soin qu'en prennent les nourrices, et de la santé desdits Enfans :

Le bureau a arrêté que ladite visite sera faite, et que messieurs les directeurs commettront pour la faire deux des sœurs de la Charité, du nombre de celles chargées du soin de la maison de la couche des Enfans trouvés, qui se transporteront sur les lieux incessamment, avec les ordres, pouvoirs et précautions nécessaires.

Délivré par moi greffier du bureau dudit Hôpital-Générnl, soussigné : Villette, avec paraphe.

Nous soussignés, directeurs de l'Hôpital-Général de cette ville de Paris et de celui des Enfans-Trouvés qui y est uni, conformément à ce qui a été arrêté au bureau général, dont l'extrait est ci-dessus, avons commis et commettons sœurs..... filles de la Charité, du nombre de celles chargées du soin de la maison de la couche desdits Enfans trouvés, pour se transporter incessamment, accompagnées de personnes vulgairement appelées meneurs ou meneuses de ces nourrices, dans les villes, bourgs, villages et hameaux où les lesdits Enfans sont en nourrice, dans les provinces de Picardie, Normandie, et ailleurs, contenus dans les états qui leur en seront donnés, se faire représenter lesdits Enfans par ceux qui en sont chargés, pour connoître s'ils sont en bon état, si les nourrices ont suffisamment du lait, si elles ont grand soin desdits Enfans, et les tiennent proprement, si elles conservent bien leurs hardes, et les raccommodent, lorsqu'ils en ont besoin, se faire assister des chirurgiens et de sages-femmes si elles le jugent à propos, pour examiner et visiter lesdites nourrices et Enfans; retirer ceux desdits Enfans qu'elles croiront devoir être changés; retirer aussi leurs hardes, leur suppléer s'ils en ont besoin, pour remettre lesdits Enfans et hardes entre les mains d'autres meilleures nourrices, aux prix et conditions ordinaires, et si pour retirer lesdits Enfans et hardes, il y avait refus ou résistance de la part desdites nourrices, leurs maris ou autres, et que lesdites sœurs ne pussent s'en faire faire raison par elles-mêmes, requérir, comme nous requérons, messieurs les juges et autres officiers de justice et de police des lieux, de les assister de leur autorité pour leur faire rendre justice; lesdits Hôpitaux étans sous la protection du Roi, qui les a fondés, et nous a établis pour les diriger et conserver; requérir aussi messieurs les curés des lieux de leur délivrer charitablement et gratuitement les extraits de ceux desdits Enfans qui seront morts et auront été enterrés dans leurs cimetières, afin que nous en puissions faire décharger les registres de leurs réceptions; nous espérons que lesdits sieurs curés, juges et autres officiers qui seront requis, voudront bien charitablement assister lesdites sœurs de leur secours et protection, dont nous les prions, et en foi de quoi nous avons signé ces présentes et scellées, fait contre-signer par le greffier du bureau, et sceller du scel dudit Hôpital. A Paris, ce vingt-troisieme jour de juillet mil sept cent trois. Ainsi *signé*, Berthelot, Lefebure, Soubeyrat, Lebeuf, David, Gourdon, Collin, Rolland et Degrandval. *Et plus bas*, par mesdits sieurs les directeurs de l'Hôpital-Général, Villette, greffier, avec paraphe, et scellé.

Extrait des registres des séances du bureau de l'Hôpital-Général de Paris; allaitement des Enfants de la Maison de la Couche.

Du 9 Janvier 1704.

A la séance tenue au palais archiépiscopal.

Le bureau ayant été informé, tant par les sœurs de la Couche des Enfans trouvés, que par messieurs de Lessart et de Paris, commissaire de cette maison, qu'à cause du dégel et de la mauvaise saison les nourrices de la campagne n'osoient se mettre sur les chemins; cependant que mercredi dernier il s'étoit trouvé cinquante-sept Enfans dans la Maison de la Couche, et encore aujourd'hui cinquante, qui souffroient beaucoup par le manquement des nourrices,

A délibéré que pour secourir ces pauvres enfans, en pareille occasion, il sera cherché avec diligence des nourrices dans la ville et fauxbourgs qui puissent allaiter lesdits enfans, auxquelles sera payé ce qui sera jugé à propos par les dames qui ont la bonté et la charité d'en prendre soin.

Délivré par moi greffier du bureau dudit Hôpital-Général, *soussigné :* Villette, avec paraphe

Extrait des registres des séances du bureau de l'Hôpital-Général de Paris; visite des Enfants trouvés placés à la campagne et traitant la destination de la Maison du faubourg Saint-Antoine.

Du 3 Mai 1712.

A la séance tenue au palais archiépiscopal.

Le bureau s'étant extraordinairement assemblé pour délibérer sur l'état de l'Hôpital des Enfans-Trouvés, M. Soubeyran a représenté que M. de Lessart et feu M. de Paris en ayant bien voulu prendre, depuis plusieurs années, un soin particulier, comme les plus anciens commissaires de cet Hôpital, la perte que l'Hôpital a faite de M. de Paris, avant qu'il eût pu achever l'examen dont il s'étoit chargé, tant des comptes de M. Molien, receveur, que des procès-verbaux de la dernière visite qui a été faite, par les sœurs de la Charité, des Enfans trouvés qui sont confiés aux soins des nourrices de la campagne, a été cause que l'on n'a pu encore rendre au bureau un compte aussi exact qu'il serait à désirer de l'état de cet Hôpital, et que le double examen que M. de Lessart a la bonté de continuer demandant encore beaucoup de tems et de travail, il est nécessaire de nommer un nombre de commissaires suffisans pour en partager la peine avec lui, et donner les soins ordinaires que l'administration de cet Hôpital demande pour en fournir l'ordre et l'économie; que cependant l'application que M. de Lessart y a donné avec beaucoup de charité, depuis plusieurs années, lui en ayant rendu l'état et les besoins toujours présens, il pourroit en informer le bureau avec assez d'exactitude pour le mettre en état de prendre les autres délibérations les plus convenables au bien de cet Hôpital, et au zèle que madame la princesse et plusieurs dames de piété ont témoigné avoir d'y recourir.

M. de Lessart a ensuite expliqué l'ordre qui s'observe à la Maison de la Couche, où les Enfans exposés sont apportés, en vertu des procès-verbeaux que les commissaires du Châtelet sont chargés d'en dresser; le travail exact et successif que demande l'enregistrement de ces procès-verbaux; les soins que les sœurs de la Charité prennent de ces Enfans, jusqu'à ce qu'ils soient mis entre les mains des nourrices de la campagne; la difficulté qu'il y a de leur donner tous les secours qui leur sont nécessaires dans les temps d'hiver et de la moisson, où les nourrices ne viennent pas en nombre suffisant; la nécessité qu'il y auroit d'y remédier, en faisant de nouveaux efforts pour leur donner des secours dans la Maison du fauxbourg Saint-Antoine; qu'il seroit même à désirer que l'on rendît cette maison plus utile qu'elle ne l'a été jusqu'à présent, en la destinant encore aux Enfans infirmes qui seront ramenés de la campagne, pour les rétablir et fortifier avant de les envoyer dans les maisons de l'Hôpital-Général; que par le calcul général qu'il a fait, tant des procès-verbaux de visite des Enfans envoyés à la campagne jusqu'au premier juin 1711, que des registres de la Maison de la Couche, depuis ledit jour, jusqu'à la fin de mars dernier, le nombre des Enfans qui sont à la campagne s'est trouvé monter à trois mille cinquante-six, savoir : deux mille deux cens cinquante-quatre au-dessous de trois ans, et huit cens deux au-dessus, pour la nourriture desquels il reste dû aux nourrices environ cent dix mille livres, quoique, depuis le retour des sœurs qui ont fait la visite, il leur ait été payé, par le secours de l'Hôpital Général, soixante-treize mille cinq cent livres; et qu'il serait à souhaiter que l'Hôpital-Général pût faire de nouveaux efforts pour aider celui des Enfans-Trouvés à achever ce payement, afin d'engager, par ce moyen, les nourrices à avoir plus de soin des Enfans dont elles sont chargées.

M. Collin a sur cela représenté au bureau, que la direction de l'Hôpital des Enfans-Trouvés a été unie à celle de l'Hôpital-Général. L'esprit de la direction a toujours été de regarder les Enfans trouvés avec le même zèle et la même affection que les pauvres de l'Hôpital-Général, dont ils font une partie considérable, y ayans toujours été reçus au retour de la campagne, confondus avec les Enfans légitimes, et élevés avec le même soin; qu'outre ce secours, l'Hôpital-Général s'est toujours proposé de suppléer, autant qu'il pourroit, au défaut des revenus de celui des Enfans-Trouvés, lorsqu'ils ne seroient pas suffisans pour le payement des nourrices de la campagne qui en ont soin, et même avec tant de préférence, que les sommes que l'Hôpital-Général a fournies à celui des Enfans-Trouvés pour ce supplément, depuis le mois de janvier 1767, jusqu'à la fin d'avril dernier, se trouvent monter, par le calcul exact qu'il en a fait, à celle de deux cens quatre-vingt-huit mille livres, qu'il croit encore si important pour le soutien et le bon ordre de cet Hôpital d'achever de payer ce qui reste dû aux nourrices de la campagne; qu'il ne fait pas de difficulté de proposer au bureau de destiner à ce paiement ce qui est dû à l'Hôpital-Général par MM les fermiers généraux, qui se monte à près de quatre-vingt mille livres; et qu'il faut espérer que les dames de piété qui, à l'exemple de la princesse, veulent bien prendre part à la direction de l'Hôpital des Enfans-Trouvés, voyant les efforts considérables que l'Hôpital Général fait pour le soutenir, redoubleront leur zele et leur charité pour l'Hôpital des Enfans-Trouvés, et voudront bien les étendre jusqu'à l'Hôpital-Général, dont il est à désirer qu'elles connoissent par elles-mêmes, le bon ordre et l'économie qu'on tâche d'y maintenir.

Sur quoi la compagnie, ayant délibéré, a nommé pour directeurs-commissaires de l'Hôpital des Enfans-Trouvés MM. Collin, de Lessart, Blanquiet et Chauvelin, et arrêté que tous les trois ans on en nommera deux nouveaux à la place de deux anciens, si le Bureau le juge à propos, ainsi qu'il est porté par la déclaration du Roi du mois de juin 1670, portant union de la direction de l'Hôpital des Enfans-Trouvés à celle de l'Hôpital-Général.

Que l'on achevera incessamment le dépouillement des procès-verbaux de la dernière visite faite par les sœurs de la Charité, et des registres de la Maison de la Couche, pour connoître exactement le nombre des Enfans qui sont en campagne, et ce qui est dû aux nourrices jusqu'à la fin de décembre dernier, et que l'on emploiera à leur payement, jusqu'à concurrence, les sommes qui sont dues par MM. les fermiers généraux, tant à l'Hôpital-Général, qu'à celui des Enfans-Trouvés.

Qu'il sera fait ensuite un second état de ce qui se trouvera dû aux nourrices depuis le 1er janvier suivant, jusqu'à la fin de mars dernier, pour être aussi pourvu à leur payement

Qu'à l'avenir les directeurs-commissaires de l'Hôpital des Enfans-Trouvés rapporteront tous les trois mois au bureau général un bref état de la recette et dépense de cet Hôpital, et de ce qui sera actuellement dû aux nourrices, pour y être pareillement pourvu.

Que l'on continuera de faire faire tous les ans, par deux sœurs de la Charité, la visite chez les nourrices de la campagne, qui sont chargées des Enfans trouvés; et qu'à cet effet, sitôt que le dépouillement des procès-verbaux de la dernière aura été achevé, l'on fera dresser les états qui seront nécessaires pour les y envoyer.

Que la Maison du fauxbourg Saint-Antoine sera uniquement destinée aux Enfans qui seront ramenés de la campagne infirmes, pour y demeurer tant qu'ils seront convalescens, et lorsqu'ils seront rétablis, être envoyés dans les maisons de l'Hôpital-Général.

Que l'on aura dans cette maison le nombre de vaches qui y sera nécessaire, pour y donner aux Enfans nouvellement exposés, qui y seront envoyés dans les saisons d'hiver et de la moisson, les secours dont ils auront besoin, jusqu'à ce que les nourrices de la campagne viennent en nombre suffisant.

Qu'il sera fait tous les mois, par les commissaires de cet Hôpital, une visite dans cette Maison du fauxbourg Saint-Antoine, pour examiner les Enfans qui se trouveront assez bien rétablis pour être envoyés dans les maisons de l'Hopital-Général, et y donner les ordres nécessaires pour la conduite et l'économie de cette maison, dont la sœur Guérin sera principalement chargée, comme supérieure de cette maison, ainsi que de celle de la Couche.

Que les dames seront suppliées de se trouver à ces visites, et à donner leurs avis et conseils pour le bien de cette maison, auxquels MM les commissaires auront tous les égards qui sont dues à leur zèle et à leur charité.

Et que MM. les commissaires de cette maison iront, au nom du bureau, rendre à madame la princesse les très humbles actions de grâces qui lui sont dues pour la protection dont elle veut bien honorer cet Hôpital, et lui en demander la continuation, qu'ils prieront aussi les dames de piété qui veulent bien prendre part à cette administration de continuer d'y donner leur attention, conformément au règlement qu'il a plu au Roi d'autoriser par sa déclaration du mois de juin 1670, qui laisse principalement à leur charité le soin des nourrices, de la nourriture de l'habillement et de l'entretien des Enfans, même d'étendre leur zèle jusqu'aux nourrices de la campagne, en engageant les dames qui ont des terres en Normandie et en Picardie de faire veiller sur les nourrissons qui se trouveront dans leur voisinage, afin que, par cette attention, elles aient un plus grand soin des Enfans dont elles sont chargées.

Délivré par moi greffier dudit Hôpital-Général, *soussigné* VILLETTE, avec paraphe.

RÈGLEMENTS *faits par le bureau de l'Hôpital des Enfants-Trouvés, pour être observés lors de l'envoi des filles dudit Hôpital, en apprentissage, et lorsqu'elles sont confiées à ceux qui les demandent pour les élever.*

Trousseau et somme pour les filles placées depuis l'âge de huit ans jusqu'à celui de quinze.

Par délibérations des 19 août 1733 et 25 octobre 1752, il a été arrêté, à l'égard des filles qui seront placées, depuis l'âge de huit ans jusqu'à quinze ans, que ceux à qui elles seront confiées seront tenus de leur donner trois cens livres en argent, une fois payé, lorsqu'elles auront atteint l'âge de vingt-cinq ans accomplis, et de leur fournir, audit âge de vingt-cinq ans, un trousseau composé de quatre chemises, quatre garnitures de tête, huit bonnets, dont quatre piqués et quatre unis; quatre cornettes de nuit, quatre mouchoirs de cou, quatre mouchoirs de poche, une robe et un jupon de siamoise, un autre jupon, un corps, deux tabliers, deux paires de bas de laine tricotés, deux paires de souliers, dont une neuve et l'autre remontée : le tout neuf, et sans prejudice des autres hardes et linges qu'elles auront à leur usage, à la fin de leur engagement. Plus, un lit garni de sa couchette, paillasse, un matelas de laine, un traversin de coutil rempli de plumes, une couverture de laine et deux paires de draps.

Trousseau et somme pour les filles placées depuis l'âge de quinze ans jusqu'à celui de vingt cinq accomplis

Par autres délibérations des 10 novembre 1742, et 30 octobre 1753, il a été arrêté, à l'égard des filles qui seront placées à l'âge de quinze ans, et jusqu'à vingt-cinq ans, que ceux à qui elles seront confiées seront tenus de leur donner deux cens livres en argent, une fois payé, lorsqu'elles auront atteint ledit âge de vingt cinq ans, et de leur fournir, audit âge accompli, un trousseau composé de six chemises, six garnitures de tête, huit bonnets, dont quatre piqués et quatre unis; quatre cornettes de nuit, six mouchoirs de cou, six mouchoirs de poche, une robe et un jupon de siamoise, un autre jupon, un corps, deux tabliers, deux paires de bas de laine tricotés, deux paires de souliers, dont une neuve et l'autre remontée : le tout neuf, et sans préjudice des autres hardes et linges qu'elles auront à leur usage à la fin de leur engagement.

Et par les délibérations des 19 août 1733 et 10 novembre 1742, ci-devant datées, il a été arrêté que la maison fournira à chacune des filles qui seront placées par le bureau, et lors de leur engagement, un trousseau tel qu'il est expliqué et détaillé par lesdites délibérations et par celle du 25 octobre 1752, et 30 octobre 1753, et que les actes d'engagement desdites filles seront faits par-devant notaire.

Extrait du registre des délibérations du bureau de l'Hôpital-Général, à la séance tenue au bureau de l'archevêché, le 7 janvier 1761; approbation du règlement sur les Enfants trouves.

M. Ravault a dit que le bureau, par délibération du 27 février dernier, avoit établi une commission pour aviser aux moyens de soulager l'Hôpital, et de diminuer ses charges, soit par une plus grande économie, soit par de plus grandes précautions sur l'admission des pauvres, et sur les moyens de les occuper par des travaux utiles à eux-mêmes et à l'Hôpital;

Que MM. Merlet, Baron, Duperon, Decuisy, Devin, Doutremont et lui, composoient cette commission, et qu'ils avoient eu plusieurs conférences pour en remplir l'objet;

Que le travail de la commission avoit déjà produit des effets avantageux; que l'économie étoit observée plus exactement dans les maisons; que l'oisiveté en étoit bannie, principalement à Bicêtre, où les pauvres s'occupoient actuellement à fabriquer des lacets; qu'ils trouvoient dans ce genre d'ouvrage, un travail facile qui leur procuroit des secours, et qui devenoit utile à la maison;

Mais que le sort des Enfans exposés avoit paru à la commission mériter la première et la plus sérieuse attention, tant par rapport à leur conservation, qui avoit toujours excité celle du Gouvernement, que par l'économie qui doit résulter du projet de règlement qu'il va avoir l'honneur de proposer au bureau.

Que les Enfans exposés sont des victimes innocentes de la misère ou de la débauche de ceux qui leur donnent la naissance; que dans tous les temps ils ont fait parler en leur faveur l'humanité et la religion; que toutes les nations les ont protégés, et que les seigneurs hauts-justiciers ont même été chargés de contribuer aux frais nécessaires pour leur entretien, leur subsistance et leur éducation; que le parlement leur imposa cette charge par différens arrêts, notamment par ceux des 13 août 1552, 3 mai et 3 septembre 1667 et 23 juin 1668.

Que les rois avoient fondé et établi des maisons et des hôpitaux pour y recevoir les Enfans exposés et les élever dans la piété; que leur nombre n'étoit pas alors bien considérable; que les arrêts de la cour de 1667 et 1668, constatent qu'en 1663 il n'y en avoit que 442; en 1664, 500; en 1665, 547, et en 1666, 424.

Qu'en 1670, le roi Louis XIV, par son édit du mois de juin, enregistré au parlement, le 18 août de la même année, établit à perpétuité l'Hôpital des Enfans-Trouvés, et l'unit à l'Hôpital-Général, que Sa Majesté considéroit en cet établissement l'avantage que l'État pouvoit retirer de la conservation de ces Enfans; en ce que les uns pouvoient devenir soldats et servir dans les troupes, et les autres former des ouvriers et des habitans des colonies, qu'elle établissoit alors pour le bien du commerce du royaume.

Qu'il y a dans Paris deux maisons destinées particulièrement pour les Enfans trouvés, l'une, rue Neuve-Notre-Dame, appelée la Maison de la Couche, où on apporte les nouveau-nés exposés, et ceux qui naissent à l'Hôtel-Dieu, et dans les lieux de force de la Salpêtrière; que le bureau envoie ces Enfans en nourrice dans différentes provinces; que de ceux qu'on rapporte de sevrage, on en réserve soixante ou soixante-dix qu'on élève dans cette Maison de la Couche; et que les autres sont envoyés dans la maison des Enfans-

Trouvés du fauxbourg Saint-Antoine, qui en contient sept à huit cens, tant garçons que filles.

Que les Enfans exposés sont sous la protection de l'État, qu'ils lui appartiennent d'une manière particulière, et que le Gouvernement en tireroit beaucoup d'utilité, en les employant à leur véritable destination. Que le nombre de ces Enfans, qui, il y a cent ans, n'étoit que de cinq à six cens, est aujourd'hui de plus de neuf mille, chaque année en produisant cinq à six mille de toutes les provinces du royaume; qu'il y en a actuellement au moins six mille en nourrice et en sevrage, d'où on est en usage de les retirer à l'âge de cinq à six ans pour les disperser dans les différentes maisons de l'Hôpital-Général, et que le plus grand nombre est envoyé, les garcons à la Pitié et les filles à la Salpêtrière, lorsque celle du fauxbourg Saint Antoine est remplie.

Que, dans ces maisons, on leur enseigne le catéchisme, à lire et à écrire, qu'on les fait travailler à différens ouvrages, suivant leur âge et leur sexe, jusqu'à ce qu'on trouve des occasions de les placer chez des maîtres et maîtresses, pour y apprendre des métiers qui les mettent en état de gagner leur vie; que ces occasions ne sont pas fréquentes; que la plupart des filles restent à la Salpêtrière jusqu'à l'âge de vingt-cinq ans, et qu'alors se regardant comme libres et affranchies elles disposent d'elles-mêmes; que les garçons, parvenus à un âge formé, se trouvent sans métier, sans profession et sans aucune utilité; qu'une partie s'évade, et que ceux que le bureau met en métier, se regardant aussi comme libres et affranchis, se répandent dans Paris et dans les provinces, que la misère les rend vagabonds et libertins, qu'abandonnés à eux-mêmes ils se livrent à toutes sortes de vices, et que souvent leur fin est tragique.

Que la commission a aussi observé que ces Enfans, passant les premières années de leur enfance dans les campagnes, ne connaissent d'autre patrie que les lieux où ils ont été élevés, que c'est les expatrier que de les en retirer à l'âge de cinq à six ans, que l'expérience prouve que le changement d'air en fait périr un grand nombre, par celui qu'ils respirent dans les maisons de la Pitié et de la Salpêtrière; que leur conservation est très-intéressante pour l'Etat; que le moyen le plus certain de la procurer et de les rendre utiles à la patrie, c'est de les laisser dans les lieux où ils sont élevés dès leur naissance, et de destiner les garçons, soit au labourage, soit à des métiers, ou à devenir soldats; et d'employer les filles à des ouvrages convenables à leur sexe. Que la destination proposée pour des garçons est d'autant plus nécessaire, que les campagnes sont désertes, et la plupart des terres incultes, faute de cultivateurs; que le feu roi Louis XIV, en fondant l'Hôpital des Enfans-Trouvés, par son édit du mois de juin 1670, les destinoit à être soldats, à servir dans les troupes et à former des ouvriers et des habitans des colonies; et qu'en adoptant l'avis de la commission, ce sera se conformer aux vues du fondateur; que jusqu'à présent ces objets, quoique bien dignes de la sagesse du Gouvernement, n'ont point été remplis; que l'État est privé des secours qu'il pourroit tirer de ces Enfans, dont la moitié et peut être les deux tiers sont légitimes, mais qui, ayant été abandonnés par leurs parens, et élevés aux dépens de l'Hôpital des Enfans-Trouvés, doivent aller de pas égal, et être soumis à la même discipline.

Que l'avis de la commission étoit de faire à cet effet un règlement, suivant le pouvoir qui en est accordé à l'administration par l'article 83 de l'édit de 1656.

Qu'elle en avoit dressé le projet, dont elle prioit le bureau de faire faire la lectu e, et de le mettre en délibération.

Après le rapport de M. Ravault, lecture ayant été faite, tant de la délibération du 27 février 1760, que du projet de règlement dressé par la commission.

La matière mise en délibération, le bureau l'a unanimement approuvé, et a ordonné qu'il sera transcrit à la suite de la présente délibération, pour être incessamment exécuté en tout ce qu'il contient.

RÈGLEMENT concernant les Enfants trouvés, arrêté au bureau de l'administration de l'Hôpital-Général, tenu à l'archevêché le 7 janvier 1761.

ART. Ier. Les Enfans exposés continueront d'être reçus à la Maison de la Couche, rue Neuve-Notre-Dame, et d'être envoyés en nourrice et sevrage dans les provinces, conformément à l'édit d'établissement dudit hôpital, et suivant l'usage.

II. Lorsqu'ils auront atteint l'âge de six ans, il en sera ramené à Paris le nombre suffisant de l'un et de l'autre sexe, pour être envoyés à la Maison du faubourg Saint-Antoine, et en être réparti dans celle de la Couche, autant qu'il en sera nécessaire pour le service.

III Les autres Enfans, lorsqu'ils auront aussi atteint l'âge de six ans, seront confiés aux bourgeois, laboureurs, marchands ou artisans qui les demanderont pour les élever jusqu'à l'âge de vingt-cinq ans. Il sera payé par an, par forme de pension, pour chaque Enfant, par l'Hôpital-Général; savoir, pour les garçons quarante livres jusqu'à douze ans, et trente livres depuis l'âge de douze jusqu'à quatorze accomplis; et à l'égard des filles, il sera aussi payé par l'Hôpital-Général quarante livres par an jusqu'à l'âge de seize ans accomplis, étant présumable que les garçons parvenus à quatorze ans, et les filles à seize ans, seront alors en état d'être utiles à ceux qui s'en chargeront, et auxquels tous lesdits Enfans seront soumis, et rendront l'obéissance, comme les Enfans la doivent à leurs pères et mères.

IV. La caisse de l'Hôpital des Enfans-Trouvés fera les avances desdites pensions, dont elle sera remboursée par celle de l'Hôpital-Général tous les six mois, sur des états arrêtés par le bureau des Enfans-Trouvés; et outre lesdites pensions, il sera payé par la caisse de l'Hôpital des Enfants-Trouvés, et sans recours sur celle de l'Hôpital-Général, la somme de trente livres pour chaque Enfant lorsqu'il fera sa premiere communion, pour fournir à son habillement, laquelle somme de trente livres ne sera payée cependant que sur un certificat du sieur curé de la paroisse où l'enfant sera élevé, attestant sa bonne conduite et ses bonnes dispositions pour faire sa premiere communion; et sera ledit certificat légalisé par le juge ordinaire de la juridiction.

V. Ceux qui se présenteront pour se charger d'un ou de plusieurs Enfans-Trouvés, seront tenus de s'adresser, par eux ou par leur fondé de procuration spéciale, au bureau des Enfans-Trouvés à Paris, et de justifier par le certificat de leur curé, dûment légalisé, de leurs bonnes vie et mœurs, et qu'ils sont en état de loger, nourrir et entretenir lesdits Enfans, et de leur apprendre ou faire apprendre un métier, ou de les occuper à des ouvrages de campagne, convenables à leur sexe, et de leur donner une bonne éducation.

VI. Les délibérations, en vertu desquelles le bureau de l'Hôpital des Enfans-Trouvés confiera les Enfans qui seront demandés, seront portées sur un registre coté et paraphé par un de messieurs les directeurs-commissaires; elles contiendront les noms de chaque Enfant, la date de sa réception à la maison, son numéro et son âge. Il y sera fait mention du tems et du lieu où il aura été mis en nourrice et en sevrage; elles contiendront aussi les noms, surnoms, qualités et demeures de ceux qui se présenteront pour les élever, les certificats qu'ils rapporteront, dont il sera pareillement fait mention dans la délibération, seront mis en liasse, et conservés dans les archives de la maison des Enfans-Trouvés, sous le numéro de l'Enfant, et celui de la délibération et du registre où elle sera transcrite; elle sera signée par celui qui s'en chargera, ou par son fondé de procuration, et il lui en sera délivré une expédition par le greffier du bureau des Enfans-Trouvés.

VII. Ceux qui se chargeront desdits Enfans seront tenus de les faire instruire dans la religion catholique, apostolique et romaine, et de leur donner la même éducation qu'ils doivent à leurs propres enfans, soit en employant les garçons au même travail de labourage et de la culture des terres, et les filles aux ouvrages de la basse-cour et des champs, si ces Enfans sont élevés dans les campagnes; soit en leur apprenant leurs propres métiers, s'ils sont élevés dans les villes ou bourgs, ou en leur faisant apprendre d'autres métiers convenables à leur sexe, et capables de leur procurer les moyens de subsister par la suite.

VIII. Ils seront tenus de rapporter ou d'envoyer, tous les six mois, au bureau des Enfans trouvés à Paris, un certificat du sieur curé, du syndic et des marguilliers de leur paroisse, dûment légalisé, attestant l'existence, l'état de santé ou de maladie, les dispositions de l'Enfant et les progrès de son éducation; faute de quoi la pension ne leur sera point payée. L'administration espère qu'en faveur des pauvres et de l'utilité que le public retirera de ce règlement, messieurs les curés et officiers royaux voudront bien, par charité, fournir et légaliser *gratis* les certificats qui leur seront demandés et présentés.

IX. Ceux qui, après s'être obligés envers l'administration de l'Hôpital de se charger desdits Enfans, négligeroient d'en prendre soin et d'en rendre compte au bureau tous les six mois, seront contrains par les voies de droit d'exécuter les charges, clauses et conditions de leur engagement; et s'ils sont mécontens, ou que les Enfans aient, de leur part, des plaintes à faire, ils s'adresseront réciproquement à M. le procureur du Roi du lieu, qui, le cas arrivant, est prié d'avoir la charité de les entendre et d'envoyer son avis au bureau des Enfants trouvés, qui décidera sur le parti qu'il conviendra de prendre; et les délibérations qui seront prises par le bureau, en conséquence de l'avis de M. le procureur du Roi, seront exécutées en toute leur forme et teneur.

X. Ceux qui seront chargés desdits Enfans ne pourront leur faire contracter aucun engagement par mariage ou autrement, ni lesdits Enfans eux-mêmes en contracter sans le consentement du bureau; mais s'il se présente des occasions de les établir, ils les proposeront au bureau de l'administration des Enfants trouvés, sous l'autorité duquel ils seront jusqu'à l'âge de vingt-cinq ans accomplis; et si le bureau trouve convenable le parti qui sera proposé pour l'établissement desdits Enfans, il donnera son consentement par délibération, dont il sera délivré une expédition par le greffier du bureau.

XI. Le décès desdits Enfans arrivant, celui qui en étoit chargé sera tenu d'en informer aussitôt le bureau, et d'y envoyer l'extrait mortuaire légalisé par le juge royal.

XII. S'il y a nécessité de retirer lesdits Enfants, soit par la mort de celui qui en étoit chargé, soit par le dérangement de ses affaires, ou autrement, le sieur curé de la paroisse voudra bien en donner avis au bureau, qui avisera aux moyens de placer ailleurs les Enfans, ou de les faire revenir à Paris, pour être envoyés dans les maisons de l'Hôpital, suivant l'exigence des cas.

XIII. La conservation des Enfans, et l'utilité que l'État peut s'en promettre, étant l'objet du présent règlement, et l'administration considérant que, pour en favoriser l'exécution, il seroit nécessaire de procurer quelque avantage à ceux qui se chargeront de les élever, elle a arrêté que Sa Majesté sera très-humblement suppliée de rendre une ordonnance portant l'exemption de milice pour leurs enfans propres.

La présente délibération et le règlement fait et arrêté en conséquence, seront imprimés et envoyés partout où besoin sera.

Délivré par moi, greffier du bureau, soussigné, RENEUX.

Copie de la lettre écrite à MM. les intendants des provinces, par M. le duc de Choiseul; exemption de la milice pour les Enfants des particuliers qui élèveront des Enfants trouvés.

Versailles, le 5 avril 1761.

Sur le compte que j'ai rendu au Roi, Monsieur, du règlement que MM. les administrateurs de l'Hôpital-Général de Paris viennent de renouveler, pour la conservation des Enfans trouvés, et sur la demande qu'ils ont faite de l'exemption de la milice pour les Enfans propres des particuliers qui se chargeront d'élever ces Enfans trouvés, Sa Majesté ayant reconnu qu'un pareil privilége accordé aux familles ne pourroit qu'augmenter la population des provinces, et favoriser la culture des terres, elle a réglé :

Qu'un Enfant trouvé mâle, lequel, parvenu à l'âge de seize ans, aura toutes les qualités nécessaires pour porter les armes, sera admis à tirer au sort de la milice, au lieu et place d'un des Enfans propres, frères ou neveux de tout chef de famille qui l'aura élevé dans sa maison.

Que ce chef de famille aura la liberté de dispenser de tirer à la milice, celui de ses Enfans propres, frères ou neveux, vivant dans sa maison, ou à sa charge, qu'il voudra faire représenter par ledit Enfant trouvé.

Et que si un chef de famille se charge d'élever dans sa maison plusieurs Enfans trouvés, ladite exemption aura lieu pour autant de ses Enfans propres, frères ou neveux, qu'il aura d'Enfans trouvés à présenter, ayant l'âge et les qualités ci-dessus prescrites.

L'intention de Sa Majesté étant d'ailleurs que cette exemption ait lieu, non-seulement part rapport aux Enfans trouvés sortant de l'Hôpital-Général de Paris, mais encore par rapport à tous ceux qui, étant à la charge des autres hôpitaux, communautés ou seigneurs, dans les provinces du royaume, auront été confiés par eux à des chefs de famille, sous les mêmes conditions.

Je vous prie de prendre connaissance des particuliers et chefs de famille qui, dans l'étendue de votre département, se chargeront de la conservation et de l'éducation de ces Enfans, afin qu'ils puissent jouir, dans l'occasion, de l'avantage que Sa Majesté veut bien leur accorder en cette considération.

J'ai l'honneur d'être, etc.

Règlement concernant les nourrices et les meneurs des Enfants trouvés, arrêté au bureau de l'administration de l'Hôpital des Enfants-Trouvés, le 24 septembre 1765.

Art. 1er. Les nourrices qui se présenteront à l'Hôpital des Enfants-Trouvés, pour élever des Enfants de cet hôpital, seront tenues de représenter le certificat de MM. les curé ou desservant de leur paroisse, ou, à son défaut, du syndic et de deux principaux habitants, certifié véritable par le meneur du département de leur domicile, attestant leurs vie, mœurs et religion ; qu'elles sont en état d'élever l'Enfant qui leur sera confiée, et l'âge de leur dernier Enfant. Celles qui se présenteront audit Hôpital avec de faux certificats seront dénoncées à la justice, et punies suivant la rigueur des ordonnances.

2. Celles qui, à cause de leurs occupations, ne pourront faire le voyage de Paris, ni accompagner les meneurs, remettront auxdits meneurs le certificat mentionné en l'article premier, pour, sur icelui, leur être envoyé des Enfans ; mais celles qui se présenteront elles-mêmes seront préférées.

3. Aucune nourrice ne pourra se charger de plus d'un Enfant à allaiter.

4. Les Enfans resteront en nourrice et en sevrage jusqu'à l'âge de cinq ans accomplis; après lequel temps les nourrices les remettront au meneur du département de leur domicile, pour les ramener audit Hôpital, hors néanmoins les mois de décembre, janvier et février, durant lesquels il ne sera ramené aucun Enfant, à cause de la rigueur de la saison.

5. Pendant les années de nourriture des Enfans, les mois seront payés, savoir : depuis la naissance jusqu'à un an accompli, 7 livres; depuis un an jusqu'à deux ans accomplis, 5 livres; et depuis lesdits âges et au-dessus, 4 livres 10 sols. Sera toujours le premier mois payé 7 livres et d'avance, à cause des frais de transport de l'Enfant: et il sera fourni, d'année en année, une robe et linge nécessaire pour l'habillement de chaque Enfant.

8. Dans le cas de décès des Enfans, les nourrices renverront par le meneur de leur département, audit Hôpital, un mois au plus tard après le décès, les hardes et linges des Enfants, les extraits mortuaires, les bulles imprimées et billets en parchemin qui leur auront été donnés en prenant les Enfans, à peine de n'être pas payées des mois de nourriture qui pourroient leur être dus, et d'être poursuivies pour la restitution des hardes et linge des Enfans.

7. Lorsque les Enfans auront atteint l'âge de cinq ans, et que les nourrices les remettront aux meneurs, pour les ramener à l'Hôpital, elles se conformeront à l'article précédent pour les remises des hardes et billets.

8. MM. les curés sont priés d'avoir la charité de donner gratuitement leur certificat aux nourrices qui s'adresseront à eux pour prendre des Enfans de cet Hôpital; d'étendre leur zèle et leur intention sur ces Enfans infortunés, et sur les nourrices qui en seront chargées; de donner avis, au bureau, des contraventions au présent réglement, dont leur sera envoyé un exemplaire; de l'informer de tous les abus qui leur seront connus, même de ceux qui peuvent n'avoir pas été prévus; et, en cas de décès des Enfans, de se contenter de la rétribution de 20 sols pour les frais d'inhumation, l'Hôpital n'en pouvant donner une plus forte, à cause des dépenses considérables qu'il est obligé de faire chaque année pour la nourriture et l'habillement du grand nombre d'Enfans dont il est chargé.

9. Les nourrices qui, après les cinq années de nourriture et de sevrage des Enfans qu'elles auront élevés, voudront les garder, seront tenues d'en donner avis à messieurs les curés, et de prendre leurs certificats, ou, à leur défaut, du syndic et de deux principaux habitant, attestant qu'elles sont en état de s'en charger, de les nourrir et entretenir; lesquels certificats elles remettront aux meneurs, pour par eux les présenter au bureau, et sur iceux être arrêté ce qu'il appartiendra, et être fait les actes d'engagement conformément à la délibération du bureau du 7 janvier 1761.

10. Ceux qui voudront faire la commission de meneur des nourrices des Enfans-Trouvés, se présenteront au bureau de l'administration dudit hôpital, avec un certificat de M. le curé de leur domicile, légalisé du juge royal, attestant leurs vie, mœurs et religion, leurs suffisance et capacité, qu'ils savent lire et écrire, et qu'ils sont capables de la remplir avec fidélité et exactitude; donneront un état de leurs biens, bonne et suffisante caution pour les sommes, hardes et linges qui leur seront remis pour les Enfans et pour les nourrices; feront leurs soumissions devant les notaires, à Paris, de se conformer au présent règlement; et feront élection de domicile à Paris.

11. Les meneurs, dans les trois mois au plus tard de leur admission à la commission, se présenteront à messieurs les curés des paroisses de leur département, à l'effet de s'en faire connaître, et les visiteront au moins une fois tous les six mois, tant pour prendre leurs avis sur la conduite des nourrices qui voudraient avoir des Enfans trouvés, que pour les informer de celles qu'ils en auront chargées, comme aussi du nombre des enfans qu'ils auront placés dans leurs paroisses.

12. Chaque meneur sera tenu de chercher, amener et conduire audit hôpital, le plus de nourrices qu'il en pourra trouver dans les paroisses et hameaux des environs du lieu

de sa demeure, dont l'arrondissement ne pourra être de plus de quatre à cinq lieues, à quoi l'étendue de son département demeurera borné pour la commodité et le soulagement des nourrices.

13. Les meneurs viendront tous les quinze jours audit hôpital, et y amèneront les nourrices qu'ils auront trouvées.

14. Ils continueront de retenir sur le premier mois 40 sols pour le port de chaque Enfant qu'ils conduiront avec les nourrices qui seront venues s'en charger à Paris.

15. A l'égard des Enfans qui leur seront donnés pour les nourrices qui ne pourront venir s'en charger elles-mêmes à Paris, les meneurs retiendront 6 livres sur les 7 livres du premier mois pour les indemniser des frais des femmes qu'ils conduisent avec eux, et de leur retour dans leur domicile, et les 20 sols de surplus seront par eux données à la nourrice à laquelle ils remetteront l'Enfant.

16. Ils payeront exactement et fidèlement aux nourrices les sommes qui leur seront délivrées aux bureau, et qui seront employées dans les états ou bordereaux qui leur seront remis à cet effet, sans autre retenue que le sol pour livre à eux accordé, par le précédent règlement, à l'égard des Enfants en nourrice et en sevrage.

17. Quant aux Enfans placés, en exécution de la délibération du 7 janvier 1761, le bureau de l'hôpital continuera de payer aux meneurs six deniers pour livres des sommes qu'ils seront chargés de remettre pour la pensions desdits Enfans.

18. Les nourrices ne seront employées dans lesdits états ou bordereaux, qu'après qu'il sera apparu au bureau, des certificats de l'existence des Enfans, signés de messieurs les curés ou, à leur défaut, du syndic et de deux principaux habitans de la paroisse.

19. Lorsque les nourrices se présenteront elles-mêmes au bureau avec pareils certificats pour recevoir les mois qui leur seront dus, le payement leur en sera fait, sous la retenue du sol pour livre accordé aux meneurs.

20. Lesdits meneurs seront tenus de rapporter au bureau les états et bordereaux mentionnés ès articles précédens, un mois au plus tard après qu'ils leurs auront été remis, et les certifieront au bas en ces termes : « Je certifie avoir payé, pour les Enfans mentionnés au présent bordereau, ce qu'il y a de marqué pour chacun d'eux. »

21. S'il se trouvoit sur lesdits bordereaux quelques articles que les meneurs n'eussent pas payés, ils remettront les sommmes non payées ès-mains de la sœur supérieure de la Maison de la Couche, qui les en déchargera; et ladite supérieure, après en avoir rendu compte au bureau, payera les personnes qui réclameront lesdites sommes, et à qui elles se trouveront dues, suivant l'examen qui en sera fait sur les registres de la maison.

22. Les meneurs ne pourront payer les nourrices en bled, orge ou autre marchandisse et denrées, de quelque espèce qu'elles soient, à peine de révocation.

23. Ils remettront exactement aux nourrices les robes et linges qui leur seront donnés pour les Enfans; pour le port de chacune desquelles il leur sera payé par les nourrices cinq sols, à eux accordés par le présent règlement, et certifieront, comme en l'article 20, les avoit remis.

24. Ils feront, au moins tous les six mois, la visite des Enfans, tant de ceux qui sont en nourrice et en sevrage que de ceux qui sont placés, en exécution de la délibération du 7 janvier 1761, à l'effet de connoître l'état des Enfans, et si ceux qui en sont chargés les élèvent avec soin, dont ils rendront compte au bureau, et rapporteront les certificats de messieurs les curés, ou à leur défaut, du syndic et de deux principaux habitans de la paroisse, attestant qu'ils ont fait leur visite; et les meneurs feront mention sur les billets ou bulles, de l'état des Enfans, et du jour qu'ils les auront visités.

25. Pour faciliter aux meneurs le moyen de faire la visite des Enfans et leur ôter tout prétexte de s'en dispenser, il leur sera donné au bureau, toutes les fois qu'il amèneront des nourrices, une feuille contenant les noms, surnoms et âges des Enfans, les noms des

nourrices, de leurs maris et le lieu de leur demeure, pour ladite feuille être par eux transcrite dans un registre qu'il tiendront à cet effet, ainsi que font les meneurs des Enfans des bourgeois.

26. Il leur sera donné une pareille feuille des Enfans qui seront donnés aux nourrices qui viendront audit hôpital sans être accompagnées de leur meneur, pour en faire l'usage énoncé en l'article précédent.

27. Si, dans le cours de leur visites, ils sont obligés de changer les Enfans de nourrices par le défaut de soin de celles qui en seroient chargées, ou pour autres causes légitimes, ils en donneront avis à messieurs les curés, pour, sur leur avis, les donner à d'autres nourrices; et ils feront mention de ces changemens sur les billets ou bulles imprimés, et du jour qu'ils les auront faits, lesquels billets ou bulles ils rapporteront au bureau, pour en être fait mention tant sur le double desdits billets ou bulles étant audit hôpital, que dans les registres d'icelui.

28. Ils n'exigeront rien des nouvelles nourrices auxquelles ils donneront les Enfans par ces changements, sous prétexte de leur droit sur le premier mois, à peine de restitution, et de révocation de leur commission.

29. En cas de décès des Enfans, dont avis doit leur être donné par les nourrices, ils rapporteront, à leur premier voyage à Paris, les hardes et linges desdits Enfants, leurs extraits mortuaires, les bulles imprimées et billets en parchemin, afin que les registres dudit hôpital puissent être déchargés, le tout à peine de restitution de la valeur desdits linges et hardes.

30. Lorsque les Enfans auront atteint l'âge de cinq ans, et qu'ils seront demandés pa d'autres personnes que celles qui les auront nourris et sevrés, pour s'en charger en confoi mité de la délibération du 7 janvier 1761, elles seront tenues d'en donner avis à messieur leurs curés, et de prendre leur certificat, ou, à leur défaut, du syndic et de deux principaux habitans de la paroisse, certifié véritable par le meneur du département de leur domicile, attestant leurs vie et mœurs et religion, et qu'elles sont en état de s'en charger, de les nourrir et entretenir, lesquels certificats elles remettront aux meneurs, qui les apporteront au bureau, pour sur iceux y être arrêté ce qu'il appartiendra.

31. Pourront lesdits meneurs, d'après ces certificats, placer par provision des Enfants chez les nourrices qui les auront élevés, ou chez d'autres personnes qui les auroient demandés; et, lors de leur premier voyage à Paris, ils rapporteront au bureau lesdits certificats, et feront mention, sur les bulles, du jour qu'ils auront donné les Enfans, des noms, professions et demeures de ceux qu'ils en auront chargés, et rapporteront au bureau lesdites bulles, pour être faits les actes d'engagement, conformément à la délibération du bureau du 7 janvier 1761.

32. Les Enfans que les nourrices ne voudront garder après les cinq années expirées, et que les meneurs n'auront pas eu occasion de placer, seront par eux ramenés audit Hôpital, et il leur sera payé par les nourrices trois liv. pour frais de retour de chaque Enfant, conformément au précédent règlement.

33. Lorsque les nourrices ramèneront elles-mêmes audit Hôpital les Enfans qu'elles auront élevés, elles seront payées des mois à elles dus sans la retenue des trois liv. énoncées en l'article ci-dessus; mais leur sera retenu le sol pour livre accordé aux meneurs sui lesdits mois.

34. Ne pourront, les meneurs, prendre ou exiger des nourrices autres droits que ceux qui leur sont accordés par le présent règlement, à peine de révocation de leui commission, et d'être poursuivis pour la restitution de ce qu'ils auroient pris et reçu au delà.

35. Il sera remis par la sœur supérieure de la Maison de la Couche un exemplaire, collé sur du carton, du présent règlement à chacun des meneurs, qui sera tenu de lui

en donner son reçu, et de le placer dans le lieu le plus apparent de sa maison, pour en donner connoissance aux personnes qui sont et seront chargées d'Enfans trouvés, et leur recommander de s'y conformer, chacun en ce qui les concerne.

EXTRAIT du registre des délibérations du bureau de l'Hôpital-Général, tenu à l'archevêché; ceux qui se sont chargés d'Enfants trouvés ne pourront les retenir après l'âge de vingt-cinq ans qu'en leur payant un gage, suivant l'usage du pays.

3 août 1772.

M. Josson a dit que le bureau, par délibération du 7 janvier 1761, contenant règlement pour l'engagement des Enfans trouvés placés dans les campagnes, a arrêté, par l'article 3, que les Enfans seroient confiés, dès l'âge de six ans, aux bourgeois, laboureurs, marchands ou artisans qui les demanderoient, pour les élever jusqu'à l'âge de vingt-cinq ans; qu'il seroit payé par an, par forme de pension, savoir, pour les garçons, quarante livres jusqu'à douze ans, et trente livres depuis cet âge jusqu'à celui de quatorze ans accomplis; et, pour les filles, la même somme de quarante livres jusqu'à l'âge de seize ans accomplis : étant présumable, est-il dit, que les garçons parvenus à quatorze ans, et les filles à seize, seroient alors en état d'être utiles à ceux qui s'en chargeroient.

Que l'expérience de onze années faisoit connoître qu'il n'étoit pas possible de retenir en service, dans les campagnes, des enfans jusqu'à vingt-cinq ans, sans leur donner d'autres gages que leur entretien, surtout des garçons, auxquels l'amour de la liberté et l'envie de gagner de l'argent, faisoient bientôt oublier leur engagement avec ceux à qui ils sont donnés, et les portent à quitter, quand ils sont parvenus à l'âge de seize à dix-huit ans.

Que la même expérience faisoit encore connoître qu'un grand nombre de garçons placés étoient renvoyés, après le tems expiré du paiement de la pension, nonobstant tous les avantages accordés par le Roi à ceux qui se chargeroient des garçons, en déchargeant leurs enfans, leurs freres ou neveux, du tirage de la milice; que ce découragement, de la part des laboureurs, pourroit être attribué au tems éloigné pour jouir par eux de l'exemption de la milice.

Que lors de la publicité, dans les campagnes, de l'avantage accordé à ceux qui prendroient un ou plusieurs Enfans garçons, les nourrices et autres habitans s'en sont chargés, dans la confiance que, du moment qu'ils en étoient chargés, leurs enfans, frères ou neveux jouiroient de l'exemption du tirage de la milice; mais depuis, ayant été instruits que cette exemption ne pouvoit avoir lieu que lorsque l'Enfant trouvé seroit parvenu à l'âge requis, et auroit les qualités propres pour tirer à la milice en leur lieu et place, ce tems leur ayant paru trop éloigné, ils ont mieux aimé prendre et se charger des filles.

Que d'ailleurs la différence de la pension des garçons à celle des filles, dont la durée va jusqu'à seize ans, étoit encore un obstacle aux gens de la campagne, de prendre des garçons, dont il n'est pas possible de tirer du service aussi promptement que des filles, qui peuvent être employées dans l'intérieur des maisons ou des manufactures dès l'âge le plus tendre.

Que d'après ces observations il pense, 1° que, tant que l'engagement des Enfans dans les campagnes demeurera fixé à l'âge de vingt-cinq ans, il sera impossible de les retenir chez leurs maîtres jusqu'à cet âge; qu'il seroit utile de diminuer ce tems, et de le borner à l'âge de vingt ans; et que, parvenus à cet âge, les personnes qui s'en seroient chargées, et qui voudroient les garder, ne pourroient les y obliger qu'en leur donnant des gages.

2°. Que, d'après l'expérience acquise, qu'il a été placé deux tiers de filles contre un tiers de garçons, il y auroit lieu d'espérer qu'en établissant la pension des garcons au même taux et jusqu'au même âge des filles, les gens de la campagne se détermineroient plus volontiers à se charger d'un plus grand nombre de garçons.

Sur quoi, vu la délibération du 7 janvier 1761, le registre des Enfans trouvés placés dans les campagnes, par lequel il est constaté qu'il n'y a présentement que 645 garçons contre 966 filles placés dans les campagnes, a arrêté qu'à compter de ce jour, l'engagement des Enfans qui seront donnés dans les campagnes et villes de province, à ceux qui voudront s'en charger, sera borné à l'âge de vingt ans accomplis; passé lequel tems, les personnes qui s'en seront chargées, et qui voudront les garder, ne pourront les y contraindre qu'en leur payant les gages que l'usage du pays dans lequel ils seront placés accorde à ceux du pareil âge, et aux services dont ils seront capables; et, dans le cas où ils refuseroient de leur donner ces gages, a été arrêté que les meneurs pourront les placer le plus avantageusement possible, après en avoir donné avis au bureau d'administration des Enfans-Trouvés, sous l'autorité duquel lesdits Enfans continueront de demeurer jusqu'à l'âge de vingt-cinq ans; que la pension des garçons, comme celle des filles, sera payée sur le même pied de quarante livres par année, jusqu'à l'âge de seize ans acomplis, et que la délibération du 7 janvier 1761, sera exécutée en ce qui n'est pas dérogé par la présente, dont expédition sera envoyée au greffier du bureau des Enfans Trouvés.

Délivré par moi soussigné, greffier du bureau, *signé* Sassebie, avec paraphe

---

Extrait du registre des délibérations du bureau de l'Hôpital-Général, tenu à l'archevêché le lundi 14 décembre 1772, à l'effet de demander des ordres aux secrétaires d'État, pour que les généralités cessent d'envoyer à Paris les Enfants trouvés de leurs départements.

M. d'Outremont a exposé que M. Josson et lui, ayant été chargés par le bureau de rechercher les causes de la multiplication prodigieuse des Enfans dont l'Hôpital des Enfans-Trouvés est surchargé, et les moyens qu'on pourroit employer pour soulager cet établissement d'un excès de dépense qu'il ne peut absolument supporter, ils ont reconnu que l'envoi qui se fait à Paris des Enfans, qui y affluent des provinces les plus éloignées, est un abus, on peut dire même un désordre, auquel il est indispensable de remédier incessamment

Qu'il n'est pas douteux que l'Hôpital des Enfans-Trouvés n'a été fondé que pour cette capitale. L'édit de son établissement, qui est du mois de juin 1670, en contient la preuve, puisque la dotation qui lui fut accordée consistoit dans une taxe qui ne fut imposée que sur les seigneurs des hautes justices de la ville de Paris, et qui, depuis leur reunion au Châtelet, est acquittée par le domaine.

Qu'aussi, dans les premiers temps qui suivirent cet établissement, le nombre des Enfans qui étaient présentés et reçus chaque année n'était pas considérable. En 1670, il ne fut que de 312; en 1680, il monta à 890, et, à la fin du dernier siècle, il n'excédait pas 15 ou 1,600.

Qu'il s'est ensuite successivement accru, mais par un progrès qui, dans les dernières années, a été beaucoup plus rapide que dans les précédentes.

Qu'en 1740, le nombre était de 3150; en 1750, il n'était augmenté que jusqu'à 3739; mais, en 1760, il a été de 5032; en 1770 de 6918, et, à juger de la présente année par ce qui a été amené d'Enfans jusqu'à ce jour, ils pourront monter jusqu'à 8000.

Que la cause principale d'une multiplication si excessive, c'est qu'on amène chaque jour à Paris des Enfans trouvés des provinces, et même des plus éloignées, ainsi qu'on en peut juger par un relevé de ce qui en a été envoyé mois par mois, pendant la présente année, jusqu'au 1er novembre dernier.

Que le nombre de ces Enfans arrivés, de province, monte à 2350 pour dix mois seulement; et comme, dans le même espace de tems, la totalité des Enfans présentés est de 6459, il en résulte qu'il y en a plus d'un tiers qui viennent des provinces.

Qu'il ne s'est donc jamais présenté de question plus intéressante pour l'administration, que celle de savoir si on continuera à recevoir ces Enfants pour lesquels la fondation n'est pas faite, ou si on prendra des mesures pour qu'il n'en soit plus envoyé.

Que deux motifs, également impérieux, paraissent ne laisser subsister aucun doute sur ce point: d'un côté, l'impossibilité absolue où est l'Hôpital des Enfans-Trouvés de subvenir à un tel surcroît de charge; d'un autre, la conservation de l'état et de la vie même des Enfans.

Que, quant au défaut de faculté, on ne doit pas être surpris qu'un hôpital qui n'a été fondé que pour recevoir les Enfans exposés à Paris, n'ait ni les revenus ni les emplacemens nécessaires pour contenir et élever ceux d'un grand nombre de provinces.

Qu'en effet, il existe à présent 10634 Enfans à la charge de l'Hôpital des Enfans-Trouvés, savoir: 8255 en nourrice ou en sevrage, 1656 placés en pension dans les campagnes, et 723 dans les deux maisons, près Notre-Dame et au fauxbourg Saint-Antoine (indépendamment de tous ceux qui, eu égard à leur âge plus avancé, sont envoyés à la Pitié et à la Salpêtrière).

Que, pour subvenir à de si grandes charges, l'Hôpital des Enfans-Trouvés, n'a en revenus tant fixes que casuels, qu'environ moitié de ce qui est nécessaire pour sa dépense; et l'Hôpital Général, qui y supplée par toutes les provisions de bouche qu'il fournit, en est lui même obéré.

Que si les revenus de l'Hôpital des Enfans-Trouvés sont insuffisans pour une telle multitude, ses emplacements ne le sont pas moins. On ne peut avoir, dans la Maison de la Couche, près Notre-Dame, un assez grand nombre de nourrices pour allaiter les Enfans qu'on y apporte à tous les instans du jour ou de la nuit. Ceux qui sont en nourrice ou en sevrage, excédant le nombre de 8,000, la Maison du fauxboug Saint-Antoine, où on doit les ramener, à l'âge de six ans, ne pouvant en contenir que 5 à 600, n'est pas assez vaste pour tous ceux qui devroient y être reçus; on est forcé d'envoyer un grand nombre de garçons à la Pitié, et de filles à la Salpêtrière, où ils deviennent à la charge de l'Hôpital-Général qui manque lui-même de lieux pour les contenir, en sorte que les deux administrations en sont également incommodées.

Mais que tous ces inconvéniens sont encore peu sensibles, en comparaison de ceux que l'extraction d'un si grand nombre d'Enfans des provinces entraîne pour leur état et même pour leur vie.

Que ces Enfans sont envoyés des généralités les plus éloignées, telles que d'Auvergne, de Bretagne, de Flandre, de Lorraine, d'Alsace, des Trois-Évêchés, etc., non-seulement par les pères et mères qui les abandonnent, mais par les hauts justiciers qui seroient tenus de les élever, et par quelques hôpitaux mêmes de ces provinces; qu'on en charge des commissionnaires qui ne sont autorisés par aucuns juges, qui la plupart ne savent pas lire; en sorte que, ou ils n'ont point d'extraits baptistaires; ou ceux qu'ils rapportent ne s'accordent ni avec l'âge ni avec le sexe de l'Enfant; que, pendant ces longues routes qu'on leur fait faire dans des paniers ou dans des voitures ouvertes à toutes les injures de l'air, ils n'ont point de nourrices qui les allaitent, et ce n'est souvent qu'avec du vin qu'on les nourrit; que cette barbarie en fait périr un grand nombre dans le chemin, et que les autres, épuisés par les fatigues du voyage, n'arrivent que languissans, et nous avons la douleur de voir qu'ils meurent en beaucoup plus grand nombre que ceux qui sont de Paris; en sorte qu'outre la surcharge des hôpitaux de Paris et le dépeuplement des provinces que ce désordre entraîne, l'ordre public et l'humanité en souffrent également.

Qu'à la vérité, cet abus est ancien, puisqu'on voit que, par un arrêt du parlement, du 8 août 1663, il fut défendu aux messagers, rouliers, voituriers, conducteurs de coche, tant par eau que par terre, d'amener à Paris aucuns Enfans qu'ils n'en eussent fait écrire les noms et surnoms sur leurs livres, avec les noms, surnoms et demeures de ceux qui les en auroient chargés sur les lieux, et l'adresse de ceux entre les mains desquels ils devroient les remettre à Paris.

Mais que ce règlement n'étoit en quelque sorte que provisoire, M. le procureur général, sur le réquisitoire duquel il fut rendu, ayant observé « qu'il étoit de l'ordre, de la charité « et de la justice que chaque ville et province nourrît ses pauvres; que le refuge qui avoit « été donné dans l'Hôpital-Général de Paris, aux pauvres des provinces qui y avoient abondé, « n'étoit que dans la nécessité pressante et pour un temps, et que ce n'étoit que par une « fraude inventée contre les règlemens, que de tous les endroits du royaume on amenoit à « Paris et on y exposoit des Enfans, ce qui pouvoit être, dans le public et dans le parti- « culier, de très-périlleuse conséquence. »

Que dans le tems que le ministère public réclamoit ainsi l'autorité des règles, l'abus ne faisoit encore que de naître, puisque cet arrêt est de 1663, et la totalité des enfans redus à l'hopital des Enfants trouvés de Paris, pendant l'année 1670, ne monta qu'à 312, au lieu que, dans la présente année, les seuls Enfans envoyes des provinces, dans le cours des dix mois, montent à 2350, en sorte que cette charge, qui pouvoit être supportable dans ces premiers temps de l'établissement de l'Hopital des Enfants-Trouvés, se trouve à présent hors de toute proportion avec ses facultés, et ne pourroit qu'en entraîner la ruine.

Sur quoi, la matière mise en délibération, vu les États qui ont été représentés, et attendu que l'Hôpital des Enfants-Trouvés de Paris n'a été fondé que pour les Enfans exposés de cette capitale, à quoi ses revenus, tant fixes que casuels, ne pouvent pas même suffire; qu'il est de l'ordre et de la justice que les Enfans trouvés, qui sont nés dans les provinces, y soient élevés aux frais des seigneurs hauts justiciers ou des hôpitaux et communautés, et que le transport, qui s'en fait abusivement, à Paris ne peut être, à tous égards, que très-funeste aux Enfans.

Il a été arrêté qu'il sera incessamment écrit à MM. les secrétaires d'État et à M. le contrôleur général des finances, auxquels il sera en même temps adressé des expéditions de la présente délibération, pour les inviter à donner des ordres, chacun dans les généralités de leurs départements, pour que, passé le premier avril 1773, il ne soit plus envoyé à Paris, sous aucun prétexte, aucuns Enfans trouvés desdites généralités, sous telles peines qu'il plaira à Sa Majesté de prononcer contre les messagers, rouliers, voituriers et conducteurs de coches, tant par eau que par terre, avec injonction aux officiers des maréchaussées, d'arrêter les personnes qui s'en seraient ainsi chargées, et de conduire lesdits enfants dans les hopitaux les plus prochains, qui seront tenus de les recevoir.

Et que cependant, si, passé ce terme du premier avril 1773, il arrivait à Paris des Enfans trouvés desdites provinces, l'Hôpital des Enfans-Trouvés les recevra, afin qu'ils ne restent pas abandonnés, et sans aucunement tirer à conséquence; mais les commissaires du Châtelet, auxquels les conducteurs se seront adressés, en déposeront, au greffe de l'Hôpital des Enfans-Trouvés, un procès-verbal circonstancié, dans lequel leurs noms et surnoms, ceux des personnes qui les auront remis, et le lieu de la naissance ou de l'exposition des Enfans seront exposés, pour que le bureau, sur le rapport qui lui en sera fait sans délai, soit en état de faire, sur une telle contravention, telles diligences ou réclamations qu'il avisera.

Suit la teneur de la lettre écrite à MM. les Secretaires d'État et à M. le Contrôleur général.

Monsieur, l'administration réunie de l'Hôpital-Général et celui des Enfans-Trouvés, n'a pu voir qu'avec une peine extrême un abus qui s'accroît tous les jours, et qui entraîne les plus funestes inconvénients. On envoie, des provinces du royaume, et même des plus éloignées, une multitude d'Enfans à l'Hôpital des Enfans-Trouvés de Paris. Cet établissement, qui n'a été fondé que pour la ville de Paris, n'a ni les revenus ni les emplacemens nécessaires pour recevoir ceux de tous le royaume; et cette surcharge, qui augmente chaque année, ne pourrait qu'en entraîner la ruine. Mais ce qui est encore plus touchant, c'est l'état et la vie même de ces Enfans, qui sont en danger pendant les longues routes qu'on leur fait parcourir; en sorte que leur sort n'est pas moins intéressé que l'ordre public, à les faire élever dans le lieu de leur naissance, suivant la règle qui assujettit chaque province à l'acquittement de ses charges. Vous verrez, Monsieur, le tableau de ce désordre dans la délibération dont nous joignons ici une expédition, et nous espérons, de votre justice, que vous voudrez bien donner les ordres nécessaires pour le faire promptement cesser dans les généralités de votre département. L'administration a pris en même tems la précaution nécessaire pour que, si, malgré la défense, il en était encore envoyé, après le terme que vous aurez fixé, ils ne fussent pas abandonnés: mais cette restriction que l'humanité a suggérée, ne doit rien faire relâcher de la rigueur de la règle que vous établirez contre ceux qui pourroient l'enfreindre.

Nous attendons la réponse dont vous voudrez bien nous honorer.

Nous sommes avec respect, Monsieur, vos très-humbles et très-obéissants serviteurs.

Signé Chr. arch. de Paris, et autres administrateurs.

Délivré par le soussigné, greffier du bureau. J. Sasserie.

Extrait du registre des délibérations du bureau de l'Hôpital-Général, tenu à l'archevêché, le premier mars 1773; fixation des mois de nourrice, à raison de 6 livres la deuxième année, de 5 livres la troisième année et les suivantes jusqu'à la septième.

M. Josson a dit que depuis près deux ans le nombre des nourrices, pour les Enfans trouvés, était considérablement diminué; que cette diminution était telle, que ceux des meneurs qui, dans les années précédentes, amenoient, chaque voyage qu'ils faisaient à Paris, vingt à trente nourrices, n'en amenoient que sept à huit; que d'autres de ces meneurs en amenoient deux à trois, et les autres n'en amenoient aucune; assurant tous qu'ils n'en trouvoient point qui voulussent se louer pour les Enfans trouvés, par la préférence qu'elles donnent aux Enfans des bourgeois.

Que, par l'examen qui a été fait des causes qui ont pu donner lieu à cette diminution des nourrices, on en a remarqué quatre qui méritent l'attention du bureau:

La première, le modique salaire que la maison paie pour les mois de nourriture des Enfans, depuis et compris la seconde année, jusqu'à la sixième et septième, que le tems du sevrage doit finir;

La seconde, l'éloignement que l'hôpital a été obligé d'apporter, les années précédentes, pour le paiement des nourrices, faute de secours;

La troisième, le refus constant et persévérant, d'un grand nombre de curés, de donner aux nourrices de leur paroisse des certificats pour nourrir et élever des Enfans trouvés, n'en voulant point dans leur paroisse;

La quatrième, l'établissement, fait en 1770, d'un bureau de direction pour les nourrices des Enfans des bourgeois et artisans de cette ville, auxquels les nourrices se font louer par préférence à celui des Enfans trouvés, tant à cause du salaire des mois de nourriture, qui est plus considérable, que des profits qu'elles retirent du baptême des Enfans.

Que la diminution des nourrices, pour les Enfans trouvés, avait causé la perte de 2650 Enfans qui étoient morts dans la maison en l'année 1772, sur 7676 qui y ont été reçus durant le cours de l'année dernière; ce qui fait près du tiers du nombre des Enfans reçus.

Que la conservation des Enfans avoit toujours fait le principal objet auquel l'administration donnoit tous ses soins, et qu'elle voyoit avec douleur la perte que l'hôpital faisait chaque année d'un si grand nombre d'Enfans, qui sont autant de sujets perdus pour l'État.

Que le véritable moyen d'éviter cette perte, aussi funeste à l'État et à la religion, serait d'attirer à cet hôpital des nourrices en nombre suffisant, pour prendre, nourrir et élever les Enfans qu'on y reçoit chaque année, ce qui ne se pouvoit faire qu'en augmentant le salaire des nourrices pour les mois de nourriture des Enfans durant les années de sevrage, lesquels se comptent ordinairement depuis et compris la seconde année, jusqu'à la sixième et septième qu'il doit finir; et en même tems l'honoraire de MM. les curés pour les frais funéraires des Enfans qui décèdent dans leurs paroisses.

Qu'en l'année 1764 il y eut une semblable diminution de nourrices; que l'administration, après avoir examiné d'où elle pouvoit provenir, a reconnu que la médiocrité du salaire que la maison payoit pour les mois de nourriture des Enfans en étoit la principale cause; il fut arrêté, par délibération du bureau tenu à l'Archevêché, le 5 septembre de la même année, qu'à commencer au premier octobre suivant, les mois de la première année seulement seroient payés sur le pied de sept livres par mois, au lieu de six livres; le bureau considérant alors que la première année de nourriture étant la plus embarrassante pour les nourrices.

Que cette augmentation du prix des mois, pour la première année, avoit attiré un plus grand nombre de nourrices dans le cours des années suivantes, et jusqu'en l'année 1770: auquel tems elles se sont ralenties, et ne sont venues qu'en très-petit nombre, tant à cause de la cherté actuelle des vivres, que pour les causes ci-dessus expliquées.

Qu'il pensoit qu'il seroit à propos, en laissant subsister le prix de la première année à sept livres par mois, de fixer, pour l'avenir, le prix des mois de nourriture de la seconde année à six livres par mois, au lieu de cinq livres prix actuel; celui des années suivantes à cinq livres par mois, au lieu de quatre livre dix sols, prix actuel; et de fixer aussi, pour l'avenir, l'honoraire des curés, pour les frais funéraires des Enfans, à quarante sols au lieu de vingts sols, prix actuel que la maison paie.

Que ces deux augmentations ensemble pourront former chaque année celle de cinquante à soixante mille livres aux dépenses ordinaires de la maison, mais que l'administration aura la consolation de conserver la vie à plus de 3000 enfans par année.

Sur quoi, la matière mise en délibération, le bureau, considérant l'importance de conserver la vie des enfants qu'on reçoit journellement dans l'Hôpital des Enfans-Trouvés, a arrêté qu'à commencer du premier du présent mois de mars 1773, les mois de nourriture des Enfans en nourrice et en sevrage seront payés à raison de six livres par mois pendant la deuxième année;

Et ceux de la troisième année et suivantes, jusqu'à la sixième et septième année que doit finir le tems du sevrage, à raison de cinq livres par mois.

Et a sursis à délibérer sur l'augmentation de l'honoraire de MM. les curés pour les frais funéraires des enfans qui décèdent dans leurs paroisses.

Arrêté, en outre, qu'expédition des présentes sera envoyée à l'économe des Enfans-Trouvés.

Délivré par le soussigné, greffier du bureau. *Signé* J. Sasserie.

ARRÊT du parlement de Paris, qui approuve le règlement du 7 juin 1773, concernant les Enfants trouvés.

Du 14 Juin 1773.

Vu par la Cour la requête présentée par le procureur général du Roi, contenant que les administrateurs du bureau de l'Hôpital-Général avoient, le 7 juin 1773, fait une délibération dont l'objet étoit de veiller à la conservation et à la sûreté des Enfans trouvés; qu'elle contenoit un règlement d'autant plus important, qu'il intéressoit l'humanité, et tendoit à prévenir les abus qui pourroient s'introduire dans cette partie d'administration. À ces causes, requéroit le procureur général du Roi, qu'il plût à la Cour homologuer la délibération du bureau de l'Hôpital-Général, du sept juin 1773, pour être exécutée selon sa forme et teneur, et que copies collationnées d'icelle soient envoyées aux bailliages, sénéchaussées et autres siéges du ressort de la Cour, pour y être lues, publiées et registrées, et qu'il soit enjoint à ses substituts d'y tenir la main et d'en certifier la Cour, dans le mois; comme aussi que copie collationnée soit envoyée au conseil supérieur, pour y être pareillement lue, publiée et registrée, conformément à l'édit du mois de février 1771. Ladite requête signée du procureur général du Roi. Vu aussi ladite délibération.

Suit la teneur de ladite délibération.

EXTRAIT du registre des délibérations du bureau de l'Hôpital-Général, du lundi 7 juin 1773, à la séance tenue au bureau de l'archevêché, où étaient présents M. l'archevêque, M. le premier président, M. le procureur général, M. le lieutenant général de police, M. le prévôt des marchands, et MM. Baron, secrétaire du Roi; Gandouin, secrétaire du Roi, Josson, auditeur des comptes; Basly, contrôleur des restes de la chambre des comptes, ancien échevin, Vieillard, ancien échevin et payeur de rentes, tous directeurs et administrateurs dudit hôpital général.

M. Josson a dit que, par délibération du 15 mars 1773, le bureau avait établi une commission pour, en attendant qu'il puisse être remédié aux inconvéniens qu'entraîne avec elle la multiplicité des enfans apportés à l'Hôpital des Enfans-Trouvés, desquels Enfans le nombre s'accroît tous les jours, il fût, par la commission, avisé aux moyens les plus praticables pour veiller provisoirement à la conservation et au bien-être desdits Enfans, tant de ceux confiés aux nourrices, que de ceux mis en pension après avoir atteint l'âge de six à sept ans; que parmi ces moyens un paraissoit particulièrement utile, savoir, celui de faire faire des tournées pour visiter les Enfans, nourrissons et pensionnaires, vérifier si les nourrices et autres personnes chargées d'Enfans trouvés en ont les soins convenables, et pour s'assurer de la fidélité des meneurs à remplir les devoirs de leur commission; qu'en conséquence, ayant été estimé que les inspecteurs proposés pour la visite des nourrissons, Enfans des bourgeois de Paris, pouvoient, sans déranger leurs marches, visiter en même tems les Enfans trouvés, lesquels sont, pour la plupart, ou dans les mêmes paroisses de la campagne que les Enfans bourgeois, ou au moins dans les paroisses voisines les unes des autres; que d'ailleurs, le nombre des Enfans trouvés étant considérablement augmenté, on ne pouvoit espérer d'avoir des sœurs, en nombre suffisant, formées pour les opérations de ces tournées, et qu'indépendamment de ce qu'il y avait lieu de présumer que des inspecteurs seroient plus robustes pour soutenir les fatigues de ces travaux, on étoit encore dans le cas d'attendre de l'expérience des inspecteurs pour les Enfans bourgeois, qu'ils se comporteroient avec la circonspection et l'intelligence que l'on peut désirer; que M. le lieutenant général de police ayant bien voulu non-seulement consentir à ce que les inspecteurs par lui commis en exécution de la déclaration du Roi du 24 juillet 1769, pour la visite des nourrissons, Enfans des bourgeois de Paris, visitassent aussi les Enfans trouvés, mais encore se prêter à ce que le nombre desdits inspecteurs fût augmenté, pour qu'une opération ne préjudiciât point à l'autre, M. Doutremont et lui, qui composoient ladite commission, avoient eu différentes conférences avec les sieurs Framboisier de Lessart et Framboisier de Beaunay, directeurs du bureau général des nourrices pour les Enfans des bourgeois de Paris, dont une en présence de M. le lieutenant général de police, afin de régler les honoraires desdits inspecteurs et la forme de leurs opérations, comme aussi de déterminer les devoirs qu'il convient leur prescrire;

Que l'avis de la commission était de faire à cet effet un règlement, suivant le pouvoir qui en est accordé à l'administration par l'article 83 de l'édit de 1656; qu'elle en avait dressé le projet, dont il prioit le bureau de faire faire la lecture, et de le mettre en délibération.

Après le rapport de M. Josson, lecture ayant été faite, tant de la délibération du 24 septembre 1765, portant règlement pour les meneurs et les nourrices, que du projet de règlement dressé par la commission, la matière mise en délibération, le bureau l'a unanimement approuvé, et ordonné qu'il sera transcrit à la suite de la présente délibération, pour être exécuté en tout ce qu'il contient.

RÈGLEMENT concernant les inspecteurs de tournées pour la visite des Enfans trouvés, arrêté au bureau de l'administration de l'Hôpital-Général, tenu à l'archevêché le 7 juin 1773.

ART. 1er. Il sera fait, à commencer du 1er juillet de la présente année, des tournées dans les villes, bourgs, villages et hameaux où il y a des Enfans appartenans à l'Hôpital des Enfans-Trouvés, afin d'y visiter lesdits Enfans, inspecter les nourrices et vérifier l'exercice des meneurs; à cet effet, il sera expédié aux inspecteurs preposés pour la visite des nourrissons, Enfans des bourgeois de la ville de Paris, une commission des administrateurs-commissaires des Enfans trouvés, en vertu de laquelle ils seront autorisés à visiter les Enfans trouvés, en même tems et de la même manière qu'ils inspectent les Enfans des bourgeois de Paris.

2. Les inspecteurs vérifieront l'exercice des meneurs des Enfans trouvés, et à cet effet ils se feront accompagner et conduire par eux chez les nourrices qu'ils obligeront de leur représenter leurs nourrissons pour s'assurer s'ils sont en bon état, si elles en ont bien soin, si elles les tiennent proprement, si elles conservent bien leurs hardes et les raccommodent lorsqu'il en est besoin, et si elles ont des berceaux et garde feu. Lesdits inspecteurs se feront également accompagner et conduire par les meneurs chez tous les laboureurs, artisans et autres particuliers qui ont des Enfans trouvés en pension chez eux, afin de constater si lesdits Enfans sont en bon état, bien nourris, soignés instruits et éduqués, et si les laboureurs, artisans et autres particuliers sont exacts à remplir les engagements qu'ils ont contractés avec l'Hôpital, en prenant lesdits nourrissons; et, pendant le cours de la visite des Enfans, les meneurs qui accompagneront les inspecteurs, seront défrayés par lesdits inspecteurs, tant pour leur nourriture que pour celle de leurs chevaux.

3. Pourront lesdits inspecteurs appeler des chirurgiens s'ils le jugent à propos, pour traiter, examiner et médicamenter les Enfans qui leur paraîtront en avoir besoin, comme aussi retirer les enfans qu'ils croiront devoir être changés de nourrices, par lesquelles ils feront remettre les hardes desdits Enfans aux nouvelles nourrices, qu'eux ou les meneurs auront choisies pour s'en charger, aux prix et conditions ordinaires, dans lequel cas de changement ils prendront l'avis de messieurs les curés; et si, pour retirer lesdits Enfans, ils

éprouvaient quelque refus de la part desdites nourrices, ils pourront requérir la maréchaussée pour les contraindre à l'obéissance, auquel cas la course des cavaliers sera aux frais desdites nourrices, et leurs maris en seront provisoirement responsables, même par la voie d'emprisonnement.

4. Aussitôt la tournée dans l'arrondissement du meneur finie, les inspecteurs rendront compte de leurs opérations au bureau de l'Hôpital des Enfans-Trouvés, en y envoyant leurs états ou journaux d'inspection d'eux certifiés, avec leursdites observations, lesquels états seront par eux faits sur les imprimés qui leur seront à cet effets délivrés, et dont ils emporteront toujours avec eux une suffisante quantité.

5. Pour parvenir à la formation desdits états ou journaux et la faciliter, il sera, par le greffier des Enfans trouvés, remis ou envoyé, à chacun des meneurs, des registres, tant pour les Enfans mis en nourrice que pour les pensionnaires. Ces registres, imprimés dans la forme du modèle qui a été présenté à l'administration et par elle adopté, seront cotés et paraphés par premier et dernier par les administrateurs commissaires pour l'Hôpital des Enfans-Trouvés, dans lesquels registres seront inscrits au bureau dudit Hôpital, à raison d'un Enfant par page, tous les Enfans mis en nourrice dans l'arrondissement dudit meneur, qui sera tenu d'apporter lesdits registres toute les fois qu'il viendra en recette, afin que les nouveaux Enfans mis et envoyés sous sa conduite y soient enregistrés successivement dans l'ordre de leur envoi en nourrice. A la fin desdits registres qui tiendront lieu des bordereaux qu'on délivrait aux meneurs et qui présenteront un tableau de comptabilité en forme de compte ouvert avec chaque nourrice, il y aura deux tables, savoir, une par ordre successif des pages, contenant d'abord le nom de famille des Enfans et ensuite leurs noms de baptême, et l'autre table sera par ordre alphabétique des paroisses où les Enfans seront en nourrice : laquelle table indiquera toutes les pages des enregistremens des Enfans qui se trouveront être en nourrice dans la même paroisse.

6. Il sera expédié, comme par le passé, pour chacune des nourrices une feuille ou bulle, où les meneurs seront tenus de noter tous les paiemens qu'ils feront aux nourrices, dont ils justifieront par attestation de messieurs les curés, vicaires ou desservans, marguilliers ou syndics des parroisses desdites nourrices, ou par attestation des inspecteurs, lorsqu'il sera fait en leur présence quelques paiements par les meneurs; les inspecteurs viseront toutes les feuilles ou bulles de chaque nourrice, et ils y écriront une note signée d'eux; laquelle, pareille à celle de leur journal de tournée, contiendra mention de l'état des Enfans, lors de leurs visites.

7. Les inspecteurs se présenteront chez tous MM. les curés ou desservans des paroisses où il y a des Enfans trouvés, afin de recevoir les plaintes, le cas échéant, desdits sieurs curés ou desservans, soit contre les nourrices, soit contre les meneurs, desquelles plaintes les inspecteurs tiendront note pour y être fait droit par le bureau, à qui ils en rendront compte, ainsi que de l'avis de messieurs les curés sur les abus qui seroient à leur connoissance; en même tems les inspecteurs les prieront de la part de l'administration, de vouloir bien étendre leurs soins charitables et tutélaires sur les Enfans trouvés, qui, étant abandonnés par leurs auteurs, n'en sont que plus dignes de la protection de l'État et de l'assistance de tous ses sujets.

8. Les inspecteurs seront attentifs à prévenir le bureau de leurs marches, du lieu où l'on pourra leur faire passer les ordres de l'administration, ainsi que du tems où ils cesseront leurs tournées et des causes qui les y détermineront, afin que la correspondance qui sera entretenue avec eux ne souffre aucun retard.

La présente délibération et le règlement fait et arrêté en conséquence seront imprimés et exemplaires délivrés à chacun des inspecteurs et des meneurs, pour qu'ils aient à s'y conformer. Au-dessous est écrit : Délivré par moi soussigné, greffier du bureau. *Signé* SASSERIE, avec paraphe.

Ouï le rapport de Mᵉ Louis-Jacques Langelé, conseiller; tout considéré,

La Cour a homologué et homologue ladite délibération du 7 juin présent mois, pour être exécutée selon sa forme et teneur, et copies collationnées d'icelle envoyées aux bailliages et sénéchaussées, pour y être lues, publiées et enregistrées; enjoint aux substituts du procureur-général du Roi d'y tenir la main, et d'en certifier la Cour dans le mois, et aussi copies collationnées envoyées aux conseils supérieurs, pour y être pareillement lues, publiées et enregistrées, conformément à l'édit de février 1791. Fait en Parlement, le quatorze juin mil sept cent soixante-treize. Collationné, Lutton. *Signé* Vandive.

Collationné par nous chevalier, conseiller-secrétaire du Roi, son protonotaire et greffier en chef civil de sa cour de Parlement.

Extrait du registre des délibérations du bureau de l'Hôpital-Général, tenu à l'archevêché, le lundi 19 juillet 1773; nécessité de ne recevoir, à l'hospice des Enfants-Trouvés, que les nouveau-nés destitués de secours.

M. Josson a dit que. depuis long-tems, on reçoit aux Enfans-Trouvés les enfans qui y sont envoyés, en vertu de procès-verbaux de commissaires au Châtelet; que cette voie, qui étoit très-sage dans son origine, a peu à peu tellement été étendue, qu'on s'est permis d'y en envoyer de tout âge; ce qui est contraire à l'institution de cet Hôpital, qui n'a été établi que pour les enfans nouveau-nés et destitués de secours.

Qu'il conviendroit de faire un règlement qui rétablît les choses dans leur premier état, en prenant les précautions nécessaires, à l'égard des enfans d'un âge plus avancé, qui ne doivent pas y être admis.

Sur quoi, la matière mise en délibération, le bureau a arrêté que les enfans au-dessous de cinq ans continueront d'être reçus aux Enfans-Trouvés, sur les procès-verbaux des commissaires; et que, quant à ceux au-dessus de cinq ans, les commissaires indiqueront verbalement aux personnes qui les leur présenteront, de les conduire, savoir, les garçons à la Pitié, et les filles à la Salpêtriere; lesquels garçons et filles y seront reçus, par provision, par les économes et supérieures desdites maisons, qui en feront leur rapport au bureau suivant, à la Pitié, où il sera procédé à la réception définitive de ceux qui sont dans le cas d'y être admis, et au renvoi de ceux qui n'ont pas lieu d'y prétendre. Et M. le lieutenant général de police a été prié de donner ses ordres, en conséquence, aux commissaires du Châtelet.

Délivré par moi soussigne, greffier du bureau. *Signé* Sassrrie

---

Extrait du registre des délibérations du bureau de l'Hôpital-Général, tenu à l'archevêché, le 17 janvier 1774; visites des Enfants trouvés en Picardie et en Normandie; honoraires des curés pour l'inhumation des Enfants trouvés.

M. Josson a dit qu'en exécution de la délibération du 7 juin dernier, dont l'objet étoit de veiller à la conservation et à la sûreté des Enfans trouvés, en leur procurant un plus grand nombre de nourrices, et en accélérant les tournées des visites, quatre inspecteurs, de ceux préposés pour la visite des nourrissons, Enfans des bourgeois de Paris, s'étant transportés, en vertu de la commission qui leur en avait été donnée par l'administration, dans les provinces de Picardie, de Normandie et Bourgogne, ils avoient visité les Enfans trouvés étant dans l'arrondissement de dix meneurs, faisant partie de vingt-deux que l'Hôpital des Enfans-Trouvés a seulement dans ces provinces.

Que MM. de la Chaussée, d'Outremont, Basly et lui, avoient tenu plusieurs assemblées au bureau des Enfans-Trouvés, pour faire l'examen des journaux de ces inspecteurs, des différens procès-verbaux par eux envoyés pendant le cours de leurs visites, et des registres fournis aux meneurs.

Qu'ils y avoient reconnu, 1° Que ces quatre inspecteurs, dans l'espace de quatre mois, n'avoient visité que 2305 Enfans trouvés, tant de ceux en nourrice, que de ceux placés chez les laboureurs; ce qui faisoit douter de la possibilité de compléter une visite générale, à moins de quatre années, eu égard au nombre de dix mille et plus d'Enfans trouvés actuellement existans.

2° Que la dépense occasionnée pour la visite de ce petit nombre d'Enfans, montoit à une somme de 3169 liv., savoir, 2305 liv. pour 2305 Enfans visités, 564 liv. pour la formation des registres, et 300 livres pour le paiement de deux commis surnuméraires; ce qui démontrait que, le nombre des Enfans visités ne faisant pas le quart du total existant, il faudroit au moins quadrupler la somme déjà dépensée, qui monterait à plus de 12000 liv. pour faire une visite générale, qu'il seroit essentiel de faire au moins dans l'espace de deux années, et qui seroit tout-à-fait inutile en la partageant en plus grand nombre d'années.

3° Que la tenue des registres déterminés par l'art. V du règlement, fait en conséquence de ladite délibération du 9 juin dernier, était impraticable, à cause du nombre plus considérable des meneurs, et de la trop grande quantité d'Enfans dont ils sont chargés.

4° Que presque tous MM. les curés ne sont point disposés à donner des certificats aux nourriciers, pour venir chercher à Paris des Enfans trouvés, et que la modique rétribution de vingt sols, qui leur est payée pour les inhumations, en est la cause principale.

5° Que la cherté actuelle des vivres occasionne la rareté des nourrices, parce que, malgré l'avantage qu'elles ont d'avoir, à la fin de leur nourriture, plusieurs Enfans en sevrage, elles ne peuvent se retirer sur la dépense, étant obligées de remettre aux meneurs le sol pour livre des mois qu'elles reçoivent.

6° Que l'abondance des nourrices dépendant de MM. les curés, il serait nécessaire d'intéresser leur suffrage par l'augmentation du prix des inhumations, qui paroît être le plus de leur gré, par la raison qu'ils aiment mieux recevoir des émolumens, à titre de rétribution, qu'à titre de gratification.

7° Que l'usage de donner des Enfans par commission est meurtrier pour les Enfans, parce qu'ils sont peu et souvent point du tout allaités dans la route, et parce qu'au moyen du bénéfice du premier mois, que les meneurs font sur les Enfans de commission, ils ont intérêt de ne point amener à Paris autant de nourrices qu'ils pourroient.

8° Que les Enfans se trouvent souvent nus l'hiver, par l'usage de ne leur fournir qu'une vêture chaque année, à commencer du moment de leur envoi en nourrice, de sorte que les Enfans envoyés dans le printems ou dans l'été se trouvent n'avoir que de mauvaises hardes pour l'hiver; pourquoi il conviendroit que, sans avoir égard à l'échéance des vêtures, elles fussent délivrées à l'entrée de l'hiver.

9° Que la remise des six deniers pour livre, accordée aux meneurs sur le montant de la pension des Enfans placés chez les laboureurs, est insuffisante pour les indemniser de la dépense que leur occasionne leur transport chez les personnes qui ont de ces Enfans, et des peines qu'ils se donnent pour les placer convenablement. Que la disproportion qu'il y a entre ce bénéfice et ce qu'ils font en ramenant les Enfans à l'Hôpital, pour le retour desquels ils reçoivent 3 liv. par tête, doit leur faire préférer de les ramener, plutôt que de prendre la peine de leur chercher des places; au lieu qu'en leur accordant le sol pour livre, cela leur donneroit de l'émulation, et le nombre des Enfans placés augmenteroit.

M. Josson a ajouté, que tous les inconvéniens dont il vient de faire le récit, d'après le rapport des inspecteurs, étoient, depuis long-tems, connus du bureau des Enfans-Trouvés, qui, en différens tems, en a fait ses représentations au ministère, pour en obtenir les secours nécessaires à les faire cesser; qu'au moyen de ceux qui ont été accordés, l'administration s'est déterminée, par sa délibération du 5 septembre 1764, à fixer les mois de nourrice de la premiere année à 7 liv., au lieu de 6 liv.; et, par son autre délibération du premier mars 1773, à fixer les mois de la seconde année, a 6 liv., au lieu de 5 liv., et ceux de la troisième année et suivantes, à 5 liv., au lieu de 4 liv. 10 s.; et à sursis à délibérer sur l'augmentation de l'honoraire de MM. les curés, pour inhumations.

Que d'après ces considérations, il croit devoir proposer au bureau de se contenter de l'essai qui vient d'être fait de la nouvelle inspection, qui, sans rien diminuer du travail ordinaire des commis et des meneurs, l'a augmenté d'une foule d'opérations superflues, et qui contrarient, à chaque instant, l'ordre des opérations journalières, en y apportant un retard considérable; et de suivre, pour les visites, l'ancienne forme, qui, au moyen de quelques légers changemens, sera moins dispendieuse, et remplira les vues de l'administration. Que les sœurs chargées ci-devant de ce travail, et notamment par le règlement étant ensuite de l'édit de 1670, portant établissement de l'Hôpital des Enfans-Trouvés, s'offrent à le reprendre, à des conditions désintéressées; qu'elles demandent qu'il leur soit alloué seulement leur dépense, qu'elles évaluent, en se procurant plus de commodités qu'elles ne faisoient avant, à 2400 liv. seulement, pour chaque visite générale; ce qui fait le quart tout au plus de ce qu'il en coûteroit pour l'inspection nouvelle, sans compter les frais de régie qui n'auroient plus lieu; qu'il pense que les visites regardant principalement les nourrices et les Enfans, semblent devoir être plus particulierement du ressort des personnes du sexe; que les sœurs, par leur état dans l'hôpital, ont une autorité immédiate sur les nourrices; que, par là, elles sont dans le cas d'être plus respectées et mieux obéies; qu'enfin l'administration est sûre de trouver en elles des personnes qui, n'ayant point d'intérêts à concilier, mais uniquement dévouées au bien de la chose, seront plus propres que d'autres à la seconder dans ses vues.

Que sur les autres objets, dont il vient de parler, il ne doit point laisser ignorer au bureau qu'ils occasionneront une augmentation de dépense d'environ 30,000 liv., savoir · 25,000 liv. pour la remise du sol pour livre aux meneurs, et le surplus pour l'honoraire de MM. les curés.

Sur tout ce que dessus, la matière mise en délibération, le bureau désirant être à portée de connoître la forme des visites qui sera la plus avantageuse pour la conservation des Enfans trouvés, la sûreté des nourrices, et entretenir la vigilance des meneurs, a arrêté : 1° Qu'à commencer du premier mai prochain, les tournées des visites seront faites conformément à la délibération du 7 juin dernier, et au règlement arrêté en conséquence, savoir: dans la province de Picardie, par les sœurs de la Charité qui seront à cet effet choisies par les administrateurs des Enfans-Trouvés; et dans celle de Normandie, par les inspecteurs auxquels ils en ont déjà donné la commission, et ce sur les états et bordereaux qui leur seront à cet effet fournis dans la forme qui sera réglée par les administrateurs.

2° Qu'à compter du 1er avril prochain, l'administration des Enfans-Trouvés sera chargée de payer aux meneurs un sol pour livre, au lieu de six deniers qui leur sont accordés par la délibération du 7 mars 1763, sur le montant de la pension des Enfans placés.

3° Qu'à compter du même jour, l'honoraire de MM. les curés, pour les inhumations des Enfans trouvés, sera payé sur le pied de trois liv. sur lesquelles ils seront chargés d'acquitter les menus frais aux serviteurs de l'église (1).

(1) Le règlement du grand Hôtel Dieu de Lyon porte «Lorsque quelques-uns de ces Enfans viennent «à décéder, ils doivent être enterrés, par les curés des «paroisses où ils meurent, sans aucune rétribution, «conformement aux ordonnances rendues à cet égard «par MM. les archevêques et évêques.»

4° Que, sans avoir égard à l'échéance des vêtures des enfans de sevrage, elles seroient à l'avenir délivrées à l'entrée de l'hiver.

Sur les autres propositions, MM. les administrateurs des Enfans-Trouvés ont été priés de faire un nouvel examen; et d'aviser aux moyens les plus efficaces d'y parvenir.

Délivré par moi soussigné, greffier du bureau. *Signé* SASSERIE

RÈGLEMENT concernant les Enfants trouvés de Paris, arrêté au bureau de l'administration, le 28 mars 1774.

Nourrices.

ART. 1er. Les nourrices qui se présenteront pour élever des Enfans trouvés seront tenues de représenter un certificat de MM. le curés ou desservans des paroisses où elles sont domiciliées, ou, à leur défaut, des syndics et de deux principaux habitans, attestant leurs vie, mœurs et religion; qu'elles sont en état d'allaiter l'Enfant qui leur sera confié, et l'âge de leur dernier Enfant, ou de leur dernier nourrisson. Celles qui se présenteront audit hôpital avec de faux certificats seront dénoncées à la justice, et punies suivant la rigueur des ordonnances.

2. Pour prévenir les omissions dans les certificats, et épargner les frais de ceux qui les délivreront, il sera distribué, par les meneurs, à MM. les curés, desservans et syndics des paroisses de leurs arrondissemens respectifs, des imprimés conformes au modèle qui est ensuite du présent règlement, pour les blancs être remplis suivant les indications.

3. Nonobstant la représentation des certificats par les nourrices, leur lait sera visité et examiné, le jour ou le lendemain de leur arrivée, par des sœurs commises à cet effet; et, incontinent après cet examen, les nourrices admises déposeront leurs certificats au bureau, où ils seront enliassés et mis dans des cases distinguées par meneurs, pour servir à l'enregistrement des nourrices au bureau. Et, pour prévenir toute surprise de la part de celles qui auront été refusées, la sœur qui aura examiné le lait, mettra son *visa* au dos des certificats des nourrices approuvées; au moyen de quoi les certificats non visés ne seront point acceptés. Il en sera de même des certificats qui auront plus d'un mois de date.

4. Les nourrices qui, à cause de leurs occupations, ou par autre empêchement, ne pourront faire le voyage de Paris, remettront leurs certificats aux meneurs, pour sur iceux leur être envoyé des Enfans, s'il y en a de trop pour les nourrices présentes; mais seront préférées aux nourrices absentes, celles qui seront en couche d'un Enfant qui seroit décédé, et en général celles dont le lait sera le plus nouveau.

5. Aucune nourrice ne pourra se dispenser de l'exécution de l'article premier, sous le titre qu'elle a déjà des Enfans de l'Hôpital, ou qu'elle y est connue.

6. Aucun extrait mortuaire ne pourra tenir lieu de certificat.

7. On ne pourra différer les départs des Enfans en nourrice, pour quelque cause et sous quelque prétexte que ce soit, quand il y en aura dans l'hôpital un nombre suffisant pour les nourrices présentes. En conséquence, lorsqu'un meneur aura au bureau, ou ailleurs, des affaires qui le retiendront et qui l'empêcheront de partir le jour où ses nourrices pourront être pourvues d'Enfans, alors, ou il laissera partir sa voiture, ou il cédera son tour à un autre meneur.

8. Les Enfans tout nouvellement nés seront donnés, de préférence, par commission, ces Enfans n'ayant pas un besoin si pressant d'être allaités, et étant par conséquent plus en état de pouvoir mieux se passer de nourrices durant le voyage, que ceux qui ont déjà plusieurs jours.

9. Aucune nourrice ne pourra se charger de plus d'un Enfant à allaiter; et il ne lui en sera accordé aucun autre sur le même lait, que celui qu'elle nourrit actuellement n'ait au moins six mois, et ne soit en état d'être sevré.

10. On continuera de confier à des sevreuses les Enfans à qui des maladies ou des accidens auront ôté l'usage de teter, et ceux de la part de qui il y auroit à craindre pour les nourrices, pourvu qu'il soit attesté que ces sevreuses ont une vache.

11. Aucune nourrice ne pourra garder à la fois un nourrisson de l'hôpital et un nourrisson bourgeois, quand même l'un des deux seroit sevré; mais elle sera obligée d'opter pour l'un ou pour l'autre.

12. Conformément à la délibération du 5 septembre 1764, et à celle du 10 mars 1773, les mois de nourriture des Enfans seront payés, savoir: depuis la naissance jusqu'à un an accompli, à raison de sept livres; depuis un an jusqu'à deux accomplis, à raison de six livres; et depuis deux ans et au delà, à raison de cinq livres chacun; excepté le premier mois, qui sera payé huit livres aux nourrices qui viendront elles-mêmes, et sera le premier mois toujours payé d'avance, à cause des frais du transport des enfans.

13. On continuera de donner aux nourrices des feuilles imprimées, nommées vulgairement *bulles*, et d'en conserver des doubles au bureau; une longue expérience ayant prouvé l'utilité de ces feuilles, eu égard aux renseignemens qu'elles contiennent; et elles tiendront lieu de billets de renvoi vis-à-vis de MM. les curés, qui pourront se les faire représenter, soit pour connoître les Enfans, soit pour attester leur existence ou leur décès. Et à ce que MM. les curés ne prétendent cause d'ignorance des nourrissons de l'Hôpital qui seront dans leurs paroisses, les nourrices seront tenues de leur représenter, dans les huit jours au plus tard après leur retour, ou après la réception des Enfans qui leur auront été apportés, les bulles de ces nouveaux nourrissons, sur lesquelles MM. les curés sont priés de mettre leur *visa*, après avoir confronté le parchemin de chaque Enfant avec la bulle qui leur sera représentée, observant, en cas de diversité de noms, de s'en rapporter a ceux qui seront portés sur le billet en parchemin.

14. Dans le cas où une nourrice, ne pouvant plus allaiter le nourrisson qui lui aura été confié, le céderoit à une autre nourrice, cette dernière en informera au plus tôt son meneur, et se présentera aussi, dans les huit jours au plus tard, à M. le curé de sa paroisse, aux fins de l'article précédent. Et la première nourrice ne pourra rien exiger de la seconde, pour raison de cette cession, à peine de restitution; au surplus, elle lui remettra fidèlement et exactement les hardes et linge, ainsi que le billet en parchemin de l'Enfant et la bulle mentionnée en l'article précédent.

15. Les Enfans à qui il surviendra quelques accidens ou quelques maladies, autres que celles dont la contagion seroit dangereuse pour les nourrices, seront traités sur les lieux, pourvu que, dans le cas ou la maladie seroit considérable, il en soit auparavant donné avis au bureau; et, dans le cas de traitement sur les lieux, les chirurgiens qui voudront se faire payer, dresseront un mémoire de leurs frais et visites; et, après l'avoir fait viser et certifier véritable par MM. les curés ou desservans, ils en chargeront les meneurs, pour être remis au bureau et y être réglé par le chirurgien ordinaire de l'Hôpital.

16. A l'egard des Enfans qui se trouveront attaqués de maladies contagieuses et dangereuses pour les nourrices, ils seront ramenés à Paris, pour être traités dans les maisons de l'Hôpital-Général.

Vêtemens

17. Les vêtemens des Enfans consisteront, savoir :

La layette, en une couverture de laine blanche, deux langes d'étoffe, deux langes piqués, six couches, quatre bandes, quatre béguins, quatre tours de cou, quatre chemises en brassières, une brassière d'étoffe blanche, quatre cornettes et un bonnet de laine.

La première robe, en une piqûre de corps recouverte de droguet brun avec un jupon pareil, une chemisette de revêche blanche, quatre chemises, quatre béguins, quatre mouchoirs, quatre tours de cou, deux paires de bas de laine blanche, et, en outre, deux couches et deux langes.

La seconde robe, en une piqûre recouverte comme ci-dessus, et un double jupon, dont celui de dessous sera de tiretaine; deux chemises, deux béguins, deux mouchoirs de cou, deux cornettes, un bonnet et deux paires de bas de laine.

La troisième et la quatrième robe sont composées comme la seconde.

La cinquième robe et les suivantes consisteront en une robe de chambre de droguet brun, comme les autres robes, une chemisette de revêche blanche, deux chemises, deux béguins, deux mouchoirs, un bonnet et une paire de bas de laine.

18. Il sera donné six sols, lors de la livraison de chaque vêture, pour les souliers de l'Enfant.

19. La première robe se délivrera dans le neuvième mois de l'Enfant, et les autres d'année en année, excepté la troisième et les suivantes, dont la livraison écherroit en hiver jusqu'à la fin de mars, lesquelles, sans égard aux époques de la dernière livraison, seront délivrées dans le courant des mois d'octobre et de novembre, attendu la rigueur de cette saison.

20. Dans la quinzaine au plus tard du décès des Enfans, les nourrices remettront à leurs meneurs les hardes et linges des Enfans décédés, leurs extraits mortuaires, ainsi que les bulles imprimées et billets en parchemin qui leur auront été donnés en prenant les Enfans; à peine de n'être point payées des mois de nourriture qui pourroient leur être dus.

21. Les nourrices à qui l'on aura retiré les Enfans, soit pour les donner à d'autres, soit pour les ramener à l'Hôpital, etc., seront tenues de se conformer à l'article précédent, sous les mêmes peines.

Enfans placés.

22. Quand les Enfans seront parvenus à leur sixième année, les nourrices qui voudront les garder à la pension, conformément au règlement de l'Hôpital-Général, du 7 janvier 1761, seront tenues d'en donner avis à MM. les curés ou desservans, et de prendre leurs certificats, ou, à leur défaut, ceux des syndics et de deux principaux habitans, attestant qu'elles sont en état de s'en charger, de les nourrir et entretenir; lesquels certificats elles remettront aux meneurs, avec les bulles des Enfans, pour par ceux-ci les présenter au bureau, et sur iceux être arrêté ce que de raison, et être dressé, s'il y a lieu, des actes d'engagement, conformément audit règlement.

23. Les nourrices qui, dans le cas de l'article précédent, ne voudront garder, par acte d'engagement, les Enfans qu'elles auront nourris, les remettront aux meneurs, pour par ceux-ci les placer chez d'autres personnes qui leur en auront demandé.

24. Les personnes qui voudront avoir des Enfans trouvés à la pension, seront tenues de se conformer à ce qui est prescrit aux nourrices par l'art. 22, pour ce qui regarde le certificat.

25. Conformément à la délibération du bureau de l'Hôpital-Général, du 3 août 1772, la pension des garçons sera payée comme celle des filles, à raison de quarante livres par année, jusqu'à l'âge de seize ans; et les uns comme les autres ne seront engagés que jusqu'à vingt ans : après lequel âge, les personnes qui en seront chargées, ne pourront les contraindre de rester chez elles, qu'en leur payant des gages suivant l'usage du pays, et à proportion des services qu'ils seront en état de rendre.

26. Les Enfans qui seront entrés dans leur sixième année, et que les meneurs n'auront pu trouver occasion de placer, ceux même qui, étant placés, se trouveroient mal soignés par ceux qui en seroient chargés, soit à cause de leur grande pauvreté, soit à cause de leur

négligence, seront ramenés à l'Hôpital, et envoyés dans la Maison du fauxbourg Saint-Antoine, pour y être élevés, et ensuite placés dans les villes et provinces où l'on en demandera; le tout conformément à la délibération du bureau de l'Hôpital des Enfans-Trouvés, du 16 avril 1766; observant néanmoins qu'il ne sera ramené aucun Enfant dans les mois de décembre, janvier et février, à cause de la rigueur de la saison; et par rapport aux Enfans placés, qu'il n'en sera retiré ni ramené que d'après les ordres exprès et par écrit du bureau de l'administration; étant important que, sans sa participation et sans des raisons valables, il ne soit porté atteinte aux engagemens contractés entre l'administration et les personnes à qui les Enfans auront été accordés. Et seront les meneurs responsables des contraventions au présent article.

MM les Curés

27. La rétribution de MM. les curés et desservans pour l'inhumation, tant des Enfans en nourrice et en sevrage qu'à la pension, sera de trois livres, sur lesquels ils acquitteront les menus frais des serviteurs de leur église; le tout conformément à la délibération du bureau de l'Hôpital-Général du 31 janvier 1774.

28. Lesdits sieurs curés et desservans, sont priés d'avoir la charité de donner gratuitement leurs certificats aux nourrices qui s'adresseront à eux pour prendre des Enfans de cet Hôpital, ainsi qu'aux personnes qui voudront s'en charger, en conformité du reglement du 7 janvier 1761; d'étendre leur zèle et leur attention sur ces Enfans infortunés, et sur les nourrices et autres personnes qui en seront chargées, de donner avis, au bureau, des contraventions au présent règlement, dont leur sera envoyé un exemplaire, comme aussi des abus qui pourroient n'avoir pas été prévus.

29. Ils sont encore priés d'attester, aussi gratuitement, la vie ou le décès des Enfans, et, dans le premier cas, de faire leurs certificats sur les bulles, dans la colonne destinée a cet objet; ce qu'ils pourront faire en peu de mots, à peu près en ces termes: *l'Enfant se porte bien,* ou *est malade,* ce......... Quant aux certificats de mort, ils pourront les placer en tel endroit de la bulle qu'il leur plaira. Que s'ils ont quelques observations plus amples à faire, soit par rapport aux Enfans, soit par rapport aux nourrices et aux meneurs, ils auront la bonté de les écrire sur un papier en forme de note ou de lettre, et de les adresser directement à MM. les administrateurs de l'Hôpital des Enfans-Trouvés, ou au greffier dudit Hôpital.

Les Meneurs.

30. Ceux qui voudront exercer la commission de meneur, de nourrice des Enfans trouvés, se présenteront au bureau de l'administration dudit Hôpital, avec un certificat de M. le curé de leur domicile, légalisé du juge royal, attestant leurs vie, mœurs et religion, suffisance et capacité, qu'ils savent lire et écrire, et qu'ils sont capables de remplir cette commission avec exactitude et fidélité; donneront un état de leur bien, avec bonne et suffisante caution, pour les sommes, hardes et linges qui leur seront remis pour les Enfans et pour les nourrices; feront leur soumission devant notaires, à Paris, de se conformer au présent règlement, et feront élection de domicile à Paris.

31. Les meneurs seront tenus de chercher, amener et conduire audit Hôpital le plus de nourrices qu'ils pourront trouver dans les paroisses et hameaux des environs de leur demeure, dont l'arrondissement ne pourra s'étendre à plus de quatre à cinq lieues de chez eux; à quoi il a été borné pour la commodité et le soulagement des nourrices.

32. Ils viendront tous les quinze jours audit Hôpital, et y amèneront les nourrices qu'ils auront trouvées.

33. Dans les trois mois au plus tard de leur admission à la commission, ils se pré-

senteront à MM. les curés des paroisses de leur département, à l'effet de s'en faire connaître; et, au moins une fois tous les six mois, ils les visiteront ainsi que les Enfans qui seront en nourrice, en sevrage et à la pension; de l'état desquels Enfans ils rendront compte au bureau, comme aussi si ceux qui en sont chargés les élèvent avec soin. Ils rapporteront les certificats de MM. les curés, ou, à leur défaut, des syndics et deux principaux habitans, attestant qu'ils ont fait leur visite; et feront mention sur les bulles de l'état des Enfans, et du jour qu'ils les auront visités. Ils donneront de plus avis au bureau, des mutations de MM. les curés ou desservans.

34. Si dans le cours de leurs visites, ils sont obligé de changer les Enfans de nourrices, par le défaut de soin de celles qui en seront chargées, ou pour autres causes légitimes, ils en informeront MM. les curés ou desservans, pour, sur leur avis, les donner à d'autres nourrices. Ils feront mention de ces changemens et du jour qu'ils les auront faits, tant sur les bulles que sur le registre des envois, dont sera ci-après parlé; afin que, lors de la représentation de ces bulles et de ce registre au bureau, il puisse être fait pareille mention sur les doubles desdites bulles et sur les registres d'icelui.

35. Dès que les meneurs auront eu avis des changemens mentionnés en l'article 14, ils se transporteront aussitôt sur les lieux, pour s'assurer si la nouvelle nourrice est en état d'allaiter, ou si elle n'allaite pas déjà un autre Enfant; et au surplus ils se conformeront à ce qui a été prescrit par l'article précédent.

36. Pourront lesdits meneurs, d'après les certificats exigés par les articles 22 et 24, placer par provision les Enfans chez les nourrices qui les auront élevés, ou chez d'autres personnes qui en auront demandé, et, lors de leur premier voyage à Paris, ils rapporteront au bureau lesdits certificats, ensemble les bulles des Enfans, sur lesquelles ils auront fait mention du jour qu'ils auront placé les Enfans, aux fins dudit article 22.

37. Les meneurs auront chacun deux sortes de registres, l'un pour y inscrire les Enfans envoyés en nourrice et placés à la pension dans leur arrondissement; l'autre pour y inscrire les paiemens qui leur seront faits pour les nourrices et autres personnes qui en seront chargées; lesquels registres seront cotés et paraphés par premier et dernier feuillet, par l'un de MM. les administrateurs de cet Hôpital.

Les pages du premier, qui sera intitulé *registre des envois*, seront partagées en cinq colonnes, dont la premiere indiquera la date de l'envoi des Enfans; la seconde, les paroisses où sont domiciliées les nourrices ou autres personnes qui seront chargées des Enfans; la troisième, les noms des Enfans, ceux des nourrices et de leurs maris, ou d'autres personnes chez qui les Enfans seront placés; la quatrième, les numéros sous lesquels les Enfans auront été enregistrés à l'Hôpital, et le quantième du registre de réception; enfin la cinquième sera destinée à des observations, telles que la date du décès des enfans, de leur retour, etc

Les articles de ce registre seront espacés de manière que chaque page n'en contiendra que huit, afin qu'on puisse faire mention des changements de nourrices, à la suite de l'article de chaque Enfant.

Les pages du second registre, qui sera intitulé *registre des bordereaux*, seront aussi partagées en cinq colonnes, dont la premiere indiquera les pages du premier registre, auxquelles chaque article de celui-ci correspondra; la seconde, les paroisses; la troisième, les noms des nourrices; la quatrième, les noms des Enfans, et la cinquieme, les sommes réglées.

Quant au nombre des articles contenus en chaque page de ce registre, il ne sera point limité.

38. Pour s'assurer de la forme de ces registres, ils seront dressés et tenus par les commis du bureau; à cet effet, les meneurs rapporteront le premier toutes les fois qu'ils viendront ou qu'ils enverront leurs voitures avec des nourrices; et le second, toutes les fois qu'ils viendront en recette.

39. Les nourrices et autres personnes chargées d'Enfans trouvés, ne seront employées dans les bordereaux qu'après qu'il sera apparu au bureau de l'existence des Enfans, par les certificats de MM. les curés ou desservans, ou, à leur défaut, des syndics et de deux principaux habitans.

40. Les meneurs payeront exactement et fidèlement aux personnes employées dans les bordereaux, les sommes qui s'y trouveront portées pour elles, à peine d'en répondre eux ou leurs cautions. Ils auront soin de décharger chaque article de leurs borderaux, ainsi que les payements portés sur les bulles, en indiquant à qui ils auront payé; et, un mois au plus tard après la confection des bordereaux, ils les certifieront au bas, en ces termes : « Je certifie avoir payé, pour les Enfans dénommés au présent bordereau, ce qu'il y a de « marqué pour chacun d'eux. » Lequel certificat servira de titre contre eux en cas d'infidélité.

41. S'il se trouvait sur lesdits bordereaux quelques articles non réclamés, dans ce cas ils remettront le montant de ces articles ès mains de la sœur supérieure de la Maison de la Couche, qui les en déchargera, et, qui après en avoir fait recette et en avoir rendu compte au bureau, payera les personnes qui en feront la réclamation, après toutefois que, par l'examen fait sur les registres de l'Hôpital, il paraîtra constant que les sommes qu'elles réclameront leur sont légitimement dues.

42. Les meneurs ne pourront payer les nourrices en bled, orge ou autres denrées et marchandises, de quelque nature qu'elles soient, à peine de révocation, excepté quand il s'agira d'habillement de la première communion des Enfans placés à la pension, lequel ils pourront fournir ou faire fournir, si les personnes chargées de ces Enfans négligeaient de le faire, à condition, toutefois, qu'ils tireront un mémoire exact et fidèle des marchandises qu'ils auront fournies ou fait fournir pour cet objet, lequel mémoire ils feront certifier véritable par le marchand et par M. le curé de la paroisse.

43. Ils remettront exactement aux nourrices les robes et linges qui leur seront délivrés pour les Enfans, et ils en certifieront la remise sur les bulles, de la même maniere qu'il est dit article 40, par rapport aux paiemens. Pareillement, dès qu'ils auront eu avis du décès des Enfans, ils retireront des mains des nourrices qui n'auraient pas été ponctuelles à se conformer à l'article 20, les hardes et linges desdits Enfans, leurs extraits mortuaires, les bulles imprimées et les billets en parchemin, et rapporteront le tout à leur premier voyage à Paris, à peine d'être poursuivis pour la restitution desdites hardes et linge.

44. Ils continueront de retenir sur le premier mois 40 sols pour le port de chaque Enfant qu'ils conduiront avec les nourrices qui seront venues s'en charger à Paris. A l'égard des Enfans qui leur seront confiés pour les nourrices qui n'auront pu venir elles-mêmes, ils retiendront les 7 livres du premier mois, pour les indemniser des frais de leur voyage tant en venant qu'en s'en retournant.

45. Ils continueront pareillement de jouir du droit de sol pour livre, sur les mois de nourriture, lequel ils retiendront par leurs mains, en payant les nourrices, ou qui sera retenu pour eux, quand les nourrices recevront elles-mêmes au bureau les mois qui leur seront dus.

46. Ils se feront aussi payer, par les nourrices, le port des robes qu'ils leur remettront à raison de 5 sols pour chacune, comme aussi 3 livres pour les frais de retour des Enfans qu'ils ramèneront à Paris, en se chargeant toutefois de la nourriture des Enfans.

47. Le bureau désirant de plus en plus l'exécution du règlement du 7 janvier 1761, et pour engager les meneurs à chercher des occasions de placer des Enfans dans les campagnes, leur a accordé le sol pour livre de la pension des Enfans placés dans leurs départements respectifs, lequel leur sera payé par l'Hôpital en sus de ladite pension. Et dans le cas où un meneur, trouvant peu d'occasions de placer des Enfans, en céderait à un meneur

voisin qui aurait plus d'occasions que lui, les 3 livres mentionnées en l'article précédent lui seront toujours attribuées, comme s'il eût ramené l'Enfant à l'Hôpital.

48. Ne pourront les meneurs prendre ni exiger des nourrices autres droits que ceux qui leur sont attribués par le présent règlement, notamment des nourrices à qui ils donneront des Enfans par changement, sous prétexte de leur droit sur le premier mois, non plus que des personnes à qui ils confieront provisoirement des Enfans à la pension, à peine de révocation de leur commission, et d'être poursuivis pour la restitution de ce qu'ils auront pris et reçu au delà.

Les visites

49. Il sera fait tous les ans, par les sœurs de la charité ou autres personnes commises par le bureau d'administration, des tournées dans les villes, bourgs, villages et hameaux où il y a des Enfans de cet Hôpital, pour y visiter les Enfans, inspecter les nourrices et vérifier l'exercice des meneurs; à cet effet, il sera dressé chaque année des rôles ou états, distribués par paroisses, des Enfans existants, tant en nourrice et en sevrage qu'à la pension, dans les provinces où le bureau se proposera de faire faire des tournées. Desquels rôles ou états, chaque page sera partagée en cinq colonnes, dont la premiere indiquera les pages du registre des envois dont est parlé article 37; la seconde, les noms des nourrices et de leurs maris; la troisieme, les noms des Enfans, leur âge, le dernier payement fait, et la dernière robe délivrée; la quatrième, les numéros sous lesquels les Enfans sont enregistrés à l'hôpital avec le quantième du registre, et la cinquième sera destinée aux observations à faire lors de la visite. Il sera aussi expédié tous les ans, aux personnes choisies et nommées par le bureau, une commission des administrateurs dudit Hôpital, en vertu de laquelle elles seront autorisées à faire ces visites.

50. Les sœurs chargées de l'inspection ci-dessus, se feront accompagner par les meneurs, dans tous les lieux où il y aura des Enfans de l'Hôpital; et, en arrivant dans une paroisse, elles se transporteront d'abord chez M. le curé ou desservant, afin de recevoir ses avis ou les plaintes qu'il auroit à faire concernant les nourrices et le meneur, dont elles tiendront note. Elles profiteront de cette occasion pour prier MM. les cures, de la part de l'administration, de vouloir bien étendre leurs soins charitables sur les Enfans trouvés qui, étant abandonnés par leurs auteurs, n'en sont que plus dignes de la protection de l'État et de l'assistance de tous ses sujets. Elles iront chez les nourrices et autres personnes chargées d'Enfans trouvés, et se feront représenter les Enfans, pour s'assurer s'ils sont en bon état, si les nourrices et les particuliers qui en sont chargés s'acquittent des devoirs qui leur sont prescrits par le présent règlement et par les actes d'engagement qu'ils ont contractés avec l'Hopital, dont elles feront note, tant sur les rôles mentionnés en l'article 49 que sur les bulles imprimées qui sont entre les mains des nourrices. Elles pourront appeler des chirurgiens pour examiner, traiter et médicamenter les Enfans qui paroîtront en avoir besoin. Elles recevront aussi les plaintes que les nourrices ou autres personnes porteront contre les meneurs, et réciproquement les plaintes de ceux-ci contre les nourrices et les particuliers, dont elles tiendront pareillement note. Elles pourront retirer les Enfans qu'elles croiront devoir être changés de nourrices, les exhortant de prendre sur ce l'avis de MM. les curés. Elles pourront aussi, d'après l'avis de MM, les curés, changer provisoirement les Enfans à la pension qu'elles trouveront mal placés, soit à cause de la négligence, soit à cause de la grande pauvreté de ceux qui en auront été chargés; et dans ce cas elles auront soin d'exiger des personnes chez qui elles les placeront des certificats de bonne vie, mœurs et facultés, pour sur iceux, ensemble sur les observations desdites sœurs, être statué définitivement par le bureau; et, dans le cas de changement comme dans celui du décès des Enfans, elles retireront les hardes des Enfans, soit pour les remettre aux nouvelles nour-

rices, soit pour les renvoyer à l'Hôpital. Que si, pour retirer les Enfans ou les hardes, elles éprouvoient de la résistance de la part desdites nourrices, dans ce cas elles pourroient equérir main-forte, s'il en étoit besoin, aux frais desdites nourrices ou de leurs maris.

51. Pendant tout le tems que durera l'inspection d'un meneur, il sera défrayé entièrement, tant pour sa nourriture que pour la nourriture et le louage des chevaux qu'il fournira; en conséquence, les frais d'inspection seront alloués en dépense à la sœur supérieure de la Maison de la Couche, sur le mémoire qui lui en aura été fourni par les sœurs qui auront fait les tournées, après avoir été par elle certifié véritable.

52. L'inspection d'un meneur achevée, les sœurs renverront au bureau les rôles mentionnés en l'article 49, émargés de leurs observations, indépendamment des avis qu'elles auront reçus et des observations générales qu'elles auront été à portée de faire, tant par rapport à la conservation et au bien-être des Enfans, que par rapport au bon ordre.

53. La sœur supérieure communiquera au bureau les avis qui lui seront mandés par les sœurs qui seront en tournée, comme aussi les lettres qui lui seront adressées en tout tems, soit par MM. les curés, soit par toute autre personne, concernant l'administration de cet Hôpital, pour être par le bureau statué ce que de raison.

54. Il sera envoyé un exemplaire du présent règlement à chacun de MM. les curés ou desservans des paroisses où il y a des Enfans trouvés, l'administration les priant de vouloir bien en faire lecture au prône de leur paroisse, au moins deux fois l'année. Il en sera pareillement remis un exemplaire à chacun des meneurs, qui seront tenus de le communiquer à toutes les personnes qui sont et seront chargées d'Enfans trouvés, à l'effet de s'y conformer, chacun en ce qui le concerne.

Modèle du certificat d'allaitement.

Je soussigné (1) de la paroisse de diocèse d
Élection de Gabelle d Poste
de Certifie que la nommée femme
de est de la paroisse de
qu'elle et son mari sont de la religion catholique, apostolique et romaine, et de bonnes mœurs; qu'elle est en état d'allaiter l'Enfant qu'on voudra bien lui confier au bureau des Enfans-Trouvés; que l'âge de son lait est de mois; qu'elle (2)
En foi de quoi j'ai signé, à ce 17

(1) Curé, desservant ou syndic.
(2) N'a point de nourrisson, ou que l'âge du dernier nourrisson de l'Hôpital, qu'elle a chez elle, est de... mois, et qu'il est en état d'être sevré.

EXTRAIT *du registre des délibérations du bureau de l'Hôpital des Enfants-Trouvés, tenu dans la Maison de la Couche, le mardi 2 mai 1775; payement de 40 sous accordés à la nourrice qui viendra à Paris pendant les mois de juillet, août, décembre, janvier et février, en sus des 8 livres du premier mois de nourrice.*

M. Josson a dit que le sujet pour lequel le bureau a été convoqué par extraordinaire, à cejourd'hui, étoit la disette où se trouve l'Hôpital d'un nombre suffisant de nourrices, pour prendre et élever les Enfans que l'on reçoit chaque jour, et que l'on garde dans la maison jusqu'à l'arrivée des nourrices de la campagne; et la perte que l'Hôpital fait chaque année, dans la maison, du tiers des Enfans reçus, dont cette disette de nourrices est la principale cause.

Qu'un sujet aussi important mérite toute l'attention du bureau, et exige de prendre les moyens propres pour remédier à ces tristes inconvéniens.

Que la disette des nourrices est aujourd'hui la même que celle que l'Hôpital a éprouvée en 1764, et qui s'est renouvelée en l'année 1768, depuis lequel tems la mortalité des Enfans, dans la maison, augmente d'année en année.

Qu'en l'année 1764 et suivantes, jusques et y compris 1772, il a été apporté audit Hôpital 56,800 Enfans; que dans ce nombre 16,200 ont été amenés des villes et provinces éloignées, de tout âge, et de l'un et l'autre sexe, ce qui fait près du tiers du nombre reçu dans le cours de ces neuf années.

Qu'en la même année 1772, le bureau ayant reconnu que l'envoi des Enfans, à Paris, des villes et provinces, étoit un abus et même un désordre auquel il étoit indispensable de remédier incessamment, attendu la surcharge qu'il causoit à l'Hôpital, et l'augmentation qu'il faisoit aux dépenses annuelles d'icelui, et encore au défaut d'emplacement pour les contenir; sur l'exposé qui en fut fait par M. d'Outremont et lui, au bureau tenu à l'archevêché, le 14 décembre de la même année, il fut arrêté, par délibération du même jour, qu'il seroit incessamment écrit à MM. les secrétaires d'État et à M. le contrôleur général, pour les inviter à donner des ordres, chacun dans les généralités de leurs départemens, pour faire cesser ces désordres : ce qui avoit été fait, mais n'avoit eu d'effet qu'en l'année 1773 seulement, dans le courant de laquelle il n'avoit été reçu que 5,989 Enfans, dont 1,348 des provinces, au lieu qu'en l'année précédente on en avoit reçu 7,676, dont 2,799 amenés des provinces.

Qu'en l'année 1774, sur les 6,333 Enfans qui ont été reçus, il en a été amené 1,940 des villes et provinces, et le plus grand nombre envoyé par les hôpitaux et maisons où ils devoient être élevés.

Que sur les 2,431 Enfans qui ont été reçus depuis le 1er janvier de la présente année 1775 jusqu'au 1er mai suivant, il en est mort 853 dans la maison.

Qu'en réunissant le nombre des Enfans reçus pendant les années 1769 et suivantes, jusques et compris l'année 1772, à celui reçu depuis le 1er janvier de la présente année 1775, jusqu'au 1er mai suivant, le nombre des Enfans reçus est de.......... 42,750.

Le nombre des morts, dans la maison, pendant ces six ans quatre mois, est de 13,481 ce qui fait près du tiers pour chaque année.

Qu'en l'année 1764, vu le grand nombre des Enfans morts dans la maison pendant les années précédentes, faute de nourrices, le bureau considérant que la première année de nourriture des Enfans étoit la plus pénible et la plus embarrassante pour les nourrices, et qu'en augmentant le prix des mois de cette première année, ce moyen pourroit attirer les nourrices: lequel moyen a été proposé au bureau de l'Hôpital Général, tenu à l'archevêché le 5 septembre de la même année 1764; il fut arrêté qu'à commencer au 1er octobre suivant, les mois de la première année de nourriture des Enfans seroient payés à raison de sept livres au lieu de six livres.

Que cette augmentation avoit en effet procuré un plus grand nombre de nourrices, mais que cela n'avoit duré que jusqu'en l'année 1765, duquel tems le nombre des nourrices s'est ralenti durant les années 1766 et 1767, et partie de l'année 1758, dans laquelle année 1768 il a été établi à Paris un bureau de direction pour les nourrices des enfans des bourgeois; auquel bureau les nourrices des campagnes ont été attirées par les avantages qui leur ont été annoncés lors de la publication faite dans les villes et villages des provinces, de l'établissement de ce bureau. En sorte que depuis l'établissement de ce bureau la disette des nourrices pour les Enfans trouvés n'a fait qu'augmenter; et elle est telle aujourd'hui, que le meneur qui, avant cet établissement, amenoit au bureau des Enfans-Trouvés vingt à trente nourrices chaque voyage qu'il faisoit à Paris, n'en amène plus que sept à huit, d'autres quatre à cinq, et quelques-uns n'en amènent point.

Que chacun des meneurs, au nombre de vingt-deux, qui exercent cette commission, assure qu'il n'en trouve point dans son canton qui veulent se charger des Enfans trouvés. Le plus grand nombre et les meilleures nourrices aiment mieux se louer pour les enfans des bourgeois, étant défrayées de tous droits et frais de ports d'enfans et de paquets, au lieu qu'en se chargeant des Enfans trouvés, elles auroient à payer quarante sols aux meneurs pour le port de leurs Enfans, et d'autres frais qui sont pris sur les mois de nourriture, dont le prix est au-dessous de celui des Enfans bourgeois.

Qu'en l'année 1773, le bureau, touché du grand nombre d'Enfans morts dans la maison pendant les années 1769, jusqu'en l'année 1772, et pensant qu'en augmentant le prix des mois de nourriture des Enfans pendant la seconde et la troisième année, et les suivantes jusqu'à la sixième et septième, que le temps du sevrage doit finir, cela pourroit attirer les nourrices et en procurer un plus grand nombre; ce moyen ayant été proposé au bureau de l'Hôpital-Général, tenu à l'archevêché le 6 mars de la même année 1773, il fut arrêté qu'à compter du 1er du même mois de mars, les mois de la seconde année de nourriture seroient payés à raison de six livres au lieu de cinq livres; ceux de la troisième annee et les suivantes jusqu'à la sixième et la septième, à raison de cinq livres, au lieu de quatre livres dix sols.

Que cette augmentation n'avoit point opéré tout l'effet que le bureau en attendoit, et que dans le cours de l'année 1774, et les quatre premiers mois de la présente année 1775, il n'est venu que trois mille quatre-vingt-onze nourrices prendre des Enfans, savoir: deux mille deux cent soixante-onze en 1774, et huit cent vingt depuis le 1er janvier jusqu'au 1er mai suivant: en sorte que le manque de nourrices audit jour 1er mai 1775 est le même qu'en l'année 1764, et la mortalité des Enfans, dans la maison, beaucoup plus considérable, attendu l'augmentation du nombre des Enfans que l'on reçoit chaque année.

Que sur les avis ci-devant donnés au bureau, que la disette des nourrices provenoit aussi du refus que font MM. les curés de donner leur certificat aux nourrices pour prendre et se charger des Enfans trouvés, parce que, dans le cas du décès des Enfans, on ne leur payoit que vingt sols pour les frais d'inhumation, tandis que le bureau de la direction des nourrices des Enfans de bourgeois leur payoit cinq livres pour l'enterrement des Enfans de bourgeois; le bureau ayant considéré le prejudice que le refus de MM. les curés pouvoit causer au bien et à la conservetion des Enfans, et estimant qu'en augmentant leur honoraire pour l'inhumation des Enfans, ce pourroit être un moyen pour procurer à l'Hôpital un plus grand nombre de nourrices. Ce moyen ayant été proposé au bureau de l'Hôpital-Général, tenu à l'archevêché le 31 janvier 1774, il fut arrêté qu'à compter du 1er avril de la même année 1774, l'honoraire de MM. les curés, pour les inhumations des Enfans trouvés, seroit payé sur le pied de trois livres, sur laquelle somme ils seroient chargés d'acquitter les menus frais des serviteurs de l'église.

Que les sœurs de la Charité, qui ont été commises par le bureau l'année dernière, pour faire la visite des Enfans qui sont en nourrice et en sevrage dans une partie des provinces de Picardie et de Normandie, et de ceux placés à la pension dans lesdites provinces, après avoir rendu compte au bureau de l'état de santé des Enfans, des soins des nourrices qui en sont chargées, de la conduite des meneurs dans les fonctions de leur commission, du peu d'ordre et d'exactitude qu'elles ont remarqué de la part du nommé Valeur, l'un d'eux, et de la visite particulière qu'elles ont faite à MM. les curés, pour les prier de donner aux nourrices leurs certificats pour prendre et se charger des Enfans trouvés (ce que plusieurs leur ont promis de faire); elles ont représenté au bureau que ce qui pouvoit causer aujourd'hui la disette des nourrices que l'Hôpital éprouve, étoit les droits et frais que les nourrices sont obligées de payer aux meneurs pour le port des Enfans et des paquets, et le sol pour livre sur l'argent que les meneurs leur portent; tous lesquels droits et frais sont pris sur les mois de nourriture des Enfans : le prix desquels, quoique augmenté, suffit à peine pour fournir à leur subsistance et à celle des Enfans qui leur sont confiés, eu égard à la misère qui règne dans les campagnes, et à la cherté des vivres sur les routes.

Que de tous les droits et frais que les nourrices paient aux meneurs, les quarante sols pour le port de leurs Enfans, lors de leur retour à Paris en leur demeure, est celui contre lequel elles réclament et demandent d'être déchargées, observant que les quarante sols sont pris sur les huit livres qu'on leur donne pour le premier mois de nourriture de l'Enfant qui leur est confié; en sorte que les six livres qui leur restent ne les dédommagent aucunement des frais de leur voyage de chez elles à Paris, et de leur retour de Paris en leur demeure.

Qu'il est deux tems dans l'année où il est difficile de trouver des nourrices qui veulent se louer pour les Enfans trouvés : ces tems sont la moisson et la saison d'hiver; et elles ne peuvent être attirées qu'en leur accordant une récompense qui les dédommage du dérangement de leur ménage dans le tems de la moisson, et de leurs peines dans la saison de l'hiver.

Qu'en déchargeant les nourrices des quarante sols qu'elles paient pour le port des Enfans, et accordant pareils quarante sols à toutes celles qui viendraient prendre des Enfans dans le tems de la moisson, qui est ordinairement juillet et août, et pendant les mois de décembre, janvier et février, lesdites sœurs assurent le bureau que cette récompense procurera à l'Hôpital un grand nombre de nourrices, et qu'il n'en manquera point dans toutes les saisons de l'année.

M. Josson a ajouté que, par le calcul qu'il a fait de la dépense que cette récompense occasionneroit chaque année, si elle étoit accordée aux nourrices, relativement au nombre des Enfans que l'on donne aux nourrices qui viennent elles mêmes les prendre à l'Hôpital, elle formeroit un objet de douze à quinze mille livres par année.

Que d'après le récit qu'il vient de faire, tant du compte rendu par les sœurs de la Charité, de la visite par elles faite des Enfans, l'année derniere, et de leurs observations, que de la situation actuelle de l'Hôpital, par rapport à la disette des nourrices, et aux funestes effets qui en résultent, le bureau étoit en état de délibérer sur les moyens proposés pour attirer les nourrices, et éviter la mort des Enfans, la perte desquels répugne à l'humanité et à la religion.

La matière mise en délibération, le bureau, considérant le grand nombre d'Enfans que l'on reçoit chaque année, le préjudice notable que la disette de nourrices cause à leur salut et à leur conservation, et la perte que l'Hôpital fait chaque année dans la maison, de près du tiers de ces Enfans, faute de nourrices, a arrêté,

1° Qu'à commencer du premier de ce mois, les nourrices qui seront amenées par les meneurs seront et demeureront déchargées du paiement des quarante sols accordés aux meneurs par le règlement du 2 mai 1713, et renouvelé par ceux des 24 septembre 1765, article 14, et 28 mars 1774, article 44, lesquels quarante sols seront payés aux meneurs par l'Hôpital.

2° Que pendant les mois de juillet et août de chaque année, tems ordinaire de la moisson, et pendant les mois de décembre, janvier et février de chaque année, tems de la saison d'hiver, il sera payé par l'Hôpital quarante sols à chacune des nourrices qui viendra à Paris, à laquelle il sera donné à nourrir et élever un Enfant dudit Hôpital, et ce en sus des huit livres du premier mois de nourriture de l'Enfant, et qu'elle sera pareillement déchargée du paiement des quarante sols pour le port de l'Enfant qui lui sera donné; et à ce commencer du premier juillet de la présente année, pour le tems de la moisson, et du premier décembre aussi de la présente année, pour la saison de l'hiver.

3° Et que mention de la présente délibération, en ce qui regarde la décharge des quarante sols aux meneurs sur les mois de nourrices, et l'augmentation des quarante sols aux nourrices qui viendront dans les mois d'été et d'hiver, y mentionnées, sera ajoutée dans le corps des bulles des nourrices.

Délivré par moi, greffier du bureau, soussigné. *Signé* Duchesne.

Règlement concernant les meneurs et leurs cautions, arrêté au bureau de l'Hôpital des Enfants-Trouvés.

Du 10 avril 1776.

Art. 1er. A l'avenir il ne sera nommé aucun meneur de nourrices, pour les Enfans trouvés, qu'au préalable ils n'aient fait, conjointement et solidairement avec leurs femmes, s'ils sont mariés, leur soumission et obligation devant notaires à Paris, conformément à l'article 30 du règlement du 28 mars 1774; lesdits meneurs seront tenus de déclarer, par le même acte, leurs biens et ceux de leurs femmes, ainsi que les hypothèques dont ils pourroient être grevés.

2. Chacun des meneurs sera pareillement tenu de fournir, avant que d'entrer en l'exercice de la commission, bonne et suffisante caution, qui se soumettra exactement aux clauses et conditions qui vont être imposées par le présent règlement; et si la caution se trouve mariée, lors du cautionnement, elle sera tenue de faire intervenir sa femme, qui se soumettra aux mêmes obligations.

3. Les cautionnemens qui seront présentés par lesdits meneurs ne pourront être au-dessous de la somme de trois mille livres pour ceux des meneurs dont le maniement en argent n'excéderoit pas la somme de douze mille livres annuellement; et, pour les meneurs dont le maniement annuel en argent seroit plus considérable, le bureau se réserve d'en fixer le montant, de manière toutefois que le cautionnement ne soit jamais au-dessous du quart de ce qui seroit confié au meneur, soit en argent, soit en effets.

3. Dans le cas où le bureau jugeroit insuffisantes ou douteuses quelques-uns des cautions qui ont été ou seront fournies par la suite, soit parce que le maniement des meneurs qu'elles auroient cautionné augmenteroit, soit parce que l'objet fourni pour répondre diminueroit de valeur, soit parce que les affaires de ces cautions se dérangeroient, soit enfin pour quelque autre motif que ce puisse être, dont le bureau ne sera jamais tenu de rendre aucun compte; en ce cas, les meneurs seront tenus, à la première réquisition qui leur en sera faite de la part du bureau, de fournir de nouvelles cautions dans l'espace de six mois en se conformant exactement au présent règlement.

5. Dans le cas où quelques-unes des cautions fournies par les meneurs, ou les héritiers

desdites cautions, viendroient à se désister de leur cautionnement, lequel désistement ne pourroit avoir d'effet qu'au bout de six mois, à compter du jour de la signification qui en sera faite au bureau de la Pitié, chef-lieu de l'Hôpital-Général, les meneurs seront tenus d'en présenter de nouvelles dans le même délai de six mois, à peine de destitution de leur commission; comme aussi lesdits meneurs seront tenus, sous la même peine, dans tous les cas de décès des cautions, d'en informer le bureau, au plus tard dans le délai d'un mois.

6. Les cautions qui seront présentées par les meneurs seront tenues de s'obliger solidairement avec les meneurs et leurs femmes, aux mêmes charges, clauses et conditions qu'eux, pour raison de leurs maniemens, jusqu'à concurrence de la somme qui sera fixée pour leur cautionnement, pour sûreté duquel elles seront tenues de présenter des immeubles de valeur suffisante, qu'elles affecteront spécialement, et qu'elles déclareront francs et quittes de toutes dettes, ou n'être point hypothéqués de façon à empêcher le bureau de pouvoir exercer sur iceux tous recours; pourquoi les cautions seront obligées d'énoncer les dettes hypothécaires dont elles pourroient être tenues, au moment de leur cautionnement.

7. Les meneurs et les cautions dont les épouses seroient mineures, lors de leurs actes de soumission et de cautionnement, seront tenus de se soumettre à leur faire contracter les mêmes obligations qu'eux, dans les trois mois de leur majorité; et, à cet effet, le tems de leur majorité sera annoncé par lesdits actes de soumission et de cautionnement.

8. Encore que par l'article 2 et les suivans, les meneurs, en général, aient été soumis à fournir une caution, néanmoins le bureau se réserve la liberté de les en dispenser en tout ou en partie, dans le cas où ils justifieroient de biens personnels, francs et quittes, et suffisans pour répondre de leur maniement.

9. Attendu que quelques-uns des meneurs actuels et les femmes d'aucuns d'eux n'ont pas remis de soumission, lesdits meneurs et leurs femmes seront tenus de fournir leurs actes de soumission et obligation solidaire, dans la forme ci-devant indiquée, se réservant le bureau d'exiger une caution de ceux des meneurs qui n'en ont pas présenté, s'il ne juge à propos de les en dispenser, d'après la connoissance qu'il aura de leur fortune et entiere solvabilité.

10. Chaque meneur continuera de compter au bureau en la forme prescrite par l'article 40 du règlement du 28 mars 1774; et sera tenu en outre de certifier l'acquittement des bordereaux qui seront dressés sur le journal où sont portés lesdits bordereaux, et à la suite d'iceux. Au surplus, il se conformera audit règlement en tout ce qui n'y est point dérogé par la présente délibération.

TITRE II.

HÔPITAL GÉNÉRAL DE NOTRE-DAME-DE-PITIÉ ET GRAND HÔTEL-DIEU DE LYON.

Extrait des Statuts et Règlements généraux de l'Hôpital général de Notre-Dame-de-Pitié du Pont du Rhône et grand Hôtel-Dieu de la ville de Lyon (1), *concernant les Enfants trouvés.*

CHAPITRE XIV.

Du Recteur qui est chargé du soin des enfans orphelins et abandonnés, de ceux qui ont été exposés, des enfans bâtards et des nourrices.

L'Hôpital reçoit tous les Enfans légitimes de pauvres habitans de la ville, dont les pères et les mères sont décédés, et qui sont au-dessous de l'âge de sept ans; l'Hôpital les adopte, et il prend soin de leur éducation jusques au tems auquel ils doivent passer dans l'hôpital de la Charité, qui est l'âge de six ans et sept mois accomplis, suivant les règlemens faits entre les deux hôpitaux.

Lorsqu'on reçoit et que l'on adopte des Enfans orphelins, l'on doit en même temps retirer leurs extraits baptistaires, de même que les extraits mortuaires et le contrat de mariage ou l'acte de bénédiction nuptiale de leurs pères et mères; tous ces titres doivent être renfermés dans un coffre destiné à cet usage, pour être remis, avec les Enfans lorsqu'ils ont atteint l'âge de six ans et sept mois, aux sieurs recteurs de la Charité, auxquels l'on remet également tous les autres papiers qui peuvent avoir été trouvés dans les successions de leurs pères ou mères, de même que le produit des effets de ces successions, s'il s'y est trouvé quelque chose. En cas de décès des Enfans adoptifs avant qu'ils aient été remis à la Charité, l'Hôpital leur succède en conformité de l'article 10 des lettres patentes de l'année 1716.

Les Enfans abandonnés ou délaissés, c'est-à-dire ceux dont les pères et mères se sont absentés, sont aussi reçus dans l'Hôpital s'ils sont au-dessous de l'âge de sept ans : l'absence du père et de la mère doit être justifiée par le certificat de l'un des sieurs officiers du quartier dans lequel ils avoient leur domicile; après le rapport de ce certificat, l'un des recteurs est encore chargé de prendre lui-même les informations convenables sur cette absence, et si les Enfans se trouvent dans le cas d'être reçus, il doit se faire remettre ou retirer leurs extraits baptistaires, qui sont de même remis, avec les certificats d'absence des pères et des mères, aux sieurs recteurs de la Charité, avec les Enfans, lorsqu'ils ont atteint l'âge porté par les règlements.

Les Enfans qui sont exposés dans l'enceinte de la ville sont pareillement reçus dans l'Hôpital, lorsqu'après une exacte recherche l'on n'aura pu parvenir à découvrir ceux à qui ils appartiennent. Quant aux Enfans exposés à la campagne, les seigneurs des lieux étant obligés de pourvoir à la dépense de leur nourriture et entretien en conformité de l'arrêt de règlement de la cour du 3 septembre 1667, l'on ne les reçoit point si les seigneurs ne contribuent à cette dépense. Les Enfans exposés dans les fauxbourgs de la Guillotière et de la Croix-Rousse sont reçus sur un billet d'invitation de la part de M. le prévôt des mar-

(1) A Lyon, imprimerie Delaroche, MDCCLVI

chands, qui doit être demandé par les officiers des lieux, et apporté avec l'Enfant. Ce billet est ensuite remis au recteur chargé de cette partie de l'administration, lequel, en le représentant à l'hôtel de ville, à la fin de l'année, reçoit pour chaque Enfant la somme convenue avec MM. du consulat, dont il se charge en recette dans son compte.

Tous les Enfans exposés qui sont reçus dans l'Hôpital doivent être inscrits sur un registre particulier par celui des frères auquel le bureau juge à propos de confier ce soin. Il doit exactement noter sur ce registre l'année, le mois et le jour de leur réception, le lieu et l'heure à laquelle ils ont été trouvés exposés; la qualité et la couleur des langes, bonnets ou autres habillements dont ils étoient couverts, le billet ou autres marques qu'ils pouvoient avoir, les noms de ceux qui les ont apportés, et par qui ils ont été envoyés. Lorsque quelqu'un de ces Enfans vient à décéder, le jour de son décès doit être noté en marge de l'exposition; l'on doit y marquer de même l'année et le jour auxquels ils auront été envoyés à la campagne, celui auquel ils en auront été retirés, de même que l'année et le jour qu'ils auront été remis à la Charité. Lorsque ce registre est rempli, il doit être remis aux archives de l'Hôtel-Dieu, pour que l'on puisse y avoir recours en cas de besoin.

Lorsque le recteur chargé du soin des Enfans est informé qu'il y a quelque fille enceinte, soit dans la ville ou dans les lieux circonvoisins, il doit la faire arrêter avec tous les ménagements que la prudence peut lui suggérer, pour tâcher de découvrir celui des faits duquel elle est enceinte, afin de l'obliger à contribuer à la nourriture de l'Enfant, qui, sans cette précaution, est presque toujours exposé et souvent même en danger de perdre le jour aussitôt qu'il l'a reçu.

Tous les Enfans qui sont reçus dans l'Hôpital, soit comme adoptifs, exposés, abandonnés ou bâtards, doivent être marqués au moment de leur réception, d'un numéro différent, par l'un des frères de la maison qui est chargé de ce soin : ces numéros, avec les armes de l'Hôtel-Dieu, sont gravés sur une médaille de plomb qui doit être attachée au cou de l'Enfant avec un cordon de soie bleue, de manière que l'on ne puisse enlever la médaille sans rompre le cordon. Les numéros destinés à marquer ces enfants sont depuis numéro 1 jusques à numéro 8000. Lorsqu'ils sont remplis, l'on doit toujours recommencer par le premier numéro. Les coins et marques qui servent à imprimer ces différens numéros sont déposés dans le bureau particulier, dans lequel on fait le payement des nourrices.

Les Enfans reçus dans l'Hôpital sont envoyés à la campagne pour y être nourris jusques à ce qu'ils aient atteint l'âge auquel ils doivent passer dans la maison de la Charité, ou au moins jusques à celui de six ans. Il est d'usage de les envoyer de préférence dans les villages qui sont situés dans les montagnes du Lyonnois, Forez et Beaujolois, à cause de la salubrité de l'air et de l'abondance des denrées nécessaires à la vie.

L'on ne doit donner aucun Enfant à nourrir, que la sœur qui a soin des accouchements n'ait examiné si les femmes qui se présentent sont en état de les bien nourrir, et si elles ne rapportent une attestation du curé de leur paroisse sur la régularité de leurs mœurs. On leur donne pour chaque Enfant à la mamelle un berceau, trois langes de cordillat, six drapeaux qui doivent être faits avec des draps qui aient déjà servi, pour qu'ils soient moins rudes, deux bandes, deux béguins et un bonnet de laine; six mois après que l'Enfant leur a été remis, on leur donne une aune et demie de toile neuve de deux tiers de largeur. L'on doit noter avec exactitude sur le registre destiné à cet effet les noms de ceux chez lesquels les Enfans sont mis en nourrice, la paroisse sur laquelle ils demeurent, l'année et le jour que les Enfans leur ont été donnés, de même que toutes nippes et hardes qui ont été remises pour leur usage; l'on doit de même faire une exacte mention du numéro qui a été attaché au cou de chaque Enfant, afin que l'on ne puisse point les changer, ou qu'en cas de décès l'on n'en puisse point supposer d'autres à leur place. Si l'Enfant vient à mourir chez ceux auxquels il avoit été remis, ils doivent rendre les nippes et hardes qu'ils avoient reçues dans l'état où elles se trouvent, avec le numéro qui avoit été attaché au cou de l'Enfant et rapporter un certificat du curé des lieux, du jour du décès, pour qu'ils puissent être payés de la nourriture qu'ils lui ont fourni jusques alors.

On donne pour la nourriture de chaque Enfant quarante-deux livres par année : ces paiements se font tous les vendredis dans l'Hôtel-Dieu par le recteur chargé de la direction des Enfans, ou par quelqu'un commis de sa part, qui doit toujours être accompagné de l'un des frères de la maison qui note exactement sur le livre tenu à cet effet, la somme qui aura été payée aux nourriciers, de même que le jour du payement; il ne doit en être fait aucun, que le nourricier n'ait gardé l'Enfant au moins pendant l'espace de trois mois, qu'il ne rapporte un certificat du curé des lieux, qui atteste qu'il est actuellement en vie, et qu'il ne soit reconnu que le cordon auquel le numéro servant à désigner l'Enfant avoit été attaché, n'est point rompu.

Lorsque le nourricier a gardé les Enfans pendant une année, ou qu'ils ont déjà atteint cet âge, lorrque l'on les donne à nourrir, l'on fournit pour chaque Enfant une robe de drap bleu, une paire de bas de laine, un bonnet de laine, une paire de souliers et une aune et demie de toile neuve de deux tiers de largeur: à un an et demi, l'on donne encore une aune et demie de toile de la même largeur; à deux ans, l'on donne de même une robe, des bas de laine, des souliers, un bonnet de laine et deux aunes de toile; à l'âge de trois ans, l'on donne une robe, des bas, des souliers, un bonnet et deux aunes et demie de toile; lorsque l'Enfant a atteint l'âge de trois ans et demi, l'on lui donne encore deux aunes et demie de toile; lorsqu'il a atteint celui de quatre ans, on lui donne une robe, des bas, des souliers, un bonnet et quatre aunes de toile; et enfin, lorsqu'il est parvenu à l'âge de cinq ans et demi, on lui donne pareillement une robe, des bas, des souliers, un bonnet et quatre aunes de toile, ce qui doit suffire pour son entretien jusqu'au temps où il est ramené à l'Hôtel-Dieu. Toutes ces choses à l'exception des toiles, sont fournies par le recteur chargé de la direction des Enfans.

Il est d'usage d'employer pour les robes, de même que pour les corsets des Enfans, du cordillat étroit de Saint-Genis : la quantité qui en doit être employée est déterminée par leur âge; savoir celle de sept sixièmes pour chaque corset d'Enfans; une aune et un seizième pour les robes des Enfans qui ne sont âgés que d'un an; une aune et un quart pour celle des Enfans de deux ans; une aune et tiers de cordillat de Saint-Genis, large, pour celle des Enfans de trois ans; une aune et demie du même cordillat large, pour celle des Enfans de quatre ans, et, pour celle des Enfans qui ont atteint la sixieme année, une aune et deux tiers du même cordillat.

Les Enfans qui ont été envoyés à la campagne pour y être nourris doivent être visités, au moins une fois l'année, par le recteur chargé de cette direction, ou, à son défaut, par l'un des frères de la maison, qui doit examiner avec soin s'ils sont bien nourris et entretenus, si l'on ne fait point servir à d'autres les nippes et hardes destinées à leur usage, si les cordons auxquels sont attachés les numéros servant à les désigner sont en bon état; et dans le cas où il les trouveroit rompus, il doit en remettre d'autres, pourvu qu'il ne découvre point de supposition d'un Enfant au lieu d'un autre. Il doit retirer les Enfans qui lui paroîtroient n'être pas bien entretenus, et les placer ailleurs. Le tems le plus convenable pour faire cette visite, qui ne doit jamais être omise sous aucun prétexte, est celui du commencement de l'été.

Lorsque quelques-uns de ces Enfans viennent à décéder, ils doivent être enterrés par les curés des paroisses où ils meurent sans aucune rétribution, conformément aux ordonnances rendues à cet égard par MM. les archevêques et évêques.

Lorsque les Enfans approchent de l'âge auquel ils doivent passer dans la maison de la Charité, ils sont retirés de la campagne. Au moment de leur arrivée dans l'Hôtel-Dieu, et avant qu'on les fasse entrer dans l'appartement qui leur est destiné, l'on doit examiner avec soin si la médaille qui avoit été attachée à leur cou, lors de leur réception dans l'Hôpital, est encore en bon état, et si l'empreinte du numéro qui y avoit eté gravé n'est point effacée : s'il paroît que la médaille ait souffert quelque altération, l'on doit sur le-champ en substituer une autre avec l'empreinte du même numéro auquel l'Enfant avoit été marqué, lorsqu'il avoit été reçu dans l'hôpital, afin d'éviter par cette précaution qu'il ne puisse se faire aucune confusion dans les numéros qui servent à désigner les Enfans.

Le premier jeudi après le dimanche de *Quasimodo*, l'avocat de la Charité et le recteur drapier se rendent à l'Hôtel-Dieu pour y faire la vérification de l'âge des Enfans qu'on doit leur remettre : cette vérification se fait sur le registre sur lequel le tems de la réception des Enfans, à l'Hôtel-Dieu, et leur âge ont été inscrits; elle est faite en présence de l'avocat de l'Hôpital, et du recteur chargé de la direction des Enfans; après quoi, ceux des Enfans qui ont été reconnus avoir atteint l'âge requis sont envoyés, le dimanche suivant, à la Charité.

L'entrée des appartemens des nourrices et des Enfans doit être fermée à toutes sortes de personnes : les chirurgiens et les domestiques ne doivent y aller, pour quelque cause que ce soit, sans la permission du recteur chargé de la direction de cette partie, ou, en son absence, sans celle de l'économe; et au cas qu'ils fussent entrés dans cet appartement sans cette permission, ils doivent être mis hors de la maison au bureau le plus prochain.

Lorsqu'il y aura quelques malades dans cet appartement, le médecin y entrera seul, avec une des sœurs, qui aura soin de sonner auparavant la cloche destinée à avertir de l'entrée du médecin.

S'il se trouve quelque fille qui soit dans le cas de devoir être visitée par le chirurgien, cette visite ne doit être faite qu'en présence de deux sœurs.

Les domestiques prendront et rapporteront la vaisselle, de même que toutes les autres choses qui peuvent être nécessaires dans cet appartement, sans y entrer, et sans aller plus loin que le vestibule des sœurs.

Comme il est très-important pour le bien de la maison, que plusieurs des filles qui se sont consacrées au service des pauvres acquièrent les connoissances et l'expérience qu'exige l'art des accouchements, et qu'il est en même temps essentiel que cet emploi, qui demande autant de capacité que de zèle à en remplir les devoirs, ne soit confié qu'à des sœurs reçues dans la maison, et dont la conduite ait été éprouvée depuis longtemps, il convient, pour remplir cet objet, qu'il y ait toujours dans cet emploi trois sœurs au moins, qui doivent être choisies par le bureau, et que l'on changera, lorsqu'on le jugera à propos, afin que la maison ne puisse jamais se trouver dépourvue de sujets qui puissent se succéder les uns aux autres, ou remplacer ceux que l'on pourroit destiner ailleurs.

Le recteur chargé de la direction de cette partie doit, à la fin de son service, faire un inventaire exact et général de toutes les hardes et étoffes qui se trouveront dans la maison pour l'usage des Enfans que l'Hôpital reçoit; il doit remettre cet inventaire au recteur qui lui succede, pour qu'il soit en état de se faire rendre compte de tout ce que son prédécesseur a laissé; il doit en même temps lui remettre toutes les déclarations, commissions, promesses et autres papiers qui peuvent concerner les fonctions dont il étoit chargé pendant le temps de son service.

Ce recteur, pendant le cours de son administration, est remboursé, à la fin de chaque mois, par le trésorier, de toute la dépense qu'il a faite, et il ne compte de la recette qu'il peut faire qu'à la fin de chaque année, dans le compte général qu'il rend pour lors comme les autres recteurs.

Modèles des certificats des curés, qui doivent être rapportés par ceux qui se présentent pour nourrir des Enfants de l'Hôtel-Dieu, ou pour recevoir le payement de la nourriture qu'ils leur ont fournie

1er. — Je soussigné, curé de la paroisse de certifie que et sa femme, qui sont domiciliés dans ladite paroisse, sont gens de bonnes mœurs, et qu'un enfant de mamelle sera bien nourri chez eux, le leur étant mort depuis ou étant âgé de et n'en ayant point d'autre de mamelle. Fait à ce

2. — Je soussigné, curé de la paroisse de certifie avoir vu dans la maison de mes paroissiens, Enfant de l'Hôtel-Dieu de Lyon, marqué au n° le cordon de sa médaille étant en bon état ou rompu. Fait à ce

3 — Je soussigné curé de la paroisse de certifie que Enfant de l'Hôtel-Dieu, marqué au n° et nourri chez mes paroissiens, est décédé depuis le Fait à ce

CHAPITRE XV.

Des fonctions des recteurs chargés des distributions qui se font dans la ville

L'Hôtel-Dieu est en usage de donner quelques secours aux pauvres femmes de la ville pour aider à la nourriture de leurs Enfans, jusques à ce qu'ils aient atteint l'âge de quinze mois. Ces secours consistent dans une aumône de trente, quarante, cinquante et jusques à soixante sols par mois, à proportion des besoins : lorsque la nécessité des parents est extrême, l'on donne, outre l'aumône en argent, un trousseau pour l'Enfant.

Lorsqu'une femme se présente pour demander ce secours, elle doit s'adresser au recteur chargé de la distribution du quartier dans lequel elle demeure, et lui présenter l'extrait baptistaire de son Enfant, pour justifier qu'il est légitime : le recteur prend les informations que sa prudence lui suggère pour s'assurer si elle est effectivement dans le cas de la nécessité; les informations prises et la nécessité reconnue, l'enfant doit être marqué avec le numéro imprimé sur une médaille de plomb, sur le revers de laquelle sont gravées les armes de l'Hôtel-Dieu, avec ces mots : *Enfant légitime de Lyon.* Cette médaille doit être attachée au cou de l'Enfant avec un cordon de soie, de manière que l'on ne puisse la retirer qu'en coupant le cordon.

Chaque recteur chargé d'une distribution doit avoir un registre sur lequel il inscrit les noms et surnoms des Enfans pour lesquels ce secours est accordé, leur âge et la paroisse sur laquelle ils ont été baptisés, les noms de leurs pères et mères, leur profession, leur domicile et le nombre des Enfans qu'ils ont, pour proportionner les secours qu'on leur donne à leurs besoins.

Les distributions des différents quartiers de la ville sont au nombre de cinq; chaque distribution a ses numéros particuliers : lorsqu'ils sont épuisés, l'on doit recommencer par le premier numéro de cette distribution, sans en employer d'autres que ceux qui sont destinés pour chaque distribution en particulier.

Les cinq distributions, qui comprennent tous les quartiers de la ville, sont celles du quartier de Bon-Rencontre, de la Grande-Côte et du Griffon, de Saint-Georges, de la Grande-Rue et du quartier de Bourg-Neuf.

Les numéros du quartier de Bon-Rencontre commenceront depuis 8,001 jusques à 8,400.

Ceux du quartier de la Grande-Côte et du Griffon, depuis 8,401 jusques à 9,000

Ceux du quartier de Saint-George, depuis 9,001 jusques à 9,300.

Ceux du quartier de Bourg-Neuf, depuis 9,301 jusques à 9,600.

Et ceux de la Grande-Rue, depuis 9,601 jusques à 9,999.

Outre ces règlemens généraux sur l'ordre et la forme des distributions, il y a une instruction particulière à cet égard, qui doit être remise à chaque recteur qui est chargé de la distribution d'un quartier.

CHAPITRE XXXII.

Des fonctions du frère qui est chargé de tenir le registre concernant les nourrices et celui de l'exposition des Enfans.

Celui des frères que le bureau choisit pour lui confier ce soin, doit tenir un registre ou grand livre, sur lequel doivent être inscrits les noms de tous les Enfans reçus dans l'hôpital, leur âge, le numéro du plomb qui leur a été attaché au cou lors de leur réception, les noms de ceux chez lesquels ils ont été envoyés en nourrice, la paroisse où ils résident, les nippes et hardes qui leur ont été remises, et les différens paiemens qui leur sont faits pour la nourriture des Enfans.

Il doit assister, le vendredi de chaque semaine, au payement qui est fait par le recteur drapier de la nourriture des Enfans qui ont été envoyés à la campagne; il est chargé de la distribution des hardes qu'il est d'usage de fournir pour leur entretien; et lorsque quelqu'un de ces Enfans vient à décéder, il doit noter sur le registre qui les concerne, l'année, le mois et le jour de leur décès, de même que les hardes à leur usage qui ont été rendues par ceux qui les nourrissaient.

Il est chargé de tenir un second registre sur lequel il doit écrire la réception de tous les Enfans exposés; il notera avec exactitude l'année, le mois et le jour de leur exposition et de leur réception dans l'Hôtel-Dieu; il fera mention du lieu où l'exposition aura été faite, de l'âge des Enfans autant qu'il est possible de le reconnaître, de la qualité et de la couleur des langes ou autres hardes avec lesquelles ils auront été trouvés, du nom des personnes par qui ils auront été apportés; il transcrira sur le même registre les billets qui pourroient avoir été trouvés sur eux, et il notera à la marge du même livre les noms de ceux à qui les Enfans auront été donnés à nourrir, la paroisse où ils demeurent, le jour qu'ils leur auront été remis, et le numéro du plomb qui aura été attaché au cou de chaque Enfant, lorsqu'il aura été envoyé en nourrice. Ce registre est déposé dans les archives de l'hôpital, pour que l'on puisse y avoir recours lorsque le cas le requiert : l'on doit en donner une copie à MM. les recteurs de la charité lorsque ces Enfans leur sont remis, après qu'ils ont atteint l'âge prescrit par les règlemens faits entre les deux hôpitaux.

Le frère chargé du soin de tenir ces registres ne doit en donner communication à personne sous quelque prétexte que ce soit; mais il doit renvoyer aux recteurs, ou à l'économe, ceux qui pourraient avoir besoin d'y chercher quelques éclaircissemens ou d'en retirer des extraits.

CHAPITRE XXXVIII.

Des devoirs de la sœur qui est chargée du soin des Enfans.

L'un des principaux objets de l'administration de l'Hôtel-Dieu est le soin qu'il prend des Enfans exposés ou abandonnés par leurs parents : ces Enfans sont envoyés à la campagne, pour y être nourris jusqu'à ce qu'ils soient parvenus à l'âge de six ans, auquel temps ils en sont retirés, et ils restent dans l'hôpital jusqu'à ce qu'ils aient atteint l'âge de six ans et sept mois, auquel ils sont remis à MM. les recteurs de la maison de Charité, en exécution des règlemens faits entre les deux hôpitaux.

Une sœur est spécialement destinée à prendre soin de leur entretien et de leur éducation pendant le temps qu'ils restent dans l'hôpital; elle est aidée du nombre de sœurs ou de domestiques nécessaire, eu égard au nombre des Enfans; elle doit veiller avec attention qu'ils soient bien nourris et habillés; elle doit être chargée, par un inventaire, du linge, des habits, de même que des meubles et ustensiles nécessaires pour leur usage.

Elle doit prendre soin de les instruire des principes de la religion, autant que leur âge peut le permettre; elle doit veiller que l'ecclésiastique qui est chargé de leur faire le cathéchisme trois fois par semaine, suivant la fondation qui en a été faite, s'en acquitte avec exactitude; et, supposé qu'il vînt à y manquer, elle est obligée d'en informer l'économe : elle doit, pendant le cours de la journée, leur faire faire différentes prières, et autres exercices de piété convenables à la portée de leur âge.

Elle doit, chaque semaine, lorsque le temps et la saison le permettent, les envoyer une fois ou deux à la promenade, accompagnés du nombre de sœurs nécessaires pour veiller sur leur conduite; dès qu'elle s'aperçoit ou qu'elle est informée que quelques-uns sont malades, elle doit les faire transporter dans l'infirmerie destinée pour les Enfans, dans laquelle l'on doit toujours faire coucher une sœur, pour qu'elle soit en état de pourvoir plus promptement à tous leurs besoins. Le médecin doit les visiter chaque jour comme les autres malades de la maison.

Elle doit prendre soin de faire observer pour les heures de leur lever et de leur coucher, de même que pour celles de leur repas, et pour la manière de les nourrir et de les habiller, les dispositions du règlement particulier de l'intérieur de la maison, qui les concernent.

LETTRES PATENTES de S. A. S. monseigneur le prince de Dombes, en faveur de l'Hôpital général de Notre-Dame-de-Pitié du Pont du Rhône et grand Hôtel-Dieu de Lyon.

Du mois d'octobre 1756.

LOUIS-CHARLES, par la grâce de Dieu, prince souverain de Dombes, à tous présens et à venir, SALUT. Les recteurs et administrateurs de l'Hôpital général du Pont du Rhône et grand Hôtel-Dieu de la ville de Lyon, Nous ont fait représenter que les secours infinis que les pauvres malades et blessés de tout le royaume, même des pays étrangers, trouvent dans cette maison, leur a fait accorder par les rois de France et plusieurs princes et seigneurs l'exemption de tous droits de péage qui se perçoivent dans l'étendue de leur domaine, sur toutes espèces de denrées et marchandises destinées à l'usage des pauvres, et en conséquence nous auroient fait supplier d'accorder aux pauvres de leur Hôpital la même exemption pour les droits de péage qui se lèvent à notre profit tant par eau que par terre dans notre souveraineté; et nous étant fait rendre compte des secours que nos sujets reçoivent dans ledit Hôpital, nous aurions été informés que l'administration de cette maison est si parfaite qu'elle n'a pu être imitée jusques à présent dans aucune ville du monde; que les recteurs auxquels elle est confiée s'en acquittent avec un zèle et une charité au-dessus des plus grands éloges, et qu'indépendamment des secours que trouvent dans cette sainte maison les malades de toute nation, ceux de nos sujets qui s'y présentent y sont reçus, soit en cas de maladie ou d'opérations importantes, que même l'on reçoit les Enfans exposés ou délaissés dans la Dombes, qui y demeurent jusqu'à l'âge de sept ans, et il nous a paru juste de contribuer au soulagement des dépenses d'un établissement aussi utile aux pauvres, et en particulier à ceux de notre domination. A CES CAUSES, voulant seconder le zèle et la charité desdits sieurs administrateurs envers les pauvres et les indemniser en partie des secours qu'ils donnent gratuitement à nos sujets, et dont nous avons une parfaite connaissance. De l'avis de notre conseil, qui a vu les preuves de ce que dessus, et de notre certaine science, pleine puissance et autorité souveraine, Nous avons par ces présentes, signées de notre main, accordé et accordons à perpétuité, audit Hôpital général et grand Hôtel-Dieu de la ville de Lyon, l'affranchissement et exemption des droits de péage qui se lèvent ou se lèveront à notre profit par eau et par terre, tant dans notre ville de Trevoux que dans toute l'étendue de notre souveraineté, pour le passage et transport des denrées, vivres provisions et marchandises destinées à l'usage et consommation des pauvres et domestiques dudit Hôpital, jusques à concurrence de la sommme de trois cent trente livres seulement, à laquelle nous avons réduit et fixé lesdites exemption et affranchissement pour chaque année; à l'effet de quoi, voulons et ordonnons que, pendant le cours du bail général des revenus de notredite souveraineté, du 22 septembre 1755, dont la jouissance commencera au 1er janvier prochain, il soit payé annuellement par notre fermier général ou ses cautions, en deniers comptant, au trésorier dudit Hôpital, sur sa simple quittance, ladite somme de trois cent trente livres, et ce à commencer le premier payement au mois de décembre 1757, et successivement d'année en année, tant que ledit bail durera, sauf à nous, après l'expiration dudit bail, à être pris à cet égard tels arrangemens et donné tels ordres que nous jugerons convenir pour faire payer ladite somme de trois cent trente livres, de laquelle il sera tenu compte à notredit fermier ou ses cautions, sur le prix de son bail, en rapportant par chacun an la quittance dudit sieur trésorier de l'Hôpital, visée de deux desdits sieurs administrateurs avec copie collationnée des présentes pour une fois seulement; au moyen duquel payement de ladite somme de trois cent trente livres, la perception des droits de péages continuera à être faite par nos receveurs et fermiers ainsi que par le passé, le tout néanmoins sous la condition expresse que lesdits sieurs administrateurs feront célébrer à perpétuité dans l'église dudit Hôpital deux messes basses par chaque mois de l'année, l'une pour les princes souverains de Dombes vivants, et l'autre pour le repos des âmes des princes décédés, la fondation desquelles messes sera inscrite et insérée dans les registres des fondations dudit Hôpital avec l'expression du motif pour lequel elles sont fondées, qui est l'exemption accordée par ces présentes, desquelles inscription et enregistrement lesdits administrateurs remettront un extrait signé d'eux et de leur secrétaire à notre procureur général, et ils en envoieront un pareil au secrétariat de notre conseil souverain. Si donnons en mandement à nos amés et féaux conseillers, les gens tenant notre cour de parlement à Trevoux, que ces présentes ils fassent registrer, garder, observer et entretenir selon leur forme et teneur, à la diligence de notre procureur général, auquel nous enjoignons d'y tenir la main. Car tel est notre plaisir. Et, afin que ce soit chose ferme et stable à toujours, nous avons fait mettre notre scel à ces présentes. Donné à Fontainebleau, au mois d'octobre, l'an de grâce 1756, et de notre souveraineté le deuxième. *Signé*, Louis-Charles. *Et sur le repli*, par Son Altesse Sérénissime, *signé* Dutour. *Visa* pour exemption, en faveur de l'Hôpital général du Pont du Rhône, des drois de péage de Dombes, jusques à concurrence de la somme de 330 liv.

Signé, Dutour-Wlliard.

Enregistrement des lettre patentes accordées par S. A. S. monseigneur le prince de Dombes à l'Hôpital général et grand Hôtel-Dieu de Lyon.

Extrait des registres de la cour du parlement de Dombes.

Vu par la Cour le réquisitoire du procureur général en icelle, contenant que Son Altesse Sérénissime avoit accordé, à l'Hôpital général du Pont du Rhône et grand Hôtel-Dieu de la ville de Lyon, des lettres patentes portant exemption des droits de péage en Dombes sur les provisions dudit Hôpital, jusqu'à concurrence de la somme de trois cent trente livres seulement par chacun an à perpétuité, lesquelles lettres patentes qui sont du mois d'octobre dernier, doivent être registrées à la diligence dudit procureur général qui requerroit à ce qu'il fût ordonné que lesdites lettres signées LOUIS-CHARLES, et, sur le repli, par Son Altesse Sérénissime, Dutour, duement scellées en cire verte, seroient registrées ès registres de la Cour pour être exécutées suivant leur forme et teneur, et que la délibération du bureau dudit Hôpital seroit registrée à la suite desdites lettres patentes, ledit réquisitoire et date du jour d'hier, *signé* DEYRIOUX DE MESSIMY. Oui le rapport de Me Claude-Marie Dupré de la Surange, conseiller en ladite Cour, commissaire en cette partie; tout considéré,

La Cour a ordonné et ordonne que les lettres patentes accordée par Son Altesse Sérénissime au mois d'octobre dernier, portant exemption des droits de péage, en Dombes, sur les provisions de l'Hôpital général du Pont-du-Rhône et grand Hôtel-Dieu de la ville de Lyon, jusqu'à concurrence de la somme de trois cent trente livres seulement par chacun an, à perpétuité, seront registrées ès registres de la Cour, pour être exécutées suivant leur forme et teneur, comme ainsi que la délibération du bureau dudit hôpital, en date du quatorze du présent mois, sera pareillement registrée à la suite desdites lettres patentes. Donné en Parlement, à Trevoux, le mardi trentième novembre mil sept cent cinquante six.

Par la Cour, *signé* DELAGENESTE. Scellé à Trevoux, le premier décembre mil sept cent cinquante six.

Signé DUPRÉ DE LA SURANGE.

TITRE III.

HÔPITAL GÉNÉRAL DE LA CHARITÉ DE LYON.

EXTRAIT des Statuts et Règlements de l'Hôpital général de la Charité et aumône générale de Lyon (1), concernant les Enfants trouvés.

....

CHAPITRE XXII.

Observations pour MM. les Recteurs chargés de la direction des bâtards et des bâtardes.

Rien n'est plus ordinaire que de voir régner le désordre dans les villes les plus considérables, et quelque attention qu'apportent pour y remédier ceux qui les gouvernent, leurs soins deviendroient inutiles, si la compassion n'inspiroit les sentimens que mérite le rebut infortuné du déréglement et de l'inhumanité.

On se persuade difficilement qu'une mère puisse étouffer des principes dictés par la nature; mais l'honneur et le besoin les lui font méconnoître, la rendent sourde à leur voix, et la plus triste expérience ne nous prouve que trop combien la honte ou le désespoir sont peu sensibles aux cris de l'innocence abandonnée.

Il étoit donc essentiel de suppléer par Christianisme à ce que le sang refuse avec dureté, et l'on crut en accomplir les préceptes en arrachant à la mort les victimes qu'on lui destinoit.

Pour lors, on vit les administrateurs des hôpitaux remédier par leurs soins à de pareils

(1) A Lyon, imprimerie d'Aimé Delaroche, MDCCLXV.

malheurs; les uns s'approprièrent ces infortunés dès le berceau, pour les confier ensuite a ceux qui devoient les mettre en état de gagner leur vie; ceux-là se chargerent de les faire chrétiens, et de fournir aux besoins de leur tendre enfance, tandis que ceux-ci les instruiroient dans les pratiques de leur religion, dans les devoirs d'une vie laborieuse et dans la nécessité d'acquérir des talents; en un mot, ils mirent en œuvre les moyens de se disputer entr'eux le titre de père.

Comme il ne s'agit ici que des derniers, et que les observations suivantes les regardent uniquement, on ne peut trop leur faire appercevoir combien il est avantageux de mériter cette qualité en se conformant avec exactitude à la sagesse des loix et des principes qu'ils doivent suivre dans la conduite d'une famille aussi nombreuse que celle qui leur est confiée.

Ces deux corps ne doivent être composés que des Enfans qui sont véritablement bâtards, ou exposés par leurs père et mère sans aucune indication pour les découvrir.

L'on ne doit jamais y introduire ceux qu'on présente à la maison, en vertu d'un extrait mortuaire de père ou mère, et procès-verbal d'absence de l'un ou de l'autre, comme il arrivoit autrefois; et il est nécessaire de se conformer en cela à la différence qu'en font MM. de l'Hôtel-Dieu dans leur registre lors de la délivrance des Enfans trouvés.

Comme lesdits Enfans sont quelquefois réclamés par gens qui donnent leur signalement, ou des marques par lesquelles il est aisé de les distinguer, MM. les recteurs, après en avoir informé le bureau, et obtenu son consentement, ne doivent cependant les livrer à ceux qui les demandent qu'après s'être assurés qu'ils sont en état de leur procurer un établissement, et qu'ils s'y engagent; ils doivent en outre exiger un répondant connu, avec qui on puisse passer un acte, par lequel, en se chargeant de l'Enfant, il s'oblige de le re présenter à la première requisition.

Les recteurs doivent avoir une attention particulière d'envoyer à la campagne tous les Enfans que MM. de l'Hôpital rendent à la Charité et d'empêcher qu'on n'en cache aucun, soit en les amenant, soit en les laissant malades à l'Hôtel-Dieu, ou même dans la maison.

Il convient de ne les livrer aux paysans qui les demandent que sur des certificats donnés par les curés, comme ils sont de bonnes mœurs et capables d'en avoir soin; les lettres des personnes connues qui rendent de bons témoignages sur le compte de ceux qui se présentent peuvent suppléer aux certificats.

Il est essentiel, lorsqu'on les leur délivre, d'inscrire dans le registre à ce destiné leur nom et celui de la paroisse où ils demeurent, le nombre d'Enfans dont ils sont chargés, leur nom, le numéro sous lequel ils étoient dans le livre de l'Hôtel-Dieu et le nouveau numéro du plomb de la maison qu'on leur aura attaché au cou.

Comme il arrive quelquefois que, malgré les soins qu'on se donne, on confie lesdits Enfans à gens qui les négligent, ou les maltraitent, MM. les recteurs doivent faire chaque année, ou au moins tous les deux ans, la tournée dans les paroisses où ils sont, afin de voir comment on les nourrit, si on les couche et si on les tient avec propreté, si on les instruit dans la piété et dans la religion, et si on ne les néglige point dans quelque maladie dont un prompt secours peut arrêter les suites fâcheuses.

Au cas que lesdits recteurs ne puissent pas y aller, ils doivent y engager quelqu'un de leurs confrères, ou envoyer un des prêtres de la maison avec un frère, muni d'un pouvoir du bureau, pour faire les changements convenables. Ces sortes de voyages se font communément dans la belle saison, et les faux frais en sont supportés par la maison.

Les recteurs doivent porter avec eux le registre où sont inscrits lesdits Enfans, avec des cordons, des plombs et la presse, pour numéroter de nouveau ceux dont le cordon seroit prêt à rompre, ou qui auroient perdu leur marque.

Comme il s'en trouve fort souvent dans le nombre, pour qui les nourriciers ont pris quelque attachement, et qui se font une espèce de honte de rapporter ladite marque, on pourra se contenter de mettre leur signalement en marge du registre; mais on ne dispensera point de porter le numéro ceux ou celles qui sont infirmes, ou estropiés, à quelque âge qu'ils soient, d'autant mieux qu'ils ont toujours droit d'avoir l'asyle dans la maison, et qu'il est bon de les reconnaître par-là.

Les recteurs doivent faire attention, lors de leurs visites, de vérifier bien exactement sur le registre le nom et le numéro des Enfans délivrés, avec le nom de ceux qui s'en sont chargés, afin de voir si ce sont bien les mêmes qui les représentent; cette précaution est nécessaire pour empêcher l'usage pernicieux où sont quelques paysans, d'emmener de la maison un certain nombre d'Enfans qu'ils remettent ensuite à ceux qui leur donnent une somme dont ils conviennent; au moyen de cette espèce de commerce, il est impossible de savoir la destination des Enfans, ce qui n'est pas dans la règle.

L'on priera les curés des villages, où sont lesdits Enfans, de donner leur signature et l'empreinte de leur cachet sur une feuille qui sera insérée dans le registre, afin de pouvoir confronter les billets et certificats que les paysans apportent de leur part, tant pour le paiement des pensions que pour la remise des hardes desdits Enfans; cette précaution est nécessaire, pour éviter d'être trompé dans les signatures contrefaites.

On invitera lesdits curés et leurs vicaires à veiller exactement à ce que lesdits Enfans soient élevés dans la crainte de Dieu, et à obliger ceux qui s'en sont chargés, de les envoyer à leurs catéchismes et instructions; on les engagera aussi d'exhorter dans leurs prônes les paroissiens, qui tiennent lieu de père à ces enfants, de leur donner, sur toutes choses, une éducation chrétienne.

Si lesdits Enfants sont assez forts pour rendre quelque service à ceux chez qui on les a mis, MM. les recteurs tâcheront, pour l'avenir, de faire une diminution sur le prix dont on étoit convenu avec eux pour s'en charger; si même ils ont atteint douze ou treize ans, et qu'ils commencent à travailler, il sera à propos d'obliger les paysans à les garder deux ou trois ans, aux conditions par eux de les nourrir et habiller, sans rien exiger de la charité.

Quant à ceux qui auroient atteint seize ou dix-sept ans, après les avoir avertis qu'il est trop tard de revenir dans la Maison pour apprendre un métier, il ne seroit pas juste de les laisser chez lesdits paysans pour l'entretien et la nourriture seulement; on tâchera donc de leur procurer et de convenir d'un gage; tous les traités ci-dessus se passeront pardevant les curés des paroisses où on les fera.

Si les recteurs reçoivent des plaintes bien fondées de la part desdits curés, des habitants, et les Enfans mêmes contre quelqu'un de ceux qui tiennent chez eux lesdits Enfans, soit qu'il leur donne une mauvaise éducation, ou qu'il les maltraite injustement, ils les changeront de maison, en préférant toujours les paysans de meilleure réputation.

Comme il arrive souvent que quelques-uns desdits Enfans, qui n'ont pas été rendus au temps fixé, et qu'on a négligé de faire rentrer dans la maison, préfèrent le séjour et les travaux de la campagne aux métiers qu'on pourroit leur faire apprendre dans la ville, il est naturel de ne pas combattre leur inclination, et pourvu qu'ils soient en état de gagner leur vie, on doit y donner son consentement; en les avertissant, toutefois, de se présenter à chaque visite, pour qu'on puisse inscrire leur changement de domicile, au cas qu'il y en ait, et que faute par eux de s'y conformer, ils seront rayés du catalogue.

Il est d'autant plus essentiel de laisser à la campagne ceux qui en témoignent avoir un peu d'envie, que les fabriques de la maison sont suffisamment remplies par les incurables qui y travaillent; que le métier qu'on leur fait apprendre dans la ville ne leur donne pas fort souvent de quoi subsister, et que, loin de soulager la charité, ils en augmentent les dépenses, par le pain qu'il faut leur donner, par leurs Enfans qu'ils abandonnent quelquefois, et parce qu'ils viennent eux-mêmes pour l'ordinaire y finir leurs jours.

Si aucun desdits Enfans trouve à se marier dans la campagne, avant l'âge de majorité, il ne pourra le faire sans le consentement des recteurs, et il viendra leur en faire part, pour avoir le billet de permission, qu'ils ne donneront qu'après s'être informés des vie, mœurs et facultés de la personne qu'ils veulent épouser, pour savoir si le parti convient, et ceux ou celles qui passeroient outre, sans faire mention de ce consentement dans le contrat et sans l'avoir obtenu, seront privés des avantages de la maison, et rayés du catalogue

Il en sera de même pour ceux qui s'établissent dans la ville, et les recteurs veilleront à ce qu'ils ne contractent mariage qu'avec des personnes de bonnes mœurs, un peu à leur aise, ou qui aient un bon métier.

Si les recteurs, lors de la visite, reçoivent des plaintes, tant contre les garçons, que contre les filles, dans les paroisses, et que ce dont on les accuse soit assez grave pour mériter attention, on les fera venir de gré ou de force pour subir la correction, qui sera proportionnée à la faute; bien entendu qu'ils n'auroient pas encore atteint l'âge de vingt cinq ans.

Il arrive quelquefois que lesdits Enfans, après avoir resté un temps considérable chez le même paysan, ont acquis sa confiance et son amitié, au point d'être regardés par lui comme ses enfants, principalement lorsqu'il n'en a point; ainsi c'est à MM. les recteurs à ménager ces sortes d'avantages, et à faire pour eux ce qu'un père plein de tendresse doit à sa famille; les actes qui se passent, dans ces occasions, doivent être par-devant notaires.

La dévotion ou d'autres considérations engagent aussi quelquefois des personnes fort connues dans la ville à se charger de l'éducation de quelqu'un desdits Enfans; il est de la prudence des recteurs, de voir s'ils y trouvent leur avantage, et si le nomdre d'années qu'ils passeront sans être à charge à la maison, les mettront en état d'acquérir des talents qui puissent leur assurer du pain le reste de leurs jours, si ces mêmes personnes n'y suppléent pas en leur laissant quelque secours.

Comme le recteur, ayant la direction des petits garçons, est chargé d'acquitter chaque année les gages dont on convient pour la nourriture des bâtards et bâtardes à la campagne, et que, pour faciliter à leurs nourriciers ledit paiement, il est obligé de s'en rapporter à un frère ou autre personne de la Maison, à qui il remet, par mandat sur le trésorier, les deniers nécessaires, il aura soin de voir s'il en tient un compte fidèle, qu'il arrêtera tous les trois mois, afin de connoître par lui-même quel en est l'emploi.

Lesdits recteurs auront soin, lorsqu'on ramènera lesdits Enfans de la campagne, de vérifier, chacun dans sa communauté, si ceux qui sont revenus se trouvent inscrits dans le registre qu'en fournissent MM. de l'Hôpital, et s'ils ne sont point compris dans le chapitre des Enfans délaissés et abandonnés, afin qu'on les place dans le corps des Petits-Passans ou Petites-Passantes, où ils doivent être.

CHAPITRE XXIII.

Observations pour MM. les Recteurs chargés de la direction des Enfants délaissés et abandonnés, appelés petits-passants ou petites-passantes.

Ces deux communautés, qui se trouvoient autrefois confondues avec celle des Enfans bâtards, par le mélange de ceux qui les composent aujourd'hui, chacune en particulier, doivent leur origine à cet ordre si nécessaire dans une administration, dont on ne sauroit fixer les règles avec assez d'exactitude. Il étoit dangereux de mettre dans la même classe de ceux qui ne doivent le jour qu'au crime, ou dont l'origine est ignorée, des Enfans que leurs pères sont contraints d'abandonner, dans l'espérance que des temps plus heureux feront renaître cette tendresse qu'ils étouffent; tel a été l'objet de cette différence : la légitimité de ces victimes de l'infortune se trouve par-là déterminée, mais les abus, trop communs dans ce genre, exigent tous les soins des recteurs pour les prévenir.

Les communautés des Petits-Passans et Petites-Passantes, doivent donc être uniquement composées des Enfans qu'on amène chaque année de l'Hôtel-Dieu, en même tems que les bâtards et bâtardes, sous la dénomination d'Enfants délaissés et abandonnés; ce qui fait un chapitre particulier dans le registre, où les noms des uns et des autres sont inscrits

L'on y reçoit aussi ceux et celles qu'on présente au bureau après l'âge de sept ans, jusqu'à douze accomplis, en conséquence du procès verbal des officiers du quartier, par lequel il paroît que les père et mère desdits Enfans ont disparu, après les avoir abandonnés, sans qu'on puisse savoir ce qu'ils sont devenus.

On doit joindre au procès-verbal l'extrait baptistaire desdits Enfans, ensemble l'acte mortuaire du père ou de la mère, si l'un des deux est décédé; et, en conséquence desdites pièces, le recteur, dans la distribution de qui se trouve le quartier où l'on a délaissé lesdits Enfans, fait l'information sur la vérité du fait rapporté dans le procès-verbal, de même que des autres actes y joints.

S'il se trouve par l'information, que lesdits père et mère se soient véritablement sauvés de la ville; qu'on ne puisse en avoir connoissance; que le décès de l'un ait occasionné la fuite de l'autre, et l'abandon de ses Enfans, pour lors, après avoir interrogé lesdits Enfans, et tâché de tirer d'eux quelque indication, ils seront introduits dans ladite communauté, enregistrés dans le livre que les recteurs doivent tenir à cet effet, et les pièces énoncées ci-dessus seront remises aux archives dans le même ordre que celles rendues sur le même fait; par MM. de l'Hôtel-Dieu.

Comme il arrive souvent que les père et mère desdits Enfans, après avoir averti leurs voisins qu'ils seront contraints de les abandonner, faute de pouvoir les nourrir, disparoissent pour aller prendre un logement dans un quartier plus éloigné, ou dans les fauxbourgs, les recteurs chargés desdits corps feront leur possible, de concert avec les recteurs distribuants, pour découvrir le lieu de leur domicile, afin qu'on puisse les leur faire reprendre, en leur donnant du pain pour les aider à les nourrir; on les y obligera même au cas qu'ils fissent quelque difficulté.

Comme ces sortes de délaissemens sont quelquefois la suite de l'intelligence de certaines personnes, qu'un zèle indiscret porte à s'employer, pour charger la Maison de ces Enfans, sous le faux prétexte d'une fuite simulée, les recteurs ne négligeront rien pour en éclaircir la vérité; ils feront leur possible, même après qu'ils seront reçus, pour savoir s'ils n'ont aucun parent en état de les soulager; si leurs père ou mère ne sont point revenus, afin de les leur rendre, ou si l'un et l'autre sont décédés, afin de les faire adopter par la Maison, supposé qu'ils aient les conditions requises.

Comme l'on envoie à la campagne tous lesdits Enfans, ainsi que les bâtards, lorsqu'on les ramene de l'Hôtel-Dieu, et que leurs père ou mère paroissent quelquefois sans être connus, pour demander qu'on leur en laisse le soin jusqu'à l'âge de dix ans, qu'ils doivent revenir dans la Maison, les recteurs tâcheront d'éclaircir le fait, afin de les leur laissser pour toujours, et auront soin dans ce cas là, comme dans ceux énoncés ci-dessus, de les faire rayer du registre.

Pour diminuer, autant qu'il est possible, ces deux communautés, qui deviendroient trop nombreuses, si on ne s'opposoit avec attention aux abus qui en causent les progrès, il est à propos que lesdits recteurs engagent leurs confrères, lors de la visite des Enfans de la campagne, y laisser à ceux-ci, sans les faire revenir, et à conclure des engagements pour eux, qui puissent les mettre en état de se passer de la Maison.

Quant à ceux qui en sont revenus, et qui, avec les autres qu'on reçoit sans les y envoyer, composent lesdites communautés, les recteurs les inscriront dans un registre à ce destiné, dont ils feront tous les deux mois la vérification en présence des commissaires nommés par le bureau, afin qu'on en sache le nombre: ils veilleront à ce qu'on leur fasse lire tous les mois, et observer avec exactitude le règlement qui les concerne: prendront garde s'ils sont habillés suivant l'uniforme prescrit, si on les tient avec propreté, si on leur apprend à travailler, à lire et à écrire, si on les instruit comme il faut dans leur religion, et empêcheront qu'on ne les maltraite sans cause légitime.

Quoiqu'on ne mette, suivant la règle, les Enfans adoptifs et bâtards, en apprentissage que lorsqu'ils ont quatorze ans accomplis, les recteurs auront soin de placer ceux-ci chez les maîtres ou maîtresses de la ville, à douze ans, pourvu toutefois qu'ils aient fait leur premiere communion; il est à propos d'en user de la sorte pour débarrasser la Maison, et pour donner lieu à des engagements plus longs dans l'acte d'apprentissage qu'on passe pour eux, dans lequel on peut retenir, qu'au moyen d'un an ou deux de plus sur sa durée ordinaire, les maîtres ou maîtresses se chargeront de les entretenir de tout, sans que la Maison ait rien à fournir.

Quoiqu'ils soient en apprentissage, les recteurs doivent encore par charité veiller sur leur conduite, et, s'ils se comportent mal, les faire corriger, les abandonner même tout à fait s'ils ne répondent pas aux bontés qu'on a eues pour eux. La fin de leur apprentissage devient celle de l'inspection desdits recteurs, et les Enfans abandonnés ou délaissés, sont pour lors maîtres de leur conduite, la Maison n'ayant sur eux aucun droit de suite.

Au cas que, dans le nombre desdits Enfans, il y en eût quelqu'un qui fût possesseur de quelque bien-fonds, ou pour qu'il y eût quelque procès à soutenir, les recteurs en avertiront l'avocat, pour qu'on puisse défendre ses droits, et lui conserver ce qu'il perdroit peut-être faute d'y veiller.

Si les père ou mère, après s'être sauvés, se sont établis dans quelqu'autre endroit, et qu'une meilleure fortune les mette en état de rassembler leur famille dispersée, on leur rendra lesdits Enfans, pourvu qu'ils justifient clairement qu'ils sont à eux; les recteurs tâcheront de leur faire donner, s'il est possible, quelque argent pour récompenser la Maison de la nourriture qu'elle leur a fournie.

Enfin, les recteurs observeront de maintenir ces deux communautés dans les bornes prescrites, et de ne point y laisser par complaisance, par respect humain, ou faute de soins, introduire un relâchement, dont les suites ne peuvent être que funestes pour le bon ordre, et contraires aux intérêts de la Maison.

DEUXIÈME ÉPOQUE, DE 1790 A 1850.

COMPTES RENDUS. — RAPPORTS. — CIRCULAIRES. — INSTRUCTIONS ET ARRÊTÉS MINISTÉRIELS.

Ire PÉRIODE, DE 1790 A 1811.

COMPTE RENDU à la Convention nationale, par Jean-Marie Roland, ministre de l'intérieur, de toutes les parties de son département, de ses vues d'amélioration et de prospérité publique (1).

(Extrait.)

Le 6 janvier.......... de l'an II de la République française.

. . . .

Enfants de la Patrie.

Les maisons des vieillards et des infirmes pourraient, sans inconvénient, se charger des Enfants trouvés, ainsi que cela s'est pratiqué jusqu'à présent.

(1) Le Compte rendu de Rolland ne s'explique pas sur le nombre des Enfants trouvés qui existaient en 1793. — Necker, en 1784, dans son ouvrage sur l'*Administration des finances de la France,* évaluait ce nombre à 40,000.

«Les recherches, dit-il, sur les hôpitaux sont de celles qui doivent exciter l'intérêt et la curiosité d'un ministre des finances; mais le temps seul et la continuation des mêmes travaux peuvent rendre certain de la justesse parfaite des résultats que je vais présenter.

«Il y a dans le royaume plus de 700 hôpitaux, et une centaine d'établissements de trois ou quatre lits, fondés par des particuliers.

«J'estime de cent à cent dix mille le nombre des malheureux, qui trouvent habituellement un asile ou des secours dans ces différentes maisons; et voici à peu près la division des principales classes :

«40,000 infirmes, ou pauvres, d'un âge avancé, et présumés hors d'état de gagner leur vie;

«25,000 malades;

«40,000 Enfants trouvés, dont le plus grand nombre est mis en pension dans les campagnes.

«L'on sent que si telle est à peu près la quantité d'individus qui reçoivent constamment des soins ou de l'assistance, il en est un beaucoup plus grand nombre qui, dans le cours d'une année, participent à ces actes de bienfaisance, puisque la mort et la guérison renouvellent les places et la destination des secours.

«Les revenus des hôpitaux dérivent de leurs biens patrimoniaux, en terres, en maisons ou en rentes, des droits sur les consommations levés à leur profit sous l'autorité du souverain, des secours annuels en argent fournis par le trésor royal, ou assignés sur d'autres caisses, enfin des dons et aumônes des âmes charitables. On n'a que des notions éparses sur plusieurs de ces objets : l'on travaillait à les rassembler, et à réunir toutes celles qui manquaient; mais cet ouvrage est de très-longue haleine; cependant, sur différents aperçus, c'est entre 18 et 20 millions que j'évaluerais le revenu annuel dont les hôpitaux ont la disposition, et le quart de cette somme, à peu près, appartient à l'Hôpital-Général et à l'Hôtel-Dieu de Paris.»

. . . .

. . . .

Entre tous les établissements dus à l'esprit d'humanité, ceux dont l'utilité est la plus mêlée d'incon-

Après avoir assuré leur existence et affermi leur tempérament en les confiant à des nourrices de campagne, et en leur faisant respirer l'air salubre des champs, ils rentreraient dans la maison nationale à la fin de leur sixième année : là, je voudrais qu'on les accoutumât au travail, mais qu'on le leur rendît aimable. Des ateliers de tout genre doivent se trouver dans ces établissements, et servir au développement des goûts et des dispositions de ces Enfants adoptifs de la patrie.

Non-seulement ces maisons deviendront une école d'arts et de métiers pour eux, mais rien n'empêcherait qu'elles fussent ouvertes aux autres Enfants des citoyens sans fortune là, sous l'inspection, sous la surveillance de maîtres intelligents et soigneux, ils se formeraient au travail et aux arts utiles; là on leur apprendrait à aimer un gouvernement bienfaisant, à connaître les lois, à les respecter; et, devenus hommes, ils entreraient dans la société avec les vertus et les qualités de bons citoyens.

Ces maisons peuvent aussi recevoir les valides sans travail : les ateliers de tous genres qu'on y établira fourniront en tous temps les moyens d'occuper utilement tous ceux que des événements malheureux ou la stagnation du commerce laissent oisifs.

Quant à l'administration de ces établissements et celle des Hôtels-Dieu, de sages règlements profondément médités par la Convention nationale, pourront atteindre toute la perfection qu'il est possible d'espérer; mais, il faut le dire, on ne doit compter pour l'exactitude du service, pour l'assiduité à ses devoirs, que sur l'austérité et l'étendue des règlements

vements, ce sont, à mes yeux, les maisons destinées à servir d'asile aux Enfants abandonnés, cette louable institution a empêché, sans doute, que des êtres dignes de compassion ne fussent la victime des sentiments dénaturés de leurs parents; mais, insensiblement, on s'est accoutumé à envisager les hôpitaux des Enfants trouvés comme des maisons publiques, où le souverain trouvait juste de nourrir et d'entretenir les Enfants des plus pauvres d'entre ses sujets; et cette idée, en s'étendant, a relâché parmi le peuple les liens du devoir et ceux de l'amour paternel. L'abus grossit chaque jour, et ses progrès embarrasseront un jour le Gouvernement, car le remède est difficile en n'employant que des palliatifs, et les partis extrêmes ne seraient approuvés qu'au moment où le désordre arriverait à un excès qui frapperait tous les yeux. Cependant on ne peut se défendre d'un sentiment pénible, en observant que l'augmentation des soins du Gouvernement, pour sauver et conserver cette race abandonnée, diminue les remords des parents et accroît chaque jour le nombre des Enfants exposés. L'on transportait à Paris, chaque année, deux mille de ces Enfants, expédiés, comme une marchandise, de différents lieux, où il ne se trouvait point d'établissements autorisés à les recevoir. Ces Enfants, dans la proportion de neuf sur dix, périssaient pendant la route, ou peu de jours après leur arrivée; il n'était pas possible de prendre connaissance d'une pareille violation des droits de l'humanité sans chercher à y porter remède; le Roi, sur le compte que je lui en rendis, defendit ces transports cruels par un arrêt de son conseil, et Sa Majesté prit en même temps des précautions pour faire recevoir ces Enfants dans les maisons de charité, voisines du lieu où ils étaient surpris entre les mains des voituriers. Il est impossible de ne pas sentir la justice de ces dispositions, cependant on éprouve déjà que la nécessité où l'on s'est trouvé d'ouvrir de nouveaux asiles aux Enfants abandonnés en augmente le nombre, je l'avais prévu; mais, entre différents maux, on ne pouvoit balancer à éloigner, avant tout, le sacrifice annuel de tant d'innocentes victimes.

Je ne saurais trop recommander, à cette occasion, de suivre de plus en plus un usage reconnu généralement aujourd'hui pour le meilleur, c'est de faire nourrir ces Enfants dans les campagnes; les lieux où on les réunit en trop grand nombre deviennent de véritables tombeaux, et par l'insuffisance d'une tutelle trop étendue, et par les dangereux effets de la corruption de l'air.

En considérant tout ce que je viens de développer sur l'accroissement successif du nombre des Enfants exposés, je ne puis m'empêcher d'inviter les curés et tous les ministres de l'Église à redoubler de zèle pour détourner, par leurs instructions, de ces crimes secrets contre lesquels les lois ont si peu de pouvoir, c'est dans ces moments, entre tant d'autres, qu'on sent combien le secours de la religion est nécessaire au maintien de l'ordre public, c'est bien peu connaître l'imperfection de tous les moyens d'administration que d'être indifférent à ce puissant ressort, l'homme éclairé peut aimer la vertu pour elle-même, mais la classe nombreuse des hommes, dépourvue des secours de l'éducation et déconcertée sans cesse par la misère de son état, a besoin d'être soutenue par une idée rapide du bien et du mal, et par un sentiment de crainte et d'espérance qui la contienne au milieu des ténèbres. Philosophes de notre siècle, contentez-vous d'avoir concouru à dégager la religion des préjugés d'une dure intolérance, vous aurez un grand tort si vous voulez davantage, laissez, laissez aux hommes, et le frein le plus salutaire, et la plus consolante des pensées.

(Extrait de l'*Administration des finances de la France*, par Necker, tom. III, chap. XVI, pag. 176 et suiv.)

Le vice des administrations actuelles provient, en grande partie, du vice des règlements : on a cru que l'humanité et l'honneur suffisaient pour remplir ces grands devoirs, et l'on s'est trompé; on peut même dire qu'il n'existe réellement pas des administrations d'hôpitaux.

Nous avons, à la vérité, des notables, des marguilliers, des fonctionnaires publics qui administrent et surveillent ces maisons de secours; mais, chargés de bien d'autres choses, ils ne peuvent que partager leurs soins et leur vigilance entre les fonctions doubles, et ne sauroient être rigoureusement responsables des irrégularités et des fautes commises dans une administration secondaire dont ils ne paraissent chargés que par un excès d'humanité et de ferveur.

C'est avec ce confiant abandon au zèle, sans responsabilité des administrateurs, que les hôpitaux des plus grandes villes ont reçu des secousses qui en ont presque opéré la ruine. Je ne citerai pour exemple que Lyon; l'administration des maisons des malades et des pauvres de cette ville était confiée à des citoyens qui en faisaient le passage pour arriver à des places qui donnaient la noblesse. Une générosité d'appareil donnait le plus grand éclat à cette orgueilleuse administration : la méfiance ni le soupçon n'abordaient jamais ces coopérateurs privilégiés; les plus grands intérêts se traitaient de confiance. Qu'en est-il résulté? ces maisons, autrefois opulentes, n'existeraient plus sans des contributions très-fortes, et des secours extraordinaires du Gouvernement et des citoyens.

Il ne peut donc pas exister de bons administrateurs d'hôpitaux sans une responsabilité imposante et sévère; il n'en existera que quand les directeurs, les inspecteurs, les économes et tous autres employés dans ces maisons seront salariés, mais soumis à un règlement détaillé et précis comme une consigne, et qu'ils seront punissables pour la moindre infraction. Quels administrateurs d'hôpitaux a-t-on jamais punis? et quel intérêt actif veut-on que des administrateurs prennent à des fonctions qui ne peuvent leur attirer ni punition ni récompense?

Pour me résumer, je dis qu'il faut des encouragements aux manufactures et aux arts; qu'il faut rejeter dans les campagnes une partie de l'industrie des villes; qu'il faut en tout temps y procurer du travail; qu'il faut un Hôtel-Dieu dans chaque arrondissement; un hôpital pour les vieillards, les infirmes et les Enfants abandonnés, avec des ateliers dans chacun de ces hôpitaux; liberté absolue pour les secours domiciliaires, afin qu'en même temps le Gouvernement ne puisse, en aucune manière, s'en servir pour éluder sa responsabilité, et qu'il n'intervienne sous aucune forme, pas même par l'encouragement, dans ces secours domiciliaires : il ne doit gouverner que ce qu'il peut surveiller.

Maintenant il s'agit de la dépense que ces différents établissements nécessiteront.

Ici une grande question se présente : cette dépense sera-t-elle en partie ou en totalité à la charge de la République?

Après avoir examiné et pesé les différentes réflexions auxquelles cette question a déjà donné lieu, je ne balance pas à croire que la totalité de la dépense ne doive être absolument à la charge de la nation : les difficultés et les inconvénients qui se présent d'une part, et la justice de l'autre, appuient mon opinion.

1° Si chaque département est tenu de soulager l'indigence, et de prendre soin de l'existence de la vieillesse et de l'enfance, cette charge deviendra très-inégale : elle sera peu importante dans les départements riches, où l'industrie et les travaux mettent l'homme en état de se précautionner contre les maladies, de se prémunir contre les besoins de la vieillesse; mais elle deviendra très-considérable dans les départements pauvres où les ressources manquent, et où la classe infortunée est par conséquent très-abondante.

Dans la Flandre, chaque commune est tenue d'avoir soin de ses pauvres. Arrive-t-il un individu étranger à cette commune, et qui n'y ait pas encore acquis le droit d'habitation, il ne reçoit aucun soulagement; chaque commune repousse même de son sein celui qu'elle prévoit devoir être à sa charge : conduite aussi impolitique que contraire au sentiment si pur de la fraternité, que la révolution doit développer et propager.

Cet inconvénient se ferait également sentir dans les départements, où l'intérêt général échappe et cède à l'intérêt privé qui isole les hommes.

2° La nation s'étant mise en possession des biens ecclésiastiques qui étaient en partie l'apanage des pauvres, l'obligation de les soulager est devenue une dette que ses principes ont déjà consacrée.

3° Les biens des hôpitaux sont déclarés nationaux; leur vente formera un produit pour lequel la République doit également une indemnité aux pauvres.

4° Enfin, à ces motifs se joint une considération majeure : c'est qu'une grande nation doit pourvoir elle-même sur les fonds publics à la dépense des pauvres.

Le grand principe, je le répète, c'est l'unité de la République : le malheur appartient à l'humanité tout entière; c'est une vérité qu'il serait funeste d'écarter.

Il n'existe aucune base qui puisse assurer le montant de la dépense des divers établissements de bienfaisance à la charge de la nation : partir de ce qu'ils ont coûté en 1791 et 1792, ce serait évidemment prendre une mesure insuffisante et erronée; car de ce qu'on a donné tant, on ne peut pas conclure qu'on a donné ce qu'il fallait sans plus ni moins.

La suffisance du nombre des lits de malades établis dans telle ou telle ville, comparée à la population de cette ville, donne une base plus sûre, du moins pour ce qui regarde les hôpitaux de malades.

1,200 lits suffisent à Lyon pour 150,000 âmes.

600 lits à Lille pour 70,000 âmes.

400 lits à Besançon pour 40,000 âmes, etc.

5,000 ou 6,000 au plus suffisent à Paris pour 600,000 âmes.

En suivant ce calcul, on peut trouver le nombre de lits nécessaires dans toute la République.

Evaluez-les chacun à 16 ou 17 sous par journée de malade, compris les frais d'administration, vous aurez les fonds nécessaires pour les hôpitaux de malades, c'est-à-dire environ 36,000,000 pour l'année.

La dépense des Enfants trouvés, totalement à la charge de l'État pour la dernière année, a coûté 3,000,000 à peu près : cet objet ne paraît pas susceptible d'une grande variation.

La dépense pour les vieillards, les infirmes, et celle des ateliers de charité, peut arriver à 12,000,000.

C'est par conséquent un total de 51,000,000.

Ce total paraîtra effrayant; le temps peut seul apporter de la diminution : l'activité du commerce et des arts reprenant son cours, la classe indigente deviendra dès lors moins nombreuse, et les sommes affectées à ses besoins diminueront d'autant.

En supposant que l'on ne veuille pas confondre cette dépense dans la totalité de celles de la République, je proposerai alors d'en faire une addition à l'impôt principal, sous le titre de *taxe des pauvres*. Cet impôt n'aurait rien d'onéreux, et par une conséquence fort juste, les départements aisés viendraient au secours des départements moins favorisés (1).

Quant à la manière d'assurer la distribution des fonds faits, le moyen est fort simple Les départements enverront annuellement au ministre de l'intérieur : 1° un état des encouragements à donner aux manufactures, et des travaux de secours à exécuter; 2° l'état de la dépense de chaque Hôtel-Dieu; 3° celui de la dépense des hôpitaux, des vieillards, des infirmes et des Enfants trouvés.

Sur ces états, la Convention nationale décrétera annuellement les fonds nécessaires, et

(1) Comme je regarde le soulagement de la classe indigente la dette particulière et spéciale des riches, il serait possible et juste de rejeter la contribution pour les pauvres sur les citoyens dont le revenu présumé serait de 600 livres au moins.

le ministre fera payer par quartier ou par semestre, sur les fonds décrétés, les sommes affectées à chaque nature de dépense; et au commencement de l'année suivante, il sera fait des états de supplément pour les dépenses non prévues.

La dépense de la première année sera nécessairement incertaine; mais insensiblement ses bases s'établiront, et elle sera précisée dans la période de dix ans.

Telles sont les vues générales que j'ai cru devoir présenter. Je ne me suis occupé que des objets en masse, aucuns détails ne sont offerts; mais ils auraient été superflus, et leur développement ne serait utile qu'autant que leur plan serait adopté, et qu'il serait question de son exécution.

J'observerai, enfin, qu'il est bien intéressant que la Convention nationale s'occupe aussi promptement qu'il lui sera possible de l'organisation des hôpitaux et des ateliers de charité.

D'une part, les secours actuels n'atteignent pas tous les besoins; et des vices d'administration existent dans plusieurs établissements : d'autre part, les créanciers des hôpitaux attendent avec impatience la vente des biens de ces maisons pour connaître leur sort; et je dois dire que le produit de ces ventes donnera un intérêt bien au-dessus du revenu qu'on en tire. J'ajouterai, enfin, que, le payement des dettes prélevé, ces ventes assureront à la nation un capital de 200 millions au moins, ce qui réduirait à 30 millions, à peu près, les avances qu'elle aura à faire.

CIRCULAIRE du Ministre de l'intérieur (Lucien Bonaparte) *aux préfets, relativement aux amendes et confiscations attribuées par les lois aux établissements de bienfaisance.*

Paris, le 15 messidor an VIII (4 juillet 1800).

Depuis longtemps il n'existait point d'uniformité dans la perception et l'emploi des amendes et des confiscations adjugées par les lois aux établissements d'humanité. Dans quelques communes, le produit en était versé dans les caisses des hospices; dans d'autres, le versement était fait dans les caisses des établissements de secours à domicile : il en est aussi quelques-unes où les versements ont été faits en totalité dans les caisses nationales; il en est plusieurs enfin où ces produits sont versés journellement dans les caisses des recettes municipales et communales.

Le Gouvernement a pensé qu'il importait de faire cesser les doutes et les difficultés que présentait cet état de choses, et d'assurer, par une marche uniforme, l'application de cette partie des ressources des indigents. Il a, en conséquence, pris, sur mon rapport, le 25 floréal dernier (14 mai 1800), un arrêté portant que les portions d'amendes et de confiscations attribuées par les lois rendues jusqu'à ce jour aux hôpitaux, aux maisons de secours et aux pauvres, seront versées dans la caisse du receveur des hospices du chef lieu de chaque département, pour être exclusivement employées au payement des mois de nourrice des Enfants abandonnés, sur la répartition que le préfet sera tenu d'en faire, d'après les bordereaux des produits, qui lui en seront adressés par le receveur, et les états des Enfants, qui lui seront remis par les commissions administratives des hospices du département.

Ainsi, l'application des portions d'amende et des confiscations adjugées par les lois aux établissements d'humanité se trouve maintenant déterminée d'une manière positive; il ne reste plus qu'à prendre des mesures pour en assurer le recouvrement.

En général, vous vous reporterez particulièrement aux dispositions de la loi du 22 juillet 1791, relative à la police municipale et correctionnelle. Cette loi, qui détermine les délits et contraventions où des amendes et confiscations peuvent être encourues, affecte, par l'article 47 (1) du titre Ier, au profit des pauvres, le quart du produit de celles qui se prononcent par voie de police municipale.

L'article 70 leur adjuge, au contraire, le tiers de celles qui peuvent être prononcées par voie de police correctionnelle (2).

Vous ne perdrez pas de vue qu'il est d'autres lois qui, dans des cas particuliers, ont déterminé d'une manière plus ou moins avantageuse les portions d'amendes et de confiscations que les établissements d'humanité ont à réclamer.

Vous consulterez donc l'article 7 de la loi du 9 germinal an VI (29 mars 1798), relative aux loteries particulières. Vous porterez également votre attention sur les lois concernant les octrois municipaux et de bienfaisance.

Dans plusieurs communes où des octrois ont été établis, les lois et arrêtés qui les ont autorisés ont déterminé l'application et l'emploi de moitié des amendes et confiscations au profit des hôpitaux et maisons de charité; l'autre moitié est accordée aux employés des bureaux où les contraventions ont eu lieu.

Dans d'autres communes, au contraire, les lois portant création des octrois qu'elles ont obtenus affectent moitié des amendes et confiscations aux employés, et ordonnent le versement de l'autre moitié dans les caisses des recettes municipales et communales, sans en déterminer positivement l'application; mais ce silence doit s'interpréter par les autres lois, qui, d'une manière formelle, ont destiné cette moitié à secourir l'indigence, et dès lors vous devez suivre, pour le versement, les dispositions de l'arrêté du 25 floréal dernier (14 mai 1800). S'il pouvait s'élever quelques difficultés à cet égard, vous auriez toujours à opposer l'article 70 de la loi du 22 juillet 1791.

Il y a beaucoup d'autres lois qui déterminent les différents cas où des amendes et des confiscations peuvent être encourues, telles que celles relatives au timbre, à la police rurale, aux bois et forêts, aux droits de passe, aux patentes, aux poids et mesures, aux institutions républicaines; mais elles ne renferment rien de relatif à leur application, et alors il faut naturellement se reporter encore à l'article 70 de la loi du 22 juillet 1791, dont je viens de vous entretenir.

Il me reste maintenant à vous parler des moyens d'assurer au receveur des hospices du chef-lieu de département la connaissance des jugements qui porteront des condamnations d'amendes et confiscations. Je crois qu'à cet égard il faut suivre ce qui se pratiquait autrefois. Plusieurs édits d'établissement d'hôpitaux généraux leur ont affecté des portions déterminées dans le produit des amendes et confiscations; et, pour en faciliter le recouvrement, ces mêmes édits ont enjoint aux greffiers de toutes les justices et juridictions ordinaires et extraordinaires d'envoyer aux administrateurs ou receveurs les extraits des arrêts, jugements et sentences contenant adjudication d'amendes ou aumônes, ou quelque application au

(1) Art. 47. Les objets confisqués resteront au greffe du tribunal de police, mais seront vendus au plus tard dans la quinzaine, au plus offrant et dernier enchérisseur, selon les formes ordinaires. Le prix de cette vente et les amendes, versées dans les mains du receveur du droit d'enregistrement, seront employés, sur les mandats du procureur syndic du district, visés par le procureur général du département, un quart aux menus frais du tribunal, un quart aux frais des bureaux de paix et de jurisprudence charitable, un quart aux dépenses de la municipalité, et un quart au soulagement des pauvres de la commune. Cet emploi sera justifié au directoire de district, qui en rendra compte au directoire de département, toutes les fois que l'ordonnera celui-ci.

(2) Art 70. Les produits des confiscations et des amendes prononcées en police correctionnelle, seront perçus par le receveur du droit d'enregistrement, et après la déduction de la remise accordée aux percepteurs, appliqués, savoir : un tiers aux menus frais de la municipalité et du tribunal de première instance, un tiers à ceux des bureaux de paix et de jurisprudence charitable, et un tiers au soulagement des pauvres de la commune. La justification de cet emploi sera faite au corps municipal et surveillé par le directoire de assemblées administratives.

profit des hôpitaux et des pauvres, et de les délivrer gratuitement. Cette mesure me paraît la seule qu'il soit convenable d'adopter; et pour éviter toutes difficultés, j'inviterai le ministre de la justice à donner des ordres en conséquence aux greffiers des tribunaux actuels.

Je vous recommande également de veiller à ce que désormais tout projet d'établissement d'octrois de bienfaisance renferme toujours une disposition formelle pour l'application de la moitié des amendes et confiscations à la dépense des Enfants abandonnés, et son versement, en conséquence, dans la caisse du receveur des hospices du chef-lieu de préfecture.

Vous suivrez, pour le compte à rendre de l'emploi des amendes et confiscations, le modèle de ceux qui ont été donnés aux anciennes administrations pour les comptes des Enfants trouvés.

Quant à celui du montant des amendes et confiscations, vous vous conformerez au modèle ci-joint.

Je n'entrerai pas dans d'autres détails. S'il s'élève des difficultés que je ne puis prévoir, je me repose sur votre zèle pour les faire cesser, et sur les soins que vous mettrez à assurer les recouvrements destinés à pourvoir à une partie des dépenses des mois de nourrice des Enfants abandonnés de votre arrondissement.

Arrêté du Ministre de l'intérieur (Chaptal) *sur le placement en apprentissage des Enfants.*

Paris, le 8 pluviôse an IX (28 janvier 1801).

Le nombre actuel des Enfants abandonnés s'élève à plus de soixante mille.

L'administration qui soigne leur enfance a plusieurs devoirs à remplir envers eux. C'est beaucoup, sans doute, que de donner des soins paternels à leurs premières années; mais il faut encore envisager le moment où, sortant des hospices pour se répandre dans la société, ces êtres malheureux doivent porter en eux des moyens suffisants pour assurer leur existence et servir leur patrie.

Une prévoyante administration doit préparer ces moyens, en leur faisant contracter de bonne heure, par l'habitude d'un travail journalier, l'exercice d'une profession honorable.

Par là, les hospices des Enfants abandonnés présenteront partout une main-d'œuvre économique aux manufacturiers, et ils deviendront une pépinière féconde d'artistes et d'artisans.

Indépendamment du travail qui peut s'exécuter dans les hospices, les ateliers particuliers réclament le secours de ces jeunes gens, et le Gouvernement doit les mettre à la disposition des compagnies qui pourront les employer utilement. Mais il n'oubliera pas qu'il en est le tuteur, et, par conséquent, son intérêt paternel les suivra jusque dans l'atelier où ils seront reçus. Il doit leur continuer ses soins, exercer sur eux la même surveillance, les protéger contre l'injustice et les mauvais traitements, et, dans tous les cas, concilier les droits sacrés de l'humanité avec les obligations que leur impose l'étude de leur profession.

C'est d'après ces vues que j'ai cru devoir présenter, dans l'arrêté ci-joint, les principes sur lesquels vous dirigerez votre conduite.

Circulaire du Ministre de l'intérieur (Chaptal) *relativement aux mesures à prendre pour détruire les abus existants dans les admissions.* (Extrait.)

Paris, le 23 ventôse an IX (14 mars 1801).

De toutes les institutions, la plus utile, peut-être, est celle qui accorde des secours et un asile aux Enfants abandonnés; mais cette sainte institution a été dégradée par toutes sortes d'abus, sur lesquels je viens appeler aujourd'hui votre attention.

Depuis dix ans, le nombre des Enfants abandonnés a fait plus que doubler dans nos hospices; il s'élève en ce moment à soixante-trois mille.

Cette progression effrayante a sans doute pour cause principale la dépravation des mœurs, suite nécessaire du trop long interrègne des lois, de l'ordre et de la morale publique. Mais ce serait étrangement s'abuser que de l'imputer à cette seule cause : il en est d'autres dont l'expériene garantit la réalité; il est urgent de les rechercher et de les détruire.

1° Dans plusieurs départements, et à diverses époques, on a reçu dans les hospices des Enfants dont les parents étaient connus et mariés;

2° Depuis dix ans, on admet généralement les Enfants de tous ceux qui présentent des certificats d'indigence ou d'infirmités;

3° Les administrations ont ouvert des hospices aux Enfants des artisans que l'ambition ou le besoin éloignait du lieu de leur domicile;

4° Ici, les administrateurs ont cru devoir se charger des Enfants des défenseurs de la patrie, pour indemniser les mères des secours que la nation leur avait promis;

5° Ailleurs, on a délivré des certificats d'existence pour des Enfants morts, afin de continuer un salaire qui n'était plus dû;

6° On a vu plusieurs fois des mères obtenir l'inscription de leurs enfants sur la liste des Enfants abandonnés, et s'en charger ensuite, en qualité de nourrices, pour usurper la rétribution qu'on leur accorde.

Tous ces vices, nés du désordre ou de l'immoralité, doivent être sévèrement réprimés. La facilité de fournir aux dépenses avec le papier-monnaie a pu créer et perpétuer des abus pareils; mais le temps est venu où l'œil sévère de l'administrateur doit porter, dans toutes les branches du service public, cet esprit d'ordre et ces principes d'économie qui seuls peuvent assurer des secours aux vrais besoins.

Mais il ne suffit pas de prendre des mesures pour empêcher le retour des abus que je vous dénonce; il faut aussi détruire les funestes effets de ceux qui ont existé.

Ainsi, vous prescrirez aux administrateurs de ne conserver à la charge de la nation que les Enfants de parents inconnus ; seuls ils ont des droits aux secours du Gouvernement; la bienfaisance des administrations locales doit prendre soin de tous les autres.

Lorsque vous aurez corrigé ces premiers abus, et prévenu leur retour par de sages mesures, votre attention se portera tout entière sur la fixation des mois de nourrice. Presque partout leur salaire a été trop élevé, et l'on s'est généralement écarté de l'arrêté du 30 ventôse an V (20 mars 1797). Sans doute, il faut un salaire suffisant aux nourrices; mais il ne le faut pas disproportionné : car dès ce moment on excite la cupidité, on détermine une mère de famille à sacrifier son propre Enfant, ou à lui faire partager avec l'adoptif une nourriture que la nature avait exclusivement réservée au premier.

Vous veillerez encore à ce que les nourrices aient pour ces êtres intéressants tous les égards qu'on doit à la faiblesse et au malheur. Trop souvent des nourrices mercenaires ne voient dans le dépôt sacré qui leur est confié qu'un pur objet de spéculation. Appelez donc sur elles toute l'attention des autorités locales, et ne souffrez pas qu'on outrage impunément la patrie et l'humanité.

C'est beaucoup, sans doute, que de soigner l'enfance de ces êtres abandonnés; mais l'Administration n'est pas quitte encore envers la patrie des obligations qu'elle a contractées; elle doit assurer leur indépendance, et leur garantir une existence honnête, en les élevant dans l'exercice d'une profession utile : ainsi, en s'acquittant envers eux, elle leur fournit les moyens de s'acquitter, à leur tour, envers la société. Vous vous conformerez à ce que prescrit, à cet égard, mon arrêté du 8 pluviôse dernier (28 janvier 1801).

CIRCULAIRE du Ministre de l'intérieur (comte Montalivet) *aux préfets, relativement au service des Enfants trouvés.*

Paris, le 27 mars 1810.

Le Gouvernement ne voit pas sans étonnement le nombre et la dépense des Enfants trouvés augmenter chaque année; il veut en approfondir les causes, et prescrire toutes les nouvelles mesures qui, dans l'état actuel des choses, peuvent concourir à réduire la masse des Enfants, ainsi qu'à détruire les abus qu'il croit exister dans cette branche d'administration, et à en prévenir le retour. Je pense qu'il me suffit de vous instruire de ces intentions pour espérer qu'au reçu de la présente vous vous empresserez de m'adresser, sur cet objet, tous les renseignements que l'expérience et les localités ont pu vous procurer. En vous occupant de ce travail, vous ne perdrez pas de vue que les Enfants dont la dépense, précédemment supportée par les seigneurs hauts-justiciers, et depuis par le Trésor public, a été mise ensuite à la charge des départements par le décret du 25 vendémiaire an x (17 octobre 1801), sont les Enfants nés, hors le mariage, de parents inconnus, ou ceux exposés par des parents également inconnus; et que ces Enfants sont les seuls auxquels on puisse appliquer l'arrêté du 5 messidor an IV (23 juin 1796), la loi du 27 frimaire an V (17 décembre 1796), et le règlement du 30 ventôse de la même année (20 mars 1797).

Vous vous rappellerez aussi qu'on ne doit assimiler aux Enfants trouvés, et traiter comme tels, que les Enfants qui, à raison de l'émigration, de la disparition, de la détention, ou de la condamnation de leurs père et mère, sont dans le cas de l'application des lois des 19 août 1793, 24 vendémiaire, 19 brumaire et 4 germinal an II (15 octobre et 9 novembre 1793, et 24 mars 1794), et que, pour les Enfants dont les parents sont connus, il ne doit être pourvu à leurs besoins que d'après les lois de bienfaisance qui leur sont particulières.

Ces règles n'ont pas toujours été régulièrement observées, et il est assez constant qu'en plusieurs lieux on a compris au rang des Enfants illégitimes, ou nés de parents inconnus, des Enfants qui n'étaient ni dans l'un ni dans l'autre cas; qu'un grand nombre d'Enfants, vivant au sein de leur famille, ont été mis au rang des Enfants à la charge du Gouvernement; que des femmes, qui n'étaient pas même mères de famille, ont reçu le salaire des nourrices; qu'on a souvent acquitté des mois de nourrice et pensions pour des Enfants décédés depuis plusieurs années; qu'on a porté l'immoralité jusqu'à substituer des Enfants légitimes à des Enfants trouvés, dont on dissimulait le décès; et qu'enfin ces différents abus se sont multipliés avec d'autant plus d'activité, que la surveillance des maires des communes rurales était entièrement nulle, et que plusieurs d'entre eux délivraient, sans examen, tous les certificats d'existence qui leur étaient demandés.

Une circulaire du mois de messidor an IV (juin — juillet 1796) appela l'attention des administrations centrales sur ces différents abus. Les instructions qu'elle contient vous on été rappelées le 19 vendémiaire an IX (11 octobre 1800) et le 23 ventôse suivant (14 mars 1801).

Il importe de revoir ces instructions, d'examiner, avec la plus scrupuleuse attention, si les abus qu'elles indiquent existent dans votre département; de prendre, en ce cas, les mesures nécessaires pour les réformer, et de m'indiquer les dispositions pénales et administratives qui pourraient concourir à en prévenir le retour. Vous m'instruirez aussi de la forme actuelle des admissions des Enfants trouvés, ainsi que des formalités que l'on suit pour l'inscription de ceux qui, dans les cas prévus par les lois précitées, doivent leur être assimilés.

Vous me ferez connaître, en outre, si, relativement aux mesures prescrites pour constater l'exposition et l'abandon des Enfants, les dispositions de la loi du 20 septembre 1792 sont exactement observées, et si les accoucheurs et les sages femmes se conforment aux obligations qui leur sont imposées.

Au rapport que je vous demande sur cet objet, vous joindrez votre opinion sur ce qu'il y a de mieux à faire pour l'éducation physique et morale des filles et des garçons; sur la question de savoir s'il vaut mieux les conserver dans les campagnes que de les réintégrer a l'âge de sept ans dans les hospices, ainsi que cela se pratique encore en plusieurs lieux, quoique les règlements prescrivent le contraire. Vous entrerez dans quelques détails sur la conduite des nourrices, et sur le trafic qu'elles font quelquefois des Enfants qui leur sont confiés.

Vous m'adresserez également le tableau de la dépense de l'an 1809; vous appuierez ce tableau de l'état de mouvement des Enfants dans le cours de l'exercice, conforme au modèle n° 1er, et de l'état distinct et séparé des Enfants abandonnés, conforme au modèle n° 2.

Les mois de nourrice et pensions étant, dans plusieurs endroits, susceptibles de réduction, vous joindrez à ces tableaux un nouvel état de fixation, et vous vous rappellerez qu'aux termes de l'arrêté du Directoire exécutif du 5 messidor an IV, et du règlement y relatif, cette fixation doit être basée sur le prix ordinaire des grains, et graduée, aux termes de l'arrêté du 30 ventôse an V, sur les services que les Enfants peuvent rendre dans les différents âges de leur vie. Vous remarquerez, à cet égard, que, relativement aux payements à faire pour l'entretien des Enfants trouvés, le règlement précité du 30 ventôse an V n'admet que trois classes, savoir : les Enfants du premier, du second et du troisième âge, et que les Enfants du quatrième âge cessent d'être à la charge des caisses publiques. Sous le titre d'Enfants du premier âge, se placent naturellement tous ceux qui sont encore dans leur première année. Les Enfants du second âge, sont ceux qui, ayant plus d'un an, n'en ont pas encore six.

Quant aux Enfants du troisième âge, cette classe se compose de ceux qui, entres dans leur septième année, n'ont pas encore douze ans révolus.

Les mois de nourrice, pour le premier âge, paraissent, en général, peu susceptibles de variation; il en est à peu près de même pour les pensions des Enfants du second âge.

Quant aux Enfants du troisième âge, je pense qu'en fixant la rétribution à payer pour la septième année, on doit établir une série décroissante pour chacune des années suivantes, et dans la proportion des services que peuvent en retirer les personnes qui en sont chargées.

Vous voudrez bien, au surplus, vous conformer, pour les tableaux que vous avez à m'envoyer, aux modèles que vous trouverez ci joints, *à leurs formes et à leurs dimensions.* Vous garderez les états partiels que les administrations d'hospices ou les sous-préfets vous remettront, et vous vous en servirez pour composer les états généraux que vous avez à m'envoyer Je recommande cette dernière observation à votre attention.

2^E PÉRIODE, DE 1811 A 1850.

CIRCULAIRE *du directeur général de la comptabilité des communes et des hospices* (baron Quinette) *aux préfets, relativement aux dépenses des Enfants trouvés.*

Paris, le 15 juillet 1811.

La dépense des Enfants trouvés est l'objet constant de vos sollicitudes et des miennes. Assurer aux hospices le remboursement des sommes dont l'avance, pour les années antérieures, n'a pu être couverte par leurs revenus ou par les allocations des communes; faire acquitter régulièrement la dépense des mois de nourrice et pensions de l'année courante; établir, à compter de 1812, un ordre de service, de dépense et de moyens tel, que l'administrateur soit sans inquiétude sur la conservation des Enfants que le Gouvernement confie à ses soins; voilà le but que je me suis proposé en rédigeant les instructions dont je vous adresse un exemplaire; c'est à vous à les appliquer utilement. Je ne me le dissimule point, votre tâche est plus difficile que la mienne; mais votre zèle et vos connaissances locales vous aideront à aplanir tous les obstacles. Un travail complet sur cette branche importante de votre administration ne sera point sans attrait pour vous, et je me ferai un devoir de le mettre sous les yeux du ministre de l'intérieur. Je vous engage à profiter de la réunion prochaine du conseil général de votre département pour faire régler définitivement l'arriéré antérieur à 1810.

Dettes arriérées.

Les fonds alloués pour les dépenses des Enfants trouvés, des exercices antérieurs à 1811, ont été, dans la majeure partie des départements, au-dessous des besoins. Il reste conséquemment à pourvoir à l'extinction d'un arriéré. Cet arriéré doit se diviser en deux parties, savoir: l'arriéré de 1809 et des exercices antérieurs, et l'arriéré de 1810.

(Arriéré de 1809 et des exercices antérieurs.) La dette arriérée des Enfants trouvés de 1809 et des exercices antérieurs fait partie des charges de chaque département.

Les préfets doivent conséquemment pourvoir à l'extinction de cette dette sur les fonds alloués, ou qui pourront l'être, pour l'arriéré départemental, dans lequel ils ont dû nécessairement la comprendre. On ne peut leur indiquer d'autres moyens, et il importe qu'ils se pénètrent bien de l'impossibilité d'obtenir du trésor royal aucun fonds pour ces exercices. Ils sont invités à réunir de suite tous les documents nécessaires pour faire constater cette partie de la dette départementale dans la prochaine session des conseils généraux, si déjà il n'y a été pourvu dans la session de 1810.

(Arriéré de 1810.) Aux termes du décret du 11 juin 1810, les fonds affectés, pour cet exercic, au service des Enfants trouvés sont les mêmes que ceux dont les préfets ont eu à disposer en 1809. Les états de dépenses produits pour 1810 constatent l'existence d'un déficit assez considérable. Ce déficit a dû se couvrir, en partie, au moyen, 1° des revenus des biens dépendants de la dotation spéciale des Enfants trouvés, dans les départements où il en existe; 2° des dons et des aumônes que l'on a pu faire en leur faveur; 3° du produit des amendes et confiscations applicables à ce service; 4° des allocations qui ont pu être accordées pour cette dépense dans les budgets de quelques villes.

Quant au surplus du déficit, il ne peut être couvert que d'après le mode prescrit par le décret susdaté. L'art. 14 de ce décret laisse aux préfets la faculté d'y appliquer le restant disponible sur le montant de la retenue faite sur les biens des communes pour la compagnie de réserve. Dans le cas où le restant disponible de cette retenue ne suffirait pas pour en couvrir la totalité, le déficit définitif doit être supporté par les communes, au moyen d'un nouveau prélèvement.

Dans plusieurs départements, on a pensé que ce prélèvement devrait toujours avoir lieu sur la généralité des communes. A la vérité, l'art. 14 du décret du 11 juin 1810 semble le prescrire; mais l'expérience a démontré que l'inégalité dans les revenus des communes rendait inexécutable ce prélèvement uniforme. En conséquence, on a reconnu que, dans l'esprit du décret du 11 juin, ce nouveau prélèvement devait frapper sur les communes qui, à raison de l'état de leurs revenus, peuvent concourir à l'extinction de ce déficit. Ce n'est donc pas d'une répartition proprement dite que les préfets ont à s'occuper entre les diverses communes de leurs départements respectifs; mais ils ont à reconnaître avec soin et à désigner avec impartialité les communes qui, à raison de l'importance de leurs revenus et de leurs octrois, présentent les moyens d'acquitter le contingent dont on peut les grever, sans trop gêner les autres parties de leur service.

Il importe de mettre promptement l'exercice 1810 au courant. Les préfets voudront bien, en conséquence, envoyer dans le plus court délai, à la direction générale des communes et des hospices, l'état de proposition du contingent à fournir par les villes et communes qu'ils auront jugées dans le cas de concourir à l'extinction de la dette relative aux Enfants trouvés, de l'exercice 1810; ils se conformeront, pour la rédaction de cet état, au modèle joint à la présente instruction. Chaque état sera soumis à l'approbation du ministre de l'intérieur.

Après l'autorisation accordée, le contingent à fournir par les communes qui n'ont pas dix mille francs de revenus, et dont les budgets sont définitivement approuvés par les préfets, sera par eux ajouté, soit par supplément à leurs budgets de 1811, si les revenus de cet exercice ne se trouvent pas absorbés par la masse des dépenses allouées par le budget, soit par voie de rappel à ceux de 1812.

Quant aux villes et communes dont les budgets doivent être soumis à la sanction du Gouvernement, les préfets veilleront à ce que leur contingent soit compris, par voie de rappel, à leurs budgets de 1812.

Les préfets se rappelleront, au surplus, que, dans tous les lieux où les hospices ont pu, sur leurs revenus et sur les allocations dont ils ont joui sur les octrois, pourvoir à l'insuffisance des fonds alloués pour la dépense des Enfants trouvés, dans les exercices antérieurs à 1811, ils n'auront à pourvoir au remboursement de leurs avances que jusqu'à concurrence des dettes que ces avances les auraient mis dans le cas de contracter, et à l'acquit desquelles ces établissements ne pourraient faire l'application d'aucun fonds.

Ainsi, avant de proposer soit de comprendre dans la dette départementale un article pour compléter la dépense des Enfants trouvés des exercices antérieurs à 1810, soit d'ordonner aucun prélèvement sur les revenus des communes, pour la même dépense, pendant l'exercice 1810, il faut constater d'une manière positive que les hospices chargés des Enfants trouvés durant ces exercices n'ont pu couvrir les dépenses, ni sur leurs propres revenus, ni sur les allocations qu'ils ont reçues des villes. Cela sera constant si, par le résultat des comptes des commissions administratives, il est prouvé que les hospices, pour maintenir au courant la dépense des Enfants trouvés, ont contracté des dettes ou suspendu d'autres dépenses auxquelles on ne peut pourvoir sans le remboursement qu'ils réclament, ou bien qu'une partie des mois de nourrice et pensions des Enfants trouvés reste encore à acquitter pour les exercices antérieurs à 1811, et que le remboursement demandé n'a pas d'autre destination.

La règle qu'on vient de prescrire est une conséquence des lois, des règlements et des instructions administratives qui imposent aux hôpitaux l'obligation de faire les avances que peut exiger le service des Enfants trouvés, et qui n'autorisent le remboursement de leurs avances qu'autant qu'ils n'auraient pas de revenus suffisants pour les faire sans indemnité.

Dépenses de l'année courante, et moyens d'y pourvoir.

Le mode et les moyens de pourvoir aux dépenses des Enfants trouvés pour 1811 sont fixés par le décret du 19 janvier de la même année.

(Division des dépenses.) Ce décret divise les dépenses en deux parties essentiellement distinctes par leur nature.

Dans la première partie, il faut classer, en exécution de l'art. 11 du décret susdaté, les fournitures de layettes et vêtures, les dépenses intérieures relatives à la nourriture et à l'éducation des Enfants, et, par une conséquence naturelle, les dépenses des nourrices sédentaires et les frais de séjour des meneurs et des nourrices extérieures.

Les mois de nourrice et pensions à payer pour les Enfants trouvés, et les rétributions allouées par les lois aux personnes chargées d'Enfants abandonnés, forment la seconde partie des dépenses auxquelles il s'agit de pourvoir.

Les dépenses classées dans la première partie, telles qu'elles viennent d'être énoncées, sont, à compter du 1er janvier 1811, une charge ordinaire à laquelle les hospices appelés à recueillir les Enfants ont à pourvoir, soit sur leurs propres revenus, soit sur les biens qui, dans quelques départements, font partie de la dotation spéciale des Enfants trouvés.

(Frais de séjour et d'administration, et dépenses de layettes et vêtures.) L'expérience a prouvé que souvent la faiblesse des administrateurs les porte à fermer les yeux sur des dépenses qui ne sont pas à leur charge. En laissant peser sur les revenus des hospices toute la dépense intérieure relative aux Enfants trouvés, le décret a eu pour but de rendre les administrations plus sévères sur les admissions, et plus intéressées à rechercher les économies dont elle peut être susceptible.

Si, pour certains hôpitaux, cette charge nouvelle est au-dessus de leurs moyens, si l'insuffisance de leurs revenus est reconnue pour 1811, si cette insuffisance doit donner lieu à une allocation sur l'octroi, ou à une addition à celle dont ils jouissent sur cette taxe, les préfets prendront des mesures pour qu'il y soit pourvu, par voie de rappel, aux budgets communaux de 1812.

Les préfets voudront bien se pénétrer que cette explication est conforme à l'esprit comme au texte du décret du 19 janvier dernier, et que toutes les réclamations qui auraient pour objet de ne point laisser à la charge des hospices les frais de layettes et autres dépenses intérieures doivent être rigoureusement écartées.

(Répartition de quatre millions affectés aux mois de nourrice et pensions des Enfants trouvés et des Enfants abandonnés.) A compter de 1811, le Gouvernement accorde une somme annuelle de 4 millions pour contribuer à la dépense des mois de nourrice et pensions des Enfants trouvés et des Enfants abandonnés. L'art. 12 du décret veut en outre que, s'il arrivait, après la répartition de la somme allouée, qu'il y eût insuffisance, il y soit pourvu par les hospices, au moyen de leurs revenus ou d'allocations sur les fonds des communes.

Le ministre a fait la répartition des 4 millions entre les différents départements. Une circulaire de la direction générale des communes et des hospices ayant fait connaître aux préfets la somme qui leur est allouée par cette répartition, ils voudront bien s'occuper d'en faire la sous-répartition entre les hospices chargés des Enfants trouvés, et en envoyer l'état dans le plus court délai.

Quelques préfets ont réclamé sur la modicité de la somme qui leur est allouée; ils ont cru pouvoir s'appuyer de la population de leurs départements, du nombre des Enfants et de la masse de leurs dépenses. Ce sont les premières bases qui se présentent, celles qu'on a adoptées en général; mais elles devaient recevoir des modifications.

Le ministre, d'après les dispositions de l'art. 12 du décret, a dû prendre également en considération, pour plusieurs départements, la richesse ou la pauvreté des hospices, et celles des villes où ils sont situés; il a dû reconnaître les moyens que les uns et les autres ont de pourvoir avec plus ou moins de facilité à l'insuffisance des quatre millions accordés. Les préfets auront à suivre la même marche pour la sous-répartition, dont ils ont à transmettre l'état à la direction générale des communes et des hospices.

Ils voudront bien se rappeler que la somme qui leur est allouée est exclusivement applicable au payement des mois de nourrice et pensions des Enfants trouvés, et des indemnités et gratifications autorisées par le règlement du 30 ventôse an V (20 mars 1797), et que, sous quelque prétexte que ce soit, ils ne peuvent en employer aucune partie au payement des frais de layettes et vêtures, et des dépenses intérieures pour la nourriture et l'éducation des Enfants. Dans le cas où cette marche n'aurait pas été observée depuis le 1er janvier dernier, ils doivent donner de suite les instructions nécessaires pour faire régulariser par les commissions administratives l'emploi des sommes qu'ils auraient déjà mises à leur disposition, et qui ne peuvent être passées en dépense dans les comptes si elles n'ont point servi en totalité à l'acquittement des mois de nourrice et pensions.

Dans plusieurs départements, les préfets ont pensé que les quatre millions à fournir par le trésor et la somme qui leur est allouée sur ce fonds étaient indépendants des fonds qui leur seraient accordés sur les centimes ordinaires par le budget départemental; c'est une erreur.

Les quatre millions se composent d'un prelèvement fait sur les centimes ordinaires du département, et forment dans les caisses du trésor un fonds commun, exclusivement applicable au payement des mois de nourrice et pensions des Enfants.

La somme pour laquelle chaque département est compris dans la répartition des quatre millions est conséquemment à prendre sur les fonds qui, chaque mois, sont mis à la disposition des préfets, sur les centimes ordinaires, pour les diverses parties des dépenses départementales; elle doit être, par préférence à toutes autres dépenses, prélevée sur ces fonds, par douzième, de mois en mois. A cet égard, les préfets ne perdront pas de vue que les mois de nourrice et pensions forment une dette privilégiée, dont le payement, hors le défaut absolu de fonds, ne peut être ajourne. Ils veilleront en outre à ce que, conformément aux précédentes instructions, les sommes qu'ils mettront à la disposition des hospices soient employées à tenir d'abord au courant les mois de nourrice des Enfants du premier âge. Les pensions des Enfants du deuxième âge ne doivent marcher qu'en seconde ligne pour l'emploi des fonds; ce n'est qu'après avoir mis au courant les mois de nourrice des Enfants du premier âge, et successivement les pensions de ceux du second âge, que l'on doit s'occuper du payement des pensions des Enfants du troisième âge.

Les rétributions à payer aux personnes chargées d'Enfants abandonnés, assimilés par les lois et règlements aux Enfants trouvés, doivent être acquittées sur les mêmes fonds; mais il importe de ne comprendre au rang des Enfants abandonnés que les Enfants délaissés, dont les pères et mères sont émigrés, disparus, détenus ou condamnés pour faits criminels ou de police correctionnelle. L'indigence ou la mort naturelle des pères et mères des Enfants ne sont pas des circonstances qui puissent faire admettre ces derniers au rang des Enfants que les lois assimilent aux Enfants trouvés, et pour leurs dépenses, et pour les moyens d'y pourvoir.

C'est aux hospices à pourvoir, sur leurs revenus ordinaires, à la dépense de ces derniers Enfants; ils doivent être classés parmi les orphelins pauvres. Les préfets auront donc soin de rayer des états qui leur seront présentés les Enfants qui ne seraient dans aucun des cas que l'on vient d'énoncer. Cette règle leur a été recommandée par les instructions du

27 mars 1810; on croit devoir les rappeler à leur attention, avec d'autant plus de raison, que les états produits pour 1810 constatent qu'en plusieurs lieux on a compris au rang des Enfants abandonnés des individus qui ne sont dans aucun des cas prévus par les instructions Dans les départements où l'on n'était point dans l'usage d'élever dans l'intérieur des hospices les orphelins et les Enfants des familles indigentes, mais bien de les placer et de les laisser à la campagne, on a pu quelquefois confondre ces Enfants avec les Enfants abandonnés. Cette confusion doit cesser entièrement : on doit former des états distincts pour les orphelins pauvres; leur éducation et leur dépense doivent se régler comme celle des Enfants trouvés, avec cette différence que cette dépense est entièrement à la charge des hospices, même pour les mois de nourrice et pensions.

(Moyens de pourvoir à l'insuffisance des fonds.) En comparant la somme allouée à chaque département, dans la répartition des quatre millions, au montant des mois de nourrice et pensions de 1809 et de 1810, on doit présumer qu'elle ne suffira pas pour couvrir la totalité des mêmes dépenses en 1811. Les préfets emploieront à diminuer d'autant le déficit le produit des amendes et confiscations applicables à ce service.

Quant au déficit restant, l'art. 12 du décret du 19 janvier porte formellement qu'il y sera pourvu par les hospices, au moyen de leurs revenus ou d'allocations sur les fonds des communes.

Cette disposition impose aux préfets l'obligation de reconnaître si les revenus des hospices chargés de recueillir les Enfants trouvés et abandonnés peuvent supporter le déficit : s'ils en constatent l'impossibilité, ils aviseront aux moyens de leur assurer, sur l'octroi de la commune où chaque hospice est situé, une allocation équivalente à la partie de cette dépense que l'hospice ne peut acquitter de ses propres revenus. Cette allocation sera portée par voie de rappel au budget de 1812.

Pour déterminer le montant de l'allocation qu'on vient d'indiquer, on supposera que la dépense totale des mois de nourrice et pensions sera égale en 1811 à celle de 1809, dont les états ont été envoyés au ministère de l'intérieur. On examinera jusqu'à concurrence de quelle somme les hospices ont pourvu, en 1809, sur leurs propres revenus, ou sur les allocations des communes, à la dépense des mois de nourrice et pensions. Le même travail qui aura été fait pour constater le déficit existant en 1809 sur cette partie de la dépense, et pour fixer la somme à porter dans la dette départementale, servira de règle à cet examen. En sorte que si, en 1811, les revenus des hospices, y compris leurs allocations ordinaires sur les communes, sont les mêmes, et s'il n'est survenu aucune économie, aucune amélioration dans leurs dépenses, il y aura lieu à une allocation nouvelle, qui sera égale à la somme reconnue nécessaire pour combler le déficit de 1809, relatif à la dépense des mois de nourrice et pensions.

L'esprit et le texte du décret du 19 janvier prescrivent de faire peser l'insuffisance des fonds alloués pour mois de nourrice et pensions, comme il a été dit des frais de séjour des Enfants et des dépenses de layettes et vêtures, sur les revenus des hospices chargés de les recueillir, ou sur les allocations des communes où ils sont situés.

Cette règle générale pourra cependant, dans quelques départements et suivant les localités, recevoir quelques exceptions; mais ces exceptions devront se borner à celles qui vont être ci-après déterminées.

(Supplément à prélever sur les hospices non désignés pour recevoir les Enfants.) Dans les départements où les hospices chargés de recueillir les Enfants ne pourraient, à cause de la faiblesse de leurs revenus et de l'impossibilité d'accroître suffisamment les allocations des communes où ils sont situés, pourvoir en totalité à la charge qui leur est imposée, les préfets pourront y faire concourir pour une portion les hospices qui ne seront pas appelés à recevoir les Enfans trouvés, et proposer, en conséquence, le contingent que ces hospices auront à fournir, au moyen de leurs revenus ou d'allocations spéciales sur les

octrois et les communes où ces hospices sont placés. La faculté accordée aux préfets de faire contribuer, en cas de nécessité, à la dépense des mois de nourrice et pensions les hospices qui ne seront point chargés de recevoir les Enfants, dérive du principe qui avait fait décider que les Enfants exposés devaient être reçus dans l'hospice le plus voisin du lieu de leur exposition. L'art. 4 du décret précité du 19 janvier, en mettant une restriction à cette disposition générale, n'a point eu en vue de décharger d'une dépense les hospices qui ne seront plus désignés pour recevoir les Enfants trouvés, mais bien de réprimer les abus résultant de la multiplicité des asiles ouverts aux Enfants trouvés et d'une trop grande facilité dans l'admission des Enfants. Il est donc convenable, au moment où les préfets restreindront ces asiles à un au plus par arrondissement, de laisser, dans les cas où il est nécessaire de recourir à ce moyen, une partie de la dépense des Enfants trouvés à la charge des hospices qui y contribuaient déjà lorsqu'ils étaient tenus de recevoir ces Enfants, et même d'appeler à la supporter ceux qui n'étaient point dans l'usage de les recevoir, mais qui peuvent y pourvoir, soit par leurs propres revenus, soit par des allocations nouvelles sur les revenus des villes où ils sont placés.

(Supplément sur les affouages.) Les départements où les communes sont très-riches en bois d'affouages, dont les coupes se vendent ou se partagent entre les habitants, ont été considérés comme ayant des ressources qu'on chercherait en vain dans les autres départements : en conséquence, ils n'ont été compris que pour des sommes très-modiques dans la répartition des quatre millions. Les préfets de ces départements, après avoir réglé ce que les hospices peuvent acquitter sur leurs revenus et au moyen d'allocations sur les octrois des lieux où ils sont situés, proposeront le contingent que chacune des communes riches en bois pourra fournir, au moyen d'une réserve et de la vente qui sera faite en conséquence d'une portion de son affouage. Mais ce mode de pourvoir à la dépense des mois de nourrice et pensions ne doit être employé qu'autant que les revenus des hospices et les allocations des communes où ils sont situés ne permettraient pas de faire autrement.

(Désignation des hospices chargés de recueillir les Enfants.) C'est ici le lieu de rappeler aux préfets qu'ils ont dû s'occuper de la désignation des hospices qui devront être désormais chargés de recevoir les Enfants.

En exécution de la loi du 27 frimaire an V (17 décembre 1796), les Enfants exposés devaient être portés à l'hospice le plus voisin de l'exposition. Cette disposition, en multipliant les dépôts, a favorisé dans plusieurs localités l'abandon des Enfants. Aux termes du décret du 19 janvier, il doit y avoir au plus un seul dépôt par arrondissement. Le but principal de cette disposition est de faire cesser l'abus résultant de la multiplicité des hospices où ces Enfants étaient précédemment admis. Elle doit donc recevoir promptement son exécution. Les préfets s'empresseront de faire connaître à la direction les hospices où seront exclusivement placés désormais les dépôts des Enfants. A leurs états de désignation ils joindront les arrêtés qu'ils ont également à prendre pour fixer l'époque à laquelle les hospices qui ne seront pas désignés cesseront d'en recevoir, et le mode d'après lequel il sera pourvu à la dépense, à la tutelle et à la surveillance des Enfants dont ils cesseront d'être chargés

L'époque où la nouvelle désignation doit avoir son effet sera annoncée par des publications réitérées; elle devra commencer avec un trimestre, afin de ne point déranger l'ordre de la comptabilité. Dans les départements où cette désignation n'aurait pas encore été faite, il peut être avantageux de la fixer au 1er janvier 1812. Mais, en regardant cette époque comme la plus éloignée, les arrêtés des préfets et les états de désignation doivent être néanmoins adressés le plus promptement possible à la direction.

La dépense des hospices qui ne seront point compris parmi ceux désignés pour recevoir a l'avenir les Enfants trouvés se continuera par trimestre. Elle aura lieu aux charges et conditions déterminées par le décret du 19 janvier dernier; en conséquence, ils participeront à la sous-répartition du fonds accordé à chaque département sur le trésor.

La tutelle et la surveillance des Enfants dont se trouveront chargés ces hospices, à l'époque où il leur sera interdit d'en recevoir de nouveaux, passeront entièrement aux hospices qui seront désignés comme les seuls lieux de dépôt. Il en sera ainsi, soit qu'il y ait un hospice désigné par arrondissement, soit qu'il n'y en ait qu'un seul pour plusieurs arrondissements ou pour tout le département.

Dans les désignations à faire, les préfets indiqueront de préférence les hospices qui offriront le plus de ressources par leurs revenus ou par les allocations qu'ils pourraient obtenir des villes où ils sont situés. Dans les villes où il y a plusieurs hôpitaux, les établissements destinés à recevoir et traiter les malades seront écartés de la désignation. Les dépôts pour ces villes seront placés par préférence dans les hôpitaux destinés aux vieillards. Cette mesure de prévoyance est commandée par l'intérêt qu'inspire la faiblesse des nouveau-nés et par le besoin de les éloigner de tout ce qui peut nuire à leur santé.

Dans les départements où l'on est dans l'usage de ne recevoir les Enfants que dans un seul dépôt ou dans les hospices de quelques-uns des arrondissements, les préfets maintiendront cet usage, à moins qu'ils n'aient des motifs bien puissants pour demander un changement. Ces motifs devront être énoncés dans l'arrêté qui accompagnera l'état de désignation, il ne sera rien innové avant que l'arrêté ait été approuvé par le ministre de l'intérieur. Si le nombre des dépôts excède au contraire celui des arrondissements, les préfets les réduiront, ainsi que le veut le décret du 19 janvier, à un au plus par arrondissement.

Cette dernière expression, *un au plus par arrondissement*, indique suffisamment qu'il faut réduire autant que possible le nombre des dépôts : il faut le borner aux besoins des localités, et tendre à rompre, sans nuire à la conservation des Enfants, toutes les habitudes funestes qui sembleraient légitimer l'exposition des Enfants, que l'ordre social a destinés a être élevés par leurs parents.

Les préfets donneront une attention particulière à la rédaction des arrêtés qu'ils auront à prendre pour la désignation des hospices appelés seuls à recevoir, à l'avenir, les Enfants trouvés.

(Certificats des maires pour le payement des mois de nourrice et pensions.) Indépendamment des dispositions indiquées plus haut, ces arrêtés devront contenir des mesures propres à assurer l'exécution des art. 13, 14 et 21 du décret du 19 janvier, ainsi conçu :

« Art. 13. Les mois de nourrice et les pensions ne pourront être payés que sur des certificats des maires des communes où seront les Enfants. Les maires attesteront les avoir vus. »

« Art. 14. Les commissions administratives des hospices feront visiter, au moins deux fois l'année, chaque Enfant, soit par un commissaire spécial, soit par les médecins ou chirurgiens vaccinateurs ou des épidémies. »

« Art. 21. Il n'est rien changé aux règles relatives à la reconnaissance et à la réclamation des Enfants trouvés et des Enfants abandonnés; mais, avant d'exercer aucun droit, les parents devront, s'ils en ont les moyens, rembourser toutes les dépenses faites par l'administration publique ou par les hospices; et, dans aucun cas, un Enfant dont l'État aurait disposé ne pourra être soustrait aux obligations qui lui ont été imposées. »

(Inspection des Enfants.) Déjà, dans un assez grand nombre de départements, les certificats des maires pour l'acquit des mois de nourrice et pensions sont en usage. Cette règle doit être générale, et son application absolue. Les maires doivent être prévenus de l'obligation qui leur est imposée de s'assurer de l'existence des Enfants.

L'établissement de commissaires chargés de visiter les Enfants doit avoir lieu dans tous les hospices destinés à les recevoir. On confiera avec avantage ce soin aux médecins ou chirurgiens à qui l'Administration a déjà confié la vaccine et les épidémies.

(Fixation des mois de nourrice et pensions.) La fixation des mois de nourrice et pensions des Enfants devra faire aussi l'objet d'une disposition spéciale des arrêtés à prendre par les

préfets. Ils voudront bien se reporter à cet égard aux règles qui leur ont été indiquées par l'instruction du ministre du 27 mars 1810. Ils se rappelleront que la fixation doit être basée sur le prix des grains; que le *maximum* des mois de nourrice et pensions ne doit pas excéder la valeur de dix myriagrammes de grains par trimestre; et que la fixation en doit être graduée sur les services que les Enfants peuvent rendre dans les différents âges de leur vie.

Le prix moyen des grains des cinq années qui ont précédé 1811 sera pris pour base de la fixation qu'ils croiront convenable de proposer. Pour la formation du prix moyen, on se servira du relevé général des mercuriales déposées dans chaque préfecture. Si les localités l'exigent, il sera formé des tarifs particuliers par arrondissement de sous-préfecture, en prenant pour base les mercuriales des marchés de chaque arrondissement.

(Remise des Enfants aux parents qui les réclament.) L'art. 21 veut que les parents, avant d'exercer aucun droit pour la reconnaissance et la réclamation de leurs Enfants, remboursent toutes les dépenses faites pour l'éducation de ces mêmes Enfants. L'application exacte de cette disposition préviendra les calculs de l'égoïsme et de l'immoralité qui ont porté des parents à se débarrasser du soin d'élever leurs Enfants, bien sûrs de les ramener près d'eux lorsqu'ils seraient tout formés.

L'article 16 du décret du 19 janvier dernier renferme cette déclaration formelle : *Tous les Enfants élevés à la charge de l'État sont entièrement à sa disposition.* Pour lui donner un plein et entier effet, le ministre de l'intérieur a décidé, 1° que les familles, en remboursant tous les frais d'education, et dans ce cas seulement, jouiront de la faculté de retirer leurs Enfants tant qu'ils n'auront pas dix ans accomplis ; 2° que cette faculté restera suspendue du moment où les Enfants auront commencé leur onzième année, jusqu'à ce qu'ayant accompli leur douzième année, il soit constant que le ministre de la marine n'a pas jugé convenable d'en disposer ; 3° que cette faculté est également suspendue à l'égard des Enfants qui, au 1er janvier 1811, avaient atteint l'âge de douze ans, et qui, aux termes de l'art. 24 du décret, doivent être employés par le ministre de la marine jusqu'à ce que ce ministre ait exercé son droit.

On vient d'indiquer les principales dispositions qui doivent se reproduire dans les arrêtés des préfets sur la désignation des hospices chargés de recevoir désormais les Enfants, ils ajouteront toutes celles que la connaissance des localités et leur expérience leur suggéreront : ils auront toujours en vue que ces arrêtés deviendront les éléments des règlements d'administration publique qui, sur la proposition du ministre de l'intérieur, seront discutés en conseil d'État.

Ces règlements, aux termes de l'art. 22 du décret du 19 janvier, détermineront pour chaque département le nombre des hospices où seront reçus les Enfants trouvés, et tout ce qui est relatif à leur administration, notamment au mode de revue des Enfants existants et de payement des mois de nourrice et pensions : ces règlements doivent être proposés avant le 1er janvier 1812.

(États à transmettre par les préfets.) En conséquence des présentes instructions, les préfets transmettront à la direction générale, avant le 1er octobre prochain :

1° L'état des sommes dues et classées dans la dette départementale, pour les dépenses des Enfants trouvés, des exercices antérieurs à 1810 *(Tableau n° 1er)* ;

2° L'état des villes et communes qu'ils jugeront devoir faire concourir au payement de l'arriéré de 1810, pour les Enfants trouvés, avec un projet de répartition du prélèvement à imposer *(Tableau n° 2)* ;

3° L'état de sous-répartition de la somme qui leur est allouée dans la distribution des quatre millions accordés par le Gouvernement, en 1811, pour les mois de nourrice et pensions des Enfants trouvés et abandonnés.

Cet état fera connaître, en outre, le contingent à prélever en 1811 sur les revenus des hospices, ou sur les revenus des communes où sont situés les hospices, pour couvrir la dépense des mois de nourrice et pensions *(Tableau n° 3)*;

4° L'état supplémentaire des hospices non désignés, des bureaux de bienfaisance et des communes jouissant d'affouages en bois qui pourraient être appelés à contribuer à la dépense des mois de nourrice et pensions *(Tableau n° 4)*;

5° L'état indicatif des hospices qui, à compter du seront exclusivement chargés de recevoir les Enfants trouvés et abandonnés *(Tableau n° 5)*;

6° L'état de fixation des mois de nourrice et pensions des Enfants *(Tableau n° 6)*.

Les préfets veilleront à ce que ces différents états soient en tout conformes aux modèles ci-joints, et notamment en ce qui concerne l'ordre et les dimensions de chacun d'eux. Ils sont prévenus que les états qui ne seront pas conformes aux modèles seront renvoyés comme nuls et sans objet.

Tous les trois mois, les préfets rendront compte à la direction générale du mouvement et de la dépense des Enfants trouvés, et de l'ordre suivi dans les payements. Ils trouveront ci-joint un modèle de l'état qu'ils auront à transmettre à la direction. Ce modèle sera désormais le seul auquel ils auront à se conformer pour cette partie du service *(Tableau n° 7)*.

Circulaire du Directeur général de la comptabilité des communes et des hospices (baron Quinette) *aux préfets, sur la comptabilité communale.* (Extrait.)

14 avril 1812.

....

(*Orphelins pauvres.*) La dépense de ces orphelins doit éprouver une réduction, à mesure que les commissions administratives se conformeront aux dispositions du décret du 19 janvier 1811, qui ordonne de placer à la campagne ces Enfants, et les soumet au même régime que les Enfants trouvés.

(*Enfants trouvés.*) La dépense des Enfants trouvés mérite une attention particulière. L'application sévère des règles établies par mes instructions du 15 juillet 1811 lèvera toutes les difficultés. Déjà le payement des dépenses de 1811 et le service de 1812 sont assurés dans les départements dont les préfets m'ont adressé le travail régulier et complet qui leur avait été demandé par ces instructions. Les préfets jouissant de l'avantage d'avoir obtenu du ministre de l'intérieur une décision qui assigne les ressources nécessaires à l'acquittement de la dépense des mois de nourrice et pensions des Enfants trouvés, n'auront qu'à rappeler cette décision en examinant les budgets de 1813, sauf les modifications qui résulteraient, soit en économie, soit en augmentation de dépenses, de la population des Enfants trouvés, constatée par des états de mouvement.

Ils énuméreront les différentes sommes accordées aux hospices pour la dépense des mois de nourrice et pensions des Enfants trouvés, savoir :

Part dans la somme accordée au département dans la distribution générale du fonds de quatre millions affecté à la dépense des mois de nourrice et pensions, ci..	"	"
Supplément, pour cette dépense, à prendre sur les revenus mêmes de l'hospice, ci........	"	"
Idem sur les revenus de la ville où est situé l'hospice, ci..........	"	"
Idem sur les hospices non chargés de recevoir les Enfants trouvés, ci.....	"	"
Idem sur les affouages des communes, ci..........	"	"
TOTAL..............	"	"

Circulaire du Ministre de l'intérieur (comte Montalivet) *aux préfets, relativement aux noms et prénoms à donner aux Enfants trouvés.*

Paris, le 30 juin 1812.

Dans plusieurs endroits, il est d'usage de désigner tous les Enfants trouvés par un surnom commun. Cette sorte de désignation vague, jointe à un nom de baptême qui lui-même peut être commun à plusieurs individus de la même classe, ne suffit pas pour les indiquer; il en résulte que les mêmes noms abondent sur les listes de conscription de toutes les classes, sur celles des déserteurs et des conscrits réfractaires, des forçats libérés et des condamnés placés sous la surveillance de la haute police, des fugitifs et condamnés en contumace, etc.

Le défaut de noms distinctifs multiplie singulièrement les embarras de la surveillance et des recherches, et donne lieu à de fréquentes méprises.

Le Gouvernement s'occupera de remédier aux inconvénients que pourrait produire encore pendant quelque temps l'identité du nom donné jusqu'à présent aux Enfants trouvés, mais la loi fournit les moyens d'y obvier pour l'avenir. Le Code civil porte, art. 58, que toute personne qui aura trouvé un Enfant nouveau-né sera tenue de le remettre à l'officier de l'état civil, ainsi que les vêtements et autres objets trouvés avec l'Enfant; de déclarer toutes les circonstances du lieu où il aura été trouvé; qu'il en sera dressé un procès-verbal détaillé, lequel énoncera en outre l'âge apparent de l'Enfant, son sexe, et les *noms* qui lui auront été donnés par l'autorité civile à laquelle il sera remis, et que ce procès-verbal sera inscrit sur les registres.

Ces dispositions sont précises. Il doit être donné des noms à l'Enfant trouvé présenté à l'officier public; ces noms doivent être tels, par exemple, que s'il n'y en a que deux, le premier soit considéré comme nom de baptême, et l'autre devienne pour l'Enfant qui le reçoit un nom de famille transmissible à ses propres descendants.

Pour le choix du nom de baptême, on doit suivre les usages et les règles ordinaires Quant au nom de famille, il faut avoir soin de ne pas donner le même à plusieurs individus.

Pour prévenir des confusions et des réclamations très-fondées, on doit éviter de donner aux Enfants trouvés des noms connus pour appartenir à des familles existantes, et qui sont pour elles une sorte de propriété, souvent très précieuse. Il faut donc chercher ces noms, soit dans l'histoire des temps passés, soit dans les circonstances particulières à l'Enfant, comme sa conformation, ses traits, son teint, le pays, le lieu, l'heure où il a été trouvé. Il convient néanmoins d'observer qu'il faut rejeter avec soin toute dénomination qui serait ou indécente ou ridicule, ou propre à rappeler, en toute occasion, que celui à qui on l'a donnée est un Enfant trouvé. Mais ces noms ne doivent pas être deux ou trois noms communs à tous les Enfants trouvés du même lieu, ou même à plusieurs d'entre eux, il convient que ce soient des noms différents pour les divers individus.

Je vous recommande de transmettre ces instructions aux officiers de l'état civil de votre département, et de veiller à ce qu'elles soient rigoureusement exécutées.

BUREAU DES HOSPICES. — *Envoi d'instructions sur le service des Enfants trouvés* (1).

Le Conseiller d'État, Directeur général de la comptabilité des communes et des hospices,

A Son Excellence le comte Regnault de Saint-Jean-d'Angely, Ministre d'État, Président de la section de l'intérieur.

Paris, le 14 juin 1813.

(A M. Bouillé, pour s'en entretenir avec moi. — Conserver soigneusement les instructions et tableaux.)

Monsieur le comte,

Pour répondre à l'objet de votre lettre du 4 de ce mois, je m'empresse de vous adresser un exemplaire des instructions que j'ai données, le 15 juillet 1811, aux préfets sur les moyens de parvenir à une organisation définitive du service des Enfants trouvés et au règlement de leurs dépenses. Je joins à cette lettre les modèles des différents tableaux annexés à cette instruction.

Vous remarquerez, Monsieur le comte, que le principal objet que je me suis proposé dans ces instructions a été d'obtenir des préfets tous les éléments qui pouvaient me mettre à même de soumettre au ministre la fixation des dépenses en mois de nourrice et pensions des Enfants, les allocations qui pouvaient être faites sur le fonds de quatre millions, et les ressources locales que la situation plus ou moins prospère des communes, des hospices et des établissements de bienfaisance permettaient de prélever pour couvrir l'insuffisance des allocations.

Vous remarquerez encore, Monsieur le comte, que j'ai considéré le fonds de quatre millions comme un fonds commun à tous les départements; que la répartition en devait être réglée entre les départements. non pas en raison du nombre des Enfants trouvés et de leurs dépenses, mais en raison du plus ou moins de possibilité de faire concourir les ressources locales à la dépense dont il s'agit. En opérant d'une manière contraire, et en répartissant les quatre millions entre chaque département dans la proportion du nombre et de la dépense des Enfants à charge de chacun d'eux, on s'exposait pour certains départements à de grandes difficultés pour réaliser les moyens de couvrir le déficit.

C'est par cette raison, Monsieur le comte, que le ministre, sur ma proposition, a commencé par faire une répartition provisoire du fonds de quatre millions, jusqu'à concurrence seulement de 3,500,000 francs, et que les préfets ont, en conséquence, été prévenus que les sommes allouées par les décrets approbatifs des budgets de 1811 et 1812 ne devaient être considérées que comme des allocations fictives, et que, jusqu'à ce qu'il en ait été autrement ordonné, ils ne devaient ordonnancer pour la dépense des Enfants trouvés que jusqu'à concurrence de la somme que le ministre leur a provisoirement accordée.

Chaque préfet, pour obtenir la fixation définitive de la somme dont il doit jouir sur le fonds de quatre millions, est tenu de présenter le budget des dépenses présumées, en prenant pour base le nombre des Enfants et le résultat des dépenses de l'année antérieure, distraction faite des layettes et vêtures. Il indique en même temps les ressources dont il est possible de disposer, ou sur les octrois des villes où sont situés les hospices chargés de recueillir les Enfants, ou sur les revenus des villes où il existe des hospices, ou sur les affouages des communes, ou sur les revenus des hospices, ou sur ceux enfin des bureaux de bienfaisance qui, dans plusieurs départements, étaient dans l'usage de concourir à cette dépense.

(1) Cette lettre inédite est extraite des archives du Conseil d'État.

Je rends compte au ministre des propositions de chaque préfet, et sur ce compte le ministre fixe, par une décision particulière, la somme dont le préfet peut définitivement disposer sur le fonds de quatre millions. Il fixe également, sur ma proposition, les sommes à prélever sur les octrois et sur les autres branches de revenus dont je viens de parler.

Ainsi, Monsieur le comte, et par suite des décisions du ministre, les sommes à prélever sur les octrois sont portées par les préfets dans les budgets municipaux qu'ils m'adressent ou d'office par le ministre sur ma proposition, et les sommes que vous y trouvez comprises pour le service dont il s'agit sont le résultat des décisions particulières rendues par le ministre sur les propositions que le travail préparatoire des préfets m'a mis à même de lui soumettre.

Je n'ai pu parvenir encore à compléter entièrement ce travail; il ne me reste cependant que très-peu de départements en arrière. L'intention du ministre est d'en mettre les résultats sous les yeux de Sa Majesté et de lui présenter alors le règlement prescrit par le décret du 19 janvier 1811, pour être envoyé à la discussion du Conseil d'État.

Je désire, Monsieur le comte, que ces explications puissent satisfaire Votre Excellence Si elle a besoin que je lui donne de plus amples détails, je m'empresserai de les lui procurer.

Je prie Votre Excellence d'agréer l'assurance de ma haute considération.

QUINETTE.

Circulaire du Directeur général de la comptabilité des communes et des hospices (baron Quinette) *aux préfets, relativement à la remise des Enfants exposés et abandonnés.*

Paris, le 17 novembre 1813.

La facilité que les parents ont eue constamment de retirer gratuitement les Enfants qu'ils ont exposés ou abandonnés à la commisération publique a toujours été considérée comme une des causes de la multiplicité des expositions et des abandons.

Toutes les mesures qui pouvaient tendre à resserrer cette faculté dans de justes limites devaient donc être accueillies.

Tel a été le but de l'art. 21 du décret du 19 janvier 1811, qui oblige les parents à rembourser, s'ils en ont les moyens, toutes les dépenses des Enfants qu'ils réclament.

Pour mieux assurer l'exécution de cette disposition, le ministre de l'intérieur a précédemment décidé, en principe, que la remise gratuite des Enfants, dans le cas où les parents n'auraient pas les moyens de rembourser les dépenses, ne pourrait être que le résultat d'une exception sur laquelle il se réservait de prononcer.

La correspondance m'a donné lieu de remarquer que l'obligation imposée aux autorités locales d'obtenir l'autorisation du ministre pour la remise gratuite des Enfants, en voulant prévenir un inconvénient, en avait fait naître un autre non moins désavantageux pour les hospices, celui de retarder la remise des Enfants et de contraindre les hospices à pourvoir à leurs besoins jusqu'à ce que la décision du ministre ait pu leur parvenir.

J'ai entretenu le ministre de cet inconvénient; Son Excellence a senti la nécessité de le prévenir. Tel est, à cet égard, le but de la décision qu'elle a prise le 26 octobre dernier, et dont vous trouverez ci-joint une ampliation : vous en appliquerez les dispositions aux propositions que vous auriez pu m'adresser, et sur lesquelles il n'aurait pas encore été statué.

Je vous invite, en vous occupant d'en assurer l'exécution, à vouloir bien vous pénétrer des considérations qui ont motivé l'art. 21 du décret précité du 19 janvier, et à apporter dans les remises gratuites que vous serez dans le cas d'autoriser, toute la surveillance et toute la sévérité que commandent ces considérations.

Il n'est pas moins important d'obvier aux inconvénients qui résultent du peu d'obstacles que les parents des Enfants exposés éprouvent à les visiter et à se procurer des renseignements sur les lieux qu'ils habitent, sur les personnes auxquelles ils sont confiés. Les renseignements à donner aux parents qui en réclament doivent se borner à leur donner l'assurance de leur existence ou de leur décès.

Les administrations qui ont recueilli les Enfants doivent intimer à leurs agents l'ordre de ne point s'écarter de cette règle ; son exécution rigoureuse et la sévérité que je vous recommande dans l'examen des demandes en remise gratuite préviendront successivement l'exposition et l'abandon d'un grand nombre d'Enfants.

Paris, le 26 octobre 1813.

Le Ministre de l'intérieur (comte *de Montalivet*),

Vu l'art. 21 du décret du 19 janvier 1811 ;

Sur le rapport du directeur général de la comptabilité des communes et des hospices,

Arrête ce qui suit :

Art. 1er. Les Enfants exposés et abandonnés. de l'un et de l'autre sexe, ne seront remis aux parents qui les réclameront qu'en remboursant toutes les dépenses qu'ils auront occasionnées.

Circulaire *du Ministre de l'intérieur aux préfets, relativement au remboursement de l'arriéré dû aux hospices pour le service des Enfants trouvés des exercices antérieurs à 1814.*

Circulaire *du Sous-Secrétaire d'État de l'intérieur* (Becquey) *aux préfets, relativement aux amendes et confiscations attribuées aux communes et aux hospices.*

Paris, le 22 mai 1816.

Plusieurs préfets ont appelé mon attention sur les dispositions prescrites par le ministre des finances au sujet de la portion des amendes et confiscations attribuée, par divers arrêtés du Gouvernement, à la dépense des Enfants abandonnés, et dans quelques départements on a paru craindre que ces dispositions ne privassent d'une ressource précieuse un service aussi important.

J'ai adressé, sur cet objet, des observations au ministre des finances, et je m'empresse de vous informer du résultat des explications qu'il m'a transmises.

C'est afin de rattacher toutes les recettes des préposés de l'enregistrement et des domaines au système général adopté pour les recettes affectées à un service public quelconque que le ministre des finances a donné des ordres pour que le produit des amendes et confiscations fût versé désormais, par les préposés de l'enregistrement, dans les caisses des receveurs généraux des départements; mais l'intention de Son Excellence n'a nullement été de priver les établissements auxquels ce produit est destiné d'un revenu qui leur a été affecté par des arrêtés du Gouvernement.

Les receveurs généraux ont ordre d'acquitter avec exactitude tous les mandats qui seront délivrés par les préfets, au profit des hospices, sur les fonds dont il s'agit.

Le ministre des finances a dû vous faire informer déjà du montant des sommes reçues par les préposés de l'enregistrement, pendant l'année 1815, pour le compte des communes et des hospices de votre département, et vous pouvez délivrer, pour le versement de ces fonds dans les caisses des communes et des hôpitaux, des mandats qui seront acquittés à présentation par le receveur général.

Le ministre des finances m'annonce qu'il vous sera également donné avis, à l'expiration de chaque trimestre, et aussitôt que les comptes des directeurs des domaines auront été arrêtés, du produit des amendes et confiscations dont vous pourrez disposer; et il ajoute même que, sans attendre cette formalité, vous avez toujours la faculté d'employer ces produits, à mesure qu'ils sont recouvrés, sauf régularisation ultérieure.

Ces détails lèveront les craintes que vous aviez pu concevoir sur la destination du produit des amendes et confiscations, et l'incertitude où vous pouviez être sur la marche à suivre pour donner à ce produit l'application qu'il doit recevoir.

CIRCULAIRE *du Sous-Secrétaire d'État de l'intérieur* (Becquey) *aux préfets, relativement à l'état de mouvement et dépenses des Enfants trouvés.* (Extrait.)

Paris, le 18 octobre 1816

Je vous prie de ne m'adresser, à l'avenir, qu'un seul état du mouvement et des dépenses des Enfants trouvés et des Enfants abandonnés, au lieu des états trimestriels demandés par l'instruction du 15 juillet 1811; mais cet état général doit être également rédigé conformément au modèle n° 7, annexé à l'instruction que je viens de rappeler; et je vous prie de faire toutes les dispositions nécessaires afin que ce tableau me soit adressé régulièrement, avant le 1er juillet de chaque année, pour l'année précédente.

CIRCULAIRE *du Sous-Secrétaire d'État de l'intérieur* (Becquey) *aux préfets, relativement au service des Enfants trouvés et Enfants abandonnés.*

Paris, le 27 mars 1817.

Au moment où les conseils généraux sont près de s'assembler pour délibérer sur la fixation des dépenses variables spéciales à chaque département, et sur les moyens d'y pourvoir, je crois nécessaire d'appeler votre attention sur les dispositions à faire pour assurer le service des Enfants trouvés et Enfants abandonnés pendant la présente année.

Les articles 52, 53 et 54 de la loi qui vient d'être rendue, sur les finances de 1817, classent la dépense des Enfants trouvés et Enfants abandonnés au rang de celles auxquelles il doit être pourvu sur le produit des centimes additionnels ou supplémentaires, dits *facultatifs*, affectés aux dépenses variables des départements, *sans préjudice*, porte la loi, *du concours des communes.*

Ces dispositions s'appliquent à la portion de la dépense des Enfants trouvés ou abandonnés qui comprend les mois de nourrices et pensions, les indemnités accordées pour les neuf premiers mois de la vie des Enfants et lorsqu'ils ont atteint leur douzième année; et les frais de revue et d'inspection des Enfants. Il n'est rien changé au mode suivi jusqu'à présent pour le payement de la dépense des Enfants dans l'intérieur des hospices, et pour le payement des frais de layettes et vêtures.

Il est dans l'esprit des dispositions de la loi sur les finances de ne regarder le concours des communes, pour pourvoir à la dépense des mois de nourrices et des pensions, que comme accessoire et comme destiné seulement à remédier à l'insuffisance que pourraient présenter, à cet égard, les revenus des hospices appelés à recueillir les enfants, et les fonds départementaux, après avoir réuni à l'allocation que permettent ces fonds la portion du produit des amendes et confiscations attribuée au même service.

Dans cet état de choses, j'ai cru devoir, d'après les éléments que fournissent les précédentes années, fixer, pour chaque département, le *minimum* de la somme qu'il ne pourra se dispenser de fournir, en 1817, sur les ressources ordinaires du budget, avant de provoquer le concours des communes.

Ainsi, le conseil général de votre département ne pourra imputer, au budget de 1817, sur les centimes additionnels ou sur les centimes supplémentaires, une somme moindre pour la dépense des Enfants trouvés; mais rien ne s'oppose à ce qu'il vote une somme plus considérable, si les ressources départementales le permettent.

Afin d'éclairer, à cet égard, le conseil général, vous voudrez bien lui présenter, à l'ouverture de sa session, un rapport détaillé qui lui fasse connaître, 1° la dépense présumée des mois de nourrices et pensions des Enfants trouvés et Enfants abandonnés, et des frais accessoires; 2° l'évaluation de la portion des amendes et confiscations affectée à ce service; 3° les revenus et les dépenses des hospices appelés à recueillir les Enfants; 4° les ressources que les communes de votre département présentent pour concourir à la dépense dont il s'agit.

Si le conseil général émet le vœu de reporter une partie de cette dépense sur les communes, il proposera les bases de la répartition. Ces bases devront nécessairement varier, suivant les localités. Dans plusieurs départements, il suffira d'appeler le concours supplémentaire des hospices chargés de recevoir les Enfants, ou des communes où se trouvent ces hospices: dans quelques-uns, les communes, presque toutes riches, pourront être appelées presque toutes à concourir à la dépense; dans d'autres, les seules communes qui possèdent des octrois pourront peut-être y contribuer. Dans quelques départements, on trouvera convenable de répartir le contingent à assigner aux communes au marc le franc de leurs revenus; dans d'autres, il paraîtra préférable de régler la répartition de ce contingent sur la situation respective de chaque commune.

Vous m'adresserez, par un envoi particulier, les propositions que vous aurez faites au conseil général, le vœu qu'il aura émis, et votre opinion sur ce vœu. Dans le cas où les communes seraient appelées à concourir, j'en rendrai compte au Roi, et lui proposerai de régler, par une ordonnance spéciale, la portion de la dépense des Enfants trouvés et Enfants abandonnés qui doit être à la charge de chaque commune, d'après les désignations faites par le conseil général. En vertu de cette ordonnance, la somme à fournir par chaque commune sera comprise dans son budget de 1817, s'il n'est pas encore approuvé, et, au cas contraire, dans le budget de l'exercice suivant, par voie de rappel. Vous pourrez toutefois autoriser les communes dont les budgets se trouveront déjà réglés à acquitter, si leur situation le permet, sur les revenus de l'exercice courant, les contingents qui leur seront assignés dans cette répartition, sauf régularisation dans le budget de l'année suivante.

Les contingents assignés aux communes devront être versés par elles dans la caisse du receveur général du département, et vous ordonnancerez successivement, sur ces fonds, le remboursement des avances faites par les hospices pour le payement des mois de nourrices et pensions et autres frais accessoires.

Il sera donc pourvu à cette dépense, au moyen :

1° De la portion du produit des amendes et confiscations affectée au service des Enfants trouvés;

2° De la somme que j'ai fixée plus haut comme *minimum*, et qui doit être prise sur les centimes additionnels et centimes facultatifs destinés à faire face aux dépenses variables;

3° De la somme qui sera alloué en sus de ce *minimum*, si l'état des fonds départementaux permet au conseil général d'en voter une plus forte;

4° Des revenus des hospices appelés à recueillir les Enfants trouvés, ou des communes où se trouvent établis ces hospices;

5° Du concours d'un certain nombre ou de la totalité des communes du département, selon la délibération qui sera prise par le conseil général, et dont une ordonnance du Roi réglera l'exécution.

Je viens de vous entretenir des moyens de pourvoir à la dépense des Enfants trouvés et Enfants abandonnés, pendant l'année 1817. Je dois, en même temps, exciter votre sollicitude sur l'énorme accroissement qu'éprouve successivement le nombre de ces Enfants. D'un côté, la misère; de l'autre, les soins que l'administration apporte à la conservation des Enfants, et le bienfait de la vaccine, sont des causes naturelles qui, l'une en augmentant le nombre des expositions, et les deux autres en diminuant la mortalité, doivent accroître le nombre des Enfants trouvés et Enfants abandonnés à la charge des hospices. Mais on ne peut se refuser à considérer aussi comme une des causes les plus puissantes de cet accroissement les abus qui se commettent dans l'admission des Enfants au rang des Enfants trouvés et Enfants abandonnés. Dans plusieurs départements, où l'on a vérifié avec quelque sévérité les titres d'admission des Enfants, on en a découvert un grand nombre qui n'avaient pas de droits à la charité publique, et qui, rendus à leur famille, ont considérablement diminué le nombre des Enfants à la charge du département.

Le ministère a, plusieurs fois, appelé l'attention des préfets sur ces abus, et sur les moyens de les détruire et d'en prévenir le retour; mais ces instructions ont été perdues de vue dans plusieurs départements.

Je vous invite à les remettre en vigueur, et à réprimer soigneusement les abus d'une admission trop facile.

Je terminerai en vous recommandant de m'adresser *très-exactement*, dans le cours du premier trimestre de chaque année, un état général du mouvement et de la dépense des Enfants trouvés et Enfants abandonnés à la charge des hospices de votre département, pendant l'année précédente.

CIRCULAIRE *du Sous-Secrétaire d'État de l'intérieur* (Becquey) *aux préfets, relativement à la session annuelle des conseils municipaux.* (Extrait.)

Paris, le 16 avril 1817.

Différents actes de l'autorité royale, et la loi du 28 avril de l'année dernière, ont affranchi les communes des prélèvements qui absorbaient, chaque année, une forte partie de leurs revenus pour des dépenses qui leur étaient étrangères : elles sont maintenues dans ces avantages; mais il importe de les restreindre aux prélèvements que cette loi du 28 avril et les ordonnances antérieures ont eus réellement pour objet.

Ainsi, on avait pensé que la suppression des prélèvements qui se faisaient sur les revenus des communes devaient s'appliquer aux sommes qui leur étaient demandées pour les dépenses des Enfants trouvés; mais la loi du 25 mars dernier en a décidé autrement : la dépense des Enfants trouvés est placée, par l'article 53 de cette loi, au rang des charges départementales, *sans préjudice du concours des communes;* d'où résulte, pour les communes, l'obligation de comprendre dans leurs budgets les fonds qu'elles auront à fournir. Cette obligation s'applique à l'arriéré ainsi qu'aux besoins de 1817 et de 1818.

CIRCULAIRE *du Ministre de l'intérieur* (Lainé) *aux préfets, relativement au service des Enfants trouvés et des Enfants abandonnés.*

Paris, le 1er juin 1818.

Le service des Enfants trouvés et des Enfants abandonnés est un de ceux sur lesquels vous devez appeler plus particulièrement l'attention du conseil général de votre département dans la session qui va s'ouvrir.

Suivant la loi du 15 mai dernier, sur les finances de 1818, la dépense des Enfants trouvés et Enfants abandonnés continue à être classée au rang de celles auxquelles il doit être pourvu sur le produit des centimes additionnels affectés aux dépenses variables des départements, sans préjudice du concours des communes, et à la charge de rendre compte de leurs contributions pour cet objet.

Vous aurez, en conséquence, à présenter au conseil général, à l'ouverture de sa session, un rapport détaillé sur la dépense présumée des Enfants trouvés et Enfants abandonnés, pendant la présente année, et sur les moyens d'y pourvoir.

Il est dans l'esprit des dispositions de la loi de finances de 1818, comme de celle du 25 mars 1817, de ne regarder le concours des communes, pour pourvoir à cette dépense, que comme accessoire et comme destiné seulement à l'insuffisance que pourraient présenter, à cet égard, les revenus des hospices appelés à recueillir les Enfants et les fonds départementaux, après avoir réuni à l'allocation que permettent ces fonds la portion du produit des amendes et confiscations attribuée au même service.

Mais à cette observation, qui vous a déjà été faite pour 1817, j'ajouterai que le recouvrement du contingent assigné aux communes, pour cette même année, dans la dépense des Enfants trouvés, a, dans plusieurs départements, donné lieu à beaucoup de difficultés qui n'ont pu être toutes aplanies, et qui paraissent démontrer que ce contingent était trop élevé.

Les nouvelles dispositions consacrées par la loi précitée du 15 mai dernier, pour la répartition des ressources affectées aux dépenses départementales, donneront, cette année, plus de latitude pour subvenir à ces dépenses; et si le produit des six centimes additionnels ordinaires, réuni au supplément accordé à votre département sur le fonds commun de cinq centimes, ne présente pas des moyens suffisants pour imputer sur ces fonds la portion de la dépense des Enfants trouvés qu'il est convenable de laisser à la charge du département, le conseil général peut voter le complément nécessaire sur le produit des centimes facultatifs.

Je vous prie donc de représenter au conseil général de votre département combien il importe de voter sur les fonds départementaux la portion la plus forte possible de la dépense des Enfants trouvés et Enfants abandonnés, et de ne rejeter à la charge des communes que la portion de cette dépense à laquelle les fonds départementaux ne pourraient absolument pourvoir, et que la situation des communes leur permet de supporter.

Si le conseil général de votre département juge indispensable de faire concourir les communes à la dépense des Enfants trouvés pour 1818, vous l'inviterez à émettre son opinion sur le mode de *répartition* le plus convenable à adopter pour le *contingent* à exiger des communes.

Vous aurez soin de m'adresser, par un envoi particulier et distinct de celui du budget, les propositions que vous aurez faites au conseil général, le vœu qu'il aura émis, et votre opinion sur ce vœu.

Les instructions précédentes sur le service des Enfants trouvés restent en vigueur, notamment en ce qui concerne le payement de la dépense des Enfants dans l'intérieur des hospices et le payement des frais de layettes et vêtures.

CIRCULAIRE du Sous-Secrétaire d'État de l'intérieur (comte Chabrol), *relativement au service des Enfants trouvés.*

Paris, le 27 juillet 1818.

Plusieurs fois, les nourrices chargées d'Enfants trouvés ont substitué à ces Enfants, lorsqu'ils décédaient, des Enfants légitimes; et elles ont ainsi continué à percevoir les rétributions qui ne devaient leur être allouées que pendant la vie des Enfants qui leur avaient été confiés

Diverses mesures ont été prises souvent pour prévenir un abus si condamnable, sous le rapport de la morale, et si préjudiciable aux départements, sous les rapports pécuniaires, mais, de tous les moyens employés dans ce but, celui que vient d'adopter le conseil général d'administration des hospices de Paris me paraît l'emporter de beaucoup pour la simplicité et la sûreté. Ce moyen consiste à passer au cou de chaque Enfant un collier que l'on scelle avec un morceau d'étain, au moyen d'une presse dans le genre de celle des notaires. L'étain porte, pour empreinte, la désignation des hospices auxquels appartient l'Enfant, l'année dans laquelle il a été exposé, et son numéro d'ordre : le collier est serré au degré nécessaire pour ne pouvoir être enlevé à l'Enfant, sans cependant le gêner pour sa croissance; et l'on voit aisément que toute substitution est dès lors comme impossible.

J'ai cru devoir vous donner connaissance de ce moyen, et je vous prie d'inviter les commissions administratives des hospices de votre département à l'adopter pour les Enfants trouvés qui sont à leur charge. Afin d'en faciliter l'usage, j'ai l'honneur de vous transmettre, avec cette lettre, deux des colliers dont se servent les hospices de Paris : l'un est frappé, et l'autre ne l'est pas.

EXTRAIT du Rapport au Roi du 25 novembre 1818, présenté par M. Laîné, *Ministre de l'intérieur, sur la situation des hospices, des Enfants trouvés, des aliénés, de la mendicité et des prisons.* (CHAPITRE II.)

Considérations générales.

L'humanité fait un devoir à l'administration d'assurer le sort des Enfants abandonnés par les auteurs de leur existence, et que leur exposition livre à la commisération publique.

Depuis que saint Vincent de Paul fit entendre la voix sacrée de la charité en faveur de ces êtres malheureux que menaçait une mort presque certaine, de nombreux asiles se sont successivement ouverts pour les recevoir.

En 1789, les Enfants trouvés étaient admis dans un assez grand nombre d'hôpitaux, mais beaucoup aussi, consacrés par leurs actes de fondation à soulager d'autres genres de misères, ne les admettaient pas.

Depuis cette époque, les règles prescrites pour l'admission des Enfants trouvés, et les moyens adoptés pour subvenir à leur dépense, ont plusieurs fois varié.

En 1810, il a été établi en principe que la dépense des Enfants trouvés et Enfants abandonnés devait être supportée en partie par les hospices destinés à recevoir ces Enfants, en partie par les fonds départementaux, en partie par les communes, et ce principe a été maintenu par les dernières lois sur les finances.

Toutes les fois que l'administration s'est occupée d'organiser le service des Enfants trouvés, elle s'est vue placée entre deux écueils. En facilitant les admissions des Enfants, on multiplie les expositions et les abandons, et la dépense s'accroît proportionnellement; en apportant plus d'entraves aux admissions, afin de réduire la dépense, on s'expose à compromettre l'existence des Enfants, et à multiplier les infanticides et les avortements.

On a cherché depuis plusieurs années à suivre un juste milieu entre ces deux dangers. Le rapide accroissement qu'avait pris, dans les années qui ont précédé 1811, le nombre des Enfants trouvés détermina, à cette époque, à adopter des mesures propres à en combattre quelques-unes des causes. Avant 1811, tous les hospices devaient recevoir les Enfants trouvés : on décida que ces Enfants ne pourraient être reçus que dans un hospice, au plus, par arrondissement. La dépense des Enfants trouvés avait été placée au rang des dépenses départementales : on décida que la dépense des layettes et vêtures, et les frais de séjour des Enfants dans les hospices, resteraient à la charge de ces établissements; et ils furent, en outre, appelés, ainsi que les communes, à concourir, autant que leurs revenus le leur permettraient, avec les fonds départementaux, à la dépense des mois de nourrice et pensions payés pour les Enfants entretenus à la campagne.

Ces mesures ont dû nécessairement ralentir l'accroissement qu'aurait suivi, sans elles, le nombre des Enfants trouvés; mais elles n'ont pu balancer les autres causes qui le favorisaient, et cet accroissement a continué d'être considérable.

Accroissement des Enfants

En 1784, le nombre des Enfants trouvés en France n'était évalué qu'à 40,000.

A la fin de 1809, le nombre de ces Enfants, dans les départements qui composent encore aujourd'hui la France, était de........ 67,966

Au 1er janvier 1815, il était de........ 84,559

Au 1er janvier 1816, de........ 87,713

Au 1er janvier 1817, de........ 92,626

Au 31 décembre 1817, de........ 97,919

Ainsi, depuis huit ans, le nombre des Enfants trouvés s'est accru chaque année d'environ 4,000.

Dépenses.

La masse de leur dépense a naturellement suivi une proportion à peu près analogue.

En 1809, la dépense des mois de nourrices et pensions des Enfants entretenus à la campagne a été de........ 4,637,782f 42c

En 1815, cette dépense a été de........ 6,113,090 04

En 1816, de........ 6,250,094 30

En 1817, de........ 6,763,179 54

Le nombre moyen des Enfants entretenus à la campagne, en 1817, ayant été de quatre-vingt-cinq mille cinq cent quarante-quatre, la dépense, qui s'est élevée à 6,763,179 fr. 54 cent., donne, pour taux moyen de la dépense de chaque Enfant, 79 francs 6 centimes.

Je joins à ce rapport le tableau (n° 2) de la dépense présumée pour 1818 des Enfants entretenus à la campagne, et des ressources destinées à y faire face.

Votre Majesté pourra remarquer que le nombre des Enfants trouvés n'est porté sur ce tableau qu'à quatre-vingt seize mille trois cent soixante et douze, tandis que le nombre des Enfants existants au 31 décembre 1817 était de quatre-vingt-dix-sept mille neuf cent dix-neuf. Quelques préfets ont pensé que la situation du peuple, dans leurs départements, étant moins pénible qu'en 1817, le nombre des expositions serait moins considérable, et qu'il en résulterait une diminution dans le nombre des Enfants à la charge des hospices : tel est le motif de cette différence.

La dépense présumée, pour 1818, des Enfants trouvés entretenus à la campagne se porte, suivant le tableau que je mets sous les yeux de Votre Majesté, à 7,137,314 francs 31 centimes.

Les ressources destinées à y pourvoir s'élèvent à 6,605,677 francs 31 centimes, savoir :

1° Fonds alloués dans les budgets des dépenses variables des départements	4,741,649^f 00^c	7,137,314^f 31^c
2° Fonds dont les conseils généraux ont voté l'imputation sur le produit des centimes facultatifs	349,010 00	6,605,677 31
3° Produit présumé de la portion des amendes et confiscations	167,151 97	
4° Sommes laissées à la charge des hospices	442,403 01	
5° Contingents assignés sur les communes	860,463 33	
Ces ressources présentent, sur la dépense présumée, un déficit de		531,637 00

Si ce déficit se réalise, il y sera pourvu, en 1819, soit sur les fonds départementaux, soit sur les fonds des communes, selon les votes des conseils généraux.

Je dois faire observer à Votre Majesté qu'indépendamment de la dépense dont je viens d'indiquer ici le montant, la fourniture des layettes et vêtures et les frais de séjour des Enfants dans les hôpitaux donnent lieu à une dépense qui ne peut être moindre de deux millions pour toute la France, et qui, d'après les règles établies, reste entièrement à la charge des hospices.

La dépense totale que coûte le service des Enfants trouvés se porte donc maintenant à environ 9 millions.

Causes de l'accroissement du nombre et de la dépense des Enfants trouvés.

Le rapide accroissement de cette dépense et du nombre des Enfants trouvés a appelé toute mon attention, et j'en ai recherché avec soin les causes. La détresse qui a régné parmi le peuple, par suite des malheurs qui ont pesé depuis quelques années sur la France, et les progrès de l'immoralité, ont nécessairement augmenté le nombre des expositions. Quelques abus dans les admissions ont pu aussi se maintenir, malgré tous les efforts de l'administration pour les détruire.

Mais l'augmentation progressive du nombre des Enfants trouvés doit être principalement attribuée à la diminution de la mortalité qui les frappait; et cette diminution est due elle-même aux soins plus éclairés, plus empressés et plus constants pris par les administrations des hospices pour la conservation des Enfants, à la règle qui a été sans cesse recommandée, et presque partout adoptée, de les placer dans les campagnes, aux bienfaits de la vaccine

Le nombre des Enfants reçus dans les hospices de Paris pendant le cours des douze années antérieures à 1818 n'a excédé que d'un septième le nombre des Enfants reçus pendant le cours des douze années qui ont suivi 1788; et cependant le nombre des Enfants à la charge des hospices était de douze mille cinquante-sept au 31 décembre 1817, tandis qu'il n'était que de quatre mille six cent soixante et seize en 1800.

Le nombre des Enfants décédés dans les trois années 1787, 1788 et 1789 a été, avec le nombre des Enfants admis dans ces trois années, dans le rapport de vingt-neuf à trente-deux; et le nombre des Enfants décédés dans les trois années 1815, 1816 et 1817 a été, au nombre des Enfants admis dans les mêmes trois années, dans le rapport de vingt-quatre à trente-deux : la mortalité a donc été de cinq trente deuxièmes ou environ un sixième moins considérable dans les trois dernières années. Ces faits prouvent évidemment que la mortalité des Enfants trouvés est beaucoup moins considérable qu'elle ne l'était en 1789, et que c'est principalement à cette cause que l'on doit attribuer l'accroissement du nombre de ces Enfants.

Moyens de pourvoir à la dépense

La dépense des Enfants trouvés ayant naturellement suivi la progression de leur nombre, cette dépense est devenue pour beaucoup de départements un fardeau tellement pesant, que quelques conseils généraux, effrayés de son accroissement et de la difficulté de réunir les ressources nécessaires pour le supporter, ont réclamé, dans leur dernière session, contre le mode suivi jusqu'à présent pour subvenir à la dépense des Enfants trouvés, et ont demandé que cette dépense fût désormais à la charge de l'État, en l'imputant sur le fonds des centimes centralisés.

Loin d'appuyer une semblable demande, je crois, Sire, de mon devoir de la combattre. Quelque respectables, quelque animées du bien public que soient des administrations locales, un sentiment naturel les porte à favoriser les intérêts des établissements ou des localités confiées à leurs soins, même lorsqu'ils se trouvent en opposition avec les intérêts de l'État. Si la dépense des Enfants trouvés était mise à la charge de l'État, les administrations des hospices et les autorités municipales et départementales ne mettraient plus leurs soins à réduire dans les bornes possibles les prix des mois de nourrice et pensions des Enfants; elles fermeraient plus facilement les yeux sur les fraudes qui auraient pour objet d'accorder à des Enfants appartenant à des parents connus, et qui peuvent, à la rigueur, assurer leur subsistance, des secours qui ne doivent être accordés qu'aux Enfants absolument livrés à la pitié publique. Une bienveillance qu'il serait difficile de blâmer leur ferait désirer de voir s'accroître les fonds destinés au soulagement d'une des portions les plus intéressantes de la classe indigente. Ainsi, l'entretien de chaque Enfant deviendrait plus coûteux, les admissions se multiplieraient, la masse de la dépense s'accroîtrait doublement; l'État se verrait forcé d'augmenter chaque année les fonds consacrés à y faire face; et si des circonstances critiques ne lui permettaient pas de réaliser exactement les crédits ouverts pour ce service, l'existence des Enfants se trouverait compromise.

On ne peut éviter de semblables dangers qu'en continuant à faire concourir à la dépense des Enfants trouvés les hospices, les communes et les départements. C'est ainsi seulement que les administrations des hospices et les autorités municipales et départementales, ayant intérêt à ce que cette dépense ne s'accroisse pas, feront leurs efforts pour en arrêter les progrès et réprimer les abus qui contribuent à l'augmenter.

Sans doute, il est des départements qui, par leur position, recevant proportionnellement un nombre d'Enfants trouvés plus considérable que d'autres, ne trouvent que difficilement, dans les ressources des hospices, des communes et du département, les fonds nécessaires pour assurer ce service; mais j'ai eu et j'aurai encore égard à cette circonstance, dans la répartition du fonds commun destiné à venir au secours des departements les plus pauvres ou les plus chargés de dépenses.

Je ne puis, d'après les considérations que je viens d'exposer, que proposer à Votre Majesté de maintenir les règles actuellement suivies pour assurer le service des Enfants trouvés. Les frais de layettes et vêtures, et les frais de séjour des Enfants dans les hospices, resteront à la charge de ces établissements; et il continuera d'être pourvu à la dépense des mois de nourrice et pensions au moyen, 1° de la portion des revenus des hospices qui pourra être consacrée à ce service; 2° de la portion des amendes et confiscations attribuée aux Enfants trouvés; 3° des allocations qui auront lieu dans les budgets départementaux.

tant sur les centimes affectés aux dépenses variables et sur la portion du fonds commun accordée à divers départements, que sur le produit des centimes facultatifs; 4° des contingents que les conseils généraux jugeront devoir être supportés par les communes pour couvrir la dépense (1).

CIRCULAIRE *du Directeur général de l'administration communale et départementale* (M. Guizot), *relativement au service des Enfants trouvés.*

Paris, le 20 juillet 1819.

Suivant la loi portant fixation du budget des recettes de 1819, la dépense des Enfants trouvés et Enfants abandonnés continue à être classée au rang de celles auxquelles il doit être pourvu sur le produit des centimes affectés aux dépenses variables des départements, *sans préjudice,* ajoute la loi, *du concours des communes, soit au moyen d'un prélèvement proportionnel à leurs revenus, soit au moyen d'une répartition qui sera proposée par le conseil général, sur l'avis du préfet, et approuvée par le ministre compétent.*

Vous aurez donc à présenter au conseil général de votre département, à l'ouverture de la session, un rapport détaillé sur la dépense présumée des Enfants trouvés et abandonnés pendant la présente année, et sur les moyens d'y pourvoir.

Je ne puis, quant aux bases que vous devez suivre pour ce travail, que vous rappeler les instructions contenues dans les circulaires des 17 mars 1817 et 1er juin 1818, et vous inviter à vous y conformer.

J'ajouterai seulement que, la dépense des Enfants dans l'intérieur des hospices et le payement des frais de layettes et vêtures restant à la charge des hospices qui reçoivent les Enfants, vous ne devez calculer la dépense sur laquelle le conseil général aura à délibérer que sur le nombre des Enfants entretenus en nourrice ou en pension. Vous indiquerez cependant aussi dans votre rapport, comme renseignement, le nombre total des Enfants à la charge des hospices de votre département.

Si le conseil général juge indispensable de faire concourir les communes à la dépense des Enfants trouvés pour 1819, vous lui soumettrez vos propositions sur le mode de répartition le plus convenable à adopter pour le contingent à exiger des communes.

Je vous recommande d'adresser au ministre, *par un envoi particulier et distinct de celui du budget,* les propositions que vous aurez faites au conseil général, le vœu qu'il aura émis, et votre opinion sur ce vœu.

CIRCULAIRE *du Conseiller d'État chargé de l'administration des hospices et des établissements de bienfaisance* (baron Capelle) *aux préfets, relative au service des Enfants trouvés.*

Paris, le 23 juillet 1820.

Suivant la loi portant fixation du budget des recettes de 1820, la dépense des En-

(1) Nous croyons inutile de reproduire ici le tableau n° 2 annexé à ce rapport, parce qu'il ne contient que la dépense extérieure *présumée* des Enfants trouvés et abandonnés pour l'année 1818, et les ressources destinées en *prévision* à cette dépense.

fants trouvés et des Enfants abandonnés continue à être classée au rang de celles auxquelles il doit être pourvu, sur le produit des centimes affectés aux dépenses variables des départements, *sans préjudice*, ajoute la loi, *du concours des communes, soit au moyen d'un prélèvement proportionnel à leurs revenus, soit au moyen d'une répartition qui sera proposée par le conseil général, sur l'avis du préfet, et approuvée par le ministre de l'intérieur.*

Vous aurez donc, comme les années précédentes, à présenter au conseil général de votre département, à l'ouverture de sa session, un rapport détaillé sur la dépense présumée des Enfants trouvés et Enfants abandonnés pendant cette année, et sur les moyens d'y pourvoir.

Les instructions contenues dans les circulaires des 27 mars 1817 et 1er juin 1818 vous ont fait connaître les bases que vous devez suivre dans ce travail.

Je vous rappellerai seulement que la dépense des Enfants dans l'intérieur des hospices, et le payement des frais de layettes et vêtures, restant à la charge des hospices qui reçoivent les Enfants, vous ne devrez calculer la dépense sur laquelle le conseil général aura à délibérer que sur le nombre des Enfants entretenus en nourrice ou en pension. Vous indiquerez cependant aussi dans votre rapport, comme renseignement, le nombre total des Enfants à la charge de votre département.

Si le conseil général juge indispensable de faire concourir les communes à la dépense des Enfants trouvés pour 1820, vous lui soumettrez vos propositions sur le mode de répartition le plus convenable à adopter pour le contingent à exiger des communes.

Je vous recommande d'adresser au ministre, *par un envoi particulier et distinct de celui du budget*, les propositions que vous aurez faites au conseil général, le vœu qu'il aura émis, et votre opinion sur ce vœu.

Son excellence désire aussi que vous lui adressiez, en même temps, le tableau de la fixation actuelle des prix des mois de nourrice et des pensions des Enfants trouvés dans votre département, en rappelant la date de la décision qui a approuvé cette fixation.

INSTRUCTION générale du Ministre de l'intérieur (comte Corbière), *concernant l'administration et la comptabilité des hospices, des bureaux de bienfaisance et des Enfants trouvés.* (Extrait.)

8 février 1823

....

QUATRIÈME PARTIE.

DES ENFANTS TROUVÉS ET ENFANTS ABANDONNÉS.

TITRE UNIQUE.

OBSERVATION GÉNÉRALE.

L'ordonnance du 31 octobre 1821 n'a prescrit aucune nouvelle disposition concernant le service des Enfants trouvés et Enfants abandonnés. Le ministre va s'occuper d'examiner quelles sont les modifications dont l'organisation actuelle de ce service est susceptible, mais, en attendant qu'il ait pu arrêter ou proposer à Sa Majesté des améliorations, il a paru bon de rappeler, à la suite des instructions relatives aux établissements de charité, les règles qui, jusqu'à nouvel ordre, doivent servir de guide aux administrations des hospices. Ce rappel sera d'autant plus utile, que les abus qui, en plusieurs départements, se sont introduits dans le service des Enfants trouvés tiennent sans doute plus à l'inobservation des règles établies qu'à leur imperfection.

CHAPITRE Ier.

CLASSIFICATION DES ENFANTS.

Les Enfants *trouvés* sont ceux qui, nés de pères et mères inconnus, ont été trouvés exposés dans un lieu quelconque ou portés dans les hospices destinés à les recevoir. (*Décret du 19 janvier 1811.*)

Les Enfants *abandonnés* sont ceux qui, nés de pères et mères connus, et d'abord élevés par eux, ou par d'autres personnes, à leur décharge, en sont délaissés sans qu'on sache ce que les pères et mères sont devenus, ou sans qu'on puisse recourir à eux. (*Même décret.*)

Les Enfants nés dans les hospices, de femmes admises à y faire leurs couches, sont assimilés aux Enfants trouvés, si la mère est reconnue dans l'impossibilité de s'en charger

On ne doit comprendre au rang des Enfants *abandonnés*, assimilés, pour leur régime et le mode de payement de leur dépense, aux Enfants trouvés, que les Enfants délaissés dont les pères et mères sont disparus, détenus, ou condamnés pour faits criminels ou de police correctionnelle. L'indigence ou la mort naturelle des pères et mères ne sont pas des circonstances qui puissent faire admettre leurs Enfants au rang des Enfants abandonnés, ils ne peuvent être classés que parmi les orphelins pauvres et les Enfants de familles indigentes, à la charge exclusive des hospices ou secourus à domicile.

Ces distinctions sont essentielles; et, comme elles sont souvent violées, leur stricte observation réduira beaucoup, dans plusieurs départements, la dépense des Enfants trouvés

CHAPITRE II.

DE L'ADMISSION DES ENFANTS.

Il doit y avoir, au plus, dans chaque arrondissement, un hospice où les Enfants trouvés pourront être reçus. (*Décret du 19 janvier 1811.*)

Suivant la loi du 17 décembre 1796, les Enfants trouvés devaient être portés à l'hospice le plus voisin; ainsi tous les hospices pouvaient recevoir des Enfants trouvés. Cette disposition favorisait naturellement l'abandon des Enfants; et de la multiplicité des asiles qui leur étaient ouverts résultaient nécessairement plus d'abus dans les admissions, et plus de difficultés à en surveiller le régime et l'administration. C'est donc par une sage prévoyance, également dans l'intérêt des Enfants, des hospices et des départements, qu'il a été décidé, en 1811, qu'il n'y aurait au plus, dans chaque arrondissement, qu'un hospice destiné à recevoir les Enfants trouvés.

Les hospices qui offrent à la fois une situation plus centrale et plus de ressources, soit par leurs revenus propres, soit par les allocations qu'ils peuvent obtenir des villes où ils sont situés, doivent être choisis de préférence pour servir de dépôts; et, dans les villes où il existe plusieurs hôpitaux, on doit, autant que possible, éviter de placer les dépôts dans les hôpitaux de malades, et les établir dans les hospices de vieillards, où leur santé et leur existence sont exposées à moins de dangers.

Si, dans quelques départements, les préfets jugent qu'il y a plus d'avantages et qu'il est sans inconvénient d'avoir, pour tout le département, un seul hospice chargé de recevoir les Enfants trouvés ou abandonnés, ils peuvent proposer cette mesure au ministre.

Dans chaque hospice destiné à recevoir les Enfants trouvés, il doit y avoir un Tour où ils puissent être déposés. (*Décret du 19 janvier 1811.*)

Il doit également y être établi des registres qui constatent, jour par jour, l'arrivée des Enfants, leur sexe, leur âge apparent, et où l'on décrive les marques naturelles et les langes qui peuvent servir à les faire reconnaître. (*Même décret.*)

Toute personne qui a trouvé un Enfant nouveau-né est tenue de le remettre à l'officier de l'état civil, ainsi que les vêtements et autres effets trouvés avec l'Enfant, et de déclarer toutes les circonstances du temps et du lieu où il a été trouvé. Il doit en être dressé un procès-verbal détaillé, énonçant, en outre, l'âge apparent de l'Enfant, son sexe, les noms qui lui seront donnés, l'autorité civile à laquelle il sera remis. Ce procès-verbal doit être inscrit sur les registres. (*Article 58 du Code civil.*)

L'admission des Enfants trouvés ne doit avoir lieu que dans les circonstances suivantes : 1° par leur exposition au Tour; 2° au moyen de leur rapport à l'hospice, immédiatement après leur naissance, par l'officier de santé ou la sage-femme qui a fait l'accouchement; 3° sur l'abandon de l'Enfant de la part de sa mère, si, admise dans l'hospice pour y faire ses couches, elle est reconnue dans l'impossibilité de s'en charger; 4° sur la remise du procès-verbal dressé par l'officier de l'état civil, pour les Enfants exposés dans tout autre lieu que dans l'hospice.

A l'arrivée d'un Enfant, l'employé de l'hospice préposé à la tenue du registre des Enfants trouvés doit dresser procès-verbal de l'admission, et indiquer les circonstances soit de l'exposition, soit de l'apport à l'hospice.

Il doit nommer l'Enfant, s'il n'a déja été nommé par l'officier de l'état civil, ou si, en l'exposant, on n'a pas déposé avec lui des papiers indiquant ses noms. Les noms donnés à chaque Enfant doivent être tels, que, s'il n'y en a que deux, le premier soit consideré comme nom de baptême, et l'autre devienne, pour l'Enfant qui le reçoit, un nom de famille transmissible à ses propres descendants. Pour le choix du nom de baptême, on doit suivre les usages et les règles ordinaires. L'Enfant doit être baptisé et élevé dans la religion de l'État, sauf les exceptions qui seraient autorisées pour certaines localités. Quant au nom de famille, il faut avoir soin de ne pas donner le même nom à plusieurs Enfants, et éviter de leur donner des noms connus pour appartenir a des familles existantes. Il faut donc chercher ces noms soit dans l'histoire, soit dans les circonstances particulières à l'Enfant, comme sa conformation, ses traits, son teint, le pays, le lieu où il a été trouvé, en rejetant toutefois les dénominations qui seraient ou indécentes, ou ridicules, où propres à rappeler en toute occasion que ceux à qui on les donne sont des Enfants trouvés.

Le préposé doit adresser, dans les vingt-quatre heures qui suivent l'inscription d'un enfant, un extrait du registre d'inscription, en ce qui le concerne, à l'officier de l'état civil, pour être immédiatement transcrit sur le registre des actes de naissance.

Une instruction ministérielle a recommandé, il y a plusieurs années, aux administrations des hospices de suivre le procédé en usage dans l'administration des hospices de Paris pour prévenir la substitution des Enfants, et qui consiste à passer au cou de chaque Enfant un collier que l'on scelle avec un morceau d'étain au moyen d'une presse. L'étain porte pour empreinte la désignation des hospices auxquels appartient l'Enfant, l'année dans laquelle il a été exposé et son numéro d'ordre. Le collier est serré au degré nécessaire pour ne pouvoir être enlevé à l'Enfant, sans gêner cependant sa croissance; et il est à désirer que ce moyen soit partout pratiqué, jusqu'à ce qu'on ait pu en découvrir un plus efficace.

Les Enfants *abandonnés* ne doivent être admis dans les hospices que, 1° d'après l'acte de notoriété du juge de paix ou du maire constatant l'absence de leurs pères et mères; 2° sur l'expédition des jugements correctionnels ou criminels qui les privent de l'assistance de leurs parents.

Aucun Enfant abandonné ne peut être admis s'il a atteint sa douzième année.

Il doit être tenu, pour l'inscription des Enfants abandonnés, un registre analogue au registre des Enfants trouvés. Dans le cas où des parents, après avoir abandonné leur Enfant momentanément et à dessein de le faire admettre frauduleusement dans un hospice, reparaîtraient ensuite dans la commune, le maire doit en informer le sous-préfet, qui ordonnera la remise de l'Enfant aux parents; et ceux-ci seront tenus au remboursement des frais occasionnés par l'Enfant à l'hospice.

Les causes du prodigieux accroissement qu'éprouve depuis quelques années le nombre des Enfants trouvés et Enfants abandonnés consistent certainement, en partie, dans les abus qui ont eu lieu dans les admissions des Enfants. Les divers ministres qui se sont succédé au département de l'intérieur ont souvent appelé l'attention des préfets sur ces abus, mais il ne paraît pas qu'on ait, en général, apporté à les réprimer tous les soins désirables.

Pour les détruire et en prévenir le retour, les commissions administratives des hospices ne sauraient exercer une surveillance trop sévère sur la tenue des registres d'inscription des Enfants, et sur les opérations des employés préposés à ce service.

On pense que l'une des mesures les plus efficaces serait aussi de faire vérifier, tous les trois mois, soit par les contrôleurs des hospices, soit par des commissaires spéciaux, les titres d'admission des Enfants compris au nombre des Enfants trouvés et Enfants abandonnés Les Enfants que l'on reconnaîtrait avoir été admis contre les règles et les principes qui ont été ci-dessus rappelés seraient rendus à leurs familles ou aux personnes qui en étaient chargées: et l'on ne doute pas, d'après les exemples qu'en ont déjà donnés plusieurs départements, que l'exécution de ces dispositions n'eût pour résultat de diminuer considérablement le nombre des Enfants à la charge des hospices.

C'est ici le lieu de rappeler les dispositions que renferme le Code pénal concernant l'exposition des Enfants.

L'article 348 porte: « Ceux qui auront porté à un hospice un Enfant au-dessous de « l'âge de sept ans accomplis, qui leur aurait été confié afin qu'ils en prissent soin ou pour « toute autre cause, seront punis d'un emprisonnement de six semaines à six mois, et d'une « amende de 16 francs à 50 francs; toutefois, aucune peine ne sera prononcée s'ils n'étaient « pas obligés de pourvoir gratuitement à la nourriture et à l'entretien de l'Enfant, et si « personne n'y avait pourvu.

Art 349. « Ceux qui auront exposé et délaissé dans un lieu solitaire un Enfant au-dessous « de l'âge de sept ans accomplis; ceux qui auront donné l'ordre de l'exposer ainsi, si cet « ordre a été exécuté, seront, pour ce seul fait, condamnés à un emprisonnement de six « mois à deux ans, et à une amende de 16 à 200 francs.

Art. 350. « La peine portée au précédent article sera de deux ans à cinq ans, et l'amende « de 50 francs à 400 francs, contre les tuteurs et tutrices, instituteurs ou institutrices de « l'Enfant exposé et délaissé par eux ou par leur ordre.

Art. 351. « Si, par suite de l'exposition et du délaissement prévus par les articles 349 « et 350, l'Enfant est demeuré mutilé ou estropié, l'action sera considérée comme blessure « volontaire à lui faite par la personne qui l'a exposé et délaissé; et si la mort s'en est suivie, « l'action sera considérée comme meurtre: au premier cas, les coupables subiront la peine « applicable aux blessures volontaires, et au second cas celle du meurtre.

Art 352. « Ceux qui auront exposé et délaissé en un lieu non solitaire un Enfant au « dessous de l'âge de sept ans accomplis seront punis d'un emprisonnement de trois mois « à un an et d'une amende de 16 francs à 100 francs.

Art. 353. « Le délit prévu par le précédent article sera puni d'un emprisonnement de « six mois à deux ans, et d'une amende de 25 francs à 200 francs, s'il a été commis par « les tuteurs et tutrices, instituteurs ou institutrices de l'Enfant. »

Il est du devoir des commissions administratives des hospices, et des maires et sous-préfets, de signaler aux procureurs du roi, pour être punis conformément à la loi, les délits prévus par les articles précédents, qui viendraient à leur connaissance, en mettant toutefois à la recherche de ces délits la réserve nécessaire pour ne pas s'exposer à amener des infanticides en voulant prévenir les expositions

CHAPITRE III.

DES NOURRICES ET DU PLACEMENT DES ENFANTS À LA CAMPAGNE.

Les Enfants nouveau-nés doivent être mis en nourrice aussitôt que faire se peut. Jusque-là, ils doivent être nourris au biberon, ou même au moyen de nourrices résidant dans l'établissement; s'ils sont sevrés ou susceptibles de l'être, ils doivent être également mis en nourrice ou sevrage. (*Décret du 19 janvier 1811.*)

Ils doivent rester en nourrice jusqu'à l'âge de six ans. (*Même décret.*)

Il serait avantageux de pouvoir confier les Enfants nouveau-nés à des nourrices sédentaires, jusqu'au moment où on les remet aux nourrices des campagnes, et dans les hospices où l'on reçoit des femmes enceintes on peut choisir des nourrices sédentaires parmi celles de ces femmes qui sont accouchées; mais dans les établissements où il ne peut y avoir de nourrices sédentaires, il faut nourrir les Enfants au biberon jusqu'à ce qu'ils puissent être confiés aux nourrices extérieures.

Les Enfants nouveau-nés doivent être baptisés avant leur départ pour la campagne.

Ils doivent aussi être vaccinés dès leur admission dans l'hospice, à moins que l'état de leur santé ou leur prompt départ pour la campagne ne s'y oppose. Dans ces cas, les nourrices doivent les faire vacciner dans les trois premiers mois qui suivront la remise qui leur en aura été faite, et doivent justifier d'un certificat de vaccination, pour pouvoir être payées du premier trimestre des mois de nourrice.

On doit exiger des nourrices et autres personnes qui viennent prendre des Enfants dans les hospices un certificat du maire de leur commune, constatant qu'elles sont de bonnes vie et mœurs, et qu'elles sont en état d'élever et soigner les Enfants.

Il importe que les nourrices soient visitées, à leur arrivée, par les officiers de santé de l'hospice, pour constater leur santé, l'âge de leur lait et sa qualité. Ce n'est que dans le cas où elles sont reconnues saines et propres à allaiter avec succès que les Enfants doivent leur être remis avec la layette.

Au départ de la nourrice, il doit être fait mention, sur le registre matricule à ce destiné, de la mise de l'Enfant en nourrice. Il doit lui être délivré une carte contenant le nom de l'Enfant, son âge, le numéro du registre matricule, le folio du registre du payement, le nom de la nourrice, et la date de la remise du nourrisson.

Cette carte doit aussi présenter des blancs sur lesquels s'inscriront successivement les payements faits à la nourrice, les vêtures qui lui sont remises, et le décès de l'Enfant, s'il avait lieu.

Dans quelques villes du premier ordre, où le nombre très-considérable des Enfants trouvés à la charge des hospices rend necessaire de s'assurer d'un grand nombre de nourrices et de se les procurer dans un rayon fort étendu, on a établi, sous le nom de *meneurs,* des employés chargés d'engager les nourrices pour le compte des hospices, de les conduire dans ces établissements, de les ramener au lieu de leur domicile et d'effectuer leurs payements tous les trois mois; mais ces meneurs n'étant nécessaires que dans très-peu de villes, il paraît inutile d'indiquer les règles qui doivent être suivies à leur égard dans des instructions générales que l'on a pour but de rendre applicables à tous les hospices du royaume.

A six ans, tous les Enfants doivent être, autant que faire se peut, mis en pension chez des cultivateurs ou des artisans. (*Décret du 19 janvier 1811.*)

Les nourrices peuvent conserver jusqu'à l'âge de douze ans les Enfants qui leur ont été confiés, à la charge de les nourrir et entretenir convenablement, aux prix et conditions déterminés conformément aux règles qui seront plus loin rappelées, et de les envoyer aux écoles primaires, pour y recevoir l'instruction morale et religieuse donnée aux autres Enfants de la commune ou du canton.

Les Enfants qui ne peuvent être mis en pension, les estropiés et infirmes, doivent être élevés dans l'hospice et occupés, dans des ateliers, à des travaux qui ne soient pas au dessus de leur âge.

CHAPITRE IV.

DES LAYETTES ET VÊTURES.

Il doit être remis à chaque nourrice une layette au moment où on lui confie un Enfant nouveau-né.

Les vêtures qui suivent les layettes sont données aux Enfants d'année en année, jusqu'à l'âge de six ans accomplis.

Il appartient aux préfets de régler, suivant les usages des localités et les produits des fabriques du pays, la composition des layettes et vêtures; mais on croit utile de faire connaître, pour terme de comparaison, comment sont composées ces layettes à Paris.

En voici le tableau :

LAYETTE pour LES ENFANTS nouveau-nés	PREMIÈRE VÊTURE ET DEMI-MAILLOT pour les Enfants sevrés, lorsqu'ils sont dans leurs premières années.		SECONDE VÊTURE ET DEMI-MAILLOT pour les Enfants au-dessus de 18 mois.		TROISIÈME et QUATRIÈME vêtures	CINQUIÈME et SIXIÈME vêtures
	Première vêture.	Demi-maillot.	Seconde vêture.	Demi-maillot.		
5 béguins.	2 paires de bas de laine	1 béguin.	2 paires de bas de laine.	1 béguin.	2 paires de bas de laine	2 paires de bas de laine
2 bonnets d'indienne.	4 béguins.	1 bonnet de laine.	3 béguins.	1 bonnet de laine.	2 béguins	2 bonnets d'indienne.
1 bonnet de laine.	2 bonnets d'indienne.	1 brassière de laine.	2 bonnets d'indienne.	1 brassière de laine	2 bonnets de laine.	2 chemises
2 brassières de laine.	4 chemises.	1 chemise en brassière.	2 chemises.	1 chemise en brassière	2 bonnets d'indienne.	1 chemisette
6 couches.	1 chemisette.	4 couches.	2 fichus de garat.	4 couches.	2 chemises.	1 fichu de garat
1 couverture.	2 couches.	1 couverture.	1 jupon.	1 couverture.	2 fichus de garat	1 robe.
5 fichus de toile.	4 fichus de garat.	1 fichu de toile.	1 robe	1 fichu de toile.	1 jupon.	
2 langes de laine	2 langes de laine	2 langes de laine		2 langes de laine	1 robe	
2 langes piqués.	1 robe.	2 langes piqués.		2 langes piqués.		
5 chemises en brassière.						

Chaque nourrice est responsable des layettes et vêtures qui lui ont été données, et elle est tenue d'en faire la remise dans le cas où l'Enfant viendrait à décéder avant l'expiration de la seconde année qui suit la réception de chaque layette ou vêture, et dans le cas où l'enfant serait retiré avant l'expiration de ce terme.

A défaut de cette remise, il doit être fait une retenue aux nourrices sur les salaires qui leur sont dus, jusqu'à la concurrence de la valeur des layettes et vêtures qu'elles auraient dû restituer; et dans le cas où le montant de ces salaires serait inférieur à la valeur des layettes et vêtures, les nourrices doivent être tenues de la compléter.

CHAPITRE V.

DES MOIS DE NOURRICE, PENSIONS ET INDEMNITÉS DIVERSES.

Les Enfants trouvés et les Enfants abandonnés doivent être, pour la fixation des mois de nourrice et pensions à payer pour leur entretien, divisés en trois classes : les Enfants du premier âge, les Enfants du second âge, et les Enfants du troisième âge.

Les Enfants du premier âge sont ceux qui se trouvent encore dans leur première année,

Les Enfants du second âge sont ceux qui sont entrés dans leur seconde année, et qui n'ont point accompli leur sixième année;

Les Enfants du troisième âge sont ceux qui, entrés dans leur septième année, n'ont point accompli douze ans.

Les prix des mois de nourrice et pensions doivent être réglés par les préfets, dans chaque département, en prenant pour base le prix ordinaire des grains, et en graduant leur fixation suivant les services que les Enfants peuvent rendre dans les différents âges de leur vie.

Le *maximum* des mois de nourrice et pensions ne doit pas excéder la valeur de dix myriagrammes de grains par trimestre.

Pour les Enfants à la charge des hospices de Paris, les mois de nourrice et pensions sont fixés ainsi qu'il suit :

7 francs par mois pour le premier âge;

6 francs par mois pour la seconde année;

5 francs pour les troisième, quatrième, cinquième et sixième années;

4 francs par mois pour le troisième âge.

Ces fixations peuvent servir de terme de proportion pour les départements.

Il est convenable que le décroissement de prix n'ait lieu qu'à la fin du trimestre pendant lequel l'Enfant a passé d'un âge à l'autre.

Les nourrices et autres personnes chargées d'Enfants trouvés ou abandonnés, lorsqu'elles présentent des certificats constatant que l'Enfant qui leur a été confié existe, et qu'il a été traité avec soin et humanité, ont droit, pour les neuf premiers mois de la vie de l'Enfant, indépendamment des mois de nourrice, à une indemnité de 18 francs, payable par tiers de trois mois en trois mois. (*Arrêté du Gouvernement du 30 ventôse an v* [*20 mars 1797*].)

Ceux qui ont conservé des Enfants jusqu'à l'âge de douze ans, et qui les ont préservés, jusqu'à cet âge, d'accidents provenant de défaut de soins, doivent recevoir, à cette époque, sur la représentation des certificats rappelés au paragraphe qui précède, une autre indemnité de 50 francs. (*Même arrêté.*)

Une indemnité, qui a été réglée aussi à 50 francs par l'arrêté du Gouvernement du 20 mars 1797, mais que les préfets peuvent réduire dans les départements où elle paraîtrait trop forte, doit être également payée aux cultivateurs ou manufacturiers chez lesquels sont placés des Enfants ayant atteint l'age de douze ans, ou à ceux qui, les ayant élevés jusqu'à cet âge, les conserveraient aux conditions déterminées par l'administration; et cette somme est destinée à procurer aux Enfants les vêtements qui leur sont nécessaires. (*Même arrêté.*)

CHAPITRE VI.

DE LA MISE EN APPRENTISSAGE DES ENFANTS ET DE LEUR RETOUR DANS L'HOSPICE.

Les Enfants âgés de douze ans doivent, autant que faire se peut, être mis en apprentissage, les garçons chez des laboureurs ou des artisans, les filles chez des ménagères, des couturières ou des ouvrières, ou dans des fabriques et manufactures. (*Décret du 19 janvier 1811.*)

Les commissions administratives des hospices peuvent également, lorsque les Enfants manifestent le désir de s'attacher au service maritime, contracter, sous l'approbation des préfets, des engagements pour le placement de ces Enfants sur des vaisseaux du commerce ou de l'État. (*Arrêté du Gouvernement du 30 ventôse an v* [*20 mars 1797*].)

Les nourrices et autres habitants qui ont élevé jusqu'à douze ans les Enfants qui leur ont été confiés peuvent les conserver préférablement à tous autres, en se chargeant de leur faire apprendre un métier, ou de les appliquer aux travaux de l'agriculture.

Les contrats d'apprentissage ne doivent stipuler aucune somme en faveur du maître ni de l'apprenti; ils doivent seulement garantir au maître les services gratuits de l'apprenti jusqu'à un âge qui ne peut excéder vingt-cinq ans, et à l'apprenti, la nourriture, l'entretien el le logement. (*Décret du 19 janvier 1811.*)

Il importe d'imposer pour condition essentielle, dans tous les contrats d'apprentissage, que les Enfants recevront l'instruction morale et religieuse que leur état comporte.

Ceux des Enfants qui ne peuvent être mis en apprentissage, les estropiés et les infirmes qu'on ne trouverait pas à placer hors de l'hospice, doivent y rester a sa charge, et des ateliers doivent être établis pour les occuper. (*Décret du 19 janvier 1811.*)

Les Enfants qui, pour leur inconduite ou la manifestation de quelques inclinations vicieuses, seraient reconduits dans les hospices, doivent y être placés dans un local particulier, et les administrations doivent prendre les mesures convenables pour les ramener à leur devoir, en attendant qu'elles puissent les rendre à leurs maîtres ou les placer ailleurs

CHAPITRE VII.

REVUE DES ENFANTS.

L'article 14 du décret du 19 janvier 1811 porte que les commissions administratives des hospices feront visiter, au moins deux fois l'année, chaque Enfant, soit par un commissaire spécial, soit par les médecins ou chirurgiens vaccinateurs ou des épidémies.

Les revues fréquentes des Enfants placés en nourrice ou en pension sont évidemment nécessaires pour s'assurer si ces Enfants sont traités avec les soins dus à leur âge et à la protection que l'État leur accorde, et si les nourrices ou autres personnes auxquelles ils sont confiés ne commettent à leur égard aucun abus.

Dans quelques départements, on a proposé d'assigner un lieu où se rendraient, à une époque déterminée, toutes les nourrices d'un arrondissement, pour être soumises, avec leurs nourrissons, à la visite d'un commissaire spécial délégué par les commissions administratives; mais, si l'on suivait ce mode, le transport des Enfants pourrait avoir pour eux des inconvénients, et même des dangers; et l'on manquerait d'ailleurs presque entièrement le but que l'on doit avoir en vue, puisque les nourrices, préparées d'avance à la visite, soigneraient pour ce moment la tenue de leurs nourrissons, et couvriraient facilement la plupart des abus qu'elles auraient pu commettre.

Pour que la visite des Enfants soit réellement utile et qu'elle ait l'effet de prévenir les négligences et de réprimer les abus, il est indispensable qu'elle soit imprévue, et ce but ne peut être rempli que par des tournées faites à des époques indéterminées, dans toutes les communes où se trouvent placés les Enfants.

On pense que ces tournées pourraient être confiées soit au médecin des épidémies de l'arrondissement, soit aux médecins et chirurgiens vaccinateurs des cantons, dans les départements où il en a été établi.

La commission administrative de l'hospice servant de dépôt pour les Enfants trouvés se concerterait avec le sous-préfet pour fixer, en les variant chaque année, les époques de ces tournées. Elle lui transmettrait, préalablement à chaque tournée, un état nominatif de tous les Enfants placés en nourrice ou en pension.

On formerait un seul tableau, si la tournée était confiée à un seul médecin pour tout l'arrondissement; on le diviserait en autant d'états que de cantons, si la visite était confiée a des médecins cantonaux. Dans tous les cas, l'état contiendrait les nom et prénoms de l'Enfant, son âge et son sexe, le numéro de son inscription sur les registres de l'hospice. Une colonne y serait réservée pour les observations du médecin ou chirurgien visiteur.

Les Enfants qui résident dans un autre arrondissement que celui de l'hospice auquel ils appartiennent seraient inspectés par les médecins de l'arrondissement de leur résidence. A cet effet, les commissions administratives se transmettraient réciproquement la liste des Enfants qui seraient dans ce cas, avec les renseignements indiqués dans le paragraphe précédent.

Le médecin ou chirurgien chargé de la revue inspecterait les Enfants sous le rapport de leur santé, de celle des nourrices, de la tenue des uns et des autres, du travail des Enfants, de l'instruction morale et religieuse qui leur est donnée, de leur nourriture et de leurs vêtements, et de toutes les circonstances qui peuvent intéresser leur conservation.

Il noterait ses observations sur ces différents objets en regard du nom de chaque Enfant.

Le médecin ou chirurgien inspecteur tiendrait également note des déclarations, observations ou réclamations qui lui seraient faites, soit par la nourrice, soit par l'Enfant, s'il était en âge d'être interrogé.

Il aurait aussi à reconnaître l'identité des Enfants qui lui seraient présentés, et à s'assurer si, par une substitution frauduleuse, les nourrices ne jouissent pas, pour leurs propres Enfants ou pour d'autres, de l'indemnité qui n'est due qu'à ceux qui sont confiés à la charité publique.

Le tableau de la revue de chaque médecin serait certifié par lui et transmis au sous-préfet, qui le remettrait à la commission administrative de l'hospice, en appelant son attention sur les observations qu'il pourrait contenir, et en ordonnant telles mesures auxquelles ces observations pourraient donner lieu.

Les indemnités à accorder aux médecins ou chirurgiens inspecteurs pour leurs frais de tournée seraient réglées par le préfet, sur la proposition du sous-préfet, et le montant pourrait en être acquitté sur les fonds affectés au payement des mois de nourrice et pensions, comme dépenses accessoires de ce service.

CHAPITRE VIII.

DU PAYEMENT DES DÉPENSES.

Les dépenses relatives au service des Enfants trouvés et Enfants abandonnés se divisent en deux classes, qu'on peut désigner sous le nom de dépenses *intérieures* et dépenses *extérieures.*

Les dépenses intérieures se composent des layettes et vêtures à fournir aux Enfants trouvés ou abandonnés, et des frais d'entretien de ces Enfants dans les hospices, soit avant leur départ pour la campagne ou avant leur mise en apprentissage, soit lorsque, n'ayant pu rester en nourrice ou en apprentissage, ils reviennent dans les hospices.

Les dépenses de cette nature sont à la charge des hospices appelés à recueillir les Enfants. (*Décret du 19 janvier 1811.*)

Dans le cas cependant où les hospices chargés de recevoir les Enfants trouvés et Enfants abandonnés se trouveraient dans l'impossibilité de pourvoir à la totalité de cette dépense, la portion qu'ils ne pourraient acquitter doit être répartie sur les autres hospices du département, en proportion de leurs ressources et de leurs besoins. Cette répartition, réglée par le préfet, est soumise à l'approbation du ministre de l'intérieur, et les sommes à fournir par chaque hospice doivent être comprises dans leurs budgets, pour servir au règlement des allocations à leur accorder sur les octrois.

Les mois de nourrice et pensions des Enfants trouvés et Enfants abandonnés forment les dépenses extérieures. On y a toujours compris en outre les indemnités à accorder en vertu de l'arrêté du Gouvernement du 30 ventôse an V, pour les neuf premiers mois de la vie des Enfants, et lorsqu'ils ont atteint leur douzième année; et on doit y comprendre également les indemnités à accorder pour la revue et l'inspection des Enfants.

Il est pourvu aux dépenses extérieures au moyen :

1° De la portion des amendes et confiscations affectée à la dépense des Enfants trouvés,

2° De la portion des revenus des hospices spécialement affectée à la même destination,

3° Des allocations votées par les conseils généraux et approuvées par le ministre, sur le produit des centimes affectés aux dépenses départementales;

4° Des contingents assignés sur les revenus des communes.

Le préfet doit remettre au conseil général, à l'ouverture de chaque session, un rapport détaillé sur la dépense présumée des Enfants trouvés et Enfants abandonnés entretenus en nourrice ou en pension, et sur les moyens d'y pourvoir.

Le conseil général, en votant la somme à allouer pour ce service, soit sur le produit des centimes affectés aux dépenses variables, soit sur le produit des centimes facultatifs, doit émettre son vœu sur la quotité de la somme qui peut être rejetée sur les communes, et sur les bases de la répartition de cette somme.

Le préfet adresse au ministre, par un envoi spécial et distinct de celui des budgets, les propositions qu'il a faites, et le vœu émis par le conseil général. Le ministre règle alors définitivement les moyens de pourvoir à la dépense et le mode de répartition du contingent assigné aux communes.

La somme à fournir par chaque commune est ensuite comprise dans son budget, s'il n'est pas encore approuvé, et, au cas contraire, dans le budget de l'exercice suivant, par voie de rappel.

Le préfet peut autoriser les communes dont les budgets se trouvent déjà réglés à acquitter, si leur situation le permet, sur leurs revenus de l'exercice courant, les contingents qui leur sont assignés, sauf régularisation dans le budget de l'année suivante.

Les contingents assignés aux communes doivent être versés par elles dans la caisse du receveur général du département, pour être réunis à la somme allouée au budget départemental pour le service des Enfants trouvés; et le préfet ordonnance successivement, sur ces fonds, le remboursement des avances faites par les hospices pour le payement des mois de nourrice et pensions et autres dépenses accessoires.

Le payement des mois de nourrice et pensions ne doit avoir lieu que sur la représentation, 1° de la carte ou du bulletin donné par l'hospice à la personne chargée de l'Enfant; 2° d'un certificat de vie de l'Enfant ou de son acte de décès.

Le certificat de vie doit être délivré par le maire de la commune où l'Enfant se trouve en nourrice ou en pension, et constater que le maire a vu l'Enfant dont il certifie l'existence; il doit être donné sur papier libre et sans frais, et le sceau de la mairie doit y être apposé. Les commissions administratives des hospices et les préfets prescriront, pour la délivrance des certificats de vie, toutes les précautions qu'ils jugeront propres à en assurer l'authenticité.

Si l'Enfant n'a pas été vacciné avant d'être mis en nourrice ou en pension, il est utile d'exiger pour le payement du premier trimestre un certificat dûment légalisé par le maire, constatant que l'Enfant a été vacciné; et il sera fait mention de ce certificat sur le registre de payement.

En cas de mort d'un Enfant, les personnes qui en étaient chargées doivent rapporter une expédition de son acte de décès. Cette expédition doit être délivrée sans frais et sur papier libre par l'officier de l'état civil, qui mentionnera, conformément à la loi du 13 brumaire an VII, qu'elle est destinée à l'administration de l'hospice auquel appartenait l'Enfant décédé.

Les administrations des hospices chargés d'Enfants trouvés ou Enfants abandonnés font arrêter, après l'expiration de chaque trimestre, les états des payements à faire pour les mois de nourrice et pensions du trimestre échu. Ces états doivent être distincts pour les Enfants trouvés et pour les Enfants abandonnés; et le décompte de ce qui est dû pour chaque Enfant doit être établi d'après la production de son certificat de vie ou de son acte de décès.

Le ministre des finances a consenti à ce que les percepteurs des communes fissent l'avance, sur les fonds provenant des contributions directes, des sommes à payer aux nourrices lorsque les états des sommes à payer auraient été dressés par les soins des commissions administratives et ordonnancés par les préfets. Les états émargés par les nourrices seraient versés pour comptant, par les percepteurs, à la caisse du receveur particulier des finances, qui lui-même les verserait à la recette générale, et le receveur des hospices en rembourserait ensuite le montant au receveur général.

Ce mode a été adopté avec succès dans beaucoup de départements, et il semble utile de le suivre partout où les localités et les usages ne rendront pas un autre mode plus avantageux.

Indépendamment des états trimestriels de dépense que les commissions administratives des hospices doivent adresser aux préfets, elles doivent leur transmettre, dans les deux mois qui suivent l'expiration de chaque année, un état général du mouvement et de la dépense des Enfants trouvés et Enfants abandonnés qui ont été à leur charge pendant l'année écoulée.

Le préfet forme de ces états, pour tout son département, un tableau qu'il adresse au ministre avant l'expiration du premier trimestre (1).

CHAPITRE IX.

DE LA TUTELLE.

Les règles relatives à la tutelle des Enfants à la charge des hospices ont été clairement établies par la loi du 15 pluviôse an XIII (4 février 1805), dont il suffit de rapporter ici le texte :

« ARTICLE PREMIER. Les Enfants admis dans les hospices, à quelque titre et sous quelque

(1) On croit inutile de reproduire ici le modèle de ce tableau, qui, d'ailleurs, a été modifié par la circulaire ministérielle du 15 septembre 1847.

« dénomination que ce soit, seront sous la tutelle des commissions administratives de ces « maisons, lesquelles désigneront un de leurs membres pour exercer, le cas advenant, les « fonctions de tuteur, et les autres formeront le conseil de tutelle.

« Art. 2. Quand l'Enfant sortira de l'hospice pour être placé, comme ouvrier, serviteur « ou apprenti, dans un lieu éloigné de l'hospice où il avait été placé d'abord, la commis- « sion de cet hospice pourra, par un simple acte administratif, visé du préfet ou du sous- « préfet, déférer la tutelle à la commission administrative de l'hospice du lieu le plus voi- « sin de la résidence actuelle de l'Enfant.

« Art. 3. La tutelle des Enfants admis dans les hospices durera jusqu'à leur majorité ou « émancipation par mariage ou autrement.

« Art. 4. Les commissions administratives des hospices jouiront, relativement à l'éman- « cipation des mineurs qui sont sous leur tutelle, des droits attribués aux pères et mères « par le Code civil.

« L'émancipation sera faite, sur l'avis des membres de la commission administrative, « par celui d'entre eux qui aura été désigné tuteur, et qui seul sera tenu de comparaître « à cet effet devant le juge de paix.

« L'acte d'émancipation sera délivré sans autres frais que ceux d'enregistrement et de « papier timbré.

« Art. 5. Si les Enfants admis dans les hospices ont des biens, le receveur de l'hospice « remplira, à cet égard, les mêmes fonctions que pour les biens des hospices.

« Toutefois les biens des administrateurs tuteurs ne pourront, à raison de leurs fonctions, « être passibles d'aucune hypothèque. La garantie de la tutelle résidera dans le cautionnement « du receveur chargé de la manutention des deniers et de la gestion des biens.

« En cas d'émancipation, il remplira les fonctions de curateur.

« Art. 6. Les capitaux qui appartiendront ou écherront aux Enfants admis dans les hos- « pices seront placés dans les monts-de-piété; dans les communes où il n'y aurait pas de « monts-de-piété, ces capitaux seront placés à la caisse d'amortissement, pourvu que chaque « somme ne soit pas au-dessous de 150 francs; auquel cas, il en sera disposé selon ce que « réglera la commission administrative.

« Art. 7. Les revenus des biens et capitaux appartenant aux Enfants admis dans les hos- « pices seront perçus, jusqu'à leur sortie desdits hospices, à titre d'indemnité des frais de « leur nourriture et entretien.

« Art. 8. Si l'Enfant décède avant sa sortie de l'hospice, son émancipation ou sa majorité, « et qu'aucun héritier ne se présente, ses biens appartiendront en propriété à l'hospice, « lequel en pourra être envoyé en possession à la diligence du receveur et sur les conclusions « du ministère public.

« S'il se présente ensuite des héritiers, ils ne pourront répéter les fruits que du jour de « la demande.

« Art. 9. Les héritiers qui se présenteront pour recueillir la succession d'un Enfant dé- « cédé avant sa sortie de l'hospice, son émancipation ou sa majorité seront tenus d'indem- « niser l'hospice des aliments fournis et dépenses faites pour l'Enfant décédé pendant le « temps qu'il sera resté à la charge de l'administration; sauf à faire entrer en compensation, « jusqu'à due concurrence, les revenus perçus par l'hospice.

« Les commissions administratives des hospices et les préfets doivent veiller à ce que ces « dispositions soient régulièrement suivies. »

CHAPITRE X.

DE LA RECONNAISSANCE ET DE LA RÉCLAMATION DES ENFANTS.

Les Enfants exposés ou abandonnés ne doivent être remis aux parents qui les réclameraient qu'à la charge, par ces derniers, de rembourser toutes les dépenses que les Enfants ont occasionnées.

Il ne peut être fait d'exception que pour les parents qui sont reconnus hors d'état de rembourser tout ou partie de cette dépense.

Les exceptions ne peuvent avoir lieu qu'autant qu'elles seront autorisées par les préfets, qui doivent prendre toutes les mesures nécessaires pour constater la position réelle des réclamants.

Il importe d'obvier aux inconvénients qui résultent du peu d'obstacles que les parents des Enfants exposés éprouvent à les visiter et à se procurer des renseignements sur les lieux qu'ils habitent, sur les personnes auxquelles ils sont confiés. Les renseignements à donner aux parents doivent se borner à leur faire connaître l'existence ou le décès des Enfants.

Les administrations qui ont recueilli les Enfants doivent intimer à leurs agents l'ordre de ne point s'écarter de cette règle, et son exécution rigoureuse préviendra successivement l'exposition et l'abandon d'un grand nombre d'Enfants.

Les personnes qui réclament un Enfant doivent donner sur lui et les circonstances de son exposition des détails tels qu'ils ne permettent pas de prendre le change sur l'Enfant qui leur appartenait et sur celui qu'on leur rend.

La remise d'un Enfant aux parents qui le réclament ne doit avoir lieu que sur un certificat de leur moralité, délivré par le maire de leur commune, et attestant, en outre, qu'ils sont en état d'élever leurs Enfants.

Circulaire *du Ministre de l'intérieur* (comte Corbière) *aux préfets, relativement aux fonds communs de cotisations municipales et particulières.*

Paris, le 4 juillet 1823.

Par une circulaire du 2 janvier dernier, je vous ai fait connaître que le compte des recouvrements autorisés par les préfets était supprimé; que les fonds destinés à certains services communaux continueraient toutefois d'être centralisés dans la caisse des receveurs généraux, mais que le titre du compte de ces recouvrements serait intitulé, à l'avenir: *Fonds commun de cotisations municipales et particulières.*

Je vous ai indiqué en même temps les huit natures de fonds qui pouvaient être comprises dans ce compte, sans qu'il fût nécessaire de recourir chaque année à une autorisation ministérielle.

Plusieurs préfets ayant réclamé contre ces dispositions, qui restreignaient à un trop petit nombre d'articles les dépenses à admettre dans ledit compte, il a été décidé, de concert avec le ministre des finances, qu'il pourrait être définitivement compris dans ce compte, sans avoir besoin de recourir chaque année à une nouvelle autorisation, les articles dont la nomenclature suit, savoir :

Les fonds destinés au service ....
....
des Enfants trouvés, prélèvements sur les communes.

Le ministre des finances ayant déjà donné des instructions dans ce sens aux receveurs généraux, je pense que vous n'éprouverez aucune difficulté pour faire effectuer le recouvrement de ces divers articles de recettes et le payement des mandats que vous aurez à délivrer.

DÉCISION du Ministre de l'intérieur sur les comptes de tutelle des Enfants trouvés.

18 mai 1824.

Les Enfants reçus dans les hospices, soit comme Enfants trouvés, soit comme Enfants abandonnés, soit comme orphelins pauvres, sont, en vertu de la loi du 15 pluviôse an XIII, placés sous la tutelle des commissions administratives, qui, s'il y a lieu, sont obligées de leur rendre compte à leur majorité ou émancipation. Ces comptes de tutelle doivent-ils être présentés, devant notaires, à l'acceptation des pupilles, et quittances notariées doivent-elles être données par ces derniers?

M. le conseiller d'État chargé de l'administration générale des communes, hospices et établissements de charité a, le 18 mai 1824, résolu ainsi cette question :

« Les actes de cette espèce, comme ceux de délégation de tutelle et d'émancipation, au « moins aussi importants, doivent être faits sans frais, attendu que l'intention du législa« teur a été d'éviter que la modique fortune des Enfants placés dans les hospices ne fût res« treinte par des frais inutiles; en conséquence, il n'y a point d'inconvénient à ce que ces « comptes soient rendus directement par les commissions administratives et approuvés par « MM. les préfets en conseil de préfecture; enfin, la quittance et la décharge données sous « seing privé par les Enfants majeurs sont suffisantes pour mettre à couvert la responsabi« lité du receveur. »

DÉCISION du Ministre des finances relative au payement des mois de nourrice et pension des Enfants trouvés.

20 mai 1824.

« Les décisions concertées entre les ministères de l'intérieur et des finances ont eu pour « objet, d'une part, d'éviter aux créanciers des hospices des frais de déplacements onéreux « de distances souvent éloignées pour venir toucher le prix des mois de nourrice chez les « receveurs de ces établissements; de l'autre, d'utiliser les ressources libres chez les percep« teurs par des emplois locaux qui évitent les frais et les embarras du transport des fonds

« En autorisant donc les percepteurs des communes où résident les parents nourriciers « à leur faire ces payements à titre d'avance, et sauf remboursement dans la forme pres« crite, le ministère n'a pas entendu que les percepteurs des villes dans lesquelles se trou« vent les hospices fussent substitués aux receveurs de ces établissements, puisque c'eût été « déplacer les attributions des comptables sans motif et sans avantage réel, au préjudice du « service de la perception, qui réclame, surtout dans les villes, tout le temps et les soins des « percepteurs.

« D'après ces considérations, j'ai décidé que les percepteurs des villes dans lesquelles se « trouvent les hospices, et auxquels on aurait indûment prescrit d'effectuer les payements

« dont il s'agit, cesseront à l'avenir d'être chargés du service des dépenses relatives aux En- « fants trouvés ; ce service devra être fait, comme il l'était précédemment dans ces villes, « par les soins et sous la responsabilité des receveurs des hospices. »

DÉCISION du Ministre des finances sur les droits d'enregistrement d'un legs en faveur d'un Enfant trouvé.

19 juin 1825.

Le conseil d'administration de l'enregistrement et des domaines, par sa délibération du 19 juin 1825, a considéré qu'un legs de cette nature n'était point fait au profit des pauvres collectivement ou des hospices, et que les exceptions sont de droit étroit, sans pouvoir s'étendre d'un cas à un autre.

En conséquence, les legs faits au profit d'un Enfant trouvé sont passibles du droit proportionnel d'enregistrement.

CIRCULAIRE du Ministre de l'intérieur (comte Corbière) *aux préfets, relativement à l'apposition de colliers aux Enfants trouvés.*

Paris, le 20 mai 1826.

Par une circulaire du 27 juillet 1818, l'un de mes prédécesseurs invita les préfets à faire adopter par les commissions administratives des hospices l'usage des colliers pour les Enfants trouvés ; quelques unes de ces commissions, convaincues de l'utilité de cette mesure, n'hésitèrent point à la prendre, et en ressentirent bientôt les heureux effets : le nombre des enfants et des expositions diminua d'une manière sensible, et elles n'eurent plus à gémir de voir des nourrices chargées d'Enfants trouvés substituer à ces Enfants, lorsqu'ils décédaient, leurs propres Enfants, afin de continuer à percevoir les rétributions qui ne devaient leur être allouées que pendant la vie de ceux qui leur avaient été confiés.

Mais un grand nombre de ces administrations, arrêtées sans doute par la faible considération d'une dépense de 300 à 400 francs, ou plutôt par des motifs qu'elles n'osaient avouer (elles favorisaient les fraudes ou les commettaient elles-mêmes), ne voulurent cependant point faire apposer des colliers : aucune entrave n'étant mise à l'accroissement du nombre des Enfants, il augmenta partout d'une manière effrayante; il est maintenant de plus de 122,000, et la facilité des admissions est telle que l'on doit s'attendre à le voir encore augmenter beaucoup.

Un tel état de choses ne peut être toléré plus longtemps, sans que l'on s'expose à voir les ressources des départements et des communes absorbées par la seule dépense du service des Enfants trouvés (elle s'élève déjà à neuf millions).

Afin d'y remédier autant que possible, en ce moment, et en attendant que des mesures plus décisives puissent être adoptées, telles, par exemple, que le changement de nourrices et l'envoi des Enfants d'un arrondissement et même d'un département dans un autre, vous voudrez bien prescrire l'apposition du collier à tous les Enfants trouvés des 1er, 2e et 3e âges; et, afin que les commissions administratives des hospices n'aient plus aucun prétexte pour s'opposer à cette utile mesure, je vous autorise à faire faire, pour chaque hospice dépositaire, une presse garnie de tous ses accessoires, des colliers et des étains qui porteront pour empreinte la désignation de l'hospice auquel appartient l'Enfant, l'année dans laquelle il a été exposé, et son numéro d'ordre. Vous trouverez ci joint une instruction détaillée sur la manière de se servir des presses et des divers objets dont elles se composent. Vous imputerez la dépense à laquelle l'achat des presses, des cordonnets et des étains donnera lieu sur les fonds affectés à la dépense du service des Enfants trouvés de votre département.

Je vous invite à faire immédiatement toutes les dispositions nécessaires pour qu'à partir du 1er janvier 1827, au plus tard, les Enfants trouvés et les Enfants abandonnés de votre département soient tous munis du collier.

Instruction pour le service de la presse destinée à poser les colliers des Enfants trouvés et Enfants abandonnés.

Corps de presse. — La presse se fixe à toute espèce de table, en ayant soin de la placer à un angle, de manière à isoler entièrement sa tête, pour que le service puisse se faire avec facilité.

Sergents. — On la serre avec les deux sergents, en mettant le bout des vis dans les deux petits trous qui sont sur son manche, de sorte que les pattes des sergents soient sous le bord de la table; si la table était trop mince (ce qu'il faut cependant éviter), on corrigerait ce défaut en mettant deux cales de bois sous les pattes des sergents.

Coin supérieur. — Le coin supérieur est fixé au nez de la vis, et n'a de mouvement que celui qu'elle lui donne.

Coin inférieur. — Le coin inférieur, portant le millésime et le numéro d'ordre, est percé de deux trous qui doivent recevoir les chiffres mobiles. Le n° 18, qui y est indiqué par derrière, désigne la place où doit commencer le millésime dont le reste se composera à volonté.

Numéros. — Le numéro d'ordre, qui ira le plus à quatre chiffres, se compose de même par derrière. On a eu soin de faire graver à la queue de chaque poinçon le chiffre qu'il porte à sa tête pour éviter toute erreur. Si le numéro ne se compose que de *un, deux* ou *trois* chiffres, on remplit le reste de l'espace avec des poinçons sans chiffres.

Plaque en fer. — La petite plaque de fer recourbée sert à placer et à retirer avec plus de facilité le coin inférieur, qui entre à queue d'aronde, et empêche en même temps les numéros de sortir de leur place, et par conséquent de se perdre.

Le coin inférieur, garni de numéros, une fois mis à sa place, on le fixe avec le petit verrou qui tient au corps de la presse.

Cordonnet, étain. — Pour mettre le collier à l'Enfant on lui passe le cordonnet autour du cou, en en faisant passer les deux bouts par les trous pratiqués dans l'étain. (On aura soin de les agrandir avec le poinçon mis dans la boîte pour cet usage.)

Lunette. — Lorsqu'on a donné au collier, en rapprochant plus ou moins l'étain, assez de longueur pour qu'il ne gêne pas le cou de l'Enfant, et en même temps pour qu'il ne puisse pas passer sa tête, on fixe l'étain dans la petite lunette en la serrant avec son coulant.

On approche alors l'Enfant tout près de la presse, et en tenant une main en dessous, on appuie la lunette sur le coin inférieur, de manière à ce qu'il entre entièrement dans son ouverture, et que l'étain se mette de lui-même à sa place; avec l'autre main on serre fortement la vis de la presse pour contenir l'étain et la lunette.

Clef. — Quand tout est dans cette situation, on prend la clef de la presse, et on serre avec force et à deux mains, jusqu'à ce que l'étain ait bien pris les deux empreintes.

Moules à couler les étains.

Ces moules se divisent en deux parties : deux petites broches y sont introduites par en bas et servent à pratiquer les deux trous aux étains; on y verse l'étain par le trou en forme d'entonnoir; on retire l'étain presque aussitôt; et avec la *tenaille à couper*, on coupe l'étain par les deux extrémités, afin de lui ôter sa forme ronde: cette précaution est nécessaire pour empêcher l'étain de *baver* au moment de la pression.

NOTA. Il faut avoir soin d'huiler de temps en temps légèrement les moules et les broches. Il faut aussi nettoyer la presse et tous ses accessoires avec de l'huile.

CIRCULAIRE *du Ministre de l'intérieur* (comte Corbière) *aux préfets, relativement au déplacement des Enfants trouvés.*

Paris, le 21 juillet 1827.

L'apposition de colliers à tous les Enfants trouvés et Enfants abandonnés des premiers âges, prescrite par ma circulaire du 20 mai 1826, doit être entièrement terminée depuis le 1er janvier dernier. Déjà, dans plusieurs départements, on a recueilli de nombreux avantages de l'exécution de cette mesure, puisqu'il y a eu moins d'expositions et que les substitutions sont devenues impossibles. Si des circonstances imprévues vous avaient empêché jusqu'à présent de faire apposer le collier à ceux des Enfants trouvés de votre département qui doivent le recevoir, vous voudriez bien ne pas différer plus longtemps l'exécution de cette mesure.

Le déplacement de tous les Enfants est devenu indispensable pour détruire les nombreux abus qui se sont introduits dans cette partie du service : il a déjà eu lieu avec beaucoup de succès dans quelques départements, et je ne doute pas qu'en le faisant opérer dans toute la France on n'obtienne une réduction considérable dans le nombre et dans la dépense des Enfants trouvés.

Ce déplacement peut être fait de deux manières.

La première serait de vous concerter avec vos collègues des départements limitrophes du vôtre, pour placer en nourrice ou pension dans leurs départements les Enfants trouvés de celui que vous administrez; et, dans ce cas, les mois de nourrice seraient payés par les percepteurs des contributions directes des communes où les nourrices auraient leur domicile: elles recevraient ainsi leur salaire sans déplacement et sans frais. Les commissions administratives des hospices où les Enfants auraient été primitivement reçus conserveraient la tutelle qui leur est dévolue, et seraient toujours chargées de faire établir les états trimestriels et les décomptes des payements à faire aux nourrices.

La seconde serait d'opérer un échange de vos Enfants trouvés avec ceux des départements voisins. Il faudrait que les Enfants donnés en contre-échange fussent du même âge que ceux dont l'échange serait proposé, afin d'éviter les contestations qui pourraient résulter de la différence des prix des mois de nourrices.

Les Enfants ainsi échangés seraient considérés comme appartenant au département qui les recevrait; et, en les faisant partir, il faudrait avoir soin d'adresser au préfet toutes les pièces nécessaires pour établir leur état civil. Les commissions administratives des hospices dépositaires prendraient mutuellement la tutelle des Enfants échangés, et le mode de payement par les percepteurs serait établi, dans tous les départements, conformémen taux dispositions de l'instruction générale concertée entre les ministres des finances et de l'intérieur, articles 795 et suivants.

Il importe que les dispositions relatives au déplacement des Enfants reçoivent la plus grande publicité; et vous devrez faire annoncer en même temps que si des parents voulaient réclamer des Enfants, ils devraient être munis d'un certificat du maire de la commune constatant qu'ils sont de bonnes vie et mœurs, et qu'ils ont le moyen d'élever l'Enfant ou les Enfants qu'ils demanderaient. Cette pièce une fois produite, vous autoriserez les commissions administratives à les rendre, soit à la charge, par les parents, de payer la dépense faite par les hospices, conformément aux dispositions du décret du 19 janvier 1811, soit gratuitement, s'il est bien constaté que les réclamants sont dans l'impossibilité d'acquitter ces frais.

Afin de ne point enlever aux Enfants les avantages qu'ils peuvent retirer de l'attachement de leurs nourriciers, vous devrez aussi faire annoncer que si des nourriciers (ou d'autres personnes bien famées) voulaient se charger *gratuitement* des Enfants qui auraient été jusqu'alors confiés à leurs soins, l'administration s'engagerait à les leur laisser jusqu'à l'âge de vingt et un ans accomplis, sauf les cas d'engagement volontaire, d'appel par suite de recrutement, ou enfin de mariage, sans que ces Enfants pussent les quitter ni exiger d'eux aucun salaire jusqu'à leur majorité; et ces personnes devraient, de leur côté, les recevoir aux conditions ci-après :

1° De les garder gratuitement jusqu'à l'âge de vingt et un ans; de les nourrir, loger, blanchir; de les entretenir de linge et de vêtements, et de les soigner en cas de maladie;

2° De les traiter avec bonté et douceur;

3° De les élever dans la religion et de leur en faire remplir les devoirs;

4° De leur donner une instruction convenable, soit en les envoyant aux écoles publiques, soit en les faisant instruire par un maître particulier;

5° De ne renvoyer un Enfant que dans le cas d'incapacité réelle ou d'inconduite; de prévenir alors l'autorité administrative, et de s'entendre avec elle pour échanger cet Enfant contre un autre, s'il y a lieu;

6° De ne remettre un Enfant à une autre personne, pour quelque cause que ce soit, sans y avoir été autorisé par l'administration des hospices auxquels il appartient;

7° De ne point correspondre avec les parents des Enfants, dans le cas où, par un événement quelconque, on viendrait à les découvrir, et de faire connaître ces parents à l'administration;

8° De faire, en cas d'évasion d'un Enfant, toutes les démarches nécessaires pour le retrouver, et de prévenir immédiatement l'administration et le maire de la commune.

Ces diverses conditions ne sont pas présentées ici comme les seules qui pourraient être stipulées dans l'acte dont il s'agit; et, tout en vous engageant à les considérer comme fondamentales, je laisse à votre prudence le soin d'approuver toutes celles que l'on pourrait y joindre dans l'intérêt des Enfants, comme, par exemple, qu'il leur sera remis par leurs maîtres, à la fin de l'apprentissage, une somme déterminée, à titre d'indemnité, etc., etc.

Je vous invite, Monsieur, à donner tous vos soins à l'exécution des mesures qui font l'objet de cette lettre et à m'en faire connaître les résultats.

CIRCULAIRE *du Ministre de l'intérieur* (vicomte de Martignac) *aux préfets, relativement à l'inspection des Hospices et Bureaux de bienfaisance et des Enfants trouvés.*

Paris, le 20 juillet 1828.

L'accroissement extraordinaire du nombre des Enfants trouvés et abandonnés dans toutes les parties du royaume, et, par suite, l'augmentation d'une dépense qui menaçait d'abord d'absorber bientôt la totalité des ressources départementales, avaient éveillé depuis longtemps la sollicitude de l'administration supérieure. La correspondance des préfets, les votes des conseils généraux des départements, avaient assez fait connaître que de nombreux abus s'étaient introduits dans l'admission des Enfants, et jusque dans le payement des dépenses; mais, en même temps que toutes les voix s'élevaient contre ces abus, les administrations locales étaient unanimes sur l'inutilité des efforts tentés pour les détruire, et on demandait à l'autorité supérieure des mesures dont l'exécution pût être plus efficace.

D'un autre côté, les divers rapports parvenus au ministère de l'intérieur sur l'administration et la comptabilité des établissements de bienfaisance ne permettaient pas de douter que de graves irrégularités n'existassent dans le service de la plupart de ces établissements, et qu'il ne fût également indispensable de rétablir l'ordre et l'économie.

Convaincu de cette double nécessité, mon predécesseur vous adressa diverses circulaires qui avaient pour but de soumettre la comptabilité des établissements de bienfaisance et le service des Enfants trouvés à une organisation plus régulière.

Pour seconder l'exécution de ces diverses dispositions et faciliter leur application dans toutes les localités, j'ai jugé qu'il convenait de rendre définitive une mesure dont l'essai, renouvelé plusieurs fois par mon prédécesseur, avait suffisamment démontré l'efficacité : je veux parler d'une inspection des hospices, des bureaux de bienfaisance et des Enfants trouvés.

La mission des inspecteurs embrasse l'examen de toutes les parties du service des établissements de bienfaisance. Chargés d'éclairer le Gouvernement sur la situation exacte de l'administration des secours publics, de lui rendre compte des besoins et des ressources de chaque établissement, et de proposer, de concert avec les autorités locales, les mesures propres à améliorer le service et à détruire les abus, les inspecteurs ont droit d'attendre de la part de tous les administrateurs une coopération franche et sincère, afin de parvenir au but d'utilité générale qu'il est si désirable de voir completement atteint.

Les commissions administratives d'hospices se convaincront, je n'en doute point, qu'il ne s'agit pas ici d'examiner avec une injurieuse défiance les actes de leur administration, mais uniquement d'exercer cette surveillance toute bienveillante qui rentre dans les obligations imposées par la tutelle que la loi attribue au Gouvernement sur tous les établissements d'utilité publique. L'inspection des hospices n'a point pour but de dicter aux administrateurs leurs opérations; mais de leur offrir, au besoin, des indications utiles, des instructions officieuses qui rappellent à leur attention les principes légaux qui doivent toujours les diriger dans leurs honorables travaux.

Depuis la Restauration, l'administration supérieure n'a cessé de s'occuper, et elle s'occupe chaque jour encore, de rendre aux administrations locales la décision de la plupart des affaires qui intéressent les établissements municipaux. C'est ainsi que, par l'ordonnance du 8 août 1821, l'approbation de tous les travaux dont la dépense ne s'élève pas à plus de 20,000 francs a été attribuée aux préfets; que, par l'ordonnance du 31 octobre 1821, ces magistrats règlent définitivement les recettes et les dépenses de tous les hospices dont les revenus n'excèdent pas 100,000 francs, et de tous les bureaux de bienfaisance, à quelque somme que leurs budgets s'élèvent. L'ordonnance du 4 mai 1825 a également donné aux préfets le droit de nommer, dans certains cas, les receveurs d'établissements de bienfaisance, et de fixer le montant de leur cautionnement et des remises à leur allouer; enfin, à l'égard des budgets, même de ceux qui sont réglés par le ministre, les préfets peuvent, depuis la décision royale du 4 novembre 1824, autoriser des changements dans les crédits primitivement fixés, sous la seule condition de ne point dépasser la masse totale des dépenses autorisées.

Mais plus la centralisation est restreinte, plus il convient que la surveillance soit active et immédiate. Si c'est un devoir pour le Gouvernement de laisser aux autorités locales la plus grande latitude pour l'administration des intérêts locaux, c'en est un aussi non moins impérieux de ne se départir en rien de cette surveillance, dont l'action doit tendre à maintenir sans cesse l'uniformité dans l'application des principes généraux de la législation du pays.

Telles sont les considérations dans lesquelles j'ai cru devoir entrer, pour qu'il ne puisse s'elever aucun doute sur les intentions paternelles qui ont dicté la mesure dont j'ai l'honneur de vous entretenir. J'espère que les inspecteurs à qui j'ai confié la mission honorable de vérifier la situation des établissements de bienfaisance trouveront auprès des administrateurs les égards et la confiance qu'ils s'empresseront de leur accorder eux-mêmes. En ce qui vous concerne particulièrement, et pour régler convenablement vos rapports avec les inspecteurs des hospices, je dois ajouter que ces fonctionnaires, après avoir constaté les irrégularités qu'une vérification attentive et complète leur aura permis de découvrir, recourront à votre autorité pour toutes les mesures qu'il serait utile de prendre. Leur mission est d'examiner, de recueillir les faits et d'en rendre compte, en y joignant leurs observations; mais c'est à vous qu'il appartiendra de statuer définitivement sur ce qu'il convient de prescrire. Il suffira que vous me rendiez compte immédiatement des décisions que vous aurez prises.

Je joins à cette circulaire un exemplaire des séries de questions relatives aux objets sur lesquels l'attention des inspecteurs devra principalement se porter. L'examen de ces questions servira à vous faire mieux comprendre l'objet de l'inspection. Dans tous les cas, vous serez prévenu à l'avance de l'envoi d'un inspecteur dans votre département. Si l'itinéraire que je lui aurai tracé ne l'appelait point au chef-lieu de la préfecture, ce qui ne saurait arriver que dans des circonstances très-rares, il aurait soin de vous prévenir de son arrivée sur un des points de votre département, des opérations dont il est chargé, du temps qu'il compte y employer, et de l'époque de son départ. Si quelque établissement de bienfaisance vous paraissait exiger une vérification particulière, vous voudriez bien en instruire l'inspecteur, en m'en donnant avis. L'inspecteur obtempérerait à votre demande, à moins qu'il ne lui fût impossible de la concilier avec les instructions particulières qu'il aurait reçues directement de moi.

Je crois inutile de vous recommander de ne rien négliger de ce qui sera en votre pouvoir pour faciliter aux inspecteurs l'accomplissement de leur mission, et pour la rendre la plus fructueuse possible: votre zèle pour l'intérêt du service m'est un sûr garant que vous seconderez leurs vérifications autant par vos lumières et votre expérience que par votre autorité.

Du reste, je dois vous faire observer que la nomination des inspecteurs des hospices n'a pas pour but et ne saurait avoir pour résultat de suppléer à la surveillance qu'il vous appartient d'exercer sur les opérations des administrateurs et des receveurs des établissements de bienfaisance. Je continuerai à recevoir avec empressement les procès-verbaux des vérifications que l'article 25 de l'ordonnance du 31 octobre 1821 prescrit aux préfets de faire opérer, au moins deux fois dans le cours de chaque année. Je désire que les procès-verbaux de ces vérifications me soient exactement transmis par vous avec vos observations, dans le mois, au plus tard, qui suivra chaque vérification. Il sera convenable que, pour plus de régularité, vous suiviez dans ces vérifications le procès-verbal et la série de questions que j'ai fait dresser pour l'usage des inspecteurs des hospices.

Vous remarquerez aussi que la création d'une inspection des hospices ne modifie en rien la disposition de l'article 26 de l'ordonnance du 31 octobre 1821, qui appelle les inspecteurs des finances, sur la demande du ministre de l'intérieur ou celle des préfets, à vérifier les caisses des établissements de bienfaisance. Ainsi ces inspecteurs continueront à faire ces vérifications, d'après l'ordre qui leur en sera donné par le ministre des finances, lorsque leur concours m'aura paru nécessaire ou que les préfets auront jugé convenable de le réclamer.

Il me reste à vous recommander de la manière la plus expresse de notifier les dispositions de cette circulaire aux administrateurs et aux receveurs des établissements de bienfaisance de votre département, et de me donner l'assurance positive qu'elles ont été portées à leur connaissance par l'un des moyens indiqués dans mes précédentes circulaires.

CIRCULAIRE *du Ministre de l'intérieur* (vicomte de Martignac) *aux préfets, contenant un complément d'instruction pour la comptabilité des hospices et établissements de bienfaisance.* (Extrait.)

Paris, le 25 juillet 1828.

Depuis la mise à exécution, dans les établissements de bienfaisance, du système de comptabilité prescrit par l'ordonnance royale du 24 décembre 1826, l'examen des états de situation des receveurs m'a convaincu de la nécessité de donner quelques explications nouvelles afin de compléter le développement des principes tracés par l'instruction du 30 mai 1827. Ces explications feront l'objet de la présente circulaire.

. . . .

. . . .

Payement des mois de nourrice des Enfants trouvés, par les percepteurs.

En exécution des instructions émanées tant du ministère de l'intérieur que de celui des finances, le payement des mois de nourrice et pensions des Enfants trouvés, hors de la commune où est situé l'hospice dépositaire, a été partout confié aux percepteurs des contributions directes; mais cette mesure, dont les avantages ont été appréciés par les administrations locales, a cependant donné lieu à des difficultés d'exécution qu'il importait de faire cesser. Les receveurs des finances, entre les mains desquels les percepteurs versaient, pour comptant, les pièces constatant les payements qu'ils avaient faits aux nourrices, éprouvaient quelquefois des retards dans le remboursement de ces avances de la part de l'hospice. Il en résultait, pour ces comptables, des pertes d'intérêts qu'il n'était pas juste de leur laisser supporter. J'ai en conséquence décidé, de concert avec le ministre des finances, qu'en même temps que les états d'émargement des sommes à payer, dressés et ordonnancés par l'ordonnateur des dépenses de l'hospice, seraient transmis par l'intermédiaire du préfet au receveur général, le receveur de l'hospice devrait en verser le montant dans la caisse du receveur des finances de l'arrondissement. Dès que les payements auront été effectués par les percepteurs, les pièces justificatives seront renvoyées au receveur de l'établissement pour être rattachées à sa comptabilité.

La circulaire du ministre des finances du 16 juillet 1828 indique aux receveurs généraux et particuliers les opérations à suivre et les écritures à tenir pour cette comptabilité. Il est nécessaire que je vous indique la manière dont les receveurs d'hospices devront opérer relativement aux versements qu'ils auront à faire, d'après ce qui a été dit ci-dessus, dans les caisses des receveurs d'arrondissement, pour le service des Enfants trouvés.

Ces versements sont bien destinés à acquitter une dépense de l'établissement; mais cette dépense n'est pas encore consommée à l'instant du versement, et l'hospice n'est pas libéré, puisque les nourrices ne sont pas réellement payées. Il ne serait donc pas régulier de faire dépense, dans les écritures, au compte de l'hospice des sommes formant ces versements; et il faut nécessairement attendre le renvoi des pièces justificatives des payements faits par les percepteurs. On pourrait, il est vrai, constater la sortie des fonds par un compte spécial au grand livre, qui serait débité par le crédit du compte caisse, et crédité ensuite du montant des payements effectués par les percepteurs; et, en un mot, procéder comme je le dirai plus bas pour les avances aux économes. Mais, attendu que les versements dont il s'agit sont de nature à être promptement régularisés, puisque les payements auxquels ils sont destinés seront immédiatement effectués par les percepteurs; que, d'ailleurs, ces versements sont constatés d'une manière certaine par des récépissés authentiques délivrés par les receveurs des finances, j'ai pensé qu'il serait plus simple et plus facile à la fois de considérer les récépissés de ces versements comme des valeurs de caisse qui, dans la situation du receveur, seront comptés comme numéraire jusqu'au renvoi des pièces justificatives des payements. Le receveur n'aura donc à passer aucune écriture pour constater les versements faits aux caisses des receveurs des finances pour le service des Enfants trouvés; il devra seulement, lorsque les pièces constatant les payements effectués lui seront remises, en faire mention dans ses livres, selon la forme ordinaire et comme pour toute autre dépense.

Les récépissés des receveurs des finances devront être restitués à ces comptables en échange de la remise des pièces justificatives des payements et de la restitution des sommes qui n'auraient pas été employées sur les fonds avancés.

Circulaire du Ministre de l'intérieur (vicomte de Martignac) *aux préfets, concernant l'admission des pauvres malades, vieillards et infirmes dans les hospices.* (Extrait.)

12 janvier 1829.

. . . .

. . . .

Les Enfants trouvés, les aliénés sont les seules classes d'infortunés pour lesquelles les départements doivent des subventions, et il serait contraire à la loi de leur en faire supporter d'autres.

Circulaire du Ministre des finances concernant les opérations des receveurs de finances pour le payement des mois de nourrice et pensions des Enfants trouvés.

8 juin 1831.

La circulaire du 16 juillet 1828 a annoncé que les receveurs des hospices qui auraient à faire payer les mois de nourrice des Enfants trouvés dans un autre département que celui où serait situé l'hospice en verseraient le montant, par avance, dans la caisse du receveur général de leur département, qui transmettrait à son collègue les états des sommes à payer, et lui en délivrerait en même temps récépissé.

D'après une circulaire du ministre de l'intérieur du 25 du même mois, ces avances doivent avoir lieu non-seulement pour les dépenses à payer dans un autre département, mais encore pour celles qui seraient à payer, par l'entremise des percepteurs, dans les communes du département où est situé l'hospice; et le ministre a prescrit de délivrer aux receveurs des hospices, pour ces versements, des récépissés authentiques à échanger, après les payements effectués, contre les états d'émargements acquittés.

Les mesures arrêtées par ces deux circulaires n'ayant pas été exécutées uniformément par les receveurs des finances, je vais vous indiquer la marche qui devra être suivie à l'avenir.

Avances des hospices pour les dépenses à faire payer dans le département. — Lorsque le receveur général ou les receveurs particuliers recevront des receveurs des hospices le montant des sommes à payer dans leur département, pour les mois de nourrice des Enfants trouvés, ils en feront recette au livre de détail ou au livre journal, et ils en délivreront un récépissé à talon au receveur de l'hospice. Ces recettes seront portées au crédit des *Fonds de cotisations municipales et particulières* et au compte ouvert au livre auxiliaire de ces fonds, sous le titre de *Fonds destinés à la nourriture et à l'entretien des Enfants trouvés et abandonnés.* Le crédit donné à ce dernier compte devra être classé dans une colonne distincte, dont le titre indiquera que la recette provient de *Fonds versés par les receveurs des hospices.*

Pour les payements à faire dans les communes, les receveurs des finances, après avoir revêtu les états d'émargements de leur *vu bon à payer,* les transmettront aux percepteurs, qui acquitteront les dépenses et remettront les états pour comptant dans leurs versements ordinaires. A la réception de ces états, le receveur d'arrondissement en débitera le compte *Pièces de dépenses,* et le receveur général le compte *Fonds de cotisations municipales;* cette dépense devra en outre être portée, sur le livre auxiliaire, au débit du compte ci dessus mentionné de *Fonds destinés à la nourriture des Enfants trouvés;* elle sera classée dans une colonne particulière ayant pour titre : *Payements faits sur les fonds versés par les hospices.*

En faisant la remise des états acquittés aux receveurs des hospices, les receveurs des finances devront leur demander une déclaration qui constate qu'ils ont reçu les états d'émargements acquittés; cette déclaration, revêtue du visa du préfet, servira de pièces justificatives de la dépense constatée au compte *Fonds de cotisations municipales;* et, par ce moyen, il n'y aura plus lieu de retirer les récépissés à talon remis aux receveurs des hospices.

Avances des hospices pour les dépenses à faire payer dans les départements autres que ceux où les hospices sont situés. — Lorsque les receveurs des hospices feront aux receveurs des finances l'avance des sommes à faire payer dans un autre département que celui où l'établissement est situé, le receveur auquel les fonds seront versés en délivrera une simple reconnaissance, contenant l'engagement de fournir plus tard le récépissé à talon du receveur général du département dans lequel les payements devront être faits; il en créditera le compte *Remises des receveurs généraux,* par le débit de caisse, si les fonds ont été reçus par lui, ou par le débit des comptes courants des receveurs particuliers, si les fonds ont été versés à la caisse de ces receveurs, qui doivent en créditer le compte courant du receveur général. Ce receveur transmettra immédiatement à son collègue les états d'émargements, ainsi que son récépissé du montant des sommes à payer; et il le fera créditer au trésor valeur à la fin de la dizaine pendant laquelle les avances auront été versées.

Ce dernier comptable débitera du montant du récépissé qu'il recevra, le compte *Envois aux receveurs généraux,* par le crédit du compte *Fonds de cotisations.* Il inscrira cette recette à son livre-de-détail, et en délivrera récépissé à talon au nom du receveur de l'hospice qui aura fait le versement.

Il enverra immédiatement ce récépissé à son collègue, qui le remettra au receveur de l'hospice, en échange de la reconnaissance fournie lors du versement des avances.

Lorsque les dépenses auront été payées, et que le receveur en aura passé écriture au compte *Fonds de cotisations, etc.*, conformément à la marche déjà indiquée, il enverra à son collègue les états d'émargements acquittés.

Celui-ci remettra ces états au receveur de l'hospice, et retirera, ainsi qu'on l'a dit précédemment, une déclaration qu'il transmettra à son collègue, pour justifier la dépense que ce dernier aura constatée au compte *Fonds de cotisations.*

DÉCISION du Ministre des finances qui exempte du timbre le certificat de vie des Enfants trouvés.

26 janvier 1832.

Pour obtenir des commissions administratives des hospices le payement des sommes qui leur sont dues, les nourrices d'Enfants trouvés sont obligées de produire des certificats des maires de leur résidence, constatant l'existence des Enfants confiés à leurs soins.

La commission des hospices de Châlons-sur-Marne a demandé que ces certificats de vie fussent déclarés exempts de timbre.

Il a été reconnu que les certificats dont il s'agit, étant délivrés par les maires des communes où les Enfants trouvés sont placés en nourrice, sont compris parmi les actes des autorités administratives que l'article 80 de la loi du 15 mai 1818 a exemptés du timbre sur la minute, et même sur l'expédition, quand elle est remise à des individus indigents.

D'un autre côté, une décision du ministre des finances du 31 décembre 1827 porte que les certificats de vie des pensionnaires sur fonds de retenue dont l'indigence est constatée peuvent être écrits sur papier non timbré. Il semble qu'il doit en être de même des certificats de vie des Enfants trouvés, qui certainement sont des indigents.

Par ces motifs, le ministre des finances a décidé, le 26 janvier 1832, que les certificats de vie des Enfants trouvés délivrés par les maires, pour être joints aux mandats de payement des sommes dues aux nourrices, ne sont pas sujets à la formalité du timbre.

INSTRUCTIONS du Ministre du commerce et des travaux publics (comte d'Argout) *aux préfets, relativement à l'entretien des Enfants devenus orphelins par suite du choléra.*

Paris, le 4 août 1832.

Monsieur le Préfet, l'épidémie qui ravage en ce moment plusieurs parties du royaume, et qui les menace toutes, a jeté le deuil dans un grand nombre de familles et a privé de leurs parents de malheureux Enfants demeurés ainsi sans ressources. La charité publique n'est pas restée au-dessous de ces infortunes, et dans toutes les contrées où le fléau s'est déclaré des secours de toute nature ont été apportés, et les efforts les plus louables ont été tentés pour soulager, autant que possible, toutes les misères.

Dans ces circonstances, il appartient à l'autorité publique de seconder cet élan de la bienfaisance particulière, et d'en rendre les effets plus efficaces, en régularisant l'emploi des fonds de secours. Plusieurs préfets m'ont demandé, à ce sujet, des instructions, notamment en ce qui concerne les mesures à prendre à l'égard des Enfants demeurés orphelins par suite du choléra,

Ces mesures, Monsieur le Préfet, sont indiqués par la législation des secours publics, et j'ai pensé qu'il suffisait de les rappeler.

D'après le décret du 19 janvier 1811, il est trois classes d'Enfants à l'entretion desquels la société doit pourvoir: les Enfants trouvés, les Enfans abandonnés et les Orphelins pauvres.

Les Enfants auxquels le choléra a enlevé leurs parents, et qui sont hors d'état de pourvoir à leur subsistance, appartiennent évidemment à cette dernière classe; et rien ne les distingue, en effet, des orphelins ordinaires, si ce n'est que la rigueur de l'épidémie, qui frappe de coups si prompts et si désastreux, en augmente rapidement le nombre et appelle sur leur malheur un intérêt encore plus vif à raison de ces circonstances.

Vous devrez donc, Monsieur le Préfet, inviter les administrations charitables de votre département à provoquer la bienfaisance des citoyens, et à encourager de tous leurs efforts les souscriptions qui seraient ouvertes en faveur des orphelins dont il s'agit; mais vous ne perdrez pas de vue que c'est surtout aux autorités locales qu'il appartient de veiller à ce que ces Enfants reçoivent, sans délai, tous les secours qui leur seront nécessaires. Ceux qui sont sans asile devront être reçus dans les hospices dépositaires, et, suivant leur âge, mis en nourrice, en pension ou en apprentissage, conformément aux dispositions du décret du 19 janvier 1811 et aux instructions sur la matière.

Quant aux frais de leur entretien, ils seront, comme ceux des Enfants trouvés et abandonnés, à la charge de l'allocation départementale, en ce qui concerne les dépenses extérieures, et à la charge des hospices dépositaires pour les dépenses intérieures. Je n'ai pas besoin de vous faire observer, Monsieur le Préfet, qu'autant que possible il faudra encourager les personnes que des liens de parenté ou d'affection unissaient aux familles de ces infortunés à en prendre soin, sauf aux bureaux de bienfaisance à accorder, à cet effet, des secours à domicile sur les fonds provenant des dons particuliers faits à l'occasion du choléra, et même sur leurs propres ressources; car il ne faut pas perdre de vue que ces Enfants sont des pauvres comme d'autres, et qu'ils méritent d'autant plus d'intérêt que leur indigence ne peut jamais leur être imputée, et qu'ils sont par eux-mêmes hors d'état d'en sortir.

Veuillez bien, Monsieur le Préfet, vous pénétrer de l'esprit de ces instructions, et en surveiller l'execution dans les diverses communes de votre département.

Décision du Ministre des finances qui autorise à émarger sur des états nominatifs l'acquit des mois de nourrice des Enfants trouvés.

Paris, 26 décembre 1832

La commission administrative d'un hospice ayant demandé que les quittances des sommes au-dessus de dix francs fussent exemptées du timbre, le ministre des finances a décidé que, les sommes payées aux nourrices étant un salaire et non un secours, l'exemption réclamée ne pouvait être appliquée. Mais il a reconnu que si les quittances sont données dans la forme d'un émargement, cet état ne constitue qu'une seule pièce de comptabilité.

En conséquence, M. le ministre des finances a décidé, le 26 décembre 1832, que les payements faits pour le compte des hospices aux nourrices des Enfants trouvés peuvent être constatés par des états nominatifs, émargés de l'acquit des parties prenantes, et rédigés sur papier timbré.

Le Directeur des domaines,

Signé CALMON.

CIRCULAIRE *du Ministre du commerce et des travaux publics* (comte d'Argout) *aux préfets, relativement à l'exécution de l'ordonnance du 28 juin.* (Extrait.) (1)

Paris, 19 août 1833

....

....

L'article 6 charge, en outre, les percepteurs du payement des nourrices des Enfants trouvés, dont le mode a déjà été réglé par les dispositions des circulaires des 16 et 25 juillet 1828, et il rend entièrement obligatoire cette mesure, qui a été presque déjà généralement adoptée; veuillez bien, Monsieur le Préfet, régulariser partout cette partie du service, en vous reportant aux instructions qui vous ont été données sur cet objet.

Il importe plus particulièrement encore, à cet égard, que le jour où le percepteur doit se rendre dans une commune soit connu des nourrices et autres personnes auxquelles sont confiés les Enfants, afin qu'elles puissent être assurées du jour où elles pourront venir recevoir leur salaire; les maires devront leur faire connaître officiellement ce jour, et je vous prie de leur prescrire de faire à ce sujet les dispositions nécessaires.

Le but principal de cette disposition étant d'ailleurs de faciliter aux nourrices les moyens de recevoir leur salaire, de leur éviter tous frais, et de faire parvenir intégralement entre leurs mains la modique somme qui leur est accordée pour la subsistance des Enfants qui leur sont confiés, vous concevrez facilement, Monsieur le Préfet, combien il serait peu convenable que les percepteurs tirassent avantage du mandat qui leur est déféré, et qu'ils prélevassent, sans le consentement de la nourrice, sur la somme dont ils sont momentanément nantis, le montant des contributions qui pourraient leur être dues. Si l'intérêt du trésor semblait nécessiter une mesure aussi rigoureuse, elle ne devrait être exercée qu'après que tous les autres moyens auraient été épuisés; et j'ai décidé, d'ailleurs, avec M. le ministre des finances que, dans les cas de ce genre qui pourront se présenter, le percepteur devra en référer au receveur général, qui s'entendra avec le préfet au sujet de la décision qu'il conviendra de prendre.

Aux termes de l'article 7, la correspondance entre les percepteurs et les receveurs d'établissements charitables devra toujours avoir lieu par l'intermédiaire des receveurs des finances. Les administrations de bienfaisance et leurs receveurs comprendront sans doute combien il importe de ne pas négliger la garantie que leur présente cette disposition.

Je n'insisterai pas davantage, Monsieur le Préfet, sur le bien que devra produire l'ordonnance du 28 juin; la facilité des recouvrements, la modicité des frais qu'ils occasionneront, et qui seront toujours proportionnés aux recettes, sont autant de causes qui doivent amener de notables améliorations dans les revenus de la classe indigente, dont le soulagement doit toujours être l'objet de la sollicitude d'une bonne administration.

(1) L'ordonnance royale du 12 mars 1831 avait placé les services de bienfaisance du ministère de l'intérieur dans les attributions du ministère du commerce et des travaux publics.

Je compte sur votre zèle, Monsieur, et sur votre amour du bien public pour hâter ces résultats.

Veuillez m'accuser réception de la présente circulaire.

Arrêté du Ministre du commerce et des travaux publics (M.) *qui rétablit l'inspection permanente des établissements de bienfaisance* (1).

25 décembre 1833.

Le ministre secrétaire d'État au département du commerce et des travaux publics;

Vu le décret du 19 janvier 1811, et tous les règlements relatifs au service des Enfants trouvés et abandonnés, et spécialement l'instruction du 8 février 1823;

Considérant que le nombre et la dépense des Enfants trouvés ou abandonnés s'accroissent d'année en année dans une proportion telle, que cette charge seule absorbe une portion considérable des ressources des départements, des communes et des hospices;

Que cet accroissement n'a d'autre cause que les abus de tout genre qui se sont introduits dans ce service, et qui sont signalés par les plaintes réitérées que nous adressent de toutes parts les préfets, ainsi que les conseils généraux, en demandant que le Gouvernement prenne des mesures promptes et efficaces pour mettre un terme à ces abus et en prévenir le retour;

Que l'essai fait en 1825, et pendant les années suivantes, d'une inspection spéciale a produit les résultats les plus satisfaisants, et prouvé tout le succès que l'on doit attendre d'un système permanent d'inspection centrale, qui permettrait d'appliquer successivement cette mesure à tous les départements ou d'en assurer les résultats en la renouvelant périodiquement;

Considérant que la gestion et surtout la comptabilité de beaucoup d'établissements de bienfaisance offrent des irrégularités graves, qui provoquent fréquemment les plaintes des autorités locales et les observations de la cour des comptes, et qu'il est indispensable, dans l'intérêt des pauvres comme dans l'intérêt des communes, d'établir dans ces administrations l'ordre et la régularité que prescrivent les lois et règlements;

Considérant que l'économie considérable qui sera le résultat de cette inspection tournera entièrement au profit des départements, des communes et des hospices;

Sur le rapport du conseiller d'État directeur de l'administration départementale et communale et des hospices,

Arrête ce qui suit :

Art. 1er. Il sera formé une inspection pour surveiller et contrôler, dans toute l'étendue du royaume, le service des Enfants trouvés et abandonnés, ainsi que l'administration et la comptabilité des hospices et des établissements de bienfaisance.

Art. 2. Les inspecteurs seront nommés par nous, et porteront le titre d'*inspecteurs des services de bienfaisance*. Leur nombre et leur traitement seront fixés par des arrêtés spéciaux.

Art. 3. Ces inspecteurs se rendront, chaque année, dans les départements qui leur seront assignés; leurs fonctions seront :

(1) Ce service a été réorganisé par un autre arrêté du ministre de l'intérieur à la date du 22 août 1838, et par l'arrêté du Chef du Pouvoir exécutif en date du 25 novembre 1848.

1° De vérifier sur les lieux les titres d'admission des Enfants à la charge des départements, et au besoin l'existence et l'identité de ces Enfants, la stricte exécution des lois et règlements à cet égard, et généralement tous les détails de ce service; de dresser et de remettre aux préfets la liste de tous les Enfants qui ont été indûment admis, et de signaler à ces administrateurs tous les abus qu'ils parviendraient à découvrir;

2° De vérifier la gestion et la comptabilité des hospices et autres établissements de bienfaisance, de donner aux administrateurs de ces divers établissements toutes les indications nécessaires pour en régulariser l'administration, et de signaler aux préfets toutes les infractions aux lois et règlements en cette matière.

Art. 4. Les autorités départementales et locales donneront aux inspecteurs des établissements de bienfaisance toutes les facilités pour l'accomplissement de leur mission. Les administrateurs des hospices et des établissements de bienfaisance seront tenus de leur communiquer tous les documents, titres et pièces dont la connaissance pourra leur être utile. Les receveurs et les économes de ces établissements seront spécialement obligés, sous leur responsabilité personnelle, de présenter aux inspecteurs tous les détails de leur comptabilité, et de leur donner tous les renseignements que leurs fonctions les mettent à même de recueillir.

Art. 5. Les inspecteurs des services de bienfaisance seront attachés aux bureaux du ministère du commerce et des travaux publics, et pendant leur séjour à Paris, ils y travailleront sous les ordres du directeur de l'administration départementale et communale et des hospices.

CIRCULAIRE *du Ministre du commerce et des travaux publics* (M. Thiers) *aux préfets, portant que les quittances des sommes payées par les hospices, pour les mois de nourrice des Enfants trouvés, sont exemptes du timbre.*

Paris, le 30 janvier 1834.

Monsieur le Préfet, des doutes se sont élevés sur la question de savoir si les quittances des sommes payées par les hospices, pour les mois de nourrice des Enfants trouvés, devaient être timbrées.

Par une décision en date du 18 janvier 1830, M. le ministre des finances s'était d'abord prononcé pour l'affirmative; mais, après avoir fait examiner de nouveau la question par l'administration de l'enregistrement, sur les observations que je crus devoir lui adresser à ce sujet, il a reconnu que l'exemption de timbre prononcée par l'article 16 de la loi du 13 brumaire an VII, en faveur des quittances de secours payés aux indigents, était applicable à l'espèce, et il a, en conséquence, statué, par une nouvelle décision qui annule celle du 18 janvier 1830, *que les quittances des sommes payées par les hospices, pour les mois de nourrice des Enfants trouvés, sont affranchies de la formalité du timbre.*

J'ai l'honneur de vous donner avis de cette décision, dont M. le directeur général de l'enregistrement a été informé, et je vous prie de vouloir bien la faire connaître, sans retard, aux administrations hospitalières de votre département qu'elle peut intéresser.

CIRCULAIRE du Ministre du commerce et des travaux publics aux préfets, relative au rétablissement d'une inspection permanente des hospices, des bureaux de bienfaisance et du service des Enfants trouvés et abandonnés (1).

15 mars 1834.

Dans la ferme intention de réduire le nombre et la dépense des Enfants trouvés et abandonnés, qui menaçaient d'épuiser bientôt la totalité des ressources départementales, la création d'une inspection permanente du service de ces Enfants avait été ordonnée par l'un de mes prédécesseurs. Cette mesure s'étendait également aux hospices et aux bureaux de bienfaisance; et, bien qu'elle n'ait été appliquée, depuis 1825 jusqu'en 1830, qu'à une faible partie des départements, elle a cependant produit des résultats qui ne permettent pas de révoquer en doute son efficacité.

Malheureusement des motifs d'économie ont contraint, depuis trois années, de suspendre cette opération salutaire : il en est résulté, d'une part, que les abus signalés par l'inspection, et qu'elle avait fait disparaître, se sont manifestés de nouveau dans plusieurs des localités inspectées; et, d'un autre côté, qu'une grande partie des départements n'ayant pu être explorée, à raison du petit nombre des inspecteurs, ces abus ont continué à faire des progrès tellement rapides et si alarmants, que la sollicitude de l'Administration supérieure ne saurait retarder davantage l'emploi de toutes les mesures propres à les réprimer et à en prévenir le retour.

J'ai, en conséquence, par mon arrêté du 26 décembre 1833, rétabli l'inspection permanente des hospices, des bureaux de bienfaisance, et des Enfants trouvés et abandonnés.

Déjà les circulaires des 25 février et 11 novembre 1826, l'instruction du 30 mai 1827, concernant les établissements charitables, et une circulaire du 20 juillet de l'année suivante, qui est relative aux Enfants trouvés, ont fait connaître aux préfets les nombreux abus qu'il s'agissait de détruire, et les moyens principaux dont l'emploi devait faire atteindre un but si désirable, ou plutôt satisfaire un besoin impérieux, en même temps qu'elles leur traçaient des règles importantes de comptabilité.

Il serait donc superflu, puisque vous pourrez avoir recours à ces instructions, de les reproduire ici autrement que pour vous rappeler leur substance et leur esprit.

La mission des inspecteurs embrasse l'examen de toutes les parties du service des établissements de bienfaisance.

En première ligne, ils devront s'occuper de tout ce qui concerne les Enfants trouvés et abandonnés.

En second lieu, leurs investigations auront pour objet tout ce qui est relatif à l'administration et à la comptabilité des hospices et des autres établissements charitables.

Partout ils devront rappeler les règles prescrites par les lois, les ordonnances et les instructions, afin d'établir ou de maintenir l'ordre et l'économie.

Ils signaleront les abus en général, et spécialement celui d'admettre à la charge des départements des Enfants qui ne doivent point y être placés; et leur tâche constante sera de combattre les écarts qu'une philanthropie exagérée aurait pu produire dans l'application trop étendue d'un droit que le législateur a sagement limité.

Du reste, le devoir des inspecteurs ne consiste pas seulement à découvrir le mal et ses causes diverses; il faut que, de concert avec vous et sous votre direction, ils emploient, pour le détruire, les mesures que j'aurai prescrites et celles que leur zèle et leur expérience, appuyés de vos lumières, pourront leur suggérer.

(1) Voir les arrêtés du ministre de l'intérieur des 24 août 1838 et 14 juin 1839, et l'arrêté du Chef du Pouvoir exécutif du 25 novembre 1848 sur le même sujet.

Ainsi leurs efforts principaux devront tendre à réduire le plus promptement possible le nombre des Enfants trouvés et abandonnés, et à employer à cet effet les divers modes indiqués par les instructions.

Pour accomplir avec succès et célérité la tâche qui leur est confiée, les inspecteurs ont besoin de votre appui. Ils ont aussi le droit d'attendre, de la part de leurs administrateurs, une coopération franche et sincère, sans laquelle leur mission serait plus difficilement remplie et n'atteindrait peut-être qu'imparfaitement le but d'utilité générale auquel il importe de parvenir.

Les commissions administratives se convaincront, je n'en saurais douter, qu'il ne s'agit point d'examiner dans un esprit de défiance les actes de leur administration, mais uniquement d'exercer cette surveillance sage et bienveillante qui rentre dans les obligations imposées par la tutelle que la loi attribue au Gouvernement sur tous les établissements d'utilité publique. L'inspection des hospices n'est point instituée dans la vue de dicter aux administrateurs leurs déterminations, ou de contrôler arbitrairement leurs actes; elle a, au contraire, pour objet de leur offrir, au besoin, des indications utiles, des instructions officieuses qui rappellent à leur souvenir les principes légaux dont la stricte observation doit toujours les diriger dans leurs honorables travaux.

J'ai cru devoir vous rappeler ces considérations, afin que les intentions paternelles qui ont dicté la mesure que j'ai prise puissent être justement appréciées. J'espère que les inspecteurs à qui j'ai confié l'honorable mission de vérifier la situation des établissements de bienfaisance trouveront, auprès des administrateurs, les égards et la confiance qu'ils s'empresseront eux mêmes de leur offrir. En ce qui vous concerne particulièrement, et pour régler convenablement vos rapports avec les *inspecteurs des services de bienfaisance*, je dois ajouter que ces fonctionnaires, après avoir constaté les irrégularités qu'une vérification attentive et complète leur aura permis de découvrir, recourront à votre autorité pour toutes les mesures qu'il serait utile de prendre. Ainsi, leur mandat est d'examiner, de recueillir les faits, de les signaler à l'Administration supérieure, en joignant leurs observations aux rapports qu'ils devront me transmettre; mais c'est à vous qu'il conviendra de statuer définitivement sur ce qu'il sera convenable de prescrire. Il suffira que vous me rendiez compte immédiatement des mesures que vous aurez prises.

Lorsque la circulaire du 20 juillet 1828 fut adressée aux préfets, cette pièce était accompagnée d'une série de questions relatives aux objets sur lesquels l'attention des inspecteurs devait principalement se porter. L'examen de ces questions servira à vous faire comprendre plus facilement toute l'économie du système de l'inspection. Vous avez déjà vu qu'il s'agit d'une mesure générale. Toutefois, comme elle ne peut s'exécuter simultanément dans toute l'étendue du royaume, et qu'il est désirable de procurer ses bienfaits aux localités où le besoin s'en fait le plus sentir, je désire que, sans retard, vous me fassiez connaître votre vœu personnel à ce sujet.

Lorsqu'un inspecteur se rendra dans votre département, vous serez instruit de son départ et de son itinéraire; mais, dans ce cas, en attendant l'époque à laquelle l'inspection devra commencer, il sera utile, indispensable même, que vous preniez le soin de préparer les voies, afin de hâter le plus possible la mrache de l'inspecteur. Ainsi, la réunion de tous les documents indicatifs de la situation ancienne et actuelle des établissements de bienfaisance, l'avertissement, donné par vous aux administrateurs et aux maires, des investigations qui vont avoir lieu; l'annonce, avec une grande publicité, des mesures fermement résolues pour rentrer dans les termes rigoureux de la loi, relativement aux Enfants trouvés et abandonnés; enfin, les rapports que vous aurez établis avec vos collègues des départements limitrophes, pour operer le déplacement des Enfants, qui, d'après l'expérience, est une des mesures les plus efficaces, constitueront des éléments précieux qui devront diminuer les obstacles, et rendront la réussite des réformes plus prompte et plus assurée.

Quant à l'appui nécessaire aux inspecteurs pour faciliter l'accomplissement de leur mission et la rendre fructueuse et complète, j'ai la certitude que vous le leur accorderez avec toute l'énergie nécessaire : votre zèle m'est un sûr garant que vous seconderez puissamment leurs efforts, autant par vos lumières et par votre expérience que par votre autorité.

Circulaire du Ministre de l'intérieur (M. Thiers) *aux préfets, relativement au service des Enfants trouvés.*

Paris, le 12 mai 1835.

Monsieur le Préfet, une note insérée au *Moniteur* du 1er de ce mois vous a fait connaître le prix que le Gouvernement attache aux mesures qui ont pour but de diminuer le nombre des Enfants trouvés et de réduire les dépenses énormes causées par les abus qui se sont introduits dans ce service, et qui surchargent les départements, les communes et les hospices. Afin de donner aux publications qui auront lieu successivement à ce sujet toute l'utilité possible, je viens vous prier, Monsieur le Préfet, de vouloir bien m'adresser, aussi souvent que vous aurez à faire connaître quelques résultats de vos soins relatifs au service des Enfants trouvés, des détails sur le genre et sur l'importance des succès que vous aurez obtenus.

Vous ne devrez pas craindre de répéter quelques-uns des renseignements contenus soit dans vos comptes annuels de dépenses, soit dans vos rapports au conseil général, et que vous m'auriez déjà adressés, parce que la recherche de ces détails dans différents bureaux du ministère entraînerait une perte considérable de temps, et laisserait toujours des doutes sur leur réunion complète.

Je serai heureux, Monsieur le Préfet, que vous me mettiez à même de faire publier quelques renseignements intéressants sur un sujet aussi important, et de rendre ainsi justice à votre zèle et à celui des administrations charitables qui vous auraient secondé dans la tâche si difficile de réprimer les abus.

Si quelques circonstances vous avaient empêché jusqu'ici, Monsieur le Préfet, de donner aux mesures qui font l'objet de cette lettre toute l'attention qu'elles méritent, il serait bon de vous concerter avec ceux de vos collègues qui l'ont fait, afin d'obtenir d'eux des renseignements précis sur les moyens qu'ils ont employés. Je crois même que de semblables communications entre les préfets qui ont déjà opéré avec succès pourraient produire un grand bien, en mettant en commun les fruits des expériences faites dans diverses localités.

Je vous prie, Monsieur le Préfet, de vouloir bien donner à l'objet de cette lettre une attention particulière, et dont je vous remercie d'avance.

Circulaire du Ministre de l'intérieur relative à l'envoi aux préfets du mémoire de M. de Bondy, préfet de l'Yonne, sur le service des Enfants trouvés.

Paris, le 31 juillet 1835.

Monsieur le Préfet, votre collègue de l'Yonne, M. le vicomte de Bondy, vient de publier un mémoire sur les Enfants trouvés. Cet ouvrage contient des détails aussi vrais que curieux sur tout ce qui se rattache à cet important service, et principalement sur les abus qu'il présente presque partout en France, et qui en font une charge insupportable pour la plupart des départements, des communes et des hospices. Mais l'auteur n'a pas borné là son œuvre, et, après s'être livré à des rapprochements précieux sur le nombre et sur la dépense des Enfants trouvés dans les différentes localités du royaume, il a recherché par quels moyens on pourrait espérer de détruire les abus et d'y substituer l'ordre et l'économie.

M. de Bondy m'ayant offert de mettre à ma disposition un nombre suffisant d'exemplaires de son mémoire pour que je pusse le communiquer à tous les conseils généraux, j'ai accepté cette offre, et je m'empresse, Monsieur le Préfet, de vous transmettre l'ouvrage dont il s'agit, et de vous prier de le mettre sous les yeux du conseil général, dans sa prochaine session, en appelant sur son contenu un examen attentif de la part de ce corps éclairé.

Il me serait fort agréable qu'il voulût bien consigner, dans une délibération, les observations dont cet ouvrage lui aurait paru susceptible, et indiquer son opinion, tant sur les moyens à employer, suivant l'auteur, pour parvenir à la répression des abus qu'il signale, que sur les mesures que le conseil général croirait plus convenable d'employer pour parvenir à ce but.

J'espère trouver dans la réunion de ces délibérations, et dans les avis dont vous voudrez bien, Monsieur, ainsi que vos collègues, les accompagner, en me les adressant, des éléments précieux pour la préparation des dispositions législatives qu'il est devenu indispensable d'adopter afin de satisfaire à ce que réclame l'humanité, sans sortir des limites d'une équitable économie.

Je vous prie, Monsieur le Préfet, de ne pas manquer de m'accuser réception de cette lettre et de l'ouvrage qui l'accompagne.

Circulaire du Ministre de l'intérieur aux préfets, relativement à la marche à suivre pour faciliter la correspondance des receveurs généraux en ce qui concerne le payement des mois de nourrice et de pension des Enfants trouvés, et le recouvrement des rentes et créances des hospices.

Paris, le 12 mai 1836.

Monsieur le Préfet, l'ordonnance royale du 28 juin 1833, qui a chargé les percepteurs des contributions directes du recouvrement des rentes et créances dues aux hospices et autres établissements de bienfaisance, par des particuliers domiciliés hors de l'arrondissement où ces établissements sont situés, ainsi que du payement des mois de nourrice des Enfants trouvés et abandonnés hors des communes où sont situés les hospices dépositaires, a statué, par l'article 7, que la correspondance entre ces percepteurs et les commissions administratives, ainsi qu'avec leurs receveurs, aurait lieu par l'intermédiaire des receveurs des finances.

Cette dernière disposition a rencontré quelques difficultés dans son application, par suite de circonstances entièrement indépendantes de son but réel, dont l'utilité ne saurait être contestée.

Ainsi, en ce qui concerne les payements des mois de nourrice des Enfants trouvés, les états trimestriels dressés dans les bureaux des hospices dépositaires sont remis au receveur particulier de l'arrondissement, qui les envoie au receveur général des finances, et celui-ci les adresse à ses collègues des départements où les Enfants sont en nourrice; mais comme les receveurs généraux ne jouissent pas de la franchise allouée pour leur correspondance, ils sont obligés de transmettre leurs dépêches au ministère des finances; en sorte que les états n'arrivent à leur destination qu'après avoir passé par la capitale. Il en est de même pour le retour de ces états émargés, qui ne reviennent quelquefois dans les bureaux des hospices que trois ou quatre mois après leur transmission.

La suspension fâcheuse du payement des mois de nourrice des Enfants trouvés n'est pas le seul inconvénient qui résulte des lenteurs de ce mode de correspondance. Les irrégularités de noms ou de signatures des nourrices, le défaut de pièces justificatives suffisantes, les décès et mutations d'Enfants qui peuvent survenir dans un espace de trois ou quatre mois, toutes ces circonstances et d'autres encore qu'il est facile d'imaginer, nécessitent souvent, pour le même état, de longues correspondances par la même voie; lesquelles, en retardant la clôture des comptes des Enfants trouvés, peuvent empêcher les receveurs des hospices de présenter la situation finale de ces comptes dans les délais fixés par les règlements, ou bien occasionner des erreurs dont la cour des comptes rendrait ces comptables seuls responsables, quoiqu'ils n'eussent point coopéré au mode de payement. Il arrive aussi, dans certaines localités, que, par suite des retards apportés au payement des mois de nourrice, les commissions administratives ont beaucoup de peine à placer les Enfants trouvés, et sont obligés de les envoyer à de grandes distances.

Quelques-uns de ces inconvénients se présentent aussi, comme il est facile de le comprendre, pour le recouvrement des rentes et créances dues aux hospices et autres établissements de bienfaisance, la transmission des titres et des pièces nécessaires pour l'effectuer ne pouvant s'opérer également que par l'intermédiaire des receveurs des finances.

Cet état de choses a donné lieu à des réclamations qui m'ont paru fondées, et je me suis concerté avec M. le ministre des finances sur les moyens de faire disparaître des difficultés qui, en entravant l'exécution de l'ordonnance royale du 28 juin 1833, font manquer le but même que cette ordonnance devait faire atteindre.

D'après les dispositions qui ont été arrêtées entre mon collègue et moi, les receveurs généraux remettront *à découvert* aux préfets les états de payement ou autres pièces concernant soit le service des Enfants trouvés, soit le recouvrement des rentes et créances dues aux établissements charitables; et les préfets, qui jouissent de la franchise pour leur correspondance entre eux, se chargeront de les faire parvenir à leurs collègues des départements où les payements doivent être effectués, afin que ceux-ci les remettent aux receveurs généraux de leur résidence. Les pièces que ces comptables auront ensuite à renvoyer aux hospices reviendront par la même voie, et les préfets des départements où ces établissements sont situés les feront parvenir à leur destination.

Cette marche procurera une grande économie de temps et permettra d'introduire autant de promptitude que de régularité dans les services que l'ordonnance royale du 28 juin 1833 a confiés aux percepteurs des contributions directes.

M. le ministre des finances a également décidé, dans l'intérêt des établissements charitables, que la même facilité serait accordée pour le payement des intérêts des cautionnements fournis par les receveurs de ces établissements et déposés dans les caisses des monts-de-piété, service dont sont chargés les receveurs particuliers des finances.

Je n'ai pas besoin, Monsieur le Préfet, de faire ressortir l'utilité de ces nouvelles dispositions, qui compléteront, en les rendant plus efficaces, les améliorations résultant de l'ordonnance du 28 juin 1833. Mon collègue se propose d'adresser des instructions aux receveurs généraux pour les inviter à se conformer à ces dispositions, en ce qui les concerne, et je ne doute pas que, de votre côté, vous n'ayez soin d'en assurer l'entière exécution

Veuillez bien m'accuser réception de la présente circulaire.

Circulaire du ministre de l'intérieur aux préfets, relative à la comptabilité du service des Enfants trouvés.

Paris, le 16 décembre 1836.

Monsieur le Préfet, par ma circulaire du 12 mai dernier, n° 20, je vous ai indiqué la marche à suivre pour faciliter et accélérer la correspondance des receveurs généraux des finances entre eux, en ce qui concerne le payement des mois de nourrice et pensions des Enfants trouvés et abandonnés.

Aux termes de cette circulaire, ce sont MM. les préfets qui doivent, lorsque les payements précités ont été effectués par l'entremise des percepteurs, en faire parvenir directement les pièces justificatives aux receveurs des hospices intéressés à les recevoir.

Ce mode de procéder, en procurant une grande économie de temps, a détruit l'inconvénient grave de ne pas solder les nourrices à l'expiration de chaque trimestre, et je reconnais de plus en plus les bons effets de cette mesure.

Cependant, l'inspection des hospices et des services de bienfaisance m'a signalé, à cette occasion, un abus qu'il importe de faire cesser : c'est que les receveurs des hospices, après avoir reçu les pièces justificatives du payement des nourrices, conservent les récépissés que leur ont délivrés les receveurs des finances, pour les fonds versés dans leur caisse, afin de subvenir aux payements dont il s'agit. Rien ne serait donc plus facile, pour un comptable infidèle, que de dissimuler un déficit au moyen de ces pièces, qui doivent être considérées comme valeurs de portefeuille.

Pour remédier à cet abus, vous voudrez bien, Monsieur le Préfet, en faisant remettre aux receveurs des hospices les pièces constatant le payement des mois de nourrice et pensions des Enfants trouvés et abandonnés de votre département, réclamer de ces comptables et détruire les récépissés provisoires qui leur auraient été donnés par les receveurs des finances.

Veuillez bien m'accuser réception de la présente circulaire.

Circulaire du Ministre de l'intérieur (M. Gasparin) *relativement aux layettes et vêtures nécessaires au service des Enfants trouvés.*

Paris, le 24 décembre 1836.

Monsieur le Préfet, le décret du 19 janvier 1811 laisse à la charge exclusive des hospices dépositaires d'Enfants trouvés et abandonnés la fourniture des layettes et vêtures qui doivent leur être données lorsqu'ils sont en nourrice, et l'instruction ministérielle du 8 février 1823 a indiqué les règles à suivre à cet égard.

Je sais, Monsieur le Préfet, que la plupart des administrations hospitalières remplissent convenablement l'obligation que leur imposent la loi et l'humanité; mais il en est quelques unes qui l'éludent plus ou moins complétement, et d'autres qui, pour s'affranchir de cette charge et la faire supporter aux départements, remplacent la fourniture des layettes et vêtures par une augmentation dans la rétribution mensuelle accordée aux nourrices, ce qui a l'extrême inconvénient d'exposer les Enfants à ne pas recevoir les vêtements qui leur sont indispensables.

Je viens, Monsieur le Préfet, appeler votre attention sur ces abus, et vous inviter à faire connaître aux administrations charitables chargées de la tutelle des Enfants trouvés qu'elles ne peuvent pas se dispenser de donner d'abord une layette, et ensuite plusieurs vêtements, aux Enfants trouvés et abandonnés; et que jamais ces fournitures, si importantes pour la santé des Enfants, ne doivent être remplacées par une subvention en argent.

Je vous prie, Monsieur le Préfet, en m'accusant réception de cette circulaire, de me faire connaître ce qui a lieu dans votre département, relativement à la fourniture des layettes et vêtures.

Rapport au Roi sur les hôpitaux, les hospices et les services de bienfaisance, par M. de Gasparin, ministre de l'intérieur. (Extrait.)

5 avril 1837.

. . . .
. . . .

Enfants trouvés et abandonnés. — J'arrive, Sire, à mettre sous les yeux de V. M. une des plaies les plus profondes de l'administration publique: je veux parler des Enfants trouvés et abandonnés. Cette classe d'indigents, d'autant plus digne d'intérêt qu'innocente de nos malheurs, elle est hors d'état de rien faire par elle-même pour en sortir, devient de plus en plus une charge accablante pour le pays. Par l'effet de différentes causes que j'essayerai d'apprécier plus loin, le nombre de ces Enfants s'est successivement accru d'une manière effrayante, et la dépense que leur entretien occasionne menace d'absorber la plus grande partie des ressources départementales. On peut dire, en effet, que la progression a dépassé les prévisions les plus larges; qu'ainsi, tandis qu'on voit le nombre de vieillards, des infirmes et des malades, depuis 1789 jusqu'à nos jours, présenter un accroissement de 65,000 à 152,000, le nombre des Enfants trouvés, qui, avant la révolution française, était évalué à 40,000, s'élève aujourd'hui à 129,629, c'est-à-dire que si l'un a doublé à peu près, l'autre a plus que triplé.

Les conseils généraux se sont émus d'un état de choses véritablement inquiétant: ils ont invité les préfets à rechercher les causes de cette progression, dont on n'entrevoit pas le terme naturel; et, par les vœux les plus unanimes, ils n'ont cessé, depuis plusieurs années, de demander au Gouvernement des mesures efficaces pour remédier au mal.

Un examen rapide de la législation sur la matière, et un exposé plus détaillé des faits recueillis à diverses époques, permettront de reconnaître jusqu'à quel point ces réclamations sont fondées, et si les causes de cette augmentation doivent être attribuées à une corruption plus grande des mœurs publiques ou à l'accroissement de la misère, ou bien enfin si elles tiennent au système même des lois qui nous régissent.

En remontant aux premières annales de notre histoire et de notre droit public, on trouve peu d'établissements spéciaux pour les Enfants trouvés: la charité des citoyens pourvoyait à leur nourriture par des aumônes que réunissaient quelques âmes pieuses; mais, communément, ces malheureux mouraient faute de secours. S'il faut en croire les écrivains qui en ont parlé, il en périssait neuf sur dix. Quelques actes du pouvoir royal exhortaient bien les sujets à la charité envers ces Enfants, mais ils ne prenaient pas de mesures pour leur assurer des secours permanents ; ils les excluaient même, avec une intention bien marquée, des hôpitaux que certaines confréries avaient fondés pour les orphelins et les Enfants légitimes, pauvres, ou abandonnés : et cette exclusion n'était pas seulement, comme on pourrait le penser, dictée par la défaveur qui s'attachait à l'origine impure de ces infortunés, elle avait un motif qui, pour le temps, attestait une haute prudence et une prévision remarquable. On voit dans les lettres patentes du roi Charles VII, en date du 4 août 1445, que l'hôpital du Saint-Esprit, fondé à Paris vers 1363 par une confrérie, avec l'approbation du dauphin régent, en faveur des orphelins, et dans lequel les magistrats avaient voulu faire admettre les Enfants trouvés, ne devaient recueillir que des Enfants nés en légitime mariage, par la raison « qu'il pourroit advenir qu'il y en auroit grande quantité, « *parce que moult de gens s'abandonneroient et feroient moins de difficultés de eux abandonner à* « *pécher, quand ils verroient que tels Enfants bastards seroient nourris d'avantage et qu'ils n'en au-* « *roient pas de charge première ni sollicitude; que tels hospitaux ne les sauroient ne pourroient* « *porter ni soutenir.* » Les lettres patentes voulaient par conséquent qu'on continuât à livrer les Enfants trouvés aux secours de la charité privée : « *Et jà soit,* y est-il dit, *ce que de toute* « *ancienneté c'en est accoutumé pour les Enfants ainsi trouvés et inconnus quêter en l'église de Pa-* « *ris, en certain lit étant à l'entrée de ladite église, par certaines personnes qui, des aumônes et* « *charités qu'ils en reçoivent, ils les ont accoutumé gouverner et nourrir, en criant publiquement* « *aux passants par devers le lieu où les dits Enfants sont, ces mots :* Faites bien à ces pauvres « Enfants trouvés ! »

François Ier, qui, en 1536, fonda, sous le titre d'*Enfants-Dieu*, appelés depuis *Enfants-Rouges*, un hôpital pour les enfants délaissés de leurs pères et mères décédés à l'Hôtel-Dieu, confirma ces principes et maintint la même exclusion à l'égard des Enfants trouvés

Cependant les quêtes étaient loin de suffire, et à diverses époques, notamment par l'arrêt du 13 août 1452, il fut ordonné que les seigneurs hauts justiciers se chargeraient des Enfants trouvés sur leur territoire. Cette disposition fut depuis rappelée, et elle n'était pas abrogée au moment de la révolution de 1789.

Ce ne fut véritablement qu'à dater de saint Vincent-de-Paule, c'est-à-dire vers le milieu du XVIIe siècle, que l'autorité publique entra dans quelques voies d'organisation pour les Enfants trouvés. En 1670, un hôpital spécial leur fut ouvert à Paris, auquel on affecta une dotation assez considérable en biens fonds, rentes sur les domaines et les fermes, et en taxes sur les propriétaires et les seigneurs de Paris et des environs.

Dès le début, le nombre des Enfants admis dans cet établissement fut de 312 : en 1680, il était de 890 ; en 1700, il montait à 1,738 ; en 1740, il fut de 3,140 ; en 1750, de 3,789 ; en 1760, de 5,032 ; en 1770, de 6,918.

D'autres établissements de même nature se formèrent successivement dans diverses provinces, et en 1784, d'après les calculs de M. Necker, il existait dans tout le royaume environ 40,000 Enfants trouvés.

Permettez-moi, Sire, de citer ici, textuellement, l'opinion de ce ministre sur les vices que présentait déjà ce service à cette époque, et de rappeler les justes appréhensions qu'excitait en lui la progression qui s'y déclarait déjà :

« Entre tous les établissements dus à l'esprit d'humanité, ceux dont l'utilité est le « plus mêlée d'inconvénients, ce sont, à mes yeux, les maisons destinées à servir « d'asile aux Enfants abandonnés. Cette louable institution a empêché sans doute que des « êtres dignes de compassion ne fussent la victime des sentiments dénaturés de leurs pa- « rents ; mais, insensiblement, on s'est accoutumé d'envisager les hôpitaux d'Enfants trouvés « comme des maisons publiques où le souverain trouvait juste de nourrir et d'entretenir les « Enfants des plus pauvres de ses sujets ; et cette idée, en s'étendant, a relâché parmi le « peuple les liens du devoir et ceux de l'amour paternel. L'abus grossit chaque jour, et ses

« progrès embarrasseront un jour le Gouvernement; car le remède est difficile en n'employant que des palliatifs, et les partis extrêmes ne seraient approuvés qu'au moment ou « le désordre arriverait à un excès qui frapperait tous les yeux. »

Tel était, Sire, l'état des choses avant 1789, et telles étaient les craintes qu'en concevait pour l'avenir un des ministres les plus éclairés qu'ait compté la France. Ces tristes prévisions se sont malheureusement réalisées, et les vœux réitérés et unanimes des conseils généraux autorisent à dire que le danger frappe aujourd'hui tous les yeux.

La législation, depuis 1789 jusqu'à nos jours, a-t-elle fait quelques efforts pour y remédier? L'exposé sommaire que j'en donnerai repondra à cette question.

Dès les premiers temps de la révolution, on s'occupa des Enfants trouvés comme de toutes les autres branches du service public. La loi des 29 novembre — 10 décembre 1790 déchargea d'abord les anciens seigneurs hauts justiciers de l'obligation qui ne leur avait ete imposée qu'en raison du droit féodal dont les nouvelles lois les avaient dépouillés, et la dépense des Enfants trouvés fut mise à la charge de l'État : la constitution de 1791 posa le principe d'un établissement général pour l'éducation de ces Enfants. Ce principe fut établi sur les bases les plus larges par la loi du 28 juin 1793. On sait que cette loi contenait tout un système de secours, système tellement prodigue, si l'on peut s'exprimer ainsi, qu'il déclarait partout le secours comme le droit rigoureux du citoyen pauvre, et qu'il proposait aux filles mères des indemnités qui, pour quelques femmes déhontées, ne tardèrent pas à devenir des espèces de primes d'encouragement au vice plutôt que des subventions à l'indigence.

Ainsi, après qu'eut été dès l'abord posé le principe que les Enfants trouvés étaient une charge générale de l'État, on alla jusqu'à les déclarer Enfants adoptifs de la patrie, et à faire de leur naissance même un titre à leurs mères pour l'obtention d'un secours que le Gouvernement accordait, non plus comme une œuvre de charité, mais comme l'accomplissement d'une obligation légale envers la femme qui, même en violation des lois du mariage, avait donné un citoyen à l'État. Une pareille législation n'était pas propre à détruire dans la population cette disposition fâcheuse dont parlait M. Necker, et qui tendait à faire considérer les hôpitaux d'Enfants trouvés comme des établissements où le Gouvernement se chargeait d'élever les Enfants des pauvres.

Tout ne me paraît cependant pas à blâmer dans la loi du 28 juin 1793. Ainsi la pensée d'offrir des secours aux mères, pour arrêter celles que la misère pouvait porter à exposer leurs Enfants, avait l'avantage d'encourager l'amour maternel et de le faire tourner au profit de l'Enfant. Appliquée dans un système mieux réflechi, et peut-être aussi au milieu d'une société plus calme, cette idée pouvait produire de bons résultats.

Avec la loi du 27 frimaire an v, le service des Enfants trouvés commença à recevoir une organisation sinon différente dans ses principes, du moins beaucoup plus régulière et plus sage. Le règlement du 30 ventôse suivant, la loi du 15 pluviôse an XIII, et enfin le décret du 19 janvier 1811 complétèrent le système. Ce sont encore ces dispositions qui, modifiées ou complétées les unes par les autres, forment l'ensemble de la législation en vigueur sur la matière.

Afin de la faire mieux apprécier, il ne serait pas inutile, et je vous demande, Sire, la permission d'en reproduire ici les principaux articles.

La première de ces lois porte :

ART. 1er. « Les Enfants abandonnés, nouvellement nés, seront reçus gratuitement dans les « hospices civils. »

ART. 2. « Le trésor national fournira à la dépense de ceux qui seront portés dans les hospices qui n'ont pas de fonds affectés à cet objet. »

Ainsi les Enfants abandonnés, au nombre desquels (dans l'esprit de la loi) se trouvent les Enfants trouvés, sont mis par cette loi à la charge de l'État, comme l'avait déjà établi la loi des 19 novembre — 10 décembre 1790.

Suivant l'article 4, la tutelle de ces Enfants appartient au président de l'administration municipale dans l'arrondissement de laquelle existe l'hospice où ils avaient été portés.

L'article 3 de la même loi avait chargé le Directoire exécutif de faire un règlement sur la manière dont les Enfants abandonnés seraient instruits et élevés. C'est ce qui a eu lieu par l'arrêté du 30 ventôse an V, qui contient les prescriptions suivantes :

« Les Enfants désignés par la loi du 27 frimaire an V ne doivent être conservés dans les hospices où ils ont été déposés qu'en cas de maladie ou d'accidents graves qui en empêchent le « transport, ce premier asile ne devant être considéré que comme un dépôt, en attendant « que ces Enfants puissent être placés, suivant leur âge, chez des nourrices, ou mis en pen- « sion chez des particuliers (art. 1er).

« Les commissions administratives des hospices civils dans lesquels seront conduits des « Enfants abandonnés sont spécialement chargées de les placer chez des nourrices ou autres « habitants des campagnes, et de pourvoir, en attendant, à tous leurs besoins, sous la sur- « veillance des autorités dont elles dépendent (art. 2).

« Les seuls Enfants estropiés ou atteints de maladies particulières qui les excluent de la « société, et les rendent inhabiles à se livrer à des travaux qui exigent de la force et de l'a- « dresse, peuvent être ramenés dans les hospices (art. 3).

« Les nourrices et autres habitants des communes peuvent conserver jusqu'à douze « ans les Enfants qui leur ont été confiés, à la charge de les nourrir et de les entre « tenir convenablement, aux prix et conditions qui seront rapportés ci-après : ils devront les « envoyer aux écoles primaires. S'ils ne veulent pas conserver ces Enfants jusqu'à l'âge de « douze ans, les commissions des hospices en feront le placement ailleurs (art. 4 et 5).

« Tous les trois mois, les commissions administratives remettent une liste des Enfants au « commissaire exécutif pres l'administration municipale du canton dans l'arrondissement « duquel résident les nourrices ou patrons des Enfants. Ce fonctionnaire est chargé de sur- « veiller l'exécution des dispositions de l'article 4.

« En outre, toutes personnes auxquelles des Enfants abandonnés ont été confiés sont « tenues de les représenter, à l'expiration de chaque trimestre, à l'agent de leur commune, « elles doivent les représenter aussi à la première réquisition du commissaire exécutif près « l'administration municipale du canton ou des autorités auxquelles leur tutelle est déférée « par la loi, soit enfin de la commission des hospices civils qui les aura placés (articles « 6 et 7). »

L'article 8 règle les indemnités accordées aux nourrices, à titre de gratification, savoir 18 francs, payables par tiers, pendant les neuf premiers mois de la vie des Enfants, et 50 francs lorsqu'ils ont atteint leur douzième année sans avoir éprouvé d'accidents dont le défaut de soins aurait été la cause.

Le neuvième article veut qu'une fixation générale du prix des mois de nourrice et des pensions, pour le premier âge et pour les années subséquentes, jusqu'à douze ans, soit proposée à l'approbation du ministre de l'intérieur; les prix doivent être gradués sur les services que les Enfants peuvent rendre selon leur âge; et les différences qui existent entre les localités sont des motifs propres à faire élever ou diminuer le taux des rétributions annuelles dues aux nourrices ou aux gardiens des Enfants.

« Les commissions administratives sont tenues de pourvoir au payement des rétributions « et des indemnités dont il vient d'être parlé, sur le produit des revenus appartenant aux « établissements dans lesquels les Enfants auront été primitivement conduits, spécialement « affectés à la dépense de ces Enfants (art. 10).

« Dans le cas où ces établissements ne se trouveraient pas suffisamment dotés ou ne « jouiraient d'aucuns revenus affectés à ces dépenses, les fonds nécessaires seraient avancés

« par la caisse générale des hospices civils, sur les ordonnances des commissions administratives, qui en seraient remboursées par le ministre de l'intérieur, conformément à la loi « du 27 frimaire an v (art. 11).

« Sur l'avis des commissions administratives, le prix des layettes doit être fixé par les « administrations municipales auxquelles ces commissions sont subordonnées. Ce prix est « acquitté conformément aux dispositions des articles précédents (art. 12).

« Les Enfants âgés de douze ans révolus, qui ne sont pas conservés par les nourrices ou « autres personnes auxquelles ils auront été confiés, seront placés chez des cultivateurs, « artistes ou manufacturiers, où ils resteront jusqu'à leur majorité, sous la surveillance du « commissaire du Directoire exécutif près l'administration municipale du canton, pour y « apprendre un métier ou une profession conforme à leurs goûts et à leurs facultés. A cet « effet, les commissions administratives font, sous la surveillance et l'approbation des auto-« rités constituées auxquelles elles sont subordonnées, des transactions particulières avec les « personnes qui se chargent de ces Enfants.

« Les commissions administratives peuvent également, sous l'approbation des mêmes « autorités, faire des engagements ou traités avec des capitaines de navires dans les ports de « mer de l'État, lorsque les Enfants manifestent le désir de s'attacher au service mari-« time (art. 13). »

Les autres dispositions de cet arrêté (art. 14, 15, 16, 17 et 18) sont inutiles à rappeler, si ce n'est le dernier article, qui charge les commissions des hospices civils de surveiller l'éducation morale des Enfants abandonnés qu'elles auraient placés, et qui impose le même devoir aux membres de l'administration municipale du canton où les établissements sont situés.

Vint après la loi du 15 pluviôse an XIII, qui eut pour principal objet de régler ce qui a rapport à la tutelle de tous les Enfants admis dans les hospices, à quelque titre et sous quelque dénomination que ce fût.

Cette tutelle est déférée aux commissions administratives, qui désignent un de leurs membres pour exercer, le cas advenant, les fonctions de tuteur : les autres forment le conseil de la tutelle.

Si un Enfant est placé comme ouvrier, serviteur ou apprenti dans un lieu éloigné de l'hospice où il avait été reçu d'abord, la commission de cet hospice défère la tutelle à la commission administrative de l'hospice du lieu le plus voisin de la résidence actuelle de l'Enfant.

La tutelle des Enfants admis dans les hospices dure jusqu'à leur majorité, s'ils n'ont pas été émancipés par mariage ou autrement.

Les autres dispositions de la loi du 15 pluviôse an XIII règlent les formes de l'émancipation, la gestion des biens des pupilles, l'emploi de leurs revenus, et enfin les droits de leurs héritiers.

Vient enfin le décret du 19 janvier 1811 : c'est le plus récent des actes législatifs sur la matière. Il embrasse, dans son ensemble, l'organisation générale de tout ce qui est relatif aux Enfants trouvés et abandonnés, ainsi qu'aux orphelins pauvres ; il a véritablement créé tout le système dans lequel l'Administration doit légalement se mouvoir et se renfermer aujourd'hui.

L'article 1er dispose : « Les Enfants dont l'éducation est confiée à la charité publique sont :

« 1° Les Enfants trouvés,

« 2° Les Enfants abandonnés,

« 3° Les orphelins pauvres.

ART. 2. « Les Enfants trouvés sont ceux qui, nés de pères et mères inconnus, ont été « trouvés exposés dans un lieu quelconque ou portés dans les hospices destinés à les recevoir.

ART. 3. « Dans chacun de ces hospices il doit exister un Tour où les Enfants pourront « être reçus.

ART. 4. « Il y aura, au plus, dans chaque arrondissement un hospice où les Enfants trou « vés pourront être admis.

ART. 5. « Les Enfants abandonnés sont ceux qui, nés de pères et mères connus, et d'abord « élevés par eux ou par d'autres personnes à leur décharge, en sont délaissés, sans qu'on « sache ce que les pères et mères sont devenus, ou sans qu'on puisse recourir à eux.

ART. 6. « Les orphelins sont ceux qui, n'ayant plus ni père ni mère, n'ont aucun moyen « d'existence. »

Par ces premières dispositions du décret de 1811, qui n'existent pas dans les lois précédentes, les Enfants confiés à la charité publique se trouvent pour la première fois classifiés en trois catégories ayant chacune sa désignation distinctive.

« Les Enfants trouvés sont mis en nourrice aussitôt que faire se peut; ils reçoivent une « layette et restent en nourrice ou en sevrage jusqu'à l'âge de six ans (art. 7 et 8).

« A six ans, tous les Enfants doivent, autant que possible, être mis en pension chez des « cultivateurs ou des artisans.

« Le prix de la pension décroît chaque année jusqu'à l'âge de douze ans, époque à laquelle « les Enfants mâles en état de servir doivent être mis à la disposition du ministre de la « marine (art. 9).

« Les Enfants qui ne peuvent être mis en pension, les estropiés, les infirmes, sont élevés « dans l'hospice qui les a reçus, où on doit les occuper à des travaux convenables à leur « âge (art. 10).

« Les hospices désignés pour recevoir les Enfants trouvés sont chargés de la fourniture des « layettes et de toutes les dépenses intérieures relatives à la nourriture et à l'éducation des « Enfants (art. 11).

« Il est accordé une somme annuelle de quatre millions pour contribuer au payement des « mois de nourrice et des pensions des Enfants trouvés et abandonnés (1).

« S'il arrivait, après la répartition de cette somme, qu'il y eût insuffisance, il y serait « pourvu par les hospices au moyen de leurs revenus ou d'allocation sur les fonds des com- « munes (art. 12).

« Les Enfants élevés à la charge de l'État sont entièrement à sa disposition, et quand le « ministre de la marine en dispose, la tutelle qui appartient aux commissions administratives « cesse immédiatement (art. 16).

« On doit mettre en apprentissage les Enfants qui ont atteint l'âge de douze ans, si l'État « n'en a pas autrement disposé (art. 17).

« Les contrats d'apprentissage ne peuvent stipuler aucune somme en faveur du maître ou « de l'apprenti.

« Ceux des Enfants qui ne pourraient être mis en apprentissage, les estropiés, les infirmes « qu'on ne trouverait point à placer, resteront à la charge de l'hospice où ils auront été « admis.

« Des ateliers seront établis pour les occuper (art. 18 et 20).

« Les individus qui seraient convaincus d'avoir exposé des Enfants, ceux qui feraient « habitude de les transporter dans les hospices, seront punis conformément aux lois (art. 23). »

Enfin, aux termes de l'article 24, le ministre de la marine est chargé de présenter un

(1) Ce n'est pas la première fois que le chiffre de quatre millions pour la dépense des Enfants trouvés figure dans les lois. Celles des 29 mars—2 avril 1791 l'avait adopté, en y comprenant la dépense des dépôts de mendicité et les secours à accorder aux hospices dont les revenus propres étaient insuffisants. Celle du 7 germinal an II le reproduit encore; mais s'il pouvait suffire à cette époque, il était déjà en 1811 inférieur à celui de la dépense. Aussi le décret établit-il le concours des communes, qui a été maintenu depuis par les lois annuelles de finances.

projet de décret tendant, 1° à organiser son action sur les Enfants trouvés et abandonnés, ou orphelins;

2° Et à régler la manière d'employer sans délai ceux qui, au 1er janvier 1811, avaient atteint l'âge de douze ans.

Cette disposition n'a point été exécutée.

Telle est, Sire, la législation qui depuis 1811 régit le service des Enfants trouvés et abandonnés. Voici maintenant le tableau des résultats qui se sont produits sous son empire.

J'ai dit plus haut qu'avant la révolution de 1789, le nombre des Enfants trouvés et abandonnés s'élevait, d'après les évaluations qu'on avait pu faire alors, à 40,000 environ; il est fâcheux qu'on ne puisse pas suivre depuis cette époque la statistique des abandons annuels. C'est seulement de 1819 que datent les premiers documents précis qu'il m'a été possible de recueillir; mais, à partir de cette année, ils se continuent sans interruption jusqu'à aujourd'hui.

En 1819 il existait	99,346	Enfants trouvés.
En 1820,	102,103	
En 1821,	106,403	
En 1822,	109,297	
En 1823,	111,767	
En 1824,	117,767	
En 1825,	117,305	
En 1826,	116,377	
En 1827,	114,384	
En 1828,	114,307	
En 1829,	115,472	
En 1830,	118,073	
En 1831,	123,869	
En 1832,	127,982	
En 1833,	129,699	

Ces nombres et les variations qu'ils ont éprouvées dans chacun des départements de la France sont indiqués dans le tableau suivant, qui ne remonte qu'à 1824.

TABLEAU

Tableau, par départements et par années, du nombre moyen d'Enfants trouvés et des dépenses totales et moyennes faites pour leur entretien de 1824 à 1834.

DÉPARTEMENTS	NOMBRE MOYEN DES ENFANTS TROUVÉS. 1824.	1825.	1826.	1827.	1828.	1829.	1830.	1831.	1832.	1833.
Ain	418	401	460	406	475	478	481	495	554	600
Aisne	1,563	1,468	1,413	1,409	1,562	1,655	1,571	1,558	1,666	1,629
Allier	1,551	1,636	1,708	1,715	1,693	1,790	1,883	1,875	1,987	2,002
Alpes (Basses-)	1,111	1,045	950	965	1,006	1,076	1,135	1,212	1,193	1,170
Alpes (Hautes-)	518	580	495	492	480	486	519	544	559	495
Ardèche	443	471	497	538	561	570	590	607	636	602
Ardennes	480	506	482	489	507	545	559	606	662	649
Ariége	830	813	804	811	853	904	1,016	1,072	1,056	858
Aube	594	654	654	686	706	717	724	742	717	757
Aude	997	1,032	1,002	1,158	1,258	1,318	1,358	1,405	1,421	1,409
Aveyron	2,008	2,056	2,089	2,177	2,210	2,062	1,884	2,073	2,079	2,170
Bouches-du-Rhône	2,049	2,161	2,141	2,009	2,128	2,262	2,479	2,639	2,776	2,855
Calvados	2,192	2,219	2,259	2,233	1,844	1,659	1,713	1,853	1,980	1,934
Cantal	625	596	760	803	804	901	1,009	1,088	1,171	1,159
Charente	1,138	1,229	1,242	1,206	1,336	1,337	1,308	1,481	1,515	1,578
Charente-Inférieure	1,492	1,545	1,586	1,610	1,334	1,108	1,160	1,364	1,441	1,524
Cher	1,025	1,508	1,043	777	706	737	857	985	1,006	1,097
Corrèze	999	1,026	1,168	1,273	1,160	843	937	850	894	475
Corse	560	454	250	280	375	422	447	463	460	488
Côte-d'Or	607	674	709	727	679	670	680	705	747	707
Côtes-du-Nord	760	704	765	715	602	744	680	698	537	520
Creuse	1,235	1,069	1,127	1,076	1,050	1,057	1,036	1,046	1,135	1,130
Dordogne	2,113	2,246	1,920	1,308	1,494	1,566	1,188	1,409	1,465	1,547
Doubs	571	561	568	575	586	580	619	657	679	654
Drôme	1,132	1,187	1,145	1,092	1,140	1,172	1,194	1,215	1,195	1,176
Eure	533	511	499	509	517	502	509	512	490	496
Eure-et-Loir	630	686	721	754	681	766	789	817	861	893
Finistère	1,000	1,716	1,648	1,004	1,527	1,616	1,519	1,552	1,546	1,517
Gard	927	956	907	845	844	838	867	902	946	1,027
Garonne (Haute-)	1,865	1,880	972	1,038	1,250	1,463	1,650	1,878	2,076	2,223
Gers	1,958	1,976	1,968	1,909	1,971	2,011	2,106	2,234	2,198	2,053
Gironde	3,218	3,260	3,433	3,671	3,659	3,657	3,780	3,783	3,807	3,909
Hérault	822	873	896	1,000	1,060	1,102	1,159	1,156	1,166	1,161
Ille-et-Vilaine	1,888	1,733	1,551	1,256	1,189	1,056	1,114	1,154	1,282	1,286
Indre	803	894	945	987	1,002	1,012	1,026	815	775	764
Indre-et-Loire	847	911	965	992	1,002	984	985	1,002	1,007	1,022
Isère	1,574	1,453	1,779	1,765	1,739	1,784	1,725	1,780	1,907	1,980
Jura	504	462	461	446	436	413	430	443	466	458
Landes	1,196	1,276	1,345	1,417	1,400	1,504	1,019	1,244	1,361	1,534
Loir-et-Cher	806	788	813	789	793	786	882	922	897	822
Loire	923	994	1,014	1,060	1,113	1,160	1,244	1,318	1,427	1,478
Loire (Haute-)	936	1,016	1,037	809	832	861	909	933	974	1,051
Loire-Inférieure	1,354	1,366	1,215	1,070	1,093	1,098	1,089	1,092	1,094	1,062
Loiret	1,200	1,265	1,316	1,297	1,330	1,384	1,448	1,517	1,550	1,553
Lot	1,049	811	590	538	516	530	552	568	591	581
Lot-et-Garonne	1,130	1,111	1,100	1,167	1,142	1,176	1,329	1,417	1,451	1,438
Lozère	516	413	486	428	444	503	504	567	602	516

DÉPARTEMENTS	DÉPENSES TOTALES 1824. fr. c.	1825. fr. c.	1826.	1827.	1828.	1829.	1830. fr. c.	1831. fr. c.	1832. fr. c.	1833. fr. c.
Ain	24,312 29	25,636 29	[illegible]	[illegible]	[illegible]	[illegible]	32,008 24	33,308 56	36,250 10	38,011 96
Aisne	108,330 81	106,291 55	[illegible]	[illegible]	[illegible]	[illegible]	106,727 82	102,828 82	107,594 56	106,412 83
Allier	79,611 42	85,461 00	[illegible]	[illegible]	[illegible]	[illegible]	90,920 81	99,146 60	104,742 75	105,045 94
Alpes (Basses-)	93,869 00	60,685 00	[illegible]	[illegible]	[illegible]	[illegible]	85,424 20	89,840 35	77,770 85	79,062 21
Alpes (Hautes-)	52,204 77	54,123 03	[illegible]	[illegible]	[illegible]	[illegible]	50,035 28	52,826 47	54,276 75	41,666 09
Ardèche	37,370 62	39,108 66	[illegible]	[illegible]	[illegible]	[illegible]	45,493 35	45,756 50	47,066 79	46,750 00
Ardennes	44,807 48	46,770 59	[illegible]	[illegible]	[illegible]	[illegible]	48,764 21	53,052 96	57,870 60	57,206 52
Ariége	45,300 01	44,032 99	[illegible]	[illegible]	[illegible]	[illegible]	53,231 65	55,507 09	54,545 89	54,265 14
Aube	44,048 65	45,353 10	[illegible]	[illegible]	[illegible]	[illegible]	47,031 16	49,092 00	50,176 67	50,675 95
Aude	71,725 00	64,000 10	[illegible]	[illegible]	[illegible]	[illegible]	80,093 12	82,236 91	83,468 77	81,455 45
Aveyron	129,754 00	132,714 00	[illegible]	[illegible]	[illegible]	[illegible]	117,303 00	129,002 00	134,848 00	152,584 00
Bouches-du-Rhône	189,273 07	200,214 78	[illegible]	[illegible]	[illegible]	[illegible]	235,520 44	252,870 49	264,858 97	272,044 27
Calvados	203,458 00	205,384 82	[illegible]	[illegible]	[illegible]	[illegible]	184,965 78	177,270 82	192,833 84	182,622 05
Cantal	49,832 15	48,500 34	[illegible]	[illegible]	[illegible]	[illegible]	65,545 05	67,676 71	69,538 01	73,534 17
Charente	70,017 11	82,605 59	[illegible]	[illegible]	[illegible]	[illegible]	94,028 28	99,667 90	102,601 44	104,318 45
Charente-Inférieure	120,300 38	126,445 67	[illegible]	[illegible]	[illegible]	[illegible]	108,740 06	120,855 71	134,297 89	140,307 80
Cher	80,877 39	82,723 59	[illegible]	[illegible]	[illegible]	[illegible]	77,428 36	89,317 00	95,431 04	97,557 38
Corrèze	48,683 22	53,089 08	[illegible]	[illegible]	[illegible]	[illegible]	56,454 71	50,202 60	52,716 38	35,965 00
Corse	51,000 74	48,059 65	[illegible]	[illegible]	[illegible]	[illegible]	56,263 99	61,558 96	62,016 33	65,966 05
Côte-d'Or	41,230 64	55,453 21	[illegible]	[illegible]	[illegible]	[illegible]	47,219 22	48,804 50	50,198 21	52,381 64
Côtes-du-Nord	57,079 81	45,770 22	[illegible]	[illegible]	[illegible]	[illegible]	45,904 40	47,612 65	35,160 52	35,115 85
Creuse	64,087 26	57,862 56	[illegible]	[illegible]	[illegible]	[illegible]	52,280 48	52,850 94	56,313 41	59,967 58
Dordogne	132,141 30	139,390 01	[illegible]	[illegible]	[illegible]	[illegible]	75,574 38	92,673 24	96,017 36	88,012 12
Doubs	60,057 00	65,789 00	[illegible]	[illegible]	[illegible]	[illegible]	68,607 00	70,585 00	72,707 00	71,236 00
Drôme	89,705 13	85,714 24	[illegible]	[illegible]	[illegible]	[illegible]	81,253 58	82,765 82	80,975 10	79,264 12
Eure	42,093 85	39,934 49	[illegible]	[illegible]	[illegible]	[illegible]	38,573 66	38,721 72	37,425 40	38,609 94
Eure-et-Loir	65,325 84	68,285 32	[illegible]	[illegible]	[illegible]	[illegible]	72,000 15	75,455 45	82,565 42	86,224 67
Finistère	118,556 53	120,200 75	[illegible]	[illegible]	[illegible]	[illegible]	111,201 87	115,422 85	115,121 10	112,555 62
Gard	88,613 79	85,405 15	[illegible]	[illegible]	[illegible]	[illegible]	79,678 81	87,341 79	94,758 06	102,045 44
Garonne (Haute-)	125,565 64	120,081 86	[illegible]	[illegible]	[illegible]	[illegible]	94,346 25	106,870 02	115,332 87	129,464 96
Gers	158,441 92	165,663 99	[illegible]	[illegible]	[illegible]	[illegible]	151,937 24	148,347 40	143,008 79	129,587 06
Gironde	320,478 43	319,455 55	[illegible]	[illegible]	[illegible]	[illegible]	354,551 50	355,232 79	360,445 64	360,960 00
Hérault	72,240 76	73,239 52	[illegible]	[illegible]	[illegible]	[illegible]	90,047 03	90,292 84	91,503 51	92,425 04
Ille-et-Vilaine	87,150 00	88,789 90	[illegible]	[illegible]	[illegible]	[illegible]	54,000 00	64,025 00	66,950 00	70,747 00
Indre	62,877 95	63,135 43	[illegible]	[illegible]	[illegible]	[illegible]	71,196 27	50,744 81	50,091 84	55,627 01
Indre-et-Loire	80,452 61	77,525 54	[illegible]	[illegible]	[illegible]	[illegible]	83,908 80	87,506 24	85,598 97	88,704 79
Isère	87,056 75	94,145 75	[illegible]	[illegible]	[illegible]	[illegible]	87,371 72	91,228 56	90,314 45	105,283 80
Jura	44,832 52	40,545 02	[illegible]	[illegible]	[illegible]	[illegible]	30,029 89	40,580 81	44,726 27	44,200 10
Landes	86,119 15	92,209 69	[illegible]	[illegible]	[illegible]	[illegible]	83,305 56	78,955 09	79,780 42	86,165 30
Loir-et-Cher	75,296 77	77,650 17	[illegible]	[illegible]	[illegible]	[illegible]	72,620 05	83,541 82	84,646 52	82,521 82
Loire	63,435 54	66,332 82	[illegible]	[illegible]	[illegible]	[illegible]	85,046 57	95,136 21	102,883 16	108,144 60
Loire (Haute-)	63,700 35	64,818 35	[illegible]	[illegible]	[illegible]	[illegible]	60,402 90	69,767 80	66,328 75	71,052 10
Loire-Inférieure	133,605 00	134,976 00	[illegible]	[illegible]	[illegible]	[illegible]	95,083 00	98,581 00	100,508 00	101,565 00
Loiret	130,312 95	148,728 75	[illegible]	[illegible]	[illegible]	[illegible]	157,119 97	100,330 40	157,679 07	150,213 78
Lot	69,617 20	51,211 86	[illegible]	[illegible]	[illegible]	[illegible]	34,374 25	35,178 90	35,192 80	35,784 25
Lot-et-Garonne	98,295 42	99,022 46	[illegible]	[illegible]	[illegible]	[illegible]	111,024 36	116,986 48	121,707 06	110,056 29
Lozère	42,204 06	34,965 48	[illegible]	[illegible]	[illegible]	[illegible]	38,066 25	43,007 60	42,298 00	44,355 00

DÉPARTEMENTS	DÉPENSE MOYENNE POUR CHAQUE ENFANT 1824. fr. c.	1825. fr. c.	1826. fr. c.	1827. fr. c.	1828. fr. c.	1829. fr. c.	1830. fr. c.	1831. fr. c.	1832. fr. c.	1833. fr. c.
Ain	58 16	55 C1	59 10	61 33	62 12	62 19	66 46	67 60	65 43	64 85
Aisne	68 82	72 37	69 80	65 87	68 73	68 44	67 98	65 68	64 96	65 32
Allier	51 33	52 25	58 15	55 80	54 01	53 30	53 07	52 87	53 35	52 97
Alpes (Basses-)	84 50	60 68	69 61	73 30	79 21	76 04	75 26	74 12	65 16	67 52
Alpes (Hautes-)	101 17	100 87	99 15	98 54	98 10	98 74	97 52	97 10	97 10	84 00
Ardèche	84 30	85 03	83 33	85 05	83 39	77 77	77 11	75 40	75 42	77 57
Ardennes	92 19	92 44	94 70	92 19	87 34	87 52	87 25	87 50	87 42	89 37
Ariége	54 01	52 70	58 11	54 38	53 09	54 31	52 30	52 71	51 70	61 40
Aube	74 15	41 59	68 46	67 60	67 10	67 68	64 96	66 10	67 17	66 94
Aude	71 94	52 57	61 87	62 70	61 12	60 32	58 97	58 53	58 75	57 31
Aveyron	64 61	64 23	64 34	65 31	64 71	63 93	62 24	63 25	64 86	65 88
Bouches-du-Rhône	92 37	92 65	94 45	97 31	94 53	94 61	95 01	95 82	95 42	95 50
Calvados	92 81	92 77	92 22	95 45	98 26	94 52	95 72	95 60	97 09	94 05
Cantal	78 98	81 48	67 60	68 16	66 85	64 93	62 07	62 20	60 38	63 44
Charente	69 44	67 26	67 06	68 50	66 54	67 07	67 26	67 30	67 76	66 51
Charente-Inférieure	86 66	83 20	84 83	70 71	70 26	94 31	93 83	93 02	93 19	92 39
Cher	78 90	78 18	78 70	82 05	89 93	90 60	90 34	90 85	89 52	88 93
Corrèze	48 73	51 74	42 24	39 00	35 85	35 39	50 18	65 60	58 66	75 71
Corse	91 23	94 84	117 61	104 37	48 76	132 47	130 34	132 95	134 81	165 15
Côte-d'Or	67 93	82 27	69 53	70 27	67 54	67 37	68 57	69 42	65 86	66 24
Côtes-du-Nord	75 50	65 01	63 03	60 26	59 15	61 31	66 62	65 21	67 84	67 53
Creuse	51 85	54 13	51 73	53 38	50 63	49 57	50 47	50 54	49 61	53 06
Dordogne	62 53	62 08	68 50	64 61	64 24	65 01	55 14	65 77	65 34	57 47
Doubs	105 17	115 70	106 36	119 37	118 55	110 64	110 33	107 43	107 07	109 06
Drôme	79 24	72 21	70 70	69 95	67 94	65 75	68 03	68 42	67 87	67 45
Eure	78 97	78 14	77 10	77 54	78 52	74 05	75 78	75 62	77 63	77 96
Eure-et-Loir	103 69	99 54	97 10	95 24	97 21	92 73	93 09	92 35	93 58	96 50
Finistère	74 12	70 04	78 52	75 50	74 12	74 12	73 21	74 37	74 39	74 16
Gard	90 20	87 31	82 39	81 49	80 76	80 51	92 18	98 83	100 17	99 36
Garonne (Haute-)	67 32	68 30	101 31	63 91	61 32	58 41	56 83	56 90	55 55	58 22
Gers	80 02	83 83	74 83	75 13	77 59	75 70	72 14	66 40	65 33	62 26
Gironde	99 55	97 99	90 66	91 17	91 50	94 74	94 28	93 90	97 04	90 94
Hérault	87 88	83 80	84 16	81 00	78 67	78 07	77 69	77 97	78 47	78 66
Ille-et-Vilaine	46 21	48 34	43 02	44 53	42 33	40 43	48 47	54 07	52 20	55 01
Indre	71 80	70 85	69 06	69 21	66 21	68 83	69 30	73 31	73 15	72 81
Indre-et-Loire	94 98	85 09	80 42	84 87	84 70	85 76	85 24	87 42	85 00	87 83
Isère	55 30	66 79	53 73	55 36	53 53	53 28	50 65	51 07	52 08	53 17
Jura	88 95	87 71	88 06	87 77	89 20	92 98	90 76	91 00	95 07	96 52
Landes	72 00	72 33	72 55	73 23	72 94	60 60	62 12	59 45	58 02	56 17
Loir-et-Cher	93 42	98 54	91 90	93 73	92 38	97 08	90 27	90 80	94 36	100 89
Loire	68 72	66 73	69 43	69 76	70 79	72 39	70 77	72 18	72 06	73 10
Loire (Haute-)	68 15	63 79	61 83	73 39	71 12	70 12	69 44	67 27	68 00	68 17
Loire-Inférieure	98 67	96 81	105 81	87 57	90 71	90 52	87 84	90 86	91 87	95 72
Loiret	116 09	117 87	110 50	113 70	111 04	108 44	108 50	105 60	101 72	102 52
Lot	66 57	63 15	60 35	58 22	57 48	65 67	62 27	61 04	59 88	61 50
Lot-et-Garonne	86 98	86 42	81 65	86 40	86 96	85 31	84 21	82 55	83 94	81 12
Lozère	81 88	82 43	58 81	74 57	67 09	74 80	77 31	75 05	70 24	72 00

DÉPARTEMENTS.	NOMBRE MOYEN DES ENFANTS TROUVÉS									
	1824	1825.	1826.	1827	1828.	1829.	1830.	1831	1832.	1833.
Maine-et-Loire	2,009	2,152	1,965	1,260	1,345	1,413	1,553	1,685	1,962	2,194
Manche	2,051	1,402	1,302	1,344	1,442	1,610	1,549	1,723	1,854	1,768
Marne	1,228	1,221	1,180	1,142	1,191	1,290	1,386	1,617	1,687	1,487
Marne (Haute)	607	602	615	610	615	626	661	679	707	721
Mayenne	1,205	1,264	989	860	600	680	705	784	858	878
Meurthe	1,774	1,648	1,741	1,701	1,660	1,706	1,764	1,795	1,797	1,795
Meuse	525	532	543	553	545	549	508	591	628	670
Morbihan	1,261	1,176	1,103	978	951	1,010	1,024	1,029	1,072	1,106
Moselle	1,083	1,018	978	920	867	826	791	750	735	682
Nièvre	1,597	1,661	1,605	1,595	1,528	1,345	1,368	1,449	1,461	1,492
Nord	3,570	3,701	3,740	3,487	3,186	3,359	3,432	3,549	3,769	3,740
Oise	842	851	868	867	900	951	953	953	1,005	970
Orne	1,180	1,195	1,194	1,191	880	825	871	958	982	1,037
Pas-de-Calais	1,363	1,323	1,324	1,338	1,278	1,342	1,419	1,478	1,585	1,642
Puy-de-Dôme	1,856	1,856	1,834	1,674	1,558	1,673	1,621	1,068	2,000	1,953
Pyrénées (Basses)	1,618	1,725	1,756	1,827	1,758	1,785	1,876	1,949	1,987	1,985
Pyrénées (Hautes-)	708	814	824	846	708	777	762	877	877	868
Pyrénées Orientales	576	554	546	555	556	550	494	536	539	588
Rhin (Bas-)	930	784	729	619	630	610	618	638	621	643
Rhin (Haut-)	235	235	224	228	216	216	224	233	241	255
Rhône	7,080	7,622	8,101	8,566	9,082	9,301	9,232	9,903	10,245	10,302
Saône (Haute)	53	59	75	72	73	80	79	69	64	61
Saône-et-Loire	1,182	1,157	1,166	1,166	1,082	1,124	1,197	1,292	1,382	1,424
Sarthe	1,309	1,302	1,383	1,253	1,185	1,172	1,274	1,330	1,415	1,282
Seine	13,403	13,803	14,150	14,890	15,383	15,556	15,561	15,015	15,903	15,788
Seine et Marne	271	306	316	314	323	327	314	360	436	465
Seine et Oise	98	101	116	114	111	118	124	130	135	157
Seine Inférieure	2,234	2,233	2,103	2,218	2,189	2,258	2,306	2,436	2,492	2,205
Sèvres (Deux-)	671	695	682	624	591	557	452	501	594	636
Somme	1,304	1,358	1,342	1,350	1,179	965	1,057	1,105	1,205	1,206
Tarn	1,169	1,247	1,181	898	1,129	1,088	1,103	1,213	1,186	1,298
Tarn-et-Garonne	532	558	609	682	693	680	717	721	650	711
Var	2,312	1,945	1,610	1,408	1,065	1,793	1,843	1,918	1,940	1,906
Vaucluse	1,442	1,530	1,583	1,593	1,621	1,602	1 599	1,624	1,655	1,639
Vendée	697	649	651	690	712	629	590	652	728	858
Vienne	811	774	811	619	651	623	790	859	945	809
Vienne (Haute-)	1,400	1,373	1,327	1,286	1,275	1,225	1,284	1,422	1,453	1,488
Vosges	103	108	97	95	90	99	102	121	119	98
Yonne	811	841	808	761	804	818	825	798	909	680
TOTAUX	116,76[illegible]	117,30[illegible]	116,377	114,484	114,367	116,475	118,873	122 869	127,982	127 597

DÉPARTEMENTS.	[illegible] TOTALES									
	1824	1825	1826	1827	1828	1829	1830	1831.	1832	1833.
	fr. c.	fr. c.	fr. c.	fr. c.	fr. c.	fr. c.	fr. c.	fr. c.	fr. c.	fr. c.
Maine-et-Loire	172,375 78	177,872 53	[illegible]	[illegible]	[illegible]	119,517 17	122,869 75	147,209 21	164,745 25	184,151 80
Manche	151,294 86	105,480 11	[illegible]	[illegible]	[illegible]	168,980 15	116,756 01	126,646 66	130,822 40	128,098 68
Marne	122,000 65	119,281 35	[illegible]	[illegible]	[illegible]	120,715 57	126,984 37	149,345 42	145,027 68	153,903 50
Marne (Haute)	47,500 99	47,956 34	[illegible]	[illegible]	[illegible]	51,095 10	56,507 88	53,003 54	55,099 62	54,920 41
Mayenne	101,502 59	105,866 95	[illegible]	[illegible]	[illegible]	73,394 08	79,575 01	89,238 49	96,382 98	99,517 48
Meurthe	131,632 50	120,055 15	[illegible]	[illegible]	[illegible]	179,359 60	135,909 15	140,954 90	147,080 10	152,070 64
Meuse	40,533 72	41,055 78	[illegible]	[illegible]	[illegible]	42,219 74	43,525 06	45,768 72	46,007 75	52,937 13
Morbihan	92,410 20	86,073 20	[illegible]	[illegible]	[illegible]	74,214 65	75,292 96	75,380 25	78,573 50	81,228 20
Moselle	76,533 16	69,284 20	[illegible]	[illegible]	[illegible]	55,582 47	51,700 69	49,766 71	52,171 98	47,908 03
Nièvre	101,041 07	102,564 90	[illegible]	[illegible]	[illegible]	75,033 05	77,566 10	85,147 20	90,682 65	95,624 15
Nord	340,681 44	344,013 68	[illegible]	[illegible]	[illegible]	322,919 00	325,712 85	329,184 42	344,325 00	360,587 41
Oise	65,027 97	69,079 80	[illegible]	[illegible]	[illegible]	76,214 60	76,522 73	75,723 16	77,814 57	85,561 61
Orne	82,103 78	83,954 84	[illegible]	[illegible]	[illegible]	99,335 59	67,084 64	66,586 10	71,672 76	75,889 86
Pas-de-Calais	155,504 76	150,989 12	[illegible]	[illegible]	[illegible]	150,316 51	153,312 57	160,869 01	169,502 11	170,658 75
Puy-de-Dôme	90,033 62	97,470 30	[illegible]	[illegible]	[illegible]	92,323 90	97,615 06	102,167 15	104,213 62	105,122 17
Pyrénées (Basses)	110,876 09	118,382 70	[illegible]	[illegible]	[illegible]	105,512 97	110,340 05	113,906 12	113,271 34	113,467 68
Pyrénées (Hautes-)	48,074 82	50,625 10	[illegible]	[illegible]	[illegible]	45,441 16	43,611 80	44,151 34	45,477 17	43,909 50
Pyrénées Orientales	40,821 68	38,507 96	[illegible]	[illegible]	[illegible]	36,409 42	32,767 24	34,297 65	37,358 36	40,032 58
Rhin (Bas-)	130,519 80	113,168 39	[illegible]	[illegible]	[illegible]	99,031 09	106,116 58	119,166 79	103,320 81	104,216 00
Rhin (Haut-)	21,713 13	22,881 49	[illegible]	[illegible]	[illegible]	19,303 78	20,925 08	21,638 18	21,595 05	22,498 11
Rhône	560,040 52	629,690 61	[illegible]	[illegible]	[illegible]	688,984 59	700,911 94	705,682 50	708,041 05	688,050 79
Saône (Haute)	9,032 38	10,189 93	[illegible]	[illegible]	[illegible]	12,350 91	11,447 25	11,740 86	10,078 20	8,914 80
Saône-et-Loire	95,067 69	93,506 31	[illegible]	[illegible]	[illegible]	86,567 80	92,106 13	100,302 12	108,155 37	111,525 79
Sarthe	93,158 85	97,583 92	[illegible]	[illegible]	[illegible]	86,337 95	88,512 93	94,541 53	99,808 22	81,015 08
Seine	1,610,705 55	1,565,072 70	[illegible]	[illegible]	[illegible]	1,679,961 51	1,628,008 46	1,705,764 51	1,093,786 50	1,648,591 74
Seine et Marne	18,245 23	21,246 70	[illegible]	[illegible]	[illegible]	26,421 52	22,162 45	27,259 41	30,283 45	40,501 88
Seine et Oise	9,905 30	10,162 67	[illegible]	[illegible]	[illegible]	11,625 66	12,440 82	15,482 79	15,669 39	15,186 04
Seine Inférieure	191,409 25	184,867 71	[illegible]	[illegible]	[illegible]	208,570 80	207,245 51	615,948 28	209,808 20	204,185 81
Sèvres (Deux-)	54 873 08	56,756 01	[illegible]	[illegible]	[illegible]	36,384 04	37,057 59	39,938 27	46,150 38	52,165 30
Somme	154,503 93	166,729 70	[illegible]	[illegible]	[illegible]	112,507 50	110,287 95	125,984 82	136,365 24	130,197 24
Tarn	62,576 60	66,627 21	[illegible]	[illegible]	[illegible]	66,392 38	66,331 39	70,644 89	69,400 37	71,251 27
Tarn-et-Garonne	45,850 90	48,120 70	[illegible]	[illegible]	[illegible]	37,567 87	39,498 40	58,177 74	54,091 98	54,938 27
Var	156,308 80	162,405 75	[illegible]	[illegible]	[illegible]	127,606 53	129,181 84	120,260 04	133,158 81	137,844 00
Vaucluse	142,440 92	140,033 45	[illegible]	[illegible]	[illegible]	127,719 93	122,155 00	122,290 68	125,652 82	125,185 35
Vendée	54,801 47	51,088 12	[illegible]	[illegible]	[illegible]	49,448 48	45,742 85	62,114 38	59,616 89	60,179 19
Vienne	61,201 77	61,517 37	[illegible]	[illegible]	[illegible]	52,847 24	55,617 23	59,322 09	64,809 36	68,808 20
Vienne (Haute-)	67,168 00	65,941 17	[illegible]	[illegible]	[illegible]	56,252 60	67,725 00	77,984 76	78,980 94	81,020 32
Vosges	10,013 20	16,551 39	[illegible]	[illegible]	[illegible]	9,332 45	8,054 87	9,462 15	10,170 53	9,219 61
Yonne	129,008 05	140,195 59	[illegible]	[illegible]	[illegible]	134,532 50	120,704 10	135,320 23	134,128 00	124,617 05
TOTAUX	9,800,212 11	9,796,780 93	[illegible]	[illegible]	[illegible]	[illegible]	9,590,471 78	10,086,946 94	10,218,800 57	10,340,208 43

DÉPARTEMENTS.	DÉPENSE MOYENNE POUR CHAQUE ENFANT.									
	1824	1825.	1826.	1827	1828.	1829	1830	1831	1832.	18[illegible]
	fr. c.	fr. c.	fr. c.	fr. c.	fr. c.	fr. c.	fr. c.	fr. c.	fr. c.	fr
Maine-et-Loire	83 31	82 65	82 38	84 55	85 05	84 58	83 61	87 40	83 96	83
Manche	73 28	75 24	75 97	74 56	73 93	72 12	75 38	73 50	73 80	72
Marne	99 34	97 09	96 49	96 34	98 13	93 57	93 08	92 36	86 50	103
Marne (Haute)	78 35	79 65	79 74	80 52	80 16	81 34	85 97	78 19	77 93	76
Mayenne	84 23	83 78	85 51	90 32	128 03	116 45	113 19	113 09	113 00	113
Meurthe	74 20	78 30	74 91	77 26	76 01	76 41	77 04	78 52	82 15	84
Meuse	77 05	70 05	76 83	79 33	77 23	76 95	76 63	77 42	78 26	77
Morbihan	73 26	73 19	78 88	75 14	73 31	73 97	73 52	73 26	73 39	73
Moselle	60 44	58 03	67 84	70 35	65 25	64 86	65 47	65 56	70 93	70
Nièvre	63 29	61 75	62 64	63 06	55 53	55 71	56 70	58 76	61 89	64
Nord	95 42	93 19	95 25	97 29	97 01	95 30	94 90	92 75	91 91	94
Oise	78 30	81 87	82 35	84 72	84 00	80 14	80 30	81 10	75 07	85
Orne	69 57	70 19	69 10	69 54	70 78	84 04	77 02	70 88	72 98	72
Pas-de-Calais	114 13	113 69	115 09	116 59	113 63	112 00	105 04	108 85	106 94	103
Puy-de-Dôme	46 53	51 70	52 24	55 73	53 52	55 17	53 60	52 31	52 23	53
Pyrénées (Basses)	68 52	65 67	69 45	60 69	59 72	58 95	58 81	58 44	57 00	58
Pyrénées (Hautes-)	69 17	62 10	61 48	59 22	68 84	58 48	57 29	50 34	51 88	50
Pyrénées Orientales	70 87	60 62	71 05	67 84	66 05	66 79	65 53	63 82	69 30	68
Rhin (Bas-)	140 45	144 84	158 04	158 45	151 97	160 70	165 52	186 76	166 37	162
Rhin (Haut-)	92 44	95 03	87 06	95 35	97 61	89 38	93 42	92 87	89 60	88
Rhône	79 78	82 82	83 16	78 86	79 17	74 17	75 91	71 31	69 11	66
Saône (Haute)	181 74	172 71	187 89	146 16	137 79	154 76	144 90	170 24	171 54	146
Saône-et-Loire	80 45	80 87	77 25	75 89	75 68	77 10	95 76	77 87	76 24	78
Sarthe	71 17	70 04	69 55	69 72	69 22	69 05	69 47	70 90	70 34	63
Seine	119 82	114 34	114 37	113 48	112 20	107 94	104 60	107 18	106 51	104
Seine et Marne	67 32	69 48	73 29	77 81	76 38	80 80	70 58	75 72	69 46	87
Seine et Oise	101 07	100 51	90 79	97 21	94 47	100 21	200 32	103 71	102 70	92
Seine Inférieure	83 84	82 78	82 26	84 20	83 87	83 96	89 85	88 65	84 22	88
Sèvres (Deux-)	81 77	81 08	81 66	78 87	83 05	85 11	85 98	79 71	77 60	82
Somme	110 89	108 04	105 24	106 93	112 59	117 04	118 08	113 06	113 10	107
Tarn	53 55	53 45	55 46	59 35	57 15	61 67	57 32	58 24	56 87	57
Tarn-et-Garonne	65 26	86 26	80 05	81 42	83 80	88 12	82 98	80 09	78 51	77
Var	67 61	83 46	75 03	84 50	72 09	71 33	70 69	67 40	68 04	72
Vaucluse	91 85	97 41	84 14	82 63	79 12	70 73	76 49	75 80	75 92	76
Vendée	78 76	79 04	78 88	80 06	83 14	78 02	77 53	70 93	81 89	80
Vienne	75 46	79 48	79 05	74 92	102 06	84 82	69 61	69 06	66 81	73
Vienne (Haute-)	47 97	47 59	48 52	47 74	47 47	45 99	52 74	54 34	54 35	54
Vosges	10 05	97 60	92 73	89 12	93 43	93 46	76 97	78 19	85 54	94
Yonne	159 07	160 70	152 40	170 98	161 36	164 47	155 44	169 46	147 56	165
TOTAUX	83 93	83 51	83 02	82 92	82 63	81 91	81 22	81 02	80 15	80

Tableau, par départements, des mouvements des Enfants trouvés et abandonnés, des dépenses [illegible] et des ressources qui ont couvert ces dépenses, pendant une période décennale de 1824 à 1833.

DÉPARTEMENTS	ENTRÉES. NOMBRE d'Enfants trouvés et étant dans les hospices et dans les maisons qui en dépendent, au 1er janvier de la première année	ENTRÉES. ENFANTS ADMIS, du sexe masculin.	ENTRÉES. ENFANTS ADMIS, du sexe féminin.	ENTRÉES. TOTAL.	SORTIES. ENFANTS arrivés à l'âge où ils cessent d'être à la charge des hospices	SORTIES. RETIRÉS par les parents ou des bienfaiteurs	SORTIES. MORTS aux hospices	SORTIES. MORTS chez les nourrices	SORTIES. TOTAL	NOMBRE d'enfants restant à la fin de la dernière année	DÉPENSES. [illegible]	DÉPENSES. DÉPENSE totale	NOMBRE total des journées de présence.	TERME moyen annuel du nombre des Enfants	MOYENNE de la dépense annuelle de chaque Enfant	RESSOURCES. SOMMES votées aux budgets variables et facultatifs.	RESSOURCES. PRODUIT des amendes et confiscations.	RESSOURCES. CONTINGENTS assignés aux hospices	RESSOURCES. SOMMES laissées à la charge des communes	RESSOURCES. AUTRES ressources	RESSOURCES. TOTAL des ressources
												fr. c.			fr. c.	fr. c.	fr. c.	fr. c.	fr. c.	fr. c.	fr. c.
…n	410	809	765	2,044	321	165	163	743	1,412	[illegible]	[illegible]	[illegible]	1,784,720	489	62 50	290,908 99	14,555 43	"	"	"	305,464 42
…ne	1,565	2,410	2,309	6,287	1,619	540	12	2,300	4,780	[illegible]	[illegible]	[illegible]	5,066,485	1,552	67 85	892,934 85	42,744 38	"	117,762 22	"	1,053,441 45
…lier	1,476	2,561	2,497	6,534	675	382	1,250	2,220	4,536	[illegible]	[illegible]	[illegible]	6,504,760	1,782	52 90	891,154 21	9,827 05	"	43,345 93	"	944,327 20
…pes (Basses)	1,070	1,546	1,321	3,946	568	462	398	1,368	2,791	[illegible]	[illegible]	[illegible]	3,972,467	1,088	75 11	775,222 65	10,980 24	8,700 00	814 36	"	795,457 28
…pes (Hautes)	602	1,038		1,540	297	338	34	437	1,106	[illegible]	[illegible]	[illegible]	1,874,334	514	97 20	495,104 66	5,920 52	"	3,000 00	"	504,025 18
…rdèche	453	574	539	1,566	314	294	20	414	1,042	[illegible]	[illegible]	[illegible]	2,012,846	551	70 80	406,883 94	21,703 00	5,020 00	6,000 00	0 88	439,568 72
…rdennes	476	671	633	1,779	325	296	1	531	1,153	[illegible]	[illegible]	[illegible]	2,806,187	549	86 50	474,494 80	17,396 47	"	"	"	491,891 27
…iège	793	2,093		2,886	351	1,302	"	929	2,582	[illegible]	[illegible]	[illegible]	3,183,834	872	53 97	482,242 58	19,125 23	"	19,300 00	"	470,667 81
…ube	582	939	1,073	2,594	380	78	69	1,301	1,834	[illegible]	[illegible]	[illegible]	2,541,254	696	68 08	382,590 43	14,764 22	1,824 01	51,990 52	24,293 46	475,442 06
…ude	988	2,601		3,579	639	183	250	1,197	2,240	[illegible]	[illegible]	[illegible]	4,519,979	1,238	61 09	657,778 61	32,314 09	"	56,200 00	"	756,292 70
…veyron	1,918	2,413	2,441	6,772	1,143	810	480	2,027	5,410	[illegible]	[illegible]	[illegible]	7,595,085	2,081	64 08	1,806,235 00	27,420 00	"	"	"	1,833,655 00
…ouches du Rhône	2,151	3,982	3,927	10,060	985	917	2,821	2,801	7,024	[illegible]	[illegible]	[illegible]	8,573,830	2,349	94 83	1,740,458 44	20,551 27	181,301 17	285,068 29	"	2,227,489 17
…alvados	2,197	5,452		7,649	1,032	1,157	648	2,842	5,644	[illegible]	[illegible]	[illegible]	7,195,642	1,970	93 79	1,002,463 11	13,993 79	339,851 99	309,588 72	1,955 74	1,847,073 35
…antal	752	2,451		3,203	461	604	260	697	2,022	[illegible]	[illegible]	[illegible]	3,254,504	892	66 21	535,729 60	16,543 73	"	28,523 95	"	582,597 29
…harente	1,085	1,335	1,386	3,856	821	174	278	983	2,256	[illegible]	[illegible]	[illegible]	4,943,743	1,364	67 42	797,215 42	26,148 94	10,827 21	40,000 00	38,727 55	912,919 12
…harente Inférieure	1,460	4,738		6,198	1,568	389	438	1,574	4,409	[illegible]	[illegible]	[illegible]	5,242,747	1,436	85 70	737,116 28	38,054 39	99,083 90	355,483 01	"	1,230,837 58
…her	1,007	2,031	1,948	4,986	770	907	544	1,940	3,861	[illegible]	[illegible]	[illegible]	3,412,315	935	85 50	625,147 96	16,435 93	60,560 05	89,669 45	7,622 18	799,475 46
…orrèze	1,025	3,022		3,847	776	1,210	57	1,250	3,312	[illegible]	[illegible]	[illegible]	3,516,513	963	51 34	479,377 67	8,012 23	1,121 02	4,334 40	1,853 05	494,698 37
…orse	598	1,872		2,470	691	188	50	1,050	1,958	[illegible]	[illegible]	[illegible]	1,527,210	418	120 22	493,354 57	10,296 82	5,111 33	6,179 93	"	515,042 65
…ôte d'Or	642	882	896	2,420	473	156	500	493	1,641	[illegible]	[illegible]	[illegible]	2,848,315	597	60 72	432,722 90	18,757 41	"	"	"	451,480 40
…ôtes du-Nord	753	686	672	2,111	523	287	64	678	1,552	[illegible]	[illegible]	[illegible]	2,492,930	683	65 36	433,534 18	7,997 83	"	5,017 13	"	446,549 14
…reuse	1,247	1,172	1,273	3,692	818	689	275	814	2,596	[illegible]	[illegible]	[illegible]	4,004,050	1,097	51 60	564,107 37	6,210 36	"	"	"	570,317 73
…ordogne	2,070	2,917	2,966	7,953	1,256	2,445	59	2,536	5,360	[illegible]	[illegible]	[illegible]	5,931,857	1,625	63 39	782,001 44	27,120 67	"	221,030 40	"	1,030,152 51
…oubs	585	642	568	1,795	408	75	102	556	1,141	[illegible]	[illegible]	[illegible]	2,212,456	606	110 96	353,900 00	31,515 00	226,334 00	"	60,697 00	672,446 00
…rôme	1,204	1,038	1,073	3,315	680	447	53	949	2,120	[illegible]	[illegible]	[illegible]	4,251,685	1,165	69 81	797,218 39	16,069 14	"	"	"	813,287 53
…ure	536	1,403		1,939	394	150	41	860	1,445	[illegible]	[illegible]	[illegible]	1,854,361	508	77 09	337,810 76	23,362 54	"	27,082 92	"	388,936 22
…ure-et-Loir	680	1,283	1,266	3,129	365	266	38	1,515	2,202	[illegible]	[illegible]	[illegible]	2,767,331	758	96 44	622,215 67	17,393 77	45,832 00	46,600 00	"	731,041 64
…inistère	1,630	1,723	1,808	5,161	1,026	742	130	1,782	3,686	[illegible]	[illegible]	[illegible]	5,782,315	1,584	78 66	799,207 28	3,953 31	"	363,066 35	"	1,166,226 95
…ard	918	1,294	1,330	3,542	425	424	86	1,523	2,458	[illegible]	[illegible]	[illegible]	3,302,865	904	89 51	356,165 15	33,780 77	318,220 02	96,800 65	"	809,966 60
…aronne (Haute)	1,803	2,566	2,675	7,044	371	338	1,964	1,042	4,715	[illegible]	[illegible]	[illegible]	5,962,037	1,631	62 96	939,249 61	41,609 28	37,063 90	9,000 00	"	1,026,982 79
…ers	1,632	2,265	2,093	5,990	1,965	473	726	1,966	4,130	[illegible]	[illegible]	[illegible]	7,474,769	2,047	73 90	1,035,671 15	11,785 06	314,500 00	150,811 79	"	1,512,767 98
…ironde	3,410	4,735	4,550	12,695	425	1,364	1,683	4,576	8,048	[illegible]	[illegible]	[illegible]	13,218,285	3,620	94 72	1,615,500 00	32,083 91	1,068,846 96	685,633 37	17,595 21	3,419,659 48
…érault	827	1,702	1,552	4,081	416	281	912	1,246	2,855	[illegible]	[illegible]	[illegible]	3,802,607	1,042	80 35	501,500 00	35,016 00	"	167,236 50	133,390 72	837,142 22
…le-et-Vilaine	1,894	2,038	2,097	6,029	564	799	943	1,619	4,725	[illegible]	[illegible]	[illegible]	4,934,272	1,352	46 07	553,000 00	27,065 00	23,184 00	31,557 00	4,892 00	640,296 00
…ndre	879	1,084	1,016	2,979	1,468	412	61	1,170	2,109	[illegible]	[illegible]	[illegible]	3,315,551	908	76 81	567,461 19	7,319 29	1,010 00	65,365 43	"	641,155 91
…ndre et Loire	876	1,046	1,477	3,996	598	75	230	2,054	2,966	[illegible]	[illegible]	[illegible]	3,541,404	970	86 50	453,000 00	15,436 15	8,000 00	116,089 30	243,050 48	839,075 93
…ère	1,578	5,460		7,038	211	337	1,542	2,004	5,094	[illegible]	[illegible]	[illegible]	6,367,608	1,744	58 87	498,079 57	20,323 19	"	415,180 00	"	939,582 76
…ura	517	370	360	1,247	365	27	46	370	810	[illegible]	[illegible]	[illegible]	1,649,200	452	90 86	390,745 04	12,120 14	"	"	3,957 30	406,822 48
…andes	1,160	1,624	1,587	4,371	1,097	253	139	1,379	2,808	[illegible]	[illegible]	[illegible]	4,880,192	1,340	65 60	758,623 18	6,832 01	"	96,691 12	"	862,146 31
…oir-et-Cher	766	3,021		3,787	448	365	42	2,057	2,908	[illegible]	[illegible]	[illegible]	3,029,468	829	94 31	638,754 54	46,153 69	"	97,000 00	"	781,908 23
…oire	950	1,696	1,649	4,295	686	685	194	1,221	2,739	[illegible]	[illegible]	[illegible]	4,282,006	1,173	70 34	510,020 00	16,531 71	127,478 24	170,964 84	"	850,994 79
…oire (Haute)	1,024	1,096	1,031	3,151	780	448	90	752	2,089	[illegible]	[illegible]	[illegible]	3,415,659	935	67 50	378,090 73	16,102 18	228,598 66	"	12,340 05	635,200 62
…oire-Inférieure	1,388	1,752	1,686	4,776	901	399	417	1,970	3,687	[illegible]	[illegible]	[illegible]	4,210,640	1,154	94 05	620,000 00	10,598 18	"	141,865 25	389 67	772,853 10
…oiret	1,148	2,300	2,282	5,730	765	325	599	2,517	4,206	[illegible]	[illegible]	[illegible]	5,055,829	1,386	109 17	1,050,531 04	14,214 07	"	31,048 18	417,363 90	1,513,157 19
…ot	1,018	578	497	2,083	360	521	85	561	1,519	[illegible]	[illegible]	[illegible]	2,307,257	632	62 09	408,858 00	26,400 00	19,800 00	6,500 00	8,300 00	469,858 00
…ot-et-Garonne	1,027	1,754	1,657	4,438	343	925	387	1,349	3,003	[illegible]	[illegible]	[illegible]	4,557,509	1,248	85 28	952,379 42	15,174 87	"	76,000 00	"	1,053,554 29
…ozère	496	1,106		1,602	245	309	"	425	979	[illegible]	[illegible]	[illegible]	1,352,318	507	73 82	359,697 16	3,346 74	9,743 15	"	"	372,787 05
…aine-et-Loire	2,024	2,632	2,815	7,471	1,704	718	316	2,440	5,152	[illegible]	[illegible]	[illegible]	6,432,879	1,762	84 10	908,796 24	14,056 70	73,871 09	361,119 55	"	1,357,844 48
…anche	2,156	2,420	2,762	7,338	847	2,170	391	2,339	5,747	[illegible]	[illegible]	[illegible]	5,820,013	1,595	74 02	915,072 49	53,546 33	76,500 00	185,000 00	338 85	1,210,457 67
…arne	1,250	3,987		5,237	965	583	173	2,060	3,781	[illegible]	[illegible]	[illegible]	4,900,833	1,343	95 37	659,424 93	25,056 40	139,337 56	457,107 30	"	1,280,926 19
…arne (Haute)	511	758	689	2,058	391	326	11	623	1,351	[illegible]	[illegible]	[illegible]	2,353,426	644	79 43	423,832 28	17,865 16	37,832 35	32,000 00	"	511,549 79
…ayenne	1,143	1,339	1,382	4,064	1,083	566	221	1,367	3,186	[illegible]	[illegible]	[illegible]	3,090,929	846	100 91	653,222 30	4,650 23	199,085 40	"	"	856,957 93

DÉPARTEMENTS.	ENTRÉES. Nombre d'Enfants trouvés existant dans les hospices et dans les maisons qui en dépendent, au 1er janvier de la première année	Enfants admis, du sexe masculin	Enfants admis, du sexe féminin	TOTAL	SORTIES. Enfants arrivés à l'âge où ils cessent d'être à la charge des hospices	Retirés par les parents ou des bienfaiteurs	Morts aux hospices	Morts chez les nourrices	TOTAL	Nombre d'enfants restant à la fin de la dernière année
Meurthe	1,817	1,899	1,789	5,505	1,120	771	205	1,341	3,437	2,065
Meuse	520	774	668	1,033	384	152	61	673	1,270	563
Morbihan	1,306	946	1,025	3,277	404	619	145	617	1,085	1,592
Moselle	1,167	621	519	2,307	806	349	93	321	1,059	648
Nièvre	1,620	1,421	1,934	4,975	1,140	178	576	1,535	3,438	1,537
Nord	3,500	4,772	4,363	12,635	2,900	1,013	175	4,697	8,585	3,460
Oise	814	1,366	1,142	3,322	505	600	220	1,019	2,344	928
Orne	1,208	1,137	1,148	3,493	905	801	97	1,029	2,422	1,601
Pas-de-Calais	1,344	2,415	2,110	5,867	952	566	53	2,478	4,152	1,721
Puy-de-Dôme	1,862	2,402	2,155	6,419	1,500	826	206	1,759	4,441	1,918
Pyrénées (Basses-)	1,698	2,527	2,515	6,740	2,110	256	660	1,664	4,609	2,346
Pyrénées (Hautes-)	647	1,039	1,145	2,831	546	221	382	804	1,953	876
Pyrénées-Orientales	562	1,500	1,325	3,388	503	278	1,017	981	2,779	606
Rhin (Bas-)	864	1,828		2,692	1,047	503	131	368	2,049	613
Rhin (Haut-)	234	265	223	722	291	72	"	101	464	256
Rhône	6,765	9,836	9,381	25,996	3,653	635	2,558	8,605	15,498	10,585
Saône (Haute-)	66	62	59	187	16	68	7	38	129	46
Saône-et-Loire	1,188	1,233	1,234	3,655	702	383	"	1,050	2,205	1,450
Sarthe	1,237	1,402		5,639	720	1,007	616	2,156	4,500	1,110
Seine	13,778	27,941	26,583	68,302	10,604	1,179	14,036	25,075	51,894	16,405
Seine-Inférieure	2,457	9,969		12,426	1,701	1,007	1,279	6,064	10,051	2,315
Seine-et-Marne	273	718	589	1,575	288	113	65	671	1,082	490
Seine-et-Oise	96	271	256	623	211	51	40	158	460	165
Sèvres (Deux-)	670	775	786	2,231	248	644	50	595	1,540	865
Somme	1,408	3,672		5,080	1,150	1,060	180	1,542	3,938	1,363
Tarn	1,119	1,277	1,278	3,509	840	92	190	1,227	2,310	1,320
Tarn-et-Garonne	527	785	712	2,022	314	149	38	800	1,302	780
Var	2,253	2,553	2,405	7,302	2,095	535	1,097	1,618	5,345	1,050
Vaucluse	1,839	2,154	2,118	5,711	882	317	1,070	1,701	4,060	1,858
Vendée	613	917	827	2,392	308	414	37	748	1,507	885
Vienne	785	935	927	2,647	362	331	195	713	1,601	1,016
Vienne (Haute-)	1,403	1,974	2,129	5,506	866	191	1,250	1,643	4,005	1,500
Vosges	101	109	140	400	122	145	8	30	305	91
Yonne	853	1,196	1,024	3,013	135	1,061	120	1,158	2,474	439
TOTAUX	116,462	141,564	57,[illegible] 137,1[illegible]	452,749	76,990	46,025	46,755	151,750	233,120	219,629

DÉPARTEMENTS.	DÉPENSES. [illegible]	Dépense totale	Nombre total des journées de présence	Terme moyen annuel du nombre des Enfants	Moyenne de la dépense annuelle de chaque Enfant	RESSOURCES OUVERTES POUR COUVRIR CES DÉPENSES. Sommes votées aux budgets variables et facultatifs	Produit des amendes et confiscations	Contingents assignés aux hospices	Sommes laissées à la charge des communes	Autres ressources	Total des ressources
	f. c.	fr. c.			fr. c.	fr. c.	fr. c.	fr. c.	fr. c.	fr. c.	fr. c.
Meurthe	[illegible]	1,806,182 66	6,331,199	1,735	75 15	1,023,688 56	25,429 60	"	286,296 57	"	1,335,274 82
Meuse	[illegible]	440,262 65	2,086,659	572	75 95	134,950 00	20,305 75	10,000 00	277,389 40	5,028 59	440,563 74
Morbihan	[illegible]	765,152 05	6,013,554	1,072	75 52	572,410 57	4,410 23	"	111,358 74	"	688,179 54
Moselle	[illegible]	889,235 27	3,171,706	808	67 89	358,050 55	38,017 03	"	202,877 21	3,721 11	602,066 20
Nièvre	[illegible]	910,946 78	5,533,607	1,516	56 77	500,000 00	16,846 42	24,560 96	440,000 00	"	980,395 38
Nord	[illegible]	3,332,[illegible] 86	12,046,309	3,547	95 03	1,925,862 52	36,242 12	16,000 00	875,209 26	5,282 74	2,858,595 64
Oise	[illegible]	748,018 22	3,358,198	920	81 31	656,713 23	23,955 15	"	67,350 31	"	748,018 72
Orne	[illegible]	744,026 02	5,759,077	1,029	72 30	567,090 60	23,410 71	8,460 00	148,064 62	"	748,016 72
Pas-de-Calais	[illegible]	1,871,059 85	5,148,537	1,400	111 55	1,049,781 15	9,616 87	463,721 46	58,399 35	"	1,581,518 33
Puy-de-Dôme	[illegible]	962,057 32	6,068,704	1,696	52 72	825,303 97	27,440 18	109,913 97	"	"	962,657 12
Pyrénées (Basses-)	[illegible]	1,728,178 04	6,054,388	1,823	61 33	1,006,001 01	28,421 20	5,816 00	88,847 74	"	1,118,176 04
Pyrénées (Hautes-)	[illegible]	475,535 14	2,995,818	821	57 95	411,829 06	21,326 01	"	44,881 84	"	478,036 51
Pyrénées-Orientales	[illegible]	370,036 15	1,090,801	545	68 01	278,825 35	33,127 27	5,730 03	52,516 56	429 94	370,038 15
Rhin (Bas-)	[illegible]	1,086,857 55	2,492,520	683	168 35	224,056 46	79,277 86	"	330,060 95	646,556 68	1,279,960 75
Rhin (Haut-)	[illegible]	229,558 77	841,972	231	92 01	99,305 59	67,800 03	"	48,343 20	"	212,538 77
Rhône	[illegible]	6,761,357 51	59,562,000	6,040	75 56	1,705,000 00	17,250 50	4,549,067 07	380,000 00	40,000 00	6,761,347 57
Saône (Haute-)	[illegible]	106,226 67	250,351	68	156 88	36,045 70	16,072 62	"	"	50,949 46	103,067 78
Saône-et-Loire	[illegible]	947,838 60	4,443,093	1,217	77 88	601,104 69	26,253 03	24,079 48	298,341 40	"	947,838 60
Sarthe	[illegible]	993,087 28	4,751,048	1,301	69 45	671,751 37	121,015 09	"	"	"	892,706 45
Seine	[illegible]	16,585,356 46	56,909,697	15,944	116 25	3,905,891 83	49,891 84	2,370,087 20	10,000,505 61	"	16,585,359 45
Seine-Inférieure	[illegible]	1,958,680 96	8,332,132	2,282	85 83	1,309,007 86	50,566 62	"	599,045 48	"	1,958,680 96
Seine-et-Marne	[illegible]	258,253 52	1,252,723	343	75 30	178,707 86	20,249 02	6,558 10	45,116 00	"	251,690 50
Seine-et-Oise	[illegible]	118,860 78	438,232	120	99 05	93,080 45	26,859 32	"	"	"	118,860 78
Sèvres (Deux-)	[illegible]	454,687 80	2,037,887	558	81 48	311,900 00	9,749 11	149,861 60	36,000 00	"	507,510 80
Somme	[illegible]	1,344,176 50	4,433,072	1,214	110 72	1,316,408 51	27,767 99	"	"	"	1,344,176 50
Tarn	[illegible]	965,941 84	4,252,555	1,165	57 08	302,382 00	11,849 50	"	300,740 00	20,290 00	685,261 59
Tarn-et-Garonne	[illegible]	552,508 48	2,409,430	660	82 55	540,840 18	5,974 00	"	"	"	552,814 18
Var	[illegible]	1,335,012 42	9,694,233	1,354	72 95	925,755 75	84,354 84	121,287 88	204,001 55	"	1,335,401 02
Vaucluse	[illegible]	1,302,593 28	5,700,525	1,389	82 29	595,005 05	18,296 80	"	514,097 79	180,195 43	1,307,595 23
Vendée	[illegible]	848,860 23	2,502,608	688	79 95	531,762 61	10,706 64	"	"	"	548,459 25
Vienne	[illegible]	613,155 87	2,053,785	809	75 79	569,340 05	21,839 22	21,966 60	"	"	613,145 87
Vienne (Haute-)	[illegible]	680,523 42	4,937,078	1,352	50 33	538,994 06	12,451 45	"	27,390 89	1,677 02	580,523 42
Vosges	[illegible]	93,003 40	376,850	104	90 08	44,272 75	49,339 90	"	"	"	93,503 69
Yonne	[illegible]	1,321,114 05	2,924,475	804	104 32	546,464 01	17,894 04	"	355,907 09	"	1,093,206 04
TOTAUX	[illegible]	37,715,613 00	635,183,850	119,230	82 00	39,795,482 15	2,080,157 62	11,550,478 25	21,409,782 26	1,033,567 81	96,773,355 00

A l'époque à laquelle le décret du 19 janvier 1811 fut mis en vigueur, le nombre des Enfants à la charge de l'État et des hospices n'excédait pas 60,000.

Ainsi, dans les quinze ans qui ont suivi, il y a eu augmentation de plus de moitié.

Le même décret supposait une dépense de quatre millions environ.

Elle s'est élevée en 1824 à	9,800,212f 11c
En 1825	9,796,780 91
En 1826	9,662,066 12
En 1827	9,485,661 03
En 1828	9,445,575f 45c
En 1829	9,456,896 34
En 1830	9,590,411 78
En 1831	10,036,946 05
En 1832	10,258,800 67
En 1833	10,240,262 53

Enfin voici, pour l'année 1834, quel a été le mouvement de la population et de la dépense des Enfants trouvés :

Mouvement de la Population et de la dépense des Enfants trouvés et abandonnés pendant l'année 1834.

DÉPARTEMENTS	ENTRÉES. Nombre d'Enfants trouvés existant au 1er janvier	Enfants admis du sexe masculin	Enfants admis du sexe féminin	Total des admissions annuelles	Total des existences	SORTIES. Enfants qui ont cessé d'être à la charge des hospices	Retirés par les parents ou des bienfaiteurs	Morts aux hospices	Morts chez les nourrices	Total des décès	[illegible]	DÉPENSES. Autres dépenses	Dépense totale	Nombre total des journées de présence	Terme moyen annuel du nombre des Enfants	Moyenne de la dépense de chaque Enfant	RESSOURCES OUVERTES POUR COUVRIR CES DÉPENSES. Sommes votées aux budgets variables et facultatifs	Produit des amendes et confiscations	Contingents assignés aux hospices	Sommes laissées à la charge des communes	Autres ressources	Total des ressources
												fr. c.	fr. c.			fr. c.	fr. c.	fr. c.	fr. c.	fr. c.	fr. c.	fr. c.
…	652	194		194	826	33	16	26	124	150	[illegible]	893 30	40,611 03	242,309	664	61 10	35,000 00	1,181 68	,	,	,	37,151 68
…	1,507	372		372	1,879	170	15	,	272	272	[illegible]	2,364 40	94,174 55	531,340	1,457	64 64	85,000 00	1,550 00	,	9,514 55	,	94,174 55
…r	1,998	417		417	2,415	76	38	,	210	229	[illegible]	300 90	105,651 04	690,334	1,892	57 42	94,340 00	819 35	,	11,147 40	"	106,300 80
… (Basses-)	1,155	264		264	1,419	85	5	72	131	203	[illegible]	1,509 90	77,803 35	420,430	1,168	66 70	77,182 25	711 10	"	"	,	77,893 35
… (Hautes-)	443	64		64	507	25	25	6	31	37	[illegible]	1,500 00	33,717 78	159,025	435	97 33	31,500 00	280 44	,	3,000 00	,	34,785 14
…che	524	134		134	658	24	126	4	86	90	[illegible]	619 30	39,358 14	182,036	490	78 87	37,788 84	619 30	1,000 00	"	"	39,358 44
…nnes	626	110		110	736	40	29	,	72	72	[illegible]	,	53,410 20	222,392	600	87 70	52,076 06	1,334 23	"	"	,	53,410 29
…	304	177		177	481	35	97	"	95	95	[illegible]	1,981 29	23,580 72	124,808	342	69 12	23,190 72	440 00	"	"	,	23,630 72
…	760	170		170	930	42	16	8	144	152	[illegible]	1,888 41	47,508 65	269,402	738	64 50	34,190 00	2,576 44	963 63	15,644 13	,	53,374 20
…	1,430	261		261	1,601	98	35	15	148	158	[illegible]	1,050 00	79,803 25	308,180	1,392	57 33	66,748 71	1,054 54	"	12,000 00	"	79,803 25
…ron	2,352	484		484	2,846	213	68	60	203	263	[illegible]	16,261 50	141,188 82	700,280	1,265	65 21	140,376 82	812 00	"	,	"	141,188 82
…hes-du-Rhône	3,039	397	386	783	3,822	192	195	218	326	544	[illegible]	5,177 18	240,904 85	1,041,364	2,853	84 44	200,253 42	1,876 44	1,882 42	30,802 57	,	240,904 85
…ados	2,145	518		518	2,663	138	63	27	280	307	[illegible]	15,885 50	204,524 42	775,168	2,124	96 29	123,976 94	3,175 77	37,220 85	40,000 00	141 86	204,524 42
…al	1,181	213		213	1,394	56	27	55	126	181	[illegible]	684 53	74,407 60	414,837	1,137	65 44	62,000 00	333 46	"	3,147 20	"	65,480 66
…ente	1,605	187	200	387	1,992	80	*783	56	100	256	[illegible]	17,453 [illegible]	99,278 56	520,893	1,452	68 37	94,500 00	1,698 56	1,487 00	4,000 00	216 20	101,901 76
…ente-Inférieure	1,752	159	167	326	2,078	85	112	98	232	330	[illegible]	2,471 96	136,473 38	552,924	1,515	90 08	85,300 00	1,512 01	12,390 37	30,070 95	,	136,473 33
…	1,125	234		234	1,359	71	33	55	202	257	[illegible]	6,092 80	88,410 50	577,071	1,033	85 59	63,817 85	592 65	9,600 00	14,400 00	,	88,410 50
…ze	325	222		222	547	4	119	50	94	144	[illegible]	1,491 50	16,826 51	102,755	282	64 98	25,000 00	542 59	,	,	,	25,542 59
…e	482	200		200	682	7	14	2	100	111	[illegible]	10,827 00	60,121 60	137,141	518	117 20	59,119 30	336 83	600 17		"	60,121 60
…-d'Or	779	84	88	172	951	40	23	17	113	130	[illegible]	6,422 70	53,510 43	202,918	720	74 47	50,000 00	1,503 32	,	"	"	51,503 32
…s-du-Nord	559	122		122	681	22	20		47	47	[illegible]	1,423 90	36,758 08	204,960	562	65 41	36,087 75	670 31	,	"	"	36,758 06
…se	1,096	368		368	1,464	415	19	15	85	100	[illegible]	1,482 25	53,725 18	354,850	672	65 28	54,000 00	"	,	,	,	54,000 00
…ogne	1,574	327	278	605	2,179	87	215	92	609	501	[illegible]	353 00	89,983 82	481,550	1,319	68 22	69,312 92	,	"	20,671 90	"	89,984 82
…bs	654	72		72	720	77	15	5	40	51	[illegible]	4,280 00	70,836 00	229,802	630	112 44	30,500 00	1,350 00	37,061 00	,	1,925 00	70,836 00
…me	1,186	84	85	169	1,355	94	21	1	100	107	[illegible]	3,089 50	77,050 68	419,826	1,149	67 06	75,127 89	1,922 79	,	,	"	77,050 68
…	494	124		124	618	44	12	4	75	79	[illegible]	2,236 00	37,430 24	178,796	496	75 89	33,748 70	3,400 00	,	281 54	"	37,430 24
…-et-Loir	927	233		233	1,160	51	30	1	159	160	[illegible]	4,568 00	86,815 84	327,044	890	96 89	70,274 83	797 01	7,000 00	8,200 00	"	86,271 84
…stère	1,447	148	188	336	1,783	100	82	13	182	195	[illegible]	789 50	103,287 46	507,189	1,380	74 36	70,900 00	461 76	"	31,925 70	,	103,287 46
…d	1,084	287		287	1,371	34	49	23	181	204	[illegible]	50 00	84,911 59	395,660	1,084	78 33	33,000 00	1,048 34	28,405 11	22,458 14	,	84,911 50
…nne (Haute-)	2,295	582		582	2,877	93	38	207	173	380	[illegible]	500 00	131,622 64	839,953	2,301	57 20	130,637 40	985 24	,	"	,	131,622 64
…	1,860	145	146	291	2,151	110	375	105	174	279	[illegible]	15,800 00	108,716 66	970,657	1,837	59 18	73,500 00	306 45	15,000 00	19,910 21	"	108,716 66
…nde	4,147	465	473	930	5,083	268	293	200	561	761	[illegible]	20,398 22	345,146 18	1,304,379	3,738	92 33	166,500 00	10,069 75	165,502 00	58,203 43	1,641 00	345,146 18
…ault	1,226	176	168	344	1,570	46	33	56	160	216	[illegible]	130 00	94,811 61	437,239	1,198	79 14	65,800 00	781 38	"	13,111 32	15,119 11	94,811 81
…-et-Vilaine	1,304	420		420	1,724	97	35	92	238	330	[illegible]	380 00	74,222 00	460,345	1,286	57 72	65,000 00	1,039 00	,	"	"	66,039 00
…e	870	88	102	190	1,060	32	112	,	106	106	[illegible]	1,923 32	57,814 95	291,072	798	71 82	56,427 36	887 59	,	,	.	57,314 95
…e-et-Loire	1,030	362		362	1,392	67	5	47	254	301	[illegible]	2,100 00	89,126 32	374,606	1,027	80 78	47,000 00	1,177 58	,	22,000 00	18,948 70	89,126 32
…	1,944	794		794	2,738	1,153	268	110	259	369	[illegible]	17,876 75	90,933 55	551,183	1,587	59 16	49,886 43	2,642 12	"	38,905 00	"	90,933 55
…	443	76		76	519	35	41	1	42	43	[illegible]	7,130 00	42,073 58	155,773	427	98 53	40,644 46	803 26	,	"	625 51	42,073 59
…des	1,503	247		247	1,750	77	18	17	147	164	[illegible]	1,620 00	96,321 98	533,425	1,461	54 08	77,470 00	"	"	2,842 98	"	80,321 98
…-et-Cher	879	298		298	1,177	31	15	4	232	236	[illegible]	2,465 00	83,911 60	323,722	887	94 60	75,032 68	570 86	,	9,700 00	,	85,312 54
…e	1,467	648		648	2,115	112	314	26	222	248	[illegible]	12,842 20	104,767 43	522,830	1,432	73 10	60,000 00	1,008 37	4,500 00	20,000 00	"	85,508 37
…e (Haute-)	1,289	104	127	231	1,520	122	37	6	112	118	[illegible]	"	70,913 75	448,326	1,229	57 70	57,000 00	508 12	13,405 63	"	"	70,913 75
…e-Inférieure	1,069	353		353	1,422	79	16	45	219	264	[illegible]	3,225 40	76,031 64	392,490	1,078	70 73	59,500 00	1,810 31	,	12,000 00	"	73,310 51
…ret	1,524	208	190	398	1,922	95	40	67	244	311	[illegible]	81,377 44	153,018 96	476,148	1,805	114 26	116,944 02	1,345 04	"	6,398 92	28,227 37	153,018 95
…	568	54	55	109	677	49	62	10	87	97	[illegible]	6,010 82	32,488 00	189,070	518	82 72	40,000 00	800 00	"	,	.	40,800 00
…-et-Garonne	1,435	125	116	241	1,676	29	163	39	105	144	[illegible]	5,368 18	102,845 77	483,203	1,324	77 68	94,350 00	429 16	"	19,000 00	"	115,779 16
…ère	623	126		126	749	35	25	,	85	85	[illegible]	"	97,275 35	225,014	616	60 51	40,000 00	73 74	"	,	"	40,073 74
…ne-et-Loire	2,289	288	249	537	2,826	68	1,217	51	360	411	[illegible]	4,737 71	143,571 40	613,784	1,562	65 56	119,745 13	"	6,826 27	18,000 00	"	143,571 40
…che	1,591	453		453	2,044	106	41	25	245	270	[illegible]	"	116,079 57	590,521	1,518	71 74	91,000 00	507 70	10,000 00	20,000 00	22 63	121,530 33
…ne	1,456	388		388	1,844	195	48	6	247	253	[illegible]	20,366 30	146,943 07	505,708	1,888	105 87	75,066 18	1,953 39	20,066 30	48,427 22	"	146,943 07
…ne (Haute-)	723	138		138	861	57	29	1	121	122	[illegible]	7,306 39	53,029 02	252,316	661	77 61	40,000 00	1,480 24	"	16,000 00	"	57,480 24

* Ce chiffre élevé résulte de l'exécution d'un arrêté de préfecture relatif au déplacement des Enfants trouvés.

DÉPARTEMENTS.	ENTRÉES. Nombre d'Enfants trouvés existant au 1er janvier	Enfants admis, du sexe masculin	Enfants admis, du sexe féminin	Enfants admis, total des admissions annuelles	Total des existences	SORTIES. Enfants qui ont cessé d'être à la charge des hospices	Retirés par les parents ou des bienfaiteurs	Morts aux hospices	Morts chez les nourrices	Total des décès	[illegible]
Mayenne	897	252		252	1,149	20	8	38	129	167	[illegible]
Meurthe	2,085	288		258	2,343	429	237	21	186	209	[illegible]
Meuse	683	115		115	798	86	27	2	99	101	[illegible]
Morbihan	1,185	95	77	172	1,357	57	126	4	68	72	[illegible]
Moselle	648	94		94	742	69	41	8	30	38	[illegible]
Nièvre	1,538	156	210	366	1,904	154	15	7	244	251	[illegible]
Nord	3,800	770		770	4,570	252	91	22	399	421	[illegible]
Oise	978	253		253	1,231	103	8	14	130	144	[illegible]
Orne	1,070	206		206	1,276	60	18	13	128	141	[illegible]
Pas-de-Calais	1,715	424		424	2,139	104	76	7	274	281	[illegible]
Puy-de-Dôme	1,977	223	193	416	2,393	79	68	47	209	256	[illegible]
Pyrénées (Basses-)	2,050	582		582	2,632	321	40	67	243	310	[illegible]
Pyrénées (Hautes-)	818	234		234	1,052	66	18	38	117	155	[illegible]
Pyrénées-Orientales	606	141	134	275	881	62	14	119	115	234	[illegible]
Rhin (Bas)	643	52	63	115	758	61	27	11	41	52	[illegible]
Rhin (Haut-)	268	14	16	30	288	26	5	"	5	5	[illegible]
Rhône	10,543	922	853	1,775	12,318	585	146	265	963	1,228	[illegible]
Saône (Haute-)	58	1	3	4	62	4	8	1	3	4	[illegible]
Saône-et-Loire	1,450	149	142	291	1,741	76	43	"	158	158	[illegible]
Sarthe	1,130	191		191	1,321	58	46	39	110	149	[illegible]
Seine	16,408	4,941		4,941	21,349	1,154	162	1,230	2,673	3,903	[illegible]
Seine-et-Marne	498	107		107	605	34	182	8	67	75	[illegible]
Seine-et-Oise	156	96		96	252	44	8	"	33	33	[illegible]
Seine-Inférieure	2,375	840		840	3,215	170	89	254	429	683	[illegible]
Sèvres (Deux)	685	88	103	191	876	28	178	2	115	119	[illegible]
Somme	1,142	303		303	1,445	74	59	6	205	211	[illegible]
Tarn	1,320	276		276	1,596	80	10	25	193	218	[illegible]
Tarn-et-Garonne	717	70	58	128	845	51	19	11	84	95	[illegible]
Var	1,957	523		523	2,480	282	6	121	146	267	[illegible]
Vaucluse	1,644	408		408	2,052	127	29	107	195	302	[illegible]
Vendée	885	79	93	172	1,057	35	53	9	125	134	[illegible]
Vienne	1,026	88	47	137	1,183	11	39	3	76	79	[illegible]
Vienne (Haute-)	1,500	405		405	1,905	93	46	102	237	339	[illegible]
Vosges	95	20		20	115	8	19	3	2	5	[illegible]
Yonne	439	191		191	630	21	16	"	116	116	[illegible]
TOTAL	129,699	5,125 21,644	5,002	31,771	161,470	10,227	7,426	4,734	17,249	21,983	[illegible]

DÉPARTEMENTS.	[illegible]	DÉPENSES. Autres dépenses	Dépense totale	Nombre total des journées de présence	Terme moyen annuel du nombre des Enfants	Moyenne de la dépense de chaque Enfant	RESSOURCES OUVERTES POUR COUVRIR CES DÉPENSES. Sommes votées aux budgets variables et facultatifs	Produit des amendes et confiscations	Contingents assignés aux hospices	Sommes laissées à la charge des communes	Autres ressources	Total des ressources
	fr. c.	fr. c.	fr. c.			fr. c.	fr. c.	fr. c.	fr. c.	fr. c.	fr. c.	fr. c.
Mayenne	[illegible]	"	72,210 10	336,693	922	78 32	71,728 38	481 72	"	"	"	72,210 10
Meurthe	[illegible]	1,013 00	151,199 58	617,872	1,093	80 31	119,000 00	739 08	9,164 65	22,205 95	"	151,199 58
Meuse	[illegible]	1,465 80	45,775 78	219,170	600	76 29	23,000 00	"	"	22,775 78	"	45,775 78
Morbihan	[illegible]	249 60	60,498 00	401,205	1,099	73 25	55,000 00	176 00	"	12,000 00	"	67,176 00
Moselle	[illegible]	4,537 22	41,525 77	221,628	607	66 41	44,000 00	2,475 31	"	"	8,000 00	54,475 31
Nièvre	[illegible]	1,680 00	99,097 10	578,376	1,585	62 52	50,000 00	965 16	4,181 94	44,000 00	"	99,147 10
Nord	[illegible]	58,467 10	355,310 39	1,376,093	3,773	94 17	262,500 00	2,295 30	57,351 31	91,318 14	1,845 64	355,310 39
Oise	[illegible]	"	83,981 95	351,185	962	87 30	68,800 00	2,020 93	"	8,318 50	"	79,139 43
Orne	[illegible]	3,102 00	76,059 20	390,068	1,069	71 05	74,177 39	935 81	840 00	"	"	75,959 20
Pas-de-Calais	[illegible]	7,327 44	170,675 46	592,262	1,625	105 16	120,000 00	3,027 59	40,069 12	"	"	163,085 71
Puy-de-Dôme	[illegible]	"	106,587 89	738,754	2,024	52 66	95,358 50	1,229 39	10,000 00	"	"	106,587 89
Pyrénées (Basses-)	[illegible]	6,620 06	114,861 50	700,000	1,918	59 02	100,000 00	477 15	"	13,384 35	"	114,861 50
Pyrénées (Hautes-)	[illegible]	296 00	41,592 05	316,000	863	48 19	40,200 00	"	"	1,392 05	"	41,502 05
Pyrénées-Orientales	[illegible]	157 60	60,055 54	212,194	581	68 94	33,789 42	816 42	"	5,468 00	"	40,073 84
Rhin (Bas)	[illegible]	13,324 23	* 73,794 50	225,570	618	119 41	25,000 00	900 00	"	26,500 00	35,858 86	90,258 86
Rhin (Haut-)	[illegible]	2,256 00	23,682 94	90,510	248	95 37	10,000 00	2,619 00	"	11,141 00	"	23,760 00
Rhône	[illegible]	403,747 75	676,483 60	3,806,590	10,435	64 83	195,000 00	2,111 14	439,372 46	30,000 00	10,000 00	676,483 60
Saône (Haute-)	[illegible]	1,619 78	3,303 89	19,157	52	161 42	2,428 70	24 22	"	"	4,600 25	7,122 24
Saône-et-Loire	[illegible]	"	112,529 35	527,914	1,446	77 82	67,082 25	902 20	4,200 00	40,000 00	254 90	112,529 35
Sarthe	[illegible]	2,455 46	87,168 28	390,748	1,071	81 39	62,000 00	925 16	"	"	"	62,925 16
Seine	[illegible]	181,938 24	1,343,450 35	5,726,125	15,688	85 64	400,000 00	28,054 27	237,000 00	676,121 32	"	1,341,175 59
Seine-et-Marne	[illegible]	"	29,201 66	139,514	382	76 44	25,000 00	1,475 70	4,220 00	14,273 00	"	44,968 70
Seine-et-Oise	[illegible]	64 00	15,306 03	57,851	158	97 44	13,378 17	2,017 86	"	"	"	15,395 03
Seine-Inférieure	[illegible]	8,671 25	190,822 71	830,919	2,276	83 84	142,000 00	2,306 16	"	46,454 55	"	190,822 71
Sèvres (Deux)	[illegible]	"	51,620 25	251,802	690	74 82	33,900 00	1,346 33	12,921 00	3,000 00	"	51,157 33
Somme	[illegible]	25,612 02	117,422 30	415,157	1,132	103 78	104,609 21	"	12,813 09	"	"	117,422 30
Tarn	[illegible]	"	73,583 83	407,548	1,281	57 44	45,795 00	568 40	"	16,567 43	10,654 00	73,583 83
Tarn-et-Garonne	[illegible]	33 00	58,623 21	234,578	697	70 93	58,447 21	176 00	"	"	"	58,623 21
Var	[illegible]	"	123,102 05	712,454	1,952	62 55	88,000 00	"	"	18,437 35	"	107,587 35
Vaucluse	[illegible]	18,636 25	125,479 63	583,112	1,508	78 52	55,000 00	1,021 47	"	51,421 01	18,086 25	125,479 03
Vendée	[illegible]	751 00	60,572 99	308,026	844	82 43	68,843 62	724 37	"	"	"	69,572 99
Vienne	[illegible]	"	66,066 82	337,226	924	71 50	65,043 04	1,023 78	"	"	"	66,066 82
Vienne (Haute-)	[illegible]	1,462 76	82,865 49	541,758	1,484	55 84	77,261 74	603 75	"	5,000 00	"	82,865 49
Vosges	[illegible]	"	7,774 00	32,618	89	87 35	6,553 30	1,215 70	"	"	"	7,774 00
Yonne	[illegible]	1,353 50	38,496 12	174,105	477	80 70	60,000 00	3,449 95	"	"	"	* 60,449 95
TOTAL	[illegible]	1,044,709 10	9,441,004 85	45,157,619	123,720	76 31	6,264,202 26	120,118 83	1,148,156 22	1,755,227 54	164,016 35	9,450,719 72

Rhin (Bas) * Dans la dépense totale on a compris les frais de gestion des hospices.

Yonne. * La différence en plus de 1834 a servi à payer la différence en moins de 1832.

D'après ces chiffres, dont les détails se trouvent dans le tableau ci-dessus, on voit que la dépense s'est accrue dans une proportion co-relative à l'augmentation du nombre des Enfants.

En présence d'un accroissement si rapide, et dans le désir d'y porter remède, on a dû naturellement se demander plus d'une fois à quelles causes il était possible de l'attribuer. Provient-il de changements graves survenus dans les mœurs, d'une altération successive des principes de la morale, qui aurait attiédi les sentiments naturels et l'esprit de famille? Faut-il en accuser la misère des classes laborieuses, ou au contraire le développement de toutes les industries, et en particulier de celles qui nécessitent de nombreuses agglomérations d'individus, et provoquent la réunion habituelle et constante des deux sexes?

On a demandé à la statistique la réponse à ces questions; et l'administration, comme les écrivains, a recueilli des séries d'observations plus ou moins précises et concordantes; mais parmi ces derniers aucun n'a poussé plus loin les recherches et n'a fait des rapprochements plus curieux que M. le vicomte de Bondy, préfet du département de l'Yonne, dans un mémoire qu'il a publié en 1835, pour démontrer la nécessité d'une révision de la législation actuelle relative aux Enfants-trouvés. Je crois devoir emprunter à ce travail trois tableaux qui présentent des rapprochements d'un haut intérêt.

Le premier de ces tableaux groupe les départements par arrondissement des cours royales et en compare la population avec le nombre des Enfants trouvés et abandonnés.

Il indique le nombre d'hospices dépositaires que possède chaque département; la dépense actuelle des mois de nourrice et celle qui avait lieu d'après la répartition du fond de quatre millions alloué en 1811; enfin il fournit le chiffre de la dépense moyenne de chaque Enfant dans les différentes localités.

Le second tableau présente, pour chaque département,

1° Le rapport du nombre des Enfants trouvés à celui des habitants;

2° Le rapport du nombre de ces Enfants en 1811 avec leur nombre actuel;

3° La superficie moyenne du territoire correspondant à chaque hospice dépositaire;

4° Le revenu territorial par individu;

5° Le nombre d'habitants par kilomètre carré;

6° La force respective de garnisons habituelles;

7° Le nombre des Enfants reçus aux écoles primaires par rapport à un nombre déterminé d'habitants;

8° Le rapport du nombre de naissances d'Enfants naturels au chiffre total des naissances;

9° Le rapport du nombre des condamnés à celui des habitants;

10° Et enfin le nombre des accusations d'infanticides pendant quatre années consécutives.

Le troisième tableau n'est qu'une récapitulation de celui qui précède. En prenant pour point de départ le nombre des Enfants trouvés comparé à celui de la population générale, il classe successivement chaque département par rapport aux causes qu'on peut présumer communément avoir sur les abandons une influence plus ou moins directe; de manière qu'on puisse apprécier si les départements où se rencontrent le plus d'Enfants trouvés sont aussi ceux où toutes ces causes se présentent réunies.

Voici ces trois tableaux :

TABLEAU N° 1er.

COURS ROYALES.	POPULATION	NOMBRE des Enfants trouvés.	NOMBRE DES HOSPICES dépositaires.	DÉPENSE DES MOIS DE NOURRICE, d'après la répartition du fonds de 4,000,000 alloué en 1811.	DÉPENSE DES MOIS DE NOURRICE, actuelle.	DÉPENSE DES MOIS DE NOURRICE, moyenne par Enfant	DÉPARTEMENTS.	POPULATION	NOMBRE des Enfants trouvés.	NOMBRE DES HOSPICES dépositaires.	DÉPENSE DES MOIS DE NOURRICE, d'après la répartition du fonds de 4,000,000 alloué en 1811	DÉPENSE DES MOIS DE NOURRICE, actuelle	DÉPENSE DES MOIS DE NOURRICE, moyenne par Enfant
				fr.	fr.	fr.					fr	fr	fr
Agen.... .	942,872	3,204	8	133,000	257,000	80	Gers.. ..	312,160	1,200	3	57,000	100,000	83
							Lot. . . .	283,827	596	1	20,000	33,000	59
							Lot-et Garonne	346,885	1,408	4	56,000	122,000	86
Aix........	832,870	5,768	11	199,000	436,000	76	Basses-Alpes..	155,896	1,177	5	47 000	78,000	66
							B.-du-Rhône..	359,473	2,703	3	88,000	247,000	91
							Var.........	317,501	1,888	3	64,000	111,000	59

TABLEAU N° 1er. (Suite.)

COURS ROYALES.	POPULATION	NOMBRE des Enfants trouvés.	NOMBRE DES HOSPICES dépositaires.	DÉPENSE DES MOIS DE NOURRICE, d'après la répartition du fonds de 4,000,000 alloué en 1811	DÉPENSE DES MOIS DE NOURRICE, actuelle.	DÉPENSE DES MOIS DE NOURRICE, moyenne par Enfant.	DÉPARTEMENTS.	POPULATION	NOMBRE des Enfants trouvés	NOMBRE DES HOSPICES dépositaires.	DÉPENSE DES MOIS DE NOURRICE, d'après la répartition du fonds de 4,000,000 alloué en 1811.	DÉPENSE DES MOIS DE NOURRICE, actuelle.	DÉPENSE DES MOIS DE NOURRICE, moyenne par Enfant.
				fr.	fr.	fr.					fr	fr	fr
AMIENS	1,454,429	4,690	10	146,000	319,000	65	Aisne........	513,000	2,274	5	56,000	108,000	47
							Oise.........	397,725	990	2	43,000	81,000	81
							Somme	543,704	1,526	3	47,000	130,000	85
ANGERS	1,277,829	3,330	8	135,000	266,000	80	Maine-et Loire	467,871	1,100	4	60,000	100,000	90
							Mayenne.....	352,586	827	3	28,000	66,000	79
							Sarthe..	457,372	1,403	1	47,000	100,000	71
BESANÇON	916,949	1,190	3	54,000	83,000	70	Doubs.	265 535	670	1	30,000	36,000	53
							Jura.........	312,504	446	1	21,000	43,000	96
							Haute-Saône..	338,910	74	1	3,000	4,000	54
BORDEAUX	1,399,506	6,549	10	192,000	430,000	66	Charente	362,531	1,535	5	46,000	95,000	61
							Dordogne . ..	482,750	1,457	5	46,000	95,000	65
							Gironde. .	554,225	3,557	1	100,000	240,000	67
BOURGES	783,869	3,569	6	125,000	244,000	68	Cher.	256,059	1,467	3	40,000	95,000	65
							Indre .	245,289	893	2	35,000	57,000	63
							Nievre	282,521	1,209	1	50,000	92,000	76
CAEN ...	1,527,867	4,386	16	200,000	353,000	80	Calvados. .	494,702	1,774	6	92,000	153,000	86
							Manche	591,284	1,591	6	70,000	127,000	80
							Orne .	441,881	1,021	4	38,000	72,000	71
COLMAR. .	964,471	1,304	6	60,000	92,000	71	Bas-Rhin . .	540,213	1,044	1	50,000	73,000	70
							Haut-Rhin...	424,258	260	5	10,000	19,000	73
CORSE (île) .	195,407	465	6	25,000	62,000	133	Corse	195,407	465	6	25,000	62,000	133
DIJON	1,149,674	2,908	9	95,000	207,000	75	Côte d'Or. .	375,877	747	1	26,000	50,000	67
							Haute-Marne .	249,827	727	3	23,000	49,000	67
							Saône et-Loire.	537,970	1,435	4	46,000	108,000	75
DOUAI..	1,645,153	5,495	11	185,000	417,000	76	Nord .. .	989,938	3,696	5	130,000	297,000	80
							Pas de-Calais .	655,215	1,779	6	55,000	120,000	67
GRENOBLE	978,916	3,611	6	116,000	219,000	61	Hautes-Alpes..	129,102	443	3	30,000	42,000	95
							Drôme. ..	299,556	1,188	1	40,000	78,000	66
							Isere	550,258	1,980	2	46,000	99,000	50
LIMOGES .	845,348	3,006	7	96,000	159,000	53	Correze .	294,834	400	1	26,009	25,000	62
							Crense	265.384	1,147	3	33,000	55,000	48
							Haute Vienne.	285,130	1,459	3	37,000	79,000	54
LYON .	1,171,675	12,142	7	212,000	613,000	50	Ain	346,030	758	3	15,000	34,000	45
							Loire . . .	391,216	1,296	3	35,000	79,000	61
							Rhône . . .	434,429	10,088	1	162,000	500,000	50
METZ ...	706,625	1,446	4	60,000	110,000	76	Ardennes	289,622	691	3	27,000	58,000	84
							Moselle. . . .	417,003	755	1	33,000	52,000	69
MONTPELLIER	1,132,440	5,178	14	168,000	334,000	64	Aude	270,125	1,438	4	36,000	33,000	58
							Aveyron	359,056	1,976	2	70,000	122,000	62
							Herault	346,207	1,200	7	41,000	92,000	77
							Pyrén.-Orient .	157,052	564	1	21,000	37,000	66

TABLEAU N° 1er. (Suite.)

COURS ROYALES.	POPULATION.	NOMBRE des Enfants trouvés.	NOMBRE DES HOSPICES dépositaires.	DÉPENSE DES MOIS DE NOURRICE, d'après la répartition du fonds de 4,000,000 alloué en 1811.	DÉPENSE DES MOIS DE NOURRICE, actuelle.	DÉPENSE DES MOIS DE NOURRICE, moyenne par Enfant	DÉPARTEMENTS.	POPULATION.	NOMBRE des Enfants trouvés.	NOMBRE DES HOSPICES dépositaires.	DÉPENSE DES MOIS DE NOURRICE, d'après la répartition du fonds de 4,000,000 alloué en 1811	DÉPENSE DES MOIS DE NOURRICE, actuelle	DÉPENSE DES MOIS DE NOURRICE, moyenne par Enfant
				fr.	fr.	fr.					fr.	fr.	fr.
…ANCY	1,118,143	2,762	10	96,000	212,000	77	Meurthe	415,568	1,078	1	70,000	146,000	75
							Meuse	314,588	564	4	23,000	50,000	83
							Vosges	307,087	120	5	3,000	9,000	75
…MES	1,077,577	3,868	12	120,000	266,000	69	Ardèche	340,734	643	3	25,000	47,000	73
							Gard	357,383	982	4	23,000	66,000	67
							Lozère	140,347	600	1	18,000	37,000	62
							Vaucluse	239,113	1,643	4	65,000	110,000	71
…RLÉANS	838,012	3,810	7	126,000	295,000	77	Indre-et-Loire	297,016	995	1	36,000	57,000	57
							Loir-et-Cher	335,750	1,160	3	36,000	82,000	69
							Loiret	305,276	1,628	3	51,000	120,000	74
…ARIS	2,921,925	20,380	22	548,000	1,916,000	94	Aube	240,361	738	3	28,000	50,000	68
							Eure-et-Loir	278,820	880	3	85,000	60,000	[illegible]
							Marne	337,076	1,582	3	55,000	131,000	[illegible]
							Seine	935,108	16,229	1	378,000	1,508,000	[illegible]
							Seine-et-Marne	323,893	314	5	18 000	30,000	[illegible]
							Seine-et-Oise	448,180	227	3	7,000	14,000	[illegible]
							Yonne	352,487	460	4	37,000	35,000	76
…AU	942,936	4,853	9	127,000	236,000	54	Landes	281,504	1,452	3	48,000	80,000	[illegible]
							Basses-Pyrén.	425,401	2,086	5	57,000	113,000	[illegible]
							Hautes-Pyrén.	233,031	327	1	22,000	43,000	[illegible]
…OITIERS	1,353,180	3,981	15	144,000	278,000	70	Charente-Inférieure	445,249	1,573	3	60,000	114,000	73
							Deux-Sèvres	304,850	492	3	22,000	34,000	69
							Vendée	330,350	816	3	25,000	60,000	73
							Vienne	282,731	1,100	4	34,000	70,000	64
…ENNES	2,578,035	3,611	24	201,000	342,000	59	Côtes-du-Nord	605,872	516	7	28,000	36,000	70
							Finistère	524,500	1,015	4	67,000	115,000	71
							Ille-et-Vilaine	547,052	1,134	7	35,000	60,000	53
							Loire-Inférieure	470,093	1,437	1	40,000	5,500	[illegible]
							Morbihan	433,522	1,109	5	30,000	75,000	68
…OM	1,422,035	6,512	15	150,000	346,000	52	Allier	295,257	2,230	4	50,000	102,000	46
							Cantal	258,594	1,170	2	31,000	70,000	60
							Haute-Loire	292,078	1,212	5	31,000	70,000	58
							Puy-de-Dôme	573,106	2,000	4	47,000	109,000	53
…OUEN	1,117,931	2,979	5	125,000	247,000	83	Eure	424,248	400	2	25,000	37,000	76
							Seine-Inférieure	693,683	2,489	3	100,000	210,000	84
…OULOUSE	1,259,880	4,758	12	144,000	281,000	69	Ariége	253,121	697	3	25,000	50,000	59
							Haute-Garonne	427,856	2,137	2	48,000	115,000	54
							Tarn	335,844	1,185	4	35,000	72,000	61
							Tarn-et-Gar.	242,500	730	3	33,000	55,000	74
TOTAUX	32,560,934	127,567	271	4,000,000	9,019,000	71 moyenne générale.	TOTAUX	32,560,934	127,567	271	4,000,000	9,019,000	71 moyenne générale

TABLEAU N° 2.

NUMÉROS D'ORDRE des départements	DÉPARTEMENTS.	RAPPORT du nombre des Enfants trouvés à celui des habitants.	RAPPORT du nombre de ces Enfants en 1811 avec leur nombre actuel.	SUPERFICIE moyenne correspondant à chaque hospice dépositaire.	REVENU territorial par individu.	NOMBRE moyen d'habitants par kilomètre carré.	FORCE respective des garnisons habituelles (l'unité étant prise pour 100 hommes.)	NOMBRE d'Enfants aux écoles primaires par 10,000 habitants.	RAPPORT du nombre des naissances d'Enfants naturels au nombre total des naissances	RAPPORT du nombre des condamnés à celui des habitants	NOMBRE des accusations d'infanticide pendant quatre années consécutives.
				Kilom. carr.	fr. c.						
1	Ain	1 à 456	1 à 2, 2	1,940	44 25	58	5	450	1 à 25	1 à 3,254	4
2	Aisne	1 à 226	1 à 1, 0	1,400	54 76	68	30	916	1 à 14	1 à 2,031	"
3	Allier	1 à 134	1 à 2, 1	1,850	34 00	40	7	178	1 à 15	1 à 2 145	4
4	Alpes (Basses-)	1 à 182	1 à 1, 6	1,450	26 90	21	5	501	1 à 17	1 à 2,156	3
5	Alpes (Hautes-)	1 à 201	1 à 1, 4	1,840	24 15	23	32	915	1 à 21	1 à 2,270	1
6	Ardèche	1 à 520	2 à 1, 0	1,830	84 76	62	1	330	1 à 33	1 à 1,845	4
7	Ardennes	1 à 410	1 à 2, 1	1,700	31 28	55	65	1,177	1 à 19	1 à 3,275	1
8	Ariége	1 à 363	1 à 1, 4	1,700	34 78	48	6	360	1 à 17	1 à 1,810	3
9	Aube	1 à 334	1 à 1, 6	2,030	54 61	40	2	1,196	1 à 15	1 à 1,263	2
10	Aude	1 à 188	1 à 2, 3	1,580	52 96	21	15	383	1 à 17	1 à 2,800	3
11	Aveyron	1 à 182	1 à 1, 7	1,410	84 74	41	»	320	1 à 17	1 à 1,607	4
12	Bouches-du-Rhône	1 à 138	1 à 2, 8	2,000	65 88	60	37	338	1 à 10	1 à 1,450	3
13	Calvados	1 à 279	1 à 1, 6	950	62 65	87	15	527	1 à 8	1 à 1,350	2
14	Cantal	1 à 221	1 à 2, 2	2,870	30 75	45	1	224	1 à 14	1 à 3,119	1
15	Charente	1 à 236	1 à 2, 1	1,470	47 12	62	3	466	1 à 17	1 à 3,150	1
16	Charente-Inférieure	1 à 263	1 à 1, 9	1,450	49 29	62	36	405	1 à 21	1 à 1,668	3
17	Cher	1 à 175	1 à 2, 3	2,460	39 98	35	9	194	1 à 8	1 à 2,617	3
18	Corrèze	1 à 737	1 à 1, 0	5,040	26 12	60	1	156	1 à 18	1 à 4,603	4
19	Corse	1 à 420	1 à 2, 5	1,680	14 22	20	36	602	1 à 20	1 à 607	2
20	Côte-d'Or	1 à 303	1 à 1, 9	8,700	74 55	43	33	1,010	1 à 14	1 à 2,235	2
21	Côtes-du-Nord	1 à 1,160	1 à 1, 5	1,060	36 86	81	9	136	1 à 42	1 à 2,220	2
22	Creuse	1 à 281	1 à 1, 6	1,030	27 38	46	2	204	1 à 17	1 à 7,026	1
23	Dordogne	1 à 331	1 à 2, 1	1,700	54 60	53	9	199	1 à 18	1 à 2,667	3
24	Doubs	1 à 305	1 à 1, 2	5,470	45 90	50	47	973	1 à 18	1 à 1,560	1
25	Drôme	1 à 262	1 à 1, 9	6,750	43 85	44	22	434	1 à 16	1 à 1,705	4
26	Eure	1 à 866	1 à 1, 3	3,110	51 08	58	12	379	1 à 17	1 à 1,439	3
27	Eure-et-Loir	1 à 317	1 à 2, 4	2,060	65 41	46	9	580	1 à 13	1 à 1,855	2
28	Finistère	1 à 825	1 à 1, 7	1,730	25 12	76	38	116	1 à 28	1 à 2,140	1
29	Gard	1 à 303	1 à 2, 8	1,400	40 19	60	26	468	1 à 28	1 à 2,214	4
30	Garonne (Haute-)	1 à 200	1 à 2, 4	3,210	58 35	67	33	287	1 à 14	1 à 2,274	3
31	Gers	1 à 200	1 à 1, 7	1,200	53 12	48	7	312	1 à 15	1 à 3,107	5
32	Gironde	1 à 158	1 à 2, 4	10,320	59 90	51	23	341	1 à 9	1 à 2,704	2
33	Hérault	1 à 288	1 à 2, 2	000	53 28	55	39	487	1 à 21	1 à 3,173	2
34	Ille-et-Vilaine	1 à 683	1 à 1, 7	070	32 01	80	48	137	1 à 57	1 à 1 677	6
35	Indre	1 à 275	1 à 1, 6	3,500	36 00	86	2	148	1 à 20	1 à 2,763	2
36	Indre-et-Loire	1 à 290	1 à 2, 4	6,120	46 22	48	14	160	1 à 15	1 à 2,087	7
37	Isère	1 à 278	1 à 2, 1	4,200	40 74	65	61	443	1 à 12	1 à 2,000	3
38	Jura	1 à 701	1 à 2, 1	5 030	50 89	62	14	808	1 à 19	1 à 2,351	2
39	Landes	1 à 104	1 à 1, 6	3,000	26 36	31	6	319	1 à 23	1 à 1,617	2
40	Loir-et-Cher	1 à 196	1 à 2, 3	2,010	41 05	30	27	379	1 à 13	1 à 1,734	4
41	Loire	1 à 302	1 à 2, 2	1,050	31 54	80	19	281	1 à 24	1 à 3,207	1
42	Loire (Haute-)	1 à 241	1 à 2, 2	1,560	31 80	58	4	202	1 à 42	1 à 4,025	1
43	Loire-Inférieure	1 à 327	1 à 1, 4	7,060	32 01	67	23	106	1 à 20	1 à 2,582	3
44	Loiret	1 à 168	1 à 2, 3	2,350	36 22	45	22	312	1 à 15	1 à 1,521	3
45	Lot	1 à 476	1 à 1, 7	3,060	31 96	54	4	272	1 à 20	1 à 1,621	1

TABLEAU N° 2. (Suite.)

NUMÉROS D'ORDRE des départements.	DÉPARTEMENTS.	RAPPORT du nombre des Enfants trouvés à celui des habitants.	RAPPORT du nombre de ces Enfants en 1811 avec leur nombre actuel.	SUPERFICIE moyenne correspondant à chaque hospice dépositaire	REVENU territorial par individu.	NOMBRE moyen d'habitants par kilomètre carré.	FORCE respective des garnisons habituelles (l'unité étant prise pour 100 hommes.)	NOMBRE d'Enfants aux écoles primaires par 10,000 habitants.	RAPPORT du nombre des naissances d'Enfants naturels au nombre total des naissances	RAPPORT du nombre des condamnés à celui des habitants.	NOMBRE des accusations d'infanticide pendant quinze années
				kilom. car.	fr. c.						
46	Lot-et-Garonne	1 à 245	1 à 2, 2	1,100	68 44	66	3	292	1 à 15	1 à 3,189	2
47	Lozère	1 à 234	1 à 2, 1	5,090	38 62	25	1	274	1 à 21	1 à 2,108	2
48	Maine-et-Loire	1 à 425	1 à 1, 6	1,790	52 15	65	33	230	1 à 13	1 à 2,237	4
49	Manche	1 à 372	1 à 1, 8	830	53 60	88	20	432	1 à 15	1 à 3,870	1
50	Marne	1 à 220	1 à 2, 3	2,780	52 64	41	10	1,168	1 à 14	1 à 1,349	3
51	Marne (Haute-)	1 à 343	1 à 2, 1	2,110	42 70	30	2	1,263	1 à 18	1 à 2,408	3
52	Mayenne	1 à 426	1 à 2, 4	1,720	40 16	68	3	244	1 à 15	1 à 3,177	1
53	Meurthe	2 à 210	1 à 2, 1	6,200	33 19	66	79	1,010	1 à 14	1 à 1,874	»
54	Meuse	1 à 474	1 à 2, 3	1,510	37 68	62	56	1,117	1 à 21	1 à 2,887	»
55	Morbihan	1 à 390	1 à 2, 0	1,860	35 42	64	44	120	1 à 46	1 à 2,874	4
56	Moselle	1 à 552	1 à 1, 5	6,100	39 79	66	128	981	1 à 16	1 à 1,201	3
57	Nièvre	1 à 234	1 à 1, 8	6,800	39 10	42	7	272	1 à 30	1 à 2,718	1
58	Nord	1 à 208	1 à 2, 2	1,160	28 17	171	227	676	1 à 10	1 à 1,899	1
59	Oise	1 à 402	1 à 1, 8	2,900	68 14	68	17	1,031	1 à 14	1 à 2,855	»
60	Orne	1 à 453	1 à 1, 9	1,810	45 72	68	8	875	1 à 23	1 à 3,505	4
61	Pas-de-Calais	1 à 364	1 à 2, 9	1,110	40 96	6	92	905	1 à 10	1 à 3,241	2
62	Puy-de-Dôme	1 à 266	1 à 2, 2	1,980	40 52	2	14	184	1 à 23	1 à 2,891	4
63	Pyrénées (Basses-)	1 à 205	1 à 1, 9	910	30 08	57	46	604	1 à 14	1 à 2,732	»
64	Pyrénées (Hautes-)	1 à 282	1 à 2, 0	4,640	28 08	50	5	628	1 à 13	1 à 3,365	1
65	Pyrénées-Orientales	1 à 275	1 à 1, 7	4,110	30 85	38	50	322	1 à 11	2 à 1,905	»
66	Rhin (Bas-)	1 à 517	1 à 1, 4	4,170	34 25	190	100	1,198	1 à 10	1 à 1,468	4
67	Rhin (Haut-)	1 à 1,632	1 à 1, 9	750	36 19	98	42	975	1 à 16	1 à 1,250	1
68	Rhône	1 à 43	1 à 3, 0	2,700	30 10	161	39	380	1 à 7	1 à 1,509	2
69	Saône (Haute-)	1 à 4,779	1 à 1, 8	4,620	54 50	68	14	840	1 à 12	1 à 2,463	1
70	Saône-et-Loire	1 à 868	1 à 2, 3	1,710	57 18	61	14	395	1 à 16	1 à 2,047	5
71	Sarthe	1 à 826	1 à 2, 1	6,300	38 28	72	7	288	1 à 13	1 à 2,820	»
72	Seine	1 à 56	2 à 4, 1	460	50 50	1,928	263	805	1 à 3	1 à 488	9
73	Seine-Inférieure	1 à 270	1 à 2, 1	1,970	61 90	117	48	541	1 à 9	1 à 910	»
74	Seine-et-Marne	1 à 1,031	1 à 2, 3	1,200	73 66	55	34	964	1 à 20	1 à 1,851	3
75	Seine-et-Oise	1 à 1,074	1 à 2, 0	1,010	64 14	78	71	708	1 à 15	1 à 1,138	4
76	Sèvres (Deux-)	1 à 500	1 à 1, 5	1,050	47 74	40	9	513	1 à 24	1 à 2,306	8
77	Somme	1 à 356	1 à 2, 8	2,010	51 40	90	30	985	1 à 18	1 à 2,404	1
78	Tarn	2 à 233	1 à 2, 1	1,440	42 63	58	4	260	1 à 25	1 à 1,752	6
79	Tarn-et-Garonne	1 à 328	1 à 1, 6	1,180	51 03	63	8	303	1 à 20	1 à 2,035	3
80	Var	1 à 168	1 à 1, 7	2,430	58 44	44	62	264	1 à 16	1 à 5,254	1
81	Vaucluse	1 à 145	1 à 1, 8	840	62 96	102	17	373	1 à 19	1 à 1,053	»
82	Vendée	1 à 405	1 à 2, 1	2,250	44 58	40	13	203	1 à 20	1 à 2,331	2
83	Vienne	1 à 257	1 à 2, 1	1,720	35 34	41	15	280	1 à 36	1 à 1,612	6
84	Vienne (Haute-)	1 à 105	1 à 2, 1	1,860	25 90	50	7	153	1 à 18	1 à 2,519	1
85	Vosges	1 à 3,316	1 à 3, 0	1,170	28 96	68	8	827	1 à 14	1 à 4,221	2
86	Yonne	1 à 766	1 à 1, 0	1,820	42 14	48	7	347	1 à 19	1 à 2,302	4
	MOYENNES GÉNÉRALES pour une population totale de 32,200,084 habitants	1 à 258	1 à 2, 2	1,698	48 59	60	2,534	508	1 à 13	1 à 1,797	97 par année

TABLEAU N° 3 (déduit du Tableau N° 2.)

NUMÉROS D'ORDRE des départements.	DÉPARTEMENTS classés dans l'ordre des rapports du nombre des Enfants trouvés à la population.	CLASSEMENT DES DÉPARTEMENTS EN DEUX SÉRIES, L'UNE SUPÉRIEURE, L'AUTRE INFÉRIEURE, EN CONSIDÉRANT									
		1° Le rapport du nombre des Enfants trouvés à la population.	2° L'augmentation proportionnelle du nombre des Enfants trouvés depuis 1811.	3° La surface moyenne par ressort d'hospice.	4° Le revenu territorial.	5° La densité de la population.	6° L'importance des garnisons.	7° La fréquentation des écoles primaires.	8° Les naissances d'Enfants naturels.	9° Le nombre des condamnations judiciaires.	10° Le nom… des… infantic…
		Séries.	Séries.	Séries.	Séries.	Séries.	Séries.	Séries.	Séries.	Séries.	Séries.
1	Rhône	1re	1re	1re	2e	1re	1re	2e	1re	1re	2e
2	Seine	1re	1re	2e	1re	1re	1re	2e	1re	1re	1re
3	Basses-Alpes	1re	2e	2e	2e	2e	2e	1re	1re	1re	1re
4	Bouches-du-Rhône	1re	1re	1re	1re	1re	1re	2e	1re	1re	1re
5	Allier	1re	2e	2e	2e	2e	2e	2e	2e	1re	1re
6	Vaucluse	1re	2e	2e	1re	1re	1re	2e	2e	1re	2e
7	Gironde	1re	1re	1re	1re	2e	1re	2e	1re	2e	2e
8	Var	1re	2e	1re	1re	2e	1re	2e	2e	1re	2e
9	Cher	1re	1re	1re	2e	2e	2e	2e	1re	2e	1re
10	Aveyron	1re	2e	1re	2e	2e	2e	2e	2e	1re	2e
11	Aude	1re	1re	2e	1re	2e	1re	1re	1re	2e	1re
12	Loiret	1re	1re	1re	1re	2e	1re	1re	1re	1re	1re
13	Landes	1re	2e	1re	2e	2e	2e	2e	2e	2e	2e
14	Haute-Vienne	1re	1re	2e	2e	2e	2e	2e	2e	2e	2e
15	Loir-et-Cher	1re	1re	1re	2e	2e	2e	1re	1re	1re	1re
16	Haute-Garonne	1re	1re	1re	1re	1re	1re	2e	1re	2e	1re
17	Basses-Pyrénées	1re	2e	2e	2e	2e	1re	1re	1re	2e	2e
18	Meurthe	1re	1re	1re	2e	1re	1re	1re	1re	1re	2e
19	Meuse	1re	1re	1re	1re	2e	2e	1re	1re	1re	1re
20	Cantal	1re	1re	1re	2e	2e	2e	2e	1re	2e	2e
21	Aisne	1re	2e	2e	1re	1re	1re	1re	1re	1re	2e
22	Creuse	1re	2e	1re	2e	2e	2e	2e	2e	2e	2e
23	Loire	1re	1re	1re	1re	2e	2e	2e	2e	1re	2e
24	Nièvre	1re	2e	1re	2e	2e	2e	2e	2e	2e	2e
25	Charente	1re	1re	2e	2e	1re	2e	1re	2e	2e	2e
26	Haute-Loire	1re	1re	2e	2e	2e	2e	2e	2e	2e	2e
27	Lot-et-Garonne	1re	1re	2e	2e	1re	2e	2e	2e	2e	2e
28	Drôme	1re	2e	1re	1re	2e	1re	1re	2e	1re	1re
29	Vienne	1re	1re	2e	2e	2e	1re	2e	2e	1re	1re
30	Gers	1re	2e	2e	1re	2e	2e	2e	1re	2e	1re
31	Nord	1re	1re	2e	2e	1re	1re	1re	1re	1re	2e
32	Indre	1re	2e	1re	2e	2e	2e	2e	2e	2e	2e
33	Isère	1re	1re	1re	1re	1re	1re	1re	1re	1re	1re
34	Pyrénées-Orientales	1re	2e	1re	2e	2e	1re	2e	2e	1re	2e
35	Calvados	1re	2e	2e	1re	1re	2e	1re	1re	1re	2e
36	Seine-Inférieure	1re	1re	1re	1re	1re	1re	1re	1re	1re	1re
37	Hautes-Pyrénées	1re	2e	1re	2e	2e	2e	1re	2e	2e	2e
38	Charente-Inférieure	1re	2e	2e	2e	1re	1re	1re	2e	1re	1re
39	Tarn	1re	1re	2e	2e	1re	1re	1re	2e	1re	1re
40	Puy-de-Dôme	1re	1re	1re	2e	2e	2e	2e	2e	2e	2e
41	Hérault	1re	1re	2e	1re	2e	1re	1re	2e	2e	2e
42	Hautes-Alpes	1re	2e	2e	2e	2e	1re	1re	2e	2e	2e
43	Indre-et-Loire	1re	1re	1re	1re	2e	2e	2e	1re	1re	1re

TABLEAU N° 3. (Suite.)

NUMÉROS D'ORDRE des départements.	DÉPARTEMENTS classés DANS L'ORDRE DES RAPPORTS du nombre des Enfants trouvés à la population.	CLASSEMENT DES DÉPARTEMENTS EN DEUX SÉRIES, L'UNE SUPÉRIEURE, L'AUTRE INFÉRIEURE, EN CONSIDÉRANT									
		1° Le rapport du nombre des Enfants trouvés à la population.	2° L'augmentation proportionnelle du nombre des Enfants trouvés depuis 1811	3° La surface moyenne par ressort d'hospice.	4° Le revenu territorial.	5° La densité de la population	6° L'importance des garnisons.	7° La fréquentation des écoles primaires.	8° Les naissances d'Enfants naturels.	9° Le nombre des condamnations judiciaires	10° Le nombre des infanticides
		Séries	Séries.	Séries.	Séries.	Séries.	Séries.	Séries	Séries	Séries.	Séries
44	Loire.	2e	1re	2e	2e	1re	1re	2e	2e	2e	2e
45	Eure-et-Loir	2e	1re	1re	1re	2e	2e	1re	1re	1re	2e
46	Finistère.	2e	2e	2e	2e	1re	1re	2e	2e	1re	2e
47	Sarthe	2e	1re	1re	2e	1re	2e	2e	1re	2e	2e
48	Loire-Inférieure	2e	2e	1re	2e	1re	1re	2e	2e	2e	1re
49	Tarn-et Garonne	2e	2e	2e	1re	1re	2e	2e	2e	2e	2e
50	Dordogne	2e	1re	2e	1re	2e	2e	2e	2e	2e	1re
51	Aube	2e	2e	1re	1re	2e	2e	1re	1re	1re	2e
52	Haute Marne	2e	1re	1re	1re	2e	2e	1re	2e	2e	1re
53	Somme	2e	1re	1re	1re	1re	1re	1re	1re	2e	2e
54	Ariége	2e	2e	2e	2e	2e	2e	2e	2e	1re	1re
55	Gard	2e	1re	2e	1re	1re	1re	1re	2e	1re	1re
56	Pas-de Calais.	2e	1re	2e	1re	1re	1re	1re	1re	1re	2e
57	Saône et-Loire	2e	1re	2e	1re	1re	2e	1re	1re	2e	1re
58	Manche	2e	2e	2e	1re	1re	1re	1re	1re	2e	2e
59	Morbihan	2e	2e	2e	2e	1re	1re	2e	2e	2e	1re
60	Doubs	2e	2e	1re	1re	2e	1re	1re	1re	1re	2e
61	Oise	2e	2e	1re	1re	1re	1re	1re	1re	2e	2e
62	Vendée	2e	1re	1re	1re	2e	2e	2e	2e	2e	2e
63	Ardennes	2e	1re	2e	2e	2e	1re	1re	2e	2e	2e
64	Corse	2e	1re	2e	2e	2e	1re	1re	2e	1re	2e
65	Maine-et-Loire	2e	2e	2e	1re	1re	1re	2e	1re	2e	1re
66	Mayenne	2e	1re	2e	2e	1re	2e	2e	1re	2e	2e
67	Orne	2e	2e	2e	1re	1re	2e	1re	2e	2e	1re
68	Ain	2e	1re	1re	1re	1re	2e	1re	2e	2e	1re
69	Meuse	2e	1re	2e	2e	2e	1re	2e	2e	2e	1re
70	Lot	2e	2e	1re	2e	2e	2e	2e	2e	1re	2e
71	Ille-et Vilaine	2e	2e	2e	2e	1re	1re	2e	2e	1re	1re
72	Côte-d'Or	2e	2e	1re	1re	2e	1re	1re	1re	2e	2e
73	Bas-Rhin	2e	2e	1re	2e	1re	1re	1re	1re	1re	1re
74	Ardèche	2e	2e	2e	2e	1re	2e	2e	2e	1re	1re
75	Moselle	2e	2e	1re	2e	1re	1re	1re	1re	1re	1re
76	Deux-Sèvres	2e	2e	1re	1re	2e	2e	1re	2e	2e	1re
77	Jrua	2e	1re	1re	1re	1re	2e	1re	2e	2e	2e
78	Corrèze	2e	2e	1re	2e	2e	2e	2e	2e	2e	1re
79	Yonne	2e	2e	2e	2e	2e	2e	1re	2e	2e	1re
80	Eure	2e	2e	1re	1re	1re	2e	1re	2e	1re	1re
81	Seine et-Marne	2e	1re	2e	1re	2e	1re	1re	2e	1re	1re
82	Côtes-du-Nord	2e	2e	2e	2e	1re	2e	2e	2e	1re	2e
83	Haut-Rhin	2e	2e	2e	2e	1re	1re	1re	1re	1re	2e
84	Seine-et-Oise	2e	2e	2e	1re	1re	1re	1re	1re	1re	2e
85	Vosges	2e	1re	2e	2e	1re	2e	1re	1re	1re	1re
86	Haute-Saône	2e	2e	1re	1re	1re	2e	1re	1re	2e	1re

Si l'on essaye de tirer quelques conclusions des rapprochements statistiques fournis par les trois tableaux qui précèdent, on arrive à des résultats dont on est forcé de s'étonner, car ils sont, pour la plupart, contradictoires, et souvent même ils aboutissent à des démonstrations que la simple raison répugne à admettre.

Ainsi l'on voit que la même cause qui, dans telle localité, concorde avec l'élévation du nombre des enfants, dans telle autre localité semble influer dans un sens tout contraire. Dans les quarante-trois départements qui ont le moins d'Enfants trouvés, eu égard à leur population, les mêmes causes se produisent que dans les quarante-trois départements qui ont le plus d'Enfants.

Des départements placés dans des conditions à peu près semblables offrent des inégalités très sensibles quant au nombre d'Enfants qui sont à leur charge. En effet, si, par exemple, l'on compare, dans le ressort de la cour royale d'Amiens, les départements de l'Aisne et de l'Oise, on trouve 2,274 Enfants qui appartiennent au premier, et 990 au second. La constitution particulière d'un département ne sert donc pas à expliquer l'existence du plus ou moins grand nombre d'Enfants trouvés. La même inégalité se rencontre si l'on prend des circonscriptions plus étendues, comme deux ressorts de cour royale, par exemple.

Si l'on suit et que l'on compare quelques-uns des résultats qui ressortent des diverses colonnes du troisième tableau, on trouve, en prenant pour terme de comparaison les dix départements qui comptent le plus d'Enfants trouvés (1) et les dix qui en ont le moins :

1° Que le nombre d'hospices dépositaires, sur une même etendue de territoire, influe d'une manière négative sur le nombre des abandons, c'est-à-dire que là où les tours d'expositions sont plus nombreux, il y a moins d'Enfants trouvés, et réciproquement (col. n° 3) : d'où il faudrait rigoureusement conclure que la multiplicité des tours tend à diminuer le nombre des expositions ; conséquence qui non seulement serait absurde, mais qui, en fait, est démentie par des expériences récentes, puisqu'il est démontré, par un relevé que je mettrai plus tard sous les yeux de Votre Majesté, que là où l'on a supprimé des tours, le nombre des Enfants trouvés a sur-le-champ diminué ;

2° Que la pauvreté ou la richesse des départements n'est d'aucune influence, puisque le nombre d'Enfants est plus grand dans les dix départements les plus riches que dans les dix plus pauvres (colonne n° 4) ;

3° Que l'agglomération de la population agit en sens contraire à ce qu'on pourrait croire, puisque, dans les dix départements qui ont le plus d'Enfants, la population n'est en moyenne que de 43 habitants par kilomètre carré, tandis que, dans les dix départements où il y a le moins d'Enfants, elle est, par kilomètre carré, de 67 habitants (colonne n° 5) : d'où se déduirait cette conclusion que les campagnes fournissent plus d'Enfants trouvés que les villes ;

4° Que la force numérique des garnisons n'exerce non plus aucune espèce d'influence (colonne n° 6) ;

5° Qu'enfin la statistique criminelle tendrait à démontrer que les départements les moins chargés d'Enfants trouvés sont ceux où il se commet le plus de crimes, c'est-à-dire où il y a plus d'immoralité (colonne n° 9).

Il suffit d'énoncer ces conclusions pour montrer qu'elles sont impossibles, tant elles choquent les plus simples lumières du bon sens ! Cependant les tableaux statistiques de M. de Bondy sont faits avec un soin extrême, et on ne peut en attaquer l'exactitude. Comment donc s'expliquer l'étrangeté de leurs résultats ?

J'en trouve, Sire, une explication toute naturelle dans une observation qui ne peut échapper à ceux qui connaissent à fond le service des Enfants trouvés, et qui sera rendue sensible par les détails sur lesquels j'aurai tout à l'heure l'occasion d'arrêter l'attention de

(1) On laisse en dehors, dans cette comparaison, les départements de la Seine et du Rhône, qui, à eux seuls, offrent une masse d'enfants égale à celle de vingt départements.

Votre Majesté : je veux parler des abus de tous genres qui se sont introduits dans les admissions. Ces abus, comme vous le reconnaîtrez, Sire, ont été tels en certains endroits, qu'ils ont changé les rapports naturels des choses; en sorte qu'il n'est plus possible d'établir des calculs statistiques sur aucune base qui ne soit faussée. J'en trouverais au besoin une preuve d ns les résultats de deux colonnes du 3e tableau, dont je n'ai pas parlé, celle (n° 2) du rapport du nombre des Enfants existant en 1811 avec leur nombre actuel. Les causes, quelles qu'elles soient, qui produisent les expositions ont dû se multiplier partout proportionnellement, de sorte que, dans tous les départements, le rapport indiqué par la 2e colonne du tableau devrait être le même. Cependant la progression a été plus rapide pour les départements où déjà il y avait plus d'Enfants en 1811 : ce que M. de Bondy attribue avec raison à l'habitude des abandons, qui a dû s'étendre à mesure que les exemples ont été plus fréquents.

L'induction à tirer des résultats de la colonne indicative du rapport du nombre des naissances d'Enfants illégitimes au nombre total des naissances n'est pas moins remarquable. Ce rapport, dans les départements où il y a le plus d'Enfants trouvés, est de 1 sur 13; il est de 1 sur 17 dans les départements où le nombre des Enfants trouvés est moindre. M. de Bondy fait remarquer à cet égard que, sur 7,598 naissances d'Enfants naturels dans les dix départements où le nombre des Enfants trouvés est le plus considérable, il y a 5,000 abandons, tandis que pour les dix autres départements, sur 6,668 naissances naturelles, le nombre d'expositions ne s'élève qu'à 850. Tant de différence dans le nombre des abandons, lorsque le chiffre des naissances d'Enfants naturels est à peu près le même dans l'une ou l'autre classe de départements, prouve l'étendue des abus dans les admissions. En effet, puisque, dans les dix départements 6,668 naissances naturelles ne donnent lieu qu'à 850 expositions, dans dix autres, 7,598 naissances naturelles ne devraient donner lieu qu'à 950 expositions, et non pas à 5,000.

Ces deux exemples démontrent, ce me semble, l'exactitude de l'observation que j'ai faite plus haut, que la principale cause d'accroissement du nombre des Enfants trouvés doit être attribuée aux abus graves et nombreux qui se sont introduits, depuis longtemps, dans ce service de bienfaisance. On peut bien différer d'opinion sur l'existence réelle de certaines causes d'une autre nature, et sur la mesure de l'influence que ces causes diverses doivent exercer; mais on ne saurait méconnaître que la plus puissante de toutes, c'est l'introduction d'une immense quantité de fraudes de différentes sortes, qui ne sont pas, il est vrai, protégées ouvertement, mais qui pourtant se maintiennent, parce que des idées fausses et des sentiments d'humanité mal entendus, parce que les écarts d'un philanthropie poussée à l'excès, et surtout la faiblesse si naturelle et si commune chez quiconque est appelé à dispenser des secours au malheur, empêchent presque toujours de réprimer les fraudes, et conduisent à fermer les yeux sur les résultats offensants pour la morale et nuisibles aux intérêts généraux qu'elles produisent infailliblement.

Parmi les causes permanentes dont l'existence me paraît influer le plus sur l'augmentation constante des charges que les départements, les hospices et les communes supportent à raison du service des Enfants trouvés et abandonnés, je signalerai dès à présent:

1° L'erreur volontaire que commettent un trop grand nombre de commissions administratives d'hospice, en assimilant à ces Enfants des orphelins et des Enfants de familles indigentes, pour en faire supporter la dépense par le département;

2° L'usage, devenu presque universel, de considérer comme définitive et absolue l'admission des Enfants dans les hospices; de telle sorte que l'on néglige entièrement de rechercher les parents auxquels ils devraient être rendus;

3° La répugnance, je pourrais dire la résistance, à remettre des Enfants naturels exposés ou abandonnés à leurs meres ou à leur famille, qui dès l'origine étaient connues ou l'ont été depuis, dans la crainte que ces Enfants ne soient privés de l'éducation morale et religieuse qu'ils reçoivent dans les hospices;

4° Et, enfin, la tolérance fâcheuse qui fait ouvrir très-fréquemment les portes de ces asiles à des Enfants légitimes, sous le prétexte que leur sort, quand leurs parents sont dans l'indigence, mérite encore plus d'intérêt que celui des Enfants naturels.

Les abus dont ces fâcheuses dispositions sont la source ont été dévoilés par l'inspection des hospices, qui est heureusement parvenue à en diminuer le nombre. Ils sont exposés avec plus de détails dans la partie de ce rapport où je me propose de rendre compte à V. M. des résultats d'une inspection des établissements de bienfaisance qui est en activité depuis 1834.

Une démonstration évidente que la progression, depuis 1811, du nombre des Enfants trouvés tient particulièrement aux abus qui se sont introduits dans les admissions, et dans la facilité laissée aux abandons par le défaut de surveillance et plus souvent encore par une charité mal entendue, c'est le résultat de deux mesures prescrites par l'administration supérieure depuis quelques années, et qui, vues d'abord avec répugnance par les administrations hospitalières, ont cependant fini par recevoir leur exécution dans plusieurs départements : je veux parler de la suppression d'un certain nombre de dépôts et du déplacement des Enfants de département à département.

Le première de ces mesures pouvait faire craindre d'augmenter le nombre des infanticides, et c'était assumer une grave responsabilité. Cependant, depuis longtemps, d'excellents esprits avaient démontré, par les comptes de la justice criminelle, que l'infanticide est en rapport naturel avec les autres crimes qui affligent la société, ce qui prouverait que les hôpitaux d'Enfants trouvés n'ont pas à priori pour prévenir l'infanticide, toute l'efficacité qu'on leur suppose. Mais la preuve peut s'en déduire aussi par l'inspection du tableau que j'ai mis ci-dessus sous les yeux de V. M. (page 60 de ce rapport); on y voit le résultat, assez bizarre, que les infanticides ont été plus nombreux précisément dans les départements où on compte un plus grand nombre de Tours.

Au surplus, et en fait, depuis les suppressions de Tours qui ont eu lieu dans plusieurs départements depuis 1834, on n'a constaté nulle part ni plus d'infanticides, ni plus d'abandons sur la voie publique. C'est que, dans le vrai, l'éloignement des Tours, qui, du reste n'est jamais très-considérable, ne doit pas être rangé dans la série des différentes causes qui conduisent à commettre les crimes de cette espèce. En effet, proportion gardée sous le rapport de la population, on a plus d'infanticides à déplorer dans les villes, qui ont des Tours, que dans les campagnes, où il n'en existe pas.

Mais si la clôture d'un certain nombre de dépôts a été sans inconvénients sensibles, elle a eu, d'autre part, des avantages fort réels; rendues moins faciles, les expositions sont devenues aussi moins fréquentes, et le nombre des Enfants a diminué.

C'est ce que démontre le tableau ci-après, qui fait connaître les départements où des tours ont été fermés depuis 1834, et qui indique les économies obtenues sur la dépense du service des Enfants trouvés. J'ai mis en regard, dans le même tableau, l'indication des déplacements qui ont été effectués pendant le même espace de temps, parce que, presque partout, il y a eu coïncidence dans les deux mesures.

ÉTAT

ÉTAT des départements dans lesquels le déplacement des Enfants trouvés et abandonnés a été exécuté, de 1834 à 1837, et des Tours supprimés pendant le même espace de temps.

NOMS DES DÉPARTEMENTS.	VILLES OÙ LES TOURS SUPPRIMÉS ÉTAIENT SITUÉS.	NOMBRE de Tours supprimés.	NOMBRE D'ENFANTS		ÉCONOMIES obtenues
			déplacés	retirés.	
AIN	Trévoux, Belley	2	700	300	18,000
ALLIER	Montluçon, Gannat, la Palisse	3	2,015	1,087	75,000
ALPES (BASSES-)	Forcalquier, Sisteron, Castellane, Barcelonnette	4	»	»	»
ARIÉGE		»	1,059	755	33,000
AUBE	Bar sur Aube, Nogent-sur Seine	2	700	350	13,500
AVEYRON		»	1,280	450	20,000
BOUCHES DU-RHÔNE	Tarascon	1	»	»	»
CALVADOS	Bayeux, Falaise, Honfleur, Lisieux, Vire	5	1,100	500	35,000
CANTAL		»	1,206	774	36,000
CHARENTE	Cognac, Confolens, Ruffec	3	1,605	1,010	60,000
CHARENTE INFÉRIEURE	Saint Jean d'Angely	1	1,489	500	44,000
CORSE		»	264	221	15,560
CÔTE D'OR		»	750	350	15,000
CÔTES DU-NORD	Dinan.	1	»	»	»
DORDOGNE	Bergerac, Nontron, Riberac, Sarlat	4	864	245	17,000
DRÔME	Valence	1	»	»	»
FINISTERE		»	1,400	215	10,500
GARD	Uzes, le Vigan, le Pont Saint Esprit, Beaucaire	4	1,156	450	30,000
GARONNE (HAUTE-)	Saint Gaudens	1	»	»	»
GERS	Condom, Lectoure	2	900	300	20,000
HERAULT	Lodeve, Saint-Pons, Clermont	3	»	»	»
ILLE ET VILAINE		»	1,148	500	25,000
ISERE	Vienne	1	1,944	1,124	75,000
LANDES	Dax, Saint-Sever	2	1,150	516	23,000
LOIRET	Gien	1	1,472	382	31,000
LOT		»	600	135	5,500
LOT ET-GARONNE	Marmande, Nérac, Villeneuve	3	720	379	35,500
LOZÈRE		»	525	287	24,500
MAINE ET LOIRE	Saumur, Baugé	2	2,100	1,179	75,000
MANCHE	Avranches	1	»	»	»
MEURTHE		»	1,900	1,150	87,000
MORBIHAN	Ploermel	1	»	»	»
ORNE	Domfront	1	»	»	»
PAS-DE-CALAIS	Saint-Pol, Béthune, Boulogne	3	1,541	469	29,000
PUY-DE DÔME		»	1,400	250	9,400
PYRÉNÉES (BASSES-)	Pau, Orthez, Bayonne	3	581	360	29,000
SAÔNE ET-LOIRE	Autun, Châlons, Charolles, Louhans	4	1,672	507	35,000
SOMME	Peronne, Abbeville	2	1,129	360	76,000
TARN		»	1,208	797	30,000
TARN ET-GARONNE	Moissac, Castel-Sarrazin	2	»	»	»
VAR	Draguignan	1	»	»	»
YONNE	Joigny, Sens, Tonnerre	3	921	437	56,000
	TOTAUX	67	36,493	16,339	1,086,500

Sur 31 départements qui ont fait le déplacement, 23 ont été inspectés.

Sur 30 départements qui ont supprimé des Tours, 24 ont été inspectés

Les économies obtenues dans ces quarante-deux départements sont, comme on le voit, fort considérables, puisqu'elle ne s'élèvent pas à moins de 1,086,500 francs, et la clôture de soixante-sept Tours y a contribué pour une partie; mais l'importance de ce résultat appartient presque en entier, il faut le reconnaître, à la mesure du déplacement.

La suppression des Tours ne peut produire qu'un effet plus ou moins lent et qui ne sera guere sensible que dans l'avenir, tandis que le déplacement devait avoir et a eu une action immédiate. Sur 36,493 Enfants qui ont été soumis à cette mesure, 16,339, c'est-à-dire près de la moitié, ont été retirés par leurs parents ou par leurs nourrices et patrons, ou enfin par des personnes charitables qui leur étaient plus ou moins étrangères. Ils ont dès ce moment cessé d'être à la charge des départements.

Ce transport des Enfants d'un département dans un autre a été, dès le principe, attaqué par quelques personnes, comme dangereux pour la santé des Enfants et comme devant amener chez eux une mortalité qu'on aurait à déplorer. Les précautions prescrites pour l'exécution de la mesure répondaient d'avance à ces craintes d'ailleurs honorables. L'administration se chargeait d'une trop grande responsabilité pour qu'elle ne s'étudiât pas à en diminuer le poids.

Aussi, en rendant compte à V. M. de la manière dont s'est effectué le déplacement des Enfants, je suis heureux de pouvoir lui donner l'assurance qu'il n'a pas donné lieu au moindre accident fâcheux.

On n'a déplacé que les Enfants valides dont l'allaitement était terminé depuis six semaines au moins.

C'est durant la belle saison que les transports ont été effectués.

Des moyens de translation créés spécialement ou loués à cet effet, mais tous commodes et prompts, ont été employés avec tout le soin et la prévoyance imaginables.

Des sœurs et des employés ont accompagné les convois.

Des lieux de repos et les vivres nécessaires avaient été préparés à l'avance.

Pour prévenir les erreurs de personnes et empêcher les communications indiscrètes, toutes les mesures convenables ont été prises, et ce double but a été complétement atteint.

Je pourrais, sire, entrer sur ce sujet dans de plus grands détails, qui ne pourraient tous que témoigner de la sollicitude et du zèle que MM. les préfets et les commissions des hospices ont manifestés dans l'exécution de ces opérations si importantes et si délicates; mais les explications sommaires qui précèdent me paraissent suffire pour démontrer que rien n'a été négligé pour que des mesures entreprises dans le but de réaliser des économies, en détruisant des abus, ne devinssent pas funestes aux malheureux Enfants, qui servaient d'occasion à des fraudes dont ils étaient les innocentes victimes.

Au fond, les résultats de ces mesures ont prouvé jusqu'à l'évidence que l'existence des Tours, en offrant trop de facilités aux abandons, les multipliait outre mesure; que, d'autre part, le grand nombre des Enfants trouvés tenait surtout aux abus des admissions et au défaut de surveillance de cette partie du service. Les déplacements, en mettant les parents dans l'alternative ou de perdre la trace de leurs Enfants ou de les retirer pour les élever eux-mêmes, n'ont laissé à la charge des départements que les Enfants véritablement abandonnés.

Les résultats de l'inspection dont je parlerai tout à l'heure achèveront de mettre en lumière cette vérité, qu'un bon système de surveillance est la première et la plus essentielle mesure que réclament le service des Enfants trouvés : c'est par elle que le gouvernement doit commencer pour répondre aux vœux des conseils généraux.

Je viens d'exposer, Sire, l'état actuel de la législation relative aux Enfants trouvés et abandonnés, et j'ai fait connaître, par le tableau des faits aujourd'hui accomplis, les résultats auxquels ce service était arrivé. En tenant compte des abus qu'une surveillance plus active pouvait peut-être prévenir, et que l'institution d'inspecteurs permanents contribuera à réprimer, il paraît difficile de ne pas attribuer en grande partie au système même du décret du 19 janvier 1811, l'accroissement exorbitant qui s'est déclaré dans le nombre des abandons depuis cette époque jusqu'à nos jours. La preuve pourrait s'en déduire naturellement des moyens employés pour arrêter cette affligeante progression. Le succès les a pleinement justifiés; mais il faut reconnaître que, si aucun d'eux n'est directement contraire aux dispositions du décret, leur tendance est cependant différente. Toutes les mesures récemment exécutées ont eu pour objet de rendre plus difficiles les expositions, tandis que la législation de 1811 a voulu les favoriser, en créant des moyens d'exécution pour ainsi dire commodes et sûrs.

Ainsi le décret a créé des Tours pour recevoir les Enfants qu'on l'on aurait le dessein d'exposer, et il a permis qu'il en existât un par chaque arrondissement. L'humanité avait inspiré la pensée de leur création; car le but était de préserver de tout accident les malheureux qu'ils étaient destinés à recevoir, et qu'autrefois on avait vu déposer sur la voie publique. Mais précisément parce que les accidents n'étaient plus à redouter, des mères, qui se seraient révoltées contre la barbarie d'un abandon en des lieux solitaires, ce qui pouvait le rendre meurtrier, se sont familiarisées peu à peu avec la persuasion qu'il n'était plus coupable parce qu'il ne présentait plus le moindre danger.

D'ailleurs un grand nombre de Tours frappaient d'avance leurs regards (il en existait en France 271 environ); et, pour la plupart d'entre elles, cet aspect, et plus encore la facilité notoire de faire usage des Tours, étaient devenus une sorte de provocation.

Une autre conséquence qui doit être rapportée au décret du 19 janvier 1811, c'est l'habitude qui s'est introduite, principalement dans les campagnes, de considérer comme une chose toute simple et fort naturelle de faire élever ses Enfants aux frais du pays. Personne n'ignore que le décret précité met les dépenses extérieures, ou les plus importantes, qui sont les mois de nourrice et les pensions, à la charge de l'État ou des départements. On s'est accoutumé à voir dans cette disposition un principe absolu dont l'application devait être générale. Puis les hospices, qui ne fournissent pas toujours au payement de toutes les dépenses intérieures (car il en est quelques-uns qui ne donnent aux Enfants ni layettes ni vêtures), et les communes elles-mêmes, ne sont pas suffisamment intéressés à ne laisser faire que les admissions légalement prescrites. D'où le défaut de surveillance; d'où l'introduction d'Enfants légitimes et d'Enfants de familles indigentes; d'où enfin, je le répète, la supposition, devenue vulgaire, de l'existence d'une sorte de droit à mettre à la charge du pays tous les Enfants nés hors mariage, et même des Enfants légitimes, lorsque les familles de ces derniers sont notoirement indigentes.

Il est donc raisonnable de croire que la facilité des admissions, fondée sur une interprétation trop large et erronée des dispositions du décret de janvier 1811, a été l'une des principales causes du prodigieux accroissement des Enfants trouvés et abandonnés; et, de plus, que le défaut de surveillance qui existait presque partout, n'a pas peu contribué à exciter aux expositions des Enfants.

Il est certain, en effet, que, dans les lieux où la surveillance est devenue sévère, la situation s'est sensiblement améliorée.

Ces deux points ont été mis hors de doute par les résultats de la double mesure du déplacement des enfants et de la clôture d'un certain nombre de tours, en même temps que par les vérifications attentives des inspecteurs des hospices.

Mais il ne faut pas se dissimuler que ces moyens ne peuvent pas avoir un effet permanent. L'inspection ne peut pas vérifier, tous les ans, chaque hospice d'enfants trouvés, les déplacements ne peuvent être faits qu'à d'assez longs intervalles, et les abus se reproduiront. C'est donc seulement d'une réforme plus complète, plus radicale du service, qu'il faut attendre des améliorations durables. Mais cette réforme touche à l'une des questions les plus délicates de l'administration charitable, et quelque urgent qu'il puisse être de prendre un parti, il serait téméraire de s'y résoudre avant d'avoir longuement médité.

Cependant, Sire, plusieurs administrateurs ont pensé qu'il n'était pas impossible d'indiquer quelques vues générales qui, développées avec une sage maturité, produiraient, suivant eux, d'utiles résultats. Voici quelles seraient particulièrement leurs idées :

Que les hospices d'Enfants trouvés soient nécessaires, c'est ce qui ne saurait être contesté, surtout dans les grands centres de population ; mais il n'est pas non plus douteux que leur existence n'exerce une action démoralisante. L'exemple de l'abandon des Enfants est contagieux ; la société favorise les expositions en les rendant trop faciles : elles cessent d'être un délit aux yeux de la masse, et deviennent une habitude qui entre peu à peu dans les mœurs du peuple. C'est évidemment, ce qui est arrivé depuis 1811. Il faudrait donc, avant tout, s'attacher à neutraliser les effets de cette funeste habitude. La débauche peuple sans doute les hospices d'Enfants trouvés ; mais la misère est aussi l'une des causes les plus fréquentes des abandons. Si la mère pouvait nourrir son Enfant, si, au moment de sa naissance, elle n'était pas souvent dépourvue du plus strict nécessaire, elle se déterminerait difficilement à l'abandonner. Si la femme, véritablement indigente, avait l'espoir d'obtenir un secours alimentaire qui lui permettrait d'élever son Enfant pendant les premiers temps, elle le garderait et ne s'en séparerait plus. Ce n'est pas après lui avoir donné son lait et ses soins pendant un an ou deux qu'une mère consent à mettre son enfant à l'hospice ; la plupart des expositions ont lieu dans les premiers mois de naissance.

Il s'agirait donc de remplacer, par un bon système de secours à domicile pour la mère, le secours que l'on donne aujourd'hui à l'Enfant dans l'hospice ; il s'agirait de payer à la mère les mois de nourrice qu'on paye actuellement à une nourrice étrangère.

Comme économie, ce système aurait un avantage incontestable : car, en supposant qu'on payât pendant deux ans des mois de nourrice à la mère, le département n'aurait plus l'Enfant à sa charge pendant les dix années suivantes, comme dans l'état actuel des choses, où, d'après le décret de 1811, il doit supporter la dépense jusqu'à l'âge de 12 ans.

Comme résultat moral, il n'est pas besoin de faire observer combien il y a d'importance à ne pas séparer l'enfant de la mère, et à ne pas briser le lien de famille, au grand préjudice de tous deux.

Ce système semble, en effet, présenter un premier aperçu des avantages qui doivent, sans doute, en recommander l'examen sérieux à l'attention du Gouvernement ; mais n'ouvrirait-t-il pas la porte à quelques abus, en encourageant toutes les mères à réclamer les secours alimentaires ? N'y aurait-t-il pas à redouter de retomber dans tous les inconvénients de la législation de l'an II ? Il est vrai que la législation de l'an II rendait le secours obligatoire ; qu'elle en faisait une espèce de prime, en raison du nombre d'Enfants donnés au pays. Or rien de semblable n'existerait dans la mesure dont il s'agit : les secours ne seraient accordés qu'à l'indigence bien constatée, et il suffirait de quelque surveillance. pour empêcher les abus. Quoi qu'il en soit, c'est, je le répète, une question grave, sur laquelle des essais récemment tentés, notamment par l'administration des hospices de Paris, pourront fournir d'utiles renseignements.

Cette mesure, au surplus, n'est pas entièrement nouvelle. Les sociétés de charité maternelle, dont l'action est si bienfaisante, fournissent un exemple dont l'autorité est imposante, et il suffirait peut être d'organiser ces sociétés sur une échelle plus étendue.

Quant aux moyens de surveillance, nécessaires dans tous les systèmes, s'ils ont manqué jusqu'à ce jour, j'en ai indiqué le principal motif dans le décret du 19 janvier 1811. Il est certain que cette législation n'intéresse pas suffisamment les administrations locales à la répression des abus. Placés entre le désir bien naturel de soulager des infortunes et le devoir de ménager les ressources départementales, en surveillant sévèrement les admissions, les maires et les administrateurs charitables sacrifient quelquefois ce dernier intérêt à l'autre ; car la charge des Enfants ne pèse que très-subsidiairement sur les communes et les hospices, la législation actuelle mettant la plus grande partie des dépenses au compte des départements.

Peut-être obtiendrait-on de meilleurs résultats en modifiant le décret de 1811 en ce sens que les hospices et les communes seraient chargés, en première ligne, des frais d'entretien des Enfants trouvés, sauf le concours des départements. Ce mode permettrait d'intéresser puissamment les administrations locales à une exacte surveillance d'un service qui ne tarderait pas à être onéreux pour leurs finances, si les abus dans les admissions laissaient la dépense dépasser d'année en année la subvention départementale.

Ce système se concilierait parfaitement, en tout cas, avec la formation des sociétés maternelles dont j'ai parlé plus haut, et qui ne sauraient être que des institutions municipales de bienfaisance.

Quelques autres mesures accessoires pourraient concourir au but avoué de rendre les expositions plus difficiles. Ainsi, il serait utile d'intéresser l'affection des parents à ne pas abandonner leurs Enfants, par les obstacles que la législation apporterait à leur remise ultérieure. Si les parents avaient la certitude qu'en exposant leur Enfant à l'hospice, non-seulement il leur sera impossible de suivre sa trace, mais qu'ils perdent définitivement tous droits sur lui, si ce n'est en vertu d'un jugement qui leur rende la tutelle, ils hésiteraient davantage à commettre le délit d'exposition.

Enfin, ces mesures devraient être complétées par un règlement dont on manque aujourd'hui. Il déterminerait les bases et les conditions de l'éducation des Enfants qui, véritablement trouvés ou abandonnés, doivent demeurer à la charge de la bienfaisance publique, car il ne faut pas oublier non plus que si les Enfants trouvés sont une plaie vive et profonde pour les départements, et s'il faut s'efforcer d'en restreindre le nombre, il ne convient de proscrire que les abus, sans oublier jamais ce que l'État doit aux Enfants eux-mêmes. A leur égard, c'est un devoir de tutelle.

Je n'ai pas besoin, Sire, d'insister davantage sur ces observations. Je ne les présente point comme des idées arrêtées, mais seulement comme des réflexions que le temps doit mûrir, et surtout comme un témoignage public que le Gouvernement de Votre Majesté s'occupera de satisfaire aux vœux exprimés par les conseils généraux pour la révision de la législation des Enfants trouvés et abandonnés.

CIRCULAIRE du Ministre des finances concernant le payement des mois de nourrice des Enfants trouvés des hospices de Paris.

Paris, le 12 mai 1837.

L'instruction du ministre de l'intérieur, du 28 juin 1833, et celles du ministre des finances, des 1er novembre et 20 mars suivants, Monsieur, ont réglé les dispositions à suivre pour l'exécution de l'ordonnance royale du 28 juin 1833, qui charge les percepteurs des payements des mois de nourrice des Enfants trouvés. Ces dispositions n'avaient point été appliquées jusqu'à présent aux payements relatifs aux Enfants trouvés à la charge des hospices de Paris, attendu que ce service, en raison de la grande multiplicité des Enfants, était exécuté d'après un mode spécial qui ne pouvait être réformé que progressivement.

Le conseil général de l'Administration des hospices de Paris a reconnu cependant qu'à partir de 1837, il était indispensable de rentrer dans l'exécution des règlements généraux, en faisant effectuer les payements du service des Enfants trouvés par l'entremise des receveurs des finances et des percepteurs. Il a pris, en conséquence, le 25 janvier dernier, un arrêté qui règle ce mode de payements, tout en conservant l'emploi de préposés comme ordonnateurs dans chaque localité, et quelques autres dispositions propres au service des hospices de Paris. Cet arrêté a été approuvé, les 20 et 30 mars, par MM. les ministres des finances et de l'intérieur; M. l'administrateur des hospices chargé de la surveillance des Enfants a, en même temps, adressé à ses préposés une instruction pour déterminer leur concours dans la nouvelle marche tracée par l'arrêté.

Les hospices de Paris ayant des Enfants placés dans votre département, vous êtes appelé, ainsi que les receveurs particuliers et les percepteurs de ces arrondissements, à intervenir dans les dépenses qui les concernent. Je crois devoir dès lors vous transmettre, pour vous et pour chacun des receveurs particuliers des arrondissements ci-dessus dénommés, un exemplaire de l'arrêté du conseil d'administration et un exemplaire de l'instruction aux préposés des hospices; je vous adresse, en outre, vingt exemplaires par arrondissement de l'instruction et de l'arrêté (1), pour être distribués aux percepteurs chargés des payements Je vous

(1) Arrêté. — Le conseil général, vu l'ordonnance du Roi du 28 juin 1833, portant :

Art 6. « Les percepteurs seront chargés du payement « des mois de nourrice et pensions des Enfants trou- « vés, dans les communes autres que celles où est « situé l'hospice dépositaire, conformément au mode « qui sera déterminé par les ministres secrétaires « d'Etat, »

Vu la circulaire de M. le ministre des travaux publics et du commerce, du 19 août 1833, sur l'exécution de l'ordonnance royale susdatée;

Vu les diverses délibérations prises pendant le cours de l'année 1836, pour introduire, dans divers arrondissements qui ont des Enfants de l'hospice de Paris, les dispositions prescrites par l'article 6 de l'ordonnance royale;

Vu les lettres du directeur de la comptabilité générale des finances et les observations présentées par les préposés dans les arrondissement desquels l'essai a eu lieu,

Ouï le rapport du membre de la commission sur la possibilité de mettre à exécution, à compter de l'exercice 1837, l'ordonnance royale du 28 juin 1833 dans tous les arrondissements qui renferment des Enfants de l'hospice;

Considérant que, indépendamment des avantages que présente le nouveau mode sous le rapport de la régularité en matière de finances, viennent se joindre deux considérations qui sont appréciées par l'Administration la première de faire payer les mois de nourrice et autres allocations accessoires au domicile même des nourrices, et la deuxième de laisser aux préposés le temps nécessaire pour surveiller les Enfants et les nourrices;

Considérant que le travail est simplifié et les frais diminués par le mode qui a été récemment adopté :

1° De faire dresser les etats de payement et de faire ordonnancer les dépenses par les préposés de l'Administration placés dans chacun des arrondissements;

2° De faire viser seulement par M. le receveur particulier de chaque arrondissement les états d'ordonnancement pour lesquels les percepteurs des communes doivent payer;

3° De renvoyer les états, après payement fait, à l'Administration des hospices de Paris, par l'intermédiaire de MM. les receveurs généraux et de MM. les préfets,

Considérant que, pour la rédaction des états de payement, MM. les préposés doivent se rendre dans chacune des communes pour s'assurer de l'existence des Enfants et obtenir les certificats de vie de MM. les maires, puis établir la liquidation, ordonnancer les dépenses et soumettre les états au visa de M. le receveur particulier;

Considérant que les percepteurs ne peuvent pas obtenir de quittance des parties prenantes, puisque les nourrices et nourriciers sont presque tous hors d'état même de signer leurs noms; que, si l'on assujettissait les percepteurs à avoir, au moment du payement, des témoins, il faudrait prendre deux hommes de corvée et les indemniser du temps qu'ils passeraient dans le bureau des percepteurs; que ce mode n'offrirait aucune garantie et entraînerait à des frais; qu'il y a pour l'Administration une entière sécurité dans les payements, puisque le percepteur doit, aux termes des instructions qui lui sont données, émarger le livret qui est entre les mains de chaque nourrice;

Considérant que les préposés de l'Administration doivent, dans leur tournée de trimestre, s'assurer des payements faits par l'examen des livrets et le témoignage des nourrices;

Considérant d'ailleurs que les percepteurs, en leur qualité de fonctionnaires publics cautionnés, doivent inspirer toute confiance et offrir toute garantie,

Considérant que les préposés de l'Administration chargés de l'ordonnancement des dépenses sont aussi cautionnés,

Arrête :

Art. 1er. A partir de l'exercice 1837, le payement des mois de nourrice, les pensions et les frais accessoires des élèves des hospices de Paris, placés dans les départements autres que celui de la Seine, seront faits, conformément à l'ordonnance royale du 28 juin 1833, par les percepteurs des contributions directes

2. Les préposés de l'administration qui sont établis dans divers arrondissements continueront à exercer la surveillance qui leur était confiée sur les Enfants et

prie de leur en faire l'envoi sans aucun retard, et de leur donner en même temps toutes les instructions nécessaires.

sur les nourrices; ils seront, en outre, chargés de la rédaction des états de payement et de l'ordonnancement des dépenses.

3. Les préposés auront le titre de préposés à la surveillance et à l'ordonnancement des dépenses des élèves de l'hospice de Paris.

4. Dans le dernier mois du trimestre à solder, les préposés prépareront les états nominatifs des Enfants de l'hospice par commune, ils se mettront en tournée le premier jour du mois qui suit le trimestre expiré, afin de recueillir tous les renseignements nécessaires pour établir la liquidation des payements à faire aux nourrices, aux maires, aux médecins, aux curés.

5. Lorsque les états de payement seront remplis, et que l'existence, ou le décès, ou le déplacement des Enfants seront bien constatés, les préposés certifieront lesdits états, arrêteront la somme à payer par les percepteurs, et ils les adresseront aux receveurs particuliers de leurs arrondissements respectifs, lesquels mettront le vu bon à payer et feront parvenir lesdits états à chacun des percepteurs.

6. MM. les percepteurs sont invités à payer les sommes portées dans les états au plus tard dans les dix premiers jours du deuxième mois qui suit le trimestre à solder.

A défaut de fonds suffisants entre les mains des percepteurs, les receveurs particuliers sont invités à compléter les fonds nécessaires pour l'acquittement total, l'Administration des hospices faisant verser d'avance au Trésor le montant des dépenses générales de l'arrondissement; et, en cas d'excédant de fonds, à adresser des mandats de retrait sur le Trésor.

7. MM. les percepteurs porteront, au fur et à mesure des payements, dans une colonne qui est réservée à cet effet sur l'État, la somme payée, et ils émargeront les livrets qui seront présentés par les nourrices.

Les livrets des élèves décédés resteront dans les mains des nourrices, jusqu'au payement du décompte porté dans l'état d'ordonnancement; ces livrets seront recueillis par le préposé et renvoyés par ses soins à l'Administration.

Les livrets devant toujours accompagner les Enfants, les percepteurs seront dispensés d'émarger les livrets lorsque les Enfants, par un motif quelconque, auront quitté leurs nourrices; mais dans ce cas, et pour garantie du payement des décomptes compris dans l'état d'ordonnancement, les nourrices prieront M. le maire de leur commune de leur donner un certificat constatant l'identité de leur personne avec celle dénommée en l'état, et le percepteur mentionnera sur le certificat le payement fait à la nourrice; ces certificats, ainsi émargés, seront déposés par le percepteur entre les mains du maire de la commune, pour être remis au préposé de l'Administration lors de sa plus prochaine tournée.

8. Les préposés dresseront, à la suite de la tournée prescrite par l'article 4, un certificat par chaque arrondissement de perception, constatant que, d'après l'examen des émargements sur les livrets des nourrices, les payements qui étaient à faire pour le .... trimestre 183.., et qui ont été ordonnancés le ....pour une somme totale de (en toutes lettres), ont été régulièrement et complétement effectués (ou ont été effectués pour une somme de [en toutes lettres], le surplus ne devant pas être payé). La délivrance de ce certificat libérera les percepteurs de toute responsabilité ultérieure, quant aux payements du trimestre y mentionné.

Au moyen des dispositions réglées au présent article, ainsi qu'à l'article précédent, les percepteurs n'auront pas à justifier des quittances de nourrices, mais, en ce qui concerne les sommes à payer à MM. les curés, médecins, maires et autres fonctionnaires, les percepteurs devront toujours exiger la signature de ces fonctionnaires sur les états, au moment où les payements seront effectués.

9. Lorsque les payements seront effectués, MM. les percepteurs adresseront les états par eux certifiés à MM. les receveurs particuliers, qui, à leur tour, les transmettront, revêtus de leur visa, à MM. les receveurs généraux, pour être envoyés, par l'intermédiaire des préfets, à l'Administration des hospices.

10. MM. les percepteurs et receveurs seront priés d'envoyer les états le plus promptement possible à l'Administration, afin que la vérification puisse en être faite dans le dernier mois du trimestre et ne pas arrêter les payements du trimestre suivant.

11. L'ordonnateur général des hospices de Paris ordonnancera, dans les dix premiers jours de chaque trimestre, les sommes nécessaires pour assurer les payements dans chaque arrondissement pour le trimestre précédent; les sommes ordonnancées seront versées, par le receveur des hospices, au Trésor, sur un état indiquant la somme destinée à chaque arrondissement, afin que MM. les receveurs des finances puissent ouvrir aux receveurs particuliers les crédits nécessaires à compter du jour des versements.

12. Les préposés seront responsables, envers l'administration des hospices, de toutes les sommes qui seraient indûment portées dans les états et ordonnancées par eux.

13. M. le ministre des finances sera prié de rendre les percepteurs responsables de tous les payements qui seraient faits en dehors de leurs états ou qui seraient contestés par défaut d'émargement.

14. Il sera statué ultérieurement sur la fixation des cautionnements des remises des préposés de l'Administration des hospices; en attendant, les cautionnements et les remises actuels seront conservés.

15. Il sera adressé, avec le présent arrêté, une instruction aux préposés de l'Administration, pour leur tracer la marche qu'ils auront à suivre pour la surveillance du service et la portion de comptabilité qui leur est attribuée.

Approuvé le 28 mars 1837 par M. le ministre des finances, et le 30 du même mois, par M. le ministre de l'intérieur.

Vous remarquerez que l'arrêté précité indique dans le plus grand détail le mode de service à suivre, et me dispense dès lors d'entrer ici dans de plus grandes explications. Cet

CIRCULAIRE *sur le payement des mois de nourrice des Enfants trouvés et orphelins par MM. les percepteurs des contributions directes, en exécution de l'ordonnance du 28 juin 1833.*

L'ordonnance royale du 28 juin 1833 charge les percepteurs des contributions directes du payement des mois de nourrice des Enfants trouvés et orphelins placés à la campagne. Cette mesure devait changer l'ordre établi, et le service des hospices de Paris est si étendu, qu'il a été nécessaire d'étudier avec maturité, avant de la mettre à exécution, les moyens d'entrer dans le nouveau système, sans troubler, sans compromettre le bien qui existe.

Avant d'appliquer la mesure à tous les arrondissements, l'Administration a pensé qu'elle devait l'essayer d'abord dans quelques localités, et l'expérience lui a démontré la sagesse de cette disposition. En effet, les observations des préposés qui ont été chargés de l'exécution provisoire nous ont mis à portée de reconnaître les difficultés que nous nous attendions à rencontrer : leurs réflexions ont contribué puissamment à les faire disparaître et nous ont permis d'entrer dans la voie nouvelle, avec la certitude d'éviter la perturbation que nous avions à redouter.

Vous remarquerez que, dans les changements qui ont eu lieu, l'Administration a été constamment guidée par le désir de réduire, autant que possible le travail de MM. les maires, ainsi que le vôtre, et je vous engage à ne pas perdre de vue que notre but principal est de restreindre, autant que nous le pourrons, les écritures, tout en conservant les garanties indispensables pour la légalité des payements; car ce n'est qu'en obtenant ce résultat que l'ordonnance peut être utile à notre service.

Pénétrez bien MM. les percepteurs de cette vérité . que notre intention, nos efforts, n'ont d'autre but que de leur rendre l'exécution de cette ordonnance le plus facile possible.

Vos fonctions, à l'exception des payements que vous n'effectuerez plus, seront toujours les mêmes. Seulement, des modifications indispensables ont été apportées dans la comptabilité, et, par suite, dans les pièces justificatives. Je ne me dissimule pas que le payement des nourrices sera reculé; mais avec le zèle et l'activité que l'Administration doit attendre de tous ses agents, et sur lesquels elle a le droit de compter, je ne doute pas que ce retard ne soit moins considérable qu'on ne l'avait d'abord craint. Cet inconvénient, d'ailleurs, sera bien compensé par la surveillance qui sera exercée, car tel est le but de l'ordonnance et le vœu bien prononcé du conseil général Il faut qu'à l'avenir cette surveillance soit réelle, que les Enfants soient effectivement visités chez leurs nourriciers, des inspections fréquentes seront faites, afin de s'assurer que les instructions sont fidèlement exécutées.

Je vais vous tracer sommairement la marche nouvelle que vous aurez à suivre :

D'après l'ancien mode, une fois vos bulletins dressés, vous n'aviez qu'à commencer votre tournée pour que les nourrices fussent soldées au fur et à mesure que vous vous rendiez dans les circonscriptions des médecins; vos payements pouvaient donc être commencés dans les premiers jours du mois qui suivait le trimestre écoulé.

Le mode nouveau, au contraire, ne rend votre tournée exigible que pour constater l'existence ou le décès des Enfants, les changements qui auraient pu survenir dans le cours du trimestre et arrêter le payement par les percepteurs. C'est là ce qui doit reculer l'époque où les nourrices recevront leurs salaires. Cependant, en préparant, comme par le passé, toutes vos pièces avant l'expiration du trimestre, ainsi que cela vous est prescrit, de retour chez vous, vous n'aurez plus qu'à faire les décomptes et clore les états. La tâche sera facile, car les relations que vous devez entretenir pendant le trimestre, afin d'être prévenu de tout ce qui a rapport au service, devront, avant même votre tournée, vous instruire d'une partie notable des mutations qui seront survenues : nous arriverons ainsi à n'éprouver qu'un retard peu considérable et à faire payer les nourrices dans les dix premiers jours du deuxième mois qui suit le trimestre à solder Le payement se faisant simultanément sur tous les points de votre arrondissement, ce sera à peine un retard de quelques jours, puisque l'Administration ne s'était jamais obligée qu'à faire acquitter les dépenses dans le courant du premier mois qui suit le trimestre écoulé et que les dépenses seront soldées dans les premiers jours du second.

Les engagements que l'Administration contracte avec les maîtres qui consentent à se charger de nos élèves à l'expiration de leur douzième année, c'est-à-dire lorsqu'ils cessent de recevoir une pension, et par suite desquels a lieu le payement de l'indemnité de 50 francs, devront être souscrits dans l'intervalle du trimestre, quelle que soit l'époque à laquelle vous dresserez vos états d'ordonnancement, vous aurez toujours les renseignements suffisants pour y faire figurer les 50 francs, vous ne devez porter cette somme qu'après avoir fait contracter l'engagement.

Les certificats de vaccination, les certificats de vie des élèves hors pension, les actes de décès et d'inhumation, ainsi que les procès-verbaux d'évasion, ceux de colliers coupés, seront recueillis dans votre tournée, ainsi que vous aviez l'habitude de le faire précédemment Pour la délivrance des vêtures, vous procéderez aussi comme par le passé, et je vous rappelle qu'elles doivent être adressées par vous aux nourrices sans que ces dernières aient aucuns frais à payer.

L'attestation du payement par MM les maires ne peut plus être demandée; elle est remplacée par l'inscription au livret qui reste entre les mains de la nourrice. Cet émargement au livret, exigé pour la légalité du payement, offre en ce qui concerne les nourrices, toutes les garanties que peut désirer l'Administration.

Pour ce qui concerne les allocations résultant de la délivrance des actes de décès et d'inhumation, elles

arrêté ayant reçu l'approbation de MM. les ministres de l'intérieur et des finances, toutes celles de ses dispositions dans lesquelles les receveurs et les percepteurs ont à intervenir sont rigoureusement obligatoires pour vous et pour les comptables sous vos ordres. Je vous recommande donc de veiller avec soin à leur exécution, et de prendre toutes les mesures

continueront à être payées sur l'acquit de MM. les maires et curés; mais cet acquit, au lieu d'être donné, comme autrefois, sur l'acte de décès et le certificat d'inhumation, est reporté sur les états d'ordonnancement que MM. les maires, curés, auront à émarger en recevant des percepteurs le montant des frais d'inhumation.

L'imprimé n° 14 est remplacé par un état spécialement destiné à l'ordonnancement et à l'acquittement des diverses allocations accordées à MM. les médecins

Cet état comprend :

1° Le mouvement, établi comme par le passé, des Enfants existant dans chaque circonscription;

2° La désignation des communes où sont placés les Enfants;

3° Le nombre d'Enfants pour lesquels la rétribution de 75 centimes est due, et le montant de cette dépense;

4° Le nombre des vaccinations pour la prime de 2 francs à payer, ainsi que le montant en argent,

5° Enfin, la rétribution de 50 centimes pour chaque nourrice visitée au départ, cet état devra être dressé par chaque médecin, certifié par vous, visé par M. le receveur particulier comme les autres états d'ordonnancement, et acquitté ensuite par le médecin lorsqu'il recevra du percepteur le montant de ses allocations trimestrielles.

Pour simplifier la comptabilité, et surtout afin de rendre plus faciles les formalités que nous réclamons de MM les maîtres, j'ai pensé que les bulletins qui constataient l'existence ainsi que le payement des mois de nourrice, effectués par vous, pourraient être supprimés. Les états dits états d'ordonnancement, remis aux percepteurs, devront remplacer les bulletins. Il sera dressé, pour chaque commune, un état qui comprendra tous les Enfants qui s'y trouvent placés, et le maire sera appelé à constater, dans une case à ce destinée, au regard du nom de chaque Enfant, l'existence, ou l'époque de l'évasion, ou du rappel à Paris de l'Enfant

Le bordereau n° 15, auquel plusieurs changements ont été faits, servira maintenant à reproduire les décomptes indiqués sur les états d'ordonnancement, au lieu de récapituler les bulletins qui sont supprimés. Cette récapitulation aura lieu dans l'ordre actuel de votre contrôle annuel de bureau, auquel rien n'est changé, et qui devra toujours être tenu de la même manière.

Le numéro d'ordre à donner aux Enfants compris sur ce bordereau devra être, de votre part, l'objet d'un soin particulier; car il faut que le dernier de ces numéros présente le nombre d'Enfants pour lequel la rétribution de 75 centimes est due.

Les noms des Enfants qui ont des surnoms devront y être inscrits, autant que possible, sur deux lignes. Quant aux autres Enfants qui n'ont qu'un seul nom, leur inscription sur le bordereau devra être espacée de manière à ce que vous puissiez facilement mettre en regard de chaque Enfant toutes les observations qui se rapportent, soit aux changements, aux dates des mises en nourrice, aux vêtures délivrées, aux rappels à Paris, aux évasions, aux décès, aux secours, aux effets rendus et aux sommes retenues à la nourrice pour ces effets

Plusieurs préposés ont souvent négligé de consigner au bordereau ces observations; mais aujourd'hui elles sont indispensables, et je ne saurais trop vous recommander d'y apporter la plus stricte exactitude

Afin de mettre dans les imprimés toute l'économie possible, il a été fait trois modèles pour les états d'ordonnancement.

Le premier est destiné pour les communes où il ne se trouve pas plus de neuf Enfants, le deuxième, pour celles où le nombre n'excède pas vingt-quatre, et enfin, le troisième auquel vous pourrez, au besoin, joindre des feuilles intercalaires qui ont été disposées à cet effet, pour les localités où ce nombre sera plus considérable

Ces états, en ce qui concerne les Enfants, comprennent le numéro des colliers, les noms, prénoms et surnoms, dates de naissance des Enfants, les noms des nourrices, l'attestation par le maire de l'existence au dernier jour du trimestre, ou au moment du rappel ou de l'évasion, le décompte des sommes à payer, les sommes payées par les percepteurs, enfin une colonne destinée aux observations de ces messieurs et aux autres, ainsi qu'aux émargements de MM. les curés et maires. Chaque certificat d'existence sur les états d'ordonnancement devra être signé par le maire, mais il n'est pas nécessaire que tous les certificats soient revêtus du cachet de la mairie Une seule empreinte du sceau de la commune suffira, à moins, toutefois, que le maire et son adjoint ne vinssent à signer tous les deux sur le même état; dans ce cas, il faudrait que chacune des deux signatures fût accompagnée du cachet.

Si un Enfant venait à changer de nourrice pendant le trimestre, le nom des nourrices et la date des changements devront figurer aux états d'ordonnancement, ainsi que la portion de décompte revenant à chacune des nourrices

L'état d'ordonnancement est partagé en trois parties dans la première, vous mentionnerez les Enfants présents pendant tout le trimestre; dans la deuxième, les Enfants ramenés ou évadés, et dans la troisième, les décédés

Si, dans votre tournée, vous étiez informé qu'un Enfant, porté dans la première partie, doit, attendu son évasion ou son décès, figurer dans la deuxième ou la troisième, vous l'y laisseriez subsister, mais, au lieu d'établir le décompte, vous mentionnerez, dans la colonne d'observations, la partie dans laquelle il est reporté, et c'est à cette seconde inscription que vous

nécessaires pour que le service des Enfants trouvés ne reste jamais en souffrance pour cause d'insuffisance de fonds ou pour tout autre motif.

Les écritures auxquelles ce service doit donner lieu sont, au reste, les mêmes que celles qui sont tracées dans la circulaire du 20 mars 1834, mentionnée au commencement de la présente lettre.

établirez ce qui revient à la nourrice, ainsi que les autres frais accessoires.

Il est bien entendu que les élèves seront classés, dans les états d'ordonnancement, par sexe et par âge, et que les états seront distincts pour les Enfants trouvés et orphelins; le caractère et les conditions de l'orphelin et de l'Enfant trouvé étant essentiellement différents, les dépenses ne doivent jamais être confondues.

L'Administration ayant supprimé la plupart des quittances, c'est pour elle un motif de ne rien négliger pour acquérir la certitude que les livrets ont été émargés, et que les sommes portées aux états ont été acquittées, aussi, au bas de l'état, le percepteur doit-il attester et l'émargement des livrets et le total des sommes payées par lui.

A la suite de vos tournées pour constater l'existence, les décès et les mutations, vous dresserez un certificat constatant qu'il ne s'est élevé, de la part des nourrices, aucune réclamation pour le payement de ce qui leur était dû pour le trimestre liquidé, et que les livrets ont été exactement émargés par le percepteur.

Ce certificat devra être adressé à l'Administration des hospices avec vos bordereaux récapitulatifs du trimestre suivant.

Lorsqu'une seule feuille ne suffira pas pour établir l'état d'ordonnancement pour une commune, *vous devrez parafer chaque bas de page des feuilles intercalaires composant ledit état*, et vous prierez M. le percepteur de parafer également ces feuilles.

Lorsqu'un Enfant sera décédé, le livret restera entre les mains de la nourrice jusqu'au payement du décompte porté dans l'état d'ordonnancement. Si un Enfant est changé de nourrice ou de placement, ou ramené à Paris, comme le livret doit toujours suivre l'Enfant, la première nourrice devra produire un certificat du maire constatant son identité avec la personne portée dans l'état d'ordonnancement; le percepteur mentionnera le payement sur le certificat, et il l'adressera avec l'établissement d'ordonnancement au receveur particulier.

De votre côté, vous aurez aussi à mentionner, dans la colonne d'observations, l'absence du livret.

Les nourrices qui, lors du changement, du rappel à Paris, ou du décès des Enfants, n'auront pas remis tous les effets appartenant à l'hospice, subiront, comme par le passé, sur les sommes qui pourraient leur être dues, une retenue dans les proportions indiquées au livret

Cette retenue sera faite par vous, en ordonnançant en moins la somme dont les nourrices seront redevables pour les effets qu'elles n'auraient pas rendus. Dans ce cas, vous aurez à indiquer, sur l'état d'ordonnancement comme sur le bordereau récapitulatif adressé directement par vous à l'Administration, la cause et la quotité de la somme retenue. Les états indiquant les effets des Enfants décédés renvoyés à l'hospice continueront d'être adressés, chaque trimestre, à l'Administration des hospices, à Paris.

L'acte d'engagement, modèle n° 21, est conservé seulement, au dernier paragraphe, après ces mots · «*par l'autorité compétente.*» On a remplacé la mention qui s'y trouvait par la suivante . *l'Administration pourra, en outre, exiger la restitution des 50 francs qu'elle s'engage à faire payer aux nourriciers.*

Sont également conservés les mouvements généraux et feuilles de renseignements à l'appui, ainsi que les actes de décès et d'inhumation; mais ces dernières pièces ne portent plus quittance, puisque l'émargement de MM. les curés et maires sur les états d'ordonnancement en tient lieu.

Le n° 12, quittance de 50 francs, est supprimé et remplacé, comme tous les autres payements faits, par l'émargement au livret.

Aucun changement n'a été fait dans l'imprimé du contrôle de bureau, qui, ainsi qu'il a été dit, sera tenu comme il l'a été jusqu'ici, c'est-à-dire que, sans avoir égard aux perceptions où se trouvent les élèves, le classement général pour tout l'arrondissement, par sexe et par âge, continuera d'être observé.

MM. les médecins, curés, maires, seront payés par les percepteurs de leur résidence.

Je dois vous rappeler qu'aux termes des instructions. les médecins sont tenus, chaque trimestre, de visiter les Enfants : c'est assez dire que la rétribution de 75 cent. n'est due que quand cette condition a été remplie; pour le constater, ils doivent mentionner au livret dans la case à ce destinée, le jour de leur visite

Les états d'ordonnancement terminés seront, par vous, certifiés et adressés à M. le receveur particulier de votre arrondissement, qui y mettra son *vu bon à payer*, et les fera parvenir à chacun de MM. les percepteurs.

Lorsque les payements seront effectués, MM. les percepteurs adresseront les états, par eux certifiés, à MM. les receveurs particuliers, qui, à leur tour, les transmettront, revêtus de leur visa, à MM. les receveurs généraux, pour être renvoyés à l'Administration, par l'intermédiaire de MM. les préfets.

Une fois vos états d'ordonnancement terminés, vous ferez parvenir à l'Administration, sans attendre que les payements soient faits par MM. les percepteurs, votre bordereau récapitulatif et les pièces à l'appui, qui maintenant ne comprendront plus que les actes d'engagements, les certificats de vaccinations, de visites de nourrices, les bulletins de délivrance de vêtures et les actes de décès.

Pour tout ce qui précède, vous voyez, monsieur, de quelle importance vous sera le registre de placement par commune, puisqu'il devra vous servir à dresser vos

Circulaire *du Ministre de l'intérieur* (M. de Montalivet) *aux préfets, à l'effet de demander de faire délibérer les Conseils généraux sur le service des aliénés et des Enfants trouvés.*

Paris, le 4 août 1837.

Monsieur le Préfet, vous avez dû suivre avec attention, dans le Moniteur, l'importante discussion à laquelle a donné lieu, dans la Chambre des députés, le projet de loi sur les aliénés, dont la Chambre des pairs a également été saisie, pendant la dernière session. Le soin avec lequel ce projet a été élaboré par tous les corps de l'État, et la gravité des questions qu'il soulève, font suffisamment comprendre le juste intérêt que le Gouvernement attache à la bonne confection de la loi.

Pour rassembler toutes les lumières et entendre toutes les observations, j'ai jugé qu'il serait utile que MM. les préfets appelassent particulièrement l'attention des conseils généraux sur cette législation importante, et les missent à même d'exprimer leurs vœux sur les questions principales que soulève le projet.

états d'ordonnancement. Pour rendre plus complet ce registre, une colonne, indiquant la désignation des hameaux, a été ajouté à l'imprimé; mais, outre cette indication nouvelle, il sera indispensable que les nourrices y soient inscrites sous leur nom de fille et sous le nom de leur mari.

Je me résume afin de consigner, en peu de mots, les obligations nouvelles que vous aurez à remplir :

Dans l'intervalle du trimestre, faire contracter les engagements de 50 francs;

Dans les derniers jours du trimestre, établir les états d'ordonnancement;

Le premier jour du mois qui suit le trimestre à payer, commencer votre inspection, en ayant soin d'emporter avec vous les états préparés, afin de pouvoir faire immédiatement les indications que nécessiteraient les mutations survenues, c'est à dire mentionner les changements de nourrices, en indiquant la date de ces changements, ou reporter dans la deuxième ou troisième partie les noms des Enfants dont vous n'auriez appris l'évasion ou le décès que dans votre tournée, rassembler les certificats de décès et d'inhumation, les certificats de vaccine, recueillir les effets des Enfants décédés; vérifier si, conformément aux instructions, les paquets sont au complet, et, dans le cas contraire, opérer les retenues fixées par les règlements, viser les livrets des Enfants; vous assurer qu'au trimestre précédent le percepteur a porté le décompte sur ces mêmes livrets; distribuer les vêtures.

Dans chaque circonscription, vous devez, autant que possible, vous faire accompagner par le médecin : *il ne pourra s'y refuser.*

De retour au chef-lieu, achever la rédaction des états d'ordonnancement; porter au contrôle de bureau les sommes ordonnancées, et transmettre les états à M. le receveur particulier, au plus tard, dans les derniers jours du premier mois qui suit le trimestre à solder. Cet envoi effectué, dresser de suite, et dans la forme suivie jusqu'à ce jour, le bordereau récapitulatif d'après les émargements portés sur votre contrôle, et adresser ce bordereau, avec pièces à l'appui, à l'Administration, comme précédemment, dans les quinze premiers jours du deuxième mois, afin que la vérification puisse en être faite lorsque les états, ordonnancés par vous et acquittés par les percepteurs, nous parviendront.

Vous aurez soin de prier instamment MM. les percepteurs de ne payer qu'à la nourrice même; d'émarger le livret, à peine de nullité de payement, et de ne remettre ce livret qu'à la nourrice.

Toute erreur aux états d'ordonnancement, provenant de sommes indûment portées ou ordonnancées par vous sera à votre charge, sauf votre recours, mais à vos risques, sur les nourrices qui en auraient profité.

Ces mesures sont applicables aux Enfants trouvés et aux orphelins, mais les dépenses de chaque service ne devant jamais être confondues, il est bien entendu que vous continuerez, comme par le passé, à rédiger et à fournir des états et bordereaux séparés, ainsi qu'il a été dit plus haut.

Il sera statué ultérieurement sur la fixation de votre cautionnement : vos remises seront ordonnancées à l'Administration, après la vérification de vos comptes, et versées au Trésor, le trimestre suivant, avec le montant des sommes à payer pour mois de nourrice; elles vous seront remboursées par le receveur particulier de votre arrondissement, ou par le percepteur de votre résidence, sur le bordereau d'ordonnancement de l'ordonnateur général des hospices, qui vous sera adressé et qui sera par vous acquitté et remis au receveur particulier ou au percepteur pour être joint aux pièces de dépenses à renvoyer, par l'intermédiaire de MM. les préfets, à l'Administration des hospices.

Il n'est apporté, jusqu'à nouvel ordre, aucun changement aux certificats de vie des élèves hors pension, non plus que dans la production des pièces justificatives pour la délivrance des vêtures.

J'ai l'honneur, etc.

L'Administrateur des hôpitaux et hospices chargé de la surveillance des Enfants,

Valdruche.

Vous aurez donc soin, monsieur le Préfet, de faire un rapport spécial, à cet effet, au Conseil général de votre département, à sa prochaine session, et de me faire connaître immédiatement l'avis qu'il aura exprimé à cet égard.

Je désire, en outre, qu'en demandant au conseil général les moyens, de pourvoir à la dépense des Enfants trouvés, pour l'année 1838, vous provoquiez des avis de ce conseil sur les mesures récemment prises par l'administration supérieure, pour l'amélioration de ce service et pour détruire les abus qui s'y étaient introduits : je veux parler du déplacement des Enfants trouvés, de l'apposition des colliers ou des boucles d'oreilles, de la suppression de la plupart des dépôts d'arrondissement et de leur réunion au chef-lieu, et des autres dispositions de surveillance auxquelles les inspecteurs généraux des hospices ont en à concourir. Vous me transmettrez également, par un envoi spécial, les votes émis à ce sujet.

Je recommande ces deux objets, monsieur le Préfet, à votre sollicitude particulière.

Décision du Ministre de l'intérieur.

24 novembre 1837.

Secours publics. — Orphelins. — Indigence. — Commune sans bureau de bienfaisance et sans ressources. Assimilation aux Enfants abandonnés.

En règle générale, les orphelins pauvres doivent être élevés aux frais des hospices ou des bureaux de bienfaisance de leur commune. Tel est le texte des lois et des instructions qui régissent cette partie de l'administration des secours publics, et qui sont formelles à cet égard. Cependant ce principe est souvent d'une application difficile, comme beaucoup d'autres dispositions de la législation, extrêmement incomplète, qui régit le service des Enfants trouvés. Tel est le cas, par exemple, où une commune n'a pas de ressources suffisantes, ne possède pas d'hospice, n'a pas même de bureau de bienfaisance, ou n'en a qu'un trop peu doté : il est évident qu'alors il faut nécessairement pourvoir par d'autres voies au sort de l'orphelin dénué de tout, et que le seul moyen efficace de le soustraire à la mort est de l'assimiler à l'Enfant abandonné, en le mettant à la charge du département.

Lettre du Ministre de l'intérieur au préfet du Pas-de-Calais.

28 novembre 1847.

Secours publics. — Hospices. — Enfants trouvés. — Suppression d'un certain nombre de Tours. Dispositions à prendre par suite de cette mesure.

Les préfets peuvent être autorisés quelquefois à faire fermer des Tours ouverts dans certains arrondissements de leur département pour arriver à diminuer le nombre et la dépense des Enfants trouvés. Dans ce cas, les Enfants exposés doivent être reçus à l'hospice le plus voisin qui leur fournira une layette pour le compte de l'hospice dépositaire et qui les placera en nourrice, *aux frais du département.* Ces Enfants, dont la tutelle appartiendra, dès lors, à l'hospice dépositaire, n'y seront néanmoins transférés que l'année suivante pour être de nouveau placés à la campagne.

LETTRE du Ministre de l'intérieur au préfet de la Manche.

29 novembre 1837.

Secours publics. — Hospices. — Enfants trouvés. — Demande de les faire rentrer de nourrice pour les faire travailler dans l'hospice. — Demande contraire à la législation.

Les commissions administratives des hospices ne peuvent être autorisées à retirer de nourrice et à faire rentrer dans l'établissement confié à leurs soins les Enfants trouvés, placés sous leur tutelle, qui n'ont pas atteint l'âge de douze ans, dans le but de les occuper et de les instruire, et sous la condition que la pension payée aux nourrices pour la dépense de ces infortunés serait payée à l'hospice par le département pendant un nombre d'années déterminé.

Le décret du 19 janvier 1811, qui a force de loi, s'y oppose. En effet, il prescrit, d'une part, de placer les Enfants trouvés et abandonnés en nourrice et en pension jusqu'à l'âge de douze ans accomplis, et il défend, d'un autre côté, d'indemniser les hospices de la dépense que ces mêmes Enfants peuvent occasionner lorsqu'ils y séjournent, pour quelque cause que ce soit.

CIRCULAIRE du Ministre de l'intérieur (M. de Montalivet) *aux préfets, à l'effet de leur demander des renseignements sur la tutelle des Enfants trouvés.*

Paris, le 22 mai 1838

Monsieur le Préfet, vous savez que. depuis plusieurs années, je fais rechercher avec soin tout ce qui se rapporte au service si important des Enfants trouvés et abandonnés. Mais parmi les renseignements que m'ont fournis les nombreux rapports que j'ai reçus à ce sujet, je n'ai pas trouvé des éclaircissements assez précis sur le sort de ces Enfants, lorsqu'ils ont atteint l'âge de douze ans, et qu'ils cessent d'être à la charge, par conséquent, des départements.

C'est afin de remplir cette lacune que je viens, monsieur le Préfet, vous prier de recueillir auprès des commissions administratives des hospices dépositaires de votre département, des détails aussi circonstanciés que possible, soit sur le placement des Enfants trouvés et abandonnés, âgés de plus de douze ans, chez des cultivateurs ou des industriels, ainsi que le portent les instructions, soit sur les différentes autres carrières qu'on leur fait suivre

Les commissions administratives qui sont chargées par les lois de la tutelle de ces Enfants jusqu'à leur majorité, et qui doivent, autant qu'il peut dépendre d'elles, veiller sur eux, même après cette époque, vous fourniront, je n'en doute pas, des renseignements précieux à ce sujet : et je vous serai obligé, monsieur le Préfet, de me les transmettre très-promptement, avec toutes les observations que vous pourrez y joindre, et que je recevrais aussi avec beaucoup d'intérêt.

Circulaire du Ministre de l'intérieur (M. Montalivet) *aux préfets, à l'effet de leur demander des renseignements sur les mesures exécutées pour le service des Enfants trouvés et abandonnés.*

Paris, le 27 juillet 1838.

Monsieur le préfet, vous n'ignorez pas les attaques diverses qui ont été dirigées contre l'Administration, au sujet des mesures adoptées, depuis quelques années, à l'égard des Enfants trouvés et abandonnés. Le déplacement de ces Enfants, la suppression de quelques hospices dépositaires et la centralisation du service au chef lieu du département, ont été présentés comme des dispositions illégales et funestes à la vie comme à l'intérêt des malheureux pupilles confiés à la charité publique.

L'honneur de l'Administration, tout aussi bien que l'intérêt des principes, exigeait que le Gouvernement ne laissât pas ces accusations sans réponse. Sur la question légale, il lui a été facile d'établir que le décret du 19 janvier 1811, pas plus que toute la législation qui l'avait précédé, en remontant à plusieurs siècles, n'avait voulu ni pu vouloir ouvrir, sans contrôle et sans conditions, l'entrée des hospices dépositaires à tous les Enfants qu'il conviendrait à l'indigence, ou même à la débauche et au crime, d'y venir apporter; qu'en ordonnant qu'il serait établi des dépôts particuliers pour les Enfants trouvés et abandonnés, ce décret avait déclaré, non pas qu'il y en aurait nécessairement un par arrondissement, mais qu'il y en aurait *un, au plus* (article 4): disposition dont la pensée est évidemment restrictive, et qui laissait, par conséquent, à l'autorité supérieure, le droit dont elle a usé, de réduire le nombre des dépôts, si elle trouvait à leur multiplicité plus d'inconvénients que d'avantages.

Quant au déplacement, il suffisait de rappeler que la loi du 15 pluviôse an XIII, conférant aux administrations charitables la tutelle des Enfants trouvés et abandonnés, donnait implicitement au Gouvernement le droit d'administrer la personne de ces Enfants, et par suite, d'ordonner leur mise en nourrice ou en pension dans tel ou tel lieu déterminé.

Mais des faits graves ont été avancés, en ce qui concerne les résultats matériels des mesures dont il s'agit. On a dit que des liens de famille formés, depuis longues années, entre les Enfants et leurs nourriciers, avaient été violemment brisés par les déplacements; qu'une mortalité considérable, à laquelle le suicide même n'était pas étranger, avait accompagné et suivi cette mesure, effectuée d'ailleurs avec dureté et sans les précautions que l'humanité commandait. On a dit que la suppression de certains dépôts, en rendant les expositions plus difficiles, avait multiplié les infanticides et les abandons dans des lieux solitaires; de telle sorte que des réclamations et des plaintes avaient hautement éclaté dans toutes les parties du royaume.

Le Gouvernement aurait pu nier ces faits; car les rapports de MM. les préfets, qui avaient successivement rendu compte des effets du déplacement des Enfants et de la réduction du nombre des dépôts, avaient été satisfaisants. Les Conseils généraux, surveillants naturels de tous les actes administratifs qui intéressent les départements, avaient presque unanimement applaudi à ces mesures. On devait donc trouver des motifs suffisants de sécurité dans ces témoignages des organes légaux des diverses localités.

Cependant, monsieur le Préfet, la question est trop grave, elle touche à des intérêts trop sacrés, pour que l'administration ne croie pas se devoir à elle-même d'éclaircir, par une sorte d'enquête solennelle, tous les faits allégués. Les résultats économiques des mesures sont incontestables; ils se traduisent en chiffres positifs. Mais serait-il vrai qu'ils eussent été achetés au prix de la vie des Enfants ou de leur avenir moral? C'est ce que le Gouvernement ne saurait demander trop hautement à tous les administrateurs qui ont pu suivre et étudier les faits par leurs propres yeux.

Ce sont donc ces faits que je viens vous demander de constater.

Je vous prie, en conséquence, monsieur le préfet, de me faire d'abord connaître:

1° Si votre département est du nombre de ceux où des Tours n'ont jamais été ouverts aux Enfants trouvés, et qui sont, sous ce rapport, restés en dehors du décret du 19 janvier 1811;

2° Si aucun des Tours existants n'y a été supprimé, dans ces derniers temps, par suite des mesures assez généralement adoptées dans tout le royaume, pour régulariser ce service;

3° Si enfin le déplacement des Enfants n'y a pas été effectué;

Si la suppression de quelques hospices dépositaires et la mesure du déplacement y avaient eu lieu, vous feriez dresser et vous m'enverriez des états constatant, quant au déplacement:

1° Le nombre des Enfants soumis à cette mesure, avec distinction d'âge, savoir:

Au-dessous de trois ans,

De trois à six ans,

De six à neuf ans,

De neuf à douze ans.

2° A quelle distance moyenne les Enfants ont été transportés;

3° Par quelle voie et à quelle époque de l'année le déplacement a été opéré;

4° Quelle a été la mortalité pendant les voyages et pendant le mois qui a suivi, comparée à la mortalité ordinaire des Enfants, pour les différents âges;

5° Quels accidents particuliers ont signalé l'exécution de la mesure;

6° Quelle impression morale elle a produite, soit sur les Enfants eux-mêmes, soit sur la population.

Quant à la réduction du nombre des hospices dépositaires:

1° Quel a été le terme moyen des expositions, pendant l'année qui a précédé la clôture des dépôts, et pendant l'année qui l'a suivie;

2° Quel a été, pour ces deux époques, le nombre des infanticides constatés;

3° Quel a été, pour ces deux époques, le nombre des abandons en des lieux solitaires;

4° Quelle impression morale est résultée de cette mesure dans la population.

Après avoir réuni ces divers renseignements avec la plus grande exactitude, vous en entretiendrez le conseil général, en lui demandant d'émettre un avis, aussi détaillé que possible, sur l'ensemble de tous ces documents, et de consigner dans sa délibération l'opinion qu'il aura conçue des mesures dont il s'agit, tant pour le passé que pour l'avenir.

Vous aurez soin de m'adresser ensuite toutes ces pièces, par un envoi spécial.

Je recommande, monsieur le Préfet, à toute votre sollicitude éclairée l'exécution de cette circulaire, à laquelle j'attache le plus grand intérêt; et j'attendrai, avec beaucoup d'empressement, les communications que vous aurez à me faire, par suite des dispositions qu'elle prescrit.

ARRÊTÉ du Ministre de l'intérieur (M. de Montalivet) *qui réorganise l'inspection des services de bienfaisance et qui en fait l'inspection générale des établissements de bienfaisance.*

24 août 1838.

Nous, pair de France, ministre secrétaire d'État au département de l'intérieur · — Vu l'arrêté de l'un de nos prédécesseurs, en date du 25 décembre 1833, relatif à l'inspection des services de bienfaisance du royaume; — Vu la loi de finances de 1839, qui alloue de nouveaux fonds pour cette institution,

Arrêtons ce qui suit:

ART. 1er. Les inspecteurs des services de bienfaisance prendront le titre d'*inspecteurs généraux des établissements de bienfaisance.*

2. Les inspecteurs généraux des établissements de bienfaisance sont divisés en deux classes.

3. Le traitement des inspecteurs généraux de première classe est fixé à.......; celui des inspecteurs généraux de deuxième classe est de......

4. Les frais de tournée ordinaire des inspecteurs généraux de l'une et l'autre classe leur seront payés sur états qu'ils nous en fourniront et dont le montant sera ordonnancé sur les fonds affectés au service de l'inspection.

5. Les dispositions des articles 3 et 4 ci-dessus ne sont applicables à l'inspecteur général du service des aliénés, à l'égard duquel il a été statué par un arrêté particulier.

6. Dans l'intervalle de leurs tournées annuelles, les inspecteurs généraux des établissements de bienfaisance se réuniront, en conseil, à notre ministère, pour nous donner leur avis sur toutes les affaires que nous jugerons convenable de leur soumettre.

7. Le conseil des inspecteurs généraux des établissements de bienfaisance sera présidé par nous, et en notre absence par le conseiller d'État directeur de l'administration départementale et communale.

8. Le chef de la section administrative des communes et des hospices fera partie du conseil des inspecteurs généraux des établissements de bienfaisance.

9 L'un des inspecteurs généraux désigné par nous remplira les fonctions de secrétaire du conseil. Il tiendra le registre des délibérations, lequel ne pourra être communiqué qu'aux membres du conseil.

10. Deux des inspecteurs généraux désignés par nous resteront habituellement attachés aux bureaux de l'administration centrale, pour être chargés des missions extraordinaires que nous jugerons à propos de leur confier.

11. Les dispositions de l'arrêté ci-dessus visé, du 25 décembre 1833, continueront d'être exécutées dans tout ce qui n'est pas contraire au présent arrêté.

12. Le conseiller d'État secrétaire général de notre ministère, le conseiller d'État directeur de l'administration départementale et communale et le maître des requêtes chef de division de comptabilité générale sont chargés, chacun en ce qui le concerne, de l'exécution du présent arrêté.

CIRCULAIRE *du Ministre de l'intérieur* (M. de Montalivet) *aux préfets, relativement à la création des inspecteurs départementaux des établissements de bienfaisance.*

Paris, le 12 mars 1839.

Monsieur le Préfet, plusieurs de vos collègues ont, depuis quelques années, demandé l'autorisation de créer, dans les départements qu'ils administrent, des *inspecteurs du service des Enfants trouvés.*

Mes prédécesseurs et moi nous avons adhéré à cette demande; ces inspecteurs ont été établis dans beaucoup de départements, et l'expérience a justifié qu'on ne s'était pas trompé sur les heureux effets qu'on avait pensé devoir attendre de cette institution.

Ces résultats satisfaisants m'ont fait juger qu'il convenait d'étendre la même mesure a tous les départements; et je viens la recommander à votre sollicitude.

Pour que cette création fît tout le bien qu'elle me paraît appelée à réaliser, il faudrait que l'inspection du service des Enfants trouvés et abandonnés ne fût pas seule confiée à ces inspecteurs, mais qu'ils fussent également chargés, sous le rapport de l'administration et de la comptabilité, de l'inspection des hospices, des bureaux de bienfaisance, des maisons de secours, et de tous les établissements charitables du département.

Cette mesure rentrerait ainsi dans l'application des principes constitutifs de l'administration générale, et notamment de la loi du 22 décembre — janvier 1790, qui met spécialement au nombre des devoirs et des attributions de l'autorité départementale l'inspection du régime des hôpitaux, Hôtels Dieu et établissements de charité.

Je vous invite donc, monsieur le Préfet, à procéder sans retard au choix et à la nomination d'un inspecteur, dans votre département; ou, si déjà vous en aviez établi un pour le service des Enfants trouvés, à comprendre dans ses attributions les hospices, les bureaux de bienfaisance et les divers établissements analogues.

Ce n'est là, au surplus, qu'une extension d'attributions, qui ne devra cependant, en aucune manière, changer le caractère de ces employés, qui, avant tout, sont institués pour accomplir l'obligation que le décret du 19 janvier 1811 (article 14) impose à l'Administration, de faire inspecter plusieurs fois par an les Enfants trouvés et abandonnés placés en nourrice ou en pension.

Je n'ai pas besoin d'ajouter que la dépense du traitement de ces employés sera naturellement imputée, comme cela a déjà eu lieu dans plusieurs départements, sur les fonds du budget départemental affecté au service des Enfants trouvés, à moins que, pour l'avenir, le conseil général ne jugeât préférable d'ouvrir à cette dépense un crédit spécial.

Je n'ai pas à vous donner d'indications particulières pour le choix des hommes à qui vous devrez confier les fonctions d'inspecteur; il ne vous échappera point que, pour être utilement remplies, ces fonctions demandent des hommes actifs, mais graves, et qui aient assez de fermeté de caractère pour ne point se laisser entraîner aux influences locales. Les inspecteurs départementaux des établissements de bienfaisance auront toujours, j'en suis certain, pour les membres des commissions administratives, les égards et la confiance que j'aime à croire qu'ils trouveront eux-mêmes auprès de ces administrateurs.

Quant aux instructions que vous aurez à donner à l'inspecteur, vous pourrez vous reporter, monsieur le Préfet, à celles qui vous ont été adressées par mes prédécesseurs, les 20 juillet 1828 et 15 mars 1834. Vous y verrez l'étendue des services sur lesquels devra se porter l'inspection départementale, qui se liera, d'ailleurs, fort utilement à l'inspection générale des services de bienfaisance dont traitent les instructions que je viens de rappeler Ainsi, par exemple, à son arrivée dans un département, l'inspecteur général chargé d'en visiter les établissements charitables trouvera, dans l'inspecteur particulier, un collaborateur instruit dont l'expérience et les connaissances locales lui seront fort précieuses pour l'accomplissement de sa mission. A cet effet, il sera convenable, monsieur le Préfet, que vous donniez à ce dernier agent des instructions pour qu'il se mette à la disposition de l'inspecteur général, et qu'il l'accompagne même dans les établissements où cela pourrait être jugé nécessaire.

L'inspecteur vérifiera tout ce qui est relatif à l'administration et aux comptabilités en deniers et en matières; il rappellera les règles prescrites par les lois, les ordonnances et les instructions de l'autorité supérieure; il s'attachera à maintenir ou à rétablir partout l'ordre et l'économie; il vous signalera les abus, cherchera à en découvrir les causes, et vous soumettra les mesures qu'il croira les plus propres à y mettre un terme. Il s'attachera, surtout, à résister aux écarts de cette charité exagérée et imprévoyante qui tend sans cesse à mettre à la charge de la société des Enfants qui ne doivent pas y être placés et des vieillards qui peuvent se passer des secours de la charité publique. Il aura soin que la surveillance la plus exacte soit exercée sur toute la comptabilité des établissements charitables, et surtout que les recettes, sans aucune distinction, soient faites par les receveurs et par les économes, et qu'il en soit de même pour les dépenses, quelle qu'en soit la nature, sauf un très-petit nombre de cas prévus par les instructions.

Il ne laissera pas ignorer aux administrations hospitalières les dispositions prescrites par les lois et règlements contre les comptabilités occultes.

L'inspecteur se rendra souvent dans les lieux où les Enfants trouvés ou abandonnés ont été placés : il s'assurera de leur existence et de leur identité; il vérifiera si les nourrices ne remettent pas à d'autres femmes les nourrissons qu'elles ont obtenus; si elles sont munies de leur livret; si elles sont exactement payées par les percepteurs, sur la représentation d'états de vie réguliers. Il veillera à ce que les Enfants reçoivent toujours les soins convenables; à ce qu'ils soient vaccinés; à ce que, dans leurs maladies, ils soient visités par des médecins; à ce qu'ils soient élevés, autant que possible, dans des principes de religion et de morale, à ce qu'ils n'aient que de bons exemples sous les yeux. Lorsque les enfants seront plus grands, l'inspecteur devra encore continuer d'exercer sur eux une exacte surveillance, et s'assurer que les commissions administratives remplissent à leur égard, et jusqu'à leur majorité, les devoirs que leur imposent les lois, et particulièrement celle du 15 pluviôse an XIII.

Vous jugerez, monsieur le Préfet, s'il est nécessaire que vous traciez, chaque année, à l'inspecteur l'itinéraire qu'il devra parcourir; mais vous recommanderez particulièrement à son attention les cantons ou les établissements qui paraîtront, soit à vous, soit à MM. les sous-préfets, exiger une vérification particulière.

La mission de l'inspecteur est d'examiner, de recueillir les faits, de vous les signaler dans les rapports qu'il vous transmettra, en y joignant ses observations et son avis; mais il devra recourir à votre autorité pour toutes les mesures qu'il sera utile de prendre, et c'est a vous seul qu'il appartiendra de statuer définitivement sur ce qu'il sera convenable de prescrire, ou de recourir à mon autorité, lorsqu'il deviendra nécessaire de l'employer.

De retour de son inspection, et après vous avoir référé de tout ce qu'il aura vu, il pourra, dans vos bureaux, suivre l'effet des mesures que vous aurez adoptées, et participer lui-même à la rédaction de vos instructions aux autorités locales. Vous aurez ainsi dans cet inspecteur un auxiliaire utile pour les travaux de cabinet, dans l'intervalle de ses tournées, et il sera d'ailleurs aussi constamment à votre disposition pour les missions extraordinaires que vous aurez à lui confier.

Vous aurez soin, monsieur le Préfet, de notifier la nomination de l'inspecteur, et toutes les dispositions que vous arrêterez, aux receveurs et aux administrations qu'elles concerneront. Vous rappellerez, en même temps, à ces dernières que l'inspection des hospices n'est point instituée dans la vue de leur dicter leurs déterminations ou de contrôler arbitrairement leurs actes, mais qu'elle a au contraire pour objet de leur offrir, au besoin, des indications utiles, des instructions officieuses, qui retracent à leur souvenir les principes légaux dont l'observation doit les diriger dans leurs honorables travaux. Toutefois, vous prêterez toujours, avec l'énergie convenable, tout l'appui nécessaire à l'inspecteur pour faciliter l'accomplissement de sa mission, et pour la rendre fructueuse et complète : vous seconderez également ses efforts par vos lumières et par votre autorité.

J'attache une grande importance aux mesures dont je viens de vous entretenir : je vous prie, en conséquence, de m'informer, sous le plus bref délai possible, des dispositions que vous aurez prises pour leur exécution.

CIRCULAIRE *du Ministre de l'intérieur* (M. de Montalivet) *aux préfets, relativement à l'exécution de l'ordonnance du 17 avril concernant les remises des receveurs des hospices.*

22 avril 1839.

Monsieur le Préfet, j'ai l'honneur de vous adresser ci-jointe une copie d'une ordonnance royale, en date du 17 de ce mois, qui détermine de nouvelles bases pour la fixation des traitements des receveurs des communes et des établissements de bienfaisance.

Pour vous mettre à même d'assurer la bonne exécution de cette mesure, je vais entrer avec vous dans quelques explications détaillées sur les circonstances qui l'ont provoquée, l'esprit général dans lequel elle a été conçue, et le sens de chacune de ses dispositions en particulier.

Vous savez, monsieur le Préfet, que ce n'est guère qu'en l'an VII que le Gouvernement, en traçant quelques règles pour la nomination des receveurs des communes, s'occupa aussi de la fixation du traitement de ces comptables. La loi du 11 frimaire an VII attribua la recette des *communes* aux percepteurs des contributions directes (article 30); celle des *municipalités*, au secrétaire de la mairie (article 33); enfin, celles des *communes qui formaient à elles seules un canton*, à un préposé spécial nommé par l'Administration municipale (article 35). Dans le premier cas, c'est-à-dire quand la recette était attribuée au percepteur, ce comptable recevait pour ce service, sur les centimes spécialement affectés aux dépenses municipales, une remise égale à celle qu'il touchait pour le recouvrement des contributions de l'État; mais il n'avait aucune remise sur les autres revenus que pouvait avoir la commune. Ce recouvrement, d'après les termes mêmes de l'article 39 de la loi précitée du 11 frimaire, était une des charges de son adjudication; car, à cette époque, la perception de l'impôt était, comme on sait, mise en adjudication publique. Dans le deuxième cas, on se bornait à augmenter le traitement du secrétaire (article 40); dans le troisième cas, le préposé spécial devait jouir d'un traitement fixe réglé par l'Administration municipale, sauf l'approbation de l'Administration du département (article 41).

Après que la loi du 28 pluviôse an VIII eut supprimé les municipalités de canton et toute l'organisation communale créée par la constitution de l'an III, l'arrêté du 4 thermidor an X ordonna qu'il serait établi, dans toutes les communes qui avaient plus de vingt mille francs de revenus, un receveur spécial, dont le traitement serait, sur le vote du conseil municipal, porté au budget de la commune, sous l'approbation du Gouvernement. Dans les communes de vingt mille francs de revenus et au-dessous, les percepteurs restaient chargés de la recette municipale, aux conditions précédemment déterminées par la loi du 11 frimaire an VII.

Cependant, l'attribution donnée aux conseils municipaux de voter le traitement du receveur spécial était trop vague et pouvait prêter à l'arbitraire. Aussi l'Administration sentit-elle la nécessité de poser quelques bases pour la fixation de ces traitements. L'arrêté du 17 germinal an XI décida qu'ils ne devraient pas dépasser cinq pour cent dans les communes dont les revenus ne s'élevaient pas à plus de cent mille francs, et demi pour cent sur l'excédant de cent mille francs.

Le décret du 30 frimaire an XIII, sans prescrire aucune modification aux bases de l'arrêté du 17 germinal an XI, dispose seulement que les percepteurs qui faisaient la recette des communes dont le revenu était inférieur à vingt mille francs, comme les receveurs spéciaux, jouiraient de remises proportionnelles, qui seraient déterminées, à l'égard des percepteurs, par le préfet, et par le Gouvernement à l'égard des receveurs spéciaux. Il y avait encore entre ces agents cette différence, que les percepteurs ne devaient point obtenir de remises sur le produit des centimes additionnels et le dixième des patentes, parce qu'ils en recevaient déjà en qualité de percepteurs, tandis que les receveurs spéciaux étaient rétribués sur l'ensemble de leurs recouvrements.

Enfin, le décret du 24 août 1812 statua d'une manière plus explicite. Il voulut que les traitements des receveurs municipaux des communes qui ont dix mille francs ou plus de revenus ne pussent excéder les proportions suivantes, savoir : quatre pour cent sur les premiers vingt mille francs de recettes ordinaires, dans les communes dont les recettes sont confiées au percepteur des contributions;

Cinq pour cent sur les premiers vingt mille francs de recettes ordinaires, dans les communes où les recettes sont confiées à des receveurs spéciaux;

Et, dans toutes les communes, un pour cent sur les sommes excédant vingt mille francs, jusqu'à un million, et un demi pour cent sur toutes celles qui s'élèvent au delà d'un million.

Ces tarifs n'étaient, au surplus, qu'énonciatifs du maximum des traitements, lesquels devaient être réglés définitivement dans le budget de chaque ville, sur la proposition nécessaire du conseil municipal, l'avis du sous-préfet et l'avis du préfet, conformément à l'article 7 du décret du 30 frimaire an XIII.

La loi du 18 juillet 1837, sur l'administration municipale, n'a rien innové en ce point; elle a seulement rangé les traitements des receveurs au nombre des dépenses obligatoires des communes.

Mais le système du décret du 24 août 1812 présentait de grands vices, que l'expérience n'a pas tardé à faire reconnaître. Dans les communes où les tarifs de ce décret ont été appliqués sans modification, les intérêts des communes ont eu à souffrir, parce que les traitements ont dépassé une juste limite. Dans d'autres communes, au contraire, les administrations locales, usant de la faculté indéterminée que leur réservait l'article 2 du décret, de réduire les tarifs, ont fait descendre les remises des receveurs au-dessous de ce qu'il était légitime d'allouer à ces comptables, et il en est résulté, la plupart du temps, pour les communes, le grave danger de n'avoir que des comptables inhabiles ou infidèles. Des réclamations nombreuses se sont élevées, et il faut reconnaître qu'elles ne manquaient pas de fondement; car ces allocations étaient souvent réduites au moment même où le travail et la responsabilité des receveurs étaient accrus par les mesures prescrites par l'autorité supérieure pour le bon ordre de la comptabilité municipale.

On sait, en effet, que depuis quelques années la comptabilité des communes et des établissements publics, comme celle de l'État, a été renfermée avec soin dans des règles précises et rigoureuses. Le nouveau système adopté pour les écritures, pour la tenue des comptes, pour la justification des dépenses, a eu les plus utiles résultats pour la bonne gestion des revenus; mais il a doublé les opérations des comptables, en même temps qu'il a exigé de leur part une capacité bien plus grande.

Dans cet état de choses, une réforme devenait nécessaire; il fallait mieux préciser ce que le décret du 24 août 1812 avait de trop indéterminé, et, par un tarif mieux gradué, établir des bases de traitement qui protégeraient à la fois les intérêts des communes dont les conseils municipaux se sont laissé entraîner à voter le maximum porté dans le décret, et les intérêts des comptables, injustement sacrifiés dans les communes où les conseils ont réduit outre mesure les allocations.

Toutefois, avant de soumettre à l'approbation royale des dispositions pour régulariser cette partie du service, j'ai cru devoir demander aux préfets des renseignements précis sur le véritable état des choses. Les réponses de ces magistrats ont constaté généralement une espèce d'anarchie dans le service des remises.

Les plus choquantes anomalies existent de commune à commune, dans le même département, sans qu'aucune circonstance particulière motive ou explique de pareilles différences.

Aussi tous les préfets ont-ils jugé qu'une nouvelle organisation était indispensable. Cette mesure le devenait, en effet, d'autant plus aujourd'hui, que la loi du 18 juillet 1837, sur l'administration municipale, ayant déclaré le traitement des receveurs municipaux dépense obligatoire, il fallait bien préciser cette obligation d'une manière désormais certaine.

La nécessité de nouvelles dispositions une fois reconnue, il restait à déterminer le système auquel il convenait de s'arrêter pour la fixation de ces traitements.

Il s'en présentait deux, dont il fallait peser les avantages et les inconvénients : l'un, qui aurait consisté à donner aux receveurs un traitement fixe réglé par l'arrêté même de nomination; l'autre, qui aurait alloué à ces comptables des remises proportionnelles au montant des recettes. L'un et l'autre de ces deux modes avaient, en droit, des précédents dans la législation; en fait, ils se trouvaient appliqués tous deux aujourd'hui dans diverses communes.

Cependant les préfets se sont, en majorité, prononcés pour les remises proportionnelles; et c'est aussi le système qui a prévalu dans la nouvelle ordonnance. Les traitements fixes peuvent avoir l'avantage de préciser à l'avance, d'une manière claire et à l'abri de toute contestation ultérieure, la position respective du receveur et de la commune; mais cet avantage est contre-balancé par des inconvénients assez graves. Ce mode de rétribution pèche particulièrement contre l'équité, en ce qu'il rétribue d'une manière fixe un travail dont la difficulté et l'importance, ainsi que la responsabilité qui s'y rattache, varient d'année en année

Il ne faut pas perdre de vue, en effet, l'extrême différence qu'il y a entre les agents des services administratifs et ceux des services comptables : les premiers ne donnent à l'administration qui les emploie qu'une portion déterminée de leur temps, qu'ils utilisent à son service suivant leur zèle et leur capacité; mais les seconds, indépendamment de cette obligation commune à tous, courent des risques de diverses natures, qui sont toujours en proportion avec la somme des opérations de comptabilité qu'ils exécutent. Aussi tous les préposés aux recettes du Trésor, sans exception, sont ils rétribués au moyen de remises proportionnelles, tandis que les agents administratifs ont des traitements fixes.

Or, ces considérations ont paru prépondérantes, et, comme je viens de le dire, l'ordonnance du 17 avril a consacré le système des remises proportionnelles, comme l'avait fait le décret du 24 août 1812; seulement elle y apporte une modification très-importante. Jusqu'à ce jour, les remises proportionnelles ont été réglées uniquement sur les recettes; j'ai pensé qu'il y aurait avantage de prendre aussi pour base le montant des payements et de combiner ensemble ces deux éléments. Indépendamment de ce qu'on arrive par là à une plus juste appréciation du travail et de la responsabilité des receveurs, on y trouve le moyen de résoudre quelques difficultés de détail qu'a fait naître dans la pratique le système des remises proportionnelles aux recettes. Ainsi, par exemple, en cas de mutation de receveurs dans le courant de l'année, il arrive souvent que le comptable sortant a effectué la plus grande partie des recettes, tandis qu'il reste au receveur entrant une somme considérable de payements à effectuer. Or, il n'était pas juste que le premier comptable profitât de la presque totalité des remises, et que le second n'en reçût que d'insignifiantes. On ne peut, en effet, s'empêcher de reconnaître que le service des payements est, pour les comptables, l'occasion de difficultés et d'une responsabilité aussi grandes, si ce n'est plus, que celui des recettes.

En divisant les remises sur les recettes et sur les payements, on tranche ces difficultés. L'ordonnance ci-jointe consacre cette division. Les remises, réparties tant sur les recettes que sur les dépenses, diminuent progressivement à mesure que les sommes s'élèvent, d'après le système adopté par le décret du 24 août 1812. Mais les tarifs de chaque classe sont bien moins élevés; ils embrassent, du reste, les recettes et dépenses, tant ordinaires qu'extraordinaires, et remplissent, sous ce rapport, une lacune que le décret laissait à regretter.

Quelque soin qu'on ait mis à graduer le nouveau tarif, en ce qui concerne chaque classe, cependant l'ordonnance n'a pas voulu le rendre obligatoire d'une manière absolue et sans aucune modification possible. Elle a pensé que certaines circonstances locales pouvaient motiver un changement en plus ou en moins, et qu'il était dès lors convenable d'accorder à cet égard une certaine latitude à l'administration municipale. D'ailleurs, le décret du 30 frimaire an XIII exigeant que les conseils municipaux fussent appelés nécessairement à émettre leur avis sur la fixation définitive des remises, il fallait déterminer des limites au milieu desquelles ils pourraient se mouvoir. Ces limites, fixées par l'article 3 de l'ordonnance à un dixième au-dessus ou au-dessous du tarif, laisseront toute la latitude nécessaire pour concilier les intérêts des communes et des établissements avec ceux des comptables.

Il ne faudra pas, au surplus, perdre de vue qu'il n'y aura, en général, à user de cette faculté de s'écarter du tarif que dans des cas assez rares. Autant que possible, il sera bon de s'en tenir aux bases de l'ordonnance. C'est en ce sens qu'il conviendra de faire comprendre et exécuter les nouvelles dispositions. Ainsi, Monsieur le Préfet, lorsque vous aurez à statuer sur les délibérations que les conseils municipaux ou les commissions administratives auront à prendre en exécution de l'ordonnance du 17 avril, pour la fixation des remises de leurs receveurs, vous devrez, comme je ferai moi-même en ce qui concerne les remises des receveurs, dans les villes dont le roi règle les budgets, n'admettre les modifications, soit en plus, soit en moins, qui seraient proposées aux bases du tarif, qu'autant que la convenance en serait pleinement justifiée par quelques circonstances exceptionnelles. L'un des principaux buts de l'ordonnance a été d'établir l'uniformité dans le service des remises; ce serait s'écarter de son esprit que d'admettre des modifications trop nombreuses au tarif qu'elle a établi.

Cela posé, vous devrez, Monsieur le Préfet, immédiatement après la réception de la présente circulaire, faire connaître aux conseils municipaux les dispositions de l'ordonnance du 17 avril, et les inviter à délibérer, dans leur session de mai, en votant le budget de la commune pour 1840, le taux des remises à allouer aux receveurs, conformément au nouveau tarif. En même temps les conseils porteront par prévision, au budget, la somme approximative du montant des remises, évaluées d'après les recettes et les dépenses du budget lui-même. Sur le vu de ces délibérations, et en statuant pour le règlement du budget, vous arrêterez définitivement le taux des remises par une disposition de votre arrêté, en vous conformant aux instructions que je viens de vous faire connaître dans le paragraphe précédent.

Vous ne perdrez pas de vue que, si la proposition appartient aux conseils municipaux, c'est à vous qu'est dévolu le droit de décider, et vous ne devrez pas hésiter à régler d'office, au taux du tarif, la quotité des remises, si les conseils municipaux refusaient ou négligeaient de voter, ou s'ils ne votaient que des remises insuffisantes; de même que vous pourriez les réduire, au cas où ils voteraient des remises exagérées. Votre décision prise, vous auriez soin de réserver, en réglant le budget, la somme nécessaire pour le crédit qu'il y aurait à ouvrir, et que vous mettriez le conseil municipal en demeure de voter, en exécution de l'article 39 de la loi du 18 juillet 1837. En cas de refus, vous procéderiez à l'allocation d'office, en conseil de préfecture, conformément à la marche prescrite par l'article précité de la loi du 18 juillet.

En ce qui concerne les budgets dont le règlement appartient au roi, vous me transmettrez les délibérations des conseils municipaux, avec votre avis, afin que je puisse faire statuer.

Vous remarquerez, Monsieur le Préfet, que la mesure prescrite par l'ordonnance du 17 avril 1839 ne pouvant être exécutée que dans les budgets qui vont être délibérés pour l'année 1840, ce n'est qu'à dater de cet exercice que les receveurs auront droit aux remises dont la fixation sera arrêtée dans le cours de la présente année.

Aux termes de l'article 4 de l'ordonnance, dans les communes où les fonctions de receveur municipal sont réunies à celles de percepteur des contributions directes, la recette du produit des centimes additionnels ordinaires et extraordinaires, et des attributions sur patentes, ne doit donner lieu à aucune remise, outre celle qui est allouée au comptable en sa qualité de percepteur, ou en exécution de l'article 5 de la loi du 20 juillet 1837. Il y aurait, en effet, un véritable double emploi à allouer aux receveurs municipaux des remises à raison d'un recouvrement pour lequel ils sont déjà rétribués en qualité de percepteurs; mais, comme ils ont à faire le service des dépenses imputables sur les centimes recouvrés, ils jouiront de la remise spéciale, calculée sur les payements conformément au tarif. C'est un résultat de la division du tarif dont j'ai parlé ci-dessus, et qui est une des dispositions capitales du nouveau tarif.

Les autres articles de l'ordonnance déterminent des cas spéciaux où les receveurs ne jouiront d'aucune remise. Les motifs qui ont dicté ces exceptions s'expliquent d'eux-mêmes, et l'exécution ne présentera aucune difficulté. Je me bornerai donc à me référer aux termes mêmes desdits articles. Les opérations qui ne doivent pas comporter de remises, ou bien ne constituent que des conversions de valeurs, ou bien ne sont pas faites pour le service direct et exclusif des communes.

Vous remarquerez, Monsieur le Préfet, que l'ordonnance statue pour les établissements de bienfaisance comme pour les communes. Ce n'est là qu'une application du principe posé dans l'article 22 de l'ordonnance du 31 octobre 1821. Vous aurez donc à faire délibérer les commissions administratives des hospices et les administrations des bureaux de bienfaisance, et, sur le vu de ces délibérations, à procéder à la fixation définitive des remises des receveurs pour les établissements dont vous réglez les budgets. Vous me renverrez les autres avec votre avis.

J'ai lieu de croire, Monsieur le Préfet, que l'ordonnance du 17 avril 1839 sera comprise par tous les conseils municipaux comme une mesure d'ordre et de justice. Si quelques communes se trouvent, en résultat, obligées de supporter une légère augmentation de dépense, elles ne tarderont pas à reconnaître que ce modique sacrifice, imposé d'ailleurs par une rigoureuse équité, recevra une compensation dans la garantie qu'assure, aux finances municipales la gestion de comptables instruits et soumis à des règles et à un contrôle sévères.

Quant aux receveurs, ils y verront la preuve de la sollicitude de l'Administration supérieure à leur égard, et y trouveront un nouveau motif pour accomplir avec exactitude les devoirs que leur imposent les règlements sur la comptabilité communale ou hospitalière.

Je désire, Monsieur le Préfet, qu'aussitôt que vous aurez statué sur la fixation des remises des divers comptables de votre département auxquels la nouvelle ordonnance est applicable, vous m'adressiez un état nominatif, conforme au modèle, et qui présentera les résultats de vos décisions. Cet état comprendra : 1° le nom de la commune; 2° et 3° le chiffre des recettes et celui des dépenses évaluées au budget; 4° le taux des remises allouées; 5° le produit des remises dont le montant, par évaluation, aura été crédité au budget. Vous serez, je pense, en mesure de m'adresser cet état dans les premiers jours du mois de juillet prochain.

Circulaire du Ministre des finances relativement à l'exécution des ordonnances royales des 17 avril et 23 mai précédents (1).

1er juin 1839.

Vous trouverez ci-joint, Monsieur, un exemplaire de deux circulaires que M. le ministre de l'intérieur vient d'adresser à MM. les préfets, sous la date des 22 avril et 1er juin 1839, pour leur notifier les ordonnances royales des 17 avril et 23 mai, qui fixent les nouvelles bases d'après lesquelles devront être calculées, à partir de 1840, les remises des receveurs municipaux et d'établissements charitables.

(1) Voir cette circulaire ci-après.

Cette ordonnance du 17 avril, rectifiée par celle du 23 mai, assure aux receveurs municipaux et d'établissements une rétribution équitable et uniforme calculée en raison des soins et de la responsabilité attachée à leurs fonctions. Quelques explications de détail compléteront l'instruction du 22 avril, et préviendront les questions auxquelles pourrait donner lieu l'interprétation de certaines dispositions de l'ordonnance.

Vous remarquerez d'abord qu'aucune distinction entre les recettes ordinaires et les recettes extraordinaires ne devra plus être établie dans la fixation des remises; dorénavant les bases déterminées par l'article 2 s'appliqueront à la généralité des recettes réalisées et des dépenses effectuées de l'ordonnance.

Cette application sera faite, séparément, à chacune des communes et des établissements dont le même comptable pourrait se trouver receveur, et non pas aux produits cumulés des divers communes et établissements dont la gestion serait confiée au même comptable.

Les remises sur les recettes et sur les dépenses effectuées seront prélevées à la fin de chaque trimestre, d'après un décompte dont le modèle est donné ci-après, et qui devra être certifié conforme aux écritures par le comptable, l'ordonnateur des dépenses et le receveur des finances de l'arrondissement.

Ainsi que l'indique ce modèle, il sera nécessaire de comprendre, dans chaque décompte trimestriel, la *totalité* des recettes et des dépenses effectuées depuis le *commencement de l'exercice,* et de calculer les remises dues sur l'ensemble de ces opérations, sauf à déduire ensuite les remises mandatées antérieurement au profit du comptable, afin de faire ressortir la somme à mandater pour le trimestre.

Il y aura un décompte particulier par exercice; ainsi il y aura *six* décomptes trimestriels pour chaque exercice, dans les communes et établissements où il se prolonge jusqu'au 1er juillet de l'année suivante, et *cinq* décomptes seulement pour les communes et établissements où il expire au 31 mars.

En cas de mutation de comptables, il sera établi, au jour de la cessation des fonctions du receveur remplacé, un décompte par exercice, dans la forme des décomptes trimestriels afin de déterminer le montant des remises qui resteront à lui payer; d'un autre côté, le nouveau receveur, après l'expiration du trimestre de son entrée en fonctions, établira dans la même forme un décompte où seront comprises toutes les opérations de l'exercice, et où les remises seront calculées sur la totalité des opérations; les sommes payées à l'ex-receveur y seront ensuite portées en déduction, et le comptable en exercice n'aura droit qu'à la différence existant entre ces deux résultats. Il ne faut pas perdre de vue, en effet, que le tarif s'applique à l'ensemble des recettes et des dépenses faites pour le compte de la commune, sans acception des comptables qui les ont effectuées, et que, par conséquent, le nouveau receveur ne doit jouir, sur la portion des recettes et des dépenses de chaque exercice, qu'il est appelé à opérer, que de la somme de remises qui eût été liquidée sur cette portion d'opérations, si la gestion n'eût point été interrompue.

L'ordonnance du 17 avril, en n'accordant aucunes remises aux receveurs sur les recettes et les payements qui ne constitueraient que des conversions de valeurs, a voulu parler des placements fait au Trésor, des fonds sans emploi, du retrait de ces fonds, et de l'acquisition de rentes sur l'État, comme aussi de la réalisation du capital des rentes dues par l'État ou par des particuliers, etc. Il est entendu, néanmoins, que, dans les placements faits au Trésor, au nom de la commune et ne donnant pas lieu à remises, ne se trouvent pas compris les *intérêts* alloués sur ces placements. Le montant de ces intérêts forme, au profit de la commune, une recette réelle qui est passible de remises, aux termes de la décision de M. le ministre de l'intérieur, du 22 février dernier, notifiée aux comptables le 23 du même mois.

Enfin, et pour prévenir une question qui pourrait être adressée, soit par les conseils municipaux, soit par les comptables intéressés, je ferai observer que les dispositions de l'ordonnance du 17 avril ont nécessairement rapporté les décisions spéciales qui ont pu déterminer un taux particulier de centimes pour telle ou telle recette municipale ; qu'à partir de 1840, le tarif devra seul être appliqué à toutes les recettes indistinctement, notamment à la recette des rôles de prestations en argent et en nature et à la dépense effective ou d'ordre, à laquelle ce produit pourra donner lieu, bien qu'une instruction du ministre de l'intérieur, du 12 septembre 1836, ait fixé à 3 pour cent les remises des receveurs municipaux sur le recouvrement de ces rôles.

Il est inutile de faire remarquer que le nouveau système de rétribution n'entraîne d'autre changement dans les indications des colonnes 9 et 10 du nouveau modèle de résumé annexé à la circulaire du 23 février 1839, que la suppression du taux des remises des receveurs municipaux et d'établissements charitables.

Je vous prie, Monsieur, de m'accuser réception de la présente circulaire, et de la notifier, ainsi que le modèle qui l'accompagne, aux receveurs municipaux et d'établissements charitables de votre arrondissement.

Circulaire du Ministre de l'intérieur (M. Montalivet) *aux préfets, concernant l'exécution des ordonnances royales des 17 avril et 23 mai 1839, relatives aux remises des receveurs des hospices.*

1er juin 1839.

Monsieur le Préfet, il s'était glissé une erreur dans les calculs qui avaient servi de base à la fixation du tarif des remises des receveurs des communes et des établissements de bienfaisance porté à l'article 2 de l'ordonnance du 17 avril dernier.

Cette erreur a été immédiatement reconnue, et elle a été réparée par une ordonnance supplémentaire en date du 23 mai. Cet acte, dont je vous adresse ci-jointe une ampliation, fixe un nouveau tarif, qui ne diffère de celui de l'ordonnance du 17 avril qu'en ce qu'au lieu d'allouer une remise d'un franc cinquante centimes pour cent sur les trente premiers mille francs de recette et un franc cinquante centimes pour cent sur les trente premiers mille francs de dépense, il doit être alloué deux pour cent sur les premiers cinq mille francs de recette, et deux pour cent sur les premiers cinq mille francs de dépense, les vingt cinq mille francs suivants restant soumis au tarif d'un franc cinquante centimes comme précédemment.

Cette division des trente premiers mille francs donnera à la nouvelle mesure toute l'équité que l'administration avait eu pour but de lui assurer. Le tarif d'un franc cinquante centimes pour cent sur les trente premiers mille francs était évidemment défavorable aux receveurs des petites communes qui, en terme moyen, dans tout le royaume, touchent actuellement environ quatre pour cent de remises. Son application aurait eu pour effet d'enlever à ces comptables, déjà trop faiblement rétribués, un quart de leurs émoluments, ce qui eût été tout à fait opposé aux vues de l'Administration qui avait voulu leur assurer, au contraire, un salaire mieux proportionné à l'étendue de leur travail et de leur responsabilité, qui se sont considérablement accrus par suite de l'exécution de la loi sur l'instruction primaire et de celle des chemins vicinaux.

La rectification faite par l'ordonnance du 23 mai aura pour résultat de procurer une augmentation de traitement au plus grand nombre des comptables, et de laisser dans leur situation actuelle ceux qui avaient été plus justement rémunérés par les conseils municipaux ou les administrations de bienfaisance. Que s'il arrivait que quelques-uns éprouvassent une diminution, ce ne pourraient être que quelques rares exceptions dont il n'y aurait autre chose à conclure, sinon que ces comptables avaient été plus favorisés que ne le comportaient les intérêts des communes ou des établissements et une rigoureuse équité.

Veuillez, je vous prie, Monsieur le Préfet, veiller à l'exécution de l'ordonnance que je vous notifie, et m'accuser réception de la présente circulaire, à laquelle je joins un exemplaire de celle que M. le ministre des finances adresse à MM. les receveurs généraux et particuliers des finances.

ARRÊTÉ *du Ministre de l'intérieur* (M. Duchâtel) *qui règle les attributions et les devoirs des inspecteurs généraux des établissements de bienveillance.*

14 juin 1839

Nous, etc.

Vu les arrêtés ministériels en date des 25 décembre 1833 et 22 août 1838,

Avons arrêté et arrêtons ce qui suit :

ART. 1er. Les inspecteurs généraux des établissements de bienfaisance sont chargés :

De vérifier les comptabilités espèces et matières des hôpitaux, des hospices, des bureaux de bienfaisance, des monts-de-piété, des maisons de refuge, et de tous autres établissements publics de bienfaisance, dans toute l'étendue du royaume;

De porter leurs investigations sur toutes les parties de l'administration de ces mêmes établissements;

D'examiner toutes les parties du service des Enfants qui sont à la charge des départements ou des hospices;

D'inspecter les asiles publics ou privés consacrés aux aliénés, lorsqu'ils auront été délégués à cet effet par nous.

Ils examinent toutefois, sans délégation spéciale, tant sous le rapport de l'administration que sous celui de la comptabilité, les quartiers d'aliénés placés dans les hospices ou hôpitaux où ils font leur inspection.

Enfin, de prendre des informations sur toutes les associations charitables fondées ou entretenues, sous différents titres, par des particuliers, et de nous en rendre compte.

2. Ils réclament l'exécution des lois, des règlements et des instructions ministérielles. Ils ne peuvent donner aucun ordre, si ce n'est en ce qui concerne la comptabilité.

3. Les missions et les tournées annuelles des inspecteurs généraux sont réglées par nous, d'après les besoins du service.

4. Les inspecteurs généraux ne rendent compte de leur mission qu'au ministre. Ils font connaître aux préfets les abus qu'ils ont découverts; et, dans les cas graves et urgents, ils les signalent par écrit à ces magistrats.

5. L'inspection des établissements de bienfaisance de chaque localité sera l'objet d'un rapport spécial qui nous sera sur-le-champ envoyé.

Ce rapport sera accompagné de procès-verbaux pour la vérification des comptabilités espèces et matières de chaque administration charitable.

Ces procès-verbaux seront dressés contradictoirement.

Les inspecteurs généraux auront, de plus, à répondre à toutes les questions posées sur les cinq feuilles intitulées :

Comptabilité-espèces,
Comptabilité-matières,
Administration,
Enfants trouvés,
Personnel.

Ces feuilles seront envoyées à l'appui de chaque rapport.

6. Les inspecteurs généraux devront, à la fin de chaque rapport, faire connaître où ils sont, et le lieu dans lequel ils vont se rendre.

Si, par des circonstances indépendantes de leur volonté, ils étaient plus de *vingt jours* sans pouvoir adresser de rapport, ils devraient alors nous faire connaître la cause de leur silence.

7. A leur retour à Paris, les inspecteurs généraux feront l'analyse succincte de chacun de leurs rapports. Une copie de cette analyse sera remise à l'inspecteur général qui visitera plus tard les mêmes établissements, afin de rattacher les travaux de la nouvelle tournée à ceux des tournées précédentes.

8. Les inspecteurs généraux doivent se présenter au préfet, à leur arrivée au chef-lieu du département.

9. Si le préfet du département où se trouvent les inspecteurs généraux demandait la vérification d'un ou de plusieurs établissements de bienfaisance non compris dans leur itinéraire, les inspecteurs généraux devraient accéder à la réquisition écrite qui leur serait faite à cet égard par ce magistrat, à moins que ce travail ne pût se concilier avec la mission qu'ils ont reçue du ministre.

10. Lorsque plusieurs inspecteurs généraux seront ensemble en mission, le plus élevé en grade sera le chef de service, et dirigera, comme tel, l'inspection. Si ces inspecteurs sont de même rang, le plus ancien titulaire, ou le plus âgé, s'ils ont été nommés à la même époque, prendra la direction des opérations.

11. Les inspecteurs généraux doivent se mettre en route, au plus tard, dans les quinze jours qui suivront la notification de leur ordre de départ, à moins que cet ordre n'indique un terme plus rapproché. Ils ne pourront, sans autorisation spéciale, interrompre leur tournée, ni rentrer à Paris, avant de l'avoir entièrement terminée.

Comptabilité-espèces.

12. La première opération des inspecteurs généraux, à leur arrivée dans les établissements de bienfaisance, doit être de vérifier la caisse et les écritures du receveur.

A cet effet, ils doivent immédiatement se faire représenter les espèces en caisse et les valeurs de portefeuille, ainsi que les budgets, les registres et toutes les pièces qu'ils jugeront nécessaires à l'accomplissement de leur mission. Après la vérification qu'ils en auront faite, ils dresseront procès-verbal de la situation du comptable.

Cette opération se fera en présence du maire, qui aura été invité par l'inspecteur à y assister. Ce magistrat, ou le délégué qu'il aura désigné, signera, avec l'inspecteur général et le comptable, le procès-verbal, dont ampliation sera laissée à ce dernier.

Dans le cas où le maire, ni personne à sa place, ne se serait rendu à l'invitation qui lui en aurait été faite, l'inspecteur général n'en procéderait pas moins à la vérification, en mentionnant toutefois cette absence au procès-verbal.

13. Tout déficit en deniers ou en valeurs, et toute infraction aux lois et règlements, devront être constatés sur le procès-verbal précité.

L'inspecteur général qui aura reconnu et constaté un déficit ou un détournement de deniers ou de valeurs, devra en référer au préfet ou au sous-préfet, et nous en rendre compte immédiatement.

Il pourra suspendre le comptable, et requérir de qui de droit la remise du service à un agent intérimaire.

En conformité de l'ordonnance royale du 17 septembre 1837, le receveur des finances devra être informé des faits par l'inspecteur général.

14. Les inspecteurs généraux devront veiller à ce que les mesures nécessaires soient

prises pour l'inscription de l'hypothèque légale attribuée aux établissements publics, par l'article 2121 du Code civil, sur les biens des comptables.

S'il a été constaté un débet ou déficit dont le montant excède le cautionnement du receveur, l'inspecteur général devra inviter le préfet ou l'autorité locale à requérir, sans délai, l'apposition des scellés par le juge de paix.

15. Lorsque l'inspecteur général ne trouvera pas le comptable à son domicile, il pourra apposer son cachet sur la caisse jusqu'au moment où il en opérera la vérification.

16. En cas d'absence constatée du comptable, l'inspecteur général pourra procéder, en présence du maire et du receveur des finances, faire ouvrir la caisse et procéder à la vérification.

17. Les inspecteurs généraux vérifieront si les cautionnements des comptables sont établis conformément au taux fixé par les lois et instructions.

Si ces cautionnements sont fournis en immeubles, ils s'assureront que l'inscription hypothécaire est régulièrement prise, et si elle n'est pas périmée ou sur le point de l'être. Dans ce dernier cas, ils en exigeront le renouvellement.

18. Les inspecteurs généraux feront cesser toutes les comptabilités occultes qu'ils parviendront à découvrir, et les réuniront immédiatement à celle du receveur de l'établissement vérifié.

Comptabilité-matières.

19. Toutes les mesures ci-dessus prescrites pour la vérification de la comptabilité-espèces, et pour la conservation des deniers ou valeurs de portefeuille, sont applicables à la vérification de la comptabilité-matières et à la conservation des objets d'approvisionnements confiés aux économes.

En cas de déficit de la part de l'un de ces comptables, les inspecteurs généraux procéderont comme il a été dit pour les receveurs, sans qu'il y ait lieu toutefois, dans ce cas, de prévenir les receveurs des finances.

20. Les inspecteurs généraux examineront si la comptabilité-matières est organisée conformément à l'instruction du 20 novembre 1836; si l'économe dirige personnellement son service; si ce comptable a fourni son cautionnement : à cet égard, ils agiront encore comme il a été prescrit pour les receveurs, en ce qui concerne la quotité du cautionnement et l'inscription hypothécaire, lorsque le cautionnement est fourni en immeubles.

21. Ils s'assureront que les distributions sont conformes aux prescriptions du règlement du régime intérieur. Ils constateront tous les abus et irrégularités qui pourraient exister dans cette partie du service, et ils provoqueront les mesures nécessaires pour les faire cesser.

Administration.

22. Les inspecteurs généraux se feront représenter les règlements d'administration intérieure prescrits par les instructions des 8 février 1823 et 20 novembre 1836. Ils examineront si ces règlements sont approuvés par l'autorité compétente, et ils signaleront au ministre ou aux préfets les articles de ces règlements qui leur paraîtraient devoir donner lieu à des modifications.

23. Les traités passés entre l'administration charitable et les sœurs hospitalières seront aussi l'objet de l'examen des inspecteurs généraux. Ils feront connaître au ministre ceux de ces traités qui n'auraient pas été soumis à son approbation, ainsi que les clauses contraires aux lois qui pourraient s'y trouver.

24. Le bien-être des malades et des indigents admis dans les établissements hospitaliers doit

être, pour les inspecteurs généraux, l'objet des recherches et des investigations les plus étendues. Ils devront, à cet égard, signaler au ministre les abus qu'ils découvriraient, et réclamer, des autorités locales, des mesures propres à les faire cesser promptement.

25. Les inspecteurs généraux devront s'enquérir si l'ordonnance royale du 14 novembre 1837 et la loi du 16 messidor an VII, en ce qui concerne l'achat des objets d'approvisionnement, sont exécutées dans les établissements de bienfaisance. Ils devront exiger la mise en adjudication, sauf les cas prévus par la susdite ordonnance, des divers marchés.

26. Les inspecteurs généraux convoqueront la commission administrative avant de quitter l'établissement qu'ils viennent de visiter.

Ils feront connaître verbalement aux administrateurs les abus qu'ils auront pu découvrir, et ils les inviteront à prendre les mesures nécessaires pour les faire cesser et pour en prévenir le retour.

Enfants trouvés.

27. Les titres d'admission des Enfants trouvés et abandonnés seront examinés par les inspecteurs généraux, qui réclameront des préfets la radiation des Enfants indûment admis à la charge des départements.

28. Ils requerront l'apposition des colliers ou boucles d'oreille pour tous les enfants âgés de moins de trois ans.

29. La fixation des mois de nourrice et pensions devra éveiller l'attention des inspecteurs. Ils verront s'il n'est pas possible de réduire le tarif sans nuire au bien-être des Enfants. Ils s'assureront que les hospices ne bénéficient pas sur l'allocation départementale, et que les payements sont faits aux nourrices par l'intermédiaire des percepteurs, conformément à l'ordonnance royale du 28 juin 1833.

Les inspecteurs généraux devront rechercher si les hospices fournissent des layettes et des vêtures aux Enfants; ils s'informeront si ces vêtements sont donnés en nature, ou s'ils ne sont pas remplacés par une indemnité en argent remise aux nourriciers, contrairement aux prescriptions de la circulaire du 24 décembre 1836.

Les investigations des inspecteurs devront s'étendre aussi sur les abus auxquels pourrait donner lieu l'allocation des indemnités accordées aux nourriciers par l'arrêté du 30 ventôse an V.

30. Les inspecteurs généraux rendront compte des mesures prises pour la réduction des tours et l'exécution du déplacement, ainsi que du résultat de ces opérations.

Si des hospices avaient ouvert des tours sans autorisation, les inspecteurs généraux en exigeraient la fermeture immédiate. Si, au contraire, ces établissements en avaient fermé sans l'approbation du ministre, ils feraient régulariser cette mesure, en invitant les préfets à prendre, à ce sujet, un arrêté spécial, qui serait soumis à l'approbation ministérielle.

31. Les inspecteurs généraux s'enquerront si les commissions administratives des hospices dépositaires exercent exactement la tutelle qui leur est attribuée par la loi du 15 pluviôse an XIII, sur les Enfants confiés à leurs soins.

Ils s'assureront si les Enfants sont mis en nourrice ou en sevrage aussitôt après leur arrivée à l'hospice; si, après l'âge de six ans, ils sont mis en pension chez des cultivateurs ou chez des artisans, et si des contrats d'apprentissage sont passés à ce sujet; si, dans le cas où ils sont remis à des personnes qui veulent s'en charger et ne les ont pas reconnus, conformément à l'article 334 du Code civil, des engagements réguliers sont contractés à cet effet.

Les inspecteurs s'informeront également si des ateliers de travail sont établis dans l'hospice, pour les Enfants infirmes ou qui n'ont pas pu être placés à la campagne.

Ils rechercheront, enfin, si les Enfants qui ne sont pas dans les hospices ne se livrent pas à la mendicité.

32. Une expédition du présent arrêté sera remise à chacun des inspecteurs généraux des établissements de bienfaisance.

Signé T. Duchâtel.

Circulaire du Ministre de l'intérieur (M. Duchâtel) *aux préfets relativement au concours des communes à la dépense des Enfants trouvés ainsi qu'à la formation et à l'envoi des états de prévisions.*

Paris, le 21 août 1839.

Monsieur le Préfet, au moment où le conseil général de votre département va délibérer, d'après vos propositions, sur les prévisions de la dépense des Enfants trouvés et abandonnés, pour l'exercice 1840, je crois utile de vous donner quelques instructions sur ce service.

La loi du 10 mai 1838, reproduisant, en cette partie, les dispositions des lois antérieures, a mis au nombre des dépenses obligatoires des départements les frais des mois de nourrice et pensions des Enfants trouvés et abandonnés; elle a en même temps appelé les conseils généraux à délibérer sur la part contributive à imposer aux communes dans cette dépense, et sur les bases de la répartition à faire entre elles. Mais cette loi ne précise aucune espece de règle pour l'exercice de cette attribution; elle semble vouloir, comme l'avaient fait les lois de finances des 17 juillet 1819 et 31 juillet 1821, abandonner à la sagesse des conseils généraux, sous l'autorité du ministre de l'intérieur, le soin de déterminer les dispositions les plus convenables, en raison des localités.

Ce système devait naturellement amener, et il a amené, en effet, une grande variété, soit dans la quotité du concours des communes, soit dans la manière dont les contingents sont répartis ; mais l'expérience n'a pas montré qu'il y eût là aucune espèce d'inconvénient, et il n'a pu qu'être utile, au contraire, de maintenir un système qui permettait de régler les moyens de service d'après une appréciation exacte des circonstances locales.

Cependant, du moment que la loi confie à l'autorité ministérielle le contrôle des délibérations des conseils généraux en cette matière, il est évident que cette autorité, tout en laissant aux conseils la liberté d'action que la loi a voulu leur attribuer, a dû se poser a elle-même quelques principes pour servir de règle à ses déterminations. Ainsi, il ne conviendrait pas, par exemple, que les conseils généraux pussent régler la part contributive des communes dans les dépenses des Enfants trouvés et abandonnés, de manière à mettre la presque totalité de ces dépenses à la charge des caisses municipales, afin d'en dégrever le département. Ce serait là abuser de l'attribution conférée par le paragraphe 15 de l'article 4 de la loi du 10 mai 1838, pour échapper indirectement à l'obligation qui résulte du paragraphe 11 de l'article 12.

J'ai donc pensé qu'il était nécessaire d'indiquer, à cet égard, une limite qui servirait de base à l'obligation départementale, et il m'a semblé que tous les intérêts seraient conciliés en déterminant que le concours des communes ne pourrait, en aucun cas, excéder le cinquième de la dépense. Il ne faut pas, en effet, perdre de vue que la dépense des Enfants trouvés est avant tout départementale; de telle sorte qu'en en faisant supporter au budget départemental les quatre cinquièmes au moins, c'est exécuter la loi dans son véritable esprit.

Je vous engage, Monsieur le Préfet, à conformer vos propositions à cette règle. Je n'approuverais pas les votes des conseils généraux qui tendraient à dépasser le maximum établi ci-dessus.

C'est dans cette limite que les conseils généraux auront à déterminer, dans la session qui va s'ouvrir, la quotité du concours des communes. Ils pourront, sauf mon approbation définitive, appeler les communes à concourir, soit jusqu'à concurrence d'un cinquième de la dépense totale, soit seulement dans une proportion moins forte, soit, enfin, les dispenser de tout concours. Cependant, le droit de dégrever entièrement les communes ne devra être exercé qu'avec une certaine réserve : il faut éviter que les communes restent sans aucun intérêt dans la dépense de leurs Enfants trouvés. Il est utile, au contraire, qu'elles soient intéressées à surveiller les expositions, à en restreindre le nombre, et à ne pas favoriser des abus dont on n'a que trop d'exemples. Il suffit, en maintenant le principe du concours, de le réduire dans des proportions équitables, et de n'exempter que les communes qui sont réellement hors d'état de subvenir à la dépense.

Quant à la répartition à opérer entre les communes de la somme totale à fournir par elles, les bases n'en ont guère été arrêtées d'après des principes uniformes dans tous les départements. Les uns ont fixé les sommes à demander à chaque commune proportionnellement à la population; d'autres, proportionnellement aux revenus bruts; d'autres, proportionnellement aux revenus fonciers ou affouagers; d'autres, enfin, proportionnellement aux revenus restant libres après les dépenses obligatoires acquittées. Sans proscrire précisément ces divers modes de fixation, je n'hésite pas à penser que, sauf des circonstances toutes particulières, la meilleure base à prendre est celle du revenu ordinaire de chaque commune, combiné avec le chiffre de la population. Cette base me paraît réunir les deux éléments naturels de l'opération, puisque, par le chiffre de la population, on fait contribuer la commune à raison du nombre probable des Enfants trouvés qu'elle produit, et, par le chiffre du revenu ordinaire, on ne lui impose qu'un sacrifice proportionné aux moyens qu'elle a de le supporter. C'est donc cette base que je vous invite, Monsieur le Préfet, à proposer au conseil général d'adopter pour la généralité des communes.

Dans certains départements, les préfets proposent et les conseils généraux votent des états de répartition nominatifs, c'est-à-dire qui mentionnent chacune des communes appelées à concourir et la somme à fournir par elle. Ce mode de procéder présente plusieurs inconvénients, dont je ne signalerai ici qu'un seul : c'est que le concours étant réglé, non d'après des bases générales, mais par des décisions pour ainsi dire individuelles, il donne lieu à beaucoup de critiques et de réclamations, qu'il est en même temps beaucoup plus difficile d'apprécier en parfaite connaissance de cause.

Je pense, Monsieur le Préfet, que la meilleure marche à suivre consiste à déterminer d'abord quelles sont les communes qui doivent, s'il y a lieu, être exemptées de tout concours; puis, après cette première distinction établie, à diviser les communes susceptibles de concourir en diverses catégories, et à fixer la proportion du concours à exiger des communes placées dans chacune de ces catégories différentes.

Que si quelques communes devaient, en raison de certaines circonstances locales, supporter un contingent qui ne rentrerait pas dans les catégories générales dont je viens de parler, vous auriez soin d'en indiquer particulièrement les causes, en soumettant l'état des prévisions à mon approbation.

Plusieurs préfets m'adressent, chaque année, un état général de toutes les communes de leur département, avec l'indication de la somme mise à la charge de chacune de ces communes pour la dépense des Enfants trouvés. Il m'est impossible de faire procéder dans mes bureaux à une vérification exacte de ces documents. Cette vérification entraînerait un temps considérable, sans une utilité bien réelle. Du moment où les bases de cette répartition auront été approuvées par moi, je m'en rapporte à vous, Monsieur le Préfet, avec une pleine confiance, pour la répartition à opérer entre les communes.

Les communes étant exposées à subir des pertes et des dépenses accidentelles et imprévues, il pourra arriver que, même après la répartition arrêtée, vous jugiez nécessaire de dispenser certaines communes du concours, en totalité ou en partie. Dans ce cas, vous me ferez connaître les motifs de nature à justifier ce dégrèvement, et je statuerai d'après vos observations.

Quant aux sommes à fournir par les hospices, à part les layettes et vêtures et les dépenses intérieures, vous savez, Monsieur le Préfet, qu'elles se bornent à la portion des revenus de ces établissements affectée à cette destination par des fondations particulières.

Les circulaires ministérielles des 19 octobre 1821 et 8 février 1823, auxquelles je ne puis, à cet égard, que me référer, ont déterminé quelles sont les pièces que vous devez m'adresser pour me mettre à même de régler les prévisions de la dépense du service dont il s'agit. Ces pièces sont : 1° le rapport que vous aurez présenté et les propositions que vous aurez faites au conseil général, relativement à ce service; 2° la délibération prise sur ces propositions par le conseil général et les vœux par lui émis; 3° un tableau indiquant l'évaluation des dépenses à faire et celle des ressources affectées à les couvrir. La correspondance m'ayant appris que le modèle de ce tableau, annexé à la circulaire du 19 octobre 1821, ne se retrouve plus dans beaucoup de préfectures, et cette circulaire n'ayant pas été elle-même insérée dans le Recueil général des instructions du ministère de l'intérieur, je reproduis ce modèle à la fin des présentes instructions, après y avoir apporté quelques modifications dont l'expérience a fait reconnaître l'utilité.

Je n'ai qu'un petit nombre d'observations à vous présenter relativement aux indications à porter aux diverses colonnes de cet état. Dans la somme à inscrire dans la colonne présentant le montant de la dépense présumée, vous comprendrez, indépendamment des salaires ordinaires des nourrices, les indemnités à leur payer conformément à l'arrêté du 30 ventôse an V (20 mars 1797), les frais d'achat des boucles d'oreilles destinées à constater l'identité des Enfants, les frais d'inspection et de médecins, et tous les frais divers que vous devrez considérer comme des dépenses ordinaires; mais vous aurez soin de mentionner, dans la colonne d'observations, le montant présumé de chacune de ces dépenses accessoires.

Quant aux dépenses extraordinaires, c'est-à-dire à celles qui ne sont pas de nature à se reproduire annuellement et qui pourraient être votées par le conseil général, comme pour un déplacement d'Enfants, pour indemnité accordée à un hospice, etc., vous ne devriez les comprendre ni dans les prévisions ordinaires, ni dans l'état de ces prévisions. Vous devriez les soumettre à mon approbation par un envoi distinct et séparé, dans lequel vous me feriez connaître les ressources destinées à faire face à ces dépenses, et auquel vous joindriez également un extrait de votre rapport, un extrait de la délibération du conseil général, et votre avis sur cet objet spécial.

Je vous recommande, Monsieur le Préfet, de me transmettre les prévisions dont je viens de vous entretenir, aussitôt qu'il vous sera possible, après la session du conseil général; je tiens à ce qu'elles me parviennent au plus tard dans le mois qui suivra, afin de pouvoir être réglées avant l'ouverture de l'exercice.

Vous savez que cet envoi est indépendant de celui du budget départemental, et que toutes les dépenses relatives au service des Enfants trouvés doivent, avant de pouvoir être effectuées, avoir reçu de moi une approbation spéciale, que l'approbation général du budget du département ne saurait suppléer.

Quoique ces instructions ne doivent vous parvenir que peu de temps avant la réunion du conseil général, et que les propositions à présenter par vous à ce conseil, relativement au service des Enfants trouvés, soient probablement déjà préparées, je vous prie, Monsieur le Préfet, d'examiner si ces propositions sont conformes aux indications de cette circulaire, et, dans le cas contraire, de les modifier immédiatement d'après les prescriptions qu'elle renferme.

DÉPARTEMENT
d

EXERCICE 18

Prévisions des dépenses du service des Enfants trouvés et abandonnés.

NOMBRE présumé D'ENFANTS.	DÉPENSE TOTALE, évaluée à raison d'un terme moyen de...... francs par enfant. (*)	RESSOURCES AFFECTÉES À LA DÉPENSE.							EXCÉDANT ou DÉFICIT	OBSERVATIONS
		FONDS fournis par les hospices.	PRODUIT des amendes et confiscations.	SOMMES laissées à la charge des communes	SOMMES à prendre sur les centimes ordinaires	SOMMES à prendre sur les centimes facultatifs	TOTAL des sommes à prendre sur les fonds départementaux.	TOTAL général des ressources		

(*) La dépense moyenne par enfant doit être évaluée, non-seulement à raison des mois de nourrice, mais aussi à raison des autres frais divers

Circulaire du Ministre de l'intérieur (M. Duchâtel) *aux préfets, relativement à l'adoption d'un modèle de règlement pour le service intérieur des hospices et hôpitaux* (extrait).

31 janvier 1840

. . . .

CHAPITRE II.

MALADIES ET INFIRMITÉS TRAITÉES DANS LES ÉTABLISSEMENTS HOSPITALIERS.

Art. 4. L'hôpital reçoit :

. . . .

6° Les femmes enceintes (1).

Cet article indique quelques-unes des maladies qui peuvent être traitées dans les hôpitaux, outre les maladies aigues et les blessures. Je n'ai pas entendu qu'on dût exclure les infirmités qui ne sont pas comprises dans cette nomenclature : c'est surtout quand il s'agit de secours et de charité

(1) Faute d'emplacement convenable dans l'hôpital, les galeux, les teigneux, les vénériens et les femmes enceintes peuvent être traités dans l'hospice.

qu'il faut se garder de poser des règles trop absolues. Ainsi, partout où le local et les ressources le permettront, il conviendra de recevoir les malades, quels qu'ils soient.

Je sais que certains maux ne sont pas volontiers traités par les sœurs, dont les statuts s'opposent à ce qu'elles donnent leurs soins, soit aux vénériens, soit aux femmes enceintes. Ces restrictions, ces scrupules, doivent, sans doute, être respectés, comme tout ce qui tient au devoir et à la conscience; mais il ne faudrait pas non plus laisser ces maux sans assistance, et les administrations charitables dont les établissements sont desservis par des sœurs comprendront que, dans ces circonstances, elles doivent chercher à secourir les malades rangés dans ces catégories, en faisant préparer, autant que possible, des salles distinctes où ils seront soignés par des personnes laïques.

Art. 5. L'hospice reçoit:

. . . .

3° Les orphelins pauvres; 4° les Enfants trouvés et abandonnés.

. . . .

. . . .

3° Les orphelins pauvres.

Les orphelins pauvres sont placés sous la tutelle des commissions administratives. Le sort de ces malheureux enfants les rend bien dignes de l'intérêt et des soins des administrations préposées à la direction de ces établissements; mais ce n'est pas tout que de les secourir matériellement, il faut surtout chercher à les mettre à même de se créer des ressources pour l'avenir, et de devenir des membres utiles de la société. Ils peuvent et doivent recevoir, dans l'hospice, l'instruction élémentaire, s'ils ne peuvent pas, d'ailleurs, être conduits à l'école communale. Il convient de les faire travailler, quand ce ne serait que pour les y habituer, et lors même que l'établissement ne retirerait aucun profit de leur travail. Je reviendrai sur ce qui concerne les ateliers.

4° Les Enfants trouvés et abandonnés.

La charge extrêmement pesante que les Enfants trouvés et abandonnés occasionnent aux hospices dépositaires doit engager les commissions administratives de ces établissements à chercher tous les moyens propres à la diminuer, sans négliger l'exécution des lois qui leur ont attribué cette tâche pénible, et l'accomplissement des devoirs que leur impose la position de ces malheureuses victimes de la misère et des mauvaises passions.

Les instructions qui vous ont été précédemment adressées, sur les moyens à prendre pour prévenir ou réprimer les abus qui peuvent s'introduire dans ce service, me dispensent d'entrer ici dans des explications nouvelles à ce sujet.

Je rappellerai seulement, en ce qui concerne le service intérieur, qu'il faut conserver le moins possible d'Enfants dans les hospices; ils doivent être placés à la campagne jusqu'à 12 ans, s'ils sont bien portants; et quant à ceux qui sont assez infirmes pour que les nourriciers ne veuillent pas les garder, moyennant le salaire payé par le département, il sera probablement facile, dans beaucoup de cas du moins, de faire conserver ces Enfants, moyennant une légère augmentation du prix de la pension. Cette dépense serait une économie pour l'hospice dépositaire; car elle n'équivaudrait assurément pas aux charges du séjour de ces Enfants dans l'établissement charitable.

Le placement des Enfants trouvés et abandonnés chez des cultivateurs ou chez des artisans est encore un objet fort important, pour eux comme pour les hospices. Placés chez des cultivateurs, ils y resteront sans doute à leur majorité, s'ils y ont été conservés jusqu'alors; et leur sort sera assuré de la manière la plus honorable, par le travail. Mis en apprentissage chez des ouvriers, ils y acquerront l'indépendance, puisque avec un métier ils pourront se suffire partout.

Il est plus difficile de placer les filles que les garçons; et les devoirs spéciaux que leur sexe impose aux administrations charitables sont fort délicats; mais, outre que, pour un certain nombre, la maison de leurs nourriciers peut continuer à être pour elles un asile sûr, et que, pour d'autres encore, les sœurs qui en sont chargées peuvent aisément les placer dans d'honnêtes maisons, c'est surtout pour les filles que les ateliers établis dans les hospices doivent être une utile ressource. Il faut toutefois prendre garde que, comme cela a lieu quelquefois, le désir de conserver des ouvrières ne porte à conserver trop de jeunes filles dans l'établissement, au préjudice de leur bien-être futur.

Pour achever ce que j'ai à dire ici sur les Enfants trouvés et abandonnés et sur les orphelins pauvres, je rappellerai les différentes instructions relatives, 1° aux devoirs que la loi du 15 pluviôse an XIII impose, pour leur tutelle, aux commissions administratives, et aux soins dont ces administrations doivent entourer ces enfants, au moins jusqu'à leur majorité; et 2° à la nécessité de rendre aux parents détenus, lors de leur mise en liberté, les Enfants dont ils étaient chargés, et qui, d'après les prescriptions des lois, ont été assimilés aux Enfants abandonnés.

. . . .

. . . .

CHAPITRE III.

NOMBRE DE LITS ASSIGNÉS À CHAQUE ESPÈCE D'INDIGENTS.

Art. 6. *Le maximum de la population de l'hôpital est fixé à. . . . . . indigents, savoir*

. . . .

. . . .

Lits de femmes enceintes.

Il est indispensable de fixer le nombre des lits affectés à chaque espèce d'indigents, non-seulement pour la régularité du service; mais afin d'éviter d'entraîner l'établissement dans des dépenses excessives, et par conséquent de le mettre hors d'état de remplir sa destination charitable, en voulant forcer le bien qu'il fait. Il est évident que je ne parle pas ici des circonstances désastreuses où la présence d'un fléau vient déjouer tous les calculs de la prudence humaine. Sans doute, il faut alors tout prodiguer pour le salut des indigents; mais ces cas sont fort heureusement rares, et les secours des villes et ceux de la charité particulière viennent aussi apporter des moyens extraordinaires. D'ailleurs, quand la maladie a causé de grands malheurs, quand la mort a frappé à coups redoublés, les temps qui suivent offrent toujours une diminution dans le nombre des malades; et les administrations hospitalières peuvent alors remettre, par une stricte économie, leurs dépenses au niveau de leurs recettes.

C'est même dans les circonstances ordinaires qu'il importe que le nombre de lits soit fixé, non-seulement en totalité, d'après l'étendue des bâtiments hospitaliers et les ressources dont on peut disposer; mais encore que l'on règle combien de salles, combien de lits seront affectés aux personnes de chaque sexe, et aux différents genres de maladies qui sont traités dans l'établissement.

Ces différentes catégories peuvent être réduites, en général, aux suivantes : les fiévreux et les fiévreuses, les blessés et les blessées, les galeux et les galeuses, les vénériens et les vénériennes, les teigneux et les teigneuses; puis les militaires et les marins, et enfin les femmes enceintes.

Il est évident que les lits de fiévreux et de fiévreuses devront être les plus nombreux;

car sous ces dénominations sont comprises bien des maladies diverses. Le nombre des lits de blessés et de blessées devra être ensuite le plus considérable; puisque, sous ces noms, presque toutes les affections qui sont du ressort de la chirurgie se trouvent classées.

J'ai indiqué à l'article 4, ce que je pensais qu'il convenait de faire pour les malades vénériens et pour les femmes enceintes, dans les établissements desservis par des sœurs, auxquelles leurs statuts ne permettraient pas de s'occuper de ces malades. J'aurai, du reste, occasion de revenir sur ce qui concerne les femmes enceintes.

. . . .

. . . .

ART. 11. *Les femmes enceintes indigentes ne sont reçues dans l'hôpital qu'en cas d'urgence, ou lorsqu'elles ont atteint le terme de leur grossesse.*

Dans ce dernier cas, elles devront représenter un certificat constatant leur indigence.

En cas d'admission d'urgence, l'administrateur de service vérifiera l'état d'indigence de la femme admise.

Dans tous les cas, les femmes accouchées dans l'hôpital sont tenues d'en sortir avec leur enfant, dans la quinzaine qui suivra leur accouchement, à moins que le médecin ne déclare qu'il y aurait danger pour elles (1).

Les dispositions indiquées pour l'admission des femmes enceintes sont indispensables, afin d'éviter un encombrement ruineux pour l'hôpital. En général, les femmes qui se trouvent dans ce cas y sont admises beaucoup trop tôt, et y restent par conséquent trop longtemps.

Un autre inconvénient très-grave est produit par l'habitude qui s'est établie, dans les hospices où les femmes sont admises à faire leurs couches, de garder leurs enfants, dès qu'elles veulent les abandonner. L'indigence et la maladie ne disposent que trop facilement les malheureuses mères à méconnaître ainsi les devoirs de la nature. Depuis deux ans, l'on a tenté avec succès, à Paris, de s'opposer à cet abus; bien plus assurément dans l'intérêt de la morale et des bonnes mœurs, que dans celui d'une économie qui, toute légitime qu'elle pourrait être en principe, serait odieuse dans ses résultats, dès qu'elle tendrait à tarir la source de secours reconnus nécessaires. Loin de laisser les mères se livrer à ce que leur inspire la honte quelquefois, et plus souvent la pauvreté, on ne garde leurs Enfants que lorsqu'elles l'exigent formellement. Mais beaucoup cèdent aux bons conseils, à la voix de la nature; et, lorsqu'on les a amenées à donner le sein à leurs Enfants, il faut les motifs les plus sérieux pour qu'elles ne consentent pas avec empressement à les garder. Beaucoup s'y décident, en recevant un secours en argent qui les met à même de pourvoir aux besoins des premiers moments, en attendant que leur santé leur permette de reprendre leur travail.

M. le préfet de police, dans des rapports qu'il a fait imprimer et dont il vous a adressé des exemplaires, a fait connaître les heureux résultats que, de concert avec l'administration des hospices de Paris, il a obtenus par cette mesure; je ne saurais trop vous engager, Monsieur le Préfet, à faire les mêmes tentatives dans votre département.

Les sociétés de charité maternelle offrent encore d'admirables ressources pour le soulagement des mères pauvres, et pour prévenir les abandons; il faut donc chercher à créer, le plus possible, de ces sociétés si utiles.

On trouvera aussi des auxiliaires puissants dans les bureaux de bienfaisance. Les secours à domicile, qui sont les plus utiles quand ils sont bien administrés, empêcheront beaucoup de femmes indigentes de recourir aux établissements hospitaliers, et de s'exposer à la tentation d'y laisser leurs Enfants.

(1) Autant que possible, les femmes enceintes, au lieu d'être admises dans les hôpitaux, doivent être secourues à domicile, par les soins des bureaux de bienfaisance.

. . . .

. . . .

ART. *18. Les orphelins pauvres sont admis par délibération de la commission administrative.*

Ils sont placés en nourrice ou en sevrage, jusqu'à l'âge de six ans.

De six à douze ans, ils devront être mis en pension chez des cultivateurs ou chez des artisans.

ART. *19. Les dispositions des deux derniers paragraphes de l'article précédent sont applicables aux Enfants trouvés et abandonnés admis conformément au décret du 19 janvier 1811.*

L'admission des orphelins pauvres, qui doivent rester pendant plusieurs années, et quelquefois même pendant toute leur vie, s'ils sont infirmes, à la charge de l'hospice, est, de même que celle des vieillards et des incurables, dévolue à la commission administrative, et doit être l'objet d'un examen approfondi.

La fin de l'article 18 et de l'article 19 rappellent les dispositions du décret du 19 janvier 1811, relatif aux Enfants trouvés et abandonnés et aux orphelins pauvres. Et je dois dire encore une fois ici que, bien que les dépenses des Enfants trouvés et abandonnés soient supportées par les départements et par les communes, pour la partie la plus considérable, les hospices dépositaires ne se trouvent pas moins grevés d'une charge bien pesante, par la nécessité de fournir des layettes et des vêtures à ces malheureux Enfants, et de les conserver après leur douzième année, époque où les mois de nourrice et les pensions cessent d'être payés par les départements et les communes. C'est donc un devoir rigoureux, pour les commissions administratives, de chercher à se décharger d'une partie de ce fardeau, par des soins constants, pour empêcher que des Enfants dont les parents sont connus ne soient classés parmi les Enfants trouvés, tandis que, comme Enfants de familles indigentes, ils doivent être secourus, s'il y a lieu, par les bureaux de bienfaisance.

ART. *20. Les Enfants trouvés ou abandonnés et les orphelins pauvres ne seront envoyés en nourrice qu'après que leur état de santé aura été constaté par le médecin de l'établissement*

La formalité qu'exige cet article, avant l'envoi en nourrice des Enfants placés sous la tutelle des commissions administratives, est d'une extrême importance, puisque l'existence de ces Enfants en dépend. La mortalité est déjà fort grande parmi eux; et un voyage plus ou moins long, entrepris dans de mauvaises conditions, à un âge aussi tendre, et souvent dans une saison rigoureuse, peut avoir les suites les plus funestes. Les administrations charitables s'empresseront, je n'en doute pas, de se conformer exactement à une prescription aussi sage.

ART. *21. Les Enfants de familles indigentes ne seront pas admis dans l'hospice.*

Les hospices ne doivent pas admettre les Enfants de familles indigentes : comme je viens de le dire, les bureaux de bienfaisance doivent les secourir. L'oubli de la distinction qu'il faut établir entre ces Enfants et les orphelins pauvres a occasionné de fortes dépenses aux hospices. Chargés par les lois, ou par les titres de fondation, de pourvoir à tant de services divers, il convient d'éviter tout ce qui pourrait ajouter au fardeau déjà si grand qu'ils ont à supporter.

. . . .

. . . .

ART. *25. Les Enfants trouvés ou abandonnés et les orphelins pauvres* (1) *resteront dans l'hospice, depuis l'âge de douze ans jusqu'à celui de vingt et un, s'ils n'ont pas pu être mis en apprentissage ou placés en service.*

(1) Qui sont sous la tutelle de la commission administrative, conformément à la loi du 15 pluviôse an XIII

« Après l'âge de vingt et un ans, s'ils sont valides, ils ne pourront plus, quel que soit « leur sexe, rester ou rentrer dans l'hospice, à titre d'indigents.

« Si, avant d'avoir atteint leur majorité, ces Enfants *donnent des sujets de mécontentement « très-graves*, la commission usera, à leur égard, de la faculté que lui accordent les articles « 376 et 377 du Code civil. »

Cet article ne fait que rappeler des dispositions du décret du 19 janvier 1811 et du Code civil, qu'il était convenable de citer, pour que la commission administrative et les personnes admises dans l'établissement n'en perdissent pas le souvenir; mais qui ne donnent lieu à aucune observation.

....

....

....

Les sœurs donnent l'instruction primaire aux Enfants recueillis dans l'établissement; mais là doivent se borner leurs devoirs à cet égard, et je ne saurais approuver que des pensionnats non gratuits soient établis dans les hospices, au grand détriment des indigents admis dans ces établissements, et qui sont souvent refoulés dans des locaux étroits, afin que les pensionnats soient commodément établis. C'est un abus qu'il faut faire cesser, Monsieur le Préfet : l'instruction primaire rentre dans les attributions des communes, et les établissements de bienfaisance ne doivent s'en mêler que lorsque des fondations l'ont positivement prescrit. Il est évident que, même dans ce cas, il s'agit toujours d'instruction gratuite, et non de faire aux instituteurs ou aux institutrices une concurrence qu'ils ne pourraient pas soutenir, puisque les chances leur seraient toutes défavorables; car les sœurs trouvent, dans leur position, les moyens de faire une clientèle nombreuse et profitable.

ART. 45. *Les indigents et les Enfants capables de travailler sont tenus de rester......... heures au moins, par jour, dans l'atelier* (1).

Il faut éviter de fatiguer les indigents et les enfants. Il faudra donc que la commission ait le plus grand soin de régler les différents genres de travaux, et le nombre d'heures pendant lesquelles on devra s'y livrer.

ART. 47. *Le produit intégral du travail est versé immédiatement, par l'économe, dans la caisse du receveur.*

Conformément à la loi du 16 messidor an VII, le tiers de ce produit sera remis, tous les mois, aux indigents travailleurs (2).

Quant au tiers revenant aux Enfants, il sera placé, pour leur compte, à la caisse d'épargne. Le livret leur sera remis, lorsqu'ils auront accompli leur vingt et unième année (3).

Il ne sera alloué aucun salaire aux apprentis, pendant la durée de l'apprentissage (4).

Cet article règle la répartition du produit du travail, dont le produit intégral doit être versé, par l'économe, dans la caisse du receveur. Ces dispositions ne donnent lieu à aucune observation particulière.

ART. 58. *Les indigents admis dans l'hospice ne pourront sortir de l'établissement que ..... de .....*

Les Enfants seront conduits à la promenade, le jeudi de chaque semaine, par un employé ou par une sœur hospitalière.

(1) Les travaux doivent être appropriés à l'âge et aux infirmités constatées par le médecin.

La nature et le nombre des occupations sont déterminés par la commission administrative, suivant les diverses saisons.

(2) Le prix de journée des ouvriers doit être fixé par le préfet, sur l'avis de la commission administrative.

(3) Les Enfants ne pourront réclamer les sommes qui auront été dépensées pour leurs besoins personnels en dehors du régime de l'hospice.

(4) La commission administrative détermine la durée de l'apprentissage.

Instruction générale du Ministre des finances sur la comptabilité publique. (Extrait.)

17 juin 1840.

. . . .

. . . .

. . . .

Art. 926. Le payement des mois de nourrice, pensions et autres dépenses extérieures pour le service des Enfants trouvés et des Enfants abandonnés est effectué par les receveurs des hospices, au moyen des ressources qui seront affectées à ce service, d'après les dispositions que rappellent les articles 913, 914 et 915.

Art. 927. Lorsque les hospices ont à faire payer des mois de nourrice d'Enfants trouvés dans des arrondissements de perception autres que le leur, les receveurs des finances et les percepteurs des communes où résident les nourrices sont chargés de concourir à ces payements.

Art. 928. Les receveurs des hospices sont, pour ces opérations, rangés parmi les correspondants administratifs des recettes générales, et le mode d'après lequel doivent avoir lieu les payements dont il s'agit est, en conséquence, réglé dans la partie de la présente instruction qui traite du service de ces correspondants.

Art. 929. Il importe que, quand des payements de mois de nourrice doivent être faits par les percepteurs, les nourrices soient prévenues à l'avance du jour où ces comptables se rendront dans leurs communes. — Les percepteurs ne doivent faire aucune retenue sur le salaire des nourrices pour les contributions qu'elles pourraient devoir, à moins qu'elles n'offrent elles-mêmes de s'y soumettre, ou qu'il y ait péril pour les intérêts du trésor. — Dans ce dernier cas, les percepteurs doivent en référer au receveur des finances, et le receveur général s'entend avec le préfet du département pour qu'il y soit statué.

Art. 930. La correspondance entre les percepteurs et les receveurs d'établissements de bienfaisance doit toujours avoir lieu par l'entremise des receveurs des finances. Cette règle est applicable à tous les services qui exigent des relations entre ces comptables.

Art. 1015. Les règles de service tracées aux articles 1009 à 1014, pour le payement des intérêts de cautionnements des receveurs d'hospices et pour la transmission des pièces, sont entièrement applicables au payement que les receveurs des finances sont appelés à faire, pour le compte des receveurs d'hospices, des mois de nourrice des Enfants trouvés. — Ces payements ont lieu en vertu d'états d'émargement dressés et ordonnancés au nom des créanciers, et qui sont remis aux receveurs généraux, par les soins des préfets. Si quelque partie des états n'a pas été payée, il est opéré comme le règle l'article 1012, à moins que les hospices n'aient autorisé les receveurs des finances à conserver les fonds non employés, pour servir au payement des dépenses des trimestres suivants. — Les receveurs des finances ouvrent un compte collectif aux receveurs d'hospices pour les diverses opérations auxquelles donne lieu le service dont il s'agit.

Art. 1016. Les receveurs des finances ont un compte ouvert aux *receveurs d'établissements de bienfaisance,* comme correspondants de la recette générale, pour y porter en recette les recouvrements de rentes et créances que les percepteurs sont chargés d'opérer pour le compte de ces établissements, et en dépense la transmission des fonds ainsi recouvrés aux établissements auxquels ils appartiennent. — Les règles relatives à ce service ont été tracées par les articles 901 à 907. — La marche réglée à l'article 1014, pour les transmissions de pièces concernant les payements d'intérêts de cautionnements des receveurs d'établissements de bienfaisance, est applicable aux pièces que les receveurs généraux ont à envoyer dans un autre département que le leur pour le service mentionné au présent article

Circulaire du ministre de l'intérieur (M. Rémusat) *aux préfets, relativement au concours des communes à la dépense du service des Enfants trouvés.*

Paris, le 3 août 1840.

Monsieur le Préfet, des instructions vous ont été transmises, par la circulaire du 21 août 1839, sur les proportions dans lesquelles la dépense du service des Enfants trouvés et abandonnés devait être mise à la charge du budget départemental et des communes, ainsi que sur le mode de répartition, entre les communes, du contingent à fournir par elles dans cette dépense. Quant à la répartition du contingent, cette circulaire vous a informé que l'administration, sans proscrire précisément les divers modes proposés, considérait comme la meilleure base à prendre, celle du revenu ordinaire de chaque commune combiné avec le chiffre de sa population. Quant au partage de la dépense, la même circulaire vous a fait connaître que, cette dépense étant avant tout départementale, le département devait en supporter les quatre cinquièmes au moins, et que le concours des communes ne devait, par conséquent, excéder, dans aucun cas, le cinquième.

Je crois utile, monsieur le Préfet, de vous rappeler ces instructions, et particulièrement la fixation de la limite assignée au concours à réclamer des communes. Je dois déclarer, comme mon prédécesseur, que je n'approuverais pas les votes des conseils généraux qui tendraient à dépasser ce maximum.

S'il importe de ne pas surcharger les communes, il importe aussi qu'elles ne demeurent pas sans intérêt dans une dépense où la répression des abus a pour principale garantie l'exacte surveillance des autorités locales. Je ne reproduirai pas ici les considérations présentées à cet égard par la circulaire précitée du 21 août 1839, mais je vous invite à vous y reporter.

Les communes sont exposées à subir des pertes et des dépenses accidentelles et imprévues : vous savez, monsieur le Préfet, que même après la répartition arrêtée, si vous jugez nécessaire de dispenser certaines de ces communes du concours, en totalité ou en partie, vous pouvez m'adresser à cet effet des propositions sur lesquelles je statuerai. Il ne m'a encore été soumis qu'un très-petit nombre de demandes semblables; cependant il serait à regretter que les communes n'obtinssent pas ces dégrèvements lorsqu'elles y ont des titres réels, et il ne serait pas moins fâcheux, d'autre part, que ces dépenses fussent irrégulièrement accordées sans mon approbation.

Je vous recommande, monsieur le Préfet, de me transmettre les prévisions de la dépense du service des Enfants trouvés, accompagnées des diverses pièces exigées par les instructions, aussitôt qu'il vous sera possible, après la session du conseil général. Pour vous éviter d'avoir à faire transcrire le rapport que vous aurez présenté à ce conseil sur ce service, ainsi que les délibérations qui auront pu être prises à la suite, je vous autorise, si vous le jugez convenable, et si ce rapport et ces délibérations sont immédiatement imprimés en leur entier, à remplacer, par un exemplaire imprimé et certifié par vous, les expéditions manuscrites que vous êtes dans l'usage de m'adresser. Cette substitution vous permettra de ménager le travail de vos bureaux et d'apporter plus de promptitude dans l'envoi de ces documents.

Je vous prie de m'accuser réception de cette circulaire et de vous conformer exactement à ses prescriptions.

INSTRUCTIONS sur la formation du budget des dépenses et des recettes départementales ordinaires, facultatives, extraordinaires et spéciales pour 1841. (Extrait.)

Paris, le 3 août 1840.

....

....

SOUS-CHAPITRE X. — *Enfants trouvés ou abandonnés.* Il est important de remplir exactement les chiffres laissés en blanc dans ce sous-chapitre: les renseignements qu'ils doivent présenter sont absolument indispensables à l'administration, puisqu'ils font connaître en même temps que les sommes provenant du tiers des amendes de police correctionnelle et des fondations spéciales appartenant au service des Enfants trouvés, le rapport entre le contingent à payer par le département sur ses centimes additionnels ordinaires, et la part laissée à la charge des communes. La circulaire du 21 août 1839 a limité à un cinquième au plus le contingent que les communes peuvent être appelées à supporter à la décharge du département. Les quatre autres cinquièmes doivent donc être nécessairement portés à la 1re section du budget départemental. Quant aux sommes que le conseil général jugerait convenable de voter au delà de ces quatre cinquièmes, afin de soulager les communes, ces sommes devront naturellement être prélevées sur les centimes facultatifs, 2e section, chapitre XXII. Je ne me déterminerais que par des motifs tout à fait exceptionnels à en autoriser l'imputation sur la 1re section, au chapitre ci-dessus.

DEMANDE de faire délibérer les conseils généraux sur diverses questions relatives au paupérisme et à la charité légale.

Paris, le 6 août 1840

Monsieur le Préfet, il n'est pas de pays où, plus constamment qu'en France, les esprits se soient préoccupés du sort des classes pauvres et des moyens de soulager leurs misères A toutes les époques et sous tous les régimes, les particuliers se sont associés à l'action du Gouvernement pour augmenter la masse des secours publics et pour en assurer la bonne distribution. Aujourd'hui encore, il se publie des écrits où la question du paupérisme est examinée sous ses diverses faces; des associations charitables se forment pour mettre en pratique des systèmes nouveaux de bienfaisance, et la philanthropie se montre aussi ingénieuse à inventer ou à perfectionner les moyens de répandre les secours, qu'elle est libérale à en alimenter les sources. Sur plusieurs points du royaume, une noble émulation semble s'être établie, et dans un grand nombre de communes de louables tentatives ont été faites

....

....

....

....

Enfants trouvés et abandonnés.

J'ai peu de choses à vous dire, monsieur le Préfet, des Enfants trouvés et abandonnés. Les dangers que j'ai signalés plus haut pour les hospices de vieillards et d'infirmes n'ont pas manqué de se manifester, en ce qui concerne les dépôts d'Enfants trouvés. Vous savez combien la facilité des admissions avait, en peu d'années, augmenté le nombre des abandons. Les mesures prises pour arrêter cette progression ont été vivement attaquées; mais elles ont trouvé des défenseurs dans la grande majorité des conseils généraux, ainsi qu'il résulte des votes spéciaux émis, à cet égard, dans la session de 1838.

Sans renouveler la discussion qui a eu lieu sur ce point, je crois devoir rappeler ici que les mesures adoptées par l'administration de l'intérieur, et auxquelles se sont associées les administrations départementales, n'ont pas été exclusivement dictées, comme on les en a accusées, par le seul désir d'obtenir des économies. En repoussant des hospices les Enfants que leurs parents étaient reconnus en état de nourrir, le Gouvernement a rempli un devoir de morale et de bonne administration. Mais, en s'efforçant d'empêcher les abandons et de rattacher l'Enfant à sa mère, il n'a pas entendu que l'un et l'autre resteraient privés du secours dont ils pourraient avoir réellement besoin. En même temps que l'administration a prescrit une certaine surveillance sur les expositions, elle a voulu que des secours fussent accordés, pendant un temps plus ou moins long, aux mères qui, au lieu d'abandonner leurs Enfants, consentaient à les garder et les nourrir. Cette mesure, adoptée dans plusieurs départements, et notamment dans celui de la Seine, a obtenu un plein succès. Moralité et avantages des mesures adoptées par l'administration relativement à ce service Secours aux mères

Veuillez bien, monsieur le Préfet, mettre le conseil général en état de se prononcer sur l'application de ce système à votre département.

La progression toujours croissante des dépenses des Enfants trouvés a eu longtemps un résultat bien déplorable, et dont ne se sont pas assez préoccupés ceux qui ont critiqué les mesures prises pour extirper les abus introduits dans ce service : les administrations locales, accablées sous le poids des charges que leur imposait l'entretien d'Enfants trop facilement accueillis, se bornaient à pourvoir à leur nourriture, sans s'occuper suffisamment de leur éducation. Il est nécessaire d'exercer pleinement, à l'égard des véritables Enfants abandonnés, la tutelle que la loi délègue à l'administration publique. Déjà, dans plusieurs localités, des commissions administratives se sont mises en mesure de traiter avec des compagnies de défrichement, pour l'établissement de colonies agricoles d'Enfants trouvés. La charité privée s'est associée à cette œuvre importante. et les bons effets ne tarderont pas à s'en faire sentir. Éducation des Enfants. Colonies agricoles d'Enfants trouvés

Provoquez également, monsieur le Préfet, une délibération du conseil général sur ce point. Si, d'un côté, il faut n'accepter qu'avec réserve, à la charge du département, les Enfants apportés dans les hospices; de l'autre, il est dans le devoir d'une administration humaine et prévoyante d'assurer l'avenir de ceux qu'après examen elle a recueillis et pris sous sa tutelle.

Quelque efficace que puissent être les institutions dont je viens de parler, elles trouveront toujours les plus utiles auxiliaires dans la charité privée, Depuis quelques années notamment, les associations particulières de bienfaisance se sont multipliées; et, avec un but commun, elles présentent une grande variété, soit quant aux catégories de pauvres qu'elles assistent, soit quant aux modes qu'elles emploient pour la distribution de leurs secours. Les unes s'occupent à prévenir le paupérisme, en moralisant les classes malaisées; elles tendent à améliorer leur condition, en détruisant chez elles les vices qui détournent du travail ou en dissipent les produits, et en y développant l'esprit d'ordre et de prévoyance. Les autres s'attachent à telles ou telles catégories d'indigents, et leur procurent les secours que leur état réclame. Ce sont de véritables auxiliaires des bureaux de bienfaisance. Celles-ci s'occupent de préférence des femmes en couches et des Enfants nouveau-nés. Associations particulières de charité.

. . . .

. . . .

Les diverses associations particulières dont je viens de parler, et qui ont pour objet d'obvier au paupérisme, méritent, en général, d'être encouragées. Comme les ressources dont elles disposent sont ordinairement assez modiques, elles n'accordent que difficilement leurs secours, et après des investigations sévères. D'autre part, l'assistance qu'il faut attendre de la charité privée est plus incertaine que celle que la charité publique a mission d'accorder; et le pauvre n'a jamais la pensée qu'il peut la réclamer comme un droit. Sous ce rapport, on ne saurait méconnaître les avantages des sociétés particulières de bienfaisance, lorsqu'elles sont convenablement organisées. Utilité des associations particulières de bienfaisance. Encouragements à leur accorder

Objet général de la présente circulaire

Je crois donc, monsieur le Préfet, faire une chose utile en vous engageant à examiner le but et les conditions d'existence des associations de ce genre qui peuvent avoir été formées dans votre département, et de proposer, s'il y a lieu, au conseil général de voter en leur faveur quelques encouragements. Je ne refuserais pas moi-même, dans certains cas, de seconder, par des allocations sur les fonds de secours du budget de mon ministère, l'action de celles de ces associations que j'aurais reconnues propres à rendre de véritables services.

. . . .

. . . .

Je vous prie, monsieur le Préfet, de vous bien pénétrer des intentions qui ont dicté la présente circulaire. L'administration de l'intérieur n'a pas la pensée d'entrer brusquement dans la carrière des innovations, en ce qui concerne la matière si délicate des secours publics; mais elle croit de son devoir d'examiner attentivement les faits, d'apprécier les tendances nouvelles, de recueillir toutes les vues utiles; de s'éclairer des expériences faites, et de retirer de cette étude les éléments des modifications progressives qui pourraient améliorer les services de bienfaisance.

C'est dans ce but que j'ai désiré consulter les conseils généraux, et j'espère qu'ils voudront bien s'y associer. A cet effet, je vous envoie ci-joints, pour être mis sous les yeux du conseil général de votre département, quelques exemplaires de la présente circulaire.

Règlement *pour servir à l'exécution, en ce qui concerne le ministère de l'intérieur, de l'ordonnance royale du 31 mai 1838.* (30 novembre 1840.)

Circulaire *du ministre de l'intérieur* (M. Duchâtel) *aux préfets, à l'effet de leur demander l'état définitif des avances faites par les départements pour le compte les uns des autres pendant l'année 1840.* (Extrait.)

Paris, le 25 janvier 1841.

. . . .

. . . .

Enfants de détenus restés sans moyens d'existence.

Les Enfants de condamnés qui, par suite de la détention de leurs parents, se trouveraient sans moyens d'existence, sont à la charge des fonds alloués pour les dépenses des Enfants abandonnés du département chef-lieu de la maison centrale de détention, lorsque ces Enfants sont nés dans cette maison, et à celle du département auquel ils appartiennent, si leur naissance est antérieure à la détention de leur mère. On fait observer que ce département doit toujours être celui dans lequel le jugement de condamnation a été rendu.

Circulaire *du ministre de l'intérieur* (M. Duchâtel) *aux préfets, relativement à l'exemption de timbre des certificats à produire par les nourrices des Enfants trouvés.*

Paris, le 12 mars 1841.

Monsieur le Préfet, aux termes des instructions, et notamment de celle du 8 février 1823, les administrateurs des hospices doivent exiger des nourrices et autres personnes qui viennent prendre des Enfants dans ces établissements, un certificat du maire de la commune de leur résidence, constatant qu'elles sont de bonnes vie et mœurs et en état de soigner et d'élever les Enfants.

Dans la plupart des départements, et d'après des décisions générales de M. le ministre des finances, ces certificats ont été jusqu'à présent soumis à la formalité du timbre, comme constituant non des actes d'administration publique, mais des actes faits dans l'intérêt privé des personnes auxquelles ils étaient remis.

Cependant la perception de ce droit avait le double inconvénient de contribuer à éloigner les nourrices et de retomber indirectement, en définitive, à la charge des administrations charitables.

Ces considérations m'ont déterminé à demander à mon collègue d'affranchir désormais de l'obligation du timbre les certificats dont il s'agit, comme délivrés dans un but de police et dans l'intérêt d'Enfants indigents. Conformément à ma demande, M. le ministre des finances vient de prononcer cette exemption, et de charger l'administration de l'enregistrement d'adresser à ses préposés des instructions dans ce sens.

Je m'empresse, monsieur le Préfet, de porter à votre connaissance ces nouvelles dispositions, et je vous invite à en informer à votre tour les maires et les commissions administratives des hospices de votre département.

Circulaire *du ministre de l'intérieur* (M. Duchâtel) *aux préfets, à l'effet de leur demander des renseignements sur le service des Enfants trouvés, sur les hospices dépositaires et sur le tarif des prix de nourrices.*

Paris, le 10 juillet 1841.

Monsieur le Préfet, je désire recevoir de vous, relativement au service des Enfants trouvés dans votre département, les renseignements suivants, que je vous prie, en conséquence, de vouloir bien me transmettre le plus promptement possible.

Je désire savoir d'abord quels ont été les divers hospices désignés, par suite du décret du 19 janvier 1811, pour recevoir les Enfants trouvés; quels sont ceux qui ont cessé d'être dépositaires, et quels sont ceux qui continuent de l'être encore. Vous me ferez connaître, pour chacun d'eux, leur nom et le nom de la commune dans laquelle ils sont situés; vous m'indiquerez, en outre, quels sont ceux de ces dépôts dans lequels des tours d'exposition n'auraient pas été établis.

Vous me ferez connaître les divers prix des pensions que chaque hospice paye aux nourrices et nourriciers pour les différents âges des Enfants, ainsi que la date des arrêtés préfectoraux et des décisions ministérielles qui ont approuvé ces tarifs.

Enfin, vous voudrez bien m'indiquer si les hospices dépositaires fournissent aux nourrices les layettes et vêtures; de quelle manière cette fourniture est opérée, et si ces hospices reçoivent, pour le service intérieur des Enfants trouvés, quelque secours ou subvention sur les fonds départementaux.

Vous joindrez à ces documents les diverses observations que vous croirez utile d'y rattacher.

Les renseignements que je vous demande ci-dessus seront par vous disposés dans un tableau dont vous trouverez le modèle à la suite de cette circulaire.

Ces renseignements devant tous exister dans les bureaux de votre préfecture, il vous sera sans doute facile de les réunir, et peu de temps vous sera nécessaire à cet effet. Je vous prie, en conséquence, de me les adresser sans retard, et je compte les avoir reçus au plus tard le 20 de ce mois.

DÉPARTEMENT

État des hospices dépositaires d'Enfants trouvés et abandonnés, des Tarifs des mois de nourrice et de pension, etc.

COMMUNES.	NOMS des hospices désignés comme dépositaires à la suite du décret du 19 janvier 1811.	Ces hospices continuent-ils ou non d'être dépositaires ? — Date à laquelle ils ont cessé de l'être.	Y a-t-il été établi un Tour d'exposition ?	PRIX DES MOIS DE NOURRICE ET PENSION pendant la												DATE de l'arrêté préfectoral qui a établi ce tarif	DATE de l'approbation ministérielle.	PAYE-T-ON aux nourrices les indemnités fixées pour avoir conservé les enfants		Les hospices fournissent-ils les layettes et vêtures ?	ALLOCATIONS accordées aux hospices sur les fonds départementaux pour les dépenses intérieures des Enfants trouvés.	OBSERVATIONS
				1re année.	2e année.	3e année.	4e année.	5e année	6e année.	7e année	8e année	9e année.	10e année	11e année.	12e année			jusqu'à 9 mois ?	jusqu'à 12 ans ?			
				fr.	fr.	fr.	fr.	fr.	fr.	fr	fr.	fr.	fr,	fr.	fr							
Évreux.....	. .. .	Oui.	Oui.	8	7	6	6	6	6	5	4	4	4	4	4	4 février 1819.	»	Oui.	Non.	Oui, en nature.	8,000 fr.	(1) A partir de l'âge de 10 ans, on ne paye plus de pension (2) Le montant de ces indemnités a été réuni aux mois de nourrice et de pension. (3) Les layettes et vêtures fournies sont tout à fait insuffisantes
Vannes....	....	Oui	Oui.	6	6	6	6	6	6	6	6	6	6	6	6	26 octobre 1820	»	Oui.	Oui	Non	Néant.	
Ploermel .	.. ....	Fermé le 1er janv 1835.	Oui	»	»	»	»	»	»	»	»	»	»	»	»	»	»	»	»	»	»	
»	La Charité..	Oui	Non	8	7	6	6	6	5	4	4	3	3	» (1)	» (1)	15 janvier 1813	10 mars 1813.	Non (2)	Non (2)	Oui (3).	Néant.	

CIRCULAIRE *du Ministre de l'intérieur* (M. Duchâtel) *aux préfets, relativement à la dépense du service des Enfants trouvés et abandonnés, au concours des communes, au dégrèvement, à la révision générale des tarifs des mois de nourrices et de pensions, aux indemnités et aux layettes et vêtures.*

Paris, le 13 août 1841.

Monsieur le préfet, je vous ai entretenu, par ma circulaire du 21 août 1839, des propositions à faire par vous, chaque annee, au conseil général de votre département, pour assurer le service des Enfants trouvés et abandonnés; des proportions dans lesquelles la dépense de ce service me paraît devoir être supportée par les départements et par les communes; du mode de répartition, entre ces communes, du contingent à fournir par elles; enfin des états de prévisions à dresser par vous et à soumettre à mon approbation. Ces instructions vous ont été rappelées depuis par la circulaire du 3 août 1840. Je vous prie de vouloir bien vous y reporter et vous y conformer exactement, notamment en ce qui concerne l'invitation qu'elles contiennent, de ne pas mettre à la charge des communes plus du cinquième de la dépense du service dont il s'agit.

En vous recommandant, monsieur le préfet, de proposer au conseil général de désigner d'abord les communes qui devraient être exemptées de tout concours, puis de diviser celles susceptibles de concourir en diverses catégories, et de fixer la proportion du concours à exiger des communes placées dans chacune de ces catégories différentes; j'ajoutais que, même après la répartition arrêtée, vous jugeriez peut-être nécessaire de dispenser certaines communes du concours, en totalité ou en partie. Je vous priais, dans ce cas, de me faire connaître les motifs de nature à justifier ces dégrèvements, me réservant de statuer d'après vos observations. Il me paraît difficile qu'il ne se trouve pas, chaque année, un certain nombre de communes en position d'invoquer le bénéfice de cette disposition équitable, et de réclamer des décharges et des réductions. Cependant il ne m'a été soumis que très-peu de demandes semblables. Je vous rappelle, monsieur le préfet, que les bases de la répartition du contingent communal étant, après le vote du conseil général, réglées par moi, il ne vous appartient d'opérer des dégrèvements qui modifient cette répartition qu'autant que je les aurai également approuvés.

Mais c'est principalement sur la fixation des tarifs des mois de nourrice et pensions; sur les indemnités à payer aux nourrices, conformément à l'arrêté du 30 ventôse an V (20 mars 1797); enfin sur la fourniture des layettes et vêtures, que je me propose, monsieur le préfet, d'appeler aujourd'hui votre attention.

Dans la plupart des départements, les tarifs des mois de nourrices et pensions des Enfants trouvés, arrêtés en exécution du décret du 19 janvier 1811, et peu de temps après la promulgation de ce décret, n'ont depuis cette époque subi aucune modification. Cependant trente années environ se sont écoulées; les diverses denrées ont augmenté de prix, ou plutôt le signe monétaire a subi une dépréciation assez sensible. Il en résulte que, dans beaucoup de localités, les prix payés pour la nourriture et l'entretien des Enfants sont signalés comme insuffisants; que la modicité de ces prix ne permet pas d'exiger, pour le placement de ces Enfants, toutes les garanties désirables; que les familles les plus indigentes consentent seules à s'en charger; que trop souvent, à défaut d'autres ressources, elles les contraignent à aller mendier; qu'elles refusent de les envoyer aux écoles; qu'ainsi ces malheureux Enfants, entourés de mauvais exemples, sont fréquemment privés même de l'instruction religieuse; et que, livrés aux besoins de tous genres, la mortalité sévit sur eux dans une proportion effrayante. Telles sont les considérations qu'invoquent divers conseils généraux pour demander une révision des tarifs.

Je suis loin, monsieur le préfet, d'admettre que ces griefs soient partout fondés : mais il convient d'en faire l'objet de l'examen le plus attentif. C'est bien moins dans un intérêt d'économie que pour remplir un devoir de morale et de bonne administration que le Gouvernement s'efforce d'empêcher les expositions et les abandons d'Enfants. S'il faut donc, autant que possible, laisser les Enfants dans leurs familles, les rattacher à leurs mères, et veiller sans cesse à réprimer des abus sans cesse renaissants, il faut aussi, quant aux véritables Enfants abandonnés, que la charité publique chargée de les recueillir pourvoie à leurs besoins et à leur éducation sans parcimonie comme sans exagération.

Je vous invite, monsieur le préfet, à vous faire représenter le tarif des mois de nourrices et pensions des Enfants trouvés et abandonnés de votre département, et à rechercher si les prix qu'il fixe sont suffisants, ou s'il y a nécessité de les augmenter. Vous vous éclairerez, à cet égard, de l'avis des commissions administratives des hospices dépositaires d'Enfants, et de l'avis de l'inspecteur départemental des établissements de bienfaisance. Vous ferez ensuite, à cet égard, au conseil général, les propositions que vous jugerez convenables, et vous provoquerez, de la part de ce conseil, une délibération spéciale sur ces propositions. Je n'ai pas besoin, du reste, de vous rappeler combien les charges des départements sont déjà lourdes, et combien il importe de ne pas les accroître sans une nécessité sérieuse et bien reconnue.

Les instructions précédentes avaient divisé les Enfants, pour la fixation des mois de nourrices et pensions à payer pour leur entretien, en trois classes, savoir : les Enfants du premier âge, jusqu'à un an; les Enfants du second âge, d'un an à six ans; les Enfants du troisième âge, de six à douze ans. Ces divisions uniformes ne se prêtaient pas suffisamment aux besoins des diverses localités; dans beaucoup de départements, on a été conduit à y substituer des divisions soit différentes, soit plus multipliées. C'est ce qui a eu lieu notamment dans les départements où, par suite de circonstances spéciales, les Enfants trouvent un emploi ou des travaux plus faciles et plus avantageux. De même, dans certains de ces départements, il n'est plus rien payé à partir de la neuvième ou de la dixième année.

Il me paraît, en conséquence, plus convenable, dans les nouveaux tarifs qui vont être formés, de fixer les mois de nourrices et pensions, non par classification d'âge, mais par années.

J'ai pensé qu'au moment de vous occuper de cette fixation, il pourrait vous être utile de connaître quels sont les prix payés dans les divers départements du royaume. Je joins à cette circulaire un état qui vous fournira ces renseignements.

L'arrêté du Gouvernement précité, du 30 ventôse an V (20 mars 1797), portait que trois indemnités, l'une de dix-huit francs, les deux autres de cinquante francs chacune, seraient allouées, la première aux nourrices et autres personnes chargées d'Enfants trouvés ou abandonnés qui justifieraient, après les neuf premiers mois de la vie de l'Enfant, qu'il existe et qu'il a été traité avec soin et humanité; la seconde, aux nourriciers qui auraient conservé des Enfants jusqu'à l'âge de douze ans, et qui les auraient préservés jusqu'à cet âge d'accidents provenant de défaut de soins; enfin, la troisième, aux cultivateurs ou manufacturiers chez lesquels seraient placés des Enfants ayant atteint l'âge de douze ans, ou qui, les ayant élevés jusqu'à cet âge, les conserveraient aux conditions déterminées par l'administration.

Dans un certain nombre de départements, ces indemnités ont été ou supprimées ou réunies, par les préfets, aux mois de nourrices et pensions. Cette suppression, comme cette transformation, ne me paraît ni régulière ni convenable. Il est juste, et il est en même temps d'une bonne administration, d'offrir aux nourrices qui élèvent les Enfants jusqu'au neuvième mois, aux familles qui les conservent jusqu'à la douzième année, à celles qui les adoptent en quelque sorte définitivement, une prime spéciale qui excite leur zèle et récompense leurs soins. Ces indemnités doivent donc être rétablies, sauf à réduire les prix des mois de nourrices et pensions auxquels elles auraient été réunies.

Dans quelques départements, les hospices dépositaires ne remplissent pas ou ne remplissent qu'imparfaitement l'obligation qui leur est imposée par la loi, de fournir aux Enfants des layettes et vêtures. C'est là un abus grave, qui ne saurait être plus longtemps toléré. Si les nourrices, au lieu de recevoir les layettes et vêtures de l'hospice, sont obligées de les fournir elles-mêmes, il en résulte que les faibles salaires payés à ces femmes sont réduits d'autant; que le département acquitte indirectement une dépense qui ne doit pas être à sa charge, et surtout que les malheureux Enfants ne sont le plus souvent couverts que des haillons les plus insuffisants. Vous voudrez bien, monsieur le préfet, fixer de nouveau, conformément aux instructions, la composition de ces layettes et vêtures, et tenir exactement la main à ce qu'elles soient régulièrement et convenablement fournies par les hospices.

Si quelques-uns de ces établissements de bienfaisance ne possédaient pas les ressources nécessaires pour faire face à cette dépense, vous pourriez, si vous le jugez opportun, faire connaître leur situation à cet égard au conseil général, et solliciter de ce conseil, sur les centimes facultatifs, un secours qui, du moment où il serait reconnu indispensable, ne leur serait, je pense, pas refusé.

Il serait superflu de vous rappeler que les layettes et vêtures doivent toujours être fournies en nature, et jamais en argent.

Que le tarif des mois de nourrices et pensions jusqu'à présent suivi dans votre département doive être maintenu ou modifié, je vous prie, du reste, monsieur le préfet, de m'adresser, après la session du conseil général, et par un envoi spécial : 1° votre rapport à ce conseil, relativement au maintien de ce tarif ou aux modifications à y apporter, ainsi qu'à la composition des layettes et vêtures; 2° la délibération du conseil sur ces objets; 3° enfin deux expéditions de l'arrêté que vous prendrez pour fixer, sous mon approbation, ce tarif, et la composition de ces layettes et vêtures.

Pour ne pas retarder cette approbation, je vous invite à n'insérer dans cet arrêté aucune mesure étrangère à son sujet principal.

L'arrêté dont il s'agit devra recevoir son exécution à partir du 1er janvier 1842, et il ne pourra plus y être apporté aucun changement qu'autant que je l'aurai préalablement autorisé.

Il est des départements qui, manquant de nourrices, envoient leurs Enfants trouvés dans des départements voisins, et payent, pour les y placer, des prix différents de ceux accordés par ces départements eux-mêmes. L'existence simultanée de ces prix divers ne saurait se justifier. En effet, ou le prix le plus élevé est supérieur à celui qu'il serait nécessaire de donner, et dans ce cas il doit être réduit; ou le prix le plus bas est insuffisant, et dans ce cas il doit être augmenté : car c'est surtout l'insuffisance des salaires qui amène les mauvais placements, dont les Enfants sont les premières victimes, mais dont les intérêts de la société n'ont, plus tard, pas moins à souffrir.

La diversité des prix a pour résultat, en outre, d'établir la plus fâcheuse concurrence. Les nourrices les moins payées se découragent; elles ne prennent qu'à regret des Enfants qu'elles n'acceptent qu'à défaut d'autres, et elles se croient, en conséquence, dispensées de leur donner tous les soins qu'elles devraient leur consacrer.

Dans chaque département, le préfet, éclairé des avis des commissions administratives des hospices, de l'inspecteur des établissements de bienfaisance et du conseil général, est le meilleur juge du tarif à adopter pour les mois de nourrices et pensions. Ce tarif, ainsi établi, doit donc servir de règle unique pour tous les placements d'Enfants opérés dans le département : les départements voisins seront désormais tenus de s'y conformer, sans pouvoir y déroger.

Si, pour aller chercher les Enfants d'un hospice, les nourrices étaient obligées à un déplacement plus long et plus difficile, il pourrait toutefois leur être alloué à ce titre une indemnité spéciale de déplacement.

Les layettes et vêtures devront également, dans tous les cas, être fournies conformément au règlement arrêté.

Je n'ai pas besoin de dire que les tarifs et règlements ci-dessus ne seront pas applicables aux Enfants infirmes ou estropiés que les hospices, pour ne pas les garder dans leur sein, préfèrent placer dans des familles de cultivateurs ou d'artisans, à des prix exceptionnels, et dont ils payent sur leurs fonds propres la pension ou l'excédant de pension.

Quelques départements voisins des frontières envoient des Enfants en nourrice en pays étrangers. Ces placements présentent les plus graves inconvénients : on ne peut régulièrement constater ni l'existence des Enfants, ni le payement aux nourrices de leurs salaires, enfin, ceux de ces Enfants qui échappent aux chances de mortalité sont presque tous perdus pour la France. Tout placement à l'étranger doit donc être sévèrement interdit.

Je recommande particulièrement, monsieur le préfet, à votre sollicitude, les mesures dont je viens de vous entretenir par cette instruction. Je vous prie de transmettre, sans retard, un exemplaire de cette circulaire à chacun de MM. les membres du conseil général, et je ne doute pas que ce conseil ne s'associe généreusement à l'exécution de ces mesures.

ÉTAT

DES HOSPICES DÉPOSITAIRES D'ENFANTS TROUVÉS

ET ABANDONNÉS,

DES

TARIFS DES MOIS DE NOURRICES ET PENSIONS, ETC.

État des hospices dépositaires d'Enfants trouvés et [illegible] des mois de nourrices et pensions, etc.

DÉPARTEMENTS	COMMUNES	NOMS DES HOSPICES désignés comme dépositaires à la suite du décret du 19 janvier 1811.	CES HOSPICES continuent-ils ou non d'être dépositaires ? — Date à laquelle ils ont cessé de l'être ?	Y a-t-il été établi un Tour d'exposition ?	[illegible] 1re année	2e année	3e année	4e année	5e–10e année	11e année	12e année	DATE DE L'ARRÊTÉ préfectoral qui a établi ce tarif	DATE DE L'APPROBATION ministérielle.	Paye-t-on aux nourrices les indemnités fixées pour avoir conservé les Enfants jusqu'à 9 mois ?	jusqu'à 12 mois ?	LES HOSPICES fournissent-ils les layettes et vêtures ?	ALLOCATIONS accordées aux hospices sur les fonds départementaux pour les dépenses intérieures des Enfants trouvés.
					fr c	fr c	fr c	fr c	fr c	fr c	fr c						
[illegible]s	Laon	Hôpital	Oui	Oui	7 00	6 00	6 50	5 50	[illegible]	3 50	3 50	14 novembre 1811.	10 décembre 1811.	Oui	Oui	Oui, en nature	Néant
	Saint-Quentin	Hospice des Orphelins.	Oui	Oui													
	Soissons	Hôpital général	Oui	Oui													
	Château-Thierry	La Charité	Fermé le 1er juin 1861	Oui	»	»	»	»	»	»	»						»
	Guise	Hôtel-Dieu	Idem	Oui	»	»	»	»	»	»	»						»
[illegible]ER	Cannat		Fermé le 1er janvier 1835.														
	Lapalisse		Idem.		»	»	»	»	»	»	»						»
	Montluçon		Idem														
	Moulins	Hospice général de Moulins	Oui	Oui	6 00	5 00	5 00	4 50	[illegible]	4 00	4 00	20 juillet 1806.				Oui	4,000f
[illegible]CHE	Privas	Privas	Oui	Oui	7 50	7 50	6 00	6 00	[illegible]	3 50	3 50	31 décembre 1838.		Oui	Oui	Oui, en nature	Néant
	Tournon	Tournon	Oui	Oui													
	Largentière	Largentière	Fermé le 9 mars 1839		»	»	»	»	»	»	»						»
[illegible]GE	Foix	Saint-Jacques	Oui	Oui	6 00	5 00	5 00	5 00	[illegible]	0 50	0 50	25 septembre 1822	On n'a pas retrouvé la décision approbative	Non	Non	Oui (1)	60f (2)
	Pamiers	Notre-Dame-de-la-Garde.	Oui	Oui										Non	Non	Oui	90
	Saint-Lizier	Hospice civil	Oui	Oui										Non	Non	Oui	160
[illegible]E	Nogent-sur-Seine		Supprimé par décision ministérielle du 10 mai 1836		»	»	»	»	»	»	»						»
	Troyes	Hôtel-Dieu	Oui	Oui	7 00	7 00	6 35	6 35	[illegible]	3 60	3 00	21 octobre 1812	3 novembre 1812.	Oui	Oui	Oui.	»
	Bar-sur-Aube.		(3).	Oui.	»	»	»	»	»	»	»						»
	Caen	Caen. Saint-Louis	Oui	Non	8 17	6 30	6 30	6 30	[illegible]	4 55	4 55	18 mars 1839 (4).	Pas encore approuvé	Oui	Oui	Oui. Partie en nature et partie en argent	20,000f (5)
[illegible]VADOS	Bayeux	Bayeux	Fermés le 1er juillet 1830, en vertu d'un arrêté préfectoral du 17 mars précédent		»	»	»	»	»	»	»						»
	Falaise	Falaise															
	Honfleur	Honfleur															
	Lisieux	Lisieux															
	Vire.	Vire															
[illegible]AL	Aurillac	Aurillac	Oui	Oui.	7 00	6 00	6 00	6 00	[illegible]	3 60	3 00	6 janvier 1835		Non	Non.	Oui, en nature (6)	Néant.
	Saint-Flour.	Saint-Flour	Oui	Oui													
	Mauriac	Mauriac	Fermé en 1826		»	»	»	»	»	»	»						»
[illegible]RENTE	Angoulême	Angoulême	Oui	Oui	7 00	5 00	5 00	5 00	[illegible]	3 00	3 00	20 février 1812		Oui	Oui	Les layettes seulement	»
	Saint-Martin	Cognac	Fermés le 1er sept. 1834, en vertu d'une décision ministérielle du 4 août précédent	Non	»	»	»	»	»	»	»						»
	Confolens	Confolens															
	Ruffec	Ruffec															
[illegible]R	Saint-Amand	Hospice	Fermé le 1er juillet 1838, en exécution d'une décision ministérielle du 23 août précédent	Non	»	»	»	»	»	»	»						» (7)
	Bourges	Hôpital général	Oui	Non	8 00	6 00	6 00	6 00	[illegible]	2 60	2 80	17 février 1837 18 septembre 1839	22 mars 1837 25 mars 1846	Non	Oui (8)	Oui	» (9)
[illegible]RÈZE	Tulle		Oui	Oui	6 00	5 00	5 00	5 00	[illegible]	(10)	(10)	18 octobre 1826		Non (11)	Non.	Les layettes seulement, en nature (12)	800f
	Brives		Fermé le 1er juillet 1835.	Oui	»	»	»	»	»	»	»						»
	Ussel		Fermé le 1er août 1832.	Oui													
	Uzerche		Fermé le 15 octobre 1833.	Oui													
	Meymac		Idem	Oui													
	Treignac		Idem	Oui													

OBSERVATIONS

(1) Les layettes sont fournies dans les trois hospices d'une manière incomplète, et tel est l'usage si anciennement établi, qu'après les premières fournitures les nourrices entretiennent de layettes les Enfants qui leur sont confiés.

(2) Les sommes qui figurent dans cette colonne représentent les indemnités accordées aux hospices pour traitement et nourriture de la femme chargée de soigner les Enfants du moment de leur exposition ou de leur transport d'un hospice à l'autre jusqu'à l'époque où ils sont placés en nourrice.

(3) Depuis plusieurs années, les dépôts ont cessé d'avoir lieu dans cet hospice, il n'y existe point d'Enfants.

(4) Avant l'arrêté du 28 mars 1839, basé sur une délibération du conseil général du 26 août 1838, le prix des mois de nourrices n'était, par trimestre, que de 21 f pour le 1er âge, de 16 f 20 c pour le 2e, et de 11 f 70 c pour le 3e, d'où une augmentation d'un 5e.

(5) La commission administrative des hospices de Caen s'est plainte à diverses reprises de l'insuffisance de cette allocation.

(6) Les layettes et vêtures sont très-médiocres.

(7) Au budget de 1839, il a été alloué à cet hospice 5,700 francs à titre d'indemnité pour les dépenses intérieures que lui ont occasionnées les Enfants internes.

(8) On paye aussi une indemnité aux maîtres qui font apprendre un état aux Enfants dont ils sont chargés.

(9) Au budget de 1839, il a été alloué à cet hospice une somme de 2,737 fr 12 c à titre d'indemnité pour dépenses intérieures occasionnées par les Enfants.

(10) A partir de l'âge de dix ans on ne paye plus de pension.

(11) Le montant de ces indemnités a été réuni aux mois de nourrices et pensions.

(12) Les layettes fournies sont tout à fait insuffisantes.

DÉPARTEMENTS	COMMUNES	NOMS DES HOSPICES désignés comme dépositaires à la suite du décret du 19 janvier 1811.	CES HOSPICES continuent-ils ou non d'être dépositaires? — Date à laquelle ils ont cessé de l'être	Y a-t-il été établi un Tour d'exposition?	1re année.	2e année.	3e année.	4e année.	5e année.	6e à 11e année.	12e année.	DATE DE L'ARRÊTÉ préfectoral qui a établi ce tarif	DATE DE L'APPROBATION ministérielle.	Paye-t-on aux nourrices les indemnités fixées pour avoir conservé les enfants jusqu'à 9 mois?	jusqu'à 18 mois?	LES HOSPICES fournissent-ils les layettes et vêtures?	ALLOCATIONS accordées aux hospices sur les fonds départementaux pour les dépenses intérieures des Enfants trouvés
					fr c	fr c	fr c	fr c	fr c	[illegible]	fr c						
CORSE	Bastia	Bastia	Oui	Oui	9 00	9 00	7 00	7 00	7 00 (1)	[illegible]	5 00	12 novembre 1821	12 février 1822	Non	Non	Ils fournissent 10 fr pour layettes	Néant
	Ajaccio	Ajaccio	Oui	Non													
	Bonifacio	Bonifacio	Oui	Non													
CÔTE-D'OR	Dijon	L'hôpital général	Oui	Oui	8 00	8 00	8 00	8 00	8 00	[illegible]	6 00	Il n'existe pas d'arrêté, mais une délibération du Conseil général, en date du 6 septembre 1839		Oui	Oui	Oui	10,000f
CÔTES-DU-NORD	Saint-Brieuc	Saint-Brieuc	Oui	Oui	7 50	6 60	6 00	6 00	6 00	[illegible]	4 00	28 janvier 1837	10 avril 1837	2 fr. par mois	Non	Oui (2)	Néant
	Lamballe	Lamballe	Oui	Non													
	Dinan	Dinan	Oui	Oui													
	Guingamp	Guingamp	Oui	Non													
	Lannion	Lannion	Oui	Non													
	Tréguier	Tréguier	Ne reçoivent que des Enfants abandonnés	Non	»	»	»	»	»	»	»						»
	Loudéac	Loudéac															
DOUBS	Besançon	Saint-Esprit	Oui	Non	6 90	6 00	6 00	6 00	6 00	[illegible]	4 80	1810 (3)	1810 (3)	Oui	Oui	Oui, en nature	Néant
EURE	Évreux	Évreux	Oui	Oui	8 00	7 00	6 00	6 00	6 00	[illegible]	5 00	7 octobre 1811	14 novembre 1811	Oui	Non	Oui, en nature	8,000f
	Bernay	Bernay	Oui	Oui	8 00	7 00	6 00	6 00	6 00	[illegible]	5 00	Idem	Idem	Oui	Non	Oui, en nature	4,000
INDRE-ET-LOIRE	Tours	Tours	Oui	Oui	7 00	6 50	5 00	4 50	4 50	[illegible]	»	Mars 1819	Mars 1819	Non (4)	Non	Oui, en nature	Néant
ISÈRE	Grenoble		Oui	Oui	6 00	6 00	4 50	4 50	4 50	[illegible]	2 50	2 octobre 1811		Non (5)	Non (5)	Oui, en nature	Néant
	Vienne		Oui	Oui													
JURA	Poligny	Hospice du Saint-Esprit	Oui	Oui	8 00	7 00	7 00	7 00	7 00	[illegible]	5 00		10 mai 1812	Oui	Oui	Oui, en nature	12,000f
LOIR-ET-CHER	Blois	Hôtel-Dieu	Oui	Oui	8 50	7 00	6 00	6 00	6 00	[illegible]	4 00	21 décembre 1840		Oui (6)	Oui	Oui	12,500
LOIRE	Montbrison	Hospice des Vieillards et Orphelins	Oui	Oui	7 50	6 00	6 00	6 00	5 00	[illegible]	3 50	8 octobre 1811		Non	Non	Oui, en nature	Néant
	Roanne	Hospice civil	Oui	Oui										Non	Non	Oui, en nature	Néant
	Saint-Étienne	Hospice des Vieillards et Orphelins	Oui	Oui										Non (7)	Non (7)	Oui, en nature (8)	Néant
LOIRE (HAUTE-)	Le Puy	Hôtel-Dieu	Oui	Oui	6 00	5 00	5 00	5 00	4 00	[illegible]	3 00			Non	Non	Oui, en nature	»
	Brioude	(9)	Oui	Oui, mais il a été fermé en mai 1835	6 00	5 00	5 00	5 00	5 00	[illegible]	3 00			Non	Non	Oui, en nature	»
	Yssengeaux	(9)	Oui	Idem	6 00	5 00	5 00	5 00	5 00	[illegible]	3 00			Non	Non	Oui, en nature	»
LOIRE-INFÉRIEURE	Nantes	Hôpital général Saint-Jacques	Oui	Oui (10)	6 00	7 00	7 00	5 00	5 00	[illegible]	4 00	1er août 1826		Non	Oui (11)	Oui	Néant
LOIRET	Orléans		Oui	Oui	8 00	8 00	7 00	7 00	7 00	[illegible]	4 00	24 octobre 1837	21 août 1839	Oui	Oui	Oui, en nature	Néant
	Pithiviers		Fermé en 1817	Oui	»	»	»	»	»	»	»						»
	Montargis		Fermé en 1837	Oui													
	Gien		Fermé en 1832	Oui													
LOT	Gourdon	Gourdon	Fermé le 1er janvier 1820	Oui	»	»	»	»	»	»	»						»
	Figeac	Figeac	Idem	Oui													
	Cahors	Saint-Jacques	Oui	Non	7 00	5 00	5 00	5 00	5 00	[illegible]	3 00	24 février 1832	27 avril 1831	Non	Non	Non	»
LOT-ET-GARONNE	Agen		Oui	Oui	8 00	5 00	5 00	5 00	5 00	[illegible]	5 00	28 juin 1832	29 août 1832	Non	Non	Oui	15,000f
	Marmande		Fermé le 1er janvier 1834	Oui													
	Nérac		Fermé le 1er avril 1833	Oui													
	Villeneuve		Fermé le 1er décemb. 1836	Oui													

OBSERVATIONS

(1) Les enfants sont placés au dépôt central d'Ajaccio à l'âge de cinq à six ans.

(2) Les layettes fournies sont satisfaisantes, aucune réclamation n'a été faite par les nourrices

(3) Le tarif des mois de pensions a été revisé et arrêté en 1810 par une mesure générale dont on retrouve quelques traces aux archives de la préfecture, mais sans document précis

(4) Il est accordé des indemnités aux nourrices qui ont des enfants infirmes.

(5) Le montant de ces indemnités a été réuni aux mois de nourrices et de pensions

(6) Cette indemnité n'est accordée que lorsque l'enfant a quinze mois

(7) On paye seulement des indemnités, qui sont minimes, aux nourrices d'enfants malades

(8) La fourniture des layettes et vêtures se fait d'une manière convenable.

(9) La suppression des dépôts de Brioude et d'Yssengeaux a été votée par le conseil général en 1841. On prépare l'exécution de cette mesure.

(10) Le Tour et le dépôt provisoire sont à l'Hôtel-Dieu

(11) On alloue aussi des indemnités partielles quand les enfants sont retirés de sevrage de six à douze mois.

…TEMENTS.	COMMUNES	NOMS DES HOSPICES désignés comme dépositaires à la suite du décret du 19 janvier 1811	CES HOSPICES continuent-ils ou non d'être dépositaires? — Date à laquelle ils ont cessé de l'être.	Y a-t-il été établi un Tour d'exposition?	1re année	2e année	3e année	4e année	5e année	6e année	7e–10e année	11e année	12e année	DATE DE L'ARRÊTÉ préfectoral qui a établi ce tarif.	DATE DE L'APPROBATION ministérielle	Paye-t-on aux nourrices les indemnités fixées pour avoir conservé les enfants jusqu'à 9 mois?	jusqu'à 2 ans?	LES HOSPICES fournissent-ils les layettes et vêtures?	ALLOCATIONS accordées aux hospices sur les fonds départementaux pour les dépenses intérieures des enfants trouvés
					fr. c.	fr. c.	fr. c.	fr. c.	fr. c.	fr. c.		fr. c.	fr. c.						
…e	Mende	Hospice de Mende	Oui	Oui	7 00	6 00	6 00	6 00	6 00	6 00	[illegible]	4 55	4 00	8 août 1826	18 juillet 1829	Non	Non	Oui, en nature (1)	4,000f
	Marvejols	Hospice de Marvejols	Fermé le 1er janvier 1828, en exécution d'une décision ministérielle du 20 juillet 1827																
…-et-Loire	Angers	Hospice général	Oui.	Oui	8 00	7 00	7 00	7 00	7 00	7 00	[illegible]	6 00	5 00	2 juillet 1816		Non.	Oui	Les layettes seulement	Néant
	Saumur	La Providence	Oui	Oui															
	Baugé	Hospice	Fermé le 30 juin 1835	Oui.															
	Beaufort	*Idem.*	Fermé le 30 juin 1837	Oui.															
…e	Avranches		Oui	Oui, mais il a été fermé le 27 juin 1835 (2)	7 50	7 00	7 00	7 00	6 50	6 50	[illegible]	6 00	6 00	22 février 1840 (4).		Oui	Oui	(5)	Néant.
	Cherbourg		Oui	Oui															
	Coutances		Oui.	Oui															
	Mortain		Oui	Fermé le 20 août 1835 (3).															
	Saint-Lô		Oui	Oui															
	Valognes		Oui	Oui.															
…-Marne	Chaumont	Hôpital	Oui	Oui	7 00	6 00	6 00	6 00	6 00	6 00	[illegible]	4 00	4 00	24 avril 1830		Oui, seulement lorsqu'elles réclament.		La valeur est payée en argent, d'après un tarif arrêté par le préfet, le 24 avril 1830	Les frais de layettes et vêtures sont remboursés à titre de secours aux hospices dépositaires.
	Langres	Hôpital de la Charité	Oui.	Non															
	Joinville	Hospice.	Oui	Oui.															
	Saint-Dizier	Hospice civil	Fermé le 24 avril 1830	Non															
…nne	Laval		Oui.	Non.	8 00	7 00	7 00	7 00	7 00	7 00	[illegible]	5 00	3 00	14 mars 1812		Non (6)	Non (6).	Oui, en nature	10,000f
	Mayenne		Fermé en 1826.	Non															
	Château-Gontier		*Idem.*	Non.															
…the	Nancy	Saint-Stanislas	Oui	Non.	7 50	6 00	6 00	6 00	6 00	6 00	[illegible]	4 50	4 50	20 mai 1835.		Non (7)	Non (7)	Oui	300
…	Bar-le-Duc	Bar-le-Duc.	Oui.	Oui.	8 00	7 00	7 00	7 00	7 00	7 00	[illegible]	4 00	4 00	1er février 1841	Pas encore approuvé	Oui (8)	Oui	Oui	Néant
	Saint-Mihiel	Saint-Mihiel	Oui	Oui															
	Stenay	Stenay	Oui.	Oui.															
	Verdun	Verdun	Oui.	Oui.															
…ihan	Lorient	Hospice civil	Oui	Non.	6 00	6 00	6 00	6 00	6 00	6 00	[illegible]	5 00	5 00	1er septembre 1821		Non	Non	Oui, en nature	Néant
	Vannes	Hospice d'humanité	Oui	Oui															
	Pontivy	Hospice civil	Oui	Non												Oui	Non		
	Ploërmel	*Idem.*	Oui	Oui.															
…lle	Metz	Saint-Nicolas	Oui	Oui	7 50	6 00	6 00	6 00	6 00	6 00	[illegible]	4 50	4 50	9 juin 1818.		Non.	Oui (9)	Ils ne fournissent que les layettes. Les enfants exposés n'en ont pas suffisamment.	
…re	Nevers	Nevers.	Oui	Oui, mais il est fermé depuis long temps.	7 00	7 00	7 00	5 00	6 00	5 00	[illegible]	2 50	2 00	4 juin 1841.	Pas encore approuvé	Non	Non	Oui	Néant.
…	Dunkerque	Hospice général	Oui.	Oui.	8 00	6 50	6 50	6 50	6 50	6 50	[illegible]	5 00	5 00	30 novembre 1840	L'arrêté du 30 novembre 1840 n'a pas encore été approuvé	Oui	Oui	Oui, en nature	Néant
	Lille	*Idem.*	Oui.	Oui.	7 20	6 40	6 40	6 40	6 40	6 40	[illegible]	4 80	4 80	30 décembre 1811		Oui	Oui	*Idem.*	Néant.
	Cambrai	*Idem.*	Oui	Oui	8 00	6 50	6 50	6 50	6 50	6 50	[illegible]	4 50	4 50	30 nov. 1840 (10)		Oui	Oui	*Idem*	Néant
	Douai	*Idem.*	Oui	Oui, mais fermé depuis le 1er janvier 1840.	7 20	6 40	6 40	6 40	6 40	6 40	[illegible]	4 80	4 80	*Idem.*		Oui	Oui.	*Idem*	Néant
	Valenciennes	*Idem.*	Oui	*Idem*	8 00	7 00	7 00	7 00	7 00	7 00	[illegible]	5 00		*Idem*		Oui	Oui	*Idem*	Néant

OBSERVATIONS

(1) A dix ans et demi, les dernières vêtures sont données aux enfants.

(2) Quoique son tour soit fermé, l'hospice d'Avranches continue de recevoir des Enfants. Il en admet à lui seul autant que tous les autres ensemble.

(3) L'hospice de Mortain ne fait plus d'admissions qu'autant qu'elles ont été préalablement et individuellement autorisées par le préfet. Elles sont rares.

(4) Les prix des mois de nourrices et pensions sont augmentés ou diminués suivant les variations du cours des grains.

(5) Les hospices délivrent une partie de la layette en nature au moment de la remise des enfants aux nourrices, mais ils se bornent, pour le plus grand nombre, les fournitures.

(6) Le montant de ces indemnités a été réuni aux mois de nourrices et pensions.

(7) *Idem.*

(8) Cette indemnité est payée aux nourrices à raison de 2 francs par mois pour chacun des neuf premiers mois de l'Enfant.

(9) Il est en outre accordé aux nourriciers qui font apprendre des états aux Enfants une gratification de 50 francs, qui est payée en trois termes, savoir 10 francs la première année, 15 francs la deuxième, et 25 francs la troisième.

Ils sont admis à souscrire des traités jusqu'à l'âge de quinze ans.

(10) Cet arrêté, qui modifie les tarifs antérieurs, est appliqué, depuis le 1er janvier dernier, aux Enfants nouvellement placés en nourrice ou en pension et à ceux qui passent soit du premier au deuxième ou du deuxième au troisième âge. A Cambrai, le prix de la pension des Enfants du premier âge était de 9 fr 50 cent. La réduction de 1 fr 50 c., prononcée par l'arrêté du 30 novembre 1840, ne sera exécutée que partiellement en trois années. Les nouveaux placements d'Enfants de cet âge auront lieu à raison de 9 francs en 1841, de 8 fr 50 cent en 1842, et de 8 francs en 1843 et années suivantes. Les placements faits à ces conditions auront leur effet jusqu'à l'expiration de la période d'âge des Enfants.

Les anciens tarifs, encore en partie exécutés aujourd'hui, mais qui cesseront de l'être, étaient établis ainsi qu'il suit :

COMMUNES.	1er âge.	2e âge.	3e âge.
Dunkerque	8f 00c	7f 00c	6f 00c
Lille	7 20	6 40	4 80
Cambrai	9 50	6 50	4 50
Douai	9 00	7 00	6 00
Valenciennes	8 40	7 50	5 40

DÉPARTEMENTS	COMMUNES	NOMS DES HOSPICES désignés comme dépositaires à la suite du décret du 19 janvier 1811	CES HOSPICES continuent-ils ou non d'être dépositaires? — Date à laquelle ils ont cessé de l'être.	Y a-t-il été établi un Tour d'exposition?	PRIX DES MOIS [illegible] 1re année	2e année	3e année	4e année	5e année	6e année	[illegible]	11e année	12e année	DATE DE L'ARRÊTÉ préfectoral qui a établi ce tarif	DATE DE L'APPROBATION ministérielle	Paye-t-on aux nourrices les indemnités fixes pour avoir conservé les enfants jusqu'à 9 mois?	jusqu'à 2 ans?	LES HOSPICES fournissent-ils les layettes et vêtures?	ALLOCATIONS accordées aux hospices sur les fonds départementaux pour les dépenses intérieures des enfants trouvés.
					fr. c.	fr. c.	fr. c.	fr. c.	fr. c.	fr. c.		fr. c.	fr. c.						
OISE	Beauvais	Hospice des pauvres	Oui	Oui	12 00	10 00	6 66	6 66	6 66	6 66	[illegible]	5 00	«	18 novembre 1830		Non	Non	Oui (1)	Néant.
	Clermont	Hospice	Fermé le 1er juillet 1812	Non															
	Compiègne	Hospice des indigents	Fermé le 1er avril 1836	Oui	«	«	«	«	«	«		«	«						«
	Noyon	Idem	Fermé le 1er juillet 1812	Non															
ORNE	Alençon		Oui	Oui	8 00	8 00	7 00	7 00	7 00	7 00	[illegible]	[illegible]	6 00	26 mars 1840	2 juin 1840	Oui	Oui	Oui, en nature (2).	2,500f (3)
	Argentan		Non	Non	«	«	«	«	«	«		«	«						«
	Domfront		Non	Non															
	Mortagne		Non	Non															
PAS-DE-CALAIS	Arras	Hospice civil	Oui	Oui	7 50	6 00	6 00	6 00	6 00	[illegible]	[illegible]	5 00	5 00	29 novembre 1811		Oui	Oui	Oui, en nature	15,000f
	Béthune	Idem	Fermé en janvier 1838	Non	«	«	«	«	«	«		«	«						
	Boulogne	Idem	Fermé en novembre 1836	Oui	«	«	«	«	«	«		«	«						
	Calais	Idem	Fermé en janvier 1838	Oui	«	«	«	«	«	«		«	«						
	Montreuil	Idem	Idem	Oui	«	«	«	«	«	«		«	«						
	Saint-Omer	Idem	Oui	Oui	8 50	7 65	7 65	7 65	7 65	[illegible]	[illegible]	5 10	5 10	30 novembre 1811		Non	Non.	Oui, en nature	
	Saint-Pol	Idem	Fermé en janvier 1838	Non	«	«	«	«	«	«		«	«						
PYRÉNÉES (B.-)	Pau		Oui	Oui, mais il a été fermé le 25 janvier 1835 (4)	6 00	5 00	4 50	4 00	4 00	4 00	[illegible]	(5)	(5)	1827	3 mars 1828	Non.	Non.	Oui	«
	Oloron		Oui	Non															
	Mauléon		Oui	Non															
	Bayonne	Saint-Léon	Oui	Oui, mais il a été fermé le 25 janvier 1835.															
	Orthez		Oui	Idem															
PYRÉNÉES (H.-)	Tarbes	Tarbes	Oui	Oui, mais il a été supprimé depuis le 15 mai 1836	6 00	5 00	5 00	5 00	5 00	5 00	[illegible]	[illegible]	3 00	31 mai 1827	20 juillet 1827	Non	Non	Oui (6)	Néant
PYRÉNÉES-OR.	Perpignan	Hospice des malades	Oui	Oui	6 50	5 50	5 50	5 00	5 00	[illegible]	[illegible]	(6)	(7)	31 décembre 1835.		Non	Non	Oui, en nature.	(8).
RHIN (BAS-)	Strasbourg	Hôpital civil	Oui	Non	10 00	8 00	7 00	7 00	7 00	6 00	[illegible]	4 00	4 00	26 décembre 1838	22 janvier 1839	Non.	40f	Non	Néant
RHIN (HAUT-)	Colmar	Hospice civil	Oui	Non	7 50	7 00	7 00	7 00	7 00	[illegible]	[illegible]	6 00	6 00	1er février 1838		Oui	Oui	Non	Néant.
	Altkirch	Idem	Oui	Non															
	Belfort	Idem	Oui	Non															
RHÔNE	Lyon	La Charité	Oui	Oui	6 00	4 50	4 50	4 50	4 50	4 50	[illegible]	1 00	1 50	31 décembre 1817.		Non (9)	Non	Oui	Néant.
SAÔNE (HAUTE-)	Gray	Hospice	Oui	Non	8 00	7 00	7 00	6 00	6 00	6 00	[illegible]	6 00	6 00		28 avril 1812	(10)	Non	Oui, en nature	Néant
SAÔNE ET LOIRE	Autun	Hospice Saint-Gabriel	Oui	Oui	8 00	7 00	7 00	7 00	7 00	[illegible]	[illegible]	5 00	5 00	1812 et 19 août 1825	3 mars 1812, 20 oct. 1825 et 9 août 1828	Non	Non	Oui, mais des layettes seulement (11)	«
	Châlon	Hospice de la Charité	Oui	Oui												Non	Non	Idem	
	Charolles	Hospice des malades	Oui	Non												Non	Non	Idem	«
	Louhans	Idem	Oui	Non												Non.	Non	Idem	«
	Mâcon	Hospice des Incurables	Oui	Supprimé le 1er juill. 1835												Non	Non	Idem	2000f
SARTHE	Le Mans	Hospice du Mans	Oui	Oui	7 00	6 00	5 00	5 00	5 00	[illegible]	[illegible]	4 00	4 00	13 mars 1833		Non.	Non	Oui	«
SEINE	Paris	Hospice des Enfants trouvés	Oui	Oui	8 00	6 00	5 00	5 00	5 00	5 00	[illegible]	4 00	4 00	17 juillet 1821		Oui (12)	Oui	Oui, en nature	Néant.

OBSERVATIONS

(1) Les layettes et vêtures sont renouvelées chaque année.

(2) A partir de six ans, on ne fournit plus de vêtures.

(3) A raison de la centralisation des Enfants.

(4) Les admissions des Enfants trouvés ou abandonnés dans les cinq hospices ont lieu en vertu d'un arrêté du préfet ou du sous-préfet de l'arrondissement.

(5) A partir de la huitième année, il n'est plus rien payé.

(6) Les layettes et vêtures fournies sont tout à fait insuffisantes.

(7) Après leur septième année, les Enfants sont admis à l'hospice de la Miséricorde, établi à Perpignan pour cette destination et pour les orphelins et les enfants de familles pauvres. Cet hospice a reçu une dotation spéciale pour ce service.

(8) Des subventions départementales dont le chiffre varie sont quelquefois accordées à l'hospice de la Miséricorde pour les dépenses intérieures des Enfants trouvés et abandonnés qui y sont admis après leur septième année. La subvention de 1841 a été de 2,600 francs.

(9) Les nourrices reçoivent cependant trois récompenses de 4 francs chacune, payables aux quatrième, huitième et douzième mois de la vie de l'Enfant.

(10) Lorsque l'Enfant atteint trois ans, il est accordé à la nourrice une indemnité de 36 francs.

(11) Les layettes fournies sont tout à fait insuffisantes.

(12) L'indemnité n'est accordée à la nourrice que quand l'Enfant atteint l'âge de quinze mois.

DÉPARTEMENTS	COMMUNES	NOMS DES HOSPICES désignés comme dépositaires à la suite du décret du 19 janvier 1811	CES HOSPICES continuent-ils ou non d'être dépositaires? — Date à laquelle ils ont cessé de l'être	Y a-t-il été établi un Tour d'exposition?	[illegible] 1re année	2e année	3e année	4e année	5e année	6e année	7e–10e année	11e année	12e année	DATE DE L'ARRÊTÉ préfectoral qui a établi ce tarif.	DATE DE L'APPROBATION ministérielle	Payez-vous aux nourrices les indemnités fixes pour avoir conservé les enfants jusqu'à 9 mois?	jusqu'à 12 ans?	LES HOSPICES fournissent-ils les layettes et vêtures?	ALLOCATIONS accordées aux hospices sur les fonds départementaux pour les dépenses intérieures des Enfants trouvés.
					fr. c.	fr. c.	fr. c.	fr. c.	fr. c.	fr. c.	fr. c.	fr. c.	fr. c.						
SEINE-INFÉRre.	Rouen	Hôpital général	Oui	Oui	8 00	6 00	6 00	6 00	5 00	[illegible]	[illegible]	4 00	5 00	23 juin 1828 et 27 janvier 1829	......	Oui (1)	Oui (1)	Oui	Néant
	Le Havre	Hospice	Oui	Non	10 00	5 00	5 00	5 00	5 00	[illegible]	[illegible]	5 00	5 00	16 juin 1836	......	Non.	Non	Oui.	Néant.
	Dieppe	Hôpital général.	Oui	Oui	11 00 (2)	9 00	9 00	9 00	9 00	[illegible]	[illegible]	5 00	5 00	De temps immémorial	......	Non.	Non.	Oui	Néant
SEINE-ET-MARNE	Coulommiers	......	1er juillet 1837	......															
	Fontainebleau	......	Idem	......															
	Meaux	......	Idem	......	"	"	"	"	"	"	"	"	"	...	17 juin 1850	...	"	......	"
	Provins	......	Idem	......															
	Melun	......	Oui	......	8 00	6 00	5 00	5 00	5 00	[illegible]	[illegible]	4 00	4 00	15 septembre 1838 et 10 juin 1839	Idem	Oui (3).	Oui.	Oui, en nature.	4,000f
DEUX-SÈVRES.	Niort	......	Oui	Oui	7 00	6 00	5 00	5 00	6 00	4 00	[illegible]	5 00	5 00	22 mars 1839	......	Oui	Non	Oui, en nature	Néant
	Parthenay	......	Oui	Oui															
	Thouars	Saint Michel	Oui	Oui															
SOMME	Amiens	Amiens	Oui	Oui	9 00	5 00	6 00	6 00	5 00	6 00	[illegible]	5 20	5 00	......	25 avril 1820	Oui	Oui	Oui, en nature.	Néant
	Abbeville	Abbeville	Oui	Oui, mais fermé en 1855	9 00	6 00	6 00	5 00	6 00	5 00	[illegible]	4 00	4 00	......	31 décembre 1811	Oui	Oui	Oui, en nature.	Néant
	Péronne	Péronne.	Oui	Idem	9 00	6 00	6 00	6 00	6 00	5 00	[illegible]	5 00	5 00	......	25 avril 1820	Oui	Oui.	Oui, en nature	Néant.
TARN	Alby	Saint Jacques	Oui	Oui	6 00	6 00	5 00	5 00	4 00	4 00	[illegible]	5 00	5 00	10 mars 1835	......	..	Oui.	Oui, en nature.	Néant
	Castres	Hôpital général	Oui	Oui															
	Gaillac	Saint-André	Oui	Oui															
	Lavaur	Saint-Nicolas																	
TARN-ET-GARONNE	Montauban	Hospice civil	Oui	Oui	8 00	8 00	7 00	7 00	7 00	5 40	[illegible]	5 00	5 00	30 mai 1831.	......	Non	Non	Les layettes seulement	Néant
	Moissac	Hospice civil.	Fermé le 1er janvier 1837	..															
	Castel Sarrasin	Hospice civil.	Idem	..															
VAR	Draguignan	Saint Jacques	Fermé le 1er janvier 1837.	Oui.	9 00	8 10	5 40	5 40	5 40	5 40	[illegible]	4 05	4 05	......	......	Oui	Oui.	Oui	"
	Grasse	La Charité	Fermé le 1er janvier 1838.	Oui.															
	Toulon	Saint-Esprit	Oui	Oui															
VAUCLUSE.	Avignon	Orphelins indigents	Oui	Oui	8 50	8 00	7 00	7 00	6 00	6 00	[illegible]	3 00	3 00	30 juillet 1825.	13 octobre 1825.	Rarement	Rarement	Oui, en nature.	"
	Carpentras	Saint-Pierre aux-Grâces	Oui	Oui												Rarement	Rarement	Oui, en nature.	"
	Orange	Hôpital général	Oui	Oui												Rarement	Rarement	Oui, en nature.	"
	Apt	Hôtel Dieu	Oui	Oui												Rarement	Rarement	Oui, en nature (4)	"
VENDÉE.	Bourbon-Vendée	Hôpital général	Oui	Oui	7 00	5 50	5 50	5 00	5 00	5 00	[illegible]	3 00	5 00	28 octobre 1835 et 20 septembre 1838	27 novembre 1835 et 23 octobre 1838.	Non.	Non	Oui, en nature.	"
	Fontenay-le-Comte	Saint-Louis	Oui	Oui															
	Les Sables d'Olonne	Saint-Joseph	Oui	Oui															
	Luçon	Communal	Fermé le 5 octobre 1838.	Oui	"	"	"	"	"	"	"	"	"	......	......	......	......	......	"
VIENNE	Poitiers	Hôpital général	Oui	Oui	8 16	6 60	6 60	6 60	6 60	6 60	[illegible]	3 50	3 27	1811	14 novembre 1811.	Non.	Non.	Non (5).	Néant.
	Châtellerault	Civil	Fermé le 1er janvier 1837.	Non												Non.	Non.	Non.	Néant.
	Loudun	La Charité	Idem	Non												Non	Non.	Non	Néant
	Montmorillon	La Charité	Idem	Non												Non.	Non.	Non.	Néant
VIENNE (HAUTE-)	Limoges	......	Oui	Non.	6 66	5 00	5 00	5 00	5 00	5 00	[illegible]	"	"	1850 (6)	......	Non.	Non.	Une première layette seulement en nature.	Néant.
	Saint Yrieix.	......	Fermé le 15 juillet 1832	Non.	"	"	"	"	"	"	"	"	"	......	......	...	......	......	Néant
VOSGES.	Epinal	......	Oui	Non.	10 00	9 00	9 00	8 00	8 40	5 40	[illegible]	6 00	6 00	24 mars 1809	......	Non.	Oui (7).	Non.	Néant.
	Mirecourt	......	Oui	Non												Non.	Oui.	Non.	Néant.
	Neufchâteau	......	Oui	Non.												Non	Oui	Non.	Néant.
	Saint-Dié.	......	Oui	Non.												Non.	Oui.	Non	Néant.
	Remiremont	......	Oui.	Non.												Non	Oui.	Non.	Néant.
YONNE	Auxerre	L'hospice.	Oui	Oui	8 10	7 50	6 50	6 30	6 30	[illegible]	[illegible]	[illegible]	3 60	20 septembre 1833.	21 octobre 1833.	Non	Non.	Oui, en nature	Néant
	Joigny	L'hospice.	Oui	Oui															
	Sens	L'hospice.	Oui	Oui															
	Tonnerre	L'hospice.	Oui.	Oui															

OBSERVATIONS

(1) A six mois 12 fr
A un an. 10
A un an et six mois 6
A deux ans 4
A la première communion, pour vêtements 50

(2) Jusqu'à neuf mois seulement

(3) Une somme de 20 francs est accordée, à titre de récompense, à toute nourrice dont l'enfant aura atteint quinze mois révolus, si cet enfant lui a été confié dans le premier mois de sa naissance.

Dans le cas où l'enfant lui a été confié âgé de plus d'un mois, la nourrice n'a droit à la récompense qu'en proportion du temps pendant lequel elle en a pris soin.

(4) L'hospice d'Apt fournissant des layettes et vêtures insuffisantes, le préfet y a pourvu par une allocation d'office aux budgets.

(5) Les layettes et vêtures sont fournies par les hospices en argent. Le montant est réuni à celui des mois de nourrices et de pensions.

(6) Il n'y a toutefois pas eu d'arrêté pris

(7) Seulement lorsque cette indemnité est réclamée, ce qui n'arrive pas toujours.

Circulaire du ministre de l'intérieur (M. Duchâtel) *aux Préfets relativement à la déclaration de naissance des Enfants qui naissent dans les hospices.*

8 novembre 1841

Monsieur le Préfet, des irrégularités m'ont été signalées dans le mode suivi, en beaucoup d'endroits, pour la constatation de l'état civil des Enfants qui naissent dans les hospices

Dans quelques localités, les actes de naissance de ces Enfants sont rédigés sur la simple remise d'une déclaration signée par la supérieure de l'hospice, sans que l'Enfant soit présenté à l'officier de l'état civil, et sans que la rédaction de l'acte ait lieu en présence de deux témoins, ainsi que le prescrivent les articles 55 et 56 du Code civil.

Dans d'autres, la déclaration est faite par la supérieure de l'hospice, ou par le médecin ou la sage femme qui a fait l'accouchement; et l'acte de naissance est signé par le déclarant et par deux témoins, mais l'enfant n'est pas présenté à l'officier de l'état civil.

Ces infractions aux dispositions formelles de la loi sont d'autant plus graves, Monsieur le Préfet, qu'elles touchent à l'un des points les plus importants et les plus délicats des droits civils, la constatation de l'état des Enfants; qu'en frappant d'une nullité radicale l'acte sur lequel se fonde cet état, elles compromettent leur avenir tout entier; et enfin, qu'elles donnent accès à des fraudes que la loi a eu pour but de prévenir, en imposant des formalités absolues, qui sont la garantie des Enfants comme celle des familles.

Le Code civil n'admet d'exception à ces formalités que pour les Enfants trouvés proprement dits, c'est-à-dire pour ceux qui sont exposés sur la voie publique ou déposés dans des Tours, et dont les père et mère sont inconnus. Encore ces Enfants doivent-ils, aux termes de l'article 58 du Code, être présentés à l'officier de l'état civil par la personne qui les a trouvés, afin qu'il soit dressé procès-verbal de ce fait et des circonstances qui l'ont accompagné ; et cette simple formalité n'est pas toujours exactement remplie par les administrations charitables, en ce qui concerne les Enfants recueillis dans les Tours des hospices.

Quant aux Enfants qui naissent dans l'intérieur de ces établissements, et dont la mère au moins est connue, ils ne sauraient être rangés dans la même catégorie. La loi est muette à leur égard, et par conséquent ils se trouvent placés sous l'empire du droit commun.

En vain objecterait on que la présentation de l'Enfant et la présence obligée de deux témoins peuvent présenter des difficultés et détourner de leurs occupations ordinaires des personnes attachées au service hospitalier. C'est aux commissions administratives des hospices à prendre des mesures pour éviter ces inconvénients, ce qui ne semble pas devoir être difficile, et il convient, d'ailleurs, de rappeler à cet égard que, d'après l'article 56 du Code civil, les déclarants peuvent être du sexe féminin. Mais enfin dût-il en résulter quelques embarras, des considérations de simple convenance s'effacent devant une obligation légale

Veuillez donc, Monsieur le Préfet, adresser des instructions précises aux maires de votre département, pour qu'ils ne reçoivent, comme officiers de l'état civil, aucune déclaration relative à des Enfants nés dans un hospice ou à des Enfants trouvés qui ne serait pas faite dans les formes requises par la loi, et pour qu'ils veillent, comme présidents nés des administrations hospitalières, à ce que ces administrations se conforment rigoureusement, de leur côté, aux devoirs que le Code civil leur impose en pareille circonstance.

J'appelle toute votre sollicitude sur l'objet de la présente circulaire, dont je vous prie de m'accuser réception.

CIRCULAIRE *du ministre de l'intérieur* (M. Duchâtel) *aux préfets relativement à la substitution, comme marque distinctive, de boucles d'oreilles aux colliers.*

Paris, le 12 janvier 1842.

Monsieur le Préfet, il est arrivé trop souvent que les nourrices chargées d'Enfants trouvés ont substitué à ces Enfants, lorsqu'ils décédaient, soit leurs propres enfants, soit ceux d'autres familles, et qu'elles ont ainsi continué à percevoir sur les fonds départementaux les rétributions qui auraient dû cesser de leur être payées.

Pour prévenir ces substitutions coupables, les circulaires des 27 juillet 1818 et 10 mai 1826 ont prescrit de passer au cou de chaque Enfant, au moment de son départ de l'hospice, un collier scellé avec une plaque d'étain portant pour empreinte la désignation de l'hospice auquel l'Enfant appartient, l'année dans laquelle cet Enfant a été exposé et son numéro d'ordre.

L'exécution de cette mesure a produit les plus utiles effets; mais l'expérience a démontré cependant qu'elle ne remplissait pas d'une façon complétement satisfaisante le but qu'on s'était proposé. En effet, l'apposition du collier n'est pas sans quelque difficulté et n'a pas toujours eu lieu sans accidents; il peut être facilement enlevé; l'on est quelquefois obligé de le couper, parce qu'il blesse l'Enfant qui le porte; enfin ce signe, trop apparent, appelle d'une manière fâcheuse l'attention sur ces Enfants, et décèle ainsi à tous leur triste origine.

Les divers inconvénients que je viens de vous signaler peuvent être évités en remplaçant le collier par une ou deux petites boucles d'oreilles en argent, qui se scellent de manière à ne pouvoir se détacher sans être coupées, et qui portent les mêmes indications que les colliers.

Déjà, Monsieur le Préfet, plusieurs de vos collègues ont, sur mes indications, fait usage de ces boucles d'oreilles, et ils n'ont eu qu'à se louer d'avoir adopté cette mesure.

Les inspecteurs généraux des établissements de bienfaisance ont été également unanimes, dans leurs rapports, pour constater les avantages de ces boucles d'oreilles sur les colliers.

Je vous invite, en conséquence, Monsieur le Préfet, si vous ne l'avez déjà fait, à donner les ordres nécessaires pour faire remplacer, dans les hospices dépositaires de votre département, les colliers par les boucles d'oreilles.

Je dois vous faire observer, d'ailleurs, que l'achat de cette marque distinctive n'est pas plus dispendieux que celui du collier, et que les boucles d'oreilles ayant une valeur réelle, on peut toujours facilement en retenir le prix aux nourrices quand celles-ci ne les remettent pas à l'hospice, soit lorsque l'Enfant doit cesser de les porter, soit lorsqu'il vient à décéder.

En faisant porter un signe individuel aux jeunes Enfants trouvés placés en nourrice, le but de l'Administration, vous le savez, Monsieur le Préfet, est surtout d'empêcher les substitutions d'Enfants. Pour atteindre ce but, il ne me paraît pas nécessaire de forcer ces pauvres Enfants à conserver ce signe jusqu'à l'accomplissement de leur douzième année. Lorsque, arrivé à l'âge de cinq ou six ans, l'Enfant sait parler, qu'il est généralement connu dans la localité où il a été placé, qu'il sait lui-même comment il se nomme et qui il est, les substitutions ne sont plus à craindre. Je pense donc qu'on peut, sans inconvénient, faire enlever les boucles d'oreilles dès que les Enfants ont accompli leur sixième année: ce qui rendra encore plus facile et moins onéreuse l'application de la mesure dont je vous entretiens.

Veuillez, je vous prie, Monsieur le Préfet, m'accuser réception de cette circulaire, et me faire connaître les dispositions que vous aurez arrêtées pour en assurer l'exécution.

DÉCISION du ministre de l'intérieur (M. Duchâtel) *qui autorise le payement des remises des receveurs pour la dépense des mois de nourrice et de pension des Enfants trouvés sur les fonds départementaux.*

Paris, 15 juillet 1842

« Monsieur le Préfet, vous m'avez soumis les deux questions suivantes :

« 1° Si les remises qui, d'après la circulaire du 12 février 1840, sont dues aux receveurs des hospices dépositaires, sur les dépenses du service extérieur des Enfants trouvés, doivent être payées sur les revenus de ces hospices ou sur les fonds départementaux ;

« 2° Si, dans le cas où ces remises doivent être supportées par les départements, il y a lieu de faire pour elles un décompte spécial auquel on appliquerait les diverses classes du tarif approuvé par l'ordonnance royale du 28 mai 1839.

« Ces deux questions ont déjà été soulevées par quelques-uns de vos collègues, et elles ont reçu la solution suivante :

« Les mois de nourrice et de pension des Enfants trouvés constituent, d'après les règlements, une dépense extérieure, payable par les départements, sauf le concours des communes. Les remises qui s'y rattachent spécialement ne sauraient donc, par une contradiction évidente, avoir elles-mêmes un autre caractère que celui de dépense extérieure, et par conséquent il ne serait ni juste, ni conforme à l'esprit de l'ordonnance royale du 17 avril 1839, de les faire supporter aux hospices, puisqu'elles ne concernent pas le service direct de ces établissements.

« Il y a lieu de remarquer, d'un autre côté, que la suppression d'un certain nombre de dépôts d'Enfants trouvés, depuis quelques années, a fait peser des charges considérables sur les hospices restés dépositaires; et, lorsque le Gouvernement regrette lui-même que les lois ne lui donnent pas les moyens d'alléger ces charges, il lui semblerait peu équitable de les aggraver encore, en imposant aux établissements dépositaires l'obligation d'acquitter les remises qui s'appliquent au service des Enfants trouvés.

« D'après ces considérations, les remises dont il s'agit doivent être imputées sur les fonds départementaux.

« Quant à la formation du décompte de ces remises, voici la marche à suivre :

« Les dépenses du service extérieur des Enfants trouvés étant comprises dans les budgets et les comptes des hospices dépositaires, le calcul des remises doit être fait sur l'ensemble des dépenses de ces établissements, et sans en détacher les dépenses qui se rapportent spécialement aux Enfants trouvés.

« En effet, procéder autrement ce serait modifier les règles tracées par les instructions pour la formation des décomptes généraux et assurer un avantage aux receveurs, dont les remises seraient fixées d'après les proportions les plus larges du tarif approuvé par l'ordonnance royale du 23 mai 1839. Seulement, lorsque le décompte général a été arrêté, il convient, pour déterminer la part imputable sur les fonds départementaux, de détacher de ce décompte une somme de remises proportionnelle à la dépense spéciale des Enfants trouvés, par rapport à l'ensemble des dépenses de l'hospice. Par exemple, si la dépense spéciale des Enfants trouvés forme le dixième de la totalité des dépenses de l'hospice, les remises applicables sur les fonds du département devront être fixées au dixième du décompte général des remises.

« Cette marche me semble la plus rationnelle et la plus équitable, et je vous prie, Monsieur le Préfet, de vouloir bien vous y conformer dans votre département. »

CIRCULAIRE *du ministre de l'intérieur* (M. Duchâtel) *relative à la correspondance en franchise des receveurs des établissements de bienfaisance.*

8 octobre 1842.

Monsieur le Préfet, d'après la demande qui lui en avait été adressée, M. le ministre des finances a pris, le 29 septembre 1842, la décision suivante : « Les receveurs des établissements de bienfaisance sont autorisés à *correspondre* en franchise *sous bande* avec les receveurs généraux et les receveurs particuliers des finances dans l'arrondissement de sous-préfecture. »

Cette décision est motivée sur ce que le service des receveurs des établissements de bienfaisance offre, sous beaucoup de rapports, une complète analogie avec celui des receveurs des hospices, qui déjà sont en possession d'une franchise semblable. Ainsi la correspondance sous bande des receveurs des établissements de bienfaisance avec les receveurs généraux de leur département et le receveur particulier de leur arrondissement sera dorénavant admise en franchise.

Je vous invite à faire connaître cette disposition aux personnes qu'elle intéresse dans votre département.

Recevez, etc.

DÉCISION *du ministre de l'intérieur* (M. Duchâtel) *au sujet d'Enfants trouvés âgés de plus de douze ans, provenant d'anciens hospices dépositaires supprimés.*

Paris, le 18 janvier 1843.

Par suite de suppression de dépôts d'Enfants trouvés et abandonnés, le service ayant été réuni à l'un des hospices dépositaires du département, les Enfants qui sont provenus ou qui proviennent des dépôts supprimés doivent-ils, lorsqu'à l'âge de douze ans leurs infirmités ne permettent pas de les placer en apprentissage, rester à la charge du nouvel hospice dépositaire ?

En cas d'affirmative, n'y aurait-il pas au moins lieu de distinguer à l'égard des Enfants qui appartenaient aux dépôts supprimés au moment de la fermeture des Tours de ces établissements ?

Sur la première question, Monsieur le Préfet, une jurisprudence administrative constante déclare que les hospices qui ne sont pas ou qui ne sont plus dépositaires ne peuvent être astreints à participer à la dépense des Enfants trouvés et abandonnés. Il est vrai que l'instruction générale du 8 février 1823 permettait éventuellement de réclamer le concours des hospices ordinaires à la dépense dont il s'agit. Mais dès longtemps il a été reconnu, par mon ministère et par le conseil d'État, que la disposition de l'instruction ministérielle précitée manquait de base légale.

Peut-être voudrait-on prétendre qu'à l'âge de douze ans la qualité d'un Enfant trouvé disparaît devant les infirmités dont il est atteint, et que c'est à titre d'infirme et d'indigent seulement qu'il est envoyé à l'hospice de l'arrondissement territorial auquel il appartient.

Mais ce nouvel argument ne serait pas plus fondé. En effet, la cessation de l'allocation départementale, à l'époque où l'Enfant atteint sa douzième année, est une circonstance purement administrative qui ne change rien à l'état de l'Enfant, et qui ne modifie en rien la tutelle sous laquelle il s'est trouvé placé par la volonte de la loi et par le fait de son admission à l'hospice dépositaire. On peut ajouter, d'ailleurs, que les hospices ordinaires sont, pour la plupart, des établissements municipaux qui n'admettent que les infirmes appartenant à la commune, et que les Enfants trouvés auraient ainsi bien peu de chances d'y être reçus.

Il ne me paraît donc nullement douteux que les Enfants apportés au nouvel hospice dépositaire, lors même qu'ils seraient reconnus provenir des arrondissements dont les dépôts ont été supprimés, doivent, lorsqu'à douze ans ils ne peuvent être placés en apprentissage, rester à la charge exclusive du premier de ces hospices, aujourd'hui seul dépositaire.

La seconde question par vous posée me paraît devoir être également résolue par les motifs qui précèdent. En effet, les hospices, en cessant d'être dépositaires, se sont trouvés dans la position de ceux qui n'ont jamais eu cette qualité. Il n'est donc pas possible de charger ces établissements d'Enfants qui leur ont sans doute appartenu, mais qui, par le fait de la centralisation du service, leur sont devenus dès lors étrangers.

Sans doute, Monsieur le Préfet, la centralisation des Enfants trouvés et abandonnés de votre département peut occasionner au nouvel hospice dépositaire quelques charges temporaires; mais j'ai la conviction que, dans un avenir peu éloigné, cet établissement doit trouver dans cette mesure un allégement aux dépenses mêmes qu'il supportait antérieurement. En tous cas, l'hospice trouverait dans l'indemnité que lui alloue le conseil général une compensation des charges nouvelles résultant pour lui de cette centralisation.

CIRCULAIRE *du ministre de l'intérieur* (M. Duchâtel) *aux préfets relative à l'envoi de modèles de boucles d'oreilles destinées à constater l'identité des Enfants trouvés et abandonnés.*

Paris, le 12 mars 1843.

Monsieur le Préfet, je vous ai invité, par ma circulaire du 12 janvier 1842, à faire substituer aux colliers, que les instructions précédentes prescrivaient de faire porter comme marque distinctive aux Enfants trouvés, de petites boucles d'oreilles en argent.

Cette substitution a eu lieu dans presque tous les départements, et l'expérience a justifié les avantages que l'Administration en attendait.

Je suis informé, toutefois, que les boucles d'oreilles employées à cet usage n'ont pas été partout confectionnées avec autant de soin qu'elles auraient pu l'être. Dans quelques départements, ces boucles ne sont pas en argent fin; elles s'oxydent et occasionnent du mal aux oreilles des Enfants. Dans d'autres, elles n'ont pas été fabriquées de manière à s'ouvrir facilement et à être passées aux oreilles sans difficultés et sans douleur. Des plaintes assez nombreuses m'ont été adressées aussi sur ce que ces boucles d'oreilles, au lieu d'être arrondies, sont plates et tranchantes; sur ce qu'elles présentent des difficultés pour le poinçonnage des indications et des numéros qu'elles doivent porter; sur ce que souvent elles ne sont point assez fortes pour résister à ces opérations, d'où résultent des déchets considérables. Enfin, j'ai remarqué que le prix en varie selon les localités; que nulle part, malgré leurs imperfections, dont je ne signale ici que quelques-unes, elles n'ont été payées moins de 60 centimes la paire, et que dans plusieurs départements elles ont été payées plus cher.

Ces diverses considérations m'ont déterminé à me faire présenter par le sieur Bordier, orfévre de Paris, chargé déjà de cette fourniture par plusieurs de vos collègues, des modèles de boucles d'oreilles qui m'ont paru mieux appropriées à leur destination et réunir toutes les conditions désirables : vous trouverez ci joints ces modèles.

Ces boucles ne présentent aucun des inconvénients reprochés à celles mises jusqu'à présent en usage; elles se recommandent, au contraire, par divers avantages : par leur forme, leur flexibilité, leur force et le titre de l'argent. Le fabricant y fait graver d'avance les indications et les numéros qu'elles doivent porter : ce qui dispense de l'opération, onéreuse et assez difficile, du poinçonnage dans chaque hospice; il s'engage à les reprendre, soit neuves, soit même lorsqu'elles ont servi; et les départements sont ainsi assurés d'en retirer toujours un prix déterminé. Comme elles ont toutes une valeur uniforme et certaine, le prix peut en être retenu aux nourrices, sans qu'aucune contestation soit susceptible de s'élever à cet égard, si ces nourrices ne les remettent pas à l'hospice lorsque l'Enfant doit cesser de les porter ou lorsqu'il vient à décéder. Enfin, le sieur Bordier s'est engagé à livrer ces boucles d'oreilles au prix réduit de 58 centimes la paire.

D'après ces divers avantages, j'ai cru qu'il serait utile d'accréditer M. Bordier auprès de MM. les préfets pour la fourniture dont il s'agit; les départements y trouveront de l'économie et une plus grande régularité dans le service.

Je vous engage, en conséquence, Monsieur le Préfet, à vous entendre à l'avenir avec ce fabricant pour les commandes que vous aurez à faire des boucles d'oreilles pour les Enfants trouvés de votre département; elles devront être conformes aux modèles ci-joints et du prix de 58 centimes la paire. Vous pourrez, dans ce cas, prélever immédiatement, et sans autorisation préalable de ma part, le montant des sommes employées à cette dépense sur le sous-chapitre X du budget départemental. Si cependant vous jugiez préférable de choisir un autre fabricant, vous ne devriez pas dépasser le même prix de 58 centimes ; les boucles d'oreilles devraient toujours être entièrement conformes aux modèles que je vous transmets, avoir le même poids et porter également gravées d'avance les indications nécessaires. Vous auriez, en outre, à en soumettre à mon examen deux paires, l'une de celles pour les garçons, l'autre de celles pour les filles; et je vous autoriserais, selon qu'il y aurait lieu, à en faire l'acquisition et à en payer le prix.

Dans quelques départements, il n'a été jusqu'à présent mis à chaque Enfant qu'une seule boucle; il convient d'en mettre une à chaque oreille. D'autre part, l'apposition d'un double signe offre, surtout en cas d'accident, une garantie plus sûre de l'identité des Enfants; et, d'autre part, il y aurait quelque chose d'insolite, et par suite, de choquant, à ne faire porter à ces infortunés qu'une seule boucle d'oreille. La dépense n'est pas, d'ailleurs, assez considérable pour qu'elle puisse être un obstacle.

Je termine, Monsieur le Préfet, en recommandant de nouveau à votre sollicitude l'adoption d'une mesure qui a partout produit de bons effets, et l'exacte observation tant des dispositions ci-dessus que de celles de ma circulaire du 12 janvier 1842.

NOTICE *du sieur* Bordier *sur les boucles d'oreilles fabriquées pour le service des Enfants trouvés.*

Les boucles d'oreilles que je fabrique sont exactement conformes aux deux modèles ci-joints, l'un pour les garçons, l'autre pour les filles.

Le prix en est de cinquante huit francs les cent paires, soit cinquante-huit centimes (0f 58c) la paire.

Ces boucles d'oreilles sont en argent au premier titre, de manière à rendre toute oxydation impossible. Chaque paire a le poids d'un gramme au moins.

Je m'engage à les poinçonner d'une série de numéros, de un à mille, ou de un à dix mille, ainsi que des lettres initiales de chaque département ou de chaque hospice, ou des indications analogues qui me seraient demandées, comme le millésime de l'année : le tout sans augmentation de prix.

Enfin, je m'engage à reprendre ces boucles d'oreilles, lorsqu'elles me seront renvoyées, savoir : celles qui n'auront pas servi, au prix de vente ci-dessus, de 0f 58c la paire, et celles qui auront servi, au prix de 204 fr le kilogramme ou 0f 204 (vingt centimes quatre centièmes) le gramme.

Poinçonnage des boucles d'oreilles.— Les boucles d'oreilles que je fournis poinçonnées sont rangées sur des cartons, par ordre de numéros. En regard de chaque paire est placé son numéro, en chiffre très-apparent; l'usage en est donc très-facile et très-commode. Cependant, à MM. les administrateurs qui préfèrent faire poinçonner eux-mêmes ces boucles d'oreilles au moment de leur emploi, je fournis un assortiment de dix pinces, en acier trempé, portant chacune un chiffre, et au moyen desquelles le poinçonnage s'opère sûrement, rapidement et sans aucune détérioration de la boucle d'oreille.

Le prix de ces dix pinces est de 50 francs, ou 5 francs par pince.

Manière de placer les boucles d'oreilles.— Les oreilles des Enfants doivent être percées avec un perce-oreille spécial, en or pur : ce perce-oreille, que je fournis au prix de 5 francs, est creux; il porte, à l'extrémité supérieure, un petit trou dont l'usage va être expliqué. Lorsqu'on a percé l'oreille de l'Enfant, avant de retirer le perce-oreille, on adapte à l'extrémité du tube qui le termine l'extrémité de l'agrafe de la boucle d'oreille; cette agrafe s'y fixe dans le petit trou dont il vient d'être parlé. On retire doucement alors le perce-oreille, qui ramène et passe la boucle d'oreille, sans aucune douleur et même sans que l'Enfant s'en aperçoive. On ferme la boucle d'oreille ainsi passée, en faisant entrer la petite agrafe que présente l'une de ses extrémités dans la porte que présente l'autre extrémité. On presse alors sur l'extrémité de cette agrafe qui dépasse, au moyen d'une petite pince, et cette extrémité, ainsi écrasée, ferme la boucle d'oreille de manière qu'on ne saurait plus l'ouvrir sans la briser.

Avantages de ces boucles d'oreilles sur toutes les autres.— Toutes les boucles d'oreilles fabriquées jusqu'à présent pour les Enfants des hospices ont dû être poinçonnées dans ces établissements et par leurs employés. Ce poinçonnage était long, compliqué, difficile et mal exécuté. Les chiffres étaient souvent placés les uns sur les autres; ils étaient difficiles à lire

Les boucles d'oreilles étant plates et très-minces, la pression des poinçons portant chaque chiffre avait très-souvent pour effet de les déformer et même de les briser. De nombreuses plaintes se sont élevées à ce sujet.

Aucun de ces inconvénients n'a lieu avec les boucles d'oreilles que je fabrique, puisque je les livre portant les chiffres et les marques que l'on désire. Aucun d'eux n'aurait encore lieu avec mon système de poinçonnage, au moyen des pinces dont j'ai parlé.

Les boucles d'oreilles vendues par beaucoup de fournisseurs souvent n'étaient pas en argent tout à fait fin et sans alliage; il en résultait qu'elles s'oxydaient et faisaient venir du mal aux oreilles des Enfants. Rien de semblable n'est à craindre avec mes boucles d'oreilles, parce qu'elles sont en argent au premier titre.

Les anciennes boucles d'oreilles étaient plates, afin de pouvoir être poinçonnées sur leur plat; mais il en résultait qu'elles étaient tranchantes, très-peu flexibles, difficiles à ouvrir, et par suite difficiles à passer aux oreilles des Enfants, sans les blesser. Les boucles d'oreilles que je fabrique, étant rondes, n'offrent ni les mêmes difficultés, ni les mêmes dangers.

Les anciennes boucles d'oreilles étaient tranchantes : s'il arrivait aux Enfants, soit dans le premier âge, soit même plus tard, de tirer sur ces boucles d'oreilles ou de s'accrocher par là à quelque autre objet, elles leur faisaient mal aux oreilles et pouvaient les couper Il n'en est pas ainsi avec les miennes.

Les boucles d'oreilles des autres fournisseurs sont si légères, que, lorsqu'elles sont détériorées, brisées ou retirées des oreilles des Enfants, elles n'ont plus aucune valeur. Le poinçonnage en faisait perdre un assez grand nombre. Cette perte n'existe pas pour les miennes; et elles conservent toujours une valeur certaine, puisque je les reprends au prix de vente si elles n'ont pas servi, et lorsqu'elles ont servi, au prix de 204 francs le kilogramme.

Enfin, les boucles d'oreilles fournies jusqu'ici se sont toujours vendues 60 francs le cent, et je livre les miennes, malgré leur supériorité, à 58 francs.

Les frais de transport sont à la charge des acheteurs.

DÉCISION du ministre de l'instruction publique, pour l'admission gratuite des Enfants trouvés dans les écoles communales.

Paris, 17 mars 1843.

Le conseil royal de l'instruction publique a rendu un avis sur l'admission gratuite des Enfants trouvés dans les écoles communales. Cet avis a été approuvé par M. le ministre de l'instruction publique, le 17 mars 1843. Il est ainsi conçu :

« Le conseil estime qu'aux termes de la loi du 22 juin 1833, qui veut que l'instruction primaire soit donnée à tous les Enfants, et gratuitement aux Enfants indigents, cette instruction doit être, à plus forte raison, donnée gratuitement aux Enfants trouvés; que tout Enfant, habitant de fait dans une commune, a droit à l'instruction primaire donnée dans l'école communale; que si les revenus ordinaires et les trois centimes additionnels ne suffisent pas pour couvrir toute la dépense, le département ou l'État, ou enfin l'administration des hospices, doit y suppléer. »

EXÉCUTION des ordonnances royales des 17 avril et 23 mai 1839.

Paris, le 20 avril 1843.

Monsieur le Préfet, l'exécution des ordonnances royales des 17 avril et 23 mai 1839 a présenté, dans le principe, des difficultés inévitables, que les instructions ministérielles, secondées par une expérience de trois années, ont fait presque entièrement disparaître.

Il reste encore à éclaircir quelques points sur lesquels j'appelle aujourd'hui votre attention.

....

....

Dépenses des mois de nourrice et pensions des Enfants trouvés.

6° La circulaire du 12 février 1840 avait réglé que les receveurs des hospices jouiraient de remises sur la dépense des mois de nourrice et pensions des Enfants trouvés et abandonnés; mais il n'avait pas été déterminé sur quels fonds ces remises seraient prélevées. Consulté sur cette question par quelques-uns de vos collègues, j'ai dû reconnaître que ces remises, ayant pour objet des dépenses du service extérieur des Enfants trouvés, ne pouvaient pas retomber à la charge des hospices, que le décret du 19 janvier 1811 n'appelle à supporter que les dépenses intérieures : et j'ai, en conséquence, décidé que le montant en devait être prélevé, par mandats des préfets, sur l'article des *fonds des cotisations municipales*, relatif aux mois de nourrice et pensions des Enfants trouvés.

Pour cette imputation, voici comment il conviendra de procéder : les dépenses du service extérieur des Enfants trouvés étant comprises dans les budgets et dans les écritures de l'hospice dépositaire, le décompte des remises est fait, par le receveur, sur l'ensemble des dépenses de l'établissement, d'après les règles ordinaires, et sans en détacher les sommes qui se rapportent spécialement aux mois de nourrice et pensions des Enfants trouvés. Un décompte particulier pour ces dernières dépenses aurait le double inconvénient, 1° de modifier les règles tracées par les instructions pour la formation des décomptes, et 2° de procurer aux comptables, par cette séparation même, un bénéfice illicite, puisque sur chacun des décomptes les premiers 5,000 fr. de dépenses seraient rémunérés à 2 p. o/o, et les 25,000 fr. suivants à 1 et 1/2, tandis que, par la réunion de toutes les dépenses, le calcul des remises suit naturellement les proportions décroissantes du tarif : ce qui est conforme à la règle, et en même temps à l'équité.

Lorsque le décompte général aura été arrêté, ainsi que je viens de le dire, on déterminera alors la part imputable sur le fonds de cotisations municipales, en établissant, par un sous-décompte, ce que l'hospice aurait eu à supporter pour ses dépenses propres, s'il n'avait pas été chargé du service des Enfants trouvés; le surplus demeurera à la charge du fonds de cotisation, c'est-à-dire que l'hospice aura à payer les remises sur le taux du tarif applicable aux premiers 5,000 fr., 25,000 fr., et ainsi de suite, le fonds de cotisations municipales ne devant supporter les remises que d'après la partie décroissante du tarif. Cette répartition est tout à fait conforme à l'équité, puisqu'en supposant que l'hospice n'eût pas été chargé du service des Enfants trouves, il aurait toujours supporté la charge des remises sur ses propres dépenses, en leur appliquant d'abord le tarif fixé pour les sommes les plus basses.

Les commissions administratives n'auront donc à ordonnancer, au profit de leurs receveurs, le montant du décompte que sous la déduction de la portion dont je viens de parler, et que vous mandaterez vous-même, Monsieur le Préfet, après vérification, sur l'article du fonds des cotisations municipales relatif aux dépenses des Enfants trouvés et abandonnés.

Comme, d'après ce qui est prescrit par la circulaire du 25 juillet 1828, il n'est passé définitivement écriture, en dépense, des payements relatifs aux mois de nourrice qu'après le retour des états quittancés par ces dernières, il pourra arriver qu'à cette époque l'exercice auquel se rapporte la dépense des Enfants se trouve clos. Cette circonstance ne devrait pas faire obstacle à ce que vous mandatiez la dépense des remises sur les fonds de l'année courante, attendu que la dépense des Enfants trouvés n'est considérée comme faite, à l'égard du receveur, qu'au moment où il peut en passer écriture sur les *livres de détail;* et dès lors les remises ne lui sont réellement dues et le droit ne lui est acquis que pour l'exercice pendant lequel le décompte a lieu.

. . . .

. . . .

Jugement des contestations sur la formation des décomptes.

Les précédentes instructions n'ont pas indiqué devant qui devaient être portées les difficultés qui pourraient s'élever entre les administrations et les receveurs, au sujet de la formation des décomptes des remises. Ces questions sont, de leur nature, évidemment administratives; et ce ne pourrait être, en aucun cas, aux tribunaux civils à prononcer. c'est à l'autorité qui règle les dépenses et en surveille la liquidation et l'ordonnancement que la question devrait être d'abord déférée, sauf les appels de droit. Ainsi, Monsieur le Préfet, en ce qui concerne les communes et les établissements de bienfaisance, dont vous arrêtez les budgets, vous statueriez sur les difficultés relatives à la formation des décomptes, sauf aux parties à se pourvoir par-devers moi contre vos arrêtés. Je statuerais alors, comme je le ferais en premier ressort pour les communes et les hospices dont les revenus dépassent 100,000 fr., après m'être concerté avec mon collègue des finances, chargé, ainsi que moi, de l'exécution des ordonnances des 17 avril et 23 mai 1839.

Je vous prie, Monsieur le Préfet, de m'accuser réception de la présente circulaire, et d'en notifier les dispositions aux administrations et aux comptables qu'elles concernent.

Assimilation des orphelins pauvres aux Enfants trouvés et abandonnés.

Paris, le 12 juillet 1843.

Monsieur le Préfet, d'après les instructions émanées jusqu'à ce jour du ministère de l'intérieur, les dépenses extérieures des orphelins pauvres à la charge de la charité publique devaient être soigneusement distinguées des dépenses extérieures des Enfants trouvés et abandonnés. Les premières devaient être exclusivement supportées par les hospices; les dernières seules pouvaient être acquittées sur les fonds des départements. Cette distinction prescrite notamment par les circulaires des 15 juillet 1811 et 8 février 1823, se fondait principalement sur l'article 12 du décret du 19 janvier 1811.

Cette interprétation du décret précité m'ayant été cependant signalée comme inexacte, j'ai jugé convenable, à raison de la gravité de la question et avant de modifier une jurisprudence administrative suivie depuis aussi longtemps, de soumettre la question à l'examen du conseil d'État.

Ce conseil a reconnu, dans un avis du 20 juillet dernier, que les orphelins pauvres doivent être assimilés aux Enfants trouvés et abandonnés, et que les dispositions du décret impérial du 19 janvier 1811 doivent être également appliquées aux uns et aux autres de ces Enfants. Vous trouverez ci-après, Monsieur le Préfet, le texte de cet avis et le rapport à la suite duquel il est intervenu.

Le gouvernement ne saurait, dans ces circonstances, laisser plus longtemps peser sur des établissements charitables, dont la plupart ne possèdent que des ressources déjà inférieures à leurs besoins, une dépense que la loi n'a pas mise à leur charge.

Vous aurez donc désormais, Monsieur le Préfet, quant aux orphelins pauvres recueillis par les hospices et pour lesquels vous n'accordiez à ces établissements aucune allocation, à faire payer leurs dépenses extérieures, comme celles des Enfants trouvés, sur les fonds départementaux; quant à ceux de ces orphelins dont vous faisiez déjà, à défaut de ressources de la part des hospices et des communes, acquitter les dépenses extérieures sur ces mêmes fonds, en vertu d'arrêtés individuels que vous soumettiez à mon approbation spéciale, vous n'aurez plus à procéder ainsi et à me demander mon autorisation à cet égard.

Si l'assimilation dont je viens de vous entretenir des orphelins pauvres aux Enfants trouvés et abandonnés devait avoir pour résultat, dans votre département, d'augmenter sensiblement la dépense de ce service, vous prendriez cette augmentation en considération dans la rédaction des prévisions du budget que vous allez avoir à présenter bientôt au Conseil général.

Mais vous ne perdrez pas de vue, Monsieur le Préfet, que plus le gouvernement se montre disposé à accueillir libéralement les malheureux Enfants que la loi confie à la charité publique, plus les administrations locales doivent s'efforcer de prévenir les fraudes et les abus qui tendent sans cesse à se reproduire, et réserver exclusivement leurs secours aux infortunés qui y ont droit. Je compte à cet égard sur votre zèle et votre fermeté, non moins que sur le concours dévoué des commissions administratives.

CIRCULAIRE du ministre de l'intérieur (M. Duchâtel) *aux préfets relativement à la composition des layettes et vêtures à fournir par les hospices et aux indemnités aux nourrices, en exécution de l'arrêté du 30 ventôse an V.*

Paris, le 21 juillet 1843.

Monsieur le Préfet, je me suis fait représenter les règlements qui déterminent la composition des layettes et vêtures à fournir, dans les divers départements, aux Enfants trouvés et abandonnés, par les hospices dépositaires de ces Enfants. J'ai reconnu que presque tous ces règlements ont besoin d'être revisés.

En effet, si dans un certain nombre de départements, les layettes et vêtures ainsi fournies sont convenablement composées, dans la plupart des autres départements elles sont tout à fait insuffisantes, et elles ne comprennent pas des objets qui sont cependant indispensables à la santé même des Enfants.

Il importe de mettre un terme à cet état de choses. J'ai déjà, Monsieur le Préfet, par ma circulaire du 13 août 1841, appelé votre attention sur les graves inconvénients qui en résultent; je vous ai fait remarquer que si les nourrices, ne recevant pas des hospices les layettes et les vêtures suffisantes, sont obligées d'y suppléer elles-mêmes, les faibles salaires payés à ces femmes sont réduits d'autant; ou que, si le prix des pensions est élevé en raison de la charge des layettes et vêtures, le département acquitte ainsi indirectement une dépense qui ne doit pas lui être imposée, et qu'en définitive la conséquence la plus ordinaire comme la plus fâcheuse en est que les malheureux Enfants sont trop souvent privés des vêtements qui leur seraient le plus nécessaires.

Je sais, Monsieur le Préfet, que la composition de ces layettes et vêtures est susceptible de quelques variations, selon les départements et les différences de leurs climats; que des étoffes différentes peuvent paraître préférables à employer d'après les localités; qu'enfin le prix de ces étoffes peut également varier. Mais il est des effets d'habillement qui sont partout indispensables aux Enfants du même âge, et les règlements qui en déterminent la fourniture peuvent dès lors être ramenés à quelques bases uniformes.

C'est ce qu'il convient et ce qu'il est dans mon intention de faire.

Je vous transmets ci-joint, à cet effet, un état des objets de layettes et de vêtures qu'il me paraît nécessaire de fournir aux Enfants des divers âges : ces objets sont, à très-peu d'exceptions près, ceux que les hospices de Paris fournissent aux Enfants trouvés et abandonnés du département de la Seine. Je vous engage à prendre ce travail pour modèle du règlement que vous aurez vous-même à préparer pour le soumettre à mon approbation, et à vous en rapprocher autant que possible. Je n'entends pas, Monsieur le Préfet, vous empêcher d'y apporter les modifications que vous sembleraient conseiller les circonstances locales, pas plus que d'y faire les additions que vous jugeriez convenables. Si même les ressources des hospices de votre département leur permettent de vêtir les Enfants confiés à leurs soins avec une économie moins rigoureuse, et de leur fournir quelques vêtures de plus, je ne saurais qu'encourager cette louable et légitime sollicitude. Mais tous les objets portés dans la nomenclature ci-après étant de première nécessité, je vous invite à n'en retrancher aucun; vous me trouveriez peu disposé à approuver ces suppressions.

Vous donnerez une attention particulière à ce que tous les articles entrant dans la composition des layettes et vêtures soient toujours de bonne qualité. Destinés à un usage prolongé et de chaque jour, ils ne peuvent y résister lorsque leur qualité est médiocre, et les Enfants arrivent rapidement à un état de dénûment qui compromet leur santé. Vous aurez soin aussi, après chaque article et selon sa nature, d'en fixer le poids ou les dimensions, ainsi que le prix : ce prix sert à déterminer la qualité des objets et la somme à retenir aux nourrices dans le cas où quelqu'un de ces objets ne serait pas représenté par elles.

Les objets composant les layettes et vêtures doivent toujours être fournis tout confectionnés. On évite ainsi aux nourrices un travail de confectionnement dont souvent elles ne seraient que peu capables; et, d'autre part, on s'assure que les matières premières ne sont pas détournées de leur destination.

Vous avez déjà dû, Monsieur le Préfet, en exécution de ma circulaire du 13 août 1841, vous éclairer, pour la composition des layettes et vêtures, de l'avis des commissions administratives des hospices dépositaires, et de l'avis de l'inspecteur des Enfants trouvés de votre département. Vous pourrez appeler le conseil général à en délibérer dans sa prochaine session, et vous m'adresserez ensuite, en double expédition, l'arrêté réglementaire que vous prendrez, afin que je l'approuve, s'il y a lieu.

La dépense des layettes et vêtures est une dépense intérieure, et par conséquent une charge des hospices. Cependant, si quelques-uns de ces établissements de bienfaisance ne possédaient pas les ressources nécessaires pour faire face à cette dépense, vous pourriez, si vous le jugez opportun, faire connaître leur situation à cet égard au conseil général, et solliciter de ce conseil, sur les centimes facultatifs, un secours qui, du moment où il serait reconnu indispensable, ne leur serait, je pense, pas refusé.

Je saisis cette occasion de vous rappeler, ce que je vous ai déjà fait savoir par ma circulaire précitée du 13 août 1841, que je considère comme obligatoire le payement aux nourrices des indemnités réglées par l'arrêté du Gouvernement, du 30 ventôse an V (20 mars 1797). Je regrette que cette observation ait été perdue de vue dans quelques départements. La mesure prescrite par l'arrêté dont il s'agit est importante dans l'intérêt du bien-être des Enfants.

Tableau *indiquant le minimum des objets indispensables à comprendre dans la composition des layettes, demi-maillots et vêtures à fournir par les hospices dépositaires aux Enfants trouvés, abandonnés et orphelins pauvres placés en nourrice* (1).

Layette à fournir aux Enfants d'un jour à neuf mois (2).

4 chemises à brassière en toile.
2 brassières de laine.
2 brassières d'indienne
12 couches de toile.
2 langes de laine.
3 langes piqués en toile (3).
4 béguins en toile.
1 calotte de laine.

(1) L'état ci dessus n'indique que le minimum des objets indispensables à fournir aux Enfants. Mais il est à désirer que les Commissions administratives ne négligent pas, toutes les fois que les ressources des hospices le leur permettront, soit de composer les vêtures avec une économie moins rigoureuse, soit surtout de donner quelques vêtures de plus.

Tous les objets indiqués *en toile* doivent nécessairement être fournis en toile, et non en coton ou calicot; ceux indiqués *en laine* doivent être fournis en laine, et non en coton ou laine et coton. Quant aux objets indiqués *en laine et fil*, la trame ou chaîne doit seule être en fil, et le tissu doit être exclusivement en laine. — *Cette observation est essentielle.*

(2) Lorsque l'Enfant, au moment où il est recueilli par l'hospice et envoyé en nourrice, n'est pas encore âgé de neuf mois révolus, il lui est fourni la layette ci-dessus. Le même Enfant reçoit plus tard, lorsqu'il a atteint l'âge de neuf mois, la première vêture; puis, lorsqu'il a atteint l'âge de vingt et un mois, la seconde vêture, et ainsi de suite : il ne reçoit jamais le demi-maillot.

(3) Les langes doivent être bien piqués, c'est-à-dire être doublés dans le milieu de plusieurs toiles superposées.

2 bonnets d'indienne *doublés*.
4 fichus simples en toile.
1 couverture de laine, devant peser au moins 1 kilogramme.
1 paire de souliers.

Demi-maillot à fournir aux Enfants placés en nourrice depuis neuf jusqu'à trente-six mois ; il est délivré une seule fois, soit avec la première, soit avec la seconde vêture, ainsi qu'il y a lieu (1).

2 chemises à brassière en toile.
1 brassière de laine.
1 brassière d'indienne.
4 couches de toile.
2 langes de laine.
2 langes piqués en toile (2).
1 calotte de laine.
1 béguin de toile
1 fichu simple en toile
1 couverture de laine devant peser au moins 1 kilogramme.
1 paire de souliers.

1re VÊTURE. — A délivrer aux Enfants de neuf mois à vingt et un mois (3).

4 chemises de vêture en toile.
2 bonnets d'indienne *doublés*.
4 béguins en toile.
4 fichus simples.
2 couches de toile.
2 langes de laine.
1 robe de dessous en laine et fil.
1 robe de dessus en laine.
2 paires de bas de laine
Souliers ou sabots.

2e VÊTURE. — A délivrer aux Enfants de vingt et un mois.

3 chemises de toile.
1 robe de dessous en laine et fil.
1 robe de dessus en laine.
2 fichus simples.
2 béguins en toile.
2 bonnets d'indienne *doublés*.
2 paires de bas de laine.
Souliers ou sabots.

(1) Lorsque l'Enfant, au moment où il est recueilli par l'hospice et envoyé en nourrice, est âgé de plus de neuf mois révolus, il ne lui est point fourni de layette.

Si cet Enfant a plus de neuf mois, mais moins de vingt et un mois révolus, il lui est fourni simultanément le demi-maillot et la première vêture ci-dessus ; puis, lorsqu'il a atteint l'âge de vingt et un mois, il reçoit la deuxième vêture, et ainsi de suite.

Si cet Enfant a plus de vingt et un mois, mais moins de trois ans révolus, il lui est fourni en même temps le demi-maillot et la deuxième vêture ci-dessus, lorsqu'il a atteint l'âge de trois ans révolus, il reçoit la troisième vêture, et ainsi de suite.

Enfin, si l'Enfant, au moment où il est recueilli par l'hospice et placé chez un nourricier, est âgé déjà de trois ans accomplis, il ne lui est fourni ni layette ni demi-maillot ; il reçoit seulement la troisième vêture, et plus tard les autres vêtures aux différents âges déterminés.

(2) Voyez la note 3, p. 403.

(3) Voyez la note 1 ci-dessus.

3e VÊTURE — A délivrer aux Enfants à trois ans révolus.

3 chemises de toile.
1 robe de dessous en laine et fil.
1 robe de dessus en laine.
2 fichus simples.
3 bonnets d'indienne doublés
1 tablier à corsage en cotonnade.
3 mouchoirs de poche de couleur.
2 paires de bas de laine.
Souliers ou sabots.

4e VÊTURE. — A délivrer aux Enfants à quatre ans révolus

3 chemises de toile.
1 robe de dessous en laine et fil.
1 robe de dessus en laine.
2 fichus de couleur.
3 bonnets d'indienne doublés.
1 tablier à corsage en cotonnade.
3 mouchoirs de poche de couleur.
2 paire de bas de laine.
Souliers ou sabots

5e VÊTURE. — A délivrer aux Enfants à cinq ans révolus

Garçons.

3 chemises de toile.
1 pantalon de drap.
1 gilet de drap
1 veste de drap.
1 pantalon de toile.
1 blouse de toile, avec une ceinture de cuir.
1 demi-bonnet de coton
1 casquette.
3 mouchoirs de poche de couleur.
2 paires de bas de laine.
Souliers ou sabots.

Filles.

3 chemises de toile.
2 fichus doubles de couleur.
1 robe de dessous en laine et fil.
1 robe de dessus en laine.
3 bonnets d'indienne doublés.
1 tablier à corsage en cotonnade.
3 mouchoirs de poche de couleur
2 paires de bas de laine
Souliers ou sabots.

6e VÊTURE. — A délivrer aux Enfants à six ans révolus.

Garçons

3 chemises de toile.
1 pantalon de drap
1 gilet de drap.
1 veste de drap.
1 pantalon de toile.
1 blouse de toile, avec une ceinture de cuir.
1 demi-bonnet de coton.
1 casquette.
3 mouchoirs de poche.
2 paires de bas de laine.
Souliers ou sabots.

Filles

3 chemises de toile.
2 fichus doubles de couleur
1 robe de dessous en laine et fil.
1 robe de dessus en laine.
3 bonnets d'indienne doublés.
1 tablier à corsage en cotonnade.
3 mouchoirs de poche de couleur.
2 paires de bas de laine
Souliers ou sabots

7e VÊTURE. — A délivrer aux Enfants à neuf ans révolus.

Garçons

3 chemises de toile.
1 pantalon de drap.
1 gilet de drap.
1 veste de drap
1 pantalon de toile.
1 blouse de toile, avec une ceinture de cuir.
1 demi-bonnet de coton.
1 casquette.
3 mouchoirs de poche de couleur.
2 paires de bas de laine.
Souliers ou sabots.

Filles.

3 chemises de toile.
2 fichus doubles de couleur.
1 robe de dessous en laine et fil.
1 robe de dessus en laine.
3 bonnets d'indienne doublés.
1 tablier à corsage en cotonnade
3 mouchoirs de poche de couleur.
2 paires de bas de laine.
Souliers ou sabots.

NOTA. Aux termes de l'article 15 de l'arrêté du Directoire, du 30 ventôse an V, les cultivateurs ou manufacturiers chez lesquels sont placés des Enfants ayant atteint l'âge de douze ans, ou ceux qui, les ayant élevés jusqu'à cet âge, les conservent aux conditions voulues, doivent recevoir une somme de cinquante francs, pour être employée à procurer à ces Enfants les vêtements qui leur sont nécessaires. — Cette indemnité peut, sous l'approbation du ministre, au lieu d'être payée en argent, être fournie en nature, c'est-à-dire qu'elle peut être remplacée par la délivrance d'une dernière vêture. La composition de cette vêture doit alors être également réglée par arrêté du préfet

---

CIRCULAIRE *du ministre de l'intérieur* ((M. Duchâtel) *aux préfets, relative à la formation des budgets départementaux de l'exercice 1844.* — 5 août 1843. (Extrait)

. . . .

SOUS-CHAPITRE X. — ENFANTS TROUVÉS OU ABANDONNÉS.

Les détails de ce sous-chapitre doivent faire connaître le montant du tiers des amendes de police correctionnelle et des fondations spéciales appartenant au service des Enfants trouvés, et, par ce moyen, permettre d'établir le rapport entre le contingent à payer par le département sur ses centimes additionnels ordinaires, et la part laissée à la charge des communes. La circulaire du 21 août 1839 a limité, à un cinquième au plus, le contingent que les communes peuvent être appelées à supporter à la charge du département. Les quatre autres cinquièmes doivent donc être nécessairement portés à la première section du budget départemental. Des circonstances locales, tirées de la situation foncière des communes, pourraient seules autoriser des exceptions à cette règle, et me déterminer à porter au delà du cinquième la part contributive des communes. Vous remarquerez que, conformément à la circulaire du 21 août 1839, la dépense moyenne de chaque Enfant doit, comme l'indique d'ailleurs le cadre du budget, être calculée sur toutes les dépenses du service extérieur, en y comprenant celle du traitement de l'inspecteur.

DÉCISION *du ministre de l'intérieur* (M. Duchâtel) *aux préfets qui déclare obligatoire l'admission dans les hospices et hôpitaux des indigents atteints de maladies psoriques et des femmes enceintes.* — 31 janvier 1844.

Monsieur le Préfet, en approuvant les règlements de service intérieur de plusieurs hospices de votre département, vous avez imposé d'office à ces établissements charitables l'obligation de recevoir et de traiter les galeux, les teigneux, les vénériens et les femmes enceintes, lorsque l'admission de quelqu'une de ces catégories de malades n'était pas formellement spécifiée.

Vous m'avez prié de faire de même à l'égard des hospices dont il m'appartient d'approuver les règlements, et de vous faire connaître ma décision au sujet de ces insertions d'office, afin de vous mettre à même de vaincre les résistances que quelques commissions administratives opposent encore à l'admission de ces malades. Le droit à l'admission des vieillards âgés de plus de soixante et dix ans, infirmes et des malades en général, dans les hospices et hôpitaux civils, est formellement établi par les articles 16, 17 et 18 du titre V de la loi du 24 vendémiaire an II, lesquels ont placé ces indigents dans une catégorie exceptionnelle, et ont voulu leur assurer, immédiatement et en tout lieu, les secours de la charité publique. Or les galeux, les teigneux, les vénériens et les femmes enceintes appartiennent à la classe générale des malades, puisque aucune loi ne leur a assigné un rang distinct et ne leur a affecté, comme aux aliénés, par exemple, des locaux spéciaux et un mode particulier de secours. Il en résulte que ces malades doivent jouir, comme tous les autres, du bénéfice de la loi du 24 vendémiaire an II, et que les hospices sont légalement tenus de les recevoir. C'est d'après ces considérations que le modèle de règlement de service intérieur joint à l'instruction du 31 janvier 1840, a positivement compris les affections dont il s'agit au nombre de celles qui doivent être traitées dans les hôpitaux civils. L'insertion de cette disposition dans les règlements des hospices, n'est donc pas une mesure facultative, dont il soit loisible aux commissions administratives de s'affranchir; c'est l'exécution d'une obligation légale, et qui, à défaut de la loi, serait commandée par le but même de l'institution des établissements hospitaliers.

Il est vrai que quelques conseils généraux votent des fonds pour l'entretien d'établissements spéciaux, consacrés à certaines classes de maladies ou pour le traitement des malades dans les hôpitaux ordinaires; mais c'est une exception, et cette dépense est, d'ailleurs, purement facultative pour les départements, auxquels elle n'est point imposée par la loi du 18 mai 1838. Ce fait accidentel ne porte donc aucune atteinte au principe d'après lequel les galeux, les teigneux, les vénériens et les femmes enceintes doivent être reçus et traités *gratuitement*, en cas d'indigence, dans les hôpitaux civils.

Il résulte évidemment des considérations qui précèdent que, dans le cas où des commissions administratives refusent d'admettre ces malades, l'autorité chargée de faire exécuter la loi est en droit de leur imposer, d'office, cette obligation, par une disposition additionnelle à leurs règlements de service intérieur, et d'assurer ensuite l'exécution de cette disposition, toutes les fois qu'il existe des lits disponibles dans les établissements hospitaliers. J'approuve donc, Monsieur le Préfet, la marche que vous avez suivie, à l'égard de quelques hospices de votre département; et je vous invite à procéder de même toutes les fois que des circonstances semblables se présenteront.

CIRCULAIRE *du ministre de l'intérieur* (M. Duchâtel) *aux préfets, concernant la vente et la suppression des papiers inutiles des préfectures.* (Extrait.)

24 juin 1844.

. . . .

. . . .

Série X. Les certificats de vie, délivrés par les maires pour le payement des mois de nourrice des Enfants trouvés, peuvent être supprimés au bout de cinq ans. On devra conserver, pendant trente ans, les certificats de vaccine, ainsi que les états de dépense. Les relevés numériques des vaccinations seront conservés indéfiniment et réunis aux documents statistiques ayant trait à la médecine.

CIRCULAIRE *du ministre de l'intérieur* (M. Duchâtel), *qui prescrit aux préfets de consulter les conseils généraux sur le concours de tous les hospices de chaque département aux dépenses intérieures du service des Enfants trouvés.*

Paris, le 3 août 1844.

Monsieur le préfet, vous savez que les dépenses relatives au service Enfants trouvés, abandonnés ou orphelins pauvres, se divisent en deux classes : les dépenses *extérieures* et les dépenses *intérieures*.

Les dépenses extérieures consistent principalement dans le prix des mois de nourrice et pensions à payer pour les Enfants, et dans les indemnités allouées pour les lois aux nourriciers. Supportées autrefois par les seigneurs hauts-justiciers, mises en 1790 à la charge du Trésor public, portées en l'an V à la charge des départements, remises en 1811, du moins jusqu'à concurrence de quatre millions, à la charge de l'Etat, ces dépenses ont été reportées enfin à la charge des budgets départementaux par la loi du 25 mars 1817.

Les dépenses dites intérieures se composent des layettes et vêtures à fournir aux Enfants, et des frais de nourriture, d'entretien et d'éducation de ces Enfants dans les hospices, soit avant leur départ pour la campagne, soit lorsque, se trouvant atteints de maladies graves ou n'ayant pu, par tout autre motif, rester en nourrice ou en apprentissage, ils sont ramenés dans ces hospices.

Ces dépenses étaient autrefois supportées par tous les hospices indistinctement; en effet, aux termes de l'article 1er de la loi du 27 frimaire an V, les Enfants trouvés ou abandonnés étaient reçus gratuitement dans tous ces établissements charitables. Elles furent spécialement mises, par l'article 11 du décret du 19 janvier 1811, à la charge des hospices dépositaires.

Toutefois, jusqu'à ces dernières années, cette disposition n'avait jamais été interprétée dans un sens limitatif et exclusif de tout concours de la part des autres hospices.

La circulaire du ministère de l'intérieur, du 10 juillet 1811, portant instructions pour l'exécution du décret précité, prévoyait, en effet, le cas où les ressources des hospices dépositaires seraient insuffisantes pour pourvoir, soit aux dépenses intérieures, soit à la partie des dépenses extérieures restant à leur charge, et expliquait, en ces termes, la marche à suivre dans ce cas :

Supplément à prélever sur les hospices non désignés pour recevoir les Enfants. — Dans les départements où les hospices chargés de recueillir les Enfants ne pourraient, à cause de la faiblesse de leurs revenus et de l'impossibilité d'accroître suffisamment les allocations des communes où ils sont situés, pourvoir en totalité à la charge qui leur est imposée, les préfets pourront y faire concourir, pour une portion, les hospices qui ne seront pas appelés à recevoir les Enfants trouvés, et proposer, en conséquence, le contingent que ces hospices auront à fournir, au moyen de leurs revenus, ou d'allocations spéciales sur les octrois et les communes où ces hospices sont placés. La faculté accordée aux préfets de faire contribuer, en cas de nécessité, à la dépense des mois de nourrice et pensions, les hospices qui ne seront point chargés de recevoir les Enfants, dérive du principe qui avait fait décider que les Enfants exposés devaient être reçus dans l'hospice le plus voisin du lieu de leur exposition. L'article 4 du décret précité, du 19 janvier, en mettant une restriction à cette disposition générale, n'a point eu en vue de décharger d'une dépense les hospices qui ne seront plus désignés pour recevoir les Enfants trouvés, mais bien de réprimer les abus résultant de la multiplicité des asiles ouverts aux Enfants trouvés, et d'une trop grande facilité dans l'admission des Enfants. Il est donc convenable, au moment où les préfets restreindront ces asiles, à un, au plus, par arrondissement, de laisser, dans les cas où il est nécessaire de recourir à ce moyen, une partie de la dépense des Enfants trouvés, à la charge des hospices qui y contribuaient déjà lorsqu'ils étaient tenus de recevoir ces Enfants, et même d'appeler à la supporter ceux qui n'étaient point dans l'usage de les recevoir, mais qui peuvent y pourvoir, soit par leurs propres revenus, soit par des allocations nouvelles sur les revenus des villes où ils sont placés. »

L'instruction générale du 8 février 1823 avait statué dans le même sens; on y lit :

« Dans le cas cependant où les hospices chargés de recevoir les Enfants trouvés et enfants abandonnés se trouveraient dans l'impossibilité de pourvoir à la totalité de cette dépense (les dépenses intérieures), la portion qu'ils ne pourraient acquitter doit être répartie sur les autres hospices du département, en proportion de leurs ressources et de leurs besoins. Cette répartition, réglée par le préfet, est soumise à l'approbation du ministre de l'intérieur, et les sommes à fournir par chaque hospice doivent être comprises dans leurs budgets, pour servir au règlement des allocations à leur accorder sur les octrois. »

Ces principes ont été constamment suivis dans tous les départements jusqu'à 1837, à peu près; ils le sont encore dans beaucoup de départements, dans lesquels les hospices non dépositaires d'Enfants continuent de venir au secours des hospices dépositaires en contribuant, pour partie, aux dépenses intérieures des Enfants trouvés et abandonnés reçus dans ces derniers établissements. Cette répartition de dépenses n'a généralement donné lieu à aucune réclamation.

Cependant, vers 1837, quelques hospices ont prétendu que cette jurisprudence et les dispositions précitées des circulaires des 15 juillet 1811 et 8 février 1823 ne reposaient pas sur une base légale; que, n'étant pas dépositaires d'Enfants, ils n'étaient nullement tenus de contribuer aux dépenses de ce service, et que l'on ne pouvait les y obliger. Le ministère de l'intérieur a craint de manquer, en effet, de moyen coërcitif pour vaincre cette résistance; il a craint de porter d'office au budget des hospices récalcitrants des allocations dont la légalité paraissait contestable, et il s'est abstenu.

Toutefois, cette abstention produit, sous le rapport administratif, les plus fâcheux résultats. Les hospices non dépositaires, en cessant d'acquitter les très-faibles sommes qu'ils fournissaient, n'ont réalisé qu'une économie et qu'un gain insensibles; les hospices dépositaires, au contraire, succombent sous les dépenses laissées à leur charge : les nécessités du service des Enfants trouvés absorbent la majeure partie de leurs ressources, au grand détriment de leurs autres services; au préjudice des malades, des infirmes, des vieillards, que ces établissements ont pour destination plus spéciale de recevoir. Cependant, ces ressources sont encore insuffisantes, et un grand nombre d'hospices dépositaires ont été, par suite, forcés de solliciter des conseils généraux des secours ou indemnités qui leur étaient indispensables. Mais l'allocation de ces indemnités, indépendamment de ce qu'elles n'est que facultative, indépendamment de ce qu'elle n'a pas toujours lieu, présente cet inconvénient, de déplacer la dépense, et de la porter sur les budgets départementaux, à la charge desquels elle ne devrait pas peser.

L'administration reconnaît aussi quelquefois, tantôt la convenance, tantôt même l'absolue nécessité ou de réduire le nombre trop multiplié des hospices dépositaires d'Enfants, ou de déplacer des dépôts pour les porter dans des localités mieux choisies. Ces suppressions, ces déplacements ne peuvent s'opérer sans créer, pour l'hospice désigné comme dépositaire, ou conservé seul comme tel, une dépense nouvelle ou une augmentation de dépense; ces mesures n'offriraient toutefois aucune difficulté, si l'hospice qui cesse d'être dépositaire, dégrevé de la même dépense, était appelé à y contribuer au moins pour une portion, à la décharge du nouvel établissement dans lequel le dépôt est transféré. Le droit d'exiger ce concours n'existant pas, au contraire, de la part de l'administration, souvent la réalisation des améliorations les plus importantes et les plus évidentes s'en trouve ainsi empêchée.

Aussi, dans beaucoup de départements, les conseils généraux, les préfets et les hospices eux-mêmes demandent que l'on revienne à la jurisprudence consacrée par les instructions de 1811 et 1823; ils demandent que tous les hospices puissent être appelés à concourir aux dépenses intérieures des Enfants trouvés, ainsi que cela a eu lieu jusqu'en 1837, c'est-à-dire d'après des bases proposées par les préfets, et approuvées, sur l'avis des conseils généraux, par le ministre de l'intérieur.

Avant de prendre à ce sujet une détermination définitive, je désire m'éclairer de votre avis et de l'avis des conseils généraux. Je vous prie, en conséquence, monsieur le Préfet, de vouloir bien inviter le conseil général de votre département à examiner la question dont je viens de vous entretenir et à me faire connaître son opinon sur la mesure qu'il s'agit de prendre.

Décision du ministre des finances relativement au timbre des quittances données par les sages-femmes pour accouchement de femmes indigentes.

1er octobre 1844.

Des difficultés se sont élevées depuis quelque temps sur la question de savoir si les quittances données par les sages-femmes pour les indemnités qu'elles reçoivent des communes à raison du service de l'accouchement des femmes indigentes doivent être assujetties à la formalité du timbre.

Cette question a été soumise par M. le receveur général des finances à M. le directeur de l'enregistrement et des domaines, qui l'a résolue de la manière suivante :

« Aux termes des lois et instructions, les quittances de tous les employés des communes dont le traitement annuel n'excède pas 300 fr. pour chacun peuvent être écrites sur papier libre.

« Cette généralité embrasse nécessairement les quittances de traitement des sages femmes.

« Cependant une distinction doit être faite. Si la rémunération accordée à l'employé n'est pas fixe, mais proportionnelle, en raison du service par lui fait, ce qui se rencontre quelquefois à l'égard des sages-femmes, alors, comme il s'agit d'un salaire, la quittance doit être donnée sur papier timbré. »

Circulaire du ministre de l'intérieur (M. Duchâtel) *aux préfets, relativement aux budgets départementaux de l'exercice 1845.*

..... Décembre 1844.

Monsieur le Préfet, j'ai l'honneur de vous adresser, revêtu des décisions réglementaires, le budget des dépenses et des recettes de votre département, pour l'exercice 1845, ainsi qu'une ampliation de l'ordonnance royale qui en arrête le règlement.

Il me paraît toujours utile de rappeler, à ce sujet, les instructions sur le mode de procéder aux dépenses, et sur les formalités préalables dont plusieurs sont susceptibles.

Je passerai en revue, à cet effet, les sous-chapitres du budget, ainsi que je l'ai fait dans mon instruction du 5 août dernier.

. . . .

SOUS-CHAPITRE X. — ENFANTS TROUVÉS, ABANDONNÉS ET ORPHELINS PAUVRES.

Le préfet doit régler annuellement la dépense et en soumettre le compte à l'approbation du ministre.

Cette dépense doit se composer seulement des mois de nourrice et pensions, des indemnités déterminées par l'arrêté du Gouvernement du 30 ventôse an v, et du traitement de l'inspecteur départemental, s'il en a été créé.

Il suit de ce qui précède que l'allocation départementale n'est point à forfait, ni applicable à plusieurs exercices, en cas d'économie sur le service de l'année.

Les sommes affectées à ce service sur les revenus spéciaux des hospices et sur le produit du tiers des amendes de police correctionnelle doivent d'abord être épuisées; mais il importe de remarquer que si la dépense effective de l'année ne s'élève pas à la somme totale à laquelle les prévisions ont été réglées, le département et les communes profiteront proportionnellement des économies opérées. Le boni réalisé au profit du département sera appliqué aux besoins des autres dépenses ordinaires de la 1re section pendant la même année, et en vertu d'autorisations spéciales. Ce boni ne pourra donc être mandaté en faveur de dépenses des exercices précédents ou suivants, quoique appartenant elles-mêmes au service des Enfants trouvés.

Mais dans le cas où, au contraire, l'allocation départementale du sous-chapitre X serait reconnue insuffisante, le déficit pourrait être couvert au moyen, 1° du supplément qui aurait été alloué au sous chapitre XXII (2e section), mais seulement jusqu'à concurrence du besoin effectif; 2° des bonis des autres sous-chapitres de la 1re section, avec autorisation ministérielle; et 3°, enfin, d'une allocation spéciale aux budgets des exercices subséquents. (Sous-chapitre XV. — Dette ordinaire.)

. . . .

OBSERVATIONS GÉNÉRALES.

Spécialités. Comme on l'a déjà dit dans la circulaire du 5 août dernier, les dépenses ordinaires (1re section) peuvent recevoir les modifications que nécessitera leur liquidation; mais les votes pour dépenses imputables sur les centimes facultatifs ne pourront éprouver de changements sans une délibération préalable du conseil général, approuvée.

Ces dispositions dérivent des articles 14, 15, 18 et 19 de la loi du 10 mai 1838, et de l'article 410 de l'ordonnance royale du 31 du même mois, sur la comptabilité publique.

La spécialité existe donc rigoureusement, 1° pour les sous-chapitres (1re section. — Dépenses ordinaires), sauf les modifications que permet ladite ordonnance, par un supplément au budget, approuvé par le ministre, sur la proposition des préfets, à l'égard des fixations réglementaires de ces sous chapitres;

2° Pour chaque article, en ce qui concerne les dépenses facultatives de la seconde section.

CIRCULAIRE *du ministre de l'intérieur* (M. Duchâtel) *aux préfets, leur demandant de lui envoyer chaque année les rapports des inspecteurs départementaux du service des Enfants trouvés.*

Paris, le 12 septembre 1845.

Monsieur le Préfet, je m'attache, depuis quelques années, d'une manière spéciale, en réglant les dépenses proposées pour le service des Enfants trouvés et les ressources destinées à y pourvoir, à examiner attentivement l'état tant de l'ensemble que des diverses parties de ce service, dans chaque département. Cet examen m'a souvent mis à même de vous signaler de nouvelles mesures à prendre, des abus à réprimer, des améliorations à introduire. Secondée par votre zèle éclairé, cette sollicitude de mon administration a produit d'importants résultats, qui, déjà constatés dans un grand nombre de départements, ne tarderont pas longtemps, je l'espère, à l'être également dans tous les autres.

Je puise, à cet égard, les renseignements les plus utiles, pour diriger mon action et la vôtre, dans les rapports que vous présentez chaque année au conseil général, sur le service qui nous occupe; dans les délibérations de ce conseil, et dans les rapports qui me sont directement adressés par les inspecteurs généraux des établissements de bienfaisance attachés à mon ministère. J'ai toutefois lieu de penser que je trouverai des renseignements non moins utiles à connaître dans les rapports, plus fréquents, plus circontanciés et plus étendus, qui doivent vous être faits par l'inspecteur des Enfants trouvés et des établissements de bienfaisance de votre département. Ainsi, c'est surtout par ces rapports que je puis être mis en mesure de juger du plus ou moins d'utilité des divers hospices dépositaires, des avantages ou des inconvénients des différents modes d'admission des Enfants dans ces hospices, du zèle apporté par les commissions administratives dans les soins qu'elles donnent au placement de ces Enfants, à leur bien-être physique, à leur éducation religieuse et morale, à leur tutelle, à leur établissement, etc.

L'envoi à mon ministère des rapports des inspecteurs départementaux des Enfants trouvés présentera un autre avantage. L'examen de ces rapports me permettra de me faire rendre compte des travaux de ces fonctionnaires, et d'apprécier la manière dont ils remplissent l'important emploi qui leur est confié.

Déjà, Monsieur le Préfet, quelques-uns de vos collègues ayant pris l'initiative de cet envoi, le dépouillement des documents dont je vous entretiens n'a pu me laisser aucun doute sur l'utilité pour mon administration de consulter ces documents, et m'a déterminé à généraliser cette mesure.

Je vous invite, en conséquence, Monsieur le Préfet, à joindre désormais, chaque année, aux pièces que vous devez me transmettre pour le règlement des prévisions de la dépense du service des Enfants trouvés, pièces déterminées par ma circulaire du 21 août 1839, les rapports que l'inspecteur départemental de ce service vous aura adressés depuis la dernière session du conseil général.

Je vous prie de ne pas perdre de vue cette injonction et de m'accuser réception de la présente circulaire.

CIRCULAIRE *de M. le ministre de l'intérieur* (M. Duchâtel) *aux préfets, relative à l'extension de la franchise attribuée à la correspondance des préfets avec les inspecteurs départementaux des établissements de bienfaisance.*

Paris, 5 mai 1847.

Monsieur le Préfet, aux termes de l'ordonnance du 17 novembre 1844, les préfets peuvent correspondre avec les inspecteurs départementaux des établissements de bienfaisance, mais seulement dans l'étendue du département. Cette restriction m'avait été signalée comme étant de nature à entraver le service des inspecteurs lorsque ces agents sont appelés hors du département par les devoirs de leurs fonctions, notamment pour le service des Enfants trouvés placés en nourrice dans les départements voisins. Dans ce cas, la correspondance de service n'étant plus admise à circuler en franchise, l'inspecteur n'avait pas le moyen de rendre compte sur-le-champ de sa mission au préfet, qui, de son côté, ne pouvait le plus souvent lui faire parvenir ses instructions en temps opportun.

Pour obvier à ces inconvénients, M. le ministre des finances vient de prendre, sur ma demande, une décision portant que la circonscription dans laquelle la franchise est accordée aux inspecteurs départementaux des Enfants trouvés et des établissements de bienfaisance à l'égard du prefet de leur département est étendue de ce département aux départements limitrophes.

Une disposition à cet effet sera introduite dans la prochaine ordonnance royale portant concessions de franchise; mais la présente décision sera exécutoire provisoirement. Je vous invite à la notifier à M. l'inspecteur de votre département, afin qu'elle puisse être appliquée à la correspondance de service.

CIRCULAIRE *du ministre de l'intérieur* (M. Duchâtel) *aux préfets, à l'effet de leur demander une statistique des aliénés, Enfants trouvés, aveugles, sourds-muets et mendiants.* (20 juin 1847.)

CIRCULAIRE *du ministre de l'intérieur* (M. Duchâtel) *aux préfets, relativement à la suppression des envois périodiques relatifs aux prévisions et aux comptes de dépense des Enfants trouvés et de celui des aliénés.*

Paris, le 15 septembre 1847.

Monsieur le Préfet, la réunion dans une même division de mon ministère du bureau chargé de préparer le règlement des budgets départementaux, et de celui dans les attributions duquel sont placées la surveillance et la direction du service des aliénés et des Enfants trouvés, me permet de réduire notablement les documents qui vous ont été demandés par de précédentes circulaires, et qui avaient pour principal objet le contrôle des dépenses faites ou à faire pour ce double service.

Prévisions. Vous pourrez en conséquence, Monsieur le Préfet, vous dispenser de m'adresser les pièces relatives au règlement des prévisions de la dépense des Enfants trouvés; ces pièces sont énumérées dans ma circulaire du 21 août 1839. Dorénavant, c'est en préparant le règlement des budgets départementaux, que je m'occuperai de ce qui touche plus spécialement à la dépense des Enfants trouvés; par suite, aussi, il ne vous sera plus notifié d'approbation de vos prévisions, et l'approbation du budget départemental emportera la pleine autorisation d'user des crédits ouverts, tant au sous-chapitre X, qu'au sous-chapitre XXII. Le chiffre du contingent à fournir par les communes sera également approuvé implicitement par l'énonciation de ce chiffre au sous-chapitre X du budget départemental. Quant au mode de répartition de ce contingent entre les communes appelées à le fournir, il continuera, conformément à l'article 25 de la loi du 17 juillet 1819, d'être réglé par décision ministérielle. Toutefois, lorsque cette approbation aura été une fois donnée à des bases de répartition, vous n'aurez plus à me demander, pour les années suivantes, le renouvellement de cette approbation. Une nouvelle décision de ma part ne devra être provoquée qu'autant qu'il sera proposé de changer les bases précédemment adoptées, qu'il y aurait dissentiment entre vous, Monsieur le Préfet, et le conseil général sur ces bases, ou bien que des communes réclameraient contre la fixation du contingent à fournir par elles.

Comptes. Le règlement du compte de la dépense des Enfants trouvés peut également cesser de faire l'objet d'un travail spécial dans le 2ᵉ bureau de la 3ᵉ division, et cette partie des comptes départementaux sera examinée, en même temps que l'ensemble des dépenses, par la 7e division. Vous pouvez donc vous dispenser de m'envoyer, dorénavant, l'état de la dépense des Enfants trouvés, qui m'était adressé en exécution de la circulaire du 8 février 1823; vous continuerez, toutefois, à m'adresser l'état du mouvement de ces Enfants, pour la formation duquel vous voudrez bien vous conformer au modèle annexé à la présente circulaire.

. . . .

Je n'ai pas besoin de vous dire, Monsieur le Préfet, que la diminution de travail qui résultera, pour mes bureaux, comme pour les vôtres, des dispositions de la présente circulaire, devra accroître, de votre part comme de la mienne, la surveillance qu'exige la partie morale de deux des plus importants des services départementaux. Il est donc nécessaire que je trouve, chaque année, dans vos rapports au conseil général, le tableau complet et des faits accomplis dans ces deux services pendant l'année écoulée, et de ce qui paraît devoir s'accomplir dans le cours de l'année suivante. Si, par une exception assez rare, votre rapport au conseil général ne s'imprimait pas, vous voudriez bien m'en adresser une copie; il en serait de même du rapport de l'inspecteur départemental du service des Enfants trouvés. C'est dans ces deux documents et dans les délibérations du conseil général, que je chercherai les éléments d'un contrôle que je place au rang de mes premiers devoirs.

État du mouvement des Enfants trouvés, abandonnés, orphelins et secourus temporairement du département d , pour l'exercice 18 .

DÉSIGNATION des hospices dépositaires	CLASSE à laquelle LES ENFANTS appartiennent	RESTANT, le DERNIER JOUR de l'année précédente,				Enfants des diverses catégories admis dans l'année	TOTAL GÉNÉRAL.	RAYÉS DES REGISTRES d'inscription. Décédés.						RESTANT le DERNIER JOUR de l'année,				NOMBRE des JOURNÉES				Nombre moyen des Enfants, d'après les journées passées à la campagne et dans les familles	Nombre de vaccinations	Nombre des Enfants qui fréquentent les écoles primaires.	Nombre des Enfants qui suivent les instructions religieuses.	PROPORTIONS de la mortalité — Pour 100	OBSERVATIONS.
		à l'hospice.	à la campagne.	dans leurs familles	Total des restants.			à l'hospice	à la campagne.	dans leur famille	Retirés par les parents ou bienfaiteurs.	Sortis par l'effet de l'âge ou la cessation du secours temporaire	Total des radiations.	à l'hospice	à la campagne.	dans leur famille	Total des restants.	à l'hospice.	à la campagne.	dans les familles.	Total des journées						
	Enfants trouvés..																										
	Enfants abandonnés .																										
	Enfants nés dans les hospices et délaissés par leurs mères...... ..																										
	Enfants orphelins																										
	Enfants secourus temporairement .																										
	Enfants trouvés .																										
	Enfants abandonnés . ..																										
	Enfants nés dans les hospices et délaissés par leurs mères..																										
	Enfants orphelins .																										
	Enfants secourus temporairement .																										
	TOTAL..																										

Arrêté.

Paris, le 10 novembre 1847.

Nous, Ministre Secrétaire d'État au département de l'intérieur,
Sur le rapport du Sous-Secrétaire d'État,
Avons arrêté et arrêtons ce qui suit :

Art. 1er. Une Commission est instituée pour examiner les questions relatives à l'entretien des Enfants trouvés.

2. Sont nommés membres de ladite Commission, qui s'assemblera sous notre présidence :

MM. Le comte d'Argout, pair de France, vice-président;
Le comte Beugnot, pair de France;
Le comte de Bondy, pair de France;
Le comte de Rambuteau, pair de France, préfet de la Seine;
Gabriel Delessert, pair de France, préfet de police;
Vivien, conseiller d'État, membre de la Chambre des députés;
Le vicomte de Saint-Aignan, conseiller d'État, membre de la Chambre des députés;
Dufaure, membre de la Chambre des députés;
Chasles, membre de la Chambre des députés;
Passy, sous-secrétaire d'État, membre de la Chambre des députés;
Bocher, préfet du Calvados;
Narjot, préfet de la Somme;
Benjamin Delessert, membre du conseil général des hospices;
Charles Giraud, membre de l'Institut;
Villermé, membre de l'Institut;
Benoiston de Châteauneuf, membre de l'Institut;
Le vicomte de Melun;
Durieu, Le baron de Watteville, } inspecteurs généraux des établissements de bienfaisance.

3. Le sous-secrétaire d'État est chargé de l'exécution du présent arrêté.

Le Ministre Secrétaire d'État au département de l'intérieur,
Signé Duchâtel.

Circulaire du ministre de l'intérieur (M. Duchâtel).

Paris, 10 novembre 1847.

Monsieur, le sort des Enfants trouvés est, depuis longtemps, l'objet de la constante sollicitude de l'administration supérieure. Réduire le nombre des expositions annuelles et des abandons, tout en prenant les mesures nécessaires pour qu'il n'en résulte aucun accroissement dans le nombre des décès; améliorer la condition physique et morale des Enfants trouvés, tout en s'opposant à l'élévation de la dépense de leur entretien : tel est le double but que mon administration a eu constamment en vue, et vers lequel elle a dirigé avec persistance tous les efforts des administrations locales. De nombreux essais ont été faits pour obtenir ce résultat: il en est auquel des inconvénients imprévus ont dû faire renoncer; il en est d'autres, au contraire, qui sembleraient avoir reçu la sanction d'une satisfaisante expérience, et que peut-être il serait utile d'ériger en mesures législatives. Le moment est donc venu de discuter mûrement ce qui a été fait et ce qui est à faire, et de reconnaitre s'il n'y aurait pas lieu d'apporter certaines modifications à la législation existante.

Pour m'éclairer à cet égard, j'ai cru devoir constituer, sous ma présidence, une commission chargée d'étudier toutes les questions relatives aux Enfants trouvés, abandonnés et orphelins pauvres; et j'ai pensé que vous voudriez bien, dans cette circonstance, monsieur, me prêter le secours de vos lumières.

Je ferai mettre à la disposition de la commission tous les documents qui existent dans les bureaux de mon ministère et tous ceux qu'elle croira propres à éclairer la discussion, je me bornerai donc aujourd'hui à vous indiquer les principales questions sur lesquelles la commission aura à délibérer.

1° Tours.

L'article 3 du décret du 19 janvier 1811 porte que, « dans chaque hospice destine à recevoir des Enfants trouvés, il y aura un tour où ils devront être déposés; » et l'article 4 dit que « il y aura au plus, dans chaque arrondissement, un hospice où les Enfants trouves pourront être reçus. »

La combinaison de ces deux articles semble indiquer que l'intention du législateur était qu'il y eût un hospice dépositaire et un tour dans chaque arrondissement. Cependant, cette disposition n'a jamais reçu sa complète exécution: et il existe huit départements dans lesquels, depuis 1811 jusqu'à l'époque actuelle, il n'a jamais été établi de tours.

Dans ces dernieres années, et plus particulièrement depuis 1842, les administrations locales des départements où des tours existaient ont cru que cette facilité donnée aux expositions était une des principales causes de l'accroissement du nombre des Enfants trouvés et de la mortalité de ces infortunés; les préfets et les conseils généraux ont donc proposé la fermeture des tours, et cette mesure a été approuvée par le ministère de l'intérieur. Elle a reçu sa complète exécution dans trente-deux départements, de sorte que dans quarante départements il n'existe plus aujourd'hui de tours.

Dans d'autres départements, au contraire, on a maintenu les tours existants; ailleurs, enfin, tout en maintenant les tours, on ne les laisse ouverts que pendant un certain nombre d'heures, de jour ou de nuit, et on fait surveiller ces tours, afin d'obtenir de l'individu qui dépose un Enfant des renseignements sur l'origine de cet Enfant.

Cette diversité de systèmes, qui pouvait être admise dans une période d'essais, ne peut évidemment être maintenue d'une manière permanente; et l'administration supérieure ne peut permettre plus longtemps que, sur une matière aussi importante, il y ait dans les différents départements du royaume, des règles, disons mieux, des législations différentes. De là la nécessité de résoudre les questions suivantes :

Faut-il laisser aux conseils généraux et aux préfets la faculté de créer ou supprimer les tours, suivant la situation des Enfants trouvés dans chaque département?

Faut-il en revenir à l'exécution du décret du 19 janvier 1811, et rétablir un tour dans chaque département?

Faut-il réduire les tours à un par département, et en rendre l'établissement obligatoire?

Faut-il supprimer les tours d'une manière absolue, et, comme on ne peut guère espérer de parvenir à supprimer entièrement les expositions, comment devra-t-on suppléer les tours supprimés?

Dans le cas de la conservation des tours, n'y a-t-il pas lieu de déterminer les pénalités annoncées, mais non portées, par l'article 23 du décret du 19 janvier 1811?

Peut-on admettre la conservation des tours *avec surveillance?*

2° Secours aux filles mères et aux meres légitimes.

Dans un assez grand nombre de départements, on a substitué aux Tours des bureaux d'admission qui sont chargés d'interroger les personnes qui apportent un Enfant à l'hospice dépositaire, afin d'arriver à connaître la mère de cet Enfant. Le bureau doit alors user de toute son influence pour obtenir de la mère de reprendre son Enfant, sous la promesse d'un secours mensuel, accordé pendant un temps qui, ordinairement, ne dépasse pas trois années. Les dispositions ainsi faites par le bureau d'admission ne sont définitives qu'après approbation du préfet.

Cette mesure, fort controversée, est l'objet de la plus vive approbation de la part d'un assez grand nombre de conseils généraux, qui la regardent comme devant, d'une part, conserver les liens de famille entre la mère et l'Enfant qu'elle aurait abandonné, et, d'autre part, comme devant produire à la fois une grande économie dans la dépense, puisque l'indemnité offerte est généralement inférieure au taux des mois de nourrice et réduite à un temps comparativement beaucoup moindre, et une grande diminution dans la mortalité. Dans d'autres départements, au contraire, la mesure est fortement repoussée, comme immorale d'abord, en ce qu'elle fait faire de fâcheuses comparaisons entre le sort des filles mères secourues et des mères légitimes laissées sans secours; l'économie qui doit résulter de la mesure y est considérée comme fort hypothétique.

Enfin, il est des départements où la mesure des secours n'a pas été prise à l'égard des filles mères seulement, mais où le préfet accorde également des secours aux mères légitimes qu'il reconnaît être dans un tel état de dénûment qu'il est à craindre qu'elles soient disposées à abandonner leurs Enfants.

Les avis des conseils généraux sur l'allocation des secours, soit aux filles mères, soit aux mères légitimes, seront mis sous les yeux de la Commission. Elle aura à examiner si ce système lui paraît devoir être maintenu.

Dans le cas de l'affirmative, il y aurait lieu d'ajouter une quatrième catégorie d'Enfants aux trois qu'indique l'article 1er du décret du 19 janvier 1811, car des Enfants secourus chez leurs mères, naturelles ou légitimes, ne sont ni des Enfants trouvés, ni des Enfants abandonnés, ni des Orphelins pauvres; et cependant il faudrait les faire entrer légalement dans le nombre de ceux dont l'entretien est, aux termes de la loi du 10 mai 1838, compris dans les dépenses *ordinaires* des départements.

3° Division de la dépense des Enfants trouvés.

La dépense des Enfants trouvés est divisée, par le décret du 19 janvier 1811, en deux espèces :

1° Les mois de nourrices et pensions des Enfants placés à la campagne jusqu'à l'âge de douze ans;

2° La fourniture des layettes et les autres dépenses *intérieures*.

La première catégorie de dépenses est mise à la charge des départements et des communes; la seconde est à la charge des hospices dépositaires.

Cette division des dépenses a été fortement critiquée dès l'origine. Les hospices ont constamment représenté jusqu'à ce jour qu'il s'agissait là de dépenses de même origine, et que, si les unes étaient une charge départementale et communale, il n'y avait pas de raison pour que les autres ne fussent payées également par les départements et les communes.

Le décret, d'ailleurs, ne parle que de *layettes;* et cependant, après le premier âge, et jusqu'à neuf ans, les Enfants doivent recevoir des vêtures; or le silence du décret a été, pour beaucoup d'hospices, un motif de refus.

La mesure de la suppression des Tours ou de leur réduction à un seul par département a d'ailleurs fait naître une autre difficulté.

Lorsqu'il y avait un Tour par arrondissement, tous les hospices étaient appelés à concourir aux dépenses intérieures et de layettes des Enfants qu'il recevait.

Aujourd'hui, qu'il n'y a plus, dans la plupart des départements, qu'un seul hospice dépositaire, cet hospice est seul chargé de toute la dépense, car les autres refusent d'y participer, et l'administration n'a pas cru pouvoir les y contraindre.

Enfin, la dépense d'entretien des Enfants trouvés ramenés aux hospices pour infirmités ou autres causes, avant l'âge de douze ans, est également une charge des hospices, qui représentent qu'elle devrait continuer d'être une charge départementale et communale.

La Commission aura donc a examiner :

S'il y a lieu de maintenir la division de la dépense des Enfants trouvés en deux catégories, dépenses extérieures et dépenses intérieures, telle qu'elle existe au décret de 1811?

Si les dépenses intérieures qui seraient laissées à la charge des hospices doivent comprendre la fourniture des layettes pour le premier âge, et ensuite celle des vêtures jusqu'à douze ans?

Si les dépenses de cette nature ne doivent être à la charge que du seul hospice dépositaire de chaque département, ou si tous les hospices du département doivent être appelés à y concourir?

Enfin, si l'entretien des Enfants trouvés ramenés aux hospices avant l'âge de douze ans doit être une charge départementale et communale, ou si elle doit continuer d'être à la charge de l'hospice dépositaire.

4° Tutelle des Enfants trouvés.

La tutelle des Enfants trouvés est attribuée, par le décret de 1811, à la Commission administrative de l'hospice où ils ont été déposés; elle doit être exercée par un des membres de la Commission, et suivre les Enfants dans tous les lieux où ils résident jusqu'à l'âge de vingt et un ans.

En fait, les prescriptions du décret de 1811, sur ce point, né sont que tres-incomplétement exécutées. La plupart des membres des commissions administratives répugnent à se charger d'une tutelle qui leur impose une espèce de responsabilité au moins morale. Il leur est difficile, d'ailleurs, de suivre la situation de ceux de leurs pupilles qui sont placés hors du département.

La question de la tutelle n'est cependant pas sans importance; car elle se lie au placement des Enfants en apprentissage, lorsqu'il y a un contrat à faire en leur nom; elle détermine aussi le lieu où ils doivent concourir au recrutement. Sur ce point, la pratique est souvent en contradiction avec le droit; et s'il est des départements ou on fait concourir les Enfants trouvés dans le canton de la situation de l'hospice auquel ils appartiennent, il en est d'autres où on les comprend sur les communes où ils résident.

La Commission aura donc à examiner si les dispositions de l'article 15 du décret de 1811 doivent être maintenues ou modifiées, et quel doit être leur effet, notamment, pour l'exécution de la loi sur le recrutement de l'armée.

5° Inspection des Enfants trouvés.

L'une des mesures les plus efficaces qui aient été prises par l'administration pour l'amélioration de la condition physique et morale des Enfants trouvés a été, sans contredit, la création, dans chaque département, d'un inspecteur du service des Enfants trouvés. Cet agent doit faire, chaque année, deux ou plusieurs tournées générales, dans lesquelles il s'enquiert de la moralité des nourrices et des nourriciers; de la manière dont ils soignent, sous le rapport physique, les Enfants qui leur sont confiés; et si, enfin, ces Enfants reçoivent l'instruction primaire et l'instruction religieuse. Lorsque les renseignements qu'il recueille ne sont pas satisfaisants, il propose au préfet le changement de nourrices ou de nourriciers.

La création des inspecteurs départementaux a été appréciée et approuvée par la plupart des conseils généraux; il en est quelques-uns, cependant, qui la repoussent encore, autant qu'il est en eux, du moins, en refusant d'admettre au budget la dépense de traitement. L'administration supérieure persiste, de son côté, à maintenir au budget départemental une dépense qu'elle considère comme inhérente à la dépense obligatoire des Enfants trouvés. Un pourvoi a été porté devant le roi en son conseil contre une imputation de dépense; il n'a pas été jugé.

La Commission aura donc à examiner si la création des inspecteurs départementaux d'Enfants trouvés doit être maintenue, et si la dépense du traitement de ces agents doit être considérée comme faisant partie de la dépense obligatoire du service des Enfants trouvés.

6° Colonies agricoles.

Parmi les essais faits, soit par l'administration, soit par la charité privée, pour l'amélioration du sort des Enfants trouvés et leur moralisation, on doit distinguer les *colonies agricoles*. Il en a été créé plusieurs avec les secours des départements et par les soins des préfets; d'autres doivent leur établissement à la philanthropie d'hommes dont le nom est trop connu pour qu'il soit nécessaire de le répéter.

Les documents recueillis sur la situation de ces établissements et sur le bien qu'ils ont produit ou qu'ils font espérer seront mis sous les yeux de la Commission. Elle aura à examiner si le principe général de la reconnaissance légale de leur existence ne devrait pas être inséré dans la loi; sauf à ce que les ordonnances spéciales interviennent ensuite pour chaque établissement qui sera reconnu pouvoir être consacré. Ce sera un moyen de rendre possibles l'intervention et la surveillance de l'administration, et de rendre ces établissements aptes à recevoir des donations.

Après l'âge de douze ans, la dépense des Enfants trouvés n'est plus à la charge des départements. L'autorité départementale n'a donc plus à se préoccuper d'eux qu'à titre de surveillance et de sollicitude; en réalité, les administrations hospitalières ont seules à les suivre.

Si elles ont pu les placer chez des nourriciers qui consentent à les conserver, ou chez des cultivateurs qui les engagent comme domestiques, ces commissions ne s'occupent généralement plus d'eux que dans les cas rares où l'exercice de leur droit de tutelle est invoqué pour quelque acte de la vie civile.

Si, au contraire, les Enfants arrivés à l'âge de douze ans, auquel cesse toute allocation départementale, si, dis-je, ces Enfants n'ont pu être placés au dehors, parce qu'ils sont infirmes ou peu aptes à travailler, ils rentrent dans les hospices, qu'ils encombrent et dont ils absorbent les revenus, au grand préjudice des malades ou des infirmes, qui ne peuvent plus y être admis. Ces Enfants, s'ils n'y sont pas gardés, d'ailleurs, dans une complète oisiveté, n'y sont, la plupart du temps, appliqués qu'à des travaux qui ne leur préparent aucun avenir.

Quels changements faut-il apporter à cet état de choses?

La dépense des Enfants trouvés au-dessus de douze ans, lorsqu'ils ne peuvent être placés, doit elle être déclarée départementale et communale, comme elle l'est au-dessous de l'âge de douze ans?

Faut-il continuer à laisser dans les hospices ceux de ces Enfants qui ne peuvent, en raison de leurs infirmités, être mis en apprentissage?

Faut-il obliger les départements à les entretenir dans un hospice départemental, comme il en existe déjà quelques-uns?

Enfin, quelles mesures doit-on prendre pour organiser un système d'éducation pratique à l'égard des Enfants trouvés qui sont appelés à entrer dans des professions diverses?

Telles sont, monsieur, les questions sur lesquelles j'appelle votre attention.

Aucun pays de l'Europe ne peut soutenir la comparaison avec la France pour le nombre et le régime des établissements de bienfaisance; en nulle autre contrée, le principe de la charité n'a obtenu des applications plus diverses et plus fécondes. Quelques parties du service des administrations hospitalières demandent, à la vérité, des perfectionnements. J'ai pensé que la situation des Enfants trouvés, dont la tutelle est confiée à l'État, méritait surtout une attention immédiate; les mesures dont ces infortunés ont été l'objet sont devenues la source d'une vive polémique et de dissidences graves parmi les hommes qui se sont dévoués à l'administration des secours publics. Il me semble utile que les questions soulevées soient soumises à la discussion des Chambres, après avoir été examinées dans le sein d'une commission.

ADMINISTRATION GÉNÉRALE des hôpitaux, hospices civils et secours à domicile.

Paris, le 24 avril 1848.

Le Délégué du Gouvernement provisoire pour l'administration des hôpitaux et hospices,

Vu le décret de la Convention nationale, en date du 4 juillet 1793, portant que les Enfants trouvés prendront le nom d'Enfants de la patrie, ARRÊTE :

ART. 1er. Les Enfants désignés ci-devant sous le nom d'Enfants trouvés, abandonnés et orphelins reprendront à l'avenir le nom d'Enfants de la patrie.

2. L'inscription placée au-dessus de la porte de l'hospice sera modifiée, et portera : *Hospice des Enfants de la Patrie* (1).

Signé A. THIERRY.

(1) LE MINISTRE DE L'INTÉRIEUR AU PRÉFET DE LA SEINE

Paris, le 7 août 1848.

Citoyen Préfet, si je suis bien informé, l'administration des hospices de Paris a fait placer au-dessus de la porte de l'hospice de la rue d'Enfer une inscription portant ces mots *Enfants de la Patrie*. Déjà la même expression s'était produite dans divers documents que la mairie de Paris a adressés à mon ministère relativement au service des Enfants trouvés.

Je vois avec regret que, pour designer les Enfants que le décret du 19 janvier 1811 a confiés à la charité publique, l'administration hospitalière de Paris et la préfecture de la Seine se servent de l'expression d'Enfants de la patrie. Cette dénomination, abandonnée depuis 1797, repoussée notamment par le silence du décret impérial précité, n'a été remise en vigueur par aucun acte législatif ou réglementaire, et on ne peut douter que ce ne soit avec intention qu'elle n'a pas été reproduite par le projet de constitution qui va être prochainement soumis aux délibérations de l'Assemblée nationale. On ne saurait d'ailleurs admettre que chaque autorité départementale ou hospitalière puisse donner à son gré, à un service public, des appellations différentes.

J'ajouterai que cette dénomination, qui relèverait, d'une manière plus apparente que réelle, la condition des Enfants inscrits au contrôle de chaque département, serait de nature à faire naître dans l'esprit des populations des idées peu exactes sur le genre d'assistance que l'Etat est en position de donner aux Enfants dont il s'agit; par suite, de faire taire, dans le cœur des mères, les derniers scrupules qui s'opposent au délaissement des Enfants, et d'augmenter ainsi le nombre, déjà si malheureusement considérable, des expositions et abandons. L'expression d'Enfants de la patrie ne saurait donc être reprise sans les plus graves inconvénients.

Je vous invite, en conséquence, à donner les ordres nécessaires pour que l'administration des hospices de Paris et les bureaux de votre préfecture s'en tiennent aux dénominations consacrées par le décret de 1811

Le Ministre de l'intérieur, signe SENARD

CIRCULAIRE *du Ministre de l'intérieur* (M. Dufaure) *aux préfets, relativement au service des Enfants trouvés.*

Paris, le 8 novembre 1848.

Monsieur le Préfet, le sort des Enfants trouvés est, depuis longtemps, l'objet de la sollicitude de l'administration supérieure. Réduire le nombre des expositions annuelles et des abandons, tout en prenant les mesures nécessaires pour qu'il n'en résulte aucun accroissement dans le nombre des infanticides; améliorer la condition physique et morale des Enfants trouvés, tout en s'opposant à l'élévation de la dépense de leur entretien : tel est le double but que nous devons avoir constamment en vue, et vers lequel doivent être dirigés tous les efforts des administrations locales. De nombreux essais ont été faits, dans ces dernières années, pour obtenir ces résultats; il en est auxquels des inconvénients imprévus ont dû faire renoncer; il en est d'autres, au contraire, qui sembleraient avoir reçu la sanction d'une satisfaisante expérience, et que peut-être il serait utile d'ériger en mesures législatives. Le moment est donc venu de discuter mûrement ce qui a été fait et ce qui est à faire, d'étudier toutes les questions relatives aux Enfants trouvés, abandonnés et orphelins pauvres, et de reconnaître s'il n'y aurait pas lieu d'apporter certaines modifications à la législation existante.

Pour m'éclairer à cet égard, je crois devoir, avant tout, recueillir les avis des conseils généraux sur une branche du service départemental dont ils sont, chaque année, appelés à s'occuper, soit au point de vue de la dépense, soit au point de vue de l'amélioration de la condition d'une catégorie nombreuse d'infortunés auxquels la société doit ses soins.

Je vais, Monsieur le Préfet, vous indiquer les principales questions sur lesquelles vous aurez à faire délibérer les conseils généraux dans leur prochaine session.

1° *Tours.* L'article 3 du décret du 19 janvier 1811 porte que « dans chaque hospice « destiné à recevoir des Enfants trouvés, il y aura un Tour où ils devront être déposés; » et l'article 4 dit que « il y aura au plus, dans chaque arrondissement, un hospice où les « Enfants trouvés pourront être reçus. »

La combinaison de ces deux articles semble indiquer que l'intention du législateur était qu'il y eût dans chaque arrondissement un hospice dépositaire avec un Tour. Cependant cette disposition n'a jamais reçu sa complète exécution; et il existe huit départements dans lesquels, depuis 1811 jusqu'à l'époque actuelle, il n'a jamais été établi de Tours.

Dans ces dernières années, et plus particulièrement depuis 1842, les administrations locales de quelques-uns des départements où des Tours existaient ont cru que cette facilité donnée aux expositions était une des principales causes de l'accroissement du nombre des Enfants trouvés, et de la mortalité qui atteint ces infortunés dans des proportions bien au-dessus de celle des décès parmi les autres Enfants. Les préfets et les conseils généraux ont donc proposé la fermeture des Tours, et cette mesure a été approuvée par le ministère de l'intérieur. Elle a reçu sa complète exécution dans trente-deux départements, de sorte que dans quarante départements il n'existe plus aujourd'hui de Tours.

Dans d'autres départements, au contraire, on a maintenu les Tours existants; ailleurs, enfin, tout en maintenant les Tours, on ne les laisse ouverts que pendant un certain nombre d'heures, de jour ou de nuit, et on fait surveiller ces Tours afin d'obtenir de l'individu qui dépose un Enfant des renseignements sur l'origine de cet Enfant.

Cette diversité de systèmes, qui pouvait être admise dans une période d'essais, ne peut évidemment être maintenue d'une manière permanente; et l'administration supérieure ne peut permettre plus longtemps que sur une matière aussi importante il y ait, dans les différents départements de la République, des règles, disons mieux, des législations différentes : de là, la nécessité de résoudre les questions suivantes :

Faut-il laisser aux conseils généraux et aux préfets la faculté de créer ou supprimer les Tours, suivant la situation du service des Enfants trouvés dans chaque département?

Faut-il en revenir à l'exécution du décret du 19 janvier 1811, et rétablir un Tour dans chaque arrondissement ?

Faut-il réduire les Tours à un par département, et en rendre l'établissement obligatoire?

Faut-il supprimer les Tours d'une manière absolue? Et, comme on ne peut guère espérer de parvenir à supprimer entièrement les expositions, comment devra-t-on remplacer l'institution des Tours?

Dans le cas de la conservation des Tours, n'y a-t-il pas lieu de déterminer les pénalités annoncées, mais non portées par l'article 23 du décret du 19 janvier 1811?

Peut-on admettre la conservation des Tours *avec surveillance?*

2° *Secours aux filles mères et aux mères légitimes.* Dans un assez grand nombre de départements on a substitué aux Tours des bureaux d'admission qui sont chargés d'interroger les personnes qui apportent un Enfant à l'hospice dépositaire, afin d'arriver à connaître la mère de cet Enfant. Le bureau doit alors user de toute son influence pour obtenir de la mère de reprendre son Enfant, sous la promesse d'un secours mensuel accordé pendant un temps qui, ordinairement, ne dépasse pas trois années. Les dispositions ainsi faites par le bureau d'admission ne sont définitives qu'après approbation du préfet.

Cette mesure, fort controversée, est l'objet de la plus vive approbation de la part d'un assez grand nombre de conseils généraux, qui la regardent comme devant, d'une part conserver les liens de famille entre la mère et l'Enfant qu'elle aurait abandonné, et d'autre part comme devant produire une grande économie dans la dépense, l'indemnité offerte étant généralement inférieure au taux des mois de nourrice, et réduite à un temps comparativement beaucoup moindre, et amener une grande diminution dans la mortalité. Dans d'autres départements, au contraire, la mesure est repoussée comme immorale, en ce qu'elle fait faire de fâcheuses comparaisons entre le sort des filles mères secourues et des mères légitimes laissées sans secours; l'économie qui doit résulter de la mesure y est même considérée comme fort hypothétique.

Enfin, il est des départements où la mesure des secours n'a pas été prise à l'égard des filles mères seulement, mais où le préfet accorde également des secours aux mères légitimes qu'il reconnaît être dans un tel état de dénûment qu'il est à craindre qu'elles soient disposées à abandonner leurs Enfants.

Les conseils généraux seront appelés à donner leur avis sur la question de savoir s'il y a lieu de maintenir l'allocation des secours, soit aux filles mères, soit aux mères légitimes; ces avis seront mis sous les yeux de la Commission.

Dans le cas de l'affirmative, il y aurait lieu d'ajouter une quatrième catégorie d'Enfants aux trois qu'indique l'article 1er du décret du 19 janvier 1811 ; car des Enfants secourus chez leurs mères, naturelles ou légitimes, ne sont ni des Enfants trouvés, ni des Enfants abandonnés, ni des orphelins pauvres : et cependant il faudrait les faire entrer légalement dans le nombre de ceux dont l'entretien est, aux termes de la loi du 10 mai 1838, compris dans les dépenses *ordinaires* des départements.

3° *Division de la dépense des Enfants trouvés.* La dépense des Enfants trouvés est divisée, par le décret du 19 janvier 1811, en deux espèces :

1° Les mois de nourrice et pensions des Enfants placés à la campagne jusqu'à l'âge de douze ans;

2° La fourniture des layettes et les autres dépenses intérieures.

La première catégorie de dépenses est mise à la charge des départements et des communes; la seconde est à la charge des hospices dépositaires.

Cette division des dépenses a été fortement critiquée dès l'origine. Les hospices ont constmment représenté, jusqu'à ce jour, qu'il s'agissait là de dépenses de même origine, et ıe si les unes étaient une charge départementale et communale, il n'y avait pas de raison)ur que les autres ne fussent pas payées également par les départements et les comunes.

Le décret, d'ailleurs, ne parle que de layettes; et cependant, après le premier âge, et ısqu'à douze ans, les Enfants reçoivent des vêtures; or, le silence du décret a été, pour eaucoup d'hospices, un motif de refus.

La mesure de la suppression des Tours, ou de leur réduction à un seul par départeıent, a d'ailleurs fait naître une autre difficulté.

Lorsqu'il y avait un hospice dans tous les arrondissements ou dans presque tous, les épenses intérieures et de layettes étaient supportées par chacun d'eux.

Aujourd'hui qu'il n'y a plus dans la plupart des départements qu'un seul hospice dépotaire, cet hospice est seul chargé de toute la dépense; car les autres refusent d'y partiiper, et l'Administration n'a pas cru pouvoir les y contraindre.

Enfin, la dépense d'entretien des Enfants trouvés ramenés aux hospices pour infirmités u autres causes, avant l'âge de douze ans, est également une charge des hospices, qui reésentent qu'elle devrait continuer d'être une charge départementale et communale.

Le conseil général aura donc à examiner :

S'il y a lieu de maintenir la division de la dépense des Enfants trouvés en deux catéories, dépenses extérieures et dépenses intérieures, telle qu'elle existe au décret de 1811;

Si les dépenses intérieures qui seraient laissées à la charge des hospices doivent comrendre la fourniture des layettes pour le premier âge, et ensuite celle des vêtures jusqu'à ouze ans;

Si les dépenses de cette nature ne doivent être à la charge que du seul hospice dépositaire de chaque département, ou si tous les hospices du département doivent être appelés y concourir;

Enfin, si l'entretien des Enfants trouvés ramenés aux hospices avant l'âge de douze ans loit être une charge départementale et communale, ou si elle doit continuer d'être à la harge de l'hospice dépositaire.

4° *Tutelle des Enfants trouvés.* La tutelle des Enfants trouvés est attribuée par le décret le 1811 à la commission administrative de l'hospice où ils ont été déposés; elle doit être xercée par un des membres de la commission, et suivre les Enfants dans tous les lieux ù ils résident jusqu'à l'âge de vingt et un ans.

En fait, les prescriptions du décret de 1811, sur ce point, ne sont que très-incomplétenent exécutées. La plupart des membres des commissions administratives répugnent à e charger d'une tutelle qui leur impose une espèce de responsabilité, au moins morale. Il eur est difficile, d'ailleurs, de suivre la situation de ceux de leurs pupilles qui sont placés ıors du département.

La question de la tutelle n'est cependant pas sans importance, car elle se lie au placenent des Enfants en apprentissage, lorsqu'il y a un contrat à faire en leur nom; elle déermine aussi le lieu où ils doivent concourir au recrutement. Sur ce point, la pratique est souvent en contradiction avec le droit, et s'il est des départements où l'on fait concourir es Enfants trouvés dans le canton de la situation de l'hospice auquel ils appartiennent, il n est d'autres où on les comprend sur les communes où ils résident.

Le conseil général aura donc à examiner si les dispositions de l'article 15 du décret de 1811 doivent être maintenues ou modifiées, et quel doit être leur effet, notamment pour l'exécution de la loi sur le recrutement de l'armée.

5° *Condition des Enfants trouvés après l'âge de douze ans.* Après l'âge de douze ans, la dépense des Enfants trouvés n'est plus à la charge des départements. L'autorité départementale n'a donc plus à se préoccuper d'eux qu'à titre de surveillance et de sollicitude; en réalité, les administrations hospitalières ont seules à les suivre.

Si elles ont pu les placer chez des nourriciers qui consentent à les conserver, ou chez des cultivateurs qui les engagent comme domestiques, ces commissions ne s'occupent généralement plus d'eux que dans les cas rares où l'exercice de leur droit de tutelle est invoqué pour quelque acte de la vie civile.

Si, au contraire, les Enfants arrivés à l'âge de douze ans, auquel cesse toute allocation départementale, si, dis-je, ces Enfants n'ont pu être placés au dehors, parce qu'ils sont infirmes ou peu aptes à travailler, ils rentrent dans les hospices, qu'ils encombrent, et dont ils absorbent les revenus, au grand préjudice des malades ou des infirmes, qui ne peuvent plus y être admis. Ces Enfants, s'ils n'y sont pas gardés d'ailleurs dans une complète oisiveté, n'y sont, la plupart du temps, appliqués qu'à des travaux qui ne leur préparent aucun avenir.

Quels changements faut-il apporter à cet état de choses?

La dépense des Enfants trouvés au-dessus de douze ans, lorsqu'ils ne peuvent être placés, doit-elle être déclarée départementale et communale, comme elle l'est au dessous de l'âge de douze ans?

Faut-il continuer à laisser dans les hospices ceux de ces Enfants qui ne peuvent, en raison de leurs infirmités, être mis en apprentissage?

Faut-il obliger les départements à les entretenir dans un hospice départemental, comme il en existe déjà quelques-uns?

Enfin, quelles mesures doit-on prendre pour organiser un système d'éducation pratique à l'égard des Enfants trouvés qui sont appelés à entrer dans des professions diverses?

6° *Colonies agricoles.* — Parmi les essais faits, soit par l'Administration, soit par la charité privée, pour l'amélioration du sort des Enfants trouvés et leur moralisation, on doit distinguer les colonies agricoles. Il en a été créé plusieurs avec les secours des départements et par les soins des préfets; d'autres doivent leur établissement à la philanthropie d'hommes dont le nom est trop connu pour qu'il soit nécessaire de le répéter.

Il importerait que le conseil général voulût bien faire connaître ses vues sur ces établissements, soit qu'il en existât déjà dans le département, soit qu'il parût utile d'en établir.

7° *Inspection des Enfants trouvés.* — L'une des mesures les plus efficaces qui aient été prises par l'Administration pour l'amélioration de la condition physique et morale des Enfants trouvés a été, sans contredit, la création, dans chaque département, d'un inspecteur du service des Enfants trouvés. Cet agent doit faire, chaque année, deux ou plusieurs tournées générales, dans lesquelles il s'enquiert de la moralité des nourrices et des nourriciers; de la manière dont ils soignent, sous le rapport physique, les Enfants qui leur sont confiés; et si, enfin, ces Enfants reçoivent l'instruction primaire et l'instruction religieuse. Lorsque les renseignements qu'ils recueillent ne sont pas satisfaisants, ils proposent au préfet le changement de nourrices ou de nourriciers.

La création des inspecteurs départementaux a été appréciée et approuvée par la plupart des conseils généraux; il en est quelques-uns cependant qui la repoussent encore, autant qu'il est en eux, du moins, en refusant d'admettre au budget la dépense de traitement. L'Administration supérieure persiste, de son côté, à maintenir au budget départemental une dépense qu'elle considère comme inhérente à la dépense obligatoire des Enfants trouvés. Un pourvoi a été porté devant le Conseil d'État contre une imputation de dépense, il n'a pas été jugé.

Le conseil général aura donc à examiner si la création des inspecteurs départementaux d'Enfants trouvés doit être maintenue, et si la dépense du traitement de ces agents doit être considérée comme faisant partie de la dépense obligatoire du service des Enfants trouvés.

Telles sont, Monsieur le Préfet, les questions sur lesquelles j'appelle l'attention du conseil général et la vôtre.

Aucun pays de l'Europe ne peut soutenir la comparaison avec la France pour le nombre et le régime des établissements de bienfaisance; en nulle autre contrée, le principe de la charité n'a obtenu des applications plus diverses et plus fécondes. Quelques parties du service des administrations hospitalières demandent, à la vérité, des perfectionnements. J'ai pensé que la situation des Enfants trouvés, dont la tutelle est confiée à l'État, méritait surtout une attention immédiate; et je suis certain de trouver dans les lumières des conseils généraux un guide dans le choix des améliorations que conseilleront à la fois la théorie et la pratique.

Pour mettre les membres de ces conseils à portée d'examiner à l'avance les questions que vous aurez à leur soumettre sur le service des Enfants trouvés, je fais imprimer la présente circulaire en nombre suffisant pour qu'il puisse en être adressé un exemplaire à chacun d'eux. Vous veillerez à ce que cette transmission se fasse immédiatement, et vous remettrez également un exemplaire à l'inspecteur départemental du service des Enfants trouvés.

Lorsque le conseil aura pris la délibération que vous avez à provoquer, vous voudrez bien me l'adresser sans délai, par un envoi spécial, en l'accompagnant de votre avis particulier et de celui de l'inspecteur du service.

Arrêté de M. le Président du Conseil des ministres (M. Cavaignac), *chargé du Pouvoir exécutif, relatif à l'inspection des services administratifs qui dépendent du ministère de l'intérieur.*

25 novembre 1848.

Le Président du Conseil des ministres, chargé du Pouvoir exécutif,
Sur le rapport du ministre de l'intérieur,
Arrête :

Art. 1er. L'inspection générale des services administratifs qui dépendent du ministere de l'intérieur comprend trois sections spéciales et distinctes :

La section des prisons;

La section des établissements de bienfaisance;

La section des asiles d'aliénés.

2. Le personnel de l'inspection générale se compose d'inspecteurs généraux de 1re, de 2e classe, et d'inspecteurs adjoints.

3. Le nombre des inspecteurs généraux est fixé ainsi qu'il suit:

Dans la section des prisons, deux inspecteurs généraux de première classe, trois de deuxième, et deux inspecteurs adjoints et une inspectrice;

Dans la section des établissements de bienfaisance, deux inspecteurs généraux de première classe, quatre de deuxième, et deux inspecteurs adjoints;

Dans la section des asiles d'aliénés, deux inspecteurs généraux de première classe et l'inspecteur adjoint.

4. Le traitement des inspecteurs généraux de première classe est de 6,000 francs; celui des inspecteurs généraux de deuxième classe est de 4,000 francs.

Ils reçoivent, en outre, les frais de tournée, qui sont fixés, par jour, par kilomètres parcourus. Un arrêté ministériel en détermine la quotité.

5. Les inspecteurs généraux de première classe sont choisis exclusivement parmi les inspecteurs généraux de deuxième classe, ayant cinq ans d'exercice.

6. Les inspecteurs généraux de deuxième classe sont choisis dans les catégories suivantes :

1° Pour la section des prisons, parmi les inspecteurs adjoints qui comptent trois ans de nomination, et qui ont concouru au service actif de l'inspection ;

Parmi les directeurs de maisons centrales de détention, après cinq années de fonctions, dont une en qualité de directeur de première classe ;

Et parmi les sous préfets, après cinq années d'exercice de leurs fonctions;

2° Pour la section des établissements de bienfaisance :

Parmi les inspecteurs adjoints et les sous-préfets, aux conditions déterminées ci-dessus ;

Parmi les inspecteurs départementaux des établissements de bienfaisance, ayant exercé leurs fonctions pendant dix ans, dans une circonscription où se trouve au moins un établissement charitable possédant au moins 100,000 francs de revenu;

3° Pour la section des asiles d'aliénés :

Parmi les inspecteurs adjoints, docteurs en médecine, aux conditions déterminées ci-dessus ;

Parmi les docteurs en médecine ayant exercé, pendant cinq ans, les fonctions de directeur-médecin, de médecin en chef, ou de directeur dans un service public d'aliénés comprenant au moins cent malades.

7. Les inspecteurs généraux de deuxième classe des sections des prisons et des établissements de bienfaisance pourront être choisis parmi les chefs des bureaux du ministère de l'intérieur correspondant aux trois sections de l'inspection, après cinq ans d'exercice de leurs fonctions.

Service de l'inspection générale.

8. Chaque année, à partir du 1er mai, les inspecteurs généraux commencent leurs tournées, conformément à l'itinéraire qui leur est tracé par le ministre, et indépendamment des missions extraordinaires qui peuvent leur être confiées.

9. L'inspection générale comprend, pour les inspecteurs généraux des prisons, les maisons départementales d'arrêt, de justice et de correction, les maisons centrales de détention, les maisons d'éducation correctionnelle, ainsi que les colonies agricoles répressives de jeunes détenus, et autres établissements de répression ;

Pour les inspecteurs généraux des établissements de bienfaisance, les hôpitaux, hospices, les quartiers d'aliénés qui y sont exceptionnellement annexés, les bureaux de bienfaisance, les services et colonies agricoles d'Enfants trouvés, abandonnés et orphelins, les monts de piété, maisons de refuge, dépôts de mendicité, institutions de sourds muets, aveugles, et autres établissements de même nature;

Pour les inspecteurs généraux des asiles d'aliénés, les asiles publics et privés, les quartiers d'aliénés dans les hospices et autres établissements de même nature.

10. Dans ces divers établissements, et dans chacun, selon sa spécialité, l'inspection générale, pour l'accomplissement de sa mission, se conforme aux attributions déterminées par les ordonnances et règlements et les instructions ministérielles.

11. Dans l'intervalle de leurs tournées, les inspecteurs généraux s'assemblent au moins une fois par semaine en conseil de section, et au moins une fois par mois en conseil général des sections réunies.

12. Les inspecteurs généraux des prisons, réunis en conseil de section, sont appelés à donner leur avis sur les questions d'administration et d'organisation indiquées par le ministre ou soulevées par les rapports de l'inspection, et notamment sur les projets de construction et d'appropriation des prisons, sur la rédaction des cahiers des charges des entreprises, sur les projets de règlements relatifs à la discipline et à la police intérieure.

13. Les inspecteurs généraux des établissements de bienfaisance, réunis en conseil de section, sont appelés à donner leur avis sur les questions d'administration et d'organisation indiquées par le ministre, ou soulevées par les rapports de l'inspection, et notamment sur les règlements du service intérieur de tous les établissements soumis à leur surveillance, sur les traités à intervenir entre les commissions administratives, les directeurs et les communautés religieuses; sur les projets de construction et d'appropriation des hospices et hôpitaux.

14. Les inspecteurs généraux des asiles d'aliénés, réunis en conseil de section, sont appelés à donner leur avis sur les questions d'administration et d'organisation indiquées par le ministre, ou soulevées par les rapports de l'inspection, et notamment sur les projets de construction et d'appropriation des asiles d'aliénés, et sur les règlements et la discipline de ces établissements.

En ce qui concerne le service médical des prisons, ils ont la faculté d'assister aux séances des sections des inspecteurs généraux des prisons, et prennent part aux délibérations de cette section toutes les fois qu'il s'agit de questions relatives à l'état sanitaire de ces établissements.

15. En assemblée générale des sections réunies, les inspecteurs généraux, sous la presidence du ministre ou de son délégué, sont chargés de discuter toutes les questions relatives aux besoins généraux des services administratifs, qui leur sont renvoyées par le ministre, ou dont ils sont saisis par leur envoi des conseils de section.

16. Les inspecteurs généraux des établissements de bienfaisance et des asiles d'aliénés seront, comme les inspecteurs généraux des prisons, soumis aux retenues, pour profiter du bénéfice des lois et règlements sur les retraites.

17. Le ministre de l'intérieur est chargé de l'exécution du présent arrêté.

ARRÊTÉ de M. le Ministre de l'intérieur, instituant la Commission des Enfants trouvés.

Paris, le 22 août 1849.

AU NOM DU PEUPLE FRANÇAIS.

Le Ministre de l'intérieur ARRÊTE :

ART. 1er. Une commission est instituée à l'effet de préparer un projet de loi sur le service des Enfants trouvés.

2. Sont nommés membres de cette commission :

MM. Victor Lefranc, représentant du peuple, président;
De Lurieu, inspecteur général des établissements de bienfaisance;
De Watteville, inspecteur général des établissements de bienfaisance;
Durand-Saint-Amand, ancien préfet;
Bailleux de Marizy, ancien préfet;
Blanche, conseiller de préfecture du département de la Seine;
Nicolas, chef de division à la direction générale des cultes;
Giraud, membre de l'Institut;
Valentin-Smith, conseiller à la cour d'appel de Riom, ancien membre du conseil général de la Loire.

M. Valentin-Smith remplira les fonctions de secrétaire.

3. Le secrétaire général du ministère de l'intérieur est chargé de l'exécution du présent arrêté.

Signé J. DUFAURE.

Par arrêté du Ministre de l'intérieur, du 30 août 1849, M. Louis Hamelin, avocat à Paris, agent général de la Société d'adoption pour les Enfants trouvés, est nommé secrétaire adjoint de la Commission.

Pour copie conforme

Le Secrétaire de la Commission,

Signé VALENTIN SMITH

CIRCULAIRE du Ministre de l'intérieur aux préfets, à l'effet de leur demander des renseignements sur les hospices dépositaires actuels.

Paris, le 28 septembre 1849.

Monsieur le Préfet, des changements sont survenus, depuis la Révolution de février, dans la situation des hospices qui reçoivent les Enfants confiés à l'assistance départementale. Ainsi des hospices qui avaient cessé d'être dépositaires ont été ouverts de nouveau aux expositions et abandons d'Enfants; des Tours, qui avaient été fermés, ont été rétablis; enfin, dans quelques localités, la surveillance dont les Tours avaient été environnés a cessé. Ces diverses mesures, qui, avant d'être mises à exécution, auraient dû être soumises à l'approbation du ministre de l'intérieur, n'ont pas même été toutes portées à sa connaissance.

Dans ces circonstances, je vous prie de me faire connaître le nom des hospices dépositaires actuels de votre département, avec l'indication de ceux de ces établissements qui ont un Tour et de ceux qui n'en ont pas. Je vous prie également de me faire connaître de quelle manière il est procédé à la réception des Enfants dans les hospices dépourvus de Tour. A l'égard des hospices munis d'un Tour, je vous invite à me faire connaître si l'usage de ce Tour est illimité ou s'il est restreint par quelques mesures de surveillance, et, dans ce cas, le mode d'après lequel cette surveillance s'exerce et quels en sont les résultats; enfin, s'il existe un bureau d'admission, concurremment avec l'existence du Tour.

Je désire que vous joigniez aux renseignements que je vous demande toutes les observations qui vous paraîtront s'y rattacher.

Ces renseignements existent dans vos bureaux : ainsi votre réponse ne saurait se faire attendre. Je vous prie de me l'adresser dans le délai de trois jours, afin qu'elle soit soumise à la commission que j'ai chargée d'examiner les diverses questions qui se rattachent au service des Enfants trouvés.

Recevez, etc.

Le Ministre de l'intérieur,

Signé DUFAURE

QUATRIÈME PARTIE.

· STATISTIQUE.

SOMMAIRE.

3LEAU — Mouvement, par département, des Enfants trou- indiquant les existences, les admissions et les sorties jusqu'à exclusivement.

BLEAU. — Mouvement et situation financière, par départe- , des Enfants trouvés, depuis 1830 jusques et y compris 1841, uant, pour le mouvement, les existences, les admissions et les s, et, pour la situation financière, la dépense extérieure et les rces servant à l'entretien.

BLEAU — Mouvement et situation financière, par départe- , des Enfants trouvés, depuis 1842 jusques et y compris 1846

BLEAU — Enfants trouvés, abandonnés, orphelins pauvres, courus temporairement, pendant les années 1847 et 1848.

TAT I. Enfants trouvés, abandonnés, orphelins pauvres, et se- courus temporairement, en 1847

TAT II. Enfants trouvés, abandonnés, orphelins pauvres, et temporairement secourus, en 1848.

TAT III, récapitulatif, contenant, par département, pendant les années 1847 et 1848

1° Le nombre des Enfants trouvés de toutes catégories et des Enfants temporairement secourus, 2° les dépenses exté- rieures, 3° les indemnités allouées par les départements aux hospices dépositaires.

BLEAU. — Mortalité des Enfants trouvés, par département, 831 à 1849 exclusivement

BLEAU. — Mouvement, situation financière et mortalité des nts trouvés.

TAT I Mouvements des Enfants trouvés, par année, de 1815 à 1842

TAT II Situation financière des Enfants trouvés, par année, de 1824 à 1842

TAT III Mouvement et situation financière des Enfants trouvés, abandonnés, orphelins pauvres et Enfants secourus temporai- rement, de 1842 à 1849 exclusivement

TAT IV. Mortalité des Enfants trouvés, par année, de 1815 à 1849.

ABLEAU — Nombre, par année et par département, des sances d'Enfants légitimes et d'Enfants naturels, et du nombre des Enfants trouvés, abandonnés, admis annuellement dans tablissements de bienfaisance, de 1800 à 1849.

TABLEAU — Population des bagnes, maisons centrales, mai- et colonies agricoles d'éducation correctionnelle

TAT I Population des deux sexes, existant, au 1er novembre 1849, dans les bagnes, maisons centrales, maisons et colonies agricoles d'éducation correctionnelle, avec la distinction des En- fants légitimes, Enfants naturels et Enfants trouvés.

TAT II. Population du sexe féminin des maisons centrales et des maisons d'éducation correctionnelle, avec la distinction des Enfants légitimes, des Enfants naturels et des Enfants trouvés

ABLEAU — Nombre des accusés traduits devant les assises, de 0 à 1840 inclusivement, divisés en accusés Enfants légitimes et ses Enfants naturels.

TAT I Accusés de 1830 à 1848, avec la distinction du nombre des accusés Enfants légitimes et des accusés Enfants naturels, et leur rapport avec la population et le nombre total des ac- cusés.

TAT II, comparatif, de 1830 à 1848 exclusivement, des nais- sances naturelles et du nombre de crimes commis par des accu- sés pour lesquels il a été constaté qu'ils étaient Enfants naturels.

ABLEAU. — Tirage pour le recrutement de l'armée, dans les ze arrondissements de la ville de Paris, comprenant les classes de 1837 à 1846 inclusivement, avec les causes de l'exemption des Enfants trouvés de l'hospice de Paris

ÉTAT I. Nombre des jeunes gens inscrits pour le recrutement, des contingents et des numéros atteints par les contingents dans les douze arrondissements de Paris.

ÉTAT II. Exemptions pour infirmités dans les classes de 1837 à 1846.

ÉTAT III. Analyse du tirage du 9e arrondissement pour les classes de 1837 à 1846 inclusivement.

ÉTAT IV Nombre des Enfants des hospices de Paris et des autres jeunes gens qui ont tiré au recrutement de 1841 à 1846 inclu- sivement, avec la distinction des résidences pour les Enfants des hospices.

XIe TABLEAU. — Des hospices dépositaires et des tours

ÉTAT I. Hospices dépositaires d'Enfants trouvés, abandonnés et orphelins pauvres, maintenus ou supprimés du 1er janvier 1825 au 1er janvier 1848.

ÉTAT II Tours maintenus ou supprimés du 1er janvier 1825 au 1er janvier 1849

ÉTAT III. Hospices dépositaires d'Enfants trouvés, abandonnés et orphelins pauvres, au 1er janvier 1850.

XIIe TABLEAU — Accusations d'infanticides portées devant la cour d'assises, du 1er janvier 1825 au 1er janvier 1848.

ÉTAT I. Présentant, par département et par ressort des cours d'appel, les accusations d'infanticides portées devant les cours d'assises du 1er janvier 1825 au 1er janvier 1848.

ÉTAT II. Rapport, par ordre décroissant, des infanticides avec le nombre des naissances des Enfants naturels, de 1825 à 1848 exclusivement.

ÉTAT III. — Nombre des infanticides dans les communes rurales et dans les communes urbaines, de 1843 à 1848 exclusivement.

ÉTAT IV. Nombre des accusés d'infanticide, de 1836 à 1848, di- visés par professions.

ÉTAT V Rapport du nombre des infanticides avec le nombre des naissances d'Enfants naturels, de 1825 à 1848, dans les dé- partements où les Tours maintenus n'ont été l'objet d'aucune surveillance

ÉTAT VI. Rapport du nombre des infanticides avec le nombre des naissances d'Enfants naturels, de 1825 à 1848, dans les dépar- tements qui n'ont jamais eu de Tours.

XIIIe TABLEAU. — Rapport 1° des naissances des Enfants natu- rels, 2° du nombre des Enfants trouvés admis, en 1846 et 1847, avec la totalité des naissances, 3° du nombre total des Enfants trou- vés existants et admis, en 1848, avec la population.

ÉTAT I. Rapport du nombre des naissances d'Enfants naturels, en 1846, avec la totalité des naissances de la même année, dis- posé par ordre de décroissance.

ÉTAT II Rapport des Enfants trouvés, en 1846, avec la totalité des naissances de la même année disposé par ordre de décrois- sance.

ÉTAT III Rapport du nombre des naissances d'Enfants naturels, en 1847, avec la totalité des naissances de la même année, dis- posé par ordre de décroissance.

ÉTAT IV. Rapport du nombre des Enfants trouvés en 1847, avec la totalité des naissances de la même année, disposé par ordre de décroissance

ÉTAT V, présentant, par ordre alphabétique de départements, la proportion, en 1848, des Enfants de toutes catégories à la charge de la charité publique, avec la population.

ÉTAT VI, présentant, de 1825 à 1848 exclusivement, par ordre alphabétique de département, la proportion des accusations d'infanticides portées devant les assises, avec le nombre des naissances des Enfants naturels.

TABLEAU I.

MOUVEMENT, PAR DÉPARTEMENTS,

DES ENFANTS TROUVÉS,

INDIQUANT

LES EXISTENCES, LES ADMISSIONS ET LES SORTIES

JUSQU'A 1830 EXCLUSIVEMENT

aux I et II, qui suivent, sont extraits de la Statistique générale de la France, publiée par le ministère e l'agriculture et du commerce, et dirigée par M. Moreau de Jonnès, membre de l'Institut.)

NOTA Le Tableau I présente le relevé des existences, des admissions et des sorties des Enfants trouvés jusqu'à 1830 exclusivement, à partir des époques les plus anciennes où il a été possible de recueillir ces renseignements pour chaque département. — Le tableau II, outre ce qui est compris au tableau I, présente les dépenses extérieures des Enfants trouvés et le détail des ressources servant à leur entretien, de 1830 à 1841 inclusivement.

ANNÉES	ENTRÉES. Nombre d'enfants existant au 1er janvier	Nombre d'enfants admis. Garçons	Filles	Totaux	Total des existences et des admissions	SORTIES. Enfants arrivés à l'âge où ils cessent d'être à la charge des hospices	Enfants retirés par les parents ou par des bienfaiteurs	Morts aux hospices	Morts chez les nourrices	Morts totaux	Total des sorties et des morts	Nombre d'enfants restant à la fin de l'année
1° AIN.												
1800	6	32	30	91	97	1	6	«	33	33	45	[illegible]
1801	57	29	35	64	121	2	4	1	42	43	45	[illegible]
1802	72	36	33	69	141	«	5	«	25	25	30	[illegible]
1803	111	93	27	120	231	3	3	«	44	44	56	[illegible]
1804	181	16	26	42	223	«	3	«	33	33	36	[illegible]
1805	187	32	33	65	252	«	2	«	29	29	31	[illegible]
1806	221	38	32	70	291	«	4	«	16	16	29	[illegible]
1807	271	38	38	76	341	«	3	1	25	26	29	[illegible]
1808	312	54	46	100	412	22	8	2	46	48	77	[illegible]
1809	330	45	50	95	434	19	10	2	30	32	61	[illegible]
1810	373	50	41	91	464	56	12	3	30	33	109	[illegible]
1811	361	57	51	108	469	43	11	5	48	53	107	[illegible]
1812	362	76	66	142	504	60	16	1	37	38	114	[illegible]
1813	390	95	93	188	578	78	8	5	65	70	156	[illegible]
1814	422	75	69	144	566	104	11	2	45	47	162	[illegible]
1815	404	91	82	173	577	109	10	5	48	53	172	[illegible]
1816	405	79	104	183	588	100	12	5	49	54	166	[illegible]
1817	422	81	78	159	581	59	12	2	110	121	192	[illegible]
1818	389	54	46	100	489	25	6	«	43	43	74	[illegible]
1819	415	67	54	121	536	15	13	4	76	80	108	[illegible]
1820	428	43	56	99	527	23	3	1	51	52	58	[illegible]
1821	442	74	54	128	570	60	4	1	57	55	122	[illegible]
1822	468	57	60	117	585	26	16	4	66	78	115	[illegible]
1823	453	38	26	64	517	60	14	11	32	43	107	[illegible]
1824	410	51	47	128	538	26	27	9	57	66	111	[illegible]
1825	427	82	53	135	502	33	26	6	54	60	119	[illegible]
1826	463	83	66	149	592	34	15	12	67	79	123	[illegible]
1827	484	64	54	118	552	32	16	8	63	71	119	[illegible]
1828	463	86	75	161	624	39	12	17	32	99	130	[illegible]
1829	474	90	82	172	646	32	18	25	60	94	141	[illegible]
2° AISNE.												
1816	810	189	191	380	1,190	67	14	18	143	161	242	[illegible]
1817	948	256	260	516	1,464	127	18	42	216	258	403	[illegible]
1818	1,061	228	220	448	1,509	106	28	17	180	197	331	[illegible]
1819	1,178	210	220	648	1,826	98	15	11	270	281	389	[illegible]
1820	1,287	108	190	397	1,684	97	12	17	164	181	290	[illegible]
1821	1,374	181	196	377	1,751	84	5	2	161	183	272	[illegible]
1822	1,470	208	201	409	1,886	79	35	9	202	271	365	[illegible]
1823	1,503	215	220	444	1,947	179	8	8	184	192	379	[illegible]
1824	1,565	206	201	407	1,973	95	23	«	253	253	481	[illegible]
1825	1,574	200	250	540	2,114	90	359	1	260	261	710	[illegible]
1826	1,404	196	212	408	1,812	169	22	8	193	202	393	[illegible]
1827	1,419	202	213	415	1,884	130	26	«	161	161	315	[illegible]
1828	1,516	244	259	503	2,021	207	1	«	195	195	403	[illegible]
1829	1,618	216	197	413	2,031	144	25	«	218	218	387	[illegible]
3° ALLIER.												
1810	1,268	216	189	404	1,672	86	36	16	234	250	372	[illegible]
1811	1,330	167	162	340	1,649	96	45	19	274	293	434	[illegible]
1812	1,235	157	156	311	1,536	72	16	6	189	195	283	[illegible]
1813	1,243	166	169	335	1,578	73	12	7	186	193	276	[illegible]
1814	1,300	168	165	335	1,633	80	23	12	174	186	289	[illegible]
1815	1,344	188	182	367	1,711	95	20	10	235	245	360	[illegible]
1816	1,342	202	205	407	1,749	92	31	19	204	223	346	[illegible]
1817	1,403	191	186	377	1,780	88	19	22	211	233	357	[illegible]

ANNÉES	ENTRÉES. Nombre d'enfants existant au 1er janvier	Nombre d'enfants admis. Garçons	Filles	Totaux	Total des existences et des admissions	SORTIES. Enfants arrivés à l'âge où ils cessent d'être à la charge des hospices	Enfants retirés par les parents ou par des bienfaiteurs	Morts aux hospices	Morts chez les nourrices	Morts totaux	Total des sorties et des morts	Nombre d'enfants restant à la fin de l'année
3° ALLIER. (Suite.)												
1818	1,443	197	202	399	1,842	97	38	15	198	213	348	[illegible]
1819	1,494	192	206	398	1,892	96	24	14	216	230	350	[illegible]
1820	1,542	230	210	440	1,982	106	44	18	281	299	449	[illegible]
1821	1,539	233	221	454	1,993	98	35	20	279	299	433	[illegible]
1822	1,560	233	229	462	2,022	101	32	16	287	303	436	[illegible]
1823	1,586	161	162	323	1,909	104	37	19	273	292	433	[illegible]
1824	1,476	225	219	444	1,920	60	34	78	194	272	366	[illegible]
1825	1,554	270	264	534	2,088	59	33	118	234	352	444	[illegible]
1826	1,644	262	254	516	2,160	57	33	117	233	350	440	[illegible]
1827	1,720	257	263	520	2,240	77	22	138	255	393	522	[illegible]
1828	1,718	246	252	498	2,216	82	50	133	252	385	517	[illegible]
1829	1,699	273	230	502	2,201	66	32	107	201	308	406	[illegible]
4° ALPES (BASSES-)												
1809	581	97	73	170	751	2	1	49	60	109	112	[illegible]
1810	639	102	106	208	847	9	2	59	79	138	149	[illegible]
1811	698	107	97	204	902	59	12	51	60	111	182	[illegible]
1812	720	128	103	231	951	48	6	68	112	180	234	[illegible]
1813	717	90	107	203	920	82	5	62	88	150	237	[illegible]
1814	733	113	129	242	975	52	14	87	132	119	285	[illegible]
1815	690	120	116	236	926	30	12	71	73	249	291	[illegible]
1816	735	103	121	224	959	30	4	64	116	170	213	[illegible]
1817	746	122	125	247	993	33	8	44	126	170	211	[illegible]
1818	782	133	122	255	1,037	44	5	23	160	183	232	[illegible]
1819	805	160	195	355	1,160	90	21	47	132	179	290	[illegible]
1820	870	183	144	327	1,197	35	13	36	126	162	210	[illegible]
1821	987	157	141	298	1,285	48	54	37	141	178	280	[illegible]
1822	1,025	168	161	329	1,354	62	30	42	173	215	307	[illegible]
1823	1,047	150	139	289	1,336	42	54	58	123	181	257	[illegible]
1824	1,079	102	187	329	1,408	32	15	84	136	220	267	[illegible]
1825	1,141	187	133	320	1,461	41	318	44	162	206	590	[illegible]
1826	871	173	159	337	1,208	45	15	37	184	221	261	[illegible]
1827	927	123	137	260	1,187	44	11	44	99	143	198	[illegible]
1828	989	136	121	257	1,246	41	8	49	121	170	219	[illegible]
1829	1,027	137	133	270	1,297	50	13	40	94	134	197	[illegible]
5° ALPES (HAUTES-).												
1811	231	19		19	250	1	1	«	14	14	16	[illegible]
1812	234	58		58	292	4	6	«	34	34	44	[illegible]
1813	«	«		«	«	«	«	«	«	«	«	[illegible]
1814	247	36		36	283	13	6	3	16	19	38	[illegible]
1815	245	62		62	307	3	12	3	18	21	36	[illegible]
1816	271	76		76	347	11	6	3	28	31	48	[illegible]
1817	299	69		69	368	18	3	2	22	24	40	[illegible]
1818	328	71		71	399	17	3	1	29	30	50	[illegible]
1819	349	84		84	433	18	9	1	26	27	54	[illegible]
1820	379	90		90	469	19	1	1	34	36	55	[illegible]
1821	414	102		102	516	17	8	1	41	42	67	[illegible]
1822	449	99		99	548	13	6	«	44	44	65	[illegible]
1823	485	87		87	572	27	8	2	33	35	70	[illegible]
1824	502	120		120	622	22	2	1	37	38	62	[illegible]
1825	560	80		80	640	27	26	1	44	45	98	[illegible]
1826	542	92		92	634	29	62	3	51	54	145	[illegible]
1827	489	87		87	576	31	13	«	47	47	93	[illegible]
1828	453	99		99	552	29	30	5	42	47	106	[illegible]
1829	476	98		98	574	36	9	8	34	42	87	[illegible]

ANNÉES	ENTRÉES. NOMBRE d'enfants existant au 1er janvier	NOMBRE D'ENFANTS ADMIS. Garçons	Filles	TOTAUX	TOTAL des existences et des admissions	SORTIES. ENFANTS arrivés à l'âge où ils cessent d'être à la charge des hospices	ENFANTS retirés par les parents ou par des bienfaiteurs	MORTS aux hospices	chez les nourrices	TOTAUX	TOTAL des sorties et des morts	NOMBRE d'enfants restant à la fin de l'année
6e ARDÈCHE.												
	327	28	25	53	380	50	2	,	21	21	53	327
	327	36	30	66	393	24	5	,	23	23	52	341
	341	26	33	59	400	22	,	,	20	20	42	358
	358	45	30	75	433	35	3	,	20	20	67	366
	366	30	30	60	435	35	,	,	19	19	54	381
	381	43	37	80	461	30	,	,	11	11	41	420
	420	36	48	84	504	51	,	,	24	24	75	429
	429	40	32	72	501	38	,	,	25	25	63	438
	438	51	36	87	525	46	,	,	26	26	72	443
	453	53	61	114	567	33	12	,	46	45	91	486
	470	50	52	102	573	22	27	,	43	43	92	456
	486	56	49	105	591	25	10	2	29	31	66	525
	525	57	58	115	641	31	7	1	27	28	66	574
	574	45	42	87	660	29	12	2	43	45	86	575
	575	58	50	108	676	18	17	,	43	43	78	591
7e ARDENNES.												
	457	41	37	78	535	18	40	,	56	56	123	412
	412	39	34	73	485	12	26	,	47	47	85	400
	400	61	77	138	538	24	65	1	32	33	122	416
	426	83	99	182	608	32	34	12	64	76	142	466
	460	63	71	134	660	38	38	,	65	65	136	474
	474	48	45	93	567	25	20	3	53	56	101	466
	456	65	74	145	600	30	17	,	61	61	108	492
	501	56	43	99	600	103	22	,	53	53	178	422
	422	61	55	116	538	35	25	,	43	43	103	435
	436	83	73	156	591	36	31	,	50	50	116	475
	475	71	66	137	612	20	23	,	45	45	97	515
	515	49	46	95	610	35	30	,	42	42	107	503
	503	41	43	84	587	17	23	,	51	51	91	496
	496	64	49	103	599	20	32	,	39	39	91	508
	508	69	65	134	642	42	22	,	50	50	114	528
	528	73	68	141	669	28	22	,	53	53	103	566
8e ARIÉGE.												
	84	7	11	18	102	1	,	,	10	10	13	89
	89	9	6	15	104	2	2	,	7	7	11	93
	93	10	9	19	112	3	,	,	5	6	8	104
	104	13	18	31	135	1	,	,	15	15	10	119
	119	12	15	27	146	,	,	,	7	7	7	132
	138	15	20	35	168	5	3	1	16	17	25	143
	140	16	13	29*	172	4	,	,	21	21	25	147
	147	20	20	45	192	6	,	,	18	18	24	168
	168	32	20	52	220	5	,	2	20	22	27	193
	193	40	32	72	265	8	7	3	23	26	41	224
	224	44	40	84	308	14	5	,	31	31	50	258
	258	42	50	92	350	7	8	,	44	44	59	291
	291	46	60	106	396	3	6	4	40	44	53	343
	343	67	57	124	467	3	14	1	37	38	55	412
	412	71	77	148	560	6	12	,	39	39	57	503
	503	95	89	184	687	8	16	,	52	52	76	609
	609	115	88	193	802	10	20	1	60	61	91	711
	711	97	104	201	912	5	28	,	83	83	129	793
	793	214		214	1,007	27	30	,	76	76	130	868
	868	156		156	1,024	119	11	,	94	94	224	800
	800	178		178	978	23	30	,	95	95	157	821
	821	174		174	995	19	73	,	51	51	143	852
	852	244		244	1,096	20	100	,	110	110	230	862
	860	194			1,056	30	14	,	95	95	158	

ANNÉES	ENTRÉES. NOMBRE d'enfants existant au 1er janvier	NOMBRE D'ENFANTS ADMIS. Garçons	Filles	TOTAUX	TOTAL des existences et des admissions	SORTIES. ENFANTS arrivés à l'âge où ils cessent d'être à la charge des hospices	ENFANTS retirés par les parents ou par des bienfaiteurs	MORTS aux hospices	chez les nourrices	TOTAUX	TOTAL des sorties et des morts	NOMBRE d'enfants restant à la fin de l'année
9e AUBE.												
1815	372	90	109	199	571	27	1	81	87	168	196	375
1816	375	111	150	251	626	32	1	10	145	155	188	438
1817	438	150	131	281	719	50	17	40	135	175	222	497
1818	497	82	117	199	696	51	15	27	104	131	195	501
1819	501	123	116	239	740	20	16	23	181	204	249	491
1820	491	115	96	211	702	51	8	31	109	140	199	503
1821	503	127	92	219	722	45	17	18	125	143	205	517
1822	517	95	116	211	728	20	12	21	149	170	211	517
1823	517	131	79	210	727	19	16	15	93	108	143	582
1824	582	75	124	199	781	12	4	11	113	124	140	641
1825	641	90	115	205	846	21	15	1	161	162	199	647
1826	647	95	96	191	838	28	,	,	152	152	180	658
1827	658	90	125	214	872	31	2	25	106	131	164	708
1828	708	115	95	210	918	57	7	,	131	131	195	723
1829	723	103	98	201	924	30	12	,	131	131	182	742
10e AUDE.												
1816	620	192		192	812	20	9	17	84	101	130	682
1817	682	218		218	900	37	1	23	97	120	158	742
1818	742	233		233	975	46	,	19	119	138	204	771
1819	771	227		227	998	43	,	22	141	163	206	792
1820	792	239		239	1,031	35	4	10	120	130	178	853
1821	853	221		221	1,074	31	4	29	109	138	173	901
1822	901	228		228	1,129	77	8	13	132	145	230	899
1823	899	278		278	1,177	46	26	0	106	117	189	988
1824	988	268		268	1,256	56	36	30	98	128	220	1,036
1825	1,036	216		216	1,252	52	15	9	152	123	188	1,064
1826	1,064	246		246	1,310	63	9	11	117	121	200	1,110
1827	1,110	283		283	1,393	78	11	29	71	100	189	1,204
1828	1,204	261		261	1,465	32	17	31	70	101	150	1,315
1829	1,315	260		260	1,575	57	6	28	115	143	206	1,369
11e AVEYRON.												
1800	663	75	67	142	805	18	11	17	58	70	99	706
1801	706	76	56	132	838	13	0	19	51	70	92	746
1802	740	56	64	120	860	10	6	21	51	72	74	792
1803	792	71	67	138	930	12	14	19	57	76	102	828
1804	828	73	72	145	973	17	16	21	63	84	117	856
1805	856	97	82	179	1,035	16	17	18	64	82	115	920
1806	920	98	59	157	1,107	27	17	14	68	82	126	981
1807	981	91	89	180	1,161	29	13	13	79	92	134	1,027
1808	1,027	113	108	221	1,248	20	9	23	72	95	124	1,124
1809	1,124	105	124	230	1,354	25	11	23	77	100	136	1,218
1810	1,218	132	108	240	1,458	13	10	26	73	99	131	1,327
1811	1,327	104	89	193	1,520	20	7	19	83	102	129	1,391
1812	1,391	120	108	228	1,619	20	19	23	127	148	187	1,432
1813	1,432	125	120	245	1,677	21	16	28	127	155	195	1,482
1814	1,482	113	113	226	1,708	41	20	40	122	162	223	1,485
1815	1,485	142	94	236	1,721	41	16	32	113	145	202	1,519
1816	1,519	115	112	230	1,749	54	19	19	157	176	249	1,500
1817	1,500	126	112	238	1,738	60	15	26	148	174	249	1,489
1818	1,489	149	126	275	1,764	69	22	54	99	153	244	1,518
1819	1,518	193	178	371	1,889	82	27	60	116	176	285	1,604
1820	1,604	222	209	431	2,035	103	32	50	123	173	308	1,727
1821	1,727	210	215	430	2,157	59	27	53	145	198	314	1,843
1822	1,843	223	206	469	2,312	81	31	46	173	210	331	1,981
1823	1,981	159	86	245	2,226	90	48	26	147	173	308	1,918
1824	1,918	265	270	535	2,453	171	13	55	218	273	457	1,996
1825	1,996	251	255	506	2,502	94	20	45	220	265	388	2,119
1826	2,110	236	237	473	2,582	175	29	49	245	294	501	2,091
1827	2,001	236	240	476	2,567	75	21	32	155	187	284	2,283
1828	2,253	265	265	560	2,813	164	137	44	222	266	527	2,286
1829	2,156	282	235	467	2,663	145	376	45	216	261	782	1,871

ANNÉES.	ENTRÉES. Nombre d'enfants existant au 1er janvier	Nombre d'enfants admis. Garçons.	Filles	Totaux	Total des existences et des admissions	SORTIES. Enfants arrivés à l'âge où ils cessent d'être à la charge des hospices	Enfants retirés par les parents ou par des bienfaiteurs.	Morts aux hospices	chez les nourrices	Totaux.	Total des sorties et des morts	Nombre d'enfants restant à la fin de l'année
					12e BOUCHES-DU-RHÔNE.							
1798	839	299	262	561	1,400	74	44	502	28	530	648	792
1799	752	319	241	560	1,312	71	37	507	14	521	629	683
1800	688	352	323	675	1,358	77	48	593	11	604	729	629
1801	629	316	290	606	1,235	70	67	464	31	495	632	603
1802	603	312	343	655	1,258	85	41	581	22	603	730	528
1803	528	354	308	662	1,190	90	57	354	111	465	592	598
1804	598	381	328	709	1,307	87	94	285	173	458	589	718
1805	718	365	370	695	1,416	34	128	262	262	524	686	730
1806	730	480	395	875	1,605	95	91	422	219	641	827	778
1807	778	319	329	648	1,426	48	32	297	142	439	519	907
1808	907	292	315	607	1,514	33	21	242	176	418	470	1,044
1809	1,044	331	337	668	1,712	60	17	267	175	442	509	1,203
1810	1,203	380	291	671	1,874	39	43	132	272	404	491	1,383
1811	1,383	392	356	748	2,131	57	31	137	207	344	432	1,699
1812	1,689	415	318	733	2,422	28	37	156	275	430	495	1,927
1813	1,927	368	300	668	2,595	16	35	368	224	592	643	1,952
1814	1,952	353	373	726	2,678	22	21	351	129	480	523	1,902
1815	1,902	327	384	711	2,613	65	35	557	80	637	761	1,852
1816	1,852	361	388	749	2,601	138	35	530	74	604	777	1,824
1817	1,861	319	262	581	2,442	109	93	387	128	515	1,005	1,437
1818	1,437	240	221	461	1,898	55	24	400	50	450	529	1,369
1819	1,339	418	415	833	2,222	136	20	444	88	532	688	1,534
1820	1,534	307	296	653	2,187	104	18	251	132	383	505	1,682
1821	1,622	369	252	641	2,263	123	24	206	238	444	591	1,672
1822	1,673	346	330	676	2,349	104	21	170	240	410	531	1,818
1823	1,718	356	362	718	2,436	190	43	120	169	289	521	1,915
1824	1,905	288	278	566	2,471	85	59	56	60	106	250	2,220
1825	2,220	401	399	800	3,020	120	45	270	210	480	645	2,375
1826	2,375	391	354	745	3,120	85	411	216	301	517	1,013	2,107
1827	2,107	370	435	805	2,912	64	75	281	259	540	689	2,223
1828	2,223	366	396	752	2,975	57	48	321	297	618	718	2,257
1829	2,257	384	404	788	3,055	52	41	283	188	471	564	2,491
					13e CALVADOS							
1814	1,672	309	263	572	2,244	125	33	99	224	323	481	1,763
1815	1,763	305	313	618	2,381	144	59	83	213	296	499	1,882
1816	1,882	335	298	633	2,515	158	172	60	258	318	648	1,867
1817	1,867	373	320	698	2,565	149	30	87	297	384	563	2,002
1818	1,962	310	318	628	2,590	89	111	63	290	353	553	2,037
1819	2,032	364	256	620	2,652	118	99	77	340	417	634	2,018
1820	2,038	324	337	661	2,699	124	85	32	326	358	567	2,082
1821	2,082	305	308	613	2,695	124	80	88	285	373	577	2,109
1822	2,109	305	320	625	2,734	136	92	78	321	399	627	2,107
1823	2,107	287	270	557	2,664	90	53	57	267	324	467	2,197
1824	2,197	288	278	566	2,763	86	59	48	321	369	514	2,249
1825	2,249	264	283	547	2,796	78	38	65	257	322	438	2,358
1826	2,358	290	282	572	2,930	110	47	86	260	346	503	2,386
1827	2,386	286	241	527	2,913	171	462	66	278	344	977	1,917
1828	1,917	225	278	503	2,420	76	864	76	249	325	1,265	1,655
1829	1,655	271	256	529	2,184	62	17	102	277	379	458	[illegible]
					14e CANTAL							
1811	836	100	95	193	1,051	144		15	56	71	215	836
1812	816	120	110	230	1,056	101	33	43	79	122	316	739
1813	789	163	170	333	1,072	50	22	92	62	154	255	536
1814	835	130	123	253	1,060	10	3	72	47	119	132	851
1815	967	154	158	312	1,269	12	6	90	70	160	178	1,001
1816	1,091	157	175	362	1,453	35	20	115	112	227	282	1,171
1817	1,171	209	206	415	1,586		32	96	65	160	285	1,301
1818	1,301	134	136	270	1,571		44	70	64	134	201	1,370

ANNÉES	ENTRÉES. Nombre d'enfants existant au 1er janvier	Nombre d'enfants admis. Garçons	Filles	Totaux	Total des existences et des admissions	SORTIES. Enfants arrivés à l'âge où ils cessent d'être à la charge des hospices	Enfants retirés par les parents ou par des bienfaiteurs	Morts aux hospices	chez les nourrices	Totaux	Total des sorties et des morts	Nombre d'enfants restant à la fin de l'année
					14e CANTAL. (Suite.)							
1819	1,390	183	187	370	1,690	180	89	58	77	135	404	[illegible]
1820	1,286	191	190	381	1,667	250	304	43	80	123	682	[illegible]
1821	985	130	126	256	1,241	224	101	51	55	106	431	[illegible]
1822	780	100	97	197	977	212	18	18	62	80	305	[illegible]
1823	671	138	110	218	889	23	49	12	53	65	137	[illegible]
1824	752	185	183	368	1,120	67	132	40	70	110	309	[illegible]
1825	811	109	107	207	1,018	24	147	25	35	60	227	[illegible]
1826	791	121	110	231	1,022	111	80	34	63	97	238	[illegible]
1827	784	100	96	196	980	26	62	15	47	62	153	[illegible]
1828	827	110	113	223	1,050	45	53	18	100	118	196	[illegible]
1829	854	120	123	243	1,099	34	60	17	52	69	163	[illegible]
					15e CHARENTE							
1795	500	94	70	164	730	19	6	35	89	124	149	[illegible]
1796	561	81	85	166	727	27	8	43	121	164	199	[illegible]
1797	548	87	82	169	717	22	18	26	70	96	136	[illegible]
1798	551	91	87	178	729	21	9	42	97	139	169	[illegible]
1799	590	81	83	160	750	13	8	27	73	100	121	[illegible]
1800	638	100	82	182	820	20	14	35	105	140	180	[illegible]
1801	640	93	92	185	825	23	14	38	101	139	160	[illegible]
1802	662	94	91	185	847	24	15	33	103	136	175	[illegible]
1803	668	95	87	182	850	35	14	37	108	145	194	[illegible]
1804	655	90	81	171	827	31	18	32	104	136	183	[illegible]
1805	644	85	80	165	810	30	13	35	111	146	194	[illegible]
1806	616	88	76	164	780	36	15	38	114	152	190	[illegible]
1807	583	92	100	192	775	36	10	27	115	142	188	[illegible]
1808	587	116	116	232	819	34	27	26	107	131	192	[illegible]
1809	627	100	129	229	856	37	23	26	106	132	192	[illegible]
1810	664	121	118	239	903	26	26	27	104	131	190	[illegible]
1811	667	90	114	240	907	60	21	30	128	158	[illegible]	[illegible]
1812	664	127	119	246	910	67	35	10	75	85	187	[illegible]
1813	723	128	110	238	961	48	32	31	102	133	213	[illegible]
1814	748	90	108	204	952	27	14	17	84	101	142	[illegible]
1815	810	114	98	212	1,022	19	11	17	107	124	154	[illegible]
1816	866	119	120	239	1,107	26	22	36	88	124	169	[illegible]
1817	967	111	103	214	1,181	17	26	30	132	162	211	[illegible]
1818	970	117	122	239	1,209	41	19	38	80	118	178	[illegible]
1819	1,031	123	122	245	1,276	57	30	36	126	162	240	[illegible]
1820	1,027	135	120	255	1,282	45	25	25	100	125	197	[illegible]
1821	1,065	121	123	244	1,329	60	36	25	142	167	272	[illegible]
1822	1,057	121	113	234	1,291	55	29	44	108	152	283	[illegible]
1823	1,058	110	111	221	1,279	75	33	24	62	86	194	[illegible]
1824	1,085	135	142	277	1,362	52	7	22	84	106	165	[illegible]
1825	1,197	124	127	251	1,448	73	15	13	104	117	205	[illegible]
1826	1,243	140	120	269	1,512	86	14	27	90	120	220	[illegible]
1827	1,286	134	120	254	1,540	79	16	23	73	96	191	[illegible]
1828	1,349	140	140	280	1,629	125	16	43	131	174	315	[illegible]
1829	1,314	123	133	256	1,570	108	11	30	61	91	210	[illegible]
					16e CHARENTE-INFÉRIEURE.							
1811	620	141	169	310	930	35	22	57	162	219	276	[illegible]
1812	654	154	143	297	951	33	12	34	133	167	212	[illegible]
1813	739	141	156	296	1,035	7	3	54	161	215	230	[illegible]
1814	805	151	175	326	1,131	15	47	60	170	230	292	[illegible]
1815	839	177	197	374	1,213	32	32	46	170	216	280	[illegible]
1816	883	190	166	356	1,239	18	35	56	90	146	199	[illegible]
1817	1,000	207	196	403	1,403	44	24	32	140	172	240	[illegible]
1818	1,253	187	181	368	1,541	41	28	55	215	270	339	[illegible]
1819	1,202	237	223	460	1,662	26	51	119	176	295	372	[illegible]
1820	1,290	175	163	338	1,628	47	54	59	174	233	334	[illegible]
1821	1,294	202	221	423	1,717	91	16	73	213	286	393	[illegible]
1822	1,324	219	201	420	1,744	105	121	38	154	192	410	[illegible]

ANNÉES	ENTRÉES: Nombre d'enfants existant au 1er janvier	Nombre d'enfants admis: Garçons	Filles	Totaux	Total des existences et des admissions	SORTIES: Enfants arrivés à l'âge où ils cessent d'être à la charge des hospices	Enfants retirés par les parents ou par des bienfaiteurs	Morts: aux hospices	chez les nourrices	totaux	Total des sorties et des morts	Nombre d'enfants restant à la fin de l'année
	16e CHARENTE-INFÉRIEURE. (Suite.)											
	1,328	235	241	476	1,804	61	133	39	111	150	344	1,460
	1,460	573		573	2,033	278	32	46	172	218	528	1,510
	1,510	587		587	2,097	257	62	50	200	250	569	1,528
	1,528	611		611	2,139	283	44	47	142	189	516	1,623
	1,623	509		509	2,132	278	69	51	126	177	519	1,613
	1,613	459		459	2,072	239	161	73	214	287	687	1,385
	1,385	176	184	360	1,745	69	326	33	101	134	529	1,216
	17e CHER.											
	488	129	146	275	763	105	29	119	51	170	302	461
	461	103	113	216	677	30	49	77	76	153	232	445
	445	124	113	237	682	27	18	72	65	137	182	500
	500	158	162	320	820	53	16	81	62	143	212	608
	608	176	176	352	960	39	22	72	122	194	255	705
	705	114	138	252	957	59	40	49	85	134	233	724
	724	160	139	299	1,023	53	27	161	65	226	306	717
	717	127	108	235	952	50	111	167	35	202	363	589
	589	146	142	288	877	44	55	168	56	224	323	554
	554	128	136	264	818	70	20	76	41	117	216	602
	602	184	163	347	949	41	25	140	92	238	302	647
	647	177	169	346	993	60	17	55	124	182	259	734
	734	170	164	334	1,068	66	30	69	59	128	224	844
	844	161	179	340	1,184	28	38	88	132	220	286	898
	898	192	185	377	1,275	33	48	97	157	254	330	945
	945	180	156	335	1,280	52	32	70	161	232	315	965
	965	167	164	331	1,296	77	23	93	131	224	324	972
	972	166	188	354	1,326	57	30	101	131	232	319	1,007
	1,007	210	184	394	1,401	89	40	38	165	203	332	1,069
	1,069	180	152	332	1,401	87	20	27	178	205	312	1,089
	1,089	160	158	317	1,406	61	84	71	208	279	424	982
	982	199	212	411	1,393	62	261	105	263	368	691	702
	702	185	192	377	1,079	74	14	57	229	286	373	706
	706	203	181	384	1,090	71	23	45	143	188	282	808
	18e CORRÈZE.											
	450	106		106	556	26	14	41	36	77	117	439
	439	121		121	560	11	3	33	56	89	103	457
	457	105		105	562	4	»	39	44	83	87	475
	475	146		146	621	10	3	32	47	79	92	529
	529	164		164	693	9	13	53	34	87	109	584
	584	200		200	784	38	7	48	73	121	166	618
	618	208		208	826	97	21	88		88	206	620
	620	279		279	899	57	65	112		112	234	665
	665	318		318	983	87	35	116		116	238	745
	745	314		314	1,059	54	21	140		140	215	844
	844	354		354	1,198	47	34	127		127	208	990
	990	275		275	1,265	78	73	89		89	240	1,025
	1,025	129	134	263	1,288	62	182	113		113	357	931
	931	113	114	227	1,158	27	12	137		137	176	982
	982	132	116	248	1,230	95	65	140		140	300	930
	940	123	124	247	1,187	273	64	91		91	428	759
	760	110	128	238	997	19	10	133		133	171	826
	826	120	136	265	1,091	17	9	98		98	124	967
	19e CORSE.											
	217	61	66	127	344	15	»	»	132	132	147	197
	197	52	37	89	286	8	»	»	63	63	71	215
	215	68	81	149	364	40	»	»	121	121	167	197
	197	85	69	154	351	23	»	»	91	91	114	237
	237	60	79	139	376	11	»	»	97	97	108	268
	268	105	71	176	444	22	1	»	108	108	131	313
	315	83	78	161	476	35	4	»	95	95	134	340

ANNÉES	ENTRÉES: Nombre d'enfants existant au 1er janvier	Nombre d'enfants admis: Garçons	Filles	Totaux	Total des existences et des admissions	SORTIES: Enfants arrivés à l'âge où ils cessent d'être à la charge des hospices	Enfants retirés par les parents ou par des bienfaiteurs	Morts: aux hospices	chez les nourrices	totaux	Total des sorties et des morts	Nombre d'enfants restant à la fin de l'année
	19e CORSE. (Suite.)											
1821	340	114	106	220	560	21	4	»	61	61	86	474
1822	474	102	94	196	670	20	6	»	105	105	131	539
1823	539	94	81	175	714	11	20	»	85	85	116	598
1824	598	143		143	741	9	119	»	101	101	229	512
1825	512	179		179	691	354	3	»	132	132	489	202
1826	202	176		176	378	63	»	»	105	105	138	240
1827	240	250		250	490	34	30	8	78	86	150	340
1828	340	175		175	515	14	»	16	76	92	106	409
1829	409	159		159	568	15	2	9	104	113	130	438
	20e CÔTE-D'OR.											
1738	400	»	»	74	474	20	1	13	»	13	34	440
1739	440	»	»	125	565	25	3	18	32	50	78	487
1740	487	»	»	134	621	36	2	11	46	57	95	526
1741	526	»	»	184	710	30	7	12	59	71	108	602
1742	602	»	»	167	769	26	4	13	71	84	114	655
1743	655	»	»	167	822	29	4	15	68	83	116	706
1744	706	»	»	140	846	32	13	10	50	60	105	741
1745	741	»	»	126	866	35	4	8	52	60	99	767
1746	767	»	»	115	882	37	2	7	65	72	111	771
1747	771	»	»	116	887	39	»	10	63	73	112	775
1748	775	»	»	130	905	26	5	7	44	51	82	823
1749	823	»	»	134	957	25	1	11	64	75	101	856
1750	856	»	»	132	988	30	»	12	53	65	95	893
1751	893	»	»	132	1,025	32	»	36	43	79	111	914
1752	914	»	»	125	1,039	28	1	15	55	70	99	940
1753	940	»	»	138	1,078	29	1	12	34	46	76	1,002
1754	1,002	»	»	145	1,147	35	»	12	27	39	74	1,073
1755	1,073	»	»	113	1,186	30	1	15	19	34	65	1,121
1756	1,121	»	»	129	1,250	32	»	13	34	47	79	1,171
1757	1,171	»	»	118	1,289	25	»	6	21	27	52	1,237
1758	1,237	»	»	112	1,349	22	»	4	12	16	38	1,311
1759	1,311	»	»	111	1,422	20	1	10	22	32	53	1,369
1760	1,369	»	»	107	1,476	19	»	7	13	20	39	1,437
1761	1,437	»	»	90	1,527	10	»	4	14	18	28	1,499
1762	1,499	»	»	92	1,591	12		3	10	13	25	1,566
1763	1,566	»	»	71	1,637	10		3	17	20	30	1,607
1764	1,607	»	»	97	1,704	15		6	23	29	44	1,660
1765	1,660	»	»	81	1,741	17		7	21	28	45	1,696
1766	1,696	»	»	81	1,777	19	»	6	12	18	37	1,740
1767	1,740	»	»	85	1,825	24		10	11	21	45	1,780
1768	1,780	»	»	77	1,857	25	1	14	15	29	55	1,802
1769	1,802	»	»	85	1,887	28	2	21	9	30	60	1,827
1770	1,827	»	»	62	1,889	19	1	8	10	18	38	1,851
1771	1,851	»	»	50	1,901	15		13	7	20	35	1,866
1772	1,866	»	»	30	1,896	10	»	8	5	13	23	1,873
1773	1,873	»	»	47	1,920	11	2	8	4	12	25	1,895
1774	1,895	»	»	35	1,930	10	»	7	5	12	22	1,908
1775	1,908	»	»	30	1,938	9	»	9	3	12	21	1,917
1776	1,917	»	»	42	1,959	49	5	15	1	16	70	1,889
1777	1,889	»	»	29	1,918	58	3	8	3	11	72	1,846
1778	1,846	»	»	29	1,875	70	3	3	4	7	80	1,795
1779	1,795	»	»	46	1,841	75	1	3	8	11	87	1,754
1780	1,754	»	»	84	1,838	81	»	12	9	30	111	1,727
1781	1,727	»	»	108	1,835	56	1	23	14	37	94	1,741
1782	1,741	»	»	200	1,941	80	»	67	41	108	188	1,753
1783	1,753	»	»	264	2,017	86	2	107	28	135	223	1,794
1784	1,794	»	»	176	1,970	70	»	50	15	55	161	1,809
1785	1,809	»	»	99	1,908	50	12	12	5	17	76	1,832
1786	1,832	»	»	120	1,952	106	»	24	11	35	141	1,811
1787	1,811	»	»	114	1,925	85	»	29	10	39	124	1,801
1788	1,801	»	»	125	1,926	131	»	39	11	50	181	1,745
1789	1,745	»	»	124	1,869	117	»	67	6	73	190	1,679
1790	1,679	»	»	156	1,835	154	1	64	16	80	235	1,600

ANNÉES	ENTRÉES. Nombre d'enfants existant au 1er janvier	Nombre d'enfants admis : Garçons	Filles	Totaux	Total des existences et des admissions	SORTIES. Enfants arrivés à l'âge où ils cessent d'être à la charge des hospices	Enfants retirés par les parents ou par des bienfaiteurs	Morts aux hospices	Morts chez les nourrices	Morts : Totaux	Total des sorties et des morts	Nombre d'enfants restant à la fin de l'année
20e CÔTE-D'OR. (Suite.)												
1791	1,600	″	″	102	1,702	98	″	27	5	32	130	1,572
1792	1,572	″	″	84	1,656	65	3	15	5	20	88	1,608
1793	1,565	″	″	90	1,657	108	2	64	7	71	181	1,486
1794	1,485	″	″	77	1,563	135	″	63	4	67	202	1,361
1795	1,351	″	″	95	1,456	113	″	83	2	85	198	1,256
1796	1,258	″	″	73	1,331	139	″	59	1	60	199	1,182
1797	1,132	″	″	76	1,208	121	″	53	5	58	179	1,029
1798	1,029	″	″	90	1,119	92	″	36	10	46	138	981
1799	981	″	″	80	1,061	139	1	29	4	33	173	853
1800	886	″	″	118	1,004	137	″	44	14	58	195	809
1801	809	″	″	113	922	98	1	47	8	55	154	769
1802	768	″	″	118	886	88	″	45	10	55	143	743
1803	743	″	″	92	835	78	1	33	14	47	126	709
1804	709	″	″	86	795	85	″	33	10	43	128	665
1805	665	″	″	85	750	91	″	39	4	43	134	616
1806	616	″	″	103	719	75	″	48	10	58	133	566
1807	566	″	″	92	658	101	″	49	8	57	158	520
1808	520	″	″	94	614	83	″	44	15	59	142	472
1809	472	″	″	115	587	93	″	50	20	70	163	424
1810	424	″	″	122	546	78	″	22	20	42	120	425
1811	426	″	″	107	533	94	1	13	41	54	149	384
1812	384	″	″	103	487	96	1	35	16	51	148	339
1813	330	″	″	126	456	13	11	53	26	79	103	352
1814	352	″	″	126	478	16	2	65	22	87	105	373
1815	373	″	″	132	505	12	″	61	15	30	76	427
1816	427	″	″	169	596	14	3	91	20	111	128	465
1817	468	″	″	159	627	20	1	51	33	84	105	522
1818	522	″	″	143	665	29	4	51	37	88	121	514
1819	544	″	″	174	718	17	11	45	29	74	102	616
1820	616	″	″	129	745	32	5	101	58	159	197	548
1821	548		″	161	709	39	30	37	45	82	151	558
1822	558	″	″	167	725	31	15	43	42	85	131	591
1823	594	″	″	198	792	44	16	52	38	90	150	609
1824	642	104	90	192	834	51	17	63	37	100	168	686
1825	666	106	100	206	872	25	12	44	24	68	105	767
1826	767	87	88	175	942	35	12	54	36	90	137	805
1827	805	79	78	157	962	94	17	64	48	112	223	739
1828	739	69	68	137	876	46	20	75	48	123	189	687
1829	687	84	80	164	851	46	12	61	39	100	158	693
21e CÔTES DU NORD.												
1814	240	51	48	99	339	11	18	2	28	30	59	280
1815	280	59	59	118	398	16	12	4	46	50	78	314
1816	314	82	80	162	476	13	19	3	39	42	74	402
1817	402	81	56	137	539	9	14	2	23	25	48	491
1818	491	95	98	189	680	11	25	8	63	71	110	570
1819	570	97	101	198*	768	12	22	6	84	90	134	644
1820	644	107	91	198	842	22	19	7	74	81	122	720
1821	720	91	87	178	898	67	16	8	83	91	174	724
1822	724	93	75	168	892	133	7	4	60	64	203	688
1823	688	94	88	182	870	16	25	5	71	76	117	753
1824	753	101	90	191	944	30	28	6	96	102	160	784
1825	784	55	71	126	910	26	23	4	90	94	143	767
1826	767	87	70	157	924	24	34	5	80	85	143	781
1827	781	72	74	146	927	44	49	18	77	95	188	739
1828	739	65	55	120	859	36	31	4	66	70	137	722
1829	722	49	54	103	825	38	24	1	46	47	100	716
22e CREUSE.												
1814	806	106	114	220	1,026	21	10	59	65	124	155	871
1815	871	105	125	230	1,101	23	15	61	57	118	156	945
1816	945	103	110	213	1,158	14	13	14	28	42	69	1,089
1817	1,089	151	177	328	1,412	28	20	14	57	71	119	1,293
22e CREUSE. (Suite.)												
1818	1,293	121	155	276	1,569	100	200	17	81	98	404	1,165
1819	1,165	132	173	305	1,470	37	52	10	95	105	194	1,276
1820	1,276	113	151	264	1,540	44	41	11	96	107	192	1,348
1821	1,348	129	197	316	1,664	87	32	5	103	108	227	1,457
1822	1,457	165	171	326	1,783	73	44	9	113	122	239	1,554
1823	1,554	144	170	314	1,868	270	214	16	112	128	621	1,247
1824	1,247	146	158	304	1,551	198	201	30	107	137	536	1,015
1825	1,015	138	143	281	1,296	7	24	30	128	158	189	1,107
1826	1,107	131	124	255	1,362	23	56	20	93	113	202	1,150
1827	1,150	133	140	273	1,423	98	66	40	97	137	339	1,124
1828	1,134	101	109	210	1,344	68	58	30	82	112	238	1,066
1829	1,090	95	101	196	1,292	81	69	32	32	64	234	1,058
23e DORDOGNE.												
1816	1,389	120	130	250	1,618	61	22	″	136	136	219	1,399
1817	1,399	185	202	387	1,636	56	20	1	181	182	276	1,410
1818	1,410	195	194	389	1,799	68	38	″	127	127	233	1,566
1819	1,566	200	203	403	1,969	67	40	″	247	247	354	1,615
1820	1,615	215	237	452	2,067	98	24	″	212	212	332	1,735
1821	1,735	230	222	452	2,187	89	41	1	225	226	356	1,831
1822	1,831	200	246	446	2,277	98	49	″	199	199	347	1,930
1823	1,930	201	216	417	2,347	90	36	″	151	151	277	2,070
1824	2,070	250	263	513	2,583	88	27	2	254	256	371	2,212
1825	2,212	224	228	452	2,664	111	34	″	230	230	375	2,319
1826	2,319	257	264	521	2,840	240	1,062	″	280	280	1,602	1,338
1827	1,338	222	242	464	1,702	15	30	″	206	206	251	1,451
1828	1,451	240	257	497	1,948	17	36	″	347	347	400	1,548
1829	1,558	379	375	755	2,313	361	659	8	211	219	1,140	1,173
24e DOUBS.												
1809	826		190	190	1,016	20	10	18	79	97	133	883
1810	883		180	180	1,063	20	5	19	84	103	137	926
1811	926		260	260	1,186	132	12	31	98	129	273	913
1812	913		244	244	1,157	36	17	26	70	96	149	1,008
1813	1,006		211	211	1,216	95	″	23	108	131	227	992
1814	992		98	98	1,090	100	″	10	53	102	202	888
1815	888		134	134	1,022	104	″	11	59	70	174	848
1816	848		120	120	968	104	″	1	30	31	135	833
1817	833		113	113	946	98	″	10	43	53	121	825
1818	825		58	58	883	43	″	8	34	42	85	798
1819	798		85	85	883	130	″	7	37	44	207	676
1820	680		86	80	766	69	″	5	38	43	102	664
1821	664		79	79	743	65	″	3	31	34	104	659
1822	636		109	102	741	72	″	9	40	49	121	620
1823	620		111	111	731	104	″	2	34	42	146	585
1824	585	51	53	104	689	66	″	7	35	42	108	560
1825	561	70	43	113	674	57	″	12	32	44	121	553
1826	553	68	54	122	675	45	″	5	57	62	110	565
1827	565	72	60	132	697	34	21	15	48	63	118	579
1828	579	71	58	129	708	40	6	13	70	83	129	579
1829	579	63	53	116	695	30	4	12	56	68	102	593
25e DRÔME.												
1821	850	100	89	189	1,039	18	17	4	115	119	151	888
1822	888	102	86	188	1,076	26	12	2	128	124	169	907
1823	907	107	103	210	1,117	41	19	6	103	110	170	947
1824	947	101	107	208	1,155	64	11	7	102	109	184	971
1825	971	133	136	268	1,239	73	14	5	92	96	182	1,057
1826	1,057	130	125	255	1,312	60	27	4	88	92	188	1,124
1827	1,124	145	148	293	1,417	61	21	4	135	139	221	1,196
1828	1,196	134	130	264	1,460	69	25	4	108	112	256	1,204
1829	1,204	161	152	313	1,517	113	19	1	142	143	275	1,242

ANNÉES	ENTRÉES. Nombre d'enfants existant au 1er janvier	Nombre d'enfants admis. Garçons	Filles	Totaux	Total des existences et des admissions	SORTIES. Enfants arrivés à l'âge où ils cessent d'être à la charge des hospices	Enfants retirés par les parents ou par des bienfaiteurs	Morts. Aux hospices	Chez les nourrices	Totaux	Total des sorties et des morts	Nombre d'enfants restant à la fin de l'année
25e DROME. (Suite.)												
1825	1,242	90	91	181	1,323	56	87	7	91	98	241	1,082
1826	1,132	125	122	247	1,379	59	144	14	107	121	426	1,105
1827	1,105	117	125	242	1,347	58	71	10	78	88	217	1,130
1828	1,130	110	121	231	1,361	48	18	6	111	117	183	1,178
1829	1,178	76	100	176	1,354	44	23	3	74	70	140	1,214
26e EURE.												
1816	505	140	»	140	645	22	13	6	93	99	134	511
1817	511	135	»	135	646	23	13	5	91	96	132	514
1818	514	141	»	141	655	21	10	5	104	109	134	501
1819	501	148	»	148	649	23	19	0	100	100	142	507
1820	507	126	»	126	633	19	17	3	89	92	128	505
1821	505	143	»	143	648	25	13	5	81	86	124	524
1822	524	166	»	166	690	29	14	»	108	108	151	539
1823	539	147	»	147	686	39	19	2	90	92	150	536
1824	536	178	»	178	714	39	11	1	130	131	181	533
1825	533	131	»	131	664	52	11	1	95	96	159	505
1826	505	131	»	131	636	43	15	4	64	68	126	510
1827	510	147	»	147	657	40	5	5	70	84	129	528
1828	528	141	»	141	669	41	28	6	94	99	168	501
1829	501	153	»	153	654	25	22	3	109	112	162	492
27e EURE-ET-LOIR.												
1773	»	9	17	26	26	»	5	»	8	8	13	13
1774	13	22	18	40	53	»	5	»	10	19	24	29
1775	20	11	16	27	56	»	5	»	22	22	27	29
1776	20	20	24	53	82	»	3	»	26	26	29	55
1777	33	23	19	42	95	»	9	»	24	24	33	62
1778	62	32	33	65	127	»	3	»	42	42	45	82
1779	82	26	20	46	128	»	6	»	37	37	45	83
1780	83	41	50	91	176	»	1	»	56	55	57	119
1781	119	51	58	109	228	»	2	»	74	74	76	152
1782	152	56	67	123	275	1	11	»	83	88	95	180
1783	180	62	57	119	299	3	9	»	90	90	104	195
1784	195	30	52	132	327	1	4	»	77	77	83	245
1785	245	58	71	139	404	10	11	»	90	90	111	293
1786	293	65	74	139	432	3	12	»	75	75	90	342
1787	342	90	87	177	519	3	12	»	100	100	124	395
1788	395	103	100	203	598	0	21	»	120	126	162	445
1789	445	100	75	184	620	1	8	»	114	114	123	505
1790	505	107	107	215	721	10	81	»	138	138	170	542
1791	542	115	104	219	701	18	39	»	100	100	100	595
1792	595	123	120	243	838	13	61	»	122	122	196	642
1793	642	96	108	204	846	28	62	»	99	99	210	627
1794	627	167	156	323	950	19	190	»	102	102	311	639
1795	639	534	512	1046	1,685	26	844	»	154	154	1,094	661
1796	661	78	78	156	817	77	159	»	123	123	359	488
1797	458	95	58	153	611	38	33	1	118	114	185	426
1798	426	81	79	160	586	25	26	4	85	89	140	416
1799	440	87	100	187	585	25	17	1	104	105	150	403
1800	488	61	78	139	642	47	40	1	102	103	190	448
1801	446	58	34	93	538	125	96	1	62	63	288	250
1802	250	62	67	109	359	3	20	»	70	70	93	266
1803	266	55	50	115	381	4	21	»	74	74	99	282
1804	282	23	20	43	325	3	42	»	46	40	91	234
1805	234	23	23	46	280	0	11	»	33	33	50	230
1806	230	37	24	61	291	7	18	»	35	35	60	231
1807	231	31	29	60	291	6	6	»	44	44	56	235
1808	235	18	23	41	276	7	26	»	25	25	19	217
1809	217	16	27	43	260	15	16	»	16	16	47	213
1810	213	36	32	68	281	5	12	»	22	23	49	241

ANNÉES.	ENTRÉES. Nombre d'enfants existant au 1er janvier	Nombre d'enfants admis. Garçons.	Filles.	Totaux.	Total des existences et des admissions.	SORTIES. Enfants arrivés à l'âge où ils cessent d'être à la charge des hospices	Enfants retirés par les parents ou par des bienfaiteurs.	Morts. Aux hospices	Chez les nourrices	Totaux	Total des sorties et des morts	Nombre d'enfants restant à la fin de l'année
27e EURE-ET-LOIR. (Suite.)												
1811	244	34	36	70	314	19	24	»	35	36	79	232
1812	232	85	57	140	372	72	2	1	56	57	81	291
1813	291	97	103	200	491	22	12	1	123	123	157	334
1814	334	117	78	195	529	21	36	1	150	151	208	321
1815	321	84	74	158	479	13	16	»	100	100	138	341
1816	341	122	111	233	574	12	21	21	116	137	170	404
1817	404	145	129	274	678	49	33	1	143	144	226	442
1818	442	156	147	303	745	89	79	4	166	170	288	457
1819	457	167	126	293	750	27	44	83	199	230	296	454
1820	454	103	121	224	678	25	34	17	155	192	211	467
1821	467	132	107	239	706	31	28	17	173	190	249	557
1822	557	142	105	247	804	31	40	5	165	170	247	557
1823	557	109	104	213	770	32	7	15	135	161	190	580
1824	580	108	137	245	825	19	20	1	126	127	166	659
1825	659	142	120	262	921	33	34	3	150	150	226	695
1826	695	101	127	228	923	10	20	7	132	189	194	729
1827	729	119	125	244	973	33	51	4	165	169	235	690
1828	690	105	113	218	908	27	20	5	146	149	196	712
1829	712	124	110	234	946	40	14	7	130	137	191	755
28e FINISTÈRE.												
1816	1,105	167	171	338	1,443	51	27	10	143	153	231	1,210
1817	1,210	217	210	427	1,637	54	37	17	141	158	249	1,388
1818	1,388	150	173	332	1,720	71	45	6	170	176	292	1,428
1819	1,428	170	188	364	1,792	71	33	14	145	150	262	1,529
1820	1,420	180	157	337	1,666	88	48	11	161	172	278	1,588
1821	1,588	188	155	344	1,932	93	48	10	165	175	311	1,621
1822	1,621	152	160	312	1,933	115	48	3	158	161	324	1,609
1823	1,600	160	160	320	1,920	67	50	11	141	152	269	1,630
1824	1,630	148	170	318	1,948	78	46	13	176	188	312	1,636
1825	1,636	175	171	349	1,985	100	42	10	152	162	304	1,681
1826	1,681	164	175	339	2,020	130	54	9	193	202	386	1,634
1827	*1,634	162	186	348	1,982	121	34	15	160	174	349	1,633
1828	1,633	174	189	363	1,996	97	55	16	210	226	380	1,616
1829	1,016	185	206	391	2,007	104	155	16	190	206	465	1,541
29e GARD.												
1808	8	»	»	2	10	»	1	»	1	1	2	8
1809	8	»	»	11	19	»	3	»	1	1	4	15
1810	15	»	»	3	18	»	5	»	1	1	6	12
1811	*82	»	»	33	115	5	1	2	17	19	25	90
1812	90	»	»	50	140	1	6	4	12	16	23	126
1813	126	»	»	38	164	1	4	2	29	31	36	128
1814	128	»	»	26	154	1	15	6	8	14	31	123
1815	123	»	»	29	152	2	8	2	18	20	25	127
1816	127	»	»	32	159	1	7	1	14	15	23	136
1817	136	»	»	41	177	»	5	13	15	28	33	144
1818	*144	»	»	40	184	1	3	4	28	32	35	149
1819	728	»	»	172	900	2	113	29	66	95	210	684
1820	684	»	»	169	853	3	0	27	66	68	105	778
1821	778	»	»	192	970	50	15	35	68	103	178	792
1822	792	»	»	179	971	43	3	20	74	94	145	826
1823	826	»	»	210	1,036	55	40	32	83	105	230	806
1824	*918	»	»	237	1,155	58	16	2	135	137	216	939
1825	939	»	»	231	1,170	41	10	6	141	147	198	972
1826	972	»	»	245	1,217	118	94	6	161	167	379	843
1827	843	»	»	208	1,051	33	36	10	126	136	205	846
1828	840	»	»	241	1,081	27	35	8	194	202	264	823
1829	823	»	»	248	1,071	31	29	18	140	258	218	853

* L'astérisque signale la différence, entre les fins et commencements d'années, due à la participation de nouveaux hôpitaux figurant au tableau et apportant le chiffre de leurs enfants à joindre aux précédents.

ANNÉES.	ENTRÉES. NOMBRE d'enfants existant au 1er janvier	NOMBRE D'ENFANTS ADMIS Garçons	Filles	TOTAUX.	TOTAL des existences et des admissions	SORTIES. ENFANTS arrivés à l'âge ou ils cessent d'être à la charge des hospices	ENFANTS retirés par les parents ou par des bienfaiteurs	MORTS aux hospices	chez les nourrices	TOTAUX.	TOTAL des sorties et des morts	NOMBRE d'enfants restant à la fin de l'année
30e GARONNE (HAUTE-).												
1806	1,187	173	186	359	1,496	110	23	97	87	184	317	1,179
1807	1,179	198	183	381	1,560	98	16	95	86	182	296	1,281
1808	1,204	202	213	415	1,670	83	21	95	85	180	284	1,305
1809	1,305	185	218	403	1,708	116	24	114	94	208	350	1,448
1810	1,448	172	151	323	1,771	126	17	89	85	174	317	1,454
1811	1,454	210	225	447	1,901	130	35	134	118	252	426	1,475
1812	1,475	166	195	361	1,836	80	23	83	108	190	305	1,531
1813	1,531	191	173	364	1,895	70	9	152	123	275	356	1,541
1814	1,541	222	211	433	1,974	65	15	172	107	279	379	1,595
1815	1,595	247	223	470	2,065	134	16	133	167	300	440	1,625
1816	1,625	207	237	444	2,069	115	24	96	112	208	347	1,722
1817	1,722	212	224	436	2,158	130	27	154	183	337	494	1,664
1818	1,664	202	198	400	2,064	144	22	136	170	306	472	1,592
1819	1,592	210	209	419	2,011	148	17	143	113	256	418	1,593
1820	1,593	251	197	448	2,041	196	16	104	126	270	481	1,560
1821	1,590	242	243	485	2,075	147	8	157	128	285	440	1,635
1822	1,635	222	254	476	2,111	186	15	130	134	264	415	1,696
1823	1,696	200	247	447	2,143	105	15	121	130	251	374	1,769
1824	1,769	233	251	484	2,253	93	20	135	117	302	415	1,838
1825	1,838	250	241	491	2,329	163	23	195	92	290	476	1,853
1826	1,853	263	256	519	2,372	962	185	222	140	362	1,409	913
1827	913	238	256	494	1,407	14	13	195	73	268	295	1,112
1828	1,112	234	286	520	1,632	15	14	226	90	316	345	1,287
1829	1,287	266	274	540	1,827	7	10	216	69	285	311	1,516
31e GERS.												
1811	968	270		270	1,247	84	"	21	213	234	298	949
1812	940	254		254	1,203	25	4	54	162	216	245	968
1813	968	266		266	1,234	57	"	107	137	244	281	948
1814	943	226		226	1,169	72	"	82	93	175	247	922
1815	922	226		226	1,148	50	1	38	116	154	208	943
1816	943	259		259	1,202	24	"	16	101	117	141	1,061
1817	1,061	268		268	1,329	45	4	73	155	178	222	1,107
1818	1,107	264		264	1,371	40	4	25	128	143	187	1,184
1819	1,184	330		330	1,514	66	10	22	164	175	222	1,292
1820	1,262	324		324	1,588	70	8	10	188	198	276	1,310
1821	1,310	363		363	1,673	64	10	9	200	209	283	1,390
1822	1,390	376		376	1,766	76	14	5	188	193	283	1,453
1823	1,453	423		423	1,906	91	"	15	168	183	274	1,632
1824	1,632	348	311	659	2,291	65	25	11	209	220	311	1,980
1825	1,980	220	225	445	2,425	80	176	20	274	294	598	1,917
1826	1,917	215	207	422	2,339	80	25	37	210	252	303	1,976
1827	1,976	189	160	358	2,334	67		148	116	250	326	2,005
1828	2,005	213	207	420	2,425	86	1	206	177	383	470	1,988
1829	1,988	197	191	388	2,346	108	"	42	131	173	276	2,066
***32e GIRONDE.**												
1811	1,648	387	378	765	2,413	42	32	74	455	520	605	1,818
1812	1,810	392	367	759	2,569	135	42	143	301	444	632	1,927
1813	1,927	428	381	809	2,736	158	37	126	358	455	681	2,055
1814	2,055	384	372	756	2,811	118	19	347	289	656	773	2,036
1815	2,038	424	377	801	2,839	124	16	423	359	782	972	1,917
1816	1,917	405	389	794	2,711	103	20	116	178	294	483	2,228
1817	2,228	430	417	856	3,084	121	26	64	441	405	643	2,442
1818	2,442	416	374	790	3,232	76	6	50	387	437	519	2,713
1819	2,713	425	386	811	3,524	58	51	140	450	500	699	2,535
1820	2,823	425	412	837	3,662	117	30	111	506	617	778	2,823
1821	2,680	462	449	911	3,600	158	64	83	605	688	870	2,930
1822	2,930	464	448	912	3,842	208	48	83	436	519	775	3,067
1823	3,067	425	371	796	3,863	276	55	84	377	401	790	3,073
1824	3,073	449	436	885	3,958	228	41	113	419	532	561	3,107

ANNÉES	ENTRÉES. NOMBRE d'enfants existant au 1er janvier	NOMBRE D'ENFANTS ADMIS Garçons	Filles	TOTAUX.	TOTAL des existences et des admissions	SORTIES. ENFANTS arrivés à l'âge ou ils cessent d'être à la charge des hospices	ENFANTS retirés par les parents ou par des bienfaiteurs	MORTS aux hospices	chez les nourrices	TOTAUX	TOTAL des sorties et des morts
32e GIRONDE. (Suite)											
1825	3,157	447	440	887	4,044	216	46	71	505	576	838
1826	3,206	486	460	946	4,152	93	53	91	427	518	664
1827	3,488	422	463	885	4,373	102	94	117	362	479	675
1828	3,698	483	456	939	4,637	244	74	206	649	855	1,173
1829	3,464	438	432	870	4,334	305	69	219	334	553	927
33e HÉRAULT.											
1816	542	119		119	661	10	11	17	66	83	104
1817	557	111		111	668	13	17	8	73	81	111
1818	557	128		128	686	7	6	26	59	85	98
1819	587	229		229	816	13	2	24	133	157	172
1820	644	249		240	893	20	3	72	115	187	210
1821	683	250		250	933	18	11	38	120	158	187
1822	746	288		288	1,034	32	13	62	132	194	239
1823	795	274		274	1,069	41	10	67	124	191	242
1824	827	187	102	289	1,116	19	20	68	105	173	212
1825	904	152	121	273	1,177	29	14	73	119	192	235
1826	942	148	160	308	1,250	33	21	93	108	201	260
1827	990	150	146	296	1,286	35	23	68	95	163	221
1828	1,065	168	157	325	1,390	49	34	76	123	199	282
1829	1,108	162	165	327	1,435	25	26	92	127	219	270
34e ILLE-ET-VILAINE.											
1816	1,852	210	218	428	2,280	54	73	55	232	287	414
1817	1,866	187	195	382	2,248	52	87	47	225	272	411
1818	1,837	169	190	359	2,196	56	74	36	175	211	341
1819	1,855	232	243	475	2,330	68	79	29	231	260	397
1820	1,933	199	203	402	2,335	76	64	59	218	272	412
1821	1,923	197	207	404	2,327	124	29	25	228	253	406
1822	1,921	202	206	408	2,329	95	52	40	206	246	393
1823	1,936	207	207	414	2,350	159	59	28	210	238	456
1824	1,894	209	234	443	2,337	174	46	42	216	258	478
1825	1,850	199	209	408	2,267	278	125	81	184	253	638
1826	1,629	203	208	411	2,040	137	130	74	198	272	539
1827	1,501	220	213	433	1,934	222	250	145	155	300	772
1828	1,162	190	185	375	1,537	93	51	83	167	250	394
1829	1,143	198	184	382	1,525	124	49	156	184	290	463
35e INDRE.											
1812	225	62	76	138	363	5	2	10	54	64	71
1813 (a)	502	83	86	169	671	5	12	9	87	96	113
1814	558	71	67	138	696	16	18	22	71	93	127
1815	569	92	85	177	746	9	8	18	75	93	110
1816	636	99	92	191	827	20	17	11	88	99	136
1817	691	113	100	213	904	25	15	9	104	113	153
1818	751	99	86	185	936	30	6	12	69	81	117
1819	819	96	103	199	1,018	43	20	13	101	114	177
1820	841	110	97	207	1,048	42	24	7	96	103	170
1821	878	107	90	197	1,075	36	13	6	92	98	147
1822	928	104	106	210	1,138	37	10	14	99	113	160
1823	978	54	51	105	1,083	72	30	9	93	102	204
1824	870	107	93	200	1,079	51	24	"	121	121	196
1825	883	100	107	207	1,090	43	5	"	117	117	165
1826	925	144	114	258	1,183	25	21	8	122	130	176
1827	1,007	130	86	216	1,223	52	10	9	154	163	225
1828	998	130	120	250	1,248	62	10	22	162	184	256
1829	992	115	112	227	1,219	68	6	3	98	101	175

(a) L'hospice de la Châtre est ouvert.

ANNÉES	NOMBRE d'enfants existant au 1er janvier	NOMBRE D'ENFANTS ADMIS: Garçons	Filles	TOTAUX	TOTAL des existences et des admissions	ENFANTS arrivés à l'âge où ils cessent d'être à la charge des hospices	ENFANTS retirés par les parents ou par des bienfaiteurs	MORTS: aux hospices	chez les nourrices	TOTAUX	TOTAL des sorties et des morts	NOMBRE d'enfants restant à la fin de l'année
	ENTRÉES					SORTIES						
36e INDRE-ET-LOIRE.												
VIII.	174	137	128	265	439	6	13	19	136	155	174	256
X.	255	100	111	211	476	6	4	17	142	159	171	305
X...	305	131	111	242	547	11	43	24	150	174	228	319
XI	319	120	132	261	580	12	6	24	194	218	236	344
XII	344	130	125	255	599	40	25	25	163	188	253	346
XIII..	346	107	124	231	577	16	11	34	147	181	210	361
100 jours de l'an XIV (1806)	367	150	122	272	639	26	3	34	228	262	293	336
7	340	129	128	257	603	32	12	22	180	202	246	357
8	357	162	128	290	647	90	12	19	182	201	303	344
9	344	114	126	240	584	29	9	20	127	147	185	399
0	399	145	132	277	676	33	6	60	182	242	265	390
1	390	136	126	262	652	40	2	57	196	253	305	347
2	347	128	130	258	600	38	5	40	145	185	228	372
3	372	108	115	223	595	36	2	15	148	163	203	392
4	392	111	119	230	622	45	2	30	102	132	239	383
5	383	114	130	244	627	62	9	40	145	193	254	373
6	373	136	138	274	647	68	6	11	132	143	207	440
7	440	123	130	253	693	42	8	11	171	182	232	461
8	461	119	140	259	720	42	6	16	157	173	221	499
9	499	165	140	305	804	49	2	14	143	157	208	596
0	596	169	137	306	902	22	2	19	165	184	208	694
1	694	145	154	299	993	21	7	15	193	208	237	756
2	756	141	149	290	1,046	15	1	11	230	241	260	785
3	785	131	136	267	1,053	14	3	11	149	160	177	876
4	876	136	140	267	1,153	20	7	22	189	211	238	925
5	925	142	133	275	1,200	40	6	14	231	245	291	909
6	909	158	159	317	1,226	49	9	15	202	217	275	951
7	951	193	140	333	1,284	54	13	21	194	215	282	1,002
8	1,002	167	136	303	1,305	75	9	22	190	212	2	1,009
9	1,009	169	164	333	1,342	77	10	34	238	272	3	983
37e ISÈRE												
1	951			263	1,214	14	47	26	90	116	177	1,057
2	1,087			200	1,297	12	2	51	114	165	179	1,118
3	1,118			295	1,413	50	3	121	96	217	270	1,143
4	1,143			299	1,442	69	38	160	61	221	328	1,114
5	1,114			330	1,444	64	39	153	74	227	330	1,114
6	1,114			373	1,487	69	16	156	72	228	313	1,174
7	1,174			340	1,514	59	17	82	121	203	279	1,235
8	1,235			333	1,568	81	30	75	131	206	317	1,251
9	1,251			417	1,668	75	27	120	144	264	366	1,302
0	1,302			479	1,781	32	18	101	162	263	360	1,421
1	1,421			487	1,908	93	27	70	195	274	394	1,514
2	1,514			445	1,959	98	33	66	264	330	461	1,498
3	1,498			529	2,027	99	31	151	163	310	440	1,578
4	1,578			580	2,138	115	20	126	206	332	471	1,661
5	1,661			514	2,175	63	36	121	175	296	396	1,760
6	1,760			540	2,320	102	24	213	181	394	520	1,800
7	1,800			588	2,388	139	41	183	212	395	575	1,762
8	1,762			575	2,337	158	26	176	226	404	562	1,775
9	1,775			471	2,246	85	32	182	181	363	480	1,766
38e JURA.												
3	166	76	48	123	288	2	2	4	73	77	81	207
4	207	27	31	58	265	5	»	3	33	36	41	224
5	224	35	48	86	310	4	4	5	44	49	57	253
6	293	55	60	115	385	4	»	20	32	52	56	332
7	312	57	70	127	439	6	1	7	71	78	85	352
8	351	41	47	83	439	15	1	19	62	81	95	344
9	344	54	41	95	439	7	»	5	53	58	65	338
0	374	57	39	96	470	9	2	1	49	60	61	409
38e JURA. (Suite.)												
1821	409	57	80	137	546	15	5	1	51	52	72	474
1822	474	66	66	132	606	11	6	2	71	73	90	516
1823	516	34	32	66	582	14	8	8	40	48	66	517
1824	517	34	35	69	586	28	4	1	48	49	81	505
1825	505	35	32	67	572	69	6	4	31	36	110	462
1826	462	33	35	68	530	28	1	6	42	48	77	453
1827	453	33	28	61	517	30	3	4	35	39	72	445
1828	445	32	26	58	503	42	6	5	42	47	95	408
1829	408	37	43	80	488	29	»	11	24	35	64	424
39e LANDES.												
1811	619	109	97	206	825	71	54	30	66	96	221	604
1812	604	91	98	189	793	91	42	23	41	64	197	596
1813	596	95	101	196	792	89	44	37	77	114	197	595
1814	595	134	126	260	855	52	67	53	55	108	227	628
1815	628	99	102	201	829	18	36	44	57	101	155	674
1816	674	127	121	248	922	29	37	14	74	88	154	768
1817	768	151	133	284	1,052	36	79	9	89	98	213	839
1818	839	144	139	283	1,122	26	48	12	83	95	150	968
1819	963	138	124	262	1,225	55	46	8	98	106	207	1,018
1820	1,018	120	115	235	1,253	59	41	15	89	104	204	1,049
1821	1,049	116	125	241	1,290	36	27	10	90	100	172	1,118
1822	1,118	119	112	231	1,349	35	32	16	125	141	208	1,141
1823	1,141	122	116	238	1,379	30	4	15	149	165	219	1,160
1824	1,160	142	138	280	1,440	48	6	11	132	153	197	1,243
1825	1,243	169	163	332	1,575	73	11	12	152	164	248	1,327
1826	1,327	152	143	295	1,622	103	10	9	114	123	236	1,385
1827	1,385	168	167	335	1,721	133	10	11	87	98	241	1,450
1828	1,450	173	171	344	1,824	115	55	2	147	149	321	1,503
1829	1,503	168	168	336	1,839	117	123	8	148	156	396	1,443
40e LOIR-ET-CHER												
1816	463	118	90	208	671	22	23	8	107	115	160	511
1817	511	115	105	220	731	14	7	5	150	155	176	555
1818	555	145	119	264	819	15	19	12	193	207	244	575
1819	575	144	139	283	858	12	29	8	194	202	243	615
1820	615	139	153	292	907	14	20	6	180	186	220	687
1821	687	157	144	301	988	24	29	6	189	195	248	740
1822	740	143	134	277	1,017	34	32	»	213	220	286	731
1823	731	143	162	305	1,036	40	35	8	187	195	270	766
1824	766	328		328	1,094	45	37	»	205	205	287	807
1825	807	265		265	1,072	35	39	»	212	212	286	786
1826	786	247		247	1,033	34	40	»	175	175	249	784
1827	784	247		247	1,031	32	38	»	191	191	261	770
1828	770	338		338	1,108	56	20	»	252	252	337	771
1829	771	357		357	1,128	44	58	»	186	186	268	860
41e LOIRE.												
1816	739	107	96	203	942	50	36	20	81	101	187	755
1817	755	116	92	208	963	47	42	15	90	105	194	769
1818	769	90	100	190	959	58	31	25	72	97	181	787
1819	787	118	109	227	1,014	58	36	21	62	83	172	842
1820	842	115	102	217	1,059	55	19	8	81	89	163	896
1821	896	101	110	211	1,107	61	51	22	95	117	229	878
1822	878	120	114	234	1,112	64	56	18	117	135	255	857
1823	857	134	112	246	1,103	53	6	7	87	94	153	950
1824	950	116	133	249	1,199	68	48	5	96	101	217	982
1825	982	136	121	257	1,239	61	58	15	91	106	225	1,014
1826	1,014	154	154	308	1,322	61	68	28	119	147	296	1,026
1827	1,026	143	133	276	1,302	63	55	11	111	122	240	1,082
1828	1,082	144	152	296	1,358	56	53	8	102	110	219	1,139
1829	1,139	168	176	344	1,483	49	78	20	109	129	251	1,232

ANNÉES.	ENTRÉES: Nombre d'enfants existant au 1er janvier	Nombre d'enfants admis: Garçons	Filles	Totaux	Total des existences et des admissions	SORTIES: Enfants arrivés à l'âge ou ayant cessé d'être à la charge des hospices	Enfants retirés par les parents ou par des bienfaiteurs	Morts: aux hospices	chez les nourrices	Totaux	Total des sorties et des morts	Nombre d'enfants restant à la fin de l'année
42e LOIRE (HAUTE-).												
1816	703	82	90	172	875	49	16	6	51	57	122	753
1817	753	63	63	126	881	63	25	6	69	75	163	718
1818	718	70	78	157	875	41	24	1	65	66	131	744
1819	744	95	97	192	936	58	12	5	78	83	153	783
1820	783	97	92	189	972	40	30	5	77	82	152	820
1821	820	111	105	216	1,036	51	17	3	72	75	143	893
1822	893	109	104	213	1,106	52	27	2	91	93	172	934
1823	934	128	123	251	1,185	73	31	3	54	57	161	1,024
1824	1,024	137	104	241	1,265	42	24	13	84	97	163	1,102
1825	1,102	91	92	183	1,285	173	39	8	57	65	277	1,008
1826	1,008	95	92	187	1,195	89	180	15	52	67	336	859
1827	859	114	123	237	1,096	72	46	6	76	82	200	896
1828	896	106	95	201	1,097	111	56	11	86	97	264	833
1829	833	91	116	207	1,040	59	22	14	72	86	147	[illegible]
43e LOIRE-INFÉRIEURE.												
1816	900	153	160	313	1,213	22	24	25	125	150	196	1,017
1817	1,017	182	173	355	1,372	69	30	19	156	175	274	1,098
1818	1,098	160	161	321	1,419	73	33	52	106	198	304	1,115
1819	1,115	167	173	340	1,455	79	27	22	172	194	300	1,155
1820	1,155	163	156	319	1,474	83	24	19	162	181	288	1,186
1821	1,186	189	202	391	1,577	64	24	45	198	243	331	1,246
1822	1,246	198	180	378	1,624	94	23	32	175	207	324	1,300
1823	1,300	142	147	289	1,589	73	23	35	120	155	251	1,338
1824	1,338	177	173	350	1,688	47	38	26	194	220	305	1,383
1825	1,383	179	187	366	1,749	66	50	22	195	217	333	1,416
1826	1,416	146	170	316	1,732	346	179	24	156	177	701	1,031
1827	1,031	163	143	306	1,337	26	16	27	138	165	206	1,131
1828	1,131	175	145	320	1,451	50	26	42	214	256	340	1,111
1829	1,111	172	182	354	1,465	80	23	48	214	262	365	1,100
44e LOIRET.												
1811	807	186	188	374	1,181	58	29	51	216	268	355	826
1812	828	170	164	334	1,162	55	30	42	193	235	320	822
1813	822	155	187	342	1,164	67	23	113	152	265	355	809
1814	809	168	161	329	1,128	46	17	137	106	293	356	773
1815	773	163	171	334	1,107	37	20	121	148	269	326	781
1816	781	185	176	361	1,142	43	23	89	181	270	336	806
1817	806	231	207	438	1,244	54	27	65	160	225	306	938
1818	938	224	202	426	1,364	51	23	60	242	302	376	988
1819	988	211	221	432	1,420	74	22	92	245	337	433	987
1820	987	240	181	430	1,417	83	19	52	257	309	411	1,006
1821	1,006	219	255	474	1,480	91	25	38	271	309	425	1,055
1822	1,055	224	204	428	1,483	57	14	45	261	306	377	1,106
1823	1,106	233	210	443	1,549	55	9	100	237	337	401	1,148
1824	1,148	217	250	467	1,615	65	17	67	242	309	381	1,234
1825	1,234	229	216	445	1,679	54	20	39	285	324	398	1,281
1826	1,281	303	246	449	1,730	49	25	47	294	341	415	1,315
1827	1,315	209	229	468	1,783	57	35	70	307	377	469	1,314
1828	1,314	254	234	478	1,792	65	18	72	255	327	410	1,352
1829	1,352	234	220	454	1,836	89	26	55	220	276	392	1,444
45e LOT.												
1816	496	107	101	208	704	15	16	26	68	84	115	589
1817	589	102	82	184	773	5	27	18	42	60	92	681
1818	681	85	76	161	842	15	29	13	74	87	123	719
1819	710	118	100	218	928	20	16	2	93	95	131	797
1820	797	125	109	234	1,031	23	24	6	112	120	167	864

ANNÉES.	ENTRÉES: Nombre d'enfants existant au 1er janvier	Nombre d'enfants admis: Garçons	Filles	Totaux	Total des existences et des admissions	SORTIES: Enfants arrivés à l'âge ou ayant cessé d'être à la charge des hospices	Enfants retirés par les parents ou par des bienfaiteurs	Morts: aux hospices	chez les nourrices	Totaux	Total des sorties et des morts	No[mbre] d'e[nfants] re[stant] à l[a fin de] l'a[nnée]
45e LOT. (Suite.)												
1821	864	145	127	272	1,136	28	23	3	183	186	237	
1822	899	140	121	261	1,160	16	35	30	120	150	204	
1823	956	147	120	267	1,223	21	54	4	131	135	210	
1824	1,013	126	111	237	1,250	85	65	8	95	103	257	[illegible]
1825	993	54	58	112	1,105	40	346	5	83	88	476	
1826	629	20	18	37	666	38	13	12	60	72	123	
1827	563	32	20	52	615	48	25	4	26	30	103	
1828	512	37	39	76	588	12	9	14	46	60	81	
1829	507	50	41	91	598	16	7	6	21	27	50	
46e LOT-ET-GARONNE												
1809	857	120	200	320	1,183	29	52	88	128	216	297	
1810	886	145	157	302	1,188	21	62	139	78	217	300	
1811	888	101	190	291	1,179	5	25	211	97	308	330	
1812	840	103	181	281	1,121	27	13	130	95	225	260	
1813	861	105	145	251	1,112	11	32	97	81	178	221	
1814	891	130	124	254	1,145	36	19	130	77	207	251	
1815	894	117	119	236	1,130	33	29	79	87	166	228	
1816	902	172	125	297	1,130	43	44	30	139	169	256	
1817	933	116	145	261	1,194	58	80	26	130	156	294	
1818	900	138	128	261	1,161	90	52	35	113	148	290	
1819	871	145	155	300	1,171	76	36	49	96	145	257	
1820	914	165	150	315	1,229	32	80	57	109	166	178	
1821	951	180	202	382	1,333	62	119	37	211	248	429	
1822	904	213	200	413	1,317	28	48	22	150	172	246	[illegible]
1823	1,009	123	138	261	1,270	28	100	45	135	180	303	[illegible]
1824	1,027	181	154	335	1,362	28	85	64	131	185	295	[illegible]
1825	1,086	170	176	346	1,432	13	136	46	104	150	299	[illegible]
1826	1,118	184	133	317	1,435	18	86	49	99	148	252	[illegible]
1827	1,178	178	141	319	1,497	35	100	54	109	163	361	[illegible]
1828	1,136	192	161	353	1,489	52	124	35	170	205	381	[illegible]
1829	1,108	181	198	379	1,487	22	50	33	139	172	244	[illegible]
47e LOZÈRE												
1810	271	27	34	61	332	10	13	3	19	22	45	
1811	287	29	32	61	348	13	7	4	23	27	47	
1812	301	25	17	42	343	19	26	1	17	18	63	
1813	280	41	46	87	367	12	8	2	28	30	50	
1814	317	39	36	75	392	19	45	»	21	21	85	
1815	307	24	29	53	360	16	37	5	19	24	77	
1816	268	44	37	81	364	11	16	»	26	26	53	
1817	311	31	33	64	375	15	59	»	19	19	93	
1818	282	29	32	61	343	9	22	1	14	15	46	
1819	297	45	42	87	384	27	16	4	23	27	70	
1820	314	37	34	71	385	30	27	1	33	34	91	
1821	294	52	66	118	412	7	5	»	35	35	47	
1822	365	60	52	112	477	6	5	1	24	25	86	
1823	441	63	71	134	575	8	48	»	23	23	79	
1824	496			125	621	5	18	»	68	68	91	
1825	530			85	615	54	72	»	51	51	177	
1826	438			156	594	8	51	»	23	23	82	
1827	512			74	586	13	89	»	36	36	138	
1828	443			74	522	16	3	»	39	39	58	
1829	464			124	588	6	13	»	41	41	56	
48e MAINE-ET-LOIRE.												
1810	1,197	183	192	375	1,572	31	19	6	155	161	212	[illegible]
1811	1,380	234	227	461	1,841	67	37	36	206	242	316	[illegible]
1812	1,525	169	185	354	1,879	59	30	20	184	204	293	[illegible]
1813	1,586	176	164	340	1,926	112	44	47	198	245	401	[illegible]

ANNÉES	ENTRÉES. Nombre d'enfants existant au 1er janvier	Nombre d'enfants admis. Garçons	Filles	Totaux	Total des existences et des admissions	SORTIES. Enfants arrivés à l'âge où ils cessent d'être à la charge des hospices	Enfants retirés par les parents ou par des bienfaiteurs	Morts aux hospices	Morts chez les nourrices	Morts totaux	Total des sorties et des morts	Nombre d'enfants restant à la fin de l'année
48° MAINE-ET-LOIRE. (Suite.)												
	1,595	225	98	323	1,848	152	33	131	105	236	421	1,427
	1,427	212	200	412	1,839	83	19	102	135	237	339	1,440
	1,440	200	217	417	1,857	60	22	141	125	266	357	1,500
	1,500	190	220	410	1,910	84	11	23	117	140	235	1,675
	1,675	187	202	389	2,064	97	23	14	209	223	343	1,721
	1,721	245	220	465	2,186	139	38	24	216	240	417	1,767
	1,767	200	226	426	2,193	118	27	25	203	228	373	1,820
	1,820	242	240	482	2,302	100	53	14	264	278	431	1,871
	1,871	229	272	501	2,372	138	57	7	300	307	502	1,870
	1,870	240	265	505	2,375	122	45	5	179	184	351	2,024
	2,024	250	287	537	2,561	117	38	14	253	267	422	2,139
	2,139	240	250	490	2,629	106	30	7	224	231	473	2,160
	2,160	260	297	566	2,726	817	408	18	231	249	1,472	1,254
	1,264	294	240	534	1,798	211	51	39	198	237	499	1,289
	1,280	261	320	581	1,870	149	37	22	263	285	471	1,399
	1,309	260	232	492	1,891	60	14	69	244	313	387	1,504
49° MANCHE.												
	1,350	360	350	710	2,009	78	70	88	238	326	474	1,595
	1,595	284	287	571	2,166	122	84	93	281	374	580	1,586
	1,586	232	214	446	2,032	73	99	45	210	255	427	1,605
	1,605	260	265	525	2,130	70	69	73	230	303	442	1,688
	1,688	278	291	569	2,257	67	30	47	206	253	409	1,898
	1,898	286	277	563	2,461	63	97	44	240	284	444	2,017
	2,017	261	285	546	2,563	113	55	56	225	290	468	2,095
	2,095	238	238	476	2,571	76	37	128	235	363	479	2,092
	2,092	272	262	534	2,626	79	48	138	261	399	496	2,130
	2,130	359	305	724	2,844	118	70	207	285	492	680	2,158
	2,158	483	502	985	3,140	77	850	236	271	507	1,434	1,706
	1,706	256	250	506	2,212	165	175	185	336	521	858	1,867
	1,867	328	332	660	2,017	43	80	40	172	212	335	1,682
	1,682	273	380	653	2,335	65	217	50	274	324	606	1,729
	1,729	293	275	568	2,297	57	280	20	287	257	594	1,708
	1,708	312	352	564	2,257	80	40	25	277	302	422	1,845
	1,845	378	251	629	2,474	20	100	27	338	365	494	1,980
	1,980	289	294	583	2,563	110	24	28	250	278	407	2,156
	2,156	292	341	633	2,789	264	370	49	293	305	965	1,841
	1,841	255	294	549	2,390	45	801	34	250	293	1,130	1,261
	1,251	240	268	508	1,759	20	128	33	220	255	403	1,356
	1,355	217	243	460	1,815	42	118	39	237	276	433	1,382
	1,382	247	288	535	1,917	65	125	43	231	274	464	1,453
	1,453	240	272	512	1,965	35	25	68	250	318	396	1,567
50° MARNE.												
	724	127	104	231	955	41	18	18	122	136	195	760
	750	100	99	208	968	54	26	13	148	161	239	729
	729	98	96	194	923	21	72	67	134	201	294	629
	629	101	103	204	833	26	27	35	137	172	225	608
	608	141	135	276	884	37	33	49	140	189	259	625
	625	220	206	426	1,051	34	30	76	154	230	294	757
	757	168	148	316	1,073	62	32	85	188	218	322	751
	751	108	160	303	1,054	58	15	17	200	217	289	765
	765	168	150	324	1,089	28	28	2	178	180	235	835
	835	176	158	334	1,172	67	24	10	184	194	285	887
	887	162	149	311	1,198	45	41	3	212	215	301	894
	894	146	169	315	1,209	54	41	0	138	137	222	987
	(a)1,250	122	140	262	1,548	36	42	4	140	163	321	1,227
	1,227	168	137	305	1,532	60	35	7	213	220	315	1,217
50° MARNE. (Suite.)												
1826	1,217	149	112	261	1,478	97	59	8	165	173	329	1,149
1827	1,149	173	172	345	1,494	182	58	17	154	171	361	1,133
1828	1,133	177	201	378	1,511	38	55	18	194	212	305	1,206
1829	1,206	230	192	422	1,628	74	24	23	202	225	323	1,305
51° MARNE (HAUTE-).												
1811	360	91		91	451	18	15	1	46	47	80	371
1812	371	104		104	475	12	19	4	40	44	75	400
1813	400	113		113	513	16	11	1	51	52	79	434
1814	434	74		74	508	28	12	1	85	86	126	382
1815	382	89		89	471	17	21	3	61	64	102	369
1816	369	180		180	549	27	19	2	26	28	74	475
1817	475	341		341	816	36	36	4	70	74	146	670
1818	670	152		152	822	102	70	1	50	51	223	599
1819	599	165		165	764	70	27	2	95	97	194	570
1820	570	141		141	711	30	32	1	62	63	134	577
1821	577	145		145	722	45	26	2	61	63	136	586
1822	586	126		126	712	30	34	2	86	88	152	560
1823	560	178		178	738	35	20		63	63	127	611
1824	611	73	68	141	752	48	31	2	71	73	152	600
1825	600	67	69	136	736	24	38		56	56	118	618
1826	618	62	69	131	749	32	31		63	63	126	623
1827	623	83	56	139	762	48	44	1	39	40	132	610
1828	610	78	87	165	775	53	21	2	54	56	130	625
1829	626	71	70	141	766	54	84	1	42	43	111	655
52° MAYENNE.												
1807	410	62	59	121	532	10	52	3	70	73	95	436
1808	436	64	59	123	559	8	7	6	61	67	82	477
1809	477	74	56	130	607	15	13	2	32	34	112	495
1810	495	100	97	197	692	12	9	10	173	183	204	488
1811	488	205	151	356	874	21	14	8	134	142	177	697
1812	697	93	89	182	879	30	10	9	142	151	191	688
1813	688	80	96	176	864	30	29	42	127	169	228	638
1814	638	85	85	170	808	33	23	34	129	163	219	589
1815	589	114	115	229	818	20	4	33	164	197	221	597
1816	597	144	141	285	882	50	8	28	156	184	242	640
1817	640	196	176	372	1,012	45	5	21	151	172	222	790
1818	790	135	151	286	1,076	40	9	15	167	170	230	846
1819	846	157	166	323	1,169	60	11	5	156	161	212	957
1820	957	170	152	322	1,250	53	11	24	137	161	225	1,034
1821	1,034	154	157	311	1,345	78	14	29	175	204	296	1,049
1822	1,049	163	147	310	1,359	56	8	12	202	214	278	1,081
1823	1,081	156	141	297	1,378	59	7	40	120	160	235	1,143
1824	1,143	165	179	344	1,487	55	19	18	154	172	245	1,241
1825	1,241	160	117	277	1,518	54	18	21	132	153	275	1,243
1826	1,243	185	190	375	1,618	508	209	72	125	157	1,054	574
1827	574	160	139	299	873	77	102	35	111	136	315	558
1828	556	180	110	285	846	62	4	21	104	110	212	635
1829	634	133	114	247	881	7	58	22	118	140	205	676
53° MEURTHE.												
An XII	1,070	65	91	156	1,226	22	30	11	81	92	144	1,112
An XIII	1,112	80	77	157	1,269	5	28	10	65	75	109	1,160
An XIV (1806)	1,160	80	80	160	1,320	19	22	9	70	79	120	1,200
1807	1,200	98	91	189	1,389	40	16	8	92	99	155	1,233
1808	1,243	108	104	212	1,455	60	37	5	81	86	173	1,282

(a) Les mouvements de l'hospice de Vitry commencent seulement à cette époque.

ANNÉES.	ENTRÉES. Nombre d'enfants existant au 1er janvier	Nombre d'enfants admis: Garçons.	Filles.	Totaux.	Total des existences et des admissions	SORTIES. Enfants arrivés à l'âge où ils cessent d'être à la charge des hospices.	Enfants retirés par les parents ou par des bienfaiteurs.	Morts: aux hospices.	chez les nourrices.	Totaux.	Total des sorties et des morts	Nombre d'enfants restant à la fin de l'année
53e MEURTHE. (Suite)												
1809	1,282	132	97	229	1,511	54	23	3	106	109	186	1,325
1810	1,325	160	145	305	1,630	83	47	4	136	140	270	1,360
1811	1,360	175	169	344	1,704	98	65	24	137	161	324	1,380
1812	1,380	185	179	364	1,744	64	60	23	139	162	280	1,395
1813	1,458	196	189	385	1,843	105	51	26	149	175	391	1,452
1814	1,452	150	146	296	1,748	167	83	54	74	128	398	1,450
1815	1,426	196	182	388	1,808	102	38	39	197	236	378	1,431
1816	1,432	199	196	395	1,827	42	58	97	162	249	349	1,478
1817	1,478	253	227	480	1,988	98	50	5	258	263	411	1,517
1818	1,547	140	135	275	1,822	25	40	10	196	206	260	1,542
1819	1,542	189	183	372	1,914	73	15	12	76	88	176	1,738
1820	1,758	201	197	398	2,156	160	14	25	123	148	351	1,805
1821	1,805	198	195	393	2,198	114	65	14	120	140	319	1,879
1822	1,879	210	203	413	2,292	178	65	25	142	167	410	1,882
1823	1,882	209	196	405	2,287	131	201	13	125	138	470	1,817
1824	1,517	151	140	291	2,108	88	116	12	136	148	352	1,756
1825	1,756	162	156	318	2,074	198	87	9	126	135	420	1,654
1826	1,654	171	166	337	1,991	52	98	16	115	131	281	1,710
1827	1,710	180	166	346	2,056	101	103	23	123	146	350	1,706
1828	1,706	169	153	322	2,028	180	85	19	122	141	366	1,663
1829	1,663	190	185	375	2,038	84	52	20	141	161	277	1,761
54e MEUSE.												
1809	269	85	47	132	401	32	19	5	57	62	118	283
1810	285	62	44	106	394	14	18	7	69	66	98	297
1811	297	61	70	131	428	9	20	2	70	72	101	327
1812	327	61	60	121	448	15	20	2	62	64	99	349
1813	349	73	70	143	492	15	20	6	80	86	133	359
1814	359	59	62	121	480	10	13	10	69	79	111	369
1815	369	50	57	107	476	20	10	13	62	75	105	371
1816	371	74	74	148	519	23	5	11	64	75	103	416
1817	416	115	88	203	619	12	18	7	95	102	132	457
1818	457	66	62	128	585	30	16	15	66	81	135	480
1819	480	63	69	132	612	16	17	9	80	89	124	488
1820	488	63	58	121	609	20	18	4	68	72	105	504
1821	504	59	61	120	624	35	10	5	61	66	111	513
1822	513	77	52	129	642	27	19	5	76	81	127	515
1823	515	55	56	111	626	35	15	1	52	53	103	523
1824	523	69	58	127	650	50	19	4	62	66	135	515
1825	515	55	54	109	624	23	25	4	48	52	100	524
1826	524	59	61	120	644	26	6	6	70	76	108	536
1827	536	50	51	101	637	37	8	2	52	54	99	538
1828	538	86	43	129	667	39	14	2	65	67	120	547
1829	547	74	55	129	676	59	11	3	67	70	140	546
55e MORBIHAN.												
1815	589	200	175	375	962	52	26	8	75	83	161	801
1816	801	115	210	325	1,126	111	33	19	84	103	247	880
1817	880	211	71	282	1,141	23	31	12	80	92	146	995
1818	995	138	175	313	1,308	36	47	11	128	139	221	1,087
1819	1,087	140	136	276	1,363	34	30	17	95	112	175	1,188
1820	1,188	201	77	278	1,466	33	30	10	86	96	165	1,278
1821	1,278	109	98	207	1,485	61	47	21	127	148	256	1,289
1822	1,289	145	100	245	1,534	65	29	14	110	124	218	1,316
1823	1,316	53	34	87	1,403	47	31	21	105	126	204	1,199
1824	1,199	106	100	206	1,405	60	31	23	68	91	181	1,214
1825	1,214	100	108	208	1,422	51	53	25	89	115	220	1,193
1826	1,193	84	103	187	1,380	89	275	15	66	81	395	982
1827	982	87	76	163	1,145	45	37	17	75	92	172	973
1828	973	98	105	203	1,176	27	35	11	87	98	160	1,016
1829	1,016	96	95	191	1,207	32	32	16	80	95	162	1,045

ANNÉES.	ENTRÉES. Nombre d'enfants existant au 1er janvier	Nombre d'enfants admis: Garçons.	Filles.	Totaux.	Total des existences et des admissions	SORTIES. Enfants arrivés à l'âge où ils cessent d'être à la charge des hospices	Enfants retirés par les parents ou par des bienfaiteurs	Morts: aux hospices.	chez les nourrices.	Totaux.	Total des sorties et des morts
56e MOSELLE											
1806	564	104	93	197	761	25	53	7	69	76	165
1807	598	112	99	211	809	20	57	3	67	70	147
1808	662	125	112	237	899	12	50	5	68	73	145
1809	754	155	137	295	1,040	12	108	7	74	81	201
1810	848	115	94	209	1,057	56	151	2	101	103	310
1811	747	134	144	278	1,025	60	84	3	88	91	235
1812	820	151	121	272	1,092	55	21	8	84	92	168
1813	926	122	116	238	1,164	68	28	7	108	115	211
1814	953	133	135	268	1,221	47	40	44	135	179	266
1815	945	140	140	280	1,225	53	25	31	106	137	215
1816	1,010	170	136	306	1,316	85	26	13	105	118	229
1817	1,116	274	246	520	1,636	75	61	24	174	198	337
1818	1,299	115	139	255	1,554	71	82	13	188	201	367
1819	1,267	130	162	321	1,588	116	43	11	116	127	286
1820	1,300	147	119	266	1,565	35	79	5	96	101	255
1821	1,301	135	125	260	1,561	90	72	9	74	83	245
1822	1,316	78	66	144	1,460	102	79	9	71	80	261
1823	1,199	110	73	183	1,382	111	41	9	54	63	215
1824	1,167	41	37	78	1,245	104	44	4	42	46	194
1825	1,051	70	61	131	1,182	30	50	6	29	35	171
1826	1,011	58	45	103	1,114	52	35	9	40	49	136
1827	978	44	48	92	1,070	102	25	5	30	35	162
1828	908	93	99	117	1,025	92	20	4	21	25	137
1829	888	50	37	87	975	95	32	12	27	39	166
57e NIÈVRE											
1811	488	131	104	235	723	15	10	45	134	179	204
1812	519	132	127	259	778	"	11	19	101	120	131
1813	647	146	101	247	894	"	26	52	97	149	175
1814	719	161	100	261	980	"	33	92	132	224	257
1815	673	121	119	240	913	"	11	129	51	180	191
1816	722	128	137	265	987	"	38	105	145	250	288
1817	690	155	175	340	1,030		7	12	67	79	86
1818	953	157	167	324	1,277	11	25	22	110	132	168
1819	1,109	173	173	346	1,455	8	7	15	209	224	239
1820	1,221	195	205	390	1,617	17	41	29	217	246	304
1821	1,313	161	201	362	1,675	7	9	49	132	181	197
1822	1,478	200	177	377	1,855	42	10	63	189	242	303
1823	1,552	175	165	340	1,892	36	12	47	185	232	272
1824	1,620	120	242	362	1,982	17	17	40	164	215	247
1825	1,735	161	200	361	2,096	87	33	57	234	291	411
1826	1,683	140	222	362	2,047	36	16	40	170	223	270
1827	1,777	183	195	378	2,150	137	15	97	160	257	407
1828	1,693	136	149	272	1,965	143	14	131	138	269	446
1829	1,619	135	159	294	1,913	126	8	91	126	217	351
58e NORD											
1811	2,546	680	574	1,253	3,779	195	114	12	743	757	1,066
1812	2,715	642	590	1,232	3,947	134	451	30	689	778	1,380
1813	2,087	480	460	940	3,027	95	114	35	615	653	859
1814	2,668	511	463	974	3,659	95	105	26	676	641	901
1815	2,788	480	423	903	3,691	148	108	21	543	564	810
1816	2,881	536	467	1,003	3,884	186	63	18	711	729	980
1817	2,954	662	598	1,260	4,114	164	94	58	812	865	1,123
1818	2,091	513	465	981	3,072	196	112	19	702	721	1,031
1819	2,041	565	490	1,055	3,096	228	75	12	549	561	864
1820	3,042	514	496	1,010	4,052	217	88	17	569	586	891
1821	3,161	461	553	914	4,075	240	99	15	532	597	612
1822	3,165	507	451	958	4,121	230	77	17	536	553	885
1823	3,285	550	440	970	4,255	233	71	15	430	452	735
1824	3,500	514	477	991	4,491	252	45	13	506	519	797

ANNÉES.	ENTRÉES. Nombre d'enfants existant au 1er janvier	Nombre d'enfants admis. Garçons.	Filles.	Totaux.	Total des existences et des admissions.	SORTIES. Enfants arrivés à l'âge où ils cessent d'être à la charge des hospices.	Enfants retirés par les parents ou par des bienfaiteurs.	Morts aux hospices.	chez les nourrices.	Totaux.	Total des sorties et des morts	Nombre d'enfants restant à la fin de l'année.
58e NORD (Suite).												
…	3,694	501	442	943	4,637	327	41	19	493	512	880	3,757
…	3,757	479	452	931	4,688	261	69	11	506	617	867	3,821
…	3,821	450	420	880	4,701	813	378	13	845	858	1,549	3,152
…	3,152	443	408	851	4,003	155	58	14	417	431	644	3,359
…	3,359	450	418	868	4,227	186	71	15	454	469	726	3,501
59e OISE.												
…	45	18	15	33	78	"	2	"	10	19	21	57
…	57	17	16	33	90	"	1	"	8	8	9	81
…	81	14	23	37	116	"	1	"	18	18	19	97
…	90	21	27	48	147	"	5	1	12	13	18	129
…	129	37	28	65	194	"	8	"	26	26	34	160
…	100	45	42	87	247	"	4	2	44	46	50	197
…	197	44	36	80	277	"	8	"	37	37	45	232
…	232	46	40	86	318	"	7	2	42	44	51	267
…	267	38	37	75	342	1	8	3	57	60	69	273
…	278	37	45	82	355	2	26	7	21	28	54	301
…	301	35	51	86	387	5	9	3	45	48	62	325
…	325	56	54	110	435	11	11	5	48	53	75	360
…	360	126	144	270	630	10	14	7	56	63	87	543
…	548	85	81	166	709	3	24	5	93	98	136	570
…	570	76	62	138	717	12	16	34	90	124	152	565
…	565	78	73	151	716	1	41	10	72	82	124	592
…	592	120	79	199	791	28	55	20	65	91	174	617
…	617	87	106	193	810	43	52	21	51	72	167	643
…	643	87	99	184	829	35	24	23	63	56	145	684
…	684	87	107	194	878	32	62	16	74	90	184	694
…	694	124	108	232	926	32	64	18	63	81	177	749
…	749	133	100	233	982	35	10	24	95	119	164	818
…	818	105	106	211	1,029	64	25	32	113	145	234	795
…	795	95	93	188	983	60	18	27	64	91	169	814
…	814	108	84	192	1,006	44	15	27	94	121	180	826
…	826	109	89	198	1,024	20	20	25	96	121	170	854
…	854	126	112	238	1,092	29	73	24	107	131	238	854
…	854	108	110	218	1,072	20	64	21	81	102	186	886
…	886	129	115	244	1,130	26	67	19	102	121	214	916
…	916	131	128	259	1,175	32	49	16	90	106	187	[illegible]
60e ORNE.												
…	967	274		274	1,241	60	21	11	127	138	219	1,022
…	1,022	258		258	1,280	54	17	9	124	133	204	1,076
…	1,076	291		291	1,367	166	33	13	131	144	343	1,024
…	1,024	274		274	1,298	50	28	14	127	141	219	1,079
…	1,070	282		282	1,361	69	22	15	129	144	235	1,126
…	1,126	263		288	1,400	73	26	18	137	155	254	1,155
…	1,155	247		247	1,402	71	23	7	131	138	232	1,170
…	1,170	202		252	1,432	90	20	7	107	114	224	1,208
…	1,208	114	106	220	1,428	73	8	6	135	141	227	1,201
…	1,201	124	129	253	1,454	90	12	11	123	134	236	1,218
…	1,218	96	118	214	1,432	76	13	17	107	124	215	1,217
…	1,217	108	111	219	1,436	201	3	13	108	121	230	1,206
…	1,206	146	135	281	1,487	368	175	9	118	127	670	817
…	817	99	105	204	1,021	55	22	7	50	98	166	855
61e PAS-DE-CALAIS.												
…	"	3	2	5	5	"	"	"	"	"	"	5
(A).	616	127	112	239	855	67	20	12	45	57	144	711
61e PAS-DE-CALAIS (Suite).												
1808	711	140	132	281	992	159	51	25	48	73	313	679
1809	679	140	143	292	971	202	39	20	53	73	214	757
1810	757	132	146	278	1,035	100	50	31	84	115	265	770
1811 (a)	792	121	126	247	1,039	114	89	15	79	94	247	792
1812	848	383	421	804	1,652	94	21	25	192	217	332	1,320
1813	1,320	213	220	447	1,767	110	24	28	165	193	327	1,440
1814	1,440	222	212	434	1,874	175	122	18	171	189	486	1,388
1815	1,388	242	216	458	1,846	94	73	15	196	211	413	1,444
1816	1,458	307	282	580	2,037	81	47	14	271	285	413	1,644
1817	1,644	308	299	607	2,251	109	44	17	333	350	503	1,748
1818	1,748	209	195	404	2,152	146	88	11	264	275	509	1,643
1819	1,543	214	210	424	2,067	185	85	18	242	255	475	1,592
1820	1,602	257	242	499	2,091	110	81	12	222	234	425	1,666
1821	1,666	262	251	513	2,179	115	62	22	307	329	506	1,673
1822	1,673	223	210	447	2,120	121	151	7	274	281	553	1,567
1823	1,567	155	100	255	1,822	205	68	19	185	205	478	1,344
1824	1,344	219	185	404	1,748	103	53	6	219	225	386	1,362
1825	1,362	201	202	403	1,765	120	51	7	227	234	405	1,360
1826	1,360	196	175	371	1,731	129	38	4	208	212	379	1,352
1827	1,352	201	190	391	1,743	123	122	5	211	216	468	1,280
1828	1,280	236	230	476	1,754	79	80	6	249	255	414	1,340
1829	1,340	277	219	496	1,836	51	46	11	278	289	416	1,420
62e PUY-DE-DÔME.												
1816	2,465	292	286	578	3,043	92	162	79	226	305	559	2,484
1817	2,434	371	295	566	3,050	91	232	70	236	306	619	2,431
1818	2,431	309	291	600	3,081	110	93	104	289	393	596	2,435
1819	2,435	303	288	561	3,051	87	123	70	229	308	518	2,468
1820	2,493	287	291	578	3,070	79	150	61	162	223	452	2,624
1821	2,624	226	230	455	3,079	88	763	42	225	267	1,118	1,961
1822	1,961	257	271	528	2,489	91	343	47	201	248	682	1,807
1823	1,807	251	237	488	2,295	80	141	66	146	212	433	1,862
1824	1,862	236	194	430	2,292	112	80	38	191	229	421	1,871
1825	1,871	199	181	380	2,251	105	100	26	139	165	370	1,881
1826	1,881	218	197	415	2,296	100	88	42	189	231	419	1,877
1827	1,877	346	313	659	2,536	772	144	31	160	101	1,107	1,429
1828	1,429	251	227	478	1,907	48	32	24	214	238	318	1,589
1829	1,589	228	202	425	2,014	79	26	24	152	176	281	1,733
63e PYRÉNÉES (BASSES-).												
1815	1,284	200	213	413	1,697	185	1	103	88	281	467	1,230
1816	1,230	230	174	404	1,634	58	12	155	46	201	271	1,363
1817	1,363	220	252	472	1,835	104	11	180	121	301	416	1,419
1818	1,419	190	188	378	1,797	165	27	88	118	206	398	1,399
1819	1,399	195	186	381	1,780	412	27	95	172	267	706	1,074
1820	1,074	215	203	418	1,492	80	48	76	103	179	307	1,185
1821	1,185	220	216	436	1,621	18	23	65	100	165	206	1,418
1822	1,418	215	209	507	1,925	213	15	76	115	191	419	1,506
1823	1,506	250	247	497	2,003	83	20	44	158	202	305	1,698
1824	1,698	250	261	511	2,209	165	80	79	221	300	564	1,655
1825	1,655	258	240	498	2,153	121	18	42	163	205	344	1,809
1826	1,809	216	234	450	2,259	251	16	35	169	104	461	1,798
1827	1,798	220	207	427	2,225	106	14	68	101	164	344	1,881
1828	1,881	274	248	522	2,403	219	22	97	176	273	514	1,889
1829	1,889	266	240	506	2,395	209	14	93	157	246	471	1,924

(A) De nouveaux hospices font varier les chiffres d'une année à l'autre, en augmentant, par leur effectif, le nombre des Enfants trouvés.

(a) Les différences d'une année à l'autre proviennent de nouveaux hospices.

64e PYRÉNÉES (HAUTES-).

ANNÉES	ENTRÉES. Nombre d'enfants existant au 1er janvier	Nombre d'enfants admis. Garçons	Filles	Totaux	Total des existences et des admissions	SORTIES. Enfants arrivés à l'âge où ils cessent d'être à la charge des hospices	Enfants retirés par les parents ou par des bienfaiteurs	Morts aux hospices	chez les nourrices	Totaux	Total des sorties et des morts	Nombre d'enfants restant à la fin de l'année
1816	230	182		182	415	2	86	4	6	10	96	320
1817	320	285		285	605	4	25	33	52	85	114	491
1818	491	93	89	182	673	31	54	39	57	96	181	492
1819	492	91	87	178	670	17	26	31	64	95	130	535
1820	534	84	69	153	687	10	22	57	8	60	106	581
1821	581	87	70	157	738	23	6	18	63	81	110	628
1822	628	83	74	157	785	44	65	27	89	116	225	560
1823	560	105	97	202	762	17	12	16	70	86	115	647
1824	647	110	108	218	865	22	25	25	65	90	137	728
1825	728	103	108	211	939	65	3	30	67	97	165	774
1826	774	100	119	219	993	90	16	36	95	131	237	756
1827	756	100	125	232	988	15	37	36	53	89	141	847
1828	847	91	94	185	1,032	87	30	39	82	121	238	794
1829	794	99	105	204	998	58	20	33	98	131	209	789

65e PYRÉNÉES-ORIENTALES.

ANNÉES	Existant au 1er janvier	Garçons	Filles	Totaux	Total des existences et des admissions	Arrivés à l'âge	Retirés	Morts aux hospices	chez les nourrices	Totaux	Total des sorties et des morts	Restant à la fin de l'année
1811	404	86	106	192	596	40	,	143	69	212	252	344
1812	344	99	103	202	546	52	,	135	45	180	232	314
1813	314	96	98	194	508	35	,	151	30	181	216	292
1814	292	79	97	176	468	39	,	132	15	147	186	282
1815	282	129	99	228	510	27	17	135	26	161	205	305
1816	305	108	95	203	508	31	4	121	28	149	184	324
1817	324	120	125	248	572	26	5	135	55	190	221	351
1818	351	128	99	227	578	37	16	106	41	147	200	378
1819	378	116	115	231	609	35	25	119	62	181	241	368
1820	368	121	122	243	611	34	9	109	73	182	225	386
1821	386	136	128	264	650	33	9	99	44	143	185	465
1822	465	142	149	291	756	30	24	119	59	178	232	524
1823	524	141	155	296	820	28	24	115	91	206	258	562
1824	562	145	130	275	837	47	21	104	81	185	253	584
1825	584	125	139	264	848	45	47	134	74	208	300	548
1826	548	141	121	262	810	38	19	113	86	199	256	554
1827	554	144	150	294	848	51	35	111	85	196	282	566
1828	566	154	156	310	876	64	38	115	117	232	334	542
1829	542	152	110	262	804	56	15	128	101	224	295	509

66e RHIN (BAS-)

ANNÉES	Existant au 1er janvier	Garçons	Filles	Totaux	Total des existences et des admissions	Arrivés à l'âge	Retirés	Morts aux hospices	chez les nourrices	Totaux	Total des sorties et des morts	Restant à la fin de l'année
1800	80	44		44	130	15	5	,	,	,	16	112
1801	112	66		68	178	15	2	3	,	3	20	158
1802	158	48		48	206	12	2	4	,	4	18	188
1803	188	64		64	252	14	5	5	,	5	24	228
1804	228	49		49	277	10	5	3	,	3	18	259
1805	259	60		60	310	27	4	8	,	8	39	280
1806	280	50		50	330	45	5	18	,	18	68	262
1807	262	53		53	315	25	3	9	,	9	37	278
1808	278	49		49	327	20	7	5	,	5	41	286
1809	285	61		61	347	30	4	16	,	15	53	294
1810	294	67		67	361	52	12	25	,	25	89	272
1811	272	72		72	344	45	34	19	,	19	99	245
1812	245	66		66	311	20		5	,	5	25	286
1813	286	129		120	415	22	,	4	,	4	26	389
1814	389	48		48	437	60	,	9	,	9	69	368
1815	368	75		75	443	114	,	18	,	18	132	311
1816	311	155		165	466	65	16	11	,	11	92	374
1817	374	350		350	724	130	83	45	,	48	204	516
1818	516	285		285	808	152	19	34	,	34	263	564
1819	508	360		306	904	182	44	36	,	36	283	621

66e RHIN (BAS-) (Suite).

ANNÉES	Existant au 1er janvier	Garçons	Filles	Totaux	Total des existences et des admissions	Arrivés à l'âge	Retirés	Morts aux hospices	chez les nourrices	Totaux	Total des sorties et des morts	Restant à la fin de l'année
1820 (a)	905	490		490	1,455	474	43	15	36	51	568	88
1821	887	317		317	1,204	199	29	13	46	59	287	91
1822	917	230		230	1,147	171	15	35	39	74	260	88
1823	887	143		143	1,030	68	35	26	44	70	169	86
1824	864	151		151	1,015	121	47	11	31	42	210	80
1825	805	245		245	1,050	128	20	11	18	29	177	87
1826	873	71	70	141	1,014	189	50	11	44	55	294	72
1827	720	75	76	151	871	139	48	12	32	44	231	64
1828	640	90	90	180	820	71	58	9	32	41	170	65
1829	650	88	88	176	826	92	54	9	41	50	196	63

67e RHIN (HAUT-).

ANNÉES	Existant au 1er janvier	Garçons	Filles	Totaux	Total des existences et des admissions	Arrivés à l'âge	Retirés	Morts aux hospices	chez les nourrices	Totaux	Total des sorties et des morts	Restant à la fin de l'année
1814	175	14	7	21	196	4	,	,	6	6	10	18
1815	186	12	9	21	207	28	1	,	8	8	37	17
1816	170	28	17	45	215	14	8	1	13	14	36	27
1817	179	49	24	73	252	15	5	"	14	14	34	21
1818	218	27	15	42	260	34	,	,	17	17	51	20
1819	209	31	16	47	256	25	3	"	7	7	35	22
1820	221	30	12	42	263	26	,		11	11	37	22
1821	226	36	14	50	276	27	2	,	10	10	39	23
1822	237	24	15	39	276	25	4	,	6	6	35	24
1823	241	27	17	44	285	38	1	,	12	12	51	23
1824	234	20	22	51	285	27	2	"	9	9	38	24
1825	247	27	22	49	296	44	11	,	11	11	66	23
1826	230	16	18	34	264	18	8	.	9	9	35	22
1827	229	18	24	42	271	34	2	"	7	7	43	22
1828	228	20	18	38	266	27	13	"	10	10	50	21
1829	216	28	20	48	264	26	6	"	11	11	43	22

68e RHONE.

ANNÉES	Existant au 1er janvier	Garçons	Filles	Totaux	Total des existences et des admissions	Arrivés à l'âge	Retirés	Morts aux hospices	chez les nourrices	Totaux	Total des sorties et des morts	Restant à la fin de l'année
An X	3,684	505	526	1,031	4,765	422	25	271	485	756	1,203	3,56
An XI	3,562	570	547	1,117	4,679	337	28	435	573	1,008	1,373	3,30
An XII	3,306	620	514	1,134	4,440	287	80	316	547	863	1,180	3,26
An XIII	3,260	565	539	1,104	4,364	94	24	398	440	838	956	3,40
An XIV (1806)	3,408	813	724	1,537	4,945	176	30	752	503	1,237	1,443	3,50
1807	3,502	672	622	1,244	4,746	500	31	629	403	932	1,463	3,28
1808	3,283	765	624	1,296	4,579	174	24	569	325	894	1,092	3,48
1809	3,487	772	626	1,331	4,818	134	22	347	408	755	911	3,90
1810	3,907	770	672	1,444	5,351	103	15	349	589	938	1,056	4,29
1811	4,295	699	700	1,360	5,805	60	24	347	667	1,014	1,098	4,75
1812	4,757	704	738	1,437	6,194	81	30	468	605	1,073	1,184	5,01
1813	5,010	734	669	1,373	6,383	698	25	510	546	1,056	1,779	4,60
1814	4,604	734	716	1,450	6,054	192	15	361	462	823	1,038	5,02
1815	5,021	612	718	1,467	6,488	218	22	281	761	1,042	1,282	5,20
1816	5,206		746	1,358	6,564	71	24	335	674	1,009	1,104	5,66
1817	5,660	847	783	1,635	7,295	7	82	570	1,013	1,583	1,742	5,55
1818	5,653	788	709	1,497	7,050	120	81	344	680	1,024	1,344	5,70
1819	5,706	863	847	1,710	7,416	285	25	493	929	1,422	1,764	5,65
1820	5,652	838	842	1,680	7,332	812	20	420	814	1,234	1,505	5,82
1821	5,827	879	842	1,721	7,548	880	16	451	662	1,113	1,509	6,03
1822	6,030	896	832	1,728	7,767	202	81	258	683	1,091	1,424	6,34
1823	6,343	910	862	1,792	8,135	356	19	223	771	994	1,369	6,76
1824	6,766	878	898	1,776	8,542	270	33	163	748	911	1,220	7,32
1825	7,322	910	851	1,761	9,083	258	33	147	817	964	1,255	7,82
1826	7,828	998	961	1,939	9,767	353	38	232	828	1,060	1,431	8,33
1827	8,336	968	942	1,930	10,266	295	34	270	938	1,225	1,554	8,71

(a) Les différences d'une année à l'autre proviennent de nouveaux hospices.

68e RHÔNE. (Suite.)

ANNÉES	Nombre d'enfants existant au 1er janvier	Garçons	Filles	Totaux	Total des existences et des admissions	Enfants arrivés à l'âge où ils cessent d'être à la charge des hospices	Enfants retirés par les parents ou par des bienfaiteurs	Morts aux hospices	Morts chez les nourrices	Totaux	Total des sorties et des morts	Nombre d'enfants restant à la fin de l'année
	8,712	1,046	1,017	2,063	10,775	295	26	283	1,006	1,250	1,600	9,165
	9,165	1,021	1,001	2,022	11,188	257	30	341	917	1,258	1,766	9,451

69e SAÔNE (HAUTE-)

ANNÉES	Nombre d'enfants existant au 1er janvier	Garçons	Filles	Totaux	Total des existences et des admissions	Enfants arrivés à l'âge où ils cessent d'être à la charge des hospices	Enfants retirés par les parents ou par des bienfaiteurs	Morts aux hospices	Morts chez les nourrices	Totaux	Total des sorties et des morts	Nombre d'enfants restant à la fin de l'année
	47	9	5	14	61	1	2	5	4	9	12	49
	49	9	8	17	66	1	4	5	1	6	11	55
	55	6	10	16	73	1	4	14	ʺ	14	19	55
	54	7	9	16	70	ʺ	3	6	3	9	12	58
	58	11	8	19	77	2	ʺ	4	1	5	7	70
	70	2	4	6	76	ʺ	ʺ	6	ʺ	6	6	70
	70	7	5	12	82		1	3	ʺ	3	4	78
	78	4	7	11	89	7	7	2	3	5	19	70
	70	17	15	32	102	ʺ	1	13	1	14	15	87
	87	9	11	20	107	2	3	9	5	14	19	88
	85	9	6	15	103	1	2	6	5	11	14	89
	89	ʺ	ʺ	ʺ	80	7	ʺ	2	3	5	12	77
	77	8	10	18	95	2	ʺ	ʺ	7	7	9	86
	86	10	9	19	105	27	ʺ	1	8	9	36	69
	69	3	6	9	78	3	3	4	2	6	12	66
	65	2	6	8	74	1	4	1	6	7	12	62
	62	11	13	24	86	ʺ	6	ʺ	8	8	13	73
	73	12	5	17	90	ʺ	14	ʺ	3	3	17	73
	73	7	9	16	89	1	11	ʺ	4	4	16	73
	78	6	6	12	85		5	1	3	4	7	78
	75	4	5	9	87	2	2		4	4	8	79

70e SAÔNE-ET-LOIRE.

ANNÉES	Nombre d'enfants existant au 1er janvier	Garçons	Filles	Totaux	Total des existences et des admissions	Enfants arrivés à l'âge où ils cessent d'être à la charge des hospices	Enfants retirés par les parents ou par des bienfaiteurs	Morts aux hospices	Morts chez les nourrices	Totaux	Total des sorties et des morts	Nombre d'enfants restant à la fin de l'année
7	11	ʺ	1	1	12	ʺ	ʺ	ʺ	1	1	1	11
8	11	2	3	5	16	ʺ	ʺ	ʺ	1	1	1	15
9	15	2	3	5	20	1	ʺ	ʺ	4	4	5	15
0	15	6	6	12	27	1	ʺ	ʺ	5	5	6	21
1	21	21	15	36	57	ʺ	ʺ	ʺ	4	4	4	53
2	33	9	24	33	86	1	ʺ	ʺ	10	10	11	75
3	75	22	16	37	112	2	ʺ	ʺ	21	21	23	89
4 (A)	545	72	73	145	690	13	13	ʺ	70	70	96	594
5	643	85	85	170	818	14	10	ʺ	93	93	119	699
6	699	59	94	163	862	15	22	ʺ	74	74	111	751
7	771	127	131	258	1,029	30	30	ʺ	95	95	155	874
8	874	98	85	183	1,057	18	38	ʺ	115	115	171	886
9	836	100	83	183	1,069	14	16	ʺ	102	102	132	937
0	937	95	104	199	1,136	28	24	ʺ	93	93	145	991
1	991	103	90	193	1,184	40	21	ʺ	74	74	135	1,049
2	1,049	109	84	193	1,242	54	16	ʺ	117	117	187	1,055
3	1,055	155	119	274	1,320	50	17	ʺ	74	74	141	1,188
4	1,188	109	98	207	1,395	83	30	ʺ	86	86	208	1,187
5	1,187	94	92	186	1,373	67	43	ʺ	79	79	189	1,184
6	1,184	90	104	194	1,378	69	20	ʺ	85	85	174	1,204
7	1,204	110	95	205	1,409	84	122	ʺ	100	100	306	1,103
8	1,103	120	111	231	1,334	81	27	ʺ	104	104	212	1,122
9	1,122	124	115	239	1,361	74	20	ʺ	85	85	183	1,178

71e SARTHE.

ANNÉES	Nombre d'enfants existant au 1er janvier	Garçons	Filles	Totaux	Total des existences et des admissions	Enfants arrivés à l'âge où ils cessent d'être à la charge des hospices	Enfants retirés par les parents ou par des bienfaiteurs	Morts aux hospices	Morts chez les nourrices	Totaux	Total des sorties et des morts	Nombre d'enfants restant à la fin de l'année
7	342	146	162	308	650	22	4	45	154	199	225	425
8	425	153	175	328	753	17	1	58	168	226	244	509
9	509	218	218	436	945	40	5	55	170	225	270	675
0	575	186	184	370	1,045	60	19	120	204	324	403	642
1	542	232	199	431	1,073	63	18	134	196	330	411	662
2	562	259	226	485	1,147	52	45	138	198	336	433	714
3	714	238	162	400	1,114	42	16	150	195	357	415	699
4	699	192	179	371	1,070	27	29	128	188	316	372	698

(A) Les différences d'une année à l'autre proviennent de nouveaux hospices.

71e SARTHE. (Suite.)

ANNÉES	Nombre d'enfants existant au 1er janvier	Garçons	Filles	Totaux	Total des existences et des admissions	Enfants arrivés à l'âge où ils cessent d'être à la charge des hospices	Enfants retirés par les parents ou par des bienfaiteurs	Morts aux hospices	Morts chez les nourrices	Totaux	Total des sorties et des morts	Nombre d'enfants restant à la fin de l'année
1815	698	229	225	454	1,152	38	19	132	215	348	405	747
1816	747	246	253	499	1,246	48	27	150	199	349	424	822
1817	822	276	237	513	1,335	52	8	169	212	381	441	894
1818	894	252	246	498	1,392	41	11	134	214	348	400	992
1819	992	286	252	538	1,530	77	20	54	279	333	430	1,100
1820	1,100	241	260	510	1,610	66	10	93	317	410	486	1,124
1821	1,124	287	252	539	1,663	74	12	137	378	515	601	1,062
1822	1,062	274	247	521	1,583	50	14	74	379	453	517	1,066
1823	1,066	264	224	488	1,554	58	12	23	224	247	317	1,237
1824	1,237	850		508	1,745	74	15	36	233	269	358	1,387
1825	1,387	428		488	1,815	49	20	29	308	337	406	1,409
1826	1,409	534		534	1,943	72	226	47	294	341	639	1,304
1827	1,304	474		474	1,778	73	60	126	230	356	515	1,263
1828	1,263	576		576	1,839	81	236	105	252	357	674	1,165
1829	1,165	410		410	1,575	85	17	96	159	255	357	1,218

72e SEINE.

ANNÉES	Nombre d'enfants existant au 1er janvier	Garçons	Filles	Totaux	Total des existences et des admissions	Enfants arrivés à l'âge où ils cessent d'être à la charge des hospices	Enfants retirés par les parents ou par des bienfaiteurs	Morts aux hospices	Morts chez les nourrices	Totaux	Total des sorties et des morts	Nombre d'enfants restant à la fin de l'année
1815	11,395	2,583	2,497	5,080	16,475	858	81	1,447	2,098	4,145	5,084	11,391
1816	11,391	2,630	2,450	5,080	16,471	722	93	1,465	2,522	3,987	4,802	11,669
1817	11,669	2,787	2,680	5,467	17,136	640	78	1,562	2,807	4,369	5,088	12,048
1818	12,048	2,445	2,334	4,779	16,827	706	97	1,354	2,928	4,282	5,085	11,742
1819	11,742	2,551	2,506	5,057	16,799	713	56	1,367	2,841	4,208	4,977	11,822
1820	11,822	2,569	2,532	5,101	16,923	812	85	1,473	2,108	3,581	4,478	12,445
1821	12,445	2,499	2,464	4,963	17,408	870	95	1,294	2,288	3,582	4,556	12,852
1822	12,852	2,543	2,497	5,040	17,892	755	107	1,221	2,649	3,870	4,763	13,129
1823	13,129	2,586	2,530	5,116	18,245	951	101	1,358	2,082	3,415	4,467	13,778
1824	13,778	2,785	2,640	5,425	19,203	1,221	127	1,189	2,356	3,555	4,903	14,300
1825	14,300	2,770	2,686	5,456	19,756	1,127	113	1,223	2,801	4,024	5,264	14,492
1826	14,492	2,865	2,720	5,585	20,077	970	113	1,414	2,661	4,075	5,158	14,919
1827	14,919	2,897	2,712	5,609	20,528	819	114	1,486	2,356	3,842	4,775	15,753
1828	15,753	2,900	2,771	5,671	21,424	913	116	1,444	2,837	4,281	5,310	16,114
1829	16,114	2,758	2,729	5,487	21,601	941	92	1,534	2,871	4,405	5,438	16,163

73e SEINE-ET-MARNE.

ANNÉES	Nombre d'enfants existant au 1er janvier	Garçons	Filles	Totaux	Total des existences et des admissions	Enfants arrivés à l'âge où ils cessent d'être à la charge des hospices	Enfants retirés par les parents ou par des bienfaiteurs	Morts aux hospices	Morts chez les nourrices	Totaux	Total des sorties et des morts	Nombre d'enfants restant à la fin de l'année
1813	140	26	27	53	193	5	8	8	32	40	53	140
1814	140	15	18	33	173	5	8	7	34	41	54	119
1815	119	20	16	36	155	7	8	ʺ	27	27	42	113
1816	113	31	34	65	178	5	3	4	37	41	49	129
1817	129	83	73	156	285	5	18	6	55	61	84	201
1818	201	47	49	96	297	10	8	3	61	64	82	215
1819	215	54	50	104	319	7	9	5	65	70	86	233
1820	233	54	47	101	334	9	20	6	57	63	92	242
1821	242	56	55	111	353	6	20	7	69	70	101	252
1822	252	39	46	85	337	18	15	3	54	57	85	252
1823	252	54	41	95	347	11	11	3	49	52	74	273
1824	273	55	49	104	377	18	9	2	60	62	88	291
1825	291	61	56	117	408	16	13	5	66	71	100	308
1826	308	51	45	96	404	18	15	6	61	67	100	304
1827	304	55	65	120	424	33	10	7	55	62	105	319
1828	319	64	47	111	430	17	8	9	68	77	102	328
1829	326	60	41	101	429	15	3	4	75	79	102	327

74e SEINE-ET-OISE.

ANNÉES	Nombre d'enfants existant au 1er janvier	Garçons	Filles	Totaux	Total des existences et des admissions	Enfants arrivés à l'âge où ils cessent d'être à la charge des hospices	Enfants retirés par les parents ou par des bienfaiteurs	Morts aux hospices	Morts chez les nourrices	Totaux	Total des sorties et des morts	Nombre d'enfants restant à la fin de l'année
An IX	152	62	74	136	288	10	9	10	54	64	83	205
An X	205	52	42	94	299	32	19	8	42	50	101	198
An XI	198	21	26	47	245	45	112	1	14	15	172	73
An XII	73	12	6	18	91	10	8	2	3	5	23	68
An XIII	68	10	6	16	86	12	ʺ	ʺ	1	1	13	71
An XIV (1806)	71	14	13	27	98	20	14	2	1	3	37	61

ANNÉES	ENTRÉES: Nombre d'enfants existant au 1er janvier	Nombre d'enfants admis: Garçons	Filles	Totaux	Total des existences et des admissions	SORTIES: Enfants arrivés à l'âge ou ils cessent d'être à la charge des hospices	Enfants retirés par les parents ou par des bienfaiteurs	Morts: aux hospices	chez les nourrices	Totaux	Total des sorties et des morts	Nombre d'enfants restant à la fin de l'année
74e SEINE-ET-OISE (Suite)												
1807	81	20	9	29	90	6	7	2	»	2	15	75
1808	75	9	14	23	98	7	»	»	»	»	7	91
1809	91	8	8	16	107	10	»	1	»	1	11	96
1810	96	11	12	23	116	40	21	1	1	2	63	54
1811	56	23	7	30	86	20	12	1	2	3	41	45
1812	45	16	15	30	75	17	»	»	1	1	18	57
1813	57	27	21	48	105	10	9	2	3	5	24	81
1814	81	14	16	30	111	7	3	6	13	19	29	82
1815	82	15	13	28	110	8	3	7	9	16	22	88
1816	88	17	22	39	127	5	3	6	17	23	31	96
1817	96	16	10	26	122	11	0	3	10	13	33	86
1818	80	13	18	31	120	8	8	2	12	14	30	90
1819	90	8	3	11	101	1	1	»	9	9	11	90
1820	90	10	5	15	105	6	8	4	2	6	20	85
1821	85	14	15	29	114	8	8	6	4	10	26	88
1822	88	10	11	21	109	5	9	7	2	9	23	86
1823	86	17	17	34	120	8	9	4	3	7	24	96
1824	95	16	16	32	128	11	3	2	14	16	39	96
1825	96	19	17	36	132	9	2	5	7	12	23	109
1826	100	17	13	30	139	6	3	1	6	6	15	124
1827	124	18	15	33	157	7	5		23	23	35	122
1828	122	19	25	44	166	23	10	7	6	13	46	120
1829	120	31	24	55	175	25	7	»	15	15	47	128
75e SEINE-INFÉRIEURE.												
An IX	»	»	»	»		»	»	»	»	»	»	1,364
An X	1,364	»	»	»		»	»	»	»	»		1,237
An XI	1,237	»	»	»	»	»	»	»	»	»		1,202
An XII	1,202	»	»	»		»	»	»	»	»		1,165
An XIII	1,165	»	»	»		»	»	»	»	»		1,215
An XIV (1806)	1,215		»	»			»	»	»	»		1,580
1807	1,580	»	»	»	»	»	»	»	»	»		1,685
1808	1,685	»	»	»	»	»	»	»				1,745
1809	1,745	»	»	»	»			»		»	»	1,597
1810	1,597	802		802	2,459	42	118	117	458	575	739	1,750
1811	1,759	954		954	2,713	83	105	88	435	523	711	2,002
1812	2,002	1,050		1,050	3,052	130	120	117	494	611	876	2,182
1813	2,182	870		870	3,052	163	122	104	467	571	856	2,196
1814	2,196	920		920	3,116	150	121	62	525	587	858	2,258
1815	2,258	870		870	3,128	184	124	63	513	576	884	2,244
1816	2,274	1,055		1,055	3,329	108	101	98	562	660	869	2,460
1817	2,460	1,147		1,147	3,607	80	119	171	721	892	1,090	2,517
1818	2,557	886		886	3,443	128	170	170	544	714	1,012	2,431
1819	2,431	944		944	3,375	87	153	123	596	719	964	2,411
1820	2,411	953		953	3,364	38	101	106	502	608	837	2,527
1821	2,527	957		957	3,484	97	156	124	626	750	1,003	2,481
1822	2,481	984		984	3,465	131	102	103	740	843	1,076	2,389
1823	2,389	953		953	3,342	220	80	66	519	585	885	2,457
1824	2,457	906		906	3,363	209	114	71	602	673	996	2,367
1825	2,367	854		854	3,221	141	111	91	633	724	976	2,245
1826	2,265	887		887	3,152	142	73	83	575	658	873	2,279
1827	2,350	948		948	3,207	128	84	92	591	683	895	2,312
1828	2,312	1,019		1,019	3,331	182	127	84	704	788	1,098	2,233
1829	2,233	1,139		1,139	3,372	137	83	72	661	733	953	2,419
76e SÈVRES (DEUX)												
1813	521	95	75	170	691	20	15	17	49	66	101	590
1814	590	64	67	131	721	14	38	16	64	80	134	587
1815	587	67	79	146	713	21	41	7	58	65	127	586

ANNÉES	ENTRÉES: Nombre d'enfants existant au 1er janvier	Nombre d'enfants admis: Garçons	Filles	Totaux	Total des existences et des admissions	SORTIES: Enfants arrivés à l'âge ou de cessent d'être à la charge des hospices	Enfants retirés par les parents ou par des bienfaiteurs	Morts: aux hospices	chez les nourrices	Totaux	Total des sorties et des morts
76e SÈVRES (DEUX) (Suite.)											
1816	5076	60	63	123	709	25	146	15	68	83	252
1817	457	91	69	160	617	53	39	10	51	61	162
1818	455	67	68	156	590	»	1	43	39	82	83
1819	5 5	87	65	152	659	28	17	8	49	57	97
1820	562	66	72	138	698	20	14	7	35	42	76
1821	622	82	75	157	779	15	31	11	53	64	110
1822	669	79	67	166	835	17	34	17	66	83	134
1823	701	81	90	171	872	32	69	15	86	101	202
1824	670	80	78	158	828	25	24	7	62	69	118
1825	710	66	68	134	844	44	43	3	85	88	175
1826	669	69	96	165	834	25	47	5	72	77	152
1827	682	52	45	97	779	15	308	2	59	61	384
1828	495	73	96	169	564	87	125	8	51	59	271
1829	293	76	58	134	427	3	6	9	34	43	52
77e SOMME											
1811	987	294		294	1,281	38	28	6	134	140	206
1812	1,075	333		333	1,408	18	48	10	147	157	218
1813	1,250	283		283	1,533	30	56	8	163	171	257
1814	1,276	268		268	1,544	20	54	27	136	163	246
1815	1,298	258		258	1,556	29	64	52	114	166	259
1816	1,267	306		306	1,573	55	54	41	118	159	268
1817	1,295	405		405	1,700	75	57	24	175	199	331
1818	1,369	348		348	1,717	104	108	19	174	193	405
1819	1,312	344		344	1,656	83	46	12	158	170	299
1820	1,357	370		370	1,727	104	38	19	125	144	286
1821	1,441	351		351	1,792	81	75	45	175	220	376
1822	1,416	303		303	1,719	95	32	8	198	207	338
1823	1,301	320		320	1,711	117	40	5	142	148	303
1824	1,408	139	153	292	1,700	119	41	11	150	161	321
1825	1,379	127	140	267	1,646	95	51	14	137	151	297
1826	1,349	135	143	278	1,627	74	45	13	157	170	289
1827	1,388	153	148	301	1,689	89	48	13	125	138	275
1828	1,364	305	175	480	1,844	298	405	25	134	159	862
1829	922	203	160	363	1,285	33	83	20	167	187	273
78e TARN.											
1816	802	120	119	239	1,041	7	1	11	86	97	105
1817	980	91	90	181	1,117	12	3	13	105	118	133
1818	984	93	92	185	1,109	19	13	16	92	108	140
1819	1,029	94	93	187	1,216	50	10	24	146	170	235
1820	981	122	122	244	1,225	75	4	16	137	153	232
1821	993	133	132	265	1,258	58	1	8	152	160	219
1822	1,039	132	132	264	1,303	56	4	6	113	119	188
1823	1,115	91	91	182	1,297	60	2	11	105	116	178
1824	1,119	133	133	266	1,385	42	2	26	112	138	182
1825	1,203	140	129	269	1,462	112	2	15	117	135	249
1826	1,213	119	119	238	1,451	141	15	20	151	130	336
1827	1,115	111	110	221	1,336	191	7	18	69	87	285
1828	1,061	137	137	274	1,325	27	16	12	121	133	176
1829	1,149	124	124	248	1,397	53	9	16	135	151	213
79e TARN-ET-GARONNE.											
1816	302	50	50	109	411	16	15	1	70	71	102
1817	309	97	64	161	470	10	4	»	95	95	118
1818	352	88	55	143	495	22	2	3	90	93	117

[ANN]ÉES	ENTRÉES. Nombre d'enfants existant au 1er janvier	Nombre d'enfants admis. Garçons	Nombre d'enfants admis. Filles	Nombre d'enfants admis. Totaux	Total des existences et des admissions	SORTIES. Enfants arrivés à l'âge ou ils cessent d'être à la charge des hospices	Enfants retirés par les parents ou par des bienfaiteurs	Morts aux hospices	Morts chez les nourrices	Morts Totaux	Total des sorties et des morts	Nombre d'enfants restant à la fin de l'année
79e TARN-ET-GARONNE. (Suite.)												
	378	87	48	121	512	10	18	3	65	68	96	416
	416	90	51	141	567	11	22	»	64	64	97	460
	460	91	62	154	614	14	34	3	81	84	132	482
	482	80	55	135	617	6	39	»	75	75	120	497
	497	20	68	160	657	18	24	»	85	86	130	527
	527	98	80	178	765	63	9	10	102	118	155	520
	520	114	77	188	708	29	2	1	56	57	118	590
	590	71	67	138	728	11	18	1	52	52	79	649
	649	71	71	142	791	17	19	»	63	63	99	692
	692	73	79	152	841	27	33	2	99	101	161	683
	683	59	60	119	802	18	10	6	50	56	103	690
80e VAR.												
	1,316	510		510	1,826	34	25	327		327	384	1,432
	1,442	535		535	1,977	20	88	512		112	530	1,447
	1,447	493		493	1,940	58	35	409		409	532	1,408
	1,408	545		548	1,953	57	28	359		359	444	1,509
	1,509	635		635	2,144	40	40	449		449	529	1,615
	1,615	394		394	2,209	53	32	446		456	571	1,638
	1,638	589		589	2,227	60	36	407		457	553	1,674
	1,674	491		491	2,165	105	41	335		335	481	1,681
	1,681	489		489	2,[illegible]0	82	21	279		279	382	1,788
	1,788	553		583	2,361	120	40	314		314	474	1,887
	1,887	479		479	2,316	122	21	268		385	431	1,915
	1,915	515		515	2,430	120	13	284		284	435	2,001
	2,007	576		576	2,583	124	16	398		308	448	2,137
	2,135	497		497	2,632	101	11	207		207	319	2,313
	2,253	270	278	557	2,810	12	27	90	254	341	482	2,328
	2,328	247	248	495	2,823	703	453	135	206	341	1,477	1,346
	1,346	341	332	673	2,010	122	21	91	179	270	413	1,606
	1,606	217	210	427	2,033	122	12	134	124	258	392	1,641
	1,641	220	205	425	2,066	73	10	110	123	233	316	1,750
	1,768	215	212	427	2,175	97	9	118	119	237	343	1,832
81e VAUCLUSE.												
	1,040	205	199	405	1,454	50	22	154	157	311	383	1,071
	1,071	195	191	386	1,457	51	32	109	128	237	380	1,077
	1,077	170	165	335	1,412	50	19	120	126	252	321	1,091
	1,091	170	190	360	1,451	63	13	85	113	198	274	1,177
	1,177	180	218	398	1,575	60	14	68	163	231	314	1,261
	1,261	192	103	354	1,615	85	24	70	163	233	342	1,273
	1,273	202	208	410	1,683	60	18	78	177	255	333	1,350
	1,350	234	217	451	1,801	90	20	75	177	252	362	1,439
	1,439	217	226	443	1,882	75	20	78	190	268	364	1,518
	1,518	213	222	435	1,953	83	49	62	187	249	381	1,566
	1,572	217	210	427	1,999	96	27	88	200	288	411	1,575
	1,588	184	229	713	2,001	81	40	61	174	235	376	1,611
	1,625	221	233	454	2,079	90	30	127	221	348	468	1,632
	1,611	224	191	415	2,026	72	27	160	216	298	390	
82e VENDÉE.												
	178	34	29	63	241	4	3	»	31	31	35	203
	203	41	40	81	284	2	»	»	17	17	19	265
	265	29	33	62	327	6	6	10	35	45	69	267
	267	21	35	56	333	6	10	3	21	24	40	293
	293	37	30	67	360	11	11	»	23	23	45	315
	315	38	32	70	385	12	5	2	23	25		

ANNÉES.	ENTRÉES. Nombre d'enfants existant au 1er janvier	Nombre d'enfants admis. Garçons.	Nombre d'enfants admis. Filles.	Nombre d'enfants admis. Totaux	Total des existences et des admissions.	SORTIES. Enfants arrivés à l'âge ou ils cessent d'être à la charge des hospices	Enfants retirés par les parents ou par des bienfaiteurs.	Morts aux hospices	Morts chez les nourrices.	Morts Totaux.	Total des sorties et des morts.	Nombre d'enfants restant à la fin de l'année
82e VENDÉE. (Suite.)												
1815	343	36	40	76	419	12	7	»	20	20	39	380
1816	380	30	29	59	439	17	14	3	22	25	56	383
1817	383	43	41	84	467	12	7	»	18	18	37	430
1818	430	35	42	78	508	23	9	»	33	33	65	443
1819	443	45	96	81	524	24	7	»	38	38	69	455
1820	455	64	55	119	574	30	5	»	45	45	80	494
1821	494	57	49	106	600	26	4	»	40	40	70	530
1822	530	84	72	156	686	20	7	2	70	72	99	587
1823	587	67	75	142	729	34	12	»	35	35	81	648
1824	648	106	90	196	844	79	12	1	73	74	165	679
1825	679	90	88	178	857	39	80	»	133	133	252	605
1826	605	94	68	162	767	32	14	»	62	62	108	659
1827	659	74	67	141	800	12	18	2	57	59	89	711
1828	711	87	77	164	875	17	18	2	82	84	119	756
1829	756	76	79	155	911	29	231	7	77	84	344	567
83e VIENNE.												
1814	443	67	80	147	590	14	15	11	65	66	95	495
1815	495	81	80	161	556	24	16	12	77	89	120	527
1816	527	80	63	163	590	25	10	7	44	51	86	504
1817	504	76	79	155	759	33	12	10	46	56	106	653
1818	653	105	74	187	840	33	15	17	57	74	127	713
1819	713	100	94	194	907	43	10	23	69	92	145	762
1820	762	94	101	196	958	30	14	19	80	71	124	834
1821	834	99	99	198	1,022	34	32	31	57	92	158	835
1822	835	78	74	152	990	57	30	35	57	92	198	792
1823	792	163	13	176	985	42	35	24	50	76	183	785
1824	785	88	94	182	967	37	32	16	75	92	161	805
1825	806	73	91	169	975	31	49	20	80	109	209	765
1826	765	99	82	181	947	30	21	13	66	79	130	817
1827	817	94	98	193	1,010	44	28	17	61	78	150	860
1828	860	100	99	235	1,095	50	99	23	91	114	263	805
1829	805	97	91	188	993	25	8	15	45	60	93	900
84e VIENNE (HAUTE-).												
1810	803	162	177	339	1,142	40	19	191	75	266	331	811
1811	811	135	181	316	1,157	56	188	203	69	272	406	561
1812	561	165	144	309	970	23	77	151	87	188	293	677
1813	677	162	198	360	1,037	22	28	218	85	303	355	712
1814	712	173	163	337	1,049	27	10	141	100	241	278	776
1815	771	181	160	341	1,112	27	10	90	95	185	280	877
1816	876	214	106	322	1,198	26	21	107	120	227	273	1,012
1817	1,012	214	223	430	1,351	23	19	141	155	297	339	1,112
1818	1,112	182	195	378	1,490	27	30	151	132	308	361	1,126
1819	1,125	199	212	411	1,540	33	20	167	147	314	369	1,171
1820	1,171	250	155	405	1,579	39	23	88	118	206	268	1,311
1821	1,311	204	193	399	1,710	45	25	77	175	252	319	1,390
1822	1,381	229	202	431	1,822	37	23	63	175	240	300	1,513
1823	1,513	171	179	350	1,863	150	22	111	165	276	460	1,403
1824	1,403	208	236	444	1,847	78	22	162	205	358	458	1,388
1825	1,388	189	197	386	1,774	51	10	163	204	357	443	1,331
1826	1,331	203	208	411	1,742	65	23	145	173	318	446	1,296
1827	1,296	212	183	393	1,661	71	24	150	133	291	302	1,209
1828	1,209	198	191	386	1,685	81	15	135	203	338	434	1,251
1829	1,251	175	206	381	1,632	60	10	162	201	350	404	1,228
85e VOSGES.												
1809	18	»	»	»	18	»	»	»	»	»	»	18
1810	18	4	3	7	25	»	»	»	»	»	»	25
1811	25	1	»	1	26	1	»	»	1	1	2	24

ANNÉES	ENTRÉES					SORTIES.						Nombre d'enfants rest. à la fin de l'ann[ée]
	Nombre d'enfants existant au 1er janvier	Nombre d'enfants admis.			Total des existences et des admissions.	Enfants arrivés à l'âge où ils cessent d'être à la charge des hospices	Enfants retirés par les parents ou par des bienfaiteurs	Morts			Total des sorties et des morts	
		Garçons.	Filles	Totaux				aux hospices	chez les nourrices	Totaux		
85° VOSGES												
1812	24		1	1	25	2	″	″	1	1	3	2
1813	22	3	2	5	27	″	″	″	2	2	2	2
1814	25	1	1	2	27	4	″	″	1	1	5	2
1815	22	1	1	2	24	3		″	″	″	3	2
1816	21	7	3	10	31	4		″	″		4	2
1817	27	1	1	2	29	2	″		″	″	2	2
1818	27	13	10	23	50	2	1		2	2	5	4
1819	45	11	6	17	62	1	5	″	3	3	9	5
1820	53	16	8	24	77	2	1	″	2	2	5	7
1821	72	12	7	19	91	7		″	1	1	8	8
1822	83	10	5	15	98	9	″	″	6	6	15	8
1823	83	20	11	31	114	11	″	″	2	2	13	10
1824	101	13	12	25	126	10	″	″	7	7	17	10
1825	109	12	7	19	128	17	5	2	3	5	27	10
1826	101	7	3	10	111	11	″	″	7	7	18	9
1827	93	11	9	20	113	20		″	1	1	21	9
1828	92	23	26	49	141	9	40	″	3	3	52	8
1829	89	11	21	32	121	8	15	2	″	2	25	9
86° YONNE												
1812	671	112	122	234	905	6	60	1	117	118	184	72
1813	721	113	103	216	937	1	36	6	120	126	163	77
1814	774	94	88	182	956	24	47	18	125	143	214	74
1815	742	100	102	202	944	13	53	25	97	122	188	75
1816	756	120	134	254	1 010	2	10	3	90	93	105	90
1817	905	100	106	206	1,111	20	60	16	156	172	252	85
1818	859	118	124	242	1,101	5	58	12	151	163	226	87
1819	875	129	136	265	1,140	15	155	6	115	121	291	84
1820	849	127	121	248	1,097	14	54	18	150	168	236	86
1821	861	123	115	238	1,099	39	50	22	143	165	254	84
1822	845	112	108	220	1,065	27	47	19	122	141	215	85
1823	850	128	129	257	1,107	33	47	11	153	164	244	86
1824	863	104	106	210	1,073	11	77	6	120	126	214	85
1825	859	112	94	206	1,065	14	86	9	132	141	241	82
1826	824	114	93	207	1,031	17	88	22	121	143	246	78
1827	783	114	104	218	1,001	13	67	13	109	122	202	79
1828	799	99	106	205	1,004	18	43	7	110	117	178	82
1829	826	109	102	211	1,037	19	69	20	119	139	227	81

TABLEAU II,

PRÉSENTANT

LE MOUVEMENT ET LA SITUATION FINANCIÈRE,

PAR DÉPARTEMENTS,

DES ENFANTS TROUVÉS,

DEPUIS 1830 JUSQUES ET Y COMPRIS 1841,

ET INDIQUANT,

POUR LE MOUVEMENT,

LES EXISTENCES, LES ADMISSIONS ET LES SORTIES,

ET

POUR LA SITUATION FINANCIÈRE,

LA DÉPENSE ET LES RESSOURCES SERVANT A L'ENTRETIEN.

DÉPARTEMENTS	ENTRÉES. Nombre d'enfants existant au 1er janvier.	Nombre d'enfants admis. Garçons.	Filles.	Totaux.	Total des existences et des admissions.	SORTIES. Enfants arrivés à l'âge où ils cessent d'être à la charge des hospices.	Enfants retirés par les parents ou par des bienfaiteurs.	Morts aux hospices.	chez les nourrices.	Totaux.	Total des sorties et des morts.	Nombre des enfants restant à la fin de l'année.	[illegible]	[illegible]	DÉPENSES. Autres dépenses.	Total des dépenses.	Nombre total des journées de présence.	Terme moyen annuel du nombre des enfants.	Moyenne de la dépense de chaque enfant.	DÉTAIL DES RESSOURCES SERVANT À LEUR ENTRETIEN. Sommes votées aux budgets variables et facultatifs.	Produit des amendes et confiscations.	Contingent assigné aux hospices.	Sommes laissées à la charge des hospices.	Sommes laissées à la charge des communes.	Autres ressources.	TOTAL des ressources.
Ain	302	78	62	140	602	31	13	16	63	79	125	519	[illegible]	[illegible]	729f	33,008f	175,447	451	68f 56c	30,760f	1,249f		•	•		32,0
Aisne	1,644	236	230	465	2,109	170	90	•	274	274	534	1,515	[illegible]	[illegible]	560	106,728	573,453	1,571	67 94	93,000	•	•	•	13,726	•	106,72
Allier	1,795	280	237	517	2,312	70	37	112	206	318	425	1,880	[illegible]	[illegible]	•	99,821	687,205	1,883	53 07	88,405	1,095	•	•	10,421		99,02
Alpes (Basses-)	1,100	159	115	274	1,374	43	8	37	132	169	220	1 150	[illegible]	[illegible]	•	86,424	414,238	1,136	76 26	84,000	1,355	•	•	•	•	85,42
Alpes (Hautes-)	487	120		120	607	23	10	7	40	47	80	[illegible]	[illegible]	[illegible]		50,615	189,603	519	97 52	50,324	292	•	•	•	•	50,61
Ardèche	600	46	59	105	705	34	14	6	34	39	101	598	[illegible]	[illegible]	100	45,403	216,204	590	77 11	40,000	936	1,800f	•	2,097		45,49
Ardennes	566	76	71	147	713	22	25	•	51	41	128	585	[illegible]	[illegible]	1,224	46,734	204,326	566	87 08	47,444	1,320	•	•	•	•	48,76
Ariège	912	251		251	1,163	24	22	•	32	82	128	1,035	[illegible]	[illegible]	•	53,232	370,013	1,016	52 39	53,361	371	•	•	•	•	53,23
Aube	742	70	122	198	940	40	12	•	159	160	220	720	[illegible]	[illegible]	3,035	47,031	264,131	724	64 96	38,066	686	•	•	7,777	809f	47,03
Aude	1,360	285		285	1,654	70	15	13	160	173	264	1,390	[illegible]	[illegible]	•	80,098	496,521	1,356	58 98	74,550	845	•	•	4,400	•	80,09
Aveyron	1,871	208	212	420	2,291	80	110	42	181	223	415	1 876	[illegible]	[illegible]	4,270	117,303	667,807	1,335	62 24	116,818	486	•	•	•	•	117,30
Bouches-du-Rhône	2,481	424	330	754	3,235	68	54	163	247	410	532	2,703	[illegible]	[illegible]	10 438	235,589	904,760	2,479	95 01	183,004	2,804	21,600	•	28,613	•	235,52
Calvados	1,726	259	278	537	2,263	78	23	105	234	339	438	1,825	[illegible]	[illegible]	6,685	164,906	625,258	1,713	96 30	93,703	1,137	40,102	•	89,889	41	164,96
Cantal	937	130	124	254	1,191	29	30	25	54	79	147	1,044	[illegible]	[illegible]	•	63,845	368,330	1,009	62 05	60,010	358	•	•	3,147	•	63,54
Charente	1,360	135	136	271	1,631	73	15	34	94	128	216	1,415	[illegible]	[illegible]	15 261	94,025	510,437	1,398	67 26	84,006	1,046	1,598	•	4,000	3,376	94,02
Charente-Inférieure	1,216	195	215	410	1,626	33	68	56	130	186	287	1,339	[illegible]	[illegible]	3,819	108,749	423,023	1,159	93 83	60,000	1,049	18,102	•	36,636	•	108,74
Cher	808	222	235	457	1,265	78	12	70	174	244	334	931	[illegible]	[illegible]	4,850	77,423	312,065	857	90 33	66,200	420	4,300	•	6,500	•	77,42
Corrèze	967	174	162	336	1,303	66	20	•	150	150	254	1,049	[illegible]	[illegible]	380	56,455	341,671	936	59 25	55,453	•	•	•	•	•	56,45
Corse	438	175		175	613	31	3	5	90	95	130	483	[illegible]	[illegible]	1,874	58,264	168,518	448	130 05	50,000	624	994	•	•	•	51,61
Côte-d'Or	693	90	90	185	870	30	13	62	50	112	155	715	[illegible]	[illegible]	3,217	47,249	251,055	659	68 56	44,349	2,980	•	•	•	•	47,30
Côtes-du-Nord	716	70	60	180	555	52	21	12	60	71	144	711	[illegible]	[illegible]	1,462	45,904	251,388	689	66 62	45,000	904	•	•	•	•	45,90
Creuse	1,058	79	111	190	1,248	31	85	31	59	90	176	1,072	[illegible]	[illegible]	1,584	52,236	378,140	1,036	50 47	52,266	440	•	•	•	•	52,72
Dordogne	1,173	295	266	561	1,704	81	100	7	199	206	447	[illegible]	[illegible]	[illegible]	222	78,574	433,960	1,189	66 08	63,883	•	•	•	14,690	•	78,57
Doubs	593	72	73	145	738	20	11	17	46	63	94	644	[illegible]	[illegible]	3,193	66,607	226,051	619	116 38	31,900	3,586	27,598	•	•	5,576	68,60
Drôme	1,206	86	104	190	1,396	75	16	4	87	91	182	1,214	[illegible]	[illegible]	3,000	82,284	435,762	1,194	66 03	79,995	1,238	•	•	•	•	81,23
Eure	492	132		132	624	53	15	4	71	75	123	501	[illegible]	[illegible]	3,602	38,573	185,779	509	75 78	38,000	•	•	•	573	•	38,57
Eure-et-Loir	735	135	110	265	1,020	31	20	3	161	164	235	785	[illegible]	[illegible]	1,719	72,000	280,703	769	93 63	60,486	2,066	4,545	•	4,500	•	72,00
Finistère	1,541	176	166	342	1,883	97	84	10	172	191	382	1 501	[illegible]	[illegible]	1,080	111,262	554,553	1,519	73 21	83,600	383	•	•	27,219	•	111,20
Gard	853	288		288	1,141	22	30	14	175	189	241	900	[illegible]	[illegible]		79,870	316,455	867	92 13	38,702	1,866	25,360	•	13,801	•	79,87
Garonne (Haute-)	1,316	223	248	471	1,987	•	24	215	52	265	289	1,698	[illegible]	[illegible]		96,344	605,956	1,660	56 83	98,452	802	•	•	•	•	99,34
Gers	2,066	192	178	370	2,436	113	5	83	150	273	390	2 046	[illegible]	[illegible]	35,809	151,927	768,698	2,106	72 14	108,800	795	35,000	•	12,332	•	151,92
Gironde	3,407	506	447	953	4,360	135	64	200	380	580	816	3 544	[illegible]	[illegible]	23,361	354,532	1,304,587	3,730	94 82	160,000	2,424	110,664	•	70,528	1,615	354,53
Hérault	1,165	170	163	333	1,498	47	26	100	165	274	345	1,153	[illegible]	[illegible]	150	98,047	422,593	1,159	77 09	61,000	1,301	•	•	17,670	5,770	90,04
Ille-et-Vilaine	1,062	181	218	399	1,461	59	29	116	115	231	319	1,142	[illegible]	[illegible]	4,278	94,000	406,440	1,114	43 47	55,000	•	•	•	•	•	55,00
Indre	1,044	92	98	190	1,234	66	122	10	115	125	301	933	[illegible]	[illegible]	2,276	71,106	374,350	1,026	69 30	60,223	1,598	•	•	8,060	•	71,10
Indre-et-Loire	983	102	182	294	1,277	56	6	26	186	211	274	1,003	[illegible]	[illegible]	3,726	83,967	352,450	985	85 25	45,000	2,716	•	•	22,467	13,784	83,96
Isère	1,766	545		545	2,311	127	84	200	199	408	580	1,742	[illegible]	[illegible]	3,166	87,372	629,077	1,726	50 62	45,000	2,939	•	•	30,433	•	87,37
Jura	424	44	32	76	500	20	2	1	37	38	60	431	[illegible]	[illegible]	1,093	39,030	157,272	431	90 56	36,397	1,016	•	•	•	350	38,28
Landes	1,443	152	148	300	1,743	434	10	26	112	140	584	1,159	[illegible]	[illegible]	720	63,504	379,122	1,020	62 06	62,706	600	•	•	•	•	63,30
Loir-et-Cher	850	316		326	1,176	43	23	31	216	247	313	863	[illegible]	[illegible]	2,000	79,620	322,071	882	90 27	68,700	1,220	•	•	9,700	•	70,02
Loire	1,282	213	179	392	1,674	85	50	22	151	178	315	1,361	[illegible]	[illegible]	2,671	88,046	453,919	1,244	70 78	56,000	273	9,071	•	23,104	•	88,04
Loire (Haute-)	893	116	91	207	1,100	43	14	9	82	91	148	[illegible]	[illegible]	[illegible]	270	59,403	351,727	969	65 43	37,410	1,525	21,724	•	•	•	60,66
Loire-Inférieure	1,100	177	178	355	1,455	42	17	60	225	285	344	1,111	[illegible]	[illegible]	4,090	75,088	397,509	1,089	67 31	60,000	480	•	•	15,004	•	75,48
Loiret	1,444	222	210	432	1,876	72	30	64	196	260	362	1,514	[illegible]	[illegible]	26,051	137,120	528,588	1,448	106 51	103,079	950	•	•	6,022	44,150	137,1
Lot	548	38	47	85	633	15	0	6	45	51	70	563	[illegible]	[illegible]	1,763	34,375	201,480	552	62 27	34,000	2,000	•	•	•	•	36,00

DÉPARTEMENTS	ENTRÉES. Nombre d'enfants existant au 1er janvier.	Nombre d'enfants admis. Garçons.	Filles.	Totaux.	Total des existences et des admissions.	SORTIES. Enfants arrivés à l'âge où ils cessent d'être à la charge des hospices.	Enfants retirés par les parents ou par des bienfaiteurs.	Morts aux hospices.	Morts chez les nourrices.	Morts total.	Totaux des sorties et des morts.	Nombre des enfants restant à la fin de l'année.	[illegible]	[illegible]	DÉPENSES. Autres dépenses.	Total des dépenses.	Nombre total des journées de présence.	Terme moyen annuel du nombre des enfants.	Moyenne de la dépense de chaque enfant.	DÉTAIL DES RESSOURCES SERVANT À LEUR ENTRETIEN. Sommes votées aux budgets variables et facultatifs.	Produit des amendes et confiscations.	Contingent assigné aux hospices.	Sommes laissées à la charge des hospices.	Sommes laissées à la charge des communes.	Autres ressources.	TOTAL des ressources.
Suite de l'[illegible]																										
Garonne	1,245	151	187	338	1,581	17	16	26	153	179	212	[illegible]	[illegible]	[illegible]	8,089f	111,924f	485,208	1,329	83f 22c	92,808f	567f	″	″	19,000f	″	111,924f
. . .	325	95		95	910	30	9	″	44	44	92	[illegible]	[illegible]	[illegible]	″	38,900	184,266	505	77 16	38,781	135	″	″	″	″	38,966
-et-Loire . .	1,504	267	303	570	2,074	59	30	70	279	349	444	[illegible]	[illegible]	[illegible]	1,250	129,880	566,951	1,553	83 62	69,803	48	7,570	″	36,880	″	114,250
. . . .	1,567	228	250	484	2,051	95	36	43	196	239	366	[illegible]	[illegible]	[illegible]	91	116,750	500,244	1,549	75 38	80,000	1,620	10,000	″	20,000	″	111,620
. . . .	1,806	237	253	490	1,795	122	31	10	214	233	366	[illegible]	[illegible]	[illegible]	19,532	128,984	595,007	1,380	93 03	64,000	2,536	10,592	″	51,806	″	128,935
(Haute-) . . .	655	89	78	167	822	58	32	″	78	78	168	[illegible]	[illegible]	[illegible]	6,559	53,508	241,261	561	88 97	47,540	2,000	3,968	″			53,507
-e.	678	123	116	239	915	17	10	26	115	135	171	[illegible]	[illegible]	[illegible]	″	79,075	255,512	704	113 18	53,605	400	25,470	″	″		79,575
-e . .	1,761	217	202	419	2,180	60	61	23	120	143	264	[illegible]	[illegible]	[illegible]	221	135,909	645,712	1,764	77 05	98,000	1,893	″	″	26,000	″	127,893
. . .	546	78	65	138	684	30	4	6	65	71	105	[illegible]	[illegible]	[illegible]	1,150	46,026	207,476	568	76 63	13,000	1,258	3,000	″	27,742	″	44,000
-an . . .	1,043	85	95	180	1,223	47	38	2	97	99	184	[illegible]	[illegible]	[illegible]	507	75,295	373,931	1,024	73 58	52,000	130	″	″	12,000	″	64,130
. . .	809	72	54	126	935	71	36	7	31	38	145	[illegible]	[illegible]	[illegible]	8,198	51,791	258,826	791	65 48	34,942	2,958	″	″	20,300	″	58,230
. . .	1,462	112	211	323	1,785	137	9	46	125	173	319	[illegible]	[illegible]	[illegible]	1,596	77,585	490,341	1,368	56 70	30,000	949	″		44 000	″	74,949
. . .	3,501	461	411	872	4,373	214	64	12	538	550	828	[illegible]	[illegible]	[illegible]	11,357	325,712	1,252,540	3,431	94 93	178,990	1,936	-2,000		92,502	555f	274,845
. . .	988	160	131	291	1,279	54	136	14	141	155	345	[illegible]	[illegible]	[illegible]	″	76,523	347,076	903	80 50	68,000	1,593	″		7,000	″	76,523
. . . . .	863	110	100	210	1,073	54	16	11	84	95	165	[illegible]	[illegible]	[illegible]	4,020	67,085	316,113	872	76 93	53,000	1,530	846	″	11,599	″	67,085
-Calais . . .	1,620	258	227	485	1,905	72	45	5	271	276	393	[illegible]	[illegible]	[illegible]	4,307	153,312	617,904	1,419	108 04	113,411	″	41,901	″	″	″	153,312
-Dôme .	1,733	287	214	451	2,184	65	36	33	171	204	367	[illegible]	[illegible]	[illegible]	″	97,615	664,561	1,821	53 60	36,907	708	10,000	″	″	″	97,615
-s (Basses) . .	1,924	254	280	534	2,458	187	20	72	133	205	412	[illegible]	[illegible]	[illegible]	1,030	110,346	684,675	1,876	58 82	87,630	5,719	″	″	16,997	″	110,346
-s (Hautes) .	789	104	116	220	1,009	89	80	35	65	100	169	[illegible]	[illegible]	[illegible]	259	43,612	318,000	871	50 07	35,300	912	″	″	4,400	″	43,612
-es-Orientales	506	157	125	282	786	63	23	87	99	186	274	[illegible]	[illegible]	[illegible]	09	32,767	180,109	494	66 33	29,472	580	″	″	2,702	13	32,767
Bas-)	630	90	90	180	810	65	51	15	47	62	176	[illegible]	[illegible]	[illegible]	27,075	106,117	225,724	618	171 71	20,000	1,759	″	″	25,000	50,366	106,125
(Haut-) . .	221	32	12	44	265	10	9	″	5	5	33	[illegible]	[illegible]	[illegible]	1,861	20,925	81,600	224	93 42	10,000	1,022	″	″	9,303	″	20,925
. . . .	9,424	997	873	1,870	11,294	329	56	324	898	1,222	1,587	[illegible]	[illegible]	[illegible]	408,098	709,912	3 869,308	9,231	75 93	173,000	2,895	493,217	″	36,000	″	709,912
Haute)	79	7	5	12	91	5	″	″	5	5	13	[illegible]	[illegible]	[illegible]	3,851	11,447	28,971	79	144 90	3,800	1,722	″	″	″	4,959	10,481
-Loire	1,173	127	132	259	1,432	72	17	″	104	104	193	[illegible]	[illegible]	[illegible]	″	92,106	436,076	1,207	76 95	46,519	1,006	3,000	″	40,651	″	92,106
. . . . . .	1,216	446		446	1,664	76	11	65	201	266	353	[illegible]	[illegible]	[illegible]	″	88,513	465,039	1,274	69 45	86,530	1,983	″	″	″	″	88,513
. . . .	16,163	2,772	2,569	5,341	21,504	901	98	1,541	2,631	4,175	5,175	[illegible]	[illegible]	[illegible]	89,607	1,629,008	5,670,798	15,561	104 69	400,000	9,446	237,000	″	983,553	″	1,629,000
-Inférieure	327	35	59	94	421	9	4	11	67	78	91	[illegible]	[illegible]	[illegible]	300	22,162	114,015	314	70 58	16,491	1,759	1,634	″	2,250	″	21,324
-et-Marne	126	31	36	67	193	26	7	3	20	23	56	[illegible]	[illegible]	[illegible]	″	12,441	45,343	124	100 32	10,984	1,457	″	″	″	″	12,441
-et-Oise	2,419	1,042		1,042	3,461	176	124	116	627	743	1,043	[illegible]	[illegible]	[illegible]	9,616	207,246	841,622	2,306	89 87	135,384	5,995	″	″	65,867	″	207,246
(Deux) . .	375	90	79	169	544	10	13	8	51	59	82	[illegible]	[illegible]	[illegible]	″	37,058	157,417	431	85 98	22,000	881	15,350	9	3 000		41,231
. . . .	1,012	207	147	354	1,366	39	64	9	143	152	275	[illegible]	[illegible]	[illegible]	40,104	119,258	378,791	1,038	114 92	117,801	1,427	″	″	″	″	119,288
. . . .	1,184	121	120	241	1,425	65	17	17	96	113	195	[illegible]	[illegible]	[illegible]	″	65,384	435,399	1,198	57 32	47,740	677	″	″	26,000	″	74,417
-Garonne	699	72	75	147	846	32	15	1	69	70	117	[illegible]	[illegible]	[illegible]	″	59,098	261,852	717	82 98	59,704	472	″	″	″	″	60,176
. . . .	1,832	224	201	425	2,257	134	7	95	145	240	381	[illegible]	[illegible]	[illegible]	18,726	139,182	872,830	1,883	70 09	85,987	3,670	13,726	″	24,520	″	129,182
-se	1,632	241	185	426	2,058	67	25	160	182	342	435	[illegible]	[illegible]	[illegible]	17,494	122,156	583,705	1,609	76 39	56,075	620	″		47,771	17,489	122,155
. . . .	507	79	80	159	720	22	13	8	55	65	98	[illegible]	[illegible]	[illegible]	99	45,748	213,352	590	77 53	45,360	354	″	″		″	45,748
. . . .	900	113	96	209	1,109	27	17	18	75	93	137	[illegible]	[illegible]	[illegible]	″	55,817	291,631	799	69 61	51,263	1 801	2,543	″	″	″	55,607
(Haute-) . . .	1,228	207	225	432	1,660	99	11	75	125	190	386	[illegible]	[illegible]	[illegible]	″	67,725	466,992	1,285	52 70	60,000	5,334	″	″	2,391	″	67,725
. . . .	96	19	15	34	130	6	15	″	6	6	27	[illegible]	[illegible]	[illegible]	40	8,054	37,141	102	78 97	2,800	5,255	″	″	″	″	8,055
. . . . . .	810	129	117	246	1,056	15	42	11	136	147	204	[illegible]	[illegible]	[illegible]	5,982	120,794	504,776	335	156 44	61,800	1,454	″	″	32,575	″	95,830
TOTAUX	118,435	16,248	14,479	33,623	151,906	6,678	2,707	5,072	14,806	19,878	29,263	[illegible]	[illegible]	[illegible]	926,132	9,500,408	43,138,049	118,188	81 10	5,831,813	130,136	1,215,026	″	2,130,694	160,855	9,474,524
		3,696																								

DÉPARTEMENTS.	ENTRÉES. Nombre d'enfants existant au 1er janvier	Nombre d'enfants admis. Garçons.	Filles.	Totaux.	Total des existences et des admissions.	SORTIES. Enfants arrivés à l'âge où ils cessent d'être à la charge des hospices.	Enfants retirés par les parents ou par des bienfaiteurs.	Morts aux hospices.	Morts chez les nourrices.	Morts totaux.	Total des sorties et des morts.	Nombre des enfants restant à la fin de l'année.
Ain	519	97	103	200	719	47	19	25	90	115	181	[illegible]
Aisne	1,575	259	239	498	2,073	183	27	1	276	277	487	1,586
Allier	1,887	227	274	500	2,387	52	60	130	231	367	509	1,878
Alpes (Basses-)	1,154	175	132	308	1,462	56	8	47	106	153	215	1,247
Alpes (Hautes-)	527	109		109	636	43	17	3	44	47	107	[illegible]
Ardèche	598	67	53	120	718	33	15	5	34	39	87	[illegible]
Ardennes	585	91	88	179	764	32	21	«	73	73	120	[illegible]
Ariège	1,036	259		259	1,295	30	60	«	136	136	235	1,069
Aube	720	99	108	207	927	32	8	9	125	134	174	[illegible]
Aude	1,390	319		319	1,709	61	29	20	133	153	243	1,466
Aveyron	1,878	231	232	463	2,341	64	11	41	201	242	317	[illegible]
Bouches-du-Rhône	2,703	387	383	770	3,473	106	54	167	310	477	637	[illegible]
Calvados	1,826	275	301	576	2,402	77	37	43	202	385	449	[illegible]
Cantal	1,044	160	139	279	1,323	43	45	32	94	126	214	[illegible]
Charente	1,415	163	153	316	1,731	70	16	33	111	144	230	[illegible]
Charente-Inférieure	1,339	202	233	435	1,774	42	53	31	172	203	298	[illegible]
Cher	931	213	221	434	1,365	63	13	58	149	207	303	[illegible]
Corrèze	1,049	140	138	278	1,327	108	70	«	166	166	380	[illegible]
Corse	483	229		229	712	95	14	8	101	109	218	[illegible]
Côte-d'Or	724	97	90	187	911	42	23	47	70	117	182	[illegible]
Côtes-du-Nord	711	68	63	131	842	81	30	3	51	54	178	[illegible]
Creuse	1,072	105	109	214	1,286	38	30	31	42	73	142	[illegible]
Dordogne	1,317	300	307	607	1,924	30	54	4	285	289	373	[illegible]
Doubs	644	68	61	129	773	27	18	10	53	63	108	[illegible]
Drôme	1,216	82	77	159	1,375	60	24	4	71	75	159	[illegible]
Eure	501	126		126	627	38	15	6	69	77	130	[illegible]
Eure-et-Loir	786	160	130	290	1,076	37	19	1	166	167	223	[illegible]
Finistère	1,561	190	185	375	1,936	108	51	14	175	189	348	[illegible]
Gard	880	299		299	1,179	23	54	11	166	177	254	[illegible]
Garonne (Haute-)	1,695	288	294	582	2,277	19	15	214	110	324	358	[illegible]
Gers	2,109	227	208	435	2,544	160	14	53	217	270	444	[illegible]
Gironde	3,544	500	466	966	4,510	171	55	117	538	655	881	[illegible]
Hérault	1,153	187	174	361	1,514	57	44	131	130	261	362	[illegible]
Ille-et-Vilaine	1,142	234	231	465	1,607	87	37	74	180	260	345	[illegible]
Indre	933	84	87	171	1,104	38	76	0	79	88	195	[illegible]
Indre-et-Loire	1,093	168	162	328	1,381	70	6	23	225	250	333	[illegible]
Isère	1,742	608		608	2,350	100	31	156	170	326	478	[illegible]
Jura	431	39	46	85	516	32	1	3	28	31	64	[illegible]
Landes	1,169	164	160	324	1,493	9	8	6	167	173	190	[illegible]
Loir-et-Cher	883	256		256	1,140	47	27	5	205	211	285	[illegible]
Loire	1,306	195	190	388	1,694	70	95	30	143	173	338	[illegible]
Loire (Haute-)	952	110	91	201	1,153	98	27	7	60	76	195	[illegible]
Loire-Inférieure	1,111	195	170	365	1,476	50	14	50	235	285	349	[illegible]
Loiret	1,814	263	222	485	2,299	75	26	60	243	303	431	[illegible]
Lot	568	57	58	115	673	22	6	5	63	68	95	[illegible]

DÉPARTEMENTS.	[illegible]	[illegible]	DÉPENSES. Autres dépenses	Total des dépenses	Nombre total des journées de présence	Terme moyen annuel du nombre des enfants.	Moyenne de la dépense de chaque enfant	DÉTAIL DES RESSOURCES SERVANT A LEUR ENTRETIEN. Sommes votées aux budgets variables et facultatifs	Produit des amendes et confiscations.	Contingent assigné aux hospices.	Sommes laissées à la charge des hospices.	Sommes laissées à la charge des communes.	Autres ressources.	TOTAL des ressources.
Ain	[illegible]	[illegible]	714f	33,508f	180,807	493	67f 09c	32,809f	699f	«	«	«	«	33,508
Aisne	[illegible]	[illegible]	.	102,320	568,039	1,569	65 64	93,000	1,424	«	«	7,903f	«	102,320
Allier	[illegible]	[illegible]	«	99,147	684,740	1,876	52 85	87,613	618	«	«	10,916	«	99,147
Alpes (Basses-)	[illegible]	[illegible]	165	89,840	442,541	1,212	74 13	89,264	596	«	«	«	«	89,860
Alpes (Hautes-)	[illegible]	[illegible]	.	52,826	105,859	344	97 11	52,507	239	«	«	«	«	52,826
Ardèche	[illegible]	[illegible]	108	45,767	221,384	607	75 40	43,653	482	630f	«	671	.	45,760
Ardennes	[illegible]	[illegible]	1,914	53,063	221,405	607	87 42	52,432	631	.	.	«	«	53,063
Ariège	[illegible]	[illegible]	59	56,508	301,220	1,072	52 71	45,000	237	«	«	7,071	«	55,308
Aube	[illegible]	[illegible]	2,310	49,005	270,040	742	66 16	38,000	1,104	«	«	9,103	820f	49,028
Aude	[illegible]	[illegible]	350	82,237	512,751	1,405	58 53	76,833	1,004	.	«	4,400	«	82,237
Aveyron	[illegible]	[illegible]	13,060	129,062	707,201	2,076	62 20	128,262	800	«	«	«	«	129,062
Bouches-du-Rhône	[illegible]	[illegible]	11,552	252,880	968,282	2,639	95 82	199,862	1,017	21,128	«	30,893	«	252,880
Calvados	[illegible]	[illegible]	7,808	177,271	676,481	1,853	95 67	95,344	1,012	40,201	«	40,000	54	177,271
Cantal	[illegible]	[illegible]	«	67,630	397,074	1,068	63 20	64,369	161	.	«	3,147	«	67,677
Charente	[illegible]	[illegible]	13,436	99,068	540,739	1,461	67 30	83,680	10,100	1,042	«	4,000	186	99,068
Charente-Inférieure	[illegible]	[illegible]	3,025	126,880	497,806	1,364	93 02	63,000	1,771	21,827	«	40,283	«	126,880
Cher	[illegible]	[illegible]	5,572	89,318	358,871	983	90 36	69,119	199	8,000	«	12,000	«	89,318
Corrèze	[illegible]	[illegible]	2,316	56,293	313,196	836	65 61	56,294	«	«	.	.	«	56,294
Corse	[illegible]	[illegible]	3,327	61,859	169,316	464	132 57	60,455	325	650	.	.	«	61,430
Côte-d'Or	[illegible]	[illegible]	3,762	48,805	260,820	704	69 32	46,758	896	«	«	.	«	47,654
Côtes-du-Nord	[illegible]	[illegible]	1,039	47,612	254,750	698	68 21	47,102	511	«	«	.	.	47,613
Creuse	[illegible]	[illegible]	615	52,866	381,700	1,040	50 54	52,560	329	«	.	.	«	52,889
Dordogne	[illegible]	[illegible]	199	92,678	514,203	1,400	65 77	72,283	2,735	«	«	17,650	«	92,675
Doubs	[illegible]	[illegible]	5,923	70,565	255,944	657	107 43	30,000	2,021	34,624	«	«	3,950	70,595
Drôme	[illegible]	[illegible]	3,060	82,766	443,459	1,216	68 12	81,891	875	.	«	«	«	82,766
Eure	[illegible]	[illegible]	3,097	35,722	180,795	512	75 63	31,430	3,291	.	«	400	.	35,121
Eure-et-Loir	[illegible]	[illegible]	2,402	75,453	296,317	817	92 35	65,796	616	4,546	«	4,500	«	75,464
Finistère	[illegible]	[illegible]	[illegible]	115,423	580,890	1,332	74 37	83,600	145	.	«	31,678	«	115,423
Gard	[illegible]	[illegible]	«	87,342	329,280	902	96 83	43,776	837	28,838	«	13,891	.	87,342
Garonne (Haute-)	[illegible]	[illegible]	«	106,870	585,801	1,578	56 91	106,377	493	«	«	.	.	106,870
Gers	[illegible]	[illegible]	36,000	148,347	815,080	2,285	66 57	104,000	596	26,000	«	17,751	.	148,347
Gironde	[illegible]	[illegible]	22,615	355,283	1,350,915	3,783	93 96	100,000	1,510	117,557	.	74,524	1,033	355,283
Hérault	[illegible]	[illegible]	150	99,283	422,840	1,158	77 97	65,800	912	«	«	17,242	6,389	90,293
Ille-et-Vilaine	[illegible]	[illegible]	3,343	64,029	432,031	1,184	54 08	58,000	4,564	«	«	«	«	59,564
Indre	[illegible]	[illegible]	1,706	59,745	297,437	815	73 31	40,500	245	1,010	«	11,990	«	59,745
Indre-et-Loire	[illegible]	[illegible]	1,810	57,586	305,872	1,002	57 42	47,000	1,026	«	«	23,218	16,832	57,509
Isère	[illegible]	[illegible]	600	91,228	582,090	1,737	52 05	31,145	1,495	«	«	58,576	«	91,228
Jura	[illegible]	[illegible]	1,336	40,380	161,334	443	91 00	38,671	689	«	«	«	350	39,610
Landes	[illegible]	[illegible]	1,869	73,903	454,004	1,244	59 45	66,295	600	«	«	7,053	«	74,958
Loir-et-Cher	[illegible]	[illegible]	3,150	53,642	336,440	922	90 61	[illegible]	802	«	«	9,760	«	58,542
Loire	[illegible]	[illegible]	11,862	86,136	451,168	1,316	72 16	50,000	431	19,612	«	25,090	«	98,137
Loire (Haute-)	[illegible]	[illegible]	687	62,768	340,373	933	67 28	48,740	3,051	12,766	«	«	«	64,357
Loire-Inférieure	[illegible]	[illegible]	4,050	98,051	368,053	1,009	90 37	60,000	430	«	«	16,065	«	76,800
Loiret	[illegible]	[illegible]	23,650	100,539	565,729	1,517	106 69	115,073	644	«	«	6,367	38,336	100,540
Lot	[illegible]	[illegible]	980	30,179	207,320	568	61 94	29,500	1,000	«	.	.	3,800	33,300

…TEMENTS.	ENTRÉES. Nombre d'enfants existant au 1er janvier	Nombre d'enfants admis. Garçons.	Filles.	Totaux.	Total des existences et des admissions.	SORTIES. Enfants arrivés à l'âge où ils cessent d'être à la charge des hospices	Enfants retirés par les parents ou par des bienfaiteurs.	Morts dans les hospices.	Morts chez les nourrices	Morts Totaux.	Totaux des sorties et des morts	Nombre des enfants restant à la fin de l'année	[illegible]	[illegible]
…aronne	1,369	201	170	371	1,740	40	43	34	192	226	309	[illegible]	[illegible]	[illegible]
…	527	134		134	661	31	16	»	50	50	97	[illegible]	[illegible]	[illegible]
…-Loire	1,630	251	261	512	2,142	56	19	18	185	203	260	[illegible]	[illegible]	[illegible]
…	1,683	247	285	532	2,215	60	45	33	244	277	394	[illegible]	[illegible]	[illegible]
…	1,409	272	245	517	1,926	142	73	35	246	281	496	[illegible]	[illegible]	[illegible]
…(Haute-)	674	85	74	159	833	25	34	2	81	83	142	[illegible]	[illegible]	[illegible]
…	744	145	154	299	1,043	26	18	39	128	167	211	[illegible]	[illegible]	[illegible]
…	1,916	219	214	433	2,349	145	45	40	170	210	400	[illegible]	[illegible]	[illegible]
…	579	91	70	161	740	22	11	13	85	98	131	[illegible]	[illegible]	[illegible]
…n	1,041	87	84	171	1,212	23	27	16	79	95	145	[illegible]	[illegible]	[illegible]
…	790	85	61	146	936	93	31	14	26	40	164	[illegible]	[illegible]	[illegible]
…	1,466	138	181	319	1,785	233	10	22	101	123	366	[illegible]	[illegible]	[illegible]
…	3,545	530	480	1,010	4,555	280	70	36	426	461	811	[illegible]	[illegible]	[illegible]
…	934	160	131	291	1,225	71	41	26	129	155	267	[illegible]	[illegible]	[illegible]
…	927	124	136	260	1,187	68	18	3	106	109	191	[illegible]	[illegible]	[illegible]
…Calais	1,512	268	234	502	2,014	107	82	3	247	250	439	[illegible]	[illegible]	[illegible]
…Dôme	1,677	247	224	471	2,348	74	61	20	153	173	308	[illegible]	[illegible]	[illegible]
…(Basses-)	2,046	290	252	542	2,588	228	17	62	197	259	499	[illegible]	[illegible]	[illegible]
…(Hautes-)	840	106	117	223	1,063	15	15	56	85	140	170	[illegible]	[illegible]	[illegible]
…-Orientales	514	187	138	325	839	56	26	109	129	238	320	[illegible]	[illegible]	[illegible]
…(Bas-)	632	134	133	267	899	67	125	27	36	63	255	[illegible]	[illegible]	[illegible]
…(Haut-)	232	26	29	55	287	30	14	»	13	13	57	[illegible]	[illegible]	[illegible]
…	9,707	998	1,006	2,004	11,711	420	85	266	709	975	1,480	[illegible]	[illegible]	[illegible]
…(Haute-)	78	1	2	3	81	1	13	2	1	3	17	[illegible]	[illegible]	[illegible]
…-Loire	2,239	148	160	308	1,547	68	9	»	116	116	193	[illegible]	[illegible]	[illegible]
…	1,311	447		447	1,758	117	16	48	210	258	391	[illegible]	[illegible]	[illegible]
…	16,330	3,000	2,803	5,803	22,133	1,148	112	1,556	2,713	4,269	5,529	[illegible]	[illegible]	[illegible]
…-Marne	330	71	61	132	462	53	6	5	64	69	108	[illegible]	[illegible]	[illegible]
…-Oise	139	29	25	54	193	12	8	4	32	36	56	[illegible]	[illegible]	[illegible]
…Inférieure	2,418	1,207		1,207	3,625	201	98	219	669	888	1,187	[illegible]	[illegible]	[illegible]
…(Deux-)	462	81	83	164	626	9	24	2	49	51	84	[illegible]	[illegible]	[illegible]
…	1,091	180	191	371	1,462	78	60	18	171	189	314	[illegible]	[illegible]	[illegible]
…	1,230	124	124	248	1,478	90	15	23	148	171	276	[illegible]	[illegible]	[illegible]
…-Garonne	729	72	64	136	865	58	15	6	90	105	168	[illegible]	[illegible]	[illegible]
…	1,876	271	285	556	2,432	142	5	128	164	292	439	[illegible]	[illegible]	[illegible]
…e	1,623	245	221	466	2,089	54	85	121	192	313	452	[illegible]	[illegible]	[illegible]
…	628	110	89	199	827	51	4	6	83	89	144	[illegible]	[illegible]	[illegible]
…	972	96	90	186	1,158	56	53	29	84	113	182	[illegible]	[illegible]	[illegible]
…(Haute-)	1,354	220	239	459	1,813	88	22	61	142	223	333	[illegible]	[illegible]	[illegible]
…	103	24	16	40	143	12	8	»	3	3	23	[illegible]	[illegible]	[illegible]
…	852	124	115	239	1,091	19	44	14	116	130	193	[illegible]	[illegible]	[illegible]
Totaux	122,645	16,216	15,524	35,863	158,508	7,436	2,536	4,678	16,079	20,357	30,351	[illegible]	[illegible]	[illegible]
		4,023												

…TEMENTS.	DÉPENSES. Autres dépenses.	Total des dépenses.	Nombre total des journées de présence	Terme moyen annuel du nombre des enfants	Moyenne de la dépense de chaque enfant	DÉTAIL DES RESSOURCES SERVANT À LEUR ENTRETIEN. Sommes votées aux budgets variables et facultatifs	Produits des amendes et confiscations	Contingent assigné aux hospices	Sommes laissées à la charge des hospices	Sommes laissées à la charge des communes.	Autres ressources	TOTAL des ressources.
…aronne	7,060f	116,096f	317,301f	1,417	82f 56c	95,383f	120f	»	»	19,900f	»	114,503f
…	200	48,067	206,345	507	75 95	42,855	210	»	»	»	»	43,065
…-Loire	4,100	167,269	615,088	1,685	87 40	92,000	1,427	7,558f	»	37,556	»	138,543
…	»	126,647	628,976	1,723	73 50	88,000	4,856	10,000	»	20,000	»	122,856
…	10,066	149,345	590,057	1,617	92 35	67,134	4,706	19,066	»	58,439	»	149,345
…(Haute-)	7,455	53,094	248,108	580	78 08	51,000	884	1,209	»	»	»	53,093
…	»	80,138	286,347	788	113 55	59,204	260	29,666	»	»	»	89,130
…	534	140,955	605,194	1,795	76 55	108,000	1,098	»	»	28,000	»	137,098
…	1,027	45,739	215,680	591	77 43	10,000	1,200	»	»	32,339	461f	44,000
…n	167	75,380	375,895	1,029	73 20	54,925	61		»	12,000		66,986
…	1,300	49,767	277,284	760	65 48	35,500	»	»	»	16,045	»	54,545
…	1,370	85,147	520,052	1,449	58 76	50,000	408	»	»	44,000	»	94,408
…	45,802	329,184	1,205,041	3,549	92 75	186,381	1,837	»	»	92,796	368	281,382
…	»	75,728	340,479	933	81 16	68,000	723	»		7,000	»	75,723
…	4,616	65,586	342,496	933	70 29	58,000	2,638	846	»	10,102	»	68,386
…Calais	4,072	160,859	539,067	1,479	108 75	59,056	1,085	41,661	»	57,378	»	160,860
…Dôme	»	102,167	712,762	1,953	52 31	90,782	1,385	10,000	»	»	»	102,167
…(Basses-)	7,574	113,906	711,459	1,043	58 67	106,437	369	»	»	7,100	»	113,906
…(Hautes-)	150	44,151	320,000	877	50 34	39,086	665	»		4,400	»	44,151
…-Orientales	100	34,198	305,649	536	63 80	25,000	3,271	»	»	4,971	56	34,198
…(Bas-)	37,661	119,167	332,876	638	186 75	40,000	503	»	»	36,000	48,093	124,196
…(Haut-)	1,359	21,686	85,153	233	92 87	9,998	5,512	»	»	6,128	»	21,688
…	402,315	706,483	3,616,809	9,906	71 31	175,000	1,109	470,473	»	90,000	30,000	766,582
…(Haute-)	1,792	11,747	25,356	69	170 68	2,992	1,033	»	»	»	5,365	9,390
…-Loire	»	100,302	471,357	1,292	77 63	61,156	2,015	3,000		35,582	»	100,302
…	»	94,542	488,859	1,330	70 61	93,880	661	»		»	»	94,541
…	74,383	1,705,765	5,808,144	15,015	107 18	400,000	13,614	237,000	»	1,055,151	»	1,705,765
…-Marne	306	27,250	131,486	360	75 72	22,835	2,024	1,084	»	»		25,943
…-Oise	»	13,483	47,781	131	102 92	12,101	1,352	»	»	»		13,453
…Inférieure	11,768	215,048	889,251	2,436	88 65	147,320	3,128	»	»	65,000	»	215,048
…(Deux-)	»	30,936	152,043	501	79 72	22,000	410	16,444	»	»		38,854
…	46,641	125,903	408,040	1,105	114 30	122,965	3,000	»	»	»		125,965
…	»	70,544	444,785	1,219	57 05	35,845	1,101	»	»	26,000	12,494	75,441
…-Garonne	»	58,178	255,008	721	80 69	60,000	310		»	»	»	60,310
…	15,660	129,266	700,045	1,918	67 40	76,000	606	13,660	»	37,000	»	129,266
…e	18,471	122,291	892,907	1,624	75 30	54,194	574	»	»	52,351	15,172	122,291
…	129	62,114	237,222	652	79 93	50,333	1,781	»	»	»	»	52,114
…	»	60,823	318,024	859	69 06	58,901	627	2,795	»	»	»	60,823
…(Haute-)		77,085	519,198	1,422	54 84	77,679	306	»	»	»		77,985
…	20	9,462	44,050	121	78 12	»	9,462		»	»	»	9,462
…	7,079	135,326	291,125	798	169 58	61,865	084	»		32,770	»	95,639
Totaux	956,629	18,037,046	45,219,951	123,800	80 78	6,081,758	131,962	1,204,636	»	2,314,435	180,457	9,922,248

II.

DÉPARTEMENTS.	ENTRÉES. Nombre d'enfants existant au 1er janvier.	Nombre d'enfants admis : Garçons	Filles	Totaux.	Total des existences et des admissions	SORTIES. Enfants arrivés à l'âge où ils cessent d'être à la charge des hospices	Enfants retirés par les parents ou par des bienfaiteurs	Morts : aux hospices	chez les nourrices.	Totaux	Totaux des sorties et des morts	Nombre des enfants restant à la fin de l'année
Ain	588	105	115	220	758	27	9	35	91	126	152	[illegible]
Aisne	1,686	356	333	665	2,274	278	22	"	264	264	501	[illegible]
Allier	1,878	240	259	505	2,383	66	31	104	219	323	414	[illegible]
Alpes (Basses)	1,247	141	129	270	1,517	116	58	27	134	161	335	[illegible]
Alpes (Hautes)	529	124		124	653	26	11	2	54	56	95	[illegible]
Ardèche	631	61	58	119	750	46	14	1	46	47	107	[illegible]
Ardennes	638	83	81	164	802	27	35	1	48	49	111	[illegible]
Ariège	1,050	220		220	1,270	30	435	"	97	97	582	[illegible]
Aube	753	95	102	197	950	68	10	16	95	111	159	[illegible]
Aude	1,466	258		258	1,724	88	23	23	152	175	286	[illegible]
Aveyron	2,024	235	237	472	2,496	38	10	41	177	218	281	[illegible]
Bouches-du-Rhône	2,836	421	404	825	3,661	154	74	170	342	512	740	[illegible]
Calvados	1,955	283	281	564	2,519	147	35	35	304	339	502	[illegible]
Cantal	1,109	132	130	262	1,371	30	41	9	94	103	174	[illegible]
Charente	1,501	123	150	273	1,774	92	15	28	107	135	242	[illegible]
Charente-Inférieure	1,476	170	220	390	1,866	48	25	28	136	164	237	[illegible]
Cher	1,062	233	172	405	1,467	88	60	18	164	182	351	[illegible]
Corrèze	988	161	147	308	1,296	101	80	157		157	338	[illegible]
Corse	404	199		199	603	67	6	4	146	150	223	[illegible]
Côte-d'Or	729	99	90	189	918	46	17	25	79	104	167	[illegible]
Côtes-du-Nord	668	61	55	116	784	172	30	8	58	66	268	[illegible]
Creuse	1,194	127	139	266	1,500	60	74	16	74	90	253	[illegible]
Dordogne	1,551	425	443	868	2,419	344	301	13	344	357	1,002	[illegible]
Doubs	665	64	53	117	782	35	10	8	50	58	103	[illegible]
Drôme	1,216	110	95	205	1,421	90	19	1	111	112	221	[illegible]
Eure	497	141		141	638	33	13	4	85	89	140	[illegible]
Eure-et-Loir	852	122	156	278	1,130	46	11	6	166	171	226	[illegible]
Finistère	1,588	193	207	400	1,988	103	62	11	190	201	366	[illegible]
Gard	925	208		284	1,219	42	55	4	150	154	251	968
Garonne (Haute-)	1,918	268	280	548	2,466	29	31	80	180	260	339	2,127
Gers	2,091	223	192	415	2,506	113	9	60	173	233	355	[illegible]
Gironde	3,628	486	456	942	4,570	101	76	149	436	585	762	[illegible]
Hérault	1,352	186	179	365	1,517	66	33	103	155	258	317	[illegible]
Ille-et-Vilaine	1,223	241	225	466	1,680	107	41	91	140	231	379	[illegible]
Indre	909	95	117	212	1,121	47	96	98		98	243	[illegible]
Indre-et-Loire	999	151	143	304	1,303	79	2	26	181	207	288	[illegible]
Isère	1,876	569		566	2,445	115	39	78	233	311	463	[illegible]
Jura	482	52	41	93	545	31	1	3	36	39	71	[illegible]
Landes	1,293	172	171	343	1,636	12	6	33	134	167	185	[illegible]
Loir-et-Cher	864	325		325	1,189	47	50	3	212	215	312	[illegible]
Loire	1,350	225	193	418	1,768	84	52	29	135	164	300	[illegible]
Loire (Haute-)	957	120	113	233	1,190	55	17	11	92	103	175	[illegible]
Loire-Inférieure	1,127	178	152	330	1,457	100	15	65	190	255	370	[illegible]
Loiret	1,575	240	223	489	2,064	67	36	52	260	318	421	[illegible]
Lot	578	62	65	127	705	28	10	11	57	71	109	[illegible]

DÉPARTEMENTS.	DÉPENSES. Autres dépenses	Total des dépenses	Nombre total des journées de présence	Terme moyen annuel du nombre des enfants	Moyenne de la dépense de chaque enfant	DÉTAIL DES RESSOURCES SERVANT À LEUR ENTRETIEN. Sommes votées aux budgets variables et facultatifs	Produit des amendes et confiscations	Contingents assignés aux hospices	Sommes laissées à la charge des hospices	Sommes laissées à la charge des communes	Autres ressources
Ain	750f	36,250f	202,128	554	65f 43c	35,195f	755f	"	"	"	"
Aisne	1,387	107,205	694,383	1,656	64 97	93,008	1,050	.	.	12,645f	.
Allier	"	104,743	717,055	1,967	53 25	92,947	835		.	10,960	"
Alpes (Basses)	2,100	77,771	435,465	1,193	65 19	77,277	494	"	"	"	.
Alpes (Hautes)	"	54,279	204,192	559	97 10	53,880	395	"	"	"	.
Ardèche	282	47,960	232,198	636	75 49	46,744	201	930f	.	"	1f
Ardennes	1,135	57,871	241,811	662	87 42	57,307	504	"	.	"	.
Ariège	281	54,040	384,010	1,055	51 50	43,017	.	"	"	11,629	"
Aube	2,617	50,177	272,657	747	67 17	40,000	1,360	568	.	9,265	.
Aude	250	88,460	516,522	1,421	56 74	72,184	785	"	.	10,500	"
Aveyron	13,100	134,848	756,739	2,079	64 86	134,128	720	.	.		
Bouches-du-Rhône	14,371	204,589	1,013,228	2,776	95 42	104,393	270	19,357	.	50,809	
Calvados	6,985	122,834	725,136	1,987	97 03	111,015	1,739	39,072	.	40,000	9
Cantal	550	69,538	427,509	1,171	59 38	66,230	161	.		3,147	.
Charente	13,150	102,661	553,068	1,515	67 76	92,000	5,192	1,074	"	4,000	395
Charente-Inférieure	7,035	134,298	526,102	1,441	93 20	75,000	1,075	26,041	"	66,180	
Cher	5,357	95,481	389,105	1,066	89 52	71,061	370	9,000	"	14,400	
Corrèze	1,584	52,717	326,385	894	58 97	51,520	1,197	.		"	.
Corse	2,330	62,017	167,925	460	134 82	61,282	595	263	"	"	.
Côte-d'Or	3,742	49,108	272,713	747	65 86	47,804	1,304	.	.	.	.
Côtes-du-Nord	1,250	36,161	195,900	537	67 34	35,050	511		.	"	"
Creuse	1,902	56,313	414,275	1,135	49 62	56,313	251		.	.	.
Dordogne	621	96,017	534,858	1,465	65 54	64,745	.	"	.	31,259	.
Doubs	4,751	72 707	247,853	679	107 08	30,000	1,800	36,207	"	"	6,700
Drôme	3,086	80,275	436,632	1,194	67 52	80,105	780	"	"		.
Eure	2,310	37,425	170,022	490	76 40	31,725	5,700				.
Eure-et-Loir	3,431	82,365	314,440	851	96 08	60,343	762	5,248		7,000	.
Finistère	1,956	115,121	564,342	1,546	74 46	60,333	220		.	54,505	.
Gard		94,758	345,290	946	100 17	42,042	668	35,265		10,780	.
Garonne (Haute-)	"	115,333	757,710	2,076	55 55	113,240	2,093	.		"	.
Gers	20,000	143,609	802,704	2,199	65 31	106,025	296	20,000	.	17,290	.
Gironde	21,562	309,445	1,389,645	3,807	97 04	109,000	1,617	123,357	.	71,686	1,615
Hérault	150	91,503	426,866	1,167	78 41	65,600	1,650	"	.	15,500	8,753
Ille-et-Vilaine	965	86,030	467,542	1,282	52 21	53,000	2,363	"	.	"	"
Indre	1,662	56,662	282,827	775	73 15	56,692	"	"	"	.	"
Indre-et-Loire	1,347	85,596	367,607	1,007	65 00	47,000	1,109	.	"	22,283	15,204
Isère	639	99,314	606,163	1,207	52 08	47,000	1,230	.	"	53,084	"
Jura	3,066	44,726	170,070	466	95 98	42,083	1,935	.	.	"	527
Landes	2,574	79,750	496,827	1,361	58 63	69 007	"	.	.	10,773	.
Loir-et-Cher	3,160	86,647	327,326	897	94 37	74,179	707	"	.	9,700	"
Loire	16,017	102,833	521,000	1,427	72 06	60,000	394	16,010	.	26,423	"
Loire (Haute-)	322	66,320	355,317	973	68 17	49,466	770	14,332		.	1,556
Loire-Inférieure	4,009	100,508	389,267	1,094	91 57	60,000	221	.	.	14,676	"
Loiret	79,606	157,079	565,875	1,550	102 00	119,160	629	.	"	6,237	31,644
Lot	1,439	35,103	215,910	592	59 45	35,500	600	"	.	"	"

DÉPARTEMENTS.	ENTRÉES.					SORTIES.						NOMBRE des enfants restant à la fin de l'année	[illegible]	[illegible]	DÉPENSES.					DÉTAIL DES RESSOURCES SERVANT A LEUR ENTRETIEN.						TOTAL des ressources.
	NOMBRE d'enfants existant au 1er janvier.	NOMBRE D'ENFANTS ADMIS.			TOTAL des existences et des admissions	ENFANTS arrivés à l'âge où ils cessent d'être à la charge des hospices	ENFANTS retirés par les parents ou par des bienfaiteurs	MORTS			TOTAUX des sorties et des morts				AUTRES dépenses	TOTAL des dépenses.	NOMBRE total des journées de présence.	TERME moyen annuel du nombre des enfants.	MOYENNE de la dépense de chaque enfant.	SOMMES votées aux budgets variables et facultatifs	PRODUIT des amendes et confiscations.	CONTINGENT assigné aux hospices.	SOMMES laissées à la charge des hospices.	SOMMES laissées à la charge des communes.	AUTRES ressources.	
		Garçons	Filles	TOTAUX.				aux hospices	chez les nourrices	TOTAUX																
...et-Garonne	1,431	147	193	340	1,771	44	77	21	129	150	271	1,500	[illegible]	[illegible]	7,446f	121,708f	550,019	1,455	83f 71c	101,916f	882f	"	"	19,900f	.	121,798f
...dre	564	124		124	688	24	8	43		45	75	613	[illegible]	[illegible]	274	42,298	210,636	602	70 26	42,161	137	"	"	"	.	42,298
...ne-et-Loire	1,862	260	312	572	2,434	71	17	27	235	262	350	2,084	[illegible]	[illegible]	1,730	164,745	716,281	1,062	83 97	103,700	1,363	8,363f		38,524	.	151,970
...athe	1,821	240	270	510	2,331	93	93	24	214	238	424	1,907	[illegible]	[illegible]	283	136,822	676,935	1,855	73 76	98,072	1,558	10,000	"	20,000	77f	130,007
...ne	1,430	310	250	509	1,959	78	47	15	308	323	448	1,511	[illegible]	[illegible]	14,564	145,928	615,769	1,687	86 50	67,000	2,255	16,004	/	61,978	"	145,928
...ns (Haute-)	691	97	87	184	875	35	30	1	73	74	139	736	[illegible]	[illegible]	6,999	55,100	257,900	707	77 93	38,000	1,100	"	"	16,000	"	55,100
...enne	832	152	126	278	1,110	45	17	29	142	171	233	877	[illegible]	[illegible]	.	96,390	311,506	854	112 67	65,138	740	30,212	"	.	"	96,390
...rthe	1,949	221	205	426	2,375	174	70	16	137	153	397	1,978	[illegible]	[illegible]	981	147,686	652,501	1,787	82 64	113,000	1,572	"		28,000	.	142,572
...se	604	106	97	203	807	43	11	11	87	98	152	655	[illegible]	[illegible]	1,400	46,008	229,185	628	73 20	12,000	1,200	»	.	36,814	/	50,014
...rbihan	1,067	108	115	223	1,290	19	34	12	98	110	163	1,127	[illegible]	[illegible]	341	78,575	301,160	1,072	73 30	55,000	320	.	"	12,000	"	67,320
...selle	772	94	72	166	938	95	25	20	40	60	181	757	[illegible]	[illegible]	6,804	52,172	255,627	736	70 89	32,000		.	:	11,700	41	43,741
...vre	1,419	150	193	343	1,762	138	35	8	149	157	330	1,432	[illegible]	[illegible]	1,309	90,453	333,426	1,461	61 90	50,000	1,466	.	/	44,000	"	95,466
...d	3,744	516	464	980	4,724	256	38	20	547	567	861	3,863	[illegible]	[illegible]	47,275	344,323	1,350,002	3,699	93 09	202,500	1,483	"	"	92,651	407	297,041
...e	958	183	134	316	1,274	62	73	26	86	112	247	1,027	[illegible]	[illegible]	.	77,815	388,755	1,065	73 07	68,223	3,602	"	.	5,790	"	77,815
...ne	996	101	110	211	1,207	71	15	13	85	98	184	1,023	[illegible]	[illegible]	5,361	71,672	355,472	982	72 99	69,250	1,587	846		"	.	71,672
...-de-Calais	1,875	319	250	569	2,144	61	66	4	314	318	445	1,699	[illegible]	[illegible]	4,879	160,503	578,714	1,566	106 37	120,000	4,553	63,998	.	1,022	.	169,503
...y-de-Dôme	2,040	236	214	450	2,490	105	100	29	224	253	527	1,963	[illegible]	[illegible]		104,214	730,317	2,001	52 09	93,295	916	10,000	"	"	"	104,213
...rénées (Basses-)	2,069	245	274	519	2,608	306	26	84	147	231	562	2,046	[illegible]	[illegible]	5,890	113,271	725,358	1,968	56 98	104,500	424	"	"	8,347	"	113,271
...rénées (Hautes-)	893	118	134	252	1,145	87	23	64	94	148	258	887	[illegible]	[illegible]	290	45,477	320,000	877	51 86	40,200	877	"	--	4,400	"	45,477
...rénées-Orientales	517	145	108	253	770	38	26	46	94	140	206	564	[illegible]	[illegible]	.	37,853	192,021	540	69 36	32,092	252	"	"	4,874	35	37,253
...in (Bas-)	644	100	100	200	844	106	13	20	43	63	184	660	[illegible]	[illegible]	27,361	103,321	226,800	621	166 38	27,000	60	"	"	25,000	56,665	108,025
...in (Haut-)	230	41	37	78	308	31	4	.	13	13	48	260	[illegible]	[illegible]	1,050	21,595	86,076	241	89 60	13,000	4,023	"	"	4,572	/	21,595
...ône	10,228	1,020	940	1,960	12,188	493	150	280	869	1,150	1,771	10,417	[illegible]	[illegible]	585,290	708,041	3,739,322	10,215	69 11	200,000	1,941	466,100		30,000	10,000	708,041
...ône (Haute-)	64	5	3	8	72	2	4	3	1	4	10	62	[illegible]	[illegible]	9,756	10,978	23,352	64	171 54	4,247	1,116	"	.	"	4,664	10,027
...ône-et-Loire	1,354	158	173	331	1,685	79	36	.	136	136	251	1,434	[illegible]	[illegible]	.	106,135	304,064	1,383	78 19	76,286	529	3,177	.	28,142	"	108,135
...rthe	1,367	419		410	1,785	60	25	40	172	212	298	1,487	[illegible]	[illegible]	.	99,808	516,381	1,415	70 54	95,883	925	.	"	.	.	99,808
...ine	16,604	2,622	2,517	5,139	21,743	1,228	131	1,391	2,662	4,053	5,412	16,331	[illegible]	[illegible]	71,946	1,693,786	5,803,865	15,504	100 50	400,000	25,950	237,000	/	1,030,837	.	1,693,787
...ine-et-Marne	354	132	117	249	603	21	18	10	72	82	121	482	[illegible]	[illegible]		30,288	159,234	436	69 46	13,314	2,310	"	.	14,765	»	30,389
...ine et Oise	137	51	43	94	231	50	2	2	29	31	83	148	[illegible]	[illegible]	.	13,550	48,880	134	101 24	11,965	1,695	"	.	.	"	13,660
...vres (Deux-)	2,438	1,017		1,017	3,455	147	95	231	477	708	950	2,505	[illegible]	[illegible]	9,013	200,898	960,675	2,492	84 23	143,478	5,420	"	.	51,000	.	200,898
...ine Inférieure	642	94	96	190	732	10	36	14	68	82	128	604	[illegible]	[illegible]	"	46,150	210,083	596	77 09	29,500	640	14,407	.	3,000	.	47,606
...mme	1,146	262	187	449	1,597	68	63	23	180	203	329	1,265	[illegible]	[illegible]	44,519	130,365	440,063	1,206	113 45	136,365	.	.	.	.	.	130,365
...rn	1,202	128	127	255	1,457	55	5	20	127	147	207	1,250	[illegible]	[illegible]	"	60,405	432,590	1,185	58 57	38,000	422	.	.	26,000	7,796	72,218
...rn-et-Garonne	707	81	56	137	844	32	7	2	93	95	134	710	[illegible]	[illegible]	"	54,002	251,453	689	78 50	55,300	260	.	.		"	55,560
...r	1,993	265	262	527	2,520	300	8	113	170	283	591	1,929	[illegible]	[illegible]	13,868	133,154	706,218	1,940	58 64	94,400	956	13,668	.	24,130	»	133,154
...ucluse	1,637	207	196	403	2,000	125	29	81	167	248	408	1,632	[illegible]	[illegible]	10,525	125,658	603,983	1,655	75 92	54,099	1,029	:	.	55,998	15,027	125,853
...ndée	703	113	103	216	919	29	15	7	52	59	103	816	[illegible]	[illegible]	394	59,617	266,632	728	81 89	59,435	182	.	.	.	.	59,617
...nne	970	65	77	142	1,112	20	20	28	59	87	127	985	[illegible]	[illegible]	"	64,810	345,119	946	68 59	60,014	1,675	2,221	"	"	.	64,810
...enne (Haute-)	1,480	179	209	388	1,868	100	24	76	200	276	400	1,468	[illegible]	[illegible]	"	78,081	530,285	1,453	54 36	73,518	403	"		5,000	:	78,081
...sges	120	26	21	47	167	19	28	4	"	4	51	116	[illegible]	[illegible]	58	10,180	43,736	120	84 83	8,320	1,851	.	.		"	10,180
...nne	898	119	108	227	1,125	18	54	72	120	192	264	861	[illegible]	[illegible]	7,310	184,128	331,750	909	147 56	65,763	1,253	.	.	30,226		100,224
TOTAUX	127,077	16,116	15,384	35,460	163,137	8,331	8,037	4,275	15,515	20,058	32,406	130,759	[illegible]	[illegible]	1,816,332	10,438,799	46,091,608	127,022	80 20	6,382,184	128,075	1,100,609	.	2,302,898	160,277	10,120,043
		3,060						298																		

DÉPARTEMENTS	ENTRÉES. Nombre d'enfants existant au 1er janvier	Nombre d'enfants admis. Garçons.	Filles.	Totaux.	Total des existences et des admissions	SORTIES. Enfants arrivés à l'âge ou au terme d'être à la charge des hospices	Enfants retirés par les parents ou par des bienfaiteurs	Morts aux hospices	chez les nourrices.	Totaux.	Total des sorties et des morts	Nombre des enfants restant à la fin de l'année	DÉPENSES. [illegible]	[illegible]	Autres dépenses.	Total des dépenses	Nombre total des journées de présence.	Terme moyen annuel du nombre des enfants	Moyenne de la dépense de chaque enfant.	DÉTAIL DES RESSOURCES SERVANT À LEUR ENTRETIEN. Sommes votées aux budgets variables et facultatifs	Produit des amendes et confiscations.	Contingent assigné aux hospices.	Sommes laissées à la charge des hospices	Sommes laissées à la charge des communes.	Autres ressources.	TOTAL des ressources
Ain	596	103	108	211	807	18	20	30	107	137	175	[illegible]	[illegible]	[illegible]	840f	35,612f	219,307	601	64f 25c	37,693f	919f	,	,	,	,	38,612
Aisne	1,770	206	176	382	2,152	213	346	1	185	186	565	1,587	[illegible]	[illegible]	2,104	106,414	594,823	1,630	66 25	93,000	2,200	,	,	11,214f	,	106,414
Allier	1,969	275	247	522	2,491	62	27	207	264	471	560	[illegible]	[illegible]	[illegible]	,	107,827	699,726	1,917	56 25	88,417	747	,	,	10,980	,	100,144
Alpes (Hautes)	1,182	117	125	242	1,424	102	13	39	115	154	269	[illegible]	[illegible]	[illegible]	2,161	79,002	427,131	1,170	67 52	78,434	568	,	,	,	,	79,002
Alpes (Basses-)	560	109		109	669	81	150	4	41	45	276	[illegible]	[illegible]	[illegible]	275	41,665	161,882	497	83 83	43,500	437	,	,	3,000	,	46,937
Ardèche	643	86	57	143	786	43	166	4	40	58	269	[illegible]	[illegible]	[illegible]	460	46,760	219,562	602	77 67	45,000	759	1,000f	,	,	,	46,759
Ardennes	691	64	56	120	811	73	63	,	49	49	185	[illegible]	[illegible]	[illegible]	1,204	57,907	237,012	640	89 22	57,300	607	,	,	,	,	57,907
Ariège	697	203		203	900	11	492	,	93	93	596	[illegible]	[illegible]	[illegible]	1,356	34,265	208,668	586	61 61	32,672	1,593	,	,	,	,	34,265
Aube	761	102	88	190	951	49	7	7	128	135	191	[illegible]	[illegible]	[illegible]	2,423	50,670	276,260	757	66 96	32,000	1,725	1,236		15,484	211f	50,670
Aude	1,438	295		295	1,733	76	22	36	169	205	303	1,430	[illegible]	[illegible]	306	81,455	516,400	1,409	57 81	69,470	1,477	,	,	10,500	,	81,450
Aveyron	2,315	254	258	512	2,727	118	17	38	182	230	385	[illegible]	[illegible]	[illegible]	15,600	142,544	701,931	2,170	65 60	151,726	818	,	,	,	,	142,544
Bouches-du-Rhône	3,021	405	413	818	3,739	130	75	172	353	495	700	[illegible]	[illegible]	[illegible]	19,498	272,544	1,042,070	2,855	95 50	216,022	3,047	22,082	,	30,333	,	272,545
Calvados	1,917	671		671	2,588	122	84	16	251	267	473	[illegible]	[illegible]	[illegible]	4,868	162,322	706,073	1,934	84 03	120,307	2,915	,	,	40,000	,	162,322
Cantal	1,187	166		166	1,353	56	16	41	90	130	202	1,151	[illegible]	[illegible]	351	73,334	423,113	1,159	63 46	62,000	372	,	,	3,147	,	65,519
Charente	1,532	188	138	326	1,858	98	49	25	116	141	253	[illegible]	[illegible]	[illegible]	22,941	104,316	574,530	1,574	66 28	98,000	800	562	,	4,000	5,910	104,316
Charente-Inférieure	1,629	217	210	427	2,056	51	40	23	181	204	309	[illegible]	[illegible]	[illegible]	2,700	140,506	556,260	1,524	92 39	78,000	629	15,458	,	43,811	,	140,398
Cher	1,116	227	241	468	1,584	85	54	55	267	322	450	[illegible]	[illegible]	[illegible]	5,339	97,307	400,454	1,097	88 93	76,709	1,263	9,680	,	10,865	,	97,557
Corrèze	958	212		212	1,170	13	709	07	56	123	845	[illegible]	[illegible]	[illegible]	4,926	36,905	172,341	475	75 72	35,000	1,191	,	,	,	,	36,191
Corse	470	187		187	657	30	11	6	117	125	170	[illegible]	[illegible]	[illegible]	16,348	65,956	176,243	488	135 15	62,000	582	594	,	,	,	63,176
Côte-d'Or	751	100	85	185	936	68	28	14	56	70	167	[illegible]	[illegible]	[illegible]	6,033	52,342	290,346	708	68 15	49,697	2,133	,	,	,	,	51,960
Côtes-du-Nord	516	58	71	129	665	20	8	3	55	58	86	[illegible]	[illegible]	[illegible]	1,231	32,116	189,828	520	67 53	34,486	630	,	,	,	,	35,116
Creuse	1,157	127	150	260	1,423	172	60	15	80	95	327	[illegible]	[illegible]	[illegible]		56,966	412,450	1,130	53 07	50,966	835	,	,	,	,	60,503
Dordogne	1,357	295	200	585	1,942	61	52	25	230	255	368	[illegible]	[illegible]	[illegible]	,	88,015	664,243	1,548	57 44	66,306	,	,	,	22,000	,	88,912
Doubs	679	43	60	103	782	51	5	3	69	72	128	[illegible]	[illegible]	[illegible]	3,634	71,326	259,030	655	108 80	30,000	1,758	33,768	,	,	5,800	71,326
Drôme	1,260	81	86	167	1,397	77	26	1	77	78	161	[illegible]	[illegible]	[illegible]	3,006	79,264	423,013	1,175	67 45	75,800	3,464	,	,	,	,	79,264
Eure	498	123		123	621	42	15	6	64	70	127	[illegible]	[illegible]	[illegible]	3,518	38,070	161,030	486	77 86	29,000	4,109	,	,	4,961	,	38,070
Eure-et-Loir	902	147	138	285	1,187	84	27	2	147	149	260	[illegible]	[illegible]	[illegible]	6,684	86,225	325,076	805	96 56	70,275	750	7,000	,	8,200	,	86,225
Finistère	1,622	153	153	306	1,928	116	168	11	166	177	461	[illegible]	[illegible]	[illegible]	1,399	112,536	563,577	1,517	74 18	70,074	813	,	,	41,649	,	112,536
Gard	968	333		333	1,301	30	45	7	185	182	217	[illegible]	[illegible]	[illegible]	,	102,045	374,865	1,027	99 36	33,000	931	50,506	,	17,608	,	102,045
Garonne (Haute-)	2,137	303	289	592	2,729	89	23	153	169	322	434	[illegible]	[illegible]	[illegible]		129,455	811,503	2,223	58 25	126,533	2,922	,	,	,	,	129,455
Gers	2,151	241	205	446	2,597	134	218	91	304	305	737	[illegible]	[illegible]	[illegible]	15,080	129,688	761,088	2,085	62 52	94,500	229	15,509	,	19,450	,	129,688
Gironde	3,808	469	454	923	4,731	130	67	242	521	763	960	[illegible]	[illegible]	[illegible]	26,224	308,960	1,447,300	3,966	91 01	167,500	10,800	106,593	,	60,900	1,830	349,723
Hérault	1,200	192	185	377	1,577	71	42	99	150	238	301	[illegible]	[illegible]	[illegible]	130	92,426	423,878	1,161	79 62	65,800	7,808	,	,	17,000	6,232	92,426
Ille-et-Vilaine	1,310	163	190	353	1,663	65	41	81	154	236	339	[illegible]	[illegible]	[illegible]	,	76,747	400,432	1,296	55 01	60,000	557	,	,	,	,	60,557
Indre	878	87	82	169	1,047	29	42		106	106	177	[illegible]	[illegible]	[illegible]	2,707	55,627	278,712	764	72 81	55,381	246	,	,	,	,	55,627
Indre-et-Loire	1,016	187	150	346	1,361	79	5	32	215	247	331	[illegible]	[illegible]	[illegible]	1,600	88,765	373,380	1,023	86 77	47,000	877	,	,	22,343	18,545	88,765
Isère	1,980	540		540	2,520	222	45	94	315	409	676	[illegible]	[illegible]	[illegible]	1,891	105,264	722,877	1,980	53 17	47,000	1,784	,	,	56,500	,	105,284
Jura	474	28	42	70	544	41	3	10	47	57	101	[illegible]	[illegible]	[illegible]	4,583	44,209	206,958	658	96 53	41,806	2,228	,	,	,	527	44,561
Landes	1,452	164	158	322	1,774	92	14	10	168	205	271	[illegible]	[illegible]	[illegible]	3,507	88,165	560,100	1,535	86 13	62,783	,	,	,	14,960	,	77,763
Loir-et-Cher	877	312		312	1,189	61	54	2	193	195	310	[illegible]	[illegible]	[illegible]	2,009	82,522	300,202	822	100 39	72,218	604	,	,	9,700	,	82,522
Loire	1,478	189	218	407	1,885	73	136	29	178	207	416	[illegible]	[illegible]	[illegible]	13,799	108,145	530,007	1,473	73 17	60,000	1,009	17,386	,	29,750		108,145
Loire (Haute-)	1,220	263		263	1,492	75	31	5	93	97	203	[illegible]	[illegible]	[illegible]	806	71,652	383,764	1,051	68 17	50,810	310	16,868	,	,	3,665	71,652
Loire-Inférieure	1,087	190	189	376	1,463	107	20	57	234	287	304	[illegible]	[illegible]	[illegible]	4,000	107,665	367,820	1,002	98 73	60,000	5,416	,	,	10,190	,	75,606
Loiret	1,823	223	232	455	2,078	172	90	43	200	202	594	[illegible]	[illegible]	[illegible]	28,612	159,214	667,010	1,353	102 52	125,284	605	,	,	6,026	28,001	159,214
Lot	596	78	40	118	714	40	32	9	65	74	146	[illegible]	[illegible]	[illegible]	1,396	35,784	219,065	581	61 59	40,000	800	,	,	,	,	40,800

SUITE DE [illegible]

[DÉP]ARTEMENTS	ENTRÉES. NOMBRE d'enfants existant au 1er janvier	NOMBRE D'ENFANTS ADMIS. Garçons	Filles	TOTAUX	TOTAL des existences et des admissions	SORTIES. ENFANTS arrivés à l'âge où ils cessent d'être à la charge des hospices	ENFANTS retirés par les parents ou par des bienfaiteurs	MORTS aux hospices	chez les nourrices	TOTAUX	TOTAUX des sorties et des morts	NOMBRE des enfants restant à la fin de l'année	[illegible]	DÉPENSES. AUTRES dépenses	TOTAL des dépenses	NOMBRE total des journées de présence	TERME moyen annuel du nombre des enfants	MOYENNE de la dépense de chaque enfant	DÉTAIL DES RESSOURCES SERVANT À LEUR ENTRETIEN. SOMMES votées aux budgets variables et facultatifs	PRODUIT des amendes et confiscations	CONTINGENT exigé aux hospices	SOMMES laissées à la charge des hospices	SOMMES laissées à la charge des communes	AUTRES ressources	TOTAL des RESSOURCES
...rons	1,500	169	144	313	1,813	73	150	52	123	155	338	[illegible]	[illegible]	7,049f	116,666f	925,146	1,430	81f 07c	97,245	416f	"		19,000f	"	116,656f
. .. ...	613	114		114	727	49	25	"	30	30	104	[illegible]	[illegible]	445	44,355	224,530	616	72 00	44,210	145			"	"	44,355
. Loire.	2,084	260	304	564	2,668	54	86	32	237	269	379	[illegible]	[illegible]	3,215	184,162	800,953	2,187	84 23	111,400	4,396	5,343f	"	41,737		166,868
....	1,907	217	243	450	2,366	90	425	30	235	255	773	[illegible]	[illegible]	1,644	125,999	645,419	1,763	72 95	97,000	5	10,000		20,000	135	127,135
. ....	1,551	402		402	1,953	136	150	27	175	202	487	[illegible]	[illegible]	21,122	153,904	542,668	1,487	103 54	67,000	1,802	21,122		64,037	"	153,984
(Haute-).... .	736	75	64	140	876	54	31	2	56	58	153	[illegible]	[illegible]	7,454	34,930	208,518	722	76 05	38,000	929	"	"	16,000	"	56,929
....	677	147	128	275	1,152	53	11	28	108	101	255	[illegible]	[illegible]	"	99,517	320,608	879	113 22	65,175	470	30,871	"	"	"	99,517
. ...	1,978	219	202	421	2,399	115	51	27	151	178	345	[illegible]	[illegible]	651	132,071	655,275	1,795	84 72	119,000	1,105	"	"	28,000	"	148,105
. ...	655	97	92	189	844	47	41	8	65	73	161	[illegible]	[illegible]	2,238	32,957	247,850	679	77 96	28,000	1,200	"	"	32,800		57,000
n	1,127	98	141	239	1,366	54	46	39	78	117	215	[illegible]	[illegible]	361	81,228	404,386	1,105	73 31	50,090	260	"	"	12,000	"	62,280
....	757	52	42	94	851	112	46	12	35	47	205	[illegible]	[illegible]	6,120	47,900	249,000	682	70 25	29,000	983	"	"	3,520	53	38,536
.. . .	1,432	152	194	346	1 778	85	23	24	108	132	240	[illegible]	[illegible]	1,560	95,624	514,891	1,493	64 05	50,000	1,007	617	"	44,000	"	95,624
....	3,513	416	391	809	4,022	240	128	22	426	448	892	[illegible]	[illegible]	62,495	380,657	1,304,846	3,789	99 47	201,760	2,061	"	"	93,498	270	298,192
.. .	1,027	153	108	261	1,288	138	57	22	93	115	319	[illegible]	[illegible]	"	85,562	351,153	970	88 20	72,000	7,852	"	"	5,700	"	86,552
. . ..	1,023	106	98	204	1,227	54	18	7	78	86	157	[illegible]	[illegible]	5,250	76,590	378,530	1,087	72 87	73,836	907	846	"	"	"	75,589
Calais	1,099	230	189	428	2,127	55	76	2	249	251	412	[illegible]	[illegible]	5,629	170,560	909,647	1,543	103 58	125,963	2,090	39,516	"	"	"	170,569
Dôme.	1,058	200	189	305	2,361	98	91	29	166	195	381	[illegible]	[illegible]	"	105,122	712,922	1,988	53 53	95,466	1,656	10,000	"	"	"	105,122
s (Basses-) ...	2,045	254	279	553	2,579	263	21	80	210	215	529	[illegible]	[illegible]	5,480	113,468	713,672	1,985	58 04	100,374	494	"	"	12,600	"	113,468
s (Hautes) .	887	102	118	220	1,107	128	22	89	100	189	259	[illegible]	[illegible]	200	45,010	815,000	865	50 55	38,000	2,259	"	"	5,822	"	46,111
s Orientales . .	864	150	146	296	860	41	23	75	115	100	254	[illegible]	[illegible]	5	40,039	214,638	586	68 08	34,822	737	"	"	4,474	"	40,033
(Bas) ...	660	96	69	157	797	67	87	6	44	50	151	[illegible]	[illegible]	24,727	104,217	284,540	945	102 05	27,000	578	"	"	30,000	46,509	104,477
(Haut) ..	260	28	21	49	309	35	3	"	13	13	51	[illegible]	[illegible]	800	22,498	93,084	256	83 23	9,098	1,200	"	"	11,300	"	22,498
... . .	10,417	983	922	1,905	12,322	488	170	282	839	1,121	1,779	[illegible]	[illegible]	106,316	684,961	3,760,257	10,302	66 55	195,000	3,721	460,230	"	30,000	"	685,951
(Haute-) . .	62	7	5	12	74	4	12	"	"		16	[illegible]	[illegible]	1,180	3,915	22,364	51	146 14	3,134	1,202	"	"	"	5,613	9,949
Loire.	1,434	153	154	307	1,761	85	41	"	165	165	291	[illegible]	[illegible]	"	111,526	510,968	1,426	78 26	55,145	2,161	4,200	"	40,017	"	111,526
. .	1,488	160		160	1,648	33	354	24	107	131	518	[illegible]	[illegible]	2,000	81,515	468,099	1,252	63 55	70,000	694	"	"	"	"	70,694
.	16,331	2,572	3,436	6,008	21,330	1,386	165	1,258	2,174	3,432	4,991	[illegible]	[illegible]	84,085	1,548,592	5,760,754	15,783	104 45	480,000	19,288	237,000	"	992,304	"	1,548,592
Marne.	682	109	60	175	600	51	22	6	83	89	162	[illegible]	[illegible]	146	60,501	169,836	465	87 10	24,000	2,223	"	"	14,601	"	60,824
Oise	148	40	42	82	230	49	2	16	7	23	74	[illegible]	[illegible]	"	15,167	37,626	108	96 12	12,880	2,306	"	"	"	"	15,186
Inférieure ..	2,505	950		950	3,455	237	98	220	525	745	1,080	[illegible]	[illegible]	5,307	204,165	837,949	2,296	88 93	140,386	2,800		"	61,000	"	204,186
(Deux-).	604	94	87	181	785	17	18	2	63	65	100	[illegible]	[illegible]	"	52,165	282,156	636	82 02	33,900	900	10,036	"	3,000	"	53,940
	1,268	517		517	1,785	225	226	14	178	192	645	[illegible]	[illegible]	37,519	130,197	440,272	1,208	107 96	128,534	1,663	"	"	"	"	130,197
.	1,250	150	150	300	1,550	64	4	11	151	162	230	[illegible]	[illegible]	"	71,261	455,570	1,248	57 10	45,796	759	"	"	20,000	"	72,555
Garonne	710	75	83	158	868	50	15	4	82	86	151	[illegible]	[illegible]	"	54,984	250,505	711	77 27	55,300	250	"	"	"	"	55,550
....	1,929	274	263	537	2,466	200	4	53	132	215	509	[illegible]	[illegible]	13,904	137,844	605,561	1,905	72 32	91,400	1,017	13,964	"	36,822	"	137,233
s	1,057	185	205	390	2,047	114	34	92	163	255	403	[illegible]	[illegible]	18,204	125,155	506,335	1,639	76 38	55,002	1,071	"	"	51,350	17,753	125,155
. . ..	810	88	86	174	990	15	9	4	74	76	105	[illegible]	[illegible]	288	69,179	313,071	888	80 63	68,830	340	"	"	"	"	69,179
... .	982	96	108	204	1,186	35	24	21	62	83	140	[illegible]	[illegible]	987	63,808	317,252	860	73 43	62,131	1,677	"	"	"	"	63,808
(Haute). .	1,456	186	235	421	1,880	89	15	118	158	276	380	[illegible]	[illegible]	8	81,021	541,286	1,488	54 63	75,726	298		"	5,000	"	81,021
. ...	116	13	10	23	139	10	34	"	"		44	[illegible]	[illegible]	"	9,220	35,768	98	94 08	7,231	1,983	"	"	"	"	9,210
. . . . .	921	102	79	181	1,102	41	511	0	105	111	663	[illegible]	[illegible]	5,254	124,817	245,200	980	153 26	70,430	1,507	"	"	34,487	"	106,514
TOTAUX ...	130,916	14,103	13,694	33,374	164,319	8,832	6,846	4,316	14,915	19,429	35,097	129,222	[illegible]	1,036,045	10,242,047	46,515,405	127,439	80 37	6,336,174	146,156	1,156,707	"	2,205,404	141,821	10,045,264
		5,577																							

Le mouvement des Enfants trouvés et abandonnés dans l'hospice d'[illegible] ([illegible]) n'[illegible] qu'à partir de 1833, d'où sort la différence de 214 entre la fin de 1832 et le commencement de 1833.

DÉPARTEMENTS	ENTRÉES. Nombre d'enfants existant au 1er janvier	Nombre d'enfants admis. Garçons	Filles	Totaux	Total des créations et des admissions.	SORTIES. Enfants arrivés à l'âge où ils cessent d'être à la charge des hospices	Enfants retirés par les parents ou par des bienfaiteurs	Morts aux hospices.	Morts chez les nourrices	Morts totaux	Totaux des sorties et des morts	Nombre des enfants restant à la fin de l'année	[illegible]	[illegible]
Ain	652	194		194	826	33	16	26	124	150	199	[illegible]	[illegible]	[illegible]
Aisne	1,507	372		372	1,879	170	15	.	272	272	457	1,382	[illegible]	[illegible]
Allier	1,931	205	212	417	2,348	76	36	100	110	210	333	[illegible]	[illegible]	[illegible]
Alpes (Basses-)	1,155	204		204	1,419	65	5	72	181	203	263	[illegible]	[illegible]	[illegible]
Alpes (Hautes-)	443	64		64	507	25	25	6	31	37	87	[illegible]	[illegible]	[illegible]
Ardèche	524	134		134	658	24	176	4	86	90	290	[illegible]	[illegible]	[illegible]
Ardennes	626	110		110	736	40	29	,	72	72	141	[illegible]	[illegible]	[illegible]
Ariège	304	177		177	481	35	97	,	95	95	227	[illegible]	[illegible]	[illegible]
Aube	760	170		170	930	42	16	8	144	152	210	[illegible]	[illegible]	[illegible]
Aude	1,430	261		261	1,691	98	35	35	163	198	286	[illegible]	[illegible]	[illegible]
Aveyron	2,362	484		484	2,846	213	63	60	203	263	539	[illegible]	[illegible]	[illegible]
Bouches-du-Rhône	3,330	397	386	783	3,322	192	105	218	326	544	841	[illegible]	[illegible]	[illegible]
Calvados	2,145	518		518	2,663	138	63	27	280	307	508	[illegible]	[illegible]	[illegible]
Cantal	1,181	213		213	1,394	58	27	55	126	181	266	[illegible]	[illegible]	[illegible]
Charente	1,605	187	200	387	1,992	60	733	66	199	265	1,128	[illegible]	[illegible]	[illegible]
Charente-Inférieure	1,752	169	167	326	2,078	85	112	98	232	330	527	[illegible]	[illegible]	[illegible]
Cher	1,125	234		234	1,359	71	33	55	202	257	361	[illegible]	[illegible]	[illegible]
Corrèze	325	222		222	547	4	119	30	94	124	247	[illegible]	[illegible]	[illegible]
Corse	482	200		200	682	7	14	2	109	111	132	[illegible]	[illegible]	[illegible]
Côte-d'Or	779	86	86	172	951	69	23	17	113	130	222	[illegible]	[illegible]	[illegible]
Côtes-du-Nord	559	122		122	681	22	20		43	43	85	[illegible]	[illegible]	[illegible]
Creuse	1,096	368		368	1,464	415	19	15	85	100	534	[illegible]	[illegible]	[illegible]
Dordogne	1,574	327	278	605	2,179	37	216	91	409	500	752	1,427	[illegible]	[illegible]
Doubs	654	72		72	726	77	35	5	46	51	163	[illegible]	[illegible]	[illegible]
Drôme	1,180	54	55	109	1,355	94	21	1	106	107	222	[illegible]	[illegible]	[illegible]
Eure	494	124		124	618	44	12	4	75	79	135	[illegible]	[illegible]	[illegible]
Eure-et-Loir	927	233		233	1,160	51	30	1	159	160	241	[illegible]	[illegible]	[illegible]
Finistère	1,447	148	188	336	1,783	100	89	13	182	195	384	[illegible]	[illegible]	[illegible]
Gard	1,084	287		287	1,371	34	40	25	226	251	325	[illegible]	[illegible]	[illegible]
Garonne (Haute-)	2,295	582		582	2,877	93	38	207	173	380	511	[illegible]	[illegible]	[illegible]
Gers	1,880	145	146	291	2,171	110	375	105	174	279	764	[illegible]	[illegible]	[illegible]
Gironde	3,771	460	472	932	4,703	286	70	280	590	880	1,362	[illegible]	[illegible]	[illegible]
Hérault	1,226	176	168	344	1,570	46	33	65	147	212	291	[illegible]	[illegible]	[illegible]
Ille-et-Vilaine	1,304	420		420	1,724	87	30	92	236	328	445	[illegible]	[illegible]	[illegible]
Indre	870	85	105	190	1,060	22	112		106	106	240	[illegible]	[illegible]	[illegible]
Indre-et-Loire	1,030	362		362	1,392	67	5	47	254	301	373	[illegible]	[illegible]	[illegible]
Isère	2,044	704		704	2,748	1,153	268	110	260	370	1,791	[illegible]	[illegible]	[illegible]
Jura	443	76		76	519	35	41	1	42	43	119	[illegible]	[illegible]	[illegible]
Landes	1,503	247		247	1,750	77	13	17	147	164	254	[illegible]	[illegible]	[illegible]
Loir-et-Cher	879	298		298	1,177	31	15	4	232	236	282	[illegible]	[illegible]	[illegible]
Loire	1,487	178	188	366	1,853	112	314	28	222	250	676	[illegible]	[illegible]	[illegible]
Loire (Haute-)	1,289	104	127	231	1,520	122	37	6	112	118	277	[illegible]	[illegible]	[illegible]
Loire-Inférieure	1,069	353		353	1,422	79	10	45	219	264	353	[illegible]	[illegible]	[illegible]
Loiret	1,526	206	190	396	1,922	95	60	51	244	295	450	[illegible]	[illegible]	[illegible]
Lot	568	54	55	109	677	40	62	10	87	97	199	[illegible]	[illegible]	[illegible]

DÉPARTEMENTS	DÉPENSES. Autres dépenses	Total des dépenses	Nombre total des journées de présence.	Terme moyen annuel du nombre des enfants	Moyenne de la dépense de chaque enfant	DÉTAIL DES RESSOURCES SERVANT A LEUR ENTRETIEN. Sommes votées aux budgets variables et facultatifs	Produit des amendes et confiscations	Contingent assigné aux hospices.	Sommes laissées à la charge des hospices	Sommes laissées à la charge des communes.	Autres ressources	TOTAL des ressources
Ain	890f	40,612f	242,300	664	61f 10c	35,000f	1,182f	,	"	"	,	57,[illegible]
Aisne	2,365	94,175	551,840	1,457	64 64	83,000	1,060	,	"	9,514f	,	94,[illegible]
Allier	390	108,081	690,534	1,892	57 42	91,340	819	,		11,165	"	106,[illegible]
Alpes (Basses-)	1,600	77,905	426,430	1,168	66 70	77,192	711		,	"		77,[illegible]
Alpes (Hautes-)	1,500	35,715	159,025	465	77 33	31,500	286	"	"	3,000		84,[illegible]
Ardèche	619	39,338	132,036	490	78 87	37,739	619	1,000f	,	,		39,[illegible]
Ardennes		53,410	222,392	609	87 70	52,076	1,334	,	,	,		53,[illegible]
Ariège	1,804	23,840	124,895	342	69 12	23,200	640	"	,	"	.	23,[illegible]
Aube	1,830	47,599	269,402	738	64 50	34,190	2,676	964		16,044		55,[illegible]
Aude	1,050	79,803	508,180	1,392	57 33	66,749	1,064	,	,	12,000	"	79,[illegible]
Aveyron	16,292	161,189	790,280	2,165	65 21	140,377	812	,	"	"		161,[illegible]
Bouches-du-Rhône	6,177	240,005	1,041,364	2,853	84 44	200,233	1,877	1,883		30,893		240,[illegible]
Calvados	15,805	204,524	775,168	2,124	96 29	123,977	5,176	37,230		40,000	142	204,[illegible]
Cantal	484	74,408	416,837	1,137	65 44	62,000	334	,		3,147	.	65,[illegible]
Charente	17,164	99,276	529,893	1,452	68 37	94,500	1,098	1,487	,	4,000	217	101,[illegible]
Charente-Inférieure	2,871	136,473	552,026	1,515	65 53	85,500	1,812	12,300	"	39,071	"	136,[illegible]
Cher	5,063	83,411	377,071	1,033	85 59	63,818	892	9,000		14,400		88,[illegible]
Corrèze	1,442	18,826	102,758	282	64 96	25,000	843	"		"		25,[illegible]
Corse	10,316	60,322	157,141	616	117 90	50,119	337	656	,	.	"	60,[illegible]
Côte-d'Or	5,451	53,616	262,918	720	74 47	50,000	1,505	.		"	,	51,[illegible]
Côtes-du-Nord	1,424	36,738	204,960	562	65 41	36,036	670	.	,	"	"	36,[illegible]
Creuse	1,483	53,728	354,850	972	55 28	54,000	.	"	.	,	,	54,[illegible]
Dordogne	853	89,084	481,560	1,319	65 22	69,313	"	"	,	20,672	,	89,[illegible]
Doubs	4,290	70,856	220,802	630	112 44	30,500	1,350	37,051	.	"	1,925	70,[illegible]
Drôme	3,090	77,051	419,325	1,149	67 06	75,125	1,023		,	"	,	77,[illegible]
Eure	3,286	37,430	178,796	490	76 39	33,749	3,400			282		37,[illegible]
Eure-et-Loir	3,468	86,516	327,014	896	96 59	70,275	707	7,000	"	8,200	,	86,[illegible]
Finistère	790	103,287	507,183	1,389	74 36	70,000	462	.		31,826	,	103,[illegible]
Gard	50	84,612	395,060	1,084	78 33	33,000	1,014	26,405	,	22,463	"	84,[illegible]
Garonne (Haute-)	966	131,623	830,958	2,301	57 20	130,037	985	,	.	"	,	131,[illegible]
Gers	15,009	108,717	670,687	1,837	59 18	73,500	307	15,000	,	19,910	,	108,[illegible]
Gironde	25,891	345,146	1,364,379	3,738	92 33	168,500	10,010	105,592	,	58,303	1,641	345,[illegible]
Hérault	150	94,512	437,230	1,198	70 14	65,800	781	"	"	15,112	13,119	94,[illegible]
Ille-et-Vilaine	500	74,292	469,345	1,286	57 72	65,000	1,059	,	.	"	.	66,[illegible]
Indre	1,223	57,315	291,072	798	71 82	56,427	888	.	.	"	"	57,[illegible]
Indre-et-Loire	2,363	89,126	374,806	1,027	80 76	47,000	1,178		,	22,000	18,943	89,[illegible]
Isère	17,579	90,934	561,188	1,537	59 16	49,386	2,648		.	38,005	.	90,[illegible]
Jura	7,139	42,074	155,778	427	96 53	40,644	908	"	"	"	620	42,[illegible]
Landes	1,689	80,322	533,425	1,461	54 98	77,479	,	.	,	2,843		80,[illegible]
Loir-et-Cher	2,405	85,912	323,722	887	94 60	75,033	560	,	"	9,700	.	85,[illegible]
Loire	15,642	104,767	522,880	1,432	73 16	60,000	1,008	4,500	.	20,000	"	85,[illegible]
Loire (Haute-)		79,914	448,026	1,220	37 82	37,000	500	13,400	"	"	.	70,[illegible]
Loire-Inférieure	3,225	76,031	302,406	1,075	70 73	59,500	1,810	"	"	12,000	"	73,[illegible]
Loiret	21,377	153,019	470,165	1,303	117 20	116,943	1,348	.	"	6,396	28,327	133,[illegible]
Lot	1,802	32,450	189,070	516	62 72	40,000	800	"	"	"	"	40,[illegible]

DÉPARTEMENTS.	ENTRÉES. Nombre d'enfants existant au 1er janvier.	Nombre d'enfants admis. Garçons.	Filles.	Totaux.	Total des existences et des admissions.	SORTIES. Enfants arrivés à l'âge où ils cessent d'être à la charge des hospices.	Enfants retirés par les parents ou par des bienfaiteurs.	Morts aux hospices.	Morts chez les nourrices.	Morts totaux.	Total des sorties et des morts.	Nombre des enfants restant à la fin de l'année.	[illegible]	[illegible]	DÉPENSES. Autres dépenses.	Total des dépenses.	Nombre total des journées de présence.	Terme moyen annuel du nombre des enfants.	Moyenne de la dépense de chaque enfant.	DÉTAIL DES RESSOURCES SERVANT À LEUR ENTRETIEN. Sommes votées aux budgets variables et facultatifs.	Produit des amendes et confiscations.	Contingent assigné aux hospices.	Sommes laissées à la charge des hospices.	Sommes laissées à la charge des communes.	Autres ressources.	TOTAL des ressources.
Lot-et-Garonne	1,455	153	146	299	1,734	59	246	23	162	185	490	1,244	[illegible]	[illegible]	5,008f	102,346f	453,205	1,324	77f 68c	95,350f	420f	«	«	10,000f	«	115,770f
Lozère	623	126		126	749	85	29	«	85	84	246	[illegible]	[illegible]	[illegible]	«	37,275	225,014	616	60 51	40,000	74	«	«		«	40,074
Maine-et-Loire	2,289	288	249	537	2,826	88	1,217	51	360	411	1,716	1,110	[illegible]	[illegible]	4,327	143,571	613,784	1,682	85 35	119,745	«	5,826f		18,000	«	143,571
Manche	1,581	453		453	2,034	106	41	25	245	270	417	1,617	[illegible]	[illegible]	«	116,086	590,521	1,618	71 74	91,000	508	10,000	«	20,000	25f	121,531
Marne	1,436	458		458	1,894	106	48	6	247	253	407	1,487	[illegible]	[illegible]	22,965	140,043	506,708	1,388	100 87	76,050	1,965	20,506	«	48,428		146,963
Marne (Haute)	723	138		138	861	57	29	1	121	122	208	653	[illegible]	[illegible]	7,795	48,029	252,316	691	77 81	40,000	1,480	«	«	16,000	«	57,480
Mayenne	897	185	129	314	1,211	29	6	38	129	167	201	1,010	[illegible]	[illegible]	«	72,216	335,605	922	78 39	71,726	482	«	«	«	«	72,210
Meurthe	2,055	288		288	2,343	429	257	21	188	209	875	1,468	[illegible]	[illegible]	1,085	157,200	617,672	1,693	89 31	119,000	739	9,165	«	22,206	«	151,200
Meuse	668	115		115	783	36	27	2	99	101	164	619	[illegible]	[illegible]	1,167	45,776	219,170	600	76 29	23,000	«	«	«	22,776		45,776
Morbihan	1,131	100	60	160	1,320	61	77	6	67	73	241	1,079	[illegible]	[illegible]	200	80,400	401,245	1,090	73 25	55,000	176	«	«	12,000	«	67,176
Moselle	648	94		94	742	66	30	6	30	36	145	597	[illegible]	[illegible]	4,377	41,520	221,023	607	68 41	44,000	2,476	«	«	«	8,000	54,475
Nièvre	1,538	156	210	366	1,904	156	15	7	244	251	420	1,484	[illegible]	[illegible]	1,509	99,087	578,376	1,365	82 52	60,000	965	4,182		44,000		99,147
Nord	3,860	770		770	4,570	282	91	22	399	421	794	3,765	[illegible]	[illegible]	16,461	355,310	1,376,298	3,773	94 17	202,500	2,205	57,651	«	91,818	1,366	355,310
Oise	978	253		253	1,231	103	5	14	130	144	317	914	[illegible]	[illegible]	«	45,282	351,135	962	47 30	68,800	2,021	«	«	8,318	«	79,139
Orne	1,070	206		206	1,276	66	18	15	126	141	200	1,007	[illegible]	[illegible]	3,102	75,050	390,085	1,009	71 06	74,177	930	846	«	«	«	75,989
Pas-de-Calais	1,715	282	286	568	2,283	34	26	7	274	281	341	1,942	[illegible]	[illegible]	1,287	170,675	592,202	1,623	105 16	120,000	3,025	40,000	«		«	163,037
Puy-de-Dôme	1,977	223	193	416	2,393	79	68	47	269	316	463	1,930	[illegible]	[illegible]	«	106,355	738,704	2,024	52 60	95,359	1,220	10,000	«		«	106,588
Pyrénées (Basses)	2,050	582		582	2,632	321	60	67	243	310	691	1,941	[illegible]	[illegible]	4,620	114,362	709,000	1,918	59 62	100,000	477	«	«	13,885	«	114,362
Pyrénées (Hautes)	818	234		234	1,052	60	24	38	117	155	239	813	[illegible]	[illegible]	200	41,602	315,080	863	48 19	40,200	«	«	«	1,392	«	41,592
Pyrénées-Orientales	606	141	134	275	881	42	14	119	115	234	290	591	[illegible]	[illegible]	151	40,003	212,791	581	68 94	33,759	516	«	«	5,468	«	40,078
Rhin (Bas)	643	52	63	115	758	61	27	11	41	52	140	618	[illegible]	[illegible]	13,231	73,704	220,570	615	110 41	20,000	000	«		28,500	35,850	90,250
Rhin (Haut)	238	14	16	30	268	20	5	«	5	5	30	238	[illegible]	[illegible]	2,330	24,853	90,510	238	95 37	10,000	2,619		«	11,141	«	23,760
Rhône	10,343	922	853	1,775	12,118	388	143	255	963	1,218	1,962	10,356	[illegible]	[illegible]	411,748	876,482	3,806,690	10,435	64 88	195,000	2,111	430,378	«	50,000	10,000	676,484
Saône (Haute)	88	1	3	4	92	4	3	1	3	4	10	82	[illegible]	[illegible]	1,500	8,396	10,157	82	101 42	2,429	24	«		«	4,669	7,122
Saône-et-Loire	1,450	140	142	281	1,741	76	43	«	158	158	277	1,464	[illegible]	[illegible]		112,690	527,914	1,446	77 82	67,032	962	4,200	«	40,000	280	112,509
Sarthe	1,180	191		191	1,321	54	86	35	110	145	285	1,086	[illegible]	[illegible]	2,465	87,103	390,743	1,071	81 37	92,000	925	«	«	«	«	92,925
Seine	16,408	4,941		4,941	21,349	1,151	109	1,330	2,673	3,003	5,219	16,130	[illegible]	[illegible]	371,888	1,313,450	5,726,125	15,088	85 04	400,000	28,055	237,000	«	676,122		1,341,177
Seine-et-Marne	499	107		107	606	53	132	18	67	85	270	336	[illegible]	[illegible]	«	29,202	139,514	382	76 44	26,000	1,476	4,290	«	14,275		44,060
Seine-et-Oise	166	96		96	262	44	8	«	43	33	85	177	[illegible]	[illegible]	61	15,306	57,401	158	97 44	13,378	2,018	«	«	«	«	15,396
Seine-Inférieure	2,375	840		840	3,215	170	89	254	429	683	942	2,273	[illegible]	[illegible]	1,677	190,523	830,919	2,276	83 84	149,000	2,368	«	«	46,455	«	199,823
Sèvres (Deux)	889	86	103	191	878	95	178	2	118	120	393	485	[illegible]	[illegible]	«	51,020	251,502	690	74 82	35,900	1,346	12,921		3,000	«	51,167
Somme	1,142	305		305	1,446	74	60	6	208	214	327	1,118	[illegible]	[illegible]	20,112	117,492	414,157	1,132	103 73	104,609	«	12,813		«	«	117,422
Tarn	1,320	276		276	1,596	60	10	85	103	218	288	1,358	[illegible]	[illegible]	«	73,584	467,048	1,281	57 44	45,790	556	«	«	16,568	10,654	73,584
Tarn-et-Garonne	717	70	68	128	845	51	19	11	84	95	165	680	[illegible]	[illegible]	40	33,623	294,575	807	76 93	33,447	176		«		«	33,623
Var	1,957	523		523	2,450	269	6	121	146	267	555	1,895	[illegible]	[illegible]	«	122,102	712,454	1,952	62 55	86,900	«	«	«	15,457	«	107,357
Vaucluse	1,644	408		408	2,052	127	29	107	195	302	458	1,594	[illegible]	[illegible]	28,036	120,479	583,119	1,598	75 38	55,000	1,023	«	«	51,422	18,036	123,480
Vendée	865	79	93	172	1,037	85	55	9	125	134	222	815	[illegible]	[illegible]	734	60,513	306,026	814	81 43	68,849	724	«	«	«		69,573
Vienne	1,046	88	49	137	1,183	11	39	3	76	79	129	1,054	[illegible]	[illegible]	«	66,067	337,224	924	71 50	65,043	1,024	«	«	«	«	66,067
Vienne (Haute)	1,590	405		405	1,995	93	40	102	237	339	472	1,523	[illegible]	[illegible]	1,463	87,356	541,738	1,484	55 64	77,262	604	«		5,000	«	82,866
Vosges	95	20		20	115	8	19	3	2	5	32	83	[illegible]	[illegible]	«	7,774	22,518	30	37 35	6,558	1,216	«	«		«	7,774
Yonne	439	191		191	630	21	16	«	114	110	258	417	[illegible]	[illegible]	1,302	48,400	174,105	477	80 70	60,000	3,450	«	«	«	«	63,450
TOTAUX	129,223	6,634	5,390	37,840	161,063	10,284	7,222	4,795	17,284	22,020	39,305	121,851	[illegible]	[illegible]	1,021,706	2,441,000	45,157,510	123,719	76 510	6,254,201	120,119	1,148,155	«	1,766,231	154,017	9,450,723
		20,003																								

DÉPARTEMENTS	ENTRÉES. Nombre d'enfants existant au 1er janvier	Nombre d'enfants admis: Garçons	Filles	Totaux	Total des existences et des admissions	SORTIES. Enfants arrivés à l'âge où ils cessent d'être à la charge des hospices	Enfants retirés par les parents ou par des bienfaiteurs	Morts: aux hospices	chez les nourrices	Totaux	Total des sorties et des morts	Nombre des enfants restant à la fin de l'année	[illegible]	DÉPENSES. Autres dépenses	Total des dépenses	Nombre total des journées de présence	Terme moyen annuel du nombre des enfants	Moyenne de la dépense de chaque enfant	DÉTAIL DES RESSOURCES SERVANT À LEUR ENTRETIEN. Sommes votées aux budgets variables et facultatifs	Produit des amendes et confiscations	Contingent assigné aux hospices	Sommes laissées à la charge des hospices	Sommes laissées à la charge des communes	Autres ressources	TO[TAL] des ressources
Ain	627	115	89	204	831	71	28	36	98	134	226	[illegible]	[illegible]	350f	30,205f	225,465	618f	63f 44c	36,005f		»	»	»	»	3
Aisne	1,422	353		354	1,775	124	93	»	165	165	322	[illegible]	[illegible]	3,094	91,383	520,331	1,425	64 48	74,683	2,200f	»	»	15,000f	»	9
Allier	2,015	156	146	302	2,317	60	1,265	152	60	212	1,537	[illegible]	[illegible]	16,686	71,051	491,666	1,347	53 41	65,613	»	6,338f	»	»	»	7
Alpes (Basses)	1,726	231		231	1,957	58	13	55	93	148	219	[illegible]	[illegible]	1,612	73,000	411,530	1,128	65 57	72,096	904	»	»	»	»	7
Alpes (Hautes)	420	82		82	502	24	12	3	27	30	66	[illegible]	[illegible]	1,586	34,986	165,453	453	77 19	31,500	297	»	»	3,000	»	3
Ardèche	418	197		197	615	51	50	13	55	68	169	[illegible]	[illegible]	480	35,810	156,867	430	82 14	33,839	480	1,000	»	»	»	3
Ardennes	595	66	52	118	713	41	31	1	47	48	120	[illegible]	[illegible]	»	52,431	214,998	589	89 01	51,036	1,395	»		»	»	5
Ariége	254	162		162	416	11	8	»	62	62	81	[illegible]	[illegible]	1,066	23,578	140,910	365	64 20	23,132	446	»	»	»	»	2
Aube	720	183		183	903	51	265	15	82	97	433	[illegible]	[illegible]	2,361	45,000	239,980	657	64 06	34,190	3,092		»	10,503	»	5
Aude	1,405	240		240	1,645	104	16	19	125	148	288	[illegible]	[illegible]	2,666	80,519	498,725	1,366	58 95	66,965	1,854	»	»	12,000	»	8
Aveyron	2,307	511		511	2,818	172	65	112	187	209	530	[illegible]	[illegible]	2,375	124,061	779,574	2,135	57 00	122,896	1,165	»		»	»	12
Bouches-du-Rhône	2,891	412	413	825	3,716	149	76	200	359	548	874	[illegible]	[illegible]	6,403	273,135	900,327	2,736	99 76	201,004	»	30,174		32,357	5,200f	27
Calvados	2,155	499		499	2,654	98	64	22	278	205	454	[illegible]	[illegible]	6,546	201,028	785,621	2,196	93 68	123,910	3,494	33,519	»	40,000	»	20
Cantal	1,128	280		280	1,408	»	870	37	90	127	997	[illegible]	[illegible]	4,746	49,352	205,650	510	96 93	45,798	406	»	»	3,148	»	4
Charente	564	151	148	299	1,163	61	336	57	141	198	595	[illegible]	[illegible]	11,318	87,772	280,182	768	88 25	95,500	1,552	2,094		4,000	4,654	10
Charente Inférieure	1,551	305	254	559	2,110	168	608	51	153	204	1,079	[illegible]	[illegible]	2,787	101,706	388,687	1,065	95 50	77,380	1,412	11,840	»	11,068	»	10
Cher	998	144	117	261	1,259	66	250	81	150	231	547	[illegible]	[illegible]	3,796	71,802	317,961	871	82 44	50,398	910	»	»	11,404	»	7
Corrèze	280	176		176	456	1	79	55	56	111	191	[illegible]	[illegible]	1,361	10,017	91,548	251	67 40	20 000	1,006	»		»	»	2
Corse	550	170		170	720	8	15	5	93	98	121	[illegible]	[illegible]	4,331	62,005	210,139	576	107 65	55,180	505	379		3,000	56	5
Côte-d'Or	749	94	98	192	941	67	127	11	92	103	297	[illegible]	[illegible]	4,339	52,815	252,905	693	76 21	51,306	1,509	»		»		5
Côtes-du-Nord	596	138		138	734	21	55	1	73	74	150	[illegible]	[illegible]	1,207	30,333	153,918	504	72 09	30 243	90	»		»	»	3
Creuse	930	132	108	240	1,170	48	82	32	71	103	233	[illegible]	[illegible]	738	60,033	339,831	930	53 71	50,000	500			»	»	5
Dordogne	1,427	380		380	1,807	33	58	185	156	341	427	[illegible]	[illegible]	»	77,566	479,896	1,338	58 16	63,153	»	»		14,408	»	7
Doubs	583	37		37	620	77	34	5	18	23	134	[illegible]	[illegible]	11,746	60,682	105,032	333	113 65	20,110	1,270	30,263	»	»	»	6
Drôme	1,133	74	79	153	1,286	84	25	1	51	52	161	[illegible]	[illegible]	3,809	74,011	407,564	1,117	66 27	72,536	1,474		»	»	»	7
Eure	483	116		116	599	30	12	9	71	80	122	[illegible]	[illegible]	2,463	35,105	177,173	485	74 38	25,243	3,880		»	4,000	»	3
Eure-et-Loir	919	199		199	1,118	52	130	1	133	134	316	[illegible]	[illegible]	6,401	83,523	322,182	883	97 26	79,410	5,350	1,045		»	»	5
Finistère	1,400	166	155	321	1,721	253	199	5	155	160	612	[illegible]	[illegible]	284	92,935	462,461	1,267	73 35	56,175	780	»	»	30,000	»	92
Gard	1,087	204		204	1,291	93	48	38	110	148	289	[illegible]	[illegible]	409	81,948	379,233	1,030	78 49	46,522	1,428	»		34,403	»	82
Garonne (Haute)	2,366	277	304	581	2,947	149	32	211	199	410	591	[illegible]	[illegible]	1,148	124,813	842,711	2,308	53 78	100,000	1,257	»	»	22,755	»	124
Gers	1,387	217	181	398	1,785	34	14	175	115	290	338	[illegible]	[illegible]	14,000	83,971	615,465	1,612	56 55	58,500	2,000	14,000		10,370	»	93
Gironde	3,521	519	465	984	4,505	684	69	233	338	591	1,584	[illegible]	[illegible]	20,261	323,737	1 406,838	3,858	83 91	161,500	2,883	119,760	»	67,008	1,615	323
Hérault	1,278	101	178	279	1,557	55	82	88	136	224	361	[illegible]	[illegible]	200	94,715	437,710	1,200	79 00	65,800	1,387			17,587	9,171	94
Ille-et-Vilaine	1,262	235	191	426	1,688	102	70	131	205	336	508	[illegible]	[illegible]		66,472	417,164	1,138	58 41	72,000	526	»	»	»	»	72
Indre	810	68	65	133	943	36	23	1	72	73	132	[illegible]	[illegible]	2,847	57,549	203,258	803	71 67	57,032	817		»	»	»	57
Indre-et-Loire	1,019	344		344	1,363	104	5	64	198	262	371	[illegible]	[illegible]	2,256	86,124	366,561	1,004	85 77	47,000	»	»	»	22,066	16,458	86
Isère	938	525		525	1,463	333	72	113	169	282	687	[illegible]	[illegible]	4,986	59,047	238,002	655	91 52	36,821	100	»	»	23,020	»	59
Jura	400	59	47	106	506	25	11	5	43	48	84	[illegible]	[illegible]	7,410	42,080	146,061	400	107 45	41,969	363	»		»	626	42
Landes	1,496	241		241	1,737	769	238	33	127	160	1,167	[illegible]	[illegible]	1,201	67,735	445,172	1,220	55 52	55,515	12,220		»	»		67
Loir-et-Cher	895	303		303	1,198	63	76	8	188	196	335	[illegible]	[illegible]	2,005	87,844	342,070	940	93 50	77,255	858			9,700		87
Loire	1,157	229	192	421	1,578	28	276	28	131	159	463	[illegible]	[illegible]	1,217	74,080	407,383	1,116	66 38	60,000	1,008	»	»	32,700	»	93
Loire (Haute-)	1,243	108	110	218	1,461	97	40	6	116	122	259	[illegible]	[illegible]	337	81,764	437,262	1,190	68 19	60,000	492	16,515	»	»	1,185	77
Loire Inférieure	1,068	186	155	341	1,409	137	20	34	164	198	355	[illegible]	[illegible]	4,609	101,451	364,974	1,053	96 14	60,000	810	»		15,026	»	76
Loiret	1,482	253	288	541	2,023	456	51	63	138	201	708	[illegible]	[illegible]	43,082	148,768	512,692	1,373	108 37	111,091	1,017	»	»	6,376	29,204	148
Lot	400	71	73	144	615	46	137	6	56	62	245	[illegible]	[illegible]	3,180	20,112	158,865	421	69 15	36,000	1,000	»	»	»	»	37

DÉPARTEMENTS	ENTRÉES. Nombre d'enfants existant au 1er janvier	Nombre d'enfants admis: Garçons	Filles	Totaux	Total des existences et des admissions	SORTIES. Enfants arrivés à l'âge ou au terme où ils cessent d'être à la charge des hospices	Enfants retirés par les parents ou par des bienfaiteurs	Morts aux hospices	Morts chez les nourrices	Morts: Totaux	Totaux des sorties et des morts	Nombre des enfants restant à la fin de l'année	Dépenses d'entretien	DÉPENSES. Autres dépenses	Total des dépenses	Nombre total des journées de présence	Terme moyen annuel du nombre des enfants	Moyenne de la dépense de chaque enfant	DÉTAIL DES RESSOURCES SERVANT À LEUR ENTRETIEN. Sommes votées aux budgets variables et facultatifs	Produit des amendes et confiscations	Contingent assigné aux hospices	Sommes laissées à la charge des hospices	Sommes laissées à la charge des communes	Autres ressources	TOTAL des ressources
...et-Garonne	1,244	186		186	1,430	240	230	10	110	120	622	[illegible]	[illegible]	,	33,368f	292,080	801	102f 83c	102,750f	481f	,	,	,	,	103,131f
...re.	604	125		125	729	56	57	,	51	81	181	[illegible]	[illegible]	500f	40,600	217,901	507	68 00	40,493	107	,		,	,	40,600
...ou-et-Loire	1,110	220	207	427	1,537	96	23	35	235	320	433	[illegible]	[illegible]	4,737	143,571	618,784	1,662	86 36	119,745	,	5,826f	,	18,000f	,	143,571
...oche	1,627	670		670	2,297	137	435	85	225	300	682	[illegible]	[illegible]	944	113,270	517,461	1,565	72 84	87,500	507	,	,	25,207	97	113,271
...we	1,457	294	68	362	1,840	125	50	22	170	201	415	[illegible]	[illegible]	10,910	131,450	400,455	1,344	97 81	99,672	2,862	10,940	,	18,082	,	131,456
...ne (Haute-)	653	109		109	762	53	37	1	55	56	146	[illegible]	[illegible]	6,600	43,801	230,693	632	77 22	33,010	1,480	5,046	,	9,265	,	48,801
...enne	1,007	120	115	233	1,240	90	15	17	102	119	230	[illegible]	[illegible]	21,770	96,154	374,005	1,024	93 91	74,304	,	11,770	,	,	10,000	96,154
...rthe	1,468	133		133	1,601	101	412	11	92	103	616	[illegible]	[illegible]	2,548	93,391	417,136	1,143	81 71	64,302	1,080	,	,	28,000	,	93,391
...se	634	116		116	750	50	13	6	59	65	137	[illegible]	[illegible]	1,911	45,003	233,028	636	70 54	20,916	3,073	,	,	20,114	,	45,003
...bihan	1,079	100	91	191	1,270	108	79	4	71	75	257	[illegible]	[illegible]	660	66,725	331,324	908	73 00	55,000	280	,	,	12,000		67,280
...elle	594	62		62	656	74	46	5	10	15	135	[illegible]	[illegible]	4,220	37,950	198,594	544	69 67	36,420	2,848	,	,	,	5,381	46,649
...re	1,484	166	127	293	1,777	402	40	17	167	184	626	[illegible]	[illegible]	2,677	92,798	515,070	1,414	65 68	47,778	1,020	,	,	44,000	,	92,798
...d	3,796	775		775	4,571	332	82	21	340	361	773	[illegible]	[illegible]	37,901	354,652	1,361,852	3,786	95 75	202,500	1,804	,	21,964f	,	398	206,751
...	914	202		202	1,116	152	175	10	100	110	440	[illegible]	[illegible]	183	76,982	351,130	880	87 42	71,800	185	,	4,944	,	,	76,932
...	1,087	268		268	1,275	61	26	6	78	84	173	[illegible]	[illegible]	4,776	74,427	385,900	1,065	69 88	72,614	967	846	,	,	,	74,427
...de-Calais	1,923	375	332	707	2,630	102	995	11	181	192	1,322	[illegible]	[illegible]	15,845	198,003	335,856	980	201 72	114,471	,	84,432	,	,	,	198,903
...-de-Dôme	1,990	158	231	389	2,380	422	170	35	125	161	770	[illegible]	[illegible]	3,461	96,383	683,703	1,873	52 79	92,451	1,270	,	,	5,180	,	98,883
...nées (Basses-)	1,961	504		504	2,465	38	1,230	32	153	185	1,453	[illegible]	[illegible]	,	97,310	680,500	1,630	63 35	97,310	,	,	,	,	,	97,310
...nées (Hautes-)	813	240		240	1,053	212	20	24	55	79	317	[illegible]	[illegible]	,	42,059	305,000	835	51 45	40,000	660	,		2,299	,	42,959
...nées Orientales	501	128	132	260	851	43	15	93	67	100	248	[illegible]	[illegible]	,	30,705	213,468	585	67 87	34,000	236	,	,	5,468	,	39,704
...n (Bas-)	618	80	73	153	771	70	40	7	33	40	173	[illegible]	[illegible]	12,123	53,940	218,880	600	143 24	32,045	2,434	25,000	,	27,000	,	86,479
...n (Haut-)	252	40		40	292	23	10	,	6	6	39	[illegible]	[illegible]	1,310	22,556	92,401	253	89 15	10,000	2,768	,	,	9,787	,	22,555
...ne	10,366	963	871	1,834	12,200	581	182	30	729	1,059	1,822	[illegible]	[illegible]	,	671,409	3,704,955	10,315	65 21	167,000	4,874	440,595	,	30,000	5,000	671,469
...ne (Haute-)	46	5	3	8	54	2	4	1	2	3	9	[illegible]	[illegible]	1,342	9,060	17,031	47	192 55	,	4,101	,	,	,	6,746	10,847
...ne-et-Loire	1,454	294		294	1,758	104	501	,	166	166	801	[illegible]	[illegible]	,	91,879	428,705	1,174	78 26	68,438	1,237	,		22,204	,	91,796
...the	1,006	105	95	200	1,206	111	25	13	71	84	220	[illegible]	[illegible]	6,043	93,420	382,522	1,046	91 05	70,000	1,284	32,495	,	,	,	103,779
...ne	16,130	568	2,309	4,877	21,007	1,296	156	1,081	2,129	3,210	4,661	[illegible]	[illegible]	136,075	1,648,308	5,708,169	15,630	105 40	400,000	31,670	,	,	959,629	257,000	1,648,308
...ne-et-Marne	333	59	55	114	447	31	15	5	47	52	99	[illegible]	[illegible]	15,463	170,843	779,414	2,135	82 30	142,000	2,078	,		31,167	,	175,845
...ne-et-Oise	167	54	62	116	283	15	56	6	41	47	118	[illegible]	[illegible]	556	27,141	128,438	352	77 10	16,000	,	,	,	15,042	,	31,042
...ne-Inférieure	2,273	851		851	3,124	253	165	300	357	687	1,098	[illegible]	[illegible]	58	16,732	77,296	212	78 92	14,867	2,365	,	,	,	,	16,732
...vres (Deux-)	553	119	119	238	791	28	103	4	65	69	100	[illegible]	[illegible]	,	50,948	225,863	612	81 78	30,500	1,135	12,812	,	5,000		49,447
...mme	1,118	470		470	1,588	450	327	16	126	142	925	[illegible]	[illegible]	27,447	99,954	354,828	972	102 88	87,148	,	12,806	,	,	,	99,954
...	1,288	385		385	1,673	43	941	65	110	105	1,149	[illegible]	[illegible]	29,708	66,620	337,579	925	72 25	45,557	1,953	10,472		9,224		67,206
...n-et-Garonne	680	68	70	138	818	50	20	10	49	59	135	[illegible]	[illegible]	35	52,276	247,018	677	77 22	52,005	176	,	,	,	,	52,181
...	1,925	186	199	385	2,310	235	3	120	104	224	465	[illegible]	[illegible]	13,625	133,078	686,503	1,851	70 75	80,800	1,776	13,625	,	30,000	,	135,201
...cluse	1,594	195	208	403	1,997	161	27	178	112	290	478	[illegible]	[illegible]	18,076	120,254	560,945	1,537	78 24	52,800	1,167	,		48,191	18,077	120,235
...ndée	835	92	94	186	1,021	19	34	1	59	60	113	[illegible]	[illegible]	139	67,676	311,073	865	79 15	67,675	,	,	,	,	,	67,675
...nne	1,054	58	57	115	1,167	8	37	19	58	77	122	[illegible]	[illegible]	,	63,381	329,466	905	70 19	50,000	1,727	11,654		,	,	63,381
...nne (Haute-)	1,427	103	105	366	1,815	90	17	97	*210	307	414	[illegible]	[illegible]	410	93,835	500,723	1,388	67 60	70,212	842	13,281	,	5,000	,	93,835
...ges	83	22	17	39	122	3	36	,	,	,	39	[illegible]	[illegible]	30	7,794	33,754	92	84 00	6,794	1,000	,	,	,	,	7,794
...nne	477	81	110	191	668	89	5	,	102	102	197	[illegible]	[illegible]	97	38,580	172,127	472	81 74	35,000	4,003	,	,	,	,	39,003
TOTAUX.	121,565	10,325	9,757	31,413	152,976	12,168	13,181	5,190	12,781	17,971	43,320	[illegible]	[illegible]	620,454	9,316,942	41,826,160	114,560	81 30	5,937,802	171,156	977,053	96,905	1,828,060	353,777	7,364,951
		11,081																							

(1) Il a été attribué en outre une somme de 21,181 francs 62 centimes pour la dépense des filles enceintes, nourrices et messagers qui viennent chercher les enfants.

DÉPARTEMENTS	ENTRÉES					SORTIES						NOMBRE des enfants restant à la fin de l'année	[illegible]	[illegible]
	NOMBRE d'enfants existant au 1er janvier	NOMBRE D'ENFANTS ADMIS			TOTAL des existences et des admissions	ENFANTS arrivés à l'âge ou ayant cessé d'être à la charge des hospices	ENFANTS retirés par les parents ou par des bienfaiteurs	MORTS			TOTAL des sorties et des morts			
		Garçons.	Filles.	TOTAUX.				aux hospices.	chez les nourrices	TOTAUX				
Ain	606	82	66	148	751	136	27	21	64	85	248	[illegible]	[illegible]	[illegible]
Aisne	1,893	291		291	2,184	155	133	»	138	138	426	[illegible]	[illegible]	[illegible]
Allier	780	163	168	331	1,111	18	128	100	100	200	346	[illegible]	[illegible]	[illegible]
Alpes (Basses-)	1,138	111		111	1,249	91	18	18	57	75	184	[illegible]	[illegible]	[illegible]
Alpes (Hautes-)	436	82		82	518	24	15	5	33	38	77	[illegible]	[illegible]	[illegible]
Ardèche	646	174		174	820	37	11	15	72	87	135	[illegible]	[illegible]	[illegible]
Ardennes	593	38	36	74	667	28	354	»	32	32	414	[illegible]	[illegible]	[illegible]
Ariège	335	170		170	505	2	34	»	75	75	111	[illegible]	[illegible]	[illegible]
Aube	470	187		187	657	12	214	12	95	107	333	[illegible]	[illegible]	[illegible]
Aude	1,350	268		268	1,618	106	10	24	76	100	216	[illegible]	[illegible]	[illegible]
Aveyron	2,282	443		443	2,725	29	964	49	201	250	1,243	[illegible]	[illegible]	[illegible]
Bouches-du-Rhône	2,842	519	513	1,032	3,874	152	65	281	465	746	963	[illegible]	[illegible]	[illegible]
Calvados	2,200	500		500	2,700	136	741	32	255	287	1,164	[illegible]	[illegible]	[illegible]
Cantal	411	209		209	620	»	40	20	74	94	134	[illegible]	[illegible]	[illegible]
Charente	568	64	63	127	695	22	8	8	57	65	95	[illegible]	[illegible]	[illegible]
Charente-Inférieure	1,040	211	187	398	1,438	12	82	56	128	184	278	[illegible]	[illegible]	[illegible]
Cher	732	153	165	318	1,050	65	18	19	133	152	235	[illegible]	[illegible]	[illegible]
Corrèze	260	155		155	415	»	43	40	64	104	147	[illegible]	[illegible]	[illegible]
Corse	609	205		205	814	51	270	3	125	128	449	[illegible]	[illegible]	[illegible]
Côte-d'Or	644	40	30	70	728	25	265	10	50	60	351	[illegible]	[illegible]	[illegible]
Côtes-du-Nord	386	226		226	612	106	35	3	67	70	211	[illegible]	[illegible]	[illegible]
Creuse	937	125	120	245	1,182	17	104	26	87	113	234	[illegible]	[illegible]	[illegible]
Dordogne	1,380	470		470	1,850	29	79	89	165	254	362	[illegible]	[illegible]	[illegible]
Doubs	486	35		35	521	64	9	3	9	12	85	[illegible]	[illegible]	[illegible]
Drôme	1,125	75	85	160	1,285	80	19	»	61	61	160	[illegible]	[illegible]	[illegible]
Eure	477	126		126	603	36	28	12	65	77	141	[illegible]	[illegible]	[illegible]
Eure-et-Loir	792	274		274	1,066	109	316	1	80	81	506	[illegible]	[illegible]	[illegible]
Finistère	1,109	202	191	393	1,502	271	53	11	194	205	529	[illegible]	[illegible]	[illegible]
Gard	1,042	282		282	1,324	34	348	40	90	130	512	[illegible]	[illegible]	[illegible]
Garonne (Haute-)	2,365	600		600	2,965	750	60	220	88	308	1,118	[illegible]	[illegible]	[illegible]
Gers	1,397	180	168	348	1,745	67	21	51	83	134	222	[illegible]	[illegible]	[illegible]
Gironde	2,071	473	443	916	2,987	242	308	148	353	501	1,051	[illegible]	[illegible]	[illegible]
Hérault	1,306	163	151	314	1,620	139	199	51	143	194	532	[illegible]	[illegible]	[illegible]
Ille-et-Vilaine	2,114	588		588	2,702	526	244	107	143	250	1,020	[illegible]	[illegible]	[illegible]
Indre	809	66	74	140	949	36	20	3	77	80	136	[illegible]	[illegible]	[illegible]
Indre-et-Loire	991	346		346	1,337	77	4	141	201	342	423	[illegible]	[illegible]	[illegible]
Isère	776	364		364	1,140	96	11	17	213	230	337	[illegible]	[illegible]	[illegible]
Jura	419	61	57	118	537	26	31	6	62	68	125	[illegible]	[illegible]	[illegible]
Landes	570	198		198	768	62	15	74	96	170	247	[illegible]	[illegible]	[illegible]
Loir-et-Cher	870	560		560	1,430	464	222	»	187	187	873	[illegible]	[illegible]	[illegible]
Loire	1,120	249	241	490	1,610	114	154	35	69	104	372	[illegible]	[illegible]	[illegible]
Loire (Haute-)	1,202	115	124	239	1,441	79	53	7	113	120	252	[illegible]	[illegible]	[illegible]
Loire-Inférieure	1,054	162	169	351	1,405	107	27	40	229	269	403	[illegible]	[illegible]	[illegible]
Loiret	1,265	314	311	625	1,890	409	39	73	134	207	655	[illegible]	[illegible]	[illegible]
Lot	370	72	65	137	507	23	69	5	46	51	143	[illegible]	[illegible]	[illegible]

DÉPARTEMENTS	DÉPENSES					DÉTAIL DES RESSOURCES SERVANT À LEUR ENTRETIEN						TOTAL
	AUTRES dépenses	TOTAL des dépenses	NOMBRE total des journées de présence	TERME moyen annuel du nombre des enfants.	MOYENNE de la dépense de chaque enfant	SOMMES votées aux budgets variables et facultatifs.	PRODUIT des amendes et confiscations	CONTINGENT assigné aux hospices	SOMMES laissées à la charge des hospices	SOMMES laissées à la charge des communes	AUTRES ressources	des ressources
Ain	748f	33,779f	157,905	525	65f 59c	33,779f	»	»	»	»	»	33,77
Aisne	5,207	83,227	472,537	1,294	64 31	66,027	2,200f	»	»	16,000f	»	83,22
Allier	10,951	40,309	267,180	732	67 31	66,841	550	2,607f		11,730	»	81,63
Alpes (Basses-)	1,300	73,208	402,084	1,101	66 55	72,500	708	»	»	»	»	73,20
Alpes (Hautes-)	1,500	35,062	160,610	434	79 21	31,500	951	»	»	3,009	»	35,05
Ardèche	613	38,025	166,915	457	84 51	36,948	675	1,000	»	»	»	38,62
Ardennes	1,045	44,518	171,678	470	94 70	43,058	1,450	»	»	»	»	44,51
Ariège	1,509	26,695	144,287	305	65 06	25,000	653	43	»	»	»	25,69
Aube	1,302	27,734	131,537	360	77 04	29,979	2,033	»	»	10,250	»	42,25
Aude	4,060	83,423	605,548	1,403	59 45	70,281	1,142	»	»	12,000	»	83,42
Aveyron	16,600	132,809	724,890	1,986	66 82	131,799	1,100	»		»	»	132,89
Bouches-du-Rhône	7,017	277,000	1,007,351	2,700	100 70	200,043	1,733	41,336	»	32,807	11,843f	277,90
Calvados	15,910	175,863	651,071	1,873	89 89	105,655	5,881	27,710	»	40,000	107	178,86
Cantal	508	29,019	187,390	514	58 00	29,463	456	»	»	»	»	29,91
Charente	5,626	47,809	213,525	555	75 74	37,000	1,118	1,722	»	4,000	3,549	47,38
Charente-Inférieure	1,764	80,165	384,348	1,053	75 24	57,300	2,164	15,560	»	13,362	»	80,10
Cher	5,070	65,565	282,279	773	84 78	50,017	1,147	»	»	14,400	»	65,50
Corrèze	1,022	16,850	90,412	248	67 97	17,200	777	»	»	»	»	17,97
Corse	7,132	49,029	172,188	478	104 45	48,116	370	95		1,350	»	49,02
Côte-d'Or	5,123	31,749	146,325	401	79 15	28,654	3,095	»	»	»	»	31,74
Côtes-du-Nord	»	33,066	172,247	472	70 07	32,879	187	»	»	»	»	33,00
Creuse	1,337	49,666	315,436	864	57 47	50,000	657	»	»	»	»	50,65
Dordogne	»	77,826	458,994	1,344	57 08	60,000	»	»	»	17,520	»	77,52
Doubs	13,045	55,757	189,571	517	107 85	9,502	1,094	45,161	»	»	»	55,75
Drôme	3,000	74,581	402,823	1,104	67 55	72,359	2,222	»		»	»	74,58
Eure	2,627	35,240	160,797	465	75 76	23,434	2,841	»	»	8,965	»	35,24
Eure-et-Loir	19,344	68,808	223,111	611	112 62	78,000	1,289	»	»	7,000	100	86,38
Finistère	396	75,271	372,349	1,024	73 79	41,368	601	»	»	32,302	»	73,27
Gard	1,667	71,502	330,648	930	76 73	36,000	1,716	»	»	44,822	»	82,53
Garonne (Haute-)	390	113,222	568,190	1,326	92 04	100,000	1,643	»	»	11,579		113,22
Gers	13,300	101,848	546,725	1,503	67 76	61,987	3,007	13,300	»	23,601	»	101,84
Gironde	23,304	287,310	1,358,018	3,708	77 48	122,000	2,105	111,092	»	50,560	1,615	287,31
Hérault	60	94,008	427,376	1,170	80 00	65,500	4,057	»	»	18,000	6,241	94,09
Ille-et-Vilaine	2,347	52,356	297,324	615	64 24	52,108	195	»	»		»	52,30
Indre	3,985	56,798	291,405	798	71 11	55,965	783	»	»	»	»	56,74
Indre-et-Loire	3,257	78,095	380,745	931	83 88	47,000	1,305	»		15,350	14,431	78,09
Isère	7,630	51,505	273,820	750	68 75	19,874	1,804	»	»	29,827	»	51,50
Jura	7,644	44,423	149,507	410	108 35	41,876	1,381	»	»	»	966	44,42
Landes	847	33,025	200,280	549	60 15	27,854	3,071	»	»	1,200	»	38,02
Loir-et-Cher	3,367	66,320	263,531	722	91 87	55,424	1,111	93	»	9,700	»	66,32
Loire	340	65,759	413,384	1,131	78 05	50,000	644	»	»	25,000	»	75,64
Loire (Haute-)	334	61,047	438,152	1,106	69 12	69,433	556	7,000	»	»	»	70,98
Loire-Inférieure	4,000	180,000	372,245	1,020	98 04	60,000	»	»	»	10,093	»	70,09
Loiret	48,052	130,444	487,530	1,220	114 90	90,310	1,025	»	»	6,544	31,962	139,44
Lot	2,217	27,055	133,055	367	75 35	30,000	500	»	»	»	»	30,00

Suite et [fin]

DÉPARTEMENTS	ENTRÉES. Nombre d'enfants existant au 1er janvier	Nombre d'enfants admis. Garçons.	Filles.	Total.	Totaux des existences et des admissions	SORTIES. Enfants arrivés à l'âge où ils cessent d'être à la charge des hospices	Enfants retirés par les parents ou par des bienfaiteurs	Morts aux hospices	Morts chez les nourrices	Morts total	Totaux des sorties et des morts	Nombre des enfants restant à la fin de l'année	[illegible]	[illegible]	DÉPENSES. Autres dépenses	Total des dépenses	Nombre total des journées de présence	Terme moyen annuel du nombre des enfants	Moyenne de la dépense de chaque enfant	DÉTAIL DES RESSOURCES SERVANT À LEUR ENTRETIEN. Sommes votées aux budgets variables et facultatifs	Produit des amendes et confiscations	Contingent assigné aux hospices	Sommes laissées à la charge des hospices	Sommes laissées à la charge des communes	Autres ressources	TOTAL des ressources
[Lo]t-et-Garonne	815	230		230	1,048	58	130	16	90	100	274	774	[illegible]	[illegible]	.	58,409f	278,808f	764f	80f 54c	58,079f	904f		/	«	«	58,983f
[Loz]ère	545	115		115	660	16	297	«	55	55	368	292	[illegible]	[illegible]	920f	39,004	180,867	502	77 88	38,920	174	/	«	«	/	39,094
[Mai]ne-et-Loire	1,104	220	225	445	1,549	71	47	73	219	292	410	1,139	[illegible]	[illegible]	5,278	95,222	410,725	1,125	87 81	37,352	.	8,360f	/	47,549f	.	93,261
[Man]che	1,465	743		743	2,208	409	121	59	206	265	585	1,388	[illegible]	[illegible]	2,976	101,712	504,479	1,382	73 60	94,500	.	«	/	7,120	92f	101,712
[Ma]rne	1,434	554	99	653	2,087	573	641	25	180	205	1,419	668	[illegible]	[illegible]	3,658	85,109	304,446	834	102 05	82,069	3,040	«	/	«	/	85,109
[Ma]rne (Haute-)	616	112		112	728	84	173	«	49	49	306	422	[illegible]	[illegible]	6,376	40,866	170,121	482	84 78	31,000	1,424	4,131	«	4,252		40,807
[Ma]yenne	1,010	100	103	203	1,213	198	84	28	113	141	423	790	[illegible]	[illegible]	10,951	85,388	206,325	811	105 28	64,579	858	9,952	.	.	10,000	85,389
[Me]urthe	985	36		36	1,021	98	20	13	33	46	164	857	[illegible]	[illegible]	729	64,475	356,273	975	66 06	35,507	968	«	/	28,000	/	64,475
[Me]use	613	131		131	744	51	18	7	65	72	141	603	[illegible]	[illegible]	3,127	49,205	216,818	593	82 98	21,287	.	/	«	21,099	6,810	49,206
[Mo]rbihan	1,013	290	194	493	1,506	332	257	22	77	99	688	818	[illegible]	[illegible]	1,253	60,480	296,112	811	75 00	56,000	250	«		12,095	/	68,345
[Mo]selle	821	44		44	865	65	35	1	12	13	113	752	[illegible]	[illegible]	5,362	35,609	170,845	468	72 00	30,672	3,004	«	«	.	23	33,699
[Ni]èvre	1,151	102	94	196	1,347	51	3	10	111	130	184	1,163	[illegible]	[illegible]	3,464	79,521	448,913	1,230	64 65	35,660	2,340	312	«	38,000	/	79,521
[No]rd	3,796	1,196		1,196	4,992	1,098	311	23	322	345	2,354	2,638	[illegible]	[illegible]	64,631	344,064	1,281,871	3,312	97 97	192,318	2,291	63,061	/	79,304	190	344,084
[Ois]e	676	137		137	813	65	104	9	64	73	242	571	[illegible]	[illegible]	1,656	56,056	229,137	627	87 51	47,727	864	/	«	5,700	756	56,05[illegible]
[Or]ne	1,102	276		276	1,578	331	59	17	83	100	490	888	[illegible]	[illegible]	7,272	71,065	355,718	975	73 80	70,252	857	846	«	«	«	71,955
[Pas]-de-Calais	1,297	83	224	307	1,804	166	194	13	231	244	687	1,197	[illegible]	[illegible]	19,237	163,315	436,827	1,202	136 04	77,796	1,789	.	83,730f	/	«	163,315
[Pu]y-de-Dôme	1,604	211	257	468	2,072	246	62	39	122	161	469	1,603	[illegible]	[illegible]		86,328	577,727	1,583	53 90	76,157	3,885		«	5,186	/	86,828
[Pyr]énées (Basses-)	1,003	451		451	1,464	199	478	20	70	90	776	687	[illegible]	[illegible]	2,618	47,356	260,208	729	64 96	47,356		/	«	«		47,356
[Pyr]énées (Hautes-)	736	60	49	100	845	«	295	6	49	55	300	495	[illegible]	[illegible]	1,100	32,425	228,780	627	51 72	39,700	500	/	«	4,800	/	45,000
[Py]rénées Orientales	603	129	137	265	869	33	325	153	103	256	614	255	[illegible]	[illegible]	1,030	32,765	181,919	498	65 80	33,500	550	28	/	6,000	/	40,079
[Rhi]n (Bas-)	598	73	75	148	746	64	32	6	44	50	146	600	[illegible]	[illegible]	16,707	85,058	215,840	591	140 54	36,657	1,358	26,000	/	27,000	«	91,015
[Rhi]n (Haut-)	233	32		32	265	80	13	«	6	6	99	185	[illegible]	[illegible]	656	19,245	80,830	222	86 69	13,000	«	«	/	10,008	«	23,668
[Rh]ône	10,378	994	923	1,917	12,295	815	179	284	734	1,018	2,012	10,283	[illegible]	[illegible]	.	666,614	3,759,160	10,361	64 21	175,000	3,740	450,903	/	37,000	/	666,643
[Sa]ône (Haute-)	45	3	5	8	53	1	2	«	3	3	6	47	[illegible]	[illegible]	2,681	8,682	16,465	46	197 82	600	1,526	«	/	«	5,381	7,707
[Sa]ône-et-Loire	957	159	160	325	1,282	58	222	«	105	105	385	897	[illegible]	[illegible]		73,308	334,005	914	79 38	53,537	1,272	«	«	17,894	«	72,603
[Sa]rthe	1,046	85	81	166	1,212	114	25	12	58	55	204	1,008	[illegible]	[illegible]	6,654	94,284	367,260	1,006	93 72	64,000	1,103	32,097	«	/	«	97,200
[Sei]ne	16,343	2,428	2,364	4,792	21,135	1,109	153	1,253	2,170	3,423	4,776	16,359	[illegible]	[illegible]	145,000	1,708,140	5,726,812	15,688	108 83	400,000	22,740	/	«	1,048,404	237,000	1,708,144
[Sei]ne-et-Marne	348	64	43	107	455	62	28	8	51	59	149	306	[illegible]	[illegible]	13,877	150,205	705,320	1,932	77 75	100,000	6,880	/	«	43,325	«	150,205
[Sei]ne-et-Oise	165	52	55	107	272	59	6	37	6	43	108	164	[illegible]	[illegible]	185	27,379	111,051	306	89 47	24,000	2,363		«	16,065	«	41,448
[Sei]ne-Inférieure	2,036	755		755	2,791	176	89	301	340	641	906	1,885	[illegible]	[illegible]	62	15,750	53,029	159	99 09	12,953	3,703	«	«	.	«	16,756
[Sè]vres (Deux-)	592	130	95	225	817	24	35	7	67	74	133	684	[illegible]	[illegible]	.	56,334	231,753	635	87 14	34,500	1,454	16,198	«	5,000		59,152
[So]mme	663	276		276	939	196	58	8	97	105	359	580	[illegible]	[illegible]	10,603	60,709	219,056	603	100 74	50,095	«	10,653	/	/	«	60,749
[Ta]rn	524	164	159	323*	847	7	10	44	110	154	171	676	[illegible]	[illegible]	237	34,231	219,244	601	56 06	34,000	1,112	/	/	15,000	«	50,112
[Ta]rn-et-Garonne	683	64	59	123	806	33	280	8	56	64	377	429	[illegible]	[illegible]	904	45,378	211,096	578	78 50	54,269	961	/	/	«	/	55,230
[Va]r	1,847	197	209	406	2,253	214	20	118	91	209	443	1,810	[illegible]	[illegible]	.	109,624	605,375	1,823	60 13	93,400	1,985	/	«	30,000	/	125,385
[Va]ucluse	1,519	404		404	1,923	164	33	149	112	261	458	1,465	[illegible]	[illegible]	17,020	118,107	537,591	1,473	80 22	52,800	«			47,737	17,630	118,107
[Ve]ndée	908	72	79	151	1,059	43	85	8	61	69	197	862	[illegible]	[illegible]	725	51,107	301,290	825	61 95	49,806	1,311	«	/	/	«	51,107
[Vie]nne	1,045	100	72	172	1,217	10	48	23	69	92	150	1,067	[illegible]	[illegible]	.	51,702	332,510	910	56 83	34,094	1,683	«	«	15,000	«	51,702
[Vie]nne (Haute-)	1,401	105	198	393	1,704	78	25	91	176	206	364	1,334	[illegible]	[illegible]	3,843	93,058	517,958	1,410	66 00	69,200	1,669	20,889	/	500	/	91,758
[Vo]sges	83	14	12	26	109	35	24	1	1	2	41	66	[illegible]	[illegible]	140	8,597	27,016	76	88 11	5,948	512	«	/	«	«	6,460
[Yo]nne	471	89	76	165	636	43	5	3	107	110	161	475	[illegible]	[illegible]	175	38,702	173,153	474	81 54	36,302	2,490	/	/	«	«	38,792
TOTAUX ...	109,656	10,378	9,519	31,795	141,451	13,309	11,240	4,806	12,215	17,111	41,756	99,695	[illegible]	[illegible]	613,418	8,528,341	37,795,397	103,530	82 31	5,123,861	144,001	83,730	901,888	2,043,808	349,205	8,845,040
		11,898																								

[1] Il a été attribué en outre une somme de 25,794 fr 55 cent pour la dépense des filles [illegible], nourrices et messagers qui viennent chercher les enfants

DÉPARTEMENTS.	NOMBRE d'enfants existant au 1ᵉʳ janvier.	NOMBRE D'ENFANTS ADMIS. Garçons.	Filles.	TOTAUX.	TOTAL des existences et des admissions.	SORTIES. Enfants arrivés à l'âge où ils cessent d'être à la charge des hospices.	Enfants retirés par les parents ou par des bienfaiteurs.	MORTS aux hospices.	chez les nourrices.	TOTAUX.	TOTAUX des sorties et des morts.	NOMBRE des enfants restant à la fin de l'année.	[illegible]	[illegible]
Ain	503	115		115	618	48	84	9	40	49	181	[illegible]	[illegible]	[illegible]
Aisne	1,258	323		323	1,581	84	37	»	196	196	300	[illegible]	[illegible]	[illegible]
Allier	695	137	126	263	958	39	22	11	134	145	205	[illegible]	[illegible]	[illegible]
Alpes (Basses-)	1,035	62		62	1,127	79	16	14	62	76	171	[illegible]	[illegible]	[illegible]
Alpes (Hautes-)	445	94		94	540	26	16	»	29	29	75	[illegible]	[illegible]	[illegible]
Ardèche	485	104		104	679	15	14	11	58	70	106	[illegible]	[illegible]	[illegible]
Ardennes	253	30	37	75	329	5	24	»	40	40	60	[illegible]	[illegible]	[illegible]
Ariège	394	174		174	568	7	18	2	57	59	84	[illegible]	[illegible]	[illegible]
Aube	324	178		178	502	1	6	15	82	97	104	[illegible]	[illegible]	[illegible]
Aude	1,404	299		299	1,703	600	28	32	94	126	244	[illegible]	[illegible]	[illegible]
Aveyron	1,482	240	195	435	1,917	25	35	66	197	263	323	[illegible]	[illegible]	[illegible]
Bouches-du-Rhône	5,893	540	530	1,070	3,963	108	250	253	358	611	1,009	[illegible]	[illegible]	[illegible]
Calvados	1,627	282	256	538	2,165	110	207	58	239	297	683	[illegible]	[illegible]	[illegible]
Cantal	486	248		248	734	»	38	29	70	99	137	[illegible]	[illegible]	[illegible]
Charente	600	70	87	157	757	8	16	9	58	67	91	[illegible]	[illegible]	[illegible]
Charente-Inférieure	1,210	226	182	408	1,618	25	26	90	147	237	288	[illegible]	[illegible]	[illegible]
Cher	795	165	165	328	1,123	106	23	26	104	190	325	[illegible]	[illegible]	[illegible]
Corrèze	271	142		142	413	1	57	33	85	118	176	[illegible]	[illegible]	[illegible]
Corse	348	87	80	167	515	10	6	6	133	139	166	[illegible]	[illegible]	[illegible]
Côte-d'Or	392	32	28	60	452	12	24	10	29	39	75	[illegible]	[illegible]	[illegible]
Côtes-du-Nord	499	149		149	648	28	18	2	58	60	106	[illegible]	[illegible]	[illegible]
Creuse	888	124	120	244	1,132	9	109	35	85	120	238	[illegible]	[illegible]	[illegible]
Dordogne	1,490	507		507	1,997	84	20	67	166	233	337	[illegible]	[illegible]	[illegible]
Doubs	436	22	26	48	484	65	8	3	10	13	81	[illegible]	[illegible]	[illegible]
Drôme	1,116	54	73	127	1,243	83	17	»	64	64	164	[illegible]	[illegible]	[illegible]
Eure	462	115		115	577	31	7	13	58	71	109	[illegible]	[illegible]	[illegible]
Eure-et-Loir	551	96	103	199	750	125	34	»	81	81	240	[illegible]	[illegible]	[illegible]
Finistère	973	194	183	377	1,350	156	56	9	205	214	426	[illegible]	[illegible]	[illegible]
Gard	812	252		252	1,064	98	67	33	92	125	287	[illegible]	[illegible]	[illegible]
Garonne (Haute-)	1,846	300	280	580	2,426	187	24	233	114	347	558	[illegible]	[illegible]	[illegible]
Gers	1,523	194	185	379	1,902	64	9	84	133	217	290	[illegible]	[illegible]	[illegible]
Gironde	2,551	487	502	989	3,540	140	71	150	473	689	875	[illegible]	[illegible]	[illegible]
Hérault	1,058	291		291	1,349	50	46	57	109	166	262	[illegible]	[illegible]	[illegible]
Ille-et-Vilaine	682	187	213	400	1,082	49	24	107	157	264	337	[illegible]	[illegible]	[illegible]
Indre	813	86	85	171	984	30	24	1	105	106	160	[illegible]	[illegible]	[illegible]
Indre-et-Loire	914	170	167	343	1,257	64	9	71	185	256	320	[illegible]	[illegible]	[illegible]
Isère	803	172	186	358	1,161	16	62	9	196	205	283	[illegible]	[illegible]	[illegible]
Jura	612	71	63	134	746	20	30	4	76	80	130	[illegible]	[illegible]	[illegible]
Landes	543	101	115	216	759	10	6	81	110	191	207	[illegible]	[illegible]	[illegible]
Loir-et-Cher	560	270		270	826	24	»	1	224	225	249	[illegible]	[illegible]	[illegible]
Loire	1,179	224	222	446	1,624	59	137	53	136	189	385	[illegible]	[illegible]	[illegible]
Loire (Haute-)	1,189	104	83	187	1,376	38	28	7	94	101	167	[illegible]	[illegible]	[illegible]
Loire-Inférieure	1,002	194	186	379	1,381	69	18	44	251	295	382	[illegible]	[illegible]	[illegible]
Loiret	1,175	237	237	474	1,646	142	22	66	201	267	431	[illegible]	[illegible]	[illegible]
Lot	364	88	94	182	546	10	25	11	68	79	114	[illegible]	[illegible]	[illegible]

DÉPARTEMENTS.	DÉPENSES. Autres dépenses.	TOTAL des dépenses.	NOMBRE total des journées de présence.	TERME moyen annuel du nombre des enfants.	MOYENNE de la dépense de chaque enfant.	DÉTAIL DES RESSOURCES SERVANT À LEUR ENTRETIEN. Sommes votées aux budgets variables et facultatifs.	PRODUIT des amendes et confiscations.	CONTINGENT assigné aux hospices.	SOMMES laissées à la charge des hospices.	SOMMES laissées à la charge des communes.	AUTRES ressources.	TOTAL des ressources.
Ain	1,170ᶠ	32,426ᶠ	107,545	489	70ᶠ 54ᶜ	34,000ᶠ	»	»	»	»	»	34,000
Aisne	1,715	70,130	451,870	1,238	63 91	67,430	1,700ᶠ	»	»	10,000ᶠ	»	79,130
Allier	3,250	44,309	264,260	724	57 20	41,440	560	»	»	11,600	»	53,600
Alpes (Basses-)	1,136	64,117	358,795	963	65 23	62,974	1,143	»	»	»	»	64,117
Alpes (Hautes-)	1,500	37,158	171,235	460	79 21	33,415	737	»	»	3,000	»	37,152
Ardèche	182	43,614	191,806	526	83 30	38,000	1,236	»	1,000ᶠ	»	»	40,236
Ardennes	856	24,323	93,740	297	94 71	23,314	1,009	»	»	»	»	24,323
Ariège	1,306	26,552	168,183	459	61 35	27,634	418	»	»	»	»	28,052
Aube	1,510	28,368	129,790	355	79 66	20,850	2,177	»	»	7,479	»	30,506
Aude	3,316	62,561	407,231	1,130	55 38	50,574	658	»	»	11,329	»	62,561
Aveyron	16,345	110,542	561,005	1,537	71 92	109,663	939	»	»	»	»	110,612
Bouches-du-Rhône	3,467	289,202	1,064,125	2,915	99 21	216,761	»	32,174ᶠ	»	25,211	15,056ᶠ	289,202
Calvados	3,342	149,015	558,863	1,531	97 33	104,558	»	31,757	»	12,700	»	149,015
Cantal	746	31,451	210,005	587	53 00	31,127	324	»	»	»	»	31,451
Charente	3,748	44,684	175,853	649	66 15	40,500	2,190	1,994	»	»	»	44,684
Charente-Inférieure	2,081	96,504	430,079	1,170	79 23	52,000	2,212	14,881	»	27,461	»	96,504
Cher	5,008	73,511	308,054	830	88 35	47,616	5,320	»	»	»	18,616	71,552
Corrèze	1,468	17,243	88,878	235	75 32	19,190	805	»	»	»	»	19,995
Corse	6,625	39,461	118,555	324	121 01	35,603	746	1,312	»	1,800	»	39,461
Côte-d'Or	3,646	29,618	117,073	321	80 74	29,075	2,925	»	»	»	»	32,000
Côtes-du-Nord	1,568	34,077	150,366	505	66 48	33,402	675	»	»	»	»	34,077
Creuse	1,342	49,745	339,701	681	63 44	50,000	318	»	»	216	»	50,534
Dordogne	»	85,330	525,892	1,449	58 89	60,590	»	»	»	24,740	»	85,330
Doubs	11,904	55,878	161,341	416	134 36	7,025	200	48,653	»	»	»	55,878
Drôme	3,000	72,410	395,390	1,080	67 05	66,164	3,246	»	»	»	»	69,410
Eure	3,685	34,135	171,710	470	72 52	30,000	1,958	»	»	2,157	»	34,115
Eure-et-Loir	6,785	52,762	188,021	515	102 45	38,500	1,507	»	»	7,000	»	47,007
Finistère	406	69,607	343,630	941	73 97	31,455	938	»	»	37,213	»	69,607
Gard	3,369	60,301	290,175	705	75 10	30,000	1,000	»	»	29,000	»	60,000
Garonne (Haute-)	»	100,665	677,453	1,856	54 25	74,000	1,751	»	»	24,924	»	100,665
Gers	14,000	107,219	580,404	1,589	67 48	73,000	1,088	16,555	»	16,626	»	107,219
Gironde	23,506	286,010	1,269,152	3,450	83 16	119,615	1,565	116,878	»	45,621	1,515	284,504
Hérault	2,196	65,114	337,009	925	70 36	56,006	»	»	»	9,107	»	65,113
Ille-et-Vilaine	»	61,540	236,400	705	59 36	50,000	589	»	»	»		50,589
Indre	3,668	51,765	292,821	802	64 36	51,775	»	»	»	»	»	51,775
Indre-et-Loire	3,667	75,365	336,000	923	85 11	46,991	1,120	»	»	24,450	15,998	75,565
Isère	8,232	58,897	300,837	889	70 19	55,165	3,752	»	»	»	»	58,917
Jura	7,247	48,900	151,863	418	115 87	48,110	1,100	»	»	»	990	49,200
Landes	574	32,166	107,500	341	89 35	29,487	»	»	»	2,669	»	32,156
Loir-et-Cher	2,300	59,536	222,156	607	98 00	49,700	896	»	»	8,943	»	59,539
Loire	15,370	92,456	430,493	1,179	78 42	52,000	515	»	»	25,000	»	77,515
Loire (Haute-)	1,023	82,765	436,450	1,102	69 43	69,131	562	7,406	»	»	1,305	78,115
Loire-Inférieure	3,062	70,586	356,400	977	72 22	60,000	4,080	»	»	6,506	»	70,586
Loiret	44,035	184,493	426,651	1,175	114 46	94,459	1,332	»	»	6,913	31,729	134,493
Lot	3,480	30,002	135,125	425	72 00	26,000	969	»	»	»	»	26,969

Suite de la […]

[DÉPART]EMENTS	ENTRÉES. Nombre d'enfants existant au 1er janvier	Nombre d'enfants admis. Garçons.	Filles.	Totaux.	Total des existences et des admissions.	SORTIES. Enfants arrivés à l'âge où ils cessent d'être à la charge des hospices.	Enfants retirés par leurs parents ou par des bienfaiteurs	Morts aux hospices.	Morts chez les nourrices.	Morts totaux.	Total des sortis et des morts	DÉPENSES. Autres dépenses.	Total des dépenses.	Nombre total des journées de présence	Terme moyen annuel du nombre des enfants	Moyenne de la dépense de chaque enfant.	DÉTAIL DES RESSOURCES SERVANT À LEUR ENTRETIEN. Sommes votées aux budgets variables et facultatifs	Produit des amendes et confiscations.	Contingent assigné aux hospices	Sommes laissées à la charge des hospices.	Sommes laissées à la charge des communes.	Autres ressources.	TOTAL des ressources.
…aut	774	130	71	201	975	28	97	11	93	104	229	5,479f	65,587f	280,065	740	88f 63c	62,368f	122f	»	»	»	6,666f	69,156f
…	292	139		139	431	4	26	»	59	59	89	»	24,686	118,104	310	69 95	19,000	98	»	»	»	3,000	22,098
…ure.	1,130	219	221	440	1,579	36	65	89	194	283	324	4,496	100,527	430,161	1,178	85 50	70,186	3,133	»	»	26,536f	»	99,955
…	1,323	396		396	1,719	102	120	51	181	232	454	489	91,051	404,379	1,272	71 58	71,674	»	»	»	19,367	10	91,051
	668	215	212	427	1,095	66	109	20	138	158	335	3,616	65,586	238,877	641	99 67	58,532	5,044	2,202f	»	»	»	65,588
…ste-).	422	44	52	96	518	10	26	»	35	35	59	5,251	34,494	156,811	430	80 22	16,809	1,525	3,274	»	11,825	»	34,493
	790	125	113	238	1,028	20	87	28	126	154	231	10,481	79,650	275,308	755	105 49	59,356	301	9,293	»	»	10,000	79,650
	857	47		47	904	96	35	9	20	29	154	481	54,061	201,601	799	67 65	53,360	701	»	»	»	»	54,061
	603	98		98	701	49	12	1	57	58	119	2,209	51,369	216,011	592	86 77	24,809	»	»	»	1,400	25,000	51,369
	838	100	132	232	1,070	63	33	10	106	116	212	235	55,510	300,404	823	67 46	40,960	320	»	»	12,000	»	53,280
	452	20	29	49	501	68	21	5	16	21	100	2,280	27,261	144,022	805	66 02	30,000	5,979	»	»	»	5	35,984
	1,163	80	78	158	1,321	78	15	9	125	134	277	2,517	68,937	335,463	919	88 89	39,556	929	»	»	28,452	»	68,937
	2,638	1,544		1,544	4,182	1,556	240	30	404	434	2,230	42,480	225,650	817,637	2,240	102 00	130,000	2,155	»	»	53,340	744	185,239
	571	94		94	665	66	32	8	42	50	148	2,000	40,411	194,032	534	86 91	40,705	3,106	»	»	2,600	»	46,411
	888	185		185	1,073	100	28	18	75	93	221	3,780	60,197	310,245	850	70 82	34,139	5,212	846	»	»	»	60,197
…es	1,197	247	208	453	1,650	74	33	124	174	298	405	14,686	163,165	435,041	1,166	139 08	78,603	4,832	»	»	83,669	»	162,104
…ne	1,603	156	182	338	1,941	45	470	32	138	170	685	1,766	83,454	326,507	1,443	57 90	75,807	2,356	»	»	5,291	»	83,454
…(Basses-)	688	321		321	1,009	202	30	44	91	135	367	1,430	41,317	248,983	668	61 85	40,345	972	»	»	»	»	41,317
…(Hautes-)	495	169		169	664	»	27	11	51	62	89	400	28,702	217,790	597	48 28	23,492	800	»	»	4,500	»	28,792
…Orientales.	255	124	135	259	514	21	93	149	69	218	332	1,630	15,444	88,104	228	67 80	21,011	311	»	»	3,500	»	24,832
…-).	600	60	59	119	719	80	20	9	31	40	140	10,314	69,979	212,406	582	120 24	22,000	3,622	»	»	27,000	30,288	82,910
…-).	186	26	10	26	212	18	15	»	9	9	42	100	14,929	68,091	175	85 31	13,000	2,761	»	»	6,646	»	22,427
	10,283	933	883	1,816	12,099	710	330	218	579	897	1,037	»	(a) 674,097	8,726,168	10,209	66 03	175,000	2,486	459,611	»	30,000	7,000	674,096
…-)	47	4	6	10	57	2	4	1	4	5	11	1,529	7,053	17,897	49	102 35	1,526	»	»	»	»	4,882	6,408
…ure.	897	309		309	1,206	57	122	1	94	95	274	»	72,056	327,737	395	80 51	32,814	1,876	»	»	37,366	»	72,056
	1,008	121	105	216	1,224	97	24	25	80	105	126	4,765	92,307	362,767	994	92 96	59,233	1,102	32,062	»	»	»	92,397
	16,360	2,307	2,337	4,644	21,004	1,148	315	1,376	2,369	3,745	5,205	160,100	1,661,808	5,654,606	15,492	107 27	400,000	23,083	»	1,014,305f	»	223,520	1,661,808
…ncère	306	62	50	112	418	27	8	3	86	89	124	13,899	137,053	665,636	1,826	75 06	100,000	5,147	»	»	31,906	»	137,053
…arne	164	45	31	76	240	43	5	32	10	42	90	216	25,577	109,468	300	85 60	25,010	2,974	»	»	15,274	»	44,256
…ne	1,885	760		760	2,645	191	45	355	299	654	890	29	14,472	57,331	157	92 18	13,050	1,418	»	»	»	»	14,472
…ns-)	684	97	89	186	870	16	36	9	74	83	135	»	58,000	243,700	673	86 18	37,275	1,207	12,419	»	5,000	»	55,961
	580	116	58	174	754	30	17	12	100	112	159	9,128	53,726	209,576	574	93 65	44,755	2,843	9,127	»	»	»	56,725
	676	149	140	289	965	12	32	51	138	189	233	»	40,832	201,464	716	57 03	34,000	2,090	»	»	15,000	»	51,090
…onne	429	39	154	193	622	22	102	6	55	61	245	284	32,241	144,992	397	81 21	39,800	200	»	»		»	40,000
	1,804	269		269	2,073	225	7	114	136	250	482	»	101,087	606,819	1,062	60 79	94,400	1,009	»	»	30,000	»	120,309
	1,465	423		423	1,888	135	27	115	144	259	421	17,308	118,405	527,058	1,446	81 94	58,974	2,451	1,400	»	39,582	15,998	118,405
	862	105	101	206	1,068	63	19	17	82	99	271	112	51,734	314,455	862	60 02	49,732	2,002	»	»	»	»	51,734
	1,061	109	92	201	1,262	55	220	3	25	28	312	»	51,224	317,158	860	58 95	34,000	1,000	»	»	15,824	»	51,224
…(Haute-).	1,430	197	190	387	1,817	100	17	95	195	290	407	1,260	58,114	317,288	1,417	62 18	56,734	1,778	22,503	»	5,000	89	85,114
	68	16	10	26	94	13	16	»	»	»	29	90	5,436	24,125	66	82 30	1,655	3,783	»	»	»	»	5,438
	475	92	80	172	647	19	11	1	90	91	121	158	40,368	182,104	500	80 77	30,000	»	»	»	»	4,384	40,384
…TAUX	99,095	10,889	10,620	29,646	129,341	3,870	4,947	4,944	12,659	17,603	31,429	376,484	7,076,055	45,664,929	97,712	81 65	4,727,050	150,002	535,507	1,015,305	397,462	417,202	8,036,837
		8,167																					

(a) Il a été attribué, en outre, une somme de 28,193 francs par […] courriers, nourrices et messagers qui viennent chercher les Enfants.

DÉPARTEMENTS.	ENTRÉES. Nombre d'enfants existant au 1er janvier.	Nombre d'enfants admis. Garçons.	Filles.	Totaux.	Total des existences et des admissions.	SORTIES. Enfants arrivés à l'âge où ils cessent d'être à la charge des hospices.	Enfants retirés par les parents ou par des bienfaiteurs.	Morts aux hospices.	Morts chez les nourrices.	Morts totaux.	Totaux des sorties et des morts.	Nombre des enfants restant à la fin de l'année.
Ain	467	123		123	590	40	6	8	51	59	105	485
Aisne	1,212	293		293	1,505	106	67	»	175	175	348	1,157
Allier	762	127	127	254	1,016	72	33	45	115	160	265	751
Alpes (Basses-)	956	28	33	61	1,017	97	14	10	48	58	169	848
Alpes (Hautes-)	463	115		115	578	13	20	1	42	43	76	502
Ardèche	571	172		172	743	18	45	12	85	97	160	583
Ardennes	260	28	31	59	319	8	12	»	44	44	64	255
Ariége	484	156		156	640	15	19	»	116	116	150	490
Aube	398	183		183	581	»	47	24	103	127	174	407
Aude	859	227		227	1,086	12	84	20	116	136	232	854
Aveyron	1,594	460		460	2,054	65	30	59	218	277	372	1,682
Bouches-du-Rhône	2,904	344	390	734	3,638	165	395	119	336	455	1,015	2,623
Calvados	1,482	502	460	962	2,444	525	139	52	320	372	1,036	1,408
Cantal	597	105	129	234	831	52	25	21	98	119	196	635
Charente	666	106	94	200	866	9	14	15	83	98	121	745
Charente-Inférieure	1,330	240	222	462	1,792	101	280	66	253	319	700	1,092
Cher	800	287		287	1,087	34	16	26	194	220	270	817
Corrèze	237	109		109	346	»	59	32	65	97	156	190
Corse	349	83	86	169	518	27	79	3	87	90	196	322
Côte-d'Or	377	60	59	119	496	11	9	48	42	90	110	386
Côtes-du-Nord	542	161		161	703	37	9	2	54	56	102	601
Creuse	894	109	126	235	1,129	3	110	54	105	159	272	857
Dordogne	1,660	461		461	2,121	305	60	121	199	320	659	1,462
Doubs	403	31	22	53	456	64	6	4	17	21	91	365
Drôme	1,079	69	79	148	1,227	105	19	»	57	57	181	1,046
Eure	468	120		120	588	55	9	10	87	97	161	427
Eure-et-Loir	490	43	57	100	590	25	12	1	33	34	72	518
Finistère	925	197	223	420	1,345	119	82	13	138	151	352	993
Gard	777	263		263	1,040	95	92	24	104	128	316	724
Garonne (Haute-)	1,900	519		519	2,419	67	36	172	236	408	511	1,908
Gers	1,612	186	175	361	1,973	54	387	80	145	225	666	1,307
Gironde	2,667	534	516	1,050	3,717	94	281	221	509	730	1,105	2,612
Hérault	1,087	278		278	1,365	60	24	78	133	211	295	1,070
Ille-et-Vilaine	715	269	241	510	1,225	30	10	107	220	327	367	858
Indre	815	79	77	156	971	39	11	»	111	111	161	810
Indre-et-Loire	928	159	163	322	1,250	101	3	81	164	245	349	901
Isère	878	202		202	1,080	50	15	3	137	140	205	875
Jura	396	44	34	78	474	21	28	18	60	78	127	347
Landes	554	132	108	240	794	16	»	125	75	203	217	577
Loir-et-Cher	577	220		220	797	30	3	»	207	207	240	557
Loire	1,259	191	191	382	1,641	63	64	86	131	217	344	1,297
Loire (Haute-)	1,209	112	107	219	1,428	44	17	20	99	119	180	1,248
Loire-Inférieure	999	186	190	376	1,375	90	14	27	242	269	373	1,002
Loiret	1,218	372		372	1,590	36	18	102	196	298	352	1,238
Lot	432	89	84	173	605	9	55	5	80	85	150	455

DÉPARTEMENTS.	DÉPENSES. [illegible]	[illegible]	Autres dépenses.	Total des dépenses.	Nombre total des journées de présence.	Terme moyen annuel du nombre des enfants.	Moyenne de la dépense de chaque enfant.	DÉTAIL DES RESSOURCES SERVANT À LEUR ENTRETIEN. Sommes votées aux budgets votables et facultatifs.	Produit des amendes et confiscations.	Contingent assigné aux hospices.	Sommes laissées à la charge des hospices.	Sommes laissées à la charge des communes.	Autres ressources.	TOTAL des ressources.
Ain	[illegible]	[illegible]	272f	31,043f	173,719	476	65f 22c	32,000f	6,697f	»	»	»	»	[illegible]
Aisne	[illegible]	[illegible]	1,306	74,502	480,967	1,180	63 13	63,042	3,960	»	»	7,000f	»	[illegible]
Allier	[illegible]	[illegible]	4,755	47,383	272,290	746	63 51	41,140	652	»	»	12,086	»	[illegible]
Alpes (Basses-)	[illegible]	[illegible]	1,496	54,402	301,019	827	65 78	53,964	438	»	»	»	»	[illegible]
Alpes (Hautes-)	[illegible]	[illegible]	1,720	38,740	176,489	484	80 22	31,500	2,395	»	»	8,000	»	[illegible]
Ardèche	[illegible]	[illegible]	2,498	40,114	211,348	579	64 63	47,792	392	1,000f	»	»	»	[illegible]
Ardennes	[illegible]	[illegible]	609	24,053	94,606	259	92 87	20,036	3,067	»	»	»	»	[illegible]
Ariége	[illegible]	[illegible]	3,290	30,803	171,521	471	65 39	30,203	600	»	»	»	»	[illegible]
Aube	[illegible]	[illegible]	3,005	34,048	150,033	411	82 82	23,775	2,660	»	»	7,008	»	[illegible]
Aude	[illegible]	[illegible]	4,322	48,108	302,080	839	57 33	38,846	1,769	»	»	8,000	»	[illegible]
Aveyron	[illegible]	[illegible]	19,312	118,808	581,995	1,655	71 82	118,030	838	»	»	»	»	[illegible]
Bouches-du-Rhône	[illegible]	[illegible]	9,068	213,359	929,628	2,547	83 96	143,031	»	24,661	»	25,211	15,086f	[illegible]
Calvados	[illegible]	[illegible]	6,710	134,152	537,444	1,472	91 14	52,304	5,017	23,545	»	47,188	»	[illegible]
Cantal	[illegible]	[illegible]	»	38,500	231,775	600	58 83	26,455	383	»	»	5,147	»	[illegible]
Charente	[illegible]	[illegible]	3,837	49,606	259,153	710	67 80	42,900	3,506	2,277	»	1,015	»	[illegible]
Charente-Inférieure	[illegible]	[illegible]	4,389	100,965	430,431	1,179	85 65	64,801	1,892	16,51	»	17,777	»	[illegible]
Cher	[illegible]	[illegible]	5,030	67,488	296,910	813	83 01	50,000	705	»	»	16,781	»	[illegible]
Corrèze	[illegible]	[illegible]	3,788	16,018	74,884	205	78 25	19,100	2,150	»	»	»	»	[illegible]
Corse	[illegible]	[illegible]	2,305	45,326	125,350	350	122 36	38,635	»	1,145	»	5,000	24	[illegible]
Côte-d'Or	[illegible]	[illegible]	1,526	25,277	112,810	309	75 83	30,000	1,689	»	»	»	»	[illegible]
Côtes-du-Nord	[illegible]	[illegible]	1,487	37,278	209,366	575	68 71	35,000	1,121	»	»	»	»	[illegible]
Creuse	[illegible]	[illegible]	393	46,403	295,921	811	57 22	50,000	318	»	»	141	»	[illegible]
Dordogne	[illegible]	[illegible]	»	85,667	532,975	1,480	57 90	69,409	3,395	»	»	19,833	»	[illegible]
Doubs	[illegible]	[illegible]	12,838	58,241	139,239	381	139 74	4,012	405	48,824	»	»	»	[illegible]
Drôme	[illegible]	[illegible]	8,009	70,453	377,427	1,034	68 16	65,912	1,571	»	»	»	»	[illegible]
Eure	[illegible]	[illegible]	2,397	32,316	160,916	440	73 44	24,970	1,503	»	»	5,843	»	[illegible]
Eure-et-Loir	[illegible]	[illegible]	3,196	40,986	186,705	512	80 05	49,700	3,413	»	»	7,000	»	[illegible]
Finistère	[illegible]	[illegible]	886	60,491	336,051	936	74 24	41,710	533	»	»	27,143	»	[illegible]
Gard	[illegible]	[illegible]	1,261	68,715	274,115	751	91 50	30,000	1,430	»	»	23,500	13,770	[illegible]
Garonne (Haute-)	[illegible]	[illegible]	1,276	104,981	689,915	1,890	55 55	62,928	»	»	»	39,071	»	[illegible]
Gers	[illegible]	[illegible]	13,009	98,509	552,764	1,515	65 02	70,000	1,033	10,008	»	17,463	»	[illegible]
Gironde	[illegible]	[illegible]	24,376	219,348	960,725	2,632	83 34	106,000	5,040	47,052	»	45,376	1,615	[illegible]
Hérault	[illegible]	[illegible]	2,338	69,038	354,311	971	68 00	50,133	»	»	»	15,905	»	[illegible]
Ille-et-Vilaine	[illegible]	[illegible]	»	48,026	290,809	791	61 00	48,000	5,542	»	»	»	»	[illegible]
Indre	[illegible]	[illegible]	2,937	49,367	287,405	788	62 76	49,157	»	»	»	»	»	[illegible]
Indre-et-Loire	[illegible]	[illegible]	2,365	78,410	334,270	916	85 60	56,087	1,120	»	»	25,445	15,757	[illegible]
Isère	[illegible]	[illegible]	3,484	57,368	325,926	893	64 80	50,000	7,868	»	»	»	»	[illegible]
Jura	[illegible]	[illegible]	14,507	45,420	130,924	350	126 80	27,000	466	»	»	7,000	9,881	[illegible]
Landes	[illegible]	[illegible]	1,276	32,545	199,424	546	59 79	22,921	»	»	»	9,724	»	[illegible]
Loir-et-Cher	[illegible]	[illegible]	3,357	57,112	206,520	566	100 90	55,000	1,056	»	»	1,056	»	[illegible]
Loire	[illegible]	[illegible]	19,907	96,155	453,178	1,242	77 42	52,600	450	»	»	25,000	»	[illegible]
Loire (Haute-)	[illegible]	[illegible]	7,500	83,025	452,360	1,233	67 34	64,369	368	»	»	»	5,063	[illegible]
Loire-Inférieure	[illegible]	[illegible]	3,058	86,408	600,268	1,606	78 33	60,000	1,500	18,600	»	14,500	»	[illegible]
Loiret	[illegible]	[illegible]	36,730	129,149	438,190	1,187	108 80	86,107	1,314	»	»	6,700	33,026	[illegible]
Lot	[illegible]	[illegible]	2,755	33,973	162,060	448	76 71	33,691	282	»	»	»	»	[illegible]

SUITE DE [illegible]

DÉPARTEMENTS	ENTRÉES. Nombre d'enfants existant au 1er janvier.	Nombre d'enfants admis. Garçons.	Nombre d'enfants admis. Filles.	Nombre d'enfants admis. Totaux.	Total des existences et des admissions.	SORTIES. Enfants arrivés à l'âge où ils cessent d'être à la charge des hospices.	Enfants retirés par les parents ou par des bienfaiteurs.	Morts aux hospices.	Morts chez les nourrices.	Morts. Totaux.	Total des sorties et des morts.	Nombre des enfants restant à la fin de l'année.
-Garonne	745	159		159	905	50	55	16	51	67	191	714
...	342	118		118	460	5	2	2	66	67	74	386
-et-Loire	1,195	249	235	484	1,679	142	27	46	201	246	415	1,264
...	1,265	350		350	1,615	100	37	39	194	233	370	1,245
...	740	134	183	317	1,057	25	55	46	219	265	348	711
(Haute-)	488	48	44	92	580	32	11	"	42	42	85	495
...	627	128	132	260	1,077	63	12	12	130	142	237	860
...he	750	83		83	783	102	21	1	23	24	147	636
...	582	133		133	715	45	17	3	74	77	149	573
...han	868	110	138	248	1,106	71	18	2	135	137	226	880
...le	401	40	22	62	463	55	20	6	15	21	94	369
...	1,094	88	65	153	1,247	14	4	14	103	117	135	1,112
...	1,952	1,049		1,049	3,001	554	60	28	350	378	992	2,009
...	517	132		132	649	33	16	9	54	63	116	533
...	852	194		194	1,046	91	24	10	68	78	193	853
...-Calais	1,245	155	136	291	1,536	62	41	29	150	185	288	1,314
...-de-Dôme	1,255	115	131	246	1,501	150	126	1	92	93	375	1,126
...ées (Basses-)	642	155		155	797	15	70	49	51	100	185	612
...ées (Hautes-)	575	90	83	173	748	32	12	10	67	77	171	577
...ées Orientales	182	129	150	279	461	11	14	177	73	250	275	186
(Bas-)	579	69	68	137	716	56	30	13	42	55	138	578
(Haut-)	170	18	21	39	209	18	14	"	3	3	35	174
...	10,162	979	382	1,361	12,023	677	180	227	823	1,050	1,116	10,107
(Haute-)	46	7	2	9	55	6	7	"	1	1	14	41
-et-Loire	932	167	164	331	1,263	53	76	1	131	132	261	999
...	1,000	123	101	224	1,224	90	33	25	69	94	217	1,007
...	15,705	1,379	1,516	3,095	18,391	1,008	163	765	1,956	2,721	3,632	14,939
-Inférieure	294	64	50	114	408	27	19	7	86	93	139	269
-et-Marne	150	67		67	217	12	9	10	16	26	47	170
-et-Oise	1,755	416	388	804	2,559	115	65	350	207	656	840	1,719
(Deux-)	735	110	110	220	955	10	50	25	99	121	190	729
...	586	169		169	755	27	24	15	112	125	176	579
...	732	164	160	324*	1,056	20	14	36	104	200	274	827
-et-Garonne	377	53	113	166	545	30	78	8	50	58	166	379
...	1,591	241		241	1,832	109	5	114	54	168	362	1,400
...use	1,467	179	182	361	1,828	234	209	96	165	262	705	1,083
...de	897	92	107	199	1,096	35	25	17	108	125	185	911
...e	950	96	81	177	1,127	6	44	22	76	98	148	979
...ne (Haute-)	1,410	206	181	387	1,797	84	21	160	219	379	484	1,313
...	65	47		47	112	20	31	"	1	1	55	60
...	526	99	103	202	728	21	11	16	130	146	178	550
TOTAUX.	97,912	9,761	9,073	26,900	124,812	7,403	4,583	4,422	12,960	17,382	23,406	95,304
		7,566										

DÉPARTEMENTS	DÉPENSES. Autres dépenses.	Total des dépenses.	Nombre total des journées de présence.	Terme moyen annuel du nombre des enfants.	Moyenne de la dépense de chaque enfant.	DÉTAIL DES RESSOURCES SERVANT À LEUR ENTRETIEN. Sommes votées aux budgets variables et facultatifs.	Produit des amendes et confiscations.	Contingent assigné aux hospices.	Sommes laissées à la charge des hospices.	Sommes laissées à la charge des communes.	Autres ressources.	TOTAL des ressources.
-Garonne	"	94,073f	208,353	735	55f 40c	65,123f	"	"	"	"	"	65,125f
...	"	25,691	120,063	334	72 57	21,592	176f	"	"	"	"	22,068
-et-Loire	5,318f	105,408	447,592	1,226	85 98	72,529	1,717	"	"	28,351f	"	102,597
...	216	85,886	436,752	1,246	70 94	51,024	"	"	"	30,556	216f	85,396
...	5,456	70,552	249,315	584	105 80	58,133	4,073	8,450f	"	"	"	70,662
(Haute-)	"	31,506	160,215	439	71 78	23,000	1,511	"	5,995f	"	"	31,506
...	10,565	55,251	295,045	811	102 65	60,000	900	12,350	"	"	10,000	83,250
...he	575	45,507	255,000	690	66 10	43,942	1,565	"	"	"	"	45,507
...	1,191	47,694	204,034	559	85 32	23,000	"	"	"	11,926	12,768	47,694
...han	126	58,077	294,244	806	73 01	33,000	938	"	"	19,865	"	53,125
...le	2,189	23,370	135,407	371	62 72	26,400	1,475	"	"	"	100	27,975
...	2,425	65,588	382,519	911	69 85	46,750	800	"	29	20,015	63	68,617
...	42,140	202,313	707,001	1,037	104 40	130,000	2,015	"	"	27,185	64	160,164
...	2,086	45,135	187,060	514	87 81	39,869	1,258	"	"	4,000	"	45,137
...	4,383	59,316	307,624	843	70 38	53,234	5,236	346	"	"	"	59,316
...-Calais	23,641	153,443	438,349	1,201	131 03	76,054	1,340	"	57,200	"	"	134,604
...-de-Dôme	1,534	64,442	411,925	1,126	57 23	62,429	2,013	"	"	"	"	64,442
...ées (Basses-)	1,380	37,507	217,149	595	63 03	36,750	757	"	"	"	"	37,507
...ées (Hautes-)	"	33,149	220,900	605	54 79	23,500	598	"	"	7,154	"	31,252
...ées Orientales	50	10,704	65,406	170	60 14	11,000	1,327	"	"	1,500	"	13,827
(Bas-)	10,389	59,905	207,360	568	128 03	21,000	901	"	"	27,000	35,490	84,391
(Haut-)	2,825	15,116	56,614	152	90 45	10,800	1,287	"	"	5,540	"	17,627
...	479,341	667,753	3,679,380	10,082	66 23	175,000	2,500	455,253	"	30,000	7,000	667,753
(Haute-)	1,418	8,670	15,461	42	206 43	1,000	1,280	"	"	"	9,491	11,771
-et-Loire	"	77,028	345,278	954	80 74	36,328	1,561	"	"	32,278	"	70,367
...	7,097	93,965	351,817	991	94 82	60,536	1,500	32,809	"	"	"	93,966
...	179,776	1,511,244	5,377,177	14,732	102 58	400,000	18,632	"	"	873,391	219,201	1,511,244
-Inférieure	12,308	134,851	626,749	1,717	78 54	61,480	3,321	"	"	61,480	8,370	134,351
-et-Marne	500	25,335	161,961	279	84 00	6,272	1,509	"	"	24,922	"	32,703
-et-Oise	"	15,087	56,021	155	83 30	11,139	2,547	"	"	"	"	13,686
(Deux-)	"	56,886	260,421	708	79 28	37,500	2,542	12,048	"	5,000	"	57,090
...	16,102	61,800	211,101	578	107 08	45,728	"	16,103	"	"	"	61,390
...	"	44,502	289,965	794	56 16	34,000	1,727	"	"	8,805	"	44,502
-et-Garonne	163	30,576	140,942	386	79 70	27,630	"	"	"	"	"	27,630
...	"	96,436	542,145	1,430	64 95	79,580	2,717	"	"	30,000	"	112,507
...use	14,706	166,760	485,080	1,332	80 15	48,987	1,258	1,800	41,771	"	13,409	106,750
...de	196	52,858	336,371	922	57 83	31,884	970	"	"	"	"	32,854
...e	"	46,079	277,023	750	60 71	28,032	1,361	"	"	16,676	"	46,079
...ne (Haute-)	2,340	91,132	403,453	1,337	67 15	57,000	1,114	27,846	"	3,100	2,072	91,132
...	"	5,762	24,204	67	86 00	5,762	"	"	"	"	"	5,762
...	493	42,267	191,900	526	80 35	40,440	2,386	"	"	"	"	42,826
TOTAUX.	1,676,046	7,061,378	34,305,274	94,538	80 41	4,413,659	134,857	765,857	106,000	1,724,868	412,297	7,375,038

DÉPARTEMENTS	ENTRÉES. NOMBRE d'enfants existant au 1er janvier	NOMBRE D'ENFANTS ADMIS. Garçons.	Filles.	TOTAUX	TOTAL des existences et des admissions.	SORTIES. ENFANTS arrivés à l'âge où ils cessent d'être à la charge des hospices	ENFANTS retirés par leurs parents ou par des bienfaiteurs.	MORTS aux hospices	MORTS chez les nourrices.	MORTS TOTAUX	TOTAUX des sorties et des morts.	NOMBRE des enfants restant à la fin de l'année	[illegible]	DÉPENSES. [illegible]	AUTRES dépenses	TOTAL des dépenses.	NOMBRE total des journées de présence	TERME moyen annuel du nombre des enfants.	MOYENNE de la dépense de chaque enfant.	DÉTAIL DES RESSOURCES SERVANT À LEUR ENTRETIEN. SOMMES votées aux budgets variables et facultatifs	PRODUIT des amendes et confiscations	CONTINGENT assigné aux hospices	SOMMES laissées à la charge des hospices	SOMMES laissées à la charge des communes	AUTRES ressources	TOTAL des ressources
Ain	455	121		121	666	35	4	16	70	85	125	[illegible]	[illegible]	[illegible]	332f	30,410f	171,411f	460	64f 84c	30,000f	2,410f	»	»	»	»	34,41
Aisne	1,157	305		305	1,462	126	»	»	107	107	233	[illegible]	[illegible]	[illegible]	1,564	72,541	425,159	1,164	62 37	63,025	2,915	»	»	6,000f	»	72,84
Allier	741	121	141	262	1,003	43	23	60	104	164	229	[illegible]	[illegible]	[illegible]	6,595	42,511	276,470	758	55 99	38,150	600	»	»	12,000	»	50,75
Alpes (Basses-)	848	24	19	43	891	74	11	4	16	20	105	[illegible]	[illegible]	[illegible]	1,129	46,884	277,665	758	61 60	46,134	750	»	»	»	»	46,88
Alpes (Hautes-)	802	97		97	899	25	8	5	46	51	82	[illegible]	[illegible]	[illegible]	1,011	40,349	187,402	513	79 04	37,042	307	»	»	3,000	»	40,34
Ardèche	583	182		182	765	22	34	10	79	89	195	[illegible]	[illegible]	[illegible]	1,497	45,916	205,223	563	81 55	44,000	916	1,000f	»	»	»	45,91
Ardennes	295	38	35	73	368	17	12	»	42	42	71	[illegible]	[illegible]	[illegible]	1,177	24,330	95,358	255	95 16	28,000	2,351	»	»	»	»	30,35
Ariège	490	211		211	701	8	15	4	94	97	116	[illegible]	[illegible]	[illegible]	1,360	32,382	196,466	538	61 11	32,181	701	»	»	»	»	32,88
Aube	407	170		170	577	»	53	15	114	129	182	[illegible]	[illegible]	[illegible]	5,420	32,315	144,387	401	80 35	21,220	1,751	»	»	7,369	»	30,74
Aude	554	209		209	1,063	59	20	10	74	84	160	[illegible]	[illegible]	[illegible]	4,100	50,168	314,784	856	57 95	38,206	3,290	»	»	3,602	»	50,168
Aveyron	1,582	158	213	381	2,063	81	35	52	158	210	326	[illegible]	[illegible]	[illegible]	17,220	114,480	625,680	1,720	68 16	115,000	1,709	»	»	»	»	114,709
Bouches-du-Rhône	2,523	407	298	705	3,328	73	86	220	276	496	655	[illegible]	[illegible]	[illegible]	14,543	220,777	923,397	2,535	81 87	123,917	13,250	21,251	»	30,692	37,457f	220,777
Calvados	1,408	205	176	381	1,789	57	75	22	160	191	321	[illegible]	[illegible]	[illegible]	7,490	137,205	518,214	1,411	97 26	64,688	»	46,896	»	25,711	»	137,295
Cantal	655	122	80	202	857	7	38	16	109	125	170	[illegible]	[illegible]	[illegible]	1,137	38,308	244,580	670	57 00	30,320	500	»	»	3,147	»	35,947
Charente	745	79	111	190	935	19	14	13	80	93	126	[illegible]	[illegible]	[illegible]	3,786	53,114	287,225	787	67 48	47,325	2,345	2,327	»	»	917	53,114
Charente-Inférieure	1,092	159	185	344	1,436	52	48	121	134	255	353	[illegible]	[illegible]	[illegible]	1,541	85,479	381,027	1,052	84 10	45,091	2,313	21,245	»	19,830	»	88,479
Cher	808	320		320	1,134	42	15	53	189	242	259	[illegible]	[illegible]	[illegible]	5,304	59,651	531,357	906	76 74	41,124	2,193	»	»	26,304	»	69,581
Corrèze	297	112		112	509	1	8	17	40	57	66	[illegible]	[illegible]	[illegible]	3,740	14,877	78,097	214	69 52	18,200	586	»	»	»	»	18,756
Corse	322	92	77	169	491	17	10	5	102	107	134	[illegible]	[illegible]	[illegible]	9,668	44,426	120,518	334	133 01	36,916	850	1,659	»	5,000	»	44,425
Côte-d'Or	391	73	76	149	540	13	10	12	85	97	120	[illegible]	[illegible]	[illegible]	2,103	25,007	117,626	322	77 76	15,000	2,725	»	»	15,000	»	32,725
Côtes-du-Nord	601	143		143	744	53	21	5	45	50	124	[illegible]	[illegible]	[illegible]	1,560	40,897	221,200	603	67 49	35,000	1,020	»	»	»	»	36,020
Creuse	857	103	113	216	1,073	19	39	44	86	130	188	[illegible]	[illegible]	[illegible]	493	45,659	305,363	845	51 67	50,000	305	»	»	108	»	50,413
Dordogne	1,432	503		503	1,935	65	26	71	202	273	364	[illegible]	[illegible]	[illegible]	782	80,390	494,856	1,330	59 65	61,150	»		»	19,740	»	60,890
Doubs	365	18	20	38	403	69	4	2	7	9	82	[illegible]	[illegible]	[illegible]	14,236	52,180	123,516	339	159 08	1,491	1,414	49,275		»		52,180
Drôme	1,046	89	77	166	1,212	97	81	2	84	86	214	[illegible]	[illegible]	[illegible]	3,900	69,130	300,644	1,004	68 85	67,113	2,026	»	»	»	»	69,139
Eure	447	134		134	581	23	9	5	88	94	126	[illegible]	[illegible]	[illegible]	2,829	31,811	158,680	434	73 29	30,800	2,222	»	»	4,000	»	37,022
Eure-et-Loir	518	71	51	122	640	16	34	»	71	71	121	[illegible]	[illegible]	[illegible]	1,036	42,491	188,114	510	83 41	37,000	1,740	»	»	7,000	»	45,740
Finistère	963	187	163	350	1,313	35	24	16	194	210	269	[illegible]	[illegible]	[illegible]	578	57,124	360,747	988	67 94	41,100	1,024	»	»	25,000	»	67,124
Gard	724	244		244	968	18	50	35	93	128	196	[illegible]	[illegible]	[illegible]	7,256	78,152	273,385	749	97 71	30,000	1,246	9,500	»	»	32,486	73,232
Garonne (Haute-)	1,908	563		563	2,471	65	36	252	104	356	457	[illegible]	[illegible]	[illegible]	»	103,450	725,138	1,986	52 00	71,839	»	»		29,150		100,989
Gers	1,307	128	120	248	1,555	27	65	75	125	190	291	[illegible]	[illegible]	[illegible]	16,000	89,566	469,707	1,287	69 59	61,913	600	11,821	»	15,334	»	89,668
Gironde	2,512	486	446	932	3,444	121	102	159	448	587	530	[illegible]	[illegible]	[illegible]	25,540	105,490	958,537	2,627	63 00	120,000	4,710	2,050	»	45,305	»	172,065
Hérault	1,070	303		303	1,373	48	20	78	136	214	282	[illegible]	[illegible]	[illegible]	2,772	67,401	346,996	942	71 02	49,461	»	»		18,000	»	67,461
Ille-et-Vilaine	849	223	202	425	1,274	29	21	73	202	275	325	[illegible]	[illegible]	[illegible]	»	56,151	328,095	902	62 25	48,000	311	»	»	»	»	48,811
Indre	810	90	86	176	986	56	19	3	96	99	174	[illegible]	[illegible]	[illegible]	2,850	48,070	236,310	764	62 09	47,555	1,121	»	»	»	»	48,676
Indre-et-Loire	901	156	151	307	1,208	64	12	108	168	276	352	[illegible]	[illegible]	[illegible]	3,181	73,229	320,754	876	83 49	30,179	1,616	»	»	27,500	13,574	73,229
Isère	875	73		73	948	17	6	5	105	108	131	[illegible]	[illegible]	[illegible]	2,929	47,151	306,130	889	56 20	45,364	1,787	»	»	»	»	47,151
Jura	348	51		51	399	22	11	2	40	42	75	[illegible]	[illegible]	[illegible]	5,500	43,836	141,401	387	111 08	23,605	903	»	»	10,000	8,738	43,336
Landes	577	173	132	305	882	14	8	97	72	169	161	[illegible]	[illegible]	[illegible]	2,635	38,930	227,648	624	62 47	26,894	»	»	»	15,586	»	38,950
Loir-et-Cher	557	225		225	782	36	2	»	174	174	212	[illegible]	[illegible]	[illegible]	5,026	37,241	203,561	559	100 40	56,192	1,049	»		»	»	57,241
Loire	1,297	195	168	388	1,685	43	58	60	160	220	298	[illegible]	[illegible]	[illegible]	11,705	85,970	478,387	1,207	74 00	58,000	884	»		25,000	»	83,894
Loire (Haute-)	1,248	65	126	212	1,460	74	40	33	86	119	213	[illegible]	[illegible]	[illegible]	1,580	80,189	457,478	1,190	66 66	60,114	907	»	»	10,792	1,200	73,013
Loire-Inférieure	1,002	217	189	406	1,408	123	15	51	212	263	402	[illegible]	[illegible]	[illegible]	2,441	60,300	380,990	902	83 40	47,026	1,094	»	»	12,000	10,486	60,290
Loiret	1,238	215	157	383	1,620	69	20	125	165	290	379	[illegible]	[illegible]	[illegible]	19,510	125,545	434,867	1,192	105 25	92,400	1,905	»	»	2,351	30,027	125,643
Lot	455	99	80	179	635	15	27	13	76	89	131	[illegible]	[illegible]	[illegible]	2,105	35,180	175,790	480	73 31	34,364	839	»	»	»	»	35,103

[illegible]ARTEMENTS	ENTRÉES					SORTIES.						[illegible]	[illegible]	DÉPENSES						DÉTAIL DES RESSOURCES SERVANT À LEUR ENTRETIEN						TOTAL
	NOMBRE d'enfants existant au 1er janvier	NOMBRE D'ENFANTS ADMIS. Garçons	Filles	TOTAUX	TOTAL des existences et des admissions.	ENFANTS arrivés à l'âge où ils cessent d'être à la charge des hospices	ENFANTS retirés par les parents ou par des bienfaiteurs	MORTS aux hospices.	chez les nourrices.	TOTAUX.	TOTAUX des sorties et des morts	NOMBRE des enfants restant à la fin de l'année	TOTAL [illegible]	[illegible]	AUTRES dépenses	TOTAL des dépenses	NOMBRE total des journées de présence	TERME moyen annuel du nombre des enfants	MOYENNE de la dépense de chaque enfant	SOMMES votées aux budgets variables et facultatifs	PRODUIT des amendes et confiscations	CONTINGENT assigné aux hospices	SOMMES laissées à la charge des hospices	SOMMES laissées à la charge des communes	AUTRES ressources	des RESSOURCES
Suite de l'an[illegible]																										
…Garonne.	714	147		147	861	50	37	27	69	96	168	[illegible]	[illegible]	[illegible]	5,343f	64,574f	239,702	657	98f 28c	66,367f	1,810f	»	»	»	»	68,176f
…	386	63		63	400	51	6	3	43	46	103	[illegible]	[illegible]	[illegible]	7,613	31,009	140,940	356	92 06	35,885	334	»	»	»	»	39,219
…et Loire	1,304	241	225	466	1,750	62	72	72	249	321	455	[illegible]	[illegible]	[illegible]	6,061	107,479	458,557	1,266	85 57	72,275	2,370	»	»	29,670f	»	104,315
…	1,245	341		341	1,586	75	34	50	173	223	337	[illegible]	[illegible]	[illegible]	2,198	90,352	452,506	1,240	73 27	66,810	4,036	»	»	200,006	»	90,352
…	711	229	154	413	1,124	81	104	38	220	258	443	[illegible]	[illegible]	[illegible]	4,607	73,511	250,999	715	102 81	61,553	4,090	7,078f	»	»	»	73,511
…(Haute-)	445	57	49	106	551	27	15	2	63	65	107	[illegible]	[illegible]	[illegible]	»	30,325	153,247	461	65 78	23,000	»	»	»	7,325	»	30,325
…ne	860	112	144	256	1,116	23	13	7	115	122	158	[illegible]	[illegible]	[illegible]	10,756	89,029	318,303	572	103 13	69,406	717	9,756	»	»	10,000f	89,929
…de	636	59		59	695	90	20	3	21	24	134	[illegible]	[illegible]	[illegible]	472	38,171	197,130	540	70 69	30,753	1,418	»	»	»	»	35,171
…	573	154		154	727	81	42	5	70	70	202	[illegible]	[illegible]	[illegible]	2,014	49,540	203,201	561	89 10	21,564	1,200	8,882	»	17,837	37	49,540
…hen	880	126	130	256	1,136	62	40	4	114	118	229	[illegible]	[illegible]	[illegible]	100	61,983	320,268	902	68 07	46,300	344			12,856	»	61,200
…de	399	24	31	55	454	37	19	5	8	13	69	[illegible]	[illegible]	[illegible]	3,888	22,649	110,223	304	74 50	23,845	2,823	»	»	»		26,677
…	1,112	148	123	271	1,383	203	5	16	81	97	305	[illegible]	[illegible]	[illegible]	1,833	79,950	363,649	904	86 46	37,067	1,747	14,082		26,796	288	79,980
…	2,009	961		961	2,970	442	55	25	319	345	840	[illegible]	[illegible]	[illegible]	20,180	200,419	785,269	2,014	90 50	130,000	3,261	»	»	31,745	264	165,259
…	538	130		130	668	39	23	14	55	69	131	[illegible]	[illegible]	[illegible]	2,066	44,021	156,660	539	83 02	30,713	2,205	»	»	5,000	»	44,921
…	853	150		150	1,003	66	16	6	55	61	143	[illegible]	[illegible]	[illegible]	4,573	58,152	307,088	844	68 88	53,171	4,115	845	»	»	»	58,132
…-Calais	1,245	257	237	494	1,742	101	190	17	177	194	485	[illegible]	[illegible]	[illegible]	12,597	160,567	420,044	1,175	136 65	71,919	5,293	»	60,745f	»	23,000	160,956
…Dôme	1,126	95	102	195	1,321	51	84	41	98	139	274	[illegible]	[illegible]	[illegible]	1,197	64,351	357,874	1,065	51 15	52,442	1,909		»	»	»	54,351
…ées (Basses-)	612	190		190	802	5	45	27	35	62	112	[illegible]	[illegible]	[illegible]	1,060	38,378	229,265	628	61 11	37,303	1,010	»	»	»	»	38,373
…ées (Hautes-)	577	99	89	188	765	28	7	21	56	77	112	[illegible]	[illegible]	[illegible]	»	32,875	238,160	702	46 88	26,105	660	»	»	4,100		32,875
…ées-Orientales	186	116	133	249	435	3	7	115	61	176	186	[illegible]	[illegible]	[illegible]	197	13,350	66,280	190	70 81	9,725	2,134	»	»	1,500	»	13,359
…(Bas-)	573	50	57	107	680	69	20	3	39	42	131	[illegible]	[illegible]	[illegible]	4,654	65,835	208,400	557	118 09	10,000	1,572	»		82,000	36,000	79,572
…(Haut-)	174	16	17	33	207	25	16	»	7	7	48	[illegible]	[illegible]	[illegible]	1,635	15,507	55,597	152	88 85	8,000	2,604	»	»	6,646	»	19,250
…	10,107	1,041	949	1,990	12,097	628	192	271	915	1,186	2,006	[illegible]	[illegible]	[illegible]	479,945	676,562	3,070,856	10,057	55 97	175,000	2,500	462,061	30,000	»	7,000	676,561
…(Haute-)	41	5	4	9	50	5	6	»	2	2	13	[illegible]	[illegible]	[illegible]	1,936	9,178	14,733	40	229 45	1,500	2,042	»	»	»	6,017	9,559
…et-Loire	992	163	189	352	1,344	87	56	0	170	170	299	[illegible]	[illegible]	[illegible]	»	83,016	375,328	1,028	81 84	41,670	941	»	»	30,000	»	72,860
…	1,007	114	125	239	1,246	44	26	18	90	108	178	[illegible]	[illegible]	[illegible]	1,107	93,700	371,420	1,015	92 10	61,634	1,179	»	60,747	»	»	98,760
…	14,960	2,156	1,999	4,156	19,095	1,644	161	871	1,828	2,699	4,504	[illegible]	[illegible]	[illegible]	247,307	1,561,275	5,257,597	14,404	108 39	400,000	25,971	»	923,641	»	213,663	1,561,275
…-Inférieure	269	56	46	102	371	75	16	9	40	55	147	[illegible]	[illegible]	[illegible]	14,338	132,549	606,133	1,661	79 80	50,000	3,104	»	»	70,445	»	132,549
…et Marne	170	69	59	128	298	12	10	9	65	74	96	[illegible]	[illegible]	[illegible]	480	19,987	94,060	260	76 80	7,309	2,700	»	»	16,211	»	26,280
…-et-Oise	1,719	746		746	2,464	106	52	554	204	608	766	[illegible]	[illegible]	[illegible]	»	17,561	65,350	180	97 56	14,904	2,567	»	»	»	»	17,561
…s (Deux-)	765	83	73	156	921	18	43	22	64	86	147	[illegible]	[illegible]	[illegible]	»	63,099	272,068	745	85 78	40,500	1,856	14,796	»	5,000	»	62,152
…me	579	205		205	784	24	23	17	132	149	196	[illegible]	[illegible]	[illegible]	10,123	60,695	199,361	545	110 90	40,066	4,416	16,123		»	»	60,605
…	822	154	134	288	1,110	7	12	30	121	151	170	[illegible]	[illegible]	[illegible]	»	50,102	317,038	869	58 00	28,771	542	»	»	21,089	»	50,402
…-et-Garonne	379	53	53	106	485	16	9	12	35	47	72	[illegible]	[illegible]	[illegible]	140	31,388	143,705	384	70 34	30,000	»	»	»	»	»	30,000
…	1,490	281		281	1,771	185	23	128	39	167	375	[illegible]	[illegible]	[illegible]	»	81,604	512,964	1,406	58 00	58,100	2,350	»	»	30,000	»	90,459
…luse	1,033	190	198	388	1,421	55	55	159	115	274	384	[illegible]	[illegible]	[illegible]	12,000	58,834	379,150	1,039	55 50	35,174	1,669	5,985	»	32,371	16,685	88,834
…dée	911	78	99	177	1,088	51	24	7	98	105	180	[illegible]	[illegible]	[illegible]	170	52,680	330,056	902	56 40	51,452	1,228	»	»	»		52,680
…ne	979	98	73	171	1,150	9	19	41	60	101	129	[illegible]	[illegible]	[illegible]	1,050	47,639	342,139	938	51 00	34,000	»	»	»	13,839	»	47,839
…ne (Haute-)	1,313	194	163	357	1,670	126	22	159	158	317	465	[illegible]	[illegible]	[illegible]	1,375	82,800	457,991	1,255	60 98	52,107	2,181	23,736	»	4,795	»	87,819
…ges	60	67		67	127	12	37	1	3	4	53	[illegible]	[illegible]	[illegible]	28	7,165	27,321	75	95 40	2,032	5,123	»	»	»	»	7,155
…ne	550	80	122	211	761	18	21	17	120	148	177	[illegible]	[illegible]	[illegible]	1,338	43,767	200,986	551	79 43	42,500	2,776	»	»	»		45,276
TOTAUX.	95,344	10,154	9,825	27,164	122,508	6,841	2,974	4,570	11,845	16,424	26,239	96,269	[illegible]	[illegible]	1,181,585	7,576,102	34,855,446	94,133	80 45	4,316,900	176,563	731,209	1,045,183	858,025	490,063	7,853,263
		7,485																								

DÉPARTEMENTS	ENTRÉES: NOMBRE d'enfants existant au 1er janvier	NOMBRE D'ENFANTS ADMIS: Garçons	Filles	TOTAUX	TOTAL des existences et des admissions	SORTIES: ENFANTS arrivés à l'âge où ils cessent d'être à la charge des hospices	ENFANTS retirés par les parents ou par des bienfaiteurs	MORTS: aux hospices	chez les nourrices	TOTAUX	TOTAUX des sorties et des morts	NOMBRE des enfants restant à la fin de l'année	[illegible]	[illegible]
Ain	481	79	90	169	650	10	7	21	100	121	148	[illegible]	[illegible]	[illegible]
Aisne	1,186	415		415	1,584	113	10	"	234	234	357	[illegible]	[illegible]	[illegible]
Allier	774	104	192	296	1,070	31	15	83	105	188	239	[illegible]	[illegible]	[illegible]
Alpes (Basses-)	786	15	10	25	811	39	14	2	18	20	123	[illegible]	[illegible]	[illegible]
Alpes (Hautes-)	517	108		108	625	21	19	3	56	59	98	[illegible]	[illegible]	[illegible]
Ardèche	570	222		222	792	19	20	9	85	94	142	[illegible]	[illegible]	[illegible]
Ardennes	257	51	45	96	353	10	10	1	47	48	77	[illegible]	[illegible]	[illegible]
Ariége	585	206		206	791	11	10	8	96	104	134	[illegible]	[illegible]	[illegible]
Aube	395	168		168	563	"	14	21	112	133	147	[illegible]	[illegible]	[illegible]
Aude	894	186		186	1,080	18	40	15	69	84	142	[illegible]	[illegible]	[illegible]
Aveyron	1,737	216	230	446	2,183	75	28	57	210	267	370	[illegible]	[illegible]	[illegible]
Bouches-du-Rhône	2,673	372	356	728	3,401	111	72	128	281	409	592	[illegible]	[illegible]	[illegible]
Calvados	1,438	200	213	413	1,851	159	25	15	160	175	359	[illegible]	[illegible]	[illegible]
Cantal	667	128	130	258	925	41	32	11	122	133	206	[illegible]	[illegible]	[illegible]
Charente	809	101	99	200	1,009	23	3	12	78	90	116	[illegible]	[illegible]	[illegible]
Charente-Inférieure	1,081	158	161	319	1,400	24	88	89	110	199	311	[illegible]	[illegible]	[illegible]
Cher	835	194	181	375	1,210	23	25	66	248	314	362	[illegible]	[illegible]	[illegible]
Corrèze	243	171		171	414	2	18	36	48	84	104	[illegible]	[illegible]	[illegible]
Corse	357	78	77	155	512	5	30	"	103	103	138	[illegible]	[illegible]	[illegible]
Côte-d'Or	420	84	88	172	592	30	55	30	60	90	182	[illegible]	[illegible]	[illegible]
Côtes-du-Nord	620	145		145	765	22	30	4	64	68	120	[illegible]	[illegible]	[illegible]
Creuse	885	117	136	253	1,138	32	45	47	40	87	164	[illegible]	[illegible]	[illegible]
Dordogne	1,571	536		536	2,107	68	25	63	182	240	357	[illegible]	[illegible]	[illegible]
Doubs	321	30	39	69	390	92	3	15	4	19	114	[illegible]	[illegible]	[illegible]
Drôme	998	64	58	122	1,120	83	6	"	70	70	159	[illegible]	[illegible]	[illegible]
Eure	445	107		107	552	54	14	"	73	73	141	[illegible]	[illegible]	[illegible]
Eure-et-Loir	519	57	62	119	638	47	23	"	46	46	116	[illegible]	[illegible]	[illegible]
Finistère	1,044	194	175	369	1,413	41	22	36	152	188	261	[illegible]	[illegible]	[illegible]
Gard	772	214		214	986	30	28	14	117	131	195	[illegible]	[illegible]	[illegible]
Garonne (Haute-)	2,014	545		545	2,559	174	56	215	190	405	635	[illegible]	[illegible]	[illegible]
Gers	1,264	44	60	104	1,368	34	34	29	48	77	145	[illegible]	[illegible]	[illegible]
Gironde	2,634	449	472	921	3,555	140	144	161	444	605	889	[illegible]	[illegible]	[illegible]
Hérault	1,091	287		287	1,378	109	18	83	89	172	299	[illegible]	[illegible]	[illegible]
Ille-et-Vilaine	949	191	198	389	1,338	34	31	70	200	270	335	[illegible]	[illegible]	[illegible]
Indre	812	80	98	178	990	60	50	"	75	75	154	[illegible]	[illegible]	[illegible]
Indre-et-Loire	856	148	141	289	1,145	51	3	81	120	201	255	[illegible]	[illegible]	[illegible]
Isère	817	211		211	928	28	6	18	82	95	110	[illegible]	[illegible]	[illegible]
Jura	324	108		108	432	25	6	16	15	25	60	[illegible]	[illegible]	[illegible]
Landes	691	164	187	351	1,042	26	4	86	144	230	260	[illegible]	[illegible]	[illegible]
Loir-et-Cher	570	260		260	830	39	"	2	178	180	210	[illegible]	[illegible]	[illegible]
Loire	1,357	212	205	417	1,774	57	75	35	104	139	269	[illegible]	[illegible]	[illegible]
Loire (Haute-)	1,216	100	90	190	1,406	67	17	27	108	135	219	[illegible]	[illegible]	[illegible]
Loire-Inférieure	1,006	230	207	437	1,443	104	0	75	237	310	423	[illegible]	[illegible]	[illegible]
Loiret	1,241	207	199	406	1,647	53	27	108	184	292	372	[illegible]	[illegible]	[illegible]
Lot	504	93	91	164	668	14	25	6	31	37	157	[illegible]	[illegible]	[illegible]

DÉPARTEMENTS	DÉPENSES: AUTRES dépenses	TOTAL des dépenses	NOMBRE total des journées de présence	TERME moyen annuel du nombre des enfants	MOYENNE de la dépense de chaque enfant	DÉTAIL DES RESSOURCES SERVANT À LEUR ENTRETIEN: SOMMES votées aux budgets variables et facultatifs	PRODUIT des amendes et confiscations	CONTINGENT assigné aux hôpitaux	SOMMES laissées à la charge des hospices	SOMMES laissées à la charge des communes	AUTRES ressources	TOTAL des ressources
Ain	509f	33,592f	182,670f	500f	65f 78c	32,000f	3,225f	"	"	"		40,9
Aisne	2,642	72,483	416,293	1,140	63 53	54,427	3,000	"	"	15,000f		72,4
Allier	6,491	50,690	292,750	802	65 12	35,874	"		"	14,225	"	50,0
Alpes (Basses-)	4,061	55,824	245,120	670	57 15	38,824	"	"	"	"	"	38,8
Alpes (Hautes-)	2,114	41,195	189,261	516	79 53	34,500	470	"	"	3,000	"	37,9
Ardèche	2,028	47,971	229,560	627	76 51	41,324	6,647	"	"	"	"	47,9
Ardennes	3,035	27,021	97,211	266	101 58	28,000	1,321	"	"	"	"	29,3
Ariége	1,511	37,465	227,971	623	59 06	36,000	658	"	"	"	"	36,6
Aube	3,502	32,750	146,588	399	78 76	27,550	2,357	"	"	5,930	"	30,9
Aude	4,472	60,501	332,533	911	66 29	41,400	2,367	"	"	5,484		52 2
Aveyron	17,097	115,289	645,504	1,768	65 00	113,000	2,291	"	"	"		115,2
Bouches-du-Rhône	16,728	246,905	955,410	2,637	90 24	182,169	5,795	68,519f	"	38,190	7,280f	246,9
Calvados	7,872	148,270	547,040	1,505	98 58	149,000	"	"	"	"	"	149,0
Cantal	1,123	40,185	245,230	673	57 00	38,449	500	"	"	3,147	"	42,0
Charente	1,141	57,475	318,457	872	65 90	52,726	2,255	2,465	"	"	"	57,4
Charente-Inférieure	2,838	85,001	390,000	1,000	81 53	50,556	2,253	17,006	"	14,276	"	85,0
Cher	5,884	67,176	306,401	857	76 39	45,096	20,325	1,754	"		"	67,1
Corrèze	2,400	16,785	101,056	287	58 49	17,800	471	"	"	"	"	18,2
Corse	3,105	43,911	129,708	360	121 98	39,729	887	325	"	3,000	"	43,9
Côte-d'Or	3,009	36,525	141,107	385	94 83	18,606	2,859		"	15,000	"	36,5
Côtes-du-Nord	5,070	42,725	232,602	636	66 80	36,200	691	"	"	"	"	39,0
Creuse	780	44,006	317,121	869	51 57	47,394	1,147	"	"	"	"	48,5
Dordogne	1,888	89,828	536,761	1,470	61 11	78,000	"		"	19,828	"	89,8
Doubs	9,300	36,556	110,170	298	122 00	2,455	2,047	31,894	"	"	"	36,3
Drôme	6,000	66,074	352,148	964	60 16	63,603	2,991		"	"	"	66,07
Eure	3,107	30,853	155,819	425	72 59	30,800	1,200	"	"	4,000	"	36,00
Eure-et-Loir	4,121	44,965	186,880	511	87 09	42,200	2,040		"	7,000	"	51,84
Finistère	194	80,558	393,207	1,077	74 80	49,079	579		"	30,000	"	80,55
Gard	6,433	73,360	286,212	782	93 80	56,000	1,877	"	"	9,500	31,975	73,33
Garonne (Haute-)	3,092	104,795	701,770	2,100	48 32	70,511	15,005		"	15,996	"	101,51
Gers	18,088	76,864	436,035	1,200	64 04	50,400	1,913	7,835		17,706	"	76,85
Gironde	20,131	167,381	945,003	2,592	64 58	116,313	2,483	2,010		46,675		107,38
Hérault	3,125	59,120	356,101	981	70 46	59,700	2,000	"	"	14,000		75,70
Ille-et-Vilaine		63,280	360,312	983	92 00	48,000	1,082	"	"	"	"	49,08
Indre	2,370	50,542	289,631	793	63 35	50,542	"	"	"	"	"	50,54
Indre-et-Loire	2,030	70,282	316,107	865	81 16	26,774	4,494	"	"	26,637	12,177	70,28
Isère	1,988	41,729	294,234	806	51 77	42,800	2,860			10,840		56,00
Jura	5,074	42,289	136,787	380	111 21	30,000	835		"	9,000	1,020	43,38
Landes	5,342	45,964	266,412	730	62 96	32,548	2,700	"	"	10,716	"	45,96
Loir-et-Cher	4,238	40,160	215,330	590	69 00	55,500	3,201		"	"	"	58,70
Loire	9,466	96,867	504,090	1,382	69 73	68,600	1,185	"	"	16,000	"	82,66
Loire (Haute-)	7,003	70,764	420,734	1,177	65 24	69,472	"	7,496	"	"	500	77,47
Loire-Inférieure	1,960	63,979	345,431	956	67 03	52,881	1,618		"	10,800	"	63,97
Loiret	23,211	133,112	458,585	1,280	104 90	93,694	1,745		"	2,151	35,421	133,11
Lot	1,455	39,358	104,180	532	73 98	30,000	3,370		"	"	"	36,87

64.

…RTEMENTS.	ENTRÉES. Nombre d'enfants existant au 1er janvier	Nombre d'enfants admis. Garçons.	Filles	Totaux.	Total des existences et des admissions	SORTIES. Enfants arrivés à l'âge où ils cessent d'être à la charge des hospices	Enfants retirés par leurs parents ou par des bienfaiteurs	Morts aux hospices	Morts chez les nourrices	Morts totaux	Total des sorties et des morts	Nombre des enfants restant à la fin de l'année	[illegible]	[illegible]	DÉPENSES. Autres dépenses	Total des dépenses.	Nombre total des journées de présence	Terme moyen annuel du nombre des enfants	Moyenne de la dépense de chaque enfant	DÉTAIL DES RESSOURCES SERVANT À LEUR ENTRETIEN. Sommes votées aux budgets variables et facultatifs.	Produit des amendes et confiscations	Contingent assigné aux hôpitaux	Sommes laissées à la charge des hospices	Sommes laissées à la charge des communes	Autres ressources.	TOTAL des ressources.
Suite de l'[illegible]																										
…aronne	698	108		108	806	48	34	25	55	81	101	705	[illegible]	[illegible]	5,160f	87,881f	246,219f	674f	55f 82c	62,380f	„	„	„	„	„	62,380f
	366	88		88	454	8	22	„	49	49	79	375	[illegible]	[illegible]	6,060	31,717	140,580	385	82 38	33,000	254f		„	„	„	33,254
…-Loire	1,275	236	218	454	1,729	42	69	46	229	275	356	1,373	[illegible]	[illegible]	5,119	110,225	477,069	1,307	84 34	88,748	2,000	„	„	21,580f	„	110,228
	1,249	383		383	1,632	67	29	38	184	222	338	1,294	[illegible]	[illegible]	43	97,580	460,839	1,263	77 3.	80 506	„	„	„	20,000	„	100,506
	681	182	166	348	1,029	42	25	41	172	213	260	769	[illegible]	[illegible]	9,335	74,716	277,002	759	93 44	61,000	4,043	9,635f	„	„	„	74,683
… (Haute)	444	41	50	91	535	26	15	3	59	62	103	432	[illegible]	[illegible]	„	30,804	161,918	444	69 48	15,000	2,073	„	„	12,721	„	34,304
	958	121	113	234	1,192	44	14	9	113	122	180	1,012	[illegible]	[illegible]	10,908	95,864	346,784	950	100 91	75,075	838	9,948		„	10,000f	95,864
	561	56		56	617	50	9	„	11	11	70	547	[illegible]	[illegible]	400	34,268	196,124	521	65 88	32,145	2,118	„	„	„	„	34,263
	525	116		116	641	67	12	4	71	75	154	487	[illegible]	[illegible]	3,129	42,112	183,645	503	83 64	21,353	„	„	„	9,960	10,859	42,172
	907	185	156	201	1,108	89	36	13	105	118	253	855	[illegible]	[illegible]	34	63,422	316,343	868	73 06	50,000	280	„	„	12,000	„	62,280
	335	35	29	64	399	47	10	7	10	17	83	316	[illegible]	[illegible]	4,165	21,827	103,389	283	77 12	23,400	5,203	„	„	„	„	28,603
	1,078	117	133	250	1,328	96	2	15	98	113	210	1,118	[illegible]	[illegible]	1,856	84,092	376,141	1,030	82 22	39,230	1,397	17,309	26,292f	„	375	84,693
	2,130	358		358	2,488	132	92	7	267	274	498	1,990	[illegible]	[illegible]	28,139	191,950	732,214	2,006	95 69	130,000	3,169	31,945	26,660	„	186	191,960
	532	145		145	677	30	25	9	56	65	125	552	[illegible]	[illegible]	2,800	46,017	204,785	560	82 17	38,003	2,014	„	„	6,000	„	46,017
	856	164		164	1,020	63	17	6	71	77	157	863	[illegible]	[illegible]	4,455	70,637	311,587	854	83 90	67,229	2,562	846	„	„	„	70,637
…Calais	1,167	225	196	421	1,588	185	90	15	136	151	376	1,212	[illegible]	[illegible]	17,210	138,506	422,676	1,157	119 71	69,505	1,727	„	44,963	„	„	116,195
…Dôme	1,047	94	111	205	1,252	51	45	62	57	119	215	1,037	[illegible]	[illegible]	1,130	51,157	378,097	1,036	49 38	50,963	1,194	„	„	„	„	51,157
…s (Basses)	689	179		179	868	17	106	32	55	87	210	658	[illegible]	[illegible]	1,880	39,674	239,225	658	60 45	38,841	930	„	„	„	„	39,774
…s (Hautes)	653	96	94	190	843	43	14	44	62	106	163	680	[illegible]	[illegible]	400	37,182	272,480	747	49 77	30,125	382	600	„	3,740	„	34,987
…s Orientales	244	150	133	283	527	4	15	135	57	192	217	310	[illegible]	[illegible]	55	18,008	102,723	281	64 08	15,680	878	„	„	2,000	„	18,558
… (Bas-)	558	43	44	87	645	60	49	3	32	35	144	501	[illegible]	[illegible]	11,021	62,130	190,800	523	119 00	10,000	1,976	„	„	32,000	43,096	87,072
… (Haut)	159	35	23	58	217	10	12	„	7	7	29	188	[illegible]	[illegible]	1,392	14,067	60,228	165	85 25	13,224	2,395	„	„	3,500	„	19,119
	10,091	1,061	946	2,007	12,098	623	177	293	951	1,244	2,044	10,054	[illegible]	[illegible]	485,668	676,555	3,671,343	10,060	67 48	175,000	2,500	464,356	„	30,000	7,000	678,755
… (Haute-)	37	6	1	7	44	6	2	„	„	„	8	36	[illegible]	[illegible]	3,072	9,607	13,860	38	252 82	„	1,657	„	„	„	7,950	9,607
…Loire	1,055	219	177	396	1,451	71	79	„	158	158	308	1,143	[illegible]	[illegible]	„	90,266	408,714	1,120	80 59	66,305	4,442	„	„	17,456	22	88,225
	1,068	107	126	233	1,301	59	32	8	120	128	219	1,082	[illegible]	[illegible]	9,900	95,001	394,395	1,080	88 65	64,403	1,548	29,990	„	„	„	95,001
	14,591	1,990	1,961	3,951	18,542	1,534	116	897	1,822	2,719	4,369	14,134	[illegible]	[illegible]	270,652	1,574,943	6,078,701	13,014	113 20	400,030	22,300	„	„	952,464	200,172	1,574,943
…Marne	224	45	42	87	311	48	18	28	42	70	156	155	[illegible]	[illegible]	53	10,069	72,479	194	55 12	10,405	2,382	„		8,342	„	21,129
…Oise	202	67	53	118	320	31	10	19	40	59	100	220	[illegible]	[illegible]	„	21,880	79,068	216	100 91	18,971	2,889	„	„	„	„	21,860
…inférieure	1,696	847		847	2,543	123	66	428	254	682	871	1,672	[illegible]	[illegible]	12,030	140,879	607,712	1,665	84 61	70,487	3,833	„	„	66,559	„	140,879
… (Deux)	774	110	123	233	1,007	40	50	26	80	106	196	811	[illegible]	[illegible]	„	62,382	260,245	713	87 77	40,500	1,582	10,820	„	5,000	„	57,902
	588	223		223	811	27	28	14	100	114	166	645	[illegible]	[illegible]	15,636	63,428	225,475	618	102 63	44,906	2,886	15,636	„	„	„	63,428
	940	103	135	298	1,238	7	24	30	133	163	186	1,052	[illegible]	[illegible]	„	57,071	361,082	989	57 71	27,000	1,499	„	„	28,572	„	57,071
…Garonne	413	65	61	126	539	29	15	30	38	68	112	427	[illegible]	[illegible]	„	33,292	158,501	434	76 71	29,800	1,700	„	„	„	„	31,000
	1,398	312		312	1,710	210	6	131	42	173	389	1,321	[illegible]	[illegible]	„	78,675	479,475	1,314	59 87	54,500	2,076	„	„	14,000	„	70,576
	1,037	335		335	1,372	34	27	102	131	233	294	1,078	[illegible]	[illegible]	13,535	85,855	361,738	991	59 66	34,123	2,944	1,000	„	39,114	10,774	88,855
	908	84	59	143	1,051	42	13	13	63	76	131	920	[illegible]	[illegible]	874	52,066	326,930	890	59 18	51,696	970	„	„	„	„	52,666
	1,021	115	96	211	1,232	15	34	37	53	90	139	1,093	[illegible]	[illegible]	1,800	48,422	384,946	1,055	45 90	35,176	3,246	„	„	10,000	„	48,422
… (Haute-)	1,205	176	195	371	1,576	98	21	136	154	290	409	1,167	[illegible]	[illegible]	7,049	79,470	431,250	1,181	67 21	50,935	2,771	22,352	„	3,160	128	79,370
	74	27	22	49	123	9	29	„	2	2	40	83	[illegible]	[illegible]	30	7,556	31,436	86	87 85	5,784	1,772	„	„	„	„	7,556
	584	135	92	227	811	15	19	22	129	151	185	626	[illegible]	[illegible]	2,665	48,343	216,114	592	81 56	46,100	3,449		„	„	„	49,519
TOTAUX	96,509	10,066	9,825	25,984	123,253	6,527	2,735	4,506	11,753	16,261	25,523	97,730	[illegible]	[illegible]	1,161,783	7,658,731	34,826,330	95 420	80 26	4,567,136	221,919	750,742	97,915	1,670,806	382,042	7,690,054
		7,101																								

DÉPARTEMENTS.	ENTRÉES. Nombre d'enfants existant au 1er janvier.	Nombre d'enfants admis. Garçons.	Filles.	Totaux.	Total des existences et des admissions.	SORTIES. Enfants sortis à l'âge où ils cessent d'être à la charge des hospices.	Enfants retirés par les parents ou par des bienfaiteurs.	Morts aux hospices.	Morts chez les nourrices.	Morts totaux.	Totaux des sorties et des morts.	Nombre des enfants restant à la fin de l'année.
Ain	502	72	73	145	647	25	8	16	84	100	135	513
Aisne	1,227	112	108	220	1,447	107	96	26	149	175	378	1,069
Allier	831	174	193	367	1,198	61	23	110	119	235	319	879
Alpes (Basses-)	688	19	22	41	729	62	11	9	14	23	96	633
Alpes (Hautes-)	526	27	26	53	578	27	155	2	38	40	223	355
Ardèche	650	167	»	167	817	15	21	13	73	86	122	695
Ardennes	276	41	31	72	348	11	14	»	45	45	70	278
Ariége	687	92	88	180	867	17	49	5	112	117	183	684
Aube	416	83	77	160	576	30	1	22	101	123	154	422
Aude	938	84	82	166	1,104	42	18	10	83	93	153	951
Aveyron	1,813	226	233	459	2,272	72	41	81	223	304	417	1,855
Bouches-du-Rhône	2,809	315	331	646	3,455	88	62	106	312	418	568	2,887
Calvados	1,522	247	226	473	1,995	60	19	30	112	142	221	1,774
Cantal	717	143	122	265	982	29	33	14	121	135	197	785
Charente	893	90	104	194	1,087	33	8	23	85	108	149	938
Charente-Inférieure	1,089	180	188	368	1,457	52	36	113	139	252	340	1,117
Cher	847	201	182	383	1,230	4	12	62	218	280	296	934
Corrèze	310	105	96	201	511	21	70	16	59	75	166	345
Corse	378	96	107	203	576	36	4	»	119	119	159	417
Côte-d'Or	410	83	86	169	579	39	30	7	76	83	161	418
Côtes-du-Nord	543	112	10	122	765	40	20	2	45	47	107	658
Creuse	975	129	105	234	1,210	37	30	64	60	124	191	1,019
Dordogne	1,780	270	216	486	2,266	30	36	81	299	380	496	1,740
Doubs	276	29	24	53	329	63	4	3	7	10	77	282
Drôme	961	76	80	156	1,117	70	16	»	81	81	173	944
Eure	421	70	59	129	550	48	20	7	76	83	151	399
Eure-et-Loir	522	56	50	106	628	43	12	»	62	62	117	511
Finistère	1,152	212	143	355	1,507	62	36	10	174	184	261	1,226
Gard	791	110	130	240	1,031	26	31	21	110	131	188	843
Garonne (Haute-)	1,924	230	243	473	2,397	100	40	256	88	344	464	1,913
Gers	1,223	47	59	106	1,329	55	20	32	46	78	169	1,160
Gironde	2,666	402	439	861	3,527	187	122	118	441	559	868	2,659
Hérault	1,079	144	151	295	1,374	50	26	85	97	182	190	1,180
Ille-et-Vilaine	1,003	204	183	387	1,390	46	42	108	193	300	396	994
Indre	836	91	91	182	1,018	53	24	»	92	92	199	836
Indre-et-Loire	890	167	161	328	1,218	57	16	100	140	240	313	880
Isère	802	201	205	406	1,208	100	9	2	91	93	202	1,006
Jura	376	11	25	36	412	72	15	11	19	30	117	295
Landes	782	175	189	364	1,146	16	3	111	108	219	241	905
Loir-et-Cher	611	143	120	263	874	34	1	1	106	107	202	675
Loire	1,442	203	207	410	1,852	54	84	47	126	173	311	1,541
Loire (Haute-)	1,189	117	110	227	1,416	83	25	16	81	97	206	1,210
Loire-Inférieure	1,020	199	192	391	1,411	88	13	43	219	262	363	1,048
Loiret	1,275	214	192	406	1,681	92	60	137	175	312	454	1,227
Lot	561	59	63	122	683	14	45	5	65	70	132	551
Lot-et-Garonne	645	18	16	34	679	41	28	17	25	42	111	565

DÉPARTEMENTS.	DÉPENSES. Autres dépenses.	Total des dépenses.	Nombre total des journées de présence.	Terme moyen annuel du nombre des enfants.	Moyenne de la dépense de chaque enfant.	DÉTAIL DES RESSOURCES SERVANT À LEUR ENTRETIEN. Sommes votées aux budgets variables et facultatifs.	Produit des amendes et confiscations.	Contingent assigné aux hôpitaux.	Sommes laissées à la charge des hospices.	Sommes laissées à la charge des communes.	Autres ressources.
Ain	923f	35,865f	194,860f	534f	67f 20c	32,689f	2,096f	»	»	»	»
Aisne	3,209	60,141	360,171	1,011	55 42	47,751	3,390	»	»	15,000f	»
Allier	5,120	51,924	312,075	855	60 73	37,120	770	»	9,985f	»	»
Alpes (Basses-)	1,060	32,179	232,195	636	50 60	30,067	2,112	»	»	»	»
Alpes (Hautes-)	2,064	30,130	153,837	421	71 57	40,800	466	»	»	»	»
Ardèche	1,560	40,326	244,743	671	73 79	33,590	16,958	»	»	»	»
Ardennes	785	25,854	102,400	280	92 15	23,958	1,896	»	»	»	»
Ariége	1,772	36,804	244,142	668	58 09	37,700	724	»	»	»	»
Aube	3,595	33,197	119,958	327	101 52	24,024	3,051	»	»	5,522	»
Aude	4,896	62,259	347,297	952	65 40	52,321	1,438	»	»	6,000	»
Aveyron	16,946	115,800	676,710	1,854	62 50	104,405	3,324	»	»	8,173	»
Bouches-du-Rhône	14,760	251,827	1,022,268	2,830	88 08	155,030	1,750	60,030f	»	30,898	4,105f
Calvados	7,380	159,562	644,980	1,886	94 60	53,379	»	35,928	»	20,000	»
Cantal	1,235	41,942	303,080	832	50 41	35,771	24	»	»	3,147	»
Charente	1,185	57,823	334,946	915	68 19	50,151	2	»	»	11,700	»
Charente-Inférieure	3,236	80,157	384,979	1,055	75 98	50,931	3,068	15,764	13,462	»	»
Cher	5,636	64,878	321,831	894	72 57	49,811	1,036	»	»	13,131	»
Corrèze	2,436	19,653	125,952	375	52 69	18,718	936	»	»	»	»
Corse	5,817	49,317	142,161	390	126 78	44,961	1,356	»	»	3,000	»
Côte-d'Or	4,536	38,552	144,757	397	97 11	17,676	3,213	»	»	17,663	»
Côtes-du-Nord	1,884	42,571	221,794	608	70 92	35,900	807	»	»	3,000	»
Creuse	1,860	47,220	337,223	924	51 10	46,000	»	»	»	»	»
Dordogne	4,729	95,407	424,504	1,163	82 11	71,300	7,004	»	»	16,998	»
Doubs	6,700	54,000	93,565	256	133 05	4,000	1,346	28,378	»	»	»
Drôme	3,000	64,873	346,459	940	68 25	61,748	3,126	»	»	»	»
Eure	1,994	30,616	155,347	425	72 04	30,800	1,200	»	»	4,000	»
Eure-et-Loir	3,835	47,061	190,329	522	91 30	47,600	1,180	»	»	7,000	»
Finistère	984	86,943	424,925	1,164	74 69	68,301	769	»	»	17,378	»
Gard	6,527	79,052	298,205	817	96 76	31,600	1,848	»	»	11,000	34,604
Garonne (Haute-)	3,563	97,047	706,743	1,936	50 13	76,627	»	»	»	15,607	»
Gers	5,000	68,662	428,845	1,177	58 34	43,790	2,078	5,499	»	16,495	»
Gironde	22,797	168,565	950,690	2,620	64 33	127,509	5,451	1,615	»	33,900	»
Hérault	2,309	70,502	365,385	1,001	70 43	59,700	2,000	»	»	14,000	»
Ille-et-Vilaine	»	61,615	369,914	1,013	61 00	61,000	1,095	»	»	»	»
Indre	2,849	51,005	291,847	798	63 99	48,883	2,123	»	»	»	»
Indre-et-Loire	2,186	72,080	318,980	873	82 48	34,500	3,386	»	»	20,589	13,505
Isère	1,650	53,208	365,108	1,008	53 00	37,659	2,319	»	»	13,200	»
Jura	4,950	38,021	122,310	335	113 49	27,077	24	»	»	8,000	3,928
Landes	3,107	50,615	305,727	837	60 47	41,486	500	»	»	6,659	»
Loir-et-Cher	3,529	54,971	233,105	636	86 43	51,151	3,320	»	»	»	»
Loire	16,299	106,358	534,756	1,465	72 60	68,050	1,275	»	»	17,200	»
Loire (Haute-)	500	76,458	430,244	1,179	64 85	61,307	1,915	500	»	5,808	10,792
Loire-Inférieure	2,070	55,913	353,103	967	68 16	54,764	3,149	»	»	10,000	»
Loiret	8,540	126,556	456,330	1,250	101 23	31,772	[illegible]	»	»	5,700	33,097
Lot	480	38,176	202,930	556	68 66	35,000	2,438	»	»	»	»
Lot-et-Garonne	5,130	57,174	217,575	597	95 76	62,390	1,777	»	»	»	»

Suite de l'...

DÉPARTEMENTS	ENTRÉES: Nombre d'enfants existant au 1er janvier	Nombre d'enfants admis: Garçons	Filles	Totaux	Total des existences et des admissions	SORTIES: Enfants arrivés à l'âge où ils cessent d'être à la charge des hospices	Enfants retirés par les parents ou par des bienfaiteurs	Morts: aux hospices	chez les nourrices	Totaux	Total des sorties et des morts	Nombre des enfants restant à la fin de l'année	[illegible]	[illegible]	DÉPENSES: Autres dépenses	Total des dépenses	Nombre total des journées de présence	Terme moyen annuel du nombre des enfants	Moyenne de la dépense de chaque enfant	DÉTAIL DES RESSOURCES SERVANT À LEUR ENTRETIEN: Sommes votées aux budgets variables et facultatifs	Produit des amendes et confiscations	Contingent assigné aux hôpitaux	Sommes laissées à la charge des hospices	Sommes laissées à la charge des communes	Autres ressources	TOTAL des ressources
...re	375	38	98	95	471	3	20	16	52	68	91	380	[illegible]	[illegible]	6,000f	32,168f	130,418f	382f	84f 21c	31 809f	300f	"	"	"	"	32,169f
...e-et-Loire	1 343	203	216	409	1,762	43	34	70	219	338	385	1,377	[illegible]	[illegible]	5,398	110,156	491,631	1,347	81 78	84,380	3,166	"	"	22,610f	"	110,156
...che	1,394	363	5	578	1,067	27	92	31	150	100	300	1,388	[illegible]	[illegible]	5,167	107,233	475,610	1,311	81 79	83,763	3,470	"	"	20,000	"	107,233
...e	740	166	173	339	1,088	85	69	39	164	203	357	731	[illegible]	[illegible]	10,353	74,568	267,072	731	102 01	64,019	"	5,260f	"	"	"	72,258
...e (Haute)	432	52	46	98	530	31	37	3	45	48	116	414	[illegible]	[illegible]	"	28,972	155,540	426	68 01	16,282	2,775	"	9,910f	"	"	28,978
...onne	1 012	127	120	247	1,259	50	19	19	114	133	202	1,037	[illegible]	[illegible]	19,518	98,366	363,582	998	98 76	75,236	584	9,016	"	"	10,000f	98,368
...rthe	547	69	"	69	616	80	20	4	27	31	140	476	[illegible]	[illegible]	400	30,717	183,140	502	61 19	22,134	1,583	"	"	7,000	"	30,717
...se	487	106	"	106	593	37	88	3	55	58	133	460	[illegible]	[illegible]	2,072	34,732	167,070	467	70 00	25,681	"	"	"	7,730	1,321	34,732
...ihan	955	131	114	245	1,200	94	38	7	87	94	206	994	[illegible]	[illegible]	68	65,205	325,584	892	73 10	52,500	300	"	"	12,000	"	64,800
...elle	316	26	15	41	357	31	17	15	10	25	71	286	[illegible]	[illegible]	3,904	20,336	96,536	264	76 86	22,400	2,981	"	"	"	"	25,381
...re	1,118	122	137	259	1,377	75	6	14	85	99	183	1,194	[illegible]	[illegible]	1 385	82,047	404,751	1,106	74 04	38,757	1,824	17,021	"	24,473	142	82,047
...d	1,990	148	105	253	2,243	130	60	15	185	200	390	1,853	[illegible]	[illegible]	34,263	178,194	693,619	1,900	99 05	127,431	3,751	31,945	"	14,991	120	178,194
...e	852	99	"	99	951	32	18	6	45	51	108	843	[illegible]	[illegible]	2,000	47,188	181,846	497	95 13	42,452	1,736	"	"	3,000	"	47,188
...e	863	96	77	173	1,036	63	16	8	70	78	162	874	[illegible]	[illegible]	4,730	71,257	308,385	945	84 33	67,123	4,109	25	"	"	"	71,257
...-de-Calais	1,212	209	161	370	1,582	90	61	15	154	169	320	1,262	[illegible]	[illegible]	13,755	142,470	430,025	1,203	118 43	73,740	2,528	12,000	48,844	"	"	137,121
...-de-Dôme	1,047	68	72	140	1,187	37	30	24	48	72	149	1,038	[illegible]	[illegible]	1,383	52,155	371,237	1,017	51 28	46,038	5,217	"	"	"	"	51,255
...énées (Basses-)	665	195	"	195	853	35	4	19	54	73	112	741	[illegible]	[illegible]	1,190	41,774	250,196	710	58 84	40,772	1,002	"	"	"	"	41,774
...énées (Hautes)	680	80	87	175	855	12	12	35	45	80	104	751	[illegible]	[illegible]	200	39,717	282,490	774	51 31	27,878	6,224	"	"	5,572	244	39,718
...énées-Orientales	316	152	136	288	604	13	21	160	76	236	270	834	[illegible]	[illegible]	151	20,912	111,846	308	68 33	17,968	1,452	"	"	1,500	"	20,912
...n (Bas-)	501	37	38	75	576	56	29	4	25	29	114	462	[illegible]	[illegible]	9,716	54,177	175,030	482	112 40	10,009	2,962	"	"	30,000	32,985	75,946
...n (Haut-)	188	14	21	35	223	40	7	5	4	9	56	167	[illegible]	[illegible]	851	13,508	59,619	163	83 21	11,072	2,375	"	"	3,068	"	17,515
...ône	10,054	1,008	927	1,935	11,989	503	200	332	1,004	1,336	2,143	8,846	[illegible]	[illegible]	94,300	694,731	3,507,363	9,836	70 30	175,000	3,000	479,731	"	37,000	"	694,731
...ne (Haute-)	36	2	2	4	40	3	4	"	"		7	33	[illegible]	[illegible]	4,131	11,387	12,421	34	334 91	800	1,950	"	"	"	8,631	11,387
...ne-et-Loire	1,143	178	203	381	1,524	52	51	"	101	161	264	1,260	[illegible]	[illegible]	"	95,358	432,055	1,184	80 54	72,247	2,241	"	"	19,920	49	93,563
...the	1,082	118	107	225	1,307	88	34	14	81	95	217	1,090	[illegible]	[illegible]	6,750	88,627	369,426	1,067	83 06	63,200	1,083	23,644		"	"	88,627
...ne	14,173	2,069	2,023	4,092	18,265	1,505	122	1,048	1,822	2,870	4,497	13,768	[illegible]	[illegible]	232,368	1,521,391	4,046,859	13,353	112 96	398,593	12,655	"	"	896,350	213,793	1,521,391
...ne-et-Marne	185	37	33	70	255	20	4	24	27	51	75	180	[illegible]	[illegible]	536	10,103	66,108	131	55 82	9,073	2,354	"	"	6,224	"	18,251
...ne-et-Oise	220	44	41	85	305	18	7	2	52	54	79	226	[illegible]	[illegible]	"	22,894	80,204	210	104 10	17,600	2,967	"	"	"	"	20,767
...ne-Inférieure	1,672	634	422	856	2,528	208	74	232	286	608	950	1,578	[illegible]	[illegible]	12,845	126,651	580,101	1,580	79 76	98,600	3,288	"	"	24,673	"	126,651
...res (Deux-)	811	101	107	208	1,019	20	33	20	57	77	130	889	[illegible]	[illegible]	696	66,161	253,583	777	87 65	40,878	347	5,768	5,000	"	"	56,493
...me	642	149	51	200	842	33	30	6	102	108	170	663	[illegible]	[illegible]	16,380	65,370	232,644	637	102 62	38,287	3,131	16,380	"	7,572	"	65,370
...n	1,052	158	138	296	1,348	24	10	40	141	181	215	1,133	[illegible]	[illegible]	"	59,900	382,924	1,049	57 10	46,431	1,859	"		9,610	"	59,900
...n-et Garonne	427	70	60	130	557	18	9	37	47	84	111	446	[illegible]	[illegible]	35	34,106	180,705	440	77 51	32 000	1,000	"	"	"	"	33,000
...	1,321	168	100	268	1,574	154	1	171	46	217	352	1,222	[illegible]	[illegible]	"	71,054	449,110	1,230	57 78	58,882	2,523	"	"	16,838	"	77,973
...cluse	1,078	374	3	377	1,455	28	19	115	162	277	324	1,131	[illegible]	[illegible]	10,201	80,370	365,373	1,056	85 11	49,789	1,847	1,000	17,151	"	9,201	78,088
...dée	920	77	107	184	1,104	61	20	19	66	85	166	938	[illegible]	[illegible]	298	53,379	394,733	890	59 97	52,033	1,340	"	"	"	"	53,378
...nne	1,093	80	90	170	1,263	31	43	23	37	60	134	1,129	[illegible]	[illegible]	1,060	51,738	306,816	1,057	47 59	40,076	1,566	"	"	"	10,000	51,642
...nne (Haute-)	1,167	187	234	421	1,588	92	30	148	116	264	386	1,150	[illegible]	[illegible]	160	80,361	426,883	1,175	68 39	52,650	936	21,742	"	5,000	97	80,361
...ges	83	32	36	68	151	5	40	"	3	3	57	94	[illegible]	[illegible]	"	8,139	38,311	91	89 44	6,643	1,491	"	"	"	"	8,139
...ne	626	104	94	199	825	87	15	22	107	129	161	634	[illegible]	[illegible]	2,000	48,908	215,190	589	83 17	40,240	1,500	"	"	10,500	"	52,240
TOTAUX.	97,730	14,136	12,216	26,352	124,082	6,563	2,930	4,920	11,363	16,283	25,785	98,297	[illegible]	[illegible]	785,442	7,635,628	34,930,962	95,701	79 82	4,035,803	196,691	797,882	104,193	1,504,400	386,020	7,675,394

NOTA. Les chiffres expriment les naissances, sont diminués, dans les trois dernières années, par l'exclusion des Enfants mort-nés qu'ils comprenaient précédemment [illegible]. Cette diminution est ainsi qu'il suit :

1839	27,490 mort-nés
1840	29,278
1841	28,679

TABLEAU III.

MOUVEMENT ET SITUATION FINANCIÈRE,

PAR DÉPARTEMENTS,

DES ENFANTS TROUVÉS,

DEPUIS 1842 JUSQUES ET Y COMPRIS 1846.

Nota. Ce tableau, qui a été dressé dans les bureaux du ministère de l'intérieur, contient de plus que les deux précédents 1° le mbre des Enfants restant à l'hospice et ceux restant à la campagne, 2° le nombre des Enfants decédés à l'hospice et le nombre des fants decédés à la campagne.

État du mouvement et de la dépense extérieure des [illegible], abandonnés et orphelins pauvres, pendant l'année 1842.

DÉPARTEMENTS	Enfants restant au 31 décembre de l'année précédente: à l'hospice	à la campagne	total	Enfants admis pendant l'année: exposés	nés dans les hospices, délaissés par leurs mères	total	TOTAL général	Enfants ayant cessé d'être à la charge des départements par suite de décès: à l'hospice	de décès: à la campagne	de retraits effectués par les parents	de toutes autres causes	total des radiations	Enfants restant le dernier jour de l'année: à l'hospice	à la campagne	total	Nombre de journées: à l'hospice	à la campagne	[illegible]	Dépenses extérieures: mois de nourrices et pensions	indemnités payées en exécution de l'arrêté du 20 mars 1797	frais d'inspection	autres dépenses	total	Fonds employés au payement de ces dépenses: produit des amendes et confiscations	revenus spéciaux des hospices	contingent des communes	allocation départementale: 1re section	2e section	autres ressources	total
																			fr. c.	fr. c.	fr. c.	fr. c.	fr. c.	fr. c.	fr. c.	fr. c.	fr. c.	fr. c.	fr. c.	fr. c.
Ain	4	509	513	115	"	115	628	12	35	6	50	103	4	521	525	3,183	[illegible]	[illegible]	36,922 05	"	500 00	"	37,422 05	2,213 18	"	"	35,208 87	"	"	37,422 00
Aisne	123	944	1,067	242	3	245	1,312	9	110	26	152	306	154	854	1,008	45,409	[illegible]	[illegible]	52,238 74	2,216 00	2,810 00	114 00	57,378 74	3,655 40	"	14,499 00	39,883 34	"	"	57,378 74
Allier	14	856	870	372	43	415	1,285	108	97	27	40	305	16	912	928	3,475	[illegible]	[illegible]	49,981 40	"	1,500 00	*5,756 56	56,737 96	1,458 00	"	13,840 00	40,780 00	"	"	56,737 96
Alpes (Basses)	57	596	653	46	"	46	699	10	11	10	84	115	24	560	584	8,780	[illegible]	[illegible]	27,999 01	"	1,000 00	"	28,999 01	1,328 16	"	"	27,670 85	"	"	28,999 01
Alpes (Hautes)	4	351	355	25	"	25	380	1	21	8	27	57	5	318	323	577	[illegible]	[illegible]	22,709 48	"	1,500 00	110 80	24,707 18	750 15	"	"	23,957 03	"	"	24,707 18
Ardèche	"	695	695	188	"	188	883	2	81	21	17	121	1	761	762	308	[illegible]	[illegible]	30,333 23	"	1,500 00	847 72	32,480 95	728 94	"	"	31,552 01	"	"	32,480 95
Ardennes	4	274	278	66	"	66	344	2	38	20	15	75	1	268	269	892	[illegible]	[illegible]	24,555 05	749 36	"	71 00	25,375 90	1,951 00	"	"	22,500 00	922 99	"	25,373 99
Ariège	2	652	654	178	"	178	832	4	96	38	22	160	"	672	672		[illegible]	[illegible]	36,422 81	"	2,963 35	"	39,386 16	330 58	"	"	39,055 58	"	"	39,386 16
Aube	9	413	422	169	1	170	592	11	106	13	40	170	14	408	422	5,398	[illegible]	[illegible]	28,562 29	1,203 85	2,516 00	"	33,282 75	2,770 62	"	5,598 78	24,913 35	"	"	33,282 75
Aude	119	832	951	163	10	173	1,124	7	67	22	40	136	127	861	988	45,732	[illegible]	[illegible]	51,358 05	3,200 00	2,240 00	"	56,798 05	1,130 00	"	9,000 00	46,043 05	"	"	56,798 05
Aveyron	20	1,835	1,855	483	"	483	2,338	158	208	55	96	517	20	1,801	1,821	7,000	[illegible]	[illegible]	97,886 55	"	1,500 00	4,794 83	104,081 38	4,760 05	"	8,288 20	91,032 53	"	"	104,081 38
Bouches-du-Rhône	259	2,626	2,885	635	46	681	3,566	268	327	68	159	822	254	2,490	2,744	65,042	[illegible]	[illegible]	106,801 37	14,882 90	4,500 00	"	135,184 27	2,590 90	"	33,400 00	146,556 30	"	647 07	135,194 27
Calvados	82	1,709	1,791	326	42	368	2,159	21	192	15	77	305	79	1,775	1,854	33,33[illegible]	[illegible]	[illegible]	119,194 39	5,553 00	2,000 00	"	126,802 39	5,020 01	"	20,000 00	101,242 38	"	"	126,862 34
Cantal	47	738	785	193	1	194	979	155	156	29	9	349	32	598	630	17,360	[illegible]	[illegible]	40,159 00	"	1,102 50	"	41,261 50	767 38	"	3,242 50	37,251 62	"	"	41,261 50
Charente	9	928	937	208	2	210	1,147	30	90	12	33	165	5	977	982	1,181	[illegible]	[illegible]	54,635 53	2,462 00	2,000 00	1,255 10	60,153 63	1,290 05	"	7,063 58	51,200 00	"	"	60,153 63
Charente-Inférieure	115	1,002	1,117	325	"	325	1,442	84	118	56	62	320	83	1,039	1,122	36,857	[illegible]	[illegible]	70,179 80	"	"	"	70,179 80	3,340 88	"	13,367 78	53,471 14	"	"	70,179 80
Cher	82	852	934	336	"	336	1,270	92	105	10	96	303	88	879	967	79,112	[illegible]	[illegible]	56,416 69	4,000 00	1,830 67	"	62,847 36	1,470 33	"	13,360 44	47,087 59	"	"	62,847 36
Corrèze	3	342	345	201	"	201	546	16	61	114	30	221	5	320	325	809	[illegible]	[illegible]	17,926 05	"	2,000 00	1,090 00	21,016 05	2,315 05	"	"	18,500 00	"	"	21,015 05
Corse	36	381	417	188	8	196	613	3	128	9	50	190	41	382	423	(¹)	[illegible]	[illegible]	48,763 88	"	2,200 00	"	50,963 88	1,334 77	*4,029 03	3,090 00	42,539 18	"	"	50,963 88
Côtes-du-Nord	16	402	418	205	"	205	623	48	75	18	30	171	14	438	452	1,895	[illegible]	[illegible]	36,039 38	2,893 75	"	"	38,933 13	3,466 78	"	17,739 10	17,733 16	"	"	38,933 13
Côte-d'Or	22	636	658	144	11	155	813	2	60	18	28	108	23	682	705	9,386	[illegible]	[illegible]	42,830 00	1,758 16	"	"	44,580 15	1,820 10	"	3,075 35	39,693 70	"	"	44,589 15
Creuse	26	993	1,019	227	"	227	1,246	43	63	33	38	177	23	1,046	1,069	5,399	[illegible]	[illegible]	45,685 88	"	500 00	"	46,265 58	23,282 60	"	"	22,903 28	"	"	46,265 58
Dordogne	10	1,730	1,740	454	1	455	2,195	108	201	34	73	416	13	1,766	1,779	1,821	[illegible]	[illegible]	89,197 00	"	5,206 46	"	94,403 52	2,455 20	"	15,449 32	76,500 00	"	"	94,403 52
Doubs	93	159	252	67	"	67	319	2	2	2	79	85	103	131	234	33,790	[illegible]	[illegible]	11,732 79	193 00	1,000 00	"	12,925 79	1,338 33	6,576 01	"	4,611 45	"	"	12,925 79
Drôme	"	944	944	207	"	207	1,151	"	87	18	90	195	"	956	956	2,443	[illegible]	[illegible]	56,580 29	6,830 35	"	"	63,410 64	2,058 06	"	"	61,350 58	"	"	63,410 64
Eure	3	396	399	106	6	112	511	5	75	9	44	133	2	376	378	1,137	[illegible]	[illegible]	30,655 25	2,045 00	2,400 00	"	35,100 25	3,846 09	"	4,254 37	27,000 79	"	"	35,100 25
Eure-et-Loir	20	492	512	124	"	124	636	"	61	13	32	106	27	503	530	7,635	[illegible]	[illegible]	41,853 20	1,082 40	2,000 00	3,061 50	48,397 10	1,751 30	"	7,000 00	39,645 70	"	"	48,397 10
Finistère	12	1,214	1,226	304	32	336	1,562	10	173	45	83	311	8	1,243	1,251	4,830	[illegible]	[illegible]	89,561 31	729 00	2,000 00	239 86	92,530 12	713 14	"	17,300 00	66,800 00	"	4,482 98	92,536 12
Gard	104	739	843	197	"	197	1,040	16	114	38	33	201	96	743	839	36,308	[illegible]	[illegible]	53,413 65	"	2,400 00	"	55,813 65	1,827 50	"	10,000 00	41,554 61	"	2,431 21	55,813 66
Garonne (Haute)	35	1,878	1,913	327	123	450	2,363	256	159	46	123	584	25	1,754	1,779	9,622	[illegible]	[illegible]	89,132 55	"	3,460 50	"	92,590 05	"	"	1,466 50	70,668 91	2,306 10	17,897 54	92,599 05
Gers	101	1,059	1,160	88	5	93	1,253	29	30	18	67	144	122	987	1,109	35,708	[illegible]	[illegible]	56,799 67	"	2,000 00	416 91	59,216 58	1,623 37	"	11,754 25	45,838 96	"	"	59,216 58
Gironde	161	2,518	2,650	874	"	874	3,538	160	493	90	235	978	97	2,458	2,560	43,433	[illegible]	[illegible]	146,762 41	3,250 00	1,500 00	23,007 25	173,660 66	2,181 33	1,015 00	32,984 00	136,881 33	586	"	173,602 66
Hérault	103	1,002	1,105	228	53	281	1,386	78	115	21	60	274	94	1,018	1,112	5,495	[illegible]	[illegible]	66,095 54	"	2,100 00	4,909 47	73,235 01	3,507 20	"	12,783 87	56,044 44	"	"	73,235 01
Ille-et-Vilaine	25	969	994	146	258	404	1,398	104	182	35	45	366	27	1,005	1,032	7,760	[illegible]	[illegible]	62,569 03	"	"	"	62,569 03	1,380 75	"	"	61,150 00	"	139 18	62,669 93
Indre	6	843	849	194	"	194	1,043	"	106	28	75	209	2	832	834	893	[illegible]	[illegible]	47,822 21	3,332 00	1,500 00	1,135 80	52,888 01	2,187 64	"	"	50,700 37	"	"	52,888 01
Indre-et-Loire	37	858	895	277	55	332	1,227	68	157	34	70	329	21	877	898	13,422	[illegible]	[illegible]	57,201 97	69 00	2,000 00	"	59,270 97	2,282 24	"	17,301 52	39,687 21	"	"	59,270 97
Isère	4	1,002	1,006	183	"	183	1,189	10	63	8	112	193	3	993	996	1,615	[illegible]	[illegible]	49,484 60	"	1,850 00	"	51,334 80	2,846 92	"	11,900 00	36,587 88	"	"	51,334 80
Jura	39	256	295	47	"	47	342	2	26	12	36	73	39	230	269	13,680	[illegible]	[illegible]	18,079 01	300 00	1,500 00	"	20,020 01	2,361 01	"	"	15,508 00	"	"	20,029 01
Landes	34	871	905	351	"	351	1,256	112	85	18	10	225	16	1,014	1,030	6,634	[illegible]	[illegible]	55,142 39	4,000 25	"	2,447 26	60,539 90	300 00	"	10,775 33	49,564 07	"	"	60,539 90
Loir-et-Cher	16	656	672	187	37	224	896	10	131	28	38	207	10	679	689	6,416	[illegible]	[illegible]	54,021 55	2,150 00	3,062 00	"	60,163 55	1,060 10	"	"	56,494 39	"	"	60,163 55
Loire	13	1,528	1,541	365	64	429	1,970	55	141	117	47	360	11	1,599	1,610	3,817	[illegible]	[illegible]	95,906 20	"	"	891 57	97,587 77	1,897 47	"	17,970 00	74,008 31	"	3,611 99	97,587 77
Loire (Haute-)	1	1,203	1,204	244	"	244	1,448	20	82	29	80	211	"	1,237	1,237	1,633	[illegible]	[illegible]	67,083 65	"	1,600 00	"	69,455 65	965 26	"	10,702 34	57,078 05	"	"	69,435 65
Loire-Inférieure	85	963	1,048	269	128	397	1,445	45	232	18	65	360	78	1,007	1,085	29,037	[illegible]	[illegible]	70,052 77	2,190 48	224 00	"	72,467 25	1,539 57	"	12,871 87	51,950 75	"	6,096 06	72,467 25
A reporter	1,915	39,855	41,770	10,277	929	11,206	52,976	2,290	5,086	1,251	2,074	11,214	1,801	39,961	41,762	604,481	[illegible]	[illegible]	2,181,010 51	51,408 23	70,503 09	90,040 35	2,077,023 07	107,012 70	12,220 04	361,322 13	2,186,300 15	3,875 10	55,186 05	2,077,025 07

OBSERVAT[IONS]

* Dans cette somme … une indemnité de … en faveur de l'hos… pos[i]taire de Moul[ins].

¹ Les journées de … au dépôt central … étant supportées p[ar le dé]partement, on n'a … devoir les distingu[er de] celles passées à la [cam]pagne.

* Cette somme es[t le pro]duit des ateliers d[u dépôt] central d'Ajaccio.

[DÉPARTEM]ENTS	Enfants restant le premier jour de l'année précédente — à l'hospice	à la campagne	total	Enfants admis pendant l'année — Exposés	Nés dans les hospices, délaissés par leurs mères	total	TOTAL GÉNÉRAL	Enfants ayant cessé d'être à la charge des départements, par suite de décès — à l'hospice	de décès — à la campagne	de retraits effectués par les parents	de toutes autres causes	total des réductions	Enfants restant le dernier jour de l'année — à l'hospice	à la campagne	total	Sommes … à l'hospice	à la campagne
	1,015	39,855	41,770	10,277	980	11,250	52,970	9,200	5,086	1,254	2,014	11,214	1,804	39,958	41,702	604,461	4,752,010
	83	1,134	1,217	331	25	357	1,574	157	139	109	88	493	62	990	1,081	27,779	850,460
	23	528	551	88	"	88	639	6	68	22	15	111	15	513	528	6,970	101,165
	83	485	568	29	"	29	597	18	15	9	40	88	58	441	500	23,608	201,175
	"	380	380	95	"	95	475	11	51	1	44	87	"	388	388	290	140,444
	41	1,336	1,377	323	90	427	1,804	57	243	67	70	489	36	1,329	1,365	13,119	456,700
	18	1,340	1,358	383	1	384	1,742	28	168	27	95	316	23	1,403	1,426	5,901	106,101
	49	682	731	246	35	281	1,012	35	184	29	69	315	36	662	697	9,900	231,161
	2	412	414	86	"	86	500	1	51	87	20	115	"	365	365	41	151,460
	15	1,042	1,057	250	"	250	1,307	7	128	19	62	216	21	1,070	1,091	3,712	268,350
	54	422	476	52	"	52	528	3	26	24	56	111	80	337	417	26,461	137,361
	66	394	460	123	"	123	583	8	62	16	39	120	75	388	463	20,029	142,670
	58	936	994	164	39	203	1,197	11	71	36	68	186	47	964	1,011	10,351	338,560
	28	258	286	17	32	49	323	7	4	13	57	81	42	200	244	10,091	39,360
	118	1,076	1,194	250	4	254	1,448	7	97	2	92	198	135	1,155	1,290	44,909	374,640
	33	1,841	1,874	162	"	162	2,036	10	108	56	110	278	42	1,716	1,758	18,339	696,967
	72	479	551	132	"	132	683	12	61	19	21	113	70	484	570	26,310	105,741
	29	845	874	151	1	152	1,026	11	63	12	78	164	40	862	902	11,838	295,060
	4	994	998	304	"	304	1,302	16	187	47	79	329	4	969	973	937	351,908
	69	969	1,038	158	"	158	1,196	25	62	16	47	151	82	963	1,045	10,000	355,362
	13	728	741	152	"	152	893	18	33	10	47	108	34	751	785	11,308	263,590
	55	697	751	178	"	178	929	37	49	20	41	147	33	720	782	10,080	201,464
	16	818	834	205	41	246	[*] 580	65	71	15	7	188	20	360	392	5,805	121,736
	9	453	462	15	92	107	569	5	16	20	66	107	10	452	462	4,645	161,475
	"	156	156	4	24	28	186	"	12	10	17	39	"	147	147	"	88,290
	168	9,658	9,846	1,240	777	2,017	11,863	260	984	206	620	2,096	220	9,344	9,764	64,717	3,160,200
	2	81	83	17	"	17	5	"	"	1	6	7	7	36	43	749	31,161
	"	1,260	1,260	313	18	331	1,591	"	100	51	52	203	"	1,388	1,388	"	156,604
	10	1,080	1,090	254	"	254	1,344	16	96	32	87	231	13	1,100	1,113	2,910	339,471
	257	13,511	13,768	2,420	1,675	4,095	17,863	1,171	1,069	134	1,170	4,384	247	13,232	13,479	62,800	4,725,711
	204	1,372	1,578	808	"	808	2,386	230	427	30	184	696	211	1,275	1,486	16,330	464,341
	25	155	180	53	3	56	236	24	32	9	20	85	31	120	151	9,392	14,212
	11	211	222	98	4	102	324	2	72	2	12	88	15	221	236	7,742	14,955
	79	801	880	167	9	176	1,056	12	65	17	33	127	72	857	929	26,215	361,360
	19	644	663	120	54	174	837	6	123	24	35	188	19	629	648	5,982	200,319
	16	807	823	560	"	560	1,383	37	133	19	18	207	51	1,125	1,176	17,632	348,356
	4	442	446	128	5	133	579	37	58	7	17	119	12	448	460	3,215	104,296
	90	1,132	1,222	274	9	283	1,505	201	39	5	154	399	103	1,003	1,066	92,127	364,370
	28	1,103	1,131	262	5	347	1,478	112	137	20	51	320	36	1,122	1,158	9,156	355,609
	38	902	958	164	4	168	1,126	24	74	15	65	177	28	921	949	9,201	455,660
	5	1,124	1,129	181	"	181	1,310	29	39	19	76	163	3	1,144	1,147	1,131	635,570
	61	1,135	1,206	302	58	360	1,556	105	125	20	91	41	35	1,180	1,215	25,482	479,191
	20	71	91	[b] 71	"	71	162	1	"	51	4	56	20	86	106	7,583	94,101
	2	642	644	200	"	200	844	"	144	9	48	201	"	643	643	4,620	212,238
[TOT]AUX	3,910	93,844	97,754	21,902	3,944	25,846	123,600	5,136	11,674	2,593	6,697	26,100	3,973	93,527	97,500	1,351,080	33,603,[illegible]

DÉPENSES EXTÉRIEURES — Mois de nourrices et pensions	Indemnités payées en exécution de l'arrêté du 20 mars 1797	Frais d'inspection	Autres dépenses	Total	FONDS EMPLOYÉS AU PAIEMENT DE CES DÉPENSES — Produit des amendes et confiscations	Recettes spéciales des hospices	Contingent des communes	Allocation départementale — 1re section	2e section	Autres ressources	Total	OBSERVATIONS
fr. c.	fr. c.	fr. c.	fr. c.	fr. c.	fr. c.	fr. c.	fr. c.	fr. c.	fr. c.	fr. c.	fr. c.	
1,491,619 51	64,466 25	70,893 06	50,046 35	2,077,025 07	107,612 70	12,330 94	361,582 13	2,156,300 15	3,876 10	35,435 95	2,077,028 07	
65,143 40	5,236 57	2,000 00	2,263 67	73,643 74	"	"	14,890 19	63,747 55	"	"	78,643 74	
36,636 84	"	1,000 00	"	37,636 84	2,327 04	"	"	29,876 07	5,333 73		37,636 84	
46,147 01	"	2,000 00	"	48,047 01	699 97	"	"	47,947 04	"	"	48,647 01	
26,477 39	"	1,500 00	500 00	28,477 30	335 35	"	"	27,641 95	500 00	"	28,477 30	
110,320 59	1,800 00	"	2,505 00	113,634 60	2,783 33	"	24,230 00	86,571 36	"	"	113,634 60	
109,176 16	5,803 00	"	382 46	115,362 02	5,862 62	"	20,000 00	80,500 00	"	"	115,362 62	
61,052 79	318 00	"	"	61,370 19	1,105 58	"	"	60,144 00	"	60 63	61,370 19	
26,442 76	1,123 04	"	"	27,565 69	5,882 43	"	7,233 05	14,450 31	"	"	27,565 82	
81,704 74	"	"	"	81,704 74	657 35	"	"	65,547 39	15,000 00	"	81,704 74	
25,522 06	"	460 00	"	20,222 96	2,189 70	"	7,000 00	17,082 27	"		20,222 96	
28,033 49	624 00	1,360 00	"	32,417 40	2,361 05	"	7,415 07	22,617 49	"	"	32,417 40	
66,193 00	"	"	123 15	66,316 15	300 00	"	12,000 00	52,500 00	"	1,316 15	66,316 15	
12,045 65	1,496 00	6,704 75	"	20,236 40	3,806 36	"	"	16,438 04	"	"	20,236 40	
63,128 93	"	935 75	"	64,064 68	2,555 40	172 15	23,374 13	38,000 00	"	"	64,064 68	
125,474 72	1,196 07	8,000 00	699 42	135,314 21	3,156 63	"	25,200 70	105,806 08	"	1,109 55	135,314 21	
46,520 37	"	2,000 00	"	48,520 37	2,850 49	"	3,000 00	42,631 08	"	"	48,520 37	
66,217 29	4,610 00	1,117 80	600 00	72,545 00	2,299 06	"	"	70,245 08	"	"	72,545 06	
75,676 72	2,072 00	600 00	"	78,348 72	466 69	"	12,000 00	65,882 03	"	"	78,348 72	
51,325 30	"	1,800 00	"	53,125 30	2,400 08	"	"	50,725 22	"	"	53,125 30	
38,802 32	280	155 00	"	40,237 82	1,359 69	"	"	38,077 63	"	"	40,337 32	[*] Ce chiffre est celui des Enfants au dessous de 7 ans. A cet âge, les Enfants passent à l'hospice de la Miséricorde, établissement qui a ses revenus propres.
42,618 10	"	1,500 00	"	44,118 10	2,867 84	"	7,614 72	32,611 04	"	1,024 50	44,118 10	
22,554 18	"	"	300 00	22,854 18	2,268 18	"	1,500 00	19,116 00	"	"	22,884 18	
39,544 45	1,484 00	2,200 00	"	43,228 40	5,090 12	3,138 34	26,000 00	9,000 00	"	"	43,228 46	
12,166 45	1,061 45	800 00	427 25	14,475 13	4,143 19	"	2,245 62	8,080 32	"	"	14,475 13	
440,563 60	10,112 00	4,048 35	"	455,663 95	3,000 00	"	277,663 95	82,323 95	92,676 05	"	455,663 95	
2,351 00	"	"	"	2,351 00	1,051 00	"	"	1,300 00	"	"	2,351 00	
101,129 52	"	102 70	461 00	101,693 22	6,211 91	"	19,779 00	75,702 31	"	"	101,693 22	
64,024 70	"	2,000 00	"	66,024 70	1,059 32	"	"	54,354 54	10,600 00	10 84	66,024 70	
1,168,030 19	64,916 00	80,832 64	"	1,312,751 83	24,461 01	693,290 22	200,000 00	395,000 00	"	"	1,312,751 83	
102,034 61	7,327 26	6,472 60	"	115,834 49	4,056 50	"	22,355 56	89,422 32	"	"	115,834 49	
8,935 90	436 01	168 57	"	9,542 48	4,068 26	"	842 29	4,631 93	"	"	9,542 48	
24,736 58	"	"	"	24,736 58	4,891 80	"	"	19,844 78	"	"	24,736 58	
57,225 10	2,180 75	1,155 59	"	60,559 44	1,499 37	"	4,892 50	45,200 00	"	8,967 57	60,559 44	
46,776 89	2,720 00	3,000 00	"	52,098 89	2,882 40	"	7,896 00	41,316 49	"	"	52,098 89	
62,909 58	"	"	"	62,909 58	1,779 43	"	3,612 15	57,518 00	"	"	62,909 58	
35,572 30	"	"	"	35,572 30	746 21	"	"	33,668 25	"	1,156 84	35,572 30	
60,063 87	4,536 58	2,500 00	"	67,102 45	13,134 17	"	"	53,068 28	"	"	67,102 45	
50,975 50	51 00	2,880 00	"	53,916 40	2,345 05	"	16,627 20	34,643 38	"	"	53,916 40	
54,816 33	"	300 00	224 98	55,341 31	1,101 00	"	"	54,340 32	"	"	55,341 31	
48,455 51	"	3,236 00	"	51,691 51	"	"	9,991 51	35,000 00	"	6,700 00	51,691 51	
62,010 07	"	462 35	"	62,472 42	1,824 71	"	5,000 00	55,647 71	"	"	62,472 42	
9,551 39	"	"	"	9,551 39	2,751 30	"	"	6,800 00	"	"	9,551 39	[b] Parmi ces 71 Enfants, il y en a 58 admis par suite de condamnation des pères et mères.
48,316 75	"	2,320 25	"	50,045 00	3,268 20	"	8,341 42	38,535 38	"	"	50,045 00	
6,250,257 50	174,021 98	215,670 12	65,424 28	6,711,503 83	246,138 20	708,921 05	1,131,708 14	4,440,013 58	125,185 88	55,531 43	6,711,503 83	

État du mouvement et de la dépense extérieure des [enfants trouvés], abandonnés et orphelins pauvres, pendant l'année 1843.

DÉPARTEMENTS	Enfants restant au dernier jour de l'année précédente : à l'hospice	à la campagne	total	Enfants admis pendant l'année : exposés	nés dans les hospices, délaissés par leurs mères	total	TOTAL GÉNÉRAL	Enfants ayant cessé d'être à la charge des départements, par suite : de décès à l'hospice	de décès à la campagne	de retraits effectués par les parents	de toutes autres causes	total des radiations	Enfants restant au dernier jour de l'année : à l'hospice	à la campagne	total	Nombre de journées de séjour : à l'hospice	à la campagne	[illegible]	[illegible]	Nombre des […]	Dépenses extérieures : mois de nourrices et pensions	indemnités payées en exécution de l'arrêté du 20 mars 1797	frais d'inspection	autres dépenses	total	Fonds employés au payement de ces dépenses : produit des amendes et confiscations	revenus spéciaux des hospices	contingent des communes	allocation départementale 1re section	allocation départementale 2e section	autres ressources	total	OBSERVATIONS
																					fr. c.	fr. c.	fr. c.	fr. c.	fr. c.	fr. c.	fr. c.	fr. c.	fr. c.	fr. c.	fr. c.	fr. c.	
Ain	4	521	525	109	.	109	634	10	63	7	38	118	3	513	516	1,398	[illegible]	[illegible]	[illegible]	75	26,953 05	.	600 00	519 20	33,052 25	2,199 62	.	.	26,253 98	3,640 00	975 45	33,052 25	
Aisne	154	854	1,008	222	3	225	1,233	8	83	13	141	245	153	835	988	[illegible]	[illegible]	[illegible]	[illegible]	18	50,736 00	2,070 00	2,721 00	526 60	56,059 78	4,641 73	.	10,000 00	41,418 05	.	.	56,059 78	* A ce nomb[re] […] vient d'ajouter 2[…] adanne en fin […] compte du dépô[t]
Allier	16	912	928	372	23	395	1,323	139	110	34	51	334	6	983	989	[illegible]	[illegible]	[illegible]	[illegible]	161	50,580 10	.	1,500 00	3,509 44	55,580 60	800 00	.	10,080 60	44,700 00	.	.	55,580 60	
Alpes (Basses-)	24	540	564	42	.	42	606	7	25	15	70	110	22	474	496	[illegible]	[illegible]	[illegible]	[illegible]	39	24,467 58	.	1,200 00	.	25,667 58	1,477 64	.	.	24,189 94	.	.	25,667 58	
Alpes (Hautes-)	5	318	323	27	.	27	350	1	15	13	17	46	3	301	304	[illegible]	[illegible]	[illegible]	[illegible]	12	21,526 05	.	2,000 00	116 80	23,642 85	800 73	.	.	22,842 12	.	.	23,642 85	
Ardèche	1	761	762	119	.	119	881	6	56	61	27	150	6	725	731	[illegible]	[illegible]	[illegible]	[illegible]	.	51,650 95	100 00	1,500 00	617 32	53,878 27	938 27	.	10,548 00	42,392 00	.	.	53,878 27	
Ardennes	1	268	269	64	.	64	333	.	36	16	15	67	1	265	266	[illegible]	[illegible]	[illegible]	[illegible]	22	24,573 57	853 73	.	.	25,427 30	2,195 47	.	731 83	20,000 00	2,500 00	.	25,427 30	
Ariége	.	672	672	105	75	180	852	.	76	85	55	216	.	636	636	[illegible]	[illegible]	[illegible]	[illegible]	36	36,097 27	.	1,888 50	.	37,985 77	516 47	.	.	37,369 30	.	.	37,885 77	
Aube	14	419	433	175	3	178	611	12	125	16	36	189	12	410	422	[illegible]	[illegible]	[illegible]	[illegible]	103	30,455 11	1,204 58	2,500 00	.	34,220 09	2,640 48	.	6,276 01	25,304 17	.	.	34,220 66	
Aude	127	861	988	177	1	178	1,166	30	81	16	39	166	157	843	1,000	[illegible]	[illegible]	[illegible]	[illegible]	45	48,809 19	4,150 00	2,432 00	.	55,391 19	1,463 33	.	9,800 00	44,027 86	.	.	55,301 19	
Aveyron	20	1,801	1,821	436	.	436	2,257	56	207	38	05	306	41	1,910	1,951	[illegible]	[illegible]	[illegible]	[illegible]	308	98,379 01	.	1,500 00	3,516 90	103,395 57	2,222 62	.	8,718 10	92,855 63	.	.	103,800 37	
Bouches-du-Rhône	254	2,490	2,744	649	20	669	3,413	238	239	26	157	660	230	2,523	2,753	[illegible]	[illegible]	[illegible]	[illegible]	471	157,336 97	17,364 01	4,500 00	.	179,549 98	3,364 90	.	40,000 00	136,032 15	.	152 93	179,549 98	
Calvados	79	1,775	1,854	359	46	405	2,259	26	178	10	111	325	81	1,853	1,934	28,432	[illegible]	[illegible]	[illegible]	111	122,363 68	6,506 00	2,000 00	.	131,069 58	9,484 80	.	20,000 00	96,000 00	.	5,584 78	131,069 58	
Cantal	32	598	630	217	.	217	847	42	108	62	21	233	80	534	614	17,400	[illegible]	[illegible]	[illegible]	16	38,812 35	.	2,602 15	.	41,414 50	598 71	.	3,242 50	37,573 29	.	.	41,414 50	
Charente	5	977	982	230	1	231	1,213	27	107	8	54	196	9	1,008	1,017	6,253	[illegible]	[illegible]	[illegible]	197	61,783 65	.	500 00	265 00	62,548 65	2,765 21	.	9,983 64	49,800 00	.	.	62,548 85	
Charente-Inférieure	83	1,039	1,122	297	.	297	1,419	123	58	380	90	642	123	654	777	36,610	[illegible]	[illegible]	[illegible]	214	60,486 77	.	1,850 85	.	62,337 62	2,860 47	.	11,863 03	47,574 32	.	.	62,337 82	
Cher	88	879	967	343	.	343	1,310	74	152	5	82	313	98	899	997	31,187	[illegible]	[illegible]	[illegible]	163	58,960 90	3,082 00	603 78	.	62,696 68	1,165 13	.	12,306 31	49,225 24	.	.	62,696 68	
Corrèze	5	320	325	220	.	220	545	25	62	88	10	185	3	356	359	1,145	[illegible]	[illegible]	[illegible]	176	18,338 55	.	2,000 00	468 50	20,707 04	3,931 35	.	.	16,865 69	.	.	20,797 04	
Corse	41	382	423	133	8	143	566	2	120	5	20	147	38	381	419	.	[illegible]	[illegible]	[illegible]	207	47,550 18	180 00	2,400 00	.	50,130 18	1,096 87	.	3,364 00	42,518 30	.	b 3,151 01	50,130 18	b Produit des […] dépôt central d'[…]
Côte-d'Or	14	438	452	220	.	220	672	30	120	10	25	206	10	456	466	3,487	[illegible]	[illegible]	[illegible]	105	39,880 87	3,406 49	700 00	145 16	44,132 52	2,929 64	.	20,000 00	20,000 00	.	1,202 88	44,132 52	
Côtes-du-Nord	23	682	705	151	12	163	868	7	40	22	50	128	5	734	740	8,374	[illegible]	[illegible]	[illegible]	106	45,920 54	1,825 29	.	.	47,745 83	1,000 00	.	3,300 00	39,675 00	.	3,773 83	47,748 83	
Creuse	29	1,040	1,069	234	.	234	1,303	39	65	61	53	218	36	1,049	1,085	12,680	[illegible]	[illegible]	[illegible]	105	53,253 85	.	1,731 36	.	54,985 21	1,515 17	.	.	51,000 00	.	2,470 04	54,985 21	
Dordogne	14	1,765	1,779	525	.	525	2,304	126	223	21	92	466	16	1,822	1,838	5,012	[illegible]	[illegible]	[illegible]	.	94,380 10	.	2,800 00	2,002 85	99,282 95	3,278 85	.	19,504 10	76,500 00	.	.	99,282 95	
Doubs	103	131	234	3	83	86	320	6	8	4	94	112	107	101	208	35,421	[illegible]	[illegible]	[illegible]	.	34,000 99	250 00	750 00	.	35,000 99	1,516 30	.	2,626 61	26,308 08	.	5,540 00	35,990 99	
Drôme	.	956	956	193	.	193	1,149	.	88	9	66	163	.	986	986	2,077	[illegible]	[illegible]	[illegible]	.	60,968 46	3,012 85	.	302 00	64,283 31	3,485 20	.	.	57,079 72	3,718 39	.	64,283 31	
Eure	2	376	378	116	9	125	503	3	55	15	27	100	3	400	403	1,294	[illegible]	[illegible]	[illegible]	62	30,697 99	5,285 15	.	.	35,983 14	5,787 08	.	6,731 17	22,464 89	.	.	35,983 14	
Eure-et-Loir	71	509	580	91	.	91	671	1	66	17	34	118	17	536	553	6,179	[illegible]	[illegible]	[illegible]	42	40,681 91	3,031 00	2,000 00	2,827 55	48,540 46	2,656 43	.	6,444 96	36,811 49	2,627 58	.	48,540 46	
Finistère	8	1,243	1,251	338	12	350	1,606	12	151	42	94	299	7	1,300	1,307	2,979	[illegible]	[illegible]	[illegible]	86	93,470 67	750 00	1,000 00	911 46	96,132 13	702 85	.	30,280 00	61,948 42	.	3,210 86	96,132 13	
Gard	96	743	839	169	.	169	1,008	12	59	15	48	134	124	750	874	40,320	[illegible]	[illegible]	[illegible]	172	54,373 81	.	2,410 00	.	56,783 81	1,797 98	.	13,015 00	41,650 22	.	291 31	56,733 81	
Garonne (Haute-)	25	1,754	1,779	11	18	29	1,808	10	69	34	84	197	32	1,579	1,611	3,089	[illegible]	[illegible]	[illegible]	.	79,595 15	.	4,127 50	.	83,722 65	46 00	.	22,027 19	59,591 08	2,058 38	.	83,722 65	
Gers	128	981	1,109	77	1	78	1,187	29	14	18	116	177	92	918	1,010	24,019	[illegible]	[illegible]	[illegible]	310	52,419 47	.	2,000 00	371 37	54,790 84	.	.	14,386 22	40,404 62	.	.	54,790 84	
Gironde	97	2,463	2,560	914	.	914	3,474	142	461	91	79	773	117	2,584	2,701	40,511	[illegible]	[illegible]	[illegible]	151	148,301 86	3,350 00	3,000 00	25,097 16	179,749 02	3,676 54	1,015 00	33,000 00	132,805 00	1,092 25	7,568 18	179,749 02	
Hérault	95	1,018	1,112	286	12	298	1,410	102	121	25	58	306	100	1,004	1,104	2,774	[illegible]	[illegible]	[illegible]	273	58,326 69	.	2,533 32	.	60,860 01	2,675 08	.	12,258 03	45,926 90	.	.	60,860 01	
Ille-et-Vilaine	77	1,005	1,082	58	317	375	1,403	117	176	26	62	381	19	995	1,014	6,710	[illegible]	[illegible]	[illegible]	.	61,711 24	.	361 83	.	62,073 07	954 88	.	.	61,000 00	.	1,018 19	62,973 07	
Indre	2	832	834	227	.	227	1,061	.	90	32	68	194	3	804	807	465	[illegible]	[illegible]	[illegible]	111	49,112 15	2,614 00	1,500 00	1,666 56	54,892 71	.	.	.	41,500 00	10,000 00	3,392 71	54,892 71	
Indre-et-Loire	24	874	898	276	61	337	1,235	72	153	29	59	313	27	895	922	9,004	[illegible]	[illegible]	[illegible]	70	63,157 64	63 30	2,000 00	.	65,220 94	2,220 24	.	16,092 20	46,908 50	.	.	65,220 94	
Isère	3	993	996	213	.	213	1,209	3	72	8	100	183	4	1,022	1,026	1,511	[illegible]	[illegible]	[illegible]		50,618 28	.	1,850 00	.	52,468 28	6,167 00	.	9,150 00	37,151 28	.	.	52,468 28	
Jura	31	238	269	44	.	44	313	2	10	9	29	50	26	229	257	10,650	[illegible]	[illegible]	[illegible]	.	17,083 83	1,000 00	.	2,974 72	21,058 55	.	3,218 55	3,480 00	14,360 00	.	.	21,058 55	
Landes	13	1,015	1,028	397	.	397	1,425	132	121	8	26	287	23	1,118	1,141	11,864	[illegible]	[illegible]	[illegible]	106	59,990 75	2,970 50	.	2,697 00	65,658 25	690 00	.	9,905 33	55,062 92	.	.	65,658 25	
Loir-et-Cher	10	679	689	187	36	223	912	9	149	21	34	213	17	682	699	5,616	[illegible]	[illegible]	[illegible]	90	55,351 00	2,610 00	1,800 00	870 00	59,631 00	1,376 00	.	.	47,300 00	10,955 00	.	59,631 00	
Loire	11	1,599	1,610	350	60	410	2,020	61	146	108	55	370	5	1,636	1,641	3,008	[illegible]	[illegible]	[illegible]	315	97,653 44	.	1,350 00	471 45	99,474 89	2,007 98	.	10,344 00	66,036 82	.	11,396 09	99,474 89	
Loire (Haute-)	4	1,237	1,241	36	186	222	1,463	5	96	55	76	233	.	1,230	1,230	929	[illegible]	[illegible]	[illegible]	36	68,649 20	.	1,500 00	.	70,149 20	1,000 00	.	10,793 84	57,193 30	.	1,162 56	70,149 20	
Loire-Inférieure	78	1,007	1,085	254	111	365	1,450	51	207	25	49	332	78	1,040	1,118	3,989	[illegible]	[illegible]	[illegible]	166	73,378 00	1,871 40	429 07	.	75,175 50	1,503 47	.	10,000 00	56,604 63	.	6,976 40	75,175 50	
A reporter	1,907	39,871	41,778	9,630	1,119	10,769	52,547	1,866	4,084	1,555	2,665	10,767	1,877	39,903	41,780	581,390	[illegible]	[illegible]	[illegible]	5,166	2,513,203 07	87,286 60	68,791 36	48,116 88	2,707,047 60	91,204 79	4,835 55	419,810 53	2,093,880 53	39,021 57	56,156 83	2,707,047 60	

DÉPARTEMENTS	Enfants restant au dernier jour de l'année précédente : à l'hospice	à la campagne	total	Enfants admis pendant l'année : Exposés	Nés dans les hospices, délaissés par leurs mères	total	TOTAL GÉNÉRAL	Enfants ayant cessé d'être à la charge des dépa temporis, par suite de décès : à l'hospice	à la campagne	de retraits effectués par les parents	de toutes autres causes	total des radiations	Enfants restant au dernier jour de l'année : à l'hospice	à la campagne	total	Nombre de journées : à l'hospice	à la campagne	total
Report	1,807	39,971	41,778	9,080	1,119	10,700	52,547	1,683	4,684	1,555	2,665	10,707	1,677	39,903	41,780	581,700	14,3[illegible]	[illegible]
Loiret	82	999	1,081	311	37	348	1,429	158	117	30	78	387	82	960	1,049	27,834	355,412	[illegible]
Lot	15	513	528	53		53	581	2	56	41	23	122	11	448	459	6,015	170,6[illegible]	[illegible]
Lot-et-Garonne	68	571	639	115 [a]	.	115	754	8	32	21	71	135	58	561	619	30,610	212,15[illegible]	[illegible]
Lozère	.	388	388	132	.	132	520	20	49	8	37	115	.	405	405	.	297,40[illegible]	[illegible]
Maine-et-Loire	30	1,329	1,363	340	113	453	1,818	50	219	22	105	396	32	1,390	1,422	11,002	500,7[illegible]	[illegible]
Manche	23	1,403	1,426	373	2	375	1,801	25	165	39	119	347	28	1,426	1,454	3,162	572,867	[illegible]
Marne	38	651	689	252	7	259	958	39	100	43	34	225	44	689	733	14,388	241,519	[illegible]
Marne (Haute-)	.	385	385	87	.	87	472	2	38	21	37	96	1	375	376	380	138,859	[illegible]
Mayenne	21	1,070	1,091	251		251	1,342	10	112	17	56	195	20	1,127	1,147	4,734	383,9[illegible]	[illegible]
Meurthe	80	337	417	76	.	76	493	2	12	14	102	130	79	284	363	25,260	105,764	[illegible]
Meuse	75	388	463	144	.	144	607	5	77	7	42	131	67	359	476	29,717	145,8[illegible]	[illegible]
Morbihan	47	984	1,031	160	36	196	1,227	4	72	49	66	191	55	981	1,036	20,671	338,55[illegible]	[illegible]
Moselle	42	202	244	10	44	54	298	7	2	13	39	61	40	197	237	14,003	88,35[illegible]	[illegible]
Nièvre	135	1,115	1,250	242	.	242	1,492	7	77	3	279	366	143	983	1,126	47,767	386,651	[illegible]
Nord	42	1,716	1,758	94	2	96	1,854	16	60	50	163	268	41	1,545	1,585	14,909	587,3[illegible]	[illegible]
Oise	76	494	570	126	.	126	696	20	62	14	55	153	77	481	558	33,577	188,4[illegible]	[illegible]
Orne	40	822	862	152	.	152	1,014	19	48	22	101	185	32	797	829	9,200	295,0[illegible]	[illegible]
Pas-de-Calais	4	969	973	75	.	75	1,048	5	73	174	73	325	.	723	723	171	292,05[illegible]	[illegible]
Puy-de-Dôme	52	993	1,045	159		159	1,204	20	39	14	32	105	116	983	1,099	31,005	351,50[illegible]	[illegible]
Pyrénées (Basses-)	34	751	785	132	2	134	919	13	38	5	60	111	29	779	808	13,170	320,35[illegible]	[illegible]
Pyrénées (Hautes-)	53	730	783	122	.	122	904	1	46	15	38	100	53	745	798	16,500	237,39[illegible]	[illegible]
Pyrénées-Orientales	26	366	392	196	30	235	[b] 627	157	77	38	18	270	20	337	357	8,661	126,066	[illegible]
Rhin (Bas-)	10	452	462	10	153	163	630	5	17	48	50	120	10	485	495	7,524	166,50[illegible]	[illegible]
Rhin (Haut-)	.	147	147	3	58	61	208	.	15	12	15	42	.	166	166	.	53,50[illegible]	[illegible]
Rhône	220	9,544	9,764	1,208	780	1,944	11,708	196	963	206	605	1,970	240	9,492	9,732	12,466	3,464,2[illegible]	[illegible]
Saône (Haute-)	7	36	43	14	.	14	57	.	1	1	5	7	8	42	50	2,323	15,5[illegible]	[illegible]
Saône-et-Loire	.	1,298	1,298	315	43	358	1,656	.	133	38	50	230	.	1,425	1,426	.	431,3[illegible]	[illegible]
Sarthe	13	1,100	1,113	198	.	198	1,311	12	82	35	103	232	10	1,063	1,079	5,977	368,3[illegible]	[illegible]
Seine	247	13,232	13,479	2,488	1,690	4,178	17,657	1,002	1,783	136	1,348	4,360	246	13,052	13,298	93,626	4,531,226	[illegible]
Seine-Inférieure	211	1,275	1,486	805	1	806	2,292	437	208	50	188	892	218	1,182	1,400	50,105	490,001	[illegible]
Seine-et-Marne	31	150	181	92	.	92	253	17	40	14	34	104	25	124	149	10,676	56,49[illegible]	[illegible]
Seine-et-Oise	16	221	237	69	2	71	308	2	40	10	13	71	14	223	237	5,104	78,5[illegible]	[illegible]
Sèvres (Deux-)	72	857	929	221	25	246	1,175	17	83	30	27	160	123	886	1,009	37,428	630,68[illegible]	[illegible]
Somme	10	629	648	100	26	102	840	92	5	26	70	193	21	626	647	5,218	230,5[illegible]	[illegible]
Tarn	61	1,125	1,176	156	200	304	1,540	24	155	147	117	443	71	1,026	1,097	16,101	385,10[illegible]	[illegible]
Tarn-et-Garonne	12	448	460	128	16	144	604	48	49	6	25	130	10	458	470	4,368	160,05[illegible]	[illegible]
Var	103	1,003	1,106	225	11	236	1,342	105	25	6	187	363	79	900	979	30,518	387,30[illegible]	[illegible]
Vaucluse	36	1,122	1,158	335	2	337	1,495	121	129	30	56	340	19	1,130	1,149	6,561	451,70[illegible]	[illegible]
Vendée	28	921	949	183	1	184	1,133	13	81	24	65	193	29	911	940	6,830	427,9[illegible]	[illegible]
Vienne	.	1,147	1,147	170	.	170	1,317	20	89	7	58	140	.	1,168	1,166	.	430,10[illegible]	[illegible]
Vienne (Haute-)	55	1,160	1,215	349	16	365	1,580	71	111	88	85	208	48	1,234	1,282	21,720	42,20[illegible]	[illegible]
Vosges	20	86	106	122	.	122	228	.	2	101	1	104	17	107	124	7,008	213,17[illegible]	[illegible]
Yonne	.	643	643	243		243	886	1	137	11	66	217	1	668	669	3,346	[illegible]	[illegible]
TOTAUX	3,977	93,682	97,660	20,754	4,592	25,346	122,806	6,806	10,303	3,215	7,653	28,467	4,171	92,767	96,938	1,306,081	33,057,5[illegible]	[illegible]

DÉPARTEMENTS	Dépenses extérieures : Mois de nourrices et pensions	Indemnités payées en exécution de l'arrêté du 30 ventôse an V (1797)	Frais d'inspection	Autres dépenses	TOTAL	Fonds employés au payement de ces dépenses : Produit des amendes et confiscations	Revenus spéciaux des hospices	Contingent des communes	Allocation départementale : 1re section	2e section	Autres ressources	TOTAL	OBSERVATIONS
	fr. c.	fr. c.	fr. c.	fr. c.	fr. c.	fr. c.	fr. c.	fr. c.	fr. c.	fr. c.	fr. c.	fr. c.	
Report	2,522,552 67	67,886 09	65,791 56	48,110 53	2,707,047 60	91,291 70	4,833 56	439,610 43	2,095,250 55	39,023 57	36,156 53	2,707,047 60	
Loiret	58,048 64	5,415 10	2,000 00	3,035 00	69,389 40	5,557 00	.	16,895 71	46,636 09	.		69,389 40	
Lot	30,428 60	.	1,857 90	-	32,286 50	2,460 00	.	.	29,326 00	472 00	.	32,286 50	[a] Parmi ces 115 enfants, il y en a 93 admis aux secours temporaires. Le nombre des expositions se réduit ainsi à 22.
Lot-et-Garonne	39,900 15	.	2,500 00	.	42,400 15	.		.	42,400 15	.	.	42,400 15	
Lozère	27,433 15	.	1,500 00	1,064 99	30,060 14	431 26	.	.	29,628 88	.	.	30,060 14	
Maine-et-Loire	112,836 56	1,850 09	.	2,614 59	117,650 94	4,321 85		24,450 04	88,870 07	.	.	117,650 94	
Manche	112,734 80	6,168 03		1,102 50	121,005 11	1,029 45		20,000 00	99,975 65	.	.	121,005 11	
Marne	56,628 62	522 0	.	.	60,150 62	6,511 21	18 57		46,873 30	6,747 54		60,150 62	
Marne (Haute-)	24,582 03	829 85	.	.	25,061 18	1,579 71	.	4,816 47	19,265 00	.	.	25,061 18	
Mayenne	54,108 04	.	1,021 41		55,120 05	2,153 00	.		66,776 95	15,290 00	.	55,120 05	
Meurthe	21,565 98	.	400 00	.	21,965 98	4,734 71	.	6,000 00	11,231 27	.	.	21,965 98	
Meuse	29,563 40	1,357 95	1,830 00	.	32,761 01	2,004 11	.	6,341 04	23,515 86		.	32,761 01	
Morbihan	67,307 40	.	.	138 54	67,445 94	300 00	.	12,000 00	52,500 00	.	2,645 94	67,445 94	
Moselle	11,717 20	985 00	2,400 00	3,242 70	18,344 85	1,921 30			16,423 55	.	.	18,344 85	
Nièvre	56,480 40	455 75	2,766 87	.	59,683 02	4,233 73	102 80	14,263 93	39,736 07	1,346 49		59,683 02	
Nord	115,735 72	520 50	2,800 00	321 60	119,377 07	5,158 04		22,043 80	91,775 43	.	.	119,377 07	
Oise	44,614 07	.	2,000 00	.	46,614 07	3,245 78		9,433 52	33,934 77	.	.	46,614 07	
Orne	64,636 48	5,258 00	684 41	572 61	71,601 50	4,072 12	.	.	58,985 22		8,544 10	71,601 50	
Pas-de-Calais	65,812 56	3,562 00	1,850 00	.	71,224 56	.	.	6,292 14	62,075 44	.	.	71,224 56	
Puy-de-Dôme	51,264 20		1,800 00	.	53,064 20	1,407 87		.	51,656 54			53,064 20	
Pyrénées (Basses-)	40,524 82	.			40,524 82	1,834 00		.	38,690 82	.	.	40,524 82	
Pyrénées (Hautes-)	41,051 50		1,500 00	.	42,551 50	6,507 00	.	6,605 46	29,439 05	.	.	42,551 50	
Pyrénées-Orientales	23,027 85	.	1,231 50	.	24,759 35	959 35	.	1,500 00	22,300 00			24,759 35	
Rhin (Bas-)	41,785 48	2,316 00	2,400 00	.	46,502 48	4,804 64	13,067 84	21,000 00	7,000 00	.	.	46,502 48	[b] Le chiffre de 627 ne comprend que les enfants au-dessous de 7 ans, ceux au-dessus de cet âge étant recueillis à l'hospice de la Miséricorde.
Rhin (Haut-)	11,353 85	1,058 22	601 50	.	13,411 57	3,624 38	.	2,578 87	7,207 32	.		13,411 57	
Rhône	448,161 45	10,264 00	9,953 06	.	468,378 53	3,000 00		252,378 53	155,743 22	59,256 78		468,378 53	
Saône (Haute-)	2,099 70	.	.		2,099 70	2,099 70	.	.	.	.	.	2,099 70	
Saône-et-Loire	111,179 84		1,907 30	5 60	113,091 04	8,460 00		21,023 95	87,082 05	.	.	113,091 04	
Sarthe	66,232 87	.	2,000 00		68,232 87	1,346 80	.	.	56,556 07	8,330 00	.	68,232 87	
Seine	1,266,665 60	27,280 00	56,706 83		1,350,552 43	39,054 34	222,561 22	222,140 00	866,796 87	.	.	1,350,552 43	
Seine-Inférieure	95,617 70	6,445 59	6,436 75	.	108,881 04	3,641 90	.	21,047 83	84,191 31	.	.	108,881 04	
Seine-et-Marne	8,137 88	178 42	186 56		8,502 38	2,886 01	.	.	5,616 37		.	8,502 86	
Seine-et-Oise	25,405 31	.	.	.	25,406 31	3,406 31		4,489 00	17,511 00	.	.	25,406 31	
Sèvres (Deux-)	62,727 26	2,020 00	1,000 00	158 00	65,905 26	1,305 44	.	5,115 00	48,352 00	.	11,134 82	65,905 26	
Somme	46,381 35	4,282 00	3,300 00		53,963 35	4,201 66	.	8,329 57	39,832 00	1,600 00	.	53,963 35	
Tarn	67,353 21	1,129 00	2,300 00		71,082 21	3,836 80	.	1,005 32	66,240 09	.	.	71,082 21	
Tarn-et-Garonne	36,852 45	.	.	100 00	36,952 45	588 57	.	.	36,363 88		.	36,952 45	
Var	50,937 08	3,195 84	2,500 00	.	56,612 92	718 06		.	55,829 00	.	85 37	56,612 92	
Vaucluse	78,938 75	77 00	2,450 00	.	81,470 75	2,059 09		32,891 00	46,520 73	.	.	81,470 75	
Vendée	55,444 41	.	2,087 00	260 21	58,727 62	1,261 49	.	.	46,860 00	10,536 13	.	58,727 62	
Vienne	52,614 00		2,200 00	.	54,814 00	3,928 97		10,000 00	41,555 72	.		54,814 00	
Vienne (Haute-)	65,717 37	.	619 70	462 40	66,799 47	934 30	.	3,000 00	55,025 09	.	3,833 08	66,792 47	
Vosges	12,162 10	25 00	.	.	12,187 10	1,475 85		.	8,313 10		2,398 74	12,187 10	
Yonne	48,538 02	.	2,000 00	523 36	51,061 38	4,132 72	.	5,416 00	41,500 00	.	.	51,061 38	
TOTAUX	6,330,721 06	165,020 16	226,104 76	62,105 16	6,769,267 72	245,325 05	241,153 08	1,216,[illegible] 50	4,850,295 95	124,210 51	90,096 04	6,769,267 72	

ÉTAT du mouvement et de la dépense extérieure des Enfants trouvés, abandonnés et orphelins pauvres, pendant l'année 1844.

DÉPARTEMENTS.	Enfants restant au 31 décembre de l'année précédente : à l'hospice	à la campagne	total	Enfants admis pendant l'année : exposés	non dans les hospices, délaissés par leurs mères	total	TOTAL GÉNÉRAL	Enfants ayant cessé d'être à la charge des départements, par suite de décès : à l'hospice	à la campagne	de retraits effectués par les parents	de toutes autres causes	total des radiations	Enfants restant le 31 décembre de l'année : à l'hospice	à la campagne	total	Nombre des journées : à l'hospice	[illegible]
Ain	3	513	516	142	"	142	658	14	50	5	48	117	5	536	541	725	[illegible]
Aisne	163	851	1,014	285	"	285	1,299	4	114	18	168	204	156	849	1,005	37,705	[illegible]
Allier	6	933	939	305	31	336	1,275	23	110	6	60	277	9	989	998	3,395	[illegible]
Alpes (Basses-)	22	474	496	36	"	36	532	1	12	12	97	122	18	392	410	6,460	[illegible]
Alpes (Hautes-)	3	301	304	11	"	11	315	3	7	12	27	49	7	259	266	2,187	[illegible]
Ardèche	6	725	731	30	"	30	761	"	39	164	23	226	1	534	535	340	[illegible]
Ardennes	1	265	266	66	"	66	332	"	46	5	19	70	2	260	262	281	[illegible]
Ariége	"	636	636	ᵇ215	"	215	851	"	58	458	"	516	"	335	335	"	[illegible]
Aube	12	411	423	173	"	173	596	19	91	17	30	157	11	428	439	5,352	[illegible]
Aude	137	863	1,000	170	7	177	1,177	25	76	21	39	161	139	877	1,016	40,993	[illegible]
Aveyron	41	1,820	1,861	415	"	415	2,276	70	203	24	128	425	29	1,821	1,850	9,790	[illegible]
Bouches-du-Rhône	230	2,523	2,753	675	31	706	3,459	172	265	73	135	645	263	2,551	2,814	67,442	[illegible]
Calvados	81	1,853	1,934	366	56	422	2,356	15	185	18	133	351	122	1,883	2,005	27,814	[illegible]
Cantal	30	593	623	178	2	180	803	39	97	40	14	190	30	577	607	18,687	[illegible]
Charente	9	1,008	1,017	195	2	197	1,214	16	76	8	45	147	15	1,052	1,067	5,795	[illegible]
Charente-Inférieure	123	654	777	274	9	283	1,060	64	79	48	49	240	106	714	820	36,036	[illegible]
Cher	98	809	907	356	"	356	1,263	112	167	9	88	376	85	802	887	32,409	[illegible]
Corrèze	3	366	369	258	"	258	647	9	62	105	21	187	3	457	460	1,084	[illegible]
Corse	38	381	419	176	16	193	612	4	181	7	00	192	37	383	420	"	[illegible]
Côte-d'Or	10	456	466	202	"	202	668	30	77	9	33	149	15	504	519	4,500	[illegible]
Côtes-du-Nord	6	734	740	156	18	174	914	3	59	25	37	124	11	779	790	4,134	[illegible]
Creuse	36	1,049	1,085	237	"	237	1,322	20	87	113	39	261	27	1,034	1,061	9,782	[illegible]
Dordogne	16	1,822	1,838	491	"	491	2,329	66	102	40	119	417	26	1,888	1,914	6,686	[illegible]
Doubs	207	101	308	103	"	103	411	2	8	1	76	87	138	86	224	44,535	[illegible]
Drôme	"	980	980	197	"	197	1,183	5	60	15	96	176	"	1,007	1,007	1,480	[illegible]
Eure	3	400	403	112	9	121	524	0	49	10	37	102	7	415	422	2,147	[illegible]
Eure-et-Loir	17	488	505	98	"	98	603	3	34	12	58	107	40	450	490	6,127	[illegible]
Finistère	7	1,307	1,306	448	27	475	1,782	10	188	70	161	428	2	1,352	1,354	1,270	[illegible]
Gard	127	750	877	193	"	193	1,070	22	114	16	55	207	122	741	863	46,330	[illegible]
Garonne (Haute-)	32	1,579	1,611	16	32	48	1,659	2	48	21	127	195	44	1,420	1,464	16,246	[illegible]
Gers	92	918	1,010	76	"	76	1,086	14	22	9	93	136	116	834	950	25,464	[illegible]
Gironde	117	2,584	2,701	974	"	974	3,675	227	465	71	138	801	137	2,617	2,764	44,157	[illegible]
Hérault	100	1,004	1,104	178	"	178	1,282	18	91	14	55	178	114	900	1,104	38,595	[illegible]
Ille-et-Vilaine	19	995	1,014	56	324	370	1,383	132	156	28	40	355	14	1,014	1,028	11,262	[illegible]
Indre	3	804	807	216	"	216	1,023	6	88	10	57	109	"	914	914	432	[illegible]
Indre-et-Loire	27	895	922	246	67	313	1,235	63	100	30	67	310	14	911	925	9,133	[illegible]
Isère	4	1,022	1,026	298	"	298	1,324	4	74	23	267	368	6	950	956	2,125	[illegible]
Jura	28	229	257	3	52	55	312	"	7	18	13	38	31	243	274	10,581	[illegible]
Landes	23	1,118	1,141	405	"	405	1,546	95	131	7	27	260	10	1,267	1,286	5,451	[illegible]
Loir-et-Cher	17	682	699	180	30	210	909	11	103	22	44	180	15	714	729	5,450	[illegible]
Loire	5	1,036	1,041	326	55	381	2,022	30	166	77	67	345	4	1,673	1,677	3,606	[illegible]
Loire (Haute-)	"	1,230	1,230	39	216	255	1,485	4	104	82	05	230	1	1,243	1,244	1,799	[illegible]
Loire-Inférieure	78	1,040	1,118	284	112	396	1,514	44	205	16	18	350	98	1,000	1,158	34,631	[illegible]
A REPORTER	1,880	39,941	41,821	9,828	1,096	10,084	52,805	1,409	4,400	1,750	3,088	10,837	2,038	30,030	41,068	689,702	[illegible]

DÉPARTEMENTS.	Dépenses extérieures : mois de nourrice et pensions	indemnités payées en exécution de l'arrêté du 30 mars 1797	frais d'inspection	autres dépenses	total	Fonds employés au payement de ces dépenses : produit des amendes et confiscations	revenus spéciaux des hospices	contingent des communes	allocation départementale : 1re section	2e section	autres ressources	total	OBSERVATIONS
	fr. c.	fr. c.	fr. c.	fr. c.	fr. c.	fr. c.	fr. c.	fr. c.	fr. c.	fr. c.	fr. c.	fr. c.	
Ain	38,293 00	909 95	500 00	"	39,703 00	1,773 80	"	"	27,600 00	7,400 00	2,929 11	39,703 00	Le payement des mois de nourrice et de pensions cesse généralement à la huitième année accomplie de l'âge des enfants.
Aisne	64,006 45	2,554 00	2,696 00	420 33	60,676 78	8,238 67	"	10,000 00	41,438 11	"	"	60,676 78	
Allier	54,393 93	"	2,000 00	1,354 40	57,593 39	"	"	3,369 39	53,224 00			57,593 39	
Alpes (Basses-)	19,615 25	"	1,200 00	"	20,815 25	1,455 30	"	"	18,361 35	"	"	20,815 25	
Alpes (Hautes-)	19,817 40	"	2,000 00	259 80	22,107 20	553 04	"	"	21,554 25	"	"	22,107 20	
Ardèche	41,435 70	250 00	1,500 00	ᵃ2,255 56	45,490 47	1,269 47	"	9,077 51	34,856 09	"	"	45,490 47	ᵃ Dans cette somme se trouve comprise une indemnité de 1,000 fr. en faveur de l'hospice-dépositaire de Privas.
Ardennes	23,477 31	746 77	2,000 00	"	26,224 08	1,417 00	"	4,872 50	19,934 58	"	"	26,224 08	
Ariége	31,254 05	"	2,763 66	"	34,017 71	357 58	"	"	33,650 53	"	"	34,017 71	
Aube	31,060 07	1,152 00	2,500 00	151 94	34,804 01	2,029 97	"	6,564 80	26,210 24	"	"	34,804 01	
Aude	49,060 17	5,457 05	2,076 00	"	57,194 12	2,802 03	"	9,500 00	44,892 09	"	"	57,194 12	ᵇ Sur ces 215 enfants, 103 sont admis aux secours temporaires.
Aveyron	95,480 00	"	1,300 00	3,250 37	100,211 02	2,603 02	"	9,179 55	88,435 45	"	"	100,211 02	
Bouches-du-Rhône	162,554 19	21,168 43	4,490 00	"	188,512 62	3,494 65	"	40,000 00	145,017 97	"	"	188,512 62	
Calvados	128,614 22	6,028 00	2,000 00	"	137,042 22	"	"	19,487 60	109,000 00	"	8,554 62	137,042 22	
Cantal	36,910 40	50 00	2,400 00	"	39,367 30	584 50	"	4,020 45	30,011 81	4,050 45	"	39,367 30	
Charente	60,553 16	2,014 00	2,600 77	"	65,258 05	1,195 00	"	13,790 00	50,271 05	"	"	65,258 05	
Charente-Inférieure	53,009 38	122 00	1,628 00	"	54,848 33	2,960 21	"	10,377 02	41,510 50	"	"	54,848 33	
Cher	59,571 80	5,350 00	1,224 22	"	66,146 02	1,675 44	"	12,371 48	50,285 05	"	1,013 15	66,146 02	
Corrèze	18,235 00	"	2,000 00	255 63	20,490 94	1,648 47	"	"	24,842 47	"	"	20,490 94	
Corse	47,504 70	2,504 00	2,700 00	"	52,708 70	3,167 90	1,547 31	3,180 49	42,300 00	"	2,504 00	52,708 70	
Côte-d'Or	42,941 53	3,326 25	700 00	154 09	47,122 87	2,000 00	"	8,000 00	32,000 00	"	5,122 87	47,122 87	
Côtes-du-Nord	52,653 36	2,049 07	"	319 79	55,023 36	2,076 56	"	3,300 00	35,866 00	6,629 00	7,031 31	55,023 36	
Creuse	56,341 17	"	2,090 84	"	58,332 01	1,154 17	"	4,800 00	51,614 00	"	2,363 84	58,332 01	
Dordogne	95,113 32	"	1,500 00	3,387 80	100,001 12	6,672 92	"	15,828 20	78,500 00	"	"	100,001 12	
Doubs	29,537 04	"	1,120 00	"	30,656 04	1,523 95	23,802 63	"	5,349 46		"	30,656 04	
Drôme	62,873 79	5,819 04	"	"	68,707 83	2,710 00	"	"	40,960 50	15,117 04	"	68,707 83	ᶜ Les journées passées à l'hospice étant payées sur les mêmes ressources que celles passées à la campagne, le nombre moyen des enfants a été établi sur la totalité de ces diverses journées.
Eure	35,662 09	3,001 00	2,400 00	"	39,518 09	3,455 62		5,614 46	30,442 81	"		39,518 09	
Eure-et-Loir	42,871 95	1,709 00	2,000 00	6,740 70	53,321 65	12,157 53	"	7,655 95	24,768 87	8,740 70	"	53,321 65	
Finistère	94,561 62	"	1,549 96	300 87	96,497 85	513 34	"	20,505 00	61,881 65	"	3,007 00	96,497 85	
Gard	54,246 35	"	2,400 00	27 00	56,976 35	2,761 31	"	10,375 59	43,840 65	"	"	56,976 35	
Garonne (Haute-)	64,204 07	"	3,944 60	"	68,148 07	"	"	17,130 40	51,017 67	"	"	68,148 07	
Gers	48,253 86	"	2,527 00	"	50,781 52	2,000 67	"	14,788 25	32,949 33	"	3 07	50,781 52	
Gironde	147,908 97	3,330 00	3,000 00	28,116 00	182,955 97	4,437 39	1,016 00	35,000 00	130,155 00	1,500 00	4,347 38	182,955 97	
Hérault	58,110 10	142 00	3,400 00	"	61,652 10	8,326 00	"	12,000 00	40,126 10	"	"	61,652 10	
Ille-et-Vilaine	61,860 39	"	381 00	"	62,241 39	1,745 85	"	"	60,495 54	"	"	62,241 39	
Indre	51,580 78	2,754 00	1,400 00	1,005 36	56,030 14	400 00	"	4,200 00	44,210 00	6,000 00	1,130 14	56,930 14	
Indre-et-Loire	65,360 57	66 80	2,000 00	"	67,425 87	2,432 28	"	14,681 08	50,312 51	"	"	67,425 87	
Isère	58,777 37	"	1,600 00	"	60,377 37	3,185 60	"	15,600 00	41,591 57	"	"	60,377 37	
Jura	16,027 22	550 00	1,500 00	256 21	18,333 43	1,330 02	"	3,020 00	13,983 41	"	"	18,333 43	
Landes	66,132 86	1,400 00	"	3,123 83	70,757 19	2,800 00	"	7,970 00	60,017 14	"	"	70,787 19	
Loir-et-Cher	60,610 00	3,300 00	2,420 00	"	66,400 00	4,321 00	"	12,000 00	47,380 00	"	2,530 00	66,400 00	
Loire	99,113 34	689 59	1,800 00	"	101,613 00	"	"	20,948 00	80,032 13	"	"	101,600 13	
Loire (Haute-)	68,345 05	"	1,500 00	"	69,845 05	820 41	"	16,702 34	56,518 00	"	1,705 30	69,845 05	
Loire-Inférieure	74,519 91	1,762 01	325 00	255 80	77,163 78	1,844 86	"	10,400 00	60,000 00	"	4,918 92	77,163 78	
A REPORTER	2,526,404 25	81,366 36	61,076 60	51,914 84	2,750,712 47	102,242 58	27,004 94	423,801 61	2,096,000 58	50,455 79	50,150 37	2,750,712 47	

DÉPARTEMENTS	ENFANTS restant le dernier jour de l'année précédente — à l'hospice	— à la campagne	— total	ENFANTS admis pendant l'année — Exposés	— Nés dans les hospices, délaissés par leurs mères	— total	TOTAL GÉNÉRAL	ENFANTS ayant cessé d'être à la charge des départements par suite — de décès à l'hospice	— de décès à la campagne	— de retraits effectués par les parents	— de toutes autres causes	— TOTAL des radiations	ENFANTS restant le dernier jour de l'année — à l'hospice	— à la campagne	— total	SOMMES ... — à l'hospice	— à la campagne
Report	1,880	39,941	41,321	9,858	1,006	10,784	59,805	1,409	4 490	1,700	3,068	10,657	2,038	39,930	41,968	688,759	[illegible]
	82	960	1,042	335	25	360	1,402	161	103	30	65	360	70	936	1,018	29,576	[illegible]
	11	448	459	84	,	84	543	5	28	13	40	86	11	446	457	3,516	[illegible]
...Garonne	58	561	619	113	,	113	732	6	18	20	84	137	50	556	595	20,877	[illegible]
		404	404	124	,	124	529	6	48	2	51	107	,	422	422	,	[illegible]
...et Loire.	30	1,392	1,422	332	144	476	1,898	22	180	24	134	386	13	1,497	1,512	9,724	[illegible]
...re	27	1,426	1,453	300	,	300	1,843	17	174	30	121	331	40	1,452	1,492	11,962	[illegible]
	44	694	738	228	32	260	998	33	135	47	55	270	43	685	728	16,785	[illegible]
... (Haute-)	1	375	376	79	,	79	455	3	33	22	34	92	1	362	363	533	[illegible]
...uve	20	1,127	1,147	225	,	225	1,372	10	92	22	95	228	21	1,128	1,149	6,916	[illegible]
...he	79	284	363	48	,	48	411	,	15	17	78	110	64	237	301	28,360	[illegible]
	87	389	476	119	1	120	596	4	73	20	52	149	73	374	447	34,296	[illegible]
...ban	55	961	1,016	144	71	215	1,231	2	75	38	102	217	3	951	954	1,172	[illegible]
...de	60	197	257	,	44	44	301	4	6	7	20	37	34	210	244	13,508	[illegible]
..	143	983	1,126	263	,	263	1,389	14	57	17	264	352	158	879	1,037	58,607	[illegible]
	41	1,545	1,586	55	1	56	1,640	6	35	39	170	250	40	1,350	1,390	13,421	[illegible]
	77	481	558	113	,	113	671	11	40	16	68	135	76	457	533	20,935	[illegible]
	82	797	829	171	1	172	1,001	9	62	18	105	184	35	782	817	11,356	[illegible]
...s Calais	,	725	725	84	,	84	807	6	41	61	66	174	,	653	653	926	[illegible]
...de Dôme	118	923	1,039	179	0	185	1,221	41	70	25	71	207	85	935	1,020	35,360	[illegible]
...ées (Basses)	29	779	806	94	,	94	902	5	32	8	87	127	32	743	775	9,408	[illegible]
...ées (Hautes)	33	765	798	119	,	119	917	0	80	10	41	105	40	772	812	17,100	[illegible]
...ées-Orientales	20	337	357	184	34	218	575	94	44	27	25	190	10	360	365	4,610	[illegible]
... (Bas)	19	485	504	113	,	113	617	5	14	41	58	118	13	480	490	5,351	[illegible]
... (Haut-)	,	166	166	77	,	77	243	,	5	13	20	38	4	201	205	1,092	[illegible]
...e	246	9,492	9,738	800	703	1,503	11,241	144	373	222	667	1,606	194	9,441	9,635	79 296	[illegible]
... (Haute)...	8	42	50	17	,	17	67	1	2	2	4	9	11	47	57	4,100	[illegible]
...et-Loire	,	1,426	1,426	347	41	388	1,814	,	175	45	50	273	,	1,541	1,541		[illegible]
...	16	1,063	1,079	230	,	230	1,309	16	53	42	117	228	10	1,071	1,081	2,533	[illegible]
....	246	13,047	13,293	2,552	1,671	4,223	17,516	1,120	1,519	192	1,230	4,370	277	12,869	13,146	191,031	[illegible]
...-Inférieure	248	1,152	1,400	833	2	835	2,235	428	223	68	170	898	201	1,076	1,337	38,484	[illegible]
...et-Marne	25	124	149	104	,	104	253	9	30	8	31	78	25	150	175	10,230	[illegible]
...et Oise	23	265	288	109	3	112	380	1	50	20	9	80	29	252	281	4,361	[illegible]
... (Deux)	123	886	1,009	137	7	144	1,153	13	57	30	24	124	116	913	1,029	42,397	[illegible]
...ne	21	626	647	137	,	137	784	6	84	42	59	182	17	585	602	6,271	[illegible]
...	71	1,026	1,097	152	230	382	1,459	17	123	51	72	263	67	1,124	1,191	16,549	[illegible]
...et-Garonne	19	458	477	164	9	173	647	36	60	17	25	138	11	488	499	4,735	[illegible]
	79	900	979	245	14	250	1,238	143	22	6	161	330	66	840	906	22,513	[illegible]
...luse	10	1,130	1,140	272	,	272	1,421	86	112	29	74	301	23	1,097	1,129	9,259	[illegible]
...ée	29	911	940	167	1	168	1,108	11	60	14	76	160	38	910	948	12,281	[illegible]
...ne		1,015	1,015	210	,	210	1,225	27	42	24	54	147	,	1,078	1,038	,	[illegible]
...ne (Haute)...	49	1 259	1,308	315	39	354	1,662	79	156	15	83	353	55	1,264	1,329	25,553	[illegible]
...ges	17	107	124	91	,	91	215	2	3	51	10	66	17	132	149	6,750	[illegible]
...ne	,	689	689	171	,	171	840	,	96	25	78	199	,	641	641	5,296	[illegible]
TOTAUX	4,150	92,722	96,852	20,592	4,178	24,770	121,658	4,120	9,686	4,256	8,066	25,138	4,209	93,305	96,514	1,453 868	[illegible]

DÉPARTEMENTS	DÉPENSES EXTÉRIEURES — Mois de nourrices et pensions	— Indemnités payées en exécution de l'arrêté du 30 ventôse an V	— Frais d'inspection	— Autres dépenses	— TOTAL	FONDS EMPLOYÉS AU PAYEMENT DE CES DÉPENSES — Produit des amendes et confiscations	— Revenus spéciaux des hospices	— Contingent des communes	— Allocation départementale 1re section	— Allocation départementale 2e section	— Autres ressources	— TOTAL	OBSERVATIONS
	fr. c.	fr. c.	fr. c.	fr. c.	fr. c.	fr. c.	fr. c.	fr. c.	fr. c.	fr. c.	fr. c.	fr. c.	
Report	2,636,464 26	81,253 36	81,070 01	51,914 84	2,750,712 47	202,262 66	27,054 24	423,801 01	2,006,966 56	50,486 70	30,160 87	2,750,712 47	
	56,110 93	9,071 03	2,500 00	2,454 00	68,136 56	2,358 77		10,058 76	47,609 03	7,000 00		68,136 56	
	28,206 70	,	2,366 50	305 74	30,902 94	1,002 88		,	29,154 07	205 30		30,902 94	
...Garonne	36,044 03	,	2,800 00	,	39,744 03	2,036 81			37,707 22	,	,	39,744 03	
	30,119 35	1,010 00	1,500 00	* 8,842 94	40,406 29	1,070 91	,		30,000 00	,	425 33	40,406 29	* Dans cette somme figure une indemnité de 5,000 francs en faveur de l'hospice dépositaire de Mende.
...et Loire.	118,654 41	2,150 00	,	3,817 90	124,452 31	7,100 00	,	24,832 27	92,520 04	,		124,452 31	
...re	119,201 31	2,320 00	,	1,045 88	122,565 19	1,655 43	,	20,000 00	100,907 74	,		122,565 19	
	61,027 92	324 00	,	,	61,351 92	4,120 02	21 24		47,805 92	9,338 19		61,331 92	
... (Haute-)	24,907 04	,	,		24,907 04	4,025 90	,	4,004 21	16,376 83	,		24,907 04	
...uve	86,895 11	,	342 00	,	87,238 01	541 00	,		66,301 72	16,200 00	3,894 99	87,238 01	
...he	17,308 36	,	400 00	,	17,798 36	2,186 61		10,000 00	5,611 75	,		17,798 36	
	30,330 81	1,234 04	1,600 00	,	33,065 85	2,568 84	,	6,440 00	23,505 01	,	,	33,065 85	
...ban	66,213 50	,	,	557 08	66,771 78	1,417 70		12,000 00	53,364 08	,	,	66,771 78	
...de	15,616 09	1,003 00	2,183 00	966 86	19,916 36	2,139 33			14,227 00	3,552 00		19,916 36	
..	46,296 10	626 97	1,470 00	,	48,569 07	1,096 00	,	16,016 93	28,868 24	,	75 00	48,569 07	
	98,464 64	117 70	3,400 00	885 18	103,866 86	4 882 54		19,021 51	78,480 00	,	725 75	103,866 86	
	41,074 79	,	2,000 00	,	46,074 79	2,072 12	,	9,366 48	33,736 19	,	,	46,074 79	
	62,702 42	6,659 00	1,573 57	536 00	71,403 08	2,046 20	,	,	57,984 00	10,330 36	,	71,403 08	
...s Calais	53,174 67	1,690 00	1,320 00	490 06	56,612 63	5,415 95		28,149 76	28,046 92	,	,	56,612 63	
...de Dôme	51,168 20	,	1,800 00	,	52,968 20	2,986 40	,	,	49,981 80			52,968 20	
...ées (Basses)	38,776 77	120 00	60 00	,	38,956 77	1,054 41	,	,	37,902 36	,	,	38,956 77	
...ées (Hautes)	41,007 93	800 00	1,500 00	,	43,307 93	1,371 03	,	6,927 65	34,958 25	,		43,307 93	
...ées-Orientales	24,088 41	,	1,470 00	,	25,558 41	1,504 21		1,864 98	22,129 22	,		25,558 41	
... (Bas)	41,485 51	2,264 00	2,400 00	,	46,099 51	2 30	28,216 01	16,000 00	5,000 00	,	481 00	46,099 51	
... (Haut-)	15,608 15	1,156 40	800 00	,	16,864 55	3,051 59		2,634 29	10,978 67	,		16,864 55	
...e	415,000 00	20,000 00	9,865 00	35,718 40	480,578 40	3,000 00	10,713 90	282,000 00	135,808 57	30,496 43	559 44	480,578 40	
... (Haute)...	4,549 42	,	,	42 00	4,591 42	4,591 42			,			4,591 42	
...et-Loire	121,164 08	,	3,069 15	1,004 85	125,538 18	3,079 00	,	23,005 70	99,452 34	,		125,538 18	
...	65,156 87	667 19	2,008 00	2,162 50	69,988 57	2,338 92	,	,	59,200 00	7,054 65	-	69,988 57	
....	1,184,581 38	57,230 00	70,023 45	,	1,311,834 83	23,185 97	142,035 84	290,410 00	910,600 00	,		1,311,834 83	
...-Inférieure	95,306 66	7,216 80	8,542 20	,	111,063 46	4,033 58	,	20,317 03	86,617 75		95 10	111,063 46	
...et-Marne	11,318 39	273 00	245 53	,	11,831 64	2,642 49		2,842 92	6,345 43	,		11,831 64	
...et Oise	26,580 43	,	,	809 55	27,418 98	3,372 17		4,503 05	19,153 81	,	,	27,418 98	
... (Deux)	65,460 62	2,050 00	1,000 00	540 00	69,100 62	1,540 06	,	6,000 00	49,221 35	4,650 00	7,702 21	69,100 62	
...ne	44,210 90	3,700 00	3,400 00	,	51,300 90	8,219 75	,	7,308 00	37,995 94	2,391 21	,	51,300 90	
...	70,430 29	3,856 80	2,810 00	,	76,637 09	1,447 07	,	14,770 81	60,418 21		,	76,637 09	
...et-Garonne	38,620 00	,	,	737 50	39,357 50	581 80		,	29,970 45	7,850 00	526 16	39,357 50	
	47,619 14	4,587 33	2,500 00	1,431 24	56,057 91	429 24		28,774 95	26,853 72	,		56,057 91	
...luse	76,316 21	,	2,400 00	1,576 53	80,292 74	,	,	31,161 81	45,598 81		3,532 12	80,292 74	
...ée	54,128 25	,	2,000 00	536 20	56,664 45	1,505 56		6,900 00	47,000 00	1,558 89		56,664 45	
...ne	57,472 49	,	2,230 00	,	59,702 49	2,011 55		10,000 00	47,664 10		26 84	59,702 49	
...ne (Haute)...	65,916 40	,	306 55	323 75	66,987 16	895 70		12,340 00	53,791 65	,	1,959 81	66,987 16	
...ges	14,161 39	,	,	,	14,161 39	2,620 00		,	11,540 39			14,161 39	
...ne	49,108 66	,	4,876 45	,	53,985 04	3,466 12	,	18,056 25	32,841 84	,	,	53,985 04	
TOTAUX	6,250,938 51	215,053 58	227,704 37	116,306 65	6,806,933 01	299,536 47	214,841 99	1,304,401 01	4,828,156 72	161,010 30	70,506 40	6,806,933 01	

État du mouvement et de la dépense extérieure des enfants trouvés, abandonnés et orphelins pauvres, pendant l'année 1845.

DÉPARTEMENTS	ENFANTS restant le dernier jour de l'année précédente — à l'hospice	à la campagne	TOTAL	ENFANTS admis pendant l'année — Exposés	Nés dans les hospices, délaissés par leurs mères	TOTAL	TOTAL GÉNÉRAL	ENFANTS ayant cessé d'être à la charge des départements par suite de décès — à l'hospice	à la campagne	de remises effectuées par les parents	de toutes autres causes	TOTAL des radiations	ENFANTS restant au dernier jour de l'année — à l'hospice	à la campagne	TOTAL	NOMBRE DE JOURNÉES — à l'hospice	à la campagne
Ain	5	536	541	160	"	160	701	12	37	10	35	97	9	595	604	3,237	[illegible]
Aisne	156	849	1,005	316	"	316	1,321	17	95	43	150	305	100	920	1,016	65,365	[illegible]
Allier	9	989	998	347	9	356	1,354	76	129	11	92	307	4	1,043	1,047	1,360	[illegible]
Alpes (Basses-)	18	392	410	22	"	22	432	"	18	16	76	110	10	312	322	3,180	[illegible]
Alpes (Hautes-)	7	311	318	37	"	37	355	"	19	17	20	62	8	285	293	9,096	[illegible]
Ardèche	1	584	585	25	"	25	610	"	18	17	21	56	"	504	504	169	[illegible]
Ardennes	2	260	262	60	"	60	322	1	[illegible]	8	17	61	4	257	261	1,316	[illegible]
Ariège ¹	"	335	335	273	17	290	625	"	47	"	173	220	"	405	405	"	[illegible]
Aube	11	428	439	165	"	165	604	12	78	30	71	196	18	388	406	6,154	[illegible]
Aude	139	877	1,016	120	"	120	1,136	30	57	14	47	148	110	880	988	46,157	[illegible]
Aveyron	29	1,821	1,850	324	"	324	2,174	77	146	67	170	462	40	1,672	1,712	12,420	[illegible]
Bouches-du-Rhône	263	2,551	2,814	720	50	770	3,584	130	291	74	225	720	212	2,652	2,864	73,605	[illegible]
Calvados	122	1,882	2,004	364	36	400	2,404	30	162	28	140	360	144	1,900	2,044	90,780	[illegible]
Cantal	30	577	607	220	2	222	829	51	84	18	28	181	43	605	648	18,977	[illegible]
Charente	15	1,052	1,067	220	1	221	1,288	28	65	10	50	163	8	1,117	1,125	5,678	[illegible]
Charente-Inférieure	106	714	820	310	"	310	1,130	62	83	18	48	211	88	833	919	40,748	[illegible]
Cher	85	892	977	340	"	340	1,317	107	134	11	85	337	72	908	980	26,384	[illegible]
Corrèze	3	457	460	265	"	265	725	5	54	133	9	201	6	521	527	1,300	[illegible]
Corse	37	383	420	178	7	185	605	6	80	10	27	132	32	441	473	"	[illegible]
Côte-d'Or	15	504	519	232	"	232	751	81	50	12	56	187	22	542	564	5,887	[illegible]
Côtes-du-Nord	11	779	790	153	24	177	967	6	60	35	38	139	10	818	828	5,180	[illegible]
Creuse	27	1,034	1,061	282	"	282	1,343	21	78	68	60	221	15	1,106	1,122	9,160	[illegible]
Dordogne	24	1,988	2,012	455	"	455	2,467	44	199	45	5	293	43	2,031	2,074	11,741	[illegible]
Doubs	136	105	240	108	"	108	354	0	8	"	96	110	144	101	244	45,420	[illegible]
Drôme	"	1,007	1,007	128	34	162	1,169	1	55	37	60	150	"	1,010	1,010	1,349	[illegible]
Eure	9	415	424	126	8	134	558	10	32	9	50	121	6	431	437	2,557	[illegible]
Eure-et-Loir	31	465	496	115	"	115	611	4	30	20	65	134	40	437	477	11,191	[illegible]
Finistère	2	1,352	1,354	334	20	354	1,708	17	44	148	78	281	"	1,427	1,427	848	[illegible]
Gard	32	740	772	268	"	268	1,040	16	145	12	54	227	32	781	813	12,223	[illegible]
Garonne (Haute-)	44	1,475	1,519	168	"	168	1,687	10	23	27	232	290	59	1,338	1,397	17,211	[illegible]
Gers	116	884	980	30	1	30	1,010	22	21	5	78	127	145	736	881	30,430	[illegible]
Gironde	137	2,647	2,784	965	"	965	3,749	219	478	85	266	1,048	141	2,560	2,701	23,616	[illegible]
Hérault	30	1,005	1,035	171	"	171	1,206	0	85	13	68	180	29	997	1,026	12,418	[illegible]
Ille-et-Vilaine	14	1,014	1,028	75	285	360	1,388	80	161	24	36	330	17	1,041	1,058	9,889	[illegible]
Indre	"	914	914	51	140	191	1,105	"	99	19	67	185	"	920	920	467	[illegible]
Indre-et-Loire	14	911	925	263	79	342	1,267	57	100	20	69	246	15	1,006	1,021	6,000	[illegible]
Isère	0	956	956	305	"	305	1,261	6	90	83	176	255	10	998	1,006	2,701	[illegible]
Jura	31	243	274	"	52	52	326	1	8	26	20	55	33	238	271	11,368	[illegible]
Landes	30	1,256	1,286	457	"	457	1,743	63	113	16	53	245	26	1,472	1,498	7,295	[illegible]
Loir-et-Cher	15	714	729	193	22	215	944	10	97	17	60	192	14	738	752	4,720	[illegible]
Loire	4	1,473	1,477	512	48	560	2,037	40	106	58	86	360	8	1,669	1,677	3,377	[illegible]
Loire (Haute-)	1	1,243	1,244	21	230	251	1,495	9	90	166	87	352	1	1,142	1,143	1,806	[illegible]
Loire-Inférieure	98	1,060	1,158	235	102	337	1,495	56	199	17	72	345	94	1,055	1,149	35,991	[illegible]
À REPORTER	1,557	40,081	41,638	9,945	1,167	11,112	53,800	1,613	4,145	1,455	5,240	16,414	1,917	40,719	43,588	568,390	[illegible]

DÉPARTEMENTS	DÉPENSES EXTÉRIEURES — Mois de nourrices et pensions	Indemnités payées en exécution de l'arrêté du 29 mars 1797	Frais d'inspection	Autres dépenses	TOTAL	FONDS EMPLOYÉS AU PAYEMENT DE CES DÉPENSES — Produit des amendes et confiscations	Revenus spéciaux des hospices	Contingent des communes	Allocation départementale 1re section	2e section	Autres ressources	TOTAL	OBSERVATIONS
	fr. c.	fr. c.	fr. c.	fr. c.	fr. c.	fr. c.	fr. c.	fr. c.	fr. c.	fr. c.	fr. c.	fr. c.	
Ain	44,085 30	"	600 00	882 25	45,467 45	2,844 90	"	"	34,007 07	8,224 49	"	45,467 45	
Aisne	51,260 64	2,756 00	2,061 00	728 40	57,375 24	3,334 88	"	10,000 00	44,030 40	"	"	57,375 34	
Allier	55,310 05	"	1,600 00	4,709 37	59,229 82	"	"	7,302 82	52,926 00	"	"	59,229 82	
Alpes (Basses-)	18,081 48	1,518 60	1,200 00	"	21,619 48	1,144 50	"	"	20,475 48	"	"	21,619 48	
Alpes (Hautes-)	17,878 98	"	1,500 00	151 06	19,527 94	563 08	"	"	19,464 26	"	"	19,527 94	
Ardèche	25,889 37	50 00	1,500 00	*4,600 37	31,538 74	1,063 50	"	9,570 00	28,504 58	"	"	31,538 74	* Dans cette somme figure une indemnité de 3,000 francs en faveur de l'hospice dépositaire de Privas.
Ardennes	23,032 64	782 37	2,000 00	169 79	26,004 10	3,220 22	"	2,301 88	20,412 50	"	"	26,004 10	
Ariège	25,983 02	"	1,600 00	364 30	26,027 32	204 02	"	"	25,823 70	"	"	26,027 32	
Aube	33,195 79	1,511 83	2,300 00	207 79	33,364 05	2,029 02	"	6,240 06	25,094 05	"	"	33,364 05	
Aude	55,271 17	3,767 78	2,535 00	"	60,964 92	7,187 57	"	10,530 00	40,000 00	"	3,237 33	60,964 92	
Aveyron	94,461 00	"	1,300 00	5,517 42	101,218 42	1,681 25	"	9,344 40	90,189 77	"	"	101,218 42	
Bouches-du-Rhône	171,554 37	23,410 94	4,710 00	"	199,881 31	3,230 02	712 13	46,000 00	138,710 00	"	11,338 54	199,881 31	
Calvados	135,884 30	9,288 00	2,000 00	"	147,172 09	6,072 13	"	10,304 61	111,151 37	"	9,994 00	147,172 09	
Cantal	38,203 95	"	1,200 00	1,031 25	40,435 10	510 16	"	3,787 00	33,178 33	2,875 06	"	40,465 10	
Charente	62,432 66	3,018 00	2,000 00	361 07	68,384 95	1,000 00	"	13,650 00	53,726 55	"	"	68,383 95	
Charente-Inférieure	65,601 21	118 35	2,324 40	"	60,243 80	4,033 76	"	12,442 01	40,500 00	"	465 07	60,243 80	
Cher	60,357 91	4,250 00	1,307 16	"	65,585 09	555 20	"	12,946 98	51,784 00	"	"	65,585 09	
Corrèze	29,111 81	"	2,000 00	2,345 92	33,457 55	2,256 00	"	"	31,200 54	"	"	33,457 55	
Corse	50,017 84	704 00	3,000 00	"	53,841 84	1,219 99	1,258 65	3,749 51	47,527 71	"	"	53,841 84	
Côte-d'Or	47,850 94	3,351 45	790 00	105 95	51,374 57	1,708 00	"	9,034 87	39,789 50	"	"	51,374 57	
Côtes-du-Nord	45,982 24	1,917 70	"	341 32	52,181 36	505 00	"	5,009 00	46,408 36	4,660 00	"	52,181 36	
Creuse	55,381 61	"	2,030 00	"	55,381 61	1,306 05	"	4,036 42	49,340 13	1,619 00	"	55,381 61	
Dordogne	104,713 03	"	5,283 47	"	109,996 40	5,313 79	"	17,258 61	87,469 00	"	"	109,996 40	
Doubs	27,356 92	456 00	1,117 00	"	29,132 92	2,175 78	20,350 40	"	2,568 72	"	4,107 02	29,132 92	
Drôme	61,513 19	5,533 42	1,191 57	"	68,043 28	3,491 24	"	12,150 00	41,302 04	12,000 00	"	68,043 28	
Eure	38,224 51	3,526 00	2,400 00	"	40,150 51	5,120 61	"	3,380 00	32,772 00	"	"	40,150 51	
Eure-et-Loir	46,329 43	2,300 00	2,006 00	18,005 07	58,530 08	3,813 08	"	8,000 00	41,718 33	5,006 67	"	58,530 08	
Finistère	97,522 17	"	2,660 00	1,339 60	101,296 86	1,041 22	"	30,057 30	67,500 00	"	2,018 34	101,296 86	
Gard	54,612 04	"	2,400 00	210 24	58,822 88	1,330 34	"	11,107 10	46,315 84	"	"	58,822 88	
Garonne (Haute-)	55,351 67	"	3,118 00	"	58,470 67	12,049 95	"	4,728 21	36,381 81	"	510 00	55,470 67	¹ Le nombre moyen des enfants a été calculé à l'aide du total des journées, en raison des circonstances spéciales à ce département.
Gers	46,136 40	"	2,360 00	317 92	48,634 32	1,945 31	"	14,653 42	30,035 59	"	"	46,631 32	
Gironde	164,178 03	1,300 00	5,000 00	23,497 78	174,475 81	5,836 27	6 00	33,444 42	133,000 00	1,421 60	777 72	174,475 81	
Hérault	52,054 17	459 00	3,750 00	"	56,264 17	"	"	10,300 70	46,063 47	"	"	56,264 17	
Ille-et-Vilaine	62,450 05	"	1,181 28	396 16	64,028 35	1,050 30	"	5,550 00	55,478 05	1,000 00	"	64,028 35	
Indre	55,126 15	2,338 00	1,600 00	6,771 24	65,390 49	"	"	16,000 00	48,079 24	"	3,615 25	65,390 49	
Indre-et-Loire	65,057 27	57 00	3,278 00	"	73,067 27	1,090 64	"	15,294 00	52,100 00	"	4,222 53	73,067 27	
Isère	50,217 10	"	1,060 00	1,178 00	54,005 10	3,357 09	"	12,401 00	38,290 41	"	"	54,035 10	
Jura	13,054 80	100 00	1,500 00	297 81	15,151 85	"	"	3,205 87	11,942 98	"	"	15,151 85	
Landes	75,600 04	1,060 00	"	2,892 08	81,182 94	1,615 81	"	13,204 91	57,062 45	"	9,299 77	81,182 94	
Loir-et-Cher	61,120 41	3,550 00	1,400 00	676 00	67,183 41	1,054 04	"	[illegible]	47,500 00	9,000 00	9,620 37	67,183 41	
Loire	98,328 70	150 00	1,010 00	714 30	100,512 26	1,834 32	"	21,400 00	77,377 94	"	"	100,512 26	
Loire (Haute-)	57,143 62	"	1,560 00	1,000 00	60,045 65	1,025 88	"	17,036 32	38,948 08	1,060 00	1,085 50	60,045 65	
Loire-Inférieure	74,414 31	2,748 37	360 00	253 83	77,778 93	2,107 00	"	10,000 00	62,572 00	"	2,209 90	77,778 93	
À REPORTER	2,516,578 83	86,905 00	86,294 07	76,528 88	2,790,537 68	103,044 83	22,011 18	443,684 34	2,110,734 26	48,747 12	63,705 33	2,790,537 68	

R.

…RTEMENTS	ENFANTS restant au premier jour de l'année précédente: à l'hospice	à la campagne	total	ENFANTS admis pendant l'année: Exposés	Remis dans les hospices, délaissés par leurs mères	total	TOTAL GÉNÉRAL	ENFANTS ayant cessé d'être à la charge des départements par suite de décès: à l'hospice	de décès: à la campagne	de retraits effectués par les parents	de toutes autres causes	total des radiations	ENFANTS restant au dernier jour de l'année: à l'hospice	à la campagne	total	NOMBRE de journées de séjour: à l'hospice	à la campagne	[illegible]	DÉPENSES EXTÉRIEURES: mois de nourrice et pensions	indemnités payées en exécution de l'arrêté du 30 ventôse an V	frais d'inspection	autres dépenses	total	FONDS EMPLOYÉS AU PAYEMENT DE CES DÉPENSES: produit des amendes et condamnations	revenus spéciaux des hospices	contingent des communes	allocation départementale: 1re section	2e section	autres ressources	total	OBSERVATIONS
Report…	1,857	40,081	41,938	9,045	1,167	11,112	53,050	1,415	4,345	1,466	3,300	10,614	1,917	40,710	42,636	656,300	14,571,200	[illegible]	2,536,774 83	80,305 00	86,224 97	76,698 38	2,790,037 08	103,044 55	22,041 13	443,654 84	2,116,724 85	40,747 12	63,795 33	2,790,037 08	
…	70	996	1,013	355	28	380	1,800	147	157	25	108	437	74	883	962	27,368	301,110	[illegible]	66,604 47	3,578 03	2,300 00	3,855 36	70,367 84	2,120 15	»	13,047 15	51,591 54	3,600 00	»	70,367 84	
…	11	446	457	77	»	77	534	1	10	9	56	76	21	428	449	5,475	162,712	[illegible]	20,230 73	»	2,164 00	»	25,396 42	1,472 86	»	»	26,222 56	»	»	25,396 42	
…Garonne	50	550	600	125	»	125	720	»	24	27	89	140	51	530	580	10,241	200,230	[illegible]	44,055 23	250 00	2,800 00	»	47,105 23	3,747 05	»	»	37,841 35	5,816 80	»	47,105 23	
…	»	423	423	100	»	100	523	4	27	4	38	73	»	449	449	»	161,861	[illegible]	30,023 96	1,174 00	1,500 00	1,132 45	33,830 40	894 66	»	»	33,435 74	»	»	33,830 40	
…Loire	15	1,497	1,512	323	136	459	1,971	36	104	24	125	289	23	1,567	1,590	6,164	548,375	[illegible]	124,039 66	2,050 00	1,874 98	4,011 18	132,855 81	3,550 08	»	25,872 00	102,485 00	»	915 76	132,855 84	
…	40	1,452	1,492	225	4	229	1,721	35	155	53	134	377	36	1,378	1,414	14,681	506,834	[illegible]	112,136 75	5,788 00	»	3,839 64	121,808 29	7,662 27	»	26,000 00	92,811 02	»	»	121,803 29	
…	40	685	725	208	40	248	973	22	115	34	61	232	18	723	741	8,390	233,819	[illegible]	65,350 98	774 00	»	1,519 03	67,674 01	5,331 17	»	»	51,342 84	11,000 00	»	67,674 01	
…(Haute-)	1	362	363	93	»	93	456	2	38	11	34	85	8	363	371	437	131,954	[illegible]	24,436 62	918 72	1,473 33	»	26,828 67	2,597 11	»	2,653 80	21,577 72	»	»	26,828 67	
…	21	1,123	1,144	267	»	267	1,411	20	144	21	62	247	15	1,149	1,164	7,323	393,782	[illegible]	85,719 79	»	»	300 14	87,118 86	683 04	»	10,300 00	67,200 00	»	3,035 29	87,118 86	
…	64	237	301	54	»	54	355	2	12	16	55	85	72	198	270	20,312	65,762	[illegible]	15,096 90	»	400 00	»	15,496 99	1,846 80	»	8,000 00	5,650 19	»	»	15,496 99	
…	73	374	447	102	»	102	549	9	52	18	48	127	60	362	422	22,273	155,668	[illegible]	28,274 13	630 73	1,600 00	66 94	31,768 80	»	»	6,555 36	22,305 60	»	2,757 62	31,768 80	
…	»	911	911	174	50	224	1,135	6	83	28	88	205	»	930	930	501	333,117	[illegible]	66,023 40	»	»	405 02	66,518 42	1,307 47	»	12,000 00	53,129 75	»	»	66,518 42	
…	30	283	313	88	»	88	407	2	8	34	75	110	30	255	256	6,443	98,390	[illegible]	16,296 23	1,005 00	2,400 00	1,196 35	20,827 58	2,251 05	»	»	14,860 51	3,715 12	»	20,827 58	
…	156	879	1,035	235	»	235	1,302	11	34	8	325	378	81	533	614	44,195	343,395	[illegible]	43,175 29	1,328 65	1,400 00	230 00	46,329 14	2,294 20	89 70	10,917 72	23,027 52	»	»	46,329 14	
…	42	1,379	1,421	188	»	188	1,609	4	48	37	259	348	42	1,219	1,261	14,300	455,740	[illegible]	85,770 56	158 41	3,400 00	855 77	90,184 73	2,304 15	»	17,373 60	70,295 64	»	11 15	90,184 73	
…	76	487	563	118	»	118	681	10	45	22	60	137	66	446	514	36,092	161,712	[illegible]	42,762 81	»	2,000 00	»	44,762 81	2,038 44	»	9,400 00	32,323 97	»	»	44,762 81	
…	86	732	817	175	1	174	991	8	51	18	141	218	26	747	773	9,056	273,580	[illegible]	61,977 85	6,070 00	1,500 00	1,584 76	71,582 61	7,756 17	»	»	54,800 00	8,976 44	»	71,582 01	
…dos	»	703	703	139	»	139	842	1	34	45	108	188	»	658	658	1,385	237,374	[illegible]	45,761 77	3,042 00	600 00	173 37	49,577 14	»	»	11,476 50	36,100 25	»	»	49,577 14	
…Dôme	85	935	1,020	100	10	170	1,190	16	38	22	64	140	106	904	1,010	41,560	350,021	[illegible]	50,765 54	»	1,800 00	»	52,565 54	5,020 15	»	»	47,545 39	»	»	52,565 54	
…(Basses-)	32	743	775	154	»	154	929	9	24	7	78	118	50	752	811	13,544	359,696	[illegible]	38,345 25	480 00	500 00	»	39,328 25	1,057 93	»	»	38,470 82	»	»	39,328 25	
…(Hautes-)	40	772	812	106	47	153	965	8	22	13	6	44	55	856	921	18,909	322,520	[illegible]	40,720 85	2,084 00	1,500 00	»	45,210 85	1,422 81	»	6,783 46	34,000 00	»	2,004 56	45,210 85	
…Orientales	16	360	365	247	30	277	671	126	60	85	24	295	15	361	376	8,749	178,430	[illegible]	24,535 53	50 00	1,500 00	100 00	26,185 53	1,170 49	»	1,853 00	23,082 71	»	70 63	26,185 53	
…s-)	15	485	500	119	»	119	618	3	18	37	50	108	14	400	414	5,972	176,298	[illegible]	40,042 13	2,387 00	2,400 00	»	45,729 13	2,283 44	36,445 69	3,500 00	3,500 00	»	»	45,729 13	a La dépense des journées à l'hospice, comme de celles passées à la campagne, étant acquittée de la même manière, le nombre moyen des enfants a été calculé sur la totalité de ces journées réunies.
…(Haut-)	4	201	205	107	»	107	312	2	4	19	27	52	2	258	260	1,623	90,800	[illegible]	17,844 55	1,446 22	800 00	458 25	20,344 07	3,410 57	»	3,306 30	13,227 20	399 50	»	20,344 07	
…	194	9,441	9,635	712	666	1,378	11,013	112	650	212	704	1,678	58	9,277	9,335	39,897	3,767,366	[illegible]	443,137 41	13,277 30	4,147 45	»	460,562 22	5,000 00	8,953 17	267,000 00	136,825 21	42,773 79	»	460,562 22	
…(Haute-)	11	47	58	13	»	13	71	»	»	1	8	9	13	49	62	3,896	16,246	[illegible]	5,083 71	»	»	»	5,083 71	5,083 71	»	»	»	»	»	5,083 71	
…Loire	»	1,541	1,541	342	»	342	1,883	»	201	60	82	343	»	1,531	1,531	»	560,377	[illegible]	121,757 27	60 00	2,580 30	1,097 30	125,494 87	4,396 33	»	25,420 81	92,877 35	2,601 38	»	125,494 87	
…	10	1,071	1,081	230	»	230	1,311	11	70	20	44	150	7	1,154	1,161	2,810	395,658	[illegible]	70,784 34	2,028 85	2,000 00	»	75,283 19	1,943 50	»	10,200 00	60,000 00	»	3,139 30	75,283 19	
…	277	12,869	13,146	2,642	1,654	4,296	17,442	1,130	1,757	194	1,324	4,405	270	12,767	13,037	105,417	4,698,650	[illegible]	1,013,973 58	56,080 00	62,525 66	»	1,132,091 35	33,414 49	»	219,735 87	878,941 48	»	»	1,132,091 34	
…férieure	251	1,076	1,327	853	»	853	2,180	415	215	84	105	825	255	1,090	1,345	87,107	363,832	[illegible]	98,052 78	8,358 16	3,000 00	6,005 25	113,116 15	4,515 46	»	21,720 14	86,880 54	»	»	113,116 14	
…Marne	25	150	175	70	2	72	247	8	84	7	27	76	31	140	171	10,188	52,801	[illegible]	11,429 17	336 05	620 51	»	12,776 73	3,744 55	»	110 61	8,921 57	»	»	12,776 73	
…Oise	29	258	287	106	1	107	304	3	62	54	21	140	25	220	250	10,267	89,855	[illegible]	27,241 49	1,000 00	1,000 00	»	29,241 49	5,093 36	»	5,693 00	16,455 11	»	»	29,241 49	
…Deux)	116	913	1,029	203	19	222	1,251	6	55	26	36	123	112	1,016	1,128	37,968	339,516	[illegible]	69,515 30	2,456 00	1,000 00	497 40	73,466 79	5,136 70	»	6,000 00	52,720 50	6,182 00	3,424 39	73,466 79	
…	17	585	602	124	»	124	726	2	65	50	48	161	26	549	575	7,381	201,013	[illegible]	45,105 71	3,398 00	2,500 00	900 00	49,703 71	3,226 74	»	6,935 34	35,957 63	3,000 00	»	49,703 71	
…	54	1,127	1,181	321	»	321	1,502	27	121	175	15	338	41	1,120	1,161	16,008	359,501	[illegible]	74,258 17	2,000 00	1,500 00	720 00	78,473 27	1,082 25	»	15,351 02	61,440 00	»	»	78,473 27	
…Garonne	11	498	509	123	16	139	648	92	53	31	29	135	15	498	513	6,787	156,622	[illegible]	40,516 45	»	778 00	611 05	41,905 00	418 00	»	»	30,000 00	7,700 00	3,787 85	41,905 00	
…	66	833	899	252	18	270	1,169	139	41	12	140	312	61	796	857	22,303	265,398	[illegible]	50,326 70	4,249 92	2,183 33	4,062 28	61,023 23	2,025 63	»	25,474 00	32,616 51	»	»	61,023 23	
…	42	1,078	1,120	108	103	211	1,331	30	115	22	88	255	45	1,033	1,078	9,181	374,923	[illegible]	71,634 09	»	2,400 00	3,443 58	77,477 67	5,473 96	»	18,426 80	50,577 30	»	»	77,477 67	
…	38	910	948	163	1	164	1,112	10	61	23	60	154	13	945	958	6,015	358,097	[illegible]	56,073 65	»	2,000 00	597 52	58,671 34	709 05	»	6,000 00	48,361 59	3,600 00	»	58,671 34	
…	51	1,026	1,077	233	»	233	1,310	28	87	28	57	200	57	1,053	1,110	16,348	416,507	[illegible]	56,035 26	»	1,800 00	818 50	58,653 76	»	»	10,000 00	34,052 54	14,601 22	»	58,653 76	b Ce chiffre ne s'applique qu'aux enfants au-dessous de dix ans. A cet âge il n'est plus payé de mois de pension.
…(Haute-)	53	1,264	1,320	302	87	443	1,772	60	148	43	117	303	76	1,303	1,379	28,139	467,381	[illegible]	70,199 05	»	543 95	818 91	71,562 81	720 72	»	13,826 00	56,797 70	»	218 30	b 71,562 81	
…	17	132	149	127	»	127	276	1	7	46	9	63	13	198	211	5,431	65,615	[illegible]	16,022 00	50 00	»	»	16,072 00	2,011 95	»	»	14,060 11	»	»	16,072 06	
…	»	641	641	197	»	197	838	»	125	17	57	199	»	636	636	1,300	229,780	[illegible]	47,301 36	120 00	2,000 00	2,728 90	52,059 26	4,249 03	»	9,857 38	38,542 85	»	»	52,659 26	
TOTAL……	5,071	92,509	96,580	21,150	4,083	25,230	121,810	3,028	9,464	8,192	8,447	25,031	3,910	92,878	96,788	1,300,526	[illegible]	[illegible]	6,191,315 44	120,606 50	212,017 17	118,280 71	6,673,015 62	256,341 04	66,129 74	1,290,808 45	4,515,342 51	160,711 37	63,790 31	6,673,015 62	

ÉTAT du mouvement et de la dépense extérieurs des Enfants trouvés, abandonnés et orphelins pauvres, pendant l'année 1846.

DÉPARTEMENTS	Enfants restant le dernier jour de l'année précédente: à l'hospice	à la campagne	total	Enfants admis pendant l'année: exposés	nés dans les hospices, délaissés par leurs mères	total	TOTAL GÉNÉRAL	Enfants ayant cessé d'être à la charge des départements par suite: de décès à l'hospice	de décès à la campagne	de retraits effectués par les parents	de toutes autres causes	total des radiations	Enfants restant le dernier jour de l'année: à l'hospice	à la campagne	total	Sommes de journées de nourrices: à l'hospice	à la campagne (et colonnes suivantes)
Ain	9	671	680	232	"	232	912	14	114	15	72	215	9	688	697	371	[illegible]
Aisne	100	916	1,016	337	"	337	1,353	28	130	59	172	389	253	711	964	75,836	[illegible]
Allier	4	1,043	1,047	345	20	365	1,412	31	180	11	101	323	9	1,080	1,089	1,004	[illegible]
Alpes (Basses-)	10	312	322	45	"	45	367	2	10	9	68	89	21	257	278	7,300	[illegible]
Alpes (Hautes-)	8	286	294	20	"	20	314	3	13	8	13	37	15	262	277	9,171	[illegible]
Ardèche	"	541	541	76	"	76	617	"	25	57	29	111	"	506	506	139	[illegible]
Ardennes	4	257	261	76	"	76	337	"	39	9	26	74	5	258	263	3,526	[illegible]
Ariège	"	405	405	257	28	285	690	"	76	10	180	266	"	424	424	"	[illegible]
Aube	18	388	406	175	3	178	584	24	139	23	1	187	23	374	397	6,175	[illegible]
Aude	119	1,007	1,126	186	"	186	1,312	6	86	2	152	256	84	973	1,057	37,293	[illegible]
Aveyron	40	1,750	1,790	300	"	300	2,090	91	164	100	97	388	22	1,689	1,711	11,102	[illegible]
Bouches-du-Rhône	212	2,652	2,864	652	67	719	3,577	133	200	72	186	687	258	2,632	2,890	76,029	[illegible]
Calvados	144	1,900	2,044	379	50	429	2,473	30	179	21	116	392	104	1,977	2,081	191,094	[illegible]
Cantal	43	605	648	161	5	166	814	20	82	20	25	147	53	614	667	16,423	[illegible]
Charente	8	1,117	1,125	225	"	225	1,350	27	115	21	64	227	16	1,107	1,123	4,312	[illegible]
Charente-Inférieure	88	831	919	306	"	306	1,225	71	170	43	29	313	105	807	912	37,061	[illegible]
Cher	72	908	980	370	"	370	1,350	56	100	5	47	303	88	959	1,047	29,126	[illegible]
Corrèze	6	621	627	122	"	122	749	4	77	15	160	256	6	487	493	3,076	[illegible]
Corse	32	441	473	162	14	176	649	1	102	17	14	134	32	483	515	"	[illegible]
Côte-d'Or	22	542	564	248	"	248	812	49	132	23	35	239	19	554	573	6,736	[illegible]
Côtes-du-Nord	10	818	828	133	25	158	986	4	52	28	57	141	15	830	845	5,025	[illegible]
Creuse	16	1,106	1,122	256	"	256	1,378	18	73	57	54	202	21	1,155	1,176	5,095	[illegible]
Dordogne	43	2,031	2,074	531	"	531	2,605	45	260	25	11	346	45	2,209	2,259	10,200	[illegible]
Doubs	143	101	244	207	"	207	451	3	5	5	101	114	186	151	337	55,434	[illegible]
Drôme	"	1,010	1,010	123	53	176	1,184	"	40	73	72	184	"	999	999	2,459	[illegible]
Eure	6	431	437	163	6	169	606	8	74	16	20	123	11	472	483	2,581	[illegible]
Eure-et-Loir	46	431	477	118	"	118	595	6	53	28	45	132	46	417	463	12,583	[illegible]
Finistère	"	1,426	1,426	370	29	399	1,825	13	165	49	86	313	3	1,509	1,512	692	[illegible]
Gard	58	752	810	294	1	295	1,105	20	189	21	12	242	35	828	863	18,033	[illegible]
Garonne (Haute-)	59	1,338	1,397	231	"	231	1,628	10	41	16	250	317	67	1,244	1,311	22,861	[illegible]
Gers	145	738	883	69	"	69	952	21	26	5	68	120	96	736	832	35,773	[illegible]
Gironde	217	2,958	3,175	1,076	"	1,076	4,251	237	618	123	305	1,283	174	2,794	2,968	55,595	[illegible]
Hérault	29	997	1,026	150	"	150	1,176	13	60	12	111	196	23	957	980	11,662	[illegible]
Ille-et-Vilaine	17	1,021	1,038	84	352	456	1,494	111	189	33	50	383	"	1,111	1,111	6,466	[illegible]
Indre	"	920	920	241	"	241	1,161	12	100	3	60	175	48	938	986	9,346	[illegible]
Indre-et-Loire	15	1,006	1,021	330	65	395	1,416	62	203	45	116	426	30	960	990	7,304	[illegible]
Isère	10	996	1,006	331	"	331	1,337	"	128	34	94	256	13	1,068	1,081	2,534	[illegible]
Jura	33	238	271	67	"	67	338	2	10	4	44	60	35	243	278	12,681	[illegible]
Landes	27	1,470	1,497	403	"	403	1,900	49	196	16	108	369	14	1,517	1,531	6,293	[illegible]
Loir-et-Cher	14	738	752	208	37	245	997	10	127	50	38	234	17	740	763	5,912	[illegible]
Loire	3	1,614	1,617	217	66	283	1,900	22	162	78	114	376	11	1,513	1,524	4,397	[illegible]
Loire (Haute-)	1	1,142	1,143	174	115	289	1,432	4	89	29	93	215	2	1,215	1,217	352	[illegible]
Loire-Inférieure	94	1,055	1,149	391	21	412	1,561	79	206	18	71	374	108	1,079	1,187	33,331	[illegible]
À REPORTER	2,000	41,453	43,453	10,906	975	11,881	55,334	1,317	5,411	1,290	3,402	11,480	2,157	41,658	43,815	777,065	[illegible]

DÉPARTEMENTS	DÉPENSES EXTÉRIEURES: mois de nourrices et pensions (fr. c.)	indemnités payées en exécution de l'arrêté du 20 mars 1797	frais d'inspection	autres dépenses	total	FONDS EMPLOYÉS AU PAYEMENT DE CES DÉPENSES: produit des amendes et confiscations	revenus spéciaux des hospices	contingent des communes	allocation départementale: 1re section	2e section	autres ressources (*)	total
Ain	45,006 10	1,336 00	1,622 20	553 50	52,517 80	4,233 52	"	"	35,313 00	8,825 00	4,144 26	52,517 80
Aisne	52,174 35	2,230 00	2,006 35	1,329 40	57,740 10	3,754 40	"	10,000 00	43,985 70	"	"	57,740 10
Allier	58,850 10	"	1,500 00	5,583 68	65,933 78	3,826 07	"	15,567 11	46,540 60	"	"	65,933 78
Alpes (Basses-)	15,853 59	2,550 00	1,200 00	"	19,603 59	955 24	"	"	18,648 35	"	"	19,603 59
Alpes (Hautes-)	13,868 10	"	1,800 00	345 23	16,013 33	405 06	"	"	15,608 27	"	"	16,013 33
Ardèche	29,811 35	340 00	1,500 00	738 18	32,389 53	2,321 21	"	6,676 90	23,391 39	"	"	32,389 53
Ardennes	23,315 08	887 31	2,000 00	582 71	26,785 10	2,880 78	"	4,309 61	19,590 71	"	"	26,785 10
Ariège	26,397 58	"	1,000 00	400 02	28,797 60	693 60	"	"	28,100 00	"	4 00	28,797 60
Aube	27,829 94	1,402 00	2,500 00	232 89	31,964 83	1,891 35	"	6,014 00	24,058 70	"	"	31,964 83
Aude	62,833 99	2,900 00	2,636 00	"	68,369 99	1,576 38	"	10,000 00	45,000 00	"	11,704 61	68,369 99
Aveyron	91,332 20	"	1,600 00	3,835 90	96,768 10	1,411 80	"	9,356 30	86,000 00	"	"	96,768 10
Bouches-du-Rhône	173,199 20	22,874 60	4,980 00	"	205,053 80	1,621 71	531 56	46,000 00	145,000 00	"	12,110 53	205,053 80
Calvados	132,864 11	7,964 00	2,000 00	"	142,876 11	2,333 02	"	19,767 70	119,673 17	"	1,102 18	142,876 11
Cantal	33,318 60	"	1,200 00	7,345 30	41,863 90	635 06	"	3,708 55	29,758 85	3,798 53	3,674 49	41,863 90
Charente	67,301 79	3,312 00	2,000 00	310 00	72,923 79	"	"	14,180 00	58,743 79	"	"	72,923 79
Charente-Inférieure	56,480 36	2,088 00	1,310 00	"	59,878 36	1,758 30	"	10,461 17	33,050 59	"	14,608 30	59,878 36
Cher	63,926 08	5,250 00	"	316 28	69,492 36	550 05	"	13,792 46	53,198 09	"	1,979 37	69,492 36
Corrèze	30,217 41	"	1,540 00	1,460 12	33,217 53	1,753 46	"	"	31,464 07	"	"	33,217 53
Corse	55,628 82	1,478 00	3,000 00	6,000 00	66,106 82	1,000 20	3,256 47	5,585 00	50,256 16	1,086 20	4,318 80	66,106 82
Côte-d'Or	48,466 31	3,738 87	700 00	174 58	53,079 76	2,349 28	"	10,146 09	40,584 39	"	"	53,079 76
Côtes-du-Nord	30,857 56	3,042 41	"	335 05	34,235 02	901 68	"	6,001 29	21,200 00	5,000 00	1,133 01	34,235 02
Creuse	57,575 78	"	1,835 45	"	59,411 23	487 32	"	4,370 11	54,553 80	"	"	59,411 23
Dordogne	112,325 50	3,592 00	1,500 00	"	117,417 50	3,155 30	"	16,412 77	97,849 43	"	"	117,417 50
Doubs	12,862 91	206 00	1,115 00	a 24,703 00	38,886 91	3,684 52	28,207 39	"	2,740 26	"	4,253 74	38,886 91
Drôme	61,460 58	3,922 78	1,390 00	"	66,773 36	2,220 51	"	12,100 00	48,452 85	4,000 00	"	66,773 36
Eure	37,351 99	2,920 00	2,400 00	461 58	43,133 57	2,530 05	"	5,900 00	33,700 00	"	1,003 52	43,133 57
Eure-et-Loir	47,058 14	1,050 00	2,090 00	5,136 91	55,335 05	3,780 33	"	6,065 20	37,452 59	5,130 91	"	55,335 05
Finistère	105,045 79	"	2,090 00	1,933 61	109,069 40	1,202 54	"	31,800 00	66,400 00	"	5,027 80	109,069 40
Gard	60,102 93	"	2,550 50	"	62,653 43	1,316 30	"	11,326 00	50,011 13	"	"	62,653 43
Garonne (Haute-)	49,075 56	"	2,637 00	"	51,712 56	1,195 30	"	11,336 41	37,401 15	"	1,779 30	51,712 56
Gers	39,065 08	"	2,200 00	200 32	41,465 40	502 38	"	14,758 00	26,204 42	"	"	41,465 40
Gironde	155,742 15	3,200 00	3,080 00	30,245 85	192,268 00	3,750 73	"	37,701 65	148,937 02	1,879 00	"	192,268 00
Hérault	48,787 31	544 00	3,700 00	"	53,031 31	4,918 04	"	12,646 00	35,357 27	"	"	53,031 31
Ille-et-Vilaine	56,594 76	"	3,200 00	435 58	60,230 34	842 03	"	3,500 00	52,451 00	"	3,437 26	60,230 34
Indre	64,033 65	1,230 00	1,500 00	626 88	67,390 53	830 63	"	15,000 00	46,430 32	"	5,029 58	67,390 53
Indre-et-Loire	72,080 62	"	2,000 00	4,016 30	78,096 92	1,380 70	"	14,789 40	52,107 20	"	9,809 62	78,096 92
Isère	55,197 83	"	1,900 00	"	57,097 83	2,006 74	"	15,475 06	39,447 03	"	"	57,097 83
Jura	13,395 31	550 00	1,300 00	201 67	15,446 98	936 63	"	3,360 00	10,774 08	"	286 67	15,446 98
Landes	81,346 38	5,992 16	2,078 45	1,625 95	91,042 94	600 00	"	15,800 01	59,102 29	"	15,540 64	91,042 94
Loir-et-Cher	60,987 66	2,350 00	2,720 00	"	66,057 66	1,260 60	"	"	50,800 00	11,500 00	4,427 06	66,057 66
Loire	96,197 15	250 00	2,497 50	1,453 10	100,397 75	1,356 70	"	21,500 00	73,565 62	"	3,975 43	100,397 75
Loire (Haute-)	63,446 95	"	1,500 00	"	64,946 95	589 64	"	12,633 60	51,013 40	"	710 31	64,946 95
Loire-Inférieure	74,116 05	2,421 74	296 00	256 58	77,090 37	1,126 01	"	10,000 00	63,500 00	"	2,464 36	77,090 37
À REPORTER	[illegible]	73,043 87	82,690 19	96,225 84	[illegible]	76,666 50	31,700 42	473,121 18	[illegible]	41,629 06	117,247 87	2,390,920 27

OBSERVATIONS

(*) Les chiffres portés dans cette colonne représentent le déficit existant au 31 décembre 1846. Ce déficit a été couvert, soit par des virements de crédits opérés entre les divers sous-chapitres de la première section des budgets départementaux de cet exercice, soit par des crédits ouverts aux sous-chapitres XV des mêmes budgets de 1847. Ainsi, à part quelques rares exceptions, ce sont les fonds départementaux de 1846 ou de 1847 qui ont couvert ce déficit, et la 13e colonne peut être, jusqu'à un certain point, considérée comme un supplément à la 11e.

a Dépenses intérieures et extérieures.

b La différence qui existe entre les enfants de 1845 et 1846 résulte du rétablissement, à partir du 1er janvier de cette dernière année, des admissions pour les 11e et 12e années.

NOTA. La moyenne de la mortalité générale a été de 13,02 pour cent.

DÉPARTEMENTS.	Enfants existant le dernier jour de l'année précédente — à l'hospice	à la campagne	total	Enfants admis pendant l'année — Exposés	Nés dans les hospices, délaissés par leurs mères	total	TOTAL GÉNÉRAL	Enfants ayant cessé d'être à la charge des départements par suite de décès — à l'hospice	de décès — à la campagne	de retraits effectués par les parents	de toutes autres causes	total des radiations	Enfants restant le dernier jour de l'année — à l'hospice	à la campagne	total	Nombre de journées — à l'hospice	à la campagne
Report	2,000	41,453	43,453	10,906	975	11,881	55,334	1,817	5,411	1,200	3,460	11,489	2,157	41,058	43,845	777,245	14,971,900
…	74	988	1,062	382	38	420	1,482	140	152	76	83	457	110	915	1,025	32,346	836,721
…	21	436	457	91	»	91	548	2	32	9	60	100	17	429	430	6,035	153,730
…Garonne	51	329	380	125	»	125	505	3	32	24	106	165	52	466	540	15,601	193,359
…	»	440	449	128	»	128	577	10	66	5	20	101	»	476	476	»	176,344
…-Loire	25	1,567	1,592	349	166	515	2,107	20	200	39	61	428	45	1,634	1,679	18,638	[illegible]
…	36	1,375	1,416	281	»	281	1,696	26	125	57	99	306	43	1,345	1,385	16,113	469,512
…	18	723	741	257	42	290	1,040	33	151	20	61	297	40	703	743	7,162	255,331
… (Haute-)	8	368	371	91	»	91	462	3	46	35	23	107	5	350	355	4,280	132,745
…	15	1,149	1,164	256	»	256	1,420	9	117	11	81	218	28	1,174	1,202	9,515	401,492
…	72	198	270	86	»	86	356	4	21	26	54	54	97	175	272	26,657	61,477
…	60	362	422	124	»	124	546	3	64	21	35	143	80	323	43	24,205	153,708
…ham	54	833	931	172	57	220	1,210	6	101	51	112	270	33	913	946	1,681	329,677
…	30	258	288	186	»	186	474	3	8	31	155	197	22	256	277	8,517	99,108
…	81	833	914	299	»	299	1,213	15	54	6	225	298	141	774	915	33,037	321,856
…	42	1,219	1,261	201	»	201	1,462	3	46	38	203	380	36	1,047	1,083	11,785	436,847
…	68	446	514	114	»	114	626	15	40	10	44	124	94	410	504	35,216	[illegible]
…	26	747	773	213	9	222	995	20	65	18	113	200	23	766	789	6,791	[illegible]
…Calais	»	690	690	154	»	154	844	5	30	64	92	191	»	653	653	1,309	[illegible]
…-Dôme	106	904	1,010	149	6	155	1,165	40	69	25	44	178	103	864	987	33,794	331,347
…ées (Basses-)	80	752	832	131	»	131	942	26	30	12	108	170	42	721	706	10,982	[illegible]
…ées (Hautes-)	55	901	956	177	»	177	1,133	6	34	47	50	145	58	930	988	23,445	[illegible]
…des Orientales	16	361	376	248	2	250	626	51	84	16	81	164	14	428	442	7,295	155,396
… (Bas-)	14	496	510	21	129	150	660	»	25	36	71	135	25	602	625	6,030	178,450
… (Haut-)	2	256	260	8	89	97	357	»	5	14	25	47	2	308	310	1,049	[illegible]
…	53	5,453	5,436	768	715	1,483	9,069	105	534	277	766	1,702	64	5,205	4,207	9,718	[illegible]
… (Haute-)	13	40	52	20	»	20	82	1	3	6	6	16	19	47	66	5,806	[illegible]
…et Loire	»	1,531	1,531	286	46	332	1,863	»	204	101	88	433	»	1,430	1,430	»	[illegible]
…	7	1,184	1,161	211	»	211	1,372	3	86	13	57	158	8	1,211	1,270	2,230	[illegible]
…	270	12,757	13,023	2,521	1,739	4,260	17,237	815	1,974	216	1,213	4,218	312	12,757	13,069	111,336	[illegible]
…-Inférieure	256	1,099	1,355	844	3	847	2,202	434	281	70	132	910	204	1,002	1,294	94,516	[illegible]
…et-Marne	81	140	171	116	»	116	287	20	37	10	15	82	38	167	205	13,007	[illegible]
…et Oise	25	226	251	119	2	121	372	10	60	22	9	101	25	245	271	9,856	[illegible]
… (Deux-)	112	1,010	1,122	213	13	226	1,348	13	85	42	57	197	130	1,018	1,131	42,944	[illegible]
…	26	591	617	169	80	249	866	1	117	80	47	250	35	581	616	10,455	[illegible]
…	50	1,124	1,174	297	»	297	1,471	12	145	106	15	328	54	1,091	1,145	17,080	[illegible]
…et Garonne	15	498	513	76	5	81	594	24	59	12	27	122	25	446	472	5,477	[illegible]
…	61	537	598	251	14	265	1,163	63	52	7	146	268	54	531	595	22,241	[illegible]
…-use	45	1,056	1,101	165	»	165	1,269	31	90	20	79	220	45	1,004	1,049	14,490	[illegible]
…-dée	13	845	858	128	2	130	1,048	16	83	23	50	172	40	876	916	7,679	[illegible]
…-ne	57	1,053	1,110	152	54	206	1,316	22	112	21	60	215	97	1,004	1,161	43,642	[illegible]
…-ne (Haute-)	70	1,305	1,379	244	73	317	1,696	67	158	63	97	385	100	1,211	1,311	30,375	[illegible]
…	13	198	211	164	»	165	376	2	9	69	27	107	10	253	263	5,960	[illegible]
…-ac	»	630	630	253	»	253	802	»	186	11	30	227	»	665	605	1,735	[illegible]
TOTAUX	4,050	93,046	97,096	22,240	4,250	26,405	123,499	2,422	11,425	3,293	8,412	26,548	4,041	93,310	96,651	[illegible]	[illegible]

DÉPARTEMENTS.	Dépenses extérieures — Mois de nourrices et pensions	Indemnités payées en exécution de l'arrêté du 30 ventôse an V	Frais d'inspection	Autres dépenses	Total	Fonds employés au payement de ces dépenses — Produit des amendes et confiscations	Revenus spéciaux des hospices	Contingent des communes	Allocation départementale — 1re section	2e section	Autres ressources	Total	OBSERVATIONS.
Report	2,457,788 87	40,045 87	32,890 19	90,226 44	2,500,930 97	78,086 39	31,790 42	473,121 13	2,160,756 31	41,826 84	217,247 87	2,500,930 97	
…	45,716 45	6,283 82	2,000 00	356 71	54,456 88	1,215 60	»	13,000 02	40,202 95	843 00	»	54,456 88	
…	24,586 50	»	2,155 07	»	27,040 72	524 70	»	»	25,325 02	1,000 00	»	27,040 73	
…Garonne	41,251 06	50 00	2,200 00	»	44,831 06	2,279 00	»	»	32,852 00	8,000 00	»	44,831 06	
…	35,342 56	1,138 50	1,800 00	608 31	36,253 91	479 81	»	»	34,451 79	»	1,334 31	36,253 91	
…-Loire	131,389 37	2,062 00	2,500 00	723 10	136,280 56	2,400 00	»	25,007 20	105,828 00	»	4,851 35	136,286 50	
…	107,068 08	5,694 97	2,600 00	1,052 24	116,615 24	1,466 74	»	23,029 70	92,118 80	»	»	116,615 24	
…	70,208 17	576 00	»	1,292 84	72,100 01	2,703 39	»	»	55,826 72	13,560 00	»	72,100 01	
… (Haute-)	25,562 58	803 14	1,500 00	105 00	27,928 62	2,764 36	»	4,771 05	20,302 31	»	»	27,928 62	
…	89,635 61	»	»	340 14	89,984 75	481 46	»	»	69,200 00	17,500 00	2,503 29	89,984 75	
…	13,421 18	»	400 00	»	15,821 18	1,231 07	»	8,190 11	4,400 00	»	»	15,821 18	
…	26,364 69	505 06	1,800 00	626 92	29,317 70	2,407 48	»	6,212 87	20,037 41	»	»	29,317 70	
…ham	65,973 40	»	1,500 00	415 00	67,888 40	641 73	»	12,000 00	40,518 52	11,811 48	3,186 07	67,888 40	
…	17,924 78	575 00	2,175 45	407 00	20,282 89	1,180 30	»	»	15,096 59	4,000 00	»	20,282 89	
…	41,298 03	1,270 00	1,400 00	»	43,963 03	1,168 04	287 20	20,000 06	22,422 11	»	»	43,963 03	
…	72,036 36	1,310 03	3,400 00	709 00	77,455 03	1,963 44	»	19,372 00	56,120 19	»	»	77,455 63	
…	39,040 83	»	2,000 00	»	41,040 83	2,180 37	»	9,600 00	29,250 90	»	»	41,040 83	
…	61,908 22	4,510 00	2,000 13	528 82	68,939 17	1,191 92	»	»	67,044 60	10,174 43	523 82	68,939 17	
…Calais	41,117 67	3,295 06	1,200 00	903 96	46,426 53	2,795 20	»	7,130 34	36,509 08	»	»	46,426 53	
…-Dôme	53,736 85	»	1,500 00	»	55,516 85	2,643 34	»	»	42,298 81	10,574 70	»	55,516 85	
…ées (Basses-)	39,839 77	»	»	»	39,839 77	409 20	»	»	39,170 48	»	»	39,839 77	
…ées (Hautes-)	48,548 45	»	1,500 00	»	50,048 45	336 80	»	6,700 00	35,000 00	»	8,011 65	50,048 45	
…des Orientales	28,132 20	90 00	1,500 00	1,507 10	31,229 30	806 56	»	4,457 02	25,965 72	»	»	31,229 30	
… (Bas-)	40,364 35	2,387 00	2,400 00	»	45,158 35	10,424 61	34,728 74	»	»	»	»	45,158 35	
… (Haut-)	20,731 64	1,293 00	500 00	433 10	22,917 74	5,396 81	»	2,459 08	15,081 56	»	136 39	22,917 74	
…	443,600 10	19,034 08	6,582 70	»	470,275 29	1,209 85	37,065 44	252,000 00	134,132 08	45,867 97	»	470,275 29	
… (Haute-)	5,554 86	»	112 50	106 90	5,774 26	5,774 25	»	»	»	»	»	5,774 26	
…et Loire	115,318 59	216 00	3,504 36	2,432 09	121,367 63	1,554 33	»	27,993 00	91,551 08	»	258 59	121,367 63	
…	74,864 04	2,225 38	2,000 00	»	79,088 42	1,198 54	»	10,200 00	60,060 00	»	7,689 88	79,088 42	
…	1,175,485 20	61,350 00	66,318 42	»	1,303,150 66	16,048 82	»	257,422 16	1,029,688 68	»	»	1,303,150 06	
…-Inférieure	95,002 07	7,060 73	8,000 00	5,507 40	111,790 80	3,348 50	»	21,085 28	86,753 03	»	»	111,790 80	
…et-Marne	14,718 18	922 07	640 63	»	16,280 82	5,415 50	»	2,573 06	7,790 31	»	2,492 93	16,280 82	
…et Oise	25,802 46	»	1,000 00	»	26,802 46	1,402 93	»	5,949 11	19,340 42	»	»	26,802 46	
… (Deux-)	72,014 68	2,078 40	1,000 00	361 60	77,704 08	4,541 90	»	6,000 00	64,001 02	»	3,161 16	77,702 08	
…	43,821 19	4,140 00	3,100 00	»	51,161 19	2,937 06	»	8,024 82	40,179 31	»	»	51,161 19	
…	74,836 31	1,050 00	2,300 00	»	77,886 31	1,020 99	»	16,360 00	61,440 00	»	58 32	77,886 31	
…et Garonne	36,724 60	»	»	400 50	37,125 10	»	»	»	29,456 20	7,669 86	»	37,125 10	
…	59,472 15	4,274 86	2,500 00	5,718 40	71,965 41	4,743 07	»	15,007 08	54,214 66	»	»	71,965 41	
…-use	64,066 52	»	2,400 00	2,831 30	69,297 91	3,144 79	»	15,213 58	50,939 24	»	»	69,297 91	
…-dée	54,588 34	»	2,000 00	265 00	56,838 34	411 25	»	6,000 00	47,000 00	2,827 19	»	56,838 34	
…-ne	61,165 08	»	2,450 70	»	63,615 78	»	»	9,576 78	53,818 95	»	221 02	63,615 78	
…-ne (Haute-)	69,500 12	»	1,050 00	758 45	72,004 57	671 18	»	14,300 00	57,033 39	»	»	72,004 57	
…	22,514 33	90 00	»	»	22,604 33	1,555 60	»	3,014 15	17,968 58	»	66 00	22,604 33	
…-ac	48,989 90	570 00	2,300 60	2,302 04	54,132 94	2,644 30	»	10,091 60	41,396 86	»	»	54,132 94	
TOTAUX	5,356,262 66	247,856 25	225,587 50	127,376 70	6,050,083 29	183,171 16	103,871 80	1,368,549 06	5,021,108 51	178,875 29	81,847 73	6,050,083 29	

TABLEAU IV.

ENFANTS TROUVÉS, ABANDONNÉS, ORPHELINS

ET SECOURUS TEMPORAIREMENT,

POUR LES ANNÉES 1847 ET 1848.

Enfants trouvés, abandonnés, orphelins et secourus temporairement, en 1847.

Enfants trouvés, abandonnés, orphelins et secourus temporairement, en 1848.

I. Récapitulatif contenant, par département, pendant les années 1847 et 1848 · 1° le nombre des nts trouvés de toutes catégories et des Enfants temporairement secourus; 2° les dépenses extérieures; s indemnités allouées par les départements aux hospices dépositaires.

Ce tableau a été dressé par MM. Clément de Givry et Sebert, attachés au ministère de l'intérieur, et revisé par M. de Roulhac du Maupas, employé au même ministère

NOTE GÉNÉRALE.

t du mouvement des Enfants pour chacune des années 1848, a été établi conformément au nouveau modèle à la circulaire ministérielle du 15 septembre 1847 Il nd, d'une part, les orphelins pauvres désormais assimilés, qui concerne leur dépense et leur entretien, aux Enfants et abandonnés, et, d'autre part, les Enfants maintenus ns de leurs mères moyennant les secours temporaires des ments Il indique, en outre, le chiffre de la mortalité et re des Enfants qui fréquentent les écoles primaires et les tions religieuses

rculaire dont il s'agit n'étant parvenue à MM. les préfets e époque fort avancée de l'année, plusieurs de ces magis- nt éprouvé quelqu'embarras, en ce qui concerne l'état de ranger exactement les Enfants dans les nouvelles catégo- ées par cette circulaire, et de là sont résultées quelques itudes dans l'état général ci-joint. Mais celui de 1848 offre les garanties désirables d'exactitude.

Observations sur l'état III

rculaire du ministre de l'intérieur, du 15 septembre 1847, nsé les préfets d'envoyer désormais les comptes particuliers vice des Enfants trouvés que les instructions antérieures leur faisaient une obligation d'adresser à la fin de chaque année, indépendamment du compte de l'ensemble des dépenses dépar- tementales. Ces comptes particuliers ont donc cessé, à partir de l'année 1848, d'être, de la part du ministre, l'objet d'une ap- probation spéciale, et ils se sont trouvés approuvés uniquement par le décret du Président de la République qui règle chaque année le compte des depenses des différents départements. Mais le cadre actuel du compte des depenses départementales ne con- tient pas toutes les indications qui étaient renfermées dans les comptes particuliers; et c'est ainsi qu'on n'a pu mentionner, pour 1847 et 1848, que le chiffre total de la dépense extérieure des Enfants et le montant des indemnités que quelques conseils géné- raux sont dans l'usage d'allouer aux hospices dépositaires pour les indemniser des dépenses intérieures relatives aux mêmes Enfants

L'on remarquera que, quoique le nombre des Enfants à la charge des départements soit plus fort en 1848 qu'en 1847, ce- pendant la dépense de 1847 a été supérieure à celle de 1848. Ceci s'explique par l'augmentation apportée, dans un certain nombre de départements, pendant l'année 1847, en raison de la cherté des subsistances, aux tarifs des mois de nourrice et de pen- sion des Enfants.

ÉTAT I. *Enfants trouvés, abandonnés, orphelins et secourus temporairement pendant l'année 1847.*

DÉPARTEMENTS	CLASSE à laquelle les enfants appartiennent	RESTANT le dernier jour de l'année précédente: à l'hospice	à la campagne	dans leur famille	total des restants	ENFANTS admis dans l'année	TOTAL GÉNÉRAL	RAYÉS DES REGISTRES D'INSCRIPTION: décédés à l'hospice	décédés à la campagne	décédés dans leur famille	retirés par les parents ou bienfaiteurs	sortis par l'effet de l'âge ou la cessation du secours temporaire	[illegible]	RESTANT le dernier jour de l'année: à l'hospice	à la campagne	dans leur famille	total des restants	NOMBRE DES JOURNÉES: à l'hospice	à la campagne	dans leur famille	total des journées	NOMBRE MOYEN des enfants d'après les journées passées à la campagne et dans les familles	NOMBRE des vaccinations	NOMBRE des enfants qui fréquentent les écoles primaires	NOMBRE des enfants qui suivent les instructions religieuses	PROPORTION de la mortalité — Pour 100	OBSERVATIONS
AIN	Enfants trouvés	4	528	»	532	122	654	14	44	»	3	21	[illegible]	1	559	»	561	834	195,285	»	196,119	»	113	175	260	8, 67	Dans le nombre des enfants trouvés se trouvent compris 21 enfants nés à la salle de maternité de Bourg.
	Enfants abandonnés	5	62	»	67	17	84	2	6	»	1	4	[illegible]	»	71		71	669	16,207	»	16,876	»	17	44	72	9, 52	
	Enfants nés dans les hospices et délaissés par leurs mères	»	»	»	»	»	»	»	»	»	»	»	[illegible]	»	»	»	»	»	»	»	»	»	»	»	»	»	
	Enfants orphelins	»	»	»	»	6	6	2	»	»	2	»	[illegible]	1	»	»	2	220	»	»	220	»	»	»	»	33, 33	
	Enfants secourus temporairement	»	»	103	103	(a)	103	»	»	»	7	36	[illegible]	»	»	60	60	»	»	26,611	26,611	»	»	»	»	»	
AISNE	Enfants trouvés	184	607	»	791	283	1,074	18	84	»	30	110	[illegible]	26	806	»	832	82,520	209,693	»	292,213	»	361	228	223	8, 50	(a) A partir du 1er juillet 1847, les admissions aux secours temporaires ont cessé.
	Enfants abandonnés	21	91	»	112	55	167	5	5	»	10	23	[illegible]	27	93	»	120	7,425	32,817	»	40,242	»	2	32	32	4, 79	
	Enfants nés dans les hospices et délaissés par leurs mères	»	5	»	5	15	20	3	5	»	»	»	[illegible]	»	12	»	12	3,591	»	»	3,591	»	»	»	»	40, 00	
	Enfants orphelins	48	8	»	56	23	79	»	1	»	8	10	[illegible]	11	35	»	46	11,192	8,329	»	19,521	»	»	29	23	1, 26	
	Enfants secourus temporairement	»	»	»	»	26	26	»	»	2	5	»	[illegible]	»	»	19	19	»	»	5,482	5,482	»	»	6	6	7, 69	
ALLIER	Enfants trouvés	9	766	»	775	186	961	13	110	»	10	30	[illegible]	1	807	»	809	744	291,240	»	291,984	»	121	64	90	13, 77	
	Enfants abandonnés	»	95	»	95	21	116	»	»	»	18	35	[illegible]	»	63	»	63	84	26,800	»	26,884	»	3	10	18	»	
	Enfants nés dans les hospices et délaissés par leurs mères	»	86	»	86	19	105	»	12	»	5	3	[illegible]	»	85	»	85	76	30,960	»	31,036	»	14	12	23	11, 43	
	Enfants orphelins	»	97	»	97	25	122	»	3	»	7	35	[illegible]	»	73	»	73	100	29,880	»	29,980	»	4	15	15	2, 44	
	Enfants secourus temporairement	»	»	26	26	84	110	»	»	8	»	44	[illegible]	»	»	58	58	»	»	36,000	36,000	»	80	»	»	7, 27	
ALPES (BASSES-)	Enfants trouvés	21	212	»	233	18	251	»	5	»	13	100	[illegible]	12	116	»	128	4,380	41,700	»	46,080	»	95	60	80	1, 99	
	Enfants abandonnés	»	1	»	1	1	2	»	»	»	»	»	[illegible]	»	2	»	2	»	720	»	720	»	2	2	2	»	
	Enfants nés dans les hospices et délaissés par leurs mères	»	»	»	»	»	»	»	»	»	»	»	[illegible]	»	»	»	»	»	»	»	»	»	»	»	»	»	
	Enfants orphelins	»	2	»	2	»	2	»	»	»	»	»	[illegible]	»	2	»	2	»	720	»	720	»	2	2	2	»	
	Enfants secourus temporairement	»	»	42	42	5	47	»	»	8	10	»	[illegible]	»	»	39	39	»	»	14,040	14,040	»	39	»	»	17, 02	
ALPES (HAUTES-)	Enfants trouvés	15	198	»	213	1	214	7	3	»	6	26	[illegible]	29	141	»	170	7,333	45,514	»	52,847	»	8	137	104	4, 67	
	Enfants abandonnés	»	2	»	2	3	5	»	»	»	»	»	[illegible]	»	5	»	5	»	980	»	980	»	1	2	5	»	
	Enfants nés dans les hospices et délaissés par leurs mères	»	»	»	»	»	»	»	»	»	»	»	[illegible]	»	»	»	»	»	»	»	»	»	»	»	»	»	
	Enfants orphelins	»	»	»	»	8	8	»	1	»	»	1	[illegible]	»	7	»	7	131	2,002	»	2,133	»	»	3	3	12, 50	
	Enfants secourus temporairement	»	»	62	62	16	78	»	»	8	»	»	[illegible]	»	»	66	66	»	»	23,490	23,490	»	12	23	23	10, 25	
ARDÈCHE	Enfants trouvés	»	380	»	380	15	395	»	11	»	4	34	[illegible]	»	346	»	346	60	131,698	»	131,758	»	352	99	»	1, 33	
	Enfants abandonnés	»	62	»	62	23	85	»	10	»	3	3	[illegible]	»	69	»	69	16	25,065	»	25,081	»	61	13	»	1, 18	
	Enfants nés dans les hospices et délaissés par leurs mères	»	»	»	»	»	»	»	»	»	»	»	[illegible]	»	»	»	»	»	»	»	»	»	»	»	»	»	
	Enfants orphelins	»	»	»	»	6	6	»	»	»	»	»	[illegible]	»	6	»	6	1	997	»	998	»	5	4	»	»	
	Enfants secourus temporairement	»	»	89	89	44	133	»	»	7	»	34	[illegible]	»	»	75	75	»	»	25,991	25,991	»	65	»	»	5, 26	
ARDENNES	Enfants trouvés	3	228	»	231	83	314	1	36	»	7	37	[illegible]	5	250	»	255	1,271	89,273	»	90,544	»	78	133	75	11, 46	
	Enfants abandonnés	2	24	»	26	11	37	»	2	»	4	4	[illegible]	1	26	»	27	1,287	8,303	»	9,590	»	9	25	4	5, 40	
	Enfants nés dans les hospices et délaissés par leurs mères	»	»	»	»	»	»	»	»	»	»	»	[illegible]	»	»	»	»	»	»	»	»	»	»	»	»	»	
	Enfants orphelins	»	6	»	6	6	12	»	»	»	»	»	[illegible]	»	12	»	12	»	2,707	»	2,707	»	1	11	5	»	
	Enfants secourus temporairement	»	»	»	»	»	»	»	»	»	»	»	[illegible]	»	»	»	»	»	»	»	»	»	»	»	»	»	
	A REPORTER	312	3,460	322	4,094	1,122	5,216	63	347	33	149	561	[illegible]	85	3,331	317	4,033	121,914	1,197,033	136,614	1,455,561	»	1,377	1,099	1,120		

DÉPARTEMENTS	CLASSE à laquelle les enfants appartiennent.	RESTANT le dernier jour de l'année précédente : à l'hospice.	à la campagne.	dans leur famille	TOTAL des restants	ENFANTS admis dans l'année	TOTAL GÉNÉRAL	RAYÉS DES REGISTRES D'INSCRIPTION : décédés à l'hospice	décédés à la campagne	décédés dans leur famille	rendus par les parents ou bienfaiteurs	sortis par l'effet de la loi ou la cessation du secours temporaire	[illegible]	RESTANT le dernier jour de l'année : à l'hospice	à la campagne	dans leur famille	TOTAL des restants	NOMBRE DES JOURNÉES : à l'hospice	à la campagne.	dans leur famille.	TOTAL des journées.	NOMBRE MOYEN des enfants d'après les journées passées à la campagne et dans les familles	NOMBRE des vaccinations	NOMBRE des enfants qui fréquentent les écoles primaires	NOMBRE des enfants qui suivent les instructions religieuses.	PROPORTION de la mortalité. — Pour 100	OBSERVATIONS
	Report	312	3,460	322	4,094	1,122	5,216	63	347	33	143	[illegible]	[illegible]	[illegible]	3,371	317	4,033	121,014	1,197,035	134,514	1,453,563		1,877	1,969	1,129	»	
	Enfants trouvés	»	167	»	167	68	235	»	22	»	2	1	[illegible]	»	206	»	206	»	69,920	»	69,920		42	31	71	9,36	
	Enfants abandonnés	»	24	»	24	6	32	»	1		»	»	[illegible]	»	31	»	31	»	10,471	»	10,471	»	12	5	20	3,12	
…	Enfants nés dans les hospices et délaissés par leurs mères	»	»	»	»	»	»	»	»		»	»		»	»	»	»	»	»	»	»	»	»	»	»	»	
	Enfants orphelins	»	»	»	»	»	»	»	»	»	»	»		»	»	»	»	»	»	»	»	»	»	»	»	»	
	Enfants secourus temporairement	»	»	233	233	127	360	»		28	»	[illegible]	[illegible]	»	»	150	150	»	»	75,780	75,780	»	810	»	»	17,78	
	Enfants trouvés	22	359	»	381	131	512	10	102	»	4	[illegible]	[illegible]	[illegible]	288	»	321	10,793	107,203	»	117,996	»	106	132	67	23,66	
	Enfants abandonnés	1	14	»	15	20	35	»	1	»	1	4	[illegible]	5	17	»	22	1,004	6,093	»	7,097	»	»	3	2	3,70	
…	Enfants nés dans les hospices et délaissés par leurs mères	»	»	»	»	3	3	»	3			»	[illegible]	»	»	»	»	3	86	»	89	»	»	»	»	100,00	
	Enfants orphelins	»	1	»	1	1	2	»	»		»	1		»	1		1	»	360	»	360	»	»	»	»	»	
	Enfants secourus temporairement	»	»	»	»	»	»	»	»			»		»	»	»	»	»	»	»	»	»	»	»	»	»	
	Enfants trouvés	75	827	»	902	75	977	5	60		68	»	[illegible]	[illegible]	[illegible]	»	846	24,004	296,152	»	320,056	»	326	157	226	6,95	
	Enfants abandonnés	9	13	»	23	28	50	1	»		3	»	[illegible]	7	[illegible]	»	46	2,791	8,087	»	10,868	»	39	14	11	2,00	
…	Enfants nés dans les hospices et délaissés par leurs mères	»	»	»	»	»	»	»	»		»	»		»	»	»	»	»	»	»	»	»	»	»	»	»	
	Enfants orphelins	»	7	»	7	6	13	»	»		»	»		»	13	»	13	»	3,625	»	3,625	»	10	5	1	»	
	Enfants secourus temporairement	»	»	126	126	77	203		»	8	»	[illegible]		»	»	165	165	»	»	40,457	40,457	»	»	»	»	5,94	
	Enfants trouvés	22	1,474	»	1,496	14	1,510	11	61	»	6	[illegible]	[illegible]	[illegible]	[illegible]	»	1,333	10,260	498,960	»	509,220	»	10	245	588	4,76	
	Enfants abandonnés	»	22	»	22	5	27	»	»	»	1	»	[illegible]	1	[illegible]		26	180	8,460	»	8,640	»	2	15	15	»	
…on	Enfants nés dans les hospices et délaissés par leurs mères	»	»	»	»	»	»	»	»		»	»		»	»	»	»	»	»	»	»	»	»	»	»	»	
	Enfants orphelins	»	15	»	15	17	32	1	»	»	»	»		»	31	»	31	»	8,280	»	8,280	»	4	16	16	3,12	
	Enfants secourus temporairement	»	»	178	178	255	433	»	»	35	»	[illegible]		»	»	273	273	»	»	81,180	81,180	»	180	»	»	8,08	
	Enfants trouvés	219	2,509	»	2,728	744	3,472	144	270	»	59	[illegible]	[illegible]	[illegible]	[illegible]	»	2,815	84,371	903,099	»	987,470	»		»	»	11,92	
	Enfants abandonnés	10	21	»	31	37	68	5	1	»	7	17	[illegible]	[illegible]	18	»	38	6,566	7,604	»	14,170	»	640	»	»	8,82	
…es-du-Rhône	Enfants nés dans les hospices et délaissés par leurs mères	15	89	»	104	110	214	11	18	»	46	[illegible]	[illegible]	6	[illegible]	»	133	4,310	37,340		41,668	»		»	»	13,55	
	Enfants orphelins	14	13	»	27	10	37	»	»	»	2	5		[illegible]	[illegible]	»	30	6,031	4,541	»	10,572	»		»	»	»	
	Enfants secourus temporairement	»	»	»	»	»	»	»	»	»	»	»		»	»	»	»	»	»	»	»	»	»	»	»	»	
	Enfants trouvés	116	1,781	»	1,897	363	2,240	30	223	»	16	180	[illegible]	[illegible]	[illegible]	»	1,860	28,980	642,964	»	671,944	»	150	160	300	11,34	
	Enfants abandonnés	24	87	»	111	27	138	1	5	»	1	4	[illegible]	8	[illegible]	»	127	6,120	25,628	»	31,748	»	8	15	12	4,36	
…os	Enfants nés dans les hospices et délaissés par leurs mères	»	»	»	»	»	»	»	»	»	»	»		»	»	»	»	»	»	»	»	»	»	»	»	»	
	Enfants orphelins	»	»	»		»	»	»	»	»	»	»		»	»	»	»	»	»	»	»	»	»	»	»	»	
	Enfants secourus temporairement	»	»	»		»	»	»	»	»	»	»		»	»	»	»	»	»	»	»	»	»	»	»	»	
	Enfants trouvés	58	561	»	616	122	738	36	32	»	20	7	[illegible]	[illegible]	[illegible]	»	632	25,200	198,399	»	223,599	»	86	120	120	9,24	
	Enfants abandonnés	»	4	»	4	»	4	»	»	»	»	»		»	4		4	»	1,460	»	1,460	»	»	4	4	»	
…	Enfants nés dans les hospices et délaissés par leurs mères	»	»	»	»	1	1	»	»		»	»		»	1	»	1	»	281	»	281	»	1	»	»	»	
	Enfants orphelins	»	2	»	2	»	2	»	»	»	»	»		»	2		2	»	730	»	730	»	»	2	2	»	
	Enfants secourus temporairement	»	»	»	»	109	109	»		15	»	»		»	»	94	94	»	»	36,595	36,595	»	94	»	»	13,76	
	À reporter	802	11,450	859	13,201	3,469	16,670	330	1,166	110	387	1,433	[illegible]	[illegible]	11,240	999	13,253	328,346	4,035,399	368,686	4,737,875	»	3,467	2,013	2,666	»	

DÉPARTEMENTS	CLASSE à laquelle les enfants appartiennent.	RESTANT le dernier jour de l'année précédente : à l'hospice.	à la campagne.	dans leur famille.	total des restants.	ENFANTS admis dans l'année.	TOTAL GÉNÉRAL.	RAYÉS DES REGISTRES D'INSCRIPTION : décédés à l'hospice.	décédés à la campagne.	décédés dans leur famille.	retirés par les parents ou bienfaiteurs.	sortis par l'effet de l'âge et le cours du secours temporaire.	total.	RESTANT le dernier jour de l'année : à l'hospice.	à la campagne.	dans leur famille.	total des restants.	NOMBRE DES JOURNÉES : à l'hospice.	à la campagne.	dans leur famille.	total des journées.	NOMBRE moyen des enfants d'après les journées passées à la campagne et dans les familles.	NOMBRE des vaccinations.	NOMBRE des enfants qui fréquentent les écoles primaires.	NOMBRE des enfants qui suivent les instructions religieuses.	PROPORTION de la mortalité. Pour 100.	OBSERVATIONS.
	Report	892	11,450	859	13,201	3,469	16,670	330	1,146	119	359	[illegible]	[illegible]	[illegible]	11,510	999	13,958	333,346	4,036,898	368,036	4,737,876	»	3,467	2,015	2,004		
CHARENTE	Enfants trouvés	12	1,077	»	1,089	192	1,281	18	92	»	5	[illegible]	[illegible]	[illegible]	[illegible]	»	1,685	6,112	392,379	»	398,400					8, 50	
	Enfants abandonnés	3	25	»	28	6	34	»	2	»	3	3	[illegible]	»	25	»	26	447	9,540	»	9,987					5, 88	
	Enfants nés dans les hospices et délaissés par leurs mères	»	»	»	»	2	2	»	»	»	»	»	[illegible]	»	2	»	2	»	436		490	»	220	22	46	»	
	Enfants orphelins	1	5	»	6	2	8	»	»	»	»	»	[illegible]	»	3	»	5	251	2,329	»	2,580	»				»	
	Enfants secourus temporairement	»	»	43	43	55	98	»	»	»	»	[illegible]	[illegible]	»	»	33	33	»	»	1,620	1,020	»				»	
CHARENTE-INFÉRIEURE	Enfants trouvés	96	762	»	561	226	1,087	47	74	»	20	[illegible]	[illegible]	[illegible]	[illegible]	»	917	40,312	275,652	»	315,964	»	135	60	87	11, 15	
	Enfants abandonnés	6	40	»	46	53	99	11	20	»	1	1	[illegible]	1	[illegible]	»	46	2,298	20,490	»	22,788	»	5	7	12	31, 31	
	Enfants nés dans les hospices et délaissés par leurs mères	»	»	»	»	»	»	»	»	»	»	»	»	»	»	»	»	»	»	»	»	»	»	»	»	»	
	Enfants orphelins	»	5	»	5	2	7	»	»	»	»	»	»	»	7	»	7	»	2,180	»	2,180	»	»	4	8	»	
	Enfants secourus temporairement	»	»	1	1	12	13	»			»	1	»	»	»	12	12	70	592	2,377	3,039	»	5	»	»	»	
CHER	Enfants trouvés	69	928	»	997	355	1,352	71	108	»	6	[illegible]	[illegible]	[illegible]	[illegible]	»	1,033	33,548	343,610	»	377,158	»	97	204	180	10, 89	
	Enfants abandonnés	19	31	»	50	7	57	2	»	»	2	6	[illegible]	[illegible]	[illegible]	»	47	7,290	10,585	»	17,875		»	18	20	8, 51	
	Enfants nés dans les hospices et délaissés par leurs mères	»	»	»	»	»	»	»	»	»	»	»	»	»	»		»	»	»	»	»	»	»	»	»	»	
	Enfants orphelins	»	»	»	»	»	»	»	»	»	»	»	»	»	»	»	»	»	»	»	»	»	»	»	»	»	
	Enfants secourus temporairement	»	»		»	»	»	»	»	»	»	»	»	»	»		»	»	»	»	»		»	»	»	»	
CORRÈZE	Enfants trouvés	6	293	»	209	24	323	6	24	»	11	[illegible]	[illegible]	[illegible]	[illegible]	»	292	2,515	99,503	»	102,018	»	390	»	»	9, 29	
	Enfants abandonnés	»	23	»	23	5	28	»	4	»	»	1	»	»	[illegible]	»	22	»	7,288	»	7,288	»	20	»	»	14, 29	
	Enfants nés dans les hospices et délaissés par leurs mères	»	»	»	»	»	»	»	»	»	»	»	»	»	»	»	»	»	»	»	»	»	»	»	»	»	
	Enfants orphelins	»	39	»	39	7	46	2	1	»	1	1	[illegible]	[illegible]	[illegible]	»	41	239	16,235	»	16,474	»	85	»	»	6, 52	
	Enfants secourus temporairement	»	»	132	132	122	254	»	»	18	»	115	[illegible]	»	»	120	120	»	»	30,252	30,252		100	»	»	6, 34	
CORSE	Enfants trouvés	»	457	»	457	157	614	»	99	»	32	»	[illegible]	»	[illegible]		483	»	173,026	»	173,026	»	72	70	101	16, 12	
	Enfants abandonnés	»	11	»	11	10	21	»	5		2	»	[illegible]	»	[illegible]	»	10	»	5,032	»	5,962		1	»	»	14, 20	
	Enfants nés dans les hospices et délaissés par leurs mères	»	23	»	23	12	35	»	5		2	»	[illegible]	»	[illegible]	»	28		»	»	»	»	4	3	6	14, 29	
	Enfants orphelins	»	11	»	11	3	14	»	»	»		»	[illegible]	»	14		14	»	3,822	»	3,822	»	»	2	3	»	
	Enfants secourus temporairement	»	»	»	»	8	8	»	»			»	[illegible]		8		8	»	1,266	»	1,266	»	»	»	»		
CÔTE-D'OR	Enfants trouvés	12	477	»	489	218	707	37	93	»	20	[illegible]	[illegible]	[illegible]	[illegible]		531	3,023	180,838	»	183,861	»	182	210	210	18, 67	
	Enfants abandonnés	7	77	»	84	37	121	3	5	»	18	7	[illegible]	»	[illegible]	»	96	2,238	31,839	»	34,077		8	31	61	6, 61	
	Enfants nés dans les hospices et délaissés par leurs mères	»	»	»	»	»	»	»	»	»	»	»	»	»	»		»	»	»	»	»	»	»	»	»	»	
	Enfants orphelins	»	»	»	»	»	»	»	»		»	»	»	»	»	»	»	»	»	»	»	»	»	»	»	»	
	Enfants secourus temporairement	»	»	»	»	»	»	»	»			»	»	»	»	»	»	»	»	»	»	»	»	»	»	»	
CÔTES-DU-NORD	Enfants trouvés	8	747	»	755	765	920	7	64	»	15	[illegible]	[illegible]	[illegible]	[illegible]	»	759	1,954	279,932	»	281,886	»	130	198	207	7, 72	
	Enfants abandonnés	3	54	»	57	45	102	»	5	»	22	5	[illegible]	»	[illegible]	»	70	»	25,680	»	25,680	»	19	21	34	4, 90	
	Enfants nés dans les hospices et délaissés par leurs mères	»	»	»	»	»	»	»				»	»		»		»		»	»	»	»	»	»	»		
	Enfants orphelins	2	31	»	33	17	50	»	2	»	1	3	[illegible]	»	[illegible]	»	44	»	13,099	»	13,099	»	5	9	29	4, 60	
	Enfants secourus temporairement	»	»	»	»	»	»	»	»	»	»	»	»	»	»			»	»	»	»	»	»	»	»		
	A reporter	1,139	16,566	1,035	18,740	5,221	23,961	534	1,830	137	597	1,8[illegible]	[illegible]	[illegible]	16,1[illegible]	1,165	19,023	455,744	5,232,124	625,865	6,704,753	»	4,741	2,940	3,740		

DÉPARTEMENTS.	CLASSE à laquelle les enfants appartiennent	RESTANT le dernier jour de l'année précédente : à l'hospice	à la campagne	dans leur famille	total des restants	ENFANTS admis dans l'année	TOTAL général	RAYÉS DES REGISTRES D'INSCRIPTION : décédés à l'hospice	décédés à la campagne	décédés dans leur famille	retirés par les parents ou bienfaiteurs	sortis par l'effet de l'âge ou la cessation du secours temporaire		RESTANT le dernier jour de l'année : à l'hospice	à la campagne	dans leur famille	total des restants	NOMBRE DES JOURNÉES : à l'hospice	à la campagne	dans leur famille	total des journées	NOMBRE MOYEN des enfants d'après les journées passées à la campagne et dans les familles	NOMBRE des vaccinations	NOMBRE des enfants qui fréquentent les écoles primaires	NOMBRE des enfants qui suivent les instructions religieuses	PROPORTION de la mortalité — Pour 100	OBSERVATIONS
	Report ..	1,150	16,560	1,035	18,710	5,241	23,981	582	1,839	137	580	1,607	[illegible]	[illegible]	14,8[illegible]	1,166	16,025	433,744	5,882,124	456,885	6,704,753		4,741	2,940	3,740	0, 18	
Corrèze	Enfants trouvés ...	24	892	.	916	169	1,085	25	42		21	13	[illegible]	[illegible]	966	.	951									11, 04	
	Enfants abandonnés	2	50	.	52	26	78	3	6		3	3		1	47	13	63	9,405	322,738	23,862	356,005	.	171	125	155	6, 70	
	Enfants nés dans les hospices et délaissés par leurs mères ..	.	.	.	.	.	.	.			.			.			.										
	Enfants orphelins	.	24	.	24	7	31	.	4	2	.	.		1	13	12	25									10, 18	
	Enfants secourus temporairement	.	.	136	136	100	236	.	.	16	1	18		.	.	165	165	.	.	71,723	71,723		122	.	.	6, 78	
Dordogne ..	Enfants trouvés. ..	48	2,078	.	2,126	365	2,491	84	265		5	16	[illegible]	[illegible]	2,102	.	2,130	8,430	712,127		720,557	.	1,979	.	519	11, 54	
	Enfants abandonnés		4	.	4	1	5	.	.			.		.	5		5		1,080	.	1,080	.	5	.			
	Enfants nés dans les hospices et délaissés par leurs mères....	.	22	.	22	18	40		.			.		.	40		40	.	14,020		14,020	.	38	.	38	.	
	Enfants orphelins	.	1	.	1	.	1		.		.	.		.	1		1	.	.		.	.	1	.	.		
	Enfants secourus temporairement.	.	.	109	109	68	104	.	10		56	3	[illegible]	.		95	95	773	31,341	.	32,114		65	.	2	6, 10	
Doubs..	Enfants trouvés....	63	14	.	77	36	113	2	1	.		41	[illegible]	[illegible]	[illegible]		60	22,003	5,077	.	27,080	.	3	50	40	2, 55	
	Enfants abandonnés ...	76	82	.	158	136	294	9	14		3	103	[illegible]	[illegible]	70		155	20,787	26,005	.	47,785		17	90	75	7, 82	
	Enfants nés dans les hospices et délaissés par leurs mères .	.	.	.	.	.	.	.	.					.	.			.	.	.	.	.		.	.	.	
	Enfants orphelins....	47	27	.	74	20	94	6	1	.	2	4		[illegible]	35	.	61	16,823	11,506		28,329		1	82	43	7, 46	
	Enfants secourus temporairement		.	26	28	26	54	.	.	2	33	.		.	.	19	19	.	.	7,811	7,811	.	.	.	.	3, 70	
Drôme	Enfants trouvés ...	.	858	.	858	48	906	.	40		12	78		.	775		776	1,021	291,600	.	292,011	.				4, 42	
	Enfants abandonnés		97	.	97	67	164	.	16		7	5		.	135		130	1,660	38,880	.	40,540					9, 76	
	Enfants nés dans les hospices et délaissés par leurs mères. .	.	.	.	.	.	.	.		.		.		.		.		.	.		.		104	.		5, 75	
	Enfants orphelins	.	.	.	.	.	.	.	.	.		.		.			.	.	.		.	.					
	Enfants secourus temporairement	.	.	35	35	75	110	.	12	.	40	.		.	.	58	58		16,978		16,978	.				10, 91	
Eure	Enfants trouvés..	10	382	.	392	137	529	5	33		5	10	[illegible]	[illegible]	[illegible]	.	470	4,658	148,141	.	152,799	.				15, 63	
	Enfants abandonnés . .	1	37	.	38	7	45	1	.	.	5	2		1	36		37	864	13,112		13,976	.				2, 22	
	Enfants nés dans les hospices et délaissés par leurs mères		37		37	17	54	1	4		1	1		.	47	.	47	145	12,626	.	12,771		57	134	78	9, 26	
	Enfants orphelins...	.	16	.	16	5	21	.	.	.	.	.		.	21	.	21	.	6,305	.	6,305					.	
	Enfants secourus temporairement	.	.	.	.	.	.	.	.		.	.		.	.	.	.	.	.		.	.				.	
Eure-et-Loir	Enfants trouvés...	33	334	.	367	57	424	4	27		3	29		[illegible]	361		361	9,148	129,582	.	138,730		45	150	72	7, 31	
	Enfants abandonnés. .	3	58		61	30	91	1			15	7		1	66		73	1,584	24,470	.	26,054	.	.	75	33	1, 10	
	Enfants nés dans les hospices et délaissés par leurs mères .	.	.		.	1	1	1				.		.			.	.	.	.	.	.	.	.	.	100, 00	
	Enfants orphelins.... .	4	27	.	31	8	39	.				.		[illegible]	38	.	39	11,460	12,775		24,235	.	.	31	.	.	
	Enfants secourus temporairement	.	.	15	15	6	21	.		.		.		.	.	23	23	.	.	5,120	5,120	.		.	.	4, 17	
Finistère	Enfants trouvés .	.	1,386	.	1,386	328	1,714	17	134		30	97		.	1,445		1,446									0, 98	
	Enfants abandonnés . .	5	90	.	95	63	158	4	3		11	18		.	121	.	121	1,755	564,610	.	566,365	.	316	.	.	3, 85	
	Enfants nés dans les hospices et délaissés par leurs mères	.	.	.	.	.	.	.			.	.		.		.	.									.	
	Enfants orphelins	.	33		33	29	62	.	2			.		1	32	.	32									3, 23	
	Enfants secourus temporairement		.	.	.	.	.	.	.			.		.		.	.									.	
	A reporter	1,453	23,115	1,354	25,920	7,081	33,007	697	2,404	185	704	2,440	[illegible]	[illegible]	23,702	1,561	26,465	552,054	5,318,247	536,410	9,407,711		7,095	5,647	4,705	.	

DÉPARTEMENTS.	CLASSE à laquelle LES ENFANTS APPARTIENNENT	RESTANT au dernier jour de l'année précédente — à l'hospice.	à la campagne.	dans leur famille.	TOTAL des restants.	ENFANTS admis dans l'année	TOTAL GÉNÉRAL	RAYÉS DES REGISTRES D'INSCRIPTION — DÉCÉDÉS à l'hospice.	à la campagne.	dans leur famille.	RETIRÉS par les parents ou bienfaiteurs.	[illegible]	[illegible]	RESTANT le dernier jour de l'année — à l'hospice.	à la campagne.	dans leur famille.	TOTAL des restants.	NOMBRE DES JOURNÉES — à l'hospice.	à la campagne.	dans leur famille.	TOTAL des journées.	NOMBRE MOYEN des Enfants d'après les journées passées à la campagne et dans les familles.	NOMBRE des VACCINATIONS.	NOMBRE des ENFANTS qui fréquentent les écoles primaires.	NOMBRE des ENFANTS qui suivent les instructions religieuses.	PROPORTION de la mortalité. — Pour 100.	OBSERVATIONS.
	Report	1,455	23,115	1,358	25,926	7,081	33,007	697	2,460	188	791	2,121	[illegible]	[illegible]	[illegible]	1,581	26,565	682,054	3,316,847	956,410	5.407,711	»	7,095	3,547	4,705		
GARD	Enfants trouvés	10	806	»	816	345	1,161	17	222		6	[illegible]	[illegible]	17	510	»	593	2,778	301,068	»	303,846	»	»	»	»	20. 59	
	Enfants abandonnés		7	»	7	3	10		»		»	»	[illegible]	1	9	»	10									»	
	Enfants nés dans les hospices et délaissés par leurs mères	»				»	»	»	»	»		»	[illegible]	»	»	»	»	»	»	»	»	»	»	»	»	»	
	Enfants orphelins	»	»	»	»	»	»	»	»	»		»	[illegible]	»	»	»		»	»	»	»	»	»	»	»	»	
	Enfants secourus temporairement	»		»	»	»	»	»	»	»		»	[illegible]	»	»			»	»	»	»	»	»	»	»	»	
GARONNE (HAUTE-)	Enfants trouvés	54	948	»	1,002	23	1,025	7	26		14	[illegible]	[illegible]	[illegible]	[illegible]	»	659	16,748	308,133	»	324,881	»	23	»	»	5. 12	
	Enfants abandonnés	3	111	»	114	56	170	4	»		6	32	[illegible]	11	137	»	148	4,010	50,005	»	54,015		16	»	»	2. 35	
	Enfants nés dans les hospices et délaissés par leurs mères	9	116	»	125	12	137	6	»	»	»	21	[illegible]	6	104	»	110	2,190	37,960	»	40,150	»	12	»	»	4. 27	
	Enfants orphelins	1	4		5	»	5	»	»	»		»	[illegible]	1	4	»	5	365	1,467	»	1,832	»	»	»	»	»	
	Enfants secourus temporairement	»	»	76	76	123	199	»	15	9		131	[illegible]	»	»	46	46	»	9,250	18,510	27,760	»	»	»	»	12. 06	
GERS	Enfants trouvés	93	719	»	812	51	863	7	20	»	4	102	[illegible]	[illegible]	[illegible]	»	730	12,204	253,668	»	265,872	»	619	206	416	3. 13	
	Enfants abandonnés	»	4		4	4	8	1	1			4	[illegible]	»	2	»	2	16	1,035	»	1,051	»	6	2	4	25. 00	
	Enfants nés dans les hospices et délaissés par leurs mères				»		»	»	»		»	»	[illegible]	»	»	»	»		»	»	»	»	»	»	»	»	
	Enfants orphelins	3	13	»	16	6	22		1			2	[illegible]	[illegible]	[illegible]	»	18	1,100	5,110	»	6,210	»	12	5	10	4. 55	
	Enfants secourus temporairement	»	»	57	57	90	147	»	»			32	[illegible]	»	»	115	115	»	»	»	»	»	»	»	»	»	
GIRONDE	Enfants trouvés	341	3,204		3,545	1,006	4,551	148	857	»	149	8	[illegible]	[illegible]	[illegible]		3,804	120,028	1,243,812	»	1,363,840	»	970	44	265	11 10	
	Enfants abandonnés	18	55		73	37	110	2	4		19	»	[illegible]	[illegible]	[illegible]	»	59	8,369	22,609		30,978	»	5	6	9	5. 45	
	Enfants nés dans les hospices et délaissés par leurs mères		»		»		»	»	»		»	»	[illegible]	»		»	»	»	»		»	»	»	»	»	»	
	Enfants orphelins	41	60	»	101	60	161	3	11	»	12	7	[illegible]	[illegible]	71	»	128	18,601	25,552		44,153	»	19	11	14	9. 94	
	Enfants secourus temporairement	»	»		»		»	»	»	»	»	»	[illegible]	»				»	»	»	»		»	»	»	»	
HÉRAULT	Enfants trouvés	15	501	»	516	1	517	2	4		16	[illegible]	[illegible]	[illegible]	[illegible]	»	416	5,496	150,564	»	156,060		37	247	370	1. 15	
	Enfants abandonnés	6	204	»	210	29	239	5	8		7	13	[illegible]	6	[illegible]	»	205	2,729	74,609	»	77,338		25	108	105	6. 58	
	Enfants nés dans les hospices et délaissés par leurs mères	»	»			»	»	»				»	[illegible]	»			»	»	»		»		»	»	»	»	
	Enfants orphelins	3	16		19	7	26	»			2	1	[illegible]	2	[illegible]	»	23	1,674	7,042	»	8,716	»	»	23	23	»	
	Enfants secourus temporairement	»	»	235	235	106	341			34		94	[illegible]	»	»	213	213	»	»	98,040	98,040	»	106	116	110	10. 00	
ILLE-ET-VILAINE	Enfants trouvés	19	949	»	968	192	1,160	33	107		92	45	[illegible]	[illegible]	[illegible]	»	900	10,586	327,518	»	338,104	»	153	49	383	12. 07	
	Enfants abandonnés	7	101		108	25	133	2	2		20	15	[illegible]	[illegible]	71		84	3,814	35,452		39,266	»	15	9	83	3. 00	
	Enfants nés dans les hospices et délaissés par leurs mères	»	»	»	»						»	»	[illegible]	»	»	»	»	»	»	»		»	»	»	»	»	
	Enfants orphelins			»	»		»		»			»	[illegible]	»	»	»	»	»	»	»	»	»	»	»	»	»	
	Enfants secourus temporairement	»	»	23	23	89	112	»	»	20		30	[illegible]	»	»	62	62	»	»	19,316	19,316	»	81	1	»	17. 86	
ISÈRE	Enfants trouvés	22	[illegible]	»	600	7	518	8	29		4	48	[illegible]	[illegible]	[illegible]	»	535	25,446	317,385	»	342,783	»	152	»	»	5, 29	
	Enfants abandonnés	3	94	»	97	27	124	1	9		4	4	[illegible]	1	[illegible]	»	106									8, 05	
	Enfants nés dans les hospices et délaissés par leurs mères	»	»	»	»	»	»	»	»	»	»	»	[illegible]	»		»	»									»	
	Enfants orphelins	14	41	»	55	27	82	7	6		2	4	[illegible]	[illegible]	[illegible]	»	65									15, 85	
	Enfants secourus temporairement	»	»	220	224	147	371	20	30	»		»	[illegible]	»	»	269	269									16, 87	
	À REPORTER	2,135	31,454	2,088	35,772	9,522	45,294	907	3,334	221	1,161	3,207	[illegible]	[illegible]	[illegible]	2,337	36,564	705,200	11.487,636	672,886	12,955,722	»	9,050	4,477	6,553	»	

DÉPARTEMENTS.	CLASSE à laquelle les enfants appartiennent	Restant le dernier jour de l'année précédente : à l'hospice	à la campagne	dans leur famille	total des restants	Enfants admis dans l'année	TOTAL GÉNÉRAL	Rayés des registres : décédés à l'hospice	décédés à la campagne	décédés dans leur famille	retirés par les parents ou bienfaiteurs	remis par l'effet de l'âge, de la majorité …	[illegible]	[illegible]	Restant le dernier jour de l'année : à l'hospice	à la campagne	dans leur famille	total des restants	Nombre des journées : à l'hospice	à la campagne	dans leur famille	total des journées	Nombre moyen des enfants d'après les journées passées à la campagne et dans les familles	Nombre des vaccinations	Nombre des enfants qui fréquentent les écoles primaires	Nombre des enfants qui suivent les instructions religieuses	Proportion de la mortalité. Pour 100.	OBSERVATIONS
	Report.	2,315	31,654	2,693	36,712	9,522	45,294	967	3,330	221	1,161	3,321	[illegible]	[illegible]	[illegible]	[illegible]	2,337	36,364	795,260	11,487,656	672,856	12,955,722	.	9,939	4,477	6,553	.	
Indre-et-Loire	Enfants trouvés	19	757		776	135	911	37	108	.	13	[illegible]	[illegible]	[illegible]	[illegible]	605	.	605	8,170	247,965	.	256,135	.	18	20	75	14, 82	
	Enfants abandonnés	11	57		68	21	89	8	6		3	5	[illegible]	[illegible]	[illegible]	55		70	3,970	21,270		25,235	.	.	12	20	12, 36	
	Enfants nés dans les hospices et délaissés par leurs mères		.	.		75	75	21	16		25	.	[illegible]	.		13	.	13	430	4,515		4,952	.	.		.	40, 33	
	Enfants orphelins	.	.			.		.	.		.		[illegible]	.		.			.	.	.	.	.	.		.		
	Enfants secourus temporairement		.	140	146	77	223	.	6	10		[illegible]	[illegible]	.		.	140	149	.	9,217	44,334	63,501	.	10	.	.	7, 17	
Isère	Enfants trouvés	5	627		633	151	784	3	02		28	11	[illegible]	[illegible]	[illegible]	[illegible]	.	479	415	220,728		221,143	.	110	451	334	5, 20	
	Enfants abandonnés	7	121	.	128	22	150		1	.	3	14	[illegible]	[illegible]	[illegible]	127		132	4,556	40,050	.	44,606	.	18	58	61	0, 07	
	Enfants nés dans les hospices et délaissés par leurs mères		.			.	.	.	.	.		.	.	.	.	.	.	.	.	.	.	.	.	.	.	.	.	
	Enfants orphelins		25		25	6	31		.		.	.	.	.		31		31	.	11,773		11,773	.	6	27	12		
	Enfants secourus temporairement			295	290	109	404	.	42		.	[illegible]	[illegible]	.			305	305	.	52,526	68,322	120,848	.	187	.		8, 50	
Jura	Enfants trouvés	10	148		158	1	158	1	4		2	63	[illegible]	[illegible]	[illegible]	[illegible]		128	8,711	43,785	.	52 496			77	77	3, 07	
	Enfants abandonnés	10	54		70	44	114	.	.		1	.	[illegible]	[illegible]	[illegible]	41	.	113	5,711	27,447	.	33,158		8	71	71	.	
	Enfants nés dans les hospices et délivrées par leurs mères	.					.	.				.	.	.	.	.			.	.	.	.			.	.		
	Enfants orphelins				.		.					.	.	.	.				.		.	.		.				
	Enfants secourus temporairement			40	40	14	60	.		6		[illegible]	[illegible]	.		.	60	60	.	.	22,186	22,186	.	.	.	.	6, 67	
Landes	Enfants trouvés	13	1,400		1 419	212	1,631	75	113		10	[illegible]	[illegible]	[illegible]	[illegible]	[illegible]	.	1,223	6,395	468,648	.	475,043	.	175	119	325	11, 53	
	Enfants abandonnés		20		20	10	30	.	1	.	1	3	[illegible]	.	.	25		25	645	10,641	.	11,286		.	4	8	3, 33	
	Enfants nés dans les hospices et délaissés par leurs mères		.									.	.	.	.	.			.	.	.	.	.				.	
	Enfants orphelins	1	11		12	13	25	1	1	.		.	[illegible]	.	.	23		23	552	5,069	.	5,651		.	5	5	5, 00	
	Enfants secourus temporairement			70	70	150	215	.	26		1	[illegible]	[illegible]	.	.	.	108	108	.	49,640		49,640		.	.	.	12, 69	
Loir-et-Cher	Enfants trouvés	16	718		730	204	935	21	64		21	[illegible]	[illegible]	[illegible]	1	698		700	4,145	257,360	.	261,514	.	40	.	60	11, 36	
	Enfants abandonnés	1	33		34	11	(46				3	2	[illegible]	[illegible]	1	37	.	40	430	7,010	.	8,040	.	6	.	6		
	Enfants nés dans les hospices et délaissés par leurs mères	.	.				.	.				.	.	.	.			.		.		.		.				
	Enfants orphelins							.	.			.	.	.	.	.					.	.	.		.	.	.	
	Enfants secourus temporairement				.		.					.	.	.	.	.		.	.		.	.	.	.	.	.		
Loire	Enfants trouvés	5	1,408		1,413	97	1,510	2	78		46	103	[illegible]	[illegible]	[illegible]	[illegible]		1,270	5,253	474,082		479,335	.	30	360	274	5, 30	
	Enfants abandonnés	6	165		171	75	240	11	37		23	11	[illegible]	[illegible]	.	162		166	1,848	58,529	.	60,357	.	97	40	12	19, 30	
	Enfants nés dans les hospices et délaissés par leurs mères		.		.	40	40	5	8		7	.	[illegible]	.	.	29		29	214	11,528	.	11,742	.	19	.	.	20, 53	
	Enfants orphelins				.	.	.	.			.		[illegible]	.	.	.			.	.			.	.	.	.		
	Enfants secourus temporairement	.	.			89	89	.	.	11		13	[illegible]	.	.	.	66	66	.	.	10,283	19,285	.	30	.	.	12, 36	
Loire (Haute)	Enfants trouvés	2	925		928	126	1,054	4	54	.	26	76	[illegible]	[illegible]	.	[illegible]		885	256	326,793	.	327,049	.	.	.	.	6, 45	
	Enfants abandonnés		39		39	25	64	.	4	.	13	1	[illegible]	[illegible]	.	40	.	40	103	14,367	.	14,470	.	.		.	6, 25	
	Enfants nés dans les hospices et délaissés par leurs mères	.		.			.	.		.		.	.	.	.	.	.	.	.	.	.	.	.	.	.	.		
	Enfants orphelins		12		12	22	34		.		.	.	[illegible]	.	.	31	.	34	80	10,956	.	11,036	.		.	.	.	
	Enfants secourus temporairement	.	.	238	236	81	319	.	.	13	11	20	[illegible]	.	.	.	275	272	.	.	60,436	60,436	.	.	.	.	4, 08	
	A reporter	2,237	38,171	2,807	43,215	11,447	54,662	1,151	3,907	231	1,300	4,6[illegible]	[illegible]	[illegible]	[illegible]	[illegible]	3,389	45,702	847,111	15,861,891	927,437	16,620,439		10,714	5,748	7,507	.	

DÉPARTEMENTS	CLASSE à laquelle les enfants appartiennent	RESTANT le dernier jour de l'année précédente: à l'hospice	à la campagne	dans leur famille	total des restants	ENFANTS admis dans l'année	TOTAL général	RAYÉS DES REGISTRES D'INSCRIPTION: Décédés à l'hospice	à la campagne	dans leur famille	retirés par les parents ou leurs fermiers	sortis par l'effet de l'âge ou la cessation du secours temporaire	[illegible]	RESTANT le dernier jour de l'année: à l'hospice	à la campagne	dans leur famille	total des restants	NOMBRE DES JOURNÉES: à l'hospice	à la campagne	dans leur famille	total des journées	NOMBRE moyen des enfants d'après les journées passées à la campagne et dans les familles	NOMBRE des vaccinations	NOMBRE des enfants qui fréquentent les écoles primaires	NOMBRE des enfants qui suivent les instructions religieuses	PROPORTION de la mortalité — Pour 100.	OBSERVATIONS
	Report	2,237	38,171	2,807	43,216	11,447	54,662	1,151	8,097	261	1,399	[illegible]	[illegible]	[illegible]	[illegible]	3,330	42,702	867,111	13,801,891	917,437	15,086,439	,	10,714	5,749	7,897	,	
Loire-Inférieure	Enfants trouvés	76	735	,	811	207	1,078	62	116		16	96	[illegible]	[illegible]	[illegible]	,	802	48,025	236,311	,	288,836	,				18,37	
	Enfants abandonnés	6	53	,	59	17	76	,	1	,		6	[illegible]	[illegible]	[illegible]	,	60	3,794	18,020	,	18,814	,				1,32	
	Enfants nés dans les hospices et délaissés par leurs mères	23	212	,	235	1	236	,	5		3	6	[illegible]	[illegible]	[illegible]	,	222	,	68,630	,	68,630	,	68	65	65	2,12	
	Enfants orphelins	3	13	,	16	1	17	,	1		,	,	[illegible]	[illegible]	[illegible]	,	16	806	4,586	,	5,462	,				5,88	
	Enfants secourus temporairement		,	60	66	80	140	,	,	10	,	6	[illegible]	[illegible]		119	119	,	,	29,071	29,077	,				13,01	
Loiret	Enfants trouvés	52	784	,	836	366	1,202	115	168		22	108	[illegible]	[illegible]	[illegible]	,	791	41,616	216,353	,	257,960	,	91	95	45	22,54	
	Enfants abandonnés	26	43	,	69	67	136	18	8		21	11	[illegible]	[illegible]	[illegible]	,	83	4,514	20,988	,	31,502	,	8	7	2	15,44	
	Enfants nés dans les hospices et délaissés par leurs mères	,	,	,	,	,	,	,	,			,	[illegible]	,	,	,	,	,	,	,	,	,	,		,	,	
	Enfants orphelins	2	1	,	3	4	7	2	1	,		,	[illegible]	1	1	,	4	220	1,220	,	1,440	,	,	,	,	42,86	
	Enfants secourus temporairement	,	,	129	129	30	159	,	,	14		15	[illegible]	,		130	130	,	,	30,765	30,765	,	25	,	,	8,81	
Lot	Enfants trouvés	12	318		330	11	341	,	15	,	3	31	[illegible]	[illegible]	[illegible]	,	293	2,560	112,783	,	115,340	,	6	,	,	3,81	
	Enfants abandonnés	5	30	,	35	18	73	,	2	,	1	[illegible]	[illegible]	[illegible]	[illegible]	,	65	1,515	20,750	,	22,265	,	10	,	,	2,74	
	Enfants nés dans les hospices et délaissés par leurs mères	,		,	,	,	,	,	,			,	[illegible]	,	,	,	,	,	,	,	,	,	,				
	Enfants orphelins		8	,	8	10	18	,	1		3	,	[illegible]	1	[illegible]	,	14	10	4,005	,	4,015	,	7	,	,	5,56	
	Enfants secourus temporairement	,	,	46	46	82	128			11		[illegible]	[illegible]	,		37	37	,	,	27,196	27,196	,	70	,	,	8,66	
Lot-et-Garonne	Enfants trouvés	32	282		314	50	364	6	4		12	[illegible]	[illegible]	[illegible]	[illegible]	,	305	10,600	94,642	,	114,387	,				2,75	
	Enfants abandonnés	,	,	,	,	,	,		,		,	,	[illegible]				,	,	,	,	,	,				,	
	Enfants nés dans les hospices et délaissés par leurs mères	,		,	,	,	,	,	,			,	[illegible]				,	,	,	,	,	,	90	35	170	,	
	Enfants orphelins	,		,	,	,	,	,	,				[illegible]	,	,	,	,	,	,	,	,	,					
	Enfants secourus temporairement	,	,	206	206	86	292	,		10		[illegible]	[illegible]	,		204	204	,	,	83,767	83,767	,				6,51	
Lozère	Enfants trouvés		464	,	464	119	583	1	27	14	3	35	[illegible]	,	[illegible]	148	565	,	108,364	65,256	173,620	,	78	150	150	7,20	
	Enfants abandonnés		12	,	12	2	14	,				,	[illegible]	,	14	,	14		4,942	,	4,942	,	2	10	10	,	
	Enfants nés dans les hospices et délaissés par leurs mères		,	,	,	,	,	,	,			,	[illegible]	,	,	,		,	,	,	,	,		,		,	
	Enfants orphelins	,	,	,	,		,	,	,		,	,	[illegible]	,	,		,	,		,		,		,		,	
	Enfants secourus temporairement	,	,	,	,	,	,	,	,			,	[illegible]	,	,	,		,	,		,			,	,	,	
Maine-et-Loire	Enfants trouvés	53	1,169	,	1,222	350	1,572	82	174		41	96	[illegible]	[illegible]	[illegible]		[illegible]	19,761	453,316		473,077		236			13,10	
	Enfants abandonnés	10	64	,	74	25	99	,	1		1	2	[illegible]	[illegible]	[illegible]		94	2,447	26,155		28,602		,			1,01	
	Enfants nés dans les hospices et délaissés par leurs mères	2	370	,	372	108	480	,	85		9	1	[illegible]	,	[illegible]		352	3,664	108,351		112,015	,	72	96	,	17,71	
	Enfants orphelins		,	,	,	,	,	,	,	4	,	,	[illegible]	,	,	,		,	,	,	,	,	,			,	
	Enfants secourus temporairement	,	,	,	,	,	,	,	,			,	[illegible]	,	,		,	,	,		,		,			,	
Mayenne	Enfants trouvés	39	1,311	,	1,350	178	1,428	15	75		27	51	[illegible]	[illegible]	[illegible]	,	1,226	12,074	411,305	,	424,179	,	83	452	452	6,18	
	Enfants abandonnés	3	105	,	108	109	217	15	50	,	20	3	[illegible]	[illegible]	[illegible]		129	3,533	30,681	,	43,214	,	33	29	29	20,95	
	Enfants nés dans les hospices et délaissés par leurs mères	,	,	,	,	,	,	,	,	,	,	,	[illegible]	,	,		,	,	,	,	,	,	,	,	,	,	
	Enfants orphelins	1	12	,	13	13	26	,	,	2	3	[illegible]	[illegible]	,	[illegible]	,	21	787	5,172	,	5,029	,	5	6	9	,	
	Enfants secourus temporairement	,	,	23	23	24	47	,	,			[illegible]	[illegible]	,	,	21	22	,	3,675	4,681	8,356	,	6	,	,	4,36	
	À reporter	2,612	44,067	3,277	49,956	15,840	65,390	1,433	4,727	366	1,586	[illegible]	[illegible]	[illegible]	[illegible]	4,279	50,015	908,587	15,871,962	1,107,158	18,037,707	,	11,814	6,705	8,835		

DÉPARTEMENTS	CLASSE à laquelle LES ENFANTS APPARTIENNENT.	RESTANT AU PREMIER JOUR DE L'ANNÉE précédente				ENFANTS admis dans l'année.	TOTAL GÉNÉRAL.	RAYÉS DES REGISTRES D'INSCRIPTION						RESTANT LE DERNIER JOUR DE L'ANNÉE				NOMBRE DES JOURNÉES				NOMBRE MOYEN des Enfants d'après les journées passées à la campagne et dans les familles.	NOMBRE des VACCINATIONS.	NOMBRE des ENFANTS qui fréquentent les écoles primaires.	NOMBRE des ENFANTS qui suivent les instructions religieuses.	PROPORTION de la mortalité. — Pour 100.	OBSERVATIONS.
		à l'hospice	à la campagne	dans leur famille	TOTAL des restants			DÉCÉDÉS à l'hospice.	DÉCÉDÉS à la campagne.	DÉCÉDÉS dans leur famille	RETIRÉS par les parents ou leurs fauteurs	RAYÉS par l'effet de l'âge ou la cessation du secours temporaire	[illegible]	à l'hospice	à la campagne	dans leur famille.	TOTAL des restants.	à l'hospice.	à la campagne.	dans leur famille.	TOTAL des journées.						
	REPORT	2,012	44,067	3,277	49,356	13,640	63,396	1,492	4,727	309	1,385	4,886	[illegible]	[illegible]	[illegible]	4,079	50,615	906,587	15,271,060	1,167,138	18,037,707	»	11,014	6,703	5,635	»	
MARNE	Enfants trouvés	18	652	»	670	247	917	41	156	37	11	41		[illegible]	615	»	630	14,461	152,899	»	167,360	»	310	336	»	23, 52	
	Enfants abandonnés	9	64	»	73	40	113	»	4	»	6	15		1	87	»	88	2,306	25,952	»	28,250	»	45	64	»	3, 54	
	Enfants nés dans les hospices et délaissés par leurs mères	»	»	»		2	2	1	1		»	»		»	»	»	»	17	4	»	21	»	»	»	»	100, 00	
	Enfants orphelins	11	»	»	11	6	17	»	»	»	3	»		1	5	»	14	3,241	1,217	»	4,458	»	»	5	»	»	
	Enfants secourus temporairement	»	»	»	»	»	»	»	»			»		»	»	»	»	»	»	»	»	»	»	»	»	»	
MARNE (HAUTE-)	Enfants trouvés	2	313	»	315	77	392	7	35		16	1		1	[illegible]	»	307	1,062	113,547	»	114,609	»	»	»	»	10, 71	
	Enfants abandonnés	3	37	»	40	10	50	1	3		5	1		4	38	»	43	1,604	22,084	»	24,888	»	»	»	»	6, 78	
	Enfants nés dans les hospices et délaissés par leurs mères	»	»	»	»	»	»		»	»	»	»		»	»	»	»	»	»	»	»	»	»	»	»	»	
	Enfants orphelins	»	»	»	»	»	»	»	»	»	»	»		»	»	»	»	»	»	»	»	»	»	»	»	»	
	Enfants secourus temporairement	»	»	»	»	»	»	»	»	»		»		»	»	»	»	»	»	»	»	»	»	»	»	»	
MAYENNE	Enfants trouvés	19	1,126	»	1,145	125	1,270	18	95	»	3	12		8	1,057	»	1,065	11,444	390,690	»	402,136	»	90	»	»	8, 44	
	Enfants abandonnés	9	48	»	57	17	74	9	»		5	4		8	38	»	60								»	2, 70	
	Enfants nés dans les hospices et délaissés par leurs mères	»	»	»	»	»	»	»		»		»		»	»	»	»	»	»	»	»	»	»	»	»	»	
	Enfants orphelins	»	»	»	»	»	»	»	»			»		»	»	»	»	»	»	»	»	»	»	»	»	»	
	Enfants secourus temporairement	»	»	»	»	»	»	»	»			»		»	»	»	»	»	»	»	»	»	»	»	»	»	
MEURTHE	Enfants trouvés	67	115	»	182	35	217	6	12	»	7	4		2	151	»	184									5, 29	
	Enfants abandonnés	26	51	»	77	75	152	3	5	»	14	15		9	81	»	115									5, 26	
	Enfants nés dans les hospices et délaissés par leurs mères	»	»	»	»	»	»	»	»			»		»	»	»	»	36,780	72,512	»	109,292	»	10	»	»	»	
	Enfants orphelins	4	9	»	13	17	30	1	2	»		5		1	21	»	22									10, 00	
	Enfants secourus temporairement	»	»		»	»	»	»	»			»		»	»	»	»									»	
MEUSE	Enfants trouvés	47	282	1	330	143	473	7	60	»	18	13		8	280	1	330	18,466	107,433	350	126,349	»	17	75	31	14, 16	
	Enfants abandonnés	33	33	»	66	32	98	1	3	»	2	11		8	51	»	71	9,177	15,015	»	24,192	»	»	10	12	4, 55	
	Enfants nés dans les hospices et délaissés par leurs mères	»			»	»	»	»	»	»		»		»	»	»	»	»	»	»	»	»	»	30	60	»	
	Enfants orphelins	10	6	1	17	4	21	»	1		6	10		1	7	1	11	5,475	5,752	»	7,227	»	31	4	2	4, 76	
	Enfants secourus temporairement	»	»	12	12	44	56	»	»						»	11	11	1,306	»	4,850	6,156	»	»	»	»	»	
MORBIHAN	Enfants trouvés	256	598	»	856	164	1,020	9	32	»	16	13		4	510	»	604	114,277	214,506	»	328,783	»	125	271	393	8, 93	
	Enfants abandonnés	32	274	5	311	95	406	2	25		31	11		4	236	6	247	12,757	67,889	»	80,646	»	»	66	104	7, 38	
	Enfants nés dans les hospices et délaissés par leurs mères	»	»	»	»	»	»	»	»	»	»	»		»	»	»	»	»	»	»	»	»	»	»	»	»	
	Enfants orphelins	4	32	»	36	12	48	»				16			32	»	38	882	16,820	»	17,702	»	»	14	46	»	
	Enfants secourus temporairement	»	»	5	5	3	3								»	6	6	»	892	2,817	3,710	»	»	»	3	»	
MOSELLE	Enfants trouvés	2	37	»	39	»	39	»	»		38	10		1	32	»	33	[illegible]	12,390	»	13,247	»	»	26	26	»	
	Enfants abandonnés	18	120	»	137	84	221	7	6	»		»		1	108	»	102	3,730	51,139	»	54,809	»	3	124	124	5, 43	
	Enfants nés dans les hospices et délaissés par leurs mères	»	»	»	»	»	»	»		»	»	»		»	»	»	»	»	»	»	»	»	»	»	»	»	
	Enfants orphelins	1	18	»	19	11	30	1	4	1	4	10		1	23	»	26	613	7,768	»	8,381	»	»	15	15	»	
	Enfants secourus temporairement	»	»	76	76	62	138								»	71	71	1,182	12,482	13,317	26,981	»	»	31	31	4, 35	
	A REPORTER	3,160	47,387	3,377	54,433	14,793	60,156	1,534	5,220	378	1,852	[illegible]	[illegible]	[illegible]	[illegible]	4,174	55,033	1,380,327	17,162,049	1,188,607	19,730,983	»	12,244	7,836	9,703	»	

DÉPARTEMENTS	CLASSE à laquelle les enfants appartiennent.	RESTANT le dernier jour de l'année précédente: à l'hospice.	à la campagne.	dans leur famille.	total des restants.	ENFANTS admis dans l'année.	TOTAL GÉNÉRAL.	RAYÉS DES REGISTRES D'INSCRIPTION: décédés à l'hospice.	décédés à la campagne.	décédés dans leur famille.	retirés par les parents ou bienfaiteurs.	sortis par l'effet de l'âge ou comme secourus temporairement.	[illegible]	RESTANT le dernier jour de l'année: à l'hospice.	à la campagne.	dans leur famille.	total des restants.	NOMBRE DES JOURNÉES: à l'hospice.	à la campagne.	dans leur famille.	total des journées.	NOMBRE MOYEN des enfants d'après les journées passées à la campagne et dans les familles.	NOMBRE des vaccinations.	NOMBRE des enfants qui fréquentent les écoles primaires.	NOMBRE des enfants qui suivent les instructions religieuses.	PROPORTIONS de la mortalité — Pour 100	OBSERVATIONS
	Report.....	3,160	47,887	3,377	54,433	14,723	69,156	1,034	5,220	376	1,842	5,199	[illegible]	[illegible]	[illegible]	4,176	55,695	1,230,327	17,162,049	1,188,607	19,585,983	»	12,244	7,520	9,702	»	
Nièvre	Enfants trouvés	141	542	»	683	144	827	15	32	»	1	137	[illegible]	[illegible]	463	»	622	45,543	183,230	»	228,773	»	84	11	162	5, 56	
	Enfants abandonnés	»	»	»	»	»	»	»	»	»	»	»		»	»	»	»	»	»	»	»	»	»	»	»	»	
	Enfants nés dans les hospices et délaissés par leurs mères	»	»	»	»	»	»	»	»	»	»	»		»	»	»	»	»	»	»	»	»			»	»	
	Enfants orphelins	»	»	»	»	»	»	»	»	»	»	»		»	»	»	»	»	»	»	»	»	»	»	»		
	Enfants secourus temporairement	»	»	232	232	186	418	»	»	41	»	137		»	»	236	258	»	»	101,835	101,835	»	180		»	9, 81	
Nord	Enfants trouvés	32	892	»	924	8	932	2	16		33	95		[illegible]	738	»	781	13,425	187,429	»	200,856	»	4	597	650	1, 72	
	Enfants abandonnés	3	106	»	109	93	202	3	15	»	76	10		[illegible]	[illegible]	»	95	1,704	34,233	»	36,077	»	22	87	33	5, 91	
	Enfants nés dans les hospices et délaissés par leurs mères	»	»	»	»	»	»	»	»	»	»	»		»		»	»	»	»	»	»	»		»	»		
	Enfants orphelins	»	3	»	3	3	6	»	»		»	»		1	5	»	6	295	1,382	»	1,677		»	»	»		
	Enfants secourus temporairement	»	»	46	46	150	196	»	1	17	»	107		»	»	10	16	»	»	24,070	24,070	»				10, 90	
Oise	Enfants trouvés	73	223	»	296	108	404	7	50		8	11		[illegible]	214	»	304	32,162	84,443	»	116,605	»	34		»	14, 11	
	Enfants abandonnés	18	187		205	46	251	10	18		5	1		3	116	»	210	32,203	57,923	»	90,126	»	14		»	11, 16	
	Enfants nés dans les hospices et délaissés par leurs mères	»	»	»	»	»	»	»	»		»	»		»	»	»	»	»	»	»	»	»	»	»	»	»	
	Enfants orphelins	3	»	»	3	»	3	»	»	»	»	»		1	»	»	3	1,008	»	»	1,008	»	»	»	»		
	Enfants secourus temporairement	»	»	»	»	»	»	»	»	»	»	»		»	»	»	»	»	»	»	»	»	»	»	»		
Orne	Enfants trouvés	11	711	»	722	171	893	18	42	»	10	107		1	700	»	711	4,090	232,360	»	236,056	»	145	»	»	6, 16	
	Enfants abandonnés	6	49	»	55	24	79	»	2	1	6	14		»	45	»	55	3,469	16,680	»	20,149	»	5	»	»	2, 33	
	Enfants nés dans les hospices et délaissés par leurs mères	»	»	»	»	»	»	»	»	»	»	»		»	»	»	»	»	»	»	»	»		»	»	»	
	Enfants orphelins	6	6	»	12	8	20	»	1	»	»	2		1	11	»	17	2,128	3,554	»	5,682	»	»	»	»	5, 09	
	Enfants secourus temporairement	»	»	»	»	»	»	»	»	»	»	»		»	»	»	»	»	»	»	»	»	»	»	»	»	
Pas-de-Calais	Enfants trouvés	»	401	»	401	3	404	2	6	»	36	12		»	353	»	348	3	133,302	»	133,305	»	»			1, 98	
	Enfants abandonnés	»	55	»	55	32	87	»	1	»	21	9		»	27	»	57	71	22,836	»	22,907	»	5			7, 15	
	Enfants nés dans les hospices et délaissés par leurs mères	»	»	»	»	»	»	»	»	»	»	»		»	»	»	»	»	»	»	»	»	»	236	»	»	
	Enfants orphelins	»	22	»	22	22	44	»	1	»	4	»		1	36	»	36	22	9,252	»	9,274	»	8			2, 27	
	Enfants secourus temporairement	»	»	175	175	71	246	»	5	35	»	»		»	»	203	203	»	»	30,844	30,844	»	»			15, 45	
Puy-de-Dôme	Enfants trouvés	102	867	»	969	147	1,116	44	52	»	37	11		[illegible]	886	»	976	47,086	306,287	»	353,373	»	122		»	8, 60	
	Enfants abandonnés	1	17	»	18	6	24	1	»	»	»	1		»	20	»	22	399	6,301	»	6,700	»	4	»	»	4, 27	
	Enfants nés dans les hospices et délaissés par leurs mères	»	»	»	»	12	12	»	»	»	»	»		1	11	»	12	75	3,721	»	3,796	»	3	»	»	»	
	Enfants orphelins	»	»	»	»	»	»	»	»	»	»	»		»	»	»	»	»	»	»	»	»	»	»	»	»	
	Enfants secourus temporairement	»	»	183	183	60	264	»	»	»	»	76		»	»	183	183	»	»	60,240	60,240	»	57	»	»	»	
Pyrénées (Basses-)	Enfants trouvés	18	565	»	583	75	658	21	30	»	4	45		[illegible]	433	»	505	8,124	186,178	»	194,302	»	35	434	400	7, 75	
	Enfants abandonnés	24	151	»	175	60	235	11	12	»	9	12		8	130	»	163	6,650	49,850	»	56,500	»	35	158	156	9, 79	
	Enfants nés dans les hospices et délaissés par leurs mères	»	2	»	2	3	5	»	»	»	»	»		»	5	»	5	»	1,287	»	1,287	»	»	»	»	»	
	Enfants orphelins	»	5	»	5	»	5	»	»	»	1	1		»	3	»	5	365	1,080	»	1,445	»	1	1	1	»	
	Enfants secourus temporairement	»	»	»	»	»	»	»	»	»	»	»		»	»	»	»	»	»	»	»	»	»	»	»	»	
	À reporter.....	3,607	52,691	4,015	60,313	16,164	76,477	1,533	5,500	473	2,073	6,233	[illegible]	[illegible]	54,985	4,819	60,685	1,435,017	18,708,406	1,450,596	21,560,019	»	12,904	9,320	11,197		

DÉPARTEMENTS.	CLASSE à laquelle les enfants appartiennent.	RESTANT le dernier jour de l'année précédente — à l'hospice.	à la campagne.	dans leur famille.	TOTAL des restants.	ENFANTS admis dans l'année.	TOTAL GÉNÉRAL.	RAYÉS DES REGISTRES D'INSCRIPTION — Décédés — à l'hospice.	à la campagne.	dans leur famille.	Retirés par les parents ou bienfaiteurs.	Sortis par l'effet de l'âge ou à la cessation du secours temporaire.	[illegible]	RESTANT le dernier jour de l'année — à l'hospice.	à la campagne.	dans leur famille.	TOTAL des restants.	NOMBRE DES JOURNÉES — à l'hospice.	à la campagne.	dans leur famille.	TOTAL des journées.	NOMBRE MOYEN des enfants d'après les journées passées à la campagne et dans les familles.	NOMBRE des vaccinations.	NOMBRE des enfants qui fréquentent les écoles primaires.	NOMBRE des enfants qui suivent les instructions religieuses.	PROPORTIONS de la mortalité — Pour 100.	OBSERVATIONS.
	Report...	3,607	52,691	4,015	60,313	16,164	76,477	1,063	5,500	473	2,073	4,380	[illegible]	[illegible]	11,926	4,419	60,305	1,430,017	18,703,406	1,420,596	21,560,019	"	12,094	9,320	11,197	"	
Pyrénées (Hautes-)	Enfants trouvés																										
	Enfants abandonnés	56	809	"	865	115	980	24	62	"	15	21	[illegible]	3	362	"	856	20,160	292,730	"	312,890	"	95	200	190	8, 78	
	Enfants nés dans les hospices et délaissés par leurs mères												[illegible]														
	Enfants orphelins	"	61	"	61	31	92	"	6	"	4	21	[illegible]	"	51	"	51	"	18,170	"	18,170	"	25	"	"	3, 43	
	Enfants secourus temporairement	"	"	60	66	45	111	"	"	10	"	14	[illegible]	"	"	47	47	"	"	16,920	16,928	"	"	"	"	9, 01	
Pyrénées-Orientales	Enfants trouvés	12	416	"	428	95	523	19	73	"	19	11	[illegible]	14	364	"	376									17, 59	
	Enfants abandonnés	2	3	66	10	16	26	1	3	"	3	1	[illegible]	1	14	"	15									16, 38	
	Enfants nés dans les hospices et délaissés par leurs mères	"	4	"	4	24	28	11	5	"	2	"	[illegible]	"	10	"	10	55,563	158,493	"	214,056	"	70	90	139	57, 14	
	Enfants orphelins	135	"	"	135	21	156	4	"	"	1	11	[illegible]	130	"	"	130									2, 34	
	Enfants secourus temporairement	"	"	11	11	25	36	"	5	"	"	"	[illegible]	"	"	31	31									13, 50	
Rhin (Bas)	Enfants trouvés	1	83	"	84	27	111	1	11	"	2	10	[illegible]	1	86	"	67	897	20,703	"	21,600	"	7	"	"	10, 81	
	Enfants abandonnés	22	419	"	441	233	674	5	13	"	31	15	[illegible]	40	501	"	547	12,291	164,929	"	177,220	"	5	"	"	2, 90	
	Enfants nés dans les hospices et délaissés par leurs mères	"	"	"	"	"	"	"	"	"	"	"	[illegible]	"	"	"	"	"	"	"	"	"	"	"	"	"	
	Enfants orphelins	"	"	"	"	"	"	"	"	"	"	"	[illegible]	"	"	"	"	"	"	"	"	"	"	"	"	"	
	Enfants secourus temporairement	"	"	"	"	"	"	"	"	"	"	"	[illegible]	"	"	"	"	"	"	"	"	"	"	"	"	"	
Rhin (Haut)	Enfants trouvés	"	35	"	35	17	52	3	3	"	1	1	[illegible]	1	48	"	42	248	11,355	"	11,603	"	2	33	33	15, 35	
	Enfants abandonnés	2	144	"	146	103	249	1	2	"	3	19	[illegible]	1	221	"	227	573	54,020	"	54,595	"	17	135	135	1, 20	
	Enfants nés dans les hospices et délaissés par leurs mères	"	"	"	"	"	"	"	"	"	"	"	[illegible]	"	"	"	"	"	"	"	"	"	"	"	"	"	
	Enfants orphelins	"	129	"	129	89	218	4	8	"	1	17	[illegible]	1	184	"	198	113	53,405	"	53,518	"	14	80	80	5, 50	
	Enfants secourus temporairement	"	"	"	"	"	"	"	"	"	"	"	[illegible]	"	"	"	"	"	"	"	"	"	"	"	"	"	
Rhône	Enfants trouvés	35	5,155	"	5,190	702	5,892	60	335	"	13	40	[illegible]	20	4,004	"	4,017	27,896	1,702,166	"	1,769,651	"	671			7, 38	
	Enfants abandonnés	3	100	"	103	107	210	5	10	"	21	9	[illegible]	10	156	"	166	3,446	55,115	"	59,561	"	88			7, 14	
	Enfants nés dans les hospices et délaissés par leurs mères	25	2,944	"	2,969	797	3,765	84	304	"	169	236	[illegible]	14	1,911	"	2,088	20,347	1,008,610	"	1,068,057	"	320	1 sur 10 à partir de l'âge de 8 ans.	Tous à partir de l'âge de 8 ans.	10, 36	
	Enfants orphelins	1	4	"	5	5	10	1	"	"	"	1	[illegible]	"	4	"	8	407	2,200	"	2,757	"	8			10, 00	
	Enfants secourus temporairement	"	"	"	"	"	"	"	"	"	"	"	[illegible]	"	"	"	"	"	"	"	"	"	"			"	
Saône (Haute-)	Enfants trouvés	"	2	"	2	"	2	"	"	"	"	"	[illegible]	"	2	"	2	"	730	"	730					"	
	Enfants abandonnés	15	31	"	46	24	70	2	1	"	3	1	[illegible]	1	45	"	57	4,601	13,704	"	18,305					4, 67	
	Enfants nés dans les hospices et délaissés par leurs mères	"	"	"	"	"	"	"	"	"	"	"	[illegible]	"	"	"	"	"	"	"	"	"	4	61	61	"	
	Enfants orphelins	4	14	"	18	10	28	"	"	"	1	2	[illegible]	1	16	"	24	2,283	5,871	"	8,154					"	
	Enfants secourus temporairement	"	"	"	"	"	"	"	"	"	"	"	[illegible]	"	"	"	"	"	"	"	"					"	
Saône-et-Loire	Enfants trouvés	"	1,252	"	1,252	219	1,471	"	128	"	128	41	[illegible]	"	1,176	"	2,176	"	444,960	"	444,960	"	127	48	108	8, 36	
	Enfants abandonnés	"	135	"	135	29	164	"	6	"	17	10	[illegible]	"	125	"	125	"	45,720	"	45,720	"	"	17	25	3, 06	
	Enfants nés dans les hospices et délaissés par leurs mères	"	"	"	"	"	"	"	"	"	"	"	[illegible]	"	"	"	"	"	"	"	"	"	"	"	"	"	
	Enfants orphelins	"	32	"	32	17	49	"	5	0	10	3	[illegible]	"	31	"	31	"	12,000	"	12,000	"	"	5	15	10, 20	
	Enfants secourus temporairement	"	"	11	11	19	30	"	"	"	"	2	[illegible]	"	"	15	15	"	"	5,400	5,400	"	"	4	3	20, 00	
	A reporter	3,020	64,408	4,108	72,491	18,934	91,425	1,391	6,510	480	2,616	3,317	[illegible]	[illegible]	63,180	4,612	72,899	1,534,766	22,009,073	1,442,916	25,030,755	"	14,587	9,992	11,049		

DÉPARTEMENTS.	CLASSE à laquelle les enfants appartiennent	RESTANT le dernier jour de l'année précédente: à l'hospice.	à la campagne.	dans leur famille.	TOTAL des restants.	ENFANTS admis dans l'année.	TOTAL général.	RAYÉS DES REGISTRES D'INSCRIPTION: Décédés à l'hospice.	Décédés à la campagne.	Décédés dans leur famille.	Retirés par les parents ou bienfaiteurs.	Sortis par l'effet de l'âge ou la cessation du secours temporaire.	[illegible]	RESTANT le dernier jour de l'année: à l'hospice.	à la campagne.	dans leur famille.	TOTAL des restants.	NOMBRE DES JOURNÉES: à l'hospice.	à la campagne.	dans leur famille.	TOTAL des journées.	NOMBRE MOYEN des Enfants d'après les journées passées à la campagne et dans les familles.	NOMBRE des vaccinations.	NOMBRE des enfants qui fréquentent les écoles primaires.	NOMBRE des enfants qui suivent les instructions religieuses.	PROPORTION de la mortalité. — Pour 100.	OBSERVATIONS.
	Report ...	3,020	66,498	4,108	72,481	15,034	91,485	1,301	6,515	486	2,615	7,311	[illegible]	[illegible]	63,459	4,977	72,615	1,384,706	22,969,075	1,482,916	25,836,755	,	14,067	9,092	11,942	,	
Sarthe	Enfants trouvés	6	1,093	,	1,099	173	1,272	11	70	,	18	10	[illegible]	[illegible]	1,093	,	1,100	2,371	305,339	,	307,710	,	128	10	200	6, 57	
	Enfants abandonnés	2	92	,	94	20	114	2	0	,	11	3	[illegible]	[illegible]	85	,	90	1,900	34,400	,	35,600	,	10	1	15	7, 02	
	Enfants nés dans les hospices et délaissés par leurs mères	,	,	,	,	,	,	,	,	,	,	,	[illegible]	[illegible]	,	,	,	,	,	,	,	,	,	,	,	,	
	Enfants orphelins	,	26	,	26	10	36	,	,	,	,	1	[illegible]	[illegible]	25	,	25	50	8,500	,	8,569	,	1	1	2	,	
	Enfants secourus temporairement	,	,	,	,	116	116	,	,	5	,	1	[illegible]	[illegible]	,	109	109	,	,	20,146	20,146	,	,	,	,	4, 31	
Seine	Enfants trouvés	38	1,841	,	1,879	588	2,467	142	252	,	30	24	[illegible]	[illegible]	1,145	,	1,822	18,800	652,820	,	671,719	,	272	277	156	15, 97	
	Enfants abandonnés	47	955	,	1,002	307	1,309	97	122	,	56	24	[illegible]	[illegible]	1,665	,	1,038	23,661	374,264	,	397,925	,	127	114	37	15, 73	
	Enfants nés dans les hospices et délaissés par leurs mères	66	4,891	,	4,959	1,737	6,696	411	753	,	106	153	[illegible]	[illegible]	4,385	,	4,863	27,530	1,729,360	,	1,756,900	,	836	651	450	17, 83	
	Enfants orphelins	150	5,070	,	5,220	1,832	(1) 7,061	295	724	,	185	462	[illegible]	[illegible]	5,339	,	5,414	61,516	1,880,704	,	1,697,220	,	884	935	530	14, 45	(1) Orphelins 516 Enfants d'indigents 6,565 7,081
	Enfants secourus temporairement	,	,	,	,	,	,	,	,	,	,	,	[illegible]	[illegible]	,	,	,	,	,	,	,	,	,	,	,	,	
Seine-Inférieure	Enfants trouvés	219	854	,	1,073	790	1,863	307	250	,	30	71	[illegible]	[illegible]	850	,	1,098	11,720	305,020	,	316,749	,	119	240	294	34, 78	
	Enfants abandonnés	46	122	,	168	162	330	17	18	,	35	30	[illegible]	[illegible]	113	,	220	22,034	54,035	,	76,060	,	12	52	68	10, 61	
	Enfants nés dans les hospices et délaissés par leurs mères	,	2	,	2	3	5	,	,	,	,	,	[illegible]	[illegible]	5	,	5	,	,	,	,	,	,	,	,	,	
	Enfants orphelins	6	24	,	30	32	62	4	,	,	2	6	[illegible]	[illegible]	30	,	50	5,979	9,282	,	15,261	,	,	,	,	8, 45	
	Enfants secourus temporairement	,	,	,	,	,	,	,	,	,	,	,	[illegible]	[illegible]	,	,	,	,	,	,	,	,	,	,	,	,	
Seine-et-Marne	Enfants trouvés	16	96	,	112	65	177	17	16	,	4	3	[illegible]	[illegible]	105	,	165	2,004	44,256	,	46,260	,	16	15	12	18, 64	
	Enfants abandonnés	6	33	2	41	34	75	4	2	,	4	2	[illegible]	[illegible]	45	2	45	5,637	12,614	2,020	20,291	,	2	22	17	8, 00	
	Enfants nés dans les hospices et délaissés par leurs mères	,	29	,	29	15	44	,	10	,	,	,	[illegible]	[illegible]	31	,	34	375	11,541	,	11,916	,	8	,	,	22, 73	
	Enfants orphelins	16	1	4	20	10	30	2	,	1	2	1	[illegible]	[illegible]	1	3	24	6,221	2,255	1,416	9,891	,	1	10	16	10, 00	
	Enfants secourus temporairement	,	,	3	3	9	12	,	,	,	,	8	[illegible]	[illegible]	,	6	6	484	,	2,376	2,860	,	,	6	6	,	
Seine-et-Oise	Enfants trouvés	25	138	,	161	53	214	,	34	,	7	7	[illegible]	[illegible]	145	,	155	4,048	143	,	4,091					15, 89	
	Enfants abandonnés	3	96	,	99	52	151	,	27	,	12	3	[illegible]	[illegible]	101	,	109	2,076	102	,	2,178					17, 87	
	Enfants nés dans les hospices et délaissés par leurs mères	,	,	,	,	,	,	,	,	,	,	,	[illegible]	[illegible]	,	,	,	,	,	,	,	,	40	96	51	,	
	Enfants orphelins	2	9	,	11	1	12	,	,	,	2	,	[illegible]	[illegible]	8	,	10	739	8	,	747					,	
	Enfants secourus temporairement	,	,	,	,	,	,	,	,	,	,	,	[illegible]	[illegible]	,	,	,	,	,	,	,					,	
Sèvres (Deux-)	Enfants trouvés	124	971	1	1,096	180	1,268	21	59	,	21	46	[illegible]	[illegible]	955		1,114	50,275	336,526	694	387,495	,	165	148	170	6, 24	
	Enfants abandonnés	12	36	,	48	27	75	5	3	,	6	1	[illegible]	[illegible]	44	,	66	6,070	11,331	2,901	20,292	,	,	1	12	6, 67	
	Enfants nés dans les hospices et délaissés par leurs mères	,	,	,	,	,	,	,	,	,	,	,	[illegible]	[illegible]	,	,	,	,	,	,	,	,	,	,	,	,	
	Enfants orphelins	,	7	,	7	2	9	,	,	,	,	,	[illegible]	[illegible]	6	,	9	109	2,916	,	3,025	,	,	,	5	,	
	Enfants secourus temporairement	,	,	,	,	1	1	,	,	,	,	,	[illegible]	[illegible]	,	1	1	,	,	184	184	,	,	,	,	,	
Somme	Enfants trouvés	5	436	,	441	123	564	,	66	,	30	43	[illegible]	[illegible]	436	,	443	2,368	156,694	,	158,932	,	46	145	67	11, 70	
	Enfants abandonnés	24	89	,	113	104	217	1	4	,	66	31	[illegible]	[illegible]	114	,	145	9,540	35,084	,	45,824	,	20	46	37	2, 30	
	Enfants nés dans les hospices et délaissés par leurs mères	,	7	,	7	7	14	,	6	,	1	,	[illegible]	[illegible]	7	,	7	,	3,420	,	3,420	,	,	,	,	44, 44	
	Enfants orphelins	5	17	,	22	9	31	,	,	,	,	3	[illegible]	[illegible]	20	,	24	3,343	6,055	,	9,398	,	,	6	5	,	
	Enfants secourus temporairement	,	,	36	36	60	96	,	,	7	,	31	[illegible]	[illegible]	,	36	36	,	,	14,230	14,230	,	,	,	,	7, 29	
	À reporter ...	4,746	81,403	4,149	90,298	25,589	115,890	3,315	8,658	505	3,165	[illegible]	[illegible]	[illegible]	66,704	5,071	91,028	1,653,963	25,938,392	1,430,932	32,279,227	,	17,272	19,797	14,152	,	

DÉPARTEMENTS	CLASSE à laquelle les enfants appartiennent.	RESTANT le dernier jour de l'année précédente — à l'hospice.	à la campagne.	dans leur famille.	TOTAL des restants	ENFANTS admis dans l'année.	TOTAL GÉNÉRAL.	RAYÉS DES REGISTRES D'INSCRIPTION — DÉCÉDÉS à l'hospice.	à la campagne.	dans leur famille	remis aux parents ou bienfaiteurs	sortis par l'effet de l'âge ou la cessation du secours temporaire	[illegible]	RESTANT le dernier jour de l'année — [illegible]	à la campagne	dans leur famille.	TOTAL des restants	NOMBRE DES JOURNÉES — à l'hospice.	à la campagne.	dans leur famille.	TOTAL des journées	NOMBRE moyen des enfants d'après les journées passées à la campagne et dans leur famille	NOMBRE des VACCINATIONS.	NOMBRE des ENFANTS qui fréquentent les écoles primaires	NOMBRE des ENFANTS qui suivent les instructions religieuses	PROPORTION de la mortalité — Pour 100.	OBSERVATIONS.
	Report	6,740	81,408	4,149	90,298	25,552	115,850	8,315	8,968	862	3,185	5,531	[illegible]	[illegible]	80,124	5,071	91,028	1,853,003	26,938,302	1,486,932	30,278,237	•	17,272	12,797	14,182		
TARN	Enfants trouvés	46	542	•	588	10	598	7	23	•	48	5	[illegible]	[illegible]	440	•	514	15,605	166,674	•	181,270	•	5	42	•	5, 02	
	Enfants abandonnés	8	296	•	304	71	375	12	39	•	15	1	[illegible]	1	361	•	308	2,643	100,707	•	113,350	•	61	7	•	13, 60	
	Enfants nés dans les hospices et délaissés par leurs mères	•	•	•	•	•	•	•	•	•	•	•	•	•	•	•	•	•	•	•	•	•	•	•	•	•	
	Enfants orphelins	•	•	•	•	•	•	•	•	•	•	•	•	•	•	•	•	•	•	•	•	•	•	•	•	•	
	Enfants secourus temporairement	•	•	253	253	188	441	•	•	41	•	152	[illegible]	•	•	217	217	•	•	93,900	93,900	•	160	•	•	9, 30	
TARN-ET-GARONNE	Enfants trouvés	24	434	•	458	52	510	21	31	•	8	40	[illegible]	[illegible]	366	•	410	6,605	150,998	•	157,603					10, 20	
	Enfants abandonnés	4	10	•	14	6	20	1	1	•	•	[illegible]	[illegible]	1	11	•	12	1,023	5,410	•	6,433					10, 00	
	Enfants nés dans les hospices et délaissés par leurs mères	•	•	•	•	•	•	•	•	•	•	•	•	•	•	•	•	•	•	•	•	•	18	Il n'y en a presque pas.	Tous ceux en état d'y assister.	•	
	Enfants orphelins	•	•	•	•	3	3	•	•	•	•	•	•	•	3	•	3	43	550	•	593					•	
	Enfants secourus temporairement	•	•	•	•	•	•	•	•	•	•	•	•	•	•	•	•	•	•	•	•					•	
VAR	Enfants trouvés	24	789	•	813	243	1,056	62	70	•	2	119	[illegible]	[illegible]	180	•	600									13, 36	
	Enfants abandonnés	40	5	•	45	11	56	•	•	•	3	26	[illegible]	[illegible]	8	•	38									•	
	Enfants nés dans les hospices et délaissés par leurs mères	•	•	•	•	•	•	•	•	•	•	•	•	•	•	•	•	55,085	266,387	•	322,012	•	205	•	•	•	
	Enfants orphelins	•	•	•	•	•	•	•	•	•	•	•	•	•	•	•	•									•	
	Enfants secourus temporairement	•	•	34	34	40	74	7	13	•	•	4	[illegible]	•	•	46	46									27, 03	
VAUCLUSE	Enfants trouvés	38	855	360	1,250	86	1,336	91	40	•	5	69	[illegible]	[illegible]	1,137	•	1,290	18,469	199,103	•	272,572	•	315	62		5, 24	
	Enfants abandonnés	•	35	15	55	93	145	5	13	•	3	17	[illegible]	[illegible]	93	•	112	1,727	27,332	•	29,059	•	43	4	Tous les enfants de 10 à 12 ans.	12, 33	
	Enfants nés dans les hospices et délaissés par leurs mères	•	•	•	•	•	•	•	•	•	•	•	•	•	•	•	•	•	•	•	•	•	•	•		•	
	Enfants orphelins	•	14	4	18	•	18	•	•	•	1	1	[illegible]	[illegible]	13	•	16	786	3,539	•	4,325	•	•	3		•	
	Enfants secourus temporairement	•	•	30	30	20	50	•	•	5	•	11	[illegible]	•	•	45	45	•	•	16,200	16,200	•	34	•		5, 08	
VENDÉE	Enfants trouvés	32	849	•	881	126	1,007	10	73	•	14	58	[illegible]	[illegible]	753	•	836	15,660	285,701	•	301,350					8, 84	
	Enfants abandonnés	5	17	•	22	6	28	•	1	•	2	4	[illegible]	[illegible]	23	•	21	2,547	6,150	•	8,697					8, 57	
	Enfants nés dans les hospices et délaissés par leurs mères	•	1	•	1	•	1	•	1	•	•	•	•	•	•	•	•	•	225	•	225	•	116	120	161	100, 00	
	Enfants orphelins	3	6	•	9	5	14	•	•	•	•	1	[illegible]	[illegible]	11	•	13	730	2,085	•	2,815					•	
	Enfants secourus temporairement	•	•	3	3	2	5	•	1	•	•	•	•	•	•	4	4	•	1,300	•	1,360					20, 00	
VIENNE	Enfants trouvés	89	997	•	1,086	193	1,279	43	81	•	16	18	[illegible]	[illegible]	942	•	1,042	43,330	324,885	•	368,215					16, 38	
	Enfants abandonnés	7	6	•	13	15	28	5	•	•	5	4	[illegible]	1	6	•	14	9,309	7,900	•	17,309					17, 86	
	Enfants nés dans les hospices et délaissés par leurs mères	•	•	•	•	•	•	•	•	•	•	•	•	•	•	•	•	•	•	•	•	•	157	480	95	•	
	Enfants orphelins	1	1	•	2	•	2	•	•	•	•	•	•	1	1	•	2	360	360	•	720					•	
	Enfants secourus temporairement	•	•	•	•	•	•	•	•	•	•	•	•	•	•	•	•	•	•	•	•					•	
VIENNE (HAUTE-)	Enfants trouvés	88	1,068	•	1,156	10	1,166	29	70	•	8	87	[illegible]	[illegible]	901	•	996	30,505	357,101	•	387,706	•	10	•	•	9, 01	
	Enfants abandonnés	9	40	•	49	31	80	2	3	•	3	3	[illegible]	[illegible]	39	•	60	3,034	17,699	•	20,733	•	31	•	•	6, 36	
	Enfants nés dans les hospices et délaissés par leurs mères	•	•	•	•	•	•	•	•	•	•	•	•	•	•	•	•	•	•	•	•	•	•	•	•	•	
	Enfants orphelins	3	3	•	6	•	6	•	1	•	•	2	[illegible]	1	2	•	5	725	871	•	1,596	•	•	•	•	16, 67	
	Enfants secourus temporairement	•	•	100	100	146	246	10	28	•	1	40	[illegible]	•	•	160	159	•	40,385	•	40,555	•	63	•	•	19, 11	
	À REPORTER	5,167	87,455	4,906	97,528	26,879	124,407	8,670	9,481	946	3,301	5,847	[illegible]	[illegible]	84,443	5,540	97,349	2,059,765	30,941,034	1,597,032	34,578,831	•	18,459	13,535	14,385		

DÉPARTEMENTS	CLASSE à laquelle LES ENFANTS APPARTIENNENT	RESTANT LE DERNIER JOUR DE L'ANNÉE précédente				ENFANTS admis dans l'année	TOTAL GÉNÉRAL	RAYÉS DES REGISTRES D'INSCRIPTION						RESTANT LE DERNIER JOUR DE L'ANNÉE				NOMBRE DES JOURNÉES				NOMBRE MOYEN des Enfants d'après les journées passées à la campagne et dans les familles.	NOMBRE des VACCINATIONS.	NOMBRE des ENFANTS qui fréquentent les écoles primaires	NOMBRE des ENFANTS qui suivent les instructions religieuses	PROPORTION de la mortalité — Pour 100	OBSERVATIONS
		à l'hospice	à la campagne	dans leur famille.	TOTAL des restants.			DÉCÉDÉS à l'hospice	à la campagne	dans leur famille	retirés par les parents ou bienfaiteurs	sortis par l'effet de l'âge ou à la cessation de secours temporaires	[illegible]	à l'hospice	à la campagne	dans leur famille	TOTAL des restants	à l'hospice	à la campagne.	dans leur famille	TOTAL des journées						
	Report.	5,187	87,455	4,900	97,525	26,879	124,467	3,570	9,484	549	8,301	[illegible]	[illegible]	[illegible]	[illegible]	5,642	97,660	2,040,705	30,941,094	1,507,088	34,578,831	.	18 480	13,550	14,885	. .	
Vosges	Enfants trouvés.		1	.	1	1	2	.	.	.		.	[illegible]	.	2	.	2	.	358	.	358	.	.	.	.	.	
	Enfants abandonnés	9	90	.	99	36	135	1	1	.	.	[illegible]	[illegible]	[illegible]	[illegible]		103	5,297	35,584	.	38,881		6	65	37	1, 48	
	Enfants nés dans les hospices et délaissés par leurs mères	.	.	.	.	.	.	.	.	.	.	.	[illegible]	.	.	.	.	.	.	.	.	.	.	.	.	.	
	Enfants orphelins	6	97	.	103	64	167	1	8	.		[illegible]	[illegible]	[illegible]	[illegible]	.	145	2,417	45,707	.	48,124		11	99	60	1, 80	
	Enfants secourus temporairement.			65	65	77	142	.	1	.	.	[illegible]	[illegible]	.	.	76	76	165	26,856	.	27,022	.	13	45	27	0, 70	
Yonne	Enfants trouvés.	.	606		606	180	782		111		16	[illegible]	[illegible]	.	[illegible]	.	590	.	217,568	.	217,568					14, 77	
	Enfants abandonnés	4	54		56	18	76	.	3		5	[illegible]	[illegible]	[illegible]	[illegible]		64	1,085	13,483	.	14,568					5, 95	
	Enfants nés dans les hospices et délaissés par leurs mères	.	.	.		.	.	.	.	.	.	.	[illegible]	.	.	.	.	.	.	.	.	.	98	210	295	.	
	Enfants orphelins.	.	.	1	1	.	1	.	.	.	.	.	[illegible]	.	.	2	2	.	.	547	547					.	
	Enfants secourus temporairement	.	.	.	.	22	22	.	.		.	.	[illegible]	.	.	22	22	.	.	.	.					.	
	Totaux	5,136	88,303	4,972	98,401	27,284	125,745	3,572	9,609	556	3,330	[illegible]	[illegible]	[illegible]	[illegible]	5,642	98,064	2,037,730	31,280,780	1,597,570	34,926,089	.	18,517	13,851	14,777	10, 72	

État II, des Enfants trouvés, abandonnés, orphelins et secourus temporairement pendant l'année 1848.

DÉPARTEMENTS	CLASSE à laquelle les enfants appartiennent.	Restant le dernier jour de l'année précédente : à l'hospice.	à la campagne.	dans leur famille.	total des restants.	Enfants admis dans l'année.	TOTAL cumulé.	Rayés des registres d'inscription : décédés à l'hospice.	décédés à la campagne.	décédés dans leur famille.	retirés par les parents ou bienfaiteurs	sortis par l'effet de l'âge ou la cessation du secours temporaire	total des rayés	Restant le dernier jour de l'année : à l'hospice	à la campagne	dans leur famille	total des restants.	Nombre des journées : à l'hospice.	à la campagne.	dans leur famille	total des journées.	NOMBRE MOYEN des Enfants d'après les journées passées à la campagne et dans les familles	NOMBRE des vaccinations.	NOMBRE des enfants qui fréquentent les écoles primaires.	NOMBRE des enfants qui suivent les instructions religieuses	PROPORTION de la mortalité. — Pour 100.	OBSERVATIONS
AIN	Enfants trouvés	2	546	.	548	125	673	12	60	.	4	47	[illegible]	1	354	.	555	1,027	200,019	.	201,046	.	96	162	155	10, 09	
	Enfants abandonnés	.	33	.	33	10	43	.	.	.	.	1	[illegible]	1	41	.	42	340	14,347	.	14,687	.	10	15	12	.	
	Enfants nés dans les hospices et délaissés par leurs mères	1	12	.	13	19	32	7	3	.	.	.	[illegible]	.	22	.	22	145	10,452	.	10,807	.	7	5	3	31, 25	
	Enfants orphelins	.	16	.	16	1	17	.	.	.	.	.	[illegible]	1	16	.	17	142	5,211	.	5,353	.	3	6	4	.	
	Enfants secourus temporairement	.	.	60	60	.	60	.	1	.	.	45	[illegible]	.	.	11	11	.	.	8,910	8,910	.	.	.	.	1, 66	
AUBE	Enfants trouvés	222	396	.	618	253	1,071	42	108	.	11	100	[illegible]	[illegible]	[illegible]	.	802	76,676	217,861	.	294,530	.	650	322	410	13, 53	
	Enfants abandonnés	27	93	.	120	35	155	4	1	.	17	30	[illegible]	[illegible]	44	.	115	9,639	30,555	.	40,194	.	100	57	53	3, 22	
	Enfants nés dans les hospices et délaissés par leurs mères	.	12	.	12	10	22	2	2	.	.	.	[illegible]	.	18	.	18	.	6,570	.	6,570	.	15	6	6	18, 18	
	Enfants orphelins	50	33	.	89	37	126	2	2	.	22	2	[illegible]	[illegible]	40	.	98	21,901	15,802	.	37,703	.	63	60	59	3, 17	
	Enfants secourus temporairement	.	.	20	20	2	22	.	1	.	.	12	[illegible]	.	.	9	9	1,090	.	2,744	3,834	.	8	6	3	4, 72	
ALLIER	Enfants trouvés	2	807	.	809	217	1,026	12	125	.	3	31	[illegible]	[illegible]	[illegible]	.	853	865	306,219	.	307,060	.	120	69	65	13, 03	
	Enfants abandonnés	.	63	.	63	10	73	.	3	.	2	3	[illegible]	.	45	.	56	40	25,360	.	25,400	.	2	10	22	4, 10	
	Enfants nés dans les hospices et délaissés par leurs mères	.	86	.	86	31	117	2	5	.	1	4	[illegible]	[illegible]	[illegible]	.	100	184	35,876	.	36,060	.	20	16	25	17, 15	
	Enfants orphelins	.	73	.	73	26	99	.	6	.	1	12	[illegible]	[illegible]	[illegible]	.	83	104	22,778	.	22,882	.	3	17	21	6, 05	
	Enfants secourus temporairement	.	.	66	66	110	176	.	.	24	.	.	[illegible]	.	.	92	92	.	.	33,660	33,560	.	100	.	.	5, 04	
ALPES (BASSES-)	Enfants trouvés	12	116	.	128	7	135	1	2	.	.	41	[illegible]	[illegible]	[illegible]	.	89	720	31,320	.	32,040	.	85	42	57	2, 22	
	Enfants abandonnés	.	2	.	2	.	2	.	1	.	.	.	[illegible]	.	1	.	1	.	300	.	300	.	1	1	1	50, 00	
	Enfants nés dans les hospices et délaissés par leurs mères	.	.	.	.	.	.	.	.	.	.	.	[illegible]	.	.	.	.	.	.	.	.	.	.	.	.	.	
	Enfants orphelins	.	2	.	2	8	10	.	1	.	1	21	[illegible]	.	8	.	8	.	2,880	.	2,880	.	8	6	6	10, 00	
	Enfants secourus temporairement	.	.	39	30	15	55	.	.	5	.	.	[illegible]	.	.	25	23	.	.	3,280	3,230	.	20	.	.	14, 54	
ALPES (HAUTES-)	Enfants trouvés	20	141	.	170	.	170	5	1	.	4	16	[illegible]	[illegible]	[illegible]	.	146	5,527	55,530	.	61,057	.	.	107	137	2, 83	
	Enfants abandonnés	.	5	.	5	4	9	.	1	.	2	.	[illegible]	[illegible]	4	.	6	420	1,230	.	1,650	.	2	4	4	11, 11	
	Enfants nés dans les hospices et délaissés par leurs mères	.	.	.	.	.	.	.	.	.	.	.	[illegible]	.	.	.	.	.	.	.	.	.	.	.	.	.	
	Enfants orphelins	.	7	.	7	2	9	.	.	.	.	.	[illegible]	.	6	.	9	.	3,160	.	6,160	.	2	6	6	.	
	Enfants secourus temporairement	.	.	66	66	21	87	.	.	2	7	.	[illegible]	.	.	78	78	.	.	26,925	26,925	.	2	4	4	2, 20	
ARDÈCHE	Enfants trouvés	5	310	.	346	13	359	2	7	.	3	31	[illegible]	[illegible]	[illegible]	.	317	195	118,775	.	118,970	.	635	67	.	2, 38	
	Enfants abandonnés	.	69	.	69	27	96	2	12	.	3	1	[illegible]	[illegible]	[illegible]	.	70	73	27,284	.	27,357	.	40	15	.	15, 62	
	Enfants nés dans les hospices et délaissés par leurs mères	.	.	.	.	.	.	.	.	.	.	.	[illegible]	.	.	.	.	.	.	.	.	.	.	.	.	.	
	Enfants orphelins	.	6	.	6	2	8	.	2	.	.	41	[illegible]	.	6	.	6	7	2,295	.	2,302	.	5	2	.	25, 00	
	Enfants secourus temporairement	.	.	75	75	55	126	.	.	9	.	.	[illegible]	.	.	72	72	.	.	22,023	22,023	.	62	.	.	7, 05	
ARDENNES	Enfants trouvés	3	200	.	253	54	307	1	30	.	14	12	[illegible]	[illegible]	[illegible]	.	240	1,028	88,794	.	89,822	.	66	136	81	10, 45	
	Enfants abandonnés	4	23	.	27	10	37	.	1	.	1	5	[illegible]	[illegible]	[illegible]	.	30	904	8,560	.	9,063	.	10	25	8	2, 70	
	Enfants nés dans les hospices et délaissés par leurs mères	.	.	.	.	.	.	.	.	.	.	.	[illegible]	.	.	.	.	.	.	.	.	.	.	.	.	.	
	Enfants orphelins	.	12	.	12	6	18	.	.	.	.	.	[illegible]	.	17	.	17	.	5,427	.	5,427	.	5	13	8	.	
	Enfants secourus temporairement	.	.	.	.	.	.	.	.	.	.	.	[illegible]	.	.	.	.	.	.	.	.	.	.	.	.	.	
	A REPORTER	300	3,407	318	4,025	1,115	5,140	92	370	33	105	55	[illegible]	20	3,406	285	3,098	121,002	2,941,055	121,451	1,484,198	.	1,009	1,482	1,179	.	

DÉPARTEMENTS.	CLASSE à laquelle les enfants appartiennent.	RESTANT le dernier jour de l'année précédente : à l'hospice	à la campagne	dans leur famille	total des enfants	ENFANTS admis dans l'année	TOTAL général	RAYÉS DES REGISTRES D'INSCRIPTION : décédés à l'hospice	décédés à la campagne	décédés dans leur famille	retirés par les parents ou bienfaiteurs	sortis par l'effet de l'âge ou la cessation du secours temporaire	[illegible]	RESTANT le dernier jour de l'année : à l'hospice	à la campagne	dans leur famille	total des enfants	NOMBRE DES JOURNÉES : à l'hospice	à la campagne	dans leur famille	total des journées	NOMBRE MOYEN des enfants d'après les journées passées à la campagne et dans les familles	NOMBRE des vaccinations	NOMBRE des enfants qui fréquentent les écoles primaires	NOMBRE des enfants qui suivent les instructions religieuses	PROPORTION de la mortalité pour 100	OBSERVATIONS.
	Report.	800	3,007	318	4,028	1,115	5,140	02	374	33	105	[illegible]	[illegible]	[illegible]	3,460	265	3,098	101,052	1,241,665	321,461	1,484,193	.	1,839	1,432	1 170		
AISNE	Enfants trouvés	.	200	.	206	84	290	.	25	.	2	10	[illegible]	.	253	.	253	.	34,023	.	34,023	.	04	38	75	8,62	
	Enfants abandonnés		31	.	31	7	38	.	1	.	.	1		.	30		30	.	11,318	.	11,318	.	15	7	0	2,63	
	Enfants nés dans les hospices et délaissés par leurs mères	.	.	.	.	.	.	.	.	.	.	.		.	.	.	.	.	.	.	.	.	.	.	.	.	
	Enfants orphelins	.	.	.	.	.	.	.	.	.	.	.		.	.	.	.	.	.	.	.	.	.	.	.		
	Enfants secourus temporairement	.	.	150	150	157	307	.	14	.	.	35	[illegible]	.	.	166	166	.	59,709	.	59,709	.	138	.	.	4,56	
AUBE	Enfants trouvés	33	288	.	321	134	455	22	84	.	3	16	[illegible]	[illegible]	[illegible]	.	303	7,430	102,145		109,575	.	96	435	80	23,10	
	Enfants abandonnés	5	18	.	23	12	35	2	4	.	8	1	[illegible]	1	16	.	20	946	6,224	.	7,170	.	.	2	1	17,14	
	Enfants nés dans les hospices et délaissés par leurs mères	.	.	.	.	3	3	.	1	.	.	.		.	.	2	2	.	360	.	560	.	.	.	.	33,33	
	Enfants orphelins	.	.	.	.	.	.	.	.	.	.	.		.	.	.	.	.	.	.	.	.	.	.	.		
	Enfants secourus temporairement	.	.	.	.	.	.	.	.	.	.	.		.	.	.	.	.	.	.	.	.	.	.	.	.	
AUDE	Enfants trouvés	62	784	.	846	33	880	7	33	.	17	14	[illegible]	8	736	.	744	17,100	260,049	.	277,149	.	493	185	186	4,55	
	Enfants abandonnés	7	39	.	46	50	96	1	2	.	.	2		1	87	.	90	390	31,487	.	31,877	.	64	15	12	4,10	
	Enfants nés dans les hospices et délaissés par leurs mères	.	.	.	.	2	2	.	.	.	.	.		.	1	.	2	.	390	.	390	.	.	.	.	.	
	Enfants orphelins	.	15	.	15	9	22	.	1	.	.	1		.	20	.	20	.	3,450	.	3,450	.	5	5	3	3,25	
	Enfants secourus temporairement	.	.	165	165	111	276	.	.	5	.	.		.	.	268	268	.	.	46,500	46,590	.	95	.	.	2,80	
AVEYRON	Enfants trouvés	330	1,926	.	2,257	240	2,497	30	60	.	5	30	[illegible]	4	1,895	.	2,227	31,160	630,840	.	661,300	.	107	462	646	5,06	
	Enfants abandonnés	1	25	.	26	9	35	.	1	.	2	.		.	32	.	32	.	10,440	.	10,440	.	2	25	10	2,85	
	Enfants nés dans les hospices et délaissés par leurs mères	.	.	.	.	.	.	.	.	.	.	.		.	.	.	.	.	.	.	.	.	.	.	.	.	
	Enfants orphelins	.	31	.	31	4	35	.	1	.	.	.		.	31	.	34	.	11,700	.	11,700	.	.	16	10	2,86	
	Enfants secourus temporairement	.	.	273	273	124	497	.	.	60	.	3		.	.	424	424	.	.	120,460	120,460	.	176	.	.	8,50	
BOUCHES-DU-RHÔNE	Enfants trouvés	260	2,580	.	2,815	702	3,557	150	316	.	51	279	[illegible]	[illegible]	2,309	.	2,786	81,261	914,334	.	995,598	.		.	.	13,80	
	Enfants abandonnés	20	18	.	38	23	61	5	3	.	9	7	[illegible]	[illegible]	16	.	37	7,628	5,745	.	13,373	.		(a)	(a)	13,11	
	Enfants nés dans les hospices et délaissés par leurs mères	6	127	.	133	128	261	18	35	.	48	11	[illegible]	[illegible]	139	.	140	3,118	45,804	.	48,922	.	924	.	.	20,80	
	Enfants orphelins	19	11	.	30	8	38	1	.	.	2	9		[illegible]	13	.	20	5,445	4,561	.	10,001	.		.	.	9,00	
	Enfants secourus temporairement	.	.	.	.	.	.	.	.	.	.	.		.	.	.	.	.	.	.	.	.	.	.	.	.	
CALVADOS	Enfants trouvés	109	1,774	.	1,880	347	2,227	40	505	.	12	17	[illegible]	1	1,519	.	1,614	26,250	627,106	.	653,576	.	110	.	.	15,90	
	Enfants abandonnés	30	70	.	100	44	144	2	4	.	5	38		1	95	.	100	7,650	22,345	.	29,995	.	3	.	.	4,16	
	Enfants nés dans les hospices et délaissés par leurs mères	.	.	.	.	.	.	.	.	.	.	.		.	.	.	.	.	.	.	.	.	.	.	.	.	
	Enfants orphelins	.	.	.	.	.	.	.	.	.	.	.		.	.	.	.	.	.	.	.	.	.	.	.	.	
	Enfants secourus temporairement	.	.	.	.	.	.	.	.	.	.	.		.	.	.	.	.	.	.	.	.	.	.	.	.	
CANTAL	Enfants trouvés	90	540	.	630	92	731	37	35	.	25	28	[illegible]	[illegible]	503	.	606	27,360	225,920	.	251,280	.	20	.	.	9,54	
	Enfants abandonnés	.	.	.	.	.	.	.	.	.	.	.		.	.	.	.	.	.	.	.	.	.	.	.	.	
	Enfants nés dans les hospices et délaissés par leurs mères	.	.	.	.	.	.	.	.	.	.	.		.	.	.	.	.	.	.	.	.	.	.	.	.	
	Enfants orphelins	.	.	.	.	.	.	.	.	.	.	.		.	.	.	.	.	.	.	.	.	.	.	.	.	
	Enfants secourus temporairement	.	.	94	94	142	236	.	.	.	.	41		.	.	192	192	.	.	.	.	.	.	.	.	.	
	A reporter.	1,894	11,248	1,000	14,142	3,690	17,832	441	1,298	81	365	[illegible]	[illegible]	[illegible]	[illegible]	7,330	44,349	316,921	4,296,455	295,501	4,908,877	.	4,036	2,025	2,217	.	

(a) Le rapport des Enfants qui fréquentent les écoles primaires comparativement au nombre de ceux en âge de recevoir l'instruction morale est, d'après les derniers relevés, de 27 p. 0/0.

(a) Tous les enfants susceptibles de recevoir l'instruction religieuse sont envoyés au catéchisme et aux offices divins.

DÉPARTEMENTS.	CLASSE à laquelle les enfants appartiennent.	RESTANT le dernier jour de l'année précédente: à l'hospice.	à la campagne.	dans leur famille.	TOTAL des restants.	ENFANTS admis dans l'année.	TOTAL GÉNÉRAL.	RAYÉS DES REGISTRES D'INSCRIPTION — décédés: à l'hospice.	à la campagne.	dans leur famille.	retirés par les parents ou bienfaiteurs.	sortis par l'effet de l'âge ou la cessation des secours temporaires.	[illegible]
	Report	1,804	11,348	1,000	14,142	3,690	17,832	461	1,208	61	303	1,351	[illegible]
Charente	Enfants trouvés	15	1,070	»	1,085	212	1,297	17	86	»	8	85	[illegible]
	Enfants abandonnés	»	26	»	26	8	34	1	»	»	1	1	[illegible]
	Enfants nés dans les hospices et délaissés par leurs mères	»	2	»	2	2	4	»	»	»	»	»	[illegible]
	Enfants orphelins	»	8	»	8	7	15	»	»	»	1	1	[illegible]
	Enfants secourus temporairement	»	»	35	35	44	79	»	»	»	»	45	[illegible]
Charente-Inférieure	Enfants trouvés	110	807	»	917	244	1,161	52	65	»	37	36	[illegible]
	Enfants abandonnés	8	58	»	66	39	105	12	26	»	2	2	[illegible]
	Enfants nés dans les hospices et délaissés par leurs mères	»	»	»	»	»	»	»	»	»	»	»	[illegible]
	Enfants orphelins	»	7	»	7	10	17	»	»	»	»	1	[illegible]
	Enfants secourus temporairement	»	»	12	12	13	25	»	»	»	»	2	[illegible]
Cher	Enfants trouvés	111	922	»	1,033	290	1,320	153	162	»	15	75	[illegible]
	Enfants abandonnés	19	28	»	47	11	58	1	2	»	7	7	[illegible]
	Enfants nés dans les hospices et délaissés par leurs mères	»	»	»	»	»	»	3	»	»	»	»	[illegible]
	Enfants orphelins	»	»	»	»	»	»	»	»	»	»	»	[illegible]
	Enfants secourus temporairement	»	»	»	»	»	»	»	»	»	»	»	[illegible]
Corrèze	Enfants trouvés	»	208	»	202	25	287	10	20	»	3	13	[illegible]
	Enfants abandonnés	»	22	»	22	6	28	»	3	»	»	1	[illegible]
	Enfants nés dans les hospices et délaissés par leurs mères	»	»	»	»	»	»	»	»	»	»	»	[illegible]
	Enfants orphelins	2	39	»	41	8	49	2	4	»	»	5	[illegible]
	Enfants secourus temporairement	»	»	120	120	150	270	»	»	21	»	135	[illegible]
Corse	Enfants trouvés	»	483	»	483	139	622	»	80	»	21	6	[illegible]
	Enfants abandonnés	»	16	»	16	1	17	»	»	»	2	1	[illegible]
	Enfants nés dans les hospices et délaissés par leurs mères	»	28	»	28	15	43	»	7	»	4	»	[illegible]
	Enfants orphelins	»	14	»	14	4	18	»	4	»	2	»	[illegible]
	Enfants secourus temporairement	»	»	8	8	6	14	»	2	»	»	2	[illegible]
Côte-d'Or	Enfants trouvés	7	524	»	531	250	781	55	131	»	18	33	[illegible]
	Enfants abandonnés	7	89	»	96	25	121	»	2	»	6	12	[illegible]
	Enfants nés dans les hospices et délaissés par leurs mères	»	»	»	»	»	»	»	»	»	»	»	[illegible]
	Enfants orphelins	»	»	»	»	»	»	»	»	»	»	»	[illegible]
	Enfants secourus temporairement	»	»	»	»	»	»	»	»	»	»	»	[illegible]
Côtes-du-Nord	Enfants trouvés	7	792	»	799	227	1,026	1	102	»	37	10	[illegible]
	Enfants abandonnés	»	70	»	70	27	97	»	5	»	3	10	[illegible]
	Enfants nés dans les hospices et délaissés par leurs mères	»	»	»	»	»	»	»	»	»	»	»	[illegible]
	Enfants orphelins	»	44	»	44	16	60	»	»	»	3	8	[illegible]
	Enfants secourus temporairement	»	»	»	»	»	»	3	»	»	»	»	[illegible]
	A reporter	2,134	16,603	1,175	19,914	5,475	25,387	745	2,039	102	471	1,363	[illegible]

DÉPARTEMENTS.	CLASSE	RESTANT le dernier jour de l'année: à l'hospice.	à la campagne.	dans leur famille.	TOTAL des restants.	NOMBRE DES JOURNÉES: à l'hospice.	à la campagne.	dans leur famille.	TOTAL des journées.	NOMBRE MOYEN des enfants d'après les journées passées à la campagne et dans les familles.	NOMBRE des vaccinations.	NOMBRE des enfants qui fréquentent les écoles primaires.	NOMBRE des enfants qui suivent les instructions religieuses.	PROPORTION de la mortalité — Pour 100.	OBSERVATIONS.
	Report	[illegible]	11,300	1,389	14,813	316,021	4,298,455	208,501	6,068,877	»	4,026	2,025	2,217		
Charente	Enfants trouvés	1	1,129	»	1,130	3,029	403,433	»	407,462					7, 94	
	Enfants abandonnés	»	29	»	29	147	9,959	»	10,106	»				5, 88	
	Enfants nés dans les hospices et délaissés par leurs mères	»	4	»	4	»	444	»	444	»	219	31	41	»	
	Enfants orphelins	»	13		13	183	4,197		4,380	»				»	
	Enfants secourus temporairement			34	34		»	13,937	13,937	»				»	
Charente-Inférieure	Enfants trouvés	[illegible]	811	»	913	43,880	291,256		335,136	»	145	71	101	12, 60	
	Enfants abandonnés	[illegible]	49	»	63	5,457	21,716	»	27,153		5	9	13	36, 10	
	Enfants nés dans les hospices et délaissés par leurs mères	»	»	»	»	»	»	»	»	»	»	»	»	»	
	Enfants orphelins	1	15	2	16	365	4,710		5,075	»	1	2	5	»	
	Enfants secourus temporairement	»	»	23	23	»	55	5,145	5,200		3	2	2	»	
Cher	Enfants trouvés	[illegible]	[illegible]	»	910	31,402	324,707	»	356,109	»	141	(a)	(b)	24, 22	(a) La plupart des enfants fréquentent les écoles primaires. Il n'y a d'exception que pour ceux placés à la campagne dans des localités trop éloignées du chef-lieu de l'école.
	Enfants abandonnés	[illegible]	[illegible]	»	41	5,746	9,335	»	15,080		20	»	»	5, 17	(b) Tous les enfants qui atteignent l'âge de 10 ans suivent rigoureusement les instructions religieuses.
	Enfants nés dans les hospices et délaissés par leurs mères	»	»		»	»	»	»	»	»	»	»	»	»	
	Enfants orphelins	»	»	»	»	»	»	»	»	»	»	»	»	»	
	Enfants secourus temporairement	»	»	»	»	»	»	»	»	»	»	»	»	»	
Corrèze	Enfants trouvés	[illegible]	[illegible]		220	1,523	80,630		87,153	»	220	»	»	12, 54	
	Enfants abandonnés	»	24	»	24	»	8,308	»	8,308	»	19		»	10, 71	
	Enfants nés dans les hospices et délaissés par leurs mères	»	»		»	»	»	»	»	»	»	»	»	»	
	Enfants orphelins	[illegible]	35		37	821	12,737	»	13,558	»	34	»	»	12, 24	
	Enfants secourus temporairement	»	»	114	116	»	»	49,319	49,510	»	93	»	»	7, 78	
Corse	Enfants trouvés	»	[illegible]		416	»	184,521	»	184,327	»	31	97	127	12, 86	
	Enfants abandonnés	»	14		14	»	4,098	»	4,096	»	»	5	4	»	
	Enfants nés dans les hospices et délaissés par leurs mères	»	[illegible]		32	»	»	»	»	»	»	»	»	16, 27	
	Enfants orphelins	»	12		12	»	4,771		4,771	»	1	5	»	22, 23	
	Enfants secourus temporairement	»	10	»	10	»	3,400		3,409		»	»	»	14, 28	
Côte-d'Or	Enfants trouvés	[illegible]	[illegible]	»	300	2,872	103,343	»	106,215	»	180	234	234	23, 62	
	Enfants abandonnés	»	[illegible]	»	108	782	33,860	»	34,651	»	23	84	84	1, 65	
	Enfants nés dans les hospices et délaissés par leurs mères	»	»	»	»	»	»	»	»	»	»	»	»	»	
	Enfants orphelins	»	»	»	»	»	»	»	»	»	»	»	»	»	
	Enfants secourus temporairement	»	»	»	»	»	»	»	»	»	»	»	»	»	
Côtes-du-Nord	Enfants trouvés	[illegible]	[illegible]		836	2,453	293,452	»	295,905	»	171	190	290	10, 03	
	Enfants abandonnés	[illegible]	[illegible]	»	71	2,050	24,584	»	26,634	»	14	27	42	5, 15	
	Enfants nés dans les hospices et délaissés par leurs mères	»	»	»	»	»	»	»	»	»	»	»	»	»	
	Enfants orphelins	»	44	»	46	»	16,953	»	16,908	»	6	13	35	5, 60	
	Enfants secourus temporairement	»	»	»	»	»	»	»	»	»	»	»	»	»	
	A reporter	[illegible]	[illegible]	1,522	20,169	418,170	6,235,409	369,102	7,035,680	»	5,363	3,409	3,101		

DÉPARTEMENTS	CLASSE à laquelle LES ENFANTS APPARTIENNENT.	RESTANT le dernier jour de l'année précédente: à l'hospice.	à la campagne.	dans leur famille.	TOTAL des restants	ENFANTS admis dans l'année	TOTAL GÉNÉRAL.	RAYÉS DES REGISTRES D'INSCRIPTION: décédés à l'hospice.	à la campagne.	dans leur famille	retirés par les parents ou bienfaiteurs	sortis par l'effet de l'âge ou de causes de cessation de secours temporaires	[illegible]	RESTANT le dernier jour de l'année: à l'hospice	à la campagne	dans leur famille	TOTAL des restants	NOMBRE DES JOURNÉES: à l'hospice.	à la campagne	dans leur famille.	TOTAL des journées.	NOMBRE MOYEN des enfants d'après les journées passées à la campagne et dans les familles.	NOMBRE des vaccinations	NOMBRE des ENFANTS qui fréquentent les écoles primaires.	NOMBRE des ENFANTS qui suivent les instructions religieuses.	PROPORTION de la mortalité. — Pour 100	OBSERVATIONS
	REPORT	2,164	10,555	1,175	19,914	5,475	25,389	745	2,030	102	471	1,823	[illegible]	[illegible]	[illegible]	1,502	20,160	416,170	6,235,403	362,102	7,015,680	·	5,363	3,400	3,191	·	
CREUSE	Enfants trouvés	40	917		957	136	1,093	54	65	·	10	18	[illegible]	[illegible]	[illegible]	·	927	12,800	277,866	·	290,466	·				9, 14	
	Enfants abandonnés	2	40	·	42	16	58	1	2	·	1	5	[illegible]	[illegible]	[illegible]	·	51	587	17,059	·	17,646	·				5, 17	
	Enfants nés dans les hospices et délaissés par leurs mères	·	·	·	·	·	·	·	·	·	·	·	[illegible]	[illegible]	·	·	·	·	·	·	·	·	556	190	200	·	
	Enfants orphelins	2	31	·	33	11	44	·	4	·	3	5	[illegible]	[illegible]	[illegible]	·	35	605	10,145	·	10,840	·				0, 09	
	Enfants secourus temporairement	·	·	230	235	111	347	·	·	15	·	6	[illegible]	·	·	271	271	·	·	84,748	84,748	·	185	·	·	4, 31	
DORDOGNE	Enfants trouvés	50	2,005	·	2,125	368	2,518	95	177	·	6	167	[illegible]	[illegible]	[illegible]	·	2,120	9,540	737,464	·	747,004	·	607	35	650	10, 82	
	Enfants abandonnés	·	5	·	5	·	5	·	·	·		·	[illegible]	·	5	·	5	· ·	1,800	·	1,800	·	·	·	·	·	
	Enfants nés dans les hospices et délaissés par leurs mères	·	40	·	40	16	56	5	·	·	·	·	[illegible]	·	51	·	51	1,758	18,305	·	20,063	·	40	·	40	8, 93	
	Enfants orphelins	·	1	·	1	1	2	·	·	·	1	·	[illegible]	·	1	·	1	·	384	·	384	·	1	·	·	·	
	Enfants secourus temporairement	·	·	102	102	67	169	3	4	·	40	1	[illegible]	·	·	119	119	·	40,596	·	40,596	·	84	·	·	7, 10	
DOUBS	Enfants trouvés	55	14	·	69	20	89	3	·	·	1	16	[illegible]	[illegible]	[illegible]	·	67	20,736	4,351	·	25,087	·	2	·	·	0, 61	
	Enfants abandonnés	85	70	·	155	46	201	6	3		27	23	[illegible]	[illegible]	[illegible]	·	141	30,180	23,234	·	53,414	·	6	·	·	3, 48	
	Enfants nés dans les hospices et délaissés par leurs mères	·	·	·	·	·	·	·	·	·	·	·	[illegible]	·	·	·	·	·	·	·	·	·	·	·	·	·	
	Enfants orphelins	40	35	·	81	16	97	1	1	·	3	6	[illegible]	[illegible]	[illegible]	·	60	16,075	13,016	·	29,091	·	4	·	·	2, 06	
	Enfants secourus temporairement	·	·	19	19	22	41	·	2	·	21	·	[illegible]	·	·	16	16	·	6,935	·	6,935	·	·	·	·	4, 87	
DRÔME	Enfants trouvés	·	776	·	776	40	816	·	14	·	16	67	[illegible]	·	[illegible]	·	779	1,669	267,172	·	268,751	·				1, 71	
	Enfants abandonnés	·	135	·	135	60	195	·	22	·	7	7	[illegible]	·	[illegible]	·	159	1,726	32,610	·	34,336	·	145	320	550	11, 28	
	Enfants nés dans les hospices et délaissés par leurs mères	·	·	·		·	·	·	·	·		·	[illegible]	·	·	·	·	·	·	·	·	·				·	
	Enfants orphelins	·	·	·	·	·	·	·	·	·	·	·	[illegible]	·	·	·	·	·	·	·	·	·				·	
	Enfants secourus temporairement		·	58	58	64	122	·		12	·	[illegible]	[illegible]	·	·	72	72	·	·	30,772	30,772	·				7, 89	
EURE	Enfants trouvés	6	411	·	416	106	527	8	73	·	7	20	[illegible]	[illegible]	[illegible]	·	410	2,849	149,175	·	152,024	·				16, 36	
	Enfants abandonnés	1	43	·	44	10	54	·	6	·	6	[illegible]	[illegible]	[illegible]	[illegible]	·	38	488	14,573	·	15,061	·				11, 11	
	Enfants nés dans les hospices et délaissés par leurs mères	·	40	·	40	8	48	1	7	·	1	3	[illegible]	[illegible]	[illegible]	·	36	17	12,286	·	12,303	·	49	180	94	16, 66	
	Enfants orphelins	·	21	·	21	6	27	·			·	·	[illegible]	·	[illegible]	·	27	170	8,062	·	8,232	·				·	
	Enfants secourus temporairement		·	·	·		·	·	·			·	[illegible]	·	·	·	·	·	·	·	·	·				·	
EURE-ET-LOIR	Enfants trouvés	24	337	·	361	67	428	9	54	·	4	[illegible]	[illegible]	[illegible]	[illegible]	·	327	7,004	126,292	·	133,296	·	39	137	68	14, 71	
	Enfants abandonnés	7	66	·	73	18	91	3	2	·	5	18	[illegible]	[illegible]	[illegible]	·	83	1,541	23,206	·	24,747	·	·	32	30	5, 49	
	Enfants nés dans les hospices et délaissés par leurs mères	·	·	·	·	3	3	·	2	·	·	·	[illegible]	·	1	·	1	130	475	·	605	·	·	·	·	66, 67	
	Enfants orphelins	4	35	·	39	4	43		6	·	·	[illegible]	[illegible]	[illegible]	[illegible]	7	36	306	11,229	·	11,535	·	·	·	30	13, 95	
	Enfants secourus temporairement	·	·	23	23	4	27		·	2		[illegible]	[illegible]	·	·	25	25	·	·	43,75	8,275	·	·	·	·	7, 40	
FINISTÈRE	Enfants trouvés	·	1,446	·	1,446	284	1,730	14	162	·	28	33	[illegible]	·	[illegible]	·	1,433									10, 17	
	Enfants abandonnés		121	·	121	49	170	6	4		16	16	[illegible]	[illegible]	[illegible]	·	133									4, 81	
	Enfants nés dans les hospices et délaissés par leurs mères	·	·	·	·	34	34	·		·	·	·	[illegible]	[illegible]	·	·	34	1,234	384,946	·	385,230		194	·	·	·	
	Enfants orphelins	1	51		52	27	79	1	2	2	1	·	[illegible]	·	65	·	65									8, 79	
	Enfants secourus temporairement	·	·	·	·	·	·		·		·	·	[illegible]	·	·	·	·									·	
	À REPORTER	2,489	23,285	7,018	27,387	7,137	34,524	930	2,651	131	676	2,401	[illegible]	[illegible]	[illegible]	2,083	27,660	528,077	8,637,671	486,607	9,652,445	·	7,164	4,262	4,951	·	

DÉPARTEMENTS	CLASSE à laquelle les enfants appartiennent.	RESTANT au dernier jour de l'année précédente: à l'hospice.	à la campagne.	dans leur famille.	total des restants	ENFANTS admis dans l'année.	TOTAL GÉNÉRAL.	RAYÉS DES REGISTRES D'INSCRIPTION: sortis: à l'hospice	à la campagne	dans leur famille	remis à leurs parents ou bienfaiteurs	ayant atteint l'âge de la cessation des secours temporaires	décédés	RESTANT le dernier jour de l'année: à l'hospice	à la campagne	dans leur famille.	total des restants	NOMBRE DES JOURNÉES: à l'hospice.	à la campagne.	dans leur famille	total des journées	NOMBRE MOYEN des enfants d'après les journées passées à la campagne et dans les familles.	NOMBRE des vaccinations.	NOMBRE des enfants qui fréquentent les écoles primaires	NOMBRE des enfants qui suivent les instructions religieuses.	PROPORTION de la mortalité. — Pour 100	OBSERVATIONS
	Report	2,459	25,280	1,613	27,387	7,157	34,524	989	2,051	131	576	2,941	[illegible]	[illegible]	23,300	2,023	27,060	523,077	8,537,671	430,897	9,552,445	»	7,184	4,282	4,961	»	
GARD	Enfants trouvés	13	840	»	853	270	1,123	19	131	»	5	27	[illegible]	[illegible]	530	»	892	2,709	208,580	»	301,030	»	»	»	»	17,80	
	Enfants abandonnés	2	8	»	10	2	12	»	2	»	»	»	[illegible]	[illegible]	8	»	10	»	»	»	»	»	»	»	»	16,67	
	Enfants nés dans les hospices et délaissés par leurs mères	»	»	»	»	»	»	»	»	»	»	»	»	»	»	»	»	»	»	»	»	»	»	»	»	»	
	Enfants orphelins	»	»	»	»	»	»	»	»	»	»	»	»	»	»	»	»	»	»	»	»	»	»	»	»	»	
	Enfants secourus temporairement	»	»	»	»	2	2	»	»	»	»	»	»	»	»	2	2	»	»	»	»	»	»	»	»	»	
GARONNE (HAUTE-)	Enfants trouvés	45	514	»	860	222	1,051	82	25	»	16	119	[illegible]	[illegible]	765	»	800	10,277	253,821	»	264,098	»	222	»	»	9,80	
	Enfants abandonnés	11	137	»	148	14	162	»	2	»	2	7	[illegible]	[illegible]	108	»	131	8,563	39,201	»	47,764	»	2	»	»	1,23	
	Enfants nés dans les hospices et délaissés par leurs mères	9	101	»	110	6	116	»	2	»	2	32	[illegible]	[illegible]	77	»	80	1,095	21,884	»	22,979	»	6	»	»	1,72	
	Enfants orphelins	1	4	»	5	1	6	»	»	»	»	1	[illegible]	[illegible]	4	»	5	359	1,421	»	1,780	»	»	»	»	»	
	Enfants secourus temporairement	»	»	55	55	146	201	»	»	8	»	137	[illegible]	»	»	55	60	»	»	»	»	»	»	»	»	3,95	
GERS	Enfants trouvés	57	673	»	730	86	816	18	20	»	1	198	[illegible]	[illegible]	632	»	643	5,075	237,155	»	240,930	»	609	260	489	5,30	
	Enfants abandonnés	»	2	»	2	»	2	»	»	»	»	»	»	»	2	»	2	»	780	»	780	»	»	»	»	»	
	Enfants nés dans les hospices et délaissés par leurs mères	»	»	»	»	»	»	»	»	»	»	»	»	»	»	»	»	»	»	»	»	»	»	»	»	»	
	Enfants orphelins	3	15	»	18	5	23	»	»	»	»	»	[illegible]	[illegible]	20	»	23	1,005	7,300	»	8,305	»	»	»	»	»	
	Enfants secourus temporairement	»	»	117	117	71	188	»	»	»	»	23	[illegible]	»	»	165	165	»	»	»	»	»	»	»	»	»	
GIRONDE	Enfants trouvés	115	3,055	»	3,170	865	4,035	158	363	»	98	249	[illegible]	[illegible]	3,107	»	3,175	35,460	1,104,450	»	1,140,910	»	524	151	790	12,97	
	Enfants abandonnés	18	54	»	72	13	85	2	3	»	6	»	[illegible]	[illegible]	68	»	74	5,478	15,743	»	21,221	»	6	3	3	5,55	
	Enfants nés dans les hospices et délaissés par leurs mères	»	»	»	»	»	»	»	»	»	»	»	»	»	»	»	»	»	»	»	»	»	»	»	»	»	
	Enfants orphelins	35	73	»	108	153	261	41	20	»	7	»	[illegible]	[illegible]	164	»	193	13,430	30,964	»	44,394	»	122	5	5	23,37	
	Enfants secourus temporairement	»	»	»	»	34	54	»	»	»	»	»	»	»	»	54	54	»	»	»	»	»	»	»	»	»	
HÉRAULT	Enfants trouvés	22	394	»	416	96	512	31	15	»	8	10	[illegible]	[illegible]	400	»	416	27,520	140,503	»	168,019	»	12	254	310	9,57	
	Enfants abandonnés	6	202	»	208	68	276	35	16	»	9	21	[illegible]	[illegible]	208	»	255	16,141	88,378	»	104,519	»	5	116	168	13,55	
	Enfants nés dans les hospices et délaissés par leurs mères	»	»	»	»	»	»	»	»	»	»	»	»	»	»	»	»	»	»	»	»	»	»	»	»	»	
	Enfants orphelins	2	21	»	23	15	38	3	»	»	»	3	[illegible]	[illegible]	15	»	30	8,672	6,602	»	15,274	»	»	30	30	15,15	
	Enfants secourus temporairement	»	»	213	213	79	292	»	»	24	»	25	[illegible]	»	»	198	198	»	»	77,760	77,760	»	79	120	120	8,21	
ILLE-ET-VILAINE	Enfants trouvés	32	828	»	860	17	877	5	42	»	68	72	[illegible]	[illegible]	659	»	692	10,290	265,497	»	275,787	»	25	66	101	5,35	
	Enfants abandonnés	10*	74	»	84	9	93	2	2	»	32	16	[illegible]	[illegible]	42	»	57	2,070	23,249	»	25,319	»	9	10	14	4,30	
	Enfants nés dans les hospices et délaissés par leurs mères	»	»	»	»	»	»	»	»	»	»	»	»	»	»	»	»	»	»	»	»	»	»	»	»	»	
	Enfants orphelins	»	»	»	»	»	»	»	»	»	»	»	»	»	»	»	»	»	»	»	»	»	»	»	»	»	
	Enfants secourus temporairement	»	»	82	82	107	189	»	»	38	»	16	[illegible]	»	»	135	155	»	»	38,201	38,201	»	106	»	»	20,11	
INDRE	Enfants trouvés	49	486	»	535	10	545	4	31	»	3	36	[illegible]	[illegible]	406	»	471						5	»	»	6,42	
	Enfants abandonnés	11	95	»	106	27	133	1	6	»	4	1	[illegible]	[illegible]	122	»	131						25	»	»	5,27	
	Enfants nés dans les hospices et délaissés par leurs mères	»	»	»	»	»	»	»	»	»	»	»	»	»	»	»	»	17,457	313,270	»	330,707	»	»	»	»	»	
	Enfants orphelins	12	53	»	65	25	90	4	11	»	1	3	[illegible]	[illegible]	18	»	71						12	»	»	10,67	
	Enfants secourus temporairement	»	»	299	299	172	471	9	69	»	»	0	[illegible]	»	»	327	327						132	»	»	14,05	
	A REPORTER	2,929	31,237	2,379	36,335	9,711	46,040	1,358	3,343	191	965	3,519	[illegible]	[illegible]	31,430	2,912	36,747	703,090	11,464,629	602,058	12,769,777	»	9,415	5,239	6,929	»	

DÉPARTEMENTS.	CLASSE à laquelle LES ENFANTS APPARTIENNENT.	RESTANT LE DERNIER JOUR DE L'ANNÉE précédente				ENFANTS admis dans l'année.	TOTAL GÉNÉRAL.	RAYÉS DES REGISTRES D'INSCRIPTION						RESTANT LE DERNIER JOUR DE L'ANNÉE				NOMBRE DES JOURNÉES				NOMBRE MOYEN des Enfants d'après les journées passées à la campagne et dans les familles.	NOMBRE des VACCINATIONS.	NOMBRE des ENFANTS qui fréquentent les écoles primaires.	NOMBRE des ENFANTS qui suivent les instructions religieuses.	PROPORTION de la mortalité. — Pour 100.	OBSERVATIONS.
		à l'hospice.	à la campagne.	dans leur famille.	TOTAL des restants.			DÉCÉDÉS à l'hospice.	DÉCÉDÉS à la campagne.	DÉCÉDÉS dans leur famille.	RETIRÉS par les parents ou bienfaiteurs.	RAYÉS par l'effet de l'âge ou de la cessation de secours temporaires.	[illegible]	à l'hospice.	à la campagne.	dans leur famille.	TOTAL des restants.	à l'hospice.	à la campagne.	dans leur famille.	TOTAL des journées.						
	Report.	3,719	31,227	2,370	36,636	9,711	46,246	1,366	3,443	201	306	3,110	[illegible]	[illegible]	31,310	2,972	36,747	383,090	11,404,020	990,058	12,769,777	»	9,613	5,239	6,929	»	
Indre-et-Loire	Enfants trouvés	20	675	»	695	182	877	72	89	»	»	55	[illegible]	[illegible]	437	»	618	3,176	239,868	»	243,046	»	18	20	93	16, 30	
	Enfants abandonnés	12	58	»	70	20	90	»	2	»	2	9	[illegible]	[illegible]	66	»	77	3,086	23,725	»	26,810	»	»	18	12	2, 22	
	Enfants nés dans les hospices et délaissés par leurs mères	»	13	»	13	77	90	50	9	»	27	»	[illegible]	»	16		16	683	6,437	»	7,120	»	»	»	»	50, 00	
	Enfants orphelins	»	»	»	»	»	»	»	»	»	»	»	[illegible]	»	»	»	»	»	»	»	»	»	»	»	»	»	
	Enfants secourus temporairement	»	»	140	149	117	260	»	5	23	»	61	[illegible]	»	»	172	172	»	9,418	47,102	56,010	»	»	»	»	10, 15	
Indre	Enfants trouvés	1	712	»	713	147	860	6	71	»	33	41	[illegible]	1	701	»	760	906	242,404	»	243,400	»	91	350	215	8, 95	
	Enfants abandonnés	10	114	»	124	28	152	1	4	»	5	21	[illegible]	1	115	»	121	2,895	38,251	»	41,146	»	10	50	38	3, 28	
	Enfants nés dans les hospices et délaissés par leurs mères	»	»	»	»	»	»	»	»	»	»	»	[illegible]	»	»	»	»	»	»	»	»	»	»	»	»	»	
	Enfants orphelins	»	8	»	8	4	12	»	»	»	»	1	[illegible]	»	11	»	11	»	4,010	»	4,010	»	3	7	4	»	
	Enfants secourus temporairement	»	»	362	362	200	562	»	»	52	»	134	[illegible]	»	»	376	376	»	»	136,696	136,696	»	112	»	»	9, 25	
Jura	Enfants trouvés	19	104	»	123	»	123	1	1	»	»	36	[illegible]	[illegible]	85	»	85	6,800	30,027	»	36,867	»	»	»	»	1, 62	
	Enfants abandonnés	22	91	»	113	32	145	1	1	»	3	1	[illegible]	20	119	»	139	5,221	30,220	»	47,441	»	»	»	»	1, 38	
	Enfants nés dans les hospices et délaissés par leurs mères	»	»	»	»	»	»	»	»	»	»	»	[illegible]	»	»	»	»	»	»	»	»	»	»	»	»	»	
	Enfants orphelins	»	»	»	»	»	»	»	»	»	»	»	[illegible]	»	»	»	»	»	»	»	»	»	»	»	»	»	
	Enfants secourus temporairement	»	»	60	60	45	105	»	»	2	»	31	[illegible]	»	»	72	72	»	25,438	»	25,438	»	»	»	»	1, 90	
Landes	Enfants trouvés	22	1,301	»	1,323	295	1,618	96	85	»	30	36	[illegible]	2	1,346	»	1,383	9,385	487,190	»	496,575	»	108	154	327	11, 24	
	Enfants abandonnés	»	23	»	23	15	38	1	3	»	2	2	[illegible]	1	35	»	30	445	11,771	»	12,216	»	»	7	9	10, 52	
	Enfants nés dans les hospices et délaissés par leurs mères	»	»	»	»	»	»	»	»	»	»	»	[illegible]	»	»	»	»	»	»	»	»	»	»	»	»	»	
	Enfants orphelins	»	23	»	23	15	38	»	1	»	»	1	[illegible]	1	28	»	30	13	7,042	»	7,055	»	»	5	7	2, 63	
	Enfants secourus temporairement	»	»	108	108	88	196	»	9	»	1	103	[illegible]	»	»	76	75	»	37,505	»	37,505	»	»	»	»	4, 59	
Loir-et-Cher	Enfants trouvés	8	692	»	700	234	934	27	75	»	29	74	[illegible]	1	656	»	690	2,113	292,327	»	294,440	»	37	»	52	10, 92	
	Enfants abandonnés	3	37	»	40	16	56	2	1	»	6	9	[illegible]	»	38		38	497	8,744	»	9,241	»	4	»	4	5, 17	
	Enfants nés dans les hospices et délaissés par leurs mères	»	»		»	»	»	»	»	»	»	»	[illegible]		»		»	»	»	»	»	»	»	»	»	»	
	Enfants orphelins	»	»	»	»	»	»	»	»	»	»	»	[illegible]	»	»		»	»	»	»	»	»	»	»	»	»	
	Enfants secourus temporairement	»	»	»	»	»	»	»	»	»	»	»	[illegible]	»	»		»	»	»	»	»	»	»	»	»	»	
Loire	Enfants trouvés	8	1,271	»	1,279	107	1,386	1	68	»	42	120	[illegible]	1	1,150		1,165	2,000	424,570	»	426,570	»	52	355	254	4, 97	
	Enfants abandonnés	8	160	»	168	77	245	15	20	»	11	7	[illegible]	1	178	»	188	1,287	55,983	»	56,220	»	42	58	21	16, 73	
	Enfants nés dans les hospices et délaissés par leurs mères	1	28	»	29	73	102	8	10	»	13	»	[illegible]	1	56	»	65	329	23,722	»	24,051	»	11	»	»	23, 53	
	Enfants orphelins	»	»	»	»	»	»	»	»	»	»	»	[illegible]	»	»	»	»	»	»	»	»	»	»	»	»	»	
	Enfants secourus temporairement	»	»	65	65	84	149	»	»	15	»	46	[illegible]	»	»	88	88	»	»	30,020	30,020	»	33	»	»	10, 06	
Loire (Haute-)	Enfants trouvés	»	885	»	885	142	1,027	6	83	»	12	60	[illegible]	1	190	»	803	302	316,460	»	316,762	»	»	»	»	5, 74	
	Enfants abandonnés	»	46	»	46	54	100	1	4	»	9	13	[illegible]	»	62	21	83	138	18,722	5,517	24,377	»	»	»	»	5, 00	
	Enfants nés dans les hospices et délaissés par leurs mères	»	»	»	»	»	»	»	»	»	»	»	[illegible]	»	»	»	»	»	»	»	»	»	»	»	»	»	
	Enfants orphelins	»	34	»	34	9	43	»	5	»	2	1	[illegible]	»	30	7	36	51	9,227	3,643	12,921	»	»	»	»	6, 97	
	Enfants secourus temporairement	»	»	275	275	76	351	7	»	14	5	61	[illegible]	»	»	254	274	»	»	162,150	162,150	»	»	»	»	5, 12	
	A reporter.	3,051	37,512	3,398	43,961	11,852	55,813	1,649	3,070	380	1,135	4,031	[illegible]	[illegible]	31,821	3,637	44,254	763,438	15,731,500	950,016	15,467,023	»	10,003	6,202	7,963	»	

DÉPARTEMENTS.	CLASSE à laquelle les enfants appartiennent.	RESTANT au dernier jour de l'année précédente : à l'hospice	à la campagne	dans leur famille	total des restants	ENFANTS admis dans l'année	TOTAL GÉNÉRAL	RAYÉS DES REGISTRES D'INSCRIPTION : décédés à l'hospice	décédés à la campagne	décédés dans leur famille	retirés par les parents ou bienfaiteurs	sortis par suite de l'âge et secours temporaires	RESTANT au dernier jour de l'année : à l'hospice	à la campagne	dans leur famille	total des restants	NOMBRE DES JOURNÉES : à l'hospice	à la campagne	dans leur famille	total des journées	NOMBRE MOYEN des enfants d'après les journées passées à la campagne et dans les familles	NOMBRE des vaccinations	NOMBRE des enfants qui fréquentent les écoles primaires	NOMBRE des enfants qui suivent les instructions religieuses	PROPORTION de la mortalité — Pour 100
	Report.	3,051	37,312	3,308	43,961	11,892	55,813	1,649	3,070	896	1,152	4,49[illegible]	[illegible]	33,655	4,067	44,234	740,438	13,791,569	930,016	15,467,028	»	10,003	6,209	7,065	»
Loire-Inférieure	Enfants trouvés	81	726	»	807	70	877	26	51	»	9	[illegible]	[illegible]	675	»	758	32,029	226,815	»	259,444	»				9, 00
	Enfants abandonnés	9	63	»	72	34	106	6	5	»	5	[illegible]	[illegible]	77	»	57	11,620	18,270	»	29,890					10, 38
	Enfants nés dans les hospices et délaissés par leurs mères	30	191		221	»	221	2	3	»	2	[illegible]	[illegible]	182	»	211	»	67,330	»	67,330	»	(A) 15	208	»	2, 26
	Enfants orphelins	4	13	»	17	3	20	1	»	»	»	[illegible]	[illegible]	12	»	18	9,986	3,460	»	13,456	»				5, 00
	Enfants secourus temporairement	»	»	119	119	284	403	»	»	87		[illegible]	»	»	312	312	»	»	68,530	68,530	»				10, 82
	Enfants trouvés	74	718	»	792	285	1,077	86	114	»	36	[illegible]	[illegible]	670	»	786	29,767	251,038	»	280,805	»	114	105	80	18, 38
	Enfants abandonnés	30	51	»	81	28	109	4	4	»	11	[illegible]	[illegible]	54	»	89	10,046	16,600	»	20,638	»	»	13	3	7, 04
Loiret	Enfants nés dans les hospices et délaissés par leurs mères	»	»	»	»	»	»	»	»	»	»	»	»	»	»	»	»	»	»	»	»	»	»	»	»
	Enfants orphelins	3	1	»	4	6	10	»	1	»	1	[illegible]	1	6	»	6	778	2,167	»	2,940	»	»	2		10, 00
	Enfants secourus temporairement	»	»	120	120	54	174	»	»	16	»	[illegible]	»	»	133	155	»	»	»	»	»		»	»	9, 19
	Enfants trouvés	3	290	»	293	35	328	2	7	»	5	[illegible]	[illegible]	280	»	278	3,540	100,067	»	103,207		11			2, 74
	Enfants abandonnés	3	62	»	65	13	78	»	3	»	2	[illegible]	[illegible]	85	»	67	1,205	22,895	»	24,090	»		»		3, 84
Lot	Enfants nés dans les hospices et délaissés par leurs mères	»	»	»	»	»	»	»	»	»	»	»	»	»	»	»	»	»	»	»	»	»	»	»	»
	Enfants orphelins	1	13	»	14	5	19	»	1	»	1	[illegible]	»	15	»	16	93	6,190	»	6,282	»	»	»	»	5, 26
	Enfants secourus temporairement	»	»	56	56	118	174	»	»	5		[illegible]	»	»	169	169	»	»	24,045	24,045	»	103		»	2, 87
	Enfants trouvés	46	259	»	305	22	327	3	5	»	5	[illegible]	[illegible]	219	»	303	14,186	85,527	»	99,713	»				2, 45
	Enfants abandonnés	»	»	»	»	»	»	»	»	»	»	»	»	»	»	»	»	»	»	»	»				»
Lot-et-Garonne	Enfants nés dans les hospices et délaissés par leurs mères	»	»	»	»	»	»	»	»	»	»	»	»	»	»	»	»	»	»	»	»	203	40	180	»
	Enfants orphelins	»	»	»	»	»	»	»	»	»	»	»	»	»	»	»	»	»	»	»	»				»
	Enfants secourus temporairement	»	»	204	204	82	286	»	»	20	»	[illegible]	»	»	200	200	»	»	70,820	70,820	»				6, 98
	Enfants trouvés	»	370	143	513	119	632	4	30	13	3	[illegible]	»	383	186	569	»	115,081	73,004	188,085		92	189	189	7, 43
	Enfants abandonnés	»	6	»	6	1	7	»	»	»	»	[illegible]	»	5	»	5	»	1,894	»	1,894		»	6	5	»
Lozère	Enfants nés dans les hospices et délaissés par leurs mères	»	»	»	»	»	»	»	»	»	»	»	»	»	»	»	»	»	»	»	»		»	»	
	Enfants orphelins	»	»	»	»	2	2	»	»	»	»	»	»	2	»	2	»	325	»	325	»	»	»	»	»
	Enfants secourus temporairement	»	»	»	»	»	»	»	»	»	»	»	»	»	»	»	»	»	»	»	»	»	»	»	»
	Enfants trouvés	35	1,229	»	1,264	409	1,673	86	171		26	[illegible]	[illegible]	1,306	»	1,320	9,200	477,105	»	486,305	»	(B) »	(C) »	(D) »	15, 36
	Enfants abandonnés	» 5	81	»	80	30	110	»	4	»	10	[illegible]	[illegible]	92	»	97	3,839	28,298	»	32,132	»	»	»	»	3, 45
Maine-et-Loire	Enfants nés dans les hospices et délaissés par leurs mères	»	385	»	385	85	470	18	42	»	8	[illegible]	[illegible]	362	»	365	1,549	119,795	»	121,344	»	»	»	»	10, 75
	Enfants abandonnés	»	»	»	»	»	»	»	»	»		[illegible]	»	»	»	»	»	»	»	»	»	»	»	»	»
	Enfants secourus temporairement	»	»	»	»	12	12	»	»	»		[illegible]	»	»	5	5	684	»	»	684	»	»	»	»	»
	Enfants trouvés	31	1,193	»	1,224	175	1,399	22	84	»	30	[illegible]	[illegible]	1,183	»	1,208	14,967	417,717	»	432,684	»	543	400	400	7, 56
	Enfants abandonnés	8	121	»	129	140	269	13	43	»	16	[illegible]	[illegible]	109	»	106	3,660	65,498	»	69,161	»	32	43	43	20, 82
Manche	Enfants nés dans les hospices et délaissés par leurs mères	»	»	»	»	2	2	»	1	»	»	[illegible]	»	1	»	1	1	266	»	266	»	»	»	»	50, 00
	Enfants orphelins	2	19	»	21	»	21	»	»	»		[illegible]	[illegible]	15	»	20	790	6,941	»	7,261	»	0	4	4	»
	Enfants secourus temporairement	»	»	21	21	29	50	»	»	5		[illegible]	»	»	21	21	»	42	9,248	9,290	»	5	»	»	10, 60
	A reporter	3,416	13,309	4,065	50,782	13,803	64,675	1,922	4,330	432	1,271	[illegible]	[illegible]	44,154	5,652	51,340	892,958	15,816,110	1,176,572	17,885,640	»	11,217	7,493	8,965	»

OBSERVATIONS.

(A) Le chiffre 15 des vaccinations représente seulement le nombre de nourrices qui ont reçu le vaccin en 1848. En général, les Enfants mis en nourrice sont vaccinés, et il faudrait une correspondance pour établir exactement le nombre des vaccinations.

(B) Tous les Enfants sont vaccinés dans leurs neuf premiers mois.

(C) Très-peu à cause de la distance qui sépare les écoles des habitations des nourrices.

(D) Tous, sans exception, de leur dixième à leur treizième année.

DÉPARTEMENTS.	CLASSE à laquelle les enfants appartiennent.	RESTANT le dernier jour de l'année précédente: à l'hospice.	à la campagne.	dans leur famille.	TOTAL des restants.	ENFANTS admis dans l'année.	TOTAL GÉNÉRAL.	RAYÉS DES REGISTRES D'INSCRIPTION: décédés à l'hospice.	décédés à la campagne.	décédés dans leur famille.	retirés par les parents ou bienfaiteurs.	sortis par l'effet de l'âge ou la cessation du secours tempre.	total des rayés.	RESTANT le dernier jour de l'année: à l'hospice.	à la campagne.	dans leur famille.	TOTAL des restants.	NOMBRE DES JOURNÉES: à l'hospice.	à la campagne.	dans leur famille.	TOTAL des journées.	NOMBRE MOYEN des Enfants d'après les journées passées à la campagne et dans les familles.	NOMBRE des vaccinés.	NOMBRE des enfants qui fréquentent les écoles primaires.	NOMBRE des enfants qui suivent les instructions religieuses.	PROPORTION de la mortalité. — Pour 100.	OBSERVATIONS.
	Report.	8,416	13,303	4,053	60,752	13,323	64,075	1,022	4,539	432	1,331	5,112	[illegible]	[illegible]	13,166	5,053	51,540	392,956	16,315,110	1,175,572	17,883,630	»	11,317	7,423	8,953		
Marne.	Enfants trouvés.	17	650		667	219	886	29	120		39	31	[illegible]	[illegible]	653		667	4,854	241,576		246,430		158	195		16, 81	
	Enfants abandonnés.	6	82		88	24	112		3		21	6	[illegible]	5	75		81	1,475	26,968		28,443		13	48		1, 78	
	Enfants nés dans les hospices et délaissés par leurs mères.					4	4	2	2				[illegible]					52	16		68					100, 00	
	Enfants orphelins.	1	5		6	2	8					1	[illegible]		7		7	718	1,895		2,545			4			
	Enfants secourus temporairement.																										
Marne (Haute-).	Enfants trouvés.	3	304		307	72	379	3	41		4	7	[illegible]	1	298		303	1,670	110,494		112,164		237			11, 60	
	Enfants abandonnés.	6	30		43	4	47		1		5		[illegible]	1	33		41	970	14,073		15,043					2, 13	
	Enfants nés dans les hospices et délaissés par leurs mères.																										
	Enfants orphelins.																										
	Enfants secourus temporairement.																										
Mayenne.	Enfants trouvés.	18	1,047		1,065	178	1,243	11	62		10	54	[illegible]	20	1,066		1,086	8,734	364,753		373,487					7, 60	
	Enfants abandonnés.	10	52		62	19	81				4	10	[illegible]	12	55		67	3,801	19,073		22,870						
	Enfants nés dans les hospices et délaissés par leurs mères.																										
	Enfants orphelins.																										
	Enfants secourus temporairement.																										
Meurthe.	Enfants trouvés.	63	121		184	32	216	7	18		9	15	[illegible]	12	148		167	27,815	89,194		117,009		12			11, 57	
	Enfants abandonnés.	31	84		115	69	184	4	9		11	15	[illegible]	22	130		152									7, 06	
	Enfants nés dans les hospices et délaissés par leurs mères.																										
	Enfants orphelins.	5	17		22	26	48	2	4			9	[illegible]	4	29		33									12, 50	
	Enfants secourus temporairement.																										
Meuse.	Enfants trouvés.	30	306	1	337	100	437	5	79		41	17	[illegible]	13	299	1	323	9,441	112,141	506	121,048		30			19, 22	
	Enfants abandonnés.	20	51		71	17	88	1	4		4	9	[illegible]	8	58		66	6,422	17,742		24,164					5, 68	
	Enfants nés dans les hospices et délaissés par leurs mères.																							194	194		
	Enfants orphelins.	3	6	1	10	7	17					2	[illegible]	5	9		14	1,653	2,504	171	4,328		1				
	Enfants secourus temporairement.			11	11	35	46	1		3	3	33	[illegible]			1	1	684		3,550	4,234		35			6, 60	
Morbihan.	Enfants trouvés.	415	542		957	230	1,187	15	70		117	4	[illegible]	79	870		970	120,280	283,657	3,110	407,047		320	548	590	7, 91	
	Enfants abandonnés.	42	210		261	61	322		15		8	15	[illegible]	17	237		264									4, 06	
	Enfants nés dans les hospices et délaissés par leurs mères.																										
	Enfants orphelins.	6	55		61	24	85		9		1	19	[illegible]	1	67		65									10, 55	
	Enfants secourus temporairement.			15	15	18	33	1	4	1	3	9	[illegible]			19	19									18, 19	
Moselle.	Enfants trouvés.	3	32		35	3	38		1			7	[illegible]	1	29		30	617	10,858		11,475		4	25		2, 63	
	Enfants abandonnés.	9	143		152	80	182	1	1		10	20	[illegible]	4	135		141	2,413	49,702		52,115		5	195		1, 09	
	Enfants nés dans les hospices et délaissés par leurs mères.																								(a)		(a) De tous ces Enfants, un seul suit les instructions religieuses israélites.
	Enfants orphelins.	5	28		26	10	36				44	7	[illegible]		28		29	454	9,708		10,162			21			
	Enfants secourus temporairement.			71	71	68	139	2	1	1		2	[illegible]			49	89	1,060	15,605	16,033	32,678					2, 37	
	À reporter.	4,106	47,057	4,162	55,318	18,145	70,493	2,000	5,014	437	1,530	5,613	[illegible]	301	47,135	5,102	55,084	1,086,020	17,185,004	1,198,827	19,469,851	»	11,942	8,363	9,750	»	

DÉPARTEMENTS	CLASSE à laquelle les enfants appartiennent.	RESTANT le dernier jour de l'année précédente — à l'hospice	à la campagne	dans leur famille	total des restants	ENFANTS admis dans l'année	TOTAL GÉNÉRAL	RAYÉS DES REGISTRES D'INSCRIPTION — décédés à l'hospice	décédés à la campagne	décédés dans leur famille	retirés par les parents ou leur famille	sortis par l'effet de l'âge ou la cessation de secours temporaires	[illegible]	RESTANT le dernier jour de l'année — à l'hospice	à la campagne	dans leur famille	total des restants	NOMBRE DES JOURNÉES à l'hospice	à la campagne	dans leur famille	total des journées	NOMBRE MOYEN des Enfants d'après les journées passées à la campagne et dans les familles	NOMBRE des vaccinations	NOMBRE des enfants qui fréquentent les écoles primaires	NOMBRE des enfants qui suivent les instructions religieuses	PROPORTION de la mortalité — Pour 100.	OBSERVATIONS
	Report	4,105	17,061	4,102	35,348	15,145	70,403	2,096	5,011	487	1,025	5,441	[illegible]	[illegible]	[illegible]	5,162	55,964	1,086,090	17,185,004	1,168,527	19,440,851	»	11,042	8,563	9,755		
Nièvre	Enfants trouvés	142	407		549	74	623	5	35	»	3	[illegible]	[illegible]	[illegible]	[illegible]	»	503	42,402	147,963	»	190,445	»	97	15	108	4, 81	
	Enfants abandonnés	9	24	»	33	6	39	»	1		1	1	[illegible]	[illegible]	[illegible]	»	30	1,692	2,920	»	4,612	»	5	5	7	2, 56	
	Enfants nés dans les hospices et délaissés par leurs mères	»	»		»	»	»	»	»	»	»	»	»	»	»	»	»	»	»	»	»	»	»	»	»	»	
	Enfants orphelins	6	33	»	40	17	57	1	3	»	»	1	[illegible]	[illegible]	[illegible]		52	2,880	18,406	»	21,286	»	8	5	»	7, 01	
	Enfants secourus temporairement	»		238	238	183	421	»		30	»	[illegible]	[illegible]	»	»	296	296	»	»	105,965	105,965	»	107	»	»	6, 55	
Nord	Enfants trouvés	27	725	»	752	12	764	2	13		15	[illegible]	[illegible]	»	[illegible]	»	384	7,251	236,808	»	238,059	»	4	531	533	1, 96	
	Enfants abandonnés	13	94	»	107	110	217	4	11	»	31	[illegible]	[illegible]	[illegible]	[illegible]	»	136	2,457	39,857	»	42,344	»	44	98	95	6, 91	
	Enfants nés dans les hospices et délaissés par leurs mères	»		»	»		»	»	»	»	»	»	»	»	»	»	»	»	»	»	»	»	»	»	»	»	
	Enfants orphelins	»		»	»	8	8	»	»	»	»	»	»	»	8	»	8	5	2,240	»	2,245	»	»	»	»	»	
	Enfants secourus temporairement	»	»	4	4	266	270	»	»	44	»	[illegible]	[illegible]	»	»	134	134	»	»	37,213	37,213	»	232	»	»	16, 29	
Oise	Enfants trouvés	85	209	»	294	78	372	9	41		7	13	[illegible]	[illegible]	215	»	302	32,272	75,538	»	107,810	»				13, 44	
	Enfants abandonnés	4	22	»	26	14	40	5	5	»	7	3	[illegible]	[illegible]	18	»	19	9,570	5,030	»	14,600	»				27, 50	
	Enfants nés dans les hospices et délaissés par leurs mères	»	»	»	»		»	»	»	»	»	»	»	»	»	»	»	»	»	»	»	»	(a) 35	100	201	»	(a) Le chiffre peu élevé des vaccinations s'explique par cette raison que le plus grand nombre des Enfants sont vaccinés avant leur admission.
	Enfants orphelins	30	154	»	184	23	207	1	3	»		4	[illegible]	[illegible]	[illegible]		107	5,439	55,819	»	61,258	»				1, 93	
	Enfants secourus temporairement		»			»	»	»	»		»	»	»	»	»	»	»	»	»	»	»	»				»	
Orne	Enfants trouvés	8	703		711	759	870	0	57	»	4	[illegible]	[illegible]	[illegible]	[illegible]	»	711	1,608	249,341	»	251,039	»	118	»	»	7, 58	
	Enfants abandonnés	7	48		55	15	65	1	»	»	2	9	[illegible]	[illegible]	[illegible]	»	56	2,037	17,958	»	20,070	»	3	»	»	1, 47	
	Enfants nés dans les hospices et délaissés par leurs mères			»	»	»	»	»			»	»	»	»	»	»	»	»	»	»	»	»	»	»	»	»	
	Enfants orphelins	6	11		17	12	27	»	»	»	1	5	[illegible]	[illegible]	[illegible]	»	23	2,201	5,582	»	7,783	»	3	»		»	
	Enfants secourus temporairement				»	»	»		»	»		»	»	»	»	»	»	»	»	»	»	»	»	»	»	»	
Pas-de-Calais	Enfants trouvés	1	348		349	»	349		5		42	[illegible]	[illegible]	[illegible]	[illegible]	»	291	280	113,831	»	114,111	»	»	106	32	1, 45	
	Enfants abandonnés	»	57	»	57	37	94		2	»	16	1	[illegible]	»	[illegible]	»	73	»	22,312	»	22,312	»	13	13	7	2, 13	
	Enfants nés dans les hospices et délaissés par leurs mères	»	»	»	»	»	»	»	»	»		»	»	»	»	»	»	»	»	»	»	»	»	»	»	»	
	Enfants orphelins	»	38		38	20	58		1		7	1	[illegible]	»	48		48	»	14,835	»	14,835	»	0	13	11	3, 72	
	Enfants secourus temporairement		»	120	120	81	207		»	9		»	[illegible]	»	»	198	198	»	»	»	»	»	30	20	»	4, 34	
Puy-de-Dôme	Enfants trouvés	107	809	»	916	150	1,066	26	82	»	[illegible]	[illegible]	[illegible]	[illegible]	[illegible]		872	29,376	304,625	»	334,001	»	129	»	»	5, 44	
	Enfants abandonnés	2	20	»	22	6	28		»	»	1	1	[illegible]	[illegible]	[illegible]	»	27	102	8,676	»	8,778	»	4	»	»	»	
	Enfants nés dans les hospices et délaissés par leurs mères	1	11	»	12	6	18	»	»	»	»	»	[illegible]	[illegible]	[illegible]	»	18	211	5,369	»	5,580	»	3	»	»	»	
	Enfants orphelins	»	»	»	»	»	»	»	»	»	»	»	»	»	»	»	»	»	»	»	»	»	»	»	»	»	
	Enfants secourus temporairement	»	»	183	183	42	225	»	»		»	[illegible]	[illegible]	»	»	161	161	»	»	61,920	61,920	»	31	»	»	»	
Pyrénées (Basses-)	Enfants trouvés	22	483	»	505	67	572	2	43		17	[illegible]	[illegible]	[illegible]	[illegible]	»	482	6,603	173,479	»	180,082	»	16	10	»	5, 57	
	Enfants abandonnés	23	160	»	183	34	217	5	7	»	1	[illegible]	[illegible]	[illegible]	[illegible]	»	170	6,798	44,393	»	51,191	»	10	6	»	3, 53	
	Enfants nés dans les hospices et délaissés par leurs mères	»	5	»	5	1	6		1	»	»	»	[illegible]	»	5	»	5	3	1,379	»	1,382	»	»	»	»	16, 67	
	Enfants orphelins	1	3		4	»	4		»	»	3	1	[illegible]	»	1	»	1	»	600	»	600	»	»	»	»	»	
	Enfants secourus temporairement	»	»	»	»	»	»	»	»	»	»	»	»	»	»	»	»	»	»	»	»	»	»	»	»	»	
	A reporter	6,001	61,444	4,713	66,758	16,564	77,322	2,078	5,290	506	1,810	[illegible]	[illegible]	[illegible]	[illegible]	5,834	61,361	1,230,597	18,729,150	1,403,928	21,360,685	»	10,688	9,558	10,744	»	

DÉPARTEMENTS.	CLASSE à laquelle les enfants appartiennent.	RESTANT le dernier jour de l'année précédente				ENFANTS admis dans l'année.	TOTAL général.	RAYÉS DES REGISTRES D'ADMISSION						RESTANT le dernier jour de l'année				NOMBRE DES JOURNÉES				NOMBRE MOYEN des Enfants d'après les journées passées à la campagne et dans les familles	NOMBRE des vaccinations.	NOMBRE des enfants qui fréquentent les écoles primaires	NOMBRE des enfants qui suivent les instructions religieuses	PROPORTION de la mortalité Pour 100.	OBSERVATIONS.
		à l'hospice	à la campagne	dans leur famille	TOTAL des restants.			décédés à l'hospice	décédés à la campagne	décédés dans leur famille	retirés par les parents ou bienfaiteurs	sortis par l'effet de l'âge ou cessation des secours temporaires	[illegible]	à l'hospice	à la campagne	dans leur famille	TOTAL des restants	à l'hospice.	à la campagne.	dans leur famille.	TOTAL des journées.						
	Report	4,601	51,454	4,713	60,768	16,604	77,372	2,076	5,205	526	1,819	[illegible]	[illegible]	[illegible]	[illegible]	6,951	63,397	1,236,507	18,720,150	1,403,928	21,360,585	"	12,848	9,568	10,744		
PYRÉNÉES (HAUTES)	Enfants trouvés.	56	802	"	858	121	979	15	34	"	8	51	[illegible]	[illegible]	[illegible]	"	840	16,860	288,780	"	305,640	"	120	200	150	4, 80	
	Enfants abandonnés .. .. Enfants nés dans les hospices et délaissés par leurs mères....	"	"	"	"	"	"	"	"	"	"	"	"	"	"	"	"	"	"	"	"		"	"	"	"	
	Enfants orphelins	"	51	"	51	41	92	"	8	"	"	"	[illegible]	"	[illegible]	"	84	"	26,280	"	26,280	"	"	"	"	5, 08	
	Enfants secourus temporairement.	"	"	47	47	109	156	"	"	"	"	[illegible]	[illegible]	"	"	69	69	"	"	33,215	33,215			"	"	"	
PYRÉNÉES ORIENTALES	Enfants trouvés. .. .	140	366	31	546	(a) 186	732	68	72	7	18	[illegible]	[illegible]	[illegible]	[illegible]	"	[illegible]									18, 03	(a) Des 136 enfants admis dans l'année, 31 ont été admis à l'hospice de la Miséricorde, et doivent être ainsi classés
	Enfants abandonnés	2	14	"	16	14	30	1	4	"	3	2	[illegible]	1	[illegible]	"	20									16, 67	15 enfants trouvés provenant de l'hospice Saint-Jean, rendus par les nourrices des campagnes après l'âge de 7 ans, et versés par cet établissement, comme n'étant plus à sa charge, à celui de la Miséricorde
	Enfants nés dans les hospices et délaissés par leurs mères....	"	10	"	10	41	51	21	0	"	"	"	[illegible]	"	[illegible]	"	[illegible]	60,379	137,365	7,560	205,304		65	60	147	52, 94	19 enfants orphelins ou appartenant à des familles indigentes admis sur l'autorisation du préfet
	Enfants orphelins ... . Enfants secourus temporairement	"	"	"	"	"	"	"	"	"	"	"	"	"	"	"										"	
RHIN (BAS)..	Enfants trouvés..	1	56	2	59	9	68	1	6	"	"	[illegible]	[illegible]	[illegible]	[illegible]	2	70	845	28,675		29,520	"	30	55	30	7, 14	
	Enfants abandonnés.	40	507	52	599	147	746	2	15	"	41	[illegible]	[illegible]	[illegible]	[illegible]	[illegible]	[illegible]	8,919	182,322	"	201,240	"		387	227	2, 27	
	Enfants nés dans les hospices et délaissés par leurs mères.....	"	"	"	"	"	"	"	"	"		"	"	"	"		"	"	"	"		"		"	"	"	
	Enfants orphelins . . .. Enfants secourus temporairement.	"	"	"	"	"	"	"	"	"	"	"	"	"		"		"	"	"	"	"	"	"	"	"	
RHIN (HAUT)	Enfants trouvés	2	40	"	42	4	46	"	1	"		[illegible]	"	"	42		42	26	12,522	"	12,548	"				2, 17	
	Enfants abandonnés	2	225	"	227	66	292	2	4	"	6	[illegible]	[illegible]	[illegible]	[illegible]	"	202	2,130	79,511	"	81,647					2, 00	
	Enfants nés dans les hospices et délaissés par leurs mères ..	"	"	"	"	"	"	"	"	"	"	"	"	"			"		"	"	"	"	34	(a) 354	263	"	(a) Les enfants qui ne fréquentent pas les écoles ont moins de 6 ans.
	Enfants orphelins . . .	4	181	"	185	72	200	"	7	"	"	11	[illegible]	"	[illegible]	"	237	1,047	67,004	"	60,851	"				2, 09	
	Enfants secourus temporairement.	"	"	"	"	6	6	"	2	"		"	[illegible]	"	"	4	4		"	875	875	"				33, 33	
RHÔNE.	Enfants trouvés	118	4,804	"	4,917	840	5,757	48	348		104	[illegible]	[illegible]	[illegible]	4,481	"	4,633	17,462	1,729,702		1,734,104	"	799	"	"	6, 70	
	Enfants abandonnés . ..	15	151	"	166	290	456	14	29		59	[illegible]	[illegible]	[illegible]	[illegible]		326	6,768	83,841	"	90,609	"	220	"	"	9, 43	
	Enfants nés dans les hospices et délaissés par leurs mères. . .	74	2,014	"	2,088	883	2,971	72	563		170	[illegible]	[illegible]	[illegible]	[illegible]		3,062	16,597	1,072,612	"	1,086,500	"	997	"	"	10, 98	
	Enfants orphelins.	2	6	"	8	4	12	1	"	"	"	1	[illegible]	"	[illegible]		10	50	2,915		2,965	"	5	"	"	8, 33	
	Enfants secourus temporairement.	"	"	"	"	"	"	"	"	"		"	"	"	"	"			"		"		"	"	"	"	
SAÔNE (HAUTE)	Enfants trouvés	"	2	"	2	1	3	"	1	"		"	[illegible]	"	2	"	2	1	1,058	"	1,059					33, 33	
	Enfants abandonnés	12	45	"	57	10	67	3	1	"		3	[illegible]	1	[illegible]		61	3,604	17,573		21,177	"				4, 47	
	Enfants nés dans les hospices et délaissés par leurs mères. ...	"	"	"	"	"	"	"	"	"	"	"	"	"	"		"	"	"		"	"	5	77	77	"	
	Enfants orphelins ...	8	16	"	24	10	34	2	"	"	"	[illegible]	[illegible]	[illegible]	[illegible]	"	25	3,105	7,007	"	10,112					5, 90	
	Enfants secourus temporairement.	"	"	"	"	"	"	"	"	"		"		"			"	"		"	"	"				"	
SAÔNE-ET-LOIRE	Enfants trouvés	"	1,177	"	1,177	241	1,418	6	121	"	20	[illegible]	[illegible]	"	[illegible]		1,200	"	423,000	"	423,000	"	117	62	113	5, 90	
	Enfants abandonnés	"	115	"	115	21	136	"	4	"	3	[illegible]	[illegible]	"	[illegible]		101	"	42,120	"	42,120	"	"	6	23	2, 94	
	Enfants nés dans les hospices et délaissés par leurs mères. ...	"	"	"	"	"	"	"	"	"	"	"	"	"			"		"	"	"				"	"	
	Enfants orphelins	"	40	"	40	8	48	"	1	"	1	[illegible]	"	"	[illegible]	"	30	"	14,480	"	14,480	"	"	4	14	2, 08	
	Enfants secourus temporairement	"	"	15	15	10	34	"	"	5	1	"	"	"	"	22	27	"	"	7,200	7,260	"	"	1	3	14, 70	
	À REPORTER.	5,061	63,190	4,800	73,040	19,796	92,546	2,311	6,815	538	2,291	[illegible]	[illegible]	[illegible]	[illegible]	4,189	75,815	1,372,185	22,069,030	1,489,778	25,767,080	"	14,680	10,504	11,930		

DÉPARTEMENTS	CLASSE à laquelle les enfants appartiennent.	RESTANT le dernier jour de l'année précédente: à l'hospice.	à la campagne.	dans leur famille.	total des restants.	ENFANTS admis dans l'année.	TOTAL général.	RAYÉS DES REGISTRES: décédés à l'hospice.	décédés à la campagne.	décédés dans leur famille.	retirés par les parents ou bienfaiteurs.	sortis par suite de l'âge ou de la cessation des secours temporaires.	[illegible]	RESTANT le dernier jour de l'année: à l'hospice.	à la campagne.	dans leur famille.	total des restants.	NOMBRE DES JOURNÉES: à l'hospice.	à la campagne.	dans leur famille.	total des journées.	NOMBRE moyen des Enfants d'après les journées passées à la campagne et dans les familles.	NOMBRE des vaccinations.	NOMBRE des enfants qui fréquentent les écoles primaires.	NOMBRE des enfants qui suivent les instructions religieuses.	PROPORTION de la mortalité — Pour 100.	OBSERVATIONS.
	Report..	5,051	62,900	4,800	72,040	19,706	92,046	2,311	6,813	538	2,301	3,4[illegible]	[illegible]	4,85[illegible]	63,850	6,100	73,815	1,372,186	22,962,036	1,452,778	25,787,090	"	14,080	10,804	11,820	"	
Sarthe	Enfants trouvés	5	1,095	"	1,100	189	1,289	11	83	"	18	12	[illegible]	9	1,086		1,108	2,830	398,707	"	401,537	"	127	9	200	7, 29	
	Enfants abandonnés	5	95	"	100	15	115	"	4	"	7	7	[illegible]	1	[illegible]	"	97	3,523	84,602	"	88,215	"	8	4	25	8, 46	
	Enfants nés dans les hospices et délaissés par leurs mères	"	"	"	"	"	"	"	"		"	"	[illegible]	"			"	"	"	"	"	"	"	"	"	"	
	Enfants orphelins	"	25	"	25	3	28	"	"	"	"	1	[illegible]	"	26	"	25	"	9,270	"	9,270	"	"	"	"	"	
	Enfants secourus temporairement	"	"	109	109	152	261	"	"	15	15	"	[illegible]	"	"	262	262	"	"	65,680	65,680	"	"	"	"	3, 44	
Seine	Enfants trouvés	39	1,763	"	1,802	638	2,440	131	277	"	93	[illegible]	[illegible]	[illegible]	1,70[illegible]	"	1,748	15,790	606,430	"	625,129	"	203	248	130	16, 78	(a) Dans ce département on a réuni les Enfants orphelins 573 aux Enfants de famille indigente. 6,591 — Total. 7,160
	Enfants abandonnés	72	1,026	"	1,098	355	1,453	90	111	"	35	[illegible]	[illegible]	[illegible]	1,0[illegible]	"	1,119	22,341	361,442	"	383,783	"	97	161	51	13, 14	
	Enfants nés dans les hospices et délaissés par leurs mères	68	4,795	"	4,863	1,909	6,772	302	928	"	72	[illegible]	[illegible]	[illegible]	4,8[illegible]		4,885	26,133	1,739,594	"	1,765,727	"	957	672	306	10, 41	
	Enfants orphelins (a)	164	5,310	"	5,474	1,635	7,109	234	821	"	141	[illegible]	[illegible]	[illegible]	5,[illegible]		5,604	52,250	1,922,310	"	1,974,560	"	862	834	372	14, 71	
	Enfants secourus temporairement	"	"	"	"	"	"	"	"			"	[illegible]	"	"	"		"	"	"	"	"	"	"	"	"	
Seine-Inférieure	Enfants trouvés	233	860	"	1,093	763	1,856	366	206	"	61	[illegible]	[illegible]	[illegible]	[illegible]		1,063	69,741	312,622	"	382,358	"	310	337	378	36, 69	
	Enfants abandonnés	67	173		240	138	378	0	18	"	52	[illegible]	[illegible]	[illegible]	[illegible]		274	31,600	57,360	"	88,960	"	30	120	123	7, 13	
	Enfants nés dans les hospices et délaissés par leurs mères	"	5	"	5	8	13	7	4	"	"	"	[illegible]	"	2	"	2	1,277	735	"	2,012	"	"	"	"	34, 61	
	Enfants orphelins	20	30	"	50	18	68	4	"	"	1	7	[illegible]	[illegible]	[illegible]	"	56	5,692	13,934	"	19,626	"	8	6	6	5, 87	
	Enfants secourus temporairement	"	"	"	"	"	"	"	"			"	[illegible]	"	"	"	"	"	"	"	"	"	"	"	"	"	
Seine-et-Marne	Enfants trouvés	13	107	"	120	63	183	13	33	"	7	"	[illegible]	[illegible]	[illegible]		130	5,211	40,052	"	45,263	"	17	18	12	25, 13	
	Enfants abandonnés	16	65	2	83	27	110	3	4	1	7	13	[illegible]	[illegible]	[illegible]	5	82	5,526	21,033	3,134	29,692	"	2	25	22	7, 27	
	Enfants nés dans les hospices et délaissés par leurs mères	31	"	"	31	14	45	"	13	"	"	"	[illegible]	"	[illegible]	"	32	80	11,606	"	11,686	"	7		"	28, 45	
	Enfants orphelins	17	4	3	24	5	29	1	"	"	1	1	[illegible]	[illegible]	[illegible]	3	26	5,512	2,037	1,005	8,644	"	1	15	15	3, 40	
	Enfants secourus temporairement	"	"	4	4	"	4	"	"	"	"	1	[illegible]	"	"	3	3	"	"	1,140	1,140	"	"	1	"	"	
Seine-et-Oise	Enfants trouvés	4	98	"	102	19	121	1	12	"	1	1	[illegible]	[illegible]	[illegible]	"	105	1,660	36,347	"	38,007	"	"	1	1	10, 74	
	Enfants abandonnés	7	132	"	139	83	222	5	24	"	19	1	[illegible]	[illegible]	[illegible]		170	2,621	51,687	"	54,288			23	23	12, 66	
	Enfants nés dans les hospices et délaissés par leurs mères	19	15	1	35	9	44	1	1		3	1	[illegible]	[illegible]	[illegible]		35	7,137	6,058		13,195	"	6	23	27	4, 54	
	Enfants orphelins	2	8		10	5	15	"			1	1	[illegible]	"	[illegible]		12	364	3,020	"	3,384	"	"	"	"	"	
	Enfants secourus temporairement	"	"		"	"	"	"	"		"	"	[illegible]	"	"	"	"	"	"	"		"	"	"	"	"	
Sèvres (Deux-)	Enfants trouvés	120	983	9	1,114	186	1,300	91	76	1	32	[illegible]	[illegible]	[illegible]	1,0[illegible]	2	1,133	48,701	854,110	606	903,515	"	183	172	197	7, 75	
	Enfants abandonnés	15	35	9	59	29	88	2	2		1	1	[illegible]	1	[illegible]	11	77	2,100	15,666	9,330	27,156	"	"	"	8	4, 54	
	Enfants nés dans les hospices et délaissés par leurs mères	"	"	"	"		"	"	"	"	"	"	[illegible]	"	"	"	"	"	"	"	"	"	"	"	"	"	
	Enfants orphelins	1	8	"	9	"	9	"	"	"	"	"	[illegible]	"	9	"	9	108	2,726	"	2,834	"	"	"	6	"	
	Enfants secourus temporairement	"	"	1	1		1	"	"		"	"	[illegible]	"	"	1	1	"	"	366	366	"	"	"	"	"	
Somme	Enfants trouvés	7	436	"	443	116	559	8	55	"	13	[illegible]	[illegible]	[illegible]	[illegible]	"	460	2,704	164,922	"	167,626	"	71	143	65	10, 91	
	Enfants abandonnés	31	115	"	146	71	217	1	6	"	45	11	[illegible]	[illegible]	[illegible]	"	153	6,404	40,572	"	47,000	"	19	23	33	3, 92	
	Enfants nés dans les hospices et délaissés par leurs mères	"	7	"	7	5	12	"	4	"	1	"	[illegible]	"	7	"	7	4	2,304	"	2,308	"	"	"	3	33, 34	
	Enfants orphelins	8	20	"	28	12	40	"	1	"	"	4	[illegible]	[illegible]	[illegible]	"	35	3,667	8,036	"	11,703	"	"	"	3	2, 50	
	Enfants secourus temporairement	"	"	38	38	77	115	"	"	12	"	[illegible]	[illegible]	"	"	95	40	2,602	4,350	17,680	24,632	"	"	"	"	10, 44	
	À reporter.	6,055	80,210	5,029	91,292	25,342	117,634	3,016	9,085	562	2,8[illegible]	4,0[illegible]	[illegible]	[illegible]	80,6[illegible]	6,446	92,542	1,703,152	29,183,667	2,550,461	32,435,270	"	17,971	13,638	15,806	"	

DÉPARTEMENTS.	CLASSE à laquelle les enfants appartiennent.	RESTANT le dernier jour de l'année précédente — à l'hospice	à la campagne	dans leur famille	total des restants	ENFANTS admis dans l'année	TOTAL GÉNÉRAL	RAYÉS DES REGISTRES D'INSCRIPTION — décédés à l'hospice	décédés à la campagne	décédés dans leur famille	retirés par les parents ou bons fortunés	sortis par l'effet de l'âge ou la cessation du secours temporaire	total	RESTANT le dernier jour de l'année — à l'hospice	à la campagne	dans leur famille	total des restants	NOMBRE DES JOURNÉES — à l'hospice	à la campagne	dans leur famille	total des journées	NOMBRE MOYEN des enfants d'après les journées passées à la campagne et dans les familles	NOMBRE des vaccinations	NOMBRE des enfants qui fréquentent les écoles primaires	NOMBRE des enfants qui suivent les instructions religieuses	PROPORTION de la mortalité. — Pour 100
	Report	6,033	80,210	5,029	91,272	26,342	117,684	3,016	6,089	562	2,232	8,916	[illegible]	[illegible]	[illegible]	6,445	92,383	1,701,159	29,183,667	1,330,451	32,435,276	»	11,671	13,632	13,896	
Tarn	Enfants trouvés	65	459		524	27	551	5	17	»	14	26	[illegible]	[illegible]	452	»	459	15,075	160,127	»	180,202	»	15	28	(a)	3, 99
	Enfants abandonnés	7	302	»	309	44	353	6	31		14	4	[illegible]	[illegible]	293	»	298	769	104,216	»	104,975		27	10	»	10, 47
	Enfants nés dans les hospices et délaissés par leurs mères	»	»	»	»	»	»	»	»			»	»	»	»	»	»	»	»	»	»	»	»	»	»	»
	Enfants orphelins	»	»	»	»	»	»	»	»			»	»	»	»	»	»	»	»	»	»	»	»	»	»	»
	Enfants secourus temporairement	»	»	217	217	207	424	»	»	43	1	[illegible]	[illegible]	»	»	209	209	»	»	102,444	102,444		153	»	»	10, 14
Tarn-et-Garonne	Enfants trouvés	14	396	»	410	52	462	14	22	»	3	[illegible]	[illegible]	[illegible]	380	»	387	3,730	137,115	»	140,845	»				7, 73
	Enfants abandonnés	1	11	»	12	3	15	»	2	»	»	»	[illegible]	[illegible]	[illegible]	»	15	796	3,995	»	4,791	»				13, 34
	Enfants nés dans les hospices et délaissés par leurs mères	»	»	»	»	»	»	»		»		»	»	»	»	»	»	»	»	»	»	»	56	(b)	(c)	»
	Enfants orphelins	»	»	»	»	»	»	»	»			»	»	»	»	»	»	»	»	»	»					»
	Enfants secourus temporairement	»	»	3	3	7	10	»	»	»		»	»	»	»	10	10	212	2,436	»	2,648					»
Var	Enfants trouvés	20	775	»	795	219	1,014	83	84		32	135	[illegible]	[illegible]	[illegible]	»	740						194	»	»	14, 49
	Enfants abandonnés	80	8	»	88	28	61		»		3	19	[illegible]	[illegible]	6	»	48						9	»	»	»
	Enfants nés dans les hospices et délaissés par leurs mères	»	»	»	»	»	»	»	»	»		»	»	»	»	»	»	23,256	268,060	»	291,316	»	»	»	»	»
	Enfants orphelins	»	»	»	»	»	»	»	»	»			»	»	»		»						»	»	»	»
	Enfants secourus temporairement	»	»	38	38	13	51	»	»	»		3	[illegible]	»	»	48	48						9	»	»	»
Vaucluse	Enfants trouvés	48	537	»	585	62	657	16	48	»	3	61	[illegible]	[illegible]	[illegible]	»	537	13,360	301,125	»	314,485	»	42	97	»	0, 51
	Enfants abandonnés	4	93		97	95	192	29	23		3	»	[illegible]	[illegible]	132	»	139	2,380	47,765	»	50,145	»	34	4	»	23, 46
	Enfants nés dans les hospices et délaissés par leurs mères	»	»	»	»	»	»	»				»	»	»	»		»	»	»		»		»	»	»	»
	Enfants orphelins	2	10	»	12	2	14		1			»	[illegible]	»	12		12	225	4,285	»	4,310	»	»	2	»	7, 14
	Enfants secourus temporairement	»	»	45	45	32	77	»	»	9	»	6	[illegible]	»	»	52	52	»	»	10,710	10,710	»	28	»	»	11, 69
Vendée	Enfants trouvés	43	793		836	117	953	23	64		6	65	[illegible]	[illegible]	[illegible]		774	4,703	263,920	»	268,083	»	86	112	112	11, 22
	Enfants abandonnés	8	13	»	21	7	28	2	»			1	[illegible]	[illegible]	[illegible]		25	2,570	8,500		11,070	»	3	0	»	7, 15
	Enfants nés dans les hospices et délaissés par leurs mères	»	»	»	»	»		»	»			»	»	»	»	»	»	»	»	»	»	»		»	»	»
	Enfants orphelins	2	11	»	13	4	17	»	»			»	[illegible]	»	17		17	292	648	»	1,040	»	»	»	»	»
	Enfants secourus temporairement	»	»	4	4	»	4	»	»	3			[illegible]	»	»	1	1	»	»	450	450		»	»	»	75, 00
Vienne	Enfants trouvés	121	928	»	1,049	188	1,237	20	71	»	21	16	[illegible]	[illegible]	[illegible]	»	1,030	37,390	342,795	»	380,185	»				8, 06
	Enfants abandonnés	16	22	»	38	7	45	2	2		5	2	[illegible]	[illegible]	[illegible]	»	34	1,080	4,320	»	5,400	»				8, 89
	Enfants nés dans les hospices et délaissés par leurs mères	»	»	»	»	»	»	»	»			»	»	»	»	»	»	»	»	»	»	»	149	483	120	»
	Enfants orphelins	1	1	»	2	5	7	1	»			»	[illegible]	»	»	»	5	1,825	»	»	1,620	»				14, 28
	Enfants secourus temporairement	»	»	»	»	»	»	»	»			»	»	»	»	»	»	»	»	»	»	»				»
Vienne (Haute-)	Enfants trouvés	60	794	»	854	212	1,066	30	58		4	31	[illegible]	[illegible]	[illegible]	»	867	28,185	285,765	»	313,950	»	204	»	»	14, 72
	Enfants abandonnés	13	56	»	69	18	87	7	14	»	2	1	[illegible]	[illegible]	56	»	62	2,823	19,967	»	22,790	»	18	»	»	24, 13
	Enfants nés dans les hospices et délaissés par leurs mères	20	122	»	142	56	198	15	11	»	1	6	[illegible]	[illegible]	146	»	160	5,030	50,961	»	55,991	»	45	»	»	13, 54
	Enfants orphelins	1	2	»	3	»	3	»				»	[illegible]	»	2	»	3	266	732	»	1,008	»	»	»	»	»
	Enfants secourus temporairement	»	»	150	159	81	240	10	»	20		48	[illegible]	»	»	130	136	»	55,627	»	55,627	»	34	»	»	12, 50
	À reporter	6,529	85,843	5,495	97,867	27,837	125,704	3,339	6,643	657	2,636	8,916	[illegible]	[illegible]	[illegible]	6,065	99,073	1,840,571	31,271,328	1,673,033	34,700,054	»	19,098	14,374	14,126	

OBSERVATIONS.

(a) Tous les enfants que l'âge permet de faire assister aux instructions religieuses, y sont envoyés avec assez d'exactitude par leurs nourrices. Des recommandations fréquentes sont faites à cet égard.

(b) Peu d'enfants fréquentent les écoles. Les pères nourriciers les occupent à garder les bestiaux, et à l'âge de 10 à 12 ans les habituent aux travaux des champs.

(c) Les enfants en bas âge ne reçoivent d'autre instruction religieuse que celle que leur enseignent les mères nourrices en leur apprenant quelques prières. Cette instruction est ensuite continuée par MM. les curés, qui les disposent à leur première communion, lorsqu'ils ont 12 ou 13 ans.

DÉPARTEMENTS.	CLASSE à laquelle les enfants appartiennent	RESTANT au dernier jour de l'année précédente: à l'hospice.	à la campagne.	dans leur famille.	total des restants.	ENFANTS admis dans l'année.	TOTAL général.	RAYÉS DES REGISTRES D'INSCRIPTION: décédés à l'hospice.	à la campagne	dans leur famille.	retirés par les parents ou bienfaiteurs	sortis par l'effet de l'âge et à l'expiration du secours temporaire.	[illegible]	RESTANT [illegible]: à l'hospice.	à la campagne	dans leur famille	total des restants	NOMBRE DES JOURNÉES: à l'hospice.	à la campagne.	dans leur famille	total des journées	NOMBRE moyen des Enfants d'après les journées passées à la campagne et dans les familles	NOMBRE des vaccinations.	NOMBRE des enfants qui fréquentent les écoles primaires	NOMBRE des enfants qui suivent les instructions religieuses	PROPORTION de la mortalité. — Pour 100	OBSERVATIONS.
	Report.	6,528	85,843	5,496	97,867	27,837	125,704	3,930	9,543	557	2,936	4,5[illegible]	[illegible]	[illegible]	[illegible]	4,865	99,073	1,846,571	31,271,328	1,573,055	34,700,954	.	19,098	14,374	14,128		
Vosges.	Enfants trouvés.	.	2	.	2	.	2		.	.	.	.	[illegible]	.	2	.	2		732	.	732	.	.	.	.	.	
	Enfants abandonnés.	9	96	.	105	46	151	.	8	.	.	25	[illegible]	1	[illegible]	.	108	2,365	41,480	.	43,845	.	5	72	56	6, 29	
	Enfants nés dans les hospices et délaissés par leurs mères.	.	.	.	.	.	.	.	.	.	.	.	[illegible]	.	.	.	.	.	.	.	.	.	.	.	.	.	
	Enfants orphelins.	8	137	.	145	34	179	.	3	.	.	[illegible]	[illegible]	[illegible]	[illegible]	.	155	2,923	54,671	.	57,594	.	6	103	77	2, 79	
	Enfants secourus temporairement.	.	.	66	66	26	92	.	.	.	.	[illegible]	[illegible]	.	.	22	22	306	15,000	.	15,856	.	4	20	13	.	
Yonne.	Enfants trouvés.	.	599	.	599	202	801	.	135	.	10	31	[illegible]	.	[illegible]		616	1,717	217,708	.	219,425	.				16, 86	
	Enfants abandonnés.	.	64	.	64	10	74	.	2	.	4	1	1	.	[illegible]	.	67	751	18,980	.	19,731	.				2, 70	
	Enfants nés dans les hospices et délaissés par leurs mères.	.	.	.	.	.	.	.	.	.	.	.	.	.	.	.	.	.	.	.	.	.	112	257	268	.	
	Enfants orphelins.	.	.	2	2	.	2	.	.			.	.	.	.	2	2	.	.	730	730	.				.	
	Enfants secourus temporairement.	.	.	22	22	14	36	.		.	4	1	1	.	.	[illegible]	32	.	.	9,850	9,850	.				.	
	Total.	6,546	86,741	5,585	98,872	28,159	127,041	3,930	9,693	557	2,963	[illegible]	[illegible]	[illegible]	[illegible]	[illegible]	100,087	1,854,063	31,612,899	1,083,635	35,158,237	.	19,236	14,805	14,562	11, 25	

ÉTAT III, récapitulatif, contenant, par département, pendant les années 1847 et 1848 : 1° le nombre des Enfants trouvés de toutes catégories et des Enfants temporairement secourus ; 2° les dépenses extérieures ; 3° les indemnités allouées par les départements aux hospices dépositaires.

DÉPARTEMENTS.	1847. Nombre des enfants restant le 31 décembre 1846.	1847. Nombre des enfants admis ou secourus dans l'année 1847.	1847. TOTAL.	1848. Nombre des enfants restant le 31 décembre 1847.	1848. Nombre des enfants admis ou secourus dans l'année 1848.	1848. TOTAL.	1847. DÉPENSES EXTÉRIEURES.	1847. INDEMNITÉS en faveur des hospices dépositaires.	1848. DÉPENSES EXTÉRIEURES.	1848. INDEMNITÉS en faveur des hospices dépositaires.
Ain	702	145	847	670	155	825	46,304f 79c	″	44,973f 55c	″
Aisne	984	402	1,386	1,059	337	1,396	54,504 61	″	54,646 98	″
Allier	1,079	335	1,414	1,080	400	1,480	66,321 74	4,000f 00c	64,415 98	6,000f 00c
Alpes (Basses-)	278	24	302	171	31	202	16,319 80	5,000 00	12,722 12	5,000 00
Alpes (Hautes-)	277	28	305	248	27	275	16,157 00	″	15,327 09	″
Ardèche	531	88	619	496	95	591	32,492 00	3,000 00	32,180 93	3,000 00
Ardennes	263	100	363	292	70	362	28,360 16	″	28,947 00	″
Ariège	424	203	627	387	248	635	24,573 00	″	24,380 61	″
Aube	397	155	552	344	149	493	28,024 57	″	28,080 38	″
Aude	1,057	186	1,243	1,070	205	1,275	68,156 04	5,000 00	56,532 50	5,000 00
Aveyron	1,711	291	2,002	2,587	447	3,034	89,450 97	11,000 00	95,402 39	11,000 00
Bouches-du-Rhône	2,890	901	3,791	3,016	901	3,917	210,180 59	″	214,627 62	″
Calvados	2,008	379	2,387	1,980	391	2,371	130,080 29	20,000 00	144,517 75	20,000 00
Cantal	620	232	852	733	234	967	39,340 65	″	41,374 05	″
Charente	1,166	257	1,423	1,156	273	1,429	74,361 75	″	75,178 75	″
Charente-Inférieure	913	293	1,206	1,002	306	1,308	69,738 07	2,000 00	73,939 47	3,000 00
Cher	1,047	362	1,409	1,080	307	1,387	72,841 05	″	65,456 60	″
Corrèze	493	188	681	465	169	634	27,471 38	850 00	20,217 18	850 00
Corse	502	190	692	549	165	714	56,736 84	″	51,243 17	2,000 00
Côte-d'Or	573	255	828	627	275	902	58,009 38	″	61,003 97	″
Côtes-du-Nord	845	227	1,072	913	270	1,183	62,487 16	″	62,922 84	″
Creuse	1,128	302	1,430	1,268	274	1,542	72,505 66	6,000 00	71,068 98	6,000 00
Dordogne	2,259	442	2,701	2,273	472	2,745	126,022 06	7,522 09	120,139 77	4,854 14
Doubs	337	218	555	324	104	428	32,256 40	″	31,153 51	″
Drôme	990	190	1,180	959	104	1,163	64,111 68	4,000 00	63,759 25	4,000 00
Eure	483	166	649	524	132	656	46,292 57	12,000 00	44,869 50	6,000 00
Eure-et-Loir	477	102	579	496	96	592	54,204 62	6,250 00	48,011 14	[2] 5,100 00
Finistère	1,512	420	1,932	1,610	390	2,000	114,792 39	″	118,516 04	″
Gard	825	346	1,171	863	274	1,137	61,504 00	″	70,399 00	″
Garonne (Haute-)	1,322	214	1,536	1,177	389	1,566	43,647 00	″	39,068 61	″
Gers	919	121	1,040	867	161	1,028	48,384 36	2,000 00	44,439 06	″
Gironde	3,719	1,103	4,822	3,350	1,105	4,455	221,363 08	[1] 2,143 00	237,458 73	[3] 2,048 00
Hérault	980	143	1,123	860	278	1,138	52,105 12	″	45,654 03	″
Ille-et-Vilaine	1,099	306	1,405	1,026	133	1,159	74,444 00	1,500 00	61,704 31	″
Indre	982	208	1,190	1,005	234	1,239	61,500 00	300 00	55,935 43	300 00
Indre-et-Loire	990	308	1,298	927	396	1,323	71,319 79	″	69,850 08	″
Isère	1,081	378	1,459	1,207	379	1,586	63,051 07	″	66,688 76	″
Jura	278	89	367	296	77	373	21,076 00	10,000 00	17,043 22	10,000 00
Landes	1,530	371	1,901	1,477	413	1,890	92,000 00	250 00	85,596 91	250 00
Loir-et-Cher	763	215	978	740	252	992	80,314 23	3,000 00	61,633 41	3,000 00
Loire	1,584	310	1,894	1,539	343	1,882	97,283 74	″	100,353 52	″
Loire (Haute-)	1,217	254	1,471	1,240	281	1,521	75,910 24	3,500 00	77,609 44	2,641 63
A REPORTER	43,215	11,447	54,662	43,961	11,852	45,813	2,858,170 85	108,315 09	2,806,313 69	102,045 76

[1] Secours temporaires aux filles mères. [2] Dépenses relatives au dépôt central des Enfants, à Chartres. [3] Secours temporaires aux filles mères.

DÉPARTEMENTS.	1847. Nombre des enfants restant le 31 décembre 1846.	1847. Nombre des enfants admis ou secourus dans l'année 1847.	1847. TOTAL.	1848. Nombre des enfants restant le 31 décembre 1847.	1848. Nombre des enfants admis ou secourus dans l'année 1848.	1848. TOTAL.	1847. DÉPENSES EXTÉRIEURES.	1847. INDEMNITÉS en faveur des hospices dépositaires.	1848. DÉPENSES EXTÉRIEURES.	1848. INDEMNITÉS en faveur des hospices dépositaires.
REPORT	43,215	11,447	54,662	43,961	11,852	45,813	2,858,170f 85c	108,315f 09	2,806,313f 69c	102,045f 76c
Loire-Inférieure	1,187	366	1,553	1,236	391	1,627	75,478 31	″	82,147 81	″
Loiret	1,037	467	1,504	997	373	1,370	73,963 16	4,000 00	70,616 02	4,000 00
Lot	439	121	560	430	169	599	27,795 85	″	26,049 25	″
Lot-et-Garonne	540	116	656	509	104	613	43,219 71	10,000 00	49,700 89	14,298 73
Lozère	476	121	597	519	122	641	38,139 09	8,000 00	37,524 87	9,000 00
Maine-et-Loire	1,668	483	2,151	1,735	536	2,271	148,173 04	″	148,533 30	″
Manche	1,394	319	1,713	1,395	346	1,741	120,516 78	″	116,302 11	″
Marne	754	295	1,049	761	249	1,010	84,300 68	″	71,306 96	″
Marne (Haute-)	355	96	451	350	76	426	25,694 04	2,765 08	26,229 12	1,225 20
Mayenne	1,202	151	1,353	1,127	197	1,324	90,735 52	10,000 00	91,300 57	10,000 00
Meurthe	272	127	399	321	127	448	14,634 07	300 00	17,599 05	300 00
Meuse	415	223	638	429	159	588	34,370 00	″	39,518 64	″
Morbihan	1,208	234	1,442	1,294	333	1,627	56,077 58	″	58,079 11	″
Moselle	271	157	428	284	111	395	21,207 78	″	20,024 04	[1] 1,800 00
Nièvre	915	330	1,245	860	280	1,140	51,925 22	″	42,469 50	″
Nord	1,082	254	1,336	803	398	1,239	97,420 00	″	60,133 85	″
Oise	504	154	658	504	115	619	39,443 18	″	37,085 27	″
Orne	789	203	992	783	184	967	80,032 02	1,675 00	73,454 64	2,006 81
Pas-de-Calais	653	128	781	570	138	708	41,373 88	4,000 00	55,436 56	8,000 00
Puy-de-Dôme	1,172	234	1,406	1,133	204	1,337	53,534 00	″	52,084 03	2,000 00
Pyrénées (Basses-)	765	138	903	697	102	799	36,127 74	″	36,063 03	″
Pyrénées (Hautes-)	992	191	1,183	956	271	1,227	41,166 48	″	48,412 73	″
Pyrénées-Orientales	588	181	769	572	241	813	26,554 97	″	30,672 00	″
Rhin (Bas-)	525	260	785	688	156	844	77,830 00	″	55,235 86	″
Rhin (Haut-)	310	209	519	457	147	604	36,463 48	493 95	45,351 91	″
Rhône	8,267	1,611	9,878	8,079	2,017	10,096	468,009 14	″	478,000 00	″
Saône (Haute-)	66	34	100	83	21	104	8,415 04	″	7,949 80	″
Saône-et-Loire	1,430	284	1,714	1,347	289	1,636	116,089 43	600 00	106,323 22	″
Sarthe	1,219	319	1,538	1,334	389	1,723	85,671 42	″	95,730 91	″
Seine	13,069	4,554	17,623	13,237	4,597	17,834	1,375,673 74	″	[2] 1,423,353 93	″
Seine-Inférieure	1,273	987	2,260	1,388	927	2,315	120,525 70	″	107,856 62	″
Seine-et-Marne	205	133	338	262	109	371	14,900 88	6,000 00	22,716 04	6,000 00
Seine-et-Oise	271	106	377	286	116	402	28,167 00	″	31,912 77	″
Sèvres (Deux-)	1,151	216	1,367	1,183	217	1,400	77,786 28	″	80,348 43	″
Somme	619	303	922	662	281	943	50,216 90	″	54,883 50	″
Tarn	1,145	269	1,414	1,050	278	1,328	75,013 88	″	71,504 19	″
Tarn-et-Garonne	472	61	533	425	62	487	33,686 00	″	30,479 30	″
Var	895	294	1,189	871	255	1,126	62,100 00	″	77,568 08	″
Vaucluse	1,390	169	1,559	1,039	211	1,250	63,584 61	1,800 00	62,256 27	1,800 00
Vendée	916	139	1,055	874	128	1,002	51,843 92	9,072 81	50,569 38	″
Vienne	1,101	208	1,309	1,089	200	1,289	54,676 00	″	61,488 18	″
Vienne (Haute-)	1,311	187	1,498	1,227	361	1,588	63,570 38	″	60,990 00	″
Vosges	268	178	446	318	106	424	29,701 11	″	27,403 25	″
Yonne	665	227	892	687	226	913	58,451 12	″	59,857 90	″
TOTAUX	98,461	27,284	125,745	98,872	28,169	127,041	7,127,904 95	166,022 83	7,091,776 56	162,476 50

[1] Secours aux mères légitimes. [2] Non compris 223,317f 04c pour frais de layettes.

TABLEAU V,

PAR DÉPARTEMENTS,

DE LA MORTALITÉ DES ENFANTS TROUVÉS,

DE 1831 À 1849 EXCLUSIVEMENT.

NUMÉROS D'ORDRE.	DÉPARTEMENTS.	ANNÉES.	NOMBRE d'enfants trouvés.	NOMBRE de décès.	DÉCÈS par 1,000 enfants.
1	Aïn	1831	719	115	159.9
		1832	735	120	160.2
		1833	807	137	169.8
		1834	826	150	181.5
		1835	831	134	161.2
		1836	761	35	116.2
		1837	618	49	79.3
		1838	950	99	104.0
		1839	906	84	141.9
		1840	950	121	186.2
		1841	947	104	109.7
		1842	628	67	106.7
		1843	654	75	115.1
		1844	658	70	106.4
		1845	701	40	60.9
		1846	913	128	140.4
		1847	847	68	80.2
		1848	825	83	100.60
2	Aisne	1831	2,073	277	133.6
		1832	2,274	264	116.2
		1833	2,152	188	88.4
		1834	1,870	272	85.6
		1835	1,776	165	93.0
		1836	1,684	168	99.8
		1837	1,581	195	123.2
		1838	1,505	170	110.5
		1839	1,402	167	116.2
		1840	1,584	234	147.7
		1841	1,167	175	150.9
		1842	1,312	128	97.6
		1843	1,253	89	71.0
		1844	1,209	115	95.1
		1845	1,321	112	84.7
		1846	1,353	158	116.9
		1847	1,366	121	88.5
		1848	1,295	150	115.80
3	Allier	1831	2,367	367	155.7
		1832	2,383	323	135.6
		1833	2,401	471	196.1
		1834	2,348	219*	93.3
		1835	2,317	212	91.5
		1836	1,151	290	250.4
		1837	958	146	152.4
		1838	1,000	160	160.0
		1839	1,003	164	163.5
		1840	1,070	193	180.4
		1841	1,108	230	208.2
		1842	1,294	290	224.1
		1843	1,323	269	203.3
		1844	1,275	202	158.4
		1845	1,354	204	150.7
		1846	1,412	211	149.4
		1847	1,414	145	102.5
		1848	1,489	170	114.17
4	Alpes (Basses)	1831	1,462	169	115.7
		1832	1,517	161	106.1
		1833	1,424	134	94.1
		1834	1,410	200	142.1
		1835	1,307	145	110.9
		1836	1,249	75	60.0
		1837	1,127	76	67.4
		1838	1,017	58	57.0
		1839	891	20	22.4
		1840	811	20	24.7
		1841	729	23	31.6
		1842	670	21	30.9
		1843	600	25	41.3
		1844	533	18	33.8
		1845	432	18	41.6
		1846	307	12	39.1
		1847	302	13	43.»
		1848	202	18	64.35
5	Alpes (Hautes-)	1831	636	47	73.9
		1832	653	56	85.8
		1833	669	45	67.3
		1834	507	37	73.0
		1835	502	39	77.7
		1836	575	39	67.8
		1837	540	29	53.7
		1838	478	35	73.2
		1839	399	26	65.2
		1840	685	39	56.9
		1841	678	40	59.0
		1842	380	21	55.3
		1843	350	16	45.7
		1844	315	10	31.7
		1845	355	19	53.5
		1846	314	10	31.8
		1847	305	10	32.8
		1848	275	7	25.45
6	Ardèche	1831	718	39	54.3
		1832	730	47	64.3
		1833	780	53	67.4
		1834	658	90	136.8
		1835	615	68	110.6
		1836	620	87	140.3
		1837	679	79	116.3
		1838	743	97	130.5
		1839	705	82	116.3
		1840	702	84	119.7
		1841	817	86	105.3
		1842	883	83	94.0
		1843	881	62	70.4
		1844	761	39	51.2
		1845	690	36	52.1
		1846	617	25	40.5
		1847	670	28	43.2
		1848	501	33	65.87
7	Ardennes	1831	764	73	95.5
		1832	802	49	61.1
		1833	811	49	60.4
		1834	736	72	97.8
		1835	718	48	67.3
		1836	697	32	46.0
		1837	329	40	121.6
		1838	339	44	129.0
		1839	323	42	130.0
		1840	353	48	136.0
		1841	356	45	126.3
		1842	341	40	117.3
		1843	330	38	115.1
		1844	332	40	120.5
		1845	322	36	111.8
		1846	337	39	115.7
		1847	363	39	107.4
		1848	362	32	88.39
8	Ariége	1831	1,294	136	105.1
		1832	1,279	97	75.8
		1833	900	93	103.3
		1834	481	95	197.5
		1835	416	62	149.0
		1836	505	75	148.5
		1837	568	59	103.8
		1838	640	116	181.3
		1839	701	97	138.3
		1840	791	104	131.5
		1841	857	117	136.5
		1842	837	98	117.1
		1843	852	76	89.2
		1844	601	52	86.5
		1845	625	47	75.2
		1846	690	76	110.1
		1847	627	51	81.3
		1848	635	40	62.9
9	Aube	1831	927	154	166.5
		1832	950	111	116.8
		1833	951	135	142.0
		1834	930	152	163.4
		1835	903	97	107.4
		1836	657	107	162.9
		1837	502	97	193.2
		1838	581	127	218.6
		1839	577	129	223.6
		1840	563	133	236.2
		1841	570	128	224.6
		1842	592	117	197.6
		1843	611	137	224.2
		1844	605	108	178.5
		1845	604	88	145.7
		1846	583	163	279.1
		1847	559	123	220.4
		1848	493	115	233.27
10	Aude	1831	1,709	153	89.5
		1832	1,724	175	101.5
		1833	1,739	200	115.3
		1834	1,801	168	93.4
		1835	1,645	145	88.1
		1836	1,648	109	66.1
		1837	1,705	126	73.9
		1838	1,086	136	125.2
		1839	1,063	84	79.0
		1840	1,080	87	80.6
		1841	1,104	93	84.2
		1842	1,124	74	65.8
		1843	1,165	111	95.2
		1844	1,177	101	85.8
		1845	1,136	87	76.5
		1846	1,312	94	71.6
		1847	1,263	77	61.0
		1848	1,270	58	45.75
11	Aveyron	1831	2,341	242	103.4
		1832	2,490	218	87.5
		1833	2,727	230	84.3
		1834	2,810	263	93.6
		1835	2,618	278	106.1
		1836	2,725	250	91.8
		1837	1,497	205	137.2
		1838	2,054	277	134.9
		1839	2,063	210	101.8
		1840	2,153	267	124.0
		1841	2,272	308	135.5
		1842	2,338	318	136.5
		1843	2,257	263	116.5
		1844	2,276	299	131.4
		1845	2,174	225	103.5
		1846	2,060	180	88.1
		1847	2,002	108	53.9
		1848	2,094	141	67.3
12	Bouches-du-Rhône	1831	3,473	477	137.3
		1832	3,961	519	130.8
		1833	3,739	495	132.4
		1834	3,822	544	142.3
		1835	3,716	649	174.7
		1836	3,874	746	192.6
		1837	3,965	611	154.2
		1838	3,658	458	125.1
		1839	3,325	496	149.2
		1840	3,401	409	120.3
		1841	3,455	418	121.0
		1842	3,860	389	100.9
		1843	3,415	477	139.7
		1844	3,459	437	126.3
		1845	3,584	421	117.4
		1846	3,577	428	119.6
		1847	3,791	449	118.4
		1848	3,917	548	139.90

NUMÉROS D'ORDRE	DÉPARTEMENTS	ANNÉES	NOMBRE D'ENFANTS trouvés	NOMBRE de décès	DÉCÈS par 1,000 ENFANTS
13	Calvados	1831	2,404	335	139 4
		1832	2,519	399	158 4
		1833	2,583	267	103 3
		1834	2,663	307	115 3
		1835	2,604	265	111 2
		1836	2,700	287	109. 9
		1837	2,160	297	137. 2
		1838	2,444	372	152 2
		1839	1,789	191	106. 8
		1840	1,881	179	95 2
		1841	1,990	142	71 2
		1842	2,180	213	98 0
		1843	2,259	204	90. 3
		1844	2,350	200	84 5
		1845	2,404	192	79 9
		1846	2,475	215	86. 9
		1847	2,387	259	108 6
		1848	2,371	360	151. 83
14	Cantal	1831	1,323	128	96. 2
		1832	1,371	103	75 1
		1833	1,353	126	93 1
		1834	1,304	161	123 5
		1835	1,408	127	90 2
		1836	620	94	151 6
		1837	734	99	134 8
		1838	831	119	143 2
		1839	887	132	148 8
		1840	924	135	146. 1
		1841	990	136	137 5
		1842	979	311	317 7
		1843	847	150	177 1
		1844	805	133	165. 2
		1845	830	135	162 6
		1846	814	102	125. 3
		1847	852	83	97 4
		1848	963	72	74 46
15	Charente	1831	1,751	144	82 2
		1832	1,774	124	70 1
		1833	1,858	141	75 9
		1834	1,092	145	133 0
		1835	1,168	199	170 4
		1836	695	66	95 0
		1837	757	67	88 5
		1838	860	98	114 2
		1839	936	93	99 4
		1840	1,009	90	89 2
		1841	1,067	106	99. 4
		1842	1,147	120	104. 6
		1843	1,213	134	110. 5
		1844	1,214	94	77 4
		1845	1,298	91	70 1
		1846	1,360	143	105 1
		1847	1,428	112	78 4
		1848	1,420	105	73 94
16	Charente-Infér^re	1831	1,774	203	114 4
		1832	1,806	164	90 8
		1833	2,056	201	98 2
		1834	2,078	330	158. 8
		1835	2,110	204	96 7
		1836	1,488	184	123 7
		1837	1,418	237	167 1
		1838	1,792	319	178 0
		1839	1,180	209	177. 6
		1840	1,400	199	142 1
		1841	1,487	256	172 2
		1842	1,442	208	144 2
		1843	1,419	236	166 3
		1844	1,069	145	135 6
		1845	1,139	145	127 3
		1846	1,225	241	196 7
		1847	1,300	177	136 2
		1848	1,306	178	136 30
17	Cher	1831	1,865	281	150 6
		1832	1,407	183	130 1
		1833	1,584	322	203. 3
		1834	1,330	237	178 2
		1835	1,220	231	189 3
		1836	1,050	152	144 8
		1837	1,103	199	180 4
		1838	1,087	229	210 7
		1839	1,134	242	213 4
		1840	1,310	314	239 7
		1841	1,260	286	227 0
		1842	1,370	321	234. 4
		1843	1,310	226	172 5
		1844	1,353	279	206 2
		1845	1,317	254	192 9
		1846	1,350	248	183 7
		1847	1,409	271	192 3
		1848	1,367	326	294 59
18	Corrèze	1831	1,327	160	120 6
		1832	1,206	147	121 9
		1833	1,176	123	104 6
		1834	547	154	281 5
		1835	454	111	244 5
		1836	414	101	243 9
		1837	413	118	285 7
		1838	346	97	280 3
		1839	300	85	283 3
		1840	414	96	231 9
		1841	511	78	152 6
		1842	546	77	141 0
		1843	545	54	99 1
		1844	617	58	94 0
		1845	728	59	81 0
		1846	740	61	82 4
		1847	681	55	80 8
		1848	686	66	96 2
19	Corse	1831	712	109	153 1
		1832	693	150	216 5
		1833	667	127	190 4
		1834	652	111	170 2
		1835	730	98	134 2
		1836	804	126	156 7
		1837	622	130	209 0
		1838	516	92	178. 3
		1839	491	107	217 9
		1840	532	107	201 1
		1841	576	119	206 6
		1842	613	131	213 7
		1843	560	122	217 8
		1844	565	130	230 1
		1845	605	95	157. 0
		1846	649	108	166. 4
		1847	692	107	154 6
		1848	715	93	130 1
20	Côte-d'Or	1831	911	117	128 4
		1832	928	105	113 1
		1833	930	76	81 7
		1834	951	130	136 7
		1835	841	92	109. 4
		1836	723	60	83 0
		1837	482	39	80 9
		1838	495	85	171 7
		1839	548	97	177 0
		1840	582	83	142 6
		1841	579	84	145 1
		1842	813	61	75 0
		1843	675	155	229 6
		1844	695	101	145. 3
		1845	751	139	185 1
		1846	612	136	222. 2
		1847	828	90	108 7
		1848	902	158	175 2
21	Côtes-du-Nord	1831	812	52	64 0
		1832	784	40	51 0
		1833	645	33	51. 1
		1834	651	41	63 0
		1835	736	74	100 5
		1836	810	60	74 1
		1837	652	60	92 0
		1838	703	56	79 7
		1839	744	50	67 2
		1840	763	65	85 2
		1841	765	47	61. 4
		1842	623	126	202 2
		1843	868	56	64. 5
		1844	914	62	67 8
		1845	867	60	69 2
		1846	980	56	57 1
		1847	1,072	78	72. 8
		1848	1,165	111	95 3
22	Creuse	1831	1,268	73	57. 6
		1832	1,400	90	64 3
		1833	1,434	96	66 9
		1834	1,464	100	68 3
		1835	1,170	103	88 0
		1836	1,182	115	97 3
		1837	1,132	120	106. 0
		1838	1,120	150	133 9
		1839	1,073	130	121 2
		1840	1,138	87	76 4
		1841	1,220	125	102 5
		1842	1,240	105	84 7
		1843	1,303	104	79 8
		1844	1,322	89	67 3
		1845	1,343	99	73 7
		1846	1,378	91	66 0
		1847	1,430	97	67 8
		1848	1,542	122	79. 1
23	Dordogne	1831	1,924	289	150 2
		1832	2,419	284	117 4
		1833	1,942	255	131 3
		1834	2,179	480	220 3
		1835	1,807	305	168 8
		1836	1,640	223	136 0
		1837	1,897	210	110. 7
		1838	2,381	360	151 2
		1839	1,835	259	141 1
		1840	2,107	249	118 2
		1841	2,236	269	120 3
		1842	2,105	296	140. 6
		1843	2,804	295	105 2
		1844	2,329	258	110. 8
		1845	2,387	243	101 8
		1846	2,406	314	130 5
		1847	2,702	300	111 0
		1848	2,745	289	105. 3
24	Doubs	1831	778	63	81 0
		1832	782	58	74 2
		1833	752	72	95 7
		1834	726	51	70. 2
		1835	620	23	37 1
		1836	521	12	23. 0
		1837	484	13	26 9
		1838	436	21	48. 2
		1839	403	9	22 3
		1840	416	19	45. 7
		1841	329	10	30 4
		1842	319	4	12 5
		1843	320	14	43 7
		1844	311	10	32 2
		1845	355	14	39. 4
		1846	461	8	17. 4
		1847	555	35	63. 1
		1848	428	16	37 4

NUMÉROS D'ORDRE.	DÉPARTEMENTS.	ANNÉES.	NOMBRE D'ENFANTS trouvés.	NOMBRE de décès.	DÉCÈS par 1,000 enfants.
25	Drôme	1831	1,375	75	54.5
		1832	1,421	112	78.8
		1833	1,307	75	57.1
		1834	1,355	107	79.0
		1835	1,260	56	40.4
		1836	1,285	61	47.5
		1837	1,243	64	51.5
		1838	1,427	57	40.5
		1839	1,232	88	71.0
		1840	1,120	70	62.0
		1841	1,117	81	72.5
		1842	1,151	87	75.6
		1843	1,140	89	77.5
		1844	1,185	64	54.1
		1845	1,160	56	47.9
		1846	1,184	49	41.4
		1847	1,180	68	57.6
		1848	1,165	48	41.3
26	Eure	1831	697	77	122.5
		1832	636	80	130.5
		1833	621	70	112.7
		1834	618	79	127.9
		1835	600	80	133.6
		1836	603	77	127.7
		1837	677	71	103.1
		1838	588	97	165.0
		1839	521	54	101.8
		1840	562	73	129.9
		1841	550	83	150.0
		1842	511	80	156.5
		1843	505	58	115.3
		1844	528	55	104.9
		1845	558	62	111.1
		1846	606	82	135.3
		1847	610	84	134.5
		1848	656	95	144.8
27	Eure-et-Loir	1831	1,075	107	155.8
		1832	1,129	171	151.8
		1833	1,187	140	125.0
		1834	1,160	160	137.9
		1835	1,118	124	110.9
		1836	1,066	90	84.4
		1837	750	81	108.0
		1838	500	34	67.0
		1839	646	71	110.2
		1840	636	46	72.1
		1841	628	62	99.3
		1842	636	61	95.0
		1843	637	47	73.7
		1844	603	37	61.3
		1845	611	43	70.3
		1846	595	50	90.2
		1847	579	34	58.7
		1848	592	76	131.8
28	Finistère	1831	1,986	180	91.6
		1832	1,988	201	101.1
		1833	1,928	177	91.8
		1834	1,783	190	106.6
		1835	1,721	160	93.0
		1836	1,502	200	133.5
		1837	1,350	214	158.5
		1838	1,345	181	134.6
		1839	1,315	209	158.9
		1840	1,413	198	140.1
		1841	1,307	164	132.1
		1842	1,502	183	121.1
		1843	1,605	163	101.5
		1844	1,787	177	99.0
		1845	1,708	66	38.6
		1846	1,825	178	97.5
		1847	1,932	179	92.7
		1848	2,000	157	78.1
29	Gard	1831	1,170	117	100.1
		1832	1,310	156	119.3
		1833	1,301	140	109.1
		1834	1,371	241	163.1
		1835	1,331	148	111.2
		1836	1,284	130	99.2
		1837	1,004	110	113.6
		1838	1,040	128	123.1
		1839	985	139	142.2
		1840	985	131	132.6
		1841	1,031	131	127.1
		1842	1,040	130	125.0
		1843	1,006	71	70.4
		1844	1,070	135	126.2
		1845	1,046	101	96.6
		1846	1,106	200	180.1
		1847	1,171	239	204.1
		1848	1,187	202	171.1
30	Garonne (Haute-)	1831	2,477	324	132.7
		1832	2,406	300	125.1
		1833	2,720	322	118.6
		1834	2,877	350	122.1
		1835	3,047	410	129.1
		1836	2,966	355	109.9
		1837	2,426	347	142.9
		1838	2,419	408	168.7
		1839	2,471	350	141.1
		1840	2,650	405	152.8
		1841	2,397	344	143.5
		1842	2,303	413	179.6
		1843	1,303	70	53.7
		1844	1,630	41	25.3
		1845	1,657	31	18.7
		1846	1,698	51	31.3
		1847	1,536	67	43.6
		1848	1,506	119	77.2

NUMÉROS D'ORDRE.	DÉPARTEMENTS.	ANNÉES.	NOMBRE D'ENFANTS trouvés.	NOMBRE de décès.	DÉCÈS par 1,000 enfants.
31	Gers	1831	2,546	270	106.1
		1832	2,505	233	93.0
		1833	2,097	305	152.1
		1834	2,181	279	128.7
		1835	1,765	291	165.0
		1836	1,765	134	76.8
		1837	1,902	217	114.1
		1838	1,913	299	214.0
		1839	1,533	199	138.0
		1840	1,368	77	56.3
		1841	1,350	78	58.7
		1842	1,223	60	47.1
		1843	1,127	45	40.6
		1844	1,086	36	33.1
		1845	1,010	44	43.5
		1846	902	47	49.3
		1847	1,040	30	28.8
		1848	1,022	44	42.6
32	Gironde	1831	4,810	655	145.3
		1832	4,670	594	126.0
		1833	4,731	783	162.3
		1834	4,766	826	173.0
		1835	4,635	561	121.3
		1836	3,657	564	125.9
		1837	3,540	665	187.0
		1838	3,588	820	220.6
		1839	3,194	557	170.7
		1840	3,553	605	170.2
		1841	3,227	539	156.5
		1842	3,562	649	183.7
		1843	3,474	603	175.5
		1844	3,816	652	160.6
		1845	3,769	697	185.9
		1846	4,202	875	206.8
		1847	4,232	887	209.3
		1848	4,185	562	132.3
33	Hérault	1831	1,514	261	172.4
		1832	1,617	233	150.9
		1833	1,297	235	180.9
		1834	1,570	213	135.7
		1835	1,547	232	150.0
		1836	1,499	224	155.3
		1837	1,849	168	193.1
		1838	1,366	211	154.6
		1839	1,333	214	156.9
		1840	1,378	172	124.8
		1841	1,374	182	139.5
		1842	1,486	190	181.9
		1843	1,410	223	158.1
		1844	1,252	100	85.8
		1845	1,366	94	78.7
		1846	1,173	73	62.1
		1847	1,153	55	47.2
		1848	1,136	110	104.6
34	Ille-et-Vilaine	1831	1,607	260	161.8
		1832	1,680	231	138.8
		1833	1,663	235	141.3
		1834	1,724	330	191.4
		1835	1,665	336	199.1
		1836	1,762	250	140.9
		1837	2,062	206	271.7
		1838	1,228	327	266.0
		1839	1,274	275	215.0
		1840	1,336	270	201.8
		1841	1,290	286	220.1
		1842	1,308	265	202.9
		1843	1,405	313	222.8
		1844	1,303	258	205.7
		1845	1,385	250	181.1
		1846	1,454	300	206.8
		1847	1,405	154	114.7
		1848	1,139	80	76.8
35	Indre	1831	1,164	86	79.7
		1832	1,121	68	57.4
		1833	1,047	105	101.2
		1834	1,008	105	103.0
		1835	985	72	77.4
		1836	940	80	84.5
		1837	985	100	107.7
		1838	971	111	114.3
		1839	986	99	100.4
		1840	990	78	78.8
		1841	1,018	92	90.3
		1842	1,043	106	101.0
		1843	1,061	99	93.2
		1844	1,083	96	88.6
		1845	1,105	90	80.5
		1846	1,101	119	98.4
		1847	1,190	125	105.0
		1848	1,239	126	101.6
36	Indre-et-Loire	1831	1,381	256	177.3
		1832	1,303	207	158.0
		1833	1,361	247	181.5
		1834	1,302	301	216.2
		1835	1,363	202	118.9
		1836	1,337	342	255.8
		1837	1,257	256	203.7
		1838	1,250	245	196.0
		1839	1,208	276	228.9
		1840	1,145	201	175.5
		1841	1,218	204	167.5
		1842	1,227	225	183.0
		1843	1,235	225	182.2
		1844	1,235	223	180.6
		1845	1,207	168	131.0
		1846	1,416	265	187.1
		1847	1,323	235	177.6
		1848	1,208	209	161.7

NUMÉROS D'ORDRE	DÉPARTEMENTS	ANNÉES	NOMBRE d'enfants trouvés	NOMBRE de décès	DÉCÈS par 1,000 enfants
37	Isère	1831	2,300	334	143.1
		1832	2,446	311	127.2
		1833	2,520	300	122.6
		1834	2,738	379	138.4
		1835	1,468	282	192.6
		1836	1,309	230	201.7
		1837	1,737	208	119.6
		1838	1,060	140	129.5
		1839	948	105	113.0
		1840	926	95	102.3
		1841	1,208	93	77.0
		1842	1,189	78	99.5
		1843	1,200	75	62.0
		1844	1,294	78	58.10
		1845	1,261	94	74.5
		1846	1,357	163	103.2
		1847	1,450	108	74.9
		1848	1,586	134	84.5
38	Jura	1831	516	31	60.1
		1832	545	30	71.0
		1833	544	57	104.8
		1834	519	43	82.9
		1835	506	48	94.9
		1836	537	65	120.6
		1837	546	80	146.5
		1838	474	83	172.9
		1839	409	42	103.2
		1840	432	25	57.0
		1841	412	30	72.8
		1842	342	27	61.4
		1843	310	18	57.5
		1844	312	7	52.4
		1845	326	9	27.6
		1846	338	12	30.5
		1847	367	11	30.0
		1848	373	8	21.9
39	Landes	1831	1,483	173	116.7
		1832	1,535	157	102.1
		1833	1,774	205	115.5
		1834	1,760	164	93.7
		1835	1,737	160	92.1
		1836	768	170	221.3
		1837	759	191	251.6
		1838	791	203	256.7
		1839	882	159	101.5
		1840	1,042	230	220.7
		1841	1,145	219	107.1
		1842	1,250	291	78.9
		1843	1,428	253	177.2
		1844	1,510	225	140.2
		1845	1,745	176	100.9
		1846	1,900	245	128.0
		1847	1,901	217	114.2
		1848	1,099	126	103.7
40	Loir et Cher	1831	1,149	211	183.6
		1832	1,188	215	181.4
		1833	1,189	195	164.0
		1834	1,177	236	200.5
		1835	1,168	160	137.1
		1836	1,479	197	133.2
		1837	856	206	213.4
		1838	787	207	263.0
		1839	782	174	222.5
		1840	830	180	216.8
		1841	874	107	101.1
		1842	890	147	169.8
		1843	912	158	178.1
		1844	909	114	125.4
		1845	944	116	122.8
		1846	997	146	146.4
		1847	978	163	167.4
		1848	992	165	166.3
41	Loire	1831	1,690	173	102.1
		1832	1,768	154	87.1
		1833	1,885	207	109.8
		1834	1,833	250	136.4
		1835	1,378	150	109.5
		1836	1,010	164	101.9
		1837	1,024	189	116.4
		1838	1,641	217	132.2
		1839	1,655	226	136.5
		1840	1,774	199	112.2
		1841	1,852	173	93.4
		1842	1,970	196	101.0
		1843	2,090	207	102.3
		1844	2,022	203	99.4
		1845	2,033	205	101.1
		1846	1,860	164	88.9
		1847	1,891	152	80.3
		1848	1,883	149	79.5
42	Loire (Haute-)	1831	1,153	76	65.9
		1832	1,190	103	86.6
		1833	1,492	97	65.0
		1834	1,520	118	77.5
		1835	1,461	122	83.5
		1836	1,461	125	85.5
		1837	1,376	101	73.4
		1838	1,428	119	83.3
		1839	1,460	119	81.5
		1840	1,408	135	95.5
		1841	1,416	97	68.5
		1842	1,462	102	69.5
		1843	1,468	102	69.7
		1844	1,483	112	75.3
		1845	1,400	99	66.2
		1846	1,432	100	68.8
		1847	1,471	85	57.8
		1848	1,521	86	51.5

NUMÉROS D'ORDRE	DÉPARTEMENTS	ANNÉES	NOMBRE d'enfants trouvés	NOMBRE de décès	DÉCÈS par 1,000 enfants
43	Loire-Inférieure	1831	1,476	285	193.1
		1832	1,407	205	175.0
		1833	1,408	207	188.5
		1834	1,422	204	185.7
		1835	1,404	193	137.5
		1836	1,403	200	191.6
		1837	1,381	205	280.8
		1838	1,376	265	195.6
		1839	1,405	263	186.3
		1840	1,443	310	214.8
		1841	1,411	202	185.7
		1842	1,465	277	70.4
		1843	1,450	258	177.9
		1844	1,534	259	166.4
		1845	1,405	257	171.9
		1846	1,561	285	182.6
		1847	1,653	221	161.2
		1848	1,627	163	100.2
44	Loiret	1831	1,970	303	153.1
		1832	2,044	318	155.6
		1833	2,075	292	140.5
		1834	1,922	205	103.5
		1835	2,023	251	124.1
		1836	1,600	207	141.3
		1837	1,649	267	161.0
		1838	1,600	298	187.4
		1839	1,620	300	240.7
		1840	1,647	292	177.2
		1841	1,681	312	185.6
		1842	1,574	296	188.0
		1843	1,420	275	192.4
		1844	1,402	204	185.2
		1845	1,399	304	217.2
		1846	1,482	298	207.8
		1847	1,504	321	213.4
		1848	1,370	223	162.8
45	Lot	1831	673	68	101.0
		1832	705	71	100.7
		1833	714	74	103.6
		1834	677	97	143.3
		1835	615	62	101.1
		1836	507	51	100.6
		1837	506	79	144.5
		1838	605	85	140.5
		1839	635	89	140.2
		1840	663	85	127.9
		1841	683	70	102.5
		1842	637	75	117.3
		1843	581	58	90.8
		1844	543	31	57.1
		1845	534	20	37.4
		1846	548	34	62.0
		1847	606	27	45.2
		1848	509	15	30.1
46	Lot et Garonne	1831	1,790	235	129.9
		1832	1,771	150	84.6
		1833	1,815	155	85.5
		1834	1,734	185	106.9
		1835	1,430	120	83.9
		1836	1,048	105	101.1
		1837	975	101	105.7
		1838	906	97	107.2
		1839	881	98	111.5
		1840	808	81	100.6
		1841	670	43	61.9
		1842	597	33	55.3
		1843	751	40	58.1
		1844	739	24	32.5
		1845	720	24	33.3
		1846	706	35	49.6
		1847	656	29	44.2
		1848	615	28	45.6
47	Lozère	1831	661	50	75.6
		1832	658	43	62.3
		1833	727	60	41.2
		1834	749	85	113.5
		1835	729	81	111.1
		1836	650	36	55.3
		1837	431	59	136.9
		1838	460	67	145.7
		1839	469	46	98.1
		1840	454	49	108.0
		1841	471	66	140.4
		1842	475	42	88.4
		1843	520	75	144.2
		1844	520	54	103.1
		1845	522	31	59.3
		1846	577	60	119.4
		1847	597	42	70.4
		1848	641	47	73.3
48	Maine et Loire	1831	2,142	203	94.8
		1832	2,434	262	107.6
		1833	2,665	269	100.8
		1834	2,826	411	145.4
		1835	1,537	320	208.2
		1836	1,640	202	158.5
		1837	1,570	283	179.2
		1838	1,679	246	146.4
		1839	1,730	321	185.5
		1840	1,720	275	150.1
		1841	1,702	278	160.1
		1842	1,809	302	16.7
		1843	1,818	258	141.9
		1844	1,808	208	109.5
		1845	1,971	232	117.7
		1846	2,107	298	141.4
		1847	2,151	292	135.8
		1848	2,271	327	141.3

NUMÉROS D'ORDRE.	DÉPARTEMENTS	ANNÉES.	NOMBRE d'enfants trouvés.	NOMBRE de décès.	DÉCÈS par 1,000 enfants.
49	Manche	1831	2,215	277	125.1
		1832	2,331	238	102.1
		1833	2,360	255	107.8
		1834	2,044	270	132.1
		1835	2,297	260	113.2
		1836	2,208	265	120.0
		1837	1,719	232	135.0
		1838	1,615	233	144.3
		1839	1,586	228	143.8
		1840	1,632	222	136.0
		1841	1,667	190	114.0
		1842	1,749	194	111.4
		1843	1,611	169	104.9
		1844	1,848	191	103.0
		1845	1,891	190	100.1
		1846	1,696	153	90.3
		1847	1,713	155	90.5
		1848	1,741	158	90.8
50	Marne	1831	1,926	281	146.0
		1832	1,575	223	141.6
		1833	1,953	202	103.4
		1834	1,944	253	130.1
		1835	1,849	201	108.7
		1836	2,087	205	98.2
		1837	1,095	158	144.3
		1838	1,057	244	230.7
		1839	1,124	258	229.5
		1840	1,030	213	207.0
		1841	1,038	203	195.6
		1842	1,012	217	214.4
		1843	958	158	164.4
		1844	998	170	170.3
		1845	978	137	140.0
		1846	1,040	216	207.7
		1847	1,049	240	228.8
		1848	1,010	155	153.5
51	Marne (Haute-)	1831	833	83	99.6
		1832	875	74	84.6
		1833	875	68	77.6
		1834	901	127	141.7
		1835	762	56	73.5
		1836	728	49	67.3
		1837	518	35	67.6
		1838	530	42	79.2
		1839	561	66	118.0
		1840	535	62	115.9
		1841	530	48	90.6
		1842	500	52	104.0
		1843	472	38	80.5
		1844	456	36	79.1
		1845	456	40	87.7
		1846	462	49	106.1
		1847	451	46	102.0
		1848	426	45	105.6

NUMÉROS D'ORDRE.	DÉPARTEMENTS.	ANNÉES.	NOMBRE d'enfants trouvés.	NOMBRE de décès.	DÉCÈS par 1,000 enfants.
52	Mayenne	1831	1,083	180	166.1
		1832	1,110	171	154.1
		1833	1,192	191	160.2
		1834	1,211	167	137.9
		1835	1,240	119	96.0
		1836	1,213	141	116.2
		1837	1,028	154	149.8
		1838	1,077	142	131.9
		1839	1,115	118	105.8
		1840	1,192	122	102.3
		1841	1,259	133	105.6
		1842	1,307	135	103.3
		1843	1,342	122	90.9
		1844	1,372	111	80.9
		1845	1,411	193	136.7
		1846	1,420	140	98.7
		1847	1,363	110	81.3
		1848	1,324	105	79.3
53	Meurthe	1831	2,340	210	89.7
		1832	2,375	153	64.4
		1833	2,369	176	74.2
		1834	2,343	209	89.2
		1835	1,601	103	64.3
		1836	1,021	47	46.1
		1837	904	29	32.1
		1838	783	24	30.7
		1839	695	24	34.5
		1840	617	11	17.8
		1841	616	13	21.1
		1842	528	31	58.7
		1843	409	15	36.7
		1844	411	15	36.5
		1845	388	15	38.7
		1846	350	25	70.7
		1847	309	22	71.2
		1848	448	26	58.2
54	Meuse	1831	740	90	121.6
		1832	807	98	121.4
		1833	844	73	86.5
		1834	738	101	136.9
		1835	700	65	92.9
		1836	744	73	98.1
		1837	701	58	82.7
		1838	715	77	107.7
		1839	727	73	100.4
		1840	641	75	117.0
		1841	593	58	97.8
		1842	583	66	113.2
		1843	607	82	135.1
		1844	696	77	112.9
		1845	549	61	111.1
		1846	646	90	139.3
		1847	638	73	113.9
		1848	568	79	139.1

NUMÉROS D'ORDRE.	DÉPARTEMENTS.	ANNÉES	NOMBRE d'enfants trouvés.	NOMBRE de décès.	DÉCÈS par 1,000 enfants
55	Morbihan	1831	1,212	95	78.4
		1832	1,290	110	85.3
		1833	1,366	117	85.7
		1834	1,320	73	55.3
		1835	1,270	75	59.1
		1836	1,506	99	65.7
		1837	1,070	116	108.4
		1838	1,106	137	123.9
		1839	1,180	118	100.0
		1840	1,208	118	98.0
		1841	1,200	94	78.3
		1842	1,197	82	68.5
		1843	1,207	79	65.5
		1844	1,231	80	64.9
		1845	1,135	89	78.4
		1846	1,216	107	88.0
		1847	1,442	118	81.8
		1848	1,622	124	76.4
56	Moselle	1831	936	40	42.7
		1832	938	60	64.0
		1833	851	47	55.2
		1834	742	38	51.2
		1835	655	15	22.9
		1836	565	13	23.0
		1837	501	21	41.9
		1838	463	21	45.4
		1839	434	13	30.0
		1840	399	17	42.6
		1841	357	23	64.4
		1842	335	11	32.8
		1843	298	9	30.2
		1844	281	10	35.6
		1845	407	10	24.6
		1846	474	11	23.2
		1847	428	18	42.1
		1848	397	7	17.7
57	Nièvre	1831	1,785	123	68.9
		1832	1,762	157	89.1
		1833	1,778	132	74.2
		1834	1,654	251	151.8
		1835	1,777	184	103.5
		1836	1,347	130	96.5
		1837	1,521	154	101.4
		1838	1,247	117	93.8
		1839	1,383	97	70.1
		1840	1,328	113	85.1
		1841	1,377	99	71.9
		1842	1,448	104	71.8
		1843	1,492	84	56.3
		1844	1,389	71	51.1
		1845	1,292	45	34.8
		1846	1,313	69	52.6
		1847	1,245	88	70.7
		1848	1,160	71	61.2

NUMÉROS D'ORDRE.	DÉPARTEMENTS.	ANNÉES	NOMBRE d'enfants trouvés.	NOMBRE de décès	DÉCÈS par 1,000 enfants.
58	Nord	1831	4,555	461	101.2
		1832	4,274	567	132.7
		1833	4,622	448	96.9
		1834	4,570	421	92.1
		1835	4,571	361	79.0
		1836	4,092	365	89.1
		1837	4,182	434	103.8
		1838	3,001	378	126.0
		1839	2,970	345	116.2
		1840	2,488	274	110.1
		1841	2,243	200	89.2
		1842	2,036	110	54.0
		1843	1,854	75	40.5
		1844	1,640	41	25.0
		1845	1,609	52	32.3
		1846	1,462	54	36.9
		1847	1,336	66	49.4
		1848	1,250	44	35.6
59	Oise	1831	1,225	155	126.5
		1832	1,274	112	87.9
		1833	1,288	115	89.3
		1834	1,331	156	117.2
		1835	1,116	110	98.6
		1836	813	73	89.8
		1837	665	50	75.2
		1838	649	63	97.1
		1839	663	69	104.1
		1840	677	65	96.0
		1841	651	51	78.3
		1842	689	73	105.9
		1843	696	91	130.7
		1844	671	56	83.5
		1845	651	55	84.4
		1846	628	61	97.1
		1847	658	85	129.1
		1848	619	65	105.0
60	Orne	1831	1,187	109	91.8
		1832	1,207	98	81.2
		1833	1,227	85	69.3
		1834	1,276	141	110.5
		1835	1,276	86	67.4
		1836	1,378	100	72.6
		1837	1,073	93	86.7
		1838	1,046	78	74.6
		1839	1,003	61	60.8
		1840	1,020	77	75.5
		1841	1,036	78	75.3
		1842	1,026	74	72.1
		1843	1,014	62	61.1
		1844	1,001	61	60.9
		1845	901	54	59.9
		1846	995	75	75.4
		1847	992	58	58.5
		1848	967	67	69.3

NUMÉROS D'ORDRE.	DÉPARTEMENTS.	ANNÉES.	NOMBRE d'enfants trouvés.	NOMBRE de décès.	DÉCÈS par 1,000 enfants.
61	Pas-de-Calais	1831	2,014	390	196.1
		1832	2,144	316	145.3
		1833	2,127	251	118.0
		1834	2,283	281	123.1
		1835	2,029	152	75.0
		1836	1,804	244	135.3
		1837	1,550	208	130.6
		1838	1,555	185	120.4
		1839	1,742	194	111.4
		1840	1,588	151	95.1
		1841	1,582	158	100.8
		1842	1,302	205	105.9
		1843	1,048	78	74.4
		1844	907	47	51.8
		1845	842	35	41.5
		1846	844	35	41.5
		1847	781	48	61.0
		1848	706	17	24.0
62	Puy-de-Dôme	1831	2,348	173	73.7
		1832	2,400	253	101.6
		1833	2,361	195	82.6
		1834	2,393	256	107.0
		1835	2,380	184	77.3
		1836	2,072	161	77.7
		1837	1,941	170	87.6
		1838	1,501	93	62.0
		1839	1,391	139	100.2
		1840	1,252	129	103.0
		1841	1,187	72	60.7
		1842	1,190	88	74.1
		1843	1,204	79	65.0
		1844	1,227	111	90.5
		1845	1,190	74	62.1
		1846	1,165	100	85.6
		1847	1,406	97	69.0
		1848	1,337	90	67.3
63	Pyrénées (Basses)	1831	2,688	293	109.1
		1832	2,608	231	88.6
		1833	2,579	245	95.0
		1834	2,432	310	127.5
		1835	2,465	185	75.1
		1836	1,464	99	67.6
		1837	1,099	135	122.8
		1838	797	100	125.5
		1839	802	62	77.3
		1840	868	87	100.2
		1841	853	73	85.6
		1842	893	101	113.1
		1843	919	46	50.1
		1844	902	37	41.0
		1845	929	33	35.5
		1846	942	56	59.4
		1847	903	74	81.9
		1848	790	61	77.5
64	Pyrénées (Hautes)	1831	1,063	140	131.7
		1832	1,145	148	129.3
		1833	1,107	130	117.4
		1834	1,032	150	145.3
		1835	1,053	79	75.0
		1836	845	55	65.1
		1837	664	62	93.3
		1838	748	77	102.9
		1839	705	77	109.2
		1840	845	105	123.7
		1841	655	60	91.6
		1842	629	60	95.4
		1843	604	33	54.6
		1844	917	48	52.3
		1845	955	25	26.2
		1846	1,153	39	33.8
		1847	1,183	101	85.4
		1848	1,227	50	40.8
65	Pyrénées-Orientales	1831	830	238	286.7
		1832	770	140	181.8
		1833	860	190	220.9
		1834	881	221	250.8
		1835	851	190	223.2
		1836	860	206	239.5
		1837	514	218	424.1
		1838	401	250	623.4
		1839	435	176	404.6
		1840	327	192	587.2
		1841	404	236	584.2
		1842	560	156	278.6
		1843	697	214	307.0
		1844	575	138	240.0
		1845	671	186	277.2
		1846	586	130	235.6
		1847	700	121	157.3
		1848	815	164	201.2
66	Rhin (Bas)	1831	899	63	70.1
		1832	844	63	74.6
		1833	797	50	62.7
		1834	758	52	68.6
		1835	771	45	58.4
		1836	796	40	50.3
		1837	719	55	76.5
		1838	710	48	67.6
		1839	680	35	51.5
		1840	645	39	60.5
		1841	675	20	29.6
		1842	560	21	37.5
		1843	630	22	34.9
		1844	617	19	30.8
		1845	618	21	33.9
		1846	669	28	41.8
		1847	789	32	40.6
		1848	844	24	28.4

NUMÉROS D'ORDRE.	DÉPARTEMENTS.	ANNÉES.	NOMBRE d'enfants trouvés.	NOMBRE de décès.	DÉCÈS par 1,000 enfants.
67	Rhin (Haut)	1831	287	13	45.3
		1832	308	13	42.2
		1833	309	13	42.1
		1834	285	5	17.4
		1835	296	6	20.3
		1836	285	6	21.1
		1837	212	9	42.5
		1838	208	3	14.4
		1839	207	7	33.8
		1840	217	7	32.3
		1841	223	9	40.4
		1842	186	12	64.5
		1843	208	15	72.1
		1844	243	5	20.6
		1845	312	6	19.2
		1846	357	8	22.4
		1847	519	23	44.3
		1848	604	16	26.5
68	Rhône	1831	11,711	975	83.3
		1832	12,148	1,139	93.5
		1833	12,332	1,121	91.0
		1834	12,318	1,218	99.0
		1835	12,200	1,078	88.3
		1836	12,295	1,013	82.3
		1837	12,099	897	74.1
		1838	12,033	1,050	87.3
		1839	12,007	1,186	98.8
		1840	12,008	1,244	103.6
		1841	11,960	1,336	111.4
		1842	11,563	1,278	107.3
		1843	11,705	1,099	93.9
		1844	11,241	717	63.8
		1845	11,013	762	69.1
		1846	9,960	659	66.1
		1847	9,876	839	84.9
		1848	10,096	900	89.2
69	Saône (Haute)	1831	81	3	37.0
		1832	72	4	55.6
		1833	74		»
		1834	62	4	64.5
		1835	34	3	88.2
		1836	56	3	53.6
		1837	57	5	87.7
		1838	55	1	18.2
		1839	50	2	40.0
		1840	44		»
		1841	40		»
		1842	50		»
		1843	57	1	17.5
		1844	67	3	44.8
		1845	71		»
		1846	82	4	48.8
		1847	100	3	30.0
		1848	104	6	57.7
70	Saône-et-Loire	1831	1,547	118	76.0
		1832	1,683	136	80.7
		1833	1,741	165	94.8
		1834	1,741	158	90.8
		1835	1,738	105	60.3
		1836	1,282	105	81.9
		1837	1,205	95	78.8
		1838	1,258	132	104.9
		1839	1,344	176	131.0
		1840	1,451	158	108.9
		1841	1,524	161	105.6
		1842	1,501	178	118.4
		1843	1,656	133	80.3
		1844	1,814	178	98.1
		1845	1,883	201	106.7
		1846	1,863	204	109.5
		1847	1,714	140	81.7
		1848	1,636	137	83.7
71	Sarthe	1831	1,758	258	146.8
		1832	1,780	211	118.7
		1833	1,643	131	79.6
		1834	1,321	144	109.0
		1835	1,266	84	66.4
		1836	1,212	65	53.6
		1837	1,224	103	84.2
		1838	1,224	94	76.8
		1839	1,246	108	87.2
		1840	1,301	128	98.4
		1841	1,307	95	72.7
		1842	1,344	112	83.3
		1843	1,311	93	70.9
		1844	1,309	69	52.7
		1845	1,311	81	61.7
		1846	1,372	81	59.0
		1847	1,538	94	61.1
		1848	1,728	108	62.6
72	Seine	1831	22,122	4,269	193.0
		1832	21,743	4,058	186.6
		1833	21,380	3,432	160.5
		1834	21,340	3,903	182.8
		1835	21,007	3,310	157.6
		1836	21,138	3,423	162.0
		1837	21,004	3,745	178.3
		1838	18,891	2,721	144.0
		1839	19,005	2,689	141.5
		1840	18,542	2,719	146.6
		1841	18,265	2,870	157.1
		1842	17,863	3,080	172.4
		1843	17,657	2,870	162.5
		1844	17,318	2,898	167.3
		1845	17,442	2,917	167.2
		1846	17,287	2,780	161.3
		1847	17,623	2,826	160.3
		1848	17,886	2,960	165.5

NUMÉROS D'ORDRE.	DÉPARTEMENTS.	ANNÉES.	NOMBRE d'enfants trouvés.	NOMBRE de décès.	DÉCÈS par 1,000 enfants.
73	Seine-et-Marne	1831	462	69	149.4
		1832	603	82	136.0
		1833	660	89	134.8
		1834	605	85	140.5
		1835	447	52	116.3
		1836	455	59	129.7
		1837	418	89	212.9
		1838	408	93	227.9
		1839	371	55	148.3
		1840	311	70	225.0
		1841	256	51	200.0
		1842	235	55	237.3
		1843	258	60	260.0
		1844	233	35	151.1
		1845	247	42	170.0
		1846	287	57	198.6
		1847	338	52	153.8
		1848	371	68	183.3
74	Seine-et-Oise	1831	193	36	186.5
		1832	231	31	134.2
		1833	230	23	100.0
		1834	253	33	130.4
		1835	293	47	160.1
		1836	272	43	158.1
		1837	240	42	175.0
		1838	217	26	119.8
		1839	298	74	248.3
		1840	320	59	184.4
		1841	305	54	177.0
		1842	324	74	228.4
		1843	308	48	155.8
		1844	380	60	157.9
		1845	394	65	164.9
		1846	372	70	188.2
		1847	377	61	161.8
		1848	402	44	109.5
75	Seine-Inférieure	1831	3,525	863	245.0
		1832	3,465	708	204.3
		1833	3,456	745	215.6
		1834	3,215	683	212.4
		1835	3,124	687	219.9
		1836	2,791	641	229.7
		1837	2,545	554	217.5
		1838	2,559	656	256.4
		1839	2,464	608	246.8
		1840	2,543	682	268.2
		1841	2,528	666	263.4
		1842	2,386	666	279.1
		1843	2,392	625	261.4
		1844	2,235	651	291.3
		1845	2,180	633	290.3
		1846	2,202	715	324.7
		1847	2,260	685	303.5
		1848	2,318	723	312.3
76	Sèvres (Deux-)	1831	996	81	81.3
		1832	782	92	117.6
		1833	780	65	83.3
		1834	876	120	137.0
		1835	791	69	87.2
		1836	817	74	90.5
		1837	870	83	95.4
		1838	970	121	124.7
		1839	923	86	93.2
		1840	1,007	106	105.3
		1841	1,019	77	75.6
		1842	1,056	77	72.9
		1843	1,175	100	85.1
		1844	1,158	70	60.7
		1845	1,351	59	43.7
		1846	1,248	94	75.7
		1847	1,367	83	60.7
		1848	1,400	104	74.3
77	Somme	1831	1,402	180	128.3
		1832	1,507	205	136.0
		1833	1,785	192	107.6
		1834	1,468	214	145.8
		1835	1,588	142	89.4
		1836	959	107	111.6
		1837	764	112	146.6
		1838	759	105	138.3
		1839	744	140	188.1
		1840	811	114	140.6
		1841	862	108	125.3
		1842	837	126	150.5
		1843	840	97	115.5
		1844	784	88	112.2
		1845	726	67	92.3
		1846	856	116	135.5
		1847	922	84	91.1
		1848	943	86	91.2
78	Tarn	1831	1,478	171	115.7
		1832	1,470	147	100.0
		1833	1,560	162	104.5
		1834	1,596	218	136.6
		1835	1,073	106	98.8
		1836	897	164	182.8
		1837	965	180	186.5
		1838	1,058	200	189.0
		1839	1,110	151	136.0
		1840	1,238	155	125.2
		1841	1,346	161	119.6
		1842	1,335	170	127.3
		1843	1,340	156	116.4
		1844	1,489	145	97.4
		1845	1,502	148	98.5
		1846	1,471	157	106.7
		1847	1,434	122	85.1
		1848	1,398	102	73.0
79	Tarn-et-Garonne	1831	865	105	121.4
		1832	844	95	112.6
		1833	865	86	99.4
		1834	845	95	112.4
		1835	818	59	72.1
		1836	806	64	79.4
		1837	922	61	66.1
		1838	545	58	106.4
		1839	485	47	96.9
		1840	550	66	120.0
		1841	557	84	150.8
		1842	579	60	103.6
		1843	604	97	160.6
		1844	647	96	148.4
		1845	648	75	115.7
		1846	482	63	130.7
		1847	533	54	101.3
		1848	457	35	76.6
80	Var	1831	2,432	292	120.1
		1832	2,320	261	112.5
		1833	2,466	215	87.2
		1834	2,450	264	107.7
		1835	2,310	224	97.0
		1836	2,258	209	92.6
		1837	2,073	250	120.6
		1838	1,832	168	91.7
		1839	1,771	167	94.3
		1840	1,710	173	101.2
		1841	1,574	217	137.9
		1842	1,605	240	149.4
		1843	1,342	220	163.9
		1844	1,386	185	133.5
		1845	1,169	160	136.9
		1846	1,163	115	98.8
		1847	1,189	161	135.4
		1848	1,126	147	130.6
81	Vaucluse	1831	2,089	313	149.8
		1832	2,060	248	120.4
		1833	2,047	398	194.4
		1834	2,052	302	147.2
		1835	1,907	268	140.5
		1836	1,923	376	195.7
		1837	1,335	250	187.2
		1838	1,326	263	198.3
		1839	1,421	274	192.8
		1840	1,372	233	169.8
		1841	1,460	277	189.7
		1842	1,478	249	168.5
		1843	1,495	250	167.2
		1844	1,421	198	139.3
		1845	1,331	165	123.9
		1846	1,330	136	102.3
		1847	1,350	91	67.4
		1848	1,250	118	94.4
82	Vendée	1831	827	89	107.6
		1832	779	50	64.2
		1833	990	75	75.8
		1834	1,057	134	126.8
		1835	1,021	60	58.8
		1836	1,009	69	68.4
		1837	1,068	99	92.7
		1838	1,096	125	114.1
		1839	1,088	105	96.5
		1840	1,051	76	72.3
		1841	1,104	85	77.0
		1842	1,126	98	87.0
		1843	1,133	104	91.8
		1844	1,106	70	63.2
		1845	1,112	73	65.6
		1846	1,088	99	91.0
		1847	1,055	92	87.2
		1848	1,002	112	111.7
83	Vienne	1831	1,156	113	97.6
		1832	1,118	87	77.8
		1833	1,186	83	70.0
		1834	1,153	79	68.5
		1835	1,167	77	66.0
		1836	1,217	92	75.6
		1837	1,202	88	73.2
		1838	1,127	98	87.0
		1839	1,150	101	87.8
		1840	1,232	90	73.1
		1841	1,253	60	47.8
		1842	1,310	68	51.9
		1843	1,317	89	67.6
		1844	1,226	69	56.3
		1845	1,310	115	87.8
		1846	1,316	134	101.8
		1847	1,309	137	104.5
		1838	1,289	105	81.4
84	Vienne (Haute-)	1831	1,813	223	123.0
		1832	1,868	276	147.8
		1833	1,965	276	140.5
		1834	1,905	339	178.0
		1835	1,815	307	169.1
		1836	1,794	266	148.3
		1837	1,817	290	159.6
		1838	1,797	199	110.9
		1839	1,670	317	189.8
		1840	1,576	290	184.0
		1841	1,588	264	166.2
		1842	1,556	230	147.8
		1843	1,580	182	115.2
		1844	1,662	234	140.8
		1845	1,772	233	131.5
		1846	1,945	258	132.7
		1847	1,506	152	100.9
		1848	1,585	234	147.5

NUMÉROS D'ORDRE.	DÉPARTEMENTS	ANNÉES	NOMBRE D'ENFANTS trouvés	NOMBRE de DÉCÈS.	DÉCÈS par 1,000 ENFANTS	NUMÉROS D'ORDRE.	DÉPARTEMENTS	ANNÉES.	NOMBRE D'ENFANTS trouvés.	NOMBRE de DÉCÈS.	DÉCÈS par 1,000 ENFANTS.
85	Vosges	1831	143	3	21 0	86	Yonne	1831	1,091	130	119 2
		1832	167	4	23. 9			1832	1,125	132	117 3
		1833	139	"	"			1833	1,102	111	100 7
		1834	115	5	43. 5			1834	630	116	184 1
		1835	122	,	,			1835	668	102	152 7
		1836	109	2	18 3			1836	636	110	173 0
		1837	94	,	,			1837	647	91	140 6
		1838	112	1	8. 9			1838	728	146	200 5
		1839	127	4	31. 5			1839	761	143	187 9
		1840	123	2	16. 2			1840	811	151	186 2
		1841	151	3	19. 9			1841	825	129	156 4
		1842	162	1	6 1			1842	844	144	170 6
		1843	228	2	8. 8			1843	886	138	155 8
		1844	215	5	23. 3			1844	840	96	114 3
		1845	276	8	28 9			1845	838	125	146 8
		1846	375	11	29. 3			1846	892	186	208 5
		1847	446	6	13 5			1847	892	120	134 5
		1848	424	13	40. 7			1848	913	137	150 1

TABLEAU VI.

MOUVEMENT, SITUATION FINANCIÈRE ET MORTALITÉ

DES ENFANTS TROUVÉS.

État I. Mouvement des enfants trouvés, de 1815 à 1842.

ANNÉES.	ENTRÉES.						SORTIES.							NOMBRE d'enfants restant à la fin de l'année.
	NOMBRE d'enfants existant au 1er janvier.	NOMBRE D'ENFANTS ADMIS				TOTAL des existences et des admissions.	ENFANTS arrivés à l'âge où ils cessent d'être à la charge des hospices.	ENFANTS retirés par les parents ou par des bienfaiteurs.	MORTS				TOTAL des sorties et des morts.	
		Garçons.		Filles.	TOTAUX.				aux hospices.		chez les nourrices.	TOTAUX.		
1815	82,748	12,640	3,729	12,061	28,430	111,177	4,773	2,084	6,058	480	11,968	18,512	25,369	85,808
1816	85,308	13,267	4,375	12,579	30,921	116,329	4,620	3,216	5,756		12,509	18,056	25,703	90,626
1817	90,626	14,590	4,631	13,290	32,831	123,463	4,072	2,050	5,604		15,040	20,044	28,266	95,217
1818	95,217	12,574	4,040	12,342	29,056	124,273	5,476	2,334	4,561		14,126	18,687	26,997	97,276
1819	97,886	13,560	4,761	13,846	32,143	130,008	6,097	2,914	4,842		15,315	20,157	29,168	[illegible]
1820	101,156	14,445	4,104	13,258	32,197	133,353	6,270	2,957	4,003		13,098	18,461	27,688	105,667
1821	105,667	13,970	4,850	13,357	32,407	138,074	6,724	3,245	4,185		15,163	19,338	29,307	108,767
1822	108,767	13,934	4,570	13,408	32,249	141,016	6,633	3,047	3,722		16,203	19,925	29,604	111,415
1823	111,435	13,083	4,685	12,062	31,530	142,965	7,309	3,048	3,797		13,322	17,119	27,471	115,494
1824	115,725	14,728	4,511	14,466	33,885	149,230	7,094	3,524	3,078		14,985	18,065	29,541	119,360
1825	118,360	14,402	3,971	13,902	32,274	151,653	8,309	5,588	3,914		15,879	19,793	33,545	118,118
1826	118,118	14,591	4,043	14,242	32,876	150,994	9,751	6,139	4,444		15,254	19,698	35,588	115,406
1827	115,406	14,400	3,989	14,076	32,504	147,910	8,022	5,102	5,064		13,541	18,605	32,729	115,581
1828	115,581	14,052	4,202	14,095	33,749	149,330	7,525	4,424	5,235		16,298	21,533	33,482	115,848
1829	115,848	14,943	3,613	14,384	33,090	148,938	6,302	3,036	5,340		14,378	19,718	30,353	118,485
1830	118,485	15,848	3,006	14,479	33,422	151,906	6,616	2,707	5,072		14,806	19,878	29,269	122,645
1831	122,645	16,216	4,023	15,624	35,863	158,508	7,435	2,830	4,878		15,679	20,557	30,831	127,677
1832	127,677	16,176	3,090	15,594	35,460	163,137	8,381	2,937	4,275	236	15,815	20,086	32,409	130,72[illegible]
1833	130,945	14,103	5,577	13,694	33,374	164,319	8,622	6,848	4,516		14,913	19,429	35,097	129,222
1834	129,222	6,014	20,003	5,820	31,846	161,068	10,254	7,222	4,795		17,234	22,029	39,505	121,563
1835	121,563	10,625	11,031	9,757	31,413	152,976	12,165	15,181	5,190		12,781	17,971	45,320	106,656
1836	106,656	10,378	11,898	9,519	31,795	141,451	13,899	11,246	4,890		12,215	17,112	41,760	99,690
1837	99,690	10,050	8,107	10,020	29,040	129,341	8,879	4,947	4,944		12,659	17,603	31,429	97,912
1838	97,912	9,763	7,506	9,573	26,600	124,812	7,403	4,683	4,422		12,960	17,382	29,468	95,344
1839	95,344	10,154	7,485	9,525	27,164	122,508	6,841	2,874	4,579		11,845	16,424	26,238	96,270
1840	96,269	10,060	7,101	9,833	26,984	123,253	6,927	2,735	4,508		11,753	16,261	25,523	97,730
1841	97,730	14,130		12,210	26,332	124,082	6,543	2,930	4,920		11,363	16,283	25,765	98,307
TOTAL GÉNÉRAL	2,920,461	354,550	155,264	339,718	849,612	3,770,103	204,308	120,813	127,428	784	381,710	509,922	835,633	2,880,470

État II. Situation financière des enfants trouvés, de 1824 à 1842.

ANNÉES.	DÉPENSES						DÉTAIL DES RESSOURCES SERVANT À LEUR ENTRETIEN						TOTAL des ressources.
	ENTRETIEN et nourriture des enfants.	AUTRES dépenses.	TOTAL des dépenses.	NOMBRE total des journées de présence.	TERME moyen annuel du nombre des enfants.	COÛT MOYEN de la dépense de chaque enfant.	SOMMES votées aux budgets variables et facultatifs.	PRODUIT des amendes et confiscations.	CONTINGENT assigné aux hospices.	SOMMES laissées à la charge des hospices.	SOMMES laissées à la charge des communes.	AUTRES ressources.	
	fr.	fr.	fr.			fr. c.	fr.	fr.	fr.	fr.	fr.	fr.	fr.
1824	8,892,651	907,562	9,800,213	42,023,409	115,777	83. 92	6,116,866	216,053	1,064,738	»	2,036,530	211,536	9,645,723
1825	8,891,015	905,770	9,796,785	42,819,809	117,315	83 51	6,124,780	215,170	1,103,021	.	2,077,474	221,031	9,742,325
1826	8,751,063	911,006	9,662,069	42,471,808	116,360	83 04	5,859,676	290,113	1,194,957	»	2,057,357	247,840	9,659,525
1827	8,526,794	963,060	9,490,864	41,753,019	114,394	82. 94	5,788,340	315,122	1,139,301	.	2,036,092	160,148	9,438,500
1828	8,469,630	955,752	9,425,382	41,725,743	114,317	82 68	5,670,086	257,361	1,204,919	.	2,001,207	211,976	9,362,559
1829	8,521,677	937,219	9,458,896	42,196,732	115,607	81. 82	5,576,269	251,931	1,144,090	»	2,203,354	198,551	9,374,525
1830	8,803,676	986,732	9,790,408	43,136,042	118,188	81 16	5,831,613	150,130	1,215,020	.	2,186 604	100 866	9,474,284
1831	9,040,900	996,055	10,037,946	45,210,931	123,890	80 75	6,061,765	134,002	1,203,636	»	2,314,430	186 437	9,925,248
1832	9,230,267	1,019,552	10,256,709	46,691,008	127,922	80. 20	6,332,164	126,078	1,100,009	»	2,302,406	160,277	10,120,043
1833	9,192,101	1,050,946	10,242,017	46,510,405	127,439	80. 37	6,335,174	148,158	1,136,707	.	2,203,404	141,821	10,045,264
1834	8,360,600	1,054,706	9,441,006	45,157,619	123,710	76 31	6,264,201	120,110	1,148,158	.	1,755,231	154,017	9,450,723
1835	8,657,488	829,454	9,310,942	41,825,146	114,589	81. 30	5,937,592	171,106	977,055	96,906	1,826,906	253,777	9,264,051
1836	7,905,929	617,412	8,523,341	37,795,397	103,549	82 31	5,128,361	146,961	901,568	58,780	2,013,595	348,205	8,615,940
1837	7,390,560	576,484	7,970,058	35,664,020	97,712	81. 63	4,727,059	150,002	526,507	1,015,304	897,422	417,392	8,088,537
1838	6,529,924	1,078,944	7,091,878	34,305,274	94,388	80. 41	4,413,636	154,837	763,307	109 690	1,724,368	412,207	7,576,036
1839	6,435,107	1,141,085	7,576,192	34,356,440	94,133	80 48	4,316,960	170,993	731,269	1,015,133	656,026	495,098	7,383,268
1840	6,497,023	1,161,708	7,656,731	34,838,380	95,420	80 26	4,507,135	221,012	750,742	97,615	1,670,306	382,842	7,690,684
1841	6,903,336	785,492	7,036,328	34,930,969	95,701	79 62	4,685,903	106,091	707,582	104,108	1,334,400	336,020	7,078,604
TOTAUX	148,876,620	16,639,760	165,516,380	[illegible]	2,011,572	81 29	99,777,712	3,829,643	18 455,532	2,349,150	35,741,784	4,848,629	162,797,471

État III. Mouvement et dépense des Enfants trouvés, abandonnés, orphelins pauvres et enfants secourus temporairement pendant les années 1842, 1843, 1844, 1845, 1846, 1847 et 1848.

ANNÉES	ENFANTS restant le premier jour de l'année précédente : à l'hospice	à la campagne	total	ENFANTS admis pendant l'année : Exposés	Nés dans les hospices, délaissés par leurs mères, abandonnés	total	TOTAL général	ENFANTS ayant cessé d'être à la charge des départements par suite de : décès à l'hospice	décès à la campagne	retraits effectués par les parents ou bienfaiteurs	Toutes autres causes	total des radiations	ENFANTS restant le dernier jour de l'année : à l'hospice	à la campagne	total	NOMBRE des journées de présence : à l'hospice	à la campagne	total	Taux moyen par tête [illegible]	[illegible]	DÉPENSES EXTÉRIEURES : Mois de nourrice et pension	Indemnités payées en exécution de l'arrêté du 20 mars 1797	Frais d'inspection	Autres dépenses	Total	FONDS EMPLOYÉS AU PAYEMENT DE CES DÉPENSES : Produit des amendes et confiscations	Revenus spéciaux des hospices	Contingent des communes	Allocation départementale : 1re section	2e section	Autres ressources	Total	Indemnités aux hospices dépositaires	PRIX MOYEN de la journée de dépense extérieure
																					fr. c.	fr. c.	fr. c.	fr. c.	fr. c.	fr. c.	fr. c.	fr. c.	fr. c.	fr. c.	fr. c.	fr. c.	fr. c.	c. m.
1842	3,910	93,844	97,754	21,902	3,944	25,846	123,600	5,130	11,674	2,563	6,697	26,100	3,973	93,527	97,500	1,351,080	33,603,702	34,955,7[illegible]	[illegible]	[illegible]	[illegible]	171,281 98	218,070 19	38,424 28	6,711,503 88	246,136 20	708,823 65	1,131,706 14	4,440,018 36	123,135 86	56,681 43	6,711,503 88	102,580 00	19, 87
1843	3,977	93,082	97,059	20,754	4,392	25,146	122,805	4,806	10,968	3,915	7,453	26,867	4,171	92,767	96,938	1,360,984	33,357,906	34,734,912	[illegible]	[illegible]	[illegible]	115,920 15	225,306 36	62,405 10	6,769,257 72	245,835 08	241,183 08	1,216,143 95	4,832,233 95	124,210 51	90,026 94	6,769,257 72	135,049 70	20, 29
1844	4,160	92,739	96,859	20,592	4,178	24,770	121,652	4,120	9,006	3,256	8,096	25,138	4,209	92,305	96,514	1,454,066	33,327,177	34,841,2[illegible]	[illegible]	[illegible]	[illegible]	213,953 68	227,754 37	110,206 65	6,806,853 01	220,835 47	214,041 89	1,304,401 04	4,626,140 72	161,010 39	70,803 40	6,806,953 01	144,472 00	20, 43
1845	4,071	92,509	96,580	21,156	4,085	25,230	121,810	3,926	9,464	3,192	8,447	25,031	3,910	92,878	96,788	1,390,526	33,276,730	34,678,2[illegible]	[illegible]	[illegible]	[illegible]	226,185 39	212,017 17	115,260 71	6,673,018 62	254,241 04	68,129 74	1,290,565 45	4,815,342 51	100,711 37	53,790 31	6,673,018 62	146,617 00	20, 05
1846	4,850	93,044	97,894	22,146	4,259	26,405	123,499	5,422	11,428	3,291	8,412	28,548	4,641	92,310	96,951	1,509,392	33,310,893	34,816,2[illegible]	[illegible]	[illegible]	[illegible]	227,816 25	325,687 50	127,576 79	6,950,063 29	153,171 16	103,871 60	1,314,546 00	5,021,106 35	176,375 26	161,217 72	6,950,063 29	.	20, 54
1847	.	.	96,461	.	.	27,284	123,745	.	.	.	.	26,751	.	.	98,004	.	.	34,926,089	.	[illegible]	.	.	.	.	7,127,904 95	.	.			.	.	.	106,222 83	.
1848	.	.	98,872	.	.	28,169	127,041	.	.	.	.	26,634	.	.	100,057	.	.	35,158,227	.	[illegible]	.	.	.	.	7,091,776 96	.	.	.	.	.	.	.	102,474 50	.

OBSERVATIONS.

On remarquera, dans les états de mouvement, que les résultats d'une année ne concordent pas parfaitement avec ceux de l'année qui précède ou qui suit. Cela tient à deux causes [illegible] premiere que quelques-uns de MM. les préfets n'ont pas, tout d'abord, compris dans les états de mouvement les Enfants admis aux secours temporaires, la seconde, que des Enfants [illegible] comptés à la fois dans l'état du département qui, en raison de la constatation de leur origine, s'est trouvé appelé à supporter leur dépense. Les états ayant été dressés [illegible] ne s'est aperçu de ces incertitudes que lorsqu'il était à peu près impossible de les reprendre, et comme, en définitive, elles étaient légères, on n'y est point revenu. [illegible] Les chiffres mentionnés à la colonne 12 représentent les sommes qui, faute de ressources suffisantes pour en assurer le payement, sont restées dues à la fin de chacune des années indiquées. Ces sommes ont été postérieurement acquittées, presque exclusivement au moyen des ressources départementales; en sorte qu'on peut considérer les chiffres portés en la colonne 12 [illegible] pour chaque année, avec ceux de la colonne 10.

État IV. Mortalité des Enfants trouvés, de 1815 à 1849.

ANNÉES.	NOMBRE D'ENFANTS			NOMBRE D'ENFANTS DÉCÉDÉS			PROPORTION DES DÉCÈS sur 1,000 Enfants
	EXISTANT au dernier jour de l'année.	ADMIS dans l'année	TOTAUX	aux HOSPICES.	chez LES NOURRICES.	TOTAUX	
1815	82,748	28,429	111,177	6,058	11,968	18,512	166 5
				486			
1816	85,808	30,521	116,329	5,556	12,500	18,056	154.2
1817	90,626	32,857	123,483	5,604	15,040	20,644	167 2
1818	95,217	29,056	124,273	4,561	14,126	18,687	150 4
1819	97,855	32,148	130,003	4,842	15,315	20,157	155.1
1820	101,158	32,197	133,355	4,463	13,998	18,461	138 4
1821	105,667	32,407	138,074	4,155	15,183	19,338	140 1
1822	108,767	32,249	141,016	3,722	16,203	19,925	141 3
1823	111,435	31,530	142,965	3,797	13,322	17,119	112 7
1824	115,725	33,505	149,230	3,678	14,985	18,663	125 1
1825	119,389	32,274	151,663	3,914	15,879	19,793	130.5
1826	118,118	32,876	150,994	4,444	15,254	19,698	130 5
1827	115,406	32,504	147,910	5,064	13,542	18,605	125 8
1828	115,581	33,749	149,330	5,235	16,298	21,533	144.2
1829	115,848	33,090	148,938	5,340	14,375	19,715	132.4
1830	118,485	33,423	151,908	5,072	14,806	19,878	130.8
1831	122,645	35,863	158,508	4,878	15,679	20,557	129.6
1832	127,677	35,460	163,137	4,275	15,515	20,088	123.1
				298			
1833	130,945	33,374	164,319	4,516	14,913	19,429	118.2
1834	129,222	31,846	161,068	4,795	17,234	22,029	136 8
1835	121,563	31,413	152,976	5,190	12,781	17,971	117.5
1836	109,656	31,795	141,451	4,896	12,215	17,111	120.9
1837	99,695	29,646	129,341	4,944	12,659	17,603	136.1
1838	97,912	26,900	124,812	4,422	12,960	17,382	139 3
1839	95,344	27,164	122,508	4,579	11,845	16,424	134 1
1840	96,269	26,984	123,253	4,508	11,753	16,261	132 7
1341	97,730	26,352	124,082	4,920	11,363	16,283	131 2
1842	97,754	25,846	123,600	5,136	11,675	16,810	136 0
1843	97,659	25,146	122,805	4,806	10,363	15.169	123 5
1844	96,882	24,770	121,652	4,120	9,666	13,786	113 3
1845	96,580	25,236	121,819	3,928	9,464	13,392	109.9
1846	98,094	26,405	123,499	3,422	11,423	14,845	120.2
1847	98,461	27,284	125,745	3,572	10,154	13,726	109.2
1848	98,872	28,169	127,041	3,939	10,330	14,269	112 3

TABLEAU VII,

PAR ANNÉES ET PAR DÉPARTEMENTS,

DU NOMBRE DES NAISSANCES D'ENFANTS LÉGITIMES

ET D'ENFANTS NATURELS,

ET

U NOMBRE TOTAL DES ENFANTS TROUVÉS, ABANDONNÉS, ETC.,

ADMIS ANNUELLEMENT DANS LES ÉTABLISSEMENTS DE BIENFAISANCE,

DE 1800 A 1849

(Ce tableau a été dressé par M. GREMERET, employé au ministère de l'intérieur.)

NOTE GÉNÉRALE.

s naissances légitimes et les naissances naturelles comprises en ce tableau ont elevées, à partir de 1800 jusques et compris 1835, sur la *Statistique de la* ce, publiée en 1837 par le ministere de l'agriculture et du commerce — A r de 1836 inclusivement, jusque et compris 1847, les naissances légitimes et aissances naturelles ont eté relevées sur les Annuaires du Bureau des longi-, en rectifiant les erreurs que l'on trouve · 1° sur l'annuaire de 1839, pour ée 1836, en ce qui concerne les départements de la Seine-Inférieure, de Seine arne et de Seine et-Oise; 2° sur l'annuaire de 1844, en ce qui concerne les onces des Enfants naturels en 1841.

e nombre des naissances légitimes et des naissances naturelles, en 1848, a éte e au ministère de l'intérieur sur les états dressés par les préfets, sans y com-dre les mort-nes dont j'ai fait opérer la distinction.

est vivement desirable qu'il y ait au plutôt entente et harmonie entre le minis-de l'interieur et le ministere du commerce au sujet de la constatation des t nes.

omme l'exprime M. Remacle, dans son rapport, du 4 juin 1845, au ministre nterieur, des instructions de 1836 ordonnent aux prefets de distinguer à ir les mort-nes des déces ordinaires dans l'etat annuel du mouvement de la lation dans leurs départements Le 15 juin 1839, nouvelles instructions, l'ad-stration superieure demande aux préfets d'eviter de compreudre parmi les -nes les Enfants nés vivants et décedés avant la declaration de naissance Ces dernières instructions sont rétractées le 11 mers 1841, par le département de l'intérieur, comme peu en harmonie avec les prescriptions du décret du 4 juillet 1806 Le departement du commerce, au contraire, y persiste et en recommande l'observation dans l'interêt de la science. Ainsi, depuis 1837, deux états distincts et conçus d'apres des systemes différents sont adresses chaque annee par l'adminis tration départementale, l'un, au ministère de l'intérieur, comprenant tous les En fants morts avant la déclaration de naissance; l'autre, au ministere du commerce, ne mentionnant, autant que possible, que les Enfants morts au moment de l'ac-couchement

Cet état de choses ne saurait subsister plus longtemps, par la confusion qu'il peut jeter et dans les prefectures et parmi ceux qui se livrent a l'etude de la statistique

Tous mes tableaux, sur le rapport des naissances aux Enfants trouves, ont été dressés d'apres les releves publiés par le ministère du commerce, ainsi que le rap-port des Enfants naturels de 1825 a 1847 Toutefois, l'annee 1847 comprend les Enfants naturels et les mort-nés provenant d'une union illegitime, tous réunis en-semble, d'apres le relevé qui m'a été fourni au ministere de l'intérieur, et sur lequel ont éte faits, pour 1847 seulement, les calculs de l'état II du tableau XII, avant qu'il m'ait éte possible de me procurer le releve du ministère du commerce. Au sur-plus, ceci n'apporte aucun changement aux proportions et a l'ordre de decroissance etablis

V. S.

DÉPARTEMENTS.		AN IX. 1800 à 1801.	AN X. 1801 à 1802.	AN XI. 1802 à 1803.	AN XII. 1803 à 1804.	AN XIII. 1804 à 1805.	AN XIV. 100 jours de 1805.	1806.	1807.	1808.	1809.	1810.	1811.	1812.	1813.	1814.	1815.	1816.	1817.	1818.	1819.	1820.	1821.	1822.	1823.	1824.	1825.	OBSERVATIONS.
AIN	Naissances des Enfants légitimes	9,240	8,335	9,463	9,371	8,004	2,202	10,250	9,804	9,635	9,788	[illegible]	[illegible]	[illegible]	8,666	9,068	9,705	9,101	9,353	9,082	10,461	9,634	10,708	10,271	10,334	9,900	10,151	
	——— des Enfants naturels	958	224	240	277	235	90	246	384	302	386	[illegible]	[illegible]	[illegible]	770	364	481	426	319	270	433	417	231	273	264	201	387	
	Nombre total des Enfants trouvés	91	64	69	120	49	65	70	70	100	98	[illegible]	[illegible]	[illegible]	186	164	173	163	150	100	191	90	128	117	64	128	135	
AISNE	Naissances des Enfants légitimes	12,972	13,772	12,807	13,032	13,557	3,006	12,078	12,708	12,154	13,281	[illegible]	[illegible]	[illegible]	14,009	15,306	16,252	15,606	14,630	14,234	16,043	16,014	14,098	14,380	15,910	15,717	15,468	
	——— des Enfants naturels	363	382	362	385	433	65	352	436	454	616	[illegible]	[illegible]	[illegible]	683	361	646	1,165	950	897	1,001	1,063	1,278	1,062	1,045	992	875	
	Nombre total des Enfants trouvés	»	»	»	»	»	»	»	»	»	»	[illegible]	[illegible]	[illegible]		»	324	380	516	448	448	397	377	400	444	407	540	
ALLIER	Naissances des Enfants légitimes	7,444	7,012	7,794	7,632	8,070	2,280	8,873	9,070	9,161	9,448	[illegible]	[illegible]	[illegible]	9,848	10,057	9,240	10,118	10,017	10,100	9,556	9,601	9,808	9,442	8,010	8,734	8,652	
	——— des Enfants naturels	547	562	582	603	560	122	700	806	700	023	[illegible]	[illegible]	[illegible]	330	406	419	513	511	582	580	610	568	790	1,005	504	567	
	Nombre total des Enfants trouvés	»	»	»	»	»	»	»	»	»	»	[illegible]	[illegible]	[illegible]	355	335	367	407	377	396	396	446	434	402	323	[illegible]	534	
ALPES (BASSES-)	Naissances des Enfants légitimes	3,450	3,639	4,150	3,356	3,580	1,531	4,849	5,104	4,945	5,078	[illegible]	[illegible]	[illegible]	4,090	5,650	4,970	4,470	4,887	4,777	4,010	4,034	4,799	4,806	4,800	5,073	4,880	
	——— des Enfants naturels	122	116	121	121	145	37	180	186	235	391	[illegible]	[illegible]	[illegible]	224	213	214	210	232	228	198	216	190	249	237	245	327	
	Nombre total des Enfants trouvés	»	»	»	»	»	»	»	»	»	173	[illegible]	[illegible]	[illegible]	303	242	235	220	247	235	305	327	308	320	280	329	320	
ALPES (HAUTES-)	Naissances des Enfants légitimes	3,931	4,062	4,234	3,806	3,701	1,067	3,477	4,198	3,832	3,661	[illegible]	[illegible]	[illegible]	3,686	4,005	4,140	4,071	4,202	3,019	4,320	4,183	3,962	4,005	4,100	4,256	4,071	
	——— des Enfants naturels	84	67	96	95	51	24	64	111	119	95	[illegible]	[illegible]	[illegible]	135	135	137	134	135	186	177	197	214	207	203	219	216	
	Nombre total des Enfants trouvés	»	»	»	»	»	»	»	»	»	»	[illegible]	[illegible]	[illegible]	»	50	62	70	69	71	84	90	102	90	87	120	80	
ARDÈCHE	Naissances des Enfants légitimes	8,501	8,066	8,544	8,303	8,156	2,600	8,490	8,411	9,161	9,013	[illegible]	[illegible]	[illegible]	9,309	9,537	9,285	9,095	9,463	9,700	10,105	9,034	9,057	10,225	10,031	10,051	10,425	
	——— des Enfants naturels	193	175	171	181	194	58	185	160	210	214	[illegible]	[illegible]	[illegible]	160	163	195	210	180	168	212	230	255	205	257	302	312	
	Nombre total des Enfants trouvés	»	»	»	»	»	»	»	»	»	»	[illegible]	[illegible]	[illegible]	»	»	53	63	50	75	59	80	84	72	67	114	102	
ARDENNES	Naissances des Enfants légitimes	7,172	7,762	7,467	8,249	7,768	1,931	7,757	7,065	7,680	6,379	[illegible]	[illegible]	[illegible]	7,672	8,136	8,006	7,805	7,035	7,408	8,030	8,015	8,348	8,224	8,590	8,811	8,088	
	——— des Enfants naturels	109	153	268	337	290	58	323	313	417	367	[illegible]	[illegible]	[illegible]	425	476	463	550	356	480	477	490	465	519	495	376	421	
	Nombre total des Enfants trouvés	»	»	»	»	»	»	»	»	»	»	[illegible]	[illegible]	[illegible]	»	78	73	186	152	134	45	143	90	116	156	137	85	
ARIÈGE	Naissances des Enfants légitimes	5,912	5,771	6,147	6,383	6,081	2,042	5,067	6,323	6,582	6,091	[illegible]	[illegible]	[illegible]	6,028	6,705	6,806	6,103	5,657	6,420	7,184	6,572	6,705	6,706	6,801	6,924	6,811	
	——— des Enfants naturels	281	246	201	215	265	36	115	121	99	164	[illegible]	[illegible]	[illegible]	276	274	245	201	242	200	322	278	362	345	412	441	340	
	Nombre total des Enfants trouvés	»	»	»	»	»	»	18	16	16	31	[illegible]	[illegible]	[illegible]	45	62	72	84	92	103	124	145	134	103	201	214	156	
AUBE	Naissances des Enfants légitimes	6,451	6,980	6,555	6,815	6,549	1,077	6,665	6,704	6,046	6,971	[illegible]	[illegible]	[illegible]	5,877	6,867	6,088	6,649	6,801	6,988	7,330	7,558	7,316	6,968	6,177	7,197	6,869	
	——— des Enfants naturels	372	381	379	374	374	105	386	463	515	475	[illegible]	[illegible]	[illegible]	311	349	356	390	618	646	405	567	460	275	386	580	653	
	Nombre total des Enfants trouvés	»	»	»	»	»	»	»	»	»	»	[illegible]	[illegible]	[illegible]		»	100	261	281	190	250	211	210	211	210	190	205	
AUDE	Naissances des Enfants légitimes	7,419	7,580	8,187	7,704	7,885	2,109	7,304	8,340	8,519	8,256	[illegible]	[illegible]	[illegible]	7,160	7,022	7,034	8,176	7,411	7,307	7,096	7,003	7,591	7,934	7,920	7,826	7,790	
	——— des Enfants naturels	202	180	211	198	245	63	254	226	237	316	[illegible]	[illegible]	[illegible]	250	250	374	282	304	337	370	421	405	456	519	432	485	
	Nombre total des Enfants trouvés	»	»	»	»	»	»	»	»	»	»	[illegible]	[illegible]	[illegible]		»	104	192	218	233	227	239	231	228	278	248	216	
AVEYRON	Naissances des Enfants légitimes	7,772	7,755	7,731	8,649	9,333	2,480	8,699	8,625	8,817	8,358	[illegible]	[illegible]	[illegible]	8,878	9,690	9,475	9,252	9,519	8,356	9,386	9,233	9,114	9,567	9,523	9,673	9,632	
	——— des Enfants naturels	217	187	207	201	237	74	222	250	284	239	[illegible]	[illegible]	[illegible]	427	290	400	527	346	330	415	498	445	557	498	475	605	
	Nombre total des Enfants trouvés	142	132	120	138	165	170	187	190	221	255	[illegible]	[illegible]	[illegible]	245	220	230	290	288	273	371	431	430	469	245	635	606	
BOUCHES-DU-RHÔNE	Naissances des Enfants légitimes	10,050	10,114	9,072	9,780	10,048	2,720	9,101	8,841	8,874	9,181	[illegible]	[illegible]	[illegible]	8,836	9,839	9,406	9,535	10,236	10,137	10,413	10,073	10,081	10,320	9,874	10,790	10,333	
	——— des Enfants naturels	716	805	799	763	759	313	1,046	1,133	1,626	1,161	[illegible]	[illegible]	[illegible]	1,062	1,066	1,308	1,018	1,030	1,035	1,080	1,172	1,122	1,125	1,134	1,175	1,227	
	Nombre total des Enfants trouvés	675	806	656	692	709	605	875	648	647	601	[illegible]	[illegible]	[illegible]	866	796	711	740	561	401	533	653	641	676	718	565	800	
CALVADOS	Naissances des Enfants légitimes	10,380	10,567	10,601	10,024	9,783	2,603	10,023	10,470	10,174	10,311	[illegible]	[illegible]	[illegible]	9,133	11,135	10,796	8,200	10,298	9,747	10,526	9,094	10,030	10,187	9,683	10,239	9,939	
	——— des Enfants naturels	1,123	1,136	1,001	1,161	1,139	864	986	808	793	895	[illegible]	[illegible]	[illegible]	930	1,023	1,108	921	1,059	1,000	1,253	1,240	1,124	1,348	1,266	1,231	1,351	
	Nombre total des Enfants trouvés	»	»	»	»	»	»	»	»	»	»	[illegible]	[illegible]	[illegible]		672	618	633	605	628	620	661	618	625	557	660	547	
CANTAL	Naissances des Enfants légitimes	5,770	5,851	6,008	6,109	5,833	1,337	6,060	6,756	6,582	6,875	[illegible]	[illegible]	[illegible]	5,625	6,572	6,463	6,714	5,790	5,742	6,230	6,368	6,855	6,429	6,401	6,600	6,481	
	——— des Enfants naturels	108	225	197	295	289	101	284	265	360	374	[illegible]	[illegible]	[illegible]	213	195	229	201	355	307	403	334	515	450	411	524	428	
	Nombre total des Enfants trouvés	»	»	»	»	»	»	»	»	»	»	[illegible]	[illegible]	[illegible]	332	253	312	368	415	270	370	381	206	197	216	366	207	
CHARENTE	Naissances des Enfants légitimes	10,214	9,088	8,096	8,946	9,127	3,249	9,233	10,486	10,150	10,150	[illegible]	[illegible]	[illegible]	9,011	9,444	10,095	10,324	9,837	9,521	10,168	9,405	9,896	9,573	8,950	9,457	9,097	
	——— des Enfants naturels	164	188	177	287	200	48	230	422	458	455	[illegible]	[illegible]	[illegible]	105	431	461	577	518	588	443	460	476	486	450	560	698	
	Nombre total des Enfants trouvés	482	185	185	182	171	166	166	192	222	220	[illegible]	[illegible]	[illegible]	235	264	212	239	214	250	245	255	264	234	221	277	251	
CHARENTE-INFÉRIEURE	Naissances des Enfants légitimes	12,121	12,002	12,183	12,838	11,706	3,317	12,329	12,702	12,161	12,360	[illegible]	[illegible]	[illegible]	11,848	12,809	13,057	13,098	13,108	12,411	12,331	12,569	12,370	12,127	12,227	11,850	12,401	
	——— des Enfants naturels	322	353	370	389	339	115	475	409	431	543	[illegible]	[illegible]	[illegible]	345	319	330	480	540	512	485	376	623	503	453	532	345	
	Nombre total des Enfants trouvés	»	»	»	»	»	»	»	»	»	»	[illegible]	[illegible]	[illegible]	200	526	375	350	403	283	440	338	423	420	470	573	687	
CHER	Naissances des Enfants légitimes	9,559	6,579	7,025	5,821	7,699	2,425	9,157	7,660	7,166	8,051	[illegible]	[illegible]	[illegible]	7,019	9,318	8,278	8,769	8,473	8,147	8,534	8,634	8,476	8,543	8,715	8,076	7,033	
	——— des Enfants naturels	378	360	314	273	255	134	353	819	560	290	[illegible]	[illegible]	[illegible]	272	381	442	402	352	360	380	296	380	393	471	1,380	657	
	Nombre total des Enfants trouvés	»	»	»	»	»	»	273	270	237	339	[illegible]	[illegible]	[illegible]	325	268	264	347	340	334	340	377	333	351	354	391	332	
CORRÈZE	Naissances des Enfants légitimes	7,882	8,150	8,050	7,786	8,105	2,767	9,578	9,003	9,027	9,217	[illegible]	[illegible]	[illegible]	8,691	9,228	9,322	8,802	8,264	8,083	9,498	9,151	9,058	9,309	8,870	9,215	8,647	
	——— des Enfants naturels	209	202	196	197	207	45	260	299	391	356	[illegible]	[illegible]	[illegible]	331	335	314	338	374	338	445	466	475	405	425	390	303	
	Nombre total des Enfants trouvés	»	»	»	»	»	»	»	»	»	»	[illegible]	[illegible]	[illegible]	[illegible]	106	140	164	200	205	279	318	314	584	275	263	227	

DÉPARTEMENTS.		1820.	1827.	1828.	1829.	1830.	1831.	1832.	1833.	1834.	1835.
Ain	Naissances des Enfants légitimes	10,631	10,610	10,386	10,394	9,738	10,500	9,692	10,025	10,214	10,550
	——— des Enfants naturels	358	407	384	403	389	480	401	500	407	437
	Nombre total des Enfants trouvés	169	118	161	172	140	200	220	211	194	204
Aisne	Naissances des Enfants légitimes	15,230	15,270	14,377	14,237	13,956	15,609	15,370	15,940	15,992	15,142
	——— des Enfants naturels	1,035	1,234	1,066	990	1,148	1,130	983	877	1,156	1,111
	Nombre total des Enfants trouvés	408	415	503	413	405	498	688	382	372	503
Allier	Naissances des Enfants légitimes	8,548	8,013	8,103	9,261	9,101	9,414	9,747	9,980	9,820	9,550
	——— des Enfants naturels	330	1,008	940	612	709	602	663	843	692	465
	Nombre total des Enfants trouvés	510	590	498	502	417	300	365	522	417	302
Alpes (Basses-)	Naissances des Enfants légitimes	5,009	4,960	5,087	4,791	4,942	4,048	4,808	4,408	4,617	4,051
	——— des Enfants naturels	305	320	258	268	276	306	315	200	279	272
	Nombre total des Enfants trouvés	337	260	287	270	274	306	276	242	264	251
Alpes (Hautes-)	Naissances des Enfants légitimes	4,289	4,137	4,345	4,171	3,987	4,196	4,159	4,089	4,015	4,225
	——— des Enfants naturels	186	175	183	174	197	206	214	209	161	188
	Nombre total des Enfants trouvés	92	87	90	98	190	109	126	109	64	82
Ardèche	Naissances des Enfants légitimes	10,067	10,820	10,610	11,130	11,048	11,175	10,685	10,787	11,120	11,766
	——— des Enfants naturels	342	265	251	201	307	340	250	313	187	330
	Nombre total des Enfants trouvés	105	115	87	103	100	120	119	143	134	187
Ardennes	Naissances des Enfants légitimes	8,687	9,025	8,759	8,472	8,031	8,028	7,470	8,105	8,167	8,326
	——— des Enfants naturels	450	467	456	437	628	438	380	407	450	457
	Nombre total des Enfants trouvés	84	108	134	141	147	170	104	120	110	115
Ariège	Naissances des Enfants légitimes	7,380	7,324	7,349	7,122	7,062	7,632	7,149	7,871	7,224	8,084
	——— des Enfants naturels	433	398	476	417	402	486	426	466	386	312
	Nombre total des Enfants trouvés	138	174	244	104	251	250	220	303	177	160
Aube	Naissances des Enfants légitimes	6,908	6,914	6,580	6,904	6,218	6,194	5,741	6,906	6,004	6,300
	——— des Enfants naturels	607	603	676	405	560	426	440	465	485	480
	Nombre total des Enfants trouvés	191	214	310	201	108	207	107	100	179	183
Aude	Naissances des Enfants légitimes	7,762	7,910	8,370	7,109	7,261	8,378	7,723	7,160	7,673	8,022
	——— des Enfants naturels	407	510	550	405	291	526	450	402	505	446
	Nombre total des Enfants trouvés	246	253	261	263	265	319	268	205	261	218
Aveyron	Naissances des Enfants légitimes	10,081	9,065	9,917	10,137	10,100	10,348	10,194	10,177	10,711	10,565
	——— des Enfants naturels	627	506	696	641	602	680	686	701	688	663
	Nombre total des Enfants trouvés	473	476	380	467	420	405	479	512	469	511
Bouches-du-Rhône	Naissances des Enfants légitimes	10,066	10,576	10,541	10,060	10,705	9,739	10,603	10,269	10,188	9,518
	——— des Enfants naturels	1,196	1,257	1,102	1,120	1,028	1,130	1,219	1,307	1,306	1,343
	Nombre total des Enfants trouvés	745	800	762	788	751	770	825	818	763	820
Calvados	Naissances des Enfants légitimes	9,763	8,341	9,987	9,960	9,388	9,430	9,304	9,555	9,850	9,368
	——— des Enfants naturels	1,230	1,308	1,345	1,282	1,215	1,288	1,196	1,285	1,266	1,310
	Nombre total des Enfants trouvés	372	527	503	520	537	570	504	671	618	600
Cantal	Naissances des Enfants légitimes	6,095	6,751	6,801	6,408	6,450	6,449	6,081	6,336	6,287	6,411
	——— des Enfants naturels	483	460	515	500	468	488	406	523	470	516
	Nombre total des Enfants trouvés	231	290	223	215	254	270	262	180	213	560
Charente	Naissances des Enfants légitimes	9,007	8,676	9,090	8,933	8,760	8,201	8,265	8,777	9,400	8,012
	——— des Enfants naturels	505	511	547	581	480	514	543	561	620	616
	Nombre total des Enfants trouvés	200	234	260	250	271	316	275	330	587	300
Charente-Inférieure	Naissances des Enfants légitimes	12,000	11,650	11,737	11,765	11,470	11,206	9,981	11,118	11,023	11,330
	——— des Enfants naturels	546	622	525	494	666	556	590	542	616	668
	Nombre total des Enfants trouvés	611	500	459	360	410	436	390	427	520	259
Cher	Naissances des Enfants légitimes	8,005	8,580	7,686	8,060	7,868	7,896	7,876	7,707	8,789	9,002
	——— des Enfants naturels	467	391	354	1,084	1,065	1,100	1,103	1,065	727	368
	Nombre total des Enfants trouvés	317	411	377	384	457	434	405	408	234	251
Corrèze	Naissances des Enfants légitimes	8,833	8,081	9,303	9,545	9,227	9,223	9,290	9,001	9,387	10,078
	——— des Enfants naturels	487	435	452	410	417	443	458	460	507	290
	Nombre total des Enfants trouvés	246	257	238	265	336	278	306	212	223	170

DÉPARTEMENTS.		1836.	1837.	1838.	1839.	1840.	1841.	1842.	1843.	1844.	1845.	1846.	1847.	1848.	1849.	1850.	OBSERVATIONS.
Ain	Naissances des Enfants légitimes	[illegible]	[illegible]	[illegible]	[illegible]	9,963	10,212	10,308	10,039	9,700	10,014	9,784	8,701	9,604			
	——— des Enfants naturels	[illegible]	[illegible]	[illegible]	374	401	466	303	316	290	364	444	612	556			
	Nombre total des Enfants trouvés	[illegible]	[illegible]	[illegible]	181	160	145	115	109	142	109	252	145	155			
Aisne	Naissances des Enfants légitimes	[illegible]	[illegible]	[illegible]	13,319	13,830	13,748	13,722	13,710	13,079	13,887	13,562	13,765	13,618			
	——— des Enfants naturels	[illegible]	[illegible]	[illegible]	280	917	961	804	990	826	950	982	880	980			
	Nombre total des Enfants trouvés	[illegible]	[illegible]	[illegible]	305	415	220	285	225	255	316	337	402	337			
Allier	Naissances des Enfants légitimes	[illegible]	[illegible]	[illegible]	8,571	9,216	9,540	9,460	9,530	8,718	10,011	8,935	7,927	8,835			
	——— des Enfants naturels	[illegible]	[illegible]	[illegible]	397	475	680	721	660	622	948	561	441	418			
	Nombre total des Enfants trouvés	[illegible]	[illegible]	[illegible]	262	236	367	415	396	336	356	366	385	400			
Alpes (Basses-)	Naissances des Enfants légitimes	[illegible]	[illegible]	[illegible]	4,484	4,321	4,230	4,509	4,316	4,309	4,517	4,204	4,068	4,075			
	——— des Enfants naturels	[illegible]	[illegible]	[illegible]	92	38	105	116	64	87	71	60	85	50			
	Nombre total des Enfants trouvés	[illegible]	[illegible]	[illegible]	40	35	41	46	43	30	22	45	28	31			
Alpes (Hautes-)	Naissances des Enfants légitimes	[illegible]	[illegible]	[illegible]	4,076	3,855	4,459	4,007	3,874	3,705	3,089	3,870	3,000	3,675			
	——— des Enfants naturels	[illegible]	[illegible]	[illegible]	197	211	154	139	168	163	134	130	60	85			
	Nombre total des Enfants trouvés	[illegible]	[illegible]	[illegible]	[illegible]	106	52	20	27	11	37	20	28	27			
Ardèche	Naissances des Enfants légitimes	[illegible]	[illegible]	[illegible]	11,118	11,022	11,307	11,065	12,206	11,891	12,154	12,080	11,806	11,008			
	——— des Enfants naturels	[illegible]	[illegible]	[illegible]	476	426	444	353	387	265	324	264	397	318			
	Nombre total des Enfants trouvés	[illegible]	[illegible]	[illegible]	162	209	107	186	119	30	25	76	88	95			
Ardennes	Naissances des Enfants légitimes	[illegible]	[illegible]	[illegible]	[illegible]	7,584	7,963	8,187	7,887	7,822	7,916	7,772	7,452	7,459			
	——— des Enfants naturels	[illegible]	[illegible]	[illegible]	329	336	309	336	379	368	340	381	337	365			
	Nombre total des Enfants trouvés	[illegible]	[illegible]	[illegible]	25	96	73	65	64	65	60	76	100	70			
Ariège	Naissances des Enfants légitimes	[illegible]	[illegible]	[illegible]	[illegible]	7,332	7,352	8,054	7,960	7,430	7,277	6,638	6,463	6,426			
	——— des Enfants naturels	[illegible]	[illegible]	[illegible]	481	418	371	477	423	405	444	417	383	380			
	Nombre total des Enfants trouvés	[illegible]	[illegible]	[illegible]	311	206	180	178	180	215	290	265	209	245			
Aube	Naissances des Enfants légitimes	[illegible]	[illegible]	[illegible]	5,386	5,156	5,022	5,378	5,344	5,319	5,808	5,902	5,246	5,465			
	——— des Enfants naturels	[illegible]	[illegible]	[illegible]	406	234	405	421	428	384	413	474	400	309			
	Nombre total des Enfants trouvés	[illegible]	[illegible]	[illegible]	170	168	166	170	176	173	163	178	136	149			
Aude	Naissances des Enfants légitimes	[illegible]	[illegible]	[illegible]	7,881	7,636	7,524	7,865	7,704	7,005	7,034	7,008	6,917	7,023			
	——— des Enfants naturels	[illegible]	[illegible]	[illegible]	421	430	403	417	414	486	336	297	303	397			
	Nombre total des Enfants trouvés	[illegible]	[illegible]	[illegible]	299	186	166	173	178	177	120	186	160	206			
Aveyron	Naissances des Enfants légitimes	[illegible]	[illegible]	[illegible]	10,584	10,615	10,034	11,080	11,490	10,144	11,149	10,080	10,066	10,791			
	——— des Enfants naturels	[illegible]	[illegible]	[illegible]	[illegible]	331	563	526	323	370	408	424	341	409			
	Nombre total des Enfants trouvés	[illegible]	[illegible]	[illegible]	[illegible]	416	410	483	436	416	324	300	291	447			
Bouches-du-Rhône	Naissances des Enfants légitimes	[illegible]	[illegible]	[illegible]	11,387	10,605	10,887	11,207	11,369	11,568	12,328	12,096	12,305	12,391			
	——— des Enfants naturels	[illegible]	[illegible]	[illegible]	1,171	700	960	896	1,077	1,063	1,202	779	1,165	1,190			
	Nombre total des Enfants trouvés	[illegible]	[illegible]	[illegible]	[illegible]	726	846	881	880	706	770	713	901	901			
Calvados	Naissances des Enfants légitimes	[illegible]	[illegible]	[illegible]	8,844	8,621	9,137	9,084	8,908	8,020	8,979	8,873	8,217	7,905			
	——— des Enfants naturels	[illegible]	[illegible]	[illegible]	1,236	278	1,166	986	1,025	1,034	944	1,077	1,066	582			
	Nombre total des Enfants trouvés	[illegible]	[illegible]	[illegible]	[illegible]	415	415	366	405	422	400	420	379	391			
Cantal	Naissances des Enfants légitimes	[illegible]	[illegible]	[illegible]	6,389	6,222	6,409	6,353	6,384	6,104	6,504	6,101	5,761	5,810			
	——— des Enfants naturels	[illegible]	[illegible]	[illegible]	[illegible]	498	405	439	376	341	300	382	360	330			
	Nombre total des Enfants trouvés	[illegible]	[illegible]	[illegible]	[illegible]	258	262	199	217	186	212	160	232	234			
Charente	Naissances des Enfants légitimes	[illegible]	[illegible]	[illegible]	7,638	8,128	8,789	7,739	8,074	8,501	8,335	8,470	7,987	8,248			
	——— des Enfants naturels	[illegible]	[illegible]	[illegible]	519	639	586	502	625	283	309	726	507	502			
	Nombre total des Enfants trouvés	[illegible]	[illegible]	[illegible]	314	280	104	210	231	197	221	225	257	275			
Charente-Inférieure	Naissances des Enfants légitimes	[illegible]	[illegible]	[illegible]	10,382	10,363	10,431	10,336	10,433	10,507	10,018	10,705	9,065	10,303			
	——— des Enfants naturels	[illegible]	[illegible]	[illegible]	430	558	505	619	519	563	603	640	331	501			
	Nombre total des Enfants trouvés	[illegible]	[illegible]	[illegible]	336	319	306	326	207	283	310	300	293	306			
Cher	Naissances des Enfants légitimes	[illegible]	[illegible]	[illegible]	7,639	8,775	9,061	9,340	9,466	9,286	9,044	8,536	8,613	9,127			
	——— des Enfants naturels	[illegible]	[illegible]	[illegible]	[illegible]	552	614	598	597	543	508	579	548	456			
	Nombre total des Enfants trouvés	[illegible]	[illegible]	[illegible]	112	275	363	336	343	350	340	570	362	397			
Corrèze	Naissances des Enfants légitimes	[illegible]	[illegible]	[illegible]	9,513	9,623	9,836	9,324	9,755	9,401	9,258	9,718	9,490	9,560			
	——— des Enfants naturels	[illegible]	[illegible]	[illegible]	430	457	564	352	517	344	363	367	435	422			
	Nombre total des Enfants trouvés	[illegible]	[illegible]	[illegible]	109	172	203	201	220	288	268	222	188	189			

DÉPARTEMENTS		AN IX. 1800 à 1801.	AN X. 1801 à 1802.	AN XI. 1802 à 1803.	AN XII. 1803 à 1804.	AN XIII. 1804 à 1805.	AN XIV. 100 jours de 1805.	1806.	1807.	1808.	1809.
Corse	Naissances des Enfants légitimes	4,403	4,351	4,785	5,385	5,169	1,275	5,005	5,580	4,541	5,015
	——— des Enfants naturels	162	129	143	115	109	82	115	85	139	199
	Nombre total des Enfants trouvés	»	»	»	»	»	»	»	»	»	»
Côte-d'Or	Naissances des Enfants légitimes	10,645	11,184	10,722	10,240	9,822	2,575	9,400	10,182	9,820	10,488
	——— des Enfants naturels	306	375	351	399	369	107	303	432	450	476
	Nombre total des Enfants trouvés	116	113	118	92	84	85	108	99	96	115
Côtes-du-Nord	Naissances des Enfants légitimes	17,456	17,008	17,804	19,808	17,943	4,376	16,087	15,805	16,035	17,447
	——— des Enfants naturels	403	411	437	497	575	46	340	340	363	263
	Nombre total des Enfants trouvés	»	»	»	»	»	»	»	»	»	»
Creuse	Naissances des Enfants légitimes	7,140	7,710	7,090	6,240	7,178	2,073	7,107	7,253	7,037	7,885
	——— des Enfants naturels	303	235	312	206	253	68	241	207	242	233
	Nombre total des Enfants trouvés	»	»	»	»	»	»	»	»	»	»
Dordogne	Naissances des Enfants légitimes	12,325	13,005	13,709	13,011	13,709	6,806	14,108	15,104	13,165	15,287
	——— des Enfants naturels	262	220	143	155	265	85	275	374	419	406
	Nombre total des Enfants trouvés	»	»	»	»	»	»	»	»	»	»
Doubs	Naissances des Enfants légitimes	6,020	7,495	7,238	7,128	7,460	1,802	6,303	7,020	6,385	6,876
	——— des Enfants naturels	466	480	505	493	560	117	338	350	518	393
	Nombre total des Enfants trouvés	»	»	»	»	»	»	»	»	»	100
Drôme	Naissances des Enfants légitimes	7,016	7,651	7,810	7,049	7,787	2,388	7,761	7,831	8,003	8,380
	——— des Enfants naturels	357	882	375	408	413	94	374	485	441	461
	Nombre total des Enfants trouvés	»	»	»	»	»	»	»	»	»	»
Eure	Naissances des Enfants légitimes	11,772	9,878	10,114	9,465	10,501	2,419	11,550	9,661	9,072	9,865
	——— des Enfants naturels	170	211	305	379	298	96	301	410	460	450
	Nombre total des Enfants trouvés	»	»	»	»	»	»	»	»	»	»
Eure-et-Loir	Naissances des Enfants légitimes	7,577	7,350	7,501	6,723	6,489	1,367	6,799	6,094	6,336	6,526
	——— des Enfants naturels	234	221	212	198	207	75	789	204	289	325
	Nombre total des Enfants trouvés	150	92	109	115	83	66	61	60	41	43
Finistère	Naissances des Enfants légitimes	16,135	16,790	17,128	14,564	15,842	4,106	16,031	14,401	16,611	16,213
	——— des Enfants naturels	295	371	319	318	303	98	384	389	399	439
	Nombre total des Enfants trouvés	»	»	»	»	»	»	»	»	»	»
Gard	Naissances des Enfants légitimes	10,519	10,614	10,801	10,734	11,060	3,409	10,495	11,252	11,980	11,807
	——— des Enfants naturels	200	232	152	204	207	69	274	313	287	388
	Nombre total des Enfants trouvés	»	»	»	»	»	»	»	»	9	1
Garonne (Haute)	Naissances des Enfants légitimes	12,060	11,334	14,212	13,710	14,204	4,461	13,236	14,354	13,786	11,618
	——— des Enfants naturels	312	439	486	572	551	136	605	790	747	769
	Nombre total des Enfants trouvés	»	»	»	»	»	»	808	381	415	308
Gers	Naissances des Enfants légitimes	6,982	8,504	7,535	7,188	9,930	2,005	7,006	8,397	5,116	8,197
	——— des Enfants naturels	338	472	360	250	343	82	204	352	398	413
	Nombre total des Enfants trouvés	»	»	»	»	»	»	»	»	»	»
Gironde	Naissances des Enfants légitimes	15,130	15,017	14,830	11,960	12,336	4,650	14,454	13,951	13,965	11,663
	——— des Enfants naturels	707	956	987	712	878	271	1,303	1,164	1,281	1,559
	Nombre total des Enfants trouvés	»	»	»	»	»	»	»	»	»	»
Hérault	Naissances des Enfants légitimes	8,380	8,771	9,616	9,457	9,404	2,800	9,342	10,070	9,032	9,031
	——— des Enfants naturels	360	432	386	374	380	91	390	420	410	462
	Nombre total des Enfants trouvés	»	»	»	»	»	»	»	»	»	»
Ille-et-Vilaine	Naissances des Enfants légitimes	17,085	16,128	16,505	16,200	16,110	3,308	16,516	14,077	15,635	15,362
	——— des Enfants naturels	608	406	682	450	673	146	491	482	457	475
	Nombre total des Enfants trouvés	»	»	»	»	»	»	»	»	»	»
Indre	Naissances des Enfants légitimes	7,888	6,163	6,976	6,719	7,189	2,208	6,783	7,296	7,383	7,760
	——— des Enfants naturels	218	250	242	270	314	102	343	366	306	448
	Nombre total des Enfants trouvés	»	»	»	»	»	»	»	»	»	»
Indre-et-Loire	Naissances des Enfants légitimes	7,617	8,117	7,637	7,706	96	2,133	7,734	7,278	7,607	7,138
	——— des Enfants naturels	321	343	365	322	»	113	870	422	447	381
	Nombre total des Enfants trouvés	265	211	242	261	25	231	272	257	200	240

DÉPARTEMENTS		1810.	1811.	1812.	1813.	1814.	1815.	1816.	1817.	1818.	1819.	1820.	1821.	1822.	1823.	1824.	1825.	OBSERVATIONS.
Corse	Naissances des Enfants légitimes	[illegible]	[illegible]	[illegible]	4,517	4,706	4,775	5,077	5,430	5,306	4,805	4,810	4,707	5,148	4,772	4,859	5,274	
	——— des Enfants naturels	[illegible]	[illegible]	[illegible]	157	137	113	130	202	212	213	218	169	175	142	141	201	
	Nombre total des Enfants trouvés	»	»	»	»	127	80	149	154	130	170	161	200	190	175	145	170	
Côte-d'Or	Naissances des Enfants légitimes	[illegible]	[illegible]	[illegible]	10,628	11,264	10,067	10,363	9,684	9,547	10,190	10,400	10,235	10,280	10,059	10,293	10,232	
	——— des Enfants naturels	[illegible]	[illegible]	[illegible]	525	496	376	502	502	452	378	670	618	577	614	610	807	
	Nombre total des Enfants trouvés	[illegible]	[illegible]	[illegible]	116	190	152	109	159	143	174	129	161	167	198	192	260	
Côtes-du-Nord	Naissances des Enfants légitimes	[illegible]	[illegible]	[illegible]	16,250	17,899	19,534	18,861	17,484	16,059	18,035	18,765	19,016	19,640	19,866	19,742	20,132	
	——— des Enfants naturels	[illegible]	[illegible]	[illegible]	326	437	506	472	416	396	546	538	600	630	638	567	681	
	Nombre total des Enfants trouvés	»	»	»	»	99	115	160	137	180	108	168	178	156	182	191	126	
Creuse	Naissances des Enfants légitimes	[illegible]	[illegible]	[illegible]	7,530	7,831	7,980	7,006	7,080	7,643	7,546	7,444	7,142	7,233	6,818	7,041	6,719	
	——— des Enfants naturels	[illegible]	[illegible]	[illegible]	312	399	411	537	508	462	615	444	551	611	400	533	450	
	Nombre total des Enfants trouvés	»	»	»	»	298	230	233	323	278	305	204	316	326	314	304	281	
Dordogne	Naissances des Enfants légitimes	[illegible]	[illegible]	[illegible]	13,700	13,616	13,307	13,490	12,521	10,573	13,429	13,034	13,049	12,723	13,102	12,476	13,056	
	——— des Enfants naturels	[illegible]	[illegible]	[illegible]	[illegible]	972	807	568	686	839	809	698	665	880	503	739	802	
	Nombre total des Enfants trouvés	»	»	»	»	»	212	250	367	380	403	452	432	446	417	513	462	
Doubs	Naissances des Enfants légitimes	[illegible]	[illegible]	[illegible]	6,811	6,109	6,128	6,301	6,080	6,755	7,330	7,375	7,341	7,302	7,421	7,330	7,022	
	——— des Enfants naturels	[illegible]	[illegible]	[illegible]	461	358	396	455	505	518	656	664	403	535	427	425	505	
	Nombre total des Enfants trouvés	[illegible]	[illegible]	[illegible]	211	98	184	120	115	58	85	88	79	109	311	102	173	
Drôme	Naissances des Enfants légitimes	[illegible]	[illegible]	[illegible]	7,822	9,037	8,267	8,257	8,604	8,509	8,800	8,547	8,240	8,807	8,723	8,720	8,402	
	——— des Enfants naturels	[illegible]	[illegible]	[illegible]	415	450	426	465	417	403	513	578	543	616	610	680	534	
	Nombre total des Enfants trouvés	»	»	»	»	»	180	189	156	210	205	208	255	203	264	313	131	
Eure	Naissances des Enfants légitimes	[illegible]	[illegible]	[illegible]	9,607	12,936	9,618	9,839	9,750	9,722	10,305	9,603	9,665	9,661	9,629	10,130	10,131	
	——— des Enfants naturels	[illegible]	[illegible]	[illegible]	120	516	565	603	541	616	629	622	783	924	630	770	652	
	Nombre total des Enfants trouvés	»	»	»	»	»	166	140	136	241	148	120	143	106	147	175	131	
Eure-et-Loir	Naissances des Enfants légitimes	[illegible]	[illegible]	[illegible]	[illegible]	6,122	8,059	7,099	7,980	7,604	7,078	7,717	7,658	7,786	7,631	7,890	7,782	
	——— des Enfants naturels	[illegible]	[illegible]	[illegible]	438	473	502	443	306	541	567	468	624	508	444	600	561	
	Nombre total des Enfants trouvés	[illegible]	[illegible]	[illegible]	320	190	158	233	274	303	293	294	339	247	213	265	262	
Finistère	Naissances des Enfants légitimes	[illegible]	[illegible]	[illegible]	17,569	18,867	15,381	18,360	14,880	13,377	17,019	16,083	16,749	18,142	17,730	17,614	17,011	
	——— des Enfants naturels	[illegible]	[illegible]	[illegible]	266	319	518	572	438	417	468	612	1,047	884	563	577	616	
	Nombre total des Enfants trouvés	»	»	»	»	»	309	338	427	332	364	337	311	312	330	315	349	
Gard	Naissances des Enfants légitimes	[illegible]	[illegible]	[illegible]	10,122	11,350	10,268	10,000	10,055	10,507	11,064	10,851	10,853	11,207	10,075	10,350	11,600	
	——— des Enfants naturels	[illegible]	[illegible]	[illegible]	306	343	387	370	418	382	469	300	879	398	407	413	330	
	Nombre total des Enfants trouvés	[illegible]	[illegible]	[illegible]	38	90	10	32	41	40	112	109	102	179	210	237	231	
Garonne (Haute)	Naissances des Enfants légitimes	[illegible]	[illegible]	[illegible]	10,669	11,023	10,382	10,612	10,900	10,638	11,645	11,367	11,183	11,809	11,006	11,227	12,073	
	——— des Enfants naturels	[illegible]	[illegible]	[illegible]	569	651	785	806	677	684	702	754	774	753	778	780	790	
	Nombre total des Enfants trouvés	[illegible]	[illegible]	[illegible]	[illegible]	438	470	418	486	400	410	446	485	476	447	481	491	
Gers	Naissances des Enfants légitimes	[illegible]	[illegible]	[illegible]	7,781	7,448	7,740	7,784	7,457	7,354	7,108	6,743	7,386	6,439	6,493	7,027	6,407	
	——— des Enfants naturels	[illegible]	[illegible]	[illegible]	398	309	371	340	302	353	530	329	343	581	575	616	686	
	Nombre total des Enfants trouvés	[illegible]	[illegible]	[illegible]	[illegible]	286	276	259	288	204	330	321	383	370	423	569	436	
Gironde	Naissances des Enfants légitimes	[illegible]	[illegible]	[illegible]	11,797	13,438	13,246	13,604	13,971	13,245	13,834	13,190	13,480	12,828	12,779	12,409	12,782	
	——— des Enfants naturels	[illegible]	[illegible]	[illegible]	1,122	1,308	1,406	1,407	1,435	1,297	1,343	1,361	1,071	1,033	1,498	1,376	1,647	
	Nombre total des Enfants trouvés	[illegible]	[illegible]	[illegible]	[illegible]	756	801	794	850	790	811	837	911	912	796	855	867	
Hérault	Naissances des Enfants légitimes	[illegible]	[illegible]	[illegible]	9,531	9,771	9,440	10,396	10,008	9,578	10,335	9,985	9,471	10,000	10,300	9,018	10,840	
	——— des Enfants naturels	[illegible]	[illegible]	[illegible]	380	385	418	477	410	411	496	405	603	501	597	480	529	
	Nombre total des Enfants trouvés	»	»	»	»	»	121	119	111	128	229	249	250	288	274	289	273	
Ille-et-Vilaine	Naissances des Enfants légitimes	[illegible]	[illegible]	[illegible]	15,203	16,563	14,744	16,523	15,776	15,450	15,071	15,222	15,054	16,840	15,966	16,388	16,343	
	——— des Enfants naturels	[illegible]	[illegible]	[illegible]	481	449	466	661	442	502	531	402	523	490	520	500	489	
	Nombre total des Enfants trouvés	»	»	»	»	»	407	428	352	359	475	402	404	406	414	443	408	
Indre	Naissances des Enfants légitimes	[illegible]	[illegible]	[illegible]	[illegible]	7,809	7,238	7,680	7,374	7,748	8,025	7,734	7,566	7,330	7,432	7,028	7,523	
	——— des Enfants naturels	[illegible]	[illegible]	[illegible]	[illegible]	414	326	360	414	356	372	386	889	490	413	408	385	
	Nombre total des Enfants trouvés	[illegible]	[illegible]	[illegible]	[illegible]	136	177	191	213	185	190	207	197	210	305	200	207	
Indre-et-Loire	Naissances des Enfants légitimes	[illegible]	[illegible]	[illegible]	[illegible]	7,462	6,461	7,068	6,041	7,535	8,578	8,398	7,457	7,107	6,212	7,374	7,031	
	——— des Enfants naturels	[illegible]	[illegible]	[illegible]	[illegible]	439	434	449	430	496	580	379	330	520	680	616	906	
	Nombre total des Enfants trouvés	[illegible]	[illegible]	[illegible]	[illegible]	230	244	274	265	269	305	306	200	290	267	287	275	

DÉPARTEMENTS.		1826.	1827.	1828	1829.	1830.	1831	1832	1833.	1834	1835	1836	1837
Corse	Naissances des Enfants légitimes	6,132	5,410	6,078	5,763	6,815	7,210	6,070	6,452	6,209	6,402	6,361	[illegible]
	—— des Enfants naturels	305	267	284	258	305	364	237	237	206	250	309	[illegible]
	Nombre total des Enfants trouvés	176	250	175	159	175	220	109	157	200	175	165	[illegible]
Côte-d'Or	Naissances des Enfants légitimes	10,264	10,468	9,844	10,318	10,207	10,006	9,539	9,458	9,421	10,060	[illegible]	[illegible]
	—— des Enfants naturels	551	574	503	538	543	507	544	639	723	715	[illegible]	[illegible]
	Nombre total des Enfants trouvés	175	157	137	104	186	157	150	185	172	152	[illegible]	[illegible]
Côtes-du-Nord	Naissances des Enfants légitimes	18,006	18,770	19,410	19,294	15,363	20,082	18,609	19,485	19,290	18,583	[illegible]	[illegible]
	—— des Enfants naturels	572	458	471	539	435	403	473	473	364	696	[illegible]	[illegible]
	Nombre total des Enfants trouvés	157	145	190	105	189	131	116	120	122	138	[illegible]	[illegible]
Creuse	Naissances des Enfants légitimes	6,846	7,047	6,856	7,372	7,225	7,390	7,641	6,027	7,037	7,829	[illegible]	[illegible]
	—— des Enfants naturels	483	470	408	426	446	465	438	546	462	540	[illegible]	[illegible]
	Nombre total des Enfants trouvés	245	213	210	100	100	214	205	266	305	240	[illegible]	[illegible]
Dordogne	Naissances des Enfants légitimes	13,017	12,480	13,031	13,405	12,085	12,351	12,207	13,320	13,265	13,349	[illegible]	[illegible]
	—— des Enfants naturels	687	633	570	678	656	735	704	910	823	711	[illegible]	[illegible]
	Nombre total des Enfants trouvés	521	404	497	755	401	507	565	385	665	350	[illegible]	[illegible]
Doubs	Naissances des Enfants légitimes	7,450	7,309	7,266	7,513	7,294	7,189	6,968	7,209	7,309	7,364	[illegible]	[illegible]
	—— des Enfants naturels	554	536	461	561	331	523	645	561	603	356	[illegible]	[illegible]
	Nombre total des Enfants trouvés	192	132	120	116	145	120	117	103	72	37	[illegible]	[illegible]
Drôme	Naissances des Enfants légitimes	8,784	8,894	8,640	8,376	8,035	8,810	8,244	8,391	8,504	9,013	[illegible]	[illegible]
	—— des Enfants naturels	620	573	549	495	512	526	532	455	478	304	[illegible]	[illegible]
	Nombre total des Enfants trouvés	267	242	231	176	100	129	205	157	169	165	[illegible]	[illegible]
Eure	Naissances des Enfants légitimes	9,757	9,576	9,584	8,450	8,710	9,016	8,271	8,359	8,043	8,266	[illegible]	[illegible]
	—— des Enfants naturels	474	553	445	653	653	531	410	709	510	714	[illegible]	[illegible]
	Nombre total des Enfants trouvés	131	147	141	153	152	126	141	122	124	116	[illegible]	[illegible]
Eure-et-Loir	Naissances des Enfants légitimes	7,477	7,700	7,317	6,683	6,798	7,311	6,780	7,075	6,835	6,810	[illegible]	[illegible]
	—— des Enfants naturels	515	587	573	476	587	623	572	602	552	567	[illegible]	[illegible]
	Nombre total des Enfants trouvés	226	244	218	234	265	290	278	255	253	190	[illegible]	[illegible]
Finistère	Naissances des Enfants légitimes	21,859	18,048	18,057	16,787	19,171	18,795	19,128	18,511	18,019	18,811	[illegible]	[illegible]
	—— des Enfants naturels	577	631	552	611	734	687	709	621	708	619	[illegible]	[illegible]
	Nombre total des Enfants trouvés	339	346	363	391	349	376	400	395	350	[illegible]	[illegible]	[illegible]
Gard	Naissances des Enfants légitimes	11,806	11,327	11,095	10,440	11,481	11,207	11,251	11,696	12,181	10,873	[illegible]	[illegible]
	—— des Enfants naturels	507	450	492	577	353	411	465	430	429	357	[illegible]	[illegible]
	Nombre total des Enfants trouvés	245	208	241	245	258	290	294	333	287	574	[illegible]	[illegible]
Garonne (Haute)	Naissances des Enfants légitimes	11,570	11,151	11,419	11,196	11,508	11,604	12,641	11,076	12,175	11,601	[illegible]	[illegible]
	—— des Enfants naturels	781	750	816	765	773	876	904	796	841	918	[illegible]	[illegible]
	Nombre total des Enfants trouvés	519	494	520	540	471	552	565	592	582	681	[illegible]	[illegible]
Gers	Naissances des Enfants légitimes	6,722	6,701	6,892	6,709	6,711	7,321	6,988	7,250	7,102	6,637	[illegible]	[illegible]
	—— des Enfants naturels	504	467	545	576	562	503	463	560	478	522	[illegible]	[illegible]
	Nombre total des Enfants trouvés	422	358	420	388	370	435	415	445	291	[illegible]	[illegible]	[illegible]
Gironde	Naissances des Enfants légitimes	13,065	12,880	13,091	13,201	12,958	12,801	11,833	12,430	13,014	13,210	[illegible]	[illegible]
	—— des Enfants naturels	1,075	1,601	1,745	1,538	1,523	1,630	1,401	1,640	1,033	1,166	[illegible]	[illegible]
	Nombre total des Enfants trouvés	960	880	939	870	963	900	949	923	982	[illegible]	[illegible]	[illegible]
Hérault	Naissances des Enfants légitimes	10,009	10,392	10,828	10,103	10,027	10,707	10,170	10,635	10,309	10,690	[illegible]	[illegible]
	—— des Enfants naturels	529	501	650	538	589	512	639	616	614	[illegible]	[illegible]	[illegible]
	Nombre total des Enfants trouvés	308	296	325	327	333	351	366	377	304	[illegible]	[illegible]	[illegible]
Ille-et-Vilaine	Naissances des Enfants légitimes	16,307	16,537	16,987	16,710	17,154	17,432	16,552	16,022	16,351	18,236	[illegible]	[illegible]
	—— des Enfants naturels	612	627	583	597	610	511	495	521	608	[illegible]	[illegible]	[illegible]
	Nombre total des Enfants trouvés	411	453	375	352	360	465	406	353	420	[illegible]	[illegible]	[illegible]
Indre	Naissances des Enfants légitimes	7,418	7,261	7,331	7,531	7,605	7,029	6,907	7,306	7,718	7,011	[illegible]	[illegible]
	—— des Enfants naturels	446	432	474	410	430	384	313	427	476	568	[illegible]	[illegible]
	Nombre total des Enfants trouvés	259	216	250	227	190	171	212	109	100	133	[illegible]	[illegible]
Indre-et-Loire	Naissances des Enfants légitimes	7,074	7,473	7,224	7,404	7,202	7,362	6,950	7,029	7,012	6,377	[illegible]	[illegible]
	—— des Enfants naturels	749	534	505	500	428	535	613	621	605	671	[illegible]	[illegible]
	Nombre total des Enfants trouvés	317	333	303	335	294	326	309	316	562	264	[illegible]	[illegible]

DÉPARTEMENTS.		1838	1839	1840	1841	1842.	1843.	1844.	1845.	1846.	1847.	1848.	1849	1850	OBSERVATIONS.
Corse	Naissances des Enfants légitimes	[illegible]	[illegible]	6,491	6,510	6,682	6,780	5,545	6,530	6,330	6,387	6,456			
	—— des Enfants naturels	[illegible]	[illegible]	410	439	446	404	498	434	362	415	375			
	Nombre total des Enfants trouvés	[illegible]	[illegible]	165	200	156	143	153	163	176	190	165			
Côte-d'Or	Naissances des Enfants légitimes	[illegible]	[illegible]	9,966	9,293	9,880	9,182	8,508	9,070	9,200	8,550	8,700			
	—— des Enfants naturels	[illegible]	[illegible]	723	336	720	608	679	655	631	572	601			
	Nombre total des Enfants trouvés	[illegible]	[illegible]	172	100	200	220	202	282	248	235	275			
Côtes-du-Nord	Naissances des Enfants légitimes	[illegible]	[illegible]	17,643	17,534	18,036	18,622	18,738	18,516	18,815	16,823	18,142			
	—— des Enfants naturels	[illegible]	[illegible]	274	465	461	441	480	584	792	691	590			
	Nombre total des Enfants trouvés	[illegible]	[illegible]	153	172	156	103	174	177	108	227	270			
Creuse	Naissances des Enfants légitimes	[illegible]	[illegible]	7,552	7,040	7,210	7,318	6,848	7,778	5,596	6,581	7,001			
	—— des Enfants naturels	[illegible]	[illegible]	563	553	518	508	665	460	464	478	429			
	Nombre total des Enfants trouvés	[illegible]	[illegible]	253	254	227	134	237	262	206	302	274			
Dordogne	Naissances des Enfants légitimes	[illegible]	[illegible]	13,081	13,130	13,777	13,740	13,615	13,359	13,015	12,944	12,890			
	—— des Enfants naturels	[illegible]	[illegible]	535	730	726	731	710	723	776	617	701			
	Nombre total des Enfants trouvés	[illegible]	[illegible]	550	486	450	383	491	455	351	442	472			
Doubs	Naissances des Enfants légitimes	[illegible]	[illegible]	7,126	7,516	7,343	7,322	7,001	7,687	7,600	6,781	6,803			
	—— des Enfants naturels	[illegible]	[illegible]	605	615	567	559	582	614	550	578	552			
	Nombre total des Enfants trouvés	[illegible]	[illegible]	69	53	67	80	103	108	207	215	109			
Drôme	Naissances des Enfants légitimes	[illegible]	[illegible]	8,317	8,004	8,081	8,062	8,263	8,010	8,749	7,884	8,248			
	—— des Enfants naturels	[illegible]	[illegible]	416	502	538	510	543	652	578	352	306			
	Nombre total des Enfants trouvés	[illegible]	[illegible]	122	158	207	152	197	102	174	190	154			
Eure	Naissances des Enfants légitimes	[illegible]	[illegible]	7,580	7,199	7,910	7,803	7,587	7,135	7,508	6,905	7,230			
	—— des Enfants naturels	[illegible]	[illegible]	751	635	707	706	716	720	736	671	657			
	Nombre total des Enfants trouvés	[illegible]	[illegible]	107	190	119	120	121	134	160	166	152			
Eure-et-Loir	Naissances des Enfants légitimes	[illegible]	[illegible]	6,307	6,809	6,891	6,506	6,832	6,936	6,947	6,480	7,044			
	—— des Enfants naturels	[illegible]	[illegible]	[illegible]	500	430	377	340	369	293	320	381			
	Nombre total des Enfants trouvés	[illegible]	[illegible]	[illegible]	166	124	91	98	176	113	102	96			
Finistère	Naissances des Enfants légitimes	[illegible]	[illegible]	18,880	19,116	19,369	19,926	21,126	21,136	20,221	17,925	18,051			
	—— des Enfants naturels	[illegible]	[illegible]	639	640	605	700	801	733	747	662	627			
	Nombre total des Enfants trouvés	[illegible]	[illegible]	348	325	350	335	475	304	300	420	390			
Gard	Naissances des Enfants légitimes	[illegible]	[illegible]	11,893	12,576	12,336	12,807	12,279	12,050	13,058	12,672	12,404			
	—— des Enfants naturels	[illegible]	[illegible]	432	180	440	452	647	546	573	577	592			
	Nombre total des Enfants trouvés	[illegible]	[illegible]	214	210	197	169	105	208	226	344	274			
Garonne (Haute)	Naissances des Enfants légitimes	[illegible]	[illegible]	11,559	11,887	11,478	11,867	10,779	11,031	16,115	13,030	11,892			
	—— des Enfants naturels	[illegible]	[illegible]	612	840	867	757	713	747	938	1,168	860			
	Nombre total des Enfants trouvés	[illegible]	[illegible]	215	273	400	29	46	105	251	274	359			
Gers	Naissances des Enfants légitimes	[illegible]	[illegible]	6,317	6,455	6,707	6,331	6,016	6,172	6,230	5,580	5,607			
	—— des Enfants naturels	[illegible]	[illegible]	300	321	314	313	366	252	310	284	257			
	Nombre total des Enfants trouvés	[illegible]	[illegible]	161	180	93	76	70	49	69	127	161			
Gironde	Naissances des Enfants légitimes	[illegible]	[illegible]	12,367	11,886	12,849	12,605	12,706	12,977	12,017	12,207	12,445			
	—— des Enfants naturels	[illegible]	[illegible]	1,641	1,760	1,812	1,911	2,015	1,910	2,122	2,122	1,976			
	Nombre total des Enfants trouvés	[illegible]	[illegible]	721	801	878	916	974	965	1,076	1,163	1,102			
Hérault	Naissances des Enfants légitimes	[illegible]	[illegible]	10,310	10,579	10,876	10,784	10,035	10,450	10,781	10,762	10,442			
	—— des Enfants naturels	[illegible]	[illegible]	317	320	404	365	420	358	370	345	479			
	Nombre total des Enfants trouvés	[illegible]	[illegible]	307	262	241	296	178	171	150	143	178			
Ille-et-Vilaine	Naissances des Enfants légitimes	[illegible]	[illegible]	15,643	15,531	15,253	16,140	15,907	15,050	16,403	15,456	16,265			
	—— des Enfants naturels	[illegible]	[illegible]	388	626	626	367	610	617	627	566	602			
	Nombre total des Enfants trouvés	[illegible]	[illegible]	389	337	404	372	379	360	430	509	133			
Indre	Naissances des Enfants légitimes	[illegible]	[illegible]	7,023	7,041	7,075	7,708	7,633	7,728	7,293	6,880	7,174			
	—— des Enfants naturels	[illegible]	[illegible]	564	564	606	560	348	403	422	377	438			
	Nombre total des Enfants trouvés	[illegible]	[illegible]	176	142	154	227	376	191	241	208	234			
Indre-et-Loire	Naissances des Enfants légitimes	[illegible]	[illegible]	6,678	6,660	6,617	6,627	6,376	6,730	6,809	6,318	6,940			
	—— des Enfants naturels	[illegible]	[illegible]	671	491	606	537	493	784	676	883	512			
	Nombre total des Enfants trouvés	[illegible]	[illegible]	366	302	332	337	313	342	325	305	390			

DÉPARTEMENTS.		AN IX. 1800 à 1801.	AN X. 1801 à 1802.	AN XI. 1802 à 1803.	AN XII. 1803 à 1804.	AN XIII. 1804 à 1805.	AN XIV. 100 jours de 1805.	1806.	1807.	1808.	1809.
Isère	Naissances des Enfants légitimes	12,030	13,076	13,405	11,430	13,516	4,446	15,420	14,302	10,358	14,661
	——— des Enfants naturels	937	795	694	668	707	193	605	632	800	906
	Nombre total des Enfants trouvés	»	»	»	»	»	»	»	»	»	»
Jura	Naissances des Enfants légitimes	10,748	10,481	10,164	9,373	9,401	2,537	9,897	8,670	8,133	8,625
	——— des Enfants naturels	391	350	362	370	414	69	431	304	338	361
	Nombre total des Enfants trouvés	»	»	»	»	»	»	»	»	»	»
Landes	Naissances des Enfants légitimes	9,141	8,169	7,610	8,049	8,270	2,745	8,881	8,063	8,108	8,382
	——— des Enfants naturels	310	209	240	277	304	92	435	439	376	460
	Nombre total des Enfants trouvés	»	»	»	»	»	»	»	»	»	»
Loir-et-Cher	Naissances des Enfants légitimes	7,858	7,976	6,677	6,815	8,047	1,955	6,050	6,368	6,358	6,180
	——— des Enfants naturels	232	248	159	210	233	70	208	329	204	296
	Nombre total des Enfants trouvés	»	»	»	»	»	»	»	»	»	»
Loire	Naissances des Enfants légitimes	9,913	9,582	9,863	10,251	10,128	2,935	10,408	10,175	10,987	10,718
	——— des Enfants naturels	180	189	197	219	202	66	289	202	279	311
	Nombre total des Enfants trouvés	»	»	»	»	»	»	»	»	»	»
Loire (Haute)	Naissances des Enfants légitimes	7,040	7,455	7,580	7,377	7,391	2,298	7,380	7,408	7,307	7,419
	——— des Enfants naturels	232	180	211	167	173	55	161	178	142	175
	Nombre total des Enfants trouvés	»	»	»	»	»	»	»	»	»	»
Loire-Inférieure	Naissances des Enfants légitimes	12,407	11,099	13,098	11,089	11,409	3,240	11,672	12,130	11,036	12,332
	——— des Enfants naturels	398	430	494	374	445	101	484	495	520	300
	Nombre total des Enfants trouvés	»	»	»	»	»	»	»	»	»	»
Loiret	Naissances des Enfants légitimes	9,041	9,677	8,906	8,531	8,340	2,314	8,718	8,611	8,384	9,012
	——— des Enfants naturels	550	582	492	454	461	109	590	527	530	890
	Nombre total des Enfants trouvés	»	»	»	»	»	»	»	»	»	»
Lot	Naissances des Enfants légitimes	11,472	11,074	10,128	12,021	11,750	3,300	12,071	12,004	13,145	3,538
	——— des Enfants naturels	453	440	400	458	456	219	747	633	1,168	265
	Nombre total des Enfants trouvés	»	»	»	»	»	»	»	»	»	»
Lot-et-Garonne	Naissances des Enfants légitimes	9,448	10,303	9,217	9,740	10,406	3,220	9,167	10,128	9,227	9,313
	——— des Enfants naturels	350	806	458	385	380	154	532	473	284	471
	Nombre total des Enfants trouvés	»	»	»	»	»	»	»	»	»	332
Lozère	Naissances des Enfants légitimes	3,480	3,584	3,817	3,742	3,651	909	3,407	3,777	4,121	4,071
	——— des Enfants naturels	93	106	61	94	97	30	89	167	141	92
	Nombre total des Enfants trouvés	»	»	»	»	»	»	»	»	»	»
Maine-et-Loire	Naissances des Enfants légitimes	10,401	14,160	15,806	12,802	14,269	2,620	11,380	11,806	11,342	11,330
	——— des Enfants naturels	320	348	590	598	556	133	617	575	539	590
	Nombre total des Enfants trouvés	»	»	»	»	»	»	»	»	»	»
Manche	Naissances des Enfants légitimes	12,430	14,337	14,066	13,407	13,943	3,048	13,063	13,327	14,110	15,387
	——— des Enfants naturels	653	758	721	612	673	211	842	687	763	828
	Nombre total des Enfants trouvés	»	»	»	»	»	»	710	371	446	520
Marne	Naissances des Enfants légitimes	9,033	9,091	8,418	8,532	8,060	2,105	8,880	8,037	8,667	8,165
	——— des Enfants naturels	412	514	348	450	350	96	336	364	430	371
	Nombre total des Enfants trouvés	»	»	»	»	»	»	»	»	»	»
Marne (Haute-)	Naissances des Enfants légitimes	6,134	6,020	6,815	6,058	6,772	1,913	6,667	6,712	6,364	6,765
	——— des Enfants naturels	230	200	194	227	241	55	285	205	208	334
	Nombre total des Enfants trouvés	»	»	»	»	»	»	»	»	»	»
Mayenne	Naissances des Enfants légitimes	9,565	9,802	10,148	8,462	8,990	2,645	9,498	9,832	8,882	9,128
	——— des Enfants naturels	432	435	451	417	385	66	202	380	332	285
	Nombre total des Enfants trouvés	»	»	»	»	»	»	»	121	123	130
Meurthe	Naissances des Enfants légitimes	10,993	10,508	12,168	12,537	11,703	3,523	11,589	13,215	12,531	13,062
	——— des Enfants naturels	1,006	870	906	1,058	1,082	100	961	671	851	1,012
	Nombre total des Enfants trouvés	»	»	»	»	185	157	150	189	212	227
Meuse	Naissances des Enfants légitimes	9,442	9,476	9,111	8,780	9,150	2,553	9,061	9,129	8,897	9,210
	——— des Enfants naturels	315	329	432	404	400	118	482	392	402	471
	Nombre total des Enfants trouvés	»	»	»	»	»	»	»	»	»	122

DÉPARTEMENTS.		1810.	1811.	1812.	1813.	1814.	1815.	1816.	1817.	1818.	1819.	1820.	1821.	1822.	1823.	1824.	1825.	OBSERVATIONS.
Isère	Naissances des Enfants légitimes	[illegible]	[illegible]	[illegible]	[illegible]	15,376	16,504	15,510	16,026	15,700	15,068	15,809	15,493	16,909	16,270	16,041	16,034	
	——— des Enfants naturels	[illegible]	[illegible]	[illegible]	[illegible]	2,063	1,134	1,231	1,031	1,140	1,360	1,428	1,336	1,564	1,378	1,394	1,416	
	Nombre total des Enfants trouvés	[illegible]	[illegible]	[illegible]	[illegible]	299	550	373	840	538	417	479	487	445	520	500	514	
Jura	Naissances des Enfants légitimes	[illegible]	[illegible]	[illegible]	[illegible]	8,763	8,088	8,453	7,880	7,352	6,600	8,491	8,700	8,802	8,086	8,362	8,183	
	——— des Enfants naturels	[illegible]	[illegible]	[illegible]	[illegible]	339	405	435	350	330	378	472	478	379	475	438	301	
	Nombre total des Enfants trouvés	[illegible]	[illegible]	[illegible]	[illegible]	38	86	118	127	98	96	96	137	182	96	69	67	
Landes	Naissances des Enfants légitimes	[illegible]	[illegible]	[illegible]	[illegible]	7,455	7,363	7,618	7,656	7,823	7,040	7,607	8,247	8,081	7,101	7,579	7,088	
	——— des Enfants naturels	[illegible]	[illegible]	[illegible]	[illegible]	309	330	812	417	462	430	564	801	627	899	1,024	741	
	Nombre total des Enfants trouvés	[illegible]	[illegible]	[illegible]	[illegible]	266	201	248	284	283	262	235	261	231	238	280	332	
Loir-et-Cher	Naissances des Enfants légitimes	[illegible]	[illegible]	[illegible]	[illegible]	8,015	6,830	7,287	7,465	6,970	7,125	6,870	6,969	6,800	7,063	7,190	7,075	
	——— des Enfants naturels	[illegible]	[illegible]	[illegible]	[illegible]	357	415	453	423	406	530	561	330	557	801	561	929	
	Nombre total des Enfants trouvés	[illegible]	[illegible]	[illegible]	[illegible]	»	196	206	290	264	285	292	301	277	605	528	246	
Loire	Naissances des Enfants légitimes	[illegible]	[illegible]	[illegible]	[illegible]	12,609	12,148	12,888	12,707	12,094	12,496	12,806	12,566	13,300	12,818	12,059	13,128	
	——— des Enfants naturels	[illegible]	[illegible]	[illegible]	[illegible]	204	260	305	385	487	481	430	448	460	488	441	519	
	Nombre total des Enfants trouvés	[illegible]	[illegible]	[illegible]	[illegible]	»	145	203	206	109	227	217	211	234	240	240	257	
Loire (Haute)	Naissances des Enfants légitimes	[illegible]	[illegible]	[illegible]	[illegible]	8,480	8,091	8,055	8,050	8,032	8,131	8,286	8,250	8,510	8,336	8,341	7,101	
	——— des Enfants naturels	[illegible]	[illegible]	[illegible]	[illegible]	318	239	175	251	251	220	284	303	258	282	280	238	
	Nombre total des Enfants trouvés	[illegible]	[illegible]	[illegible]	[illegible]	»	139	173	129	157	102	180	216	213	252	241	183	
Loire-Inférieure	Naissances des Enfants légitimes	[illegible]	[illegible]	[illegible]	[illegible]	14,609	13,184	12,970	13,170	13,135	12,586	11,097	12,209	12,062	12,230	12,173	12,267	
	——— des Enfants naturels	[illegible]	[illegible]	[illegible]	[illegible]	460	1,050	1,021	1,190	1,259	687	656	754	705	797	753	682	
	Nombre total des Enfants trouvés	[illegible]	[illegible]	[illegible]	[illegible]	»	311	333	356	381	340	319	303	378	289	350	306	
Loiret	Naissances des Enfants légitimes	[illegible]	[illegible]	[illegible]	[illegible]	10,486	9,461	9,933	9,575	9,060	9,003	9,309	9,089	9,273	9,036	9,078	9,239	
	——— des Enfants naturels	[illegible]	[illegible]	[illegible]	[illegible]	886	771	707	851	779	965	908	1,114	387	1,133	972	840	
	Nombre total des Enfants trouvés	[illegible]	[illegible]	[illegible]	[illegible]	319	334	861	438	426	432	480	474	428	445	407	445	
Lot	Naissances des Enfants légitimes	[illegible]	[illegible]	[illegible]	[illegible]	7,288	7,684	7,700	6,751	6,745	7,385	5,773	6,855	7,373	6,605	7,135	7,097	
	——— des Enfants naturels	[illegible]	[illegible]	[illegible]	[illegible]	265	260	322	804	261	326	358	424	404	485	428	352	
	Nombre total des Enfants trouvés	[illegible]	[illegible]	[illegible]	[illegible]	»	171	208	184	101	218	234	272	261	267	237	119	
Lot-et-Garonne	Naissances des Enfants légitimes	[illegible]	[illegible]	[illegible]	[illegible]	6,438	7,078	8,548	7,783	7,507	7,700	7,050	7,800	7,318	7,602	7,810	7,613	
	——— des Enfants naturels	[illegible]	[illegible]	[illegible]	[illegible]	397	302	443	441	338	386	443	687	163	434	503	408	
	Nombre total des Enfants trouvés	[illegible]	[illegible]	[illegible]	[illegible]	254	286	297	283	261	300	315	383	418	361	336	348	
Lozère	Naissances des Enfants légitimes	[illegible]	[illegible]	[illegible]	[illegible]	4,166	4,138	4,218	3,030	3,351	3,794	3,686	3,709	3,883	3,714	3,869	3,850	
	——— des Enfants naturels	[illegible]	[illegible]	[illegible]	[illegible]	127	151	140	146	125	106	160	137	147	102	182	178	
	Nombre total des Enfants trouvés	[illegible]	[illegible]	[illegible]	[illegible]	73	58	81	64	61	87	71	118	122	134	125	55	
Maine-et-Loire	Naissances des Enfants légitimes	[illegible]	[illegible]	[illegible]	[illegible]	14,274	12,079	12,309	12,303	12,540	11,366	11,704	11,547	11,302	11,402	11,411	11,261	
	——— des Enfants naturels	[illegible]	[illegible]	[illegible]	[illegible]	403	502	553	603	626	673	708	695	721	700	750	701	
	Nombre total des Enfants trouvés	[illegible]	[illegible]	[illegible]	[illegible]	323	412	417	410	389	463	426	482	501	505	537	490	
Manche	Naissances des Enfants légitimes	[illegible]	[illegible]	[illegible]	[illegible]	13,669	15,792	15,762	14,302	15,504	14,365	13,353	13,649	13,672	13,739	13,972	13,307	
	——— des Enfants naturels	[illegible]	[illegible]	[illegible]	[illegible]	896	1,021	1,018	945	1,003	1,022	998	876	1,046	853	803	965	
	Nombre total des Enfants trouvés	[illegible]	[illegible]	[illegible]	[illegible]	331	794	685	506	660	658	608	504	689	583	633	549	
Marne	Naissances des Enfants légitimes	[illegible]	[illegible]	[illegible]	[illegible]	9,617	9,448	9,164	9,322	9,374	10,185	9,604	9,885	9,146	9,276	9,845	9,663	
	——— des Enfants naturels	[illegible]	[illegible]	[illegible]	[illegible]	374	260	390	819	786	870	896	829	706	742	784	797	
	Nombre total des Enfants trouvés	[illegible]	[illegible]	[illegible]	[illegible]	134	304	376	426	316	503	391	384	311	315	204	305	
Marne (Haute-)	Naissances des Enfants légitimes	[illegible]	[illegible]	[illegible]	[illegible]	6,898	6,778	6,832	6,243	5,104	6,773	6,430	6,089	6,429	6,350	6,742	6,079	
	——— des Enfants naturels	[illegible]	[illegible]	[illegible]	[illegible]	277	282	354	304	282	372	372	359	311	358	291	403	
	Nombre total des Enfants trouvés	[illegible]	[illegible]	[illegible]	[illegible]	74	89	180	341	153	160	147	145	126	178	141	136	
Mayenne	Naissances des Enfants légitimes	[illegible]	[illegible]	[illegible]	[illegible]	10,088	10,242	10,440	10,519	9,820	9,200	9,182	9,086	9,406	10,033	9,795	10,031	
	——— des Enfants naturels	[illegible]	[illegible]	[illegible]	[illegible]	260	304	381	460	508	605	544	545	399	608	627	526	
	Nombre total des Enfants trouvés	[illegible]	[illegible]	[illegible]	[illegible]	179	229	285	372	286	323	322	311	310	297	344	277	
Meurthe	Naissances des Enfants légitimes	[illegible]	[illegible]	[illegible]	[illegible]	12,461	12,410	11,019	10,342	10,496	12,945	11,864	12,175	11,738	11,723	11,708	11,466	
	——— des Enfants naturels	[illegible]	[illegible]	[illegible]	[illegible]	871	1,294	1,033	910	759	978	1,104	938	842	1,283	852	1,131	
	Nombre total des Enfants trouvés	[illegible]	[illegible]	[illegible]	[illegible]	208	388	395	480	275	372	394	393	418	405	291	318	
Meuse	Naissances des Enfants légitimes	[illegible]	[illegible]	[illegible]	[illegible]	9,484	9,327	9,002	8,751	8,394	9,677	9,943	9,004	8,852	9,122	8,088	8,686	
	——— des Enfants naturels	[illegible]	[illegible]	[illegible]	[illegible]	448	485	318	843	421	558	566	577	543	474	459	437	
	Nombre total des Enfants trouvés	[illegible]	[illegible]	[illegible]	[illegible]	121	167	148	203	128	122	121	120	128	111	127	109	

DÉPARTEMENTS.		1826.	1827.	1828.	1829.	1830.	1831.	1832.	1833.	1834.	1835.	1836.	1837.	1838.
Isère	Naissances des Enfants légitimes	16,417	16,142	15,676	16,057	16,116	16,860	16,257	16,280	17,060	16,517	[illegible]	[illegible]	[illegible]
	——— des Enfants naturels	1,639	1,450	1,568	1,500	1,470	1,622	1,485	1,617	1,430	1,475	[illegible]	[illegible]	[illegible]
	Nombre total des Enfants trouvés	549	538	576	471	586	605	560	680	794	225	[illegible]	[illegible]	[illegible]
Jura	Naissances des Enfants légitimes	8,451	8,680	8,220	8,518	8,381	8,170	8,149	8,173	8,173	8,048	[illegible]	[illegible]	[illegible]
	——— des Enfants naturels	533	408	452	460	531	416	528	483	511	534	[illegible]	[illegible]	[illegible]
	Nombre total des Enfants trouvés	68	64	58	50	76	65	93	70	76	105	[illegible]	[illegible]	[illegible]
Landes	Naissances des Enfants légitimes	7,825	7,814	8,058	7,781	7,867	8,056	7,787	8,564	8,315	8,680	[illegible]	[illegible]	[illegible]
	——— des Enfants naturels	925	889	828	777	798	410	823	452	352	241	[illegible]	[illegible]	[illegible]
	Nombre total des Enfants trouvés	295	355	344	336	300	324	343	322	[illegible]	261	[illegible]	[illegible]	[illegible]
Loir-et-Cher	Naissances des Enfants légitimes	7,090	7,048	6,810	6,704	6,621	6,942	6,692	7,054	6,985	7,072	[illegible]	[illegible]	[illegible]
	——— des Enfants naturels	555	579	627	645	561	503	638	536	657	676	[illegible]	[illegible]	[illegible]
	Nombre total des Enfants trouvés	247	217	338	357	316	286	395	312	196	383	[illegible]	[illegible]	[illegible]
Loire	Naissances des Enfants légitimes	13,550	13,602	13,350	13,831	13,494	14,150	13,539	13,403	13,789	14,222	[illegible]	[illegible]	[illegible]
	——— des Enfants naturels	545	538	582	600	582	660	644	604	617	617	[illegible]	[illegible]	[illegible]
	Nombre total des Enfants trouvés	308	276	296	344	392	358	418	407	396	421	[illegible]	[illegible]	[illegible]
Loire (Haute)	Naissances des Enfants légitimes	8,034	8,500	8,437	8,816	9,082	8,335	8,309	8,801	9,193	8,009	[illegible]	[illegible]	[illegible]
	——— des Enfants naturels	251	308	293	318	366	266	230	445	411	322	[illegible]	[illegible]	[illegible]
	Nombre total des Enfants trouvés	147	237	261	207	207	201	233	203	291	216	[illegible]	[illegible]	[illegible]
Loire-Inférieure	Naissances des Enfants légitimes	12,226	12,104	12,767	11,739	12,790	13,157	11,805	12,407	13,651	13,941	[illegible]	[illegible]	[illegible]
	——— des Enfants naturels	639	622	642	712	693	633	657	474	714	731	[illegible]	[illegible]	[illegible]
	Nombre total des Enfants trouvés	316	300	320	304	356	365	330	376	363	341	[illegible]	[illegible]	[illegible]
Loiret	Naissances des Enfants légitimes	9,111	9,344	8,714	8,802	8,536	9,091	8,528	8,506	8,760	9,112	[illegible]	[illegible]	[illegible]
	——— des Enfants naturels	651	768	657	687	576	635	808	667	681	538	[illegible]	[illegible]	[illegible]
	Nombre total des Enfants trouvés	449	468	478	454	452	495	469	455	395	541	[illegible]	[illegible]	[illegible]
Lot	Naissances des Enfants légitimes	7,153	7,025	7,388	7,152	6,950	7,268	6,702	7,438	7,427	7,404	[illegible]	[illegible]	[illegible]
	——— des Enfants naturels	305	301	303	357	301	386	364	350	350	332	[illegible]	[illegible]	[illegible]
	Nombre total des Enfants trouvés	57	52	76	91	95	115	127	118	109	144	[illegible]	[illegible]	[illegible]
Lot-et-Garonne	Naissances des Enfants légitimes	8,000	7,249	7,515	7,486	7,241	7,270	6,718	7,464	7,125	7,925	[illegible]	[illegible]	[illegible]
	——— des Enfants naturels	516	515	480	564	535	582	600	559	522	437	[illegible]	[illegible]	[illegible]
	Nombre total des Enfants trouvés	317	319	353	370	338	371	340	318	290	188	[illegible]	[illegible]	[illegible]
Lozère	Naissances des Enfants légitimes	3,880	4,164	3,927	4,006	3,786	4,170	4,016	3,918	4,041	4,161	[illegible]	[illegible]	[illegible]
	——— des Enfants naturels	172	177	202	182	206	207	211	164	187	[illegible]	[illegible]	[illegible]	[illegible]
	Nombre total des Enfants trouvés	156	74	75	124	96	186	124	111	120	125	[illegible]	[illegible]	[illegible]
Maine-et-Loire	Naissances des Enfants légitimes	11,144	11,083	10,822	10,582	10,806	11,846	10,301	10,600	10,730	11,800	[illegible]	[illegible]	[illegible]
	——— des Enfants naturels	741	604	788	676	810	921	833	809	973	754	[illegible]	[illegible]	[illegible]
	Nombre total des Enfants trouvés	566	586	561	402	570	512	572	554	587	427	[illegible]	[illegible]	[illegible]
Manche	Naissances des Enfants légitimes	12,920	13,494	12,951	13,521	13,203	13,370	13,244	13,169	12,578	13,539	[illegible]	[illegible]	[illegible]
	——— des Enfants naturels	790	763	874	868	801	944	765	942	883	959	[illegible]	[illegible]	[illegible]
	Nombre total des Enfants trouvés	503	400	585	512	484	532	610	639	654	678	[illegible]	[illegible]	[illegible]
Marne	Naissances des Enfants légitimes	9,060	9,666	9,884	9,252	9,183	9,308	8,273	9,015	8,944	8,801	[illegible]	[illegible]	[illegible]
	——— des Enfants naturels	834	782	796	764	763	709	600	786	785	747	[illegible]	[illegible]	[illegible]
	Nombre total des Enfants trouvés	281	345	378	422	400	517	569	402	439	302	[illegible]	[illegible]	[illegible]
Marne (Haute)	Naissances des Enfants légitimes	6,771	6,860	6,574	6,326	5,018	6,567	5,761	6,245	6,327	6,588	[illegible]	[illegible]	[illegible]
	——— des Enfants naturels	307	221	[illegible]	297	364	374	429	390	361	386	[illegible]	[illegible]	[illegible]
	Nombre total des Enfants trouvés	[illegible]	[illegible]	[illegible]	[illegible]	[illegible]	[illegible]	[illegible]	[illegible]	[illegible]	[illegible]	[illegible]	[illegible]	[illegible]
Mayenne	Naissances des Enfants légitimes	[illegible]	[illegible]	[illegible]	[illegible]	[illegible]	[illegible]	[illegible]	[illegible]	[illegible]	[illegible]	[illegible]	[illegible]	[illegible]
	——— des Enfants naturels	[illegible]	[illegible]	[illegible]	[illegible]	[illegible]	[illegible]	[illegible]	[illegible]	[illegible]	[illegible]	[illegible]	[illegible]	[illegible]
	Nombre total des Enfants trouvés	[illegible]	[illegible]	[illegible]	[illegible]	[illegible]	[illegible]	[illegible]	[illegible]	[illegible]	[illegible]	[illegible]	[illegible]	[illegible]
Meurthe	Naissances des Enfants légitimes	[illegible]	[illegible]	[illegible]	[illegible]	[illegible]	[illegible]	[illegible]	[illegible]	[illegible]	[illegible]	[illegible]	[illegible]	[illegible]
	——— des Enfants naturels	[illegible]	[illegible]	[illegible]	[illegible]	[illegible]	[illegible]	[illegible]	[illegible]	[illegible]	[illegible]	[illegible]	[illegible]	[illegible]
	Nombre total des Enfants trouvés	[illegible]	[illegible]	[illegible]	[illegible]	[illegible]	[illegible]	[illegible]	[illegible]	[illegible]	[illegible]	[illegible]	[illegible]	[illegible]
Meuse	Naissances des Enfants légitimes	[illegible]	[illegible]	[illegible]	[illegible]	[illegible]	[illegible]	[illegible]	[illegible]	[illegible]	[illegible]	[illegible]	[illegible]	[illegible]
	——— des Enfants naturels	[illegible]	[illegible]	[illegible]	[illegible]	[illegible]	[illegible]	[illegible]	[illegible]	[illegible]	[illegible]	[illegible]	[illegible]	[illegible]
	Nombre total des Enfants trouvés	[illegible]	[illegible]	[illegible]	[illegible]	[illegible]	[illegible]	[illegible]	[illegible]	[illegible]	[illegible]	[illegible]	[illegible]	[illegible]

DÉPARTEMENTS.		1839.	1840.	1841.	1842.	1843.	1844.	1845.	1846.	1847.	1848.	1849.	1850.	OBSERVATIONS.
Isère	Naissances des Enfants légitimes	[illegible]	16,021	16,496	16,174	16,889	15,842	16,994	15,644	15,094	16,213			
	——— des Enfants naturels	[illegible]	850	810	846	910	873	851	897	779	851			
	Nombre total des Enfants trouvés	[illegible]	131	666	188	213	298	355	331	376	379			
Jura	Naissances des Enfants légitimes	6,006	6,155	8,260	8,149	8,075	7,843	7,800	7,462	7,004	7,250			
	——— des Enfants naturels	[illegible]	398	404	381	419	417	416	390	327	428			
	Nombre total des Enfants trouvés	[illegible]	103	30	47	44	55	52	67	89	77			
Landes	Naissances des Enfants légitimes	[illegible]	8,170	7,985	8,567	8,663	8,871	7,045	8,469	7,811				
	——— des Enfants naturels	[illegible]	813	760	907	981	1,003	1,122	1,047	860				
	Nombre total des Enfants trouvés	[illegible]	351	884	334	387	605	457	403	371				
Loir-et-Cher	Naissances des Enfants légitimes	[illegible]	6,454	6,779	6,803	6,804	6,998	6,989	6,550	6,195	6,044			
	——— des Enfants naturels	[illegible]	327	506	511	526	487	689	515	476	409			
	Nombre total des Enfants trouvés	[illegible]	300	243	224	323	210	215	245	215	202			
Loire	Naissances des Enfants légitimes	[illegible]	15,609	15,317	14,577	14,585	15,027	14,257	14,198	13,977	13,835			
	——— des Enfants naturels	[illegible]	647	572	650	686	607	651	612	538	524			
	Nombre total des Enfants trouvés	[illegible]	417	410	429	410	381	300	283	310	343			
Loire (Haute)	Naissances des Enfants légitimes	[illegible]	8,270	8,772	8,336	9,422	9,124	8,946	8,783	7,664	8,080			
	——— des Enfants naturels	[illegible]	361	332	318	348	377	334	351	321	360			
	Nombre total des Enfants trouvés	[illegible]	190	227	244	222	235	251	289	254	281			
Loire-Inférieure	Naissances des Enfants légitimes	[illegible]	13,105	13,041	13,802	14,050	14,027	14,258	14,808	13,011	14,280			
	——— des Enfants naturels	[illegible]	787	775	742	737	756	752	800	792	609			
	Nombre total des Enfants trouvés	[illegible]	497	801	397	305	396	337	412	360	301			
Loiret	Naissances des Enfants légitimes	[illegible]	8,516	9,986	9,265	9,116	9,248	9,789	9,387	8,075	9,273			
	——— des Enfants naturels	[illegible]	683	710	671	663	661	455	609	1,040	609			
	Nombre total des Enfants trouvés	[illegible]	496	495	387	348	350	386	423	467	573			
Lot	Naissances des Enfants légitimes	[illegible]	7,265	7,256	7,522	7,587	7,358	7,253	7,120	6,065	7,017			
	——— des Enfants naturels	[illegible]	450	373	333	306	292	241	280	238	330			
	Nombre total des Enfants trouvés	[illegible]	184	122	88	53	84	77	91	121	160			
Lot-et-Garonne	Naissances des Enfants légitimes	[illegible]	6,831	6,603	6,412	7,098	7,016	6,976	6,620	5,795	6,271			
	——— des Enfants naturels	[illegible]	307	279	329	322	224	315	310	280	375			
	Nombre total des Enfants trouvés	[illegible]	106	84	29	115	113	125	125	116	104			
Lozère	Naissances des Enfants légitimes	[illegible]	3,863	4,185	3,937	4,340	3,974	4,212	4,253	4,044	3,906			
	——— des Enfants naturels	[illegible]	177	188	176	196	168	194	127	110	187			
	Nombre total des Enfants trouvés	[illegible]	88	95	96	132	124	160	128	181	132			
Maine-et-Loire	Naissances des Enfants légitimes	[illegible]	10,794	11,903	11,241	11,347	10,010	11,486	11,802	10,854	11,313			
	——— des Enfants naturels	[illegible]	782	641	712	680	690	605	690	659	769			
	Nombre total des Enfants trouvés	[illegible]	434	419	427	463	476	459	518	483	536			
Manche	Naissances des Enfants légitimes	[illegible]	12,490	14,015	13,049	12,924	12,690	13,165	12,474	12,049	12,566			
	——— des Enfants naturels	[illegible]	898	938	909	797	818	697	799	747	820			
	Nombre total des Enfants trouvés	[illegible]	343	373	386	375	390	390	281	310	346			
Marne	Naissances des Enfants légitimes	[illegible]	8,500	8,818	8,953	8,061	8,651	9,278	9,108	8,162	8,942			
	——— des Enfants naturels	[illegible]	719	785	723	696	668	660	759	726	693			
	Nombre total des Enfants trouvés	[illegible]	348	339	281	259	380	246	290	295	249			
Marne (Haute)	Naissances des Enfants légitimes	[illegible]	5,327	5,664	5,657	6,058	5,784	6,096	5,532	5,009	5,069			
	——— des Enfants naturels	[illegible]	[illegible]	[illegible]	[illegible]	[illegible]	[illegible]	[illegible]	[illegible]	[illegible]	[illegible]			
	Nombre total des Enfants trouvés	[illegible]	[illegible]	[illegible]	[illegible]	[illegible]	[illegible]	[illegible]	[illegible]	[illegible]	[illegible]			
Mayenne	Naissances des Enfants légitimes	[illegible]	[illegible]	[illegible]	[illegible]	[illegible]	[illegible]	[illegible]	[illegible]	[illegible]	[illegible]			
	——— des Enfants naturels	[illegible]	[illegible]	[illegible]	[illegible]	[illegible]	[illegible]	[illegible]	[illegible]	[illegible]	[illegible]			
	Nombre total des Enfants trouvés	[illegible]	[illegible]	[illegible]	[illegible]	[illegible]	[illegible]	[illegible]	[illegible]	[illegible]	[illegible]			
Meurthe	Naissances des Enfants légitimes	[illegible]	[illegible]	[illegible]	[illegible]	[illegible]	[illegible]	[illegible]	[illegible]	[illegible]	[illegible]			
	——— des Enfants naturels	[illegible]	[illegible]	[illegible]	[illegible]	[illegible]	[illegible]	[illegible]	[illegible]	[illegible]	[illegible]			
	Nombre total des Enfants trouvés	[illegible]	[illegible]	[illegible]	[illegible]	[illegible]	[illegible]	[illegible]	[illegible]	[illegible]	[illegible]			
Meuse	Naissances des Enfants légitimes	[illegible]	[illegible]	[illegible]	[illegible]	[illegible]	[illegible]	[illegible]	[illegible]	[illegible]	[illegible]			
	——— des Enfants naturels	[illegible]	[illegible]	[illegible]	[illegible]	[illegible]	[illegible]	[illegible]	[illegible]	[illegible]	[illegible]			
	Nombre total des Enfants trouvés	[illegible]	[illegible]	[illegible]	[illegible]	[illegible]	[illegible]	[illegible]	[illegible]	[illegible]	[illegible]			

DÉPARTEMENTS.		AN IX. 1800 à 1801	AN X. 1801 à 1802	AN XI. 1802 à 1803.	AN XII. 1803 à 1804	AN XIII. 1804 à 1805.	AN XIV 100 jours de 1805	1806.	1807	1808.	1809.	1810	1811	1812	1813.	1814.	1815.	1816.	1817	1818.	1819.	1820.	1821.	1822.	1823.	1824.	1825.	OBSERVATIONS.
MORBIHAN	Naissances des Enfants légitimes	13,336	13,907	15,161	13,180	13,805	3,578	15,106	14,367	14,174	16,232	[illegible]	[illegible]	[illegible]	13,873	16,187	14,631	14,389	14,605	13,948	13,695	13,606	14,320	15,756	14,015	14,303	14,466	
	——— des Enfants naturels	262	255	228	228	227	74	350	232	266	350	371	[illegible]	[illegible]	301	388	290	333	399	442	402	408	360	460	370	383	432	
	Nombre total des Enfants trouvés	»	»	»	»	»	»	»	»	»	»	»	[illegible]	[illegible]	»	»	273	825	282	513	276	278	267	245	57	205	208	
MOSELLE	Naissances des Enfants légitimes	12,516	12,090	12,781	13,858	12,781	3,757	12,158	12,891	12,561	12,450	[illegible]	[illegible]	[illegible]	9,488	12,726	15,170	11,707	11,387	10,920	12,602	12,155	12,950	12,126	12,393	11,600	11,904	
	——— des Enfants naturels	597	640	655	629	604	121	809	631	720	716	702	[illegible]	[illegible]	587	796	870	850	960	736	984	765	922	857	744	720	710	
	Nombre total des Enfants trouvés	»	»	»	»	»	»	197	211	257	295	280	[illegible]	[illegible]	935	268	280	300	590	255	521	205	260	144	183	78	131	
NIÈVRE	Naissances des Enfants légitimes	8,304	8,088	9,331	8,689	7,163	2,220	9,316	8,002	8,010	8,372	8,112	[illegible]	[illegible]	8,316	5,366	8,892	8,831	8,555	8,586	9,613	9,503	9,343	8,872	9,237	9,214	8,215	
	——— des Enfants naturels	297	412	304	282	289	74	322	320	397	284	395	[illegible]	[illegible]	353	507	391	804	514	306	582	502	493	581	641	367	357	
	Nombre total des Enfants trouvés	»	»	»	»	»	»	»	»	»	»	»	[illegible]	[illegible]	217	261	240	205	540	324	326	306	362	577	360	362	361	
NORD	Naissances des Enfants légitimes	25,464	26,031	25,054	29,182	28,369	6,477	26,044	25,687	24,497	24,272	25,161	[illegible]	[illegible]	23,510	28,414	27,037	29,289	29,035	26,776	30,282	29,124	29,636	30,704	30,908	30,734	31,401	
	——— des Enfants naturels	2,562	2,817	2,621	2,830	3,332	655	2,314	2,031	2,495	2,656	2,981	[illegible]	[illegible]	2,310	2,604	4,157	3,374	3,254	2,034	3,470	3,201	3,087	3,311	3,950	2,902	3,070	
	Nombre total des Enfants trouvés	»	»	»	»	»	»	»	»	»	»	»	[illegible]	[illegible]	940	974	903	1,098	1,200	981	1,065	1,010	914	956	970	991	963	
OISE	Naissances des Enfants légitimes	9,601	9,076	9,416	10,077	10,561	2,456	10,390	9,632	9,865	9,799	[illegible]	[illegible]	[illegible]	[illegible]	10,233	10,380	11,074	10,781	10,135	10,039	9,730	10,365	9,979	10,609	10,076	10,277	
	——— des Enfants naturels	380	383	425	400	572	115	453	321	306	441	447	[illegible]	[illegible]	479	501	486	519	575	631	608	595	564	563	586	734	679	
	Nombre total des Enfants légitimes	53	33	37	48	66	67	80	86	75	87	[illegible]	[illegible]	[illegible]	106	138	131	190	139	180	194	252	233	211	158	192	196	
ORNE	Naissances des Enfants légitimes	11,450	11,374	11,080	9,909	9,480	2,536	10,221	10,061	9,456	9,277	[illegible]	[illegible]	[illegible]	4,700	10,101	10,154	10,188	10,343	9,511	10,168	10,118	9,948	9,815	9,513	9,952	9,096	
	——— des Enfants naturels	315	319	326	416	324	95	352	464	409	366	[illegible]	[illegible]	[illegible]	339	357	450	511	421	438	477	527	544	591	480	437	458	
	Nombre total des Enfants trouvés	»	»	»	»	»	»	»	»	»	»	»	[illegible]	[illegible]	»	»	259	274	256	251	274	282	283	267	262	220	253	
PAS-DE-CALAIS	Naissances des Enfants légitimes	15,871	16,031	15,649	17,126	17,031	4,141	16,534	16,832	16,033	14,708	[illegible]	[illegible]	[illegible]	14,004	19,064	18,165	17,957	16,168	16,092	17,003	17,476	17,740	16,178	18,317	18,589	18,097	
	——— des Enfants naturels	710	852	617	728	1,003	305	1,169	1,012	996	1,109	[illegible]	[illegible]	[illegible]	1,061	1,458	1,633	1,842	1,670	1,075	1,870	1,343	1,361	1,400	1,748	1,048	1,681	
	Nombre total des Enfants trouvés	»	»	»	»	»	»	5	280	281	297	[illegible]	[illegible]	[illegible]	481	424	456	360	607	404	424	409	515	497	429	404	403	
PUY-DE-DÔME	Naissances des Enfants légitimes	16,050	16,702	17,080	17,790	17,286	4,454	15,523	16,331	16,706	17,077	[illegible]	[illegible]	[illegible]	[illegible]	15,151	15,327	15,381	15,824	16,029	17,109	15,852	15,565	16,553	15,758	15,780	15,748	
	——— des Enfants naturels	480	502	430	308	343	154	475	544	505	595	615	[illegible]	[illegible]	586	604	661	607	700	725	710	714	602	589	577	512	605	
	Nombre total des Enfants trouvés	»	»	»	»	»	»	»	»	»	»	»	[illegible]	[illegible]	»	»	1,025	578	506	600	581	578	455	525	488	430	380	
PYRÉNÉES (BASSES-)	Naissances des Enfants légitimes	9,333	9,576	9,717	10,828	9,037	2,789	9,571	9,834	10,196	9,722	[illegible]	[illegible]	[illegible]	[illegible]	10,670	10,022	10,921	9,024	9,916	10,323	10,277	10,324	9,939	9,586	9,906	10,286	
	——— des Enfants naturels	747	729	772	715	781	284	709	785	1,036	579	610	[illegible]	[illegible]	982	810	614	716	868	895	967	900	964	856	960	1,059	1,081	
	Nombre total des Enfants trouvés	»	»	»	»	»	»	»	»	»	»	»	[illegible]	[illegible]	»	»	418	401	472	578	381	418	436	507	497	511	496	
PYRÉNÉES (HAUTES-)	Naissances des Enfants légitimes	5,142	4,986	5,091	5,338	5,308	1,269	5,057	5,534	3,669	5,551	[illegible]	[illegible]	[illegible]	5,306	5,624	5,127	5,883	5,175	5,161	5,749	5,470	5,006	5,455	5,297	5,560	5,460	
	——— des Enfants naturels	270	253	268	299	279	64	276	345	295	346	[illegible]	[illegible]	[illegible]	421	436	249	370	375	408	440	431	582	591	617	680	578	
	Nombre total des Enfants trouvés	»	»	»	»	»	»	»	»	»	»	»	[illegible]	[illegible]	»	»	186	182	285	182	176	153	157	157	202	215	211	
PYRÉNÉES-ORIENTALES	Naissances des Enfants légitimes	4,746	4,605	5,173	5,158	5,306	1,479	4,939	5,020	5,361	5,611	[illegible]	[illegible]	[illegible]	[illegible]	5,286	5,080	5,198	5,281	4,720	5,047	4,089	5,000	5,126	4,038	5,100	5,205	
	——— des Enfants naturels	246	261	228	179	222	60	250	261	272	288	[illegible]	[illegible]	[illegible]	278	315	285	321	302	333	289	327	343	419	603	520	531	
	Nombre total des Enfants trouvés	»	»	»	»	»	»	»	»	»	»	[illegible]	[illegible]	[illegible]	[illegible]	156	228	203	248	237	231	243	264	291	296	278	204	
RHIN (BAS-)	Naissances des Enfants légitimes	17,280	18,307	18,626	18,535	18,644	5,422	18,128	20,312	10,240	19,349	[illegible]	[illegible]	[illegible]	[illegible]	19,816	18,336	17,407	16,190	15,098	18,476	17,607	16,366	17,368	17,192	17,380	17,187	
	——— des Enfants naturels	981	1,036	976	979	980	278	1,016	1,077	1,045	1,154	[illegible]	[illegible]	[illegible]	1,139	1,186	1,203	1,382	1,416	1,009	1,196	1,155	1,168	1,161	1,082	1,314	1,320	
	Nombre total des Enfants trouvés	44	66	48	64	49	60	58	58	49	63	61	[illegible]	[illegible]	[illegible]	48	75	158	350	285	806	490	317	230	145	161	245	
RHIN (HAUT-)	Naissances des Enfants légitimes	10,474	11,076	11,677	11,464	11,708	3,053	11,530	11,947	11,906	12,595	[illegible]	[illegible]	[illegible]	[illegible]	11,810	12,449	11,718	11,080	11,120	13,467	13,374	13,566	13,004	12,939	14,367	14,294	
	——— des Enfants naturels	548	577	483	526	585	151	557	512	580	446	[illegible]	[illegible]	[illegible]	[illegible]	677	775	805	900	712	678	802	588	906	986	981	919	
	Nombre total des Enfants trouvés	»	»	»	»	»	»	»	»	»	»	»	[illegible]	[illegible]	»	21	21	46	75	42	47	42	60	39	44	61	49	
RHÔNE	Naissances des Enfants légitimes	10,237	10,861	9,638	10,058	10,489	2,091	10,568	10,455	10,579	10,073	[illegible]	[illegible]	[illegible]	[illegible]	11,030	12,021	11,053	10,017	10,825	11,701	11,368	11,036	12,776	12,397	12,658	12,604	
	——— des Enfants naturels	1,186	1,221	1,176	1,271	1,185	318	1,514	1,349	1,434	1,587	[illegible]	[illegible]	[illegible]	[illegible]	1,548	1,630	1,650	1,815	1,754	1,902	2,097	2,062	2,085	2,210	2,165	2,215	
	Nombre total des Enfants trouvés	»	»	1,082	1,117	1,134	1,004	1,533	1,264	1,296	1,331	[illegible]	[illegible]	[illegible]	[illegible]	1,436	1,403	1,508	1,635	1,497	1,710	1,650	1,721	1,726	1,702	1,775	1,767	
SAÔNE (HAUTE-)	Naissances des Enfants légitimes	8,152	8,072	8,750	8,022	9,365	2,306	9,569	8,336	9,241	6,132	[illegible]	[illegible]	[illegible]	[illegible]	7,116	8,367	8,081	9,074	8,580	9,722	9,898	10,211	8,016	9,154	8,896	8,871	
	——— des Enfants naturels	401	303	462	367	432	101	541	469	452	432	[illegible]	[illegible]	[illegible]	[illegible]	572	594	706	712	682	722	882	1,009	965	1,030	1,066	1,036	
	Nombre total des Enfants trouvés	»	»	»	»	»	»	»	»	»	[illegible]	[illegible]	[illegible]	[illegible]	[illegible]	[illegible]	12	11	32	30	15	»	16	19	9	8	24	
SAÔNE-ET-LOIRE	Naissances des Enfants légitimes	15,030	15,705	15,775	15,831	15,348	4,476	16,028	15,862	16,484	16,309	[illegible]	[illegible]	[illegible]	[illegible]	17,009	16,523	16,821	16,114	14,071	16,709	16,018	16,369	16,759	15,893	16,335	15,609	
	——— des Enfants naturels	446	426	406	465	465	142	521	402	524	572	[illegible]	[illegible]	[illegible]	[illegible]	721	532	701	661	564	803	904	851	652	671	929	976	
	Nombre total des Enfants trouvés	»	»	»	»	»	»	»	1	5	6	[illegible]	[illegible]	[illegible]	[illegible]	145	170	183	206	183	183	190	192	275	201	201	189	
SARTHE	Naissances des Enfants légitimes	12,364	12,437	12,080	11,502	10,421	2,841	13,065	10,613	10,422	10,837	[illegible]	[illegible]	[illegible]	[illegible]	12,381	11,691	11,739	11,632	11,889	11,866	11,372	12,006	11,625	11,285	11,887	12,121	
	——— des Enfants naturels	504	600	664	620	235	104	458	550	434	595	[illegible]	[illegible]	[illegible]	[illegible]	360	841	889	542	1,133	1,195	1,186	1,187	1,071	983	981	985	
	Nombre total des Enfants trouvés	»	»	»	»	»	»	»	308	338	436	[illegible]	[illegible]	[illegible]	[illegible]	371	404	409	515	469	553	516	589	621	459	503	428	
SEINE	Naissances des Enfants légitimes	17,366	18,299	17,360	16,566	16,266	5,900	14,777	14,420	14,313	14,329	[illegible]	[illegible]	[illegible]	[illegible]	15,369	16,378	16,332	17,712	18,095	18,006	18,770	19,646	20,762	21,294	22,653	23,455	
	——— des Enfants naturels	4,970	5,503	5,899	5,657	5,443	1,881	6,583	6,606	6,335	[illegible]	[illegible]	[illegible]	[illegible]	[illegible]	6,341	9,122	9,064	9,289	8,853	9,908	9,336	9,313	10,199	10,194	10,713	10,060	
	Nombre total des Enfants trouvés	»	»	»	»	»	»	»	»	»	»	[illegible]	[illegible]	[illegible]	[illegible]	[illegible]	5,080	5,080	5,367	4,779	5,067	5,101	4,963	5,020	5,116	5,425	5,454	

DÉPARTEMENTS		1826.	1827.	1828.	1829.	1830.	1831.	1832.	1833.	1834.	1835.	1836.	1837.	1838.	1839.	1840.	1841.	1842.	1843.	1844.	1845.	1846.	1847.	1848.	1849.	1850.	OBSERVATIONS.
Morbihan	Naissances des Enfants légitimes	13,770	15,585	14,432	13,227	14,153	15,191	16,818	14,457	14,325	16,576	[illegible]	[illegible]	[illegible]	[illegible]	13,979	13,115	13,608	13,835	13,857	13,976	14,489	13,106	13,536			
	——— des Enfants naturels	424	360	421	376	308	335	411	470	400	415	[illegible]	[illegible]	[illegible]	[illegible]	460	465	409	414	405	410	481	425	423			
	Nombre total des Enfants trouvés	187	163	203	101	189	171	235	239	169	191	[illegible]	[illegible]	[illegible]	[illegible]	201	245	203	196	215	124	229	234	333			
Moselle	Naissances des Enfants légitimes	12,700	12,281	12,419	12,205	12,530	12,360	11,871	12,053	12,850	12,073	[illegible]	[illegible]	[illegible]	[illegible]	11,662	12,145	12,073	12,407	12,082	12,765	12,134	11,680	11,907			
	——— des Enfants naturels	563	727	744	712	818	787	815	874	973	915	[illegible]	[illegible]	[illegible]	[illegible]	778	787	770	758	662	758	749	715	682			
	Nombre total des Enfants trouvés	103	92	117	87	126	146	166	91	95	62	[illegible]	[illegible]	[illegible]	[illegible]	64	41	39	59	46	58	186	157	111			
Nièvre	Naissances des Enfants légitimes	9,348	9,110	8,605	8,019	9,207	9,463	9,332	9,087	9,072	9,307	[illegible]	[illegible]	[illegible]	[illegible]	9,232	9,712	9,766	9,538	9,257	10,351	9,763	8,672	9,216			
	——— des Enfants naturels	349	367	296	372	423	325	495	437	491	631	[illegible]	[illegible]	[illegible]	[illegible]	506	558	495	480	453	468	510	430	417			
	Nombre total des Enfants trouvés	362	378	272	294	323	339	345	345	366	293	[illegible]	[illegible]	[illegible]	[illegible]	256	250	254	242	263	255	290	330	280			
Nord	Naissances des Enfants légitimes	30,933	29,050	30,100	29,230	28,660	30,403	27,490	30,506	31,596	31,381	[illegible]	[illegible]	[illegible]	[illegible]	31,665	32,291	30,121	32,200	30,140	30,076	31,661	30,472	30,007			
	——— des Enfants naturels	3,223	2,918	3,102	2,870	2,865	3,035	2,988	2,903	3,305	3,911	[illegible]	[illegible]	[illegible]	[illegible]	3,084	2,911	2,705	2,777	2,848	3,066	3,096	2,610	3,090			
	Nombre total des Enfants trouvés	931	680	851	866	872	1,010	960	809	779	775	[illegible]	[illegible]	[illegible]	[illegible]	358	255	162	96	54	158	201	254	396			
Oise	Naissances des Enfants légitimes	9,018	10,045	9,383	9,431	9,460	9,761	9,035	9,428	9,353	9,318	[illegible]	[illegible]	[illegible]	[illegible]	9,445	9,701	10,113	8,062	8,726	9,138	9,026	8,532	9,067			
	——— des Enfants naturels	751	697	699	652	687	733	728	711	760	756	[illegible]	[illegible]	[illegible]	[illegible]	703	667	693	632	650	623	633	598	539			
	Nombre total des Enfants trouvés	236	216	244	259	291	301	316	261	253	203	[illegible]	[illegible]	[illegible]	[illegible]	145	99	132	126	113	118	114	154	116			
Orne	Naissances des Enfants légitimes	9,820	9,603	9,000	9,006	8,901	9,361	8,047	9,043	9,065	8,863	[illegible]	[illegible]	[illegible]	[illegible]	7,932	8,410	8,020	8,106	8,177	8,447	8,043	7,631	7,998			
	——— des Enfants naturels	404	407	402	467	460	417	378	433	461	470	[illegible]	[illegible]	[illegible]	[illegible]	371	445	345	321	363	379	423	387	396			
	Nombre total des Enfants trouvés	214	219	261	201	210	260	211	204	265	263	[illegible]	[illegible]	[illegible]	[illegible]	201	213	152	152	172	174	222	203	154			
Pas-de-Calais	Naissances des Enfants légitimes	16,067	17,001	17,577	16,977	17,253	17,856	16,761	18,046	17,971	18,131	[illegible]	[illegible]	[illegible]	[illegible]	17,470	17,803	17,767	17,300	17,461	17,621	17,348	16,772	16,900			
	——— des Enfants naturels	1,633	1,578	1,780	1,704	1,725	1,702	1,715	1,820	1,681	1,983	[illegible]	[illegible]	[illegible]	[illegible]	1,710	1,083	1,834	1,670	1,600	1,577	1,578	1,400	1,615			
	Nombre total des Enfants trouvés	371	391	474	490	485	502	509	435	365	307	[illegible]	[illegible]	[illegible]	[illegible]	422	370	304	75	84	139	184	126	188			
Puy-de-Dôme	Naissances des Enfants légitimes	15,829	16,440	14,085	15,157	16,353	15,978	16,377	15,566	15,750	16,236	[illegible]	[illegible]	[illegible]	[illegible]	14,734	15,970	15,194	15,543	15,933	15,309	15,150	15,900	15,018			
	——— des Enfants naturels	618	542	661	507	685	725	768	678	670	615	[illegible]	[illegible]	[illegible]	[illegible]	568	539	530	553	553	537	505	498	477			
	Nombre total des Enfants trouvés	415	609	476	435	451	471	450	398	416	390	[illegible]	[illegible]	[illegible]	[illegible]	286	150	158	150	168	170	155	234	204			
Pyrénées (Basses)	Naissances des Enfants légitimes	10,394	10,849	10,764	10,461	10,255	10,480	10,417	10,862	10,233	10,980	[illegible]	[illegible]	[illegible]	[illegible]	11,142	10,083	10,760	10,530	10,304	10,511	9,565	9,330	9,800			
	——— des Enfants naturels	1,039	1,017	1,073	856	810	777	770	1,151	1,038	1,015	[illegible]	[illegible]	[illegible]	[illegible]	924	968	1,064	1,028	982	850	974	845	968			
	Nombre total des Enfants trouvés	450	427	522	506	531	542	519	583	582	681	[illegible]	[illegible]	[illegible]	[illegible]	179	105	132	134	94	184	131	135	102			
Pyrénées (Hautes)	Naissances des Enfants légitimes	6,107	5,661	5,605	5,659	5,718	5,891	5,471	5,813	6,110	5,966	[illegible]	[illegible]	[illegible]	[illegible]	5,597	5,805	5,758	5,077	5,530	5,790	5,145	5,152	5,500			
	——— des Enfants naturels	567	534	430	458	460	456	525	517	552	481	[illegible]	[illegible]	[illegible]	[illegible]	362	464	500	476	480	477	406	447	420			
	Nombre total des Enfants trouvés	219	232	185	204	220	225	232	220	231	290	[illegible]	[illegible]	[illegible]	[illegible]	190	175	178	121	119	135	177	191	271			
Pyrénées-Orientales	Naissances des Enfants légitimes	5,422	5,443	5,647	5,422	5,600	5,800	5,209	5,537	5,450	5,517	[illegible]	[illegible]	[illegible]	[illegible]	5,667	5,772	5,651	5,680	5,059	6,035	6,205	6,329	6,310			
	——— des Enfants naturels	348	330	325	406	303	406	372	430	480	[illegible]	[illegible]	[illegible]	[illegible]	[illegible]	492	325	450	424	418	452	434	447	483			
	Nombre total des Enfants trouvés	262	294	310	262	289	325	293	295	276	260	[illegible]	[illegible]	[illegible]	[illegible]	263	288	246	250	45	286	260	181	241			
Rhin (Bas)	Naissances des Enfants légitimes	17,671	17,349	17,277	17,277	17,321	17,660	16,005	17,918	16,425	18,224	[illegible]	[illegible]	[illegible]	[illegible]	17,825	18,369	15,822	15,301	18,552	19,198	17,847	15,002	17,273			
	——— des Enfants naturels	1,436	1,406	1,020	1,567	1,471	1,810	1,393	1,392	1,617	1,775	[illegible]	[illegible]	[illegible]	[illegible]	1,765	1,771	1,770	1,086	1,713	1,700	1,705	1,475	1,681			
	Nombre total des Enfants trouvés	161	151	180	176	160	207	200	187	211	253	[illegible]	[illegible]	[illegible]	[illegible]	87	75	107	103	113	119	150	260	150			
Rhin (Haut)	Naissances des Enfants légitimes	15,080	15,127	14,800	14,530	14,454	14,040	13,278	16,182	15,320	15,566	[illegible]	[illegible]	[illegible]	[illegible]	15,440	16,090	16,249	15,406	15,909	16,632	15,240	13,152	13,750			
	——— des Enfants naturels	1,221	1,148	1,160	1,194	1,194	1,139	980	1,002	1,372	1,409	[illegible]	[illegible]	[illegible]	[illegible]	1,585	1,515	1,350	1,477	1,404	1,471	1,501	1,109	1,266			
	Nombre total des Enfants trouvés	34	42	38	45	44	55	78	49	30	40	[illegible]	[illegible]	[illegible]	[illegible]	55	31	26	61	77	107	97	209	147			
Rhône	Naissances des Enfants légitimes	13,427	13,070	13,617	13,284	12,889	13,553	13,933	13,667	13,215	13,605	[illegible]	[illegible]	[illegible]	[illegible]	13,098	13,023	16,147	14,213	13,340	14,485	13,878	13,005	13,280			
	——— des Enfants naturels	2,323	2,308	2,276	2,273	2,065	2,310	1,036	2,103	2,065	2,176	[illegible]	[illegible]	[illegible]	[illegible]	2,300	2,097	2,026	2,349	2,080	2,094	2,057	1,972	2,035			
	Nombre total des Enfants trouvés	1,989	1,030	2,068	2,022	1,870	2,004	1,900	1,905	1,776	1,634	[illegible]	[illegible]	[illegible]	[illegible]	2,007	1,035	2,017	1,944	1,509	1,378	1,455	1,611	2,017			
Saône (Haute)	Naissances des Enfants légitimes	9,129	9,052	9,048	9,452	9,617	9,194	8,015	9,051	9,488	9,053	[illegible]	[illegible]	[illegible]	[illegible]	9,151	9,323	8,000	8,708	8,809	9,186	8,234	7,869	7,860			
	——— des Enfants naturels	1,386	1,681	1,315	1,434	1,426	661	713	716	804	517	[illegible]	[illegible]	[illegible]	[illegible]	682	735	561	501	521	612	632	662	707			
	Nombre total des Enfants trouvés	17	16	12	9	12	3	5	12	4	8	[illegible]	[illegible]	[illegible]	[illegible]	7	4	17	14	17	13	20	35	21			
Saône-et-Loire	Naissances des Enfants légitimes	16,335	16,137	16,063	15,910	16,407	16,665	15,761	16,130	16,322	[illegible]	[illegible]	[illegible]	[illegible]	[illegible]	15,780	16,414	15,881	15,902	14,613	16,065	16,098	14,402	15,948			
	——— des Enfants naturels	260	243	262	1,021	963	1,093	1,001	1,140	1,122	[illegible]	[illegible]	[illegible]	[illegible]	[illegible]	[illegible]	1,246	1,110	1,039	1,056	936	980	881	808			
	Nombre total des Enfants trouvés	104	205	251	229	250	306	383	307	263	[illegible]	[illegible]	[illegible]	[illegible]	[illegible]	[illegible]	351	337	308	288	263	342	264	259			
Sarthe	Naissances des Enfants légitimes	12,779	12,224	11,886	11,963	10,953	11,507	10,618	10,661	10,530	[illegible]	[illegible]	[illegible]	[illegible]	[illegible]	9,342	[illegible]	10,166	10,012	9,681	10,018	9,851	9,086	9,631			
	——— des Enfants naturels	528	910	753	867	877	949	681	584	681	[illegible]	[illegible]	[illegible]	[illegible]	[illegible]	813	[illegible]	657	710	513	560	833	785	735			
	Nombre total des Enfants trouvés	331	474	576	430	446	467	419	106	390	[illegible]	[illegible]	[illegible]	[illegible]	[illegible]	235	[illegible]	201	190	230	290	211	310	389			
Seine	Naissances des Enfants légitimes	24,528	24,466	26,290	25,591	28,768	24,801	21,845	23,226	26,430	[illegible]	[illegible]	[illegible]	[illegible]	[illegible]	27,464	27,495	28,462	28,133	29,308	30,817	31,400	30,473	30,561			
	——— des Enfants naturels	11,247	11,013	11,148	10,615	10,711	11,086	9,853	10,061	10,760	[illegible]	[illegible]	[illegible]	[illegible]	[illegible]	10,630	10,626	11,597	11,288	11,734	12,031	12,083	12,148	13,620			
	Nombre total des Enfants trouvés	5,385	5,609	5,671	5,457	5,341	5,803	5,139	5,008	4,561	[illegible]	[illegible]	[illegible]	[illegible]	[illegible]	3,991	4,662	4,600	4,176	4,258	4,290	4,289	4,534	4,507			

DÉPARTEMENTS.		AN IX. 1800 à 1801	AN X. 1801 à 1802.	AN XI. 1802 à 1803.	AN XII. 1803 à 1804.	AN XIII. 1804 à 1805.	AN XIV. 100 jours de 1805.	1806.	1807.	1808.	1809.	1810.	1811.	1812.	1813.	1814.	1815.	1816.	1817.	1818.	1819.	1820.	1821.	1822.	1823.	1824.	1825.	OBSERVATIONS.
Seine-Inférieure	Naissances des Enfants légitimes	15,771	16,578	16,078	16,870	15,884	4,373	16,004	16,034	15,557	16,346	[illegible]	[illegible]	[illegible]	18,320	17,507	16,549	17,493	17,450	17,273	18,629	17,860	18,188	8,787	18,700	19,172	19,032	
	— des Enfants naturels	1,801	1,843	1,886	1,004	1,901	842	1,808	2,002	1,925	2,235	[illegible]	[illegible]	[illegible]	[illegible]	1,918	2,230	2,723	2,807	1,800	2,068	2,139	2,264	2,484	2,312	2,229	2,109	
	Nombre total des Enfants trouvés	»	»	»	»	»	»	»	»	»	»	[illegible]	[illegible]	[illegible]	[illegible]	920	870	1,066	1,147	888	844	953	957	984	998	906	884	
Seine-et-Marne	Naissances des Enfants légitimes	8,317	8,138	7,837	8,170	7,204	2,447	9,414	8,893	8,390	8,608	[illegible]	[illegible]	[illegible]	9,811	10,376	9,628	10,635	9,728	9,383	10,101	9,969	9,874	9,189	9,709	10,158	9,738	
	— des Enfants naturels	254	281	206	292	308	79	348	350	359	381	[illegible]	[illegible]	[illegible]	388	402	428	471	480	450	510	557	647	408	637	432	326	
	Nombre total des Enfants trouvés	»	»	»	»	»	»	»	»	»	»	[illegible]	[illegible]	[illegible]	53	38	35	65	156	96	104	101	111	85	95	104	117	
Seine-et-Oise	Naissances des Enfants légitimes	12,879	10,790	10,455	9,834	11,332	2,034	10,564	10,002	10,586	11,100	[illegible]	[illegible]	[illegible]	11,285	12,856	11,493	12,287	12,046	11,802	12,207	12,016	11,728	11,670	11,011	12,120	11,678	
	— des Enfants naturels	307	419	527	382	378	115	687	450	545	568	[illegible]	[illegible]	[illegible]	651	638	700	757	679	601	782	788	768	682	775	788	814	
	Nombre total des Enfants trouvés	»	130	94	47	18	16	27	29	23	16	[illegible]	[illegible]	[illegible]	45	36	26	39	26	31	11	15	29	21	34	22	36	
Sèvres (Deux-)	Naissances des Enfants légitimes	7,004	8,021	6,778	6,988	6,504	1,887	7,287	7,296	7,057	7,253	[illegible]	[illegible]	[illegible]	6,899	8,088	8,182	8,087	7,713	7,547	7,535	7,429	7,280	7,175	7,097	7,428	7,257	
	— des Enfants naturels	178	141	185	169	123	46	142	212	235	230	[illegible]	[illegible]	[illegible]	267	270	215	361	352	275	286	312	245	287	277	321	275	
	Nombre total des Enfants trouvés	»	»	»	»	»	»	»	»	»	»	[illegible]	[illegible]	[illegible]	110	131	140	133	100	136	132	130	157	160	171	158	134	
Somme	Naissances des Enfants légitimes	13,380	13,858	12,838	13,500	14,518	3,437	14,040	13,812	12,308	13,873	[illegible]	[illegible]	[illegible]	13,300	16,231	14,903	16,706	14,870	14,084	15,096	18,051	13,601	14,539	14,202	14,797	14,109	
	— des Enfants naturels	1,076	1,045	1,110	1,080	1,094	204	1,070	1,038	877	1,003	[illegible]	[illegible]	[illegible]	[illegible]	1,082	1,110	1,117	1,001	1,030	1,367	1,010	1,302	1,109	1,341	1,174	1,217	
	Nombre total des Enfants trouvés	»	»	»	»	»	»	»	»	»	»	[illegible]	[illegible]	[illegible]	[illegible]	268	258	200	408	348	344	370	321	303	380	292	267	
Tarn	Naissances des Enfants légitimes	8,719	8,763	8,800	9,609	9,843	3,090	9,085	9,869	10,181	10,178	[illegible]	[illegible]	[illegible]	8,478	10,593	9,760	9,313	9,312	8,626	9,402	9,107	9,177	9,584	9,174	9,793	9,569	
	— des Enfants naturels	146	126	131	138	123	30	152	185	177	202	[illegible]	[illegible]	[illegible]	240	220	252	302	244	262	324	377	380	374	379	398	335	
	Nombre total des Enfants trouvés	»	»	»	»	»	»	»	»	»	»	[illegible]	[illegible]	[illegible]			196	239	181	186	187	244	285	264	182	266	250	
Tarn-et-Garonne	Naissances des Enfants légitimes	»	»	»	»	»	»	»	»	»	7,184	[illegible]	[illegible]	[illegible]	[illegible]	6,342	5,801	5,796	6,406	5,303	6,060	5,719	5,742	5,720	5,635	5,398	5,805	
	— des Enfants naturels	»	»	»	»	»	»	»	»	»	183	[illegible]	[illegible]	[illegible]	195	201	245	244	302	255	265	301	181	327	311	289	307	
	Nombre total des Enfants trouvés	»	»	»	»	»	»	»	»	»	»	[illegible]	[illegible]	[illegible]			106	109	101	148	134	141	154	135	160	178	138	
Var	Naissances des Enfants légitimes	10,279	10,065	10,395	10,478	9,325	2,019	9,700	10,206	9,589	10,157	[illegible]	[illegible]	[illegible]	8,818	10,221	9,324	9,677	9,138	8,570	9,411	9,061	8,156	8,673	8,250	8,332	8,828	
	— des Enfants naturels	300	401	500	461	599	150	506	530	376	439	[illegible]	[illegible]	[illegible]	660	733	837	701	504	539	654	609	627	609	600	696	632	
	Nombre total des Enfants trouvés	»	»	»	»	»	»	»	»	»	»	[illegible]	[illegible]	[illegible]	556	630	594	580	491	460	583	479	515	376	407	557	495	
Vaucluse	Naissances des Enfants légitimes	7,304	6,072	7,376	7,781	7,437	2,140	7,028	7,643	7,651	7,297	[illegible]	[illegible]	[illegible]	[illegible]	8,266	7,604	7,040	7,916	7,877	8,450	8,355	7,576	8,002	7,615	7,888	7,894	
	— des Enfants naturels	275	215	246	205	202	73	349	339	410	317	[illegible]	[illegible]	[illegible]	151	531	646	486	401	427	471	488	448	515	570	546	506	
	Nombre total des Enfants trouvés	»	»	»	»	»	»	»	»	»	»	[illegible]	[illegible]	[illegible]	»	»	409	405	386	335	360	398	364	410	451	443	485	
Vendée	Naissances des Enfants légitimes	7,047	8,991	9,107	8,308	8,916	2,709	9,402	9,731	9,548	9,881	[illegible]	[illegible]	[illegible]	[illegible]	11,911	10,507	10,257	11,078	9,819	9,017	9,070	9,101	8,804	8,560	9,283	9,119	
	— des Enfants naturels	135	141	160	176	211	59	220	157	209	263	[illegible]	[illegible]	[illegible]	206	187	164	145	115	141	187	170	160	287	195	339	270	
	Nombre total des Enfants trouvés	»	»	»	»	»	»	»	»	»	23	[illegible]	[illegible]	[illegible]	69	70	70	50	84	78	81	110	105	156	102	106	178	
Vienne	Naissances des Enfants légitimes	5,963	6,096	5,674	5,023	4,703	1,071	5,686	5,798	5,795	6,329	[illegible]	[illegible]	[illegible]	5,973	6,560	6,788	7,296	7,308	7,317	7,209	7,253	7,230	7,106	7,416	7,294	7,204	
	— des Enfants naturels	159	139	180	196	168	30	142	135	187	107	[illegible]	[illegible]	[illegible]	181	144	155	160	175	149	172	207	178	237	226	227	241	
	Nombre total des Enfants trouvés	»	»	»	»	»	»	»	»	»	»	[illegible]	[illegible]	[illegible]	»	147	161	168	165	167	204	194	188	132	178	182	160	
Vienne (Haute-)	Naissances des Enfants légitimes	8,607	8,717	8,428	8,142	8,830	3,188	8,308	8,735	8,787	8,861	[illegible]	[illegible]	[illegible]	8,638	8,806	8,892	9,536	9,070	9,305	10,396	9,752	9,338	9,080	8,511	9,378	8,703	
	— des Enfants naturels	382	408	420	389	325	102	441	463	408	481	[illegible]	[illegible]	[illegible]	509	408	491	470	470	456	409	470	507	509	455	522	585	
	Nombre total des Enfants trouvés	»	»	»	»	»	»	»	»	»	»	[illegible]	[illegible]	[illegible]	299	337	341	412	430	375	411	405	390	431	580	444	386	
Vosges	Naissances des Enfants légitimes	11,174	11,320	11,089	11,320	11,205	2,948	10,880	12,160	10,622	10,430	[illegible]	[illegible]	[illegible]	10,818	11,619	9,785	10,713	9,482	8,452	10,316	10,947	11,010	10,489	10,035	11,341	10,842	
	— des Enfants naturels	448	587	380	577	498	173	659	597	566	632	[illegible]	[illegible]	[illegible]	393	471	748	629	634	450	779	686	790	720	837	606	659	
	Nombre total des Enfants trouvés	»	»	»	»	»	»	»	»	»	»	[illegible]	[illegible]	[illegible]	6	9	2	10	2	23	17	24	19	15	31	20	19	
Yonne	Naissances des Enfants légitimes	10,058	10,354	9,382	8,996	9,229	2,680	9,430	8,024	8,601	9,609	[illegible]	[illegible]	[illegible]	9,376	10,086	9,043	9,122	9,266	8,585	10,147	9,475	9,970	9,148	9,432	9,861	9,510	
	— des Enfants naturels	212	211	177	236	126	40	403	537	385	473	[illegible]	[illegible]	[illegible]	339	595	508	523	703	447	538	562	605	834	643	565	430	
	Nombre total des Enfants trouvés	»	»	»	»	»	»	»	»	»	»	[illegible]	[illegible]	[illegible]	236	782	302	264	305	242	203	228	238	220	257	210	296	
Totaux des Enfants légitimes		862,953	875,905	875,786	863,928	806,924	242,974	868,970	870,080	852,968	880,503	[illegible]	[illegible]	[illegible]	911,724	938,998	892,055	906,281	881,028	856,903	927,075	893,727	897,117	990,896	903,711	913,152	904,180	
Totaux des Enfants naturels		41,635	42,708	43,234	45,377	45,669	12,366	47,209	49,021	49,852	52,783	[illegible]	[illegible]	[illegible]	[illegible]	56,184	60,086	62,553	62,947	58,584	65,492	66,254	65,247	69,736	66,816	71,006	69,322	
Totaux des Enfants trouvés		»	»	»	»	»	»	»	»	»	»	»	[illegible]	[illegible]	»	»	23,499	30,521	32,257	29,088	32,108	32,107	32,407	32,949	31,580	33,005	32,274	

DÉPARTEMENTS.		1826	1827.	1828.	1829	1830	1831.	1832	1833.	1834	1835.	1836	1837
SEINE-INFÉRIEURE	Naissances des Enfants légitimes	19,050	18,962	18,608	17,761	18,108	18,172	16,820	18,506	18,083	18,380	18,671	[illegible]
	——— des Enfants naturels	2,231	2,318	2,319	2,246	2,195	2,301	2,013	2,303	2,411	2,137	2,328	[illegible]
	Nombre total des Enfants trouvés	887	945	1,019	1,130	1,042	1,307	1,217	350	440	354	795	[illegible]
SEINE-ET-MARNE	Naissances des Enfants légitimes	8,224	8,413	9,050	8,880	8,590	9,106	8,250	8,478	8,525	8,381	8,319	[illegible]
	——— des Enfants naturels	402	538	453	404	401	489	455	470	516	335	446	[illegible]
	Nombre total des Enfants trouvés	95	120	111	161	94	137	248	176	107	116	200	[illegible]
SEINE-ET-OISE	Naissances des Enfants légitimes	11,102	11,032	11,153	11,210	10,955	11,924	10,706	10,850	11,022	11,033	10,756	[illegible]
	——— des Enfants naturels	829	702	773	734	672	721	688	724	711	658	781	[illegible]
	Nombre total des Enfants trouvés	30	33	44	55	67	54	91	93	91	110	121	[illegible]
SÈVRES (DEUX-)	Naissances des Enfants légitimes	7,587	7,117	7,307	7,090	7,574	7,485	6,823	7,093	7,345	7,539	7,604	[illegible]
	——— des Enfants naturels	311	350	315	316	312	330	461	412	432	422	401	[illegible]
	Nombre total des Enfants trouvés	165	97	309	134	109	101	190	181	183	226	226	[illegible]
SOMME	Naissances des Enfants légitimes	14,313	13,934	13,263	13,305	13,180	14,113	12,851	13,335	13,709	13,391	[illegible]	[illegible]
	——— des Enfants naturels	1,060	1,015	1,077	1,013	920	1,286	902	1,150	1,227	1,325	[illegible]	[illegible]
	Nombre total des Enfants trouvés	278	301	430	363	304	371	449	317	382	479	[illegible]	[illegible]
TARN	Naissances des Enfants légitimes	10,049	9,678	9,576	9,779	9,840	10,100	9,825	9,501	10,255	10,237	[illegible]	[illegible]
	——— des Enfants naturels	381	356	415	422	360	431	370	465	279	401	[illegible]	[illegible]
	Nombre total des Enfants trouvés	235	221	274	245	241	248	255	290	276	316	[illegible]	[illegible]
TARN-ET-GARONNE	Naissances des Enfants légitimes	5,955	5,781	5,750	5,850	5,671	6,066	5,398	5,830	6,112	5,790	[illegible]	[illegible]
	——— des Enfants naturels	277	271	214	208	211	213	253	270	211	285	[illegible]	[illegible]
	Nombre total des Enfants trouvés	138	142	122	110	147	180	137	156	153	138	[illegible]	[illegible]
VAR	Naissances des Enfants légitimes	8,364	8,739	8,568	8,360	8,971	8,604	8,578	8,618	8,014	8,567	[illegible]	[illegible]
	——— des Enfants naturels	570	265	332	304	368	349	395	356	537	436	[illegible]	[illegible]
	Nombre total des Enfants trouvés	472	427	425	437	330	356	587	337	355	346	[illegible]	[illegible]
VAUCLUSE	Naissances des Enfants légitimes	7,081	7,063	7,337	6,893	7,005	6,808	7,409	7,150	7,415	7,711	[illegible]	[illegible]
	——— des Enfants naturels	384	408	532	530	442	468	445	475	475	421	[illegible]	[illegible]
	Nombre total des Enfants trouvés	427	432	454	435	430	409	453	390	402	406	[illegible]	[illegible]
VENDÉE	Naissances des Enfants légitimes	9,621	8,939	9,067	8,822	9,150	9,445	8,196	9,473	9,661	10,313	[illegible]	[illegible]
	——— des Enfants naturels	222	168	211	265	247	237	275	245	238	213	[illegible]	[illegible]
	Nombre total des Enfants trouvés	162	141	164	150	159	194	234	174	272	158	[illegible]	[illegible]
VIENNE	Naissances des Enfants légitimes	7,657	7,879	7,748	7,776	7,880	7,609	7,202	7,961	7,889	7,665	[illegible]	[illegible]
	——— des Enfants naturels	223	150	185	196	166	162	147	170	174	274	[illegible]	[illegible]
	Nombre total des Enfants trouvés	161	193	208	189	209	186	142	203	137	152	[illegible]	[illegible]
VIENNE (HAUTE-)	Naissances des Enfants légitimes	8,774	9,650	9,108	9,165	9,329	9,358	9,431	8,983	9,134	8,812	[illegible]	[illegible]
	——— des Enfants naturels	249	449	351	639	624	500	545	616	581	501	[illegible]	[illegible]
	Nombre total des Enfants trouvés	411	365	380	381	442	459	389	421	405	348	[illegible]	[illegible]
VOSGES	Naissances des Enfants légitimes	11,316	11,600	11,508	12,031	11,443	11,328	11,504	11,659	11,146	11,735	[illegible]	[illegible]
	——— des Enfants naturels	881	972	727	872	874	835	751	661	900	955	[illegible]	[illegible]
	Nombre total des Enfants trouvés	10	29	40	35	34	40	47	35	59	35	[illegible]	[illegible]
YONNE	Naissances des Enfants légitimes	9,537	9,059	9,187	8,883	9,000	9,080	8,744	9,078	9,175	9,447	[illegible]	[illegible]
	——— des Enfants naturels	427	496	517	531	403	491	425	424	618	384	[illegible]	[illegible]
	Nombre total des Enfants trouvés	207	215	203	211	245	230	327	181	162	162	[illegible]	[illegible]
TOTAUX des Enfants légitimes		960,167	959,479	966,180	956,131	960,013	916,504	880,944	898,651	913,031	970,183	961,315	[illegible]
TOTAUX des Enfants naturels		72,029	70,640	70,754	69,336	66,085	71,330	67,400	71,827	73,039	76,757	73,869	[illegible]
TOTAUX des Enfants trouvés		33,870	33,504	32,949	33,060	33,423	35,653	35,460	33,374	31,846	31,413	31,736	[illegible]

DÉPARTEMENTS.		1838	1839	1840.	1841	1842.	1843	1844.	1845.	1846.	1847.	1848.	1849	1850.	OBSERVATIONS.
SEINE-INFÉRIEURE	Naissances des Enfants légitimes	[illegible]	18,551	18,355	18,590	18,850	18,885	19,015	18,990	19,025	11 914	18,537			
	——— des Enfants naturels	[illegible]	2,302	2,168	2,315	2,320	2,468	2,496	2,430	2,507	2,276	2,380			
	Nombre total des Enfants trouvés	[illegible]	755	847	630	808	806	835	853	827	987	927			
SEINE-ET-MARNE	Naissances des Enfants légitimes	[illegible]	6,125	8,311	8,020	8,295	8,410	8,510	8,407	8,431	8,285	8,553			
	——— des Enfants naturels	[illegible]	448	338	468	352	387	356	235	362	408	540			
	Nombre total des Enfants trouvés	[illegible]	122	67	70	59	93	104	72	116	133	109			
SEINE-ET-OISE	Naissances des Enfants légitimes	[illegible]	10,620	10,389	10,751	10,825	10,050	10,667	10,770	10,713	9,531	10,130			
	——— des Enfants naturels	[illegible]	775	688	620	680	616	644	656	630	594	647			
	Nombre total des Enfants trouvés	[illegible]	124	118	85	102	71	112	107	121	105	116			
SÈVRES (DEUX-)	Naissances des Enfants légitimes	[illegible]	7,360	7,105	7,677	7,995	7,936	7,090	8,030	8,215	7,393	7,753			
	——— des Enfants naturels	[illegible]	398	417	408	353	403	479	431	431	271	375			
	Nombre total des Enfants trouvés	[illegible]	166	233	208	176	216	164	222	226	216	217			
SOMME	Naissances des Enfants légitimes	[illegible]	13,786	13,629	13,596	13,908	13,610	13,290	13,726	13,003	12,875	12,880			
	——— des Enfants naturels	[illegible]	1,236	1,220	1,309	1,008	1,164	1,118	1,078	1,178	1,174	1,210			
	Nombre total des Enfants trouvés	[illegible]	505	223	200	174	192	137	124	240	303	281			
TARN	Naissances des Enfants légitimes	[illegible]	10,126	9,053	9,701	10,083	10,136	9,617	9,574	9,107	8,424	9,044			
	——— des Enfants naturels	[illegible]	419	463	445	390	302	502	373	364	244	286			
	Nombre total des Enfants trouvés	[illegible]	288	264	290	560	304	302	321	297	250	278			
TARN-ET-GARONNE	Naissances des Enfants légitimes	[illegible]	5,860	5,647	5,255	5,329	5,463	5,290	5,160	5,111	4,408	4,743			
	——— des Enfants naturels	[illegible]	318	235	236	250	233	313	293	904	135	169			
	Nombre total des Enfants trouvés	[illegible]	188	126	130	135	144	173	130	81	61	62			
VAR	Naissances des Enfants légitimes	[illegible]	8,613	8,370	8,550	8,977	8,610	8,586	9,148	8,360	8,273	8,842			
	——— des Enfants naturels	[illegible]	339	308	476	431	468	447	451	392	459	370			
	Nombre total des Enfants trouvés	[illegible]	281	312	253	283	258	250	270	205	294	255			
VAUCLUSE	Naissances des Enfants légitimes	[illegible]	6,059	7,303	7,777	7,088	7,018	7,142	7,135	7,803	7,002	7,356			
	——— des Enfants naturels	[illegible]	389	454	475	457	476	485	460	381	332	381			
	Nombre total des Enfants trouvés	[illegible]	335	335	377	347	337	272	211	100	109	211			
VENDÉE	Naissances des Enfants légitimes	[illegible]	10,314	10,899	11,218	10,029	11,196	11,127	11,200	11,495	10,583	10,140			
	——— des Enfants naturels	[illegible]	335	256	350	338	337	257	291	315	201	296			
	Nombre total des Enfants trouvés	[illegible]	177	143	184	138	184	168	104	130	130	128			
VIENNE	Naissances des Enfants légitimes	[illegible]	7,801	7,036	7,547	7,710	8,605	7,538	7,736	7,800	7,521	7,842			
	——— des Enfants naturels	[illegible]	368	330	357	330	363	301	331	414	371	400			
	Nombre total des Enfants trouvés	[illegible]	171	211	170	181	170	210	238	205	205	260			
VIENNE (HAUTE-)	Naissances des Enfants légitimes	[illegible]	9,440	9,783	10,280	9,504	10,365	9,704	10,057	9,204	8,472	9,446			
	——— des Enfants naturels	[illegible]	385	673	714	507	639	680	673	573	392	579			
	Nombre total des Enfants trouvés	[illegible]	387	511	421	380	365	356	443	317	187	361			
VOSGES	Naissances des Enfants légitimes	[illegible]	11,075	10,730	11,006	10,718	10,944	10,620	10,744	10,103	9,242	8,032			
	——— des Enfants naturels	[illegible]	752	1,065	974	841	788	830	1,015	953	942	509			
	Nombre total des Enfants trouvés	[illegible]	31	40	68	71	122	91	127	181	178	106			
YONNE	Naissances des Enfants légitimes	[illegible]	8,531	8,842	9,016	8,829	8,204	8,098	9,148	9,048	8,077	9,143			
	——— des Enfants naturels	[illegible]	456	565	564	459	456	498	480	384	411	400			
	Nombre total des Enfants trouvés	[illegible]	211	227	199	269	243	171	197	253	227	226			
TOTAUX des Enfants légitimes		[illegible]	917,357	942,075	906,001	912,068	913,340	898,032	922,808	913,840	851,855				
TOTAUX des Enfants naturels		[illegible]	73,353	78,248	70,638	68,928	69,558	69,292	69,230	69,085	65,026				
TOTAUX des Enfants trouvés		[illegible]	27,161	26,981	26,552	25,816	25,146	24,770	25,239	26,405	27,884	28,109			

TABLEAU VIII.

BAGNES, MAISONS CENTRALES,

AISONS D'ÉDUCATION CORRECTIONNELLE ET COLONIES AGRICOLES,

AVEC LA DISTINCTION

DES ENFANTS LÉGITIMES, DES ENFANTS NATURELS ET DES ENFANTS TROUVÉS.

Ce tableau a été dressé par M. Ernest Loubet, attaché au ministère de l'intérieur.

AT I. — De la population des deux sexes existant, au 1er novembre 1849, dans les bagnes, maisons centrales, maisons d'éducation correctionnelle et colonies agricoles, avec la distinction des Enfants légitimes, Enfants naturels et Enfants trouvés.

AT II. — De la population du sexe féminin des maisons centrales et des maisons d'éducation correctionnelle, avec la distinction des Enfants légitimes, des Enfants naturels, des Enfants trouvés.

État I. Population des deux sexes existant, au 1er novembre 1849, dans les bagnes, maisons centrales, maisons d'éducation correctionnelle et colonies agricoles, avec la distinction en Enfants légitimes, Enfants naturels et Enfants trouvés.

INDICATION DES LOCALITÉS	CHIFFRE de la POPULATION au 1er novembre 1849.	DÉCOMPOSITION de CETTE POPULATION en Enfants légitimes.	en Enfants naturels.	en Enfants trouvés.	RAPPORT QUI EXISTE entre LE CHIFFRE TOTAL de la population et les Enfants légitimes.	et les Enfants naturels.	et les Enfants trouvés.
					1 sur	1 sur	1 sur.
BAGNES.							
Brest	2,918	2,701	176	39	1,08	16,56	74,59
Rochefort	963	934	30	10	1,05	32,76	93,73
Toulon	3,837	3,590	185	88	1,07	21,07	43,82
Totaux	6,755	5,221	391	145	1,19	14,72	39,43
MAISONS CENTRALES.							
Aniane (Hérault)	510	494	8	8	1,03	63,75	63,75
Beaulieu (Calvados)	918	814	86	18	1,12	10,67	51,00
Cadillac (Gironde)	253	245	8	.	1,03	31,62	-
Clairvaux (Aube)	1,985	1,804	144	37	1,10	13,78	53,64
Clermont (Oise)	650	565	47	13	1,11	13,83	60,86
Embrun (Hautes-Alpes)	777	729	16	32	1,06	43,60	24,28
Ensisheim (Haut-Rhin)	840	805	26	9	1,04	32,30	93,33
Eysses (Lot-et-Garonne)	960	226	24	8	1,09	40,00	120,00
Fontevrault (Maine-et-Loire)	1,580	1,478	69	33	1,06	22,89	47,87
Gaillon (Eure)	1,406	1,314	90	43	1,10	14,70	33,80
Haguenau (Bas-Rhin)	316	276	36	4	1,14	8,77	79,00
Limoges (Haute-Vienne)	791	752	16	33	1,06	40,50	23,96
Loos (Nord)	1,446	1,282	121	43	1,13	11,95	33,62
Melun (Seine-et-Marne)	909	844	40	26	1,07	22,72	35,36
Montpellier (Hérault)	377	357	11	9	1,06	34,27	41,77
Mont-Saint-Michel (Manche)	579	571	5	3	1,01	115,80	193,00
Nîmes (Gard)	1,180	1,143	28	15	1,03	42,35	79,06
Poissy (Seine-et-Oise)	887	843	31	13	1,05	28,61	68,23
Rennes (Ille-et-Vilaine)	509	483	21	5	1,05	24,23	101,08
Riom (Puy-de-Dôme)	921	892	19	10	1,03	48,47	92,10
Vannes (Morbihan)	350	325	25	.	1,07	14,00	.
Totaux	18,205	16,964	880	361	1,07	20,07	50,40

OBSERVATIONS.

On a réuni dans un seul et même tableau toutes les maisons de détention, bagnes, maisons centrales, maisons d'éducation correctionnelle et colonies agricoles pour les jeunes détenus.

Les bagnes ne renferment que des condamnés adultes, c'est-à-dire majeurs. Parmi les maisons centrales, 7 seulement ont de jeunes détenus :

Beaulieu	32
Clairvaux	426
Clermont	65
Fontevrault	414
Gaillon	486
Loos	323
Nîmes	110

Sous le nom de jeunes détenus, on désigne les Enfants mineurs c'est-à-dire âgés de moins de 16 ans au moment où le jugement a été rendu contre eux. D'après les articles 67 et 69 du Code pénal, ces Enfants ne peuvent pas rester détenus au delà de l'âge de 20 ans accomplis, quand ils ont été condamnés en vertu de l'article 66.

Les maisons d'éducation correctionnelle n'ont que de jeunes détenus, et les 10 colonies agricoles que nous avons énumérées ne reçoivent aussi que de jeunes détenus sous le coup de l'article 66.

Tous ces établissements réunis donnent une population totale de 27,366 détenus (hommes et femmes), qui, au point de vue de leur origine, se divisent en 25,036 Enfants légitimes, 1,695 Enfants naturels et 817 Enfants trouvés, c'est-à-dire que, sur un nombre moyen de 1,000 détenus, on trouve 30 Enfants trouvés, 63 Enfants naturels et 909 Enfants légitimes.

INDICATION DES LOCALITÉS.	CHIFFRE de la POPULATION au 1er novembre 1849.	DÉCOMPOSITION de CETTE POPULATION en Enfants légitimes.	en Enfants naturels.	en Enfants trouvés.	RAPPORT QUI EXISTE entre LE CHIFFRE TOTAL de la population et les Enfants légitimes.	et les Enfants naturels.	et les Enfants trouvés.	OBSERVATIONS
MAISONS D'ÉDUCATION CORRECTIONNELLE.					1 sur	1 sur	1 sur.	
Bordeaux	330	304	12	14	1,08	27,50	23,57	
Lyon	74	71	3	.	1,02	24,66	.	
Madelonnettes, à Paris	73	68	5	.	1,05	14,60	.	
Marseille	324	262	50	12	1,24	6 48	27,00	
Paris (Maison centrale *La Roquette*)	498	447	42	9	1,11	11,85	55,33	
Rouen	555	502	42	11	1,10	13,21	50,46	
Saint-Lazare, à Paris	45	31	11	.	1,32	4,09	.	
Société de patronage des jeunes détenus de la Seine — Garçons	35	33	2	-	1,00	17,00		
Société de patronage des jeunes détenus de la Seine — Filles	37	45	9	3	1,26	6,33	19,00	
Solitude de Nazareth (Hérault)	32	29	3	.	1,10	10,00	..	
Strasbourg	230	188	40	2	1,22	5,75	115,00	
Toulouse	127	112	10	5	1,13	12,70	25,40	
Totaux	2,380	2,005	229	56	1,13	10,39	42,50	
COLONIES AGRICOLES.								
[illegible]	68	36	3	29	1,88	22,60	2,34	
Cîteaux	42	27	4	11	1,15	10,50	3,81	
Mettray (Indre-et-Loire)	525	330	101	94	1,09	5,19	5,58	
Oullins (Rhône)	10	9	1	.	.	10,00	.	
Ostwald (Bas-Rhin)	74	58	16	.	1,27	4,62	.	
Petit-Bourg (Seine-et-Oise)	116	79	16	21	1,48	7,25	5,52	
Petit-Quevilly (Seine-Inférieure)	122	99	21	2	1,28	5,81	61,00	
Sainte-Foy (Dordogne)	58	46	5	7	1,26	11,60	8,28	
Saint-Ilan (Côtes-du-Nord)	88	28	2	58	3,14	44,00	1,51	
Val-d'Yèvre (Cher)	182	64	26	82	1,90	4,66	3,81	
Totaux	1,228	776	193	254	1,57	6,28	4,80	
Totaux généraux	27,505	25,036	1,095	817	Rapport moyen, 1 sur 1,10	Rapport moyen, 1 sur 16,96	Rapport moyen, 1 sur 33,74	

ÉTAT II, de la population du sexe féminin des maisons centrales et des maisons d'éducation correctionnelle, avec la distinction en Enfants légitimes, en Enfants naturels et Enfants trouvés.

MAISONS CENTRALES	POPULATION TOTALE au 1er novembre 1849	DIVISION de la population		DISTINCTION des hommes			DISTINCTION des femmes			RAPPORT DU NOMBRE TOTAL des femmes au chiffre total de la population.	RAPPORT DU NOMBRE des femmes Enfants légitimes au nombre total des femmes.	RAPPORT DU NOMBRE des femmes Enfants naturelles au nombre total des femmes.	RAPPORT DU NOMBRE des femmes Enfants trouvées au nombre total des femmes.	OBSERVATIONS
		en hommes	en femmes	en Enfants légitimes	en Enfants naturels	en Enfants trouvés	en Enfants légitimes	en Enfants naturels	en Enfants trouvés					
										1 sur	1 sur	1 sur	1 sur	
Cadillac	253		253			″	245	8	″	″	1, 03	31, 62	″	
Clermont	655	″	655	″	″	″	595	47	13	″	1, 11	13, 93	50, 38	
Haguenau	316	″	316	″	″	″	276	36	4	″	1, 14	8, 77	79,	
Montpellier	377	″	377	″	″	″	357	11	9	″	1, 05	34 ,27	41, 77	
Vannes	350	″	350	″	″	″	325	25	″	″	1, 07	14,	″	
Beaulieu	918	636	282	571	54	11	243	32	7	3, 53	1, 16	8, 81	40, 28	
Clairvaux	1,985	1,558	427	1,425	106	27	379	38	10	4, 64	1, 12	11, 23	42, 70	
Fontevrault	1,580	1,248	332	1,167	54	27	313	13	6	4, 75	1, 06	25, 53	55, 33	
Limoges	791	594	197	554	10	30	188	6	3	4, 01	1, 04	32, 83	65, 66	
Loos	1,446	1,207	239	1,073	95	39	209	26	4	6, 05	1, 14	9, 19	59, 75	
MAISONS CORRECTIONNELLES														
Bordeaux	330	281	49	267	3	11	38	9	2	6, 73	1, 28	5, 80	24, 50	
Lyon	74	72	2	69	3	″	2	″	″	36, 00	1, 00	″	″	
Marseille	324	257	67	213	37	7	49	13	5	4, 83	1, 36	5, 15	13, 40	
Rouen	555	436	119	397	31	8	34	11	″	4, 66	1, 33	10, 81	30, 66	
Saint-Lazare, à Paris	45	″	45		″	″	45	9	3	″	1, 32	4, 09	″	
Société de patronage des jeunes filles détenues de la Seine	57	″	57	″	″		29	3	″	″	1, 26	6, 33	19, 00	
Solitude de Nazareth (Hérault)	32	″	32	″	″	″	105	11	3	″	1, 10	10, 66	″	
Strasbourg	230	189	41	155	32	2	33	8	″	5, 61	1, 24	5, 12	″	
Colonie agricole de Ste Foy (Dordogne).	58	55	3	44	4	7	2	1	″	19, 33	1, 50	3, 00	″	
TOTAUX	10,376	6,533	3,843	5,935	429	169	3,467	307	69	2, 70	1, 10	12, 52	55, 69	

OBSERVATIONS.

Les onze maisons centrales non comprises dans ce tableau, et qui sont Aniane, Embrun, Ensisheim, Eysses, Gaillon Melun, Mont-Saint-Michel, Nîmes, Poissy, Rennes et Riom, ne renferment que des hommes

Sur onze maisons d'éducation correctionnelle existant en France, celles de la Roquette et des Madelonnettes, à Paris, et celle de Toulouse, ne renferment que de jeunes garçons

Des colonies agricoles fondées pour les jeunes détenus, celle de Sainte Foy (Dordogne) est la seule qui reçoive des filles

Ces dix-neuf maisons de détention qui reçoivent des femmes présentent une population totale de 10,376 détenus, dont 3,843 femmes, qui se subdivisent en 3,467 filles légitimes, 307 filles naturelles, et 69 filles Enfants trouvées, c'est à dire que sur un nombre moyen de 1,000 détenus, on en compte 370 du sexe féminin, et que sur 1,000 détenues du sexe féminin, on compte 902 filles légitimes, 80 filles naturelles et 18 filles Enfants trouvées

Ern Louet

TABLEAU IX.

NOMBRE DES ACCUSÉS TRADUITS DEVANT LES ASSISES,

DE 1840 A 1848 INCLUSIVEMENT,

AVEC LA DISTINCTION DES ACCUSÉS POUR LESQUELS IL A ÉTÉ CONSTATÉ QU'ILS ÉTAIENT ENFANTS LÉGITIMES OU ENFANTS NATURELS.

ÉTAT I, des accusés de 1831 à 1848, avec la distinction du nombre des accusés Enfants légitimes et des accusés Enfants naturels, et leur rapport avec la population et le nombre total des accusés.

ETAT II, comparatif, de 1831 à 1848 exclusivement, des naissances naturelles et du nombre de crimes commis par des accusés pour lesquels il a été constaté qu'ils étaient Enfants naturels.

NOTA Ce tableau, dressé par M. Ernest Louet, ne remonte pas au delà de 1830, puisque ce n'est qu'à partir de cette année que la statistique, publiée par le ministère de la justice, a établi une distinction entre les accusés Enfants légitimes et les accusés Enfants naturels.

ÉTAT I, des accusés de 1831 à 1848, avec la distinction des accusés Enfants légitimes et des Enfants naturels; leur rapport avec la population et le nombre total des accusés.

INDICATION DES ANNÉES	POPULATION de LA FRANCE	NOMBRE TOTAL des accusés jugés chaque année pour des crimes			NOMBRE DES ACCUSÉS pour lesquels il a été constaté qu'ils étaient enfants légitimes et qui ont été jugés pour des crimes			NOMBRE DES ACCUSÉS pour lesquels il a été constaté qu'ils étaient enfants naturels et qui ont été jugés pour des crimes			NOMBRE [TOTAL DES ENFANTS NATURELS] sur 1,000 accusés		
		contre les personnes	contre les propriétés	TOTAL	contre les personnes	contre les propriétés	TOTAL	contre les personnes	contre les propriétés	TOTAL	contre les personnes	contre les propriétés	[illegible]
1831		2,046	5,560	7,606	2,019	5,414	7,433	27	146	173	13	20	[illegible]
1832		2,644	5,593	8,237	2,612	5,460	8,072	32	133	165	12	24	[illegible]
1833	32,561,403	2,487	4,828	7,315	2,462	4,692	7,154	25	136	161	10	28	[illegible]
1834		2,216	4,736	6,952	2,193	4,599	6,792	23	157	160	10	19	[illegible]
1835		2,463	4,760	7,223	2,432	4,620	7,052	31	140	171	12	29	[illegible]
1836		2,072	5,160	7,232	2,031	5,004	7,035	41	156	197	19	33	[illegible]
1837		2,141	5,953	8,094	2,106	5,778	7,884	35	175	210	17	29	[illegible]
1838	33,540,910	2,189	5,825	8,014	2,160	5,662	7,822	29	163	192	13	28	[illegible]
1839		2,256	5,602	7,858	2,232	5,484	7,716	24	118	142	11	21	[illegible]
1840		2,108	6,118	8,226	2,075	5,981	8,056	33	137	170	16	22	[illegible]
1841		2,381	5,081	7,462	2,336	4,954	7,290	45	127	172	19	25	[illegible]
1842		2,236	4,717	6,953	2,199	4,603	6,802	37	114	151	16	26	[illegible]
1843	33,540,910	2,233	4,993	7,226	2,193	4,880	7,073	40	113	153	18	33	[illegible]
1844		2,031	5,164	7,195	2,003	5,024	7,027	28	140	168	13	27	[illegible]
1845		2,051	4,634	6,685	2,019	4,539	6,558	32	95	127	15	20	[illegible]
1846	35,401,761	1,878	5,030	6,908	1,850	4,920	6,770	28	110	138	15	29	[illegible]
1847		2,102	6,602	8,704	2,083	6,462	8,545	19	140	159	9	21	[illegible]
TOTAUX	....	37,534	90,356	127,890	37,005	88,076	125,081	529	2,280	2,809	14	25	[illegible]

INDICATION DES ANNÉES	NOMBRE MOYEN ANNUEL des accusés enfants légitimes et naturels jugés dans chaque période pour des crimes			NOMBRE MOYEN ANNUEL des enfants légitimes jugés dans chaque période pour des crimes			NOMBRE MOYEN ANNUEL des enfants naturels jugés dans chaque période pour des crimes			RAPPORT du nombre des accusés au total de la population pendant chaque période			RAPPORT du nombre des accusés enfants légitimes au total des accusés de chaque classe			RAPPORT du nombre des accusés enfants naturels au total des accusés de chaque classe		
	contre les personnes	contre les propriétés	TOTAL	contre les personnes	contre les propriétés	TOTAL	contre les personnes	contre les propriétés	TOTAL	pour les accusés de crimes contre les personnes	pour les accusés de crimes contre les propriétés	pour tous les accusés réunis	pour les accusés de crimes contre les personnes	pour les accusés de crimes contre les propriétés	pour tous les accusés réunis	pour les accusés de crimes contre les personnes	pour les accusés de crimes contre les propriétés	pour tous les accusés réunis
1831																		
1832										1 sur	1 sur	1 sur	1 sur	1 sur	1 sur	1 sur	1 sur	1 sur
1833	[illegible]	5,005	7,466	2,343	4,957	7,300	27	138	166	13,940 habitants	6,487 habit.	4,427 habit.	1,01	1,02	1,01	87,81	36,92	64,96
1834																		
1835																		
1836																		
1837																		
1838	[illegible]	5,332	7,885	2,122	5,581	7,702	32	149	182	15,739	5,912	4,297	1,01	1,02	1,02	67,28	3847	43,32
1839																		
1840																		
1841																		
1842																		
1843	[illegible]	4,918	7,104	2,150	4,840	6,950	36	117	154	15,926	7,079	4,901	1,01	1,02	1,02	60,72	42,03	46,12
1844																		
1845																		
1846	[illegible]	5,316	7,806	1,965	5,091	7,657	23	125	148	17,790	6,087	4,535	1,01	1,02	1,01	86,52	46,52	52,74
1847																		
TOTAUX	[illegible]	5,315	7,522	2,170	5,179	7,337	31	134	165	15,814	6,313	4,512	1,01	1,02	1,02	70,95	39,62	45,52

ÉTAT II, de 1831 à 1848 exclusivement, comparatif des naissances naturelles et du nombre de crimes commis par des accusés pour lesquels il a été constaté qu'ils étaient enfants naturels.

INDICATION des ANNÉES	TOTALITÉ des NAISSANCES.	DIVISION DES NAISSANCES en		RAPPORT DES NAISSANCES naturelles avec la totalité des naissances.	NOMBRE TOTAL des accusés	DIVISION DES ACCUSÉS en		RAPPORT DES ACCUSÉS naturels au total des accusés
		NAISSANCES légitimes.	NAISSANCES naturelles.			ACCUSÉS nés légitimes	ACCUSÉS nés naturels.	
				sur 1000 il y en avait				sur 1000 il y en avait
1831	986,843	915,504	71,339	72	7,606	7,433	173	23
1832	937,434	869,944	67,490	71	8,237	8,072	165	20
1833	970,178	898,651	71,527	73	7,315	7,154	161	22
1834	986,490	912,931	73,559	74	6,952	6,792	160	23
1835	993,833	919,106	74,727	75	7,223	7,052	171	23
1836	979,820	906,318	73,502	75	7,232	7,035	197	27
1837	943,349	873,520	69,829	74	8,094	7,884	210	25
1838	961,476	891,387	70,089	72	8,014	7,822	192	23
1839	957,740	887,387	70,353	73	7,858	7,716	142	18
1840	952,318	882,075	70,243	73	8,226	8,056	170	20
1841	976,929	906,091	70,838	72	7,462	7,290	172	23
1842	982,896	912,968	69,928	71	6,953	6,802	151	21
1843	983,107	913,549	69,558	70	7,226	7,073	153	21
1844	967,324	898,032	69,292	71	7,195	7,027	168	23
1845	992,033	922,803	69,230	69	6,685	6,558	127	18
1846	983,473	913,840	69,633	70	6,908	6,770	138	19
1847	918,581	847,357	68,053	74	8,704	8,545	159	18
TOTAUX	16,473,824	15,271,463	1,199,190	Rapport moyen 72	127,890	125,081	2,809	Rapport moyen 22

Ern. Louet

TABLEAU X.

TIRAGE POUR LE RECRUTEMENT DE L'ARMÉE

DANS LES DOUZE ARRONDISSEMENTS DE LA VILLE DE PARIS,

COMPRENANT

LES CLASSES DE 1837 A 1846

INCLUSIVEMENT,

AVEC LES CAUSES DE L'EXEMPTION

DES ENFANTS TROUVÉS DE L'HOSPICE DE PARIS.

T I, présentant le nombre des jeunes gens inscrits pour le recrutement des contingents, et des numéros tteints par les contingents dans les douze arrondissements de Paris.

T II, présentant les exemptions pour infirmités dans les classes de 1837 à 1846.

T III, présentant l'analyse du tirage du 9e arrondissement pour les classes de 1837 à 1846 inclusivement

T IV, présentant le nombre des Enfants des hospices de Paris et des autres jeunes gens qui ont tiré au ecrutement de 1841 à 1846 inclusivement, avec la distinction des résidences pour les Enfants des hospices.

ÉTAT I, présentant le nombre des jeunes gens inscrits pour le recrutement des contingents, et des numéros atteints par les contingents dans les douze arrondissements de Paris.

ARRONDISSEMENTS.	CLASSES ou ANNÉES.	NOMBRE des INSCRITS.	CONTINGENTS.	NUMÉROS ATTEINTS par les contingents	TOTAL PAR ARRONDISSEMENTS des INSCRITS.	des CONTINGENTS	des NUMÉROS appelés.	Combien D'HOMMES par 100 numéros
	1837	372	101	179				
	1838	376	104	167				
	1839	420	107	173				
	1840	414	110	169				
	1841	380	101	160				
1er	1842	464	122	215	4,399	1,160	1,965	59 pour 100
	1843	510	133	217				
	1844	492	127	207				
	1845	501	133	254				
	1846	470	122	224				
	1837	382	103	174				
	1838	336	107	192				
	1839	418	105	174				
	1840	441	117	192				
	1841	463	123	223				
2[e]	1842	462	121	217	4,455	1,176	2,105	55
	1843	469	123	215				
	1844	421	109	222				
	1845	512	136	246				
	1846	506	132	250				
	1837	257	70	115				
	1838	242	67	110				
	1839	286	73	129				
	1840	273	72	106				
	1841	277	74	129				
3[e]	1842	294	77	130	2,947	777	1,325	58
	1843	324	85	144				
	1844	332	86	148				
	1845	288	76	132				
	1846	374	97	182				
	1837	229	62	128				
	1838	235	65	144				
	1839	198	50	106				
	1840	251	67	129				
	1841	198	53	91				
4[e]	1842	212	56	107	2,248	595	1,158	51
	1843	210	55	95				
	1844	251	65	116				
	1845	200	56	103				
	1846	255	66	139				
	1837	392	106	194				
	1838	369	102	191				
	1839	419	106	171				
	1840	405	107	221				
	1841	454	120	217				
5[e]	1842	441	116	213	4,471	1,177	2,145	54
	1843	442	116	221				
	1844	516	133	239				
	1845	521	138	245				
	1846	512	133	233				
	1837	517	140	282				
	1838	513	142	237				
	1839	530	135	242				
	1840	500	133	247				
	1841	514	136	218				
6[e]	1842	532	139	217	5,507	1,453	2,668	54
	1843	581	152	300				
	1844	579	150	295				
	1845	610	162	331				
	1846	631	164	299				

ARRONDISSEMENTS	CLASSES ou ANNÉES.	NOMBRE des INSCRITS	CONTINGENTS.	NUMEROS ATTEINTS par les contingents	TOTAL PAR ARRONDISSEMENTS des INSCRITS	des CONTINGENTS	des NUMÉROS appelés	Combien D'HOMMES par 100 numéros
REPORT	.. .							
	1837	348	94	225				
	1838	335	93	166				
	1839	311	79	148				
	1840	352	93	183				
	1841	310	82	154				
....	1842	331	87	169	3,443	908	1,778	51
	1843	364	100	195				
	1844	337	87	164				
	1845	348	92	187				
	1846	387	101	187				
	1837	475	129	294				
	1838	490	136	212				
	1839	541	137	265				
	1840	560	149	289				
	1841	533	141	296				
	1842	551	144	259	5,678	1,497	2,828	53
	1843	538	141	291				
	1844	681	176	311				
	1845	625	166	301				
	1846	684	178	310				
	1837	474	128	330				
	1838	482	134	282				
	1839	566	144	313				
	1840	603	160	373				
	1841	687	182	383				
.. ..	1842	712	187	432	6,448	1,699	3,894	44
	1843	763	200	481				
	1844	779	201	468				
	1845	713	189	426				
	1846	669	174	406				
	1837	467	126	216				
	1838	451	125	206				
	1839	493	125	208				
	1840	466	124	225				
	1841	470	125	206				
.. ..	1842	490	128	218	4,889	1,289	2,242	57
	1843	501	131	259				
	1844	493	127	230				
	1845	515	137	246				
	1846	543	141	228				
	1837	296	80	147				
	1838	294	81	129				
	1839	284	72	127				
	1840	294	78	143				
	1841	317	84	160				
.. . .	1842	208	78	166	3,148	831	1,501	55
	1843	321	84	162				
	1844	358	93	177				
	1845	345	92	148				
	1846	341	89	142				
	1837	467	126	286				
	1838	435	121	219				
	1839	478	121	243				
	1840	468	124	228				
	1841	458	122	204				
. . . .	1842	455	119	207	4,715	1,243	2,367	52
	1843	458	120	244				
	1844	489	126	244				
	1845	491	130	252				
	1846	516	134	240				
TOTAL des 10 années pour les 12 arrondissements de Paris.		52,348	13,805	25,976	52,348	13,805	25,976	
	DÉDUCTION faite du 9e arrondissement.				6,448	1,699	3,894	
	IL RESTE pour les onze autres.				45,900	12,106	22,082	

ÉTAT II, présentant les exemptions pour infirmités dans les classes de 1837 à 1846.

MOTIFS D'EXEMPTION Infirmités.	JEUNES gens de l'arrond[t]	ÉLÈVES des hospices de Paris
Faiblesse de constitution	70	466
Taille insuffisante	116	417
Mauvaise conformation	31	243
Varicoceles, Sarcoceles, Circocèles	37	60
Scrofules	18	51
Hernies	16	33
Varices	17	33
Blessures	25	27
Mauvaises dents	9	14
Borgnes	9	15
Amaurose	1	»
Taies	6	11
Dartres	5	11
Epilepsie	4	»
Rachitisme	4	11
Atrophie	1	1
Myopie	9	5
Bégayement	1	7
Cataracte	3	3
Gibbosité	6	12
Gale invétérée	1	»
Teigne, alopécie	2	20
Ophthalmie	6	6
Amputation	2	5
Plaies, tumeurs	2	1
Claudication	1	5
Bléfaro-conjective	1	»
Brûlures	1	1
Maladies de poitrine, etc.	3	10
Strabisme	1	6
Ichtyose	1	»
Aliénation mentale	1	2
Goître	1	3
Surdité	2	5
Pieds plats	»	22
Ankylose	»	2
Cécité	»	2
Hypospadias	»	2
Loupes	»	1
Idiotisme	»	3
Mouvement convulsif des yeux	»	2
TOTAUX	414	1,520

OBSERVATIONS

Inscrits	hospices	3,938	6,448
	arrondissement	2,510	
Contingents	hospices	872	1,699
	arrondissement	827	

EXEMPTIONS

Élèves des hospices.	pour infirmités	1,520	1,524
	exemptions légales	4	
9e arrondissement	pour infirmités	414	655
	exemptions légales.	241	
		DIFFÉRENCE	869

Si les 2,510 jeunes gens de l'arrondissement ont donné lieu à 655 exemptions, combien les 3,938 élèves des hospices auraient ils dû en produire . . . 1,027

CONCLUSION

Les exemptions accordées aux élèves des hospices pendant les dix années, atteignent le chiffre de . . . 1,524

Dans la proportion des exemptions accordées aux jeunes gens de l'arrondissement il n'aurait été que de 1,027

Ils ont donc fait élever les numéros appelés de 497

Ce qui explique suffisamment le désavantage, pour l'arrondissement, de concourir avec les élèves des hospices

Infirmités.	hospices	1,520
	arrondissement	414
Exemptions légales		241
Contingents		1,699
Radiations, décès, etc.		20
TOTAL		3,894

Nombre égal aux numéros appelés pour former les dix contingents

ÉTAT III, *présentant l'analyse du tirage du 9ᵉ arrondissement pour les classes de 1837 à 1846 inclusivement.*

CLASSES	NOMBRE des inscrits.	DIVISION DES INSCRITS.		CONTINGENTS	DIVISION DES CONTINGENTS		RÉDUCTION du contingent à la proportion des inscrits de l'arrondissement	ÉLÉVATION du contingent des élèves à la proportion de leur nombre	EXCÉDANT fourni par les jeunes gens de l'arrondissement	ÉLÈVES déclarés propres au service comme absents.
		Élèves des hospices.	Jeunes gens de l'arrondissement.		Élèves des hospices.	Jeunes gens de l'arrondissement				
1837	474	242	232	128	54	74	62	66	12	4
1838	482	255	227	134	61	73	63	71	10	9
1839	566	319	247	144	71	73	63	81	10	20
1840	603	368	285	160	78	82	62	98	20	12
1841	687	434	253	182	106	76	67	115	9	15
1842	712	448	264	187	93	94	69	118	25	20
1843	763	527	236	200	124	76	62	138	14	30
1844	779	489	290	201	102	99	75	126	24	19
1845	713	430	283	189	97	92	75	114	17	18
1846	669	426	243	174	86	88	63	111	25	22
TOTAUX	6,448	3,938	2,510	1,699	872	827	661	1,038	166	169

ÉTAT IV, *présentant le nombre des Enfants des hospices de Paris et des autres jeunes gens qui ont tiré au recrutement de 1841 à 1846 inclusivement, avec la distinction des résidences pour les Enfants des hospices.*

CLASSES	NOMBRE DES INSCRITS sur les tableaux de recensement			NOMBRE DES ÉLÈVES qui résidaient				NOMBRE DES ÉLÈVES				NOMBRE DES JEUNES GENS autres que les élèves des hospices				
	Élèves des hospices 1	Jeunes gens autres que ces élèves 2	TOTAL 3	dans le 9ᵉ arrondissement. 4	dans les autres arrondissements de Paris ou dans les cantons ruraux du département de la Seine 5	dans d'autres départements que celui de la Seine 6	TOTAL égal à la colonne nº 1 7	exemptés pour infirmité ou défaut de taille 8	compris dans le contingent 9	libérés à raison de leur numéro de tirage 10	TOTAL égal aux colonnes nºˢ 1 et 7. 11	Compris dans le contingent 12	Exemptés pour infirmités ou défaut de taille 13	Libérés par leur numéro de tirage 14	Exemptions légales. 15	TOTAL égal à la colonne nº 2. 16
1841	434	253	687	1	23	410	434	135	106	193	434	76	37	111	29	253
1842	448	264	712	5	22	421	448	192	93	163	448	94	34	117	19	264
1843	527	236	763	3	29	495	527	222	124	181	527	76	29	101	30	236
1844	489	290	779	1	15	473	489	187	102	200	489	99	48	112	31	290
1845	430	283	713	»	22	408	430	164	97	169	430	92	48	120	23	283
1846	426	243	669	»	27	399	426	162	86	178	426	88	42	89	24	243
TOTAUX	2,754	1,569	4,323	10	138	2,606	2,754	1,062	608	1,084	2,754	525	238	650	156	1,569

TABLEAU XI.

DES HOSPICES DÉPOSITAIRES ET DES TOURS;

FOURNI PAR LE BUREAU DES ENFANTS TROUVÉS

DU MINISTÈRE DE L'INTÉRIEUR.

ÉTAT I. — Des hospices dépositaires d'Enfants trouvés, abandonnés et orphelins pauvres, maintenus ou supprimés du 1er janvier 1825 au 1er janvier 1848.

ÉTAT II. — Des tours maintenus ou supprimés du 1er janvier 1825 au 1er janvier 1849.

ÉTAT III. — Des hospices dépositaires d'Enfants trouvés, abandonnés et orphelins pauvres, au 1er janvier 1850.

r des Hopices dépositaires d'Enfants trouvés maintenus ou supprimés du 1er janvier 1825 au 1er janvier 1848.

DÉPARTEMENTS.	EXISTANTS au 1er janvier 1825.	HOSPICES DÉPOSITAIRES SUPPRIMÉS EN																								RESTANTS au 1er janvier 1848
		1825.	1826.	1827.	1828	1829.	1830.	1831.	1832.	1833.	1834.	1835.	1836.	1837.	1838	1839.	1840.	1841	1842.	1843.	1844	1845	1846.	1847	TOTAL	
.. ..	2	″	″	″	″	″	″	″	″	″	″	″	1	″	″	″	″	″	″	″	″	″	″	″	1	1
... .	5	″	″	″	″	″	″	″	″	″	″	″	″	″	″	″	″	2	″	″	″	″	″	″	2	3
. .. .	4	″	″	″	″	″	″	″	″	″	″	3	″	″	″	″	″	″	″	″	″	″	″	″	3	1
(Basses-)............	11	″	″	″	″	″	″	″	″	″	″	″	10	″	″	″	″	″	″	″	″	″	″	″	10	1
(Hautes-)............	3	″	″	″	″	″	″	″	″	″	″	″	″	″	″	″	″	″	″	″	″	1	″	″	1	2
he	3	″	″	″	″	″	″	″	″	″	″	″	″	″	″	1	″	″	″	″	1	″	″	″	2	1
nnes................	3	″	″	″	″	″	″	″	″	″	″	″	″	″	″	″	″	″	″	″	″	″	″	″	″	3
e....................	3	″	″	″	″	″	″	″	″	″	″	″	″	″	″	″	″	″	″	1	″	″	″	″	1	2
....	3	″	″	″	″	″	″	″	″	″	″	″	2	″	″	″	″	″	″	″	″	″	″	″	2	1
....	4	″	″	1	″	″	″	″	″	″	″	″	″	1	″	″	″	1	″	″	″	″	″	″	3	1
on.	5	″	″	″	″	″	3	″	″	″	″	″	″	″	″	″	″	″	″	″	1	″	″	″	4	1
hes du-Rhône..........	4	″	″	″	″	″	″	″	″	″	″	″	1	1	″	″	″	″	″	″	″	″	″	″	2	2
dos.	6	″	″	″	″	″	″	″	″	″	″	″	5	″	″	″	″	″	″	″	″	″	″	″	5	1
al	3	″	1	″	″	″	″	″	″	″	″	″	″	″	″	″	″	″	″	″	″	″	″	″	1	2
ente.....	4	″	″	″	″	″	″	″	″	″	3	″	″	″	″	″	″	″	″	″	″	″	″	″	3	1
ente-Inférieure....	5	″	″	″	″	″	″	″	″	″	″	1	″	″	″	″	″	″	″	2	″	″	″	″	3	2
....	2	″	″	″	″	″	″	″	″	″	″	″	″	″	1	″	″	″	″	″	″	″	″	″	1	1
ze..................	6	″	″	″	″	″	″	″	″	3	″	1	″	″	1	″	″	″	″	″	″	″	″	″	5	1
e....................	5	″	″	″	″	″	″	″	″	″	″	″	″	″	″	″	″	″	″	″	″	″	″	″	″	5
d'Or................	1	″	″	″	″	″	″	″	″	″	″	″	″	″	″	″	″	″	″	″	″	″	″	″	″	1
s du-Nord............	7	″	″	″	″	″	″	″	″	″	″	″	″	″	″	″	″	″	″	″	″	″	5	″	5	2
s............	3	″	″	″	″	″	″	″	″	″	1	″	″	″	″	″	″	″	″	″	″	″	″	″	1	2
ogne	5	″	″	″	″	″	″	″	″	″	″	4	″	″	″	″	″	″	″	″	″	″	″	″	4	1
s.	1	″	″	″	″	″	″	″	″	″	″	″	″	″	″	″	″	″	″	″	″	″	″	″	″	1
e.......	4	2	″	″	″	1	″	″	″	″	″	″	″	″	″	″	″	″	″	″	″	″	″	″	3	1
....	2	″	″	″	″	″	″	″	″	″	″	″	″	″	″	″	″	″	″	″	″	″	″	″	″	2
et-Loir..............	4	″	″	″	″	″	″	″	″	″	″	1	″	2	″	″	″	″	″	″	″	″	″	″	3	1
stère.........	4	″	″	″	″	″	″	″	″	″	″	″	″	″	″	″	″	″	1	1	″	″	″	″	2	2
.. . .	6	″	″	″	″	″	″	″	″	″	″	″	2	2	″	″	″	″	1	″	″	″	″	″	5	1
nne (Haute-)	2	″	″	″	″	″	″	″	″	″	″	″	″	″	″	″	″	″	″	1	″	″	″	″	1	1
. ...	4	″	″	″	″	″	″	″	″	1	″	″	2	″	″	″	″	″	″	″	″	″	″	″	3	1
nde.......	1	″	″	″	″	″	″	″	″	″	″	″	″	″	″	″	″	″	″	″	″	″	″	″	″	1
ult	7	″	″	″	″	″	″	″	″	″	″	″	5	″	″	″	″	″	″	″	″	″	″	″	5	2
t-Vilaine	8	″	″	″	1	″	″	″	″	″	″	″	″	″	″	″	″	″	″	″	″	″	″	6	7	1
e...	4	″	″	″	″	″	3	″	″	″	″	″	″	″	″	″	″	″	″	″	″	″	″	″	3	1
e-et Loire	1	″	″	″	″	″	″	″	″	″	″	″	″	″	″	″	″	″	″	″	″	″	″	″	″	1
....	2	″	″	″	″	″	″	″	″	″	″	″	″	″	″	″	″	″	1	″	″	″	″	″	1	1
....	1	″	″	″	″	″	″	″	″	″	″	″	″	″	″	″	″	″	″	″	″	″	″	″	″	1
des	3	″	″	″	″	″	″	″	″	″	″	″	″	″	″	″	″	″	″	″	″	″	″	″	″	3
et Cher.............	3	″	″	″	″	″	″	″	″	″	″	″	2	″	″	″	″	″	″	″	″	″	″	″	2	1
e...	3	″	″	″	″	″	″	″	″	″	″	″	″	″	″	″	″	″	″	″	″	″	″	″	″	3
e (Haute)............	3	″	″	″	″	″	″	″	″	″	″	″	″	″	″	″	″	″	2	″	″	″	″	″	2	1
e Inférieure............	1	″	″	″	″	″	″	″	″	″	″	″	″	″	″	″	″	″	″	″	″	″	″	″	″	1
A REPORTER........	161	2	1	1	1	1	6	″	″	4	4	10	30	6	2	1	″	3	5	5	2	1	5	6	96	65

DÉPARTEMENTS	EXISTANTS au 1er janvier 1825	HOSPICES DÉPOSITAIRES SUPPRIMÉS EN 1825	1826	1827	1828	1829	1830	1831	1832	1833	1834	1835	1836	1837	1838	1839	1840	1841	1842	1843	1844	1845	1846	1847	TOTAL	RESTANTS au 1er janvier 1848
Report	161	2	1	1	1	1	6	»	»	4	4	10	30	0	2	1	»	3	6	5	2	1	5	6	96	65
Loiret	3	»	»	»	»	»	»	»	1	»	»	»	»	1	»	»	»	»	»	»	»	»	»	»	2	1
Lot	3	»	2	»	»	»	»	»	»	»	»	»	»	»	»	»	»	»	»	»	»	»	»	»	2	1
Lot-et-Garonne	4	»	»	»	»	»	»	»	»	»	1	1	1	»	»	»	»	»	»	»	»	»	»	»	3	1
Lozère	2	»	»	»	1	»	»	»	»	»	»	»	»	»	»	»	»	»	»	»	»	»	»	»	1	1
Maine-et-Loire	4	»	»	»	»	»	»	»	»	»	»	1	»	1	»	»	»	»	»	»	»	»	»	»	2	3
Manche	5	»	»	»	»	»	»	»	»	»	»	»	»	»	»	»	»	»	»	»	»	»	»	»	»	6
Marne	3	»	»	»	»	»	»	»	»	»	»	»	»	»	»	»	»	»	»	»	»	»	»	»	»	3
Marne (Haute-)	6	»	»	»	»	»	1	»	»	»	»	»	»	»	»	»	»	»	1	»	»	»	»	»	2	2
Mayenne	2	»	2	»	»	»	»	»	»	»	»	»	»	»	»	»	»	»	»	»	»	»	»	»	2	1
Meurthe	1	»	»	»	»	»	»	»	»	»	»	»	»	»	»	»	»	»	»	»	»	2	»	»	2	2
Meuse	4	»	»	»	»	»	»	»	»	»	»	»	»	»	»	»	»	»	»	»	»	»	»	»	»	8
Morbihan	4	»	»	»	»	»	»	»	»	»	»	»	»	»	»	»	»	»	»	»	»	»	»	»	»	1
Moselle	3	»	»	»	»	»	»	»	»	»	»	»	»	»	»	»	»	»	»	»	»	»	»	»	»	3
Nièvre	1	»	»	»	»	»	»	»	»	»	»	»	»	»	»	»	»	»	»	»	»	»	»	»	»	5
Nord	5	»	»	»	»	»	»	»	»	»	»	»	1	»	»	»	»	»	»	»	»	»	»	»	1	1
Oise	2	»	»	»	»	»	»	»	»	»	»	»	3	»	»	»	»	»	»	»	»	»	»	»	3	1
Orne	4	»	»	»	»	»	»	»	»	»	»	»	1	»	4	»	»	»	»	»	»	»	»	»	2	2
Pas-de-Calais	7	»	»	»	»	»	»	»	»	»	»	»	»	3	»	»	»	»	»	»	»	»	»	»	3	1
Puy-de-Dôme	8	»	»	»	»	»	»	»	»	»	»	»	»	»	»	»	»	»	»	»	»	»	3	»	3	2
Pyrénées (Basses-)	5	»	»	»	»	»	»	»	»	»	»	»	»	»	»	»	»	»	»	»	»	»	»	»	»	1
Pyrénées (Hautes-)	1	»	»	»	»	»	»	»	»	»	»	»	»	»	»	»	»	»	»	»	»	»	»	»	»	1
Pyrénées-Orientales	1	»	»	»	»	»	»	»	»	»	»	»	»	»	»	»	»	»	»	»	»	»	»	»	»	3
Rhin (Bas-)	1	»	»	»	»	»	»	»	»	»	»	»	»	»	»	»	»	»	»	»	»	»	»	»	»	3
Rhin (Haut-)	3	»	»	»	»	»	»	»	»	»	»	»	»	»	»	»	»	»	»	»	»	»	»	»	»	8
Rhône	1	»	»	»	»	»	»	»	»	»	»	»	»	»	»	»	»	»	»	»	»	»	»	»	»	1
Saône (Haute-)	1	»	»	»	»	»	»	»	»	»	»	»	»	»	»	»	»	»	»	»	»	3	»	»	3	2
Saône-et-Loire	5	»	»	»	»	»	»	»	»	»	»	»	»	»	»	»	»	»	»	»	»	»	»	»	»	1
Sarthe	1	»	»	»	»	»	»	»	»	»	»	»	»	»	»	»	»	»	»	»	»	»	»	»	»	1
Seine	1	»	»	»	»	»	»	»	»	»	»	»	»	»	»	»	»	»	»	»	»	»	»	»	»	3
Seine-Inférieure	3	»	»	»	»	»	»	»	»	»	»	»	»	4	»	»	»	»	»	»	»	»	»	»	4	1
Seine-et-Marne	5	»	»	»	»	»	»	»	»	»	»	»	»	»	»	»	»	»	»	»	»	»	»	»	»	2
Seine-et-Oise	5	»	»	»	»	»	»	»	»	»	»	»	»	»	»	»	»	»	»	»	»	»	1	»	1	3
Sèvres (Deux-)	4	»	»	»	»	»	»	»	»	»	»	»	»	»	»	»	»	»	»	»	»	»	»	»	»	3
Somme	3	»	»	»	»	»	»	»	»	»	»	»	»	»	»	»	»	»	2	»	»	»	»	»	2	2
Tarn	4	»	»	»	»	»	»	»	»	»	»	»	»	2	»	»	»	»	»	»	»	»	»	»	3	1
Tarn-et-Garonne	3	»	»	»	»	»	»	»	»	»	»	»	»	»	1	»	»	»	»	»	»	»	»	»	1	2
Var	3	»	»	»	»	»	»	»	»	»	»	»	»	»	»	»	»	»	»	»	»	3	»	»	3	1
Vaucluse	4	»	»	»	»	»	»	»	»	»	»	»	»	»	1	»	»	»	»	1	»	2	»	»	3	»
Vendée	4	»	»	»	»	»	»	»	»	»	»	»	»	3	»	»	»	»	»	»	»	»	»	»	3	1
Vienne	4	»	»	»	»	»	»	»	»	»	»	»	»	»	»	»	»	»	»	»	»	»	»	»	»	1
Vienne (Haute-)	1	»	»	»	»	»	»	»	»	»	»	»	»	»	»	»	»	»	»	»	»	»	»	»	»	5
Vosges	5	»	»	»	»	»	»	»	»	»	»	»	»	»	»	»	»	»	»	»	1	»	»	»	1	8
Yonne	4	»	»	»	»	»	»	»	»	»	»	»	»	»	»	»	»	»	»	»	»	»	»	»		
TOTAUX	206	2	5	1	2	1	7	»	1	4	5	12	86	20	8	1	»	3	8	6	3	19	9	6	110	146

État II. Des Tours d'exposition maintenus ou supprimés du 1er janvier 1825 au 1er janvier 1848.

DÉPARTEMENTS	EXISTANTS au 1er janvier 1825	TOURS D'EXPOSITION SUPPRIMÉS EN 1825	1826	1827	1828	1829	1830	1831	1832	1833	1834	1835	1836	1837	1838	1839	1840	1841	1842	1843	1844	1845	1846	1847	TOTAL	RESTANTS au 1er janvier 1848	DATE DE L'ÉPOQUE à laquelle a commencé la surveillance des Tours
Ain	2	»	»	»	»	»	»	»	»	»	»	»	1	»	»	»	»	»	»	»	»	»	»	»	1	1	1830
Aisne	5	»	»	»	»	»	»	»	»	»	»	»	»	»	»	»	»	2	»	»	»	»	»	»	2	3	1843
Allier	4	»	»	»	»	»	»	»	»	»	»	3	»	»	»	»	»	»	»	»	»	»	»	»	3	1	1845
Alpes (Basses-)	6	»	»	»	»	»	»	»	»	»	»	»	5	»	»	»	»	»	»	»	»	»	»	»	5	1	1836
Alpes (Hautes-)	2	»	»	»	»	»	»	»	»	»	»	»	»	»	»	»	»	1	»	»	»	»	1	»	2	»	
Ardèche	3	»	»	»	»	»	»	»	»	»	»	»	»	»	2	»	»	»	»	»	»	»	»	»	2	1	1842
Ardennes	3	»	»	»	»	»	»	»	»	»	»	2	»	»	»	»	»	»	»	»	»	»	»	»	2	1	
Ariège	3	»	»	»	»	»	»	»	»	»	»	»	»	»	»	»	»	1	»	»	»	»	»	»	1	2	1841
Aube	3	»	»	»	»	»	»	»	»	»	»	»	2	»	»	»	»	»	»	»	»	»	»	»	2	1	
Aude	3	»	»	»	»	»	»	»	»	»	»	»	»	1	»	»	1	1	»	»	»	»	»	»	3	»	
Aveyron	6	»	»	»	»	»	3	»	»	»	»	»	»	»	»	»	»	»	»	»	1	1	»	»	5	»	
Bouches-du-Rhône	4	»	»	»	»	»	»	»	»	»	»	»	1	1	»	»	»	»	»	»	»	»	»	»	2	2	
Calvados	5	»	»	»	»	»	»	»	»	»	»	»	5	»	»	»	»	»	»	»	»	»	»	»	5	»	
Cantal	2	»	»	»	»	»	»	»	»	»	»	»	»	»	»	»	»	»	»	»	»	»	»	2	2	»	
Charente	4	»	»	»	»	»	»	»	»	»	3	»	»	»	»	»	»	»	»	»	»	»	»	»	3	1	1844
Charente-Inférieure	5	»	»	»	»	»	»	»	»	»	»	1	»	»	»	»	»	»	»	2	»	»	»	»	3	2	
Cher	2	»	»	»	»	»	»	»	»	»	2	»	»	»	»	»	»	»	»	»	»	»	»	»	2	»	
Corrèze	6	»	»	»	»	»	»	»	»	3	»	1	»	»	1	»	»	»	»	»	»	»	»	»	5	1	1845
Corse	1	»	»	»	»	»	»	»	»	»	»	»	»	»	»	»	»	»	»	»	»	»	1	»	1	»	
Côte-d'Or	1	»	»	»	»	»	»	»	»	»	»	»	»	»	»	»	»	»	»	»	»	»	»	»	»	1	
Côtes-du-Nord	2	»	»	»	»	»	»	»	»	»	»	»	»	»	»	»	»	»	»	»	»	»	»	»	»	2	
Creuse	3	»	»	»	»	»	»	»	»	»	1	»	»	»	»	»	»	»	»	»	»	»	»	»	1	2	1841
Dordogne	5	»	»	»	»	»	»	»	»	»	»	4	»	»	»	»	»	»	»	»	»	»	»	»	4	1	
Doubs	»	»	»	»	»	»	»	»	»	»	»	»	»	»	»	»	»	»	»	»	»	»	»	»	»	»	
Drôme	2	»	»	»	»	1	»	»	»	»	»	»	»	»	»	»	»	»	»	»	»	»	1	»	2	»	
Eure	2	»	»	»	»	»	»	»	»	»	»	»	»	»	»	»	»	»	»	»	»	»	»	»	»	2	
Eure-et-Loir	4	»	»	»	»	»	»	»	»	»	»	1	»	2	»	»	»	»	»	»	»	»	»	»	3	1	
Finistère	3	»	»	»	»	»	»	»	»	»	»	»	»	»	»	»	»	1	»	»	»	»	»	»	1	2	
Gard	6	»	»	»	»	»	»	»	»	»	»	»	2	2	»	»	»	»	1	»	»	»	»	»	5	1	
Garonne (Haute-)	2	»	»	»	»	»	»	»	»	»	»	»	»	»	»	»	2	»	»	»	»	»	»	»	2	»	
Gers	»	»	»	»	»	»	»	»	»	»	»	»	»	»	»	»	»	»	»	»	»	»	»	»	»	»	
Gironde	1	»	»	»	»	»	»	»	»	»	»	»	»	»	»	»	»	»	»	»	»	»	»	»	»	1	
Hérault	7	»	»	»	»	»	»	»	»	»	»	»	5	»	»	»	»	»	»	1	»	»	»	»	6	1	1843
Ille-et-Vilaine	1	»	»	»	»	»	»	»	»	»	»	»	»	»	»	»	»	»	»	»	»	»	»	1	1	»	
Indre	2	»	»	»	»	»	»	»	»	»	»	»	»	»	»	»	»	»	»	»	»	2	»	»	2	»	
Indre-et-Loire	1	»	»	»	»	»	»	»	»	»	»	»	»	»	»	»	»	»	»	»	»	»	1	»	1	»	
Isère	2	»	»	»	»	»	»	»	»	»	»	»	»	»	»	»	»	»	1	»	»	»	»	»	1	1	1842
Jura	1	»	»	»	»	»	»	»	»	»	»	»	»	»	»	»	»	»	»	»	»	1	»	»	1	»	
Landes	1	»	»	»	»	»	»	»	»	»	»	»	»	»	»	»	»	»	»	»	»	»	1	»	1	»	
Loir-et-Cher	3	»	»	»	»	»	»	»	»	»	»	»	2	»	»	»	»	»	»	»	»	»	»	»	2	1	
Loire	3	»	»	»	»	»	»	»	»	»	»	»	»	»	»	»	»	»	»	»	»	»	2	»	2	1	
Loire (Haute-)	1	»	»	»	»	»	»	»	»	»	»	»	»	»	»	»	»	»	»	»	»	»	»	1	1	»	
Loire-Inférieure	1	»	»	»	»	»	»	»	»	»	»	»	»	»	»	»	»	»	»	»	»	»	»	»	»	1	
À reporter	122	»	»	»	»	1	3	»	»	3	6	12	23	6	8	»	3	0	2	3	1	4	7	4	37	36	

DÉPARTEMENTS.	ENFANTS au 1er janvier 1825.	1825.	1826.	1827.	1828.	1829.	1830.	1831.	1832.	1833.	1834.	1835.	1836.	1837.	1838.	1839.	1840.	1841.	1842.	1843.	1844.	1845.	1846.	1847.	TOTAL.	ENFANTS au 1er janvier 1848.	DATE DE L'ARRÊTÉ à laquelle a commencé la surveillance des Tours.
		TOURS D'EXPOSITION SUPPRIMÉS EN																									
Report. . . .	122	»		»	»	1	3	»	»	8	6	12	23	6	3	»	3	6	2	3	1	4	7	4	87	65	
Loiret. . . .	3	»	»	»	»	»	»	»	1	»	»	»	»	1	»	»	»	»	»	»	»	»	»	»	2	1	
Lot. . . .	2	»	2	»	»	»	»	»	»	»	»	»	»	»	»	»	»	»	»	»	»	»	»	»	2	»	
Lot-et-Garonne. .	4	»	»	»	»	»	»	»	»	»	1	1	1	»	»	»	»	»	»	»	»	1	»	»	4	»	
Lozère. . . .	2	»	»	»	1	»	»	»	»	»	»	»	»	»	»	»	»	»	»	»	»	»	»	»	1	1	
Maine-et-Loire. . . .	4	»	»	»	»	»	»	»	»	»	»	1	»	1	»	»	»	»	»	»	»	»	»	»	2	2	
Manche. . . .	6	»	»	»	»	»	»	»	»	»	»	»	»	»	»	»	»	»	»	»	»	6	»	»	6	»	
Marne	3	»	»	»	»	»	»	»	»	»	»	»	»	»	»	»	»	»	»	»	»	»	»	»	»	4	
Marne (Haute). .	2	»	»	1	»	»	»	»	»	»	»	»	»	»	»	»	»	»	»	»	»	»	»	»	1	1	
Mayenne. .	8	»	2	»	»	»	»	»	»	»	»	»	»	»	»	»	»	»	»	»	»	»	»	»	2	1	1847
Meurthe. . . .	»	»	»	»	»	»	»	»	»	»	»	»	»	»	»	»	»	»	»	»	»	2	»	»	2	2	
Meuse. . . .	4	»	»	»	»	»	»	»	»	»	»	»	»	»	»	»	»	»	»	»	»	»	»	»	»	2	
Morbihan	2	»	»	»	»	»	»	»	»	»	»	»	»	»	»	»	»	»	»	»	»	»	»	»	»	»	
Moselle. . . .	»	»	»	»	»	»	»	»	»	»	»	»	»	»	»	»	»	»	»	»	»	»	»	»	1	»	
Nièvre	1	»	»	»	1	»	»	»	»	»	»	»	»	»	»	»	2	1	»	2	»	»	»	»	6	»	
Nord. . . .	5	»	»	»	»	»	»	»	»	»	»	»	1	»	»	»	»	»	»	»	»	»	»	»	1	1	1845
Oise	2	»	»	»	»	»	»	»	»	»	»	»	4	»	»	»	»	»	»	»	»	»	»	»	4	»	
Orne	4	»	»	»	»	»	»	»	»	»	»	»	1	»	2	»	»	»	»	»	»	»	2	»	5	»	
Pas-de-Calais	5	»	»	»	»	»	»	»	»	»	»	»	»	3	»	»	»	»	»	»	»	»	»	»	3	1	1846
Puy-de-Dôme	4	»	»	»	»	»	»	»	»	»	»	3	»	»	»	»	»	»	»	»	»	»	»	»	3	»	
Pyrénées (Basses)	8	»	»	»	»	»	»	»	»	»	»	»	1	»	»	»	»	»	»	»	»	»	»	»	1	»	
Pyrénées (Hautes)	1	»	»	»	»	»	»	»	»	»	»	»	»	»	»	»	»	»	»	»	»	»	»	»	»	1	1847
Pyrénées-Orientales	1	»	»	»	»	»	»	»	»	»	»	»	»	»	»	»	»	»	»	»	»	»	»	»	»	»	
Rhin (Bas) . .	»	»	»	»	»	»	»	»	»	»	»	»	»	»	»	»	»	»	»	»	»	»	»	»	»	»	
Rhin (Haut). .	»	»	»	»	»	»	»	»	»	»	»	»	»	»	»	»	»	»	»	»	»	»	»	»	»	1	1836
Rhône	1	»	»	»	»	»	»	»	»	»	»	»	»	»	»	»	»	»	»	»	»	»	»	»	»	»	
Saône (Haute) . .	»	»	»	»	»	»	»	»	»	»	»	»	»	»	»	»	»	»	»	»	»	»	»	»	1	2	1842
Saône-et-Loire	3	»	»	»	»	»	»	»	»	»	»	1	»	»	»	»	»	»	»	»	»	»	»	»	»	1	1847
Sarthe. . . .	1	»	»	»	»	»	»	»	»	»	»	»	»	»	»	»	»	»	»	»	»	»	»	»	»	1	
Seine	1	»	»	»	»	»	»	»	»	»	»	»	»	»	»	»	»	»	»	»	»	»	1	»	1	1	
Seine-Inférieure	2	»	»	»	»	»	»	»	»	»	»	»	»	»	»	»	»	»	»	»	»	»	»	»	»	1	
Seine-et-Marne	1	»	»	»	»	»	»	»	»	»	»	»	»	»	»	»	»	»	»	»	»	»	»	»	»	»	
Seine-et-Oise	»	»	»	»	»	»	»	»	»	»	»	»	»	»	»	»	»	»	»	»	»	»	»	»	»	3	1845
Sèvres (Deux)	3	»	»	»	»	»	»	»	»	»	»	2	»	»	»	»	»	»	»	»	»	»	»	»	2	1	
Somme.	3	»	»	»	»	»	»	»	»	»	»	»	»	»	»	»	»	»	2	»	»	»	»	2	4	»	
Tarn	4	»	»	»	»	»	»	»	»	»	»	»	»	»	»	»	»	»	»	»	»	»	1	»	3	»	
Tarn-et-Garonne	3	»	»	»	»	»	»	»	»	»	»	»	2	»	»	»	»	»	»	»	»	»	»	»	1	2	1846
Var	3	»	»	»	»	»	»	»	»	»	»	»	»	»	1	»	»	»	»	»	»	»	»	»	3	1	1844
Vaucluse.	4	»	»	»	»	»	»	»	»	»	»	»	»	»	»	»	»	»	»	»	3	»	»	»	3	1	1845
Vendée	4	»	»	»	»	»	»	»	»	»	»	»	»	»	1	»	»	»	»	1	»	1	»	»	3	1	1847
Vienne	4	»	»	»	»	»	»	»	»	»	»	»	»	3	»	»	»	»	»	»	»	»	1	»	1	»	
Vienne (Haute)	1	»	»	»	»	»	»	»	»	»	»	»	»	»	»	»	»	»	»	»	»	»	»	»	»	»	
Vosges	»	»	»	»	»	»	»	»	»	»	»	»	»	»	»	»	»	»	»	»	1	»	»	»	1	1	
Yonne	4	»	»	»	»	»	»	»	»	»	»	»	»	»	»	»	»	»	»	»	»	»	»	»	»	»	
TOTAUX	125	»	4	1	2	1	3	»	3	3	7	20	31	16	7	»	5	7	4	6	5	11	12	4	155	70	

ÉTAT III. *Hospices dépositaires des Enfants trouvés, abandonnés et orphelins pauvres au 1er janvier 1850.*

DÉPARTEMENTS	COMMUNES DE LA SITUATION des hospices.	PAS DE TOUR.	TOUR SURVEILLÉ.	TOUR LIBRE	OBSERVATIONS
Ain	Bourg		Oui, depuis 1830		Plus de secours temporaires. La surveillance du Tour est exercée avec beaucoup de soin par des agents spéciaux.
Aisne	Laon Saint-Quentin Soissons		Oui, depuis 1843 Oui, depuis 1848 Oui, depuis 1843		
Allier	Moulins		Oui, depuis 1845		Secours temporaires. La surveillance du Tour de Moulins, qui avait cessé en 1848, a été rétablie le 1er janvier 1849.
Alpes (Basses)	Digne		Oui, depuis 1836		Secours temporaires.
Alpes (Hautes)	Gap Embrun	Oui Oui			Secours temporaires.
Ardèche	Privas		Oui, depuis 1842		Aucun Enfant n'a été exposé au Tour de Privas depuis 1842. Secours temporaires.
Ardennes	Mézières Rethel Sedan	 Oui Oui		Oui	
Ariége	Foix Pamiers		Oui, depuis 1841 Oui, depuis 1841		Secours temporaires.
Aube	Troyes			Oui	
Aude	Carcassonne	Oui			Secours temporaires.
Aveyron	Rodez Espalion Milhau Saint-Affrique Villefranche	Oui Oui Oui Oui Oui			Les hospices d'Espalion, de Milhau, de Saint-Affrique et de Villefranche sont redevenus dépositaires en 1845, mais le Tour d'exposition ouvert dans chacun de ces établissements a été fermé en août 1849. Secours temporaires.
Bouches-du-Rhône	Marseille Aix			Oui Oui	
Calvados	Caen	Oui			
Cantal	Aurillac Saint-Flour	Oui Oui			Secours temporaires. L'hospice de Saint-Flour transmet les Enfants qu'il reçoit à l'hospice d'Aurillac.
Charente	Angoulême			Oui	La surveillance du Tour a cessé en 1848. Secours temporaires.
Charente-Inférieure	La Rochelle Saintes			Oui Oui	
Cher	Bourges	Oui			Le conseil général a, dans sa session de 1849, donné son approbation à la mesure des secours temporaires.
Corrèze	Tulle		Oui, depuis 1845		A partir de 1848, la surveillance du Tour de Tulle est devenue moins complète sur la demande du conseil général. Secours temporaires.
Corse	Ajaccio Bastia Calvi Corte Sartène	Oui Oui Oui Oui Oui			Secours temporaires.
Côte-d'Or	Dijon			Oui	Secours temporaires.
Côtes-du-Nord	Saint-Brieuc Dinan			Oui Oui	
Creuse	Guéret Aubusson		Oui, depuis 1841 Oui, depuis 1841		Secours temporaires.
Dordogne	Périgueux			Oui	
A reporter	42	19	12	11	

DÉPARTEMENTS	COMMUNES DE LA SITUATION des hospices	PAS DE TOUR	TOUR SURVEILLÉ.	TOUR LIBRE	OBSERVATIONS
REPORT	42	19	12	11	
DOUBS	Besançon	Oui			Secours temporaires
DRÔME	Romans	Oui			Secours temporaires
EURE	Evreux			Oui.	
	Bernay			Oui	
EURE-ET-LOIR	Chartres			Oui	
FINISTÈRE	Brest			Oui	
	Quimper			Oui	
GARD	Nîmes			Oui	
GARONNE (HAUTE-)	Toulouse	Oui			L'hospice de Saint Gandens, redevenu dépositaire en 1848, a cessé de l'être en août 1849 Secours temporaires
GERS	Auch	Oui			Secours temporaires
GIRONDE	Bordeaux			Oui	Secours temporaires dans la limite d'un crédit de 3,000 fr La surveillance du Tour de Bordeaux, projetée en 1846, n'a pas été mise à exécution
HÉRAULT	Montpellier			Oui	Le Tour de Montpellier, qui, depuis 1843, était surveillé d'une manière qui équivalait à sa suppression, a été rendu complètement libre en 1848 Les secours temporaires ont été maintenus
	Béziers	Oui			
ILLE-ET-VILAINE	Rennes	Oui			Secours temporaires
INDRE	Châteauroux	Oui			Secours temporaires
INDRE-ET-LOIRE	Tours	Oui			Secours temporaires
ISÈRE	Grenoble		Oui, depuis 1842		Secours temporaires
JURA	Poligny	Oui			
LANDES	Mont de Marsan	Oui			Les hospices de Dax et de Saint-Sever reçoivent des Enfants qu'ils placent pour le compte de celui de Mont de Marsan Secours temporaires
	Saint Sever	Oui			
	Dax	Oui			
LOIR-ET-CHER	Blois			Oui	Secours temporaires
LOIRE	Montbrison			Oui	Secours temporaires
	Saint-Étienne	Oui			
	Roanne	Oui			
LOIRE (HAUTE-)	Le Puy	Oui			
LOIRE-INFÉRIEURE	Nantes			Oui	Secours temporaires depuis 1848
LOIRET	Orléans			Oui	Secours temporaires
LOT	Cahors	Oui			Secours temporaires
LOT-ET-GARONNE	Agen	Oui			Secours temporaires
LOZÈRE	Mende		Oui		Secours temporaires La Tour de Mende, fermé dans les premiers mois de l'année 1848, a été rouvert le 15 janvier 1849 Il est surveillé d'une manière complètement illusoire, bien que deux gardiens soient chargés de cette surveillance
MAINE-ET-LOIRE	Angers			Oui	
	Saumur			Oui	
MANCHE	Avranches	Oui.			Le conseil général de la Manche a, dans sa session de 1849, demandé la suppression des secours temporaires
	Coutances	Oui			
	Mortain	Oui			
	Saint-Lô	Oui			
	Valognes	Oui			
	Cherbourg	Oui			
A REPORTER	81	42	14	25	

ARTEMENTS	COMMUNES DE LA SITUATION des hospices	PAS DE TOUR.	TOUR SURVEILLÉ	TOUR LIBRE.	OBSERVATIONS
REPORT...	81	42	14	25	
	Châlons.			Oui.	
S.	Vitry..			Oui	
	Reims.			Oui.	
E (HAUTE-)	Chaumont.			Oui.	
	Langres	Oui			
ANE.	Laval		Oui. depuis 1847,		
RTHE.	Nancy	Oui			
E	Bar-le-Duc.			Oui.	Secours temporaires
	Verdun			Oui.	
	Vannes			Oui	Secours temporaires en petit nombre
HAN	Lorient	Oui.			
	Ploermel.	Oui.			
	Pontivy			Oui.	
LLE	Metz.	Oui.			Secours temporaires
E	Nevers	Oui.			Secours temporaires
	Douai	Oui			
	Valenciennes	Oui			
	Cambrai	Oui.			Secours temporaires
	Lille	Oui.			
	Dunkerque	Oui			
	Beauvais.			Oui.	La surveillance projetée en 1845 à l'égard du tour de Beauvais n'a pas été mise à exécution, mais la surveillance des maisons d'accouchement est faite dans cette ville avec beaucoup de soin.
	Alençon	Oui			Le conseil général s'est, dans sa session de 1849, prononcé en faveur de la mesure des secours temporaires
DE CALAIS	Arras	Oui			Secours temporaires
	Saint-Omer.	Oui.			
DE DOME	Clermont.		Oui, depuis 1840.		Secours temporaires.
NÉES (BASSES-).	Pau	Oui.			Secours temporaires.
	Bayonne	Oui.			
NÉES (HAUTES)	Tarbes.	Oui.			L'hospice de Bagnères est devenu dépositaire en 1848. Le Tour ouvert dans cet établissement ainsi que dans l'hospice de Tarbes a été fermé vers la fin de 1849. Secours temporaires
	Bagnères..	Oui			
NÉES ORIENTALES	Perpignan.		Oui, depuis 1847.		Secours temporaires.
(BAS-)	Strasbourg.	Oui			
	Colmar.	Oui			Secours temporaires en petit nombre
(HAUT).	Altkirch	Oui.			
	Belfort.	Oui,			
NE	Lyon.		Oui, depuis 1844.		La surveillance du Tour de Lyon, qui avait cessé en 1848, a été rétablie en 1849 en vertu de délibérations unanimes du conseil général et du conseil d'arrondissement, approuvées par le Ministre
TE-SAÔNE	Gray	Oui.			
NE-ET LOIRE	Autun		Oui, depuis 1845.		Secours temporaires
	Cluny.		Oui, depuis 1845		
THE	Le Mans.			Oui.	Secours temporaires
NE	Paris.			Oui.	
	Rouen.			Oui.	
E INFÉRIEURE.	Le Havre	Oui			
	Dieppe.	Oui.			
NE-ET-MARNE	Melun.			Oui.	Secours temporaires en petit nombre
A REPORTER...	125	67	20	38	

DÉPARTEMENTS.	COMMUNES DE LA SITUATION des hospices	PAS DE TOUR.	TOUR SURVEILLÉ.	TOUR LIBRE.	OBSERVATIONS.
Report......	125	67	20	38	
Seine-et-Oise.........	Versailles............	Oui.			
	Pontoise.........	Oui.			
	Étampes.......	Oui			
Sèvres (Deux)......	Niort....			Oui.	
	Parthenay....			Oui.	
	Thouars....			Oui.	
Somme	Amiens....			Oui.	Les hospices d'Abbeville et de Péronne ne reçoivent que des enfants abandonnés ou des orphelins. Secours temporaires
	Abbeville....	Oui.			
	Peronne........	Oui			
Tarn....	Alby	Oui.			Secours temporaires.
	Castres	Oui.			
Tarn-et-Garonne...	Montauban	Oui			Le conseil général s'est prononcé, dans la session de 1849, en faveur de la mesure des secours temporaires
Var	Toulon....		Oui, depuis 1846.		Secours temporaires en petit nombre
	Draguignan		Oui, depuis 1846		
Vaucluse....	Carpentras....		Oui, depuis 1844.		Secours temporaires
Vendée........	Napoléon-Vendée.			Oui.	
Vienne.............	Poitiers............			Oui.	Le conseil général de la Vienne s'est prononcé, dans sa session de 1849, en faveur de la mesure des secours temporaires
Vienne (Haute-)	Limoges....			Oui	Secours temporaires.
Vosges..	Épinal ..	Oui			Secours temporaires.
	Mirecourt ..	Oui.			
	Neufchâteau..	Oui.			
	Remiremont	Oui			
	Saint-Dié	Oui			
Yonne......	Auxerre			Oui	L'hospice de Tonnerre a été rouvert en 1848. La surveillance dont le Tour des hospices d'Auxerre, de Sens et de Joigny avait été l'objet, a cessé en 1848. Le Tour de l'hospice de Tonnerre n'est pas non plus surveillé Secours temporaires
	Joigny			Oui.	
	Sens			Oui.	
	Tonnerre			Oui.	
	152	80	23	49	

RÉSUMÉ.

Il existait, au 1er janvier 1850, 152 hospices dépositaires. C'est 6 de plus qu'avant la révolution de février. Les hospices rouverts sont ceux de Milhau, d'Espalion, de Saint-Affrique et de Villefranche (Aveyron), de Bagnères (Hautes-Pyrénées) et de Tonnerre (Yonne)

De ces 152 hospices dépositaires, 3, celui de Saint-Flour (Cantal) et ceux de Dax et de Saint-Sever (Landes), reçoivent les Enfants pour les transmettre, le premier à l'hospice d'Aurillac, et les deux autres à l'hospice de Mont-de-Marsan, ou pour les placer au compte de ces établissements.

2 hospices, ceux d'Abbeville et de Péronne, ne reçoivent que des orphelins et des Enfants abandonnés.

80 hospices dépositaires n'ont pas de Tour, 23 ont un Tour surveillé, et 49 autres sont pourvus d'un Tour dont l'usage est complétement libre. Le nombre de Tours, qui n'était, avant 1848, que de 70, se trouve porté à 72 au moyen de la réouverture de ceux de Limoges et de Tonnerre.

La mesure des secours temporaires, comme moyen de prévenir ou de faire cesser les expositions ou abandons d'Enfants, est en usage dans 53 départements. Cette mesure a cessé dans l'Ain. Les conseils généraux du Cher, de l'Orne, de Tarn-et-Garonne en ont, dans leur session de 1849, demandé l'adoption dans ces départements. Le conseil général de la Manche a, au contraire, demandé qu'elle cessât dans ce département

TABLEAU XII,

PRÉSENTANT

LES ACCUSATIONS D'INFANTICIDE

PORTÉES DEVANT LES COURS D'ASSISES

DU 1er JANVIER 1825 AU 1er JANVIER 1848.

…au a été dressé par MM. Ern. Louet et de Quinelle, attachés au ministère de l'intérieur, et revisé par M. de Raulhac du Maupas, employé dans le même ministère.

ÉTAT I,

Présentant, par département et par ressort de Cour d'appel, les accusations d'infanticide portées devant les Cours d'assises, du 1er janvier 1825 au 1er janvier 1848.

COURS D'APPEL	DÉPARTEMENTS	1825	1826.	1827.	1828	1829	1830	1831	1832	1833	1834	1835.	1836	1837	1838.	1839	1840	1841.	1842.	1843.	1844	1845	1846.	1847.	TOTAUX.
…a	Gers	3	»	2	1	1	3	2	1	2	3	1	2	»	2	3	4	2	2	2	2	1	2	»	41
	Lot		2	2	1	1	2		»	1	»	»	3	»	2	1	1	2	1	1	3	»	»	2	25
	Lot-et-Garonne	1	1	2	1	1	2	2	1	»	1	»	2	2	1	3	»	2	1	3	1	1	4	2	34
…	Basses Alpes	1	2	1	2	»		»	3		4	»	3		1	1	2	1	1	2	2	2	1	1	30
	Bouches-du-Rhône	1	1	»	»	»	1	1	1	»		»	1	1	1	1	4	2	3	2	1	2	1	1	25
	Var	»	1	»		»	4	»	1	»	»	»	2	»	3	4	1	2	1	5	3	5	3	2	37
…ens	Aisne	1	»	1	»	»	»		»	»		»	2	»	»	»	»		2	1	3	»		4	14
	Oise	»	»	»	»	»		1	»	»		1	3	»	»	1	1	»	1	1	»	»	1	1	11
	Somme	1	1	1	2	»	1	1		»	1	1	»	1	1	1	1	2	1	2	»	1	1	1	21
…eis	Maine et Loire	2	1	2	2	3	1	3	1	3	2	2	2	1	4	2	1	1	1	1	3	»	3	1	42
	Mayenne	3	2	2	1		1	»	1	1	1	2	1		3	2	3	2	1	2		3	»	2	33
	Sarthe	2	»	»	4	»		»	»	»	»	4	3	2	1	1		2	2	2	2	1	»	1	27
…ancon	Doubs	1	1	1	2	1	2	»	»	2	»		»	1	»	»	»	»	1	2		1	1	1	17
	Jura	»	2	1	1	»		1	1	1	1	»	1	»	1	2	2	»		3	1	2	2	»	22
	Haute-Saône	1	»	2	»	1	»	1	2	2	1	1	2	1	»	1	»	»	2	»	1	4	»	1	23
…deaux	Charente	3	3	5	1	1	1	4	»	1	»	4	2	5	1	4	3	1	5	2	2	1		2	51
	Dordogne	3	2	4	2	1	3	1	2			4	6	3	4	2	2	5	6	2	1	4	2	4	63
	Gironde	2	»	»		1			1	2	»	2	2		»		1	»	1					6	18
…rges	Cher	2	1	»	2	1	3	4	1	»				»	»		2	2	2	1	»	1	»	1	23
	Indre	2	1	2	1	1	1	»	»	3	3	2		2	1	1	1	»	»	1	1	2	5	3	33
	Nièvre	1	»	2	3	1	»	2	4	1	»	3	3	5	4	2	1	5	2	2	1	2	2	1	47
…n	Calvados	1	1	1	1	2	2	2	»	1	»	»	1	1	3	1	1	»	4	2	4	3	3	1	35
	Manche	2	2	1	1	»		2	1	1	»	»	2		2	»	1	»	2	»	4	1	2	2	26
	Orne	3	»	»	2	1	1	1	2	1	»	»	»	»	»	1	1	2	1	2	1	2	2	2	25
…mar	Bas-Rhin	2	2	2	2	2	1	2	2	1	5	4	2	4	3	4	»	2	1	4	1	1	2	2	51
	Haut-Rhin	3	2	1	»	»	1	2			2		»	2	2	1	1	2	1	2	»	1		»	23
…tia	Corse	4	2	4	2	1		»	1	3	»	1	1	3	2	»	1	»	2	»	1		1	1	30
…on	Côte-d'Or	2	2	1	2	1	3		»	4	1	1	3	3	2	2	1	3	3	4	3	»	3	1	45
	Haute-Marne	1	»	2	»	1		1	1	»	1	»	»	1	1	1	»	»			1	1	1	2	15
	Saône-et-Loire	6	2	3	4	1	5		3	3	6	7	3	»	3	4	4	6	4	2	1	2	2	3	74
…ai	Nord	1	»	»	2		»	»	1	1	3	2	4	2	2	3	3	3	2	3	3	1	1	2	39
	Pas-de-Calais	»	3	»	»	1	1		1	»	1	1	2	2	2	1	4	4	2		»	»	2	2	29
…noble	Hautes Alpes	1	2	1		»	»	»	»	»	»	»	1	3	»	»	1	»	1	1	1	»	»	1	13
	Drôme	»	2	1	1	2	»	»	1	4	»	1	2	»	»	2	»	2	»	3	1	»	»	4	26
	Isère	1	2	1	3	»	3	3	»	3	2	2	2	1	3	4	3	2		1	1	3	2	2	44
…noges	Corrèze	»	1	2	1		4	1	3	1	»		»	1	2	7	6	»	4	4	2	2	2	3	46
	Creuse	1	2	»	1	1	3	1		3	2	1	1	1	3	5	4	4	1	2	2	4	3	1	46
	Haute Vienne	2	3	4	1	1	1	»			2	1	1		4	»	4	3	1	2	2	5	2	4	43
À REPORTER		60	49	54	49	28	50	38	36	45	42	48	65	48	64	68	65	64	65	69	55	59	56	70	1,247

COURS D'APPEL.	DÉPARTEMENTS.	1825.	1826.	1827.	1828.	1829	1830.	1831.	1832.	1833.	1834	1835.	1836.	1837.	1838.	1839.	1840.	1841.	1842.	1843.	1844	1845	1846.	1847	TOTAUX.
	REPORT...	60	49	45	49	28	50	38	36	45	42	48	65	48	64	68	65	64	65	69	55	59	56	70	1,247
Lyon	Ain	″	″	3	1	1	″	2	1	2	2	1	3	2	2	1	3	3	″	3	2	2	3	5	42
	Loire	″	3	″	″	″	″	1	1	″	″	1	1	2	2	1	1	″	″	1	″	″	″	1	15
	Rhône	1	5	3	″	1	1	3	1	″	1	5	″	2	1	2	2	3	″	2	1	1	2	3	40
Metz	Ardennes	″	″	″	″	″	″	1	1	1	″	2	″	″	″	″	″	2	″	1	1	″	″	″	9
	Moselle	2	2	3	1	1	6	2	1	3	4	1	4	2	2	3	1	5	″	3	1	5	3	″	55
Montpellier	Aude	″	1	1	″	1	2	2	1	″	″	″	1	″	1	″	″	″	″	″	″	″	2	″	12
	Aveyron	3	2	6	3	2	″	2	1	″	1	″	2	″	″	3	1	4	1	6	1	4	2		44
	Hérault	″	3	1	″	1	1	1	1	1	1	2	″	″	″	″	″	3	1	1	2	1	2	3	25
	Pyrénées-Orientales	″	″	″	″	″	″	″	″	″	″	1	″	1	1	″	1	1	1	″	″	″	2		8
Nancy	Meurthe	″	1	1	2	″		″	″	1	″	2	2	1	″	3	3	2	1	3	″	2	1	3	23
	Meuse	1	1	1	1	″	″	″	″	″	″	″	″	3	″	″	2	″	2	1	1	2	1	″	16
	Vosges	″	1	3	3	1	″	″	1	″	″	″	3	3	″	1	1	″	1	″	2	1	2	″	23
Nîmes	Ardèche	1	2	″	1	2	1	2	1	″	2	1	2	″	″	1	″	1	1	″	3	2	2	1	20
	Gard	2	1	2	1	2	1	″	1	2	″	4	1	2	3	″	″	2	1	1	4	2	1	4	37
	Lozère	″	″	1	″	1	1	1	1	2	″	3	1	2	4	3	″	2	1	1	1	1	1	1	28
	Vaucluse	″	1		1	″	″	″	″	″	″	1	1	″	″	2	1	″	3	″	2	4		3	19
Orléans	Indre-et-Loire	4	″	5	″	4	2	1	2	4	5	″	3	1	1	2	1	7	2	2	2	3	4	5	60
	Loir-et-Cher	2	″	1	1	1	1	1	1	1	1	2	1	3	1	2	″	1	1	1	2	1	2	2	20
	Loiret	1	″	1	2	2	1	1	″	1	5	4	2	1	3	″	3	1	2	1	″	1	1	2	35
Paris	Aube	″	″	1	1	1	1	″	1	″	″	″	1	2	1	1	″	″	3	1	1	″	″	3	18
	Eure-et-Loir	2	″	″	″	″	2	″	1	1		″	″	4	1	1	1	″	3	2	2	2	″	1	23
	Marne	″	1	1	″	2	1	″	1	″	1	1	1	1	″	2	″	2	1	″	″	1	″	2	18
	Seine	1	3	1	1	4	2	1	2	″		1	3	3	1	4	3	3	3	2	2	″	2	4	40
	Seine-et-Marne	″	1	1	″	1		1	2	1	3	2	1	1	1	3	″	1	1	2	1	1	1	2	27
	Seine-et-Oise	2	2	3	1	3	1	1	1	1	1	1	4	1	3	″	4	″	2	2	2	2	″	5	49
	Yonne	1	4	1	1	3	″	1	1	2	1	3	″	″	3		3	1	3	1	1	″	3	2	35
Pau	Landes	2	1	1	1	″	1	1	2	″	″	″	2	1	1	″	″	1	1	3	″	″	″	1	19
	Basses-Pyrénées	″	2	1	″	″	″	1	″	″	″	1	1	1	1	2	″	1	1	2	1	2	1	1	19
	Hautes-Pyrénées	″	1	″	″	″	1	″	″	″	″	″	″	1	″	1	″	1	″	″	″	1	″	1	7
Poitiers	Charente-Inférieure	1	2	1	3	″	1	1	2	4	″	3	2	1	4	4	1	7	1	1	″	2	2	3	46
	Deux-Sèvres	3	3	2	1	1	2	1	″	1	3	2	4	1	1	2	2	4	2	2	1	1		″	39
	Vendée	1	″	3	1	″	1	3	1	2	1	6	1	4	2	″	6	1	5	2	1	2	″	1	44
	Vienne	2	4	″	2	1	4	1	2	1	″	3	2	5	4	1	2	3	″	1	5	2	2	1	48
Rennes	Côtes-du-Nord	1		2	1	1		″	″	″	4	2	2	1	1	3	2	1	7	2	3	2	4	2	41
	Finistère	″	3	″	″		1	″	1		2	1	1	3	1	1	3	2	2	3	3	2	4	3	36
	Ille-et-Vilaine	5	3	″	3	3	1	″	3	2	4	2	4	4	2	1	2	6	7	5	3	3	6	6	75
	Loire-Inférieure	1	2	2	1	1	1	″	″	2	3	2	2	3	3	5	3	″	2	3	3	2	″	1	42
	Morbihan	1	2	5	1	3	″	2	1	4	6	2	″	2	1	3	2	3	3	3	4	2	5	3	58
Riom	Allier	2	″	″	1	1	1	″	1	1	″	″	1	1	3	1	″	2	1	″	3	5	4	2	30
	Cantal	″	″	1			″		″		1	″	″	″	1	2	2	4	1	″	2	1		1	16
	Haute-Loire	3	3	″	1	1	″	″	″	″	2	1	1	″	2	1	″	″	″	2	1		1	3	22
	Puy-de-Dôme	3	1	2	″	″	1	1	1	″	″	3	″	2	″	5	2	6	1	1	1	2	1	1	34
Rouen	Eure	1		2	1	1	4	″	1		1	1	2	1	1	2	5	4	2	″	3		1	1	34
	Seine-Inférieure	3		2	1	1	1	2	2	″	2	″	4	2	″	2	2	3	1	1	2	″	1	″	32
Toulouse	Ariége	″	3	″	1	2	1	2	″		″	″	1	″	″	1	2		2	1	3	1	1		21
	Haute-Garonne	1	2	2	1	″	″	1	2	1	″	″	″	5	3	6	1	2	4	1	3	3	3	4	45
	Tarn	3	″	1	2	3	3	1	1	1	″	3	2	2	2	″	3	2	3	3	3		3	1	42
	Tarn-et-Garonne	2	2	″	″	1	″	″	″	″	1	1	1	3	1	1	1	″	1	2	″		″	1	18
	TOTAUX...	118	117	121	92	82	98	79	80	87	100	(1) 119	(2) 135	(3) 128	(4) 129	147	(5) 137	(6) 161	(7) 146	(8) 144	(9) 134	(10) 130	(11) 132	159	2,775

ANNOTATIONS

ANNOTATIONS À L'ÉTAT QUI PRÉCÈDE, SUR LES INFANTICIDES.

Total.

(1) 1835. — 119. — 7 de ces crimes ont été commis par les filles accouchées et leurs amants, 2 par les amants seuls, 5 par les filles accouchées et leur père ou leur mère, 2 par la mère de la fille accouchée seule.

(2) 1836. — 135. — 6 de ces crimes ont été commis sur des Enfants légitimes par les pères et mères, de complicité ou séparément : 4, parce que les Enfants avaient été conçus avant le mariage ou pendant le mariage, mais en l'absence du mari, 2, parce que les parents trouvaient en avoir trop, 8 ont été commis par les filles accouchées et leurs amants, 4 par les filles et leur père ou mère, 2 par les mères seules des filles accouchées.

(3) 1837 — 128. — 4 de ces crimes ont été commis sur des Enfants légitimes par les mères, dans 7, les filles mères ont été aidées par leurs amants; dans 6, par leurs pères et mères, ensemble ou séparément, dans 1, par une amie; et un dernier, enfin, a été commis par le père de l'Enfant seul.

(4) 1838. — 129. — Sur les 129 infanticides, 17 fois seulement les mères avaient réussi *à peu près* à dissimuler leur grossesse; 98 fois elles l'avaient essayé, mais, malgré leur dénégation, leur grossesse était à peu près notoire; 125 fois l'accouchement a été clandestin; 2 fois seulement il y avait eu aveu de la grossesse de la part des femmes enceintes (Voir *Procès-verbaux de la Commission*, tome Ier, page 9.)

(5) 1840. — 137. — 5 de ces crimes ont été commis par des femmes mariées sur leur enfant légitime 4 de ces accusees voulant faire disparaître le fruit de l'adultère; la 5e, se soustraire à l'obligation d'élever son Enfant

(6) 1841. — 161. — 4 de ces crimes ont été commis par des femmes mariées sur des Enfants adultérins

(7) 1842. — 146. — Tous ces crimes ont été commis sur des Enfants naturels, excepté 6 5 ont été commis par des épouses adultères, pour faire disparaître les fruits de leur commerce criminel; et le 6e par le père, pour se soustraire aux charges de la paternité.

(8) 1843. — 144. — 138 de ces crimes ont été commis sur des Enfants nés hors mariage, 3 l'ont été par des épouses adultères, pour faire disparaître les fruits de leur commerce criminel; 2, par des femmes mariées sur des Enfants conçus avant le mariage; 1, enfin, par le père légitime, pour se soustraire aux charges de la paternité.

(9) 1844 — 134. — 124 de ces crimes ont été commis sur des Enfants nés hors mariage, 6 l'ont été sur des Enfants adultérins, 5 par la femme adultère et 1 par le mari outragé, pour faire disparaître les fruits d'un commerce criminel; 3 par des femmes mariées sur des Enfants conçus avant le mariage; 1, enfin, par les père et mère légitimes, pour se soustraire aux charges de la paternité.

(10) 1845. — 130. — 120 de ces crimes ont été commis sur des Enfants nés hors mariage, 8 l'ont été sur des Enfants adultérins, 6 par la femme adultère et 2 par les deux époux ensemble, pour faire disparaître les fruits d'un commerce criminel, 1, par une femme mariee sur l'Enfant conçu avant le mariage; 1, enfin, par les pères et mère légitime, pour se soustraire aux charges de la paternité.

(11) 1846. — 132. — 127 de ces crimes ont été commis sur des Enfants nés hors mariage, 2 l'ont été sur des Enfants adultérins; 2 par des femmes mariées sur des Enfants conçus avant le mariage; 1, enfin, par la mère légitime qui avait quitté son mari pour se soustraire à sa brutalité, et qui redoutait les charges de la maternité.

ÉTAT II, *présentant, par département, le rapport, par ordre décroissant, des infanticides avec le nombre des naissances des Enfants naturels, de 1825 à 1848 exclusivement.*

DÉPARTEMENTS	POPULATION d'après le recensement de 1846.	POPULATION SPÉCIFIQUE		NUMÉRO d'ordre de la population spécifique.	INFANTICIDES de 1825 à 1848 (23 ans).	NOMBRE des naissances des Enfants naturels de 1825 à 1848.	RAPPORT des infanticides aux naissances des Enfants naturels.	NUMÉRO d'ordre de chaque département dans le classement des rapports des infanticides aux Enfants naturels.
		NOMBRE d'habitants par kilomètre carré.	RAPPORT avec le nombre moyen 67,085.					
Vienne	308,391	45,62	0,680	71	48	6,607	137. 64	1
Lozère	143,331	27,84	0,415	83	28	4,159	148. 53	2
Alpes (Basses-)	156,675	22,95	0,342	86	30	4,534	151. 13	3
Vendée	376,184	55,18	0,822	55	44	6,936	157. 66	4
Morbihan	472,773	67,57	1,007	35	58	9,693	167 12	5
Ille-et-Vilaine	562,058	84,19	1,255	15	75	13,272	176 96	6
Indre-et-Loire	312,400	51,07	0,761	63	60	12,597	209 95	7
Tarn	360,679	62,84	0,937	42	42	8,823	210 07	8
Ain	367,362	61,98	0,924	44	42	9,220	219. 52	9
Sèvres (Deux-)	320,685	52,80	0,787	59	39	8,687	222 75	10
Corrèze	317,569	54,49	0,812	57	46	10,673	232. 02	11
Nièvre	322,262	47,32	0,705	69	47	11,000	234. 04	12
Creuse	285,680	51,17	0,763	62	46	11,610	252. 39	13
Gers	314,885	50,27	0,749	64	41	10,439	254. 61	14
Charente	379,031	62,83	0,937	43	51	13,229	259. 39	15
Corse	230,271	20,32	0,302	84	30	7,866	262. 20	16
Dordogne	503,557	55,03	0,820	56	63	16,820	266. 98	17
Charente-Inférieure	468,103	71,50	1,066	30	46	12,316	267. 74	18
Lot-et-Garonne	346,260	65,24	0,972	39	34	9,300	270. 41	19
Gard	400,381	67,62	1,008	34	37	10,386	279 62	20
Ardèche	379,614	70,43	1,050	31	26	7,580	291. 77	21
Côtes-du-Nord	628,526	93,52	1,394	10	41	12,177	297 00	22
Aveyron	389,121	43,83	0,653	76	44	13,334	303. 04	23
Alpes (Hautes-)	133,100	24,06	0,359	85	13	4,123	317. 15	24
Saône-et-Loire	565,019	65,97	0,983	37	74	24,128	317. 47	25
Tarn-et-Garonne	242,498	66,06	0,985	36	18	5,718	317. 67	26
Vienne (Haute-)	314,739	56,78	0,846	51	43	13,783	320 53	27
Côte-d'Or	396,524	46,30	0,690	70	45	14,440	320. 89	28
Lot	294,566	56,08	0,835	52	25	8,065	322. 60	29
Var	349,859	48,13	0,717	67	37	12,007	324. 52	30
Indre	263,977	38,32	0,571	81	33	10,716	324. 73	31
Moselle	448,087	84,10	1,254	16	55	17,940	326. 18	32
Yonne	374,803	51,43	0,767	61	35	11,445	327. 00	33
Loire (Haute-)	307,161	61,61	0,918	47	22	7,414	337. 00	34
Mayenne	368,439	71,55	1,067	29	33	11,941	361. 84	35
Seine-et-Marne	340,212	60,38	0,900	40	27	9,964	369. 04	36
Loire-Inférieure	517,265	75,88	1,131	21	42	15,782	375. 76	37
Orne	442,107	72,41	1,079	28	25	9,494	379. 76	38
Seine-et-Oise	474,955	84,76	1,263	14	42	16,423	391 02	39
Maine-et-Loire	504,963	69,92	1,042	32	42	17,082	406 23	40
Puy-de-Dôme	601,594	75,46	1,125	22	34	13,821	406. 50	41
Garonne (Haute-)	481,938	77,91	1,161	18	45	19,039	423 09	42
Finistère	612,151	91,82	1,369	12	36	15,391	427 53	43
Drôme	320,075	48,97	0,730	66	26	11,574	445 15	44
Eure	423,247	72,71	1,084	27	34	15,140	445. 29	45
Loir-et-Cher	256,833	41,03	0,612	79	29	13,040	449. 65	46
Ariége	270,535	59,48	0,887	50	21	9,465	450. 71	47
Eure-et-Loir	292,337	53,32	0,794	58	23	10,849	471. 10	48
Hérault	386,020	61,83	0,922	45	25	11,853	474. 12	49
Marne (Haute-)	262,079	41,93	0,625	78	15	7,345	489 67	50
Jura	316,150	63,62	0,948	40	22	10,779	489. 95	51
Allier	329,540	45,52	0,678	72	30	14,763	492. 10	52
Loiret	331,633	49,67	0,740	65	35	18,600	531 43	53
Vaucluse	259,154	74,60	1,112	23	19	10,854	571. 26	54
Aube	261,881	43,00	0,641	77	18	10,983	610. 44	55
Isère	598,492	73,87	1,101	24	44	27,923	634. 61	56
Meuse	325,710	52,49	0,782	60	16	10,218	638. 62	57
Cantal	260,479	44,68	0,666	74	16	10,453	653 31	58
Sarthe	474,876	70,39	1,130	20	27	19,383	717 89	59
Cher	294,540	40,86	0,609	80	23	17,028	740. 35	60
Rhin (Bas-)	580,373	124,92	1,861	5	51	38,036	745. 80	61
Manche	604,024	101,73	1,516	8	26	19,490	749 61	62
Meurthe	445,991	73,25	1,092	25	28	21,359	762. 82	63
Doubs	292,347	55,66	0,830	53	17	13,113	771 35	64
Calvados	498,385	89,62	1,336	13	35	27,369	781. 97	65
Aude	289,661	47,77	0,712	68	12	9,927	827 25	66
Vosges	427,894	73,02	1,089	26	23	19,683	855. 78	67
Saône (Haute-)	347,096	65,37	0,974	38	23	20,277	881. 61	68
Loire	453,786	95,62	1,425	9	15	14,017	934 47	69
Marne	367,309	44,96	0,670	73	18	17,037	946. 50	70
Landes	298,220	32,50	0,486	82	19	18,465	971 84	71
Ardennes	326,823	63,17	0,941	41	9	8,900	988 89	72
Bouches-du-Rhône	413,918	80,69	1,203	17	25	25,689	1,027. 56	73
Pyrénées (Basses-)	457,832	61,09	0,911	48	19	21,527	1,133 74	74
Somme	570,529	92,88	1,384	11	21	25,877	1,232 24	75
Rhône	545,635	195,51	2,914	3	40	50,651	1,266. 28	76
Rhin (Haut-)	487,208	119,99	1,788	6	23	30,053	1,306. 65	77
Pyrénées-Orientales	180,794	43,92	0,655	75	8	10,550	1,318 75	78
Pas-de-Calais	695,756	106,12	1,582	7	29	40,394	1,392 90	79
Oise	406,028	69,70	1,039	33	11	15,741	1,431. 00	80
Aisne	557,422	76,51	1,140	19	14	23,055	1,646. 79	81
Pyrénées (Hautes-)	251,285	55,50	0,827	54	7	11,620	1,660. 00	82
Seine-Inférieure	758,852	125,86	1,876	4	32	53,652	1,676. 62	83
Nord	1,132,980	199,51	2,974	2	39	69,531	1,782 85	84
Gironde	602,444	61,78	0,921	46	18	40,500	2,250 00	85
Seine	1,364,933	2870,04	42,749	1	46	252,573	5,490 72	86
TOTAL	35,401,761				2,775	1,619,461	Moyenne. 583. 60	

ÉTAT III, *présentant le nombre des infanticides dans les communes* [illegible] *communes urbaines, de 1843 à 1848 exclusivement.*

ANNÉES	POPULATION TOTALE de la France.	POPULATION DES COMMUNES rurales	POPULATION DES COMMUNES urbaines	NOMBRE TOTAL des accusés d'infanticide	ACCUSÉS D'INFANTICIDE domiciliés dans les communes rurales	ACCUSÉS D'INFANTICIDE domiciliés dans les communes urbaines	ACCUSÉS D'INFANTICIDE sans domicile fixe	RAPPORT du total des accusés avec le total de la population	RAPPORT des accusés ruraux avec la population rurale	RAPPORT des accusés urbains avec la population urbaine	OBSERVATIONS.
								1 sur	1 sur	1 sur	Ce n'est qu'en 1843 qu'on a commencé à distinguer les infanticides commis dans les communes rurales et ceux commis dans les communes urbaines. Sous le nom de communes rurales nous désignons, à l'exemple de la Statistique criminelle publiée par le ministère de la justice, toutes celles qui ont une population au dessous de 1,500 âmes, et les communes urbaines sont celles dont la population s'élève au-dessus de ce chiffre. L'on remarquera que les états nos 1 et 2 qui précèdent expriment le nombre des *accusations*, tandis que cet état no 3 exprime le nombre des accusés de même que l'état no 4 qui suit.
1843	34,230,178	26,893,278	7,336,900	168	135	32	1	203,751	199,209	229,278	
1844	34,230,178	26,893,278	7,336,900	159	133	26	»	215,284	202,205	282,188	
1845	35,400,486	27,775,395	7,625,091	162	140	22	»	218,520	198,395	346,595	
1846	35,401,761	28,776,373	7,625,388	145	135	10	1	244,150	230,210	401,336	
1847	35,401,761	28,776,373	7,625,388	175	144	31	»	202,205	199,385	245,980	
TOTAL des cinq années	»	»	»	809	677	130	2	»	»	»	

Ern Lauet fecit

ÉTAT IV, *présentant le nombre des accusés d'infanticide* [illegible] *1836 à 1848 exclusivement, répartis par professions.*

ANNÉES	NOMBRE TOTAL des accusés	ATTACHÉS À L'EXPLOITATION DU SOL: Laboureurs	ATTACHÉS À L'EXPLOITATION DU SOL: Domestiques de ferme	OUVRIERS CHARGÉS de mettre en œuvre les produits du sol	BOULANGERS, bouchers, meuniers	TAILLEURS, perruquiers, chapeliers	MARCHANDS, [illegible]	[illegible]	AUBERGISTES, logeurs, cafetiers	DOMESTIQUES ATTACHÉS à la personne	PROFESSIONS LIBÉRALES	GENS SANS AVEU	TOTAL DES DOMESTIQUES de ferme et des domestiques attachés à la personne	RAPPORT ENTRE LE TOTAL des domestiques et le total des accusés	OBSERVATIONS
														1 sur	Ce relevé des professions des accusés d'infanticide ne remonte pas au delà de 1836, c'est à partir de cette année seulement que la Statistique criminelle, publiée par le ministère de la justice, a distingué les domestiques des autres professions, elle les confondait auparavant avec les aubergistes, etc. Il résulte de cet état que, sur 2,93 accusés d'infanticide, il y en a 1 qui est domestique, c'est à dire que sur 100 accusés 34 sont domestiques
1836	155	61	27	21	»	11	1	1	3	23	1	4	50	3,06	
1837	144	57	23	12	2	17	1	»	1	27	2	1	50	2,88	
1838	156	57	23	16	1	15	1	»	»	30	1	11	53	2,94	
1839	172	66	19	14	»	19	1	2	3	36	5	7	55	3,13	
1840	158	69	18	13	3	14	1	»	5	28	2	4	46	3,43	
1841	180	75	30	13	1	14	2	»	»	36	1	8	66	2,72	
1842	167	69	24	9	»	17	»	»	»	35	2	11	59	2,83	
1843	168	61	26	22	»	17	»	2	1	27	1	11	53	3,17	
1844	159	62	18	10	1	18	1	1	2	34	5	7	52	3,05	
1845	162	66	23	14	»	20	1	1	1	28	2	12	51	3,17	
1846	145	59	28	6	»	13	1	»	»	30	1	7	58	2,50	
1847	175	59	29	12	1	18	»	»	1	39	2	14	68	2,57	
TOTAUX des douze années	1,939	755	288	162	9	193	10	10	17	373	25	97	661	Rapport moyen 2,93	

Ern Lauet fecit

ÉTAT V. *Rapport du nombre des infanticides avec le nombre des naissances d'Enfants naturels, pendant les deux périodes de 1825 à 1836 exclusivement et de 1836 à 1848 exclusivement, dans les départements où les Tours maintenus n'ont été l'objet d'aucune surveillance.*

DÉPARTEMENTS.	NOMBRE des tours existants en 1847	PREMIÈRE PÉRIODE, de 1825 à 1836. Nombre des infanticides de 1825 à 1836	Nombre des naissances naturelles de 1825 à 1836	Rapport des infanticides aux naissances naturelles pendant la première période.	DEUXIÈME PÉRIODE, de 1836 à 1848. Nombre des infanticides de 1836 à 1848	Nombre des naissances naturelles de 1836 à 1848	Rapport des infanticides aux naissances naturelles pendant la deuxième période	OBSERVATIONS
				1 sur			1 sur	
Aube	1	5	5,511	1,102 20	13	6,607	508 23	Le nombre des infanticides, dans le rapport avec le nombre des naissances d'Enfants naturels, a présenté une légère diminution pendant la deuxième période dans les départements de la Marne et de la Seine-Inférieure. Ce rapport a subi une augmentation prononcée dans les départements de l'Aube, de la Charente-Inférieure, des Côtes-du-Nord, de la Dordogne, d'Eure-et-Loir, du Finistère, de Loir-et-Cher, de la Lozère, de la Marne, de la Haute-Marne, de la Meuse, de la Seine et de Seine-et-Marne. Tous les départements de cet état présentent, en moyenne, dans la première période, de 1825 à 1836, 1 infanticide sur 1,040 naissances d'Enfants naturels, et dans la seconde période, 1 infanticide sur 734 naissances d'Enfants naturels. Il n'y a en France que trois départements, les Côtes-du-Nord, l'Eure et la Marne, dans lesquels les Tours n'aient subi aucune modification depuis leur établissement, c'est-à-dire que le même nombre de Tours y a toujours été conservé, et qu'ils n'ont jamais été soumis à une surveillance.
Charente-Inférieure	2	18	5,847	324 83	28	6,469	231 03	
Côtes-du-Nord	2	11	5,521	501 90	30	6,656	221 87	
Dordogne	1	22	7,853	356 90	41	8,967	218 71	
Eure	2	12	6,121	510 10	22	8,910	405 00	
Eure-et-Loir	1	6	6,155	1,025 83	17	4,676	275 05	
Finistère	2	8	7,183	897. 87	28	5,688	203 14	
Loir-et-Cher	1	12	6,699	558. 25	17	6,341	373. 00	
Lozère	1	10	2,121	212 10	18	2,035	113 05	
Maine-et-Loire	2	22	9,432	428 73	20	7,030	351 50	
Marne	3	9	8,420	935 56	9	8,617	957 44	
Marne (Haute-)	1	7	3,770	538 57	8	3,575	446 87	
Meuse	2	4	4,992	1,248. 00	12	5,226	435 50	
Morbihan	8	27	4,382	162 30	31	5,341	172. 29	
Seine	1	19	117,728	6,196. 21	27	134,845	4,994 26	
Seine-Inférieure	1	18	24,892	1,382 88	14	28,750	2,053 57	
Seine-et-Marne	1	15	5,032	335 47	14	4,982	355. 86	
TOTAL	26	225	232,036	1,040 52	349	256,388	734. 64	

ÉTAT VI. *Rapport du nombre des infanticides avec le nombre des naissances des Enfants naturels, pendant les deux périodes de 1825 à 1836 exclusivement et de 1836 à 1848 exclusivement, dans les départements qui n'ont jamais eu de Tours.*

DÉPARTEMENTS	PREMIÈRE PÉRIODE, de 1825 à 1836. Nombre des infanticides de 1825 à 1836.	Nombre des naissances naturelles de 1825 à 1836	Rapport des infanticides aux naissances naturelles pendant la première période	DEUXIÈME PÉRIODE, de 1836 à 1848. Nombre des infanticides de 1836 à 1848.	Nombre des naissances naturelles de 1836 à 1848	Rapport des infanticides aux naissances naturelles pendant la deuxième période.	OBSERVATIONS
			1 sur			1 sur	
Doubs	10	6,053	605 30	7	7,050	1,007 14	Sur les huit départements dans lesquels il n'y a jamais eu de Tour, la proportion des infanticides aux naissances des Enfants naturels a augmenté pendant la seconde période, c'est-à-dire de 1836 à 1848, dans cinq départements. Cette proportion a diminué pendant cette même période dans trois départements : dans le Doubs, le Bas-Rhin et le Haut-Rhin. Les huit départements présentent, en moyenne, dans la première période, de 1825 à 1836, 1 infanticide sur 728 naissances, et, dans la seconde période de 1836 à 1848, 1 infanticide sur 652 naissances. On a compris au nombre des départements n'ayant jamais eu de Tour celui de la Meurthe, quoiqu'il y ait existé un Tour pendant quelque temps, qui a été supprimé en 1818. On ne considère pas comme un véritable Tour celui de l'hospice de Metz, ce Tour est placé dans l'intérieur de l'hospice, et on n'y est admis à déposer un Enfant qu'accompagné d'un agent de police.
Meurthe	7	10,429	1,489 86	21	10,930	520 48	
Moselle	28	8,626	351 77	29	9,314	321 17	
Rhin (Bas-)	25	17,068	682 72	23	20,968	908 40	
Rhin (Haut-)	11	12,657	1,150 64	12	17,396	1,449 67	
Saône (Haute-)	11	12,302	1,118 36	12	7,975	664 58	
Seine-et-Oise	17	8,347	491 00	25	8,076	323. 04	
Vosges	9	9,042	1,004 67	14	10,641	760 07	
TOTAL	110	84,534	728 74	146	92,350	652 53	

TABLEAU XIII.

RAPPORT DES ENFANTS NATURELS ET DES ENFANTS TROUVÉS

EN 1846 ET 1847,

ET

RAPPORT DES ENFANTS TROUVÉS EN 1848,

AVEC LA POPULATION.

ÉTAT I. Rapport du nombre des naissances d'Enfants naturels, en 1846, avec la totalité des naissances de la même année, disposé par ordre de décroissance.

ÉTAT II. Rapport du nombre des Enfants trouvés, en 1846, avec la totalité des naissances de la même année, disposé par ordre de décroissance.

ÉTAT III. Rapport du nombre des naissances d'Enfants naturels, en 1847, avec la totalité des naissances de la même année, disposé par ordre de décroissance.

ÉTAT IV. Rapport du nombre des Enfants trouvés, en 1847, avec la totalité des naissances de la même année, disposé par ordre de décroissance.

ÉTAT V, présentant, par ordre alphabétique de départements, la proportion, en 1848, des Enfants de toutes catégories à la charge de la charité publique, avec la population.

ÉTAT VI, présentant, de 1825 à 1848 exclusivement, par ordre alphabétique de départements, la proportion des accusations d'infanticide portées devant les assises, avec le nombre des Enfants naturels.

ÉTAT I. *Rapport du nombre des naissances des Enfants naturels, en 1846, avec la totalité des naissances de la même année, disposé par ordre de décroissance.*

NUMÉROS d'ordre	DÉPARTEMENTS	TOTAL des NAISSANCES en 1846	TOTAL DES ENFANTS naturels	RAPPORT	NUMÉROS d'ordre	DÉPARTEMENTS	TOTAL des NAISSANCES en 1846	TOTAL DES ENFANTS naturels	RAPPORT
				1 sur					1 sur
1	Seine.	43,402	12,083	3, 60	46	Indre	7,721	423	18, 25
2	Gironde	15,070	2,123	7, 10	47	Meuse	8,123	444	18, 29
3	Rhône	15,965	2,087	7, 65	48	Eure-et-Loir	7,340	303	18, 88
4	Seine-Inférieure	22,132	2,507	8, 86	49	Dordogne	13,788	730	18, 88
5	Landes	9,546	1,047	9, 11	50	Loire-Inférieure	15,675	809	19, 38
6	Calvados	9,950	1,077	9, 24	51	Jura	7,861	399	19, 70
7	Pyrénées (Basses-).	10,562	974	10, 84	52	Garonne (Haute-)	19,072	958	19, 91
8	Rhin (Bas-)	19,612	1,765	11, 11	53	Isère	16,471	827	19, 92
9	Nord	34,937	3,096	11, 20	54	Sèvres (Deux-)	8,646	431	20, 06
10	Eure	8,344	736	11, 34	55	Nièvre	10,273	510	20, 14
11	Vosges	11,146	953	11, 69	56	Vienne	8,404	414	20, 30
12	Pas-de-Calais	18,921	1,578	11, 99	57	Lot-et-Garonne	6,950	340	20, 44
13	Sarthe	10,516	835	12, 59	58	Marne (Haute-)	6,128	296	20, 70
14	Charente	9,198	728	12, 63	59	Gers	6,514	314	20, 74
15	Marne	9,987	789	12, 65	60	Orne	8,906	423	21, 05
16	Rhin (Haut-)	16,541	1,301	12, 71	61	Ardennes	8,153	381	21, 40
17	Meurthe	11,444	897	12, 76	62	Var	8,752	392	22, 33
18	Somme	15,081	1,178	12, 80	63	Ain	10,228	444	23, 04
19	Doubs	7,632	573	13, 32	64	Gard	13,636	578	23, 59
20	Pyrénées (Hautes-).	5,553	408	13, 61	65	Drôme	9,127	378	24, 15
21	Saône (Haute-)	8,867	633	14, 01	66	Loire	14,810	612	24, 19
22	Loir-et-Cher	7,371	515	14, 31	67	Seine-et-Marne	8,792	361	24, 35
23	Creuse	7,080	484	14, 63	68	Vaucluse	8,214	321	25, 59
24	Loiret	10,286	699	14, 71	69	Loire (Haute-)	9,084	351	25, 88
25	Aube	6,326	424	14, 92	70	Aude	7,705	297	25, 94
26	Côte-d'Or	9,857	651	15, 14	71	Tarn-et-Garonne	5,315	204	26, 05
27	Aisne	14,504	952	15, 23	72	Lot	7,409	280	26, 46
28	Pyrénées-Orientales.	6,639	434	15, 30	73	Côtes-du-Nord	19,548	732	26, 70
29	Indre-et-Loire	7,285	476	15, 30	74	Aveyron	11,354	424	26, 78
30	Oise	9,646	623	15, 48	75	Ille-et-Vilaine	17,030	627	27, 16
31	Saône-et-Loire	16,078	980	16, 41	76	Finistère	20,968	747	28, 07
32	Cantal	6,494	393	16, 52	77	Corrèze	10,073	357	28, 22
33	Manche	13,273	799	16, 61	78	Hérault	11,107	376	29, 54
34	Allier	9,506	571	16, 64	79	Puy-de-Dôme	15,625	505	30, 94
35	Ariége	7,055	417	16, 92	80	Morbihan	14,961	481	31, 10
36	Moselle	12,883	740	17, 20	81	Alpes (Hautes-)	4,100	130	31, 53
37	Vienne (Haute-)	9,867	573	17, 21	82	Lozère	4,380	127	34, 49
38	Bouches-du-Rhône	13,474	779	17, 30	83	Tarn	9,431	264	35, 72
39	Cher	10,105	579	17, 45	84	Vendée	11,810	315	37, 49
40	Corse	6,812	382	17, 83	85	Ardèche	12,370	284	43, 56
41	Charente-Inférieure.	11,435	640	17, 87	86	Alpes (Basses-)	4,294	90	47, 71
42	Yonne	9,582	534	17, 94					Moyenne,
43	Seine-et-Oise	11,343	630	18, 00					
44	Mayenne	9,416	522	18, 03					
45	Maine-et-Loire	12,492	690	18, 10		TOTAUX	983,473	69,633	14, 13

ÉTAT II. *Rapport des Enfants trouvés, en 1846, avec la totalité des naissances de la même année, disposé par ordre de décroissance.*

NUMÉROS d'ordre.	DÉPARTEMENTS	TOTAL des NAISSANCES en 1846	NOMBRE DES ENFANTS trouvés admis en 1846	RAPPORT DES ENFANTS trouvés avec le total des naissances	NUMÉROS d'ordre.	DÉPARTEMENTS	TOTAL des NAISSANCES en 1846	NOMBRE DES ENFANTS trouvés admis en 1846	RAPPORT DES ENFANTS trouvés avec le total des naissances
				1 sur					1 sur
1	Seine	43,402	4,260	10, 21	46	Manche	13,273	281	47, 23
2	Rhône	15,965	1 483	10, 77	47	Gard	13,636	286	47, 68
3	Gironde	15,070	1,076	14, 01	48	Saône-et-Loire	16,078	332	48, 43
4	Indre-et-Loire	7,285	395	18, 44	49	Eure	8,344	169	49, 37
5	Bouches-du-Rhône	13,474	713	18, 89	50	Isère	16,471	331	49, 76
6	Calvados	9,950	429	23, 19	51	Vaucluse	8,214	165	49, 78
7	Landes	9,546	403	23, 69	52	Sarthe	10,516	211	49, 84
8	Maine-et-Loire	12,492	515	24, 26	53	Loire	14,810	283	52, 33
9	Loiret	10,286	420	24, 49	54	Drôme	9,127	174	52, 45
10	Ariége	7,055	285	24, 75	55	Finistère	20,968	399	52, 55
11	Dordogne	13,788	531	25, 97	56	Lot-et-Garonne	6,950	125	55, 60
12	Allier	9,506	365	26, 04	57	Somme	15,081	249	60, 57
13	Seine-Inférieure	22,132	847	26, 12	58	Eure-et-Loir	7,340	118	62, 20
14	Pyrénées-Orientales.	6,639	250	26, 56	59	Morbihan	14,961	229	65, 33
15	Cher	10,105	370	27, 31	60	Meuse	8,123	124	65, 56
16	Creuse	7,080	256	27, 65	61	Tarn-et-Garonne	5,315	81	65, 62
17	Loir-et-Cher	7,371	245	30, 09	62	Marne (Haute-)	6,128	91	67, 34
18	Vienne (Haute-)	9,867	317	31, 12	63	Vosges	11,146	164	67, 96
19	Pyrénées (Hautes-)	5,553	177	31, 37	64	Moselle	12,883	186	69, 26
20	Loire (Haute-)	9,084	289	31, 43	65	Hérault	11,107	150	74, 05
21	Tarn	9,431	297	31, 72	66	Seine-et-Marne	8,792	116	75, 79
22	Indre	7,721	241	32, 04	67	Pyrénées (Basses-).	10,562	131	80, 62
23	Var	8,752	265	33, 03	68	Lot	7,409	91	81, 42
24	Marne	9,987	299	33, 40	69	Garonne (Haute-)	19,072	231	82, 56
25	Lozère	4,380	128	34, 22	70	Oise	9,646	114	84, 61
26	Nièvre	10,273	299	34, 36	71	Vendée	11,810	130	90, 85
27	Aube	6,326	178	35, 54	72	Seine-et-Oise	11,343	121	93, 74
28	Mayenne	9,416	256	36, 77	73	Gers	6,514	69	94, 41
29	Doubs	7,632	207	36, 87	74	Alpes (Basses-)	4,294	45	95, 42
30	Charente-Inférieure.	11,435	306	37, 36	75	Puy-de-Dôme	15,625	155	100, 81
31	Aveyron	11,354	300	37, 84	76	Ardennes	8,153	76	107, 27
32	Yonne	9,582	253	37, 87	77	Jura	7,861	67	117, 33
33	Loire-Inférieure	15,675	412	38, 05	78	Pas-de-Calais	18,921	154	122, 86
34	Sèvres (Deux-)	8,646	226	38, 26	79	Côtes-du-Nord	19,548	158	123, 72
35	Corse	6,812	176	38, 70	80	Rhin (Bas-)	19,612	150	130, 75
36	Ille-et-Vilaine	17,030	436	39, 05	81	Meurthe	11,444	86	133, 07
37	Cantal	6,494	166	39, 12	82	Ardèche	12,370	76	162, 76
38	Côte-d'Or	9,857	248	39, 74	83	Rhin (Haut-)	16,541	97	170, 52
39	Orne	8,906	222	40, 12	84	Nord	34,937	201	173, 92
40	Vienne	8,404	206	40, 82	85	Alpes (Hautes-)	4,100	20	205, 00
41	Charente	9,198	225	40, 88	86	Saône (Haute-)	8,867	20	443, 35
42	Aude	7,705	186	41, 42					
43	Aisne	14,504	337	43, 03					Moyenne,
44	Ain	10,228	232	44, 08					
45	Corrèze	10,073	222	45, 37		TOTAUX	983,473	26,405	37, 25

ÉTAT III. *Rapport du nombre des naissances des Enfants naturels, en 1847, avec la totalité des naissances de la même année, disposé par ordre de décroissance.*

Numéros d'ordre	Départements	Total des naissances en 1847	Total des naissances des Enfants naturels	Rapport entre le nombre des naissances et celui des Enfants naturels	Numéros d'ordre	Départements	Total des naissances en 1847	Total des naissances des Enfants naturels	Rapport entre le nombre des naissances et celui des Enfants naturels
				1 sur					1 sur
1	Seine	42,021	12,148	3, 51	46	Allier	8,368	441	18, 98
2	Gironde	14,329	2,122	6, 75	47	Var	8,732	459	19, 02
3	Rhône	15,065	1,972	7, 64	48	Charente-Inférieure	10,194	531	19, 20
4	Seine-Inférieure	20,190	2,276	8, 87	49	Gard	13,339	677	19, 70
5	Calvados	9,223	1,006	9, 17	50	Mayenne	8,846	434	20, 38
6	Loiret	10,113	1,040	9, 72	51	Ariége	6,796	333	20, 41
7	Landes	8,691	886	9, 88	52	Indre	7,337	357	20, 56
8	Eure	7,576	671	11, 29	53	Gers	5,864	284	20, 65
9	Bouches-du-Rhône	13,473	1,168	11, 54	54	Orne	8,018	387	20, 72
10	Rhin (Bas-)	17,377	1,475	11, 79	55	Eure-et-Loir	6,818	329	20, 72
11	Nord	33,282	2,810	11, 84	56	Nièvre	9,111	439	20, 75
12	Somme	14,049	1,174	11, 97	57	Dordogne	12,861	617	20, 84
13	Rhin (Haut-)	14,351	1,199	11, 97	58	Seine-et-Marne	8,692	404	21, 51
14	Pyrénées (Basses-)	10,184	845	12, 05	59	Lot-et-Garonne	6,036	280	21, 56
15	Marne	8,883	720	12, 24	60	Drôme	8,266	382	21, 63
16	Pas-de-Calais	18,262	1,490	12, 26	61	Yonne	9,088	411	22, 11
17	Pyrénées (Hautes-)	5,629	447	12, 59	62	Jura	7,332	327	22, 42
18	Loire	7,299	578	12, 63	63	Vaucluse	7,954	352	22, 59
19	Sarthe	9,711	725	13, 39	64	Vienne (Haute-)	8,864	392	22, 61
20	Aube	5,655	409	13, 83	65	Corrèze	9,923	438	22, 02
21	Loir-et-Cher	6,671	476	14, 01	66	Ardennes	7,789	337	23, 11
22	Vienne	8,092	571	14, 17	67	Aude	7,210	293	24, 61
23	Meurthe	10,494	713	14, 72	68	Loire (Haute-)	8,006	321	24, 94
24	Creuse	7,059	478	14, 77	69	Côtes-du-Nord	17,515	694	25, 24
25	Saône (Haute-)	8,430	562	15, 00	70	Marne (Haute-)	5,838	229	25, 49
26	Pyrénées-Orientales	6,776	447	15, 16	71	Loire	14,516	539	26, 93
27	Oise	9,130	598	15, 27	72	Finistère	17,927	662	27, 08
28	Vosges	9,884	642	15, 40	73	Sèvres (Deux-)	7,634	271	28, 17
29	Aisne	13,525	880	15, 48	74	Ille-et-Vilaine	16,018	568	28, 20
30	Côte-d'Or	9,141	572	15, 98	75	Lot	6,903	238	29, 00
31	Corse	6,802	415	16, 39	76	Puy-de-Dôme	14,404	495	29, 10
32	Moselle	11,775	715	16, 47	77	Morbihan	13,531	425	31, 83
33	Cher	9,161	548	16, 72	78	Hérault	11,067	345	32, 08
34	Charente	8,494	507	16, 75	79	Aveyron	11,007	341	32, 28
35	Manche	12,796	747	17, 13	80	Tarn-et-Garonne	4,544	136	33, 41
36	Seine-et-Oise	10,125	594	17, 14	81	Tarn	8,668	244	35, 53
37	Maine-et-Loire	11,513	659	17, 47	82	Lozère	4,174	110	37, 95
38	Indre-et-Loire	6,701	383	17, 50	83	Ardèche	11,903	307	38, 77
39	Cantal	6,131	350	17, 52	84	Vendée	10,644	261	40, 78
40	Saône-et-Loire	15,313	851	17, 99	85	Alpes (Basses-)	4,184	90	46, 45
41	Ain	9,213	512	17, 99	86	Alpes (Hautes-)	3,669	69	53, 17
42	Loire-Inférieure	14,403	792	18, 19					
43	Meuse	7,784	420	18, 27					Moyenne.
44	Isère	14,473	779	18, 58		TOTAUX des naissances	918,581	65,626	13, 99
45	Garonne (Haute-)	19,038	1,008	18, 89					

ÉTAT IV. *Rapport du nombre des Enfants trouvés admis, en 1847, avec la totalité des naissances de la même année, disposé par ordre de décroissance.*

Numéros d'ordre	Départements	Total des naissances en 1847	Total des enfants trouvés en 1847	Rapport entre ces naissances	Numéros d'ordre	Départements	Total des naissances en 1847	Total des enfants trouvés en 1847	Rapport entre ces naissances
									1 sur
1	Rhône	15,065	1,611	9, 35	46	Finistère	17,927	420	42, 68
2	Seine	42,021	4,554	9, 36	47	Drôme	8,266	190	43, 51
3	Gironde	14,329	1,103	12, 99	48	Eure	7,576	166	45, 64
4	Bouches-du-Rhône	13,473	901	14, 96	49	Somme	14,049	303	46, 37
5	Seine-Inférieure	20,190	987	20, 46	50	Loire	14,516	310	46, 83
6	Loiret	10,113	467	21, 66	51	Vaucluse	7,954	169	47, 07
7	Indre-et-Loire	6,701	308	21, 76	52	Vienne (Haute-)	8,864	187	47, 40
8	Creuse	7,059	302	23, 37	53	Gers	5,864	121	48, 46
9	Landes	8,691	371	23, 43	54	Lot-et-Garonne	6,036	116	52, 03
10	Maine-et-Loire	11,513	483	23, 84	55	Ille-et-Vilaine	16,018	306	52, 35
11	Calvados	9,223	379	24, 34	56	Corrèze	9,923	188	52, 78
12	Allier	8,368	335	24, 98	57	Saône-et-Loire	15,313	284	53, 92
13	Cher	9,161	362	25, 31	58	Vosges	9,884	178	55, 53
14	Cantal	6,131	232	26, 43	59	Lot	6,903	121	57, 05
15	Nièvre	9,111	330	27, 61	60	Morbihan	13,531	234	57, 82
16	Dordogne	12,861	442	29, 10	61	Mayenne	8,846	151	58, 58
17	Pyrénées (Hautes-)	5,629	191	29, 47	62	Oise	9,130	154	59, 28
18	Var	8,732	294	29, 70	63	Marne (Haute-)	5,838	96	60, 81
19	Marne	8,883	295	30, 13	64	Puy-de-Dôme	14,404	234	61, 56
20	Sarthe	9,711	319	30, 44	65	Ain	9,213	145	63, 54
21	Loir-et-Cher	6,671	215	31, 03	66	Rhin (Bas-)	17,377	260	66, 83
22	Loire (Haute-)	8,006	254	31, 52	67	Eure-et-Loir	6,818	102	66, 84
23	Tarn	8,668	269	32, 22	68	Rhin (Haut-)	14,351	209	68, 07
24	Charente	8,494	257	33, 05	69	Pyrénées (Basses-)	10,184	138	73, 80
25	Ariége	6,796	203	33, 48	70	Tarn-et-Garonne	4,544	61	74, 49
26	Doubs	7,299	218	33, 48	71	Moselle	11,775	157	75, 00
27	Aisne	13,525	402	33, 87	72	Seine-et-Oise	10,125	133	76, 13
28	Lozère	4,174	121	34, 50	73	Vendée	10,644	139	76, 58
29	Charente-Inférieure	10,194	293	34, 79	74	Côtes-du-Nord	17,515	227	77, 16
30	Meuse	7,784	223	34, 91	75	Hérault	11,067	143	77, 39
31	Indre	7,337	208	35, 27	76	Ardennes	7,789	100	77, 89
32	Sèvres (Deux-)	7,634	216	35, 34	77	Seine-et-Marne	8,692	106	82, 00
33	Corse	6,802	190	35, 80	78	Jura	7,332	89	82, 38
34	Côte-d'Or	9,141	255	35, 85	79	Meurthe	10,494	127	82, 63
35	Aube	5,655	155	36, 48	80	Garonne (Haute-)	19,038	214	88, 96
36	Pyrénées-Orientales	6,776	181	37, 44	81	Nord	33,282	254	131, 03
37	Aveyron	11,007	291	37, 82	82	Alpes (Hautes-)	3,669	28	131, 04
38	Isère	14,473	378	38, 29	83	Ardèche	11,903	88	135, 26
39	Gard	13,339	346	38, 55	84	Pas-de-Calais	18,262	128	142, 67
40	Aude	7,210	186	38, 76	85	Alpes (Basses-)	4,184	24	174, 33
41	Vienne	8,092	208	38, 90	86	Saône (Haute-)	8,430	34	247, 94
42	Loire-Inférieure	14,403	366	39, 35					
43	Orne	8,018	203	39, 50					Moyenne.
44	Yonne	9,088	227	40, 04					
45	Manche	12,796	319	40, 11		TOTAUX	918,581	27,284	33, 67

ÉTAT V, *présentant, par ordre alphabétique de départements, la proportion, en 1848, des Enfants de toutes catégories à la charge de la charité publique avec la population* (1).

DÉPARTEMENTS	POPULATION d'après le recensement de 1846	NOMBRE des ENFANTS de toutes catégories	PROPORTION avec la population.	NUMÉRO D'ORDRE de chaque département dans le classement des rapports
			1 sur	
Ain	367,362	823	425	54
Aisne	557,422	1,300	409	50
Allier	330,540	1,480	221	10
Alpes (Basses-)	156,675	202	776	75
Alpes (Hautes-)	133,100	276	484	57
Ardèche	370,014	501	642	70
Ardennes	326,823	302	903	79
Ariége	270,380	635	426	32
Aube	261,681	493	531	68
Aude	289,661	1,275	227	20
Aveyron	360,191	3,034	128	4
Bouches-du-Rhône	413,918	3,937	106	3
Calvados	498,385	2,371	210	13
Cantal	260,479	967	269	28
Charente	379,081	1,420	265	27
Charente-Inférieure	466,103	1,308	358	46
Cher	294,540	1,387	212	14
Corrèze	317,660	634	501	62
Corse	230,271	714	323	40
Côte-d'Or	396,524	902	440	53
Côtes-du-Nord	628,526	1,183	531	64
Creuse	285,680	1,542	183	8
Dordogne	505,357	2,743	183	7
Doubs	209,317	428	685	73
Drôme	320,675	1,163	276	30
Eure	423,247	650	645	71
Eure-et-Loir	293,307	602	493	60
Finistère	612,151	2,009	306	35
Gard	400,381	1,137	352	45
Garonne (Haute-)	481,938	1,566	308	37
Gers	314,885	1,028	306	36
Gironde	602,444	4,450	136	5
Hérault	380,020	1,136	339	42
Ille-et-Vilaine	562,958	1,160	483	56
Indre	263,077	1,239	211	13
Indre-et-Loire	312,400	1,353	230	22
Isère	588,202	1,556	377	49
Jura	316,150	373	848	77
Landes	298,220	1,800	156	9
Loir-et-Cher	258,633	692	[illegible]	26
Loire	453,736	1,882	241	24
Loire (Haute-)	307,161	1,521	202	10
Loire-Inférieure	517,265	1,627	318	30
Loiret	331,633	1,370	242	25
Lot	294,566	309	492	58
Lot-et-Garonne	350,200	613	560	65
Lozère	143,331	641	224	18
Maine-et-Loire	509,003	2,271	222	13
Manche	604,024	1,741	347	44
Marne	367,809	1,010	364	47
Marne (Haute-)	262,070	420	613	69
Mayenne	368,439	1,324	278	32
Meurthe	443,291	448	996	82
Meuse	325,710	588	554	66
Morbihan	472,775	1,827	261	24
Moselle	445,087	395	1,136	84
Nièvre	327,202	1,140	283	33
Nord	1,132,980	1,200	900	78
Oise	403,028	619	656	72
Orne	442,107	907	487	55
Pas-de-Calais	695,750	708	983	81
Puy-de-Dôme	601,594	1,337	450	50
Pyrénées (Basses-)	457,882	790	575	67
Pyrénées (Hautes-)	251,285	1,227	205	11
Pyrénées-Orientales	180,794	813	222	15
Rhin (Bas-)	580,373	844	688	71
Rhin (Haut-)	487,208	909	507	56
Rhône	545,000	10,000	54	1
Saône (Haute-)	347,690	104	3,337	86
Saône-et-Loire	565,019	1,650	340	43
Sarthe	474,876	1,725	270	31
Seine	1,364,953	17,834	76	2
Seine-Inférieure	758,852	2,315	328	41
Seine-et-Marne	340,212	371	917	80
Seine-et-Oise	474,955	402	1,152	85
Sèvres (Deux-)	320,685	1,400	229	21
Somme	570,629	943	605	66
Tarn	360,679	1,328	271	29
Tarn-et-Garonne	242,408	487	498	61
Var	356,800	1,138	311	38
Vaucluse	230,104	1,250	207	12
Vendée	370,184	1,003	375	48
Vienne	306,391	1,280	239	23
Vienne (Haute-)	314,150	1,066	196	45
Vosges	427,409	424	1,009	83
Yonne	374,803	918	411	51
TOTAUX ET MOYENNE	35,401,761	127,041	279	

(1) Ce tableau contient le nombre de tous les Enfants qui ont été à la charge de la charité publique pendant l'année 1848, c'est-à-dire des Enfants trouvés, abandonnés, orphelins pauvres et secourus temporairement. Ce nombre était de 98,872 Enfants existants au 31 décembre 1847; il faut y ajouter 28,172 Enfants qui ont été admis ou secourus dans le cours de l'année, ce qui donne le total de 127,041 Enfants. Sur ces 127,041 Enfants, 14,160 sont décédés pendant l'année 1848, mais ils n'en doivent pas moins figurer dans la proportion à établir avec la population, puisqu'ils ont été à la charge des départements pendant une partie de cette année, c'est-à-dire jusqu'au moment de leur décès.

Ern. Levet *fecit.*

ÉTAT VI, *présentant, de 1825 à 1848 exclusivement, par ordre alphabétique de département, la proportion des accusations d'infanticide portées devant les assises, avec le nombre des naissances des Enfants naturels.*

DÉPARTEMENTS	NOMBRE des accusations d'infanticide de 1825 à 1848 (23 ans).	SOMME des naissances des enfants naturels de 1825 à 1848	RAPPORT des infanticides aux naissances des Enfants naturels.	NUMÉRO d'ordre de chaque département dans le classement des rapports des infanticides aux Enfants naturels.
			1 sur	
Ain	45	9,220	219, 66	9
Aisne	16	25,606	1,600, 75	81
Allier	30	14,763	492, 10	32
Alpes (Basses-)	30	4,504	151, 13	3
Alpes (Hautes-)	13	4,123	317, 15	90
Ardèche	20	7,586	291, 77	21
Ardennes	9	8,900	988, 89	72
Ariége	21	9,466	450, 71	47
Aube	18	10,988	610, 44	56
Aude	12	9,927	827, 25	66
Aveyron	44	15,334	308, 04	23
Bouches-du-Rhône	25	25,682	1,027, 28	73
Calvados	35	27,360	781, 67	60
Cantal	16	10,468	653, 31	38
Charente	51	13,220	259, 39	15
Charente-Inférieure	46	12,816	207, 74	18
Cher	23	17,028	740, 35	60
Corrèze	46	10,678	232, 02	11
Corse	30	7,868	262, 20	16
Côte-d'Or	45	14,480	390, 89	28
Côtes-du-Nord	41	12,177	297, 00	29
Creuse	46	11,610	252, 39	13
Dordogne	63	16,820	266, 98	17
Doubs	17	13,115	771, 35	64
Drôme	26	11,674	415, 15	41
Eure	34	16,140	446, 29	45
Eure-et-Loir	23	10,849	471, 10	48
Finistère	36	15,301	427, 35	43
Gard	37	10,388	279, 62	20
Garonne (Haute-)	45	19,030	428, 09	42
Gers	41	10,489	256, 61	14
Gironde	18	40,500	2,250, 00	88
Hérault	25	11,823	476, 22	40
Ille-et-Vilaine	75	13,272	176, 96	6
Indre	33	10,716	324, 73	31
Indre-et-Loire	60	12,507	208, 95	7
Isère	44	27,023	638, 61	50
Jura	23	10,779	480, 96	51
Landes	10	16,405	971, 81	71
Loir-et-Cher	20	13,010	449, 05	46
Loire	15	14,017	934, 47	60
Loire (Haute-)	22	7,414	337, 00	34
Loire-Inférieure	42	15,762	375, 76	57
Loiret	35	18,090	531, 45	53
Lot	25	8,085	322, 00	29
Lot-et-Garonne	34	9,500	279, 41	19
Lozère	28	4,150	148, 33	2
Maine-et-Loire	42	17,062	406, 23	40
Manche	26	19,490	749, 61	62
Marne	18	17,037	946, 50	70
Marne (Haute-)	15	7,345	489, 67	50
Mayenne	33	11,061	301, 84	36
Meurthe	28	21,359	762, 82	63
Meuse	16	10,818	538, 08	57
Morbihan	86	9,093	107, 12	5
Moselle	36	17,040	326, 18	32
Nièvre	47	11,080	234, 04	19
Nord	30	60,531	1,782, 80	84
Oise	11	15,741	1,431, 00	80
Orne	25	9,404	376, 16	33
Pas-de-Calais	29	40,304	1,392, 00	79
Puy-de-Dôme	34	13,821	406, 50	41
Pyrénées (Basses-)	19	21,527	1,133, 00	74
Pyrénées (Hautes-)	7	11,020	1,600, 00	82
Pyrénées-Orientales	8	10,550	1,318, 75	78
Rhin (Bas-)	51	38,035	745, 80	61
Rhin (Haut-)	23	30,053	1,306, 65	77
Rhône	40	50,661	1,266, 52	76
Saône (Haute-)	28	20,277	851, 61	65
Saône-et-Loire	74	24,128	317, 47	25
Sarthe	27	19,383	717, 89	59
Seine	45	252,573	5,590, 72	85
Seine-Inférieure	32	53,650	1,676, 62	83
Seine-et-Marne	27	9,964	369, 04	35
Seine-et-Oise	42	16,423	391, 02	39
Sèvres (Deux-)	39	8,687	222, 75	10
Somme	21	25,877	1,232, 24	75
Tarn	42	8,828	210, 07	8
Tarn-et-Garonne	18	5,718	317, 67	26
Var	37	12,007	324, 50	30
Vaucluse	19	10,854	571, 26	54
Vendée	44	6,936	157, 66	4
Vienne	46	6,907	137, 04	1
Vienne (Haute-)	43	13,758	320, 53	27
Vosges	23	10,083	535, 78	57
Yonne	35	11,445	327, 00	33
	2,775	1, 10,561	Rapport moyen, 1 sur 363, 60	

De Quinelle *fecit.*

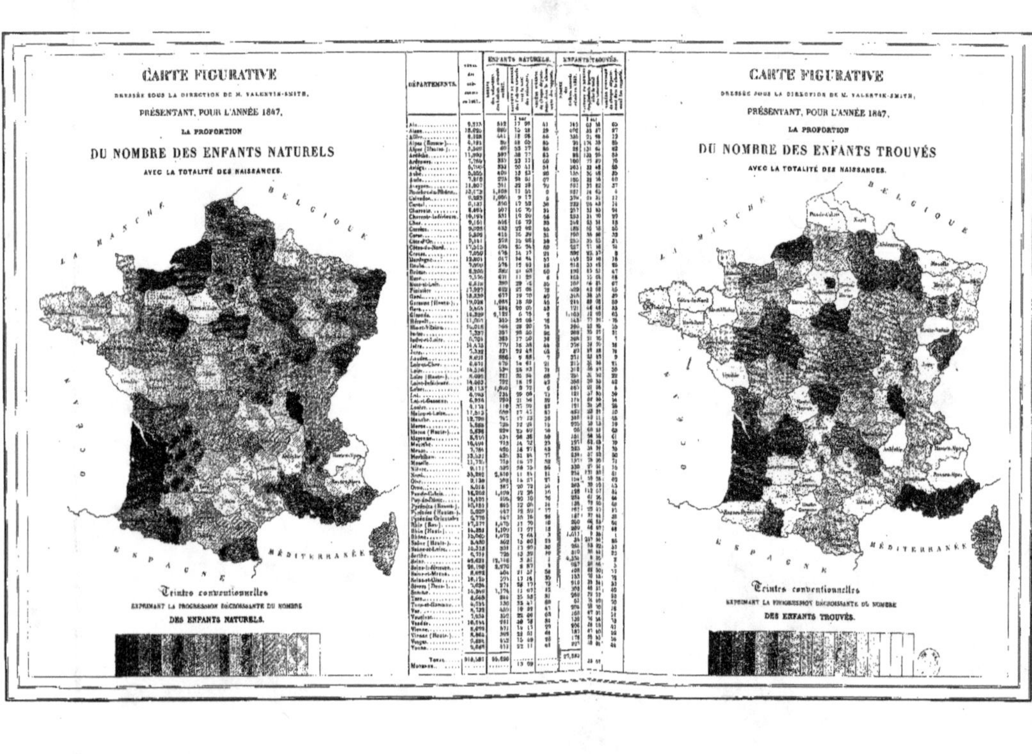

CARTE FIGURATIVE
DRESSÉE SOUS LA DIRECTION DE M. VALENTIN-SMITH,
PRÉSENTANT, POUR L'ANNÉE 1847,
LA PROPORTION
DU NOMBRE DES ENFANTS NATURELS
AVEC LA TOTALITÉ DES NAISSANCES.
LA MANCHE
BELGIQUE
OCÉAN
ESPAGNE
MÉDITERRANÉE
Teintes conventionnelles
EXPRIMANT LA PROGRESSION DÉCROISSANTE DU NOMBRE
DES ENFANTS NATURELS.
DÉPARTEMENTS.
ENFANTS NATURELS.
ENFANTS TROUVÉS.
CARTE FIGURATIVE
DRESSÉE SOUS LA DIRECTION DE M. VALENTIN-SMITH,
PRÉSENTANT, POUR L'ANNÉE 1847,
LA PROPORTION
DU NOMBRE DES ENFANTS TROUVÉS
AVEC LA TOTALITÉ DES NAISSANCES.
LA MANCHE
BELGIQUE
OCÉAN
ESPAGNE
MÉDITERRANÉE
Teintes conventionnelles
EXPRIMANT LA PROGRESSION DÉCROISSANTE DU NOMBRE
DES ENFANTS TROUVÉS.

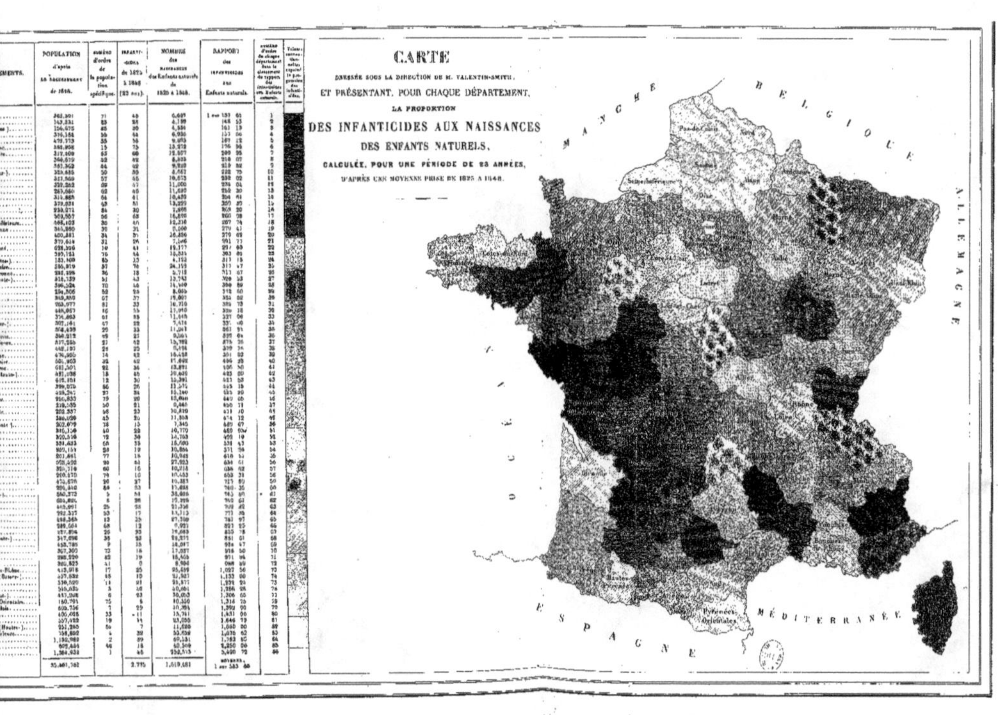
POPULATION d'après le recensement de 1846.
Numéro d'ordre de la population spécifique.
Infanticides de 1825 à 1848 (23 ans).
Nombre des naissances des Enfants naturels de 1825 à 1848.
Rapport des infanticides aux Enfants naturels.
CARTE
DRESSÉE SOUS LA DIRECTION DE M. VALENTIN-SMITH,
ET PRÉSENTANT, POUR CHAQUE DÉPARTEMENT,
LA PROPORTION
DES INFANTICIDES AUX NAISSANCES
DES ENFANTS NATURELS,
CALCULÉE, POUR UNE PÉRIODE DE 23 ANNÉES,
D'APRÈS UNE MOYENNE PRISE DE 1825 A 1848.
MANCHE
BELGIQUE
ALLEMAGNE
OCÉAN
ESPAGNE
MÉDITERRANÉE
Pyrénées-Orientales

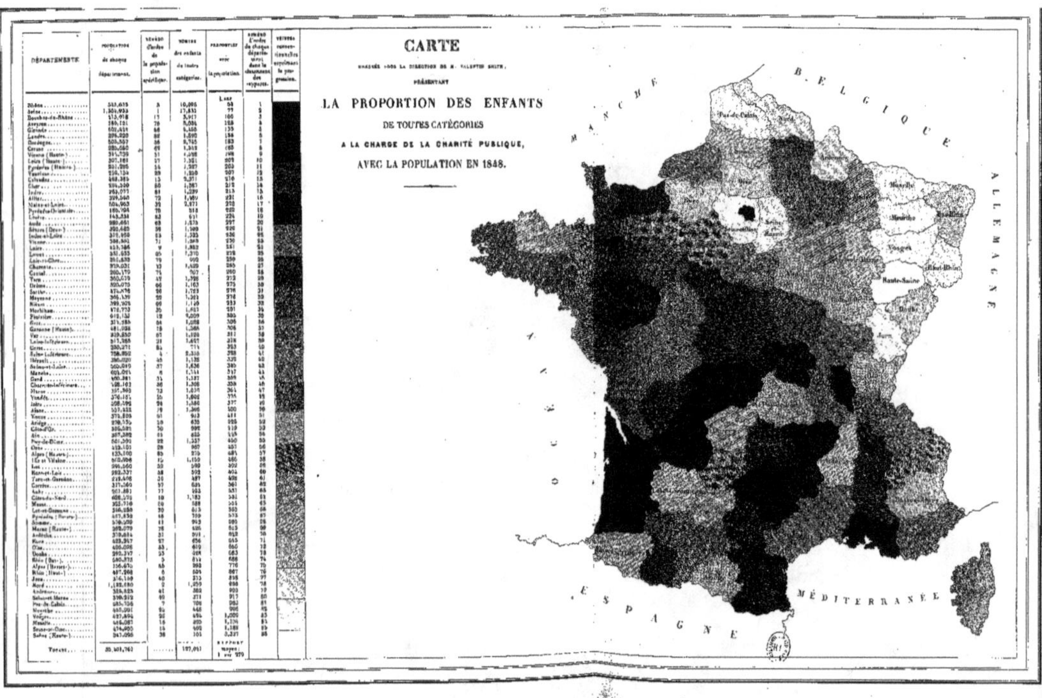
CARTE
DRESSÉE SOUS LA DIRECTION DE M. VALENTIN SMITH,
PRÉSENTANT
LA PROPORTION DES ENFANTS
DE TOUTES CATÉGORIES
A LA CHARGE DE LA CHARITÉ PUBLIQUE,
AVEC LA POPULATION EN 1848.
DÉPARTEMENTS
POPULATION de chaque département.
NUMÉRO d'ordre de la population spécifique.
NOMBRE des enfants de toutes catégories.
PROPORTION avec la population.
NUMÉRO d'ordre de chaque département dans le classement des rapports.
TEINTES conventionnelles exprimant la progression.
TOTAUX
MANCHE
BELGIQUE
ALLEMAGNE
OCÉAN
ESPAGNE
MÉDITERRANÉE
Pas-de-Calais
Moselle
Meurthe
Bas-Rhin
Vosges
Haut-Rhin
Haute-Saône
Doubs
Jura

CINQUIÈME PARTIE.

PIÈCES JUSTIFICATIVES A L'APPUI DES PROCÈS-VERBAUX.

CINQUIÈME PARTIE.

PIÈCES JUSTIFICATIVES A L'APPUI DES PROCÈS-VERBAUX.

SURVEILLANCE DES FILLES ENCEINTES.

(Page 7 du 1er volume. — 2e séance.)

Édit du roi Henry II qui prononce la peine de mort contre les filles qui, ayant caché leur grossesse et leur accouchement, laissent périr leurs Enfants sans qu'ils aient reçu le baptême.

Du mois de février 1556.

Henry, par la grâce de Dieu, roy de France : à tous présents et à venir, salut. Comme nos prédécesseurs et progeniteurs très-chrétiens rois de France, ayent par actes vertueux et catholiques, chacun en son endroit, montré par leurs très louables effets qu'à droit et bonne raison ledit nom de très-chrétien, comme à eux propre et péculier, leur avoit été attribué : En quoi les voulant imiter et suivre, ayons par plusieurs bons et salutaires exemples témoigné la dévotion que avons à conserver et garder ce tant célèbre et excellent titre, duquel les principaux effets sont de faire initier les créatures que Dieu envoye sur terre en nostre royaume, païs, terres et seigneuries de nostre obéissance, aux sacremens, par lui ordonnez : Et quant il lui plaist les rapeller à soi, leur procurer curieusement les autres sacremens pour ce instituez, avec les derniers honneurs de sépulture. Et estant duement avertis d'un crime très-énorme et exécrable, fréquent en nostre royaume, qui est, que plusieurs femmes ayant conceu Enfant par moyens deshonestes ou autrement, persuadées par mauvais vouloir et conseil, déguisent, occultent et cachent leurs grossesses, sans en rien découvrir et déclarer : Et avenant le temps de leur part, et délivrance de leur fruit, occultement s'en délivrent puis le suffoquent, meurdrissent, et autrement suppriment, sans leur avoir fait impartir le saint sacremeat du baptême : ce fait, les jettent en lieux secrets et immundes, ou enfouissent en terre profane ; les privans par tel moyen de la sépulture coûtumière des chrétiens. De quoy estans provenues et accusées pardevant nos juges, s'excusent, disant avoir eu honte de déclarer leur vice, et que leurs Enfans sont sortis de leurs ventres morts, et sans aucune apparence ou espérance de vie : tellement que par faute d'autre preuve, les gens tenans tant nos cours de Parlemens, qu'autres nos juges, voulans procéder au jugement des procès criminels faits à l'encontre de telles femmes, sont tombez et entrez en diverses opinions, les uns concluans au supplice de mort, les autres à question extraordinaire, afin de sçavoir et entendre de leur bouche si à la vérité le fruit issu de leur ventre estoit mort ou vif. Après laquelle question endurée, pour n'avoir aucune chose voulu confesser, leur sont les prisons le plus souvent ouvertes, qui a esté et est cause de les faire retomber, récidiver et commettre tels et semblables délits, à notre très-grand regret et scandale de nos sujets : A quoi pour l'avenir, nous avons bien voulu pourvoir.

Sçavoir faisons, que nous désirans extirper et du tout faire cesser lesdits execrables et énormes crimes, vices, iniquitez et délits qui se commettent en notredit royaume, et oster les occasions et racines d'iceux d'oresnavant commettre, avons (pour à ce obvier) dit, statué et ordonné, et par édit perpétuel, loi générale et irrévocable, de notre propre mouvement, pleine puissance et autorité royale, disons, statuons, voulons, ordonnons et nous plaît, que toute femme qui se trouvera deuement atteinte et convaincue d'avoir célé, couvert et occulté, tant sa grossesse que son enfantement, sans avoir déclaré l'un ou l'autre, et avoir prins de l'un ou de l'autre témoignage suffisant, même de la vie ou mort de son enfant, lors de l'issue de son ventre, et qu'après se trouve l'Enfant avoir esté privé tant du saint sacrement de baptême, que sépulture publique et accoutumée, soit telle femme tenue et réputée d'avoir homicidé son Enfant. Et pour réparation, punie de mort et dernier supplice, et de telle rigueur que la qualité particulière du cas le méritera : afin que ce soit exemple à tous, et que ci-après n'y soit aucune doute ne difficulté. Si donnons en mandement par ces présentes à noz amez et féaux conseillers les gens tenans nos cours de parlement, prévost de Paris, baillifs, séneschaux et autres nos officiers et justiciers, ou à leurs lieutenants et à chacun d'eux, que cette présente ordonnance, édit, loy et statut, ils fassent chacun en droit soy lire, publier et enregistrer, et incontinent après la reception d'icelui, publier à son de trompe et cri public, par les carrefours et lieux publics, à faire cris et proclamations, tant de notre ville de Paris, qu'autres lieux de notre royaume; et aussi par les officiers des seigneurs hauts justiciers en leurs seigneuries et justices, en manière qu'aucun n'en puisse pretendre cause d'ignorance, et ce de trois mois en trois mois. Et outre, qu'il soit leu et publié aux prônes des messes parrochiales desdites villes, pais, terres et seigneuries de notre obéissance, par les curez ou vicaires d'icelles; et icelui édit gardent et observent, et fassent garder et observer de point en point selon sa forme et teneur, sans y contrevenir. Et pour ce que de cesdites présentes l'on pourra avoir affaire en plusieurs lieux, nous voulons qu'au vidimus d'icelles, fait sous scel royal, foy soit ajoutée comme à ce présent original, auquel en témoin de ce, afin que soit chose ferme et stable, nous avons fait mettre notre scel. Donné à Paris au mois de février, l'an de grâce mil cinq cens cinquante-six; et de notre regne le dixiéme. Ainsi signé sur le repli, par le Roy en son conseil, Clausse. *Lecta, pubicata et registrata, audito et requirente Procuratore generali Regis, Parisiis in Parlamento, quarto die martii, anno Domini millesimo quingentesimo qvinquagesimo sexto. Sic signatum,* Du Tillet. Collation est faite à l'original, ainsi signé, Du Tillet.

Déclaration du roy Louis XIV, qui ordonne la publication au prône des messes paroissiales de l'édit du roi Henry Second, du mois de février 1556, qui prononce la peine de mort contre les femmes qui, ayant caché leur grossesse et leur accouchement, laissent périr leurs Enfants sans recevoir le baptême.

Donnée à Versailles le 25 février 1708.

Louis, par la grace de Dieu, roy de France et de Navarre : à tous ceux qui ces presentes verront, salut. Le roy Henry Second ayant ordonné par son édit du mois de fevrier 1556 que toutes les femmes qui auroient celé leur grossesse et leur accouchement, et dont les Enfans seroient morts sans avoir reçû le saint sacrement de baptesme, seroient presumées coupables de la mort de leurs Enfans et condamnées au dernier supplice. Ce prince crût en mesme temps qu'on ne pouvoit renouveller dans la suite avec trop de soin le souvenir d'une loy si juste et si salutaire; ce fût dans cette vûe qu'il ordonna qu'elle seroit lûe et publiée de trois mois en trois mois, par les curez ou leurs vicaires aux prônes des messes paroissiales; mais quoy que la licence et le dereglement des mœurs qui ont fait de continuels progrez depuis le temps de cet edit, en rendent tous les jours la plublication plûs necessaire, et que nostre parlement de Paris l'ait ainsi jugé par un arrest du 19 mars de l'année 1698, qui renouvelle à cet égard l'execution de l'edit de l'année 1556. Nous apprenons neanmoins que depuis quelque temps plusieurs curez de nostre royaume ont fait difficulté de publier cet edit, sous pretexte que par l'article XXXII de nostre edit du mois d'avril 1695, concernant la juridiction ecclesiastique, nous avons ordonné que les curez ne seroient plus obligez de publier aux prônes ny pendant l'office divin, les actes de justice et autres qui regardent l'interest particulier de nos sujets, à quoy ils ajoustent encore, que nous avons bien voulu étendre cette regle à nos propres affaires, en ordonnant par nostre declaration du 16 decembre 1698 que les publications qui se feroient pour nos interest ne se feroient plus au prône, et qu'elles seroient faites seulement à l'issue de la messe paroissiale, par les officiers qui en sont chargez; et quoy qu'il soit visible que par là nous n'avons eu intention d'exclure que les publications qui se faisant pour des affaires purement seculieres et profanes, ne doivent pas interrompre le service divin, comme nous l'avons assez marqué par nostredite declaration du 16 decembre 1698. Nous avons crû neanmoins, pour faire cesser jusqu'aux moindres difficultez dans une matiere si importante, devoir expliquer nos intentions sur ce point d'une maniere si precise, que rien ne put empescher à l'avenir une publication qui regarde non l'interest particulier de quelques uns de nos sujets ou le nostre mesme, mais le bien temporel et spirituel de nostre royaume, et que l'Eglise devrait nous demander si elle n'estoit pas encore ordonnée, puisqu'elle tend à assurer non seulement la vie, mais le salut éternel de plusieurs Enfans conçûs dans le crime, qui periroient malheureusement sans avoir reçû le baptême, et que leurs meres sacrifieroient à un faux honneur, par un crime encore plus grand que celuy qui leur a donné la vie, si elles n'estoient retenues par la connoissance de la rigueur de la loy, et si la crainte des châtimens ne faisoit en elles l'office de la nature. A ces causes et autres à ce nous mouvans, de nostre certaine science, pleine puissance et autorité royale, nous avons, par ces presentes signées de nostre main, dit, declaré et ordonné, disons, declarons et ordonnons, voulons et nous plaist, que l'edit du roy Henry second du mois de fevrier 1556 soit exécuté selon la forme et teneur; ce faisant que ledit edit soit publié de trois mois en trois mois, par tous les curez ou leurs vicaires, aux prônes des messes paroissiales. Enjoignons ausdits curez et vicaires, de faire ladite publication, et d'en envoyer un certificat signé d'eux à nos procureurs des bailliages et seneschaussées, dans l'étendue desquels leurs paroisses sont situées. Voulons qu'en cas de refus, ils puissent y estre contrains par saisie de leur temporel, à la requeste de nos procureurs generaux en nos cours de parlemens, poursuite et diligence de leurs substituts chacun dans leur ressort. Si donnons en mandement à nos amez et feaux, les gens tenans nostre cour du parlement de Paris, que ces presentes ils ayent à faire lire, publier et enregistrer, et le contenu en icelles executer, garder et observer selon leur forme et teneur, nonobstant tous edits, declarations, arrests, reglemens et autres choses à ce contraires, ausquels nous avons dérogé et dérogeons par ces presentes: car tel est nostre plaisir; en témoin de quoy nous avons fait mettre nostre scel à cesdites presentes. Donné à Versailles le vingt cinquième jour de fevrier, l'an de grace mil sept cens huit; et de nostre regne le soixante-cinquième. *Signé* Louis. *Et plus bas,* par le roy, Phelypeaux. Et scellé du grand sceau de cire jaune. Registrées, ouy, et ce requerant le procureur general du roy, pour estre executées selon leur forme et teneur, et copies collationnées envoyées dans les baillages et senechaussées du ressort, pour y estre lûes, publiées et registrées; enjoînt aux substituts du procureur general du roy d'y tenir la main, et d'en certifier la Cour dans un mois, suivant l'arrest de ce jour. A Paris, en Parlement, le deux mars mil sept cens huit. *Signé* Donglois.

ARRÊT de la Cour de Parlement, qui condamne Geneviève Jacquin, fille majeure, à être pendue et étranglée, tant que mort s'ensuive, par l'exécuteur de la haute justice, dans la place publique d'Iche, pour avoir, le 10 mai dernier, donné un coup de couteau à la gorge de l'Enfant dont elle est accouchée le même jour, et violemment soupçonnée de lui avoir cassé la tête contre quelque chose de dur, desquels coups ledit Enfant est mort presque à l'instant. (Extrait des registres du Parlement.)

Du 10 juillet 1789.

Vu par la Cour le procès criminel fait par le juge de la justice d'Iche, à la requête du procureur fiscal de ladite justice, demandeur et accusateur, contre Geneviève Jacquin, fille majeure, demeurant à Iche, défenderesse et accusée, prisonnière ès-prisons de la conciergerie du Palais à Paris, et appelante de la sentence rendue sur ledit procès le 15 mai 1789, par laquelle ladite Geneviève Jacquin a été déclarée duement atteinte et convaincue d'avoir, le 10 mai dernier, entre cinq et six heures du matin, donné un coup de couteau à la gorge de l'Enfant dont elle est accouchée le même jour, et violemment soupçonnée de lui avoir cassé la tête contre quelque chose de dur, desquels coups ledit enfant est mort presque à l'instant; pour réparation de quoi ladite Geneviève Jacquin a été condamnée à être pendue et étranglée, tant que mort s'ensuive, à une potence qui, à cet effet, serait plantée sur la place publique d'Iche, par l'exécuteur de la haute justice; les biens de ladite Geneviève Jacquin ont été déclarés acquis et confisqués au profit du domaine de la seigneurie d'Iche, sur iceux préalablement pris une somme de deux cents livres d'amende, dans le cas où la confiscation n'aurait pas lieu au profit de ladite seigneurie; à la prononciation de laquelle sentence ledit procureur fiscal a déclaré en être appelant *à minimâ*. Conclusions du procureur général du Roi. Ouïe et interrogée en la cour ladite Geneviève Jacquin sur ses causes d'appel et cas à elle imposés. Tout considéré.

La Cour dit qu'il a été bien jugé par le juge de la justice d'Iche, mal et sans griefs appelé par ladite Geneviève Jacquin, et l'amendera; en conséquence, sur l'appel *à minimâ*, met les parties hors de Cour. Ordonne qu'à la requête du procureur général du Roi, le présent arrêt sera imprimé, publié et affiché tant dans le lieu d'Iche et autres circonvoisins, que dans la ville, foubourgs et banlieue de Paris, et partout où besoin sera; et, pour le faire mettre à exécution, renvoye ladite Geneviève Jacquin prisonnière pardevant le juge de ladite justice d'Iche. Fait en Parlement le 10 juillet 1789. Collationné, HEBERT. *Signé* LECOUSTURIER.

SURVEILLANCE DES FILLES ENCEINTES.

(Page 9 du 1er volume. — 2e séance.)

EXTRAIT de l'arrêté du préfet de la Haute-Vienne du 20 mars 1846.

. . . .

ART. 30.

Les maires sont invités à redoubler de surveillance pour empêcher l'accroissement du nombre des expositions d'Enfants : à cet effet, ils feront surveiller avec soin les filles qu'ils sauront être enceintes. Ils constateront tous les faits qui leur paraîtront avoir le caractère d'un délit; signaleront à M. le procureur du Roi et à nous tous ceux qui pourraient en faire supposer l'existence, comme la disparition de la mère ou de l'Enfant et la cessation de la grossesse, si elle n'est suivie d'aucune déclaration de naissance.

MAISONS D'ACCOUCHEMENT.

(Page 14 du 1er volume. — 3e séance.)

ORDONNANCE *touchant l'habitation des étrangers dans la ville et la banlieue de Strasbourg.*

Du 11 juin 1739.

Nous, etc., voyant avec regret que quelques précautions que nous ayons prises pour bannir de cette ville la fainéantise et la mendicité, et empêcher les vagabonds étrangers et gens sans aveu de venir s'y réfugier; cependant, bien loin que le succès réponde à nos soins, le nombre en augmente tous les jours, et ne se bornans point à mendier, ils exposent encore et abandonnent leurs Enfans à la charge de cette ville, ce qui en grossit si fort la dépense, qu'il est à craindre qu'elle ne se trouve dans la suite hors d'état de secourir les pauvres les plus légitimes.

I. A ces causes, nous avons défendu et défendons à tous étrangers de venir habiter en cette ville, taille et banlieue, sans en avoir obtenu notre permission par écrit, qui ne sera accordée qu'à connoissance de cause et sur des certificats pertinens de bonnes vie, mœurs et religion, donnés par les magistrats ou juges des lieux de leur domicile.

II. Le temps pour acquérir domicile et droit d'habitation en cette ville, taille et banlieue, commencera seulement à courir et ne pourra être compté que du jour de nos permissions accordées.

III. Les propriétaires, de même que les principaux locataires et tous autres occupeurs des maisons et héritages situés en cette ville, taille et banlieue, ne pourront louer, sous-louer ni autrement donner logement ou habitation à aucuns étrangers qui viendront demeurer en cette ville, sous tel prétexte que ce puisse être, à moins qu'ils ne soient garnis de notre permission, à peine de douze florins d'amende pour chaque contravention, et d'être chargés de leurs Enfans en cas d'abandon.

IV. Les aubergistes et ceux qui auront obtenu notre permission pourront loger et recevoir chez eux les étrangers qui arriveront en cette ville, non suspects d'être vagabonds ou sans aveu, en observant cependant de porter leur billet ou déclaration au lieu accoutumé, dans la forme prescrite par notre ordonnance du 26 janvier 1734; et seront tenus lesdits aubergistes et logeurs de poser leur nom avec un écriteau sur leur porte.

V. Ceux qui recevront chez eux des étrangères enceintes pour y faire leurs couches, soit femmes ou filles, en feront leur déclaration par écrit au clerc d'office de la Prévôté de cette ville, pour en être tenu note sur un registre avant les accouchemens; ils répondront des Enfans dont lesdites femmes ou filles seront accouchées, et en demeureront chargés, non-seulement en cas d'abandon, mais aussi lorsque les pères et mères ne seront point en état de fournir à leur entretien; et s'ils n'ont point fait leur déclaration audit clerc d'office, ils encourront l'amende de douze florins pour chaque contravention, et seront au surplus punis exemplairement si le cas y échet.

VI. L'article précédent aura pareillement lieu pour ceux qui recevront chez eux des filles de cette ville, pour y faire leurs couches.

VII. Ceux qui recevront chez eux des Enfans étrangers ou inconnus, sous telle cause ou prétexte que ce puisse être, en demeureront pareillement chargés en cas d'abandon, et encoureront les mêmes peines.

VIII. Les accoucheurs, sages-femmes, chirurgiens, et tous autres qui accoucheront des femmes ou filles étrangères, seront tenus d'en faire leur déclaration par écrit au clerc d'office de la Prévôté, aussitôt après l'accouchement, à peine de trente florins d'amende, et de demeurer au besoin chargés des Enfans, et même d'interdiction ou d'autre plus grosse peine si le cas y échet; ce qui aura pareillement lieu lorsqu'ils accoucheront des filles de cette ville.

IX. Ceux qui auront assisté ou contribué à l'abandon des Enfans, ou qui les auront eus et recelés sans nous les dénoncer, seront chargés desdits Enfans, et punis comme complices.

X. Ordonnons aux sergens de la Prévôté, aux sergens criminels, à ceux du nettoiement et des pauvres, de tenir la main à l'exécution de la présente ordonnance, à peine qu'il sera pourvu à leur charge, ainsi qu'en justice appartiendra.

XI. Voulons au surplus que nos ordonnances antérieures soient exécutées selon leur forme et teneur, pour tous les cas et articles auxquels il n'est pas dérogé par le présent règlement, et qu'il ne puisse être prononcé d'amende moindre que celle de douze florins pour tous les cas ci-dessus exprimés.

XII. Et pour que personne n'en ignore, la présente ordonnance sera lue, publiée et affichée partout où il appartiendra, pour être exécutée selon sa forme et teneur dans toute l'étendue de cette ville, taille, banlieue, et terres du billan.

Faite en conclave le 11 juin 1739. *Signé* H. F. Le Roy. Publiée le 19 juin 1739. — Pour copie conforme : *Le Conseiller de préfecture, secrétaire général,* V. Baucy.

MAISONS D'ACCOUCHEMENT.

(Page 16 du 1er volume. — 3e séance.)

Avis du Conseil d'État sur la surveillance des maisons d'accouchement.

19 juillet 1837.

M. Vivien, conseiller d'État, fait un rapport sur un projet d'avis sur la légalité d'un arrêté de préfet qui impose aux sages-femmes l'obligation d'inscrire sur un registre les nom, prénoms et domicile des filles enceintes qu'elles logent et soignent.

M. le rapporteur donne ensuite lecture du projet d'avis, dont les considérants et le dispositif portent ce qui suit :

« Considérant qu'aux termes de l'article 475 du Code pénal, les aubergistes, hôteliers, logeurs ou loueurs de maisons garnies sont tenus d'inscrire de suite et sans aucun blanc, sur un registre tenu régulièrement, les noms, qualités, domicile habituel, date d'entrée et de sortie de toute personne qui aura couché ou passé une nuit dans leur maison, et de représenter ce registre aux époques déterminées par les règlements, ou lorsqu'ils en sont requis, aux maires, adjoints, officiers ou commissaires de police, ou aux citoyens commis à cet effet;

« Que les expressions de logeurs ou loueurs de maisons garnies doivent s'appliquer à tous ceux qui reçoivent chez eux, à prix d'argent, des personnes étrangères et leur procurent le logement garni, et que les motifs d'ordre public qui ont fait introduire la disposition ci-dessus ne permettent de faire aucune distinction à cet égard.

« Que, quand même la personne qui loge ainsi chez elle en garni joindrait à cette industrie l'exercice de la profession médicale et procurerait, à ce titre, des soins à ceux qui recevraient le logement, elle ne cesse pas d'être assujettie aux mêmes obligations, et qu'on ne saurait admettre que la surveillance de l'autorité publique que la loi a voulu rendre entière et efficace fût paralysée dans ce cas, et qu'il fût ainsi possible de se soustraire aux précautions commandées par l'intérêt de la police et de la sécurité des citoyens.

« Qu'ainsi, on peut exiger des sages-femmes qui reçoivent chez elles des personnes auxquelles elles donnent le logement garni qu'elles se soumettent aux prescriptions de l'article 475 du Code pénal;

« Considérant, toutefois, que l'arrêté du préfet des Landes sur lequel le conseil est consulté est allé au delà des dispositions dudit article, en imposant aux sages femmes l'obligation de porter sur leurs registres les filles enceintes qu'elles logeraient et soigneraient;

« Qu'en appliquant ainsi la mesure aux seules filles enceintes, il lui a donné le caractère d'une recherche spéciale de la grossesse de certaines femmes, il est sorti de l'esprit de l'article 475, et ne s'est pas renfermé dans les précautions générales de police ordonnées par cet article; que, sous ce rapport, il pourrait être considéré comme étranger aux attributions conférées à l'autorité municipale par les lois des 24 août 1790 et 19-22 juillet 1791, et comme contraire au secret imposé aux sages-femmes, et dont le respect est placé sous la sanction des pénalités prononcées par l'article 378 du Code pénal;

« Que ledit arrêté doit être modifié sous ce rapport :

« Est d'avis que l'arrêté du préfet des Landes, du 10 novembre 1835, a pu légalement appliquer aux sages femmes logeant chez elles en garni, à prix d'argent, des personnes étrangères, les obligations contenues dans l'article 475 du Code pénal, mais qu'il n'a pu restreindre aux filles enceintes l'obligation d'insérer sur un registre les noms de ces personnes, et subordonner ainsi son application aux seuls cas où les personnes logées seraient des filles enceintes. »

Cet avis est discuté et rejeté.

M. le garde des sceaux propose de décider que les sages-femmes qui reçoivent chez elles, à l'occasion et pour l'exercice de leurs fonctions, des filles enceintes ne sont pas tenues aux déclarations prescrites par l'arrêté du préfet des Landes.

Cette proposition est adoptée.

M. le garde des sceaux renvoie au comité de législation la rédaction de l'avis, qui a été arrêtée ainsi qu'il suit :

« Sages-femmes. — *Avis.* Le Conseil d'État, consulté par M. le garde des sceaux sur la légalité d'un règlement fait par M. le préfet du département des Landes le 10 novembre 1835, lequel, entre autres dispositions, assujettit les sages-femmes à tenir un registre contenant les nom, prénoms et domicile des filles enceintes qu'elles recevraient chez elles;

« Vu le rapport sur lequel M. le garde des sceaux a ordonné que le Conseil donnerait son avis;

« Vu la lettre de M. le préfet des Landes du 20 mai 1837;

« Vu les articles 56 du Code civil et 378 du Code pénal;

« Vu les lois des 24 août 1790 et 19-22 juillet 1791;

« Vu l'arrêt de la Cour de cassation du 30 août 1833;

« Considérant que l'arrêté du préfet des Landes du 10 novembre 1835 ne s'applique qu'aux sages-femmes considérées dans l'exercice de cette profession, en les obligeant à tenir registre des filles enceintes qu'elles reçoivent chez elles; que cette prescription est contraire aux principes des articles 56 du Code civil et 378 du Code pénal, et ne rentre ni dans les dispositions de l'article 475 du même code, ni dans les pouvoirs conférés à l'autorité municipale par les lois des 24 août 1790 et 19-22 juillet 1791,

Est d'avis que l'arrêté du préfet du département des Landes du 10 novembre 1835, dans la disposition citée, n'a pas de fondement légal et que l'autorité judiciaire ne pourrait en assurer l'exécution. »

MAISONS D'ACCOUCHEMENT.

(Page 17 du 1er volume. — 3e séance.)

Ordonnance du Préfet de police de Paris relative aux Maisons de santé.

Paris, le 9 août 1828.

Nous, Préfet de police,

Étant informé qu'il existe dans la ville de Paris et dans plusieurs communes du département de la Seine des établissements particuliers, connus sous la dénomination de Maisons de santé, où sont admises des personnes de l'un et de l'autre sexe, qui s'y retirent volontairement pour y être traitées de maladies, ou qu'on y *retient* comme atteintes d'*aliénation mentale;*

Considérant que des maisons destinées à réunir ainsi temporairement, pour y vivre en commun, des individus qui sont étrangers les uns aux autres, doivent nécessairement être distinguées du domicile ordinaire, et soumises à la surveillance légale exercee par l'autorité sur les autres établissements ouverts au public;

Considérant qu'il est de notre devoir d'empêcher qu'on ne puisse, sans cause légitime, retenir en chartre privée des êtres faibles et sans appui, dont la séquestration aurait pour but de les priver de l'exercice de leurs droits;

Considérant, enfin, que, s'il est important, dans l'intérêt de l'ordre public, de veiller à ce que les établissements dont il s'agit soient pourvus de tous les moyens de sûreté nécessaires pour empêcher l'évasion des aliénés qui y sont en traitement, il ne l'est pas moins d'obliger les chefs de ces Maisons à prendre, dans la distribution des localités intérieures, comme dans la direction du service médical, toutes les précautions commandées par l'humanité et par les bienséances pour assurer le bien-être des pensionnaires confiés à leurs soins;

Vu la loi du 22 juillet 1791;

Vu les articles 341 et 475 du Code pénal;

Vu aussi les arrêtés du Gouvernement, en date des 12 messidor an VIII et 3 brumaire an IX,

Ordonnons ce qui suit:

TITRE PREMIER

Mesures administratives.

ARTICLE PREMIER.

Il ne pourra être établi, à l'avenir, à Paris, dans le département de la Seine et dans les communes de Saint-Cloud, Sèvres et Meudon, aucune Maison de santé sans une autorisation du Préfet de police.

ART. 2.

Sont considérés comme Maisons de santé les établissements où l'on reçoit à demeure, à titre onéreux, les personnes de l'un et de l'autre sexe en traitement, et les femmes enceintes pour faire leurs couches.

ART. 3.

Toute personne qui voudra établir une Maison de santé indiquera, dans sa demande, le nombre des pensionnaires que l'établissement pourra contenir; ce nombre sera mentionné dans la permission.

Le nombre ainsi fixé ne pourra être excédé, à moins que l'on ne justifie de nouvelles constructions et d'une extension suffisante donnée aux localités.

Quant aux établissements déjà existants, le nombre de pensionnaires qu'ils pourront recevoir sera fixé par nous, sur le rapport du conseil de salubrité et l'avis de l'inspecteur des Maisons de santé, du maire ou du commissaire de police chargé de la surveillance de l'établissement.

ART. 4.

Il sera tenu dans chaque Maison de santé destinée au traitement des aliénés deux registres timbrés et parafés par le Préfet de police.

Le directeur inscrira sur le premier registre les noms, prénoms, âge, qualité, lieu de naissance, domicile des pensionnaires admis dans sa maison; les noms des pères, mères, maris, femmes, enfants, et, à défaut, ceux des parents connus ou fondés de pouvoirs chargés de payer la pension; la date des ordonnances en vertu desquelles ces personnes auraient été placées; les motifs de leur admission; les noms des officiers, fonctionnaires, agents ou individus qui les auront conduites; le prix de la pension; la date de leur sortie ou décès.

Sur l'autre registre, il inscrira les bijoux, l'or et l'argent monnayés, les meubles, linge, hardes, armes et tous autres objets qui se trouveront sur le pensionnaire, qu'on aura eu le soin de fouiller au moment de son admission dans l'établissement, afin de retirer de ses mains tous couteaux, ciseaux, rasoirs, canifs et autres objets dangereux qu'il aurait pu avoir en sa possession.

Le directeur inscrira également sur ce registre les effets de toute nature existant dans les malles, coffres et armoires qu'aura apportés le malade, auquel tous ces objets seront rendus à sa sortie : ils seront remis à sa famille, en cas de décès, sur bonne et valable décharge.

ART. 5.

Les directeurs des Maisons de santé destinées au traitement des aliénés, lorsqu'ils recevront un pensionnaire, se feront remettre son acte de naissance, son passe-port ou toutes autres pièces propres à constater son individualité.

Il en sera fait mention dans le bulletin d'entrée, qui sera dressé et envoyé de suite avec communication de ces pièces au commissaire de police du quartier ou au maire de la commune, qui le transmettra sans délai à la préfecture de police.

Les bulletins d'entrée contiendront les noms, âge, lieu de naissance, domicile, qualité et profession du pensionnaire; le prix de la pension, le nom de la personne chargée de la payer, le motif de l'admission du pensionnaire, et sa situation d'esprit et de corps.

Si le pensionnaire est présenté comme étant *interdit*, le directeur se fera remettre expédition ou extrait du jugement d'interdiction : ces pièces seront jointes au bulletin d'entrée.

Lorsqu'un pensionnaire décédera dans la Maison, le directeur joindra au bulletin d'avis le certificat du médecin ou chirurgien qui l'aura traité, indiquant le genre de maladie auquel il aura succombé : ce bulletin sera transmis sans délai à la préfecture de police sous la forme déterminée par l'article 10 de l'arrêté du 24 décembre 1812.

ART. 6.

Les médecins de la préfecture vérifieront et constateront, dans le plus court délai possible après l'envoi à la préfecture du bulletin d'entrée, l'état mental des pensionnaires mis comme aliénés dans les Maisons de santé.

ART. 7.

Dans les vingt-quatre heures de la réception à la préfecture de police du bulletin d'entrée d'un pensionnaire dans une Maison de santé destinée au traitement des aliénés, le préfet de police donnera au procureur du roi avis de l'admission du pensionnaire, et lui transmettra ultérieurement les pièces et documents relatifs à cette admission pour requérir, s'il y a lieu, ce que de droit.

ART. 8.

A l'avenir, les Maisons de santé destinées au traitement des aliénés devront toujours être dirigées par un docteur en médecine qui sera tenu d'y résider, et qui devra y réunir tous les appareils et ustensiles nécessaires au traitement de ce genre de maladie.

Les malades *en traitement* et les malades dont *l'incurabilité présumée* sera attestée par un certificat authentique déposé entre les mains du chef de l'établissement seront placés dans des bâtiments séparés.

ART. 9.

L'inspecteur chargé de la surveillance spéciale des Maisons de santé assurera l'exécution des mesures relatives à l'état mental des malades, à leur traitement, à la disposition et à la convenance des localités. Il nous rendra compte des résultats de cette surveillance. Il pourra se faire assister par les commissaires de police, et à leur défaut par les maires dans les communes rurales

ART. 10.

Une commission composée de membres du conseil de salubrité visitera, au moins six fois par an, toutes les Maisons de santé où sont reçus les aliénés : elle sera assistée dans ces visites par les maires ou les commissaires de police ayant la surveillance respective de l'établissement.

Ils examineront et entendront, s'il y a lieu, chacun des malades, recueilleront tous les renseignements qu'il leur paraîtra convenable de se procurer sur la tenue générale et le régime intérieur de chaque Maison, et ils consigneront le résultat de cette visite dans un rapport spécial, qu'ils signeront avec les personnes qui y auront concouru.

TITRE II

Dispositions relatives à la sûreté, à la salubrité et au régime intérieur des établissements.

ART. 11.

Les pensionnaires libres devront être logés dans des bâtiments séparés de ceux où seront placés les aliénés. Ces derniers devront recevoir une classification telle, que ceux dont la maladie offrira des intervalles de lucidité ne puissent point communiquer avec les autres; ils devront tous être logés dans des pièces dont les croisées seront entourées de tous les moyens de sûreté propres à rendre impossible l'evasion ou la chute des malades. Ces précautions seront prescrites par le Préfet de police, selon les localités, et d'après les indications données par les maires ou commissaires de police ayant la surveillance des établissements, par le conseil de salubrité ou par l'inspecteur chargé de la surveillance spéciale.

ART. 12.

Les aliénés de sexes différents devront être privés de toute espèce de communication entre eux : il sera fait incontinent des dispositions pour opérer leur isolement complet dans toutes les Maisons où cette séparation n'aurait pas été effectuée jusqu'à présent.

ART. 13.

Outre la division prescrite par l'article précédent entre les malades de chaque sexe, les établissements destinés à les recevoir devront offrir des constructions telles, qu'il soit toujours facile de procurer, non-seulement des logements séparés, mais encore des promenades particulières et aussi spacieuses qu'il sera possible, d'une part, aux aliénés convalescents ou tranquilles, et, de l'autre, à ceux qui seront dans un état d'agitation susceptible de compromettre la tranquillité des premiers ou de troubler leur convalescence.

ART. 14.

Les lieux destinés spécialement dans ces Maisons au séjour ou à l'habitation des aliénés agités ou furieux devront toujours être pourvus de moyens de chauffage; il sera pris, d'ailleurs, pour les préserver de l'humidité, des précautions dont la nature et le mode seront prescrits par le Préfet de police, d'après l'examen qui aura été fait des lieux par le conseil de salubrité.

Il devra aussi y être établi des bains, et l'administration des douches aux aliénés aura nécessairement lieu en présence du chef de l'établissement, ce dont s'assurera, autant que possible, le commissaire de police ou le maire préposé à l'inspection ordinaire de la Maison; enfin il sera pris, autant que possible, des précautions pour que les aliénés ne puissent jamais pénétrer dans les cuisines, lesquelles, dans les établissements qui seront formés à l'avenir, devront être assez isolées des lieux habités ou fréquentés par cette classe de malades pour que l'accès leur en soit facilement interdit.

ART. 15.

Chaque aliéné admis dans une Maison de santé devra y avoir son lit composé d'une couchette, et les accessoires que sa situation permettra de lui procurer.

Le chef de l'établissement ne pourra, sous aucun prétexte, faire coucher deux ou plusieurs malades dans la même chambre.

Toutefois, il lui sera loisible d'y faire pratiquer des dortoirs communs; mais il devra toujours y avoir dans ces dortoirs, pendant la nuit, un nombre de domestiques proportionné à celui des malades qui y coucheront.

ART. 16.

Dans aucun cas et pour quelque cause que ce soit, un domestique mâle ne pourra être attaché au service d'une femme atteinte d'aliénation mentale, et un homme ne pourra être servi par une femme.

ART. 17.

Tout domestique qui se présentera pour être attaché au service d'une Maison de santé devra remettre son livret entre les mains du chef de l'établissement pour être transmis au commissaire de police, qui en demeurera dépositaire aussi longtemps que ce domestique restera dans la Maison de santé.

ART. 18.

Le régime alimentaire sera, comme le traitement, dirigé exclusivement, à l'égard des aliénés, par le médecin qui, aux termes de l'article 8, devra être attaché à chacune des Maisons de santé.

ART. 19.

Pour assurer l'exécution de l'article précédent, il sera tenu, dans chaque établissement destiné à recevoir des aliénés, une feuille sur laquelle le médecin attaché à cet établissement devra consigner, chaque jour, les observations que sa visite l'aura mis en état de faire dans l'intérêt des malades confiés à ses soins. Cette feuille sera représentée aux médecins de la préfecture toutes les fois qu'ils le requerront.

ART. 20.

Indépendamment de la feuille prescrite par l'article précédent, le médecin attaché à chacun des établissements destinés au traitement des aliénés inscrira sur le registre les symptômes que le malade aura présentés, soit au moment de son entrée, soit depuis qu'il réside dans la Maison : ce registre sera pareillement représenté aux médecins de la préfecture quand ils s'y rendront pour vérifier et constater son état mental.

ART. 21.

Dans toutes les Maisons de santé destinées à recevoir des aliénés, les couteaux mis à la disposition des pensionnaires pour leurs repas devront avoir la lame arrondie et très-épaisse à son extrémité.

Ces couteaux devront leur être retirés à la fin de chaque repas.

Ceux qui auront été mis entre les mains des malades admis à la table commune devront être enlevés avant qu'aucun d'eux soit sorti du réfectoire. Un domestique spécialement chargé de ce soin s'assurera que les couteaux retirés *sont en nombre égal à celui des personnes assises à la table commune;* s'il reconnaît qu'il en ait été détourné, il fera procéder immédiatement à une visite exacte sur chacun des malades, afin de retrouver le couteau manquant.

ART. 22

Les maires et les commissaires de police, entre lesquels est répartie la surveillance des Maisons de santé, seront respectivement chargés de tenir la main à l'exécution de la présente ordonnance.

ART. 23.

En cas de contravention aux dispositions de la présente ordonnance, la permission sera retirée : il sera procédé administrativement au placement des aliénés, de concert avec les familles pour les pensionnaires libres ou sur ordonnance de justice pour les autres. *Le Préfet de police*, signé DEBELLEYME. — Par le Préfet : *le Secrétaire général*, signé E^d L^t DE BLOSSAC.

Avis du Comité de l'intérieur du Conseil d'État, approuvant l'ordonnance du Préfet de police du 9 août 1838.

Paris, le 17 septembre 1838.

Les membres du comité de l'intérieur, qui, sur le renvoi ordonné par le ministre de ce département, ont pris connaissance d'une ordonnance rendue par le préfet de police concernant les Maisons de santé,

Vu les lettres de M. le garde des sceaux, du procureur général près la cour royale de Paris et du préfet de police, avec les rapports qui y sont joints;

Vu aussi une note jointe au dossier, où l'on élève la question de savoir si toutes les Maisons de santé indistinctement peuvent être assujetties à demander l'autorisation et à subir une surveillance particulière de la police;

Considérant que l'ordonnance deviendrait illusoire dans son but principal si l'autorisation de la police n'était nécessaire pour ouvrir et tenir une Maison de santé;

Que la légalité de cette autorisation n'est pas douteuse par rapport aux Maisons destinées spécialement ou principalement à recevoir des aliénés, que le Gouvernement a le droit et même le devoir de faire renfermer et retenir, dans l'intérêt de la société et en vertu de la loi et des règlements de police;

Que les Maisons de santé destinées à recevoir des malades peuvent, comme les premières, donner lieu à des abus, si elles ne sont pas soumises à l'action de la police; que rien n'empêcherait d'y recevoir même des aliénés qui seraient ainsi soustraits à la surveillance de l'Administration;

Que si la police à exercer dans ces Maisons doit être difficile suivant leur destination ordinaire, il n'est pas moins indispensable qu'elles soient toutes soumises à la formalité d'une autorisation comme établissements publics qui ne peuvent exister sans l'agrément de l'Administration, et qu'elle doit avoir la faculté de faire fermer en cas d'abus ou de contravention;

Considérant d'ailleurs que toutes les dispositions de l'ordonnance dont il s'agit sont sages et bien conçues dans l'intérêt des individus et de l'ordre public; qu'elles s'exécutent déjà sans avoir donné lieu à aucune réclamation,

Sont d'avis que l'ordonnance de M. le préfet de police du 9 août dernier, concernant les Maisons de santé, peut être approuvée dans toutes ses dispositions.

ARTICLE PREMIER.

Il ne pourra être établi, à l'avenir, à Paris, dans le département de la Seine et dans les communes de Saint-Cloud, Sèvres et Meudon, aucune Maison de santé sans une autorisation du préfet de police.

Sont considérés comme Maisons de santé les établissements où l'on reçoit à demeure, à titre onéreux, les personnes de l'un ou de l'autre sexe en traitement, et les femmes enceintes pour faire leurs couches.

. . . .

MAISONS D'ACCOUCHEMENT.

(Page 17 du 1er volume. — 3e séance.)

Association de Sœurs de la Charité maternelle, à Metz, pratiquant les accouchements.

Paris, le 2 décembre 1814.

Louis, par la grâce de Dieu, roi de France et de Navarre, à tous ceux qui ces présentes verront, salut.

D'après le compte qui nous a été rendu de l'utilite de l'Institution des Sœurs de la Charité maternelle formée à Metz par les soins du sieur Morsannes;

Voulant consolider cette institution et la mettre à même d'étendre les services qu'elle rend à nos sujets, et particulièrement à la classe indigente;

Sur le rapport de notre ministre secrétaire d'État au département de l'intérieur,

Notre Conseil d'État entendu,

Nous avons ordonné et ordonnons ce qui suit :

ARTICLE PREMIER.

L'association formée dans la ville de Metz, sous le titre d'Institution des Sœurs de la Charité maternelle, établie pour accoucher les femmes pauvres, leur porter toutes sortes de secours, vacciner et soigner en cas de maladie leurs enfants, et visiter les pauvres à domicile dans les campagnes, est confirmée.

Les statuts de cette association, tels qu'ils resteront annexés à la présente ordonnance, sont approuvés.

ART. 2.

Ladite association est placée sous la surveillance de la commission administrative des hospices de Metz, à laquelle le sieur Morsannes sera adjoint pour cet objet.

ART. 3.

L'Institution des Sœurs de la Charité maternelle de Metz pourra accepter, en se conformant aux formalités prescrites par les lois et règlements, les legs et donations qui seront faits en sa faveur.

ART. 4.

Les Sœurs de la Charité maternelle ne pourront pratiquer les accouchements, hors l'hospice de la Maternité de Metz, qu'après avoir été reçues sages femmes dans les formes établies par les lois.

ART. 5.

Notre ministre secrétaire d'État au département de l'intérieur est chargé de l'exécution de la présente ordonnance, qui sera insérée au Bulletin des lois.

Donné au château des Tuileries, le 2 décembre de l'an de grâce 1814, et de notre règne le vingtième. *Signé* Louis. — Par le Roi : *signé* l'abbé de Montesquiou. — *Le secrétaire général du ministère de l'intérieur, chevalier de la Légion d'honneur,* signé Guizot.

Statuts proposés pour les Sœurs de la Charité maternelle, à Metz.

ARTICLE PREMIER.

Les Sœurs de la Charité maternelle sont établies pour accoucher les femmes pauvres, pour leur porter toutes sortes de secours, pour vacciner et soigner, dans le cas de maladies, leurs petits enfants, et visiter les pauvres malades à domicile dans les campagnes.

ART. 2.

L'association est gouvernée par une supérieure générale, qui réside à Metz, à l'hospice de la Maternité : ses fonctions consistent à surveiller la distribution des secours donnés aux pauvres femmes par la société, à pourvoir aux besoins des autres sœurs qui sont ou seront dans les diverses maisons composant ensemble l'établissement; elle est nommée tous les cinq ans par le conseil d'administration de la Charité maternelle, si cette société est établie à Metz, et, si elle ne l'est pas, par la commission administrative des hospices.

ART. 3.

Les biens des diverses maisons sont communs à toutes : la supérieure en fait la répartition, nomme les supérieures locales; elle place et déplace les sœurs suivant le besoin et les circonstances.

ART. 4.

Il y a huit sœurs, à Metz, destinées au service de la société de Charité maternelle, savoir, quatre pour le service intérieur de l'hospice : la supérieure, l'infirmière de la salle des accouchées, la cuisinière, la lingère, qui est aussi chargée de la pharmacie; les quatre autres sont pour les accouchements et accidents du dehors : elles ont chacune un quartier distinct.

ART. 5.

Chaque sœur conserve la propriété et jouissance des biens et revenus qui lui appartiennent et qui peuvent lui survenir par succession; elle peut en disposer à son gré, conformément au Code civil et au décret du 18 février 1809

ART. 6.

Le temps de probation pour être reçue sœur de l'association est d'un an. Pour être admises, les sœurs promettront d'être soumises à la supérieure et d'obéir aux règles d'ordre et de discipline intérieure qui sont prescrites par un règlement particulier; elles s'engageront en outre à rester attachées à l'établissement pendant cinq années consécutives, après lequel temps elles s'engageront de nouveau d'année en année, et ainsi de suite, si cette condition leur convient, et si elles-mêmes conviennent à l'établissement par la régularité de leurs mœurs, par leurs vertus, leurs talents et leurs soins charitables envers les malheureux.

ART. 7.

On ne peut entrer dans l'établissement, comme postulante, qu'à l'âge de dix-huit ans, et s'engager qu'à celui de vingt ans; on est reçue sans aucune dot; les hardes, effets et linge sont déposés dans un magasin pour les rendre à celles des personnes qui quitteraient l'établissement, qui, à son tour, ne leur accorde aucun dédommagement pour les services passés.

ART. 8.

Les sœurs portent un costume uniforme, simple et modeste, qui n'emprunte rien de particulier des costumes des personnes composant les sociétés de charité ou congrégations religieuses établies avant elles. Elles portent, suspendue à leur cou, une croix d'argent portant cette légende : « Charité maternelle. »

ART. 9.

Les qualités nécessaires pour être admise dans l'institut sont la force et la santé du corps, pour résister aux veilles et aux fatigues; un esprit assez développé pour acquérir facilement les connaissances de l'art des accouchements et celles de la médecine des pauvres; une réputation intacte, une piété sincère, un caractère doux et patient, enfin un cœur généreux et compatissant aux infirmités des pauvres.

ART. 10.

Les sœurs de la Charité maternelle offrent à Dieu, soir et matin, le sacrifice de leurs bonnes œuvres pour le salut du Roi et la prospérité de la famille royale.

Pour copie conforme : *le Commis greffier*, signé Boullié. — Pour copie conforme : *le Secrétaire général du ministère de l'intérieur, chevalier de la Légion d'honneur,* signé Guizot.

MAISONS D'ACCOUCHEMENT.

(Page 23 du 1er volume. — 3e séance.)

Extrait du Code administratif des hôpitaux et hospices civils de Paris en ce qui concerne l'admission dans les Maisons d'accouchement.

DE LA MAISON D'ACCOUCHEMENT.

Art. 1069. Toute femme qui désire être reçue à la Maison d'accouchement se présente à la sage femme en chef, qui déclare par un certificat que la récipiendaire est dans le huitième mois de sa grossesse, ou qu'elle est dans le péril imminent d'accoucher avant terme. (Règlement du 10 octobre 1801, article 1er, titre IX.)

Art. 1070. Il est tenu au bureau de réception un registre sur lequel on inscrit, par ordre de dates et de numéros, toutes les personnes qui sont admises : on leur demande si elles veulent déclarer leurs nom, prénoms, âge, profession et domicile, et dans ce cas on on l'écrit au registre sous leur dictée, et on leur donne un bulletin contenant la note de ces déclarations; elles le présentent à la surveillante, chez laquelle elles sont envoyées de suite. (Même règlement art. 2, titre IX.)

Art. 1072. Si elles disent ne vouloir faire aucune déclaration, le registre ne porte que le n° et la date d'entrée, et le bulletin n'a pas non plus d'autre désignation. (Même règlement, art. 3, titre IX.)

Art. 1081. Les registres des déclarations sont fermés à toute personne sans caractère légal pour les consulter. Ils sont confiés à la probité et à l'honneur des personnes qui en seront dépositaires ; il ne peut en être donné d'expédition sans une autorisation formelle. (Code spécial de la maternité du 7 mars 1802, art. 16, chap. 1er, titre II, tome Ier, page 389.)

Lettre adressée par M. le Procureur du Roi de Paris au Directeur de la Maison d'accouchement, pour lui enjoindre de présenter devant l'officier de l'état civil les nouveau-nés, pour la déclaration de leur naissance.

Paris, 16 octobre 1841.

Monsieur le directeur, lorsque vous faites à la mairie la déclaration d'une naissance qui a eu lieu dans votre établissement, vous vous abstenez de présenter le nouveau-né à l'officier de l'état civil.

Agir ainsi, c'est aller directement contre les prescriptions de l'article 55 du Code civil, qui exige la présentation à l'officier de l'état civil, et qui n'a été modifié en faveur des hospices par aucune disposition législative.

J'ai donc écrit à M. le maire du douzième arrondissement pour que, désormais, il ne reçoive aucune déclaration de naissance, pour des Enfants nés à l'hospice de la Maternité, sans que ces enfants lui soient présentés.

Recevez, etc. *Le Procureur du roi*, signé DESMORTIERS.

LETTRE *adressée par M. le Directeur de la Maison d'accouchement à M. Valdruche, administrateur des hospices, sur les inconvénients de présenter les nouveau-nés devant l'officier de l'état civil.*

Paris, le 18 octobre 1841

Monsieur l'administrateur, j'ai l'honneur de vous adresser copie d'une lettre que je viens de recevoir de M. le procureur du Roi près le tribunal de première instance de la Seine, et par laquelle ce magistrat me prévient que, désormais, aucune déclaration de naissance, pour des enfants nés à la Maison d'accouchement, ne pourra être faite sans que ces Enfants soient présentés à l'officier de l'état civil, conformément à l'article 55 du Code.

Permettez-moi de vous rappeler qu'à aucune époque on n'a exigé l'accomplissement de cette formalité, à cause des inconvénients qui en devaient résulter pour les Enfants.

En effet, lorsque l'on songe que dans cette Maison le nombre des accouchements est par année de 3,600 environ; qu'en hiver il s'élève quelquefois au delà de *20 par jour*, il est permis de se demander quel moyen convenable on pourrait employer pour éviter que des Enfants, souvent fort débiles ou déjà malades, ne souffrent gravement de leur transport à la mairie, surtout pendant la mauvaise saison. Il est malheureusement trop certain que, si l'on persiste à l'exiger, la mortalité, déjà considérable, se trouvera encore notablement augmentée; c'est, du moins, l'avis de MM. les docteurs Moreau et Danjau, ainsi que de Mme la sage-femme en chef, qui m'ont chargé de vous faire connaître qu'ils s'élevaient de toutes leurs forces contre la mise à exécution de la mesure proposée.

N'est-il pas permis encore de craindre que, dans le transport quotidien à la mairie d'un grand nombre d'Enfants des erreurs ne soient commises, et des substitutions opérées malgré tout le soin qu'on mettrait à les éviter?

Ces considérations vous sembleront sans doute assez puissantes pour vous engager à soumettre la question au conseil général; et j'ose espérer qu'il voudra bien intervenir auprès de M. le procureur du Roi pour obtenir que les choses demeurent dans l'état où elles se trouvent depuis la création de l'hospice de la Maternité, c'est-à-dire depuis près de cinquante années, sans qu'aucune circonstance en ait fait connaître les inconvénients.

Veuillez agréer, Monsieur l'administrateur, la nouvelle assurance de mes sentiments respectueux. *Le Directeur,* BOIVIN.

Avis des médecins et de la sage-femme en chef de l'hospice de la Maternité de Paris sur le danger de transporter à la mairie les Enfants nés dans cet hospice, pour y faire la déclaration de leur naissance.

Les médecins et chirurgiens et la sage-femme en chef de la Maison d'accouchement, soussignés, ayant été informés que l'autorité venait de décider qu'à l'avenir tous les enfants nés dans cette maison seraient présentés à la mairie du douzième arrondissement, lors de la rédaction de leur acte de naissance, croient devoir exposer les inconvénients et les dangers qui résulteraient de l'adoption d'une pareille mesure.

Le nombre de nos Enfants nouveau-nés est, terme moyen, de dix par jour. Cette moyenne proportionnelle est beaucoup plus forte en hiver, un peu moindre en été. Elle est telle en tous temps, que le transport de ces Enfants fait à bras exigerait des filles de service en nombre beaucoup plus considérable que celui dont la Maison dispose, et qui devraient être distraites, pendant un temps assez long, d'occupations importantes dont le bien de nos malades exige qu'elles ne s'écartent pas un instant.

Le transport dans une civière à compartiments, commode et convenable quand il s'agit de conduire les nouveau-nés à l'hospice des Enfants-Trouvés n'aurait-il pas quelque chose de blessant pour la vue, s'il fallait exposer à tous les regards, dans une pièce ouverte au public, une boîte où seraient placés, comme autant d'échantillons, dans des cases séparées, huit ou dix Enfants.

Mais, surtout, ne doit-on pas craindre que d'une semblable présentation en masse, dont commis et gens de service auraient intérêt à abréger la durée, ne résulte quelque erreur grave relativement au sexe et aux prénoms. On ne conçoit même pas qu'il puisse en être autrement, à moins qu'on n'admette qu'après une simple présentation de forme, la rédaction des actes n'ait lieu, comme par le passé, sur les renseignements écrits ou verbaux communiqués à la mairie.

Quel que soit le mode de transport adopté, outre les inconvénients que nous venons de signaler, la mesure nouvelle a des dangers qu'il est de notre devoir de faire connaître à l'autorité. Les Enfants nouveau-nés ont une température propre, inférieure à celle qu'ils auront à un âge plus avancé, et pour eux la chaleur est une première condition de vie, le froid leur est mortel, et cette vérité, si longtemps proclamée par les médecins, a enfin été reconnue par l'autorité qui entoure maintenant de toutes les précautions nécessaires les baptêmes dans les églises. Ne sait-on pas toutes celles qu'on prend dans les familles lorsqu'il s'agit de présenter les Enfants nouveau-nés à la mairie ou à la paroisse, et, en pareille circonstance, les artisans eux-mêmes ne se refusent pas une voiture bien fermée, indispensable ressource qui nous manque. Tous ces soins si nécessaires, quand il s'agit d'enfants forts, bien portants, nés à terme, de parents sains, deviennent indispensables pour ces petits êtres chétifs que le travail forcé, la misère ou la débauche de leurs parents pousse prématurément en cette vie. Or ces naissances prématurées sont nombreuses à la Maison d'accouchement, et la mesure nouvelle qui devra être, sans aucun doute, appliquée sans exception, accroîtra infailliblement la mortalité des Enfants nouveau-nés. On peut prédire à l'avance que la pneumonie, l'endurcissement du tissu cellulaire, et quelques autres maladies qui leur sont déjà si souvent funestes, deviendraient beaucoup plus funestes, et que les efforts incessants de l'Administration des hospices pour améliorer le sort de ces petits êtres seraient en grande partie annulés par la mesure nouvelle.

Les médecins et chirurgiens et la sage-femme en chef, soussignés, pensent donc que l'intérêt de l'humanité exige que rien ne soit changé à un ordre de choses qui n'est, il est vrai, qu'une tolérance; mais une tolérance devenue respectable, puisque l'expérience de plus de quarante ans prouve non-seulement qu'elle a des avantages incontestables, mais encore qu'elle est absolument exempte d'inconvénients.

Paris, le 9 novembre 1841. *Signé :* Ant. Danjau, *Chirurgien-adjoint;* A. Charrier, *Sage-femme en chef;* Moreau, *Médecin;* Gerardin, *Médecin;* Paul Dubois, *Chirurgien en chef.*

Lettre *de M. de Gérando, membre du Conseil général des hospices de Paris, sur les dangers que peut présenter le transport à la mairie des nouveau-nés de la Maison d'accouchement de Paris.*

20 novembre 1841.

Monsieur et cher collègue, je m'étais mal exprimé, si je vous avais annoncé ma visite pour lundi dernier : j'avais voulu vous dire que lundi j'allais à la Maternité pour achever de prendre tous les renseignements qui pouvaient nous éclairer sur la question relative à la forme des actes de l'état civil pour les Enfants nés dans cet hospice.

C'est ce que j'ai fait, et je joins ici ces documents. Les séances de la Cour des Pairs et d'énormes travaux qui pèsent sur moi m'ont privé, à mon grand regret, du plaisir et de l'honneur d'aller vous voir.

Lundi 15, jour de ma visite, il y avait 24 nouveau-nés, 24 actes de naissance à dresser.

Indépendamment du danger que nos médecins vous signalent, pour nos Enfants, dans leur transport à la mairie, je vous prie de remarquer que ce transport (*à Paris*) irait contre le but qu'on se propose et compromettrait l'état civil de ces Enfants, au lieu de l'assurer.

En effet, on ne peut faire autant de voyages à la mairie qu'il y a d'Enfants. En les conduisant ensemble, il sera presque impossible qu'il n'y ait pas de confusion commise entre eux en les présentant.

Tandis qu'aujourd'hui les précautions les plus attentives et toutes les garanties sont réunies dans les formes suivies à notre hospice.

On peut, si on le désire, y joindre celle de faire venir à l'hospice l'employé de la mairie qui dresse les actes. Vous savez que lui seul voit et reçoit les Enfants à la mairie ; le maire ou l'adjoint signe plus tard, et en une seule fois.

Veuillez avoir la bonté de me renvoyer ces documents après les avoir examinés, et me donner vos directions pour que je puisse suivre la mission que j'ai reçue du conseil général des hospices et lui en rendre compte.

. . . .

Votre dévoué collègue,

Signé De Gérando.

MAISONS D'ACCOUCHEMENT.

(Page 58 du 1er volume. — 5e séance.)

Arrêt *de la Cour d'appel de Paris, du 20 avril 1843.*

Les médecins et officiers de santé qui, ayant assisté à l'accouchement d'une femme, ne font pas connaître à l'officier de l'état civil les noms des père et mère ou celui de la mère seulement, en cas de non mariage, lorsque l'identité de ces personnes leur est connue, sont passibles des peines portées par l'article 346 du Code pénal; ils chercheraient en vain à se soustraire à l'obligation d'une telle déclaration, sous prétexte du secret que leur profession leur impose.

Ministère public (Depuille).

Un jugement du tribunal correctionnel de Melun avait, par application de l'article 346 du Code pénal, condamné le sieur Depuille, officier de santé à Moissy-Cramayel, à 100 francs d'amende, pour s'être refusé à faire connaître le nom des père et mère d'un Enfant né de la veille en sa demeure, et qu'il présenta à l'officier de l'état civil comme né de père et mère inconnus, bien que la mère lui fût, du moins, parfaitement connue. — Sur l'appel.

ARRÊT.

La Cour, — Considérant que l'article 56 du Code civil veut qu'à défaut du père la déclaration de la naissance d'un Enfant soit faite par les docteurs en médecine ou en chirurgie, sages-femmes, officiers de santé ou autres personnes qui ont assisté à l'accouchement, et lorsque la mère est accouchée hors de son domicile par la personne chez qui elle est accouchée; — Que cette déclaration ne fait qu'un avec l'acte de naissance, qui, d'après le même article, doit être rédigé de suite, en présence de deux témoins, et contenir, aux termes de l'article 57, plusieurs énonciations, parmi lesquelles se trouve celle des noms des père et mère de l'Enfant; — Considérant que ces dispositions essentielles sont prescrites non-seulement dans l'intérêt public, mais encore dans celui de l'Enfant, dont la preuve de l'état civil doit être protégée par la loi; — Considérant que les dispositions susénoncées du Code civil, qui étaient restées dénuées de sanction, en ont trouvé une dans l'article 346 du Code pénal, qui oblige toute personne ayant assisté à un accouchement à en faire la déclaration, telle qu'elle est prescrite par l'article 56 du Code civil, sont les peines qui y sont portées; — Que lorsqu'il s'agit de filiation naturelle, la déclaration du nom de la mère est de la plus grande importance pour l'Enfant, qui a droit de rechercher sa maternité, et que si ce nom n'était pas porté dans l'acte de naissance, il en résulterait une omission qui empêcherait ou détruirait la preuve de l'état civil de celui auquel il s'applique; — Considérant que l'article 56 du Code civil, obligeant les personnes qui y sont mentionnées à faire les déclarations des naissances, les dispositions de l'article 378 du Code pénal sur le secret imposé aux médecins sont sans application dans l'espèce; — Considérant qu'il résulte des faits et circonstances de la cause que Depuille, officier de santé à Moissy-Cramayel, a présenté, dans le courant de l'année 1842, à l'officier de l'état civil de ladite commune, deux Enfants naturels dont il n'a pas fait connaître audit officier de l'état civil, le nom des mères, quoiqu'elles fussent accouchées à son domicile, et que leur nom et leur identité lui fussent connus; qu'il a ainsi violé l'une des dispositions des articles 56 et 57 du Code civil, et commis le délit prévu et puni par l'article 346 du Code pénal: — Confirme.

Du 20 avril 1843. — C. de Paris. — Ch. corr. — MM. Glos, faisant fonctions de procureur; de Thorigny, avocat général; Colmet d'Aage fils, avocat.

(Dalloz, année 1843, 2e partie, p. 147.)

MAISONS D'ACCOUCHEMENT.

(Page 58 du 1er volume. — 5e séance.)

Arrêt de la Cour de cassation, du 1er août 1845.

Les personnes qui ont assisté à un accouchement, et qui font la déclaration à laquelle la loi les oblige, peuvent refuser de faire connaître le nom de la mère de l'Enfant. Il en est ainsi, surtout de celles qui, par leur profession, sont tenues de garder les secrets qu'on leur confie, telle qu'une sage-femme : leur refus ne constitue donc pas le délit puni par l'article 356 du Code pénal.

Mais une fausse déclaration sur le nom de la mère constituerait le crime de faux, dans le cas où il y aurait intention frauduleuse ; toutefois, ce crime ne pourrait donner lieu à des poursuites criminelles qu'après le jugement définitif sur la question d'état. (Code pénal, 147.)

La Cour : — Attendu que l'article 346 du Code pénal se réfère exclusivement aux articles 55 et 56 du Code civil, et non à l'article 57 du même Code, qui détermine les énonciations que doit renfermer l'acte de naissance ; qu'en effet, les personnes qui ont assisté à l'accouchement peuvent être dans l'impuissance de donner à l'officier de l'état civil tous les renseignements relatifs à ces énonciations, et que dès lors ces personnes ne pouvaient être rendues passibles de peine à raison de ces omissions : qu'elles sont donc affranchies de la pénalité établie par l'article 346, lorsqu'elles ont déclaré le fait de naissance et les circonstances accessoires qui sont à leur connaissance ; — Attendu, de plus, qu'aux termes de l'article 378 du Code pénal, les médecins, chirurgiens et autres officiers de santé, ainsi que les sages femmes, peuvent être, à raison de leur profession, rendus dépositaires de secrets de famille qu'ils ne peuvent révéler sans s'exposer à des peines ; — Attendu, en fait, qu'il est constaté, dans l'espèce, que la femme Prévost avait été rendue dépositaire, par la mère de l'Enfant dont celle-ci est accouchée dans le domicile de ladite femme Prévost, et en qualité de sage-femme, du secret relatif à la filiation de cet Enfant : — Qu'ainsi, en affranchissant ladite sage-femme par le motif pris de sa qualité, et du secret dont il s'agit, de la peine de l'article 346 du Code pénal, pour n'avoir pas révélé le nom de la mère dans la déclaration de naissance faite à l'état civil, en conformité de l'article 56 du Code civil, le jugement attaqué, loin de violer la disposition de cet article 346, en a fait une saine interprétation ;

Attendu que si la femme Prévost, au lieu de garder le silence sur le nom de la mère de l'Enfant, a faussement déclaré un nom imaginaire, et si, par cette fausse déclaration, ladite sage-femme se rendait passible du crime de faux prévu par le dernier alinéa de l'article 147 du Code pénal, dans le cas où elle aurait agi avec intention criminelle, l'article 327 du Code civil interdit toute poursuite criminelle avant le jugement définitif de la question d'état, et qu'ainsi le tribunal de Blois a dû, comme il l'a fait, sans violer l'article 214 du Code d'instruction criminelle, renvoyer ladite femme Prévost de la poursuite du ministère public, à raison de la déclaration faite par elle à l'officier de l'état civil : — Rejette, etc.

Du 1er août 1845. — Ch. crim. — *Prés.*, M. Laplagne-Barris. — *Rapp.*, M. Isambert. — *Concl.*, M. de Boissieux, avocat général.

(Dalloz, année 1845, première partie, p. 363.)

MAISONS D'ACCOUCHEMENT.

(Page 63 du 1er volume. — 5e séance.)

EXTRAIT de la brochure publiée par M. Loir, docteur en médecine, sur l'article 55 du Code civil, relatif à la constatation des naissances.

Le conseil général du Nord a exprimé le vœu « que des mesures fussent prises pour que « la présentation des Enfants nouvellement nés à l'officier de l'état civil, en conformité de « l'article 55 du Code, fût faite au domicile de l'Enfant. »

Le conseil général de la Seine a demandé que « l'Administration fît étudier la question « de savoir s'il ne serait pas possible de modifier les conditions de la présentation de l'En- « fant à l'officier de l'état civil pour la constatation des naissances. »

Un sujet aussi grave, qui intéresse à un si haut degré l'État et les familles, sollicite des études sérieuses..

....

Le texte de l'article 55 du Code civil est ainsi conçu : « Les déclarations de naissance « seront faites dans les trois jours de l'accouchement à l'officier de l'état civil du lieu: l'En- « fant lui sera présenté. »

L'interprétation de cet article a donné lieu à quelques controverses. Il ne s'élève aucun doute sur le sens de la première partie, partie fondamentale. La déclaration doit être faite à l'officier de l'état civil, à la mairie, en présence de deux témoins, devant lesquels l'acte est rédigé; tous sont d'accord sur ce point, jurisconsultes, magistrats. En effet, l'acte tire son authenticité de sa rédaction, au siége même de la mairie, par l'officier public dépositaire et gardien des actes de l'état civil.

Quant à la présentation, elle n'est exigée qu'à titre de renseignement. Elle n'est point ordonnée par la législation des nations voisines; chez nous-mêmes elle n'est point l'objet d'une disposition impérieuse, et il faut dire qu'elle n'est pas exactement observée. Si l'on consulte les discussions qui ont eu lieu lors de la rédaction de l'article 55, on est conduit à reconnaître qu'il n'impose pas, en ordonnant la présentation, le transport de l'Enfant à la mairie; la présentation, de quelque manière qu'elle ait lieu, procure le résultat qu'on a voulu obtenir, la preuve positive de la naissance, du sexe, de l'identité de l'Enfant. La loi de 1792 disait positivement que l'Enfant devait être porté à la maison commune; les rédacteurs du Code civil ont supprimé cette disposition, « parce que, » a-t-on dit (procès-verbal du Conseil d'État, séance du 12 ventôse an XI), « en se bornant à décider que l'Enfant serait « présenté sans spécifier le lieu, on a voulu que la loi laissât à cet égard la plus grande « latitude. » C'est aussi dans le même sens que M. Réal (séance du 6 fructidor an IX) avait dit « que la présentation était inutile, parce que l'acte tirait sa force de la déclaration « appuyée de deux témoins, et non de la présence de l'Enfant; que, d'ailleurs, des obstacles « naturels pouvaient s'opposer à l'accomplissement de cette formalité. »

Plusieurs jurisconsultes éminents professent la même doctrine. Je me contenterai de citer l'opinion de M. Valette, professeur de Code civil à la Faculté de droit de Paris:

« Qu'est-ce qui dans nos lois, dit-il (*Gazette des tribunaux* du 9 septembre 1845), peut « mettre obstacle à la réalisation de ces idées si simples, si conformes au vœu de l'huma- « nité? Les jurisconsultes répondront hardiment: Rien. Qu'ordonne, en effet, l'article 55 du « Code? C'est que *l'Enfant soit présenté à l'officier de l'état civil.* Rien de plus raisonnable assu- « rément; car il est bon d'avoir une certitude légale et *de visu* de la naissance et du sexe. « Mais l'article 55 ne dit pas que la présentation doive se faire en tel lieu, et non en tel autre; « Il n'ordonne pas le moins du monde que l'Enfant soit examiné précisément tout auprès des

« registres de la mairie, à côté de la table du commis rédacteur, c'est-à-dire à une distance « de plusieurs kilomètres, qu'il faudra franchir par des temps de pluie, de vent, de neige. « Une loi gênante était sans doute celle du 20 septembre 1792, parce qu'elle exigeait (tit. III, « art. 6) *que l'Enfant fût porté à la maison commune, ou autre lieu servant aux séances de la « commune, pour être présenté à l'officier public;* elle ajoutait, il est vrai, par forme de restric- « tion : *en cas de péril imminent, l'officier public sera tenu, sur la réquisition qui lui sera faite, de « se transporter dans la maison où sera le nouveau-né.* Mais dans le Code civil rien de sembla- « ble: le Code laisse, en cette matière, à l'Administration la liberté complète de son allure. « Rien de restrictif dans son texte; point de distinction mal avisée entre le péril imminent « et le péril douteux et éloigné. Ce point pourra donc, sans difficulté, être réglé par l'au- « torité administrative supérieure, sans qu'elle ait besoin de recourir au pouvoir législatif. « Cette dernière remarque a de l'importance, car nous savons que c'est toujours une chose « grave que la révision d'un article du Code civil; la proposition de M. Loir nous semble « donc offrir toutes les chances désirables de succès. En somme, il n'est pas question ici « de théories de législation plus ou moins contestables, mais d'une question où tout est « simple, intérêt et solution. »

Il n'est pas sans importance d'examiner la question de savoir si la réalisation de la mesure déjà proposée par MM. Villermé, Milne-Edwards, de l'Institut; Baudelocque, de l'hôpital des Enfants malades; Trébuchet, de la préfecture de police, etc., etc., est possible. Une idée est quelquefois séduisante, mais inapplicable. En est-il ainsi de la constatation des naissances à domicile?

Je commencerai à dire ici quelques mots de ce qui a rapport aux villes, je renvoie à un autre travail tout ce qui est relatif aux campagnes. La mesure proposée est admissible en pratique, d'abord parce qu'elle est d'une simplicité évidente, et ensuite parce que, eu égard à son importance, elle ne doit pas causer de grands frais, comme je chercherai à le démontrer. D'abord on se demande : Pourquoi ne ferait-on pas pour les vivants ce que l'on fait pour les morts? Si la mesure a été jugée praticable pour les décès, on doit naturellement reconnaître qu'elle est praticable pour les naissances.

L'opinion de M. Trébuchet, chef de bureau à la préfecture de police, n'est pas sans importance pour prouver que l'exécution de la mesure proposée est possible à Paris. Je cite textuellement ce qu'on lit dans son ouvrage : *Jurisprudence de la médecine, de la chirurgie et de la pharmacie en France*, publiée en 1834 (page 134) : « Les heureux résultats pro- « duits par l'institution des médecins vérificateurs des décès ont fait souvent désirer que « de semblables fonctions fussent créées pour les naissances. On éviterait ainsi les inconvé- « nients graves qu'offre le transport d'un Enfant nouveau-né, qui, aux termes de l'article 55 « du Code civil, doit être présenté dans les trois jours de l'accouchement à l'officier de « l'état civil. La constatation du sexe de l'Enfant serait faite ensuite d'une manière plus « régulière par un homme de l'art, qui pourrait l'examiner facilement, au lieu que, dans « les mairies, l'Enfant n'est jamais découvert, et que l'on s'en rapporte toujours à la décla- « ration des parents. D'un autre côté, la constatation de la naissance au domicile même « des parents serait une garantie de plus pour l'état civil, car il serait bien plus difficile de « tromper sur les noms et profession des parents. Rien n'empêche en effet, dans un intérêt « dont on pourrait trouver bien des mobiles, de séduire deux témoins et de faire la décla- « ration sous des noms, des professions et des domiciles supposés, crimes qui ont quelque- « fois été commis et qui donnent lieu à d'inextricables procès. »

Les journaux ont annoncé dans le courant de l'année que M. Evain, maire de la ville de Douai, avait organisé un service pour la constatation des naissances à domicile. Voici les renseignements qu'il m'a donnés à ce sujet, dans une lettre datée du 14 octobre 1846.

« Cette mesure, utile partout, était impérieusement exigée ici par la position même de « la ville. En effet, la commune de Douai ne se compose pas seulement de la ville, mais

« encore de quatre hameaux qui en sont distants de trois et même de cinq kilomètres. On « comprend donc que lorsqu'il fallait, l'hiver, par un mauvais temps, faire parcourir cette « distance à un nouveau-né, sa santé était compromise.

« En faisant connaître aux habitants la résolution que j'avais prise, d'accord avec le con« seil municipal, je les ai prévenus qu'ils ne devaient appeler le médecin qu'au moment où « ils seraient disposés à se présenter à la mairie, afin que la constatation de la naissance et « la rédaction de l'acte se fissent presque simultanément. Le médecin indique sur le cer« tificat qu'il délivre l'heure de la constatation, afin qu'on puisse, si les parents tardent trop « à faire rédiger l'acte de la naissance, exiger la présentation de l'Enfant à la mairie. Cette « mesure a été parfaitement comprise; elle a été accueillie avec une faveur marquée, et elle « est exécutée depuis le 1er janvier sans le plus léger inconvénient jusqu'à ce jour.

« Je n'ai qu'à me féliciter de l'initiative que j'ai prise, et je fais des vœux pour qu'une dis« position législative rende cette mesure générale. »

Dans la pensée que, pour la présentation au domicile des nouveau-nés, il s'agissait d'une simple mesure administrative autorisée par la loi, sans qu'il fût nécessaire de recourir au pouvoir législatif, il m'a paru que, à l'instar des arrêtés pris pour les décès, il suffirait d'un arrêté dans lequel pourraient entrer les dispositions suivantes:

« Vu l'article 55 du Code civil, qui exige que le nouveau-né soit présenté à l'examen de l'officier de l'état civil; considérant que cette disposition a pour but de constater le fait de la naissance, l'identité et le sexe de l'Enfant,

« Arrête :

« Les personnes désignées dans l'article 56 du Code civil devront, dans le plus bref délai, déclarer la naissance à la mairie.

« La constatation de la naissance et du sexe sera faite à domicile par un médecin, délégué de l'officier de l'état civil.

« Les déclarants, assistés des témoins, se rendront ensuite à la mairie sans l'Enfant pour faire dresser l'acte de naissance.

« Ces trois formalités seront exécutées dans le délai prescrit par la loi.

« Si la détermination du sexe laissait quelque incertitude, on indiquerait dans l'acte la nécessité d'un examen ultérieur à faire à un âge plus avancé. »

(*De l'exécution de l'article 55 du Code Civil relatif à la constatation des naissances*, par M. Loir. — Paris. 1846.)

MAISONS D'ACCOUCHEMENT.

(Page 63 du 1er volume. — 5e séance.)

Arrêté du maire de Versailles sur la constatation des naissances à domicile.

Du 6 novembre 1846.

Jusqu'à ce jour les Enfants nouveau-nés ont dû être apportés à l'Hôtel de ville lors de la déclaration de naissance. Cette obligation, imposée aux familles, peut présenter de graves inconvénients : la santé des Enfants a dû parfois en souffrir; et c'est surtout pendant les temps froids et pluvieux que le déplacement semble pouvoir occasionner les affections de jeunes êtres pour lesquels la chaleur est une nécessité.

Désirant améliorer cet état de choses, le maire de la ville a l'honneur de prévenir ses concitoyens :

Qu'à compter de ce jour, toutes les familles, sans exception, pourront se dispenser de présenter ou de faire présenter à la mairie leurs Enfants nouveau-nés, à la charge par elles de donner immédiatement, et au plus tard dans les vingt-quatre heures, avis à la mairie et au bureau de l'état civil, de dix heures du matin à quatre heures du soir. Un médecin délégué à cet effet par le maire se transportera sans frais pour reconnaître la naissance et vérifier le sexe de l'Enfant.

La déclaration de la naissance devra être faite ensuite sur les registres de l'état civil, selon l'usage et conformément à la loi, sur la remise du certificat de constatation que le médecin aura laissé à la famille.

Les présentations de l'Enfant à la mairie continueront néanmoins d'être admises, et pourront même, s'il y a lieu, être exigées dans certains cas.

Fait à l'Hôtel de ville, le 6 novembre 1846. *Le Maire de la ville, membre de la Chambre des députés,* Rémilly.

Lettre *du maire de Douai à M. Valentin-Smith, conseiller de cour d'appel et secrétaire de la Commission des Enfants trouvés, sur la constatation des naissances à domicile dans la ville de Douai.*

Du 6 octobre 1839.

Monsieur, depuis quatre ans les naissances en cette ville sont constatées à domicile par un médecin, à la grande satisfaction des habitants, dont quelques-uns (ceux du hameau du Frais-Marais) sont éloignés de cinq kilomètres. Jamais, jusqu'à ce jour, le plus léger inconvénient n'a été signalé.

Pour les prévenir, on a recommandé aux citoyens de n'appeler le médecin qu'à l'heure où ils seraient disposés à venir faire leur déclaration à la mairie; chacun a parfaitement compris la portée de cette disposition et s'est empressé de s'y conformer.

Cette mesure a pour avantage de ne pas exposer les Enfants à un transport gênant et qui peut compromettre leur santé. Elle s'exécute sans aucune difficulté et sans le moindre inconvénient. Elle peut donc être facilement appliquée à toutes les communes de France.

Veuillez agréer, Monsieur, etc. Émile Leroy.

Lettre *du maire de Versailles à M. Valentin-Smith, sur la constatation des naissances à domicile à Versailles.*

Du 18 octobre 1849.

Monsieur, par la lettre que vous m'avez fait l'honneur de m'écrire à la date du 5 du présent mois, vous me priez de vous faire connaître quels résultats ont été obtenus, à Versailles, de la mise à exécution d'un arrêté municipal, du 6 novembre 1846, qui porte que les naissances seront désormais constatées à domicile par un ou plusieurs médecins ayant reçu délégation spéciale du maire.

J'aurais pu répondre tout d'abord que la mesure n'avait présenté que des avantages, qu'elle avait été acceptée avec reconnaissance par la population, et qu'au double point de vue hygiénique et administratif, elle mériterait d'être généralement adoptée.

Mais j'ai voulu obtenir, des deux médecins délégués pour la constatation des naissances à domicile, des renseignements particuliers et distincts qui me permissent de reconnaître si, dans l'accomplissement de leur mission journalière, quelques faits isolés, spéciaux, ne seraient point de nature à fixer mon attention et la vôtre.

Non-seulement il n'y a point eu de ces faits mais, dans l'uniformité des constatations de chaque jour et dans la rareté des déclarations *directes* à la mairie, il faut reconnaître que le mode établi par l'arrêté de 1846 n'offre que des avantages et aucun inconvénient; qu'il a satisfait à un vœu depuis longtemps exprimé par les familles, et réalisé, sous le rapport hygiénique, une amélioration considérable.

On ne peut mettre en doute, en effet, combien le transport à la mairie des Enfants nouveau nés devait leur être préjudiciable. La présentation devait avoir lieu dans les trois jours qui suivent la naissance; souvent le jeu des organes n'était pas encore régulièrement établi, et, dans cet état, l'impression d'un air froid ou humide déterminait parfois, du côté des voies respiratoires, des accidents qui devenaient rapidement mortels ou qui, en gênant l'alimentation, faisaient, au bout d'un certain temps, périr l'Enfant dans le marasme. Les Enfants de la classe aisée, entourés de soins de toute sorte, avaient moins à redouter ces accidents; mais ceux de la classe pauvre étaient souvent victimes de la misère ou de l'incurie de leurs parents.

Sous le rapport administratif, il y a aussi à constater d'excellents résultats. Le nouveau mode a permis d'introduire dans le service de l'état civil plus d'ordre et de régularité; l'acte de naissance s'établit au moyen d'indications précises qu'ont fournies les parents, avertis de leurs obligations par le bulletin que leur laisse le medecin, bulletin qu'ils doivent rapporter à la mairie, et sur lequel l'Administration a eu la précaution de faire imprimer les principales dispositions de la loi, notamment celle qui prescrit le délai de trois jours pour la déclaration. D'un autre côté, les employés du bureau de l'état civil ne sont plus troublés par les cris des Enfants et peuvent se livrer à la rédaction des divers actes confiés à leurs soins avec une parfaite tranquillité d'esprit, ce qui leur était impossible auparavant, et ce qui leur évite des pertes de temps considérables.

Je suis donc parfaitement fondé, Monsieur, à vous déclarer que la mesure a réalisé, dans son application à Versailles, tous les avantages indiqués par un mémoire qu'a publié, en 1846, M. J. N. Loir, docteur en médecine de la Faculté de Paris, et j'estime que ce mémoire pourra être consulté avec fruit par la Commission dont vous faites partie. M. le docteur Loir lui fournirait, d'ailleurs, des renseignements précieux, par suite des études spéciales auxquelles il s'est livré, si la Commission jugeait à propos de l'appeler dans son sein.

Agréez, Monsieur, etc. *Le maire de Versailles,* VAUCHELLE.

SUPPRESSION ET REMPLACEMENT DES TOURS.

(Page 94 du Ier volume. — 7e séance.)

(*EXTRAIT de la* Bienfaisance publique, *par M.* DE GÉRANDO, *t. II, p. 301 et suiv.*)

§ I. — Des Tours.

L'administration publique ne peut, ne doit point admettre les Enfants sans condition et sans limites; elle ne doit ni favoriser, ni même tolérer, en ce qui dépend d'elle, le mystère absolu dans le dépôt des Enfants délaissés; elle doit, au contraire, exercer sur l'origine de ces Enfants toutes les investigations qui dépendent d'elle, toutefois avec une discrétion convenable. Cette règle n'est que l'application du principe fondamental qui préside au système entier des secours publics, comme à l'action de la charite privée, à savoir que l'assistance doit toujours être éclairée; qu'elle ne doit être accordée qu'avec discernement; en un mot, que nul n'est admis à invoquer le secours, s'il ne justifie du besoin qu'il en a.

Cette vérité emporte avec elle la condamnation des Tours; car les Tours sont, pour les Enfants, ce que l'aumône donnée aux mendiants est pour les valides : c'est un secours donné les yeux fermés; c'est l'exercice d'une bienfaisance apparente, mais de la bienfaisance la plus dangereuse, parce qu'elle se prodigue à l'inconnu.

Qu'est-ce qu'*un Tour?* c'est un avis donné au public, une affiche apposée dans la rue, et portant : *Quiconque veut se débarrasser du soin d'élever son Enfant, pour en donner la charge à la société, est invité à le déposer ici, et sera dispensé de toute justification.*

Il importe, au contraire, qu'on dise au public : *Toute personne qui est réellement hors d'état d'élever son Enfant peut entrer ici, justifier de la nécessité où elle se trouve, en se confiant dans l'équité et dans la discrétion de l'administration hospitalière.* C'est le bureau d'admission.

Pour ceux qui ne conçoivent pas l'hospice d'Enfants trouvés sans un *Tour,* et telle est peut être la préoccupation générale des esprits, la condamnation des Tours semble être la condamnation des *hospices d'Enfants trouvés.* Mais, pour détruire d'un seul mot cette idée, pour bien faire comprendre combien ces deux choses sont distinctes et séparables, il nous suffira de rappeler que l'hospice qui, en Europe, reçoit le plus d'Enfants trouvés, celui de Paris, quoiqu'il ait un Tour, n'en fait jamais usage; que le Tour n'y existe que pour la forme; qu'aucun Enfant n'y est déposé.

On conçoit en effet que si, dans le bureau d'admission, on reçoit sans difficulté tout Enfant qui a droit à obtenir l'hospitalité, il n'y a rien à regretter dans l'absence d'un Tour extérieur. Il y a plus : la personne qui apporte l'Enfant préfère naturellement le remettre aux mains d'une servante et le voir coucher sous ses yeux dans une barcelonnette fort propre, pour recevoir, dès ce moment, tous les soins possibles. Elle reviendra rendre à la famille un compte satisfaisant de sa mission; les parents y trouveront une plus grande sécurité. Le bureau d'admission pourrait donc suffire, même aux yeux de ceux qui veulent que l'Enfant soit reçu sans condition et sans réserve, si, comme jusqu'en novembre 1837, le bureau accepte l'Enfant apporté, sans difficulté et sans examen. A Paris, le *Tour* ne donnerait pas un Enfant de plus et ne serait qu'un luxe inutile.

Toutefois, les partisans du système ont critiqué les réductions opérées; ils ont contesté les avantages que l'Administration pensait avoir obtenus par cette mesure. Ils ont cité des exemples d'après lesquels le nombre des Enfants trouvés, loin de diminuer, se serait accru, à la suite de la réduction des Tours. Ils ont représenté que cette mesure avait uniquement pour résultat de faire faire un plus long voyage aux Enfants déposés; ils ont signalé les dangers d'un tel voyage pour de faibles nouveau-nés, surtout dans la saison rigoureuse (1). D'après ces représentations, on a vu des administrations abandonner cette mesure après en avoir fait l'essai (2).

Une observation fournie par l'administration publique elle-même a semblé venir à l'appui de cette critique. D'après les tableaux qu'elle a recemment publiés, on voit que dans les départements *où les Tours d'Enfants trouvés sont plus nombreux, il y a moins d'Enfants trouvés, et réciproquement* (3). Cette observation est confirmée par les recherches de M. le vicomte de Bondy, préfet de l'Yonne.

Mais on ne saurait logiquement tirer de ce rapprochement la conséquence qui paraît en résulter. D'une part, les Tours n'excèdent jamais, dans un seul département, le nombre

(1) *Recherches sur les Enfants trouvés,* par M. l'abbé Gaillard, p. 265.
(2) Dans le Tarn, par exemple.
(3) Voyez le Rapport du ministre de l'intérieur sur les hôpitaux et hospices, avril 1837, p. 64.

de 5, 6 ou 7; et, dans ce cas, la plupart des hospices dépositaires sont placés dans de petites villes; d'un autre côté, le *maximum* des Tours se rencontre souvent dans les régions où, par l'effet naturel des mœurs locales, il y a le moins de dispositions à délaisser les Enfants, comme dans le Haut-Rhin, l'Ille-et-Vilaine, les Vosges, la Meuse, etc. D'ailleurs, le fait n'est pas exact, car sur les 12 départements qui comptent le plus d'hospices dépositaires, il en est 4 qui figurent parmi ceux qui renferment le plus d'Enfants trouvés, et 3 qui excèdent peu la moyenne (1). Enfin, en cherchant à établir ce parallèle, on a commis l'erreur de confondre le nombre des hospices dépositaires avec le nombre des Tours (2).

On représente encore, en faveur de la multiplication des Tours, que les parents, assez dénaturés pour délaisser complétement leurs Enfants, ne redoutent pas de les envoyer à quelques lieues de plus, et quelquefois espèrent mieux cacher encore leur délit à l'aide de cette distance. Les Enfants ainsi envoyés au loin sont plus rarement revendiqués; arrivant fatigués à l'hospice, ils doivent être transportés de nouveau dans des localités plus éloignées, où la surveillance est plus difficile. Si l'on conserve le système des Tours, il s'agit seulement d'assigner à chacun un rayon d'une étendue convenable, de saisir un juste milieu entre le danger de Tours trop rapprochés, et les inconvénients d'un périmètre trop étendu.

Cependant les *Tours*, dans l'opinion même de leurs partisans, ne doivent être ouverts que dans les grandes villes. En général, il est plus dangereux d'ouvrir un Tour dans une petite ville, au milieu d'une population rurale, d'offrir la facilité d'y placer les Enfants déposés dans le voisinage des lieux où ils sont nés; car rien ne facilite autant les collusions entre les mères et les nourrices.

Le même danger se présente pour les hospices qui ne recevraient qu'un petit nombre d'Enfants. Rien n'égale l'ardeur et l'habileté d'une mère à suivre la trace de son Enfant, elle peut obtenir de la complaisance des agents subordonnés quelques renseignements qui lui servent de fil conducteur; on voit des magistrats municipaux se prêter à leur rendre ce service. Lorsque les Enfants déposés sont en petit nombre, il est facile, en connaissant le jour du dépôt et celui du transport, de découvrir à qui l'Enfant a été remis. C'est ainsi qu'une mère réussit à se faire remettre son propre Enfant, en se présentant comme nourrice, après l'avoir déposé, ou qu'au moins elle lui fait donner pour nourrice une autre femme avec laquelle elle se concerte. Ce manége rencontre moins de difficultés quand la sphère desservie par l'hospice est fort circonscrite.

Voici donc un nouvel inconvénient des Tours : s'ils sont multipliés ils favorisent les abus, s'ils sont rares, ils compromettent la vie des Enfants.

On échappe à cet inconvénient si, au système des Tours, on substitue celui des bureaux

(1) Départements qui comptent 5, 6 ou 7 hospices dépositaires.	Numéros d'ordre de ces départements d'après le nombre des Enfants trouvés
Calvados	34
Charente	24
Charente-Inférieure	37
Côtes du Nord	80
Dordogne	49
Hérault	40
Ille-et-Vilaine	70
Maine et-Loire	64
Manche	55
Pas-de-Calais	55
Haut Rhin	82
Vosges	84

(2) La Meurthe, par exemple, a un hospice dépositaire et n'a point de Tours, etc.

d'admission, tels du moins que nous proposons de les constituer; on ne s'expose plus alors au même péril, en rapprochant l'hospice qui reçoit l'Enfant du lieu de sa naissance, en plaçant le secours auprès du besoin. L'admission étant subordonnée aux informations recueillies, l'hospice a moins à redouter les admissions frauduleuses; l'Administration obtient même plus de moyens de s'éclairer sur les causes du délaissement, lorsque l'Enfant délaissé provient d'un lieu moins éloigné, car les informations sont plus promptes et plus sûres.

Frappée de ces inconvénients, l'administration française s'est appliquée, depuis quelques années, à réduire le nombre des *Tours*. De 1834 à 1837, 67 Tours ont été supprimés dans 33 départements. Dans 8 départements les Tours ont entièrement disparu. Quelles ont été les suites de ces mesures? Les rapports officiels l'attestent : il n'y a pas eu plus d'expositions; il y a eu moins d'abandons.

§ II. — Des bureaux d'admission.

La bienfaisance éclairée réprouve les Tours, comme un système de secours donnés sans discernement; dès lors, si elle institue des bureaux d'admission, elle ne saurait consentir à ce que ces bureaux reçoivent les Enfants sans condition, sans contrôle, sans limite. Ils feraient alors l'office de Tours; sous une forme plus commode encore, ils mériteraient la même réprobation. Une sage et juste bienfaisance ne consentira à ouvrir des bureaux d'admission qu'en leur donnant le caractère et la destination essentiels à toute réception dans les asiles ouverts par la bienfaisance, c'est-à-dire qu'en les faisant servir à reconnaître le titre des admis, et à constater leurs droits à l'hospitalité.

Ici donc, toutes les objections vont se reproduire; elles ne sont que déplacées : car le but que se proposent les créateurs et les partisans des *Tours*, c'est la faveur du mystère absolu, de l'admission sans contrôle.

« En contraignant la personne qui apporte l'Enfant à se montrer au bureau d'admission, « vous allez, s'écrient-ils, vous allez violer le secret des familles! »

Mais, avant tout, quel est donc ce secret que l'on réclame?

Est-ce le secret nécessaire à la femme qui a commis une faute, pour échapper à l'ignominie, pour conserver, avec sa réputation, la bienveillance de sa famille, la situation qu'elle occupe, la profession qu'elle exerce? Oh! un tel secret nous le respectons, mais sous la condition qu'il sera confié à l'administration hospitalière.

Eh quoi! cette condition vous étonne, vous blesse? Vous n'y voulez pas consentir! et pourquoi?

Oseriez-vous hésiter à vous fier à l'administration hospitalière, qui, en se chargeant de vous remplacer auprès de l'Enfant, vous promet la discrétion la plus entière? Ne lui confiez-vous pas un dépôt aussi précieux, plus précieux que celui de votre réputation, votre Enfant lui-même? Ce secret, ne le lui confiez-vous pas vous-même, mère de l'Enfant, lorsque vous venez franchir le seuil de la maison d'accouchement, vous montrer aux employés, aux gens de service, aux compagnes de votre malheur? Jamais avez-vous eu lieu de vous en repentir? Votre confiance a-t-elle jamais été trompée? Chaque année 3,000 femmes sont venues faire leurs couches à l'hospice de la Maternité de Paris; chaque année 1,000 enfants ont été déposés à l'hospice des Enfants trouvés de la même ville, avec des actes de naissance, ou des renseignements suffisants pour indiquer leur famille. A-t-on cité un seul exemple d'une indiscrétion commise? Les personnes estimables qui régissent les maisons hospitalières mériteraient-elles moins de confiance que les mercenaires aux mains desquels les mères remettent leurs Enfants pour les déposer?

Ne faut-il donc considérer ici que l'embarras et la honte que peut causer à quelques femmes l'aveu d'une faute, fait sous le sceau du secret? Est-ce ici leur seul, leur premier intérêt? Ah! certes, il en est un d'un ordre bien plus relevé, et que l'examen préalable, fait par le bureau d'admission, donnera le moyen de servir. L'infortunée qui a failli, digne de pitié même après sa faute, obtiendra une protection inespérée; elle recevra des conseils, des exhortations salutaires, un appui efficace. Si elle n'a été qu'entraînée, victime de la séduction et de la surprise, elle sera encouragée à se mettre en garde contre le retour du péril. Si elle est plus coupable, elle entendra des paroles qui pourront la ramener au sentiment de ses devoirs. L'espoir de la réhabilitation morale naîtra pour elle du secours qu'elle aura reçu.....

Cet examen préalable, qu'une molle indulgence pour des écarts répréhensibles accuse d'être une vexation, devient au contraire une assistance d'un grand prix.

Cependant on insiste, on veut le secret.

Vous voulez le secret! Mais le secret que vous désirez, le seul que vous puissiez légitimement solliciter, c'est le secret vis-à-vis des étrangers, vis-à-vis du public; celui qui est nécessaire pour ne pas vous compromettre. Il vous est assuré si, en effet, il mérite d'être respecté.

Vous voulez le secret! Eh! n'avez-vous pas déjà des confidents, et des confidents moins dignes d'en être les dépositaires?

Vous voulez le secret! Mais il est dans votre intérêt même que ce secret ne soit pas absolu, qu'une administration charitable en soit confidente : car, un jour, vous regretterez votre faute, vous redemanderez à voir cet Enfant que vous avez répudié.

Vous voulez le secret, dites-vous? Oh! soyez vrai : vous voulez plus, vous voulez commander à l'administration hospitalière; vous exigez qu'elle adopte votre Enfant, à la condition qu'elle ignorera de quel droit, à quel titre, par quel motif vous lui en imposez le fardeau; vous prétendez vous constituer juge, juge suprême, seul juge de la légitimité de ce délaissement; vous osez interdire ce jugement, précisément à l'autorité compétente, à l'établissement qui doit en subir les conséquences! Encore une fois, soyez vrai : ce secret, peut-être, vous ne voulez le confier à qui que ce soit, parce que vous n'avez pas, en délaissant l'Enfant, de motif que vous puissiez avouer. Le mystère peut-être couvre un crime; et, en effet, il n'est que trop de motifs criminels qui conduisent au délaissement des Enfants, motifs qui ne sauraient être accueillis par l'administration hospitalière. Si de tels motifs vous conduisent à envoyer votre Enfant à l'hospice, la porte ne peut s'ouvrir : l'administration ne deviendra pas votre complice.

Le mendiant, lui aussi, prétend s'imposer à la charité publique, sans justifier de la réalité de ses besoins. Mais lui, du moins, montre sa personne, répond à qui l'interroge, étale ses haillons; ses cheveux blancs, ses infirmités, frappent les yeux de tous.

Il est vraiment impossible qu'on oppose rien de raisonnable au désir d'une administration charitable, qui, en consentant à adopter un Enfant, veut savoir au moins pourquoi on lui demande un tel service.

Cependant, dans le cas où le secret absolu serait nécessaire, il peut être aussi accordé dans le régime des bureaux d'admission. Si la personne qui y dépose l'Enfant est elle-même connue, si elle exerce une profession qui donne des droits à la confiance publique, comme un médecin accoucheur ou une sage femme; si, par la nature de ses fonctions, elle est tenue de conserver les secrets dont elle est dépositaire, sa déclaration, reçue sous sa responsabilité, pourra suffire : l'Enfant sera admis sur ce témoignage. Telle est la marche suivie à Paris depuis le 1er novembre 1837. Il y a moins d'inconvénients à être trompé de cette manière qu'à repousser un Enfant, lorsque la probabilité est acquise que cet infortuné est dans une situation qui commande d'exercer envers lui le bienfait de l'hospitalité.

Si, en portant jusqu'à ce point la condescendance, l'administration charitable ne parvient pas à contenter les exigences des personnes qui veulent délaisser leurs Enfants, c'est un aveu tacite, de la part de ces personnes, qu'elles n'ont aucun motif plausible pour obtenir en faveur des Enfants délaissés le bienfait de l'hospitalité.

« Mais, disent les partisans de l'admission sans examen, vos interrogatoires effrayeront « les personnes qui sont chargées de déposer l'Enfant. Les forcer à se montrer, les question- « ner, c'est les repousser : autant vaudrait fermer la porte de l'hospice. »

Nous ne fermons point la porte, mais nous ne l'ouvrons qu'à bon escient; nous sommes dans notre droit, et nous agissons dans l'intérêt même des familles qui nous invoquent.

Sans doute, il se trouvera quelques personnes qui répugneront à remplir l'office de présenter un Enfant au bureau d'admission, et à s'y voir interroger : ce sera un bien; de tels intermédiaires sont toujours trop nombreux. Les personnes qui, ordinairement, conseillent et favorisent le délaissement des Enfants, qui ont à leur disposition des messagers habitués à déposer le nouveau-né, ou qui fort souvent s'en chargent elles-mêmes, auront moins de facilité à exécuter une spéculation aussi honteuse : elles s'imposeront plus de réserve.

Sans doute, il se trouvera des personnes qui, en présentant l'Enfant, se refuseront à fournir les informations exigées, et qui seront ainsi contraintes de remporter la victime qu'elles allaient sacrifier. Mais leur refus prouvera que le délaissement dont elles s'étaient rendues les ministres n'avait pas d'impérieux motifs.

Sans doute, il y aura des Enfants qui, par suite de ce silence, ou qui, d'après les réponses faites, ne seront pas reçus, parce qu'en effet ils n'auront pas droit à être admis. Mais c'est là précisément le but auquel il faut tendre.

Ici, on nous arrête : il est une dernière objection que plus d'une fois nous avons entendu faire. On nous dit : « Toutes ces précautions sont inutiles : les personnes qui apportent « l'Enfant donneront de fausses indications, et l'Administration n'aura obtenu que d'être « trompée; ou bien, l'Enfant que vous aurez refusé d'admettre sera exposé sur la voie pu- « blique, et vous serez contraint de le recevoir; l'Enfant vous arrivera seulement d'une « autre manière, après avoir couru des dangers et éprouvé des privations. »

L'Administration se tiendra sur ses gardes; elle vérifiera les indications qui lui auront été données; elle n'en sera pas moins exposée, il est vrai, à se voir tromper plus d'une fois : c'est pour elle un danger inévitable; mais serait-ce un motif pour agir aveuglément, et pour vouloir être trompée toujours? L'inconvénient sera bien moindre que si elle recevait sans condition et sans contrôle.

D'un autre côté, considérez les immenses avantages que la bienfaisance publique va recueillir des informations qui viennent d'être indiquées, si elles sont conduites avec prudence et sagesse! Combien d'Enfants conserveront leur état civil, qu'ils eussent perdu! Combien de mères pourront remplir les devoirs de la maternité! Combien de douleurs seront consolées! Combien de dissensions domestiques seront calmées! Combien d'unions légitimées! Combien de familles restaurées! Combien de malheurs, qui avaient causé les délaissements, réparés! Combien de lumières obtenues sur les besoins de l'indigence, sur les intérêts de la morale, sur la situation des classes malaisées!

SECOURS AUX FILLES MÈRES.

(Page 292 du 1er volume. — 15e séance.)

Rapport sur les questions relatives au domicile de secours, en matière d'Enfants trouvés.

Monsieur le Ministre,

J'ai l'honneur de mettre sous vos yeux l'exposé de la législation relative au domicile de secours des Enfants confiés à la charité publique, ainsi qu'un résumé des affaires dans lesquelles, par suite de dissentiments entre MM. les préfets, cette question s'est présentée devant l'autorité centrale.

Le domicile de secours a été institué en France par le titre V de la loi du 24 vendémiaire an II.

Il y est défini ainsi qu'il suit :

Définition du domicile de secours.

« ART. 1er. Le domicile de secours est le lieu où l'homme nécessiteux *a droit* aux secours « publics.

« ART. 2. Le lieu de la naissance est le lieu naturel du domicile de secours.

« ART. 3. Le lieu de la naissance pour les Enfants est le domicile habituel de la mère au « moment où ils sont nés.

« ART. 4. Pour acquérir le domicile de secours, il faut un séjour d'un an dans une com« mune.

« ART. 5. Le séjour ne comptera, pour l'avenir, que du jour de l'inscription au greffe « de la municipalité.

« . . . .

« ART. 7. Jusqu'à vingt et un ans, tout citoyen pourra réclamer, sans formalité, le droit « de domicile de secours dans le lieu de sa naissance.

« ART. 8. Après l'âge de vingt et un ans, il sera astreint à un séjour de six mois, avant d'ob« tenir le droit de domicile, et à se conformer aux formes prescrites aux articles 4, 5 et 6.

« . . . .

« ART. 12. On sera censé conserver son dernier domicile, tant que le délai exigé pour le « nouveau ne sera pas échu, pourvu qu'on ait été exact à se faire inscrire au greffe de la « nouvelle municipalité.

« . . . .

« ART. 14. Ceux qui auront resté deux ans dans la même commune, en louant leurs ser« vices à un ou plusieurs particuliers, obtiendront le même droit. »

De nombreux débats, touchant le service des Enfants trouvés, se sont élevés entre des départements sur l'application des règles posées par cette loi.

La dépense des Enfants trouvés, abandonnés ou orphelins pauvres étant, aux termes des lois et des instructions ministérielles, une dépense obligatoire pour les départements, il était d'une haute importance que le domicile de secours de ces infortunés fût fixé d'une manière bien précise, afin qu'un département ne pût s'exonérer, au détriment d'un autre, des obligations qui lui sont propres.

Instructions demandées par les préfets.

Les instructions demandées par les préfets ont porté principalement :

1° Sur le lieu de naissance de l'Enfant;

2° Sur ce qu'il faut entendre par domicile habituel de la mère;

3° Sur la conservation du domicile de secours des mineurs jusqu'à leur majorité;

4° Sur le domicile de secours des Enfants de militaires;

5° Sur le domicile de secours des Enfants de condamnés;

6° Sur le domicile de secours des Enfants étrangers à la France.

Voici quelles ont été les réponses de l'autorité ministérielle, et quelle a été l'interprétation donnée aux dispositions législatives ci-dessus rapportées.

Il faut tout d'abord se bien pénétrer de l'esprit de la loi, et l'on voit que le but du législateur a été la répression de la mendicité et du vagabondage.

L'article 1er du titre V de la loi de vendémiaire reconnaissait à tout indigent le droit aux secours publics; mais ce droit a disparu avec l'ordre de choses qui l'avait créé, et d'obligatoires qu'ils étaient pour l'Administration, ces secours sont devenus facultatifs selon l'état des ressources des communes ou des départements.

La législation actuelle ne reconnaît pas aux indigents *le droit* aux secours publics.

Les indigents n'ont plus aujourd'hui un droit aux secours, mais seulement une aptitude à les recevoir.

Mais il en est tout autrement en ce qui concerne les Enfants trouvés, les Enfants abandonnés et les orphelins pauvres. Le décret de 1811 a fait de la dépense des mois de nourrices et de pensions, au moins jusqu'à concurrence de quatre millions, une charge obligatoire de l'État. La loi de finances du 25 mars 1817, en transférant cette dépense du budget de l'État, à la première section des budgets départementaux, lui a maintenu son caractère de dépense obligatoire; les lois départemensale et municipale et les diverses lois annuelles de finances ont conservé cet état de choses. Les Enfants trouvés, abandonnés et orphelins pauvres ont donc encore aujourd'hui, comme ils l'avaient sous l'empire de la loi du 24 vendémiaire an II, un véritable droit aux secours publics.

Les Enfants trouvés abandonnés et les orphelins pauvres ont encore *droit* aux secours publics.

Maintenant, dans quel département ce droit doit-il être exercé, ou, en d'autres termes, quel est le département qui doit les secourir?

En lisant le texte ci-dessus, on voit que le domicile de secours peut s'acquérir de deux manières : par le fait de la naissance d'abord, par la résidence d'une année ensuite.

Nous avons à nous occuper surtout du domicile acquis par la naissance.

Dépense des Enfants trouvés

La dépense des Enfants trouvés est faite au moyen :

1° Du produit des amendes de police correctionnelle;

2° Du contingent des communes;

3° De l'allocation départementale au sous-chapitre X de la 1re section du budget.

Contingent communal.

Le contingent communal étant réparti d'une manière générale entre les communes, et sans égard au nombre d'Enfants qui peuvent leur appartenir, il importe peu, pour ce service, qu'un Enfant ait son domicile de secours dans l'une ou dans l'autre commune d'une même préfecture : aussi les contestations ne s'élèvent-elles qu'entre les départements.

Comme on l'a vu plus haut, le domicile de secours est le lieu où l'homme nécessiteux peut réclamer les secours publics.

Aucun citoyen ne peut rester sans domicile de secours.

Il résulte des articles combinés du titre V de la loi de vendémiaire, qu'aucun Français ne peut rester sans domicile de secours, puisqu'il est dit :

« Art. 2. Le lieu de naissance est le lieu naturel du domicile de secours.

« Art. 7. Jusqu'à l'âge de vingt et un ans, tout citoyen pourra réclamer, sans formalité, « le droit de domicile de secours dans le lieu de sa naissance. »

Et d'autre part,

« Art. 12. On sera censé conserver son dernier domicile tant que le délai exigé pour « le nouveau ne sera pas échu, pourvu qu'on ait été exact à se faire inscrire au greffe de « la nouvelle municipalité. »

Domicile de secours des Enfants.

Pour les Enfants, ce droit est au lieu de la naissance; mais, le lieu de la naissance, pour les Enfants, est *le domicile habituel* de la mère au moment où ils sont nés.

Il suit de là que, dans le système de la loi, le lieu de la naissance pour les Enfants n'est pas toujours celui où ils sont réellement nés, puisque ce lieu, selon l'article 3, n'est qu'au domicile habituel de la mère. C'est là une prévoyance du législateur, qui n'a pas voulu que le hasard seul du fait de l'accouchement de la mère dans une localité à laquelle, du reste, aucun lien, aucun intérêt ne la rattachaient, pût devenir pour cette localité une charge d'autant plus onéreuse qu'elle pouvait être plus durable.

Cette fixation du lieu de la naissance, pour les Enfants, au domicile habituel de la mère est d'une haute importance, surtout en ce qui concerne les Enfants abandonnés.

On entend par Enfants abandonnés ceux qui, nés de pères et de mères connus, et d'abord élevés par eux, ou par d'autres personnes, à leur décharge, en sont délaissés sans qu'on sache ce que les pères et mères sont devenus, ou sans qu'on puisse recourir à eux.

Enfants abandonnés.

Le plus souvent ces Enfants sont abandonnés dans un lieu éloigné de la résidence ordinaire de leurs parents, ou confiés aux soins d'une nourrice, qui après les avoir longtemps gardés à sa charge, les abandonne à son tour à la charité publique; plus souvent encore, les parents mènent une vie nomade misérable, et la mère abandonne son Enfant au lieu où elle le met au monde.

On comprend, dès lors, combien il est intéressant pour les départements qui possèdent de grands centres de population, qui attirent chez eux quantité d'aventuriers et de gens sans aveu, de ne pas garder à leur charge les frais occasionnés par ces Enfants, qui, sans cette distinction faite par la loi du domicile habituel de la mère, seraient pour eux un énorme surcroît de dépenses.

Le lieu de naissance pour les Enfants est au domicile habituel de la mère, au moment où ils sont nés.

Mais que faut-il entendre par ces mots : *domicile habituel ?*

Domicile habituel de la mère.

Il est à penser que le législateur n'a pas compris par là le domicile de secours.

En effet, ainsi qu'il a été dit plus haut, le domicile de secours reste au lieu de la naissance tant qu'on ne l'a pas acquis ailleurs. Or, il est souvent arrivé qu'une femme habitant une commune depuis près d'une année, mais n'y ayant point encore acquis le domicile de secours, y a mis au monde un Enfant et l'a abandonné. Serait-il juste que cet Enfant fût mis à la charge du département du lieu de la naissance de la mère, lorsque celle-ci l'a quitté depuis longtemps et a successivement parcouru plusieurs localités, sans jamais se fixer une année entière dans aucune?

On peut répondre : Non.

Le domicile habituel s'établit au moyen de présomptions analogues à celles qui déterminent le domicile de secours, sauf la durée du séjour.

L'interprétation la plus équitable à donner à cette expression, paraît devoir être la résidence ordinaire et actuelle de la mère, abstraction faite de la question de savoir si cette résidence a eu les caractères et la durée nécessaires pour faire acquérir à cette dernière le domicile de secours.

Il faut, pour décider cette question, consulter les faits et les circonstances de chaque espèce; il y a lieu de se diriger d'après des présomptions analogues à celles que l'on suit en droit civil, pour décider si, de la part d'un individu qui n'a pas fait de déclaration de changement de domicile, il y a eu translation de son domicile d'un lieu dans un autre.

On doit souvent s'éclairer sur l'intention qu'avait une femme, en recherchant ce qu'elle est devenue après son accouchement.

Ainsi, une fille enceinte peut venir à Paris pour une affaire, pour un temps limité; elle peut y venir aussi dans le but de cacher sa grossesse, de faire ses couches, et avec l'intention de retourner après dans son pays.

Dans ce cas, si elle accouche à Paris, on ne peut pas dire que cette ville est sa résidence habituelle, et que son Enfant y a le domicile de secours, quoique Paris soit le lieu où cet Enfant est né, et son lieu de naissance devant la loi civile.

Mais, si elle y vient dans le but de cacher sa grossesse et de s'y fixer après ses couches, ce qui doit résulter de son premier établissement, de ses occupations et des faits postérieurs à sa délivrance, Paris sera son lieu de domicile habituel, et son Enfant y aura droit au domicile de secours.

Tout peut donc se réduire à une question d'intention.

La durée du séjour avant l'accouchement ne doit pas seule faire décider la question.

Cette interprétation rentre tout à fait dans l'esprit de la loi, qui, en imposant à chaque circonscription territoriale l'obligation d'assister ses pauvres, ne permet pas que cette obligation soit déplacée arbitrairement, en raison de circonstances fortuites ou accidentelles.

On peut affirmer que telle a été la volonté du législateur; sans cela, en effet, il eût dit:

Le lieu de naissance pour les Enfants est le domicile de secours de la mère, au moment où ils sont nés.

Le mineur ne peut, pendant tout le temps de sa minorité, acquérir le domicile de secours dans un autre lieu que celui de la naissance.

Il résulteégalement de la saine interprétation des articles 2, 3, 7, 8 et 12, que le mineur est frappé d'une incapacité absolue pour acquérir ce droit dans un autre lieu que celui de la naissance, puisque le domicile résultant du fait de la naissance se conserve de droit jusqu'à 21 ans, et ne se perd que lorsqu'après cet âge on en a acquis ailleurs un nouveau, quelque long d'ailleurs que soit le temps depuis lequel on a quitté la commune où on (le mineur) avait antérieurement ce domicile.

Mais si une fille mineure est enceinte et met au monde un Enfant; cet Enfant aura son domicile de secours au lieu où sa mère avait son domicile habituel. Ce dernier est, ainsi qu'on l'a vu, tout différent du domicile de secours. On ne doit pas non plus, dans ce cas, avoir égard au domicile civil des parents de la mère. Le domicile habituel est un domicile de fait, le mineur peut donc le posséder dans un autre endroit que son domicile de secours, et son Enfant aura, conséquemment, ce domicile là où la mère avait sa résidence habituelle. (Seine et Côte-d'Or, *Enfant Gulliers*. Seine et Loire-Inférieure, *Enfant Mathieu.*)

Le domicile de secours est un droit personnel qui ne se transmet pas.

Le domicile de secours est entièrement distinct du domicile civil, avec lequel il faut bien se garder de le confondre. C'est un droit personnel entièrement inhérent à l'individu, et qui ne se transmet, ni entre epoux, ni des ascendants aux descendants; d'où il suit: que les ascendants, le mari, la femme et les Enfants peuvent avoir chacun un domicile de secours différent, selon les circonstances d'âge et de durée de séjour de chacun d'eux.

La femme mariée peut donc avoir, si elle ne réside pas au même lieu que son mari, ou tant qu'elle n'a pas résidé avec lui une année entière dans la même localité, un domicile de secours autre que celui de ce dernier; c'est ce qui explique la définition de la loi dans ces mots « est le domicile habituel de la mère ».

Il suit des explications ci-dessus que le mineur conserve son droit de domicile de secours au lieu de sa naissance, ou mieux au lieu du domicile habituel de sa mère au moment où il est né, pendant tout le temps de sa minorité, et qu'il ne peut l'acquérir ailleurs.

Il ne suit pas plus le domicile de secours de son père, de sa mère, d'un aieul ou d'un parent quelconque, que celui de son tuteur, s'il est orphelin, par suite de ce qui a été dit que ce domicile est un droit personnel qui ne se transmet pas, même entre proches.

Enfants

Pour acquérir le domicile de secours autrement que par la naissance, il faut un séjour

de domestiques, domicile de secours.

consécutif d'un an dans une commune : sous l'empire de la loi de vendémiaire an II, ce séjour ne comptait qu'à partir du moment de l'inscription au greffe de la municipalité, mais cette dernière formalité a été entraînée avec l'ordre de choses qui l'avait établie.

Il en est de même de la condition faite aux gens à gages, d'une résidence consécutive de deux années dans une commune pour y acquérir le domicile de secours.

Pour les Enfants de domestiques confiés à la charité publique, comme pour les autres, le lieu de naissance est au domicile habituel de la mère au moment où ils sont nés, et ce domicile habituel s'établit au moyen du même principe qu'à l'égard de toute autre personne.

Séjour d'un an. Il doit être l'effet de la libre volonté du citoyen.

En ordonnant l'inscription au greffe de la municipalité, le législateur avait voulu surtout réprimer le vagabondage; il voulait que le séjour eût un caractère sérieux et stable, et qu'il fût bien l'expression de la volonté des citoyens. Dans l'esprit de la loi, le séjour exigé ne paraît devoir être autre chose que le fait d'une résidence réelle, qui, soumettant virtuellement le domicilié aux charges locales, l'affilie, en retour, à la famille communale.

Mais il faut que ce séjour soit l'effet de la libre détermination du domicilié, qu'il emporte l'idée d'une sorte d'établissement dans la commune. Aussi, quoique l'inscription au greffe de la municipalité ne soit plus utile, celui néanmoins qui a résidé dans une localité sans avoir sa libre volonté de résider ailleurs, tel que le militaire, le condamné, etc., ne peut acquérir dans cette localité le droit au domicile de secours, quand bien même il y résiderait plus d'une année; et c'est encore là un des motifs qui frappent d'incapacité le mineur, pour acquérir un domicile de secours autre que celui provenant du fait de sa naissance pendant tout le temps de sa minorité, puisque, d'après le Code civil, le mineur est inhabile à agir par lui-même, et est considéré comme n'ayant pas sa libre détermination.

Donc, le domicile de secours des Enfants est au lieu de la naissance, qui, pour eux, est au domicile habituel de la mère au moment où ils sont nés; et ce domicile se conserve, de droit, jusqu'à l'âge de 21 ans, sans aucune formalité ni conteste.

Cette interprétation de la loi a été consacrée, Monsieur le Ministre, par un grand nombre de décisions prises par vos prédécesseurs, et par vous.

Le domicile de secours des Enfants est au lieu de la naissance, qui, pour eux, est au domicile habituel de la mère au moment où ils sont nés. Ce domicile se conserve de droit jusqu'à l'âge de 21 ans. — Décisions.

DÉPARTEMENTS.	NATURE DE L'AFFAIRE.	DATES DES DÉCISIONS.
Ain – Jura	Enfant Vautagel	5 mars 1847.
Bass.-Alpes. – Bouches-du-Rh.	Enfant André Ovide	21 août 1843.
Ardèche	Instructions générales	4 août 1846.
Ardennes – Aisne	Enfant Lacourt	6 octobre 1849.
Aude. – Hérault	Enfant Granier	En instance.
Idem	Enfant Martin	7 février 1846.
Aveyron — Gironde	Instructions générales	31 mai 1848
Charente-Infér^re. – Nièvre	Enfant Cellier	9 septembre 1847.
Doubs. – Haute Saône	Enfant Mourgeon	13 juillet 1848.
Drôme. – Isère	Enfants de l'Isère élevés dans la Drôme	En instance.
Eure-et-Loir. – Loiret	Enfants Morice	24 novembre 1845.
Eure-et-Loir. — Isère	Enfants Nicoud Laroche	4 août 1846.
Gard. – Hérault	Enfant Rose Combès	25 mai 1848.
Idem	Enfants Querelle	31 mai 1848

DÉPARTEMENTS.	NATURE DE L'AFFAIRE.	DATES DES DÉCISIONS.
Gironde	Enfant Pansier	9 avr. et 2 mai 1849.
Ille-et-Vil. – Côtes-du-Nord	Enfant Gouriau	En instance.
Ille-et-Vilaine – Morbihan	Enfant Maurice	*Idem.*
Ille-et-Vilaine.–Côtes du-Nord.	Enfant Barbedienne	*Idem.*
Isère. – Drôme	Enfant Galle	15 septembre 1845.
Isère. – Rhône	Enfant Mosnier	6 septembre 1847.
Idem	Enfants de l'Isère abandonnés dans les hospices de Lyon.	17 mai 1848
Loire-Infér[re].–Côtes-du-Nord.	Enfant Lemonnier	En instance.
Loire-Inférieure. – Finistère	Enfant Rufel	5 mars 1847.
Loire-Inférieure. – Seine	Enfant Grosbois	En instance.
Idem	Enfant Mathieu	27 octobre 1847.
Loire-Inférieure. – Sarthe	Instructions générales	10 mars 1848.
Loire-Infér[re].–Ille-et-Vilaine.	Enfants Demard et Huet	2 mai 1849.
Loire-Inférieure. – Morbihan	Enfant Bellec	En instance.
Loiret. – Seine	Enfants du Loiret abandonnés dans les hospices de Paris.	*Idem.*
Lot. – Corrèze	Enfant Delvert	4 janvier 1847.
Marne	Instructions générales	28 juillet 1848.
Mayenne – Côtes-du-Nord	Enfant Calmé	22 juillet 1848.
Meuse. – Seine	Enfants de la Meuse abandonnés dans les hospices de Paris.	En instance.
Morbihan. – Finistère	Enfant Malgorne	16 octobre 1847.
Morbihan. – Loire-Inférieure.	Enfant Lecoq	19 mars 1849.
Morbihan. – Ille-et-Vilaine	Enfant Davy	11 avril 1849.
Moselle	Enfants confiés à la charité publique Instructions.	17 octobre 1849.
Puy-de Dôme. – Rhône	Enfants du Puy de-Dôme abandonnés à Lyon	En instance.
Rhône. – Isère	Enfants de l'Isère abandonnés à Lyon	21 septembre 1844.
Rhône. – Allier	Enfants de l'Allier abandonnés dans les hospices de Lyon.	En instance.
Rhône. – Doubs	Enfant Rougeot	22 février 1847.
Rhône. – Bouches-du-Rhône.	Enfant Guérin	29 septembre 1847.
Rhône. – Allier	Enfant Gilbert Rondier	En instance.
Rhône. – Loire	Enfants de la Loire abandonnés dans les hospices de Lyon.	*Idem.*
Rhône. – Aveyron	Enfant Galtier	3 août 1848.
Rhône. – Ain	Enfants de l'Ain abandonnés dans les hospices de Lyon.	12 septembre 1848. – 26 février 1849.
Saône-et-Loire. – Rhône	Enfant Duperron	6 octobre 1842.
Idem	Enfant Michaud	27 février 1845.
Seine. – Nièvre. – Nord	Enfants exposés à Paris	En instance.
Seine. – Dordogne	Enfants Agard-Dreuil et Lajoithe	*Idem.*
Seine. – Lozère	Enfant Olivier	15 juin 1847.
Seine. – Côte-d'Or	Enfant Guilliers	26 juin 1847.
Seine. – Manche	Enfant Langlois	27 octobre 1847.
Seine. – Puy-de Dôme	Enfant Batu	En instance.
Seine. – Seine et-Marne	Enfant Rabault	2 mai 1849.
Seine. – Seine-et-Oise	Enfants de Seine-et-Oise abandonnés à Paris	17 mai 1848. (Pourvoi en cassation.)
Seine.–H[te] Marne.–Seine-Inf.	Enfants Bellaire	23 janvier 1846.
Seine et Oise. – Isère	Enfant Davagnière	15 septembre 1849.
Deux-Sèvres – Puy-de-Dôme	Instructions générales	18 juillet 1845.
Vendée. – Loire-Inférieure	Enfant Landreau	15 septembre 1845.
Haute-Vienne. – Corrèze	Enfants Roux	25 août 1849.

Décision contraire aux principes ci-dessus.

Une seule décision contraire aux principes ci-dessus exposés en matière de domicile de secours des Enfants trouvés a été prise par M. le ministre de l'intérieur le 24 octobre 1839.

L'enfant Button, né à Paris, avait perdu ses parents; sa mère, décédée à Paris en 1834, et son père à Dijon en 1838, cet enfant a été mis, comme orphelin pauvre, à la charge du département de la Côte-d'Or. La décision rendue portait : que le lieu de la naissance est, il est vrai, le lieu naturel du domicile de secours, d'après l'article 2 du titre V de la loi de vendémiaire an II, mais que, pour que le domicile de secours soit toujours au lieu de la naissance, il faut qu'on n'ait pas acquis ce domicile dans un autre lieu; que Button père, ayant acquis par un séjour de cinq ans, ce domicile à Dijon, où il est mort à l'hôpital, et dans la plus grande indigence, son fils doit tomber à la charge de la Côte d'Or (1).

Il me reste maintenant, Monsieur le Ministre, à vous rappeler la jurisprudence suivie par vos prédécesseurs, en matière de domicile de secours, pour les Enfants de militaires, les Enfants de condamnés, et les Enfants étrangers à la France.

Enfants de militaires.

Le militaire conserve pendant tout le temps qu'il est au service, le domicile de secours qu'il possédait avant son entrée au corps.

Le militaire n'ayant pas la libre détermination de résider dans une localité plutôt que dans une autre, pendant tout le temps qu'il est au service, ne peut, tant qu'il est sous les drapeaux, acquérir le domicile de secours dans une commune, y résidât-il même plusieurs années.

Il conserve, pendant toute la durée de son service, celui qu'il possédait avant son entrée au corps.

On ne doit comprendre dans cette définition que le militaire proprement dit. Il y aurait peut-être lieu à une solution différente, s'il s'agissait d'un gendarme, d'un douanier ou d'un garde d'artillerie, qui, quoiqu'enrégimentés, ont cependant une résidence ordinaire plus fixe, et sont presque tous mariés.

Domicile de secours des blanchisseuses vivandières.

Dans une question récente, à propos du service des aliénés, il a été décidé, sur l'avis de M. le ministre de la guerre, que les cantinières ne pouvaient, tant qu'elles remplissaient ce poste, acquérir non plus ce domicile.

En effet, les conditions d'existence, dans l'armée, des blanchisseuses vivandières ou cantinières, ont été réglées par l'ordonnance du 14 avril 1832.

Suivant cette ordonnance, nulle femme ne peut être admise comme blanchisseuse vivandière, si elle n'est légitimement mariée à un militaire en activité de service; la nomination est faite par le colonel, et le nombre en est limité par bataillon, escadron ou batterie.

Elles sont tenues, en toutes circonstances, de suivre leur corps dans les marches; elles ont droit au logement et aux prestations en nature; enfin, elles ne diffèrent du soldat que par le sexe et par l'absence de la solde.

Par suite, les blanchisseuses vivandières font partie intégrante des cadres du régiment où elles servent, et elles ne rentrent dans leur libre arbitre, quant au choix de leur domicile, qu'en donnant leur démission.

D'après toutes ces considérations, il est hors de doute, et il a été décidé (15 septembre 1849) que les blanchisseuses vivandières ne peuvent acquérir le domicile de secours dans une localité que par une année de séjour dans cette localité, à compter de l'époque où elles ont cessé d'appartenir à l'armée.

(1) Cette décision qui est la première rendue sur cette matière, n'a point été consacrée par les décisions suivantes, on peut donc la considérer comme de peu d'importance.

Mais il est d'autres femmes encore qui suivent les régiments dans leurs différentes garnisons, sans pour cela appartenir à ces corps : ce sont les femmes légitimes de militaires, ou celles qui, sans être mariées, vivent avec eux. Femmes de militaires Domicile de secours

Ces femmes, qui suivent les régiments dans les différentes villes où ils sont appelés à se rendre, peuvent acquérir, dans ces différentes localités, le droit au domicile de secours, si elles y résident le temps nécessaire, car le choix qu'elles font de ces différentes résidences est une suite de leur volonté. Domicile habituel

Elles sont réputées également y avoir leur domicile habituel, quand même elles n'y résideraient qu'un temps assez court pour ne pas leur permettre d'y acquérir le droit au domicile de secours.

Elles ont, en effet, dans ces différentes villes leurs habitudes : c'est là, s'il est permis de se servir de cette expression, où elles exercent leur triste industrie. Pour ces femmes, vivre avec le militaire est presque un état. Si pour toutes il n'en est point ainsi, toutes, au moins, y ont, ce qu'on peut appeler, leur établissement; elles installent, dans les différentes garnisons, leur résidence, comme si elles ne devaient plus en changer.

Les Enfants qu'elles peuvent mettre au monde dans ces différentes localités y acquièrent donc droit au domicile de secours, car leurs mères y ont leur domicile habituel.

Cette jurisprudence a été consacrée par les décisions ministérielles ci dessous relatées.

Aucune décision n'a encore été rendue à propos d'Enfants de vivandières. Cependant, on peut présumer qu'il ne serait point statué dans le même sens que ci-dessus, si cette question se présentait.

En effet, quoique le domicile habituel soit chose tout à fait distincte du domicile de secours, et que la durée du séjour ne doive pas entrer, comme fait principal, en ligne de compte dans les considérations qui font décider si une femme avait dans tel ou tel autre endroit son domicile habituel, il faut néanmoins que l'individu qui veut être considéré comme ayant ce domicile dans une commune ait choisi cette résidence plutôt qu'une autre, et dans un intérêt quelconque. Vivandières. Domicile habituel.

Ce fait, enfin, s'établit, ainsi qu'il a été dit déjà, par des présomptions analogues à celles du domicile de secours, sauf la durée de temps nécessaire pour acquérir ce dernier droit. On ne pourrait donc pas dire qu'une cantinière a son domicile habituel au lieu où elle tient garnison, car elle n'a pas fait choix de la localité où elle habite : cette résidence lui a été imposée par ordre supérieur, en raison des fonctions qu'elle remplit.

Par suite, son Enfant ne pourrait acquérir le domicile de secours au lieu de garnison où elle le met au monde, mais bien là où sa mère avait son domicile habituel avant d'entrer au service. Domicile de secours de leurs Enfants.

Décisions

DÉPARTEMENTS	NATURE DE L'AFFAIRE.	DATES DES DÉCISIONS.
Loire. – Seine. – Oise. – Nord.	Enfants Rollin..................................	4 octobre 1847.
Moselle. – Pas-de-Calais.....	Enfant Lynde...........................	22 juillet 1844.
Seine et-Marne. – Seine-et-Oise	Enfant Gayral..................................	25 mars 1847.

Enfants de condamnés.

Enfants de condamnés. Frais d'entretien. Circulaire du 25 janvier 1841

Une circulaire du 25 janvier 1841, émanée de la division de comptabilité générale du ministère de l'intérieur, avait décidé ainsi qu'il suit pour le payement de la dépense des enfants de condamnés.

« . . . .

« . . . .

« Enfants de détenus restés sans moyens d'existence

« Les Enfants de condamnés qui, par suite de la détention de leurs parents, se trouveraient « sans moyens d'existence sont à la charge des fonds alloués pour les dépenses des Enfants « abandonnés du département chef lieu de la maison centrale de détention, lorsque ces Enfants « sont nés dans cette maison, et à celle du département auquel ils appartiennent, si leur « naissance est antérieure à la détention de leur mère. On fait observer que ce département « doit toujours être celui dans lequel le jugement de condamnation a été rendu.

« . . . .

« . . . . »

Les condamnés ne peuvent acquérir le domicile de secours dans la commune où est située la prison qui les renferme.

Pas plus que le militaire en garnison, ou l'aliéné à l'hospice, le condamné en prison ne peut acquérir, dans la localité où est situé cet établissement, le domicile de secours; car ce séjour n'a pas les caractères qui, dans l'intention de la loi du 24 vendémiaire an II, fondent le domicile de secours.

Quoiqu'elle y réside, une femme condamnée ne peut pas non plus être réputée avoir son domicile habituel dans la localité où est située la prison où elle subit sa peine.

Les Enfants nés dans une maison centrale ne doivent pas, conséquemment, être élevés aux frais du département dans lequel est située cette maison centrale, soit pendant la détention de leurs mères, soit après l'expiration de la condamnation de ces dernières, s'il est reconnu, au moment de leur mise en liberté, qu'elles sont dans l'impossibilité de prendre soin de leur enfant.

Enfants de condamnés Domicile habituel de la mère.

Les femmes condamnées n'ayant point leur domicile habituel, ainsi que ce domicile est entendu par la loi, dans la prison où elles sont enfermées, elles sont regardées comme ayant conservé le domicile habituel qu'elles avaient avant leur captivité, et c'est au département où, antérieurement à leur condamnation, les femmes dont il s'agit avaient ce domicile, à faire élever les Enfants de ces femmes nés dans une maison centrale, conformément aux dispositions de l'article 3 de la loi du 24 vendémiaire

La circulaire du 25 janvier 1841 est contraire à la législation du domicile de secours.

Les instructions contenues dans la circulaire ci-dessus rapportée, du 25 janvier 1841, sont contraires à la législation établie sur le domicile de secours, et ne sauraient prévaloir contre les dispositions précises de la loi précitée. Aussi, le ministère a-t-il toujours décidé (bureau des Enfants trouvés) que la dépense d'un Enfant né dans une maison centrale était à la charge du département où la mère avait son domicile habituel avant sa condamnation.

J'ajouterai, Monsieur le Ministre, que, quant aux Enfants de détenues nés avant la condamnation de leurs mères, les décisions de l'administration centrale ne distinguent point, quant aux Enfants dont il s'agit, entre ceux nés pendant la detention et ceux qui sont nés auparavant. Aux uns comme aux autres s'appliquent les dispositions de l'article 3 du titre V de la loi de vendémiaire.

Pour ces derniers, cependant, si le lieu de la naissance ne peut être retrouvé, ils sont réputés avoir leur domicile de secours là où ils résidaient au moment de la condamnation de leurs parents.

Une seule décision a été rendue conformément aux instructions contenues dans la circulaire du 25 janvier 1841, le 22 août 1845. Elle a été maintenue par une seconde lettre, le 19 août 1846. (Saône-et-Loire. — Allier. — *Enfant Delay.*)

Enfants de condamnés Domicile de secours Décisions.

DÉPARTEMENTS.	NATURE DE L'AFFAIRE	DATES DES DÉCISIONS.
Finistère. - Morbihan.....	Dix enfants nés dans la maison de Vannes.......	19 mai 1849
Maine-et-Loire............	Enfants nés dans la maison centr. de Fontevrault..	25 mars 1847.
Manche................	Enfants nés dans la maison centrale du Mont-Saint-Michel	25 juin 1849.
Moselle. - Meuse.........	Enfant Michel..........................	19 mai 1847.
Pas de Calais - Nord.....	Enfants Vanhems.........................	12 juin 1848.
Puy-de-Dôme. - Pas-de Calais	Enfant Houviez..........................	16 avril 1848.

Enfants. d'étrangers.

L'étranger ne peut acquérir en France le domicile de secours.

L'étranger, malgré sa résidence dans une commune de France, ne peut jamais y faire partie de la famille communale. Quand il est secouru dans un hospice, c'est là le résultat de l'esprit de charité qui distingue le pays. Aussi l'étranger ne peut acquérir en France le domicile de secours; cette doctrine a été consacrée par de nombreuses décisions.

L'Enfant d'étrangers n'est, pas plus que ses parents, apte à acquerir en France le domicile de secours.

Cependant beaucoup de femmes ou filles enceintes, de pays étrangers, viennent souvent en France pour faire leurs couches et y abandonner leurs Enfants. Ces faits se présentent surtout dans les départements de la frontière.

L'administration centrale a demande le rapatriement dans leur pays des Enfants étrangers à la France, et le remboursement de leurs dépenses.

Comme la dépense occasionnée par ces Enfants ne pouvait rester à la charge des départements dans lesquels ils étaient abandonnés, des demandes ont été adressées, par l'entremise du ministère des affaires étrangères, aux gouvernements des pays auxquels ils appartiennent, afin d'obtenir d'abord le rapatriement de ces Enfants, puis le remboursement des dépenses auxquelles leur séjour en France a donné lieu.

Quelques-unes de ces demandes en rapatriement ont été favorablement accueillies; quant au remboursement des dépenses occasionnées par ces jeunes infortunés, il a été répondu par le Gouvernement Sarde que ce Gouvernement n'exigeant pas le remboursement des frais occasionnés par le séjour des étrangers indigents dans les hospices sardes, il ne se croit pas tenu de pourvoir au payement des frais d'entretien de ses sujets dans les hospices étrangers. Tout ce que le Gouvernement Sarde croit pouvoir et devoir faire, est d'agir auprès des familles dont les membres ont été recueillis dans les hospices étrangers, pour les engager à payer la dépense réclamée pour cet objet.

Enfants étrangers. Demandes en rapatriement et en remboursement. Suite donnée à ces demandes.

DÉPARTEMENTS.	NATURE DE L'AFFAIRE.	SUITE DONNÉE.
Drôme	Enfant Mourgue, d'origine sarde	18 septembre 1848. Demande en rapatriement.
Jura	Enfant Cartier, d'origine sarde	16 juillet 1846. Rapatriement. 21 janvier 1847. Refus de remboursement.
Moselle	Enfant Kein, d'origine bavaroise	28 septembre 1847. Demande en rapatriement.
Idem	Enfant Peterstroff, d'origine prussienne	11 avril 1849. Demande en rapatriement.
Nord	Enfant Kraff, d'origine badoise	22 février 1847. Demande en rapatriement. 29 mai 1847. Remise à son père.
Idem	Enfant Vanhanhenhove, d'origine belge	29 septembre 1847. Demande en rapatriement.
Idem	Enfant Lycaon, d'origine belge	*Idem.*
Idem	Enfant Johnston, d'origine anglaise	30 octobre 1848. Demande en rapatriement.
Pas-de-Calais	Enfant Adida, d'origine anglaise	21 novembre 1845. Demande en rapatriement.
Idem	Enfant Wouters, d'origine belge	17 avril 1847. Rapatriement.
Pas-de-Calais	Enfant Charles Johnson, d'origine anglaise	4 mai 1847. Demande en rapatriement.
Idem	Enfant Queuil, d'origine belge	29 septembre 1847. Demande en rapatriement.
Haut-Rhin	Enfant Hochtrasser, d'origine suisse	12 février 1848. Rapatriement.
Rhône	Enfants Veillet et Gojon, d'origine sarde	22 février 1847 Rapatriement.
Idem	Enfant Zumwald, d'origine fribourgeoise	7 septembre 1848. Demande en rapatriement.
Seine	Enfant Frankaoser, d'origine prussienne	26 janvier 1848. Demande en rapatriement.
Idem	Enfant Alardin, d'origine belge	Demande en remboursement en instance.
Idem	Enfant Swalens, d'origine belge	*Idem.*
Idem	Enfant Demontré, d'origine belge	*Idem.*
Seine-et-Marne	Orphelins Kerkoff, d'origine belge	2 janvier 1849 Demande en rapatriement.
Somme	Enfants Demeyère, d'origine belge	26 janvier 1848. Demande en rapatriement.
Idem	Enfants Deure, d'origine belge	Demande en rapatriement en instance.

Enfants de Français nés ou abandonnés à l'étranger.

Domicile de secours

Il est arrivé aussi que des Français résidant à l'étranger y ont abandonné leurs Enfants, et que les gouvernements des pays où ces abandons ont eu lieu ont demandé leur rapatriement en France et le remboursement de leurs dépenses.

On s'est conformé aux prescriptions de la loi de vendémiaire toutes les fois que le domicile habituel de la mère en France, avant son départ pour l'étranger, a été retrouvé; mais lorsqu'il a été impossible à l'Administration de lui attribuer une résidence habituelle, par suite de la vie nomade que menait cette femme, ou parce que sa trace en France était perdue, l'autorité centrale a reconnu que les Enfants de Français nés à l'étranger ont leur domicile de secours au lieu de naissance de la mère. (Nord. — *Enfants Despinoy.*)

Les frais de rapatriement en France ont été supportés, tantôt par le budget de l'État, tantôt par les départements auxquels les Enfants appartenaient. Frais de rapatriement

Enfants de Français nés ou abandonnés à l'étranger. — Rapatriement. — Suite donnée à ces demandes

DÉPARTEMENTS.	NATURE DE L'AFFAIRE.	SUITE DONNÉE.
Nord	Enfant Fibrier, la Belgique demande son rapatriem[t].	5 mars 1847, rapatr[t].
Idem	Enfants Despinoy, *idem*	25 mars 1847, *idem.*
Idem	Enfant Garcia, *idem*	En instance.
Idem	Enfant Mabile, *idem*	19 avril 1848, rapatr.
Idem	Enfant Villé, *idem*	En instance.
Oise	Enfant Dubois, *idem*	*Idem.*
Bas-Rhin	Enfant Schmidt; le gouvernement de Bade demande son rapatriement.	19 juin 1847, refus.
Seine	Orphelin Lamnaux, le gouvernemet belge demande son rapatriement.	En instance.
Idem	Enfant Gustin, *idem*	*Idem.*
Idem	Enfant Bénard, *idem*	*Idem.*
Idem	Enfant Lahille, *idem*	*Idem.*
Idem	Enfant Fauveaux, *idem*	*Idem*

Si une fille née en France d'un étranger ne remplit pas les formalités prescrites par l'article 9 du Code civil; si, dans l'année qui a suivi sa majorité, elle ne réclame pas la qualité de Française, et si elle ne vient pas s'établir en France, elle demeure étrangère, et, dès lors, son Enfant suivra sa condition et ne pourra acquérir en France le domicile de secours. (Bas-Rhin. — *Enfant Schmidt.* — 19 juil. 1847.) Conditions pour ne pas perdre sa nationalité.

Il me reste à dire de quelle manière on a décidé la question du domicile de secours pour les Enfants confiés à la charité publique, lorsque le domicile habituel de la mère ne peut être retrouvé.

Le domicile de secours des Enfants est, dans ce cas, au lieu réel de leur naissance, conformément à l'article 2, rédigé en ces termes : « Le lieu de la naissance est le lieu naturel « du domicile de secours, » et c'est aux départements dans lesquels sont nés ces Enfants qu'il appartient d'acquitter leurs dépenses.

Lorsque le domicile habituel de la mère ne peut être retrouvé, le domicile de secours de l'Enfant est au lieu réel de sa naissance. Décisions.

DÉPARTEMENTS.	NATURE DE L'AFFAIRE.	DATES DES DÉCISIONS.
Ardennes. – Moselle	Enfant Defeuillis	19 août 1846.
Côte-d'Or. – Haute-Vienne	Enfant Porelle	16 octobre 1847.
Idem	Enfant Lambert	5 mars 1847.
Doubs. – Drôme. – Aude	Enfant Chassigneux	4 août 1846. – 19 juin 1847.
Isère. – Loire	Enfant Tachon	26 juin 1847.
Haute-Loire. – Ardèche	Enfant Galle	12 février 1848
Oise. – Seine-et-Oise	Enfant Georget	9 juin 1848.
Rhône. – Ain	Enfant Gardan	7 février 1846
Saône-et-Loire. – Jura	Enfant Micaleff	*Idem.*
Seine-et-Marne. – Orne	Enfant Échevard	6 octobre 1849.

Domicile de secours.

Règles générales.

Il est de principe général que, lorsqu'un Enfant a été confié à la charité publique, si le département dans lequel il a été abandonné prétend qu'il n'a droit au domicile de secours dans aucune des communes de son ressort, et qu'au contraire il appartient à un autre département, il est de principe, dis-je, que le département dans lequel l'Enfant a été abandonné garde ce jeune malheureux à sa charge jusqu'à ce que son domicile de secours réel soit retrouvé : il est, dans ce dernier cas, remboursé de ses avances.

On a statué aussi que, lorsque le domicile de secours d'un individu quelconque à la charge de la charité publique est en litige, c'est le département à la charge duquel se trouve actuellement l'indigent qui doit faire toutes les recherches nécessaires pour trouver le lieu véritable où il a droit au domicile de secours.

L'administration a le droit de rechercher le domicile de secours des Enfants.

Le secret absolu n'est point une des conditions de l'existence du Tour.

Le préfet du département de Loir-et-Cher avait, à propos d'une demande en remboursement de dépenses qui lui était adressée par le préfet de la Seine pour des Enfants appartenant à des filles mères de son département, qui avaient été déposés dans les hospices de Paris, et la reprise de ces infortunés, posé la question suivante:

Savoir: si c'était bien là le cas de l'application de la loi du 24 vendémiaire, et si les règles relatives au domicile de secours ne devaient pas céder devant le principe, bien autrement important, de la clandestinité du Tour.

Il lui a été répondu qu'indépendamment de la loi toujours en vigueur sur le domicile de secours, les lois de finances qui ont fait de la dépense du service des Enfants trouvés une charge departementale paraissent avoir pleinement conféré à chaque département le droit de repousser les Enfants qui lui sont étrangers ;

Que, quant au secret absolu qu'il regardait comme inhérent à l'existence des Tours, ce secret ne paraissait nullement avoir été admis par le décret du 19 janvier 1811, puisque l'article 23 de ce décret menace de l'application des lois pénales non-seulement les personnes qui se font une industrie des expositions, mais même celles qui ne font qu'accidentellement usage du Tour ; que si donc le secret n'a pas été admis sous l'empire du décret impérial précité, il ne saurait à plus forte raison l'être aujourd'hui, que la surveillance ou que la suppression des Tours est reconnue être sans influence sur le chiffre des infanticides, et que la seule considération qui protégeait l'existence de ces Tours se trouve ainsi détruite. (Décision du 4 janvier 1847.)

A propos de l'Enfant trouvé Baptiste-Jean, atteint d'aliénation mentale, M. le ministre de l'intérieur a décidé que la dépense d'un Enfant trouvé devenu aliéné n'est pas à la charge de l'hospice où il a été recueilli.

Enfants trouvés atteints d'aliénation mentale. Frais d'entretien.

En effet, aux termes de l'article 20 du décret du 19 janvier 1811, les hospices dépositaires sont tenus de recueillir les Enfants qui, par suite d'infirmites, ou par toute autre cause, ne peuvent être placés à la campagne ; mais cette obligation ne s'applique qu'aux Enfants qui peuvent être gardés dans l'intérieur de ces hospices, et qui, pour la plupart, sont à même, par leurs travaux, de les indemniser d'une partie de la dépense à laquelle ils donnent lieu.

Mais lorsqu'un Enfant, au lieu de demeurer dans l'hospice, se trouve dans le cas d'être transféré dans un des établissements spéciaux que la loi a créés pour le traitement de l'aliénation mentale, il doit y être entretenu au moyen des ressources consacrées aux aliénés indigents, c'est-à-dire aux frais du budget départemental et de la commune où il a son domicile de secours, si cette commune vient à être connue. (Décision du 28 août 1848.)

Il a été décidé également :

1° Que, à l'égard des frères et sœurs, orphelins pauvres ou Enfants abandonnés, quel que soit leur domicile de secours, il n'y a pas lieu de les séparer, et qu'ils doivent être recueillis par le même établissement hospitalier.

L'effet de cette diversité de domicile de secours doit être borné à ce qui concerne la répartition de la dépense des Enfants entre les départements ou établissements hospitaliers appelés à la supporter. Quant aux Enfants, ils doivent, autant que possible, demeurer réunis, et les administrations départementales et de bienfaisance doivent combiner leurs efforts, afin de maintenir ces Enfants dans les mêmes localités. (*Enfants Rollin. — Enfants Bellair* et Moselle. — *Domicile de secours. — Instructions générales.*)

2° Que la dépense relative à l'accouchement des femmes enceintes est une dépense purement hospitalière, et que, du moment où l'hospice d'une commune croit pouvoir se dispenser de les recevoir, c'est une obligation pour lui de supporter la dépense à laquelle donnent lieu celles de ces femmes qu'il est nécessaire de faire admettre chez les sages-femmes. La dépense seule des Enfants est une charge départementale obligatoire. (*Enfant Davy.* — Décision du 25 février 1849.)

Ainsi que vous le verrez, Monsieur le Ministre, par les états ci-annexés, toutes ces questions de domicile de secours n'ont pris naissance que depuis quelques années.

Ce n'est qu'à partir de 1842 qu'on a commencé à rechercher, dans certains départements, l'origine des Enfants, et que les préfets ont pu réclamer de leurs collègues la reprise des Enfants étrangers à ces départements, et le remboursement de la dépense à laquelle ils avaient donné lieu.

On peut penser que les mesures prises par l'administration centrale, pendant les dix dernières années, en vue de diminuer le nombre des admissions d'Enfants, savoir :

Le déplacement des Enfants en nourrice ;

La fermeture et la surveillance des Tours,

ont pu contribuer à faire surgir cette question du domicile de secours, à propos des Enfants trouvés.

J'ai l'honneur d'être, etc. *Signé* J. Collet.

DÉPARTEMENT

DÉPARTEMENT DE LA CORRÈZE

SECOURS AUX FILLES MÈRES.

(Page 321 des procès-verbaux. — 16e séance.)

État du mouvement et de la dépense des Enfants trouvés, etc., de 1812 à 1848 inclusivement.

ANNÉES.	NOMBRE D'ENFANTS au 1er janvier.	NOMBRE D'ENFANTS exposés pendant l'année.	NOMBRE de filles mères admises aux secours.	TOTAL général.	NOMBRE DE DÉCÈS à l'hospice.	NOMBRE DE DÉCÈS à la campagne.	NOMBRE DE DÉCÈS parmi les Enfants secourus.	TOTAL des décès.	PROPORTIONS des décès pour cent.	NOMBRE d'enfants remis à leurs parents ou retirés par eux (Dans ce nombre sont compris les suppressions de secours aux filles mères.)	MONTANT des dépenses des Enfants trouvés.	MONTANT des secours aux filles mères.	SOMMES EMPLOYÉES au payement des dépenses : Centimes départementaux ordinaires.	SOMMES EMPLOYÉES au payement des dépenses : Centimes communaux.	PRODUIT des centimes départementaux.	OBSERVATIONS
1812	450	106	»	556	41	36	»	77	14 .45	46	30,837f 67c	»	»	»	»	Il existait, en 1812, six Tours qui ont été maintenus jusqu'en 1833
1813	439	121	»	560	32	36	»	80	15 39	14	31,701 45	»	»	»	»	
1814	457	105	»	562	39	40	»	72	14 06	4	29,776 00	»	»	»	»	
1815	475	146	»	621	32	47	»	79	12 72	13	31,768 09	»	»	»	»	
1816	529	164	»	693	53	34	»	87	12 55	21	33,070 04	»	10	»	115,080f 00c	
1817	584	200	»	784	48	73	»	121	15. 44	46	37,258 36	»	»	»	»	
1818	618	208	»	826	»	»	»	88	10 05	116	39,513 16	»	»	»	»	
1819	620	270	»	809	»	»	»	112	12 46	122	38,742 17	»	5 1/4	»	66,310 00	
1820	655	318	»	983	»	»	»	116	11 80	123	45,254 04	»	5 1/2		66,551 20	
1821	745	314	»	1,059	»	»	»	140	13 23	61	58,211 68	»	»	»	66,063 06	
1822	804	394	»	1,198	»	»	»	127	10 60	54	63,150 04	»	»	»	65,006 90	
1823	900	277	»	1,207	»	»	»	89	7 03	151	43,894 57	»	»	»	65,485 00	Organisation d'une vérification des Enfants au domicile des nourrices, et diminution du tarif des dépenses.
1824	1,027	253	»	1,290	»	»	»	113	8 60	215	48,771 33		7 1/10	»	65,485 00	
1825	932	227	»	1,159	»	»	»	137	11 82	39	53,143 93	»	7 1/10	»	68,434 65	
1826	983	248	»	1,231	»	»	»	140	11 37	150	50,157 61	»	7 1/2		72,343 15	Augmentation du tarif
1827	941	247	»	1,188	»	»	»	91	7. 66	337	50.442 65	»	7 1/2	»	72,343 15	
1828	760	240	»	1,000	»	»	»	137	13 70	36	45,309 74	»	7 1/2	»	72,333 07	
1829	826	265	»	1,091	»	»	»	98	8. 98	96	46,700 07	»	7 1/2	»	72,338 14	
1830	967	336	»	1,303	»	»	»	138	10. 59	92	47,600 00	»	7 6/10	»	73,294 40	
1831	1,049	278	»	1,327	»	»	»	103	7 66	94	50,758 20	»	7 1/2	»	72,330 30	
1832	988	307	»	1,295	»	»	»	158	12 19	106	51,706 66	»	8	»	52,475 52	
1833	958	212	»	1,170	67	60	»	123	10 51	711	35,065 00	»	5	»	52,475 52	Suppression de trois Tours. Déplacement général des Enfants de l'âge de deux ans et au-dessus
1834	325	222	»	547	50	94	»	144	26 33	123	18,325 51	»	8 1/5	»	53,764 20	Déplacement des Enfants ayant atteint l'âge d'être sevrés.
1835	280	176	»	456	55	56	»	1	24 34	81	16,917 05	»	8 1/8	»	53,764 20	Même déplacement et suppression du Tour de l'hospice de Brives
1836	266	153	»	419	40	64	»	104	24 82	94	18,585 98	»	8 1/8	»	83,764 20	Même déplacement d'Enfants
1837	271	142	»	413	33	85	»	118	28 32	45	17,243 10	»	8 1/8	»	83,785 51	Même déplacement, et suppression du Tour d'Ussel.
1838	234	112	»	346	32	65	»	97	28 03	52	15,017 91	»	8 1/10	»	83,008 71	Suppression des déplacements
1839	197	112		309	17	40	»	57	18 45	9	14,377 36	»	8 2/10	»	84,711 00	
1840	243	87	84	414	36	41	7	84	20 19	20	14,845 10	1,042f 15c	8 3/10	»	85,437 00	Allocation de secours aux filles mères, à raison de 4 francs par mois, pendant un an
1841	310	84	220	611	16	34	25	75	14 73	91	15,404 03	4,249 40	9 4/10	»	97,151 73	*Idem*
1842	315	91	110	546	16	33	28	77	14 10	100	17,209 95	4,655 77	9 4/10	»	97,180 50	*Idem*
1843	325	105	112	545	25	50	12	87	15 87	99	17,742 45	4,120 20	9 4/10	»	97,282 30	*Idem*
1844	350	148	140	647	9	43	9	61	9 45	120	22,364 80	5,074 55	9 7/10	»	100,402 76	Augmentation du tarif des dépenses
1845	400	117	151	728	5	42	12	59	8 10	149	26,800 35	7,417 20	9 7/10	»	100,435 00	Surveillance du Tour de Tulle, le seul qui existât alors.
1846	527	63	100	740	4	51	20	81	10. 81	170	25,141 33	8,928 20	10	»	103,587 80	
1847	403	36	192	681	5	41	13	67	9. 83	148	21,073 11	7,715 40	10	»	103,610 90	Nouvelle augmentation du tarif.
1848	445	39	150	620	12	33	21	66	10 70	104	15,427 08	7,790 10	10	»	103,685 40	Augmentation des secours aux filles mères (5 fr par mois).

ÉDUCATION.

(Page 350 du 1er volume. — 18e séance.)

Lettre du Ministre de l'intérieur au Préfet de la Vienne sur l'obligation, pour les nourrices, de ne pas changer l'état religieux des Enfants.

Paris, le 7 mai 1839.

Monsieur le Préfet, vous me consultez, par votre dépêche du 7 mars, sur une difficulté qui s'est offerte pour la mise en nourrice des Enfants trouvés.

Vous m'informez que des nourrices protestantes se sont présentées à l'hôpital général de Poitiers pour demander qu'on leur confiât des Enfants exposés; qu'elles étaient munies des certificats voulus par les règlements; que cependant leur demande a été refusée, et qu'elles vous en ont adressé des plaintes.

Vous avez, monsieur le Préfet, réclamé des explications de la commission des hospices, et les administrateurs vous ont répondu qu'ils reconnaissaient qu'aucune condition de religion ne devait être exigée des nourrices, mais que les Enfants exposés devaient, d'après l'instruction du 8 fevrier 1823, être baptisés et élevés dans la religion de la majorité des Français; que, conformément à cette instruction et aux règlements des hospices, toujours en vigueur, les Enfants, aussitôt après leur admission, continuaient à recevoir le baptême; qu'une fois entrés dans le sein de la religion catholique, ils ne pouvaient en être détournés; qu'il était du devoir de l'administration des hospices, chargée de leur tutelle, de veiller à ce que leur état religieux ne fût pas supprimé, et à ce qu'ils fussent élevés dans la religion qui leur avait été donnée; que, dans ce but, une clause insérée dans l'engagement des nourrices leur imposait l'obligation d'élever les Enfants dans la religion catholique; que les nourrices protestantes qui se sont plaintes d'avoir été refusées, l'avaient été, non à raison de leur qualité de protestantes, mais parce qu'elles avaient refusé de souscrire à cette obligation. Les administrateurs des hospices reconnaissent que de même, si, lors de l'exposition d'un Enfant, il était déclaré qu'il a été baptisé suivant le rite protestant, il serait de leur devoir de le faire élever dans la religion protestante.

D'après ces explications, vous avez pensé, monsieur le Préfet, que cette question, envisagée sous ce point de vue, n'était pas seulement une question religieuse, mais aussi une question d'état, et que la qualité de tuteurs des administrateurs des hospices leur imposait en effet l'obligation de veiller, sur ce point comme sur tout autre, à tout ce qui intéresse l'avenir de leurs pupilles.

Je ne puis, monsieur le Préfet, qu'approuver cette manière de voir. L'instruction générale du 8 février 1823 veut que les Enfants trouvés soient, aussitôt après leur admission, baptisés, et ensuite élevés dans la religion de la majorité des Français, sauf les exceptions qui seraient autorisées pour certaines localités. Cette instruction est toujours en vigueur, et aucune exception n'a été autorisée pour le département de la Vienne : elle doit donc continuer à y recevoir son exécution.

Un Enfant devant être élevé dans la religion catholique, il est nécessaire de faire contracter à la nourrice à laquelle on le confie l'engagement de l'élever dans cette religion: cet engagement est surtout indispensable quand cette nourrice appartient elle-même à un culte différent. Comme le disent avec une parfaite raison les administrateurs des hospices, si une nourrice refuse de prendre cet engagement, elle ne peut pas être acceptée; et si, après l'avoir pris, elle ne le remplit pas dans toute son étendue, l'Enfant doit lui être retiré.

Au surplus, monsieur le Préfet, s'il était nécessaire de justifier les prescriptions sur ce point de l'instruction de 1823, la justification en serait facile.

En droit, nul n'est censé ignorer la loi : la Charte déclare la religion catholique la religion de la majorité des Français ; et, en effet, les protestants ne forment en France qu'une très-faible minorité. Quand un Enfant trouvé est apporté à un hospice, toutes les présomptions sont donc qu'il est issu de parents catholiques, et que, par conséquent, il doit être élevé dans cette religion. En fait, ceux qui exposent des Enfants savent fort bien que tous les Enfants recueillis par les hospices sont immédiatement baptisés ; que les règlements le prescrivent, et que ces règlements s'exécutent régulièrement. S'ils n'expriment pas le désir que l'Enfant exposé par eux soit élevé dans un culte différent, ils consentent donc à ce qu'il soit élevé dans la religion catholique, et on doit voir dans leur silence même l'expression certaine de leur volonté.

Mais, la Charte garantissant la liberté de conscience et assurant à tous les cultes une égale protection, si, quand un Enfant est apporté ou amené à l'hospice, on acquiert la certitude que l'on désire qu'il suive une religion reconnue par l'État, mais autre que la religion catholique, c'est aussi un devoir pour les administrateurs charitables de veiller à ce que l'état religieux de cet Enfant ne soit pas changé, et d'exiger de la nourrice à laquelle ils le confient l'engagement de l'élever dans cette religion.

Ces instructions, monsieur le Préfet, me paraissent de nature à satisfaire toutes les consciences et à concilier tous les intérêts. Je pense qu'elles lèveront tous les doutes que vous pourriez rencontrer, et je vous prie de vouloir bien les suivre exactement.

Agréez, etc. *Le Ministre de l'intérieur,* signé DUCHÂTEL.

TUTELLE.

(Page 354 du 1er volume. — 19e séance.)

INSTRUCTION du Ministre de l'intérieur, au Préfet de Loir-et-Cher, sur la tutelle des Enfants admis dans les hospices.

Paris, le 1er août 1849.

Monsieur le Préfet, vous m'avez entretenu, le 21 juillet dernier, d'une difficulté qui s'est élevée entre le juge de paix du canton ouest de la ville de Blois et la commission administrative des hospices de la même ville. Cette difficulté est née dans les circonstances suivantes :

Deux Enfants, nommés l'un Jules Allaire et l'autre Marie Allaire, ont été, il y a environ huit ans, admis à l'hospice de Blois à la suite du décès de leurs père et mère. Leur aïeule maternelle, le seul ascendant qui leur fût restée, est morte, il y a à peu près deux mois, laissant quelques parcelles de terre dont ces Enfants sont héritiers conjointement avec leurs oncles. Ceux-ci, voulant procéder à un partage, ont demandé à M. le juge de paix de convoquer un conseil de famille, qui nommât aux orphelins Allaire un tuteur chargé de défendre leurs intérêts. Mais ce magistrat a pensé que, du moment où les Enfants Allaire sont inscrits sur les contrôles de l'hospice de Blois, ils se trouvent placés sous l'autorité de la commission administrative, et qu'ainsi c'est celui des membres de cette commission qui est chargé de la tutelle des Enfants, qui doit les représenter dans le partage dont il s'agit. De son côté, la commission hospitalière prétend qu'il y a lieu de réunir un conseil de famille, et de procéder à la nomination d'un tuteur dans les formes voulues par le Code civil. Vous me demandez mon avis sur ce dissentiment.

L'art. 1er de la loi du 15 pluviôse an XIII déclare que les Enfants admis dans les hospices, *à quelque titre et sous quelque dénomination que ce soit,* seront sous la tutelle de la commission administrative de ces établissements. Cet article ajoute que ladite commission administrative désignera un de ses membres pour remplir, le cas advenant, les fonctions de tuteur, les autres devant former le conseil de tutelle. En présence des termes précis de l'article précité, aucun doute ne me semble possible. Les orphelins, comme les Enfants trouvés et les Enfants abandonnés, se trouvent placés de droit plein sous la tutelle de la commission hospitalière. On ne comprendrait pas que ces commissions eussent à pourvoir à l'entretien, à l'éducation et au placement des Enfants qu'elles ont recueillis sans avoir la pleine et entière tutelle de ces Enfants. On ne comprendrait pas davantage que cette tutelle s'appliquât à la personne des Enfants sans s'appliquer en même temps à l'administration de leurs biens. Les dispositions de la loi du 15 pluviôse an XIII sont donc aussi bien justifiées qu'elles sont précises. Il est donc vrai que le titre VI du décret du 19 janvier 1811, relatif à la tutelle des Enfants confiés à la charité publique, ne parle que des Enfants trouvés et des Enfants abandonnés. Mais la preuve que ce décret n'a pas entendu déroger à la loi du 15 pluviôse an XIII, c'est qu'il se sert de ces mots : *conformément aux règlements existants ;* et, d'un autre côté, l'avis du conseil d'État du 20 juillet 1842 a parfaitement expliqué comment le mot *orphelin* a pu être omis dans plusieurs des titres et articles du décret précité, sans qu'il y ait aucune conséquence à tirer de cette omission relativement aux orphelins.

Par ces motifs, je pense comme vous, monsieur le Préfet, comme M. le procureur de la République et M. le juge de paix de Blois, que c'est à la commission hospitalière qu'il appartient de représenter les Enfants Allaire dans le partage à intervenir entre eux et les cohéritiers, et je désire que cette commission ne persiste pas dans une abstention que rien ne me semble justifier.

Recevez, etc. *Le Ministre de l'intérieur,* signé DUFAURE.

ÉDUCATION. — ALLAITEMENT ARTIFICIEL.

(Page 377 du 1er volume, 21e séance.)

LETTRE *du Préfet d'Ille-et-Vilaine au Ministre de l'intérieur, sur l'allaitement artificiel des Enfants.*

Monsieur le Ministre, le 28 avril dernier, vous m'avez fait l'honneur de me demander des renseignements sur une Maison d'allaitement artificiel pour les Enfants nouveau-nés, tenue, dans les environs de la ville de Rennes, par une femme fermière de M. Duval, directeur de l'école de médecine.

Pour répondre à vos intentions, je me suis adressé à M. le docteur Duval lui-même, comme plus capable que tout autre, par sa profession même et par les rapports qu'il devait avoir avec la fondatrice de cet établissement, placé en quelque sorte sous ses yeux, de répondre à vos questions et de rendre compte des avantages ou des inconvénients du mode d'allaitement adopté dans l'établissement dont il s'agit,

Il résulte des communications qu'il m'a faites à ce sujet, que la nourrice dont il vous a été parlé est la veuve Boucard, qui tient en effet une petite ferme dans l'endroit qui vous a été désigné près le Champ-de-Mars, mais qui n'est point à la tête d'un établissement d'allaitement artificiel, comme le rapport vous en a été fait.

Cette femme, dans le principe, ayant allaité de son lait quelques Enfants dont elle a eu le plus grand soin, et se trouvant sans ressources à la mort de son mari, il y a environ trente ans, M. le docteur Pairier, son propriétaire, alors directeur de l'école de médecine à Rennes, et dont elle avait élevé avec succès deux Enfants, lui conseilla de continuer le métier de nourrice, en substituant le lait d'une vache à son lait qui la quittait, se chargea de lui procurer des nourrissons, et la plaça dans une petite propriété bien située sous le rapport de la salubrité; et, depuis, elle n'a pas cessé de se livrer avec succès à l'allaitement des Enfants, en leur faisant teter directement des vaches. Le nombre des nourrissons qu'elle a ainsi élevés est de près de cent. Elle n'en a jamais eu plus de quatre ou cinq à la fois et assez habituellement deux ou trois. Elle leur consacre tous ses soins et se fait aider seulement par une ou deux domestiques, suivant le nombre d'Enfants dont elle est chargée; elle a acquis par la pratique une grande expérience qui, avec une véritable vocation à soigner les Enfants, explique le succès qu'elle obtient. Elle conserve les Enfants jusqu'à l'âge de dix mois et au delà, selon les désirs des familles, et il arrive assez souvent qu'on les lui laisse deux, trois et même quatre ans.

Voici, au reste, les précautions qu'elle emploie. Elle choisit avec soin la vache qui doit lui servir de nourrice, laquelle doit être d'un naturel tranquille et à nouveau lait; il faut encore que les trayons ne soient pas gros, pour que la bouche de l'enfant puisse les saisir aisément, et que son lait vienne facilement lorsqu'on la trait, afin que l'Enfant ne soit pas obligé à des efforts qui le rebuteraient.

Elle a soin de renouveler ses vaches nourrices tous les 8, 10 ou 15 mois, suivant leur état de santé, et fait toujours teter la même vache à chaque enfant. Tant que le lait lui paraît suffire, elle n'y ajoute aucun autre aliment; mais assez ordinairement, dès le second mois, elle donne aux Enfants de la bouillie de froment, de blé noir ou de riz, et plus tard de la panade. Les Enfants tètent toutes les fois qu'ils en témoignent le besoin, soit le jour, soit la nuit.

L'appartement est disposé de manière à pouvoir porter les Enfants à la vache sans inconvénient, quelque temps qu'il fasse, et à toute heure: une simple cloison avec porte de communication sépare la pièce où sont les Enfants de l'étable; une seule vache, de petite taille, mais bien choisie, suffit pour quatre ou cinq nourrissons, mais son lait n'est employé généralement à aucun autre usage; une forte vache du pays suffirait pour six ou sept.

Les Enfants élevés par la veuve Boucard appartiennent la plupart à la classe aisée, même riche: son prix mensuel est de 15 à 20 francs; mais les soins de toute espèce et surtout ceux de la propreté qu'elle leur prodigue absorbent la plus grande partie des bénéfices: aussi n'est-elle pas dans l'aisance.

M. le docteur Duval, témoin, depuis un grand nombre d'années, des succès de la veuve Boucard, à laquelle il a confié plusieurs Enfants, et entre autres l'un des siens, m'a donné la plupart des renseignements rapportés ci-dessus et qui méritent une entière confiance. J'ai recueilli les autres de la veuve Boucard elle-même, qui est une femme très-simple, qui a plutôt cherché à satisfaire ses sentiments d'affection pour les Enfants qu'à s'enrichir, et qui, en effet, se borne à vivre très-simplement du produit de son industrie.

Je me suis assuré aussi qu'il est vrai, comme elle le dit, que des Enfants mal nourris par leur mère ou par des nourrices, et qui lui ont été remis dans un état d'extrême faiblesse, ont été rétablis par elle d'une manière surprenante.

M. le docteur Duval m'a confirmé ces faits et m'a déclaré que, dans son opinion, l'allaitement direct, au moyen d'un animal, est de beaucoup préférable à l'allaitement artificiel ou au biberon; que la difficulté de se procurer de bonnes nourrices, tant sous le rapport de la santé que de la moralité et du caractère, le porterait même très-souvent à préférer des vaches; que celles-ci sont, selon lui, préférables aux chèvres, parce qu'elles sont plus dociles, moins capricieuses, qu'elles conservent plus longtemps leur lait, et qu'il n'a jamais remarqué que l'allaitement par la vache rendît les Enfants plus lourds et moins gais.

M. le docteur Duval fait en outre observer que c'est immédiatement après leur naissance, ou peu de temps après, que l'on doit commencer l'allaitement par la vache; si les Enfants avaient déjà quelques connaissances, ils pourraient être effrayés et refuseraient de teter; que dans les premiers jours il peut arriver que leur estomac ait de la peine à supporter ce lait, mais qu'ils ne tardent pas à s'y faire et deviennent vigoureux.

Je suis avec respect, etc. *Le Préfet d'Ille-et-Vilaine,* signé Henry.

ÉDUCATION. — FRAIS D'INHUMATION.

(Page 386 du Ier volume. — 21e séance.)

Rapport de M. Antoine Passy, Sous-Secrétaire d'État, à M. le Ministre Secrétaire d'État au département de l'intérieur.

Paris, le 10 novembre 1845.

Monsieur le Ministre, en reglant, par votre décision du 11 mai 1843, le service des Enfants trouvés, abandonnés et orphelins pauvres du département de la Seine, pour l'exercice 1843, Votre Excellence a invité M. le préfet de ce département à cesser d'acquitter sur les fonds départementanx les frais d'inhumation de ces Enfants. Vous avez rappelé à ce magistrat qu'aux termes des articles 20 du décret du 23 prairial an XII, et 4, 5, 9 et 11 du décret du 11 mai 1806, les indigents ont droit de recevoir gratuitement la sépulture civile et religieuse, et que les Enfants recueillis par la charité publique ne peuvent pas être considérés autrement que comme indigents. Vous ajoutiez même que la disposition des articles précités étant générale et absolue s'étendait à l'inhumation de toute personne qui décédait dans une commune, n'y eût-elle ni domicile ni résidence. M. le préfet de la Seine, après quelque hésitation, s'est conformé à vos instructions.

Le refus des allocations accordées jusque-là pour l'inhumation des Enfants a soulevé, monsieur le Ministre, quelques résistances dont j'aurai plus loin l'honneur de vous exposer les détails. Je crois devoir démontrer d'abord que la mesure dont il s'agit est parfaitement conforme aux principes de la légalité.

Les articles précités des décrets ci-dessus ne laissent aucun doute à cet égard. M. le préfet de la Seine et le conseil général des Hospices l'ont reconnu, et ils se sont bornés à demander que la mesure dont il s'agit fût consacrée par une circulaire générale.

M. le préfet de police n'a pas partagé l'opinion de son collegue : il pense que les communes où sont placés les Enfants des Hospices de Paris ne sont pas tenues de pourvoir gratuitement à leur inhumation. Pour qu'il en fût ainsi, dit ce magistrat, il faudrait que ces Enfants eussent domicile de secours dans la commune où ils sont envoyés, et, loin de là, il a toujours été admis que ces Enfants conservaient ce domicile dans le département de la Seine.

Pour réfuter cette opinion, il me suffira de rappeler que le droit d'être inhumé gratuitement n'a rien de commun ni avec le domicile de secours ni avec le domicile ordinaire, et qu'il suffit à cet effet d'être décédé sur le territoire d'une commune. En effet, la prompte inhumation des cadavres est une mesure d'ordre public et de salubrité que les communes ont d'elles-mêmes le plus grand intérêt à remplir sans aucune espèce d'hésitation et de retard. C'est donc uniquement afin que vous soyez, monsieur le Ministre, instruit de toutes les circonstances relatives à l'affaire soumise à votre appréciation, que je vous ai entretenu de l'opinion émise par M. le préfet de police.

Je ne m'arrêterai pas davantage à réfuter l'opinion par laquelle le conseil municipal d'Autun prétend que les Enfants trouvés, abandonnés, et orphelins pauvres, une fois recueillis par les Hospices, ne doivent plus être considérés comme des indigents. Cette opinion ne saurait soutenir la discussion. Ce n'est, au contraire, que parce que ces Enfants sont indigents que les administrations départementales ou hospitalières pourvoient à leurs besoins les plus impérieux; s'ils cessaient de l'être, ces secours se retireraient immédiatement.

La qualité d'indigents ne saurait donc avec quelque raison être contestée aux Enfants des Hospices. On ne saurait davantage leur contester le droit d'être inhumés gratuitement dans les communes où ils sont placés en nourrice ou en pension.

C'est ce qu'a reconnu M. le préfet du Nord, magistrat aussi éclairé que soucieux des intérêts des communes de son département, et qui a cependant donné à MM. les maires de ce département l'ordre de faire inhumer gratuitement les Enfants des Hospices de Paris. C'est ce qu'ont également reconnu plusieurs maires et plusieurs curés appartenant à différents départements.

Mais, dit-on, la légalité de la mesure dont il s'agit ne fût-elle pas douteuse, cette mesure n'en rencontrera pas moins dans son exécution beaucoup de difficultés et d'entraves. Les maires refuseront les cercueils, et ils ne feront pas enlever les corps. Les curés refuseront les prières de l'Église, et force sera aux nourrices de supporter une dépense qui devait leur demeurer étrangère. Parvînt-on à forcer les communes à acquitter les dépenses dont il s'agit, les maires et les curés détourneront leurs administrés et paroissiens de se charger des Enfants des Hospices. Ils refuseront ou ne délivreront qu'avec peine les certificats d'allaitement, et tout cela rendra fort difficile le placement des Enfants. Enfin, et en dernier lieu, la mesure en question vînt-elle à recevoir une complète et facile exécution, n'est-il pas à craindre que le peu de solennité d'une inhumation gratuite ne vienne à humilier les nourrices, à augmenter la défaveur qui pèse sur les malheureux Enfants, et à aggraver ainsi la condition générale de ces infortunés.

Avant de répondre, permettez-moi, monsieur le Ministre, d'exposer les faits particuliers par lesquels s'est produite la résistance à l'adoption de la mesure en question, et que vous avez désiré connaître en détail. Je commencerai par ceux émanant des autorités civiles.

M. le maire d'Avesnes (Nord) pense qu'il a été fait une fausse interprétation du décret du 18 mai 1806. Ce magistrat ajoute que l'ordre de pourvoir gratuitement à l'inhumation des Enfants des Hospices de Paris aurait d'ailleurs dû lui parvenir d'abord par la voie hiérarchique, c'est-à-dire par le préfet de son département.

Divers maires de l'arrondissement de Cambrai ont refusé les certificats nécessaires aux femmes qui se proposaient de venir chercher des Enfants aux Hospices de Paris.

Dans l'arrondissement de Montreuil (Pas-de-Calais), même refus de certificats, mêmes exhortations de ne plus se charger des Enfants des Hospices de Paris. En cas de mort de leurs nourrissons, les nourrices sont obligées de payer le prix du cercueil.

Les maires, dans l'arrondissement de Saint-Pol, disent qu'ils ne délivreront pas les certificats d'allaitement.

A Arras, on exige des nourrices, comme condition de la délivrance des certificats dont il vient d'être question, qu'elles consignent la somme éventuellement nécessaire à l'inhumation de leurs nourrissons.

L'autorité municipale d'Amiens (Somme) refuse de fournir des cercueils pour les Enfants décédés. Par suite, les Enfants ne peuvent être présentés à l'église, et ils sont directement portés en terre.

Le maire d'Autun (Saône-et-Loire) refuse également de payer le cercueil et le prix de la fosse; et les nourrices se sont vues obligées de supporter ces frais.

Dans diverses communes de l'arrondissement d'Avallon (Yonne), les fossoyeurs ont déclaré qu'ils exigeraient à l'avance le prix de la fosse.

Enfin, divers maires de l'arrondissement de Saint Quentin (Aisne) ont refusé aux nourrices les certificats d'allaitement.

Les faits émanés des autorités ecclésiastiques sont à peu près semblables à ceux qui précèdent.

Ainsi, dans l'arrondissement de Semur (Côte-d'Or), le curé de Saulieu a déclaré qu'il détournerait les nourrices de se charger des Enfants des hospices de Paris.

Le curé de la Roche en-Breuil a fait défense au fossoyeur de creuser la fosse d'un Enfant décédé, et celui-ci n'a creusé cette fosse que sur l'ordre formel du maire. L'inhumation une fois terminée, M. le curé a réclamé 4 fr. 50 c., et, comme le nourricier ne lui offrait que 2 fr., seule somme qu'il eût à sa disposition, M. le curé la refusa, se saisit du livret de l'Enfant, et s'est refusé à le communiquer, même pour la rédaction de l'acte de décès.

Le curé de Saint-Léger-de-Fourches est monté en chaire, le 1er jour de l'an, et a exhorté ses paroissiens à ne pas se charger des Enfants des hospices de Paris.

Le curé de Saint-Didier a déclaré qu'il avait trouvé plusieurs de ses confrères disposés, comme lui, à empêcher, autant qu'il serait en eux, les nourrices d'aller prendre des Enfants à Paris. Ce concert de plusieurs ecclésiastiques pourrait n'obtenir que trop de succès dans un arrondissement dont les bureaux particuliers de Paris tirent beaucoup de nourrices.

Dans l'arrondissement de Cambrai, MM. les curés se refusent à aller lever les corps des Enfants décédés; ils ne les reçoivent plus qu'à l'entrée de l'église et sous les cloches.

Les ecclésiastiques de l'arrondissement de Montreuil sont, au contraire, disposés à acquiescer à la mesure des inhumations gratuites.

Enfin, dans l'arrondissement de Saint-Pol, les ecclésiastiques paraissent être dans l'intention de détourner les nourrices de se rendre aux hospices de Paris. Les curés d'Écrin et de Fluer ont déjà pris l'initiative.

Après vous avoir exposé, Monsieur le Ministre, avec une exactitude scrupuleuse, toutes les circonstances de cette affaire, je vais examiner et apprécier ces faits, au double point de vue de la légalité et de la pratique.

Sur le premier point, nul doute que le décret du 18 mai 1806 ne soit applicable aux Enfants trouvés. En effet, ces Enfants sont indigents au plus haut degré, puisque la faiblesse de leur âge ne leur permet pas de pourvoir à leur existence, et que ce n'est qu'à défaut de ressources, et à défaut de tous parents qui veuillent s'en charger, qu'ils ont été recueillis par la charité publique. Évidemment, l'assistance modique et précaire qu'ils reçoivent des hospices et des départements ne permet pas de considérer ces Enfants comme sortant de la classe générale des indigents.

On ne saurait davantage dire, avec M. le préfet de police, que les communes ne doivent pourvoir gratuitement qu'à l'inhumation des personnes qui y ont leur domicile ordinaire, ou, au moins, leur domicile de secours. L'obligation des communes, à cet égard, s'étend à l'inhumation de toute personne, même de celle qui ne se serait trouvée qu'accidentellement dans la commune ou qui n'aurait fait que la traverser. Elle dérive, comme je l'ai déja dit, de cette circonstance, que toute commune doit pourvoir à la salubrité et à la décence publique, en enterrant ses morts et en le faisant à l'égard des personnes décédées dans l'indigence, d'une manière qui ne blesse pas la dignité de la nature humaine Ces considérations indiquent suffisamment que la dépense qui peut résulter pour les communes de l'inhumation des indigents est obligatoire pour elles, et que, comme telle, elle peut au besoin être portée d'office au budget communal.

Au point de vue de la pratique, les objections tirées de la résistance ou du mauvais vouloir de quelques maires ou curés sont-elles bien graves? Je crois, monsieur le Ministre, pouvoir vous répondre qu'elles ne le sont pas.

Quelques ecclésiastiques ont dissuadé leurs paroissiens de se charger des Enfants des hospices de Paris. Un de ces ecclésiastiques a déclaré qu'il existait entre lui et un certain nombre de ses confrères un concert dans le même sens. Enfin, d'autres ecclésiastiques se refusent à aller lever les corps ou ne les reçoivent que sous les cloches. Quant à la conduite du curé de la Roche en-Breuil, c'est un fait tout à fait isolé, et dont il est inutile ici de s'occuper.

Quelques maires ont engagé leurs administrés à ne pas prendre les Enfants des hospices de Paris; d'autres ont refusé, soit de fournir les cercueils, soit de délivrer aux nourrices les certificats nécessaires pour obtenir ces Enfants, ou ils n'ont accordé ces certificats que moyennant la consignation du montant éventuel des frais d'inhumation.

Enfin, des fossoyeurs ont déclaré qu'ils se feraient payer à l'avance.

Ces circonstances, monsieur le Ministre, sont sans doute extrêmement fâcheuses en elles-mêmes; mais elles ne sont que la conséquence, en quelque sorte inévitable, de la première application d'une mesure qui vient déranger des habitudes reçues. Il serait dès lors on ne peut plus facile de les faire cesser et d'en prévenir le renouvellement. Au premier rang des mesures propres à atteindre ce but, se présente celle d'une circulaire générale. En effet, cette circulaire, en donnant à la mesure dont il s'agit un caractère de généralité et de permanence, amènerait infailliblement MM. les maires à s'y soumettre. Si, contre toute attente, il en était autrement dans quelques localités, il resterait la ressource de porter les frais d'inhumation d'office au budget du bureau de bienfaisance ou de la commune, cette dépense, comme je l'ai déjà dit précédemment, ayant un caractère légalement obligatoire.

En fait, les frais d'inhumation des Enfants ne sauraient être de quelque importance pour les communes. En effet, si on déduit de la somme de 2 fr. 70 c., précédemment payée à l'occasion de chaque Enfant décédé, les honoraires du prêtre, le salaire du clerc et du sonneur, honoraires et salaires qui ne sont évidemment pas dus, on voit quelle faible somme il reste pour payer aux communes le prix du cercueil, dans les localités où il est d'usage d'en fournir un, et le salaire du fossoyeur. Ces communes peuvent d'ailleurs facilement s'affranchir de tout payement de ce salaire, en imposant au fossoyeur l'obligation de creuser gratuitement, comme cela devrait toujours être, la fosse des indigents. Mais, en admettant même la fourniture d'un cercueil particulier et la nécessité d'un salaire au fossoyeur, il ne saurait résulter de là, même pour les communes qui comptent de cinquante à soixante Enfants, et c'est un chiffre tout à fait exceptionnel, qu'une dépense annuelle des plus modiques. Il n'est donc pas sérieusement à craindre que, pour une dépense semblable, des maires continuent à dissuader leurs administrées de se rendre aux hospices de Paris, qu'ils continuent à leur refuser les certificats nécessaires à l'effet d'obtenir des Enfants, et surtout à ne leur délivrer ces certificats que moyennant le payement ou la consignation d'une somme déterminée, ce qui, dans ce dernier cas, les exposerait à des poursuites correctionnelles. Les nourrices ne consentiront pas non plus à se priver d'une industrie qui, pour la plupart d'entre elles, est une grande ressource.

Quant aux ecclésiastiques, une fois la première irritation passée, ils comprendront que leur conduite et leurs exigences sont en opposition formelle aux décrets du 23 prairial an XII et du 18 mai 1806, qui ne leur permettent d'exiger aucun honoraire ou salaire à l'occasion de la sépulture religieuse des indigents. Au besoin, je ne doute pas que, sur votre demande, M. le ministre de la justice et des cultes ne transmette aux évêques des instructions dans le sens de celles que vous avez adressées au préfet de la Seine, et que, dès lors, les curés et desservants ne renoncent à une perception évidemment illégale.

Ce n'est pas, monsieur le Ministre, que je prétende que l'obligation à imposer aux communes, relativement à l'inhumation des Enfants trouvés, soit complétement exempte de difficultés; mais ces difficultés, légères en elles-mêmes, ne sauraient être comparées à l'inconvénient de revenir sur cette mesure. En effet, les hospices de Paris placent leurs Enfants dans seize départements: si vous consentez à ce qu'ils payent, dans ces départements, les frais d'inhumation de ces Enfants, il faudra que ces départements payent bientôt aussi eux-mêmes les frais d'inhumation des Enfants leur appartenant; il faudra que le même payement ait lieu dans toute la France.

Mais ce n'est pas tout. Si vous consentez, monsieur le Ministre, à ce que les frais d'inhumation des Enfants trouvés soient imputés sur les budgets départementaux, il faudra, revenant sur de nombreuses décisions antérieures, émanées de vous et de vos prédécesseurs, décider de même à l'égard des aliénés et autres indigents placés dans les établissements départementaux. Ce deviendra alors une charge assez lourde à ajouter à celles qui pèsent déjà sur les départements.

Cette dépense, au contraire, répartie entre un grand nombre de communes, sera légère pour chacune d'elles. C'est, d'ailleurs, une charge essentiellement communale, et les communes, comme les fabriques, ont au surplus un moyen bien simple de s'en couvrir : c'est de combiner les tarifs d'inhumation et le prix des concessions dans les cimetières de manière à faire payer un peu plus cher aux familles aisées.

D'après les diverses considérations qui précèdent, je pencherais à penser qu'il y a lieu de persister dans les instructions données à M. le préfet de la Seine.

Mais, soit que vous jugiez à propos, monsieur le Ministre, de maintenir ou de rapporter ces instructions, il est indispensable qu'une prompte solution vienne mettre fin aux incertitudes de la situation actuelle et aux inconvénients qui en sont la suite. Je prie, en conséquence, Votre Excellence de vouloir bien me faire connaître ses intentions à cet égard.

Je suis avec un profond respect, etc. *Le Sous-Secrétaire d'État,* signé A. PASSY.

Le Ministre adopte l'avis du Préfet de la Seine.

INSTRUCTION du Ministre de l'intérieur au Préfet de la Seine sur l'inhumation des Enfants trouvés.

Paris, le 26 novembre 1845.

Monsieur le Préfet, vous m'avez exposé par diverses lettres, en date des 15 juillet 1844, 15 février, 8 mars et 2 juin 1845, que le parti que vous avez pris, d'après mes instructions, de cesser d'acquitter les frais d'inhumation des Enfants des hospices de Paris placés à la campagne a produit partout les plus fâcheux résultats. Les agents subalternes de l'église, privés de leur salaire, n'assistent plus aux cérémonies religieuses, et, de leur côté, les fossoyeurs menacent de ne plus creuser les fosses des Enfants. MM. les maires et curés, ajoutez-vous, s'associent aux plaintes élevées autour d'eux, et le résultat inévitable d'un semblable état de choses, s'il devait se prolonger, serait d'empêcher un grand nombre de femmes de se charger des Enfants des hospices de Paris, et de compromettre ainsi, au grand préjudice des Enfants, la marche de cet important service. Vous me priez, en conséquence, de revenir sur ma décision du 11 mai 1843.

Je ne me dissimule pas, monsieur le Préfet, tout ce qu'il y a de grave dans ces observations; mais elles ne changent rien à la question légale, et mon premier devoir a dû être de maintenir les principes.

Cependant, dans les circonstances, et sur une insistance aussi formelle de votre part, je me suis déterminé à ajourner jusqu'à nouvel ordre l'exécution des instructions que je vous avais données, et à vous laisser, en conséquence, acquitter, comme par le passé, les frais d'inhumation des Enfants des hospices de Paris. *Le Ministre de l'intérieur,* signé DUCHÂTEL.

ÉDUCATION.

(Page 397 du 1er volume, 22e séance.)

Décompte de la dépense d'un ménage composé de 5 personnes (le père, la mère et 3 Enfants de 10 à 15 ans) dans la partie du canton de Châtillon-les-Dombes, *département de l'Aïn, qui avoisine la ville de Châtillon.*

1° LOGEMENT.

Dans la partie qui avoisine la ville de Châtillon et dans les quartiers pauvres de celle-ci, l'habitation du petit propriétaire, journalier souvent, du petit granger, du manouvrier, vaut de 800 à 1,000 francs.

	Sommes	Totaux.
Le logement peut donc être évalué, en moyenne par an à	45f 00c	50f 00c
Impôt foncier et des portes et fenêtres, une porte et une petite fenêtre	5 00	

2° ALIMENTATION.

L'alimentation se compose de blé froment, seigle, maïs et sarrazin, de laitage, fromage de vache, légumes secs, pommes de terre, sel, peu ou point de viande.

Le mode d'alimentation s'est un peu amélioré. Il ne se boit de vin qu'au cabaret, le dimanche.

Le porc qu'on élève est vendu le plus souvent.

	Sommes	Totaux.
Blé froment, 7 hectolitres, à 16 fr. 66 cent. prix moyen	106 62	319 12
Blé seigle, 8 hectolitres, à 10 francs prix moyen	80 00	
Maïs, converti en farine jaune, 1 125 gr., à 18 francs le m.	22 50	
Sarrazin pour gaufres, bouillie et addition au pain, à 5 fr. l'hectolitre, 3 hectolitres.	15 00	
Pommes de terre, 1 hectolitre 500	6 00	
Sel, 40 kilogrammes, à 20 centimes	8 00	
Legumes secs, pois et haricots	15 00	
Lait, fromage, beurre, huile de colza pour salade et friture	56 00	
Vin	00 00	
Piquette de raisin (marc), pommes, etc.	10 00	

3° LINGE ET VÊTEMENTS.

Dépense pour renouvellement, entretien, blanchissage, raccommodage de linge et habillement, par an :

	Sommes	Totaux.
Pour un homme	45 00	178 00
Pour une femme	36 00	
Pour un Enfant de 14 ans	40 00	
Id. 12 ans	32 00	
Id. 10 ans	25 00	

4° CHAUFFAGE ET ÉCLAIRAGE.

	Sommes	Totaux.
La dépense pour le chauffage est presque nulle. La femme et les enfants vont ramasser le bois mort. Deux cents de bois suffisent : à 10 francs	20 00	27 75
Éclairage, 5 kilogrammes d'huile de colza, à 55 centimes	7 75	

5° MOBILIER, INSTRUMENTS DE TRAVAIL.

	Sommes	Totaux.
Renouvellement et entretien du mobilier	12 00	20 00
Achat et entretien d'outils de travail	8 00	
Total de la dépense du ménage par an		604 87

Dépense du ménage par jour	1f 65c 56m
Depense d'une personne par jour	33 11

SOUS-DÉTAIL DE LA DÉPENSE D'UN MÉNAGE PAR JOUR.

La dépense du logement pour cinq personnes pour un an étant de 50 francs, par jour et par individu elle est de. 00ᶠ 02ᶜ 73ᵐ

La dépense totale d'alimentation est de 534 fr. 87 cent.; par jour et par individu, y compris linge, vêtements et chauffage 00 29 74

Mobilier et instruments aratoires par individu et par jour. 00 00 54

TOTAL à peu près égal 00 33 01

L'Enfant, dans le canton de Châtillon, commence à gagner sa vie à l'âge de dix ans. Le garçon et la fille sont employés à la garde du bétail. Celui de quatorze ans gagne 30 francs; celui de dix à douze ans, 20 francs. Les Enfants rentrent chez leurs parents à la Saint-Martin, et retournent au printemps chez leur maître, l'hiver, ils fréquentent l'école et vont au catéchisme.

Il y a peu d'Enfants trouvés placés dans ce canton.

Novembre 1849. — Le maire de Châtillon-les-Dombes. *Signé* CAILLON.

DÉCOMPTE de la dépense d'un ménage, composé de 5 personnes (le père, la mère et 3 Enfants de 4 à 15 ans), de cultivateur-journalier, dans la partie de la Limagne qui avoisine Riom (Puy-de-Dôme).

1° LOGEMENT.

	Sommes.	Totaux
Dans cette contrée, les cultivateurs, même les plus pauvres, sont, à peu d'exceptions près, propriétaires de tout ou partie d'une habitation; fort peu sont à loyer. En moyenne, la chaumière d'un journalier, accompagnée d'une petite étable, vaut de 300 à 500 francs.		
Le logement peut donc être évalué, par an, à.	20ᶠ 00ᶜ	23ᶠ 75ᶜ
Impôt foncier et des portes et fenêtres de la maison (une porte et une étroite fenêtre).	3 75	

2° ALIMENTATION.

	Sommes.	Totaux
Le pain en usage dans cette partie du département est composé de moitié froment, moitié orge. La farine provenant de ce mélange est à peine blutée; la partie la plus grossière du son seulement est enlevée aussi le pain est-il désagréable au goût et à l'œil et peu nourrissant. J'ai tenté bien des fois de convaincre les habitants de la petite commune que j'administrais qu'il y aurait en même temps économie et avantage pour la santé de n'employer que de la farine de froment à la fabrication du pain; mes efforts et mes expériences sont venus se briser contre la routine.		
La consommation moyenne, pour un an de ce mélange, est, pour les adultes, de 4 hectolitres 1/2; pour les Enfants, de 3 hect., soit pour le ménage, 18 hect., à 13 fr. 50 cent. l'hectol.	243 00	
Cuisson du pain. — Abonnement au four banal, par personne et par an, 1 fr. 75 c. Pour 5 personnes.	8 75	
La plupart des cultivateurs dans cette position égorgent chaque année un petit porc du poids de 75 à 100 kilogr., élevé économiquement. C'est l'unique viande qu'ils consomment. Il n'en paraît jamais à la table de ceux qui ne peuvent nourrir cet animal; mais le nombre en est fort restreint. Ce porc vaut en moyenne.	50 00	
Pommes de terre. — La base du régime alimentaire, dans les campagnes, est, après le pain, la pomme de terre, le plus souvent cuite à l'eau, rarement assaisonnée avec de l'huile de noix et du sel. Chaque personne consomme environ 4 hectol. de ce tubercule par an, soit 20 hectol. à 2 fr. 25 cent.	45 00	
Légumes secs (pois et haricots). — Un hectolitre pour le ménage.	15 00	
Légumes frais. — A l'exception des choux cuits avec le porc salé, le cultivateur		
A REPORTER.	361 75	23 75

Report............................. .... 23 75

D'autre part......... ..... . 361 75

mange fort peu de légumes frais Cette dépense n'excède pas, pour le ménage et par an..... . . .. 5 00

Huile de noix et beurre pour la soupe. — 18 kilogr. par an, à 70 centimes le kilogr.. 12 60

Sel. — 6 kilogr. par personne, et 8 kilogr. pour la salaison du porc, soit 38 kilogr. à 20 centimes........................ 7 60

Œufs, lait, fromage. — Ces substances ne sont employées qu'exceptionnellement et n'entrent pas dans l'alimentation journalière. Elles peuvent être évaluées par an à.... 12 00

Vin. — On en boit seulement les dimanches et fêtes, environ 1 hectol. par an. Prix moyen........................ 14 00

Piquette ou petit vin, boisson de chaque jour. — On la produit en mettant de l'eau en fermentation avec le marc de raisin après le tirage du vin. Il s'en consomme dans le ménage environ 5 hectol par an, à 3 fr. 50 cent. l'hectol...... .... 17 50

} 430 45

3° linge et vêtements.

La dépense pour renouvellement, entretien, blanchissage, raccommodage de linge et d'habillement peut s'évaluer par an, savoir :

Pour un homme, à....................	40 00	
Pour une femme, à....................	45 00	145 00
Pour chaque Enfant, à 20 francs, pour 3....................	60 00	

4° chauffage et éclairage.

La dépense du chauffage est nulle, on ne peut se la permettre. Les hommes et les Enfants se couchent l'hiver dès qu'il est nuit. Les femmes veillent en commun jusqu'à minuit dans un lieu voûté, profond, où elles s'amoncèlent et respirent un air vicié, mais où elles sont hors de l'atteinte du froid. L'éclairage consiste en une petite lampe suspendue à la voûte, alimentée avec de l'huile de chènevis, fumeuse et nauséabonde.

Le combustible se réduit à celui nécessaire pour la cuisson des aliments. A cet effet, on achète chaque année deux petites voitures de branchage, dont chacune coûte de 8 à 12 francs : ensemble....................	20 00	22 50
Pour l'éclairage, on consomme environ 5 kilogr. d'huile à 50 cent...........	2 50	

5° mobilier et instruments de travail.

Renouvellement et entretien du mobilier....................	10 00	16 00
Achat et entretien d'outils de culture....................	6 00	

Total de la dépense du ménage pour un an.................... 637 70

Dépense du ménage par jour.................... 1f 74c 71m
Dépense d'une personne par jour.................... 0 34 94

sous-détail de la dépense par jour.

La dépense totale du logement pour 5 personnes et pour un an étant de 23 fr. 75 cent., par jour et par individu elle est de....................	0f 01c 30m
La dépense totale d'alimentation est de 430 fr. 45 cent. ; par jour et par individu elle est de..	0 23 58
La dépense totale de vêtements est de 145 francs; *id*....................	0 07 95
Celle de chauffage et d'éclairage est de 22 fr. 50 cent., *id*....................	0 01 23
Celle d'entretien du mobilier est de 16 francs; *id*....................	0 00 88
Total égal....................	0 34 94

Il n'est pas sans intérêt de comparer la dépense d'un habitant de la campagne des environs de Riom avec la dépense d'un détenu dans la maison centrale de cette ville. Ces deux documents ont été fournis par M. Bravy, directeur de la Maison centrale de Riom, qui a été longtemps maire d'une commune rurale voisine de la ville de Riom.

Décompte de la dépense journalière d'un détenu valide à la Maison centrale de Riom (année 1849).

1° COMPOSITION DU RÉGIME ALIMENTAIRE POUR 100 HOMMES.

Jour	Quantité	Denrées	Prix	Total
Dimanche	15k 000g	Viande, à 70 centimes le kilogr.	10f 50c	31f 50c
	80 000	Pommes de terre brutes ou 60 kilogr. bien épluchées, à 3 fr. 50 cent. le setier ou les 110 kilogr.	2 80	
	0 594	Graisse, à 1 fr. 30 cent. le kilogr.	0 77	
	0 010	Poivre, à 1 fr. 80 le kilogr.	0 02	
	2 000	Oignons, à 15 centimes le kilogr.	0 30	
	1 000	Légumes frais, à 8 centimes le kilogr.	0 08	
	20 000	Charbon, à 2 fr. 60 cent. les 100 kilogr.	0 52	
	10 000	Pain blanc pour la soupe, à 23 centimes le kilogr.	2 30	
	0 100	Pains de ration de 750 gr. chacun, à 14 cent. le pain	14 00	
	1 500	Sel, à 20 centimes le kilogr.	0 30	
Lundi	21 litres	Haricots, y compris un litre de déchet, à 19 francs le setier ou les 130 litres	3 07	22 23
	1k 500g	Sel, à 20 cent. le kilogr.	0 30	
	1 250	Graisse, à 1 franc 30 cent. le kilogr.	1 62	
	0 010	Poivre, à 1 fr. 80 cent. le kilogr.	0 02	
	5 000	Légumes frais, à 8 centimes le kilogr.	0 40	
	10 000	Pain blanc pour la soupe, à 23 centimes le kilogr.	2 30	
	0 100	Pains de ration de 750 gr. chacun, à 14 cent. la ration	14 00	
	20 000	Charbon, à 2 fr. 60 cent. les 100 kilogr.	0 52	
Mardi	10k 000g	Légumes frais, à 8 cent. le kilogr.	0 80	22 29
	1 000	Purée d'oseille, à 15 centimes le kilogr.	0 15	
	1 250	Graisse, à 1 fr. 30 cent. le kilogr.	1 62	
	15 000	Pain blanc pour la soupe, à 23 centimes le kilogr.	3 45	
	0 100	Pains de ration de 750 gr. chacun, à 14 cent. la ration	14 00	
	20 000	Charbon, à 2 fr. 60 cent. les 100 kilogr.	0 52	
	1 750	Sel, à 20 centimes le kilogr.	0 35	
	40 000	Pommes de terre brutes ou 30 kilogr. bien épluchées, à 3 fr. 50 cent. le setier ou les 110 kilogr.	1 40	
Mercredi	21 litres	Haricots, y compris un litre de déchet, à 19 francs le setier ou les 130 litres	3 07	22 23
	5k 000g	Légumes frais, à 8 centimes le kilogr.	0 40	
	0 250	Graisse, à 1 fr. 30 cent. le kilogr.	1 62	
	0 010	Poivre, à 1 fr. 80 cent. le kilogr.	0 02	
	1 500	Sel, à 20 centimes le kilogr.	0 30	
	10 000	Pain blanc pour la soupe, à 23 centimes les kiliogr.	2 30	
	0 100	Pains de ration de 750 gr. chacun, à 14 cent. la ration	14 00	
	20 000	Charbon, à 2 fr. 60 cent. les 100 kilogr.	0 52	
Jeudi	6k 500g	Riz, à 48 centimes le kilogr.	3 12	22 40
	3 litres	haricots, à 19 francs le setier ou les 130 kilogr.	0 44	
	1k 000g	Légumes frais, à 8 centimes le kilogr.	0 08	
	1 250	Graisse, à 1 fr. 30 cent. le kilogr.	1 62	
	0 010	Poivre, à 1 fr. 80 cent. le kilogr.	0 02	
	1 500	Sel, à 20 centimes le kilogr.	0 30	
	10 000	Pain blanc pour la soupe, à 23 centimes le kilogr.	2 30	
	0 100	Pains de ration de 750 gr. chacun, à 14 cent. la ration	14 00	
	20 000	Charbon, à 2 fr. 60 cent. les 100 kilogr.	0 52	
		A REPORTER		120 74

	Report			120f 74c
Vendredi	40k 000g	Pommes de terre brutes ou 30 kilogr. bien épluchées, à 3 fr. 50 cent. le setier ou les 110 kilogr.	1 40	22 47
	10 000	Légumes frais, à 8 centimes le kilogr.	0 80	
	1 000	Purée d'oseille, à 15 centimes le kilogr.	0 15	
	1 500	Beurre salé, à 1 fr. 20 cent. le kilogr.	1 80	
	1 750	Sel, à 20 centimes le kilogr.	0 35	
	15 000	Pain blanc pour la soupe, à 23 centimes le kilogr.	3 45	
	0 100	Pains de ration de 750 gr. chacun, à 14 cent. la ration.	14 00	
	20 000	Charbon, à 2 fr. 60 cent. les 100 kilogr.	0 52	
Samedi	6l 500g	Vermicelle, à 45 centimes le kilogr.	2 92	22 52
	3 litres	Haricots, à 19 francs le setier ou les 130 litres	0 44	
	5 000	Légumes frais, à 8 centimes le kilogr.	0 40	
	1 250	Graisse, à 1 fr. 30 cent. le kilogr.	1 62	
	0 010	Poivre, à 1 fr. 80 cent. le kilogr.	0 02	
	1 500	Sel, à 20 centimes le kilogr.	0 30	
	10 000	Pain blanc pour la soupe, à 23 centimes le kilogr.	2 30	
	0 100	Pains de ration de 750 gr. chacun, à 14 cent. la ration.	14 00	
	20 000	Charbon, à 2 fr. 60 cent. les 100 kilogr.	0 52	
		Total		165 73

La dépense du régime alimentaire pour 100 hommes s'élevant pour une semaine à la somme de 165 fr 73 cent., la dépense journalière pour un homme est de........ 0f 23c 67m

FRAIS ET ENTRETIEN DU MATÉRIEL DE LA CUISINE ET DU RÉFECTOIRE.

4 hommes à la journée, payés ensemble........ 1f 95c
Abonnement pour les réparations, étamage des ustensiles de la cuisine pour 100 hommes........ 0 09
Pour le renouvellement des chaudières, casseroles, porte-bouillon et tout ce qui a rapport à la chaudronnerie........ 0 10
Abonnement pour la réparation des gamelles, bidons et tout ce qui a rapport à la ferblanterie........ 0 08
Renouvellement des ustensiles en fer-blanc, y compris tous les appareils d'éclairage pour 100 hommes........ 0 17
Réparation et renouvellement des tables, bancs et porte-bouillon........ 0 12

Total........ 2 51

Les frais du matériel, ainsi que son entretien pour 100 hommes, s'élevant à la somme de 2 fr. 50 cent., ils sont, pour chaque individu, de........ 0 02 50

2° VESTIAIRE ET LINGERIE POUR UN DÉTENU.

Frais d'habillement.

Il faut pour la veste, le pantalon, le gilet, les guêtres et les chaussons, 6 mètres 50 centimètres d'etoffe à 2 francs........ 13f 00c
Façon desdits effets........ 1 10
2 mètres doublure, à 55 centimes le mètre........ 1 10
Boutons, fil et petites fournitures........ 0 20
Réparations et blanchissage pendant 18 mois que peut durer cet habillement........ 2 46
Une casquette en feutre........ 1 00

Total pour 18 mois........ 18 80

La dépense de 18 fr. 80 cent., pendant 18 mois, donne pour un jour........ 0 03 43

Linge de corps et blanchissage.

1 chemise de toile, pouvant durer un an, coûte	2f 60c	
Son blanchissage et son raccommodage	2 85	
1 caleçon coton croisé, pouvant durer deux ans, coûte 1 fr. 50 cent. pour un an	0 75	
Son blanchissage et son raccommodage	2 00	
Un col ou une cravate pour un an	0 50	
Un mouchoir de poche et son blanchissage	0 70	
Une paire de bretelles pour un an	0 25	
Une paire de sabots par trimestre ou 4 paires par année, à 35 centimes la paire	1 40	
Une paire de draps de 2 mètres 50 centimètres pouvant durer deux ans et demi pour un an, 2 mètres de toile à 1 fr. 30 cent.	2 60	
Blanchissage et raccommodage de ces draps pour un an	1 40	
Un bonnet de coton et son blanchissage	0 70	
TOTAL pour un an	15 75	
La dépense du linge pour un an étant de 15 fr. 75 cent., la dépense journalière est de		0 04 31

3e LITERIE POUR UN DÉTENU.

Réparation et nettoyage d'un lit dont le fond est sanglé. Pour un an	1 25	
800 gr. déchet en laine ou en crin, sur un matelas pesant 6 kilogr., soit 800 gr. à 2 fr. 80 cent. le kilogr.	2 24	
Blanchissage des toiles	0 10	
Rebattage du matelas et petites fournitures	0 60	
Blanchissage et raccommodage de deux couvertures	0 50	
TOTAL pour un an	4 69	
La dépense pour un an de la literie est de 4 fr. 69 cent., et la dépense journalière, de		0 01 28

4e CHAUFFAGE ET ÉCLAIRAGE POUR 100 HOMMES.

10,000 kilogr. charbon pour un an, à 2 fr. 60 cent. les 100 kilogr.	260f 00c	
385 kilogr. d'huile épurée pour un an, à 1 fr. 20 cent. les 100 kilogr.	462 00	
TOTAL pour un an et pour 100 hommes	722 00	
La dépense pour 100 hommes pendant une année étant de 722 francs, la dépense par jour et par homme est de		0 01 91
TOTAL de la dépense journalière par homme		0 37 10

OBSERVATIONS.

Outre les dépenses indiquées dans ce tableau, le plus grand nombre des détenus, et principalement ceux qui sont employés à un travail quelconque, prennent à la cantine et à leurs frais des rations de vivres, dont le prix varie de 5 à 15 centimes.

La moyenne de la dépense faite à la cantine, par chaque détenu travailleur, est de 9 cent. 43 mil. par jour.

Nous ferons observer que, dans le décompte qui précède, n'est pas compris le logement.

Bien que l'alimentation des détenus des maisons centrales soit meilleure que celle des cultivateurs pauvres, il est certain qu'elle n'est pas suffisamment substantielle pour les travailleurs. Les inspecteurs généraux des prisons et la Commission instituée au ministère de l'intérieur pour la révision du système pénitentiaire, ont reconnu la nécessité d'établir deux services gras par semaine au lieu d'un cette modification, si elle est adoptée, augmentera la dépense pour chaque détenu de 1 cent. 33 mil. par jour, soit 4 fr. 85 cent. 45 mil. par an.

APERÇU DU PRODUIT DU TRAVAIL.

Il n'est peut-être pas inutile d'indiquer ici le salaire que gagne ou peut gagner par jour un détenu. Nous ne signalerons que les trois industries principales exercées à la Maison centrale de Riom, et qui emploient environ 350 ouvriers. Les prix indiqués sont la moyenne du produit de la journée de travail pendant les sept premiers mois de 1849 :

1° Ouvriers à la fabrication de la peluche de soie, par jour	0f 55c 46m	
2° Ouvriers à la corderie de soie	0 48 55	
3° Ouvriers cordonniers	0 48 46	
Moyenne de la journée de ces trois industries		0f 50c 82m

Il faut observer que cette moyenne est donnée par la somme des journées des ouvriers, sans y comprendre celles des apprentis, qui ne vont pas en paye.

COMPARAISON ENTRE LES DEUX TABLEAUX QUI PRÉCÈDENT.

La dépense journalière d'un détenu semble être plus considérable que celle d'un cultivateur : en effet, le premier dépense par jour........ 0f 37c 10m
Le deuxième........ 0 34 94

Différence........ 0 02 16

De plus, la dépense de logement pour le prisonnier ne figure pas sur l'état ; elle est, pour le cultivateur, de........ 0 01 30

La différence en faveur du cultivateur est donc de........ 0 03 46

Cette différence est expliquée par ce fait, que, pour la campagne, la dépense a été calculée pour un ménage où se trouvent trois Enfants, tandis que dans la prison elle l'a été pour des adultes. La différence entre la dépense journalière d'un Enfant et celle d'un adulte peut s'établir ainsi :

Alimentation........ 0f 01c 35m
Vêtements........ 0 04 00

Total........ 0 05 35

Si l'on tient compte de cette différence, et que l'on ramène le décompte à la dépense journalière de cinq adultes, on trouvera qu'elle s'élève, pour chacun d'eux, à 39 cent. 17 mil., au lieu de 34 cent. 94 mil., et l'on sera encore au-dessous de la vérité, parce que les frais de logement et de mobilier s'accroîtront nécessairement. Négligeons toutefois cette faible augmentation, et acceptons le chiffre produit; en ajoutant à la dépense du prisonnier celle du logement calculée pour le cultivateur, nous voyons que ce dernier dépense chaque jour 77 mil. de plus que le premier.

Bien que, d'après cette nouvelle appréciation, la dépense du cultivateur et celle du détenu soient à peu près égales, il faut reconnaître que celui-ci est mieux nourri et mieux vêtu que celui-là. Le prisonnier est chauffé l'hiver, et le cultivateur ne l'est pas. Ce mieux être est le résultat de la vie en commun et des notables économies qu'elle produit.

On pourrait appliquer à des établissements de bienfaisance et d'asile pour les pauvres l'alimentation adoptée dans les maisons centrales, avec une amélioration que je crois nécessaire, celle de donner trois services gras par semaine au lieu d'un. Peut-être aussi faudrait-il augmenter la quantité de viande qui n'est, par individu, que de 150 grammes, et qui, cuite et désossée, se réduit à 75 grammes : c'est une ration fort exigue. Il me paraîtrait convenable de la porter à 200 grammes. Ces modifications augmenteraient la dépense journalière de 4 cent. 14 mil.

DÉPENSES.

(Page 442 du 1er volume. — 26e séance.)

COPIE d'une lettre de M. le Président de la section de législation du Conseil d'État, au ministre de l'intérieur, touchant la question de la dépense des Enfants trouvés, et son affectation aux communes, aux départements ou à l'État.

Paris, le 2 novembre 1849.

Monsieur le Ministre, la commission chargée de préparer le projet de loi sur l'organisation des administrations locales éprouve le besoin d'appeler votre attention sur une des questions principales qui s'élèvent à l'occasion de ce projet de loi; celle de la nomenclature des charges ou dépenses des communes et des départements.

Depuis longtemps, les Chambres et l'Assemblée se sont préoccupées de la situation financière des départements, et plusieurs fois la discussion a porté sur la convenance de porter au budget général tout ou partie des objets qui composent la première section des budgets départementaux. Cette section comprend spécialement les routes départementales, les prisons, les aliénés, les Enfants trouvés.

Il a été remarqué souvent que la plus stricte justice exigerait que les départements ne fussent chargés que des dépenses d'un intérêt purement départemental, puisque ces dépenses sont faites sur des ressources spéciales et exclusivement sur les contributions directes.

Les routes départementales absorbent entre 30 et 35 millions par année, pour construction et entretien; bien des réclamations se sont élevées contre le classement de certaines routes qui sembleraient devoir appartenir à la catégorie des routes nationales; d'autres ont plutôt le caractère des chemins de grande communication.

Ne conviendrait-il pas que le ministre de l'intérieur s'entendît avec celui des travaux publics, et que, de concert entre eux et peut-être avec M. le ministre des finances, il fût pris une résolution sur la question de laisser intact l'état actuel des choses ou de le modifier.

Quant aux prisons, aux Enfants trouvés, aux aliénés, peut-être jugerez-vous convenable de profiter de l'établissement des commissions créées par votre prédécesseur pour ces grands services et de les engager à examiner la question de savoir si les prisons départementales doivent rester à la charge des départements ou rentrer comme toutes les prisons dans les services généraux.

La même question s'élève pour les Enfants trouvés qui ont motivé aussi une commission. Avant la Constitution, on doutait que ce service fût par sa nature départemental, beaucoup de conseils de départements réclamaient pour qu'il fût rangé dans les charges de l'État, ou laissé aux communes. Ces idées ont pris peut-être plus de force depuis la Constitution et la proclamation du principe d'assistance.

Quoi qu'il en soit, je vous prie, Monsieur le Ministre, d'examiner s'il n'y aurait pas avantage à prendre l'avis de la commission des Enfants trouvés sur le classement de cette dépense et son affectation aux communes, aux départements ou à l'État. Cette même commission pourrait utilement, et aux mêmes points de vue, s'occuper de la question des aliénés. Je vous propose de l'engager à la comprendre dans son avis.

J'ajoute, Monsieur le Ministre, qu'il est à notre connaissance que beaucoup de préfets et de conseils généraux ont, à diverses époques, traité les questions que cette lettre expose. Il serait utile que vous voulussiez bien faire rechercher ces pièces et les communiquer, au moins par extrait analysé, à la Commission de la loi communale, cantonale et départementale. *Signé* VIVIEN.

ENVOI à la Commission des Enfants trouvés en communication d'une lettre de M. le président de la section de législation du Conseil d'Etat, à la question des dépenses des Enfants trouvés.

Paris, le 10 novembre 1849.

Monsieur, M. le président de la section de législation du Conseil d'État vient de m'adresser des observations sur une des questions principales qui s'élèvent à l'occasion du projet de loi sur l'organisation des administrations locales; celle de la nomenclature des charges ou dépenses des communes et des départements. Depuis longtemps, la situation financière des départements a préoccupé les Chambres et l'Assemblée, et la discussion a porté sur la convenance d'inscrire au budget de l'État tout ou partie des objets qui composent la première section des budgets départementaux. Cette section comprend spécialement les routes départementales, les prisons, les aliénés et les Enfants trouvés. En ce qui concerne le service des Enfants trouvés, beaucoup de conseils de départements réclamaient, avant la Constitution, pour que ce service fût rangé dans les charges de l'État ou laissé aux communes. Ces idées ont pris plus de force depuis la Constitution et la proclamation du principe d'assistance.

J'ai l'honneur, Monsieur, de vous envoyer ci-jointe une copie de la lettre de M. le président de la section de législation du Conseil d'État. Je vous prie de prendre l'avis de la commission que vous présidez, sur le classement de cette dépense, et son affectation aux communes, aux départements ou à l'État. Je vous laisse à apprécier si la commission ne pourrait pas utilement, et au même point de vue, s'occuper de la question des aliénés.

Le Ministre de l'intérieur, signé Ferdinand BARROT.

VISITE ET PATRONAGE DES ENFANTS TROUVÉS.

(Page 455 du 1er volume. — 26e séance.)

ARRÊT et règlement du Conseil d'État.

Du 21 juillet 1670.

ART. 1er. Les administrateurs et receveurs feront les poursuites et diligences nécessaires pour la recette du bien qui appartiendra à l'hôpital des Enfans-Trouvés, et pourront intenter, pour cet effet, telles actions qu'ils estimeront nécessaires.

2. Feront les marchés des bâtimens neufs, et auront soin de toutes les réparations qu'il conviendra faire aux anciens.

3. Feront la dépense de l'hôpital, tant à l'égard des Enfans que des personnes qui les servent.

4. Visiteront toutes les semaines le registre où l'on écrit le nom des Enfans-Trouvés que l'on apporte dans l'hôpital, et, après l'avoir vérifié sur les procès-verbaux des commissaires du Châtelet et ordonnances des officiers qui en doivent connoître, en parapheront les feuilles et feront mettre lesdits procès-verbaux dans le lieu qui sera destiné pour les garder.

5. Examineront tous les mois la recette et dépense dudit hôpital, et en arrêteront les comptes.

6. Les dames qui seront choisies par celles de la Charité, pour avoir soin desdits Enfans pendant quatre ans, iront les visiter le plus souvent qu'il leur sera possible.

7. Prendront garde que les sœurs de la Charité qui y seront les servent bien, et leur administrent toutes les choses nécessaires.

8. Auront soin que les sœurs de la Charité aillent visiter les Enfans qui seront mis en nourrice hors dudit hôpital dans les tems qu'elles estimeront à propos, et se feront rendre compte de l'état auquel elles les auront trouvés et des nécessités dont ils pourront avoir besoin, pour y pourvoir, ainsi qu'elles le jugeront nécessaire.

9. Feront les marchés qu'elles jugeront à propos pour leur nourriture, tant à Paris qu'à la campagne.

10. Achèteront les toiles, étoffes, bonnets et autres choses nécessaires pour l'habillement desdits Enfans, de l'argent qui leur sera mis à cet effet entre les mains par le receveur, par ordre des administrateurs, dont elles lui donneront un récépissé, lequel il leur rendra, en lui remettant un bref état de l'emploi qu'elles en auront fait, pour être inséré dans son compte.

11. Pourrnot recevoir les charités qui seront faites audit hôpital par des personnes qui ne voudront être nommées, et les remettront entre les mains du receveur, qui s'en chargera dans son compte.

INSPECTIONS. — COMITÉS CANTONAUX DE PATRONAGE.

(Page 456 du 1er volume. — 26e séance.)

De la création de comités de surveillance et de patronage pour les Enfants trouvés.

(De Watteville, *Annales de la Charité*, année 1847.)

Personne n'ignore maintenant les graves et nombreux abus qui existent dans le service des Enfants trouvés, l'abandon dans lequel on laisse ces malheureuses créatures et les funestes effets de cet abandon.

Une importante amélioration, d'une exécution très-réalisable et très-facile, qui ne coûterait rien à l'État, et pour laquelle il suffirait d'un ordre de l'autorité supérieure, pourrait, nous le pensons, remédier à cet abus et le détruire radicalement.

Dans leur bas âge, les Enfants trouvés, faute de surveillance, sont trop souvent confiés à des nourriciers pauvres qui ne peuvent satisfaire à leurs propres besoins, font spéculation de les élever pour les envoyer mendier, ne s'occupant pas plus de leur bien-être que de leur instruction et de leur moralité.

Dans leur adolescence c'est encore pis; l'hospice dépositaire ne payant plus pour eux, à l'âge de 12 ans, la faible rétribution que leur accordaient les départements, personne alors ne s'occupe plus d'eux, et, libres de fait, ils deviennent ce qu'ils peuvent.

Aussi la mortalité décime leur enfance, la misère et souvent l'opprobre pèsent sur le reste de leur vie.

Depuis dix ans nous avons fait, à cet égard, les recherches et les études les plus suivies dans les prisons, les bagnes, etc., et voici quels ont été les résultats de nos investigations. Tandis que le chiffre de la naissance des Enfants trouvés n'est aux autres naissances que dans la proportion de 5 p. o/o, on les voit dans les bagnes de Brest, de Rochefort, de Toulon, dans celle de 15 p. o/o. Voici pour les garçons. Quant aux filles, dans soixante-cinq villes de France où nous avons fait des recherches, villes situées aussi bien à l'est qu'à l'ouest, au nord qu'au sud, on les trouve toujours formant le cinquième du nombre, soit 20 p. o/o, des misérables composant la population des maisons de prostitution.

Peut-être fera-t-on cette observation que, si les commissions administratives, chargées par la loi du 15 pluviôse an XIII de remplir les fonctions de tuteur à l'égard des Enfants trouvés, obéissaient aux obligations que leur impose cette loi, la société n'aurait pas à s'affliger de tels résultats; il est vrai; mais l'efficacité des commissions administratives est douteuse : et, s'il nous est permis de dire toute notre pensée, c'est à l'Administration collective, à son irresponsabilité qu'on doit attribuer la majeure partie des abus qui existent dans les établissements de bienfaisance. D'ailleurs, pour que ces mêmes commissions administratives puissent remplir le vœu de la loi précitée, il faudrait toujours le concours et l'aide des autorités locales où sont placés les Enfants trouvés en nourrice.

Pour atteindre ce but, c'est-à-dire l'exécution réelle de la loi du 15 pluviôse an XIII, nous pensons donc qu'il faudrait créer, par canton, un comité de surveillance et de patronage pour les Enfants trouvés.

Ce comité, composé du juge de paix, des maires et des curés du canton, assistés de diverses personnes notables des deux sexes, en nombre illimité, choisies par le préfet du département, aurait pour mission :

1° De procurer des nourrices ou patrons pour les Enfants trouvés;

2° De surveiller les Enfants chez ces mêmes nourriciers, de veiller à leur bien-être, à ce que les vêtements que leur fournit l'hospice leur soient délivrés, à ce qu'ils fassent leur première communion, enfin d'empêcher qu'on les envoie mendier, etc.;

3° De patroner les adultes jusqu'à leur majorité chez les maîtres où ils sont placés, afin qu'ils ne puissent être trompés soit dans leurs intérêts, soit, les filles surtout, dans leur moralité, et qu'ils n'en puissent changer comme bon leur semble et sans motifs graves;

4° De donner tous les trois mois à la commission administrative de l'hospice dépositaire des nouvelles de ses pupilles.

La création de ces comités ne peut en rien nuire au service. Ce ne sera pas non plus une cause de dépenses, puisque les fonctions des membres qui les composeront seront gratuites; et, à coup sûr, il en résultera un bien-être positif dans le sort des Enfants trouvés, une grande économie dans les finances départementales, la moralisation de ces pauvres Enfants, et, dans l'avenir, un avantage certain pour l'État et pour la société, qui pourront enfin recueillir les fruits de leurs sacrifices.

Lettre pastorale de Mgr l'évêque de Périgueux, adressée, en 1847, aux curés du diocèse, sur les comités de patronage pour les Enfants trouvés.

Messieurs et chers collaborateurs, c'est au pied de la la crèche de Bethléem et au jour où l'Église célèbre la fête des Saints-Innocents, que je viens avec confiance, au nom de Jésus pauvre et Enfant, réclamer votre sollicitude de pasteur, votre charité de père, en faveur des jeunes et infortunées victimes de la corruption du siècle.

Vous le savez, le torrent impur du vice s'en va grossissant et déposant au seuil de nos hôpitaux, qui eux-mêmes les reversent dans nos paroisses, une multitude de malheureux petits Enfants abandonnés par ceux qui leur ont donné le jour : ainsi les passions, après avoir dégradé l'homme, le rendent plus cruel que le tigre ou l'hyène, qui veillent sur leurs petits et les nourrissent.

Le nombre de ces pauvres Enfants s'accroît chaque jour d'une manière effrayante pour les législateurs, qui reconnaissent que la loi, avec ses prescriptions matérielles, est et sera toujours impuissante contre ce fléau si menaçant pour le corps social. La philantrophie (avec ses systèmes froids comme le cœur d'une marâtre) n'aura jamais ni un manteau assez ample pour couvrir tant de misères corporelles et spirituelles, ni une âme assez ardente pour les réchauffer de ce feu qui purifie, ni des mains assez douces pour panser ces plaies déjà envenimées, sans les irriter encore. Pour les prévenir, les cicatriser ou du moins les circonscrire, il faut la religion avec ses entrailles maternelles, la charité avec ce dévouement que rien ne rebute, parce qu'il est inspiré par le Dieu qui seul a pu proférer ces paroles sublimes de tendresse : *Quand une mère oublierait son Enfant, pour moi je ne vous oublierai jamais* (Isaie, 49, 15).

Combien de fois, pieux coopérateurs, n'avez-vous pas fait comme nous ces réflexions au pied de votre crucifix, gémissant et cherchant avec nous les moyens de remédier à tant de malheurs ! La Providence, toujours bonne, a daigné nous les faciliter, en inspirant à un des inspecteurs généraux des établissements de bienfaisance du royaume et à MM. les administrateurs de l'hospice de Périgueux, en inspirant à ces hommes, dont la vie est consacrée aux œuvres de miséricorde, la pensée de venir près de nous solliciter le concours du clergé.

Pouvions-nous ne pas accueillir avec empressement et reconnaissance une demande si honorable pour le prêtre ! C'est donc de concert avec ceux que la loi prépose à la tutelle de l'orphelin que nous faisons un appel à votre sollicitude, *en faveur du corps et de l'âme des pauvres Enfants abandonnés et déposés dans vos paroisses*. Et comment pourrions-nous rester insensibles et froids en présence de ces statistiques qui, chaque année, viennent jeter la terreur et l'effroi dans l'esprit de l'homme qui observe, compare et songe à l'avenir?

En parcourant ces longues listes enfantées par le vice et le nécrologe, funèbre produit d'infanticides calculs, tout d'abord nos regards et notre cœur se sont portés vers le Périgord, cette terre de nos labeurs, de nos espérances et de notre amour. Qui vous dira combien notre cœur a été flétri, brisé, en voyant le rang ignominieux occupé par notre diocèse, soit pour le nombre de ces infortunés enfants, soit surtout pour la mortalité, mortalité effrayante, qui pèse sur ces malheureuses victimes!

Qui donc jettera le cri d'alarme et de pitié, si ce n'est l'évêque? Si, de par la loi, il n'est plus tuteur officiel des orphelins, de par Dieu n'est-il pas toujours leur père? De par l'Église, il doit être leur défenseur; de par sa consécration, il sera leur protecteur jusqu'à son dernier soupir. Tels sont nos droits, auxquels vous participez, prêtres de Jésus-Christ, par votre ministère sublime.

Hâtons-nous : tant de misérables Enfants succombent et meurent chaque jour! *Or sus*, disait Vincent de Paul à ses coopératrices dans les œuvres de charité, *or sus, mesdames, il faut qu'ils vivent.* Or sus, bien-aimés collaborateurs, et voici ce que nous vous demandons par les entrailles de Jésus-Christ; or sus, il faut que vous sauviez leurs corps par les soins matériels que leur procurera votre vigilance assidue et constante; il faut que vous sauviez leurs âmes par vos instructions, qui feront germer dans ces jeunes cœurs la piété et la vertu. Vous les sauverez, et ils vivront; car, après avoir médité avec foi, au pied de la crèche, ces paroles que J. C. vous adressera de son berceau : *Tout ce que vous ferez à un de ces plus petits, c'est à moi-même que vous l'aurez fait* (Matth., 25, 40), vous vous lèverez avec courage pour accomplir votre mission.

Dès lors donc que, sous les traits de cette frêle créature que la Providence placera dans vos paroisses, les yeux de votre foi vous auront fait reconnaître les traits de Jésus de Bethléem, notre parole sera pour vous ce que fut pour les bergers la voix de l'ange, avec lequel nous vous dirons : *Voici le signe* auquel vous reconnaîtrez celui qui doit être désormais l'objet de vos soins et de votre affection : *Vous trouverez un Enfant enveloppé de langes.* Hélas! nous pourrions ajouter : *Positum in præsepio* (Luc, 2, 12). Son berceau ne ressemble-t-il pas souvent à une crèche?

Les bergers se lèvent à l'instant : bientôt, ils sont suivis des mages, qui, dociles au signe céleste, s'en vont demandant partout Jérusalem : *Où donc est-il ce nouveau-né* (Matt. 2, 2)? pour leur offrir leurs présents et leurs cœurs. Suivez leurs pas, ministres du Dieu des orphelins; parcourez aussi vos paroisses, cherchant et demandant : Où donc sont-ils ces pauvres Enfants que la Providence m'envoie?

Nous vous aiderons dans ces recherches, bien-aimés collaborateurs; et les renseignements qui bientôt vous seront transmis, seront pour vous comme l'astre qui indiqua aux mages le toit qui abritait l'Enfant qu'ils cherchaient. Lorsque ces documents précieux seront entre vos mains, alors nous vous dirons, mus par d'autres sentiments que ceux du cruel Hérode, puisque *c'est la charité de Jésus-Christ qui nous presse*, nous vous dirons : *Ite, et interrogate diligenter de puero : et cum inveneritis, renuntiate mihi* (Matt. 2, 8). Voilà votre mission : elle est belle aux yeux de la religion et de l'humanité.

Ite : lorsque, chaque année, vous visiterez vos ouailles, n'oubliez pas les plus innocentes et les plus malheureuses. Lorsque vos fonctions vous appelleront sur un point de votre paroisse ; lorsque votre ministère vous laissera quelques instants de loisir ; lorsque surtout votre cœur vous redira, et il vous redira souvent ces paroles de vos livres saints : *Orphano tu eris adjutor* (Psalm. H. 10, 14), allez encore visiter l'orphelin et lui donner au moins un sourire : pauvre Enfant qui n'aura jamais celui de son père ni de sa mère ! S'il est trop faible encore pour vous le rendre, son bon ange, *qui voit sans cesse la face du Père céleste* (Matth. 18, 10), acquittera sa dette en souriant à votre charité et la récompensant par la bénédiction du Très-Haut. S'il ne peut encore parler, est-ce que son regard ne nous dit pas : *Mon père et ma mère m'ont abandonné; m'abandonnerez-vous* (Psalm, 26, 9, 10) !

Les soins si délicats, les attentions si nécessaires à cet âge, ces aimables enjouements de la famille, tout est pour l'*héritier*, rien pour *le fils de l'étrangère*. A vous représentants de Jésus-Christ, qui *embrassait et bénissait les petits Enfants* (Marc. 10, 16), à vous de lui prodiguer quelques douceurs, une caresse, souvenir que, plus grand, il n'oubliera jamais, et qui, au temps des orages, vous donnera tout empire sur son cœur.

Ce n'est pas assez : *Interrogate diligenter de puero*. Son corps et son âme sont-ils dans une atmosphère pure ? A quelles mains est-il confié ? sont-elles dignes et capables ? N'est-il pas abandonné seul à ses cris déchirants, exposé à devenir la proie des flammes ou de la voracité des animaux immondes ? La sordide et barbare avarice ne spécule-t-elle pas jusque sur sa nourriture ? est-elle saine et suffisante ? *Interrogate*. Ses petits membres sont-ils à l'abri des rigueurs des saisons ? ne sont-ils pas meurtris par les coups de la brutalité ? Sa couche n'est-elle pas une véritable crèche ? Trop jeune encore, n'exige-t-on pas un travail, ne lui impose-t-on pas des fardeaux au-dessus de ses forces ? Malade, est-il environné de tendres soins ? Combien ne seraient pas morts, si on leur eût prodigué ceux qu'on ne refuse pas à la brute !

Interrogate diligenter de puero. Et son esprit, et son âme, et son cœur, y songe-t-on ? Privé de son père et de sa mère ici-bas, lui apprend-on qu'il a aux cieux un père et une mère qu'il doit invoquer soir et matin ? A-t-on pourvu à son instruction ? Est-il assidu aux offices du dimanche, aux prônes et aux catéchismes du pasteur ? L'a-t-on présenté, vers l'âge de sept ans, au tribunal de la pénitence, pour interdire aux passions naissantes l'entrée de son cœur, et le former dès son bas âge aux pratiques de la vertu ? Son innocence est-elle à l'abri sous le toit qui le couvre ? Les habitudes grossières, les paroles mauvaises, les pernicieux exemples, ne viennent-ils pas flétrir cette âme qui ne devait s'épanouir que sous de pures inspirations, tandis qu'elle reçoit le germe de tous les vices qui feront un jour le fléau de la société ? Ne connaissez-vous pas un autre foyer domestique, où sa foi et ses mœurs seront à l'abri de tout danger, un autre sanctuaire de famille plus digne de le recevoir ?

Interrogate diligenter : Interrogez l'Enfant lui-même, ceux qui vivent avec lui, près de lui : le cœur d'une mère est si ingénieux dans ses recherches quand son Enfant en est l'objet ! Or, pour ce petit orphelin, le cœur de l'évêque et du prêtre doit être tendre comme le cœur le plus tendre de la plus tendre des mères.

Sans doute il ne vous sera pas possible, chers coopérateurs, d'entrer par vous-mêmes dans tous ces détails, surtout si votre sollicitude doit s'étendre sur plusieurs, puisque vous vous devez à toutes les misères ; mais alors imitez les apôtres, qui, ne pouvant *abandonner le ministère de la paroles*, s'adjoignirent des hommes *remplis de l'Esprit saint et de sagesse* (Act. Apost. 6, 2, 3) pour les aider dans les œuvres de miséricorde.

Au dix-septième siècle, l'apôtre et le sauveur des Enfants trouvés choisissait des âmes d'élite, des dames pieuses, qui sous sa direction opéraient des merveilles, et voici que, sous son patronage, notre dix-neuvième siècle a vu surgir de toutes parts des Sociétés connues par toutes la France sous le nom de *Sociétés de Saint-Vincent-de-Paul*. Notre diocèse n'en compte que deux encore : celles de Bergerac et d'Hautefort. Bientôt la ville épiscopale, jalouse de ne pas rester en arrière quand il s'agit de charité, en formera une troisième; quand donc aurons-nous la consolation de voir sur tous les points de ce cher Périgord se former ces associations si éminemment sociales parce qu'elles sont catholiques, associations dont les membres n'auront jamais d'autre but que celui d'être l'appui de la veuve, le père de l'orphelin, la providence vivante des malades et des pauvres!

Quelque petite et isolée que soit une paroisse, il n'en est pas une où le prêtre ne puisse faire un appel à quelques âmes charitables, soit dans les hauts rangs de la société, soit dans les classes moyennes, soit parmi ceux qui mangent leur pain à la sueur de leur front. Et dans nos campagnes, ne rencontre-t-on pas souvent des cœurs nobles, généreux et énergiques pour le bien? Or, quand vous les aurez réunis au pied des autels, quand vous leur aurez distribué ou promis pour récompense le corps et le sang de Jésus-Christ, vous leur transmettrez alors cette même mission que, de par Dieu, *qui est charité*, nous vous donnons: *Ite, et interrogate diligenter de puero.*

Ainsi se découvriront bientôt tous les abus; ainsi ces Enfants ne seront pas toujours abandonnés à des mains étrangères; ainsi cette vigilance maternelle sera-t-elle établie à l'instant même, et partout où sera déposé l'orphelin. Si, malgré vos prières, vos tendres supplications, vos remontrances de pasteur, ceux qui sont chargés de ces Enfants ne se rendent pas à vos avis, faites de nouveaux efforts, des recherches plus précises. *Et cum inveneritis,* lorsque vous aurez découvert tous ces mystères de dureté, d'avarice, qui ne sont que trop communs dans les âmes mercenaires, lorsque vous en aurez acquis la triste certitude, épuisez de nouveau toutes les ressources de votre charité : priez encore, suppliez, conjurez que l'on ait pitié de l'orphelin; et, si l'on persiste, veuillez nous en instruire. *Renuntiate mihi.*

Nous plaiderons alors la cause de ces malheureux Enfants près de ceux que la loi charge de leur tutelle: bien souvent nous avons pu apprécier leur cœur généreux et compatissant; nous avons donc la certitude que la voix de l'évêque sera entendue, et que les abus cruels, connus et constatés, seraient réprimés à l'instant même. Ainsi, au moyen des efforts toujours combinés de concert entre l'autorité spirituelle et légale, s'opéreront d'heureux changements en faveur des Enfants abandonnés.

Un grand nombre succombent victimes des privations de tout genre: ils vivront. Parmi ceux qui ont pu résister aux dangers de leur naissance, de leur exposition, de leurs pérégrinations si souvent funestes, de leur confiance soumise à tant d'épreuves, de leur jeunesse si fatale à leur corps et à leur âme; parmi ceux qui ont survécu, plusieurs mènent une vie languissante dans nos hôpitaux; combien peuplent les sentines et les égouts de la société, transmettant à d'autres la corruption, seul héritage qu'ils ont recueilli de leurs parents ou de ceux qui les ont élevés, perpétuant ainsi la chaîne du vice dont ils forment eux-mêmes un triste anneau! Combien peu, sur le grand nombre, font oublier le malheur de leur naissance par leurs vertus et leur conduite! Il faut ne pas connaître ce qui se passe au milieu de nous pour nier la vérité de ce tableau.

La philanthropie, qui jamais n'enfantera une seule sœur de charité, la philanthropie, pour combler l'abîme ou opposer une digue au torrent, pourra bien employer des bras, faire jouer les ressorts de ses systèmes; elle parviendra à donner du mouvement, jamais la chaleur et la vie : la charité seule pourra opérer ce prodige.

Que, dans votre personne, bien-aimés coopérateurs, et dans celles que vous aurez choisies pour cette œuvre, la religion vienne s'asseoir de temps en temps près du berceau de l'orphelin; que, par des visites réitérées et une surveillance active, elle préside aux soins nécessaires à son corps et à son âme; qu'elle soit toujours à ses côtés pendant son enfance; qu'elle guide sa jeunesse : alors les mœurs et la vertu n'auront plus de ces cruelles alarmes dont nous ne pouvons nous défendre en voyant la plaie s'élargissant de jour en jour.

Ainsi aurons-nous coupé le mal dans la racine, préparé à la religion des chrétiens fervents; à la société, à la patrie, d'honnêtes et laborieux citoyens.

Vous recueillerez, chers collaborateurs, avec empressement, nous dirons même, car votre foi et votre charité nous sont connues, avec respect et bonheur, tous les Enfants que la Providence placera dans vos paroisses; et, à chaque orphelin qu'elle vous confiera, elle vous dira comme la fille de Pharaon à la mère de Moïse: *Recevez cet Enfant, prenez-en soin; je vous donnerai votre récompense* (Exod., 2, 9).

Nous n'en chercherons jamais d'autre sur la terre que la consolation d'avoir accompli un devoir sacré, éloigné bien des maux et soulagé de grandes infortunes; mais aussi, à l'heure de notre mort, Jésus-Christ nous répétera encore : *Tout ce que vous avez fait au plus petit de ces Enfants, c'est à moi-même que vous l'avez fait. Venez, les bénis de mon Père*, puisque vous avez été tendres et compatissants pour l'orphelin, *venez partager le royaume que je vous ai préparé.*

Recevez, Messieurs et chers coopérateurs, l'assurance de mes sentiments dévoués et affectueux.

✝ JEAN, *évêque de Périgueux.*

(Extrait des *Annales de la Charité*, année 1847, pages 643 et suivantes)

VISITE A L'HOSPICE DE LA MATERNITÉ DE PARIS.

(Page 526 du 1er volume. — 30e Séance.)

NOTICE sur la Maison d'accouchement de l'hospice de la Maternité de Paris.

La Maison d'accouchement et l'hospice des Enfants trouvés n'ont formé, pendant près de vingt années, qu'un seul et même établissement, connu sous le nom d'hospice de la Maternité. Cet établissement, destiné à remplacer l'ancien hôpital des Enfants trouvés et les salles de femmes en couches de l'Hôtel Dieu, avait été créé par un décret de la Convention nationale du 7 ventôse an II (25 février 1794), portant que les bâtiments du Val-de-Grâce serviraient à faire un hospice pour les Enfants de la Patrie et pour loger les filles et femmes indigentes qui viendraient y faire leurs couches. Mais, à peine l'hospice avait-il subsisté pendant quelques mois dans cette maison, qu'un nouveau décret de la Convention, du 10 vendémiaire an IV (2 octobre 1795), fit du Val de-Grâce un hôpital militaire pour la légion de Police, et ordonna que l'hospice de la Maternité serait transporté à l'abbaye de Port-Royal, rue de la Bourbe, et à l'institution de l'Oratoire, rue d'Enfer.

En conséquence, l'hospice prit, le 25 vendémiaire an IV (17 octobre 1795), possession de la maison de Port-Royal.

Le 14 thermidor an IV (1er août 1796) on commença à recevoir des femmes enceintes dans cette maison, pendant qu'on s'occupait avec activité des dispositions à faire dans celle de l'institution de l'Oratoire.

Le 19 frimaire an VI (9 décembre 1797), les accouchements qui s'étaient faits jusqu'alors partie à l'Hôtel-Dieu et partie à la Maison de Port-Royal, s'opérèrent en totalité à la Maison de l'Oratoire.

Les attributions de chaque Maison furent divisées et réglées de la manière suivante :

Celle de Port-Royal fut appelée section de l'allaitement ;

Celle de l'Oratoire, section de l'accouchement.

La section de l'allaitement (rue de la Bourbe), renfermait les Enfants abandonnés, les nourrices sédentaires et les femmes enceintes attendant le moment de leurs couches.

La section d'accouchement (rue d'Enfer), contint d'abord les femmes en couches, et quelques années plus tard, en l'an x (le 30 juin 1802), les élèves sages-femmes composant l'école d'accouchement créée par le ministre de l'intérieur Chaptal.

La division de l'hospice de la Maternité en deux établissements bien distincts était vivement désirée, surtout depuis qu'une grande partie du jardin de la maison de Port-Royal avait été prise pour former l'avenue de l'Observatoire, et qu'on avait ainsi rendu beaucoup plus difficiles les communications entre les deux Maisons.

Le conseil général des hospices, par arrêté du 29 juin 1814, prescrivit la division entière des services de l'établissement et ordonna les dispositions nécessaires pour que la Maison et l'école d'accouchement fussent transférées dans la maison de Port-Royal, rue de la Bourbe.

2° Pour que les Enfants trouvés fussent établis dans la maison de l'Oratoire, rue d'Enfer.

Destination de la Maison

La mutation prescrite par l'arrêté susdaté a eu lieu le 1er octobre 1814, et, à dater de cette époque la Maison d'accouchement a été destinée à la réception des femmes enceintes arrivées au huitième mois de leur grossesse, ou se trouvant dans un péril imminent d'accoucher avant terme.

2° Des femmes en couches et de leurs Enfants ;

3° D'un petit nombre de nourrices sédentaires ;

4° Des élèves sages-femmes envoyées pour leur instruction, des divers départements.

Femmes enceintes

Toute femme que la sage-femme en chef déclare être dans le huitième mois de sa grossesse, ou dans un péril imminent d'accoucher, est admise dans la Maison.

Les femmes ainsi reçues doivent se livrer au travail, et rendre les services compatibles avec leur état. Elles travaillent dans un atelier commun, mangent ensemble dans un réfectoire, et ont chacune un lit. On a trouvé un moyen facile de leur procurer de l'ouvrage en les chargeant de confectionner des layettes pour les Enfants trouvés, et des objets d'habillement et de lingerie pour la Maison.

Femmes en couches

Les femmes qui ressentent les douleurs de l'enfantement sont conduites par les filles de service à la salle dite des accouchements. Elles y sont placées sur des lits disposés pour les femmes en travail L'accouchement est fait par des élèves sages-femmes, qui ont donné des preuves de capacité, et qui sont toujours assistées par l'une des aides de la sage-femme en chef. Dans les cas difficiles, la sage-femme en chef opère elle-même, et, si la difficulté est grave, le chirurgien accoucheur en chef est appelé.

De la salle d'accouchement, les femmes sont transportées sur un brancard dans des dortoirs disposés de façon que chacune d'elles occupe une alcôve ou cellule éclairée par une fenêtre et fermée par des rideaux. Elles y sont visitées deux fois par jour par la sage-femme en chef, soignées par des gardes et des veilleuses, sous la direction d'une surveillante. S'il survient des accidents à la suite des couches, la malade est transportée à l'infirmerie et soignée sous les ordres des médecins, par des élèves sages-femmes et des infirmiers.

Nourrices sédentaires

Les nourrices sédentaires sont choisies par la sage-femme en chef, et prises parmi les femmes accouchées dans la Maison qui ont le désir de conserver leur Enfant, et la force nécessaire pour en allaiter deux. Elles nourrissent les Enfants des femmes qui, ayant l'intention d'allaiter elles-mêmes leurs Enfants, en sont momentanément empêchées par quelque maladie.

Élèves sages femmes.

Les jeunes femmes qui se destinent à l'état de sage-femme sont reçues à l'école d'accouchement, depuis l'âge de 18 ans jusqu'à 35 inclusivement.

On enseigne dans cette école :

La théorie et la pratique des accouchements ;

La vaccination :

La saignée ;

Et la connaissance des plantes usuelles, plus particulièrement destinées aux femmes en couches.

Pour être admises, les élèves doivent savoir lire et écrire d'une maniere convenable, et produire leur acte de naissance, ainsi qu'un certificat de bonnes vie et mœurs.

Le prix de la pension est de six cents francs par an.

Les élèves ne peuvent résider moins d'un an à l'école. L'année scolaire commence le 1er juillet, et finit le 30 juin. Les examens, les réceptions et la distribution des prix ont lieu dans les premiers jours de juin de chaque année.

Renseignements historiques sur l'abbaye de Port-Royal de Paris.

Avant l'année 1626, et sur le terrain des Clos Mureaux, faubourg Saint-Jacques, il existait un hôtel connu sous le nom de Clugny, dont l'entrée principale était placée, selon toutes les apparences, rue de la Bourbe. Suivant Racine, Mme Arnault, fille du célèbre M. Marion, avocat général, et mère d'Angélique Arnault, abbesse et réformatrice de l'abbaye de Port-Royal-des-Champs [1], étant devenue veuve, voulut se retirer du monde, et même se faire religieuse sous la conduite de sa fille. Cette sainte veuve, qui connaissait l'insalubrité de Port Royal-des-Champs, et qui savait que toutes les religieuses y tombaient malades, acheta de ses propres deniers l'hôtel de Clugny, pour y etablir une infirmerie dans laquelle seraient reçues les religieuses malades.

Mais le monastère de Port Royal-des-Champs devenant de plus en plus malsain, on fut obligé de l'abandonner complétement, et l'on vint s'établir à Paris, en 1626, dans la maison de Clugny.

Quelques années après cette translation, le nouveau monastère devint trop petit pour contenir les religieuses et les pensionnaires. On obtint en conséquence, en 1647, la faculté d'envoyer à Port-Royal-des-Champs qui avait été restauré et assaini, des religieuses qui seraient toujours sous la direction de la supérieure de Paris.

Cette annexe fut conservée jusqu'en 1669, époque à laquelle les deux maisons furent séparées en deux abbayes, indépendantes l'une de l'autre.

L'abbaye de Port-Royal-des-Champs se soutint jusqu'en 1709 ; ses biens furent alors réunis à ceux de l'abbaye de Port Royal de Paris, qui fut supprimée en 1790, comme toutes les autres communautés religieuses. En 1793, on fit de Port-Royal une prison connue sous le nom cruellement ironique de Port-Libre, et destiné à renfermer les prétendus suspects.

Enfin, comme on l'a vu dans la notice qui précède, par décret de la Convention nationale du 10 vendémiaire an IV (2 octobre 1795), l'une des sections de l'hospice de la Maternité fut placée dans les bâtiments de Port-Royal.

(1) Port Royal-des-Champs a été fondé en 1204 par Mathieu de Montmorency, seigneur de Marly, et par Mathilde de Gerlande, sa femme, qui, pour ce dessein acheta le fief de Porrois ou Port-Royal.

VISITE A L'HOSPICE GÉNÉRAL DES ENFANTS TROUVÉS DE PARIS.

(Page 526 du 1er volume, 30e séance.)

ORDONNANCE rendue pour l'exécution d'un arrêté du conseil général des hospices de Paris, en date du 25 janvier 1837, concernant les Enfants trouvés et abandonnés.

Paris, le 25 octobre 1837.

Nous, Conseiller d'État, Préfet de police,

Vu l'arrêté pris, le 25 janvier dernier, par le conseil général des hospices de Paris, concernant l'admission des Enfants nouveau-nés ou âgés de moins de deux ans à l'hospice des Enfants trouvés, lequel arrêté a été approuvé par M. le ministre de l'intérieur et nous a été communiqué par notre collègue M. le préfet de la Seine, avec prière de prendre les mesures nécessaires pour assurer l'exécution de ce règlement;

Vu l'article 1er de l'arrêté du 12 messidor an VIII;

Ordonnons ce qui suit :

ARTICLE PREMIER.

L'arrêté ci-dessus, visé du conseil général des hospices de la ville de Paris, recevra sa pleine et entière exécution à partir du 1er novembre prochain.

ART. 2.

Il sera imprimé à la suite de la présente ordonnance et affiché à deux reprises différentes, à cinq jours d'intervalle l'une de l'autre, tant à Paris que dans les communes rurales du ressort de la préfecture de police.

ART. 3.

MM. les sous-préfets des arrondissements de Sceaux et de Saint-Denis, MM. les maires des communes rurales, le chef de la police municipale à Paris, les commissaires de police de Paris et de la banlieue, et tous les agents et préposés de l'Administration sont chargés, chacun en ce qui le concerne, de concourir à son exécution.

ART. 4.

La présente ordonnance sera adressée à M. le préfet du département de la Seine, à M. le procureur général près la cour royale de Paris, à M. le procureur du roi près le tribunal de première instance, au conseil général des hospices et à MM. les maires de Paris.

Le conseiller d'État, préfet de police, G. DELESSERT.

Administration générale des hospices et secours à domicile de Paris.

Séance du 25 janvier 1837.

Le Conseil général,

Vu l'article 9 du titre III de la loi du 20 septembre 1792 (1);
Vu les articles 1, 2, 3, 5 et 23 du decret du 19 janvier 1811 (2);
Vu les articles 347, 348, 349, 350, 351, 352 et 353 du Code pénal (3);
Vu l'article 58 du Code civil, qui prescrit le mode à suivre pour faire constater l'état

(1) *Décret du 20 septembre 1792, titre III.*

Art. 9. En cas d'exposition d'Enfant, le juge de paix, ou l'officier de police qui en aura été instruit, sera tenu de se rendre sur le lieu de l'exposition, de dresser procès-verbal de l'état de l'Enfant, de son âge apparent, des marques extérieures, vêtements et autres indices qui peuvent éclairer sur sa naissance, il recevra aussi les déclarations de ceux qui auraient quelque connaissance relative à l'exposition de l'Enfant.

(2) *Décret impérial du 19 janvier 1811.*

Art. 1er. Les Enfants dont l'éducation est confiée à la charité publique sont

1° Les Enfants trouvés;

2° Les Enfants abandonnés;

3° Les orphelins pauvres,

Art 2. Les Enfants trouvés sont ceux qui, nés de pères et mères inconnus, ont été trouvés exposés dans un lieu quelconque ou portés dans les hospices destinés à les recevoir.

Art 3. Dans chaque hospice destiné à recevoir des Enfants trouvés, il y aura un Tour où ils devront être déposés.

Art. 4. Il y aura au plus dans chaque arrondissement un hospice où les Enfants trouvés pourront être reçus.

Des registres constateront jour par jour leur arrivée, leur sexe, leur âge apparent, et décriront les marques naturelles et les langes qui peuvent servir à les faire reconnaître

Art. 5. Les Enfants abandonnés sont ceux qui, nés de pères ou de mères connus, et d'abord élevés par eux ou par d'autres personnes à leur décharge, en sont délaissés sans qu'on sache ce que les pères et mères sont devenus ou sans qu'on puisse recourir à eux.

Art. 6. Les orphelins sont ceux qui, n'ayant ni père ni mère, n'ont aucun moyen d'existence.

Art. 23. Les individus qui seraient convaincus d'avoir exposé des Enfants, ceux qui feraient habitude de les transporter dans les hospices, seront punis conformément aux lois.

(3) *Code pénal.*

Art. 347. Toute personne qui, ayant trouvé un Enfant nouveau-né, ne l'aura pas remis à l'officier de l'état civil, ainsi qu'il est prescrit par l'article 58 du Code civil, sera punie des peines portées au précédent article.

La présente disposition n'est point applicable à celui qui aurait consenti à se charger de l'Enfant et qui aurait fait sa déclaration à cet égard devant la municipalité du lieu où l'Enfant a été trouvé.

Art 348. Ceux qui auront porté à un hospice un Enfant au-dessous de l'âge de sept ans accomplis qui leur aurait été confié, afin qu'ils en prissent soin ou pour toute cause, seront punis d'un emprisonnement de six semaines à six mois, et d'une amende de 16 à 50 francs.

Toutefois, aucune peine ne sera prononcée s'ils n'étaient pas tenus ou ne s'étaient pas obligés de pourvoir gratuitement à la nourriture et à l'entretien de l'Enfant et si personne n'y avait pourvu.

Art 349. Ceux qui auront exposé ou délaissé en un lieu solitaire un Enfant au dessous de l'âge de sept ans accomplis; ceux qui auront donné l'ordre de l'exposer ainsi, si cet ordre a été exécuté, seront, pour ce seul fait, condamnés à un emprisonnement de six mois à deux ans et à une amende de 16 à 200 francs.

Art. 350 La peine portée au précédent article sera de deux à cinq ans, et l'amende de 50 à 400 francs, contre les tuteurs ou tutrices, instituteurs ou institutrices de l'Enfant exposé et delaissé par eux ou par leur ordre.

Art. 351 Si, par suite de l'exposition et du delaissement prévus par les articles 349 et 350, l'Enfant est demeuré mutilé ou estropié, l'action sera considérée comme blessures volontaires à lui faites par la personne qui l'a exposé et delaissé, et, si la mort s'en est suivie, l'action sera considérée comme meurtre au premier cas, les personnes subiront la peine applicable aux blessures volontaires, et, au deuxième cas, celle du meurtre.

Art. 352. Ceux qui auront exposé et délaissé en un lieu non solitaire un Enfant, au-dessous de l'âge de sept ans accomplis seront punis d'un emprisonnement de trois mois à un an et d'une amende de 16 à 100 francs

Art. 353. Le délit prévu par le précédent article sera puni d'un emprisonnement de six mois à deux ans et d'une amende de 25 à 200 francs, s'il a été commis par les tuteurs ou tutrices, instituteurs ou institutrices de l'Enfant.

civil des Enfants nouveaux nés qui sont exposés et dont les parents sont inconnus (1).

Vu l'instruction ministérielle du 27 mars 1817 (2);

Oui le rapport de la commission spéciale nommée pour examiner les mesures qui sont à prendre afin de prévenire les abandons, et diminuer ainsi une population qui est sans liens et sans appui dans la société:

Considérant qu'il est nécessaire de renfermer l'admission des Enfants trouvés et abandonnés dans les limites posées par les lois et règlements en vigueur;

Qu'il est du devoir de l'administration d'éviter, dans cette admission, tout ce qui pourra favoriser l'abandon des Enfants, abandon réprouvé à la fois par les lois et par la morale, et encourager les mères à violer les obligations qui leur sont imposées par la nature;

Considérant que les dispositions de l'arrêt du 21 juillet 1670 prescrivaient le visa, par les administrateurs, des registres sur lesquels sont inscrites les admissions des Enfants apportés à l'hospice (3);

Considérant, pour la Maison d'accouchement et pour les hôpitaux dans lesquels les femmes viennent accoucher, qu'il est nécessaire d'imposer aux femmes l'obligation de nourrir pendant quelques jours leurs nouveau-nés, et de les emporter avec elles à leur sortie de l'établissement;

Que ces premiers jours d'allaitement, qui sont d'ailleurs conseillés par les médecins, peuvent réveiller la tendresse des mères et les déterminer à conserver un Enfant qu'elles avaient l'intention d'abandonner;

ARRÊTE :

Art. 1er. Aucun Enfant ne sera, sous quelque prétexte que ce soit, admis à l'hospice des Enfants trouvés que dans le cas, sous les conditions et dans les formes prévus par les dispositions ci-dessus visées de la loi du 20 septembre 1792 et du décret du 19 janvier 1811.

Art. 2. A cet effet, aucun Enfant ne sera reçu que sur le vu d'un procès-verbal d'un

(1) *Code civil.*

Art 58. Toute personne qui aura trouvé un Enfant nouveau-né sera tenue de le remettre à l'officier de l'etat civil, ainsi que les vêtements et autres effets trouvés avec l'Enfant, et de déclarer toutes les circonstances du temps et du lieu où il aura été trouvé.

Il en sera dressé procès-verbal détaillé, qui énoncera, en outre, l'âge apparent de l'Enfant, son sexe, les noms qui lui seront donnés, l'autorité civile à laquelle il sera remis, ce procès-verbal sera inscrit sur les registres

(2) Je dois, Monsieur le Préfet, exciter votre sollicitude sur l'énorme accroissement qu'éprouve successivement le nombre des Enfants trouvés et abandonnés. D'un côté, la misère, de l'autre, les soins que l'administration apporte à la conservation des Enfants et le bienfait de la vaccine sont des causes naturelles qui, l'une en augmentant le nombre des expositions, et les deux autres en diminuant la mortalité, doivent accroître le nombre des Enfants trouvés et des Enfants abandonnés à la charge des hospices; mais on ne peut se refuser à considérer comme une des causes les plus puissantes de cet accroissement les abus qui se commettent dans l'admission des Enfants au rang des Enfants trouvés et Enfants abandonnés.

Dans plusieurs départements où l'on a vérifié avec quelque sévérité les titres d'admission des Enfants, on en a découvert un grand nombre qui n'avaient pas de droits à la charité publique et qui, rendus à leurs familles, ont considérablement diminué le nombre des Enfants à la charge du département.

Le ministère a plusieurs fois appelé l'attention des préfets sur ces abus et sur les moyens de les détruire et d'en prévenir le retour; mais ces instructions ont été perdues de vue dans plusieurs départements

Je vous invite à les remettre en vigueur et à réprimer soigneusement les abus d'une admission trop facile.

(3) *Arrêt du 21 juillet 1670.*

On lit dans cet arrêt que les administrateurs visiteront, toutes les semaines, le registre où l'on écrit le nom des Enfants trouvés que l'on apporte dans l'hôpital, et qu'après avoir vérifié chaque article sur les procès-verbaux des commissaires au Châtelet et ordonnance des officiers qui doivent en connaître, ils parapheront les feuilles du registre et ils feront mettre lesdits procès-verbaux dans le lieu qui sera destiné pour les garder.

commissaire de police, constatant que l'Enfant a été exposé ou délaissé, ainsi qu'il est dit aux art. 2, 3 et 5 du décret du 19 janvier 1811.

Le procès-verbal sera visé par M. le préfet de police; toutefois, les commissaires de police pourront, pour la conservation des Enfants, les faire recevoir provisoirement à l'hospice, en attendant le visa de M. le préfet.

Art. 3. Le registre matricule, sur lequel sont inscrits les Enfants apportés à l'hospice, sera visé, chaque semaine, par le membre de la commission administrative chargé de l'hospice.

Art. 4. Les femmes enceintes ne seront admises à la Maison d'accouchement qu'autant qu'elles prendront l'engagement de nourrir, pendant quelques jours, dans l'établissement, et d'emporter, à leur sortie, l'Enfant dont elles seront accouchées.

Art. 5. Il n'y aura, pour l'allaitement, d'exception que pour les femmes qui seraient jugées, par le médecin, hors d'état de nourrir ou de continuer à nourrir leur Enfant.

Il pourra être accordé, sur la fondation Monthyon, des secours aux femmes qui continueront à nourrir leur Enfant, ou qui en prendront soin.

Art. 6. Les mesures qui précèdent sont applicables, dans tout leur contenu, aux femmes qui vont accoucher dans les établissements placés sous la surveillance du conseil.

Art. 7. Il sera rendu compte au conseil, à l'expiration de chaque mois, du résultat des dispositions ci-dessus prescrites.

Art. 8. Il sera écrit une circulaire aux accoucheurs, sages-femmes, et généralement aux personnes qui s'occupent des accouchements, pour leur rappeler les règles prescrites par les lois et règlements sur l'admission des Enfants et les peines portées par le Code contre l'abandon et le délaissement des Enfants,

Art. 9. M. le préfet de la Seine sera prié d'écrire à MM. ses collègues des départements de Seine-et-Oise, de Seine-et-Marne, d'Eure-et-Loir, de l'Eure et de l'Yonne, pour les informer des conditions d'admission à l'hospice des Enfants trouvés ou abandonnés.

Art. 10. M. le préfet de police sera prié de donner à MM. les commissaires de police et aux autres agents de son administration des instructions pour l'exécution des dispositions ci-dessus.

Art. 11. Le présent arrêté sera adressé à M. le pair de France, préfet du département de la Seine, pour être soumis à l'approbation de M. le ministre de l'intérieur.

Il sera également transmis, en quadruple expédition, à la 4e division, 2e section.

Fait à Paris, le 25 janvier 1837.

Signé duc DE LIANCOURT, *vice-président.*

LETTRE de M. le ministre de l'intérieur à M. le préfet de la Seine.

Du 30 mars 1837.

Monsieur le Préfet, vous m'avez transmis, avec votre lettre du 10 mars courant, un projet de règlement délibéré par le conseil général des hospices de Paris, le 25 janvier dernier, sur le mode et les conditions d'admission des Enfants trouvés dans les hospices de la capitale.

J'ai trouvé sages et conformes aux lois et instructions sur la matière les dispositions de ce règlement; en conséquence, je l'approuve et j'en autorise l'exécution.

Agréez, etc. — *Le Ministre de l'intérieur*, signé GASPARIN. — Pour copie conforme : *le maître des requêtes secrétaire général de la préfecture*, signé L. DE JUSSIEU. — Pour copies conformes : *Le Secrétaire général de l'Administration des hospices*, signé THUNOT. — Pour copie conforme : *Le Secrétaire général de la préfecture de police*, signé P. MALLEVAL.

LETTRE du préfet de police aux maires et commissaires de police des communes rurales du département de la Seine.

Paris, le 27 octobre 1837.

Monsieur le Maire, j'ai l'honneur de vous transmettre ci-incluse, avec une copie de l'arrêté pris le 25 janvier dernier par le conseil général des hospices de Paris, approuvé par le ministre de l'intérieur, une ampliation de mon ordonnance du 25 du courant, concernant le placement, à l'hospice des Enfants trouvés, des Enfants nouveau-nés, *ou âgés de moins de deux ans.*

Depuis longtemps on était dans l'usage de recevoir à l'hospice des Enfants-Trouvés, avec ou sans renseignements sur leur état civil, sur les noms, la demeure de leurs parents et les causes de leur abandon, les Enfants nouveau-nés, *ou âgés de moins de deux ans*, qui y étaient apportés, soit comme Enfants trouvés, soit comme Enfants abandonnés par leurs parents. Cet usage, d'ailleurs contraire aux dispositions de la loi, en favorisant les abandons, a eu pour résultat d'augmenter considérablement le nombre des Enfants dont l'éducation est confiée à la charité publique.

C'est à la fois pour rentrer dans l'ordre légal, et pour diminuer autant que possible le nombre des admissions à l'hospice des Enfants trouvés, que le conseil général des hospices a pris l'arrêté du 25 janvier dernier, et que j'ai rendu l'ordonnance qui doit en assurer l'exécution Il importe, Monsieur, que vous vous pénétriez bien de l'esprit qui a dicté ces actes, et que, dans l'application que vous serez à même d'en faire, vous ne perdiez jamais de vue les considérations sur lesquelles ils sont basés, ainsi que les dispositions législatives ou les règlements administratifs qui y sont rappelés Je vous ferai remarquer, Monsieur, que les motifs puisés dans la morale et dans les principes d'une sage économie, pour diminuer le nombre des admissions à l'hospice des Enfants trouvés, doivent également déterminer une réduction dans le nombre des admissions à l'hospice des Orphelins. Je vais, au surplus, vous tracer la marche que vous devrez suivre dans les opérations que vous aurez à faire à l'égard des Enfants trouvés, abandonnés ou en état d'orphanité.

Cette instruction générale m'a paru d'autant plus nécessaire, què MM. les maires des communes n'ont pas toujours rempli de la même manière les formalités qui leur ont été indiquées dans diverses circulaires, et que la plupart d'entre eux en omettent quelques-unes dont l'accomplissement est pourtant indispensable.

Je crois devoir vous rappeler d'abord qu'aux termes du décret impérial du 19 janvier 1811, les Enfants dont l'éducation est confiée à la charité publique sont :

1° Les Enfants trouvés, c'est-à dire ceux qui, nés de pères et mères inconnus, ont été trouvés exposés dans un lieu quelconque ;

2° Les Enfants abandonnés, c'est-à-dire ceux qui, nés de pères et mères connus, et d'abord élevés par eux ou par d'autres personnes à leur décharge, en sont délaissés, sans que l'on sache ce que les pères et mères sont devenus, ou sans qu'on puisse recourir à eux ;

3° Les orphelins pauvres, c'est à-dire les Enfants qui, n'ayant ni père ni mère, n'ont aucun moyen d'existence.

L'Administration recueille aussi, jusqu'à ce qu'elle puisse les rendre à leurs parents, les Enfants âgés de moins de douze ans qui, égarés, sont dans l'impossibilité de rejoindre leur famille, ou ceux qui, victimes de sévices graves de la part de leurs parents, tuteurs, etc., ne pourraient sans danger être laissés sous l'autorité des personnes dont la conduite, à leur égard, donne lieu à des poursuites judiciaires.

Je vous rappellerai aussi que, suivant les règlements des hospices, on n'admet à l'hospice des Enfants trouvés que les Enfants nouveau-nés ou âgés de moins de deux ans;

Qu'à l'hospice des Orphelins on ne reçoit pas d'Enfants âgés de moins de deux ans et de plus de onze ans révolus;

Qu'enfin, règle générale, tout Enfant âgé de moins de douze ans, *trouvé, abandonné, orphelin pauvre*, ou seulement *égaré*, dont la famille est inconnue ou qui n'est pas réclamé par elle, doit être immédiatement envoyé à la préfecture de police, pour être mis à la disposition de l'Administration des hospices, qui en devient la tutrice légale, sauf, par les personnes qui les auraient recueillis momentanément et qui désireraient en prendre soin, à les réclamer auprès de l'Administration des hospices, qui, s'il y a lieu, les leur confiera aux conditions et dans les formes établies.

Lorsque vous êtes informé, soit par la clameur publique, soit autrement, qu'un Enfant *nouveau-né*, ou *âgé de moins de sept ans*, a été exposé dans un lieu quelconque, vous devez vous rendre sur le lieu de l'exposition, dresser procès-verbal de l'état de l'Enfant, de son âge apparent, des marques extérieures, vêtements et autres indices qui peuvent éclairer sur sa naissance, recevoir les déclarations de ceux qui auraient quelque connaissance relative à l'exposition de l'Enfant, et faire tout ce qui dépendra de vous pour découvrir les auteurs ou complices de ladite exposition.

Si, comme il arrive assez souvent, l'Enfant est apporté ou amené à votre mairie, il importe qu'indépendamment des constatations ci-dessus vous vous assuriez avec le plus grand soin s'il y a eu réellement exposition, délaissement; car il se pourra que la mère, que les parents de l'Enfant, voulant échapper, sans compromettre son existence, à l'obligation de faire connaître son origine, le fassent porter ou conduire à votre mairie par une personne qui, d'intelligence avec eux, déclarera l'avoir trouvé dans tel ou tel endroit et ne pouvoir fournir aucun indice, ni sur les auteurs de ses jours, ni sur les circonstances de l'exposition. Il est présumable même que ces sortes de fraudes se commettront assez fréquemment, et vous ne sauriez trop vous appliquer à les déjouer, soit en interrogeant avec beaucoup d'attention l'auteur du dépôt et en vérifiant ses dires, soit en le faisant suivre à sa sortie de votre mairie, soit en vous livrant à une enquête minutieuse, et dans la maison qu'il habite, et sur le lieu prétendu de l'exposition.

Dans toutes les hypothèses, vous devez, si l'âge de l'Enfant le permet, employer tous les moyens convenables pour obtenir de lui des indices sur son état civil, sur les noms et la demeure de ses parents, de ses parrain ou marraine, ou enfin des personnes dont il pourrait être connu.

S'il vous est démontré que l'état d'abandon où s'est trouvé l'Enfant est le résultat d'un acte volontaire de la part de ses parents, tuteurs, etc.; vous prendrez contre qui il appartiendra telles conclusions que réclameront les circonstances du délit, c'est-à-dire l'âge de l'Enfant, la qualité des personnes qui s'en sont rendues coupables, le lieu de l'exposition et les conséquences qui en seront résultées pour lui.

Ces formalités accomplies, à raison des fonctions d'officier de police judiciaire que vous remplissez dans votre commune, vous aurez, comme officier de l'état civil, à transcrire sur les registres des actes de naissance le procès-verbal que vous aurez dressé; vous donnerez à l'Enfant les noms qu'il indiquera lui-même comme les siens ou ceux que porteraient les papiers trouvés sur lui, ou, à défaut, ceux que vous jugerez convenable de lui imposer.

Après l'avoir signé et timbré, vous joindrez un bulletin provisoire d'inscription de l'Enfant à votre procès-verbal, dont vous ferez l'envoi à ma préfecture avec l'Enfant auquel il se rapporte.

Dans le cas, cependant, où la situation de l'Enfant réclamerait des soins immédiats ou de prompts secours, vous pourrez le faire transporter sur-le-champ, s'il n'est pas âgé de deux ans, à l'hospice des Enfants trouvés, et à l'hôpital des Enfants, rue de Sèvres, s'il a atteint sa deuxième année.

Il sera reçu dans l'un ou l'autre de ces établissements, sur un ordre d'envoi (dont je joins ici le modèle) signé de vous et revêtu du cachet de votre mairie.

Vous exigerez un récépissé de l'Enfant, et vous annexerez aussi cette pièce au procès-verbal que vous me transmettrez.

Quand un Enfant âgé de moins de douze ans vous sera présenté pour être placé dans un hospice, comme étant délaissé par ses parents ou par ceux qui s'en étaient chargés à leur défaut, vous recevrez d'abord une déclaration sur les faits motivant l'abandon dudit Enfant, sur son état civil (nom, prénoms, date de naissance, mairie où elle a été constatée); sur les noms, professions et dernier domicile connu des père et mère; sur les noms et domiciles des autres parents, et sur les circonstances par suite desquelles les déclarants se sont trouvés chargés de l'Enfant.

Vous procéderez ensuite sur les mêmes faits, soit dans le voisinage des déclarants, soit au dernier domicile des parents, en un mot partout où besoin sera, à une enquête dans laquelle vous entendrez toutes les personnes que vous jugerez en état de vous donner des renseignements utiles, mais en ayant soin de ne pas vous borner à recevoir les dires de celles dont les requérants se seraient fait assister.

Si, par suite de vos investigations, vous parvenez à découvrir les père et mère de l'Enfant, vous recevrez d'eux une déclaration sur les motifs qui les ont portés à se séparer de lui et sur leurs intentions à son égard, et vous les vérifierez au moyen d'une nouvelle enquête.

Si l'abandon qu'ils veulent en faire a pour cause la mauvaise conduite de l'Enfant, vous leur ferez observer que les hospices ne sont pas des lieux de correction, et qu'ils doivent, s'ils veulent user des droits résultant des articles 375 et suivants du Code civil, adresser une requête à M. le président du tribunal de première instance, qui délivrera, s'il y a lieu, un ordre d'arrestation contre l'Enfant.

Si la demande de placement était motivée, comme cela arrive fréquemment, sur ce que l'Enfant serait un sujet de discorde entre deux époux, dont l'un aurait contracté un second mariage, vous repousserez, comme il convient, une semblable demande, en rappelant à l'un et à l'autre époux les devoirs qu'ils ont à remplir.

Si le placement d'un Enfant est sollicité par les parents à raison de leur état de misère, et qu'il résulte bien évidemment des documents que vous aurez recueillis par voie d'enquête, des vérifications que vous aurez faites vous-même, et du certificat d'indigence délivré par le bureau de charité de leur arrondissement, qu'ils sont dans l'impossibilité absolue de pourvoir à la nourriture de l'Enfant, vous accueillerez leur demande; mais, en même temps, vous leur ferez connaître qu'aux termes des règlements de l'Administration des hospices, ils ne pourront pas voir leur Enfant, ni savoir où il est placé, et qu'ils ne pourront avoir de ses nouvelles qu'en payant, chaque fois, la somme de 30 fr.

Si, malgré cet avertissement, que je vous recommande de mentionner dans votre procès-verbal, ils persistent dans la résolution d'abandonner leur Enfant, vous vous ferez remettre par eux l'acte de naissance de celui-ci ou les renseignements nécessaires pour se le procurer, et vous enverrez l'Enfant à ma préfecture, accompagné de votre procès-verbal, contenant votre avis personnel sur la nécessité du placement.

Si l'Enfant dont on requerra de vous le placement est nouvellement né, vous procéderez de la même manière qu'il a été dit ci-dessus quant à la recherche de son état civil, de sa famille et des motifs de son abandon; vous devez, du reste, ne rien négliger pour parvenir jusqu'à la mère de cet Enfant, et, après avoir reçu sa déclaration, employer tous les moyens de persuasion que vous suggéreront la raison et la morale pour la décider à conserver son Enfant, au moins pendant quelque temps.

Vous lui ferez connaître, dans le cas où le défaut de ressources la déterminerait seul à délaisser son Enfant, que l'Administration des hospices pourrait lui accorder des secours si elle continuait de le nourrir ou d'en prendre soin.

Vous lui notifierez également, en lui en faisant sentir toutes les conséquences, le règlement des hospices, en ce qui concerne l'impossibilité de voir les Enfants abandonnés, de connaître le lieu de leur placement et la difficulté d'en avoir des nouvelles.

C'est dans ces deux circonstances, Monsieur le Maire, que vous devez surtout faire preuve d'attention et de prudence.

Il importe, en effet, que vous vous attachiez à reconnaître les véritables causes qui détermineraient des parents à confier leurs Enfants à la charité publique, que vous m'aidiez à repousser toutes les demandes qui ne reposeraient pas sur des motifs fondés, et que vous tâchiez de réveiller chez les mères les sentiments de la nature.

Je verrai avec satisfaction, Monsieur le Maire, dans les rapports que vous m'adresserez, toutes les fois que vous aurez eu à vous occuper de semblables faits, que vos soins ont été couronnés du succès.

Lorsqu'il s'agira du placement d'un Enfant âgé de moins de douze ans, orphelin de père et de mère, qui vous sera présenté comme n'ayant aucun moyen d'existence, vous procéderez à une enquête semblable à celle que je vous ai indiquée pour les Enfants abandonnés, et vous vous ferez remettre, pour les joindre à votre procès-verbal, l'acte de naissance de l'Enfant, les actes de décès de ses père et mère, ou les renseignements à l'aide desquels on puisse se procurer ces pièces.

Vous aurez aussi à vous informer des noms, demeure et ressources des autres parents qu'il pourrait avoir; à recevoir, s'il y a lieu, leurs déclarations sur leurs intentions à son égard; enfin vous vous procurerez, autant que possible, des renseignements exacts sur la nature et la valeur des effets mobiliers et autres laissés par les père et mère, et sur ce que ces effets sont devenus.

Toutes les fois qu'un Enfant âgé de moins de huit ans aura été rencontré errant sur la voie publique, et que son âge et le développement de ses facultés, ainsi que le résultat de l'interrogatoire que vous lui aurez fait prêter, vous donneront lieu de penser qu'il est réellement égaré ou qu'il a furtivement quitté la maison paternelle, vous prendrez toutes les mesures convenables pour découvrir les parents, afin de le remettre entre leurs mains; et dans ce cas, vous aurez soin de m'en informer par un rapport particulier.

Si vous échouez dans vos recherches, ou que la famille de l'Enfant ne puisse être appelée près de vous, vous enverrez celui-ci sans retard à ma préfecture, avec le procès-verbal que vous aurez dressé, et dans lequel vous insérerez le signalement exact dudit Enfant.

Si l'Enfant est âgé de plus de huit ans, s'il n'est pas *réclamé* par ses parents, si les circonstances dans lesquelles il a été arrêté, les déclarations que vous aurez reçues, la nature des réponses qu'il vous aura faites, démontrent qu'il se livre à une vie vagabonde, vous procéderez à son égard conformément à la loi, et vous l'enverrez à ma préfecture, avec un procès-verbal contenant vos conclusions, afin que, s'il y a lieu, je le traduise devant M. le procureur du roi.

Lorsque vous êtes informé par la notoriété publique ou par des avis particuliers qu'un Enfant est, de la part de ses parents, tuteurs ou autres chargés d'en prendre soin, l'objet de sévices graves, de traitements qui compromettent sa vie, sa sûreté ou ses mœurs, vous devez procéder à une enquête sur les faits qui vous sont dénoncés; recueillir des renseignements exacts sur l'état civil de l'Enfant, sur les noms, le domicile et les ressources de tous les membres de sa famille; et si l'Enfant ne peut, sans danger réel, rester sous l'autorité des individus chez lesquels il se trouve, vous devez procéder, conformément à la loi, à l'égard des inculpés, et envoyer l'Enfant à ma préfecture, pour être déposé dans un hospice ou remis à qui de droit jusqu'à décision judiciaire.

Ce dernier cas, Monsieur le Maire, se présente par malheur assez fréquemment, et vous ne sauriez mettre trop d'empressement et de zèle à soustraire de faibles et malheureux Enfants à la brutalité de ceux sous l'autorité desquels ils sont placés, et à provoquer contre ceux-ci la juste rigueur des lois.

Je vous invite, Monsieur le Maire, à vous bien pénétrer des instructions contenues dans cette lettre, dont l'objet doit exciter toute votre sollicitude, et à me soumettre vos observations sur les difficultés que vous pourriez rencontrer dans leur exécution.

Recevez, etc. *Le Conseiller d'État, préfet de police,* signé G. DELESSERT.

LETTRE *du Préfet de police* (M. Delessert) *aux maires et commissaires de police des communes rurales du département de la Seine.*

Paris, le 25 novembre 1837.

Messieurs, plusieurs d'entre vous m'ayant annoncé qu'un assez grand nombre de sages-femmes paraissaient n'avoir point connaissance, malgré la publication qui en a été faite à deux reprises différentes, des dispositions de l'arrêté du conseil général des hospices du 25 janvier dernier, concernant les Enfants trouvés et abandonnés, et de mon ordonnance du 25 octobre suivant, qui l'a mis en vigueur, je vous adresse, pour les remettre aux sages-femmes qui résident dans vos communes respectives, un certain nombre d'exemplaires des actes dont il s'agit, et qui sont accompagnés d'une circulaire par laquelle je les invite a seconder l'autorité dans l'œuvre qu'elle a entreprise de diminuer, autant que possible, le nombre des Enfants confiés à la charité publique, et leur rappelle les obligations auxquelles elles sont soumises à cet égard.

Vous savez comme moi, Messieurs, qu'un grand nombre de sages-femmes, qui n'ont d'autre mobile que leur intérêt, non-seulement n'essayaient point de détourner les femmes qu'elles accouchent d'abandonner leurs Enfants, mais bien souvent au contraire les y encourageaient et se chargeaient, *moyennant salaire,* de porter ces Enfants à l'hospice. Il est un fait constant, c'est que le tiers au moins des Enfants nouveau-nés y étaient déposés par des sages-femmes, qui tiraient de ce honteux courtage d'assez gros profits.

Parmi les abus résultant de la facilité avec laquelle les Enfants ont été admis à l'hospice des Enfants-Trouvés jusqu'à l'époque de la mise à exécution de l'arrêté précité du conseil général des hospices, celui-ci est sans doute le plus criant, le plus immoral, et l'Administration doit appliquer tous ses soins à le détruire. Elle a compté beaucoup, Messieurs, sur votre coopération pour atteindre ce but, et j'ai la conviction que ses espérances ne seront pas déçues.

Je n'ai pu aborder qu'avec une extrême réserve, dans ma circulaire aux sages-femmes, ce qui touche aux pratiques condamnables auxquelles beaucoup d'entre elles se livrent à l'égard des Enfants nouveau-nés, et j'ai dû également me borner à des instructions succinctes et générales sur le concours que l'Administration attend d'elles, et sur les devoirs qu'elles ont à remplir. C'est à vous, Messieurs, à les completer de vive voix, et en appropriant vos observations à la moralité des personnes auxquelles vous les adresserez.

Aux sages-femmes dont l'exactitude, l'honnêteté, les bons principes vous sont connus, vous n'avez que des encouragements, que des témoignages de confiance à donner. Celles-ci comprendront sans peine tout ce qu'il y a de moral, de prévoyant, d'humain dans les mesures adoptées par l'Administration, et s'empresseront de s'y associer.

A celles, au contraire, sur la moralité desquelles vous ne seriez pas favorablement renseignés, et que vous sauriez favoriser les abandons d'Enfants, vous aurez à enjoindre de renoncer à des manœuvres qui ne manqueraient pas d'attirer sur elles la surveillance de l'Administration et les poursuites de la justice.

Faites-leur bien sentir qu'autant l'Autorité est disposée à leur tenir compte des efforts qu'elles feront pour seconder ses intentions paternelles, autant elle se montrera sévère envers les fraudes à l'aide desquelles elles chercheraient à la tromper, et qui auraient pour but d'éluder les dispositions de l'arrêté du conseil général des hospices et des lois et règlements qui lui servent de base. Que votre langage, en un mot, soit persuasif, bienveillant avec toutes, mais en même temps qu'il soit ferme et sévère avec celles qui vous paraîtraient peu disposées à déférer à vos observations, ou dont les antécédents prêteraient à la censure.

Je ne me suis pas borné à tracer des règles de conduite aux sages-femmes : j'ai cru devoir aussi, mais dans des termes un peu différents, faire un appel aux sentiments de philanthropie des médecins, chirurgiens et officiers de santé qui s'occupent d'accouchements, par une circulaire que je leur ai adressée directement.

Votre intervention n'avait plus ici la même utilité que vis-à-vis des sages-femmes; elle n'aurait pas été suffisamment motivée, et peut être même, par cette raison, aurait-elle blessé d'honorables susceptibilités. En effet, j'aime à croire que les hommes de l'art qui pratiquent les accouchements sont généralement pénétrés à un trop haut degré des devoirs de leur ministère pour qu'il soit à propos de leur faire d'autres recommandations que celles contenues dans cette circulaire. Si cependant, contre mon attente, il en était quelques-uns qui vous fussent connus pour prêter les mains habituellement à l'abandon des Enfants, ou pour se livrer à d'autres manœuvres de ce genre, vous auriez à leur donner les mêmes avertissements qu'aux sages-femmes, et à provoquer contre eux une surveillance toute spéciale

Vous sentirez, au surplus, Messieurs, j'en ai l'assurance, tout ce que vos rapports avec les personnes qui se livrent aux accouchements exigent de prudence et de circonspection, et j'espère que vous saurez remplir la mission qui vous est confiee, sans jamais exciter de leur part ni plaintes, ni réclamations fondées.

J'appelle de nouveau, Messieurs, votre attention la plus soutenue et la plus sérieuse sur les mesures relatives à l'abandon des Enfants : si j'en juge par les premiers résultats obtenus, vous les avez parfaitement comprises, et je ne puis que vous encourager à en poursuivre l'exécution avec le même zèle et la même intelligence.

Lettre du Préfet de police aux commissaires de police de la ville de Paris.

Paris, le 1er novembre 1838

Messieurs, par ma circulaire du 27 octobre 1837, relative à l'exécution de l'arrêté du conseil général des hospices du 25 janvier précédent, concernant les Enfants trouvés et abandonnés, je vous ai autorisés à annoncer aux femmes nouvellement accouchées qui, a raison de leur dénûment, manifesteraient l'intention d'abandonner leurs Enfants nouveau-nés, que, si elles se décidaient à les garder, il leur serait accordé un secours. Dans une autre circulaire du 25 novembre suivant je vous ai fait connaître quelle pouvait être la nature de ce secours, et je vous ai indiqué la marche que vous deviez suivre pour le faire obtenir aux femmes qui vous paraîtraient le mériter. D'accord en cela avec l'Administration des hospices, je me plais à reconnaître, Messieurs, que vous avez parfaitement compris l'importance et l'utilité de la mission qui vous a été confiée. Elle a été généralement remplie avec un zèle et un discernement que je ne saurais trop louer; mais votre participation toute nouvelle à la distribution de ce genre de secours, et l'absence d'instructions précises qui pussent vous diriger, devaient amener et ont amené, en effet, des hésitations, des divergences dans la manière d'envisager l'application des secours, et souvent, par conséquent, des retards dans leur distribution.

D'un autre côté, quelques-uns d'entre vous, se laissant entraîner par cette disposition si naturelle aux cœurs charitables de répandre des bienfaits partout où se rencontrent des misères, ont accueilli parfois avec un peu de facilité les demandes qui leur étaient adressées; et c'est déjà, dans plusieurs quartiers, une idée presque établie que, dès qu'une femme mal aisée accouche, elle peut obtenir le payement des mois de nourrice, en s'adressant au commissaire de police. Il en résulte que le nombre des demandeurs se multiplie successivement, et qu'il continuerait de s'accroître dans une proportion dont on ne peut prévoir la mesure ni le terme, si l'Administration n'avisait aux moyens convenables pour circonscrire cette partie du service dans ses véritables limites.

Depuis un an bientôt qu'elle est entrée dans une nouvelle voie, en ce qui concerne l'admission des Enfants à l'hospice des Enfants Trouvés, elle en a étudié les résultats avec soin; les diverses manières d'opérer ont été comparées, les tendances de la population sont reconnues, et il est possible aujourd'hui, non de vous tracer des règles fixes, absolues (il ne saurait y en avoir pour une matière aussi neuve et aussi délicate), mais de vous donner des instructions plus étendues, plus positives què celles que vous avez reçues jusqu'à présent, et qui, en vous dirigeant dans les circonstances les plus ordinaires, aient pour résultat d'établir dans la marche du service une uniformité aussi complète que possible.

Je vous transmets, d'abord, un certain nombre de modèles de lettres dont je vous invite, Messieurs, à faire usage désormais pour les demandes de secours que vous aurez à présenter à M. Valdruche, membre de la commission administrative des hospices, dans la division duquel se trouve placé le service des Enfants trouvés.

Le cadre de ces lettres est disposé de manière à recevoir tous les renseignements qui peuvent motiver des propositions de secours et guider dans la fixation de la nature et de la quotité de ceux qui seront accordés.

Les documents destinés à figurer dans ces lettres doivent y être consignés d'une manière exacte, claire et précise, soit pour faire mieux apprécier la position des personnes qu'il importe de secourir, soit pour mettre à portée d'établir une statistique qui ne peut être complète et véritablement utile qu'autant qu'on aura obtenu des renseignements homogènes sur les individus qui ont sollicité et obtenu les bienfaits de l'Administration.

Avant tout, Messieurs, vous devez bien vous pénétrer de cette idée qu'en ce qui touche les secours dont il s'agit, vous êtes chargés seulement de les proposer et de les appliquer; mais que c'est à l'Administration des hospices, qui les accorde, à en déterminer l'importance. Ainsi, dans certains cas, il pourra arriver que les secours accordés soient au-dessous de la quotité que vous aurez indiquée; d'autres fois même, peut être, ils seront refusés. Quelle que soit la décision de l'Administration des hospices, elle ne peut ni ne doit vous blesser; parce que, placée au point central où elle peut comparer les besoins et les positions, elle seule est en état de bien juger de la mesure des soulagements à appliquer aux diverses infortunes, à raison des ressources dont elle dispose. Ses refus, quand ils ont lieu, sont toujours fondés d'ailleurs sur des règles ou sur des principes dont elle ne pourrait s'affranchir sans inconvénient ou sans danger.

Cependant, toutes les fois que vous croirez devoir insister sur vos premières propositions, par suite de renseignements bien positifs et d'une intime conviction, vos réclamations seront, j'en ai l'assurance, examinées avec le plus grand soin, et recevront une solution favorable, lorsqu'elles seront suffisamment justifiées.

Il est de principe qu'on ne peut bien connaître la situation d'un indigent qu'en le visitant dans sa demeure. L'aspect du ménage, l'état du mobilier, l'importance du logement, le nombre d'enfants, sont des éléments nécessaires pour se former une opinion, et c'est au domicile seulement qu'on peut les obtenir. Aussi le conseil général des hospices n'accorde-t-il jamais de secours à qui que ce soit sans que cette visite ait eu lieu.

Je ne puis donc, Messieurs, trop vous recommander de vous transporter vous-mêmes chez les femmes nouvellement accouchées pour lesquelles vous auriez des secours à proposer, ou de ne confier ces visites, *en cas de sérieux empêchement, qu'à des collaborateurs judicieux et exercés.*

N'accueillez surtout qu'avec une extrême réserve les déclarations des sages-femmes, et ne négligez pas de les vérifier.

Dans leur intérêt personnel, afin d'être payées de leurs soins, ou pour en obtenir un prix plus élevé, la plupart des sages-femmes s'empressent d'aller officieusement solliciter les secours de l'Administration en faveur de leurs clientes, qui l'ignorent le plus souvent; et pour attendrir plus sûrement le magistrat auquel elles s'adressent, elles peuvent ne pas épargner l'exagération et même avancer des faits inexacts.

Lorsqu'une sage-femme vous requiert de dresser le procès-verbal d'abandon d'un Enfant nouveau-né, ou sollicite un secours en faveur d'une accouchée qu'elle annonce être hors d'état de garder son Enfant si elle n'est secourue, recueillez avec soin, de cette sage-femme, tous les renseignements qu'elle vous donnera sur la position de l'accouchée, mais pour les comparer avec ceux que vous recevrez immédiatement après de la mère, que vous entendrez toujours hors la présence de la sage-femme. C'est un moyen de reconnaître si la résolution d'abandon ou la demande de secours est le résultat des suggestions de la sage-femme, ou si elle est spontanée chez l'accouchée, et si cette dernière se trouve réellement dans l'impossibilité d'acquitter les frais de nourriture de son Enfant.

Dans tous les cas, dès que vous êtes auprès de l'accouchée, laissez-la exposer elle-même l'objet de sa demande, afin de savoir s'il s'agit d'un secours pur et simple, ou s'il y a effectivement chez elle intention d'abandon.

On a pensé que l'Administration voulait, à tout prix, et en toutes circonstances, prevenir les abandons : c'est une erreur grave. Il y a même danger à pousser trop loin le zèle à cet égard. Faire obtenir des secours à des femmes qui sont dans l'impuissance évidente d'acquitter le deuxième mois de nourriture ou les suivants, c'est retarder seulement l'abandon de quelques Enfants, qui seront bientôt, comme cela est arrivé déjà, ramenés par leur nourrices, faute de payement, ce qui entraîne l'Administration dans une double dépense, puisque les premiers secours ont été donnés en pure perte. Il en résulte un inconvénient encore plus fâcheux, c'est que la santé et l'existence même des Enfants peuvent être compromises par les voyages qu'il leur faut subir.

Après vous être exactement informés de la position d'une femme nouvellement accouchée, de ses ressources actuelles et prochaines, de ses projets à l'égard de son Enfant, s'il vous est démontré qu'elle est dans une misère profonde, qu'elle ne gagne qu'un faible salaire (60 à 75 centimes par jour, par exemple), qu'elle n'a rien de plus à espérer de son travail, et que le père ne veut ou ne peut concourir en rien aux frais de nourriture du nouveau-né, l'abandon, s'il est réclamé, peut être consenti sans difficulté, dans l'intérêt même de l'Enfant.

Ainsi, avant d'offrir des secours à une mère pour la déterminer à garder son Enfant qu'elle manifestait l'intention d'abandonner, vous devez être à peu près certain qu'elle a non-seulement la volonté, mais encore la possibilité de pourvoir aux frais de nourriture, soit par son travail, soit par les secours qu'elle recevra de sa famille, ou par le concours du père. C'est alors seulement que les bienfaits de l'Administration doivent être invoqués en sa faveur et qu'il y a utilité à les accorder.

Mais si une mère, qui ne se trouverait pas actuellement dans une position favorable, témoignait une louable répugnance pour l'abandon et déclarait elle-même avoir la ferme résolution de conserver son Enfant, vous vous garderiez bien de l'en détourner; car l'amour maternel sait faire des prodiges, et les bons sentiments naturels doivent être encouragés et soutenus toutes les fois qu'ils se produisent avec les caractères de la sincérité.

Si ces bons sentiments existent en effet, et qu'ils aient été refoulés par de coupables conseils dans le cœur d'une mère qui possède les ressources suffisantes pour élever son Enfant, vous parviendrez sans peine à les ranimer, en faisant sentir avec douceur, et au besoin avec fermeté, tout ce qu'il y a d'immoral et de cruel dans l'abandon d'un être à qui on a donné le jour, et de louable à lui conserver une mère dont il sera peut-être un jour la consolation et l'appui. Quelques mots sur le triste sort qu'un pareil délaissement lui réserve, sur les chances de mortalité qui le menacent, sur les regrets cuisants qu'on se prépare en le repoussant de son sein, sur l'impossibilité de le revoir jamais, sont de nature à agir puissamment sur le cœur d'une mère qui n'est pas profondément vicieuse, et à la ramener à de meilleurs sentiments. Ce tableau doit, du reste, être présenté de manière à ne pas exercer une impression trop vive et qui puisse devenir fâcheuse dans une position qui exige de grands ménagements.

Si vous apercevez que, par suite de vos conseils et de vos remontrances, une intention d'abandon, qui paraissait d'abord irrévocable, se modifie et se trouve ébranlée, il y aurait peut-être inconvénient et danger à insister davantage pour une première fois. Afin de laisser à la mère tout le mérite d'une meilleure résolution et de lui ôter toute idée de surprise, le mieux est de la livrer à ses propres réflexions, aux inspirations de sa conscience et au souvenir des conseils qui lui auront été donnés; vous pouvez alors la quitter, en lui promettant de la revoir prochainement. Au bout de quelques heures, la nature reprendra ses droits, la mère s'attachera à son Enfant, elle le nourrira de son lait et ne pourra plus supporter l'idée d'une séparation totale.

Ce moyen dilatoire, employé plusieurs fois avec succès par un, sinon par plusieurs d'entre vous, on y a constamment recours à la Maison d'accouchement, et là aussi il a produit les meilleurs résultats.

Vous ne devez, dans aucun cas, Messieurs, chercher à obtenir d'une mère qu'elle conserve son Enfant par des espérances de secours qui ne pourraient se réaliser. *Promettre d'acquitter les mois de nourriture* serait un tort, car telle n'est pas l'intention de l'Administration des hospices. Elle consent, la plupart du temps, à payer le premier mois de nourrice et le voyage, et à donner des effets pour l'Enfant; quelquefois même elle accorde un nouveau secours, si l'urgence lui en est démontrée, mais elle ne prend pas d'autres engagements.

Dans les derniers temps d'une grossesse, il y a habituellement incapacité de travail et impossibilité de réaliser des économies; il est également difficile de travailler dans les premiers jours qui suivent l'accouchement, et alors l'Administration intervient, parce que des secours qu'elle accorde peut dépendre la conservation de l'Enfant; mais lorsque la mère est entièrement rétablie, elle doit pourvoir aux frais de nourriture, et ce n'est même qu'à cette condition que le bienfait doit être accordé.

En conservant leurs Enfants, les mères ne doivent pas croire qu'elles rendent service à l'Administration et que, par cet acte, elles ont droit à une prime ou à une rémunération.

Il convient de leur faire bien comprendre qu'elles ne font en cela que remplir un devoir sacré; qu'elles ne pourraient agir autrement sans méconnaître toutes les lois de la nature et de la morale, et que c'est à elles, au contraire, que l'Administration rend service en leur procurant les moyens de s'acquitter de ce devoir.

Le concours prêté par vous, Messieurs, dans l'exécution de cette partie de l'arrêté du conseil général des hospices, a déjà produit des résultats très-satisfaisants ; mais pour qu'il rende encore de plus grands services, vous devez vous bien pénétrer de l'esprit de la présente circulaire. Après avoir fait la part des infortunes réelles, des sentiments respectables et des bonnes intentions, sachez vous prémunir contre le désir de porter des soulagements là où ils seraient sans doute bien placés, mais où ils ne sont pas absolument indispensables.

Si, dans certaines circonstances, vous devez offrir des secours, presser même de les recevoir, parce qu'ils peuvent produire d'utiles résultats, il en est d'autres où, bien que ces secours vous soient demandés avec instance, même sous menace d'abandon, vous devez ou les refuser sans hésiter, ou restreindre vos propositions dans de justes limites. C'est un point sur lequel j'appelle toute votre attention, et je vous invite à ne pas perdre de vue les détails dans lesquels je crois devoir entrer à ce sujet.

Toutes les fois qu'il n'y a pas intention d'abandon, mais seulement demande de secours, vous devez vous borner à renvoyer la réclamante auprès de l'Administration des hospices, qui, par ses employés, fait faire des visites à domicile, et obtient des renseignements exacts sur les individus, pour les secourir suivant leurs besoins et ses ressources.

Lorsque vous avez reconnu la nécessité d'un secours pour prévenir utilement un abandon bien projeté, plusieurs circonstances sont à considérer, *le degré de misère, la nature des moyens d'existence, l'allaitement de l'Enfant par la mère ou par une nourrice, la moralité de la mère ou des parents, leur situation réciproque, c'est-à-dire l'état de mariage, de concubinage ou d'abandon.*

Presque généralement les demandes de secours pour les femmes nouvellement accouchées tendent à l'obtention de 26 francs et d'une demi-layette; souvent, sans doute, cette allocation est nécessaire, mais elle ne l'est pas également pour toutes les mères. Une femme exerçant une profession qui lui permet de faire des économies, celle, par exemple, qui est domestique à 250 ou 300 francs de gages, ne doit pas être traitée comme la pauvre ouvrière dont le salaire serait au plus de 75 centimes à 1 franc par jour : celle-ci, gagnant à peine de quoi subvenir à ses premiers besoins, n'a pu réaliser d'économies pour pourvoir à la nourriture de son Enfant; l'autre, au contraire, a dû faire quelques épargnes.

La femme qui allaite son Enfant ne doit pas, non plus, obtenir la même somme que celle qui est obligée de recourir à une nourrice. Pour cette dernière, en la supposant dénuée de toutes ressources actuelles, les 26 francs sont indispensables; car c'est le prix du premier mois de nourriture, le voyage compris. Pour la première, un secours de 5 francs par mois pendant un trimestre, pourra souvent suffire.

Quand vous aurez obtenu un secours pour une femme qui nourrit elle-même son Enfant, il y aurait imprudence à lui remettre la totalité de la somme allouée. Ce secours sera plus profitable, et atteindra plus sûrement le but qu'on se propose, s'il est réparti sur plusieurs mois, en faisant la part du premier mois un peu plus forte; mais cette distribution doit toujours avoir lieu de manière à ce que la mère ne compte pas sur la prolongation indéfinie du secours, afin qu'elle ne se croie pas affranchie de contribuer aux frais de nourriture suivant ses facultés.

Une femme mariée trouve en général des ressources dans le travail de son mari : la charge d'un seul Enfant est peu onéreuse pour un ménage; la fille, habitant avec son concubinaire, est souvent aidée par lui. Celle dont la position réclame presque toujours le soulagement le plus abondant est assurément la fille mère abandonnée, surtout quand elle ne tire qu'un faible salaire de son travail.

La position de ces deux dernières est moralement beaucoup moins intéressante que celle d'une femme mariée; mais cette considération ne doit pas dominer exclusivement dans la fixation du secours, parce que l'Administration, décidée à accorder des secours pour prévenir des abandons, doit les proportionner au degré de pénurie et n'envisager que l'intérêt de l'Enfant et celui de la société.

D'après ces principes, et à moins de circonstances extraordinaires, il convient, Messieurs, que vous vous absteniez de proposer des secours à un ménage chargé d'un Enfant seulement et même de deux, surtout quand les époux sont jeunes et exercent tous deux une profession. Agir autrement, ce serait les encourager à l'imprévoyance, les détourner de l'économie et du devoir que la nature leur impose; ce serait aussi étendre les secours à la plupart des ménages d'ouvriers, et les sommes les plus considérables n'y pourraient suffire. Dans ces cas, les secours sont d'autant moins indispensables, que, comme l'expérience l'a prouvé, les femmes mariées ou les filles qui vivent maritalement expriment souvent l'intention d'abandonner leur Enfant, dans l'espoir d'obtenir un secours, mais réalisent bien rarement cette menace.

Si, comme on l'a déjà fait remarquer, la position des filles cohabitant avec leurs concubinaires est la moins digne d'intérêt, il ne faut pas perdre de vue que l'allocation d'un secours appliqué à cette classe de femmes, suivant les règles ci-dessus tracées, outre qu'elle satisfera au vœu de l'humanité, pourra souvent aussi offrir l'occasion de légitimer par le mariage ces unions illicites, qui tendent sans cesse à se multiplier. C'est un but qui est digne de la sollicitude des magistrats, et qu'ils ne sauraient poursuivre avec trop de zèle, dans l'intérêt de la morale publique comme dans celui des Enfants dont il s'agit de régulariser l'état civil. Les efforts de plusieurs d'entre vous, Messieurs, dans cette direction, ont déjà été couronnés de succès, et je ne doute pas que vous ne cherchiez tous, avec ardeur, à atteindre les mêmes résultats. Vous verrez dans le *Recueil des Règlements sur les Secours à domicile,* dont je joins ici un exemplaire, que la société charitable de St-François-Régis a spécialement pour objet de faciliter les mariages des pauvres vivant dans le désordre, et la légitimation des Enfants; qu'elle se charge de leur procurer, à ses frais, les actes de l'état civil ou autres qui peuvent leur être nécessaires pour satisfaire aux prescriptions de la loi. Vous êtes assurés d'être secondés, en toutes circonstances, par cette société.

Quelques-uns d'entre vous, Messieurs, ont parfois demandé des sommes de 36 à 40 fr. pour des accouchées, soit afin de secourir abondamment la mère, soit pour prolonger davantage les secours mensuels qu'ils se proposaient de lui accorder. A moins de causes tout à fait extraordinaires, l'Administration des hospices ne donne pas, en une seule fois, des secours de cette importance. La position de la mère peut s'améliorer, l'Enfant peut décéder quelques jours après sa naissance, comme cela n'arrive que trop souvent; et alors le secours devient sans objet. Il est préférable de réclamer un deuxième secours à quelque intervalle, s'il est encore indispensable, et de ne demander la première fois que les secours strictement nécessaires pour les besoins du moment.

Les bureaux de bienfaisance accordant toujours des demi layettes aux accouchées inscrites au contrôle des pauvres, vous ne devez pas en demander à l'Administration pour les femmes qui se trouvent dans cette position.

Vous devez également vous abstenir de demander des secours pour les femmes mariées et mères de quatre enfants, celles qui sont dans ce cas étant secourues par la société de *Charité maternelle.*

Enfin, vous n'aurez pas, sous le rapport des premiers secours, à vous occuper des femmes accouchées dans les hôpitaux. L'Administration des hospices fait toujours visiter ces femmes dans leurs domiciles par ses employés et accorde, sur les revenus de la fondation Monthyon, les secours nécessaires.

Si, à l'égard de ces dernières, un nouveau secours devenait ultérieurement indispensable, vous pourriez, dans le but de prévenir l'abandon s'il avait été résolu, en faire la demande; mais toujours après enquête au domicile sur la position de la mère.

En général, un secours est toujours moins nécessaire et moins urgent lorsque l'Enfant est né depuis quelque temps; on peut être assuré, dans ce cas, que la mère qui l'a nourri et conservé sera peu disposée à l'abandonner.

Lorsqu'une femme qui réclamera des secours sera accouchée à une distance de son domicile qui ne vous permettrait pas de vous y transporter, l'Administration des hospices, sur les indications que vous lui donnerez, fera procéder aux enquêtes nécessaires, si toutefois cette femme ne se trouve pas dans une position sociale qui lui fasse craindre toute espèce d'investigation au lieu qu'elle habite, circonstance sur laquelle vous aurez à la faire expliquer, et dont, au besoin, vous préviendriez M. Valdruche.

Lorsqu'un Enfant, pour la mère duquel un secours a été demandé, vient à mourir entre la demande et la réception du secours, quelques commissaires de police renvoient à l'Administration des hospices la somme à eux adressée ou demandent l'autorisation de l'appliquer à une autre accouchée. La plupart d'entre vous, Messieurs, ne suivent pas cette marche, soit qu'ils remettent à la mère le secours obtenu pour elle, malgré le décès de son Enfant, ou qu'ils en disposent, sans autorisation préalable, en faveur d'une autre accouchée. Cette manière de procéder est tout à fait irrégulière, et l'autorisation d'employer les sommes accordées à titre de secours doit toujours être demandée lorsqu'il survient des changements dans la position des parties prenantes, et, à plus forte raison, lorsqu'il s'agit d'appliquer ces secours à des personnes pour lesquelles ils n'avaient pas été obtenus. L'Administration a besoin de savoir, en effet, quelles sont ces personnes et de connaître la quotité des sommes qu'elles ont reçues, afin d'en tenir une note exacte et d'éviter les doubles emplois. Vous voudrez donc bien, en pareil cas, ou envoyer à M. Valdruche la somme restée sans emploi, ou attendre son autorisation pour donner à cette somme une destination nouvelle.

Quelques uns d'entre vous, Messieurs, se sont plaints du retard apporté quelquefois dans l'allocation des secours. D'après les explications qui m'ont été données, cela tient à ce que l'Administration des hospices, obligée de pourvoir à ce service au moyen d'un fonds flottant très-limité, ne peut souvent satisfaire à de nouvelles demandes, faute d'avoir reçu les accusés de réception des sommes déjà envoyées par elle.

Je vous recommande donc, Messieurs, de transmettre, jour par jour, à M. Valdruche, les récépissés des sommes distribuées par vos soins, et d'employer, à cet effet, la voie de la poste, lorsque vous y trouverez plus de célérité.

Plusieurs commissaires de police ont aussi réclamé contre l'habitude que paraît avoir prise l'Administration des hospices de n'accorder que des demi-layettes, et ils ont attribué à cette circonstance la difficulté qu'éprouveraient beaucoup de mères à trouver des nourrices qui consentent à se charger de leurs Enfants. En réponse à cette observation, l'Administration fait remarquer que les nourrices tiennent surtout à une layette entière, parce qu'elles la font servir en même temps à leurs propres Enfants, et que leurs exigences à cet égard méritent d'autant moins d'attention que les bureaux de bienfaisance ne délivrent le plus souvent qu'une demi-layette, sans que cela ait jamais donné lieu à aucune réclamation.

En vous invitant, Messieurs, à méditer et à suivre ponctuellement ces instructions, je vous recommanderai, en outre :

1° De tenir, si déjà vous ne le faites, un registre sur lequel vous inscrirez exactement les sommes que vous recevrez pour des femmes nouvellement accouchées et celles par vous distribuées, avec l'indication des noms et demeures des parties prenantes;

2° De m'informer, jour par jour, des demandes que vous aurez faites à l'Administration des hospices et des circonstances qui les auront motivées;

3° De n'apporter aucun retard dans l'envoi à ma préfecture des procès-verbaux que vous aurez eu à dresser pour tout ce qui se rapporte à l'exécution de l'arrêté du conseil général des hospices du 25 janvier 1837.

Je sais, Messieurs, que dans cette lettre, quelle que soit son étendue, je n'ai pas prévu tous les cas qui peuvent se présenter; une mesure de l'importance de celle qui nous occupe ici doit nécessairement soulever de nombreuses questions et donner lieu à des difficultés que la seule correspondance administrative serait impuissante à résoudre. Aussi ai je l'intention, Messieurs, de vous appeler successivement à des conférences qui auront lieu avec les membres de la commission administrative des hospices, et dans lesquelles il pourra être suppléé aux lacunes que laisseraient subsister ces instructions.

Vous pourrez aussi, d'ailleurs, lorsque vous aurez des doutes à éclaircir sur des points qui seront de la compétence de l'Administration des hospices, en conférer directement avec M. Valdruche, auprès duquel, j'en suis assuré, vous trouverez toujours le plus grand empressement et les meilleures dispositions à vous seconder.

Recevez, Messieurs, l'assurance de ma parfaite considération. *Le Conseiller d'État, Préfet de police*, G. DELESSERT.

RÈGLEMENT sur le service de santé des Enfants placés à la campagne par les soins de l'Administration des hospices de Paris.

Séance du 13 mai 1840.

Le Conseil général,

Oui l'ordonnateur général, en l'absence pour cause de maladie du membre de la commission administrative chargé de la quatrième division;

Vu le projet de règlement concernant le service de santé des Enfants placés à la campagne par les soins de l'Administration;

Sur la proposition de celui de ces membres auquel est spécialement confiée la haute surveillance de ce service,

ARRÊTE :

Le règlement ci-dessus visé est approuvé.

Il sera imprimé à deux mille exemplaires et immédiatement envoyé à MM. les médecins et autres agents du service qui doivent concourir à son exécution.

Fait à Paris, le 13 mai 1840. *Signé* FOUCHER, *vice-président.*

Vu et approuvé la délibération ci-dessus, ainsi que le projet de règlement qui s'y trouve joint.

Paris, le 21 octobre 1840. *Le Pair de France, Préfet de la Seine*, signé comte DE RAMBUTEAU. *Le Secrétaire général de l'Administration des hospices*, signé DUBOST.

ARTICLE PREMIER.

Le service de santé des Enfants placés à la campagne, soit par l'hospice des Enfants-Trouvés et orphelins, soit par la direction des nourrices, est fait par des docteurs en médecine ou en chirurgie; à *défaut* de docteurs, par des officiers de santé.

ART. 2.

Les médecins et chirurgiens appelés à faire partie du service médical de l'Administration des hospices dans les campagnes sont nommés par le conseil général des hospices, sur la présentation du membre de la commission administrative chargé de la surveillance des Enfants.

ART. 3.

Les médecins et chirurgiens sont nommés pour trois années, à compter du premier jour de janvier qui suit leur nomination.

ART. 4.

Tous les ans, dans la dernière quinzaine de novembre, le membre de la commission administrative présente au conseil général la liste des médecins et chirurgiens dont les fonctions doivent cesser à la fin de l'année courante, ainsi que les propositions de réélections ou de nominations nouvelles, s'il y a lieu.

Les médecins et chirurgiens peuvent être réélus tant qu'ils n'ont pas atteint leur soixantième année.

ART. 5.

En cas de décès ou de démission d'un médecin ou chirurgien, le membre de la commission administrative confie provisoirement le service à un autre médecin ou chirurgien, qu'il désigne de préférence parmi ceux qui sont déjà attachés à l'Administration.

ART, 6.

Les médecins et chirurgiens sont, dans chaque arrondissement, placés sous la direction du préposé des hospices de Paris; en conséquence ils correspondent avec cet agent pour les affaires ordinaires. Dans les circonstances extraordinaires, et quand le besoin du service l'exige impérieusement, ils peuvent s'adresser directement à l'Administration.

ART. 7.

Le service de chaque médecin ou chirurgien est composé de plusieurs communes dont la plus éloignée ne doit pas être située à plus d'un myriamètre de son domicile.

La désignation des communes attribuées à chaque médecin est déterminée par le membre de la commission administrative, qui peut la modifier au besoin.

ART. 8.

Un docteur en médecine ou en chirurgie, résidant au chef-lieu de l'arrondissement, ou dans la commune servant de point de réunion aux nourrices envoyées à Paris, est spécialement chargé de la contre-visite des nourrices au moment de leur départ.

Cette visite s'effectue au lieu choisi par le préposé.

Le médecin ou chirurgien chargé de la contre-visite ne peut, sans une autorisation motivée, émanée de l'Administration, être chargé d'une circonscription médicale.

ART. 9.

Les fonctions et les devoirs des médecins et chirurgiens attachés au service des Enfants consistent principalement :

1° A surveiller tous les Enfants placés dans l'étendue de leur circonscription; à visiter au moins une fois par mois les Enfants bourgeois, et une fois par trimestre les Enfants trouvés et les orphelins;

2° A vacciner les Enfants dans les trois premiers mois de leur envoi en nourrice, ou, en cas d'empêchement, à constater les motifs de la non-vaccination sur un certificat qui doit être transmis au préposé;

3° A veiller à ce que les Enfants soient nourris au sein, et non par l'allaitement artificiel;

4° A effectuer d'urgence les changements de nourrice, soit pour défaut de soins, soit pour grossesse, perte de lait ou décès de la nourrice, soit pour toute autre cause qui intéresse le bien-être et la santé de l'Enfant, sauf à en informer immédiatement le préposé;

5° A se rendre sans délai au domicile de la nourrice lorsqu'ils sont prévenus de la maladie d'un Enfant; à le visiter aussi souvent que son état l'exige, et à lui fournir gratuitement tous les médicaments nécessaires;

6° A choisir et à désigner au préposé, lorsqu'un envoi de nourrices lui est demandé, un certain nombre de femmes présentant toutes les garanties de santé, de moralité et d'aisance propres à assurer la conservation et le bien-être des Enfants, et réunissant les autres conditions exigées par l'Administration et consignées sur les certificats d'allaitement;

7° A se transporter immédiatement dans les communes où se déclarent des épidémies; à prendre ou à proposer dans ce cas toutes les mesures nécessaires pour préserver les Enfants du fléau de la contagion, et à en faire ensuite un rapport au préposé;

8° A constater avec exactitude sur le livret, et aux époques successives des visites: 1° l'état de l'Enfant au moment de son arrivée; 2° l'opération de la vaccine et ses résultats; 3° la date des visites faites au domicile de chaque nourrice et les soins donnés à chaque Enfant; 4° les maladies dont ces Enfants sont atteints; 5° les causes apparentes de leur décès, s'ils viennent à succomber;

9° A tenir constamment le préposé au courant de l'état du service; à lui transmettre, aux époques fixées par les instructions, le mouvement des Enfants placés sous leur surveillance; à constater par des certificats dressés auxdites époques, et chaque fois que la demande leur en est faite par cet agent, l'état des Enfants et des nourrices;

10° A recueillir, pour les remettre au préposé, les effets des Enfants décédés;

11° A accompagner le préposé dans ses tournées, ainsi que les inspecteurs envoyés par l'Administration, pendant le cours de leur mission.

ART. 10.

Les peines de discipline qui peuvent être appliquées aux médecins ou chirurgiens sont:

1° L'avertissement,

2° La réprimande,

3° La retenue d'honoraires,

4° La suspension,

5° La destitution.

L'avertissement est prononcé par le membre de la commission administrative; les autres peines de discipline sont prononcées par le conseil général, sur la proposition du membre du conseil et du membre de la commission administrative.

ART. 11.

Les médecins reçoivent, à titre d'honoraires, lorsqu'ils sont chargés d'une circonscription médicale, savoir:

Dans le service des Enfants trouvés, 1° 75 centimes par trimestre pour chaque Enfant; 2° 2 francs pour chaque Enfant soumis à l'opération de la vaccine;

Dans le service de la direction des nourrices, 50 centimes par mois pour chaque Enfant dont ils ont fourni le bulletin de visite. Ce bulletin doit être remis au préposé du 1er au 5 de chaque mois, et il doit constater l'état de l'Enfant pendant le mois précédent. En cas de maladie, les médecins en indiqueront les causes, ainsi que les chances de guérison, et feront connaître en même temps les demandes formées par les nourrices pour vêtements et autres objets dont les Enfants ont besoin.

ART. 12.

Le médecin ou chirurgien chargé de la contre-visite des nourrices, au départ de l'arrondissement, touche dans les deux services 50 centimes par chaque nourrice qui a été visitée et qui a été admise à l'hospice ou engagée par la direction des nourrices.

ART. 13.

Il sera procédé par le conseil, dans la dernière semaine du mois de novembre 1841, à la réélection des médecins ou chirurgiens actuellement en fonctions, dans la forme voulue par l'article 4 du présent règlement.

ART. 14.

Le membre de la commission administrative qui a dans ses attributions le service des Enfants est chargé de l'exécution du présent règlement : il donnera à cet effet, après s'être concerté avec le membre du conseil général ayant la haute surveillance de ce service, toutes les instructions qu'il jugera nécessaires.

Secours accordés par l'Administration des Hospices pour prévenir l'abandon des Enfants.

Paris, le 31 mai 1841.

Messieurs, le 1er novembre 1838, je vous ai adressé une circulaire par laquelle, en vous rappelant celles des 27 octobre et 25 novembre 1837, relatives aux Enfants trouvés et abandonnés et aux secours à accorder aux femmes nouvellement accouchées, je vous ai expliqué le but dans lequel ces secours étaient accordés, la marche que vous deviez suivre pour les faire obtenir, et les diverses circonstances qui pouvaient vous déterminer à en faire la demande à l'Administration des hospices.

J'ai remarqué avec peine que plusieurs d'entre vous, Messieurs, ne s'étaient pas bien pénétrés de l'esprit de cette circulaire, et que d'autres l'avaient même entièrement perdue de vue. Je vous en transmets, ci-inclus, un nouvel exemplaire, en vous recommandant de la méditer avec soin, et de vous conformer exactement aux dispositions qu'elle contient.

Il est surtout quelques-unes de ces dispositions sur lesquelles j'appelle particulièrement votre attention.

Beaucoup de commissaires de police se dispensent assez souvent de motiver leurs demandes ou leurs propositions : c'est un tort grave ; non-seulement vos demandes ou vos propositions, mais encore vos avis, doivent toujours être motivés.

Vous ne devez pas demander de demi-layettes pour les femmes inscrites aux bureaux de bienfaisance par les soins desquels elles leur sont délivrées ; vous n'avez pas non plus à vous occuper des mères qui ont quatre enfants ou plus, celles-ci étant secourues par la Société de Charité maternelle.

Vous devez vous abstenir de demander des secours pour les femmes qui sont dans une indigence trop absolue, parce que ces secours ne pourraient que retarder les abandons, sans les empêcher.

Vous ne devez pas demander de secours pour les mères qui, à la rigueur, peuvent se suffire à l'aide de leur travail ou de celui de leurs maris ou concubinaires.

Je vous recommande d'user de beaucoup de réserve, soit dans les propositions que vous croirez devoir faire en faveur des femmes nouvellement accouchées, soit dans les propositions de nouveaux secours à celles qui ont été assistées, car des demandes trop répétées deviendraient un véritable abus.

Vous vous abstenez pour la plupart, Messieurs, de me rendre compte des demandes de secours que vous adressez à l'Administration des hospices. Je vous renouvelle l'invitation de m'informer très-exactement, par des rapports spéciaux, de tous les secours accordés sur vos demandes.

Je dois vous faire connaître que l'Administration des hospices, qui doit apporter la plus grande économie dans la distribution des fonds dont elle peut disposer, se réserve de faire contrôler par ses employés les renseignements sur lesquels seront basées vos propositions. Vous ne devez voir, Messieurs, dans cette mesure, dont j'ai reconnu l'utilité, rien de blessant pour vous : l'Administration des hospices ne pouvant secourir toutes les infortunes qu'elle voudrait soulager, se trouve forcée de s'assurer par elle-même de la position véritable des femmes qui sollicitent des secours, et qui peuvent quelquefois surprendre votre confiance par de faux exposés; elle seule, d'ailleurs, est à portée d'apprécier la quotité de ces secours, ainsi que l'opportunité de leur distribution.

J'attache, Messieurs, beaucoup d'importance à ce que vous suiviez très-exactement les instructions contenues dans ma circulaire du 1er novembre 1838, dont je viens de vous rappeler plusieurs dispositions, et je verrai avec intérêt que vous y mettiez tous vos soins.

Vous voudrez bien m'accuser réception de la présente.

Recevez, etc. *Le Conseiller d'État, Préfet de police,* G. Delessert.

Renseignements à insérer dans les procès-verbaux constatant l'envoi d'Enfants abandonnés à l'hospice des Enfants-Trouvés.

Paris, le 23 février 1842.

Messieurs, il importe de connaître, lorsqu'un Enfant est déposé à l'hospice des Enfants trouvés et orphelins : 1° la profession de la mère; 2° le lieu de naissance et le domicile habituel de celle ci; 3° si elle a ses père et mère; 4° si elle a eu déjà un ou plusieurs Enfants; 5° si elle est ou non abandonnée du père.

Je vous recommande, Messieurs, de mentionner toujours ces renseignements dans les procès-verbaux que vous dresserez pour constater l'envoi d'Enfants abandonnés à l'hospice des Enfants-Trouvés.

Vous voudrez bien aussi, toutes les fois que des Enfants pour lesquels vous aurez délivré des ordres d'envoi provisoires à l'hospice des Enfants-Trouvés n'y auront pas été portés, m'en informer immédiatement, en me faisant connaître les motifs qui auront empêché l'exécution de cette mesure. *Le Conseiller d'État, Préfet de police,* G. Delessert.

Lettre de M. le Préfet de police (M. Delessert) *à MM. les Commissaires de police de la ville de Paris et de la banlieue.*

Paris, le 22 mai 1844.

Messieurs, par suite d'une ordonnance rendue par moi, le 25 octobre 1837, pour l'exécution d'un arrêté pris le 25 janvier précédent par le conseil général des hospices de

Paris, concernant les Enfants trouvés et abandonnés, je vous ai adressé, par mes circulaires des 27 octobre et 25 novembre de la même année, ainsi que par celles des 1er novembre 1838, 31 mai 1841 et 23 février 1842, des instructions auxquelles, je me plais à le reconnaître, beaucoup d'entre vous se sont conformés avec autant de zèle que d'intelligence, mais qui, je l'ai remarqué avec regret, ne sont que très-imparfaitement suivies par d'autres, qui semblent quelquefois les avoir presque entièrement perdues de vue.

Le service des Enfants trouvés et orphelins, qui est un des plus intéressants de mon Administration et aussi des plus délicats, exige de votre part un concours toujours empressé et bien entendu.

Le développement qu'a reçu ce service, en me faisant un devoir de vous recommander de nouveau l'exécution ponctuelle de mes instructions, me fait aussi une loi d'appeler votre attention sur quelques points dont il n'avait pas été question dans ces instructions, et dont, depuis lors, l'expérience a démontré l'importance.

Lorsque je vous invite, Messieurs, à recueillir des renseignements sur les mères des Enfants qui ont été abandonnés, j'ai toujours soin d'insister sur la nécessité de le faire avec zèle, mais aussi avec toute la réserve convenable; car ces informations, qui sont si précieuses pour l'Administration des hospices, à laquelle est réservée la tutelle des Enfants dont il s'agit, pourraient, dans certains cas, si elles n'étaient pas renfermées dans de sages limites, avoir pour résultat de compromettre l'avenir de quelques mères, sans utilité pour leurs Enfants.

Il est un autre point, Messieurs, sur lequel il est rare que vous éclairiez l'Administration, soit dans les procès-verbaux que vous dressez pour constater les déclarations des femmes déterminées à faire l'abandon de leurs Enfants, soit dans les rapports que vous me transmettez, d'après ma demande, pour faire connaître leurs moyens d'existence et les ressources de leurs parents : c'est celui qui consiste à constater depuis combien de temps ces femmes habitent le département de la Seine. Ce renseignement est de la dernière importance, parce qu'il sert à établir le domicile de secours de la mère, et trace à l'Administration la marche à suivre pour savoir a la charge de quel département doivent être mis les frais d'entretien des Enfants abandonnés. Je vous recommande en conséquence, Messieurs, de ne point oublier, à l'avenir, cette partie de mes nouvelles instructions, et d'indiquer d'une manière précise, dans vos rapports ou vos procès verbaux, la durée du séjour à Paris ou dans le département de la Seine des femmes sur lesquelles vous aurez à me communiquer des renseignements.

Lorsque ces femmes auront été délivrées à la Maison d'accouchement ou dans les hôpitaux de Paris, et qu'après en être sorties elles auront ensuite abandonné leurs Enfants, l'abandon devra être constaté par MM. les commissaires de police des quartiers, ou par MM. les commissaires de police ou maires des communes du dernier domicile des mères, et non par les commissaires de police des quartiers où sont situés ces établissements, qui ne peuvent être considérés comme domicile de ces femmes.

Je n'ajouterai plus, Messieurs, qu'une dernière recommandation, c'est que vous m'adressiez vos procès-verbaux *dans le plus bref délai possible.* La célérité que je vous demande, en tant qu'elle serait compatible avec le soin que vous devez apporter dans toutes les affaires, est indispensable pour que le service des Enfants trouvés soit fait dans les bureaux de mon Administration avec une parfaite régularité.

Ce service, comme je l'ai déjà dit, est très-important; il a pour but la conservation de malheureuses créatures que leurs parents repoussent, pour les mettre à la charge de la charité publique. Lorsque les mères sont excitées à l'oubli de leurs devoirs, faites valoir auprès d'elles ces considérations d'humanité qui remuent quelquefois les cœurs les plus endurcis; lorsqu'elles hésitent encore, assurez-les que l'Administration leur tendra la main.

Votre mission est belle, Messieurs : elle emporte avec elle une satisfaction qui est la plus sûre récompense de vos soins. Je verrai avec plaisir que vous la remplissiez toujours avec tout le soin et tout le zèle qu'elle mérite.

Recevez, Messieurs, l'assurance de ma parfaite considération. *Le Conseiller d'État, Préfet de police,* G. DELESSERT.

DISPOSITIONS arrêtées par le Conseil général des Hospices de Paris, relatives à l'admission des Enfants trouvés dans les écoles communales.

Séance du 23 octobre 1844.

Le Conseil général, oui le rapport fait par le membre de la commission administrative chargé du service des Enfants trouvés, relativement aux moyens à employer pour procurer le bienfait de l'instruction primaire et religieuse aux Enfants trouvés, et pour lever les obstacles qui s'y sont opposés jusqu'ici, tant de la part des communes que de la part des nourrices ;

Convaincu que rien n'importe plus au bien-être de la société et à la sécurité de son avenir que la moralisation et la régénération de ces victimes du malheur ;

Après avoir entendu plusieurs de ses membres,

ARRÊTE :

Art. 1er. Les nourrices ou gardiens d'Enfants trouvés, abandonnés ou orphelins, seront tenus, comme conditions essentielles de placement, d'envoyer sans interruption ces Enfants à l'école de leur commune, depuis l'âge de huit ans jusqu'à leur douzième année, pendant huit mois au moins de chaque année scolaire. Ils seront tenus également de les envoyer exactement, au moins pendant un an, aux instructions religieuses du curé de la paroisse, pour les préparer à leur première communion.

Art. 2. Les préposés se mettront en rapport avec les comités d'arrondissement et les comités locaux d'instruction primaire pour réclamer et obtenir leurs concours à l'effet de vaincre l'injuste répulsion dont les Enfants abandonnés sont l'objet dans plusieurs écoles communales.

Art. 3. Afin d'éviter aux communes une charge qu'elles repoussent, quoiqu'elle leur soit imposée par la loi, il sera offert à chaque instituteur communal, à titre d'abonnement, une rétribution mensuelle de *un franc* pour chaque Enfant des hospices de Paris qui suivra son école, et pour tout le temps de son instruction, fixé à quatre années, à la charge par l'instituteur de fournir aux Enfants les livres, papier, plumes et encre qui leur seront nécessaires, et cela dans l'intérieur de l'école seulement.

Art. 4. Les préposés remettront aux maires de chaque commune la liste nominative, en double expédition, des Enfants des hospices de l'âge de huit à douze ans placés dans leurs communes, avec prière de la viser et de la transmettre à l'instituteur.

Art. 5. L'instituteur aura un registre d'inscription sur lequel sera constatée l'époque d'entrée de l'Enfant à l'école et de sa sortie, et sa présence quotidienne à l'école.

Si un Enfant est resté plus de dix jours par mois sans se rendre à l'école, il ne sera dû à l'instituteur que moitié de la rétribution mensuelle, à moins que celui-ci n'ait prévenu par écrit le préposé, par l'intermédiaire du maire de la commune, de l'absence de l'Enfant.

Art. 6. Les préposés seront tenus, dans leurs tournées, de visiter fréquemment les écoles, pour recueillir des instituteurs des renseignements sur l'assiduité et les progrès des Enfants. La visite du préposé à l'école sera constatée par sa signature, avec date du jour de la visite, sur le registre d'inscription établi par l'article 5 ci-dessus.

Art. 7. A l'expiration de chaque trimestre, l'instituteur dressera un état détaillé des jours de présence de chaque Enfant à l'école pendant le trimestre; cet état devra être certifié par le maire de la commune ou le président du comité local.

Le préposé, après s'être rendu sur les lieux, et avoir comparé l'état et le registre d'inscriptions, ordonnancera au profit de l'instituteur le montant de ce qui lui sera dû pour le trimestre.

Art. 8. Il sera accordé, à titre de récompense, aux nourrices ou gardiens des Enfants qui enverront exactement les Enfants à l'école une gratification de *cinquante centimes* par mois d'école.

Si l'Enfant s'absente de l'école, sans motif légitime, plus de dix jours par mois, la nourrice sera privée de la gratification pour ce mois.

Si semblable absence se renouvelait, la nourrice serait privée, pour l'année, de la gratification.

Ladite gratification ne sera payée aux nourrices qu'à la fin de chaque année scolaire, sur le vu des états trimestriels dressés par l'instituteur.

Art. 9. Il sera également accordé aux nourrices et gardiens qui enverront exactement les Enfants aux instructions religieuses de la paroisse une gratification de *quatre francs* pour le temps que dureront ces instructions.

La gratification ne sera payée que sur un certificat du curé de la paroisse, constatant l'assiduité de l'Enfant aux instructions et l'exactitude des nourrices à les y conduire.

Art. 10. Chaque année, les inspecteurs de l'Administration s'assureront, dans leurs tournées, de l'exécution du présent arrêté et en feront un rapport spécial; ils recueilleront directement auprès des comités locaux, de MM. les curés et de MM. les maires, tous les renseignements propres à les éclairer.

Art. 11. Le présent arrêté sera adressé à MM. les évêques et préfets des départements dans lesquels sont placés des Enfants de l'hospice de Paris, avec prière de vouloir bien accorder leur puissant concours à cette œuvre de moralisation sociale, et d'appeler sur elle toute la sollicitude et la participation active de MM. les curés et de MM. les maires.

Le présent sera envoyé à la 4ᵉ division, 2ᵉ section.

Fait à Paris, le 23 octobre 1844. *Signé* FOUCHER, *Vice-Président.*

Approuvé par arrêté spécial de M. le préfet de la Seine, en date du 25 février 1845. *Le Membre de la Commission administrative, Secrétaire général,* L. DUBOST.

DOCUMENTS

SUR L'HOSPICE ET LE SERVICE DES ENFANTS TROUVÉS DE PARIS.

La Commission des Enfants trouvés a reçu une notice sur l'hospice et le service des Enfants trouvés de Paris, rédigée par M. Allar, chef du bureau des Enfants trouvés à l'administration générale de l'assistance publique à Paris. Cette intéressante notice, suivie de seize tableaux, ne pouvant, à raison de son étendue, trouver place ici, nous nous bornerons à faire connaître le sommaire des tableaux statistiques, avec quelques-uns des principaux résultats qu'ils constatent.

TABLEAU 1. — *Composition des layettes, demi-layettes et vêtures destinées aux Enfants placés à la campagne.*

Ces layettes, demi-layettes et vêtures sont à peu près les mêmes que celles déterminées par la circulaire ministérielle du 21 juillet 1843. (Voir ci-devant page 702 et suivante.)

TABLEAU 2. — *Mouvement des femmes entrées, accouchées et décédées à la Maison d'accouchement; renseignements sur les Enfants nés dans cet établissement, et rapport entre les naissances et les abandons, de 1816 à 1849.*

Ce tableau donne lieu aux observations suivantes :

De 1816 à 1837, le nombre des femmes qui sont venues faire leurs couches à la Maison d'accouchement a été, en moyenne, de 2,872 par an. Les abandons, qui étaient en 1816 de 79 p. 100, et de 81 p. 100 en 1817, ont diminué successivement pendant cette période ; ils n'étaient plus que de 68 p. 100 en 1836.

A partir de 1837, époque à laquelle l'ancien conseil général des hospices a pris des mesures pour prévenir l'abandon des Enfants en secourant les mères, le nombre des réceptions à la Maison d'accouchement a augmenté; il s'est élevé à 3,119 en 1837, à 4,065 en 1847, à 3,878 en 1848, et est retombé à 3,123 en 1849. Mais le rapport des abandons aux naissances a continué à décroître d'une manière sensible; de 60 p. 100 en 1837, il est tombé à 35 p. 100 en 1845; la comparaison pour 1849 donne encore le même résultat.

TABLEAU 3. — *État des secours accordés aux mères, de 1838 à 1848 inclusivement.*

Les secours accordés en 1848 se sont élevés à la somme de 149,189 francs. Ils ont été accordés à 7,869 femmes, sur lesquelles 4,854 femmes ont reçu 80,505 francs sur le crédit spécial pour prévenir les abandons; et 3,015 femmes ont reçu 68,683 francs sur la fondation Monthyon, à leur sortie des hôpitaux. La moyenne des secours, en 1848, a été de 18 fr. 96 cent. par personne.

TABLEAU 4. — *Renseignements sur la profession des mères qui ont abandonné leurs Enfants pendant les années 1848 et 1849.*

De l'examen de ce tableau il résulte :

1° Que 1/7e environ des Enfants abandonnés a été déposé au Tour ou recueilli sur la voie publique;

2° Que 1/6e tant de ceux déposés au Tour que de ceux recueillis de toute autre manière, provient de mères sur les professions desquelles on n'a pu se procurer aucun renseignement;

3° Et que, dans les professions connues, les domestiques figurent pour un tiers environ; les ouvrières s'occupant de travaux à l'aiguille, pour le second tiers; et que le troisième tiers est composé de professions diverses, parmi lesquelles les journalières entrent dans la proportion de 1/4, soit 1/11e environ du chiffre des professions connues.

En 1848, sur 4,597 mères qui ont abandonné leurs Enfants, l'on comptait 449 couturières, 342 lingères, 263 journalières, etc. Il y en avait 792 dont les professions étaient inconnues.

En 1849, sur 4,133 mères ayant abandonné leurs Enfants, l'on en comptait 808 dont les professions étaient inconnues; sur celles dont la profession était connue, l'on comptait 897 domestiques, 435 couturières, 342 lingères, 258 journalières, etc.

Le tableau 5 constate que sur les 4,597 abandons de l'année 1849, il y en a eu 638 par le Tour; et que sur les 4,133 abandons de l'année 1849, il y en a eu 597 par le Tour.

TABLEAU 5. — *Enfants reçus aux Enfants-Trouvés depuis l'année 1640 jusqu'au 31 décembre 1849.*

Jusqu'en 1837 inclusivement, ce tableau ne présente que les réceptions faites à l'hospice des Enfants-Trouvés proprement dit, sans parler des orphelins reçus à l'hospice Saint-Antoine.

Ces deux établissements ont été réunis en 1838. A partir de cette année, les nombres indiqués dans la colonne des réceptions comprennent les deux catégories d'Enfants.

Ce tableau constate qu'en 1849 le nombre des abandons a été de 4,133. L'année précédente, le nombre avait été de 4,597.

TABLEAU 6. — *Enfants admis aux hospices des Enfants trouvés et des orphelins, de 1830 à 1849.*

Les deux tableaux n°s 5 et 6 donnent, relativement au nombre d'abandons annuels, les résultats suivants :

En soixante ans, de 1640 à 1700, le nombre des abandons s'est élévé successivement de 372 à 1738; il a été, en 1750, de 3,789; — en 1775, de 6,505; — en 1780, de 5,568; — en 1790, de 5,842; — en l'an VIII (1800), de 3,742; — en 1810, de 4,502; — en 1815, de 5,080; — en 1820, de 5,101; — en 1829, de 5,320.

Les sept années de 1830 à 1836 inclusivement donnent, en moyenne, 5,042, non compris 284 orphelins; les sept années de 1838 à 1844 inclusivement, qui sont les premières pendant lesquelles les mesures prises par l'Administration contre les abandons ont été appliquées, ne donnent en moyenne que 3,530 réceptions, plus 239 orphelins, soit une diminution de 1,512 sur la précédente période.

Enfin, les cinq années 1845, 1846, 1847, 1848 et 1849 donnent une moyenne de 3,966 Enfants trouvés et 401 orphelins, ce qui donne une augmentation, sur la dernière période, de 436, et réduit la diminution, sur la période qui a précédé les mesures restrictives, à 1,076.

TABLEAU 7. — *Renseignements sur l'état civil des Enfants admis à l'hospice des Enfants-Trouvés et Orphelins.*

Il résulte de ce tableau qu'en 1849, sur 4,133 Enfants abandonnés, 588 sont présumés légitimes, et 3,545 sont présumés naturels.

TABLEAU 8. — *Mouvement des Enfants trouvés, Orphelins et Enfants en dépôt, admis à l'hospice des Enfants-Trouvés, de 1838 à 1849.*

TABLEAU 9. — *Mouvement des Enfants trouvés et des Orphelins placés à la campagne de 1838 à 1849*

TABLEAU 10. — *État du mouvement par catégorie des Enfants trouvés, abandonnés, orphelins et secourus temporairement* (dressé en exécution d'une circulaire ministérielle du 15 septembre 1847).

TABLEAU 11. — *État numérique des élèves hors pension (de 12 à 21 ans) placés sous la tutelle de l'Administration au 31 décembre des années 1847, 1848 et 1849.*

DÉPARTEMENTS.	ARRONDISSEMENTS.	NOMBRE D'ÉLÈVES AU 31 DÉCEMBRE		
		1847.	1848.	1849.
AISNE	Saint Quentin	170	176	192
	Vervins	274	252	232
CÔTE-D'OR	Semur	388	386	387
	Beaune	218	219	222
EURE	Évreux	58	51	27
	Louviers	45	62	57
EURE-ET-LOIR	Châteaudun	238	225	235
INDRE-ET-LOIRE	Tours	148	162	171
LOIR-ET-CHER	Blois	190	212	238
	Romorantin	60	64	74
	Vendôme	533	558	578
LOIRET	Montargis	113	118	114
	Gien	6	8	8
NIÈVRE	Château-Chinon	597	609	621
	Clamecy	476	475	476
	Cosne	226	214	220
	Nevers	52	58	60
NORD	Avesnes	395	364	361
	Cambrai	342	319	315
	Douai	128	150	149
	Lille	51	53	53
	Valenciennes	268	251	257
PAS-DE-CALAIS	Arras	172	159	147
	Saint-Pol	137	145	142
	Béthune	135	134	132
	Saint-Omer	2	1	1
	Montreuil	246	262	273
SAÔNE-ET-LOIRE	Autun	597	594	621
	Charolles	6	6	5
SARTHE	Saint-Calais	421	462	458
	Le Mans	68	72	69
	Mamers	5	6	8
	La Flèche	14	15	12
SOMME	Abbeville	335	326	311
	Amiens	168	160	137
	Doulens	187	185	187
	Péronne	341	335	347
YONNE	Auxerre	395	390	399
	Avallon	338	261	368
SEINE-INFÉRIEURE	Neufchâtel	1	1	//
		8,544	8,600	8,664

Il résulte du tableau n° 10 que le nombre des Enfants à la pension était, au 1er janvier 1849, de. 13,356

En y ajoutant les Enfants hors pension existants à la même époque, suivant l'état n° 11, ci. 8,600

On voit que la surveillance de l'Administration s'étend sur. . . . . . 21,956 élèves.

TABLEAU 12. — *ÉTAT numérique des Enfants dont le renvoi a été réclamé auprès de divers départements, du 1er avril 1844 au 31 décembre 1849, parce que les mères n'avaient pas un an de domicile à Paris.*

DÉPARTEMENTS.	NOMBRE des RÉCLAMATIONS.	DÉPARTEMENTS.	NOMBRE des RÉCLAMATIONS.
Ain	2	REPORT	752
Basses-Alpes	1	Lot	1
Aisne	91	Lot et Garonne	2
Allier	5	Lozère	5
Ardennes	27	Maine et-Loire	10
Arriége	5	Manche	23
Aube	59	Marne	79
Aveyron	13	Haute-Marne	31
Bouches-du-Rhône	4	Mayenne	21
Calvados	22	Meurthe	45
Cantal	12	Meuse	53
Charente	4	Morbihan	9
Charente-Inférieure	4	Moselle	75
Cher	4	Nièvre	30
Corrèze	6	Nord	181
Côte-d'Or	49	Oise	173
Côtes du-Nord	7	Orne	36
Creuse	8	Pas-de-Calais	83
Dordogne	6	Puy-de-Dôme	36
Doubs	19	Hautes Pyrénées	2
Drôme	1	Bas Rhin	31
Eure	52	Haut-Rhin	16
Eure et-Loir	83	Rhône	25
Finistère	11	Haute-Saône	30
Gard	3	Saône-et-Loire	23
Haute-Garonne	5	Sarthe	42
Gers	2	Seine et-Marne	263
Gironde	10	Seine-et Oise	495
Hérault	3	Seine-Inférieure	89
Ille et-Vilaine	15	Deux-Sèvres	2
Indre	11	Somme	104
Indre-et Loire	23	Tarn	2
Isère	11	Tarn-et-Garonne	1
Jura	18	Var	1
Loire	5	Vendée	2
Haute Loire	3	Vienne	9
Loire-Inférieure	17	Haute-Vienne	5
Loiret	109	Vosges	20
Loir-et-Cher	22	Yonne	97
A REPORTER	752	TOTAL	2,904

Tableau 13.—*État des Enfants trouvés et Orphelins rendus par l'Administration à leurs parents, depuis 1838 jusqu'à 1849 inclusivement.*

Ce tableau constate que, de 1838 à 1849 compris, il a été rendu à leurs parents 2,220 Enfants.

Tableau 14. — *Tarifs des mois de nourrice et pensions des Enfants trouvés, suivant les différents âges et localités.*

Nous nous bornerons à faire connaître ici le prix des mois de nourrice et pensions pour les Enfants placés dans le département du Nord, non compris les frais de layette et vêtures:

1re année.........	8f 00c par mois.	7me année........	5f 60c par mois.
2me	7 50	8me	5 50
3me	7 00	9me	5 40
4me	6 50	10me	5 25
5me	6 25	11me	5 00
6me	6 00	12me	5 00

Tout frais compris de nourrice, pension, voyage, indemnité à la nourrice, rétribution au médecin, à l'instituteur, pour mois d'école de l'Enfant pendant quatre ans, le total général des dépenses, pour un Enfant ayant atteint l'âge de douze ans révolus, s'élève, dans le département du Nord, à 1,334 fr. 67 centimes.

Tableau 15. — *État des dépenses, tant à la campagne qu'à l'hospice, des deux services des Enfants trouvés et des Orphelins.*

Le total général des dépenses de l'hospice de Paris s'est élevé, pour les Enfants trouvés et les orphelins pauvres, à 1,950,186 francs, pendant l'année 1848.

Tableau 16. — *État présentant le nombre des naissances dans la ville de Paris, rapproché de celui des abandons; 2° la proportion sur 100 des Enfants naturels aux naissances, et des abandons aux naissances, de 1816 à 1848.*

En 1816, l'on comptait à Paris 22,358 naissances, dont 13,568 d'Enfants légitimes, et 8,790 d'Enfants naturels;
En 1826, 29,970 naissances, dont 19,468 légitimes, 10,502 naturelles;
En 1836, 28,942 naissances, dont 19,309 légitimes, 9,633 naturelles;
En 1848, 32,991 naissances, dont 22,068 légitimes, 10,823 naturelles.

Le rapport sur 100 des Enfants naturels aux naissances était :

En 1816, de 39 sur 100; En 1826, de 35 sur 100; En 1836, de 33 sur 100; En 1848, de 33 sur 100.

Le rapport sur 100 des abandons aux naissances était :

En 1816, de 23 sur 100; En 1826, de 18 sur 100; En 1836, de 16 sur 100; En 1848, de 12 sur 100.

ANNEXES.

ANNEXES.

Commission royale instituée en Belgique, en 1845, pour la recherche des moyens d'amélioration du sort des classes ouvrières et indigentes du pays

LÉOPOLD, Roi des Belges, à tous présents et à venir, salut.

Sur la proposition de notre ministre de la justice,

Nous avons arrêté et arrêtons :

Art. 1er. Il est crée près du ministère de la justice une commission ayant pour mission,

1° De rechercher les lacunes qui existent dans les institutions consacrées au soulagement et à l'amélioration du sort des classes ouvrières et indigentes du pays;

2° D'examiner et de discuter les moyens pratiques de combler ces lacunes, et d'en faire un rapport à l'Administration;

3° De donner son avis motivé sur toutes les pièces, documents, rapports et projets qui lui seront renvoyés, à cette fin, par l'Administration;

4° De signaler à l'attention de l'Administration les institutions utiles de l'étranger, en faisant ressortir celles de ces institutions qui lui paraîtraient de nature à être introduites dans notre pays.

Art. 2. Un arrêté royal fixera le nombre et les attributions des membres de cette commission et la marche de ses travaux.

Notre ministre de la justice est chargé de l'exécution du présent arrêté.

Donné à Laeken, le 15 septembre 1845. Léopold. — Par le roi : *le Ministre de la justice*, baron J. d'Anethan

DES ENFANTS TROUVÉS ET ABANDONNÉS.

Lettre de M. le Ministre de la justice, en date du 15 octobre 1846.

Messieurs, une question sur laquelle l'attention du Gouvernement s'est fixée depuis longtemps, et qui a une grande importance à cause des résultats qu'elle peut produire dans l'avenir, est celle du sort des Enfants trouvés et abandonnés.

Pour améliorer le sort de ces Enfants, on a pensé qu'il conviendrait de créer de grands établissements spéciaux, où ils seraient placés avec d'autres Enfants, à la charge de l'État ou des communes, et où l'on s'occuperait, avec tout le soin nécessaire, de leur éducation physique, morale, religieuse, intellectuelle et professionnelle.

Les députations permanentes des conseils provinciaux ont été consultées sur ce projet, et vous trouverez, Messieurs, dans le dossier ci-joint, l'avis qu'elles ont émis à cet égard.

Je vous prie, Messieurs, de vouloir bien examiner cette question au point de vue de l'intérêt de la société, de celui de ces Enfants, et de l'intérêt financier des communes, des provinces-et de l'État.

Je vous communique ci-joint, à cet effet, tous les renseignements qui se trouvent dans les archives de mon département.

Agréez, Messieurs, l'assurance de ma considération distinguée. *Le Ministre de la justice*, baron J. D'ANETHAN.

EXTRAITS des procès-verbaux des séances des 24 octobre et 30 novembre 1846, 4 janvier, 22 février et 8 mars 1847.

Dans sa première séance, le Comité permanent désigne M. Schaetzen pour faire le dépouillement du dossier qui accompagnait la dépêche ministérielle, et l'invite à vouloir bien préparer les questions de principes qui formeront la base du rapport qu'il est chargé de rédiger sur cette affaire.

Dans les séances des 30 novembre 1846 et 4 janvier 1847, M. Schaetzen donne lecture d'un rapport préparatoire, et le Comité permanent discute et adopte les principes suivants :

1° Les Tours seront supprimés;

2° Les Enfants trouvés ou abandonnés seront confiés à la population des campagnes;

3° Ils seront placés de manière à les soustraire à tous rapports possibles avec les parents qui les ont abandonnés;

4° La commune et, s'il y a lieu, la justice répressive rechercheront la maternité à l'occasion de chaque Enfant trouvé ou abandonné, afin de lui assurer son état civil;

5° Les Enfants trouvés et abandonnés seront recueillis et élevés par les communes;

6° La restitution de l'Enfant trouvé ou abandonné sera faite à ses parents, lorsqu'ils seront reconnus capables de l'entretenir et de l'élever *convenablement* pour l'avenir, et qu'ils auront payé les frais faits en faveur de l'Enfant depuis l'époque de son abandon; *s'ils en ont les moyens;*

7° Les Enfants trouvés et abandonnés feront partie obligée du contingent de la milice de la commune qui a pourvu à leur éducation;

8° Le service des Enfants trouvés et abandonnés sera centralisé de manière à le mettre au moins dans les mains de l'autorité provinciale.

Dans la séance du 22 fevrier 1847, à laquelle assistaient MM. Ch. De Brouckere, président; le comte Arrivabene, Ch. Claes, De Rote, Th. de Jonghe, Donnet, le comte Dumonceau, Moncheur, Nothomb, Schaetzen, rapporteur, Siraut, André Uytterhoeven, Verhulst, Visschers et A. Van Mons, secrétaire, la Commission discute les principes précédemment admis par le Comité, et après les avoir sanctionnés, elle prie le rapporteur de vouloir mettre en lumière les motifs qui ont dicté les résolutions de l'assemblée, et s'en rapporte au Comité permanent pour arrêter définitivement le rapport.

M. le comte Dumonceau, ne partageant pas l'opinion émise par la Commission en faveur de la suppression des Tours, donne lecture d'une note dans laquelle il se prononce pour le maintien de ces établissements.

Dans la séance du 9 mars 1847, à laquelle assistaient MM. Charles De Brouckere, président; le comte Arrivabene, de Haerne, le comte Dumonceau, Schaetzen, Verhulst, Visschers et H. Van Mons, secrétaire, le Comité permanent adopte définitivement le rapport de M. Schaetzen.

RAPPORT.

Monsieur le Ministre,

Le délaissement d'Enfants est une des formes sous lesquelles se manifeste la misère.

Avant d'émettre notre avis sur le projet du Gouvernement d'établir des maisons spéciales pour l'éducation de ces Enfants, nous croyons devoir entrer dans quelques considérations sur les principes d'économie politique concernant l'entretien des indigents. C'est pour avoir perdu ces principes de vue que les gouvernements se sont souvent laissé entraîner à de fausses mesures de philanthropie qui, tout en ayant pour but d'amoindrir la misère, l'ont au contraire notablement augmentée, de manière à produire le paupérisme.

Le paupérisme actuel des Flandres provient, en grande partie, selon nous, indépendamment de la crise de l'industrie linière, des mesures que l'on a prises pour corriger les misères de ces contrées.

La nature est ainsi faite : le principe de la population, de la reproduction, dont le Créateur a doté les sociétés humaines, comme tous les êtres vivants, tend constamment à dépasser les moyens d'existence.

Ce principe est d'une si grande activité, d'une si grande fécondité, qu'on a peine à concevoir une augmentation proportionnelle de richesses, de subsistances. Dans la réalité, elle n'a pour ainsi dire jamais eu lieu, à part quelques contrées privilégiées, et seulement pendant un petit nombre d'années.

La population est généralement contenue par le *vice* et le *malheur*, selon l'expression de la science économique. Si la *contrainte morale*, la *prudence* ne parviennent pas à la retenir au niveau des moyens d'existence, la mort ne tarde pas à opérer ce fatal nivellement...

Il est démontré (et pour s'en convaincre l'on n'a qu'à regarder autour de soi) que le principe de la population renferme en lui *a priori* la misère; il n'y a, pour ainsi dire, pas de société d'hommes sans pauvres : c'est un malheur inhérent à l'humanité; mais ce malheur peut toujours être amoindri, atténué par la prudence et le travail.

La vertu et le travail peuvent porter remède à la misère, mais on ne saurait la faire disparaître entièrement : il y aura toujours des indigents. La puissance du principe de la population et la faiblesse relative du principe qui crée les subsistances le veulent ainsi; c'est une triste et inévitable fatalité, avec laquelle l'homme d'État doit nécessairement compter.....

Mais qui doit souffrir de cette fatalité? sur qui doit-elle tomber? Indubitablement sur les moins méritants, sur les moins vertueux de l'échelle sociale, en un mot, sur les imprévoyants, les paresseux, les ivrognes, etc. La loi de la nature est ici d'accord avec la justice distributive : à chacun selon ses œuvres.

Si par une mesure quelconque, par la charité publique, par exemple, l'on vient à la légère au secours de ces malheureux, si l'on supplée aux salaires qui ne suffisent pas à leur subsistance, si l'on recueille les Enfants qui leur sont à charge et qu'ils trouvent à propos d'abandonner, ce ne peut être qu'au moyen d'une dépense, c'est-à-dire en détournant un certain capital de son cours naturel, à savoir des mains d'ouvriers plus vigilants, plus moraux; et par cette opération une partie de ceux-ci passe à leur tour, mais injustement, dans la catégorie des indigents. On élargit ainsi toujours le cercle de l'indigence; pour quelques misères que l'on soulage momentanément, on pousse à la naissance d'un plus grand nombre d'autres, et l'on court tout droit au but opposé à celui que l'on a eu en vue.

Il est bien reconnu en Angleterre que c'est l'ancienne taxe des pauvres qui a été la cause principale du paupérisme de ce pays, et que sans son immense prospérité industrielle et la sagesse de ses lois, contraires à la trop grande division de la propriété, les statuts d'Élisabeth, quoique portés dans les vues les plus pures et les plus philanthropiques, l'auraient menée à sa ruine.

En Belgique, la taxe des pauvres est remplacée par les dotations des bureaux de bienfaisance; ce mode de secours, pour ne pas peser immédiatement sur le contribuable, n'en tend pas moins à produire les mêmes résultats.

Depuis quelque temps l'on se récrie de toutes parts contre la concurrence que le travail de certains établissements publics fait au travail libre, et l'on ne dit rien de telle commune qui a 500,000 francs et plus, par an, à distribuer en suppléments de salaires, et qui peut de cette manière faire une concurrence ruineuse à telle autre qui n'a aucune ressource, ou qui n'a qu'une faible ressource de ce genre.

Si les mesures de secours sont, en général, contraires à l'économie politique (1) en ce qui concerne le libre cours du capital, elles ne le sont pas moins en ce qu'elles renforcent le principe de la population : en effet, elles détruisent les habitudes de prudence si nécessaires au maintien de ce principe dans certaines limites; elles habituent l'homme à ne pas compter sur lui-même. La perspective d'être toujours secouru dans le besoin, de voir l'État se charger de ses Enfants, influe nécessairement plus ou moins sur sa détermination à se marier avant d'avoir accumulé quelques épargnes.

Quelque irrésistibles que soient les passions, on observe qu'elles sont cependant, jusqu'à un certain point, sous l'empire de la raison, de la morale et de la religion. Ces trois éléments de contrainte brident toujours, plus ou moins, l'instinct de la production. S'il en était autrement, nous ne voyons pas pourquoi les mariages, qui se font habituellement de vingt-cinq à trente ans, n'auraient pas lieu plus tôt et plus généralement, ni pourquoi l'âge moyen auquel ils se contractent différerait sensiblement dans les contrées d'une latitude à peu près pareille, ainsi que la statistique nous l'apprend.

Il résulte de ces considérations que la raison d'État, autant que le strict droit, paraît contraire à l'entretien artificiel d'une classe de la société, et qu'en détournant le capital de son libre cours, on engendre le paupérisme au lieu de diminuer la misère. Est-ce à dire que nous condamnons toutes les institutions de secours, et que nous serions d'avis de supprimer d'un trait de plume la charité légale? Non, sans doute : la sécurité publique, autant que l'humanité, commande certains ménagements: l'habitude établie a aussi quelques titres à faire valoir; en tous cas, on ne peut procéder que par transition aux réformes. Mais, nous le déclarons hautement, nous ne reconnaissons d'utilité sociale à ces institutions que pour autant qu'elles soient accompagnées de certaines conditions de *répulsion* et de *contrainte*, afin de ne pas constituer un encouragement à l'imprévoyance et à la paresse, voire même un appât à la fraude; c'est le seul moyen de les concilier, autant que faire se peut, avec la science économique, et d'enrayer le paupérisme, qui étreint la société de jour en jour davantage.

Après ces préliminaires, nous allons examiner plus spécialement la question qui nous est soumise.

L'établissement des maisons de refuge pour les Enfants trouvés et abandonnés est dû aux inspirations du christianisme; les premières institutions de ce genre remontent au

(1) Il est bien entendu que cette doctrine est sans application dans les circonstances extraordinaires, telles que celles où nous nous trouvons actuellement : alors la science approuve pleinement les secours. Leur effet peut être, dans ce cas, comparé à celui de l'emprunt, qui, dans un autre ordre d'idées, n'est également utile et justifiable que dans des cas exceptionnels.

moyen âge, mais ce n'est qu'au XVIe siècle que l'on s'occupa généralement de leur organisation; ce n'est aussi qu'à partir de cette époque que les cas d'abandon acquirent une grande extension.

Après la suppression des établissements religieux, la Convention nationale adopta, par divers décrets, les Enfants trouvés et abandonnés. Des hospices devaient être érigés à cette fin sur tous les points de la France. On admit à cette époque, en principe, que tout homme a droit à sa subsistance par le travail, et que l'entretien des indigents est une dette nationale; les octrois municipaux furent même établis dans ce but; méconnaissant l'essor naturel du principe de la population, on alla même jusqu'à accorder des récompenses aux pères de sept enfants.

Napoléon, agissant sans doute dans des vues guerrières autant que charitables, renchérit encore sur ce système; et, par un décret de 1811, il ordonna l'établissement d'un Tour dans chaque hospice.

Par suite de ces diverses mesures du Gouvernement français, qui furent appliquées plus ou moins exactement dans les pays réunis, le nombre des Enfants délaissés alla toujours en augmentant.

Avant la Révolution, il était en France de......	40,000
En 1809..................................	69,000
En 1815..................................	84,000
En 1817..................................	92,000
En 1822..................................	135,000

Justement alarmé d'une si effrayante progression, on songea, en France, à porter enfin la main à l'institution des Tours: 30 départements sur 86 supprimèrent les Tours ou en modifièrent le régime, en exigeant des déclarations écrites, et ces mesures amenèrent immédiatement une diminution de 33,000 dans le chiffre des Enfants trouvés.

En Belgique, où le régime impérial avait été également introduit et où il existe encore en partie, le nombre de ces Enfants augmenta, sous les mêmes influences, dans des proportions analogues : aussi crut-on devoir, en plusieurs endroits, supprimer les Tours d'exposition. Ceux de Namur et de Maestricht furent supprimés sous le régime hollandais, et immédiatement le nombre des Enfants trouvés, qui était annuellement de 80 à 100 en cette dernière ville, se réduisit à 2 ou 3.

Tournay et Malines suivirent cet exemple en 1834, et ces villes s'en trouvèrent également bien : à Tournay, le chiffre des exposés fut réduit de 74, moyenne des 15 dernières années, à 3.

A Mayence, où, d'après M. de Gouroff, il n'y eut jusqu'en 1811 que 2 à 3 Enfants exposés par an, le nombre s'éleva à 150 après l'établissement d'un Tour; en 1815, le Tour est supprimé, et immédiatement le nombre des expositions est réduit de nouveau à 2 ou 3. Partout enfin les mêmes mesures furent suivies des mêmes résultats.

Devant ces faits, ces chiffres, tout doute sur la question des Tours doit cesser; et quoique depuis la loi du 30 juillet 1834 l'établissement des Tours, d'obligatoire, soit devenu facultatif, on doit se hâter de les interdire complétement et de faire disparaître enfin cette malencontreuse conception de 1811, qui n'a jamais été qu'un appât à l'immoralité et à l'oubli des devoirs de la nature.

Que l'on ne s'arrête plus à l'objection qui a toujours été mise en avant contre cette mesure, savoir, qu'elle augmenterait les infanticides : cette objection est également combattue par les faits. En France, on n'a pas remarqué que, dans les départements où les Tours ont été supprimés, les infanticides fussent plus nombreux que dans les départements où ils existent encore. En Belgique, les provinces où il n'y a plus de Tours, c'est-à-dire celles de Liége, de la Flandre occidentale, de Namur (1), du Luxembourg et du Limbourg, n'ont fourni, de 1831 à 1841, que 103 infanticides, soit 1 sur 18,565 habitants, tandis que les quatre autres, où il existe encore des Tours, en ont fourni 148, soit 1 sur 15,126.

Pour mieux préciser encore l'influence des Tours sur l'infanticide, M. Ducpétiaux a fait le relevé des infanticides, par arrondissement, pour les années 1836 et 1837, et il est arrivé au résultat suivant : dans les cinq arrondissements à Tour de Bruxelles, d'Anvers, de Gand, de Mons et de Louvain, il y a eu 15 infanticides sur 1,133,517 habitants, soit 1 pour 49,883; et dans les vingt-deux autres arrondissements sans Tour, 22 infanticides sur 2,955,525 habitants, soit 1 pour 72,086 habitants.

Il n'y a aucun rapport, selon nous, entre les infanticides et l'existence ou la non-existence des Tours. L'expérience apprend que les infanticides ont toujours lieu au moment de l'accouchement, et avant que la mère n'ait recueilli son Enfant et ne se soit, pour ainsi dire, identifiée avec lui. L'Enfant une fois recueilli, et il doit l'être pour pouvoir être porté au Tour, il n'y a plus d'infanticide à craindre : l'observation des faits le démontre, le sentiment de la maternité domine dès lors et paralyse toute idée de crime. La plupart des Enfants exposés ne sont du reste pas des Enfants nouveau-nés : ce sont en général des Enfants de plusieurs jours, le plus souvent de plusieurs semaines, de plusieurs mois, parfois même de quelques années. Nous n'examinerons pas, à ce propos, la valeur de l'opinion d'un grand nombre de médecins légistes qui attribuent l'infanticide à une espèce de delire propre à certains enfantements : que cette opinion soit fondée, ou que l'infanticide puisse aussi être prémédité, cela est ici sans portée; les faits n'en existent pas moins, et sont du reste conciliables avec l'une comme avec l'autre doctrine.

Quant à l'objection tirée de la crainte du suicide des filles mères qui n'auraient pas la ressource du Tour, elle est également combattue par les faits. Le suicide est très-rare, en Belgique, chez les indigents, et la statistique démontre qu'il n'est pas plus commun, parmi les femmes enceintes ou les mères, dans les provinces où il n'y a pas de Tour que dans celles où il en existe encore.

La diminution des Tours a sensiblement restreint la plaie spéciale du paupérisme, sur laquelle vous nous faites, Monsieur le Ministre, l'honneur de nous consulter : nous croyons qu'il est possible de la restreindre encore davantage; et c'est vers ce but que doivent particulièrement tendre les efforts du Gouvernement.

Des maisons spéciales pour l'éducation des Enfants trouvés, qu'elles soient agricoles ou manufacturières, nous semblent conduire à l'effet opposé. Ces maisons, organisées dans des conditions hygiéniques convenables, dégénéreraient par la force des choses en espèces de pensionnats, et le sort des Enfants qui y seraient élevés ne manquerait pas de devenir un objet de tentation et d'attrait.

L'exemple d'Enfants délaissés en général par l'inconduite des parents, et élevés ensuite par l'État aussi bien et mieux que les Enfants de bons ouvriers, présenterait, selon nous, le plus grand danger. Nous pensons bien que cet effet ne serait pas instantané, qu'il faudrait quelques années avant que l'expérience soit venue démontrer au public que les Enfants sortent bien élevés de ces établissements; mais enfin cette persuasion finirait par s'établir, et alors la plaie, que l'on rétrécirait probablement dans les premiers temps de l'institution, ne tarderait pas à s'élargir, et parce qu'on aurait perdu de vue les conditions

(1) Nous croyons devoir relever ici une erreur qui a été commise dans la plupart des états statistiques : à notre avis, Namur est rangé à tort dans la catégorie des villes où il n'existe pas de Tour d'exposition; la suppression du Tour y est purement nominale : en réalité, il y existe comme auparavant : des espèces de courtières chez qui l'on adresse les Enfants les transportent à l'hospice, où ils sont reçus; et c'est ce qui explique le grand nombre des Enfants délaissés que cette ville continue de fournir. Si nous sommes bien renseignés, il y en a en ce moment plus de 700.

que nous avons reconnues essentielles en fait de charité légale, c'est-à-dire celles de *certaine répulsion* et de *certaine contrainte*.

Ce côté de la question est parfaitement apprécié par MM. les administrateurs du bureau de bienfaisance de Liége : « A ces considérations nous en ajouterons une non moins impé« rieuse, disent les administrateurs, c'est que la présence d'un établissement tel que celui « dont il s'agit serait de nature à augmenter considérablement le nombre des délaissements. « Il est un frein qui retient beaucoup de parents au moment de commettre cette faute : « c'est l'ignorance où ils sont de l'asile donné à leurs Enfants; c'est la crainte qu'ils ne « tombent en de mauvaises mains; c'est l'idée de perdre pour toujours leurs traces, la dou« leur de ne plus les revoir. Avec l'hospice, ce moyen de prévention disparaît : les parents « connaissent le lieu où seront recueillis leurs Enfants; ils savent qu'on y pourvoira à leurs « besoins, à leur éducation, qu'ils pourront les retrouver un jour tout formés; ils profitent « de l'offre qui semble leur être faite de les en débarrasser; ils se persuadent, en quelque « sorte, qu'en les abandonnant ils font une action légitime et naturelle, que cet abandon « est même un bienfait. Ne serait-il pas fâcheux, enfin, pour la morale publique, de frapper « les regards de la foule par l'aspect d'un semblable genre d'asile, de faire supposer que le « nombre des Enfants est considérable, de familiariser l'opinion avec l'idée d'un crime si « contraire à la nature? »

Cette appréciation est, à notre avis, d'une grande justesse; elle doit inspirer d'autant plus de confiance qu'elle émane d'hommes pratiques qui se trouvent dans une grande ville, et, partant, sur un théâtre où la question du paupérisme peut être étudiée journellement sous toutes ses faces.

Nous donnons sans balancer, Monsieur le Ministre, la préférence au mode d'entretien des Enfants abandonnés qui a été suivi généralement depuis quelques années, et qui consiste à les placer et à les éparpiller chez des nourriciers de la campagne. Nous approuvons le principe de ce mode d'entretien, mais nous le croyons susceptible de plusieurs corrections, de manière à mieux répondre aux exigences du service. Dans notre système, le rôle des hospices se réduira à celui du bureau d'admission, tandis que dans quelques localités, à Anvers notamment, on conserve les Enfants autant que possible dans l'hospice; ils y sont confondus avec les orphelins, ce qui est, à notre avis, un abus de plus.

Les Enfants sont actuellement, presque partout, reçus avec peu de formalités par l'administration des hospices ou le bureau de bienfaisance du lieu; cette admission se fait le plus souvent sans contrôle de la part de l'autorité supérieure : il résulte de là que les administrations charitables se montrent faciles dans les admissions, en raison des ressources de l'établissement; que les Enfants, abandonnés en apparence, sont laissés en nourrice dans les maisons où on les consigne, et dont les hôtes sont des espèces de compères complaisants qui débarrassent un parent, un ami, de la charge d'un Enfant que l'abandonnant pourra toujours visiter à son aise, et en faveur duquel il pourra même payer un supplément de pension, ainsi que cela est arrivé plus d'une fois.

A Liége, les admissions d'Enfants sont toujours précédées d'une enquête minutieuse du commissaire de police; le bureau de bienfaisance donne son avis, et c'est seulement sur le procès-verbal d'enquête que la députation permanente statue définitivement. Cette forme de procéder devrait, à notre avis, être introduite partout.

L'intervention de la police et de la députation permanente est une garantie contre la fraude des indigents et le laissé aller des administrations de bienfaisance.

Il est encore d'autres points sur lesquels nous nous permettrons, Monsieur le Ministre, d'attirer votre attention, et que nous croyons propres à restreindre les délaissements :

1° La recherche de la maternité; l'effet moral de cette recherche est souvent très-efficace. L'expérience démontre que les démarches de la police, à cette fin, engagent les mères à reprendre leurs Enfants; elle a en outre l'avantage de tendre à mieux assurer l'état civil de l'Enfant. Peut-être serait-il même convenable, afin de mieux atteindre ce but, d'admettre pour certains cas l'intervention de la justice répressive, pour le cas de fraude, par exemple. L'objection que cette recherche aurait par fois pour effet de troubler sans motif suffisant la paix des familles n'a guère de portée : les abandons d'Enfants, proprement dits, n'existent, pour ainsi dire, que dans la classe indigente, et la société ne doit pas supporter les conséquences de l'immoralité des autres classes.

2° Il conviendrait que l'Administration ne pût être obligée à restituer l'Enfant à ses parents naturels que contre le remboursement des frais d'entretien, et après qu'ils auraient prouvé qu'ils sont en état de l'élever convenablement. Ce droit réservé à l'Administration est nécessaire, car il est arrivé plus d'une fois, dans les grandes villes, que les Enfants sont repris par spéculation et afin de les livrer à la prostitution.

3° Nous croyons qu'il serait bon de remettre en vigueur une des dispositions du décret de 1811, et d'incorporer dans la milice les Enfants délaissés âgés de dix-huit ans. Il ne serait que juste que ceux qui sont élevés aux frais de l'État lui prêtassent aussi, avant les autres, leur service; et comme ces frais tombent, pour la plus grande partie, à la charge des communes, il conviendrait que les miliciens fussent respectivement comptés en déduction du contingent de la commune qui a concouru à supporter les frais d'entretien.

4° Une disposition sur laquelle nous insistons particulièrement, c'est le placement des Enfants dans un *lieu éloigné* de celui où on les abandonne. Nous regardons ce moyen comme le moyen le plus efficace contre la fraude, qui est très-commune. Ce n'est qu'à la dernière extrémité qu'une mère consent à se séparer complétement de son Enfant de manière à en perdre les traces. Ce moyen fut appliqué en France depuis 1834 jusqu'en 1837 : on y déplaça les Enfants d'un département dans l'autre, et, chose remarquable, le nombre des abandons auxquels il fut appliqué diminua incontinent, d'après le témoignage de M. de Gérando, de 36,494 à 16,339; plus de la moitié des délaissements cessa par cette mesure si simple, mais elle fut réprouvée, comme il arrive souvent, par une philanthropie mal entendue, et le Gouvernement eut la faiblesse de la révoquer: dès ce moment les délaissements reprirent leur ancien cours. L'efficacité de cette mesure a été également constatée, dans la ville de Tongres, de la manière la plus évidente : jusque vers 1830, le nombre des Enfants trouvés et abandonnés n'y dépassa jamais 6 à 7; depuis lors il augmenta successivement d'année en année, de manière à atteindre, en 1838, le chiffre de 64. L'administration des hospices, malgré des réclamations nombreuses mais inconsidérées, prit le parti d'envoyer les Enfants à la colonie de Merxplas, et sur 64, 58 furent retirés par leurs parents.

En 1844, après la suppression de la colonie de Merxplas, les abandons s'accrurent de nouveau, au point d'atteindre le chiffre de 19 au commencement de 1846; mais l'on prit derechef le parti de les exporter cette fois au refuge de Renaix, et de 19, 10 furent de nouveau repris. Ici la colonie et le refuge rendirent parfaitement le service qu'on en attendait : les parents craignaient généralement l'éloignement de leurs Enfants. Mais nous doutons que le refuge continue à produire le même résultat : il est à craindre, en effet, que lorsqu'on aura pu se convaincre que les Enfants qui en sortiront ont une éducation de beaucoup supérieure à celle des autres Enfants de leur classe, ce refuge ne devienne un objet d'envie au lieu d'appréhension, comme il l'est maintenant. Un fait qui se passe en ce moment à Saint-Trond tend à confirmer cette prévision : on a établi en cette ville, il y a trois ou quatre ans, un hospice dirigé par des sœurs grises, où l'on place les Enfants trouvés et abandonnés de la localité; et en ce court espace de temps le nombre des petites filles délaissées a plus que doublé.

Vous le voyez, Monsieur le Ministre, contrairement aux anciens errements, c'est le côté économique, le côté social de la question qui a spécialement attiré notre attention. Nous ne voulons cependant pas négliger non plus le côté humanitaire et financier; mais ici nous abondons complétement dans le sens des avis de la plupart des autorités qui ont été consultées à cet égard; avec les gouverneurs des provinces, nous pensons que l'humanité ne désavoue nullement le genre d'éducation que reçoivent généralement, depuis quelques années, les Enfants abandonnés: ils sont élevés à la campagne par des nourriciers comme les Enfants d'ouvriers; ils y trouvent une nouvelle famille adoptive, ils y vont à l'école communale; un inspecteur s'assure de temps en temps de leur bon entretien.

L'expérience est venue sanctionner cette éducation au point de vue moral. La justice répressive n'a jamais eu à sévir plus contre les Enfants élevés de la sorte que contre les autres; les témoignages des différents parquets du royaume sont très-satisfaisants à cet égard. Aller au delà, faire davantage pour cette espèce d'indigents, ce serait s'exposer à faire de leur sort un objet de convoitise. Nous pouvons difficilement nous faire à l'idée que des malheureux devant en quelque sorte, par le principe d'ordre public de l'hérédité, être classés à l'un des derniers échelons de l'ordre social, soient mieux traités et élevés que des milliers d'Enfants que l'on n'abandonne pas, et que des parents restant dans le sentier du devoir ne parviennent à élever qu'au prix des plus durs labeurs.

Faut-il ajouter qu'au point de vue financier, que nous regardons du reste comme purement secondaire, le projet de création d'établissements spéciaux est moins bon que le mode actuellement suivi? L'entretien des Enfants placés à la campagne ne coûte pas plus de 25 centimes par jour en moyenne, et cette indemnité cesse en général d'être payée à l'âge de douze ans, conformément à l'arrêté du 30 ventôse an v; dans le système du projet, il coûterait au moins 40 à 50 centimes, et devrait continuer jusqu'à l'âge de dix-huit ans et même davantage. A ces dépenses il faudrait encore en ajouter d'autres assez considérables du chef d'appropriation et de construction des établissements.

Avant de finir, nous prenons la liberté, Monsieur le Ministre, d'appeler votre attention sur le tableau émane de votre département et sur les tables contenues dans l'intéressant travail que M. Ducpétiaux a communiqué à la commission centrale de statistique. Une chose y frappe au premier aspect, c'est la grande différence du nombre des délaissements d'une province à l'autre, et surtout d'une localité à l'autre : c'est ainsi que Liége n'a que 250 Enfants délaissés, tandis que Namur en compte 550; Gand en a 500, et Bruxelles 2,200; Louvain en a 300, et Bruges à peine 100 (1). Ces différences choquantes se retrouvent pour presque toutes les localités du pays : nous les expliquons par l'existence d'un vice radical dans le mode d'admission des Enfants, par une espèce d'anarchie dans laquelle se trouve cette branche du service public.

Par ces considérations, la Commission a l'honneur d'émettre les conclusions suivantes :

1° Il n'y a pas lieu d'établir des maisons spéciales pour l'éducation des Enfants trouvés et abandonnés;

2° Les Tours d'exposition doivent être complétement supprimés;

3° Il importe de maintenir et de généraliser le mode aujourd'hui usité de placement des Enfants à la campagne;

4° Ce mode de placement doit être organisé de manière à soustraire les Enfants à tous les rapports possibles avec les parents qui les ont délaissés;

5° Les Enfants seront recueillis et élevés, comme par le passé, par les communes;

6° La commune, et en certains cas la justice répressive, doivent intervenir s'il y a lieu de rechercher la maternité et de sévir contre les abandons frauduleux;

7° La restitution de l'Enfant trouvé ou abandonné sera faite à ses parents lorsqu'ils seront reconnus capables de les entretenir et de les élever convenablement, et qu'ils auront payé les frais faits en faveur de l'Enfant depuis l'époque de son abandon, s'ils en ont les moyens;

(1) Ces données statistiques se rapportent spécialement à l'année 1844.

8° Les Enfants feront partie obligée du contingent de la milice de la commune qui a pourvu à leur éducation;

9° Le régime des Enfants trouvés et abandonnés sera centralisé dans les mains de l'autorité provinciale.

Le Président, Ch. De Brouckere. Par la Commission, *Le Secrétaire,* H. Van Mons.

Note de M. le comte Dumonceau en faveur du maintien des Tours.

Il est de principe social que tout individu est responsable de ses actes. D'autre part, il semble constant, en fait, que la population pauvre tend constamment à croître et à dépasser les limites de ses moyens d'existence.

Comme la procréation est un fait plus ou moins volontaire, c'est à l'auteur du fait à en subir les conséquences, et c'est au pauvre lui-même à élever les Enfants qu'il procrée. Or, la procréation dépassant déjà les limites de la possibilité d'entretien des Enfants, on pense qu'en restreignant les moyens de secours qui pourraient venir en aide au prolétaire, qu'en lui laissant toute la charge, on le pousserait à des idées de prévoyance, et par suite à une moindre procréation; et on propose la suppression des Tours.

Ce moyen est logique et pourrait convenir peut-être pour celui qui raisonne; mais malheureusement le pauvre ne réfléchit pas plus qu'il ne calcule : il vit au jour le jour, sans songer au lendemain. Celui qui n'a rien, qui se trouve déshérité de tout, ne craint pas l'avenir, qui pour lui ne sera jamais pire que le présent. Dès lors toute cette habile combinaison de contrainte à de la prévoyance reste sans effet devant un penchant naturel et souvent irrésistible, auquel on ne trouve à opposer que la misérable crainte d'une charge plus éventuelle encore qu'éloignée.

D'un autre côté, la suppression des Tours ne peut avoir d'influence sur la procréation que dans cette partie de la population pour qui le délaissement d'Enfant se trouve être une nécessité. Or presque tous les Enfants délaissés dans les Tours sont illégitimes; il s'ensuit qu'ils proviennent de parents qui ne peuvent pas, ou ne veulent pas les avouer, et qui, en général, n'appartiennent pas tout à fait à la classe pauvre proprement dite. Les pères sont hors de question par des motifs tout simples. Ce sont donc uniquement les mères ou les filles mères, à la charge de qui seraient ces Enfants, qui peuvent seules se trouver dans la nécessité de devoir recourir à l'usage du Tour : en dernière analyse, la mesure proposée ne pourrait avoir d'effet, comme moyen de pousser à la prévoyance, que chez cette catécatégorie de femmes.

Or ici le fait vient répondre que, pour obtenir ce résultat ou la pratique la plus entière de la prévoyance, la suppression des Tours est un complet hors-d'œuvre. En effet, il n'existe aucune femme, parmi celles qui délaissent leur Enfant, qui se livre à l'acte de la procréation sans avoir la presque certitude de n'avoir aucune suite à redouter; elles savent qu'un danger existe, mais aucune n'ignore que si la conception est possible, elle est bien loin d'être une conséquenee rigoureuse : la crainte de cette possibilité est neutralisée par des promesses de prudence qui ne sont pas toujours observées, ou qu'un moment d'entraînement fait oublier. Ici la prévoyance la plus grande est facilement mise en défaut : et que peut y faire la malheureuse qui en est victime? La procréation, elle ne l'a pas voulue. La conception, la grossesse, sont des faits de force majeure qu'elle subit, et auxquels elle a été et est encore prête à se soustraire par toute espèce de moyens. En effet, les malaises de la grossesse, la crainte de la montrer, le besoin de cacher sa honte, la nécessité d'abandonner momentanément ses moyens d'existence, d'absorber le peu d'économies qui pouvaient avoir été faites ou d'engager l'avenir, sont tous des maux plus que suffisants pour chercher à les prévenir ou à en être affranchie. La possibilité d'avoir à les endurer est, pour la procréation chez la femme, un frein bien autrement puissant et efficace que la crainte d'avoir éventuellement à sa charge un Enfant dont elle peut toujours être débarrassée soit par la mort, soit autrement.

Sous le point de vue de l'économie matérielle, la suppression des Tours amènerait, sans contredit, une notable réduction dans les charges publiques; il en sera de même de la suppression de tous les services : dès ce moment on n'aura plus à les pyer et ce seront autant d'économies faites. Dans les institutions d'ordre public, la question d'économie matérielle est nécessairement secondaire : c'est l'utilité publique qui doit exclusivement servir de règle.

La loi, dans un intérêt social et d'accord avec la morale, punit l'avortement et l'infanticide; elle oblige la femme qui s'étant laissée aller à un penchant naturel avec la conviction de n'avoir aucune suite à redouter, et qui subit une conception contrairement à sa volonté, et peut-être par un effet entièrement indépendant d'elle, la loi l'oblige, comme conséquence quoique involontaire, mais possible, d'un fait volontaire antérieur, à supporter passivement sa grossesse et à laisser naître à terme un Enfant qu'elle n'a pas voulu procréer. En présence de la sanction pénale de cette obligation imposée et non consentie, la sagesse de l'autorité a cru équitable de mettre à côté de la juste exigence de la loi, dans la dure condition faite à la femme, un tempérament et un correctif par l'institution des hospices de maternité, où elle pouvait accoucher secrètement, et par celle des Tours, où elle pouvait déposer l'Enfant qu'elle n'avait pas voulu procréer, et où elle trouvait un terme à la nécessité qu'elle subissait.

Aujourd'hui, mettant en oubli le triste sort déjà fait à la fille mère, on cherche les moyens de combler la mesure, en parvenant à lui imposer la charge d'une manière indéfinie.

On objecte que les établissements d'Enfants trouvés devant subsister, la fille mère, en cas de nécessité, pourra toujours y déposer son Enfant. Mais, au lieu de pouvoir le faire secrètement et sans devoir se faire connaître, elle devra le faire officiellement : de cette manière, ajoute-t-on, l'Administration restera juge jusqu'à quel point la position plus ou moins nécessaire de la mère exige que l'Enfant soit recueilli ou non. Mais c'est indirectement la suppression de l'institution même, comme l'expérience le prouve, puisque, dans les établissements où les Tours ont été supprimés, les délaissements d'Enfants, de considérables qu'ils étaient, se sont réduits à rien. La nécessité de l'institution est hors de cause; elle résulte du devoir de la société de recueillir l'Enfant que ses parents ne peuvent entretenir, et qui sans cela périrait de besoin. Si l'homme adulte peut être contraint à pourvoir à son existence individuelle, c'est comme suite d'une nécessité rigoureuse dont la conservation de la vie est la conséquence; l'entretien des Enfants ne peut jamais être qu'une obligation qui cesse avec la faculté de pouvoir la remplir : à l'impossible nul n'est tenu.

Le devoir social, on consent à le remplir dans toute son étendue, mais on ne peut pas aller au delà. Cependant, abstraction faite des mères, on doit aux Enfants, quels qu'ils soient, et c'est leur droit, de les recueillir lorsqu'ils sont délaissés; pour parvenir à cette fin, il faut vouloir et il faut employer les moyens. Or il est prouvé que la suppression des Tours supprime indirectement tout délaissement d'Enfant; elle équivaut dès lors à la suppression de l'institution des Enfants trouvés même, et elle serait cause que le devoir social ne serait plus rempli.

Exiger le délaissement officiel, c'est vouloir dénaturer complétement l'institution qui a pour base, d'un côté, le secret, de l'autre, la certitude de voir accueillir l'Enfant délaissé. L'absence du secret empêchera de recourir à l'établissement pour cacher une faute et la honte qui en est la suite. La suppression des Tours fera croire à certaines mères, dans l'ignorance où est ordinairement la classe pauvre de l'état réel des choses, que le délaissement est interdit, et la crainte du refus arrêtera les autres : ce refus sera d'autant plus exprès, qu'en réalité le Tour, moins employé par la classe totalement indigente, l'est davantage par celle pour qui l'Enfant illégitime est un objet de réprobation plutôt par la honte de sa naissance que par la difficulté absolue de pouvoir subvenir à son entretien. Toutes les administrations, sé fondant sur le principe qui aura servi de base à la suppression des Tours, auront les motifs les plus logiques et les plus péremptoires pour décliner la lourde charge qu'impose l'entretien des Enfants. Ce fardeau restera donc peser exclusivement sur la mère. Or, une mère, quoi qu'on dise, n'abandonne jamais entièrement son Enfant, comme cela a lieu au moyen des Tours, que contrainte par la plus rigoureuse nécessité, soit matérielle, soit morale. Réduite à devoir conserver et entretenir son Enfant, et d'un autre côté dans l'impossibilité de pouvoir le faire, n'est-il pas évident qu'elle sera fatalement poussée à l'emploi d'un expédient quelconque, impossible à prévenir ou à punir, dont la mort de l'Enfant serait le résultat, si sa naissance n'a pu être empêchée par l'avortement?

Aux craintes qu'inspire le recours à l'infanticide et à l'avortement, on oppose des renseignements statistiques. La statistique n'est qu'un relevé de faits constatés, et rien de plus : la preuve d'un fait ne sert pas de preuve à l'existence ou à la non-existence d'autres faits semblables et sans rapports entre eux; les inductions des données statistiques doivent être surtout fondées en logique pour valoir comme preuve : or, dans l'espèce, la logique fait complétement défaut. D'après la statistique, on prétend que la suppression des Tours est sans influence sur l'avortement, l'infanticide ou le décès des nouveau-nés, tandis qu'il est de toute évidence que la femme, contrainte à entretenir son Enfant alors qu'elle ne le voudra ou ne le pourra pas, préviendra sa naissance, provoquera ou hâtera sa mort.

On cite l'exemple de Londres, où, pendant cinq ans, il n'y a eu que 151 Enfants trouvés, et celui de Paris, où, pendant le même espace de temps, il y en a eu plus de 25,000. A Paris, il y a un établissement d'Enfants trouvés avec Tour. Qu'on supprime l'un et l'autre : dès ce moment il n'y aura pas plus d'Enfants trouvés à Paris qu'à Londres, et la statistique aura une nouvelle preuve à enregistrer et à produire. Mais parmi ces Enfants qu'on eût délaissés et qui n'auront pas pu l'être, combien n'y en aura-t-il pas de sacrifiés? C'est sur quoi la statistique ne s'explique pas; c'est cependant le point décisif de la question. On ne peut conclure des faits connus à d'autres faits inconnus, et encore moins quand tous leurs éléments, par l'extrême facilité de pouvoir les cacher, ou par la difficulté non moins grande d'en obtenir le moindre indice, échappent à toute investigation. La découverte ou la constatatation d'un avortement est tellement rare, qu'il ne s'en trouve presque pas de renseignés. Est-ce à dire que l'avortement ne se pratique pas? Parce que le hasard et la maladresse rendent un peu moins rare la découverte de l'infanticide, ne s'en commet-il pas d'autres que ceux constatés? Si les égouts de Londres pouvaient parler, ils auraient bientôt fait justice de toutes ces fausses conséquences de la statistique. Comment dans une ville où la population est près du double de celle de Paris, et où les naissances illégitimes doivent être dans une proportion bien plus grande et en rapport avec l'extrême immoralité qui y règne, il n'y a de recueillis que 151 Enfants délaissés, au lieu de 50,000 qui devraient s'y trouver! Mais n'est-ce pas la preuve la plus manifeste que l'avortement, l'infanticide et toutes leurs horreurs suppléent à l'absence du Tour, et que la fille mère, à défaut de cet expédient, dispose d'autres moyens pour se délivrer d'une charge à laquelle l'une ou l'autre circonstance la contraint de se soustraire.

Les Tours existent principalement, comme utilité sociale, pour cacher des fautes impossibles à prévenir ou à empêcher, soit moralement, soit légalement, chez notre faible humanité. Nos mœurs sont sévères pour les fautes de la femme, et en même temps elles l'exposent, presque sans défense, contre un entraînement naturel et la séduction des hommes. En cacher les suites est une obligation de famille et un hommage rendu à la morale publique. Dans ces circonstances, la femme est déjà assez à plaindre : ne l'obligez pas, en outre, à conserver par-devers elle et à montrer publiquement la preuve vivante de sa honte. Avant d'imposer cette obligation, il faudrait au moins commencer par changer les mœurs.

La richesse donne des moyens faciles pour s'entourer du secret. Le pauvre ne peut presque pas se cacher : conservons, sans la détruire, l'utile institution où il pouvait ensevelir à jamais, et à l'insu de tous, les suites d'un moment d'erreur peut-être, et une cause permanente de honte pour sa famille.

Il ne s'agit point de résoudre, par des motifs de *sensiblerie*, une question humanitaire : mais elle ne doit pas non plus être subordonnée exclusivement à des principes absolus d'économie politique. La douceur de nos mœurs répugne à une extrême rigueur, et elle veut que la force fasse la part de la faiblesse. Que la raison, l'équité, le droit, tempérés par l'humanité et la charité, soient notre unique guide. Améliorons, mais ne détruisons pas.

Il résulte des considérations qui précèdent :

1° Que, dans l'espèce, les conséquences déduites de la loi de la procréation chez les classes pauvres ne sont pas fondées, attendu que chez la partie de la population qui délaisse ses Enfants dans les Tours la prudence et la prévoyance sont poussées au plus haut degré;

2° Qu'en droit, un fait volontaire qui pouvait avoir des suites naturelles possibles, mais non nécessaires, et que la volonté a tout fait pour prévenir, ne peut donner lieu à une responsabilité illimitée; que cette responsabilité ne peut être étendue au delà des suites naturelles possibles; que dès lors la femme ne peut être légitimement contrainte qu'à laisser suivre, sans le troubler, le cours de la gestation et de l'enfantement;

3° Que la suppression des Tours équivaut indirectement à la suppression apparente de l'institution même, dont néanmoins l'existence est admise en principe comme nécessité;

4° Que les arguments déduits des données statistiques dans l'espèce sont peu concluants, attendu que les éléments statistiques renseignés, en prouvant l'existence de certains faits, ne prouvent en aucun point la non-coexistence de faits semblables non constatés;

5° Qu'il est contraire à tout principe de morale que qui que ce soit puisse être contraint à dévoiler spontanément sa propre turpitude, ou de rendre notoire la cause illicite de sa honte ; qu'il est légitime de chercher à la cacher et à la couvrir d'un voile; que dès lors, attendu que la classe riche dispose de moyens suffisants, il est de toute équité de laisser à la classe pauvre les seuls auxquels elle puisse avoir recours, à moins de lui permettre, le cas échéant, de prévenir ou de détruire secrètement les causes de publicité;

6° Que, tout en considérant la question d'économie comme étant d'une haute importance, elle est nécessairement subordonnée, dans une question d'ordre public, à ce que l'intérêt d'ordre social réclame, qui est le maintien de ce qui existe avec toutes les garanties possibles contre l'abus du délaissement d'Enfants; et à cet égard les autres conclusions du rapport ne laissent rien à désirer.

Il s'ensuit qu'il n'y a pas lieu à supprimer les Tours. C'est l'opinion que j'ai émise, tout en adoptant entièrement les autres conclusions du rapport, sauf de reconnaître aux administrateurs le droit de recherche de la maternité, que je considère comme contraire aux bonnes mœurs.

Bruxelles, ce 9 mars 1847.

J. Dumonceau.

(Extrait des *Travaux de la Commission royale pour l'amélioration du sort des classes ouvrières et indigentes du pays.* — Bruxelles, imprimerie Weissenbruch père, 1847.)

Loi du 30 juillet 1834, qui règle le mode de payement des frais d'entretien des Enfants trouvés et abandonnés.

LÉOPOLD, Roi des Belges, à tous présents et à venir, salut.

Nous avons, de commun accord avec les chambres, décrété, et nous ordonnons ce qui suit :

ARTICLE PREMIER.

A partir du 1er janvier 1835, les frais d'entretien des Enfants trouvés, nés de père et mère inconnus, seront supportés, pour une moitié, par les communes sur le territoire desquelles ils auront été exposés, sans préjudice du concours des établissements de bienfaisance, et pour l'autre moitié, par les provinces à laquelle ces communes appartiennent.

ART. 2.

Les frais d'entretien des orphelins indigents et des enfants abandonnés, nés de père et mère connus, seront supportés par les hospices et bureaux de bienfaisance du lieu du domicile de secours, sans préjudice du concours des communes ; si le domicile de secours ne peut être déterminé, ces enfants seront assimilés aux Enfants trouvés nés de parents inconnus.

ART. 3.

Il sera alloué au budget de l'État un subside annuel pour l'entretien des Enfants trouvés.

ART. 4.

Il n'est pas dérogé au régime légal actuel sur le placement, l'éducation et la tutelle des Enfants trouvés et abandonnés.

ART. 5.

Jusqu'au 31 décembre 1834, les hospices, les bureaux de bienfaisance, les communes et les provinces seront tenus au payement des frais d'entretien des Enfants trouvés et abandonnés, mis à leur charge pendant l'exercice courant et les années antérieures, jusqu'à concurrence des sommes qui leur restera à payer après la répartition du subside alloué au budget de l'État.

ART. 6.

Dans le cas où les communes ou les provinces chercheraient à se soustraire à l'une ou l'autre des dispositions précédentes, il sera fait application à leur égard, des mesures coercitives autorisées par la loi du 13 août 1833.

Mandons et ordonnons, etc.

Bruxelles, le 30 juillet 1834.

Signé LÉOPOLD.

Par le Roi :

Le Ministre de la justice, Signé LEBEAU.

Vu et scellé du sceau de l'État

Le Ministre de la justice, Signé LEBEAU.

Pour copie conforme

Le Secrétaire général du ministère de la justice, DE CRASSIERN.

Loi communale. 30 mars 1836. (Extrait.)

....

Article 131 Le conseil communal est tenu de porter annuellement au budget des dépenses à la charge de la commune :

1° Etc.

§ 18. Les frais d'entretien des Enfants trouvés dans la proportion déterminée par la loi.

Loi provinciale. 30 avril 1836. (Extrait.)

....

Article 69. Le conseil provincial est tenu de porter annuellement au budget des dépenses à la charge de la province :

1° Etc.

§ 13. Les frais d'entretien des Enfants trouvés dans la proportion déterminée par la loi.

Loi relative au domicile de secours. 18 février 1845. (Extrait.)

....

Article 2. Les Enfants trouvés, nés de père et mère inconnus, et ceux qui leur sont assimilés par la loi, ont pour domicile de secours la commune sur le territoire de laquelle ils ont été exposés ou abandonnés; néanmoins, la moitié des frais d'entretien est à la charge de la province où cette commune est située.

FIN.

TABLE ANALYTIQUE

DU TOME SECOND.

DOCUMENTS SUR LES ENFANTS TROUVÉS.

PREMIÈRE PARTIE.

DOCUMENTS HISTORIQUES.

BULLES DU PAPE INNOCENT III, EN FAVEUR DE L'ORDRE DU SAINT-ESPRIT.

DEUXIÈME PARTIE.

LÉGISLATION ET JURISPRUDENCE FRANÇAISE.

PREMIÈRE ÉPOQUE, DU XIVe SIÈCLE A 1790.

LÉGISLATION ET JURISPRUDENCE.

TITRE Ier — LETTRES PATENTES — ÉDITS — DÉCLARATIONS.

CHAPITRE Ier. — HÔPITAL DU SAINT-ESPRIT, A PARIS.

CHAPITRE II. — ŒUVRE DE SAINT VINCENT DE PAULE.

CHAPITRE III — HÔPITAL DES ENFANTS TROUVÉS A PARIS.

TITRE II. — ARRÊTS DU CONSEIL D'ÉTAT

TITRE III. — ARRÊTS DU PARLEMENT DE PARIS

SECONDE ÉPOQUE, DE 1790 A 1850.

LÉGISLATION.

PREMIÈRE PÉRIODE, DE 1790 A 1811.

LOIS. — DÉCRETS. — ARRÊTÉS DU DIRECTOIRE ET DU CONSUL.

DEUXIÈME PÉRIODE. — 1811 A 1850.

LOIS. — DÉCRETS. — ORDONNANCES. — RAPPORTS.

(1) J'ai placé le rapport du 29 août 1810, ainsi que les huit pièces qui suivent, dans la période de 1811 à 1850, parce que j'ai considéré toutes ces pièces comme une sorte de préambule du décret du 19 janvier 1811

JURISPRUDENCE.

JUSTICE. — ADMINISTRATION.

TITRE Ier. — JUSTICE.

ARRÊTS DE LA COUR DE CASSATION. — ARRÊTS DE COURS D'APPEL

TITRE II. — ADMINISTRATION.

CONSEIL D'ÉTAT.

TROISIÈME PARTIE.

ADMINISTRATION.

PREMIÈRE ÉPOQUE, DE 1700 A 1790.

RÈGLEMENTS DES HOPITAUX DE PARIS ET DE LYON, TOUCHANT LE SERVICE DES ENFANTS TROUVÉS.

TITRE Ier — HÔPITAL GÉNÉRAL DE PARIS.

PRINCIPAUX RÈGLEMENTS FAITS PAR LE BUREAU DE L'HÔPITAL GÉNÉRAL DE PARIS, CONCERNANT L'ADMINISTRATION DES ENFANTS TROUVÉS.

QUATRIÈME PARTIE.

STATISTIQUE.

CINQUIÈME PARTIE.

PIÈCES JUSTIFICATIVES À L'APPUI DES PROCÈS-VERBAUX.

SURVEILLANCE DES FILLES ENCEINTES.

MAISONS D'ACCOUCHEMENT.

SUPPRESSION ET REMPLACEMENT DES TOURS.

Extrait du tome II de la Bienfaisance publique, par M. de Gérando.

SECOURS AUX FILLES MÈRES.

ÉTAT RELIGIEUX DES ENFANTS TROUVÉS.

TUTELLE.

ÉDUCATION.

DÉPENSES.

COMITÉS DE PATRONAGE.

VISITE DE LA COMMISSION DES ENFANTS TROUVES AUX ÉTABLISSEMENTS CHARITABLES DE PARIS.

ANNEXES.

BELGIQUE.

FIN DE LA TABLE.

www.ingramcontent.com/pod-product-compliance
Lightning Source LLC
Chambersburg PA
CBHW060544280326
41932CB00011B/1396

* 9 7 8 2 0 1 2 6 2 9 9 9 8 *